Schriftenreihe
der Juristischen Schulung

Band 98

Umweltrecht

von

Dr. Dr. h. c. Wolfgang Kahl, M. A.
o. Professor an der Universität Heidelberg

und

Dr. Klaus Ferdinand Gärditz
o. Professor an der Universität Bonn

12., vollständig neu bearbeitete Auflage 2021

des von
Dr. Reiner Schmidt
Professor em. an der Universität Augsburg
begründeten Lehrbuchs

C.H.BECK

Zitiervorschlag: *Kahl/Gärditz* UmweltR

www.beck.de

ISBN Print 978 3 406 77226 9
ISBN E-Book 978 3 406 77227 6

Wilhelmstraße 9, 80801 München
Umschlaggestaltung, Satz, Druck und Bindung:
Druckerei C. H. Beck, Nördlingen
(Adresse wie Verlag)

CO_2 neutral
chbeck.de/nachhaltig

Gedruckt auf säurefreiem, alterungsbeständigem Papier
(hergestellt aus chlorfrei gebleichtem Zellstoff)

Vorwort

Die vorliegende Neuauflage berücksichtigt die zahlreichen neuen Entwicklungen in Gesetzgebung, Rechtsprechung und Schrifttum seit Abschluss der Vorauflage im Jahr 2019. Beispielhaft seien nur die seit längerem und ungebrochen besonders dynamischen Gebiete des Umweltrechtsschutzes sowie des Klimaschutz- und Umweltenergierechts genannt. Der verkehrsbezogene Immissionsschutz wurde aufgrund seiner aktuellen Bedeutung besonders hervorgehoben. Darüber hinaus wurden viele Neuerungen – etwa das Maßnahmenplanungsrecht oder die Abfallrechtsnovelle 2020 – integriert.

Ziel des Buches ist weiterhin die wissenschaftlich fundierte und fallbezogene Einführung in die Kerngebiete des Umweltrechts. Ein besonderes Anliegen ist uns ferner die enge Verzahnung der Darstellung mit den allgemeinen Grundlagen des Europa-, Verfassungs- und Verwaltungsrechts (einschließlich des jeweiligen Prozessrechts).

Die Autoren danken ihren (ehemaligen) Mitarbeiterinnen und Mitarbeitern *PD Dr. Patrick Hilbert*, *Paul Hüther*, *Robert Pracht*, *Anna-Lena Siehr*, *Marie-Christin Stürmlinger* und *Annika Vorfelder* für ihre Unterstützung.

Über Anregungen und Kritik freuen wir uns sehr (kahl@jurs.uni-heidelberg.de; gaerditz@jura.uni-bonn.de).

Heidelberg/Bonn, im Mai 2021

Wolfgang Kahl
Klaus Ferdinand Gärditz

Inhaltsverzeichnis

Verzeichnis der Fälle

Abkürzungsverzeichnis

aA	andere(r) Ansicht
aaO	am angegebenen Ort
AAVO	Ausgleichsabgabeverordnung
AbfallR	Zeitschrift für das Recht der Abfallwirtschaft
AbfG	Abfallgesetz
AbfG LSA	Abfallgesetz des Landes Sachsen-Anhalt
AbfGAlG M-V	Abfallwirtschafts- und Altlastengesetz für Mecklenburg-Vorpommern
AbfRRL	Richtlinie 2008/98/EG des Europäischen Parlaments und des Rates über Abfälle und zur Aufhebung bestimmter Richtlinien
AbfVerbrVO	Verordnung (EG) Nr. 1013/2006 des Europäischen Parlaments und des Rates über die Verbringung von Abfällen
abl.	ablehnend
ABl.	Amtsblatt der Europäischen Union (bzw. früher: Europäischen Gemeinschaften)
Abschn.	Abschnitt
abw.	abweichend
AbwAG	Abwasserabgabengesetz
ACES	American Clean Energy and Security Act
AcP	Archiv für die civilistische Praxis
aE	am Ende
AEG	Allgemeines Eisenbahngesetz
AETR	Accord Européen sur les Transports Routiers (Europäisches Übereinkommen über die Arbeit des im internationalen Straßenverkehr beschäftigten Fahrpersonals)
AEUV	Vertrag über die Arbeitsweise der Europäischen Union v. 13.12.2007 (konsolidierte Fassung: ABlEU 2008 C 115, S. 47)
aF	alte Fassung
AG	Amtsgericht/Aktiengesellschaft/Ausführungsgesetz
AgrarR	Agrar- und Umweltrecht
AGVwGO	Gesetz zur Ausführung der Verwaltungsgerichtsordnung
AiB	Arbeitsrecht im Betrieb
AJIL	American Journal of International Law
AK	UN/EC-Übereinkommen über den Zugang zu Informationen, die Öffentlichkeitsbeteiligung an Entscheidungsverfahren und den Zugang zu Gerichten in Umweltangelegenheiten (Aarhus-Konvention)
allg.	allgemein
Alt.	Alternative
AltfahrzeugV	Verordnung über die Überlassung, Rücknahme und umweltfreundliche Entsorgung von Altfahrzeugen
AMG	Arzneimittelgesetz
Amtsbl.	Amtsblatt
Änd-RL	Änderungsrichtlinie
Anh.	Anhang
Anl.	Anlage
Anm.	Anmerkung
AO	Abgabenordnung
AöR	Archiv des öffentlichen Rechts
APuZ	Aus Politik und Zeitgeschichte (Beilage zu „Das Parlament")
ArbSchG	Arbeitsschutzgesetz

arg. e	Argument aus
Art.	Artikel
ASOG	Allgemeines Gesetz zum Schutz der öffentlichen Sicherheit und Ordnung
AT	Allgemeiner Teil
AtG	Atomgesetz
AtVfV	Atomrechtliche Verfahrensverordnung
Aufl.	Auflage
AUR	Agrar- und Umweltrecht
ausf.	ausführlich
AusglMechV	(EEG-)Ausgleichsmechanismus-Verordnung
AVR	Archiv für Völkerrecht
AWZ	Deutsche ausschließliche Wirtschaftszone
Az.	Aktenzeichen
B	Bund(es)
BAnz.	Bundesanzeiger
BArtSchV	Bundesartenschutzverordnung
BattG	Gesetz zur Neuregelung der abfallrechtlichen Produktverantwortung für Batterien und Akkumulatoren
BauGB	Baugesetzbuch
BauNVO	Baunutzungsverordnung
BauO	Bauordnung
BauPG	Bauproduktengesetz
BauR	Baurecht
Bay	Bayerische(s)
BayAbfG	Bayerisches Abfallwirtschaftsgesetz
BayGO	Gemeindeordnung für den Freistaat Bayern
BayObLG	Bayerisches Oberstes Landesgericht
BayVBl.	Bayerische Verwaltungsblätter
BayVGHE	Entscheidungssammlung des Bayerischen Verwaltungsgerichtshofs
BB	Betriebsberater
BBergG	Bundesberggesetz
Bbg.	Brandenburgische(s)
BbgAbfG	Brandenburgisches Abfall- und Bodenschutzgesetz
BBodSchG	Gesetz zum Schutz vor schädlichen Bodenveränderungen und zur Sanierung von Altlasten (Bundes-Bodenschutzgesetz)
BBodSchV	Bundes-Bodenschutz- und Altlastenverordnung
Bd./Bde.	Band/Bände
BDGV	Berichte der Deutschen Gesellschaft für Völkerrecht
BeckOK	Beck'scher Online-Kommentar
BeckRS	Beck-Rechtsprechung
Beih.	Beiheft
Beil.	Beilage
Bek.	Bekanntmachung
ber.	berichtigt
Berl	Berliner
BerlKrW-/AbfG	Gesetz zur Förderung der Kreislaufwirtschaft und Sicherung der umweltverträglichen Beseitigung von Abfällen in Berlin
Beschl.	Beschluss
betr.	betreffend
BFHE	Sammlung der Entscheidungen des Bundesfinanzhofs
BfN	Bundesamt für Naturschutz
BGB	Bürgerliches Gesetzbuch
BGBl.	Bundesgesetzblatt
BGHZ	Entscheidungen des Bundesgerichtshofs in Zivilsachen
BImSchG	Bundes-Immissionsschutzgesetz
BImSchV	Bundesimmissionsschutzverordnung

BISD	Basic Instruments and Selected Documents, World Trade Organization
BJagdG	Bundes-Jagdgesetz
BK-GG	Bonner Kommentar zum Grundgesetz (hrsg. von Kahl/Waldhoff/Walter)
Bln	Berliner
BMU	Bundesministerium für Umwelt, Naturschutz und Reaktorsicherheit (bis 12/2013) bzw. Bundesministerium für Umwelt, Naturschutz und nukleare Sicherheit (seit 3/2018)
BMUB	Bundesministerium für Umwelt, Naturschutz, Bau und Reaktorsicherheit (von 12/2013 bis 3/2018, vorher und danach BMU)
BMVI	Bundesministerium für Verkehr und Infrastruktur
BMWi	Bundesministerium für Wirtschaft und Energie
BNatSchG	Bundesnaturschutzgesetz
BNetzA	Bundesnetzagentur
BO	Bauordnung
BR-Drs.	Bundesrats-Drucksache
Brem	Bremische(s)
BRS	Baurechtssammlung
Bsp.	Beispiel
bspw.	beispielsweise
BT	Besonderer Teil/Bundestag
BT-Drs.	Bundestags-Drucksache
BtMG	Gesetz über den Verkehr mit Betäubungsmitteln
BTO	Bundestarifordnung
BUND	Bund für Umwelt und Naturschutz Deutschland
BVerfG	Bundesverfassungsgericht
BVerfGE	Entscheidungen des Bundesverfassungsgerichts
BVerfGG	Bundesverfassungsgerichtsgesetz
BVerfGK	Kammerentscheidungen des Bundesverfassungsgerichts
BVerwG	Bundesverwaltungsgericht
BVerwGE	Entscheidungen des Bundesverwaltungsgerichts
BVT	Beste Verfügbare Technik
BW	Baden-Württembergische(s)
BWaldG	Bundeswaldgesetz
BWGemO	Gemeindeordnung für Baden-Württemberg
BWJWMG	Jagd- und Wildtiermanagementgesetz Baden-Württemberg
BWLKreiWiG	Landes-Kreislaufwirtschaftsgesetz Baden-Württemberg
BWÖKVO	Ökokonto-Verordnung Baden-Württemberg
bzgl.	bezüglich
bzw.	beziehungsweise
ca.	circa
CAA	CO_2-Abscheidung und Ablagerung
CCLR	Carbon and Climate Law Review
CCS	Carbon Capture and Storage
CDM	Clean Development Mechanism
CEF	Continuous Ecological Functionality
CER	Certified Emission Reductions
ChemBiozidMeldeV	Verordnung über die Meldung von Biozid-Produkten
ChemBiozidZulV	Verordnung über die Zulassung von Biozid-Produkten
ChemG	Gesetz zum Schutz vor gefährlichen Stoffen (Chemikaliengesetz)
ChemKlimaschutzV	Chemikalien-Klimaschutzverordnung
ChemOzonSchichtV	Verordnung über Stoffe, die die Ozonschicht schädigen
ChemVerbotsV	Chemikalienverbotsverordnung
CLP-VO	Verordnung (EG) Nr. 1272/2008 des Europäischen Parlaments und des Rates über die Einstufung, Kennzeichnung und Verpackung von Stoffen und Gemischen
CMLRev	Common Market Law Review

CMP .... Capital Master Plan
COM .... (European) Commission
CSD .... Commission on Sustainable Development

DAR .... Deutsches Autorecht
DAU .... Deutsche Akkreditierungs- und Zulassungsgesellschaft für Umweltgutachter mbH
DB .... Der Betrieb
DDR .... Deutsche Demokratische Republik
DEHSt .... Deutsche Emissionshandelsstelle
DepV .... Verordnung über Deponien und Langzeitlager (Deponieverordnung)
ders. .... derselbe
dh .... das heißt
dies. .... dieselbe(n)
differ. .... differenziert/differenzierend
DIN .... Deutsches Institut für Normung eV
DIW .... Deutsches Institut für Wirtschaftsforschung
DJT .... Deutscher Juristentag
DNA .... Desoxyribonukleinsäure
DÖV .... Die Öffentliche Verwaltung
Drs. .... Drucksache
DSB .... Dispute Settlement Body
DSD .... Duales System Deutschland GmbH
DSGVO .... Datenschutz-Grundverordnung
DStR .... Deutsches Steuerrecht
DSU .... Understanding on Rules and Procedures Governing the Settlement of Disputes
DuD .... Datenschutz und Datensicherheit
DUH .... Deutsche Umwelthilfe
DüngG .... Düngegesetz
DVBl .... Deutsches Verwaltungsblatt

E .... Entwurf
EAG Bau .... Europarechtsanpassungsgesetz Bau
ebd. .... ebenda
EBPG .... Gesetz über die umweltgerechte Gestaltung energiebetriebener Produkte
ECHA .... European Chemical Agency
ECHR .... European Court of Human Rights
ECLI .... Europäischer Rechtsprechungs-Identifikator
Ed. .... Edition
EE .... Erneuerbare Energien
EEA .... Einheitliche Europäische Akte
EEG .... Gesetz über den Vorrang Erneuerbarer Energien
(E)EELR .... European (Energy and) Environmental Law Review
EEWärmeG .... Gesetz zur Förderung der Erneuerbaren Energien im Wärmebereich
EEX .... European Energy Exchange
EG .... Europäische Gemeinschaft
EGBGB .... Einführungsgesetz zum Bürgerlichen Gesetzbuche
EGGenTDurchfG .... EG-Gentechnik-Durchführungsgesetz
EGMR .... Europäischer Gerichtshof für Menschenrechte
EG-UGB .... Einführungsgesetz zum Umweltgesetzbuch (Entwurf)
EGV .... Vertrag zur Gründung der Europäischen Gemeinschaft
EH .... Emissionshandel(s)
EHS .... Emissionshandelssystem
EHVV .... Emissionshandels-Versteigerungsverordnung
EIA .... Environmental Impact Assessment

Einl.	Einleitung
EL	Ergänzungslieferung
ElektroG	Gesetz über das Inverkehrbringen, die Rücknahme und die umweltverträgliche Entsorgung von Elektro- und Elektronikgeräten
ELJ	European Law Journal
ELRev	European Law Review
EMAS	Environmental Management and Audit Scheme
EMRK	Europäische Menschenrechtskonvention
endg.	endgültig
EnEG	Gesetz zur Einsparung von Energie in Gebäuden
EnergieStG	Energiesteuergesetz
EnergieStV	Energiesteuer-Durchführungsverordnung
EnEV	Verordnung über energiesparenden Wärmeschutz und energiesparende Anlagetechnik bei Gebäuden
engl.	englisch
ENLAG	Gesetz zum Ausbau der Energieleitungen
EnVKG	Gesetz zur Umsetzung von Rechtsakten der Europäischen Gemeinschaften auf dem Gebiet der Energieeinsparung bei Geräten und Kraftfahrzeugen
EnWG	Gesetz über die Elektrizitäts- und Gasversorgung (Energiewirtschaftsgesetz)
EnWZ	Zeitschrift für das gesamte Recht der Energiewirtschaft
ER	Zeitschrift für die gesamte Energierechtspraxis
ERU	Emission Reduction Units
ESchG	Embryonenschutzgesetz
ESDN	European Sustainable Development Network
ESVGH	Entscheidungssammlung des Hessischen Verwaltungsgerichtshofs und des Verwaltungsgerichtshofs Baden-Württemberg mit Entscheidungen der Staatsgerichtshöfe beider Länder
et	Energiewirtschaftliche Tagesfragen
etc.	et cetera
EU	Europäische Union bzw. Vertrag zur Gründung der Europäischen Union idF des Vertrages von Nizza
EUDUR	Handbuch zum europäischen und deutschen Umweltrecht (hrsg. von Rengeling)
EuG	Gericht der Europäischen Union
EuGH	Gerichtshof der Europäischen Union
EuGHSatz	Protokoll über die Satzung des Gerichtshofs der Europäischen Union
EuGRZ	Europäische Grundrechte-Zeitschrift
EuR	Europarecht
EurUP	Europäisches Umwelt- und Planungsrecht
EUV	Vertrag über die Europäische Union
EuZW	Europäische Zeitschrift für Wirtschaftsrecht
eV	eingetragener Verein
Ev. StL	Evangelisches Staatslexikon
EVPG	Energieverbrauchsrelevante-Produkte-Gesetz
EWeRK	Zeitschrift für Energie- und Wettbewerbsrecht in der Kommunalen Wirtschaft
EWG	Europäische Wirtschaftsgemeinschaft
EWGV	Vertrag zur Gründung der Europäischen Wirtschaftsgemeinschaft
EWS	Europäisches Wirtschafts- und Steuerrecht
f.	folgend/für
FAZ	Frankfurter Allgemeine Zeitung
FCCC	Framework Convention on Climate Change
ff.	folgende
FFH	Flora-Fauna-Habitat

FFH-VP	FFH-Verträglichkeitsprüfung
FG	Festgabe/Finanzgericht
FGO	Finanzgerichtsordnung
FluglärmG	Gesetz zum Schutz gegen Fluglärm
Fn.	Fußnote
FS	Festschrift
FStrG	Bundesfernstraßengesetz
G	Gesetz
GA	Generalanwalt
GABl.	Gemeinsames Amtsblatt
GastG	Gaststättengesetz
GBl.	Gesetzblatt
GD	Generaldirektion
gd	geändert durch
GebBeitrG	Gesetz über Gebühren und Beiträge
GebG	Gebührengesetz
GebV	Gebührenverordnung
GefStoffV	Gefahrstoffverordnung
GEG	Gebäudeenergiegesetz
gem.	gemäß
GenTG	Gentechnikgesetz
GenTSV	Gentechnik-Sicherheitsverordnung
GeoZG	Geodatenzugangsgesetz
GeschO	Geschäftsordnung
GewAbfV	Gewerbeabfallverordnung
GewArch	Gewerbearchiv
GfU	Gesellschaft für Umweltrecht
GG	Grundgesetz
ggf.	gegebenenfalls
GIRL	Geruchsimmissionsrichtlinie
GK	Gemeinschaftskommentar
GLJ	German Law Journal
GmbH	Gesellschaft mit beschränkter Haftung
GmbHG	Gesetz betreffend die Gesellschaften mit beschränkter Haftung
GO	Gemeindeordnung
GPR	Zeitschrift für das Privatrecht der Europäischen Union
GRCh	Charta der Grundrechte der EU
grdl.	grundlegend
grds.	grundsätzlich
GrundwasserVO	Verordnung zum Schutz des Grundwassers
GRUR	Gewerblicher Rechtsschutz und Urheberrecht
GS	Gedächtnisschrift
Gt	Gigatonne
GV. NRW.	Gesetz- und Verordnungsblatt für das Land Nordrhein-Westfalen
GVBl.	Gesetz- und Verordnungsblatt
GVerwR	Grundlagen des Verwaltungsrechts (hrsg. von Hoffmann-Riem/Schmidt-Aßmann/Voßkuhle)
GVG	Gerichtsverfassungsgesetz
GVL	Gesellschaft zur Verwertung von Leistungsschutzrechten mbH
GVO	Gentechnisch veränderter Organismus
GW	Gigawatt
GWB	Gesetz gegen Wettbewerbsbeschränkung (Kartellgesetz)
GYIL	German Yearbook of International Law
ha	Hektar
HaftpflichtG	Haftpflichtgesetz
HdB	Handbuch

HdUR	Handwörterbuch des Umweltrechts (hrsg. von Kimminich/ v. Lersner/Storm)
Hess	Hessische
HFR	Humboldt Forum Recht
HGB	Handelsgesetzbuch
hL	herrschende Lehre
hM	herrschende Meinung
Hmb	Hamburgische
HmbAbfG	Hamburgisches Abfallwirtschaftsgesetz
Hrsg.	Herausgeber
Hs.	Halbsatz
HStR	Handbuch des Staatsrechts (hrsg. von Isensee/Kirchhof)
ICJ	International Court of Justice
idF	in der Fassung
idR	in der Regel
iE	im Einzelnen
IE	Industrieemission(s)
IE-RL	Richtlinie 2010/75/EU des Europäischen Parlaments und des Rates über Industrieemissionen (integrierte Vermeidung und Verminderung der Umweltverschmutzung)
I+E	Zeitschrift für Immissionsschutzrecht und Emissionshandel
iErg	im Ergebnis
ieS	im engeren Sinn
IFG	Gesetz zur Regelung des Zugangs zu Informationen des Bundes
IGH	Internationaler Gerichtshof
ILC	International Law Commission
ILM	International Legal Materials
IMO	International Maritim Organization
ImSchG	Immissionsschutzgesetz
ImSchZuVO	Immissionsschutz-Zuständigkeitsverordnung
insbes.	insbesondere
insg.	insgesamt
InsO	Insolvenzordnung
IÖD	Informationsdienst Öffentliches Dienstrecht
IPCC	Intergovernmental Panel on Climate Change
IR	Infrastruktur-Recht
iRd	im Rahmen der/des
IRENA	International Renewable Energy Agency
iSd	im Sinne des (der)
iRv	im Rahmen von
ISGH	Internationaler Seegerichtshof
ISO	Internationale Organisation für Normung
IStR	Internationales Steuerrecht
iSv	im Sinne von
IVG	integrierte Vorhabengenehmigung
iVm	in Verbindung mit
IVU	Integrierte Vermeidung und Verminderung der Umweltverschmutzung
iwS	im weiteren Sinne
JA	Juristische Arbeitsblätter
JbUTR	Jahrbuch des Umwelt- und Technikrechts
JEEPL	Journal of European Environmental and Planning Law
JEnvL	Journal of Environmental Law
JI	Joint Implementation
JK	JURA-Kartei
jM	juris – Die Monatszeitschrift
JöR	Jahrbuch des öffentlichen Rechts

JURA	Juristische Ausbildung
JuS	Juristische Schulung
JZ	Juristenzeitung
K&R	Kommunikation und Recht
Kap.	Kapitel
KBrStG	Kernbrennstoffsteuergesetz
kg	Kilogramm
KJ	Kritische Justiz
KKW	Kernkraftwerk(e)
km	Kilometer
KMU	kleine und mittlere Unternehmen
KOM	Dokumente der Kommission der EU/EG
KomE	Kommissionsentwurf
KostG	Kostengesetz
krit.	kritisch
KritV	Kritische Vierteljahresschrift für Gesetzgebung und Rechtswissenschaft
KRK	Klimarahmenkonvention
KrW-/AbfG	Kreislaufwirtschafts- und Abfallgesetz
KrWG	Gesetz zur Förderung der Kreislaufwirtschaft und Sicherung der umweltverträglichen Bewirtschaftung von Abfällen (Kreislaufwirtschaftsgesetz)
KSG	Bundes-Klimaschutzgesetz
KSpG	Kohlendioxid-Speicherungsgesetz
KV	Kompensationsverordnung
KWKFördG	Gesetz zur Förderung der Kraft-Wärme-Kopplung
KWKG	Gesetz über die Erhaltung, die Modernisierung und den Ausbau der Kraft-Wärme-Kopplung
L	Landes
LAbfG NRW	Abfallgesetz für das Land Nordrhein-Westfalen
LAbfWG SchlH	Abfallwirtschaftsgesetz für das Land Schleswig-Holstein
LBauO	Landesbauordnung
LFGB	Lebensmittel- und Futtermittelgesetzbuch
LForstG	Landesforstgesetz
LG	Landgericht
LImSchG	Landesimmissionsschutzgesetz
lit.	litera (Buchstabe)
Lit.	Literatur
LJagdG	Landesjagdgesetz
LKrO	Landkreisordnung
LKrWG RhPf	Landeskreislaufwirtschaftsgesetz Rheinland-Pfalz
LKRZ	Zeitschrift für Landes- und Kommunalrecht Hessen, Rheinland-Pfalz, Saarland
LKV	Landes- und Kommunalverwaltung
LMuR	Lebensmittel & Recht
LNatSchG	Landesnaturschutzgesetz
LPlG	Landesplanungsgesetz
Ls.	Leitsatz
LSA	(Land) Sachsen-Anhalt
LStVG	Landesstraf- und Verordnungsgesetz
LuftVG	Luftverkehrsgesetz
LuftVO	Luftverkehrs-Ordnung
LVwVfG	Landesverwaltungsverfahrensgesetz
LWG	Landeswahlgesetz
m	Meter
m.	mit

mablAnm	mit ablehnender Anmerkung
mAnm	mit Anmerkung
MBPlG	Gesetz zur Regelung des Planungsverfahrens für Magnetschwebebahnen
mind.	mindestens
mw	mit weiterer, mit weiteren
m(z)wN	mit (zahlreichen) weiteren Nachweisen
mWv	mit Wirkung vom
Mio.	Million(en)
Mrd.	Milliarde(n)
MüKoBGB	Münchener Kommentar zum BGB
M-V	Mecklenburg-Vorpommern/Mecklenburg-Vorpommerische
MVA	Müllverbrennungsanlage
MVNatSchAG	Naturschutzausführungsgesetz Mecklenburg-Vorpommern
MW	Megawatt
N&R	Netzwirtschaften und Recht
NABEG	Netzausbaubeschleunigungsgesetz
Nachdr.	Nachdruck
NachV	Nachhaltigkeitsverordnung
Nachw.	Nachweis(e)
NAP	nationaler Allokationsplan
NatSchG	Naturschutzgesetz
Nds	Niedersachsen/Niedersächsische
NdsAbfG	Niedersächsisches Abfallgesetz
NdsVBl.	Niedersächsische Verwaltungsblätter
nEHS	nationales Emissionshandelssystem
NEPA	National Environmental Policy Act
nF	neue Fassung
NGO	Nichtregierungsorganisation
NiSG	Gesetz zur Regelung des Schutzes vor nichtionisierender Strahlung
NJOZ	Neue Juristische Online Zeitschrift
NJW	Neue Juristische Wochenschrift
NJW-RR	Neue Juristische Wochenschrift-Rechtsprechungsreport Zivilrecht
NKlimaG	Niedersächsisches Klimagesetz
NK-VwGO	Nomos-Kommentar zur Verwaltungsgerichtsordnung
NordÖR	Zeitschrift für öffentliches Recht in Norddeutschland
NR	Nachhaltigkeitsrecht
Nr.	Nummer(n)
NRW	Nordrhein-Westfalen/Nordrhein-Westfälische
NRWZustVU	Zuständigkeitsverordnung Umweltschutz Nordrhein-Westfalen
NuR	Natur und Recht
NVwZ	Neue Zeitschrift für Verwaltungsrecht
NVwZ-RR	Neue Zeitschrift für Verwaltungsrecht-Rechtsprechungsreport
NWVBl.	Nordrhein-Westfälische Verwaltungsblätter
NZBau	Neue Zeitschrift für Baurecht und Vergaberecht
NZG	Neue Zeitschrift für Gesellschaftsrecht
N & R	Netzwirtschaften und Recht
o.	oben
oÄ	oder Ähnliche(s)
OBG	Gesetz über Aufbau und Befugnisse der Ordnungsbehörden
OECD	Organization for Economic Cooperation and Development
og	oben genannte(r/s)
OHG	Offene Handelsgesellschaft
OLG	Oberlandesgericht
ÖPNV	Öffentlicher Personennahverkehr

OVG	Oberverwaltungsgericht
OVGE	Entscheidungen der Oberverwaltungsgerichte
OWiG	Gesetz über Ordnungswidrigkeiten
PA	Pariser Abkommen
para.	Paragraf
PatG	Patentgesetz
PBefG	Personenbeförderungsgesetz
PdW	Prüfe dein Wissen
PflSchG	Pflanzenschutzgesetz
PharmaR	PharmaRecht
PIC-Übereinkommen	Rotterdammer Übereinkommen über den Handel mit gefährlichen Chemikalien sowie Pflanzenschutz- und Schädlingsbekämpfungsmitteln
PlPr	Plenarprotokoll
PolG	Polizeigesetz
PrAllGewO	Preußische Allgemeine Gewerbeordnung
PresseG	Pressegesetz
ProdSG	Gesetz über die Bereitstellung von Produkten auf dem Markt
ProfE	Professorenentwurf
ProMechG	Gesetz über projektbezogene Mechanismen nach dem Protokoll von Kyoto zum Rahmenübereinkommen der Vereinten Nationen über Klimaänderung
PVS	Politische Vierteljahresschrift
RdC	Recueil de Cours
RdE	Recht der Energiewirtschaft
REACH-VO	VO (EG) Nr. 1907/2006 des Europäischen Parlaments und des Rates zur Registrierung, Bewertung, Zulassung und Beschränkung chemischer Stoffe
RECIEL	Review of European Community & International Environmental Law
REE	Recht der Erneuerbaren Energien
RELP	Journal of Renewable Energy Law and Policy
RGU	Gesetz zur Bereinigung des Bundesrechts im Geschäftsbereich des Bundesministeriums für Umwelt, Naturschutz und Reaktorsicherheit
RGZ	Entscheidungen des Reichsgerichts
RhPf	Rheinland-Pfalz/Rheinland-Pfälzische
RiA	Recht im Amt
RIAA	Reports of International Arbitral Awards
RIW	Recht der internationalen Wirtschaft
RL	Richtlinie
Rn.	Randnummer(n)
RNA	Ribonukleinsäure
ROG	Raumordnungsgesetz
Rs.	Rechtssache
Rspr.	Rechtsprechung
RuR	Raumforschung und Raumordnung
RW	Rechtswissenschaft – Zeitschrift für rechtswissenschaftliche Forschung
S.	Seite
s.	siehe
s. o.	siehe oben
s. u.	siehe unten
Saarl	Saarland/Saarländische
Sächs	Sächsische
SächsABG	Sächsisches Abfallwirtschafts- und Bodenschutzgesetz

SächsVBl.	Sächsische Verwaltungsblätter
SBI	Subsidiary Body for Implementation
SchlH	Schleswig-Holstein/Schleswig-Holsteinische
SDLWindV	Verordnung zu Systemdienstleistungen durch Windenergieanlagen
SeeAnlV	Seeanlagenverordnung
skept.	skeptisch
Slg.	Amtliche Sammlung des EuGH
sog.	so genannt(e/r)
Sp.	Spalte
Spstr.	Spiegelstrich
SRU	Rat von Sachverständigen für Umweltfragen
SRÜ	Seerechtsübereinkommen
staatl.	staatlich
StandAG	Gesetz zur Suche und Auswahl eines Standortes für ein Endlager für Wärme entwickelnde radioaktive Abfälle (Standortauswahlgesetz)
stellv.	stellvertretend
StGB	Strafgesetzbuch
StGH	Staatsgerichtshof
StIGH	Ständiger Internationaler Gerichtshof
StoffR	Zeitschrift für Stoffrecht
str.	streitig/strittig
StrEG	Gesetz über die Entschädigung für Strafverfolgungsmaßnahmen
StromNZV	Verordnung über den Zugang zu Elektrizitätsnetzen
StromStG	Stromsteuergesetz
stRspr	ständige Rechtsprechung
StrVG	Gesetz zum vorsorgenden Schutz der Bevölkerung gegen Strahlenbelastung
StudZR	Studentische Zeitschrift für Rechtswissenschaft Heidelberg
StuW	Steuern und Wirtschaft
StVG	Straßenverkehrsgesetz
StVO	Straßenverkehrs-Ordnung
SUP	Strategische Umweltprüfung
SUP-RL	Richtlinie 2001/42/EG des Europäischen Parlaments und des Rates über die Prüfung der Umweltauswirkungen bestimmter Pläne und Programme
SZ	Süddeutsche Zeitung
t	Tonne(n)
TA	Technische Anleitung
TEHG	Treibhausgas-Emissionshandelsgesetz
teilw.	teilweise
Thür	Thüringen/Thüringische
ThürVBl.	Thüringer Verwaltungsblätter
TierSchG	Tierschutzgesetz
Tz.	Textziffer
u.	unten
ua	und andere/ unter anderem
UAbs.	Unterabsatz
UAG	Umweltauditgesetz
UAGZVV	Verordnung über das Verfahren zur Zulassung von Umweltgutachtern und Umweltgutachterorganisationen sowie zur Erteilung von Fachkenntnisbescheinigungen nach dem Umweltauditgesetz
UAP	Umweltaktionsprogramm
UBA	Umweltbundesamt
UGB	Umweltgesetzbuch

UGB-AT/BT ProfE	Professorenentwurf eines Umweltgesetzbuchs – Allgemeiner Teil/Besonderer Teil
UGB-KomE	Entwurf eines Umweltgesetzbuchs der Unabhängigen Sachverständigenkommission
UGB-RefE	Referentenentwurf des BMU für ein Umweltgesetzbuch v. 4.12.2008
UIG	Umweltinformationsgesetz
UIGKostV	Umweltinformationskostenverordnung
UmweltHG	Gesetz über die Umwelthaftung
UmwG	Umwandlungsgesetz
UmwRG	Umwelt-Rechtsbehelfsgesetz
UN	United Nations
ÜNB	Übertragungsnetzbetreiber
UNCED	United Nations Conference on Environment and Development
UN-Doc	United Nations Documents
UNEP	United Nations Environment Programme
UNESCO	United Nations Educational, Scientific and Cultural Organization
UNFCCC	United Nations Framework Convention on Climate Change
UPR	Umwelt- und Planungsrecht
Urt.	Urteil
USchadG	Gesetz über die Vermeidung und Sanierung von Umweltschäden
usf.	und so fort
UTR	Schriftenreihe des Instituts für Umwelt- und Technikrecht der Universität Trier
uU	unter Umständen
UVP	Umweltverträglichkeitsprüfung
UVPG	Gesetz zur Umsetzung der Richtlinie des Rates über die Umweltverträglichkeitsprüfung bei bestimmten öffentlichen und privaten Vorhaben
UVP-Änd-RL	Richtlinie 2014/52/EU des Europäischen Parlaments und des Rates zur Änderung der Richtlinie 2011/92/EU über die Umweltverträglichkeitsprüfung bei bestimmten öffentlichen und privaten Projekten
UVP-RL	Richtlinie 2011/92/EU des Europäischen Parlaments und des Rates über die Umweltverträglichkeitsprüfung bei bestimmten öffentlichen und privaten Projekten
UVP-V	Verordnung über die Umweltverträglichkeitsprüfung
UV-Strahlung	Ultraviolettstrahlung
UWP	Umweltrechtliche Beiträge aus Wissenschaft und Praxis
V	Verordnung
v.	von/vom
VA	Verwaltungsakt
Var.	Variante
VBl.	Verwaltungsblatt/-blätter
VBlBW	Verwaltungsblätter für Baden-Württemberg
VCI	Verband der Chemischen Industrie eV
VDE	Verband Deutscher Elektrotechniker eV
VDI	Verein Deutscher Ingenieure
verb.	verbunden
Verf	Verfassung/Verfasser
VerfBlog	Verfassungsblog
VerfGH	Verfassungsgerichtshof
VerfO EuGH	Verfahrensordnung des Gerichtshofs
VerpackV	Verordnung über die Vermeidung und Verwertung von Verpackungsabfällen (Verpackungsverordnung)
VersR	Versicherungsrecht
Verw.	Die Verwaltung

Verw. Beih.	Die Verwaltung Beiheft
VerwArch	Verwaltungsarchiv
VG	Verwaltungsgericht
VGH	Verwaltungsgerichtshof
vgl.	vergleiche
VgV	Vergabeverordnung
VIG	Gesetz zur Verbesserung der umweltbezogenen Verbraucherinformation
VN	Vereinte Nationen / Vereinte Nationen (Zeitschrift)
VO	Verordnung
Vorb.	Vorbemerkung
Vorbem.	Vorbemerkung
VR	Verwaltungsrundschau
VRL	Richtlinie 2009/147/EG über die Erhaltung der wild lebenden Vogelarten (Vogelschutzrichtlinie)
VVDStRL	Veröffentlichungen der Vereinigung der Deutschen Staatsrechtslehrer
VVE	Vertrag über die Verfassung von Europa
VwGO	Verwaltungsgerichtsordnung
VwVfG	Verwaltungsverfahrensgesetz
W+B	Zeitschrift für deutsches und europäisches Wasser-, Abwasser- und Bodenschutzrecht
WaStrG	Bundeswasserstraßengesetz
WBGU	Wissenschaftlicher Beirat der Bundesregierung Globale Umweltveränderungen
WG	Wassergesetz
wg.	wegen
WHG	Gesetz zur Ordnung des Wasserhaushalts (Wasserhaushaltsgesetz)
WiVerw	Wirtschaft und Verwaltung
WMO	World Meteorological Organization
WRMG	Gesetz über die Umweltverträglichkeit von Wasch- und Reinigungsmitteln
WRP	Wettbewerb in Recht und Praxis
WRRL	Richtlinie 2000/60/EG des Europäischen Parlaments und des Rates zur Schaffung eines Ordnungsrahmens für Maßnahmen der Gemeinschaft im Bereich der Wasserpolitik (Wasserrahmenrichtlinie)
WRV	Weimarer Reichsverfassung
WTO	World Trade Organization
WUR	Wirtschaftsverwaltungs- und Umweltrecht
WVG	Wasserverbandsgesetz (Gesetz über Wasser- und Bodenverbände)
z.	zahlreiche(n)
ZaöRV	Zeitschrift für ausländisches öffentliches Recht und Völkerrecht
zB	zum Beispiel
ZEuS	Zeitschrift für europarechtliche Studien
ZfBR	Zeitschrift für deutsches und internationales Bau- und Vergaberecht
ZfU	Zeitschrift für Umweltpolitik und Umweltrecht
ZfV	Zeitschrift für Verwaltung
ZfW	Zeitschrift für Wasserrecht
ZfZ	Zeitschrift für Zölle und Verbrauchsteuern
ZG	Zeitschrift für Gesetzgebung
zgd	zuletzt geändert durch
ZHR	Zeitschrift für das gesamte Handelsrecht und Wirtschaftsrecht
ZIS	Zeitschrift für Internationale Strafrechtsdogmatik

zit.	zitiert
ZJS	Zeitschrift für das Juristische Studium
ZKBS	Zentrale Kommission für Biologische Sicherheit
ZLR	Zeitschrift für das gesamte Luftrecht
ZNER	Zeitschrift für neues Energierecht
ZP	Zeitschrift für Planung & Unternehmenssteuerung
ZPO	Zivilprozessordnung
ZRP	Zeitschrift für Rechtspolitik
zT	zum Teil
ZuG	Zuteilungsgesetz
ZUR	Zeitschrift für Umweltrecht
zust.	zustimmend
ZuV	Zuteilungsverordnung

Literaturverzeichnis

Becker Das neue Umweltrecht 2010, 2010

Beyerlin/Marauhn International Environmental Law, 2011

Breuer Umweltschutzrecht in Schmidt-Aßmann-Schoch (Hrsg.), Besonderes Verwaltungsrecht, 14. Aufl. 2008, Kap. 5

Breuer/Gärditz Öffentliches und privates Wasserrecht, 4. Aufl. 2017 (zit.: *Breuer/Gärditz* WasserR)

Bundesministerium für Umwelt, Naturschutz und Reaktorsicherheit (Hrsg.) Gesetzentwurf der Bundesregierung für ein Umweltgesetzbuch, 4.12.2008, abrufbar unter: http://www.bmu.de/umweltgesetzbuch/downloads/doc/40448.php (zit.: *UGB-RefE*)

Bundesministerium für Umwelt, Naturschutz und Reaktorsicherheit (Hrsg.) Umweltgesetzbuch, Entwurf der Unabhängigen Sachverständigenkommission zum Umweltgesetzbuch beim Bundesministerium für Umwelt, Naturschutz und Reaktorsicherheit, 1998 (zit.: *UGB-KomE*)

Czychowski/Reinhardt Wasserhaushaltsgesetz, 12. Aufl. 2019 (zit.: *Czychowski/Reinhardt*)

Dietrich/Au/Dreher Umweltrecht der Europäischen Gemeinschaften, 2003

Ehlers/Fehling/Pünder (Hrsg.) Besonderes Verwaltungsrecht, Bd. 2, 4. Aufl. 2020 (zit.: *Bearbeiter* in Ehlers/Fehling/Pünder)

Eifert Umweltschutzrecht in Schoch (Hrsg.), Besonderes Verwaltungsrecht, 2018, Kap. 5 (zit.: *Eifert* Rn.)

Epiney Umweltrecht in der Europäischen Union, 4. Aufl. 2019

Fischer Umweltrecht in Steiner/Brinktrine (Hrsg.), Besonderes Verwaltungsrecht, 9. Aufl. 2018, § 7 (zit.: *Fischer*)

Frenz Europäisches Umweltrecht, 1997

Gesellschaft für Umweltrecht (Hrsg.) Umweltrecht im Wandel, 2001 (zit.: *Bearbeiter* in GfU, Umweltrecht im Wandel)

Giesberts/Reinhardt (Hrsg.) BeckOK Umweltrecht, 58. Ed. 1.4.2021 (zit.: *Bearbeiter* in BeckOK UmweltR)

Glaser/Klement Umweltrecht mit Planungsrecht, 2010

Greb/Boewe (Hrsg.) BeckOK EEG, 11. Ed. 16.11.2020 (zit.: *Bearbeiter* in BeckOK EEG)

Hansmann/Sellner (Hrsg.) Grundzüge des Umweltrechts, 4. Aufl. 2012 (zit.: *Bearbeiter* in Hansmann/Sellner)

Hoffmann-Riem/ Schmidt-Aßmann/ Voßkuhle .... Grundlagen des Verwaltungsrechts, 3 Bde., 2. Aufl. 2012 ff. (zit.: *Bearbeiter* in GVerwR)

Hoppe/Beckmann/ Kauch .... Umweltrecht, 2. Aufl. 2000

Jans/von der Heide .... Europäisches Umweltrecht, 2003
Jans/Vedder .... European Environmental Law, 4. Aufl. 2012
Jarass .... Bundes-Immissionsschutzgesetz: BImSchG, 13. Aufl. 2020
Jarass/Petersen .... Kreislaufwirtschaftsgesetz, 2014

Kahl/Waldhoff/Walter (Hrsg.) .... Bonner Kommentar zum Grundgesetz, Loseblatt (zit.: *Bearbeiter* in BK-GG)

Kimminich/v. Lersner/ Storm (Hrsg.) .... Handwörterbuch des Umweltrechts, 2 Bde., 2. Aufl. 1994 (zit.: *Bearbeiter* in HdUR I/II)
Kloepfer .... Umweltrecht, 4. Aufl. 2016 (zit.: *Kloepfer* UmweltR)
Kloepfer/Durner .... Umweltschutzrecht, 3. Aufl. 2020 (zit.: *Kloepfer/Durner* UmweltschutzR)

Kluth/Smeddinck (Hrsg.) .... Umweltrecht, 2. Aufl. 2021 (zit.: *Bearbeiter* in Kluth/Smeddinck)
Koch/Hofmann/Reese (Hrsg.) .... Handbuch Umweltrecht, 5. Aufl. 2018 (zit.: *Bearbeiter* in Koch/Hofmann/Reese UmweltR-HdB)
Kotulla .... Umweltrecht, Grundstrukturen und Fälle, 7. Aufl. 2018
Krämer .... EU Environmental Law, 8. Aufl. 2016
Krämer/Orlando (Hrsg.) Principles of Environmental Law, Cheltenham 2018 (zit.: *Bearbeiter* in Krämer/Orlando)

Landmann/Rohmer (Begr.) .... Umweltrecht, hrsg. v. Beckmann/Durner/Mann/Röckinghausen, 4 Bde., 92. Aufl. 2020 (zit.: *Bearbeiter* in Landmann/Rohmer UmweltR)

Maunz/Dürig (Hrsg.) .... Grundgesetz, Kommentar, Loseblatt (zit.: *Bearbeiter* in Maunz/Dürig)
Meßerschmidt .... Europäisches Umweltrecht, 2011

Peters/Hesselbarth/ Peters .... Umweltrecht, 5. Aufl. 2016
Proelß (Hrsg.) .... Internationales Umweltrecht, 2017 (zit.: *Bearbeiter* in Proelß)

Rehbinder/Schink (Hrsg.) .... Grundzüge des Umweltrechts, 5. Aufl. 2018 (zit.: *Bearbeiter* in Rehbinder/Schink)
Rengeling (Hrsg.) .... Handbuch zum europäischen und deutschen Umweltrecht (EUDUR), 3 Bde., 2. Aufl. 2003 (zit.: *Bearbeiter* in Rengeling EUDUR)
Reshöft/Schäfermeier .... EEG – Erneuerbare-Energien-Gesetz, 4. Aufl. 2014 (zit.: *Bearbeiter* in Reshöft/Schäfermeier)

Sachverständigenrat für Umweltfragen .... Verantwortung in einer begrenzten Welt, Umweltgutachten 2012, 2012 (zit.: *SRU,* Umweltgutachten 2012, Tz.)
Sachverständigenrat für Umweltfragen .... Impulse für eine integrative Umweltpolitik, Umweltgutachten 2016, 2016 (zit.: *SRU,* Umweltgutachten 2016, Tz.)

Sachverständigenrat für Umweltfragen, ... Für eine entschlossene Umweltpolitik in Deutschland und Europa, Umweltgutachten 2020 (zit.: *SRU,* Umweltgutachten 2020, S.)

Säcker/Ludwigs (Hrsg.) Berliner Kommentar zum Energierecht, Bd. 2, 4. Aufl. 2019 (zit.: *Bearbeiter* in BerlKommEnergieR)

Salzwedel .... Schutz natürlicher Lebensgrundlagen, in Isensee/Kirchhof (Hrsg.), Handbuch des Staatsrechts, Bd. IV, 3. Aufl. 2006, § 97 (zit.: *Salzwedel* Rn.)

Schink/Reidt/Mitschang UVPG/UmwRG, 2018 (zit.: *Bearbeiter* in Schink/Reidt/Mitschang)

Schlacke .... Umweltrecht, 7. Aufl. 2019

Schlacke/Schrader/Bunge .... Aarhus-Handbuch, 2. Aufl. 2019 (zit.: *Bearbeiter* in Schlacke/Schrader/Bunge)

Schulte/Schröder (Hrsg.) Handbuch des Technikrechts, 2. Aufl. 2011 (zit.: *Bearbeiter* in Schulte/Schröder)

Schwartmann/Pabst ...... Umweltrecht, 2. Aufl. 2011

Sparwasser/Engel/Voßkuhle .... Umweltrecht, 5. Aufl. 2003

Storm .... Umweltrecht, Einführung, 11. Aufl. 2020 (zit.: *Storm* Rn.)

Storm .... Umweltrecht, Prüfe dein Wissen (PdW), 2. Aufl. 2010 (zit.: *Storm* PdW)

Theobald/Kühling (Hrsg.) .... Energierecht, 108. EL 2020 (zit.: *Bearbeiter* in Theobald/Kühling)

van Calster/Reins .... EU Environmental Law, 2017

Versteyl/Mann/Schomerus .... KrWG, 4. Aufl. 2019 (zit.: *Bearbeiter* in Versteyl/Mann/Schomerus)

Wolf .... Umweltrecht, 2002

Einführung

1 Das deutsche Umweltrecht blickt auf eine lange *Tradition* zurück. Erste punktuelle Vorläuferregelungen *(vormodernes Umweltrecht)* finden sich bereits im Mittelalter (Vorschriften über die Nutzung von Gewässern durch Fischer, Müller oder Gerber), dann aber vor allem seit dem 19. Jahrhundert:[1] Zu nennen sind die Unterschutzstellung von Naturdenkmalern, die bereits vor 1840 begann,[2] die Preußische Gewerbeordnung (1845), deren Genehmigungsregime (§§ 26 ff.) dem des heutigen Bundesimmissionsschutzrechts strukturell durchaus vergleichbar war,[3] sowie die umfassenderen Regelungen zum Gewässerschutz am Ende des 19. Jahrhunderts.[4] 1935 setzte das noch weitgehend in der Weimarer Republik vorbereitete Reichsnaturschutzgesetz Maßstäbe, die teilweise noch bis in die Gegenwart fortwirken.[5] Wichtige umweltrelevante Gesetze, wenngleich noch keine Umweltgesetze im engeren Sinne, stammen sodann auch aus der Frühphase der Bundesrepublik Deutschland (Wasserhaushaltsgesetz – WHG [1957], Atomgesetz – AtG [1959]).

2 Die Phase des *modernen Umweltrechts* begann auch in Deutschland – angestoßen durch die internationale Entwicklung (Bericht des Club of Rome 1972,[6] UN-Umweltschutzkonferenz von Stockholm 1972, Ölkrise 1973, „Wertewandel" infolge der 68er-Bewegung) und ausländische Vorbilder (zB USA, Skandinavien) – Anfang der *siebziger Jahre des letzten Jahrhunderts.*[7] Eine Impulsfunktion kam dabei – neben einzelnen Regelungen auf Länderebene – vor allem dem Umweltprogramm der sozial-liberalen Bundesregierung von 1971 zu.[8] Nachdem mit Wirkung zum 15.4.1972 durch GG-Änderung die Abfallbeseitigung, die Luftreinhaltung und die Lärmbekämpfung mit Art. 74 I Nr. 24 GG kompetentiell dem Bundesgesetzgeber zugewiesen wurden,[9] ergingen das Abfallgesetz (1972) und das Bundes-Immissionsschutzgesetz (1974). Kurz danach folgte das Bundes-Naturschutzgesetz (1976)[10]; hinzu kamen Neufassungen des Atomgesetzes und des Wasserhaushaltsgesetzes (beide 1976). Teilweise gelten die Kernregelungen dieser Gesetze – ungeachtet mehrfacher späterer Novellierung – bis heute (zB BImSchG [1974]), teilweise wurden die

---

1 Ausf. zum Folgenden *Kloepfer,* Zur Geschichte des deutschen Umweltrechts, 1994, S. 17 ff., 58 ff.; *ders.* FS Koch, 2014, S. 317 ff.; *ders./Durner* UmweltschutzR § 1 Rn. 5 ff.; *Wey,* Umweltpolitik in Deutschland, 1982; Überblick bei *Kloepfer* in Ehlers/Fehling/Pünder § 44 Rn. 2 f.

2 Vgl. *Hendrischke* in Schlacke (Hrsg.), GK-BNatSchG, 2. Aufl. 2017, Vorb. zu §§ 20–30 Rn. 9.

3 Vgl. *Lies-Benachib,* Immissionsschutzrecht im 19. Jahrhundert, 2002, S. 205 ff.

4 *Kloepfer* in Ehlers/Fehling/Pünder § 44 Rn. 2.

5 S. *Wißmann* EurUP 2016, 373 (375 f.).

6 *Meadows,* Die Grenzen des Wachstums, 1972.

7 → § 1 Rn. 2. Überblick über die umweltrechtliche Gesetzgebung nach Phasen geordnet bei *Storm* Rn. 66 ff.

8 BT-Drs. VI/2710; s. auch *Kloepfer* in Ehlers/Fehling/Pünder § 44 Rn. 3; *Heinicke* FS Frank, 2014, S. 3 ff.

9 BGBl. 1972 I 593.

10 Zu dessen Genese als Rahmengesetz (Art. 75 GG aF) und späteren Novellen *Wißmann* EurUP 2016, 373 (376).

Gesetze aber auch durch neue Regelungen ersetzt (zB AbfG [1972] durch KrW-/AbfG [1996] bzw. KrWG [2012]).

3 Die *achtziger und neunziger Jahre des 20. Jahrhunderts* waren durch drei umweltrechtliche Hauptentwicklungslinien gekennzeichnet:

(1) die (auch umwelt-)rechtliche Bewältigung der *deutschen Vereinigung* (1990);[11]

(2) die verstärkte *Internationalisierung* (zB UN-Umweltschutzkonferenz von Rio de Janeiro [1992], Aarhus-Konvention – AK [1998][12]) und *Europäisierung* (vgl. primärrechtlich Art. 100a, 130r ff. EWGV aF [jetzt: Art. 114, 191 ff. AEUV], eingefügt durch die Einheitliche Europäische Akte – EEA [1987][13])

und

(3) umweltgesetzliche *Lückenschließung* (zB Chemikaliengesetz – ChemG [1980], Gentechnikgesetz – GenTG [1990], Bundes-Bodenschutzgesetz – BBodSchG [1998]) und *verfassungsrechtliche Arrondierung* (Art. 20a GG [1994][14]).[15]

Die *Europäisierung*[16] hat dabei regelmäßig mittels Richtlinien (Art. 288 III AEUV) und im Einzelfall mittels Verordnungen (Art. 288 II AEUV) zu zahlreichen Rechtsinnovationen, insbes. im Besonderen Umweltrecht, daneben aber auch im Allgemeinen Teil, namentlich auf instrumenteller Ebene (zB Umweltverträglichkeitsprüfung, Umweltinformation, Umweltaudit/EMAS), bis hin zu konzeptionellen Systemverschiebungen (zB Finalprogrammierung, Transparenz, Partizipation, Prozeduralisierung, integrierter Umweltschutz) geführt.[17] Sie hat zudem den Wandel des deutschen Umweltrechts von einem traditionellen Gefahrenabwehr- zu einem auch Risiko- bzw. Vorsorgerecht, der bereits in den siebziger Jahren eingesetzt hatte,[18] intensiviert.

4 Sonstige Entwicklungstendenzen im Umweltrecht der neunziger Jahre waren die Privatisierung und Deregulierung (sog. Standort- bzw. Beschleunigungsdebatte), der verstärkte Einsatz indirekter (ökonomischer) Instrumente (zB Umweltinformation,

---

[11] Zum Umweltrecht und -zustand in der früheren DDR *Kloepfer/Durner* UmweltschutzR § 1 Rn. 12 mwN. Mit dem Einigungsvertrag wurde das bundesdeutsche Umweltrecht im Interesse der Herstellung der Rechts- und Wirtschaftseinheit sowie einheitlicher ökologischer Zustände im gesamten Bundesgebiet grds. auf die neuen Länder übertragen, allerdings zT mit großzügigen Übergangsfristen.

[12] Insbes: Art. 9 II–IV AK; berichtend zur jüngsten *EuGH*-Rspr. hierzu *Heitsch* EurUP 2020, 379 ff.; *Berkemann* DVBl 2021, 1 ff. Zum Ganzen grdl. *Schlacke/Schrader/Bunge*, Aarhus-Handbuch, 2. Aufl. 2019; *Wiesinger*, Innovation im Verwaltungsrecht durch Internationalisierung, 2013.

[13] Zur historischen Entwicklung des EU-Umweltprimärrechts *Kahl* in Streinz (Hrsg.), EUV/AEUV, 3. Aufl. 2018, Art. 191 AEUV Rn. 1 ff.

[14] BGBl. I 3146; dazu *Gärditz* in Landmann/Rohmer UmweltR GG Art. 20a Rn. 8 ff., 27 ff.; *Schlacke* § 4 Rn. 1 ff. (2); allg. zur Wirkung von Staatszielbestimmungen *Kahl*, Nachhaltigkeitsverfassung, 2018, S. 21 ff. In jüngerer Zeit werden die zusätzliche Aufnahme des Klimaschutzes in Art. 20a GG und eines Art. 20b GG nF (Staatsziel Nachhaltigkeit) diskutiert, berichtend dazu mwN *Kloepfer* in BK-GG Art. 20a GG Rn. 152 ff. (Klimaschutz), 150 f. (Nachhaltigkeit); zu entsprechenden Entwicklungen im Landesverfassungsrecht und ausländischen Verfassungsrecht informativ *Härtel* NuR 2020, 577 ff.

[15] Ähnl. *Kloepfer/Durner* UmweltschutzR § 1 Rn. 16 f.

[16] Umfassend dazu mzwN *Epiney* Teil 2 Kapitel 6–9. S. auch → § 2.

[17] Vgl. *Kloepfer* NVwZ 2002, 645 ff.; *Meßerschmidt* § 1 Rn. 3 f.; *Wegener* ZUR 2009, 459 ff.; speziell zur Prozeduralisierung *Linzbach* EurUP 2020, 93 ff.

[18] S. zu dieser Perspektivenerweiterung *Reese* ZUR 2010, 339 f.

Umweltzeichen, Umweltabgaben, Emissionszertifikatehandel),[19] die globale Etablierung des Prinzips der Nachhaltigen Entwicklung (*sustainable development*) sowie die – allerdings 2008 gescheiterten – Bemühungen um eine Kodifizierung des Umweltrechts in einem Umweltgesetzbuch (UGB).

Mit *Beginn des 21. Jahrhunderts* rückten – neben der stets „mitlaufenden" und unverändert einflussreichen Europäisierung (zB Strategische Umweltprüfung [2005], Umweltrechtsbehelfsgesetz – UmwRG [2006], Umweltschadensgesetz – USchadG [2007]) – die Sicherung der *Biodiversität*[20] und vor allem der *Klimaschutz*[21] auf der umweltpolitischen und -rechtlichen[22] Agenda und in der (fach)öffentlichen Diskussion als Jahrhundertherausforderungen nach vorne. Hierbei handelt es sich um „große", komplexe Querschnittsfragen, die Bezüge zu zahlreichen Nachbarthemen,[23] wie etwa Landwirtschaft,[24] Ernährung bzw. Landnutzung,[25] Energiewirtschaft,[26] Planung, Wettbewerb, Steuern und Verkehr, aufweisen. Unter der Regierung *Schröder* stehen der (erste) Atomausstieg (2002) und die – umstrittene, aber vom *EuGH* gebilligte[27] – Förderung Erneuerbarer Energien (EEG 2000 [jetzt: EEG 2017/2021]) faktisch bereits für den Beginn der deutschen Energiewende. Offiziell beschlossen wurde letztere, insbesondere der (zweite) Atomausstieg (nach kurz zuvor noch gewährter Laufzeitverlängerung), dann im Juni 2011 von der Regierung 5

---

[19] *Ramsauer* in Koch/Hofmann/Reese UmweltR-HdB § 3 Rn. 106 ff. mwN. Zu Chancen und Risiken der Ökonomisierung am Beispiel des Naturschutzes *Ekardt/Hennig*, Ökonomische Instrumente und Bewertungen der Biodiversität, 2015; *Wolff* APuZ 11/2020, 33 ff.; allg. dazu → § 4 Rn. 49 ff.

[20] Zum Problem des Artensterbens (sog. Ökozid) grdl. *Dasgupta*, The Economics of Biodiversity, 2021. Vgl. ferner *Glaubrecht* FAZ v. 16.9.2020, N 2; *Richerzhagen/Rodriguez de Francisco* APuZ 11/2020, 4 ff.; *Steffens/Habekuß*, Über Leben, 2020; *Müller-Jung* FAZ v. 11.3.2020, N 1.

[21] Vgl. eindringlich *Latif*, Heißzeit, 2020, S. 7 ff., 31 ff., 172 ff.; *Sachs* FAZ v. 6.2.2021, 22; *Buck ua*, Climate Change Performance Index (CCPI) 2021, Die wichtigsten Ergebnisse, 2020, S. 3 ff.; zum Ganzen auch *Frenz*, Grundzüge des Klimaschutzrechts, 2020; *Gärditz* JuS 2008, 324 ff.

[22] S. zuletzt auf EU-Ebene den Kommissionsvorschlag v. 11.12.2019 „Der europäische Grüne Deal", COM (2019) 640 sowie v. 4.3.2020 für ein Europäisches Klimaschutzgesetz, COM (2020) 80 final, dazu *Calliess/Dross* ZUR 2020, 456 ff.; *Krämer* JEEPL 2020, 267 ff.; *Schlacke* EnWZ 2020, 355 (357 ff.); *dies.* ifo-Schnelldienst 6/2020, 28 ff.; auf deutscher Ebene berichtend zum Klimaverfassungsrecht *Härtel* NuR 2020, 577 ff., sowie zum Bundes-Klimaschutzgesetz – KSG (2019) *Kment* NVwZ 2020, 1573 ff.; *Saurer* NuR 2020, 433 ff.; *Schlacke* EurUP 2020, 338 ff.; *Franzius* ZUR 2021, 131 (134 ff.).

[23] Allg. zum Umweltschutz als Querschnittsmaterie (*Fischer* Rn. 4, vgl. auch Art. 11 AEUV) und zu den daher neben dem Umweltrecht ieS praktisch mindestens ebenso bedeutsamen ökologischen Nachbarrechtsgebieten (Umweltrecht iwS) *Kloepfer/Durner* UmweltschutzR § 1 Rn. 22, 31 ff.; für das Klimaschutzrecht *Gärditz* DVBl 2010, 214 ff.

[24] Zum Spannungsverhältnis von Landwirtschaft und Umweltschutz *SRU*, Umweltgutachten 2016, Tz. 42 ff., 63 ff., 330 ff., 391 ff.; *Martinez* DVBl 2020, 1186 ff.; speziell zur ökologischen Fehlsteuerung durch die EU-Agrarpolitik: *Heyl ua* RECIEL 2021, 95 ff.; *Meßerschmidt* EurUP 2018, 336 ff.; *Mögele* EurUP 2018, 405 ff.; zur Düngungsproblematik *Möckel/Wolf* NuR 2020, 736 ff.

[25] *WBGU* (Hrsg.), Landwende im Anthropozän: Von der Konkurrenz zur Integration, https://www.wbgu.de; dazu *Schlacke* ZUR 2021, 65 f.

[26] Grdl. *Ludwigs* in BerlKommEnergieR Einl. A Rn. 1 ff.

[27] Gegenstand der *EuGH*-Entscheidung war das EEG 2012; berichtend *Böhringer* EurUP 2020, 360 ff.; *Steffens* in BerlKommEnergieR Einl. C Rn. 1 ff. (80 ff.); dezidiert krit. etwa *Sinn* FAZ v. 10.1.2020, 16. Zur Höhe der finanziellen Ökoförderung in Deutschland, die 2019 einen Rekordstand erreichte, FAZ v. 13.1.2021, 17. Näher zum Ganzen → § 6 Rn. 55 ff. (61).

Merkel in Reaktion auf die Reaktorkatastrophe von Fukushima.[28] Das Kohleausstiegsgesetz – KAG vom 8.8.2020[29], das einen Kohleausstieg bis spätestens 2038 vorsieht,[30] und das Brennstoffemissionshandelsgesetz – BEHG (2019),[31] das die nicht unter den EU-Emissionshandel fallenden Sektoren Wohnen und Verkehr in die nationale CO_2-Bepreisung einbezieht, stellen die jüngsten Bausteine der deutschen Energiewende-Gesetzgebung dar, die dem Ziel der Dekarbonisierung, also der Schaffung einer kohlenstofffreien Wirtschaft, dienen.

6 Bei einer Politik, die sich seit 2008 im *Dauerkrisenmodus* befindet (Wirtschafts- und Finanzkrise, Flüchtlingskrise, Brexit, EU-Rechtsstaatskrise, Corona-Krise), droht der Umweltschutz jedoch auf der Agenda nach hinten zu rücken oder gar „unter die Räder" zu geraten. Umso dringender bedarf es der Kontrollfunktion einer kritischen Öffentlichkeit, Medien und Wissenschaft als ökologischer „Mahner" und „Antreiber" gegenüber einer nicht selten zu „einäugigen", von ökonomischer bzw. sozialer Kurzzeitperspektive geprägten Politik. Direkt-demokratische Initiativen[32] und zivilgesellschaftliche Partizipation[33] (zB Protestbewegungen/Demonstrationen,[34] Einbindung von NGOs in internationale Umweltabkommen,[35] Umweltverbandsklagen[36]) wirken insoweit als wichtige Elemente einer ökologischen *Gegenöffentlichkeit*. Auch die Gerichte (zB Luftreinhaltung/Dieselfahrverbote,[37] *Climate Change Litigation*[38])

---

[28] Zum Energiewenderecht im Überblick *Ludwigs* (o. Fn. 26) Einl. A Rn. 88; ferner *Gärditz* RdE 2018, 457 ff.; *Kahl/Bews* JURA 2014, 1004 ff., 1094 ff.; *Kloepfer/Durner* UmweltschutzR § 1 Rn. 18 ff.; *Ekardt*, Jahrhundertaufgabe Energiewende, 2014; s. auch → § 6 Rn. 8. Zum Hin und Her um den Atomausstieg *Ellerbrok* VR 2013, 148 ff.; umfassend *Gärditz*, Atomausstieg ins Grundgesetz, 2016. Zu den Änderungen, die das EEG 2021 bringt, besonders mit Blick auf die Photovoltaik, *Flecken* NuR 2020, 833 ff.

[29] BGBl. I 1818.

[30] Dazu *Franzius* ER 2021, 3 ff.; *Gärditz* ZUR 2018, 663 ff.; *Kahl* EurUP 2020, 305 ff.; *ders.* FS Ebke, 2021, im Erscheinen; s. auch → § 6 Rn. 109 ff.

[31] BGBl. 2019 I 2782, gdG v. 3.11.2020, BGBl. I 2291.

[32] ZB die bayerischen Volksbegehren „Artenvielfalt – Rettet die Bienen" (dazu und zur Reaktion des Gesetzgebers [Änderung des BayNatSchG]: *Lindner* EurUP 2020, 427 [437 ff.]; *Lohse* BayVBl. 2020, 181 ff.) und – allerdings v. *BayVerfGH* NuR 2019, 116 für unzulässig erklärt – „Betonflut eindämmen"; vgl. dazu *Diroll/Greim-Diroll* NuR 2019, 91 ff.; *Lindner* aaO 430 ff. Zum Volksbegehren Artenvielfalt 2020 in Niedersachsen *Boes* NuR 2021, 32 (33 ff.). Weitere Bsp. bei *Kahl* EurUP 2017, 272 ff.; eingehend *Popp*, Nachhaltigkeit und direkte Demokratie, 2020. Für die kommunale Ebene: *Kahl* VBlBW 2019, 353 ff.

[33] Zu jüngsten Änderungen (insbes. Digitalisierung) der Öffentlichkeitsbeteiligung aufgrund der Corona-Pandemie s. das – bis 31.12.2022 befristete – Planungssicherstellungsgesetz (PlanSiG) v. 28.5.2020, BGBl. I 1041.

[34] ZB die von Schülerinnen und Schülern getragene Bewegung „Fridays for Future"; dazu *Stremmel* SZ v. 16./17.2.2019, S. 45; *Kloepfer/Durner* UmweltschutzR § 1 Rn. 21 („Re-Politisierung der Umweltpolitik"). Vgl. aber auch zur noch immer weitgehend von Indifferenz, Egoismus und Einfältigkeit gekennzeichneten Haltung der Mehrheit der Bevölkerung einerseits *Mühl* FAZ v. 22.5.2020, 9; *Wenzel* FAZ v. 30.12.2020, 10 und spiegelbildlich zur enormen Komplexität der Probleme andererseits *Latif* (o. Fn. 21) S. 99 ff.

[35] Dazu am Beispiel des Pariser Abkommens *Shari Kosa* EurUP 2020, 17 ff.

[36] Vgl. nur *Bunge* JuS 2020, 740 ff.; *Groß* in Rehbinder/Schink Abschn. 4 Rn. 13 ff.; *Franzius* NuR 2019, 649 ff.; *Kment* NVwZ 2018, 921 ff.; zurückhaltend *Gärditz*, Gutachten D zum 71. DJT, 2016, S. 41 ff.; näher → § 5 Rn. 50 ff.

[37] Dazu einschließlich der Vollstreckungsseite *Dolde* EurUP 2020, 259 ff.; *Gafus* EurUP 2020, 185 ff.; *Klinger* EurUP 2020, 202 ff.; *Seibert* EurUP 2020, 346 ff.; als Klausurfall: *Schlacke/Droste* JA 2021, 37 ff. Näher dazu → § 7 Rn. 161 ff. (170 ff.).

[38] Richtungweisend zuletzt der Beschl. des *BVerfG* zu den *Klimaschutz-Verfassungsbeschwerden*: *BVerfG* Beschl. v. 24.3.2021 – 1 BvR 2656/18; näher dazu → § 3 Rn. 35, 39; → § 5 Rn. 22; → § 6 Rn. 142. Vgl. hierzu bereits *Kahl* JURA 2021, 117 ff.; *Stürmlinger* EurUP

übernehmen kompensatorisch eine zunehmend aktivere Rolle. Effektive Rechtsbehelfe bleiben gerade im Umweltsektor unabdingbar;[39] vor diesem Hintergrund ist die jüngste Welle der sog. Beschleunigungsgesetzgebung[40] im Infrastrukturbereich durchaus ambivalent zu beurteilen (Maßnahmengesetzvorbereitungsgesetz – MgvG [2020];[41] Investitionsbeschleunigungsgesetz [2020][42]).

Auch zu Beginn des *dritten Jahrzehnts des 21. Jahrhunderts* bleibt der Umweltschutz eine „Schicksalsaufgabe des modernen Staates".[43] Artensterben (zB Insektensterben,[44] [Feld-]Vogelsterben),[45] nachhaltige Waldbewirtschaftung[46] (Negativbeispiel: Abholzung des Amazonas-Regenwaldes[47]), Luftverschmutzung,[48] Verkehrslärm,[49] Bodenversiegelung (Flächenverbrauch)[50] und Klimawandel schreiten nahezu 7

2020, 169 ff. Auch vor den Verwaltungsgerichten wird auf mehr Klimaschutz geklagt, wenngleich bislang erfolglos, vgl. *VG Berlin* NVwZ 2020, 1289, dazu *Buser* NVwZ 2020, 1253 ff.; *Oexle/Lammers* NVwZ 2020, 1723 ff. Vergleichbare Verfahren einer *strategic litigation* fanden bzw. finden aktuell in zahlreichen Staaten (zB Belgien, Frankreich, Irland, Niederlande, Norwegen, USA), vor dem *EGMR* (hier läuft eine Beschwerde von 6 portugiesischen Kindern/Jugendlichen gegen 33 europäische Staaten) und auf EU-Ebene (*EuGH* Urt. v. 25.3.2001, Rs. C-565/19 P [Carvalho ua/Parlament und Rat], ECLI:EU:C:2021:252) statt, wobei bislang nur die Klage in den Niederlanden Erfolg hatte. Eingehend zum Ganzen *Kahl/Weller* (Hrsg.), Climate Change Litigation, 2021; im Überblick *Saurer* ZUR 2018, 679 ff.; *Hummel* SZ v. 30.4.2021, 2 sowie → § 6 Rn. 136 ff.

[39] Statt vieler: *Schlacke* § 6 Rn. 1 ff.; s. auch → § 5. Besonders gilt dies im Bereich von Hochrisikotechnologie (zB atomare Endlager), vgl. dazu *Gärditz* FS Erbguth, 2019, S. 479 ff.

[40] Übergreifend dazu *Groß* ZUR 2021, 75 ff.

[41] BGBl. I 640; krit. *Brade* EurUP 2020, 140 ff.; *Guckelberger* NuR 2020, 805 ff.; *Pernice-Warnke* EurUP 2020, 1245 ff.; *Stüer* EurUP 2020, 163 ff.; *Wegener* ZUR 2020, 195 ff.; differ. *Reidt* EurUP 2020, 86 ff.; *ders.* EurUP 2020, 86 ff.

[42] BGBl. I 2694; zusammenfassend *Schütte/Winkler* ZUR 2021, 119 (120).

[43] *Breuer* Der Staat 20 (1981), 393. Ähnl. *Kloepfer/Durner* UmweltschutzR § 1 Rn. 1: „Schicksalsfrage der Gegenwart und der Zukunft"; vgl. auch allg. *Radermacher/Beyers*, Welt mit Zukunft. Die ökosoziale Perspektive, 2011.

[44] Vgl. – *pars pro toto* – zum Bienensterben *Rodemann* SZ v. 31.7.2020, 13. Das Insektensterben geht aber weit darüber hinaus und ist ein umfassendes, gravierendes ökologisches Problem. Die Bienen sind hierfür – ungeachtet ihrer ökologischen Bedeutung – politisch vor allem ein „Symbol", das zur Sensibilisierung und politischen Mobilisierung zunächst der Wissenschaft und der Zivilgesellschaft und sodann auch (mit einiger Verspätung) der Politik beigetragen hat. Vgl. *Lindner* EurUP 2020, 427 (437 ff.).

[45] Dazu *Klein* FAZ v. 31.10.2018, N 1.

[46] Dazu bezogen auf die Situation in Deutschland FAZ v. 25.2.2021, 15; *Czybulka* NuR 2020, 73 (73 f., 77 ff.).

[47] Dazu *Brühwiller* FAZ v. 2.12.2020, 7.

[48] Geschätzt 8,7 Mio. Menschen starben 2019 vorzeitig an den Folgen der fossilen Brennstoffemissionen. Damit stand jeder 5. Todesfall weltweit im Zusammenhang mit der Luftverschmutzung durch Verfeuerung fossiler Energie (Kohle, Gas, Öl), s. *Müller-Jung* FAZ v. 15.2.2021, 9. S. zum Ist-Zustand in der EU *Europäische Umweltagentur*, Air quality in Europe – 2020 report, EEA Report No 09/2020; dazu *Falke* ZUR 2021, 186 (186 f.). Speziell zu den Gesundheitsschäden bei Kindern durch (Ultra-)Feinstaub *Müller-Jung* FAZ v. 4.2.2019, 9; *ders.* FAZ v. 13.3.2019, N 2.

[49] *SRU*, Umweltgutachten 2020, S. 261 ff.

[50] S. dazu *Kment* NuR 2018, 217 ff.; *Köck/Bovet/Tietz* ZUR 2018, 67 ff. Kern des Problems ist vor allem eine exzessive kommunale Ausweisung von Neubaugebieten zu Wohn- und Gewerbezwecken auf der grünen Wiese statt ausreichender Nachverdichtung innerstädtischer Quartiere bzw. Sanierung im Dorfkern, vgl. *Löhr* FAZ v. 9.2.2021, 15. Diskutiert werden daher aktuell die Einführung eines kommunalen Flächenverbrauchszertifikatehandels (ähnlich dem Emissionszertifikatehandel) sowie quantitative Vorgaben durch Raumordnungsziele, vgl. *Kümper* NVwZ 2021, 365 ff.; *dens.* DÖV 2021, 155 ff.

ungebremst[51] voran, die Energiewende ist zwar vorangekommen, aber noch bei weitem nicht verwirklicht, die EU-Wasserrahmenrichtlinie bleibt „in der Umsetzungskrise“[52] und „neue“ Herausforderungen treten in den Vordergrund, wie etwa die Verkehrswende,[53] die Wasserknappheit,[54] die „Vermüllung“ der Umwelt (insbes. Meere),[55] der Raubbau an Sand und das „Waldsterben 2.0“[56]. Noch immer ist der „ökologische Fußabdruck“ der Einzelnen, der Gesellschaften, der Staaten, der EU und der Weltgemeinschaft deutlich zu groß.[57]

8 Die Bewältigung der ökologischen Schicksalsaufgabe kann daher bislang allenfalls auf eine ambivalente *(Zwischen-)Bilanz* verweisen: Zwar verzeichnen Umweltrecht und -politik in vielen Staaten, auch in Deutschland, mittlerweile beträchtliche Erfolge, nicht zuletzt, was die Masse an Umweltrechtsvorschriften, aber auch das öffentliche Bewusstsein und die tatsächliche Umweltsituation angeht. Es verbleiben aber bereits auf nationaler und unionaler Ebene zahlreiche ungelöste Probleme, und erst recht vermag die weltweite Situation, insbes. wegen Wirksamkeitsdefiziten des Umweltvölkerrechts[58] und vermehrten Rückzugs der Staaten in Unilateralismus und Nationalismus,[59] noch längst nicht zu befriedigen.[60] Ein „Globaler Pakt für die Umwelt“, wie ihn 2017 der französische Staatspräsident *Macron* ins Gespräch gebracht hat und wie er seitdem in der Umweltvölkerrechtswissenschaft intensiv dis-

---

[51] S. *Kommission*, EU-Fortschrittsbericht über den Klimawandel 2020, COM (2020) 777 final. Einen – vorübergehenden – positiven Effekt hatte insoweit 2020/21 die Corona-Krise. Sie führte maßgeblich dazu, dass die Treibhausgasemissionen weltweit deutlich gesunken sind, vgl. stellv. für Deutschland *BMU*, Klimaschutzbericht 2020, zit. nach FAZ v. 17.3.2021, 1, 15.

[52] So der Titel des Beitrags von *Reese* NVwZ 2018, 1592 ff.; s. auch *Breuer/Gärditz* WasserR Rn. 124 ff.; *SRU*, Umweltgutachten 2020, S. 195 ff.

[53] S. dazu nur *SRU,* Umsteuern erforderlich: Klimaschutz im Verkehrssektor, Sondergutachten, November 2017.

[54] Dazu *Borchardt* FAZ v. 28.8.2020, 9.

[55] Ausf. *Feurich*, Plastik als Rechtsproblem, 2020. Vgl. auch *Bauchmüller* SZ v. 28.10.2020, 15; *Geinitz* FAZ v. 21.8.2010, 15; *Irmer* FAZ v. 19.8.2020, N 1.

[56] Dazu *Bingener* FAZ v. 13.10.2020, 1; *Ebbinghaus* FAZ v. 13.8.2020, 9; *Latif* (o. Fn. 21) S. 43 ff.

[57] *World Wildlife Fund (WWF),* EU overshoot day 2019: Living beyond nature's limits, 2019. 2020 war der *overshootday* (Erdüberlastungstag) pandemiebedingt drei Wochen später als 2019, nämlich erst am 22.8.2020, vgl. https://www.overshootday.org.

[58] S. nur *Buck/Verheyen* in Koch/Hofmann/Reese UmweltR-HdB § 1 Rn. 82 ff., 97 ff. (100), 105. Mit Blick auf den Klimaschutz und das zwar in die richtige Richtung gehende, aber, wie das Heranrücken bzw. bereits partielle Erreichen (Festlandeismassen Grönlands, der Westantarktis und von Teilen der Ostantarktis) der „Kipppunkte“ und die Allzeitrekordhitzejahre 2018 und 2019 (dazu *Müller-Jung* FAZ v. 13.8.2020, 9) verdeutlichen, noch nicht ausreichende Pariser Abkommen (2015) s. *Latif* (o. Fn. 21) S. 114 f., 172 ff.; *SRU*, Umweltgutachten 2020, S. 71 ff.; SZ v. 12./13.12.2020, 2; *Hofmann* EurUP 2020, 394 ff.; *Müller-Jung* FAZ v. 3.12.2020, 2.

[59] Dazu *Brühwiller* FAZ v. 4.12.2018, 18. Ein positives Signal geht insofern jedoch nunmehr von der neuen US-Administration aus: Für die USA ist mit dem Wechsel im Präsidentenamt (Januar 2021) eine erfreuliche Rückkehr zu Multilateralismus und internationaler Kooperation verbunden; dies gilt gerade im Klimaschutz (s. den Wiedereintritt der USA in das Pariser Klimaabkommen sowie den sog. *Biden*-Gipfel v. 22./23.4.2021). Dieses ökologische Umdenken hat andere, bislang weitgehend abseitsstehende Staaten (zum Teil) mitaktiviert (zB Brasilien, China, Russland), vgl. *Müller-Jung* FAZ v. 22.4.2021, 1.

[60] Zu dieser ambivalenten Bilanz *Kment* NVwZ-Editorial 13/2018. Zum Zustand der globalen Umwelt s. den UN-Bericht v. 13.3.2019, zit. nach FAZ v. 14.3.2019, 8, für die EU s. *Europäische Umweltagentur,* The European environment – state and outlook 2020, https://www.eea.europa.eu; für Deutschland s. die vom UBA seit 1984 hrsg. „Daten zur Umwelt“, zuletzt „Daten zur Umwelt – Umweltmonitoring 2020“, 2021.

kutiert wird,[61] könnte insofern zwar ein wichtiges politisch-symbolisches Zeichen setzen und einen zukünftigen Handlungsrahmen stiften, aber die weitaus dringenderen „harten" internationalen Verpflichtungen einer möglichst großen Zahl von Staaten, verbunden mit präzisen Zielen und Grenzen (zB CO_2-Budget) einerseits sowie einem effektiven Monitoring und ggf. Nachbesserung andererseits, könnte auch er keinesfalls ersetzen.

Umweltrecht und -politik werden auch zukünftig durch ein *Dilemma* geprägt sein: 9 Einerseits lässt die Knappheit der Umweltressourcen kein unbegrenztes ökonomisches Wachstum zu, andererseits sind die Sicherung von Zivilisation und sozialer Befriedung, ja das Überleben der Menschheit, ohne Technikeinsatz (aber auch Technikfolgenabschätzung), industrielle Produktionsformen und volkswirtschaftliche Entwicklung nicht denkbar.[62] Der Staat, der primär die Aufgabe hat, eine ökologische Existenzkrise abzuwenden, versucht dies insbes. durch die dem Präventionsgedanken folgende, planungs- und ordnungsrechtliche Reglementierung der Nutzung von Umweltgütern, ergänzt durch die Mittel repressiver Umweltaufsicht und Setzung von Verhaltensanreizen. Knappheit und vitale Bedeutung der natürlichen Ressourcen zwingen ihn im Zeitalter des Anthropozän[63] in einer sich exponentiell verändernden Welt („Große Beschleunigung")[64] angesichts des rasanten Wachstums der Weltbevölkerung,[65] der Digitalisierung und künstlichen Intelligenz, immer neuer Krisen, der Wiederzunahme extremer Armut (insbes. in Afrika)[66] und eines teilweise exzessiven, verantwortungslosen Wachstum- und Gewinnstrebens[67] in den Industrie- und Schwellenländern[68] zum Umdenken und konsequenteren Handeln.[69]

Wie nicht-nachhaltig das bis 2019 praktizierte Wirtschafts-, Gesellschafts- und Le- 10 bensmodell insbes. der Industrieländer war, hat – wie in einem Spiegel – auch die *Corona-Krise* gezeigt: Erst und nur „dank" der Pandemie hat es etwa Deutschland

[61] Vgl. nur stellv. und mwN *Voigt* RECIEL 2019, 13 ff.

[62] Vgl. *Cansier,* Umweltökonomie, 2. Aufl. 1996, S. 42 ff.; *Kirchhof* EurUP 2016, 332 (335 ff.). Hier bedarf es in jedem Einzelfall einer – politisch zu vertretenden – Abwägung zwischen technischem Fortschritt und Risikovorsorge. Diese Abwägung kann iErg zum Überwiegen der Skepsis gegenüber riskanten, noch nicht hinreichend erprobten Techniken (zB Fracking, Geo-Engineering) oder Techniken mit außergewöhnlich großem und langfristigem Risikopotential (zB Atomenergie) führen, darf aber nicht in eine diffuse allg. Technik-Phobie umschlagen. Im Gegenteil: Gerade zur Erreichung der Klimaschutzziele bedarf es einer multiplen Technologie-Offensive (zB E-Autos, Wasserstoff-Technologie, aber auch – das im In- und Ausland bereits hinreichend erprobte, in Deutschland aber nach wie vor mehrheitlich blockierte – *Carbon Capture and Storage [CCS]*, zu letzterem FAZ v. 22.3.2021, 17). Allg. zum verfassungsrechtlichen Erfordernis einer effektiven Risikosteuerung bei Hochrisikoanlagen *Schulze-Fielitz* DÖV 2011, 785 ff.; zur Technikfolgenabschätzung in der Demokratie vgl. die Beiträge in Zeitschrift für Technikfolgenabschätzung in Theorie und Praxis (TA TuP) 3/2020, insbes. 11–55.

[63] Aufschlussreich *Kersten* EurUP 2016, 312 ff.; *ders.,* Das Anthropozän-Konzept, 2014; *ders.* RW 2014, 378 ff.; *ders.,* Die Notwendigkeit der Zuspitzung, 2020, S. 64 ff.; *Ingold* UPR 2016, 67 (88 f.).

[64] Erhellend hierzu *Stöcker*, Das Experiment sind wir, 2020.

[65] Heute leben ca. 7,8 Mrd. Menschen auf der Erde; bis zum Jahr 2050 werden es laut UN ca. 9,7 Mrd. sein. Zum Ganzen *Klingholz*, Zu viel für diese Welt. Wege aus der doppelten Überbevölkerung, 2021.

[66] Die Corona-Krise wirkte auch insoweit als „Brandbeschleuniger", vgl. *v. Blazekovic* FAZ v. 24.8.2020, 22.

[67] *Latif* (o. Fn. 21) S. 19. Grds. krit. zum „Ideal des Gewinnens" *Leberecht*, Gegen die Diktatur der Gewinner, 2020; *ders.* SZ v. 18.9.2020, 11.

[68] Vgl. dazu auch *Meadows*, Die neuen Grenzen des Wachstums, 1992.

[69] Eindringlich *Steffens/Habekuß* (o. Fn. 20) S. 151 ff., passim.

geschafft, seine CO_2-Emissionen auf das notwendige Maß abzusenken und der Arten- und Meeresschutz haben erheblich profitiert (umgekehrt hat „Corona“ auch einzelne Umweltprobleme, zB die Flut an Einwegverpackungen, verstärkt). Es steht freilich zu befürchten, dass man aus der Pandemie und dem Umgang der Politik mit ihr in Europa und Amerika[70] nichts dauerhaft lernen, sondern „nach Corona“ wieder (weitgehend) *business as usual* praktizieren wird. Dies wäre dann der allergrößte, da auf unverbesserliche Ignoranz hinweisende Fehler im Umgang mit der Corona-Krise. Grundsätzlich kann die Corona-Krise nämlich als Beleg dafür gelten, dass ein entschlossenes, auch kurzfristig wirksames, erhebliche Freiheitseinschränkungen forderndes „hartes“ Handeln der Politik und eine entsprechende Akzeptanz auf Seiten der Bürgerinnen und Bürger möglich sind.[71] Sie hat zu einer in dieser Form noch nie da gewesenen, abrupten „Ausbremsung“ aller Gesellschaften weltweit geführt und damit den bisherigen „Kurs“ der permanenten, auf ein stetes „Mehr“ und „Schneller“ in allen Bereichen gerichteten „Beschleunigung“ radikal gestoppt und die Menschheit zu einem Innehalten und grundsätzlichen, selbstkritischen Reflektieren ihrer bisherigen Lebensweise veranlasst, an deren Ende ein für das gesamte Ökosystem „gesünderes“ Verhältnis der „Resonanz“[72] zu Menschen, Dingen und nicht zuletzt Natur stehen könnte. Als Antwort auf die säkulare Herausforderung der globalen *Öko- insbes. Klimakrise* ist nämlich nicht mehr und nicht weniger notwendig als die Bereitschaft der internationalen Staatengemeinschaft zu einem grundlegenden, auf Langfristigkeit, Verzicht, Begrenzung und Entschleunigung gerichteten „Wandel der Lebens- und Arbeitsweise der Industriestaaten“[73] (Politik der Nachhaltigkeit).[74] Mit anderen Worten: Es bedarf einer „ökologischen Transformation“[75] der Wirtschafts- und Rechtsordnung mit dem Ziel eines freiheitlich-demokratischen Umwelt- und Rechtsstaats[76] mit „*Green Economy*“[77]. Insofern das notwendige Bewusstsein für den

---

70 Vgl. die scharfe Kritik von *Sachs* (o. Fn. 21).

71 Zu den – hoffentlich nicht nur kurzfristigen – „Lehren“ aus der Corona-Pandemie, gerade mit Blick auf den Umweltschutz (insbes. Artenschutz) und die Notwendigkeit rationaler Kommunikation sowie verantwortungsbewusster Befolgung fachwissenschaftlicher Handlungsempfehlungen durch die Politik *Durner* NVwZ-Editorial 10/2020; *Steffens/Habekuß* (o. Fn. 20) S. 216 ff., 223 ff.; *Wegener* ZUR 2020, 513 f. Zum Potential wissenschaftlicher Politikberatung allg. *Hahn*, Umwelt- und zukunftsverträgliche Entscheidungsfindung des Staates, S. 391 ff., passim.

72 Vgl. dazu aus soziologischer Sicht *Rosa*, Beschleunigung, 12. Aufl. 2020 einerseits und *Rosa*, Resonanz, 4. Aufl. 2020 andererseits. Die Resonanz als Modus des Hörens und Antwortens basiert nach *Rosa* auf vier Achsen: Soziale Beziehungen, Beziehungen zu Dingen, existenzielle Sphären, Selbstachse (Selbstwahrnehmung). Die Natur stellt einen Teilaspekt der existenziellen Sphären dar. Diese Sphäre profitiert – ausweislich der gesunkenen Treibhausgase oder der vor Venedig zurückgekehrten Delphine (die Beispiele ließen sich noch stark vermehren!) – von der pandemiebedingten Entschleunigung.

73 *Kloepfer* in Ehlers/Fehling/Pünder § 44 Rn. 1. Perspektivisch *WBGU*, Zivilisatorischer Fortschritt innerhalb planetarischer Leitplanken, Juni 2014.

74 Weiterführend hierzu *SRU*, Demokratisch regieren in ökologischen Grenzen – Zur Legitimation von Umweltpolitik, Sondergutachten, Juni 2019, S. 27 ff., 163 ff.; für den Klimasektor *Hofmann* EurUP 2020, 394 ff.

75 So *SRU*, Umweltgutachten 2016, Tz. 14 ff.; vgl. auch *WBGU*, Welt im Wandel. Gesellschaft für eine Große Transformation, 2011; *Leinfelder* ZUR 2017, 259 ff.

76 Vgl. zum Ziel eines ökologischen Rechtsstaats und der Vermeidung einer „Ökodiktatur“ auch *Graf Kielmansegg* FAZ v. 16.9.2019, 6; *Meyerholt* FS Frank, 2014, S. 23 ff.; ferner *Spieth/Hellermann* NVwZ 2020, 1405 ff.; *Schlacke* § 4 Rn. 36 ff. Auch insofern gilt: Der Rechtsstaat bewährt sich gerade in der Krise, so mit Recht – bezogen auf die Corona-Krise – *Müller* FAZ v. 31.12.2020, 10.

77 Vgl. die Gipfelerklärung der UN Conference on Sustainable Development (Rio+20) v. 20.–22.6.2012, „The Future we Want“, Dok. A/CONF.216/L.1, von der Generalversammlung

dringenden Handlungsbedarf zu schaffen, ist freilich ungleich schwieriger als in der Corona-Krise, da die Gefahren des Klimawandels und des Artensterbens – anders als bei Covid – als abstrakt, zeitlich und räumlich „weit weg" und nicht die Rechtsgüter (Leben, körperliche Unversehrtheit)[78] *jedes* einzelnen Menschen unmittelbar betreffend wahrgenommen werden und damit die Bereitschaft, das objektiv Gesollte herbeizuführen (Politik) und dieses zu befürworten oder zumindest zu billigen (Gesellschaft), um ein Vielfaches geringer ist.[79]

Als *Leitidee* für den zu beschleunigenden ökologischen Transformationsprozess fungiert – gerade in und nach der Corona-Pandemie[80] – unionsweit das *Nachhaltigkeitsprinzip* (vgl. Art. 3 III EUV, Art. 11 AEUV, Art. 37 GRCh).[81] Es bringt einen einfachen, alten,[82] aber unverändert gültigen Gedanken auf den Punkt, nämlich den Gedanken der Begrenztheit, der Sparsamkeit und des Maßes mit Blick auf (insbes. natürliche) Ressourcen. Ökonomische, soziale und ökologische Entwicklung müssen danach in ausbalancierter, globaler und langfristiger Perspektive gesichert werden.[83] Die Verwirklichung dieses Gedankens, insbes. die Abwendung des von ca. 14.000 Wissenschaftlern weltweit ausgerufenen „Klimanotstands",[84] ist zu einer „Überlebensfrage"[85] für die internationale Staatengemeinschaft geworden, die mit zahlreichen anderen globalen Herausforderungen der Gegenwart wie Migrations- 11

---

angenommen als Resolution A/RES/66/288 v. 27.7.2012; dazu *Correa* AVR 50 (2012), 500 ff.; *Germelmann* AVR 52 (2014), 325 ff.

78 Zu deren herausragender Bedeutung in der deutschen Rechtsordnung allg. BVerfGE 39, 1 (42); 46, 160 (164); stRspr. Zu hieraus resultierenden Schutzpflichten des Staates in der Pandemie *Richter* DVBl 2021, 16 ff.

79 Zu diesen für kurz- oder zumindest mittelfristig effektive, „harte" staatliche Maßnahmen in der Klimakrise deutlich schlechteren Voraussetzungen als in der Corona-Krise und den insofern nur sehr begrenzt möglichen Parallelen zwischen beiden Krisen zutreffend *Di Fabio* FAZ v. 31.12.2020, 7; vgl. auch *Latif* (o. Fn. 21) S. 99 ff. sowie aus umweltphilosophischer Sicht *Gesang*, Mit kühlem Kopf, 2020.

80 Eine wichtige Lektion der Pandemie ist nach *Möllers* ein stärker nachhaltiges Denken und langfristige Planung (https://www.augsburger-allgemeine.de/politik/Christoph-Moellers-Freiheit-kann-nur-durch-langfristiges-Denken-geschuetzt-werden-id58833081.html). Vgl. auch *Ginzky/Kosmol/Schwirn* ZUR 2020, 471 ff.; *Ott* ZUR 2020, 451 ff.;

81 Wie hier bereits *Reese* ZUR 2010, 339 (340 f.); vgl. auch *Glaser*, Nachhaltige Entwicklung und Demokratie, 2006, S. 42 ff.; *Kahl* in ders. (Hrsg.), Nachhaltigkeit als Verbundbegriff, 2008, S. 1 (32 ff.); *dens.* in ders. (Hrsg.), Nachhaltigkeit durch Organisation und Verfahren, 2016, S. 1 ff.; *dens.* (o. Fn. 13) Art. 11 AEUV Rn. 19 ff.; *Kment*, Die Neujustierung des Nachhaltigkeitsprinzips im Verwaltungsrecht, 2019, S. 1 ff.; *dens.* FS Erbguth, 2019, S. 13 ff.; *Rühmkorf* (Hrsg.), Nachhaltige Entwicklung im deutschen Recht, 2018. S. dazu auch → § 2 Rn. 17 ff.; → § 4 Rn. 36 ff.

82 S. *Grober*, Die Entdeckung der Nachhaltigkeit, 2013; *Klippel/Otto* in Kahl (Hrsg.), Nachhaltigkeit als Verbundbegriff, 2008, S. 39 ff.; *Kment* Neujustierung (o. Fn. 81) S. 5 ff.; *Mathis*, Nachhaltige Entwicklung und Generationengerechtigkeit, 2017, S. 65 ff., 205 ff.

83 Zu den unterschiedlichen Nachhaltigkeitskonzepten bzw. -begriffen *Kahl* in Bauer/Czybulka/ders./Voßkuhle (Hrsg.), Umwelt, Wirtschaft und Recht, 2002, S. 111 ff.; *ders.* (o. Fn. 13) Art. 11 AEUV Rn. 4 ff., 19 ff.; *Mathis* (o. Fn. 82) S. 166 ff.; *Murswiek* NuR 2002, 641 ff.; *Rehbinder* NVwZ 2002, 657 ff., jeweils mwN. Umfassend *Gehne,* Nachhaltige Entwicklung als Rechtsprinzip, 2011; *Ekardt,* Das Prinzip Nachhaltigkeit, 3. Aufl. 2016; *ders.*, Theorie der Nachhaltigkeit, 2. Aufl. 2016; *ders.*, Sustainability, 2020; *Kahl* (Hrsg.), Nachhaltigkeit als Verbundbegriff, 2008. Parallel dazu, aber auch eigenständig, verläuft die Debatte um Umweltgerechtigkeit *(environmental justice)*, vgl. dazu *Kloepfer,* Umweltgerechtigkeit, 2006, S. 20 ff.; *Ehemann*, Umweltgerechtigkeit, 2020.

84 https://academic.oup.com/bioscience/advance-article/doi/10.1093/biosci/biz088/5610806. S. auch *Evers* Der Spiegel v. 7.12.2019, 108 ff.

85 So bereits zutreffend *Glaser* (o. Fn. 81) S. 1 ff.

ströme, Sicherheit, Terrorismus, (Land-)Wirtschaft, Gesundheit, Welternährung ua zusammenhängt.[86] Sie muss daher *integrativ* in allen umweltrelevanten Politikbereichen erfolgen.[87] Der wirtschaftliche Fortschritt des einen Teils der Erde („Norden“) darf nicht zu Lasten des anderen („Süden“), aber auch nicht zu Lasten der künftigen Generationen gehen (Generationengerechtigkeit).[88] Besonders aktuell und wichtig ist insbesondere die Debatte um Klimagerechtigkeit, die integrativ, dh unter Einbeziehung der Ernährungskrise und der Biodiversitätskrise, zu erfolgen und eine nachhaltige Umsteuerung des Umgangs mit Land („Landwende“) insgesamt im Wege einer Mehrgewinnstrategie anzustreben hat.[89] Nach dem Nachhaltigkeitsprinzip ist mit knappen Ressourcen sparsam und maßvoll umzugehen, zugleich bestehen für jede wirtschaftliche Entwicklung *planetary boundaries* bzw. Kipppunkte[90] mit der Funktion von ökologischen Leitplanken, deren Überschreitung im Interesse der Sicherung der dauerhaften Tragfähigkeit des Ökosystems Erde und des Grundrechts auf ein ökologisches Existenzminimum (Art. 1 I iVm Art. 20a GG)[91] unzulässig ist, zu denen aber besser noch – auch im Lichte des Vorsorgeprinzips und in Anbetracht des begrenzten menschlichen Wissens – stets ein gewisser Sicherheitsabstand eingehalten werden sollte.

12 Das Verhältnis von *Ökonomie und Ökologie* bzw. von Wirtschafts- und Umweltverfassung[92] ist dabei zu vielschichtig, um nur als schlichter Gegensatz begriffen zu werden,[93] auch wenn ein solches Gegensatzdenken in der Politik und Industrie[94] noch immer verbreitet ist. Einem zeitgemäßen Umwelt- und Wirtschaftsverständnis folgend müssen vielmehr der wirtschaftliche Nutzen eines effektiven, vor allem effizienten und präventiven Umweltschutzes sowie die Kosten eines unterlassenen Umweltschutzes saldiert werden (Kosten-Nutzen-Analyse,[95] Vorsorgeprinzip[96]); bei

---

[86] *Latif* (o. Fn. 21) S. 104 ff. Speziell zur Rolle der Landwirtschaft für den Klimaschutz *Ekardt/Wieding/Garske/Stubenrauch* CCLR 2018, 1 ff.; *Hofmann* NVwZ 2019, 1145 ff.

[87] *Kahl* (o. Fn. 13) Art. 11 AEUV Rn. 15 ff.; *Bornemann*, Policy-Integration und Nachhaltigkeit, 2. Aufl. 2014.

[88] Grdl. *Appel*, Staatliche Zukunfts- und Entwicklungsvorsorge, 2005.

[89] Richtungweisend zuletzt *WBGU* (o. Fn. 25).

[90] Dazu *Buser* DVBl 2020, 1389 (1391 f., 1395 f.); *Calliess* ZUR 2019, 385 f.; *SRU* (o. Fn. 74) S. 30 ff.; *Stöcker* (o. Fn. 64) S. 304 ff. Aktuell anerkannte „Kippelemente“ sind Eiskörper (Eisschilde Grönlands und der Antarktis, Meereis der Arktis), Permafrostböden, Amazonas Regenwald, Korallenriffe, Strömungssysteme (zB thermohaline Zirkulation) und das 1,5 Grad-Ziel bezüglich der Erderwärmung.

[91] Berichtend dazu (iErg offenlassend) *BVerfG* Beschl. v. 24.3.2021 – BvR 2656/18 Rn. 113 f.; vgl. ferner *Gärditz* in Landmann/Rohmer UmweltR GG Art. 20a Rn. 78; s. auch *Storm* Rn. 41.

[92] Vgl. hierzu aus neuerer Zeit etwa *Scholz* EurUP 2016, 368 ff.

[93] Instruktiv dazu zuletzt *Loske* FAZ v. 4.1.2021, 6.

[94] Beispiele für die Politik: Regenwaldvernichtungspolitik von *Bolsonaro*; Klimawandelleugnung durch wesentliche Teile der Republikaner in den USA. Beispiel für die Industrie: BDI-Präsident *Kempf*, zit. nach FAZ v. 7.10.2020, 15 (Klimaschutz als „Jobkiller“).

[95] Dies ist nicht nur ein Gebot der Umweltökonomie, sondern auch der Umweltethik bzw. -philosophie; vgl. den philosophischen Utilitarismus, der auf den durch Abwägung zu ermittelnden Gesamtnutzen einer Maßnahme für die Gesellschaft abstellt, dazu instruktiv *Gesang* (o. Fn. 79).

[96] Zu dessen Schlüsselfunktion für das moderne Umweltrecht *Wahl* (Hrsg.), Prävention und Vorsorge, 1995; *Schmidt* DÖV 1994, 749 ff.; *Arndt*, Das Vorsorgeprinzip im EU-Recht, 2009; *Schlacke* § 3 Rn. 3 ff. Zum Kontext (Risikogesellschaft, Risikoverwaltungsrecht) *Klafki*, Risiko und Recht, 2017; *Wahl*, Herausforderungen und Antworten: Das Öffentliche Recht der letzten fünf Jahrzehnte, 2006, S. 70 ff.; *Schmidt-Aßmann*, Das allgemeine Verwaltungsrecht als Ordnungsidee, 2. Aufl. 2004, S. 161 ff.; frühzeitig *Murswiek*, Die staatliche Verantwortung für die Risiken der Technik, 1985; *Di Fabio*, Risikoentscheidungen im Rechtsstaat, 1994.

Produkten und Produktionsverfahren sind Nachhaltigkeitsbilanzen durchzuführen und ist noch stärker in Kreislaufwirtschaftsmodellen[97] zu denken. Vor allem aber wirken Umweltschutzinnovationen und -investitionen (*Green Technology*) belebend auf Konjunktur, Export und technischen Fortschritt – sie sind ökonomisch und sozial ein Garant von Wohlstand und Arbeitsplätzen, ökologisch ein wesentlicher Beitrag zur Lösung der großen Herausforderungen der Gegenwart. Sie auf einen bloßen Kostenfaktor und Wettbewerbsnachteil zu reduzieren, ist eine Sichtweise, die heute als zu einseitig und insofern widerlegt gelten kann.[98]

Den *Gegenstand der nachfolgenden Darstellung* bilden die rechtlichen Grundlagen, 13
auf denen das Handeln der öffentlichen Gewalt im Bereich des Umweltschutzes basiert (öffentliches Umweltrecht). Die Verfasser orientieren sich dabei an der Mehrebenenstruktur des Umweltrechts.[99] Kennzeichnend für diese ist, dass in Zeiten von Globalisierung[100] und Europäisierung neben das nationale, seinerseits vertikal gestufte Recht, das von Bund, Ländern und Gemeinden gesetzt wird, immer zahlreichere und immer wichtiger werdende Rahmenvorgaben des inter- und supranationalen Rechts treten,[101] sodass nationales Umweltrecht heute vielfach nur noch Umsetzungsrecht darstellt. Folglich beginnt dieses Buch mit dem Umweltvölker- und Umwelteuroparecht (§§ 1 f.) und wendet sich im Anschluss daran dem nationalen Umweltverfassungs- (§ 3) und Umweltverwaltungsrecht (§§ 4 ff.) zu. Konzeptionell leitend war für die Verfasser dabei das Ziel, einen Beitrag zu rechtswissenschaftlicher Dogmatik und Systembildung im Umweltrecht zu leisten.[102] Hierfür hat sich die Unterscheidung eines Allgemeinen Teils (§§ 1–5) und eines – hiervon aber nicht separiert zu denkenden, sondern hiermit eng verklammerten – Besonderen Teils (§§ 6–11) als hilfreich erwiesen.[103]

Unser Werk versteht sich in erster Linie als Lehr- und Lernbuch für Studierende 14
sowie für Rechtsreferendarinnen und Rechtsreferendare,[104] das einerseits, wie soeben

---

[97] Zum Milliardenpotential durch Kreislaufwirtschaft FAZ v. 22.8.2020, 17. Vgl. auch *SRU*, Umweltgutachten 2020, S. 109 ff.

[98] Wie hier mit zahlr. Bsp. zukunftsträchtiger grüner Technologien *Fischedick* FAZ v. 28.4.2021, V1 f. Allg. differ. zur Verträglichkeit einer freien, sozialen Marktwirtschaft mit einem bindenden und belastenden Umweltrecht *Calliess,* Rechtsstaat und Umweltstaat, 2001; vgl. auch *Steinberg,* Der ökologische Verfassungsstaat, 1998; *Kloepfer* in GfU, Umweltrecht im Wandel, S. 745 ff. Zur global führenden Rolle Deutschlands als Anbieter von Umwelttechnologie und zum diesbzgl. riesigen Marktvolumen, das in den nächsten Jahren noch erheblich wachsen wird, *BMU/DIHK* (Hrsg.), Green-Tech-Atlas 2021, zit. nach *Geinitz/Záboji* FAZ v. 21.4.2021, 17. Speziell zur Umweltenergietechnologie *SRU,* Umweltgutachten 2016, Tz. 89 ff.

[99] Vgl. *Eifert* Rn. 11 ff.; *Koch* in Ev. StL, 8. Aufl. 2006, Sp. 2486 (2488 ff.). In der Folge nimmt auch die Bedeutung der vertikalen und horizontalen Umweltrechtsvergleichung zu, vgl. zu dieser *Markus* ZaöRV 2020, 649 ff.

[100] *Koch/Mielke* ZUR 2009, 403 ff.; *Monien,* Prinzipien als Wegbereiter eines globalen Umweltrechts?, 2014, S. 71 ff.

[101] Grdl. *Schmidt-Aßmann* (o. Fn. 96) S. 31 ff., 377 ff.; *Wahl,* Herausforderungen (o. Fn. 96) S. 94 ff. Zum spiegelbildlichen Bedeutungsverlust des nationalen Rechts *Eifert* Rn. 24 f.

[102] Richtungweisend *Schmidt-Aßmann* (o. Fn. 96) S. 1 ff.; *ders.,* Verwaltungsrechtliche Dogmatik, 2013, S. 3 ff.; *Hilbert,* Systemdenken in Verwaltungsrecht und Verwaltungsrechtswissenschaft, 2015.

[103] Vgl. *Schmidt-Aßmann* Verw. 27 (1994), 137 ff.; *Schmidt-Aßmann* (o. Fn. 96) S. 6 ff.; *Groß* Verw. Beih. 2, 1999, 57 ff.; *Kersten/Lenski* Verw. 42 (2009), 501 ff.; *Kahl/Hilbert* RW 2012, 453 (456 ff., 488); zurückhaltender *Möllers* FS Battis, 2014, S. 101 ff.; *Franzius* JZ 2019, 161 ff.

[104] Zum Stellenwert des Umweltrechts in der Praxis und in der juristischen Ausbildung (Pflichtfach- und Schwerpunktbereich) s. *Lampert* JuS 2013, 507 ff.

erwähnt, den Ansprüchen wissenschaftlicher Rechtsdogmatik genügen möchte, andererseits aber auch eine *didaktische Vermittlungsfunktion* zu erfüllen hat. Dies macht vor dem Hintergrund der Breite und Dynamik[105] des Gegenstands Beschränkungen in der Stoffbehandlung unumgänglich. Das Buch konzentriert sich daher bewusst auf die *Kernmaterien des öffentlichen Umweltrechts*[106] („Pflichtstoff"). Es erhebt nicht den Anspruch, das Umweltrecht in seiner ganzen Breite und in jeder feinen Verästelung zu behandeln. Vielmehr will es eine immer weiter ausufernde, kaum mehr überschaubare Materie wieder auf ihre Grundfragen und Grundstrukturen sowie ihre Bedeutung für das Allgemeine[107] zurückführen und so gerade für Prüfungskandidaten und Praktiker „beherrschbar" machen. Dahinter steht die Überzeugung, dass es guter akademischer Lehrpraxis entspricht, sich im Interesse der Optimierung des Lernerfolges (Komplexitätsreduktion) auf Wesentliches zu konzentrieren und unnötige fachspezifische Spezialisierung sowie hypertrophe Feindogmatiken[108] zu vermeiden. Es kann daher auch nicht Aufgabe eines Grundrisses sein, seinem Gegenstand vorausliegende, allgemeine (philosophische oder ethische) Grundlagenthemen wie das neuzeitliche Verständnis von Mensch, Natur[109] und Technik[110], das sich zwar (auch) im Umweltrecht ausdrückt, aber letztlich nur im Dialog mit anderen Umweltwissenschaften[111] angemessen behandelt werden kann, zu problematisieren.[112]

---

105 Zur dynamischen Entwicklung von Umweltrecht und -rechtsprechung vgl. etwa die periodischen Berichte von *Gärditz* in ZfU (zuletzt: ZfU 2019, 369 ff.).

106 Zur Einteilung des Umweltrechts in öffentliches Umweltrecht, Umweltprivat- und Umweltstrafrecht statt vieler *Storm* Rn. 52 ff., zum Begriff des Umweltrechts *ders.* Rn. 45 ff. sowie → § 4 Rn. 16 ff.

107 Zur Bedeutung des Umweltrechts als Referenzgebiet für das Allgemeine Verwaltungsrecht *Schmidt* VerwArch 91 (2000), 149 (159); *Schmidt-Aßmann* EurUP 2016, 360 (365 f.).

108 Mit Recht vor der Gefahr einer Marginalisierung des Umweltrechts aufgrund von „Überdogmatisierung" warnend *Schmidt* EurUP 2018, 71 ff.

109 Zum Verhältnis von Mensch und Natur *Kirchhoff* APuZ 11/2020, 39 ff. Zu der zuletzt wieder angestoßenen Debatte um „Eigenrechte der Natur" bzw. eine Anerkennung der Natur als Rechtsperson mit Klagerechten s. *Fischer-Lescano* ZUR 2018, 205 ff.; *Kersten* APuZ 11/2020, 27 (29 ff.); *ders.*, Zuspitzung (o. Fn. 63) S. 73 ff.; *Kloepfer* in BK-GG Art. 20a Rn. 140 ff.; *Krämer* JEEPL 2020, 47 ff.; *Ramsauer* FS Erbguth, 2019, S. 465 ff.; *Schoukens* JEEPL 2018, 309 ff.; *Schröter/Bosselmann* ZUR 2018, 195 ff. Früher bereits *Bosselmann* KJ 1986, 1 ff.; *ders.*, Im Namen der Natur, 1992; *Leimbacher*, Die Rechte der Natur, 1988; am Beispiel der betäubungslosen Ferkel-Kastration *Ziehm* EurUP 2020, 105 ff. S. aber auch noch immer *VG Hamburg* NVwZ 1988, 1058 (Zurückweisung der sog. Robbenklage als unzulässig).

110 Systematisch zum Verhältnis von Technik und Umweltrecht *Schulze-Fielitz* in Schulte/Schröder S. 455 ff.; bündig *Kloepfer/Durner* UmweltschutzR § 1 Rn. 32; *Storm* Rn. 60 ff.

111 Grds. hierzu *Gärditz* EurUP 2013, 2 ff.

112 Vgl. dazu etwa *Ekardt*, Theorie (o. Fn. 83) S. 77 ff., 122 ff., 180 ff., 237 ff., 367 ff.

Umweltrecht – Allgemeiner Teil

§ 1. Umweltvölkerrecht

I. Einleitung

1. Hintergrund

Zahlreiche Umweltprobleme sind heute grenzüberschreitender Natur,[1] dh ihr stofflicher Ursprung liegt ganz oder zum Teil innerhalb des Gebiets eines Staates oder hat schädliche Wirkungen auf das Gebiet eines anderen Staates (Globalisierung des Umweltrechts[2]). Die natürliche Bewegungsdynamik von Luft und Wasser hält sich nicht an Staatsgrenzen. Internationaler Regelungen bedarf es aber nicht nur aus ökologischen, sondern auch aus ökonomischen Erwägungen, um Störungen des Handelsverkehrs sowie des Wettbewerbs durch einseitige staatliche Umweltschutzvorschriften („nationale Alleingänge") zu vermeiden,[3] aber auch aus Gründen der globalen Sicherheit[4]. Am deutlichsten wird dies im Klimaschutzrecht,[5] in dem nationale Instrumente ohne international konzentrierte Kraftanstrengungen weitgehend wirkungslos verpuffen.[6] Freilich kann auch hier gerade eine Rücknahme der Regelungsdichte auf internationaler Ebene zugunsten einer nationalen Ausgestaltung – iSv Subsidiarität – die Bereitschaft der Staaten stärken, sich überhaupt Regelungen zu unterwerfen.[7] 1

Das Umweltvölkerrecht ist kein in sich geschlossenes, homogenes Rechtsgebiet, sondern eine disparate, in Rechtsquellen, Akteuren und Regelungsgegenständen zerfaserte, mithin „systematisierungsbedürftige Querschnittsmaterie".[8] Systematisierungschancen auf Rechtsetzungsebene scheitern freilich an dem völkerrechtsinhärenten Fehlen zentraler Rechtsetzungsinstanzen; wissenschaftliche (nicht-normative) Systematisierungsversuche stoßen an die Grenzen, die das geltende Recht zieht. Eine exemplarische Darstellung der allgemeinen Grundzüge des Umweltvölkerrechts muss sich daher vor allem an den wesentlichen Entwicklungen sowie den Rechtsquellen orientieren. Völkerrechtliche Einflüsse auf das spezifische Fachrecht sind ubiquitär, werden aber an den geeigneten Stellen des „Besonderen Teils" des Lehrbuchs behandelt. Manche Einflüsse des Völkerrechts auf das Umweltrecht haben sich zu voraussetzungsvollen Spezialmaterien verwandelt, deren akkurate Darstellung hier nicht geleistet werden kann und soll (namentlich das auch institutionell differenzierte Welthandelsrecht[9]).

---

[1] Analytisch *Dederer* in Isensee/Kirchhof (Hrsg.), HStR XI, 3. Aufl. 2013, § 248 Rn. 6 ff.
[2] S. dazu *Koch/Mielke* ZUR 2009, 403 ff.
[3] *Müller/Wildhaber*, Praxis des Völkerrechts, 3. Aufl. 2001, S. 688 ff.
[4] *Sanden/Bachmann* EurUP 2015, 330 ff.
[5] Zur Entwicklung des Klimaschutzvölkerrechts *Frenz*, Grundzüge des Klimaschutzrechts, 2020, S. 33 ff.; speziell zur Rolle der internationalen Gerichte und der Menschenrechte *Voigt* in Kahl/Weller (Hrsg.), Climate Change Litigation, 2021, Introduction; *Payandeh* in Kahl/Weller, aaO, C.; *Groß* in Kahl/Weller, aaO, D.
[6] Vgl. *Boysen* ZUR 2018, 643 ff.; *Gärditz* ZUR 2018, 663 (667 ff.).
[7] *Kirchhof* EurUP 2016, 324 (329).
[8] *Proelß* in Graf Vitzthum/Proelß (Hrsg.), Völkerrecht, 8. Aufl. 2019, 5. Abschn. Rn. 89.
[9] Aus der Lehrbuchliteratur vertiefend: *Hermann/Weiß*, Welthandelsrecht, 2. Aufl. 2007; *Herdegen*, Internationales Wirtschaftsrecht, 12. Aufl. 2020, § 8; *Hilf/Oeter*, WTO-Recht,

2. Entwicklung

2 Die Geschichte des Umweltvölkerrechts wird gemeinhin in *drei Phasen* unterteilt, die sich entlang unterschiedlicher Regelungszugriffe abschichten lassen:[10] Die *erste Phase* („punktueller Artenschutz") setzte bereits im 19. Jahrhundert ein. Hierbei geht es um den Schutz bestimmter Tierarten (Robben, Vögel, Wale etc.) sowie die Aufteilung der Nutzungsrechte (Fischerei, Schifffahrt ua) aus vorrangig ökonomischen Interessen. Teilweise parallel hierzu begann im 20. Jahrhundert als *zweite Phase* die Herausbildung des völkerrechtlichen Nachbarrechts, welches als Koexistenzrecht im primären Zusammenhang mit dem Prinzip souveräner Staatengleichheit[11] sowie dem daraus abgeleiteten Schutzgut der territorialen Integrität steht[12] und ebenfalls nur mittelbar der Wahrung ökologischer Belange dient. Mit der zunehmenden Vernetzung der Probleme einer globalen, interdependenten „Risikogesellschaft" und der wachsenden Erkenntnis, dass der Schutz sog. staatsfreier Räume (Hohe See, Weltraum, Antarktis), aber auch die Problematik des Treibhauseffekts und des Ozonlochs mit dem Instrumentarium des herkömmlichen Nachbarrechts allein nicht zu bewältigen sind, kam es in den letzten Jahrzehnten schließlich zur Entstehung eines autonomen, ressourcenorientierten völkerrechtlichen Umweltschutzes im Sinne eines internationalen Kooperationsrechts *(dritte Phase).*[13]

Einen entscheidenden Anstoß für die Herausbildung des modernen Umweltvölkerrechts (dritte Phase) gab die unverbindliche UN-Resolution 2398 (XXIII) vom 3.12.1968 sowie die in deren Folge veranstaltete *Stockholmer UN-Umweltschutzkonferenz* vom 5.–16.6.1972.[14] Bei der Stockholmer Umweltkonferenz wurden erstmals der Schutz und die Verbesserung der Umwelt zu dringenden Anliegen der Völker der ganzen Welt erklärt. Am Ende dieser Konferenz wurde die sog. Stockholmer Deklaration von 1972[15] verabschiedet, die mit ihren 26 Prinzipien die Entwicklung des Umweltvölkerrechts maßgeblich bestimmt hat.[16] Besonders bedeutsam ist dabei unter dem Blickwinkel der eingeschränkten territorialen Souveränität und Integrität das Prinzip 21, das jedenfalls in seinem Kern inzwischen zu Völkergewohnheitsrecht erstarkt sein dürfte:[17] „Die Staaten haben nach Maßgabe der Charta der Vereinten Nationen und der Grundsätze des Völkerrechts das souveräne Recht zur Ausbeutung ihrer eigenen Hilfsquellen nach Maßgabe ihrer eigenen Umweltpolitik sowie die Pflicht, dafür zu sorgen, dass durch Tätigkeiten innerhalb ihres Hoheits- und Kontrollbereichs der Umwelt in anderen Staaten oder in Gebieten außerhalb ihres nationalen Hoheitsbereichs kein Schaden zugefügt wird."

3. Konferenz von Rio de Janeiro

3 Nachdrücklich kommt der Strukturwandel des Umweltvölkerrechts von einem Recht der Koexistenz zu einem kooperativen Bewirtschaftungsrecht in den auf der

---

2010; *Stoll* in Proelß (Hrsg.), Internationales Umweltrecht, 2017, 6. Abschn. Rn. 1 ff.; *Tietje* in ders./Götting (Hrsg.), Internationales Wirtschaftsrecht, 3. Aufl. 2015, § 3 Rn. 1 ff.

[10] Vgl. *Beyerlin,* Umweltvölkerrecht, 2000, Rn. 8 ff.; *Heintschel v. Heinegg* in Rengeling EUDUR I § 23 Rn. 1 ff.; *Hohmann,* Präventive Rechtspflichten und -prinzipien des modernen Umweltvölkerrechts, 1992, S. 35 ff., 59 ff.; *Kunig* in BDGV 32 (1992), 9 (11 ff.); *Proelß* (o. Fn. 8) 5. Abschn. Rn. 91 ff.; *Randelzhofer* JURA 1992, 1 (3 ff.).

[11] Art. 2 Nr. 1 der UN-Charta, hierzu *Verdross/Simma,* Universelles Völkerrecht, 3. Aufl. 1984, §§ 31 ff.

[12] Vgl. *Wolfrum* GYIL 1990, 308 (310 f.).

[13] Vgl. *Hohmann* (o. Fn. 10) S. 116 ff., 165 ff., 214 ff., 239 ff.

[14] Vgl. *Proelß* (o. Fn. 8) 5. Abschn. Rn. 96; *Randelzhofer* JURA 1992, 1 (2).

[15] ILM 11 (1972), 1416 (1420).

[16] *Kloepfer/Durner* UmweltschutzR § 6 Rn. 12; *Proelß* in ders. (Fn. 9) 3. Abschn. Rn. 1. Zur Auffächerung der Prinzipien nur *Sands/Peel/Fabra/MacKenzie,* Principles of International Environmental Law, 4. Aufl. 2018, S. 197 ff.

[17] Vgl. *Schlacke* § 8 Rn. 11.

Konferenz der Vereinten Nationen über Umwelt und Entwicklung (*United Nations Conference on Environment and Development – UNCED,* sog. „Erdgipfel") von Rio de Janeiro (1992) verabschiedeten Dokumenten zum Ausdruck.

a) Rio-Deklaration

4 Die Erklärung von Rio zu Umwelt und Entwicklung (Rio-Deklaration) steht in der Kontinuität der Stockholmer Deklaration. Sie konstatiert 27 völkerrechtlich formal nicht bindende Prinzipien, die zum Teil bisheriges Völkergewohnheitsrecht bestätigen, zum Teil nach Meinung einzelner Autoren einen Beitrag zur Herausbildung neuen Völkergewohnheitsrechts leisten.[18] Der Schlüsselbegriff der Rio-Deklaration ist die auf den Bericht der sog. *Brundlandt*-Kommission[19] zurückgehende Wendung des *sustainable development.*[20] Das Nachhaltigkeitsprinzip ist zu einem durchgängigen Leitbild des Umweltvölkerrechts geworden, findet sich in zahlreichen völkervertragsrechtlichen Regelungen, dient aber auch als Brücke zur Integration ökologischer, sozialer, ökonomischer und kultureller Belange in anderen, nicht originär umweltrechtlichen Regelungskontexten.[21] In jüngerer Zeit wird dieses Prinzip im Hinblick auf die Erhaltung lebensnotwendiger Umweltressourcen vermehrt auch konzeptionell mit universellen Menschenrechten verknüpft.[22] Ob das Nachhaltigkeitsprinzip darüber hinaus bereits zu einem Grundsatz des Völkergewohnheitsrechts geronnen ist, ist bislang angesichts der noch eher geringen Basis potentiell gewohnheitsbildender Staatenpraxis umstritten geblieben und im Ergebnis zumindest zurückhaltend zu betrachten,[23] schon weil das Konzept in seiner Abstraktheit stark konkretisierungsbedürftig ist.[24]

b) Agenda 21

5 Die Agenda 21 verkörpert das politische Aktionsprogramm zur Implementation der in der Rio-Deklaration niedergelegten Prinzipien, insbes. des Nachhaltigkeitsprinzips. In 40 Kapiteln und auf annähernd 500 Seiten werden zahlreiche Maßnahmen aufgelistet.[25]

c) Wald-Grundsatzerklärung

6 Die Grundsatzerklärung zur Bewirtschaftung, Erhaltung und bestandsfähigen Entwicklung aller Arten von Wäldern enthält 15 globale, rechtlich unverbindliche Grundsätze, die für alle

---

18 Vgl. *Hohmann* NVwZ 1993, 311 (318); aA, vor allem im Hinblick auf die überwiegend politisch-programmatisch gehaltenen Rechtsquellen *Beaucamp,* Das Konzept der zukunftsfähigen Entwicklung im Recht, 2002, S. 81 ff.; *Beyerlin* ZaöRV 54 (1994), 124 (134, 139 f. mit Anm. 69); *Beyerlin* FS Bernhardt, 1995, S. 937 (950 ff.).

19 *The World Commission on Environment and Development,* Our Common Future, 1978.

20 Vgl. → § 4 Rn. 36; *Appel,* Staatliche Zukunfts- und Entwicklungsvorsorge, 2005, S. 265 ff.; *Epiney* JuS 2003, 1066 (1067); *Monien,* Prinzipien als Wegbereiter eines globalen Umweltrechts?, 2014, S. 150 ff.; *Proelß* (o. Fn. 8) 5. Abschn. Rn. 102–104, 114 ff.

21 Näher *Beyerlin/Marauhn* S. 73 ff.; *Gärditz* in Kahl (Hrsg.), Nachhaltigkeit als Verbundbegriff, 2008, S. 137 ff.; *Kotzur* JöR 57 (2009), 503 ff.; *v. Arnauld,* Völkerrecht, 4. Aufl. 2019, Rn. 890.

22 Vgl. *Beyerlin* ZaöRV 65 (2005), 525 ff.; *ders.* in Liber amicorum f. Delbrück, 2005, S. 47 ff.; namentlich für ein Menschenrecht auf Wasser *Laskowski,* Menschenrecht auf Wasser, 2010, S. 145 ff.; expansiv *Ekardt* ZUR 2015, 579 ff.

23 Völkergewohnheitsrechtsqualität wie hier verneinend *Beaucamp* (o. Fn. 18) S. 81 ff.; *Herdegen* (o. Fn. 9) § 8 Rn. 9; *Kloepfer* UmweltR § 10 Rn. 79; *Proelß* (o. Fn. 8) 5. Abschn. Rn. 117; *Schröder* AVR 34 (1996), 251 (272); bejahend *Calliess,* Rechtsstaat und Umweltstaat, 2001, S. 143 f.; *Epiney/Scheyli,* Strukturprinzipien des Umweltvölkerrechts, 1998, S. 77, 81 f., 171; *Hohmann* NVwZ 1993, 311 (318).

24 *Proelß* (o. Fn. 8) 5. Abschn. Rn. 117.

25 Überblicke bei *Hohmann* NVwZ 1993, 311 (315 f.); *Ruffert* ZUR 1993, 208 (210 f.).

Wälder (ohne Differenzierung zwischen Tropenwäldern und sonstigen Wäldern) gelten. Sie betont ua das „souveräne und unveräußerliche Recht“ der Staaten, ihre Wälder zu nutzen,[26] den Schutz der indigenen Völker, die Notwendigkeit einer umfassenden Waldbewirtschaftung und das Erfordernis finanzieller und technischer Kooperation der internationalen Gemeinschaft.

d) Artenvielfaltskonvention

7 Das Übereinkommen über die biologische Vielfalt (Artenvielfalts- bzw. Biodiversitätskonvention) hat in erster Linie den Schutz von Tier- und Pflanzenarten sowie ihrer bedrohten Lebensräume im Auge und umfasst damit zugleich den – praktisch besonders bedeutsamen – Schutz der tropischen Regenwälder. Wie zumeist im Umweltvölkerrecht bleiben auch hier die Schutzverpflichtungen eher vage, belassen also erhebliche politische Umsetzungsspielräume, und sind mit zahlreichen relativierenden Klauseln versehen. Neben dem Biotopschutz geht es um die nachhaltige Nutzung der Arten (vgl. Art. 3) und die faire Aufteilung der Gewinne aus der Nutzung genetischer Ressourcen.[27]

e) Klimarahmenkonvention

8 Von grundlegender Bedeutung für die weltweite Bekämpfung des Treibhauseffekts ist das Rahmenübereinkommen über Klimaänderung (Klimarahmenkonvention, KRK), dessen langfristiges Ziel darin besteht, „die Stabilisierung der Treibhausgaskonzentrationen in der Atmosphäre auf einem Niveau zu erreichen, auf dem eine gefährliche anthropogene Störung des Klimasystems verhindert wird“ (Art. 2).[28] Diese Konvention ist zugleich ein Beispiel für eine verbreitete Regelungstechnik im Umweltvölkerrecht, zunächst ein weitgehend von materiellen Inhalten frei gehaltenes Rahmenabkommen *(umbrella treaty)* zu schaffen, auf dieser Grundlage aber eine internationale Organisation mit effektiven institutionellen Mechanismen der politischen Sekundärrechtsetzung auszustatten.[29]

4. „Rio-follow-up"-Prozess

9 Die Rio-Konferenz hat einen folgenreichen Prozess der Weiterentwicklung des Umweltvölkerrechts in Gang gesetzt, nicht zuletzt das Klimaschutzrecht als Materie zur Entstehung gebracht. Nach Berlin (1995) und Genf (1996) fand die 3. Vertragsparteienkonferenz der KRK 1997 in Kyoto (Japan) statt.[30] Das verabschiedete Klimaschutzprotokoll (Kyoto-Protokoll)[31] verpflichtet die Industrieländer (sog. Annex I-Staaten), im Zeitraum von 2008 bis 2012 die Treibhausgasemissionen um eine im Einzelnen festgelegte Menge zu reduzieren (Art. 3 I).[32] Die Reduktionsvorgaben betreffen jedoch – dem Grundsatz der *common but differentiated responsibility*

---

26 Krit. *Kloepfer* UmweltR § 10 Rn. 54.

27 BGBl. 1993 II 742.

28 BGBl. 1993 II 1784. Vgl. *Bail* EuZW 1998, 457 ff.; *Dolzer* FS Bernhardt, 1995, S. 957 ff.; *Kreuter-Kirchhof*, Neue Kooperationsformen im Umweltvölkerrecht, 2005, S. 35 ff.

29 Hierzu *Boysen* AVR 50 (2012), 377 (387 ff.); *Durner* in Möllers/Voßkuhle/Walter (Hrsg.), Internationales Verwaltungsrecht, 2007, S. 121 (126 f.).

30 S. dazu und zum Folgenden ausf. → § 6 Rn. 10 ff.

31 Zustimmungsgesetz v. 27.4.2002 (BGBl. II 966). Vgl. zum Folgenden *Durner* AVR 37 (1999), 357 ff.; *Kreuter-Kirchhof* DVBl 2005, 1552 ff.; *dies.* ZaöRV 65 (2005), 967 ff.; *Scheyli* AVR 40 (2002), 273 (303 ff.). Zum Regime der Erfüllungskontrolle *Oberthür/Lefeber* AVR 50 (2012), 420 ff.

32 Dazu → § 6 Rn. 22.

folgend[33] – nicht die Entwicklungsländer. Das Kyoto-Protokoll ist am 16.2.2005 in Kraft getreten.

Als Folgekonferenz von Rio kam es 2002 zum Weltgipfel von *Johannesburg (World Summit on Sustainable Development).*[34] Man konnte sich jedoch auch hier lediglich auf eine rechtlich unverbindliche politische Abschlusserklärung und einen ebenfalls unverbindlichen Aktionsplan verständigen.[35] Die Johannesburg-Erklärung zur Nachhaltigen Entwicklung geht über die Inhalte der Rio-Erklärung letztlich nicht hinaus. In erster Linie werden die soziale bzw. humanitäre Entwicklungsperspektive und damit die zwischenstaatliche Solidarität zur Bewältigung globaler Umweltfragen betont. Bedeutung erlangten vor allem die Beitrittserklärungen Russlands und Kanadas zum Kyoto-Protokoll, das bis 2020 verlängert wurde, dessen Zukunft aber nach nur begrenzt erfolgreichen Folgekonferenzen sowie zwischenzeitlich erfolgten Austritten und allgemeinen Rückschlägen im Bereich der Weltklimapolitik ungewiss ist. 10

2012 kam es in Rio zur Nachfolgekonferenz *„Rio+20“*, die eine – freilich sehr allgemein gehaltene und rechtlich unverbindliche – Erklärung (*„The Future We Want“)* beschloss.[36] Am 1.1.2016 traten die 17 (politischen) Ziele für nachhaltige Entwicklung (*Sustainable Development Goals, SDGs*) der UN in Kraft, die der weiteren Sicherung einer nachhaltigen Entwicklung auf ökonomischer, sozialer sowie ökologischer Ebene bis 31.12.2030 dienen sollen. Im Unterschied zu den von 2000–2015 geltenden Zielen *(Millenium Development Goals, MDGs)* gelten sie nicht vorrangig für die Entwicklungsländer, sondern für alle Staaten.

Das *Pariser Abkommen [PA] 2015*[37] markiert den derzeitigen Stand des Klimaschutzvölkerrechts, obgleich es das bisherige Regelungswerk (→ Rn. 8, 10) nicht ablöst, sondern daneben tritt.[38] Etwaige Verpflichtungen ergänzen sich also. Das Abkommen verpflichtet die Mitgliedstaaten im Wesentlichen darauf, zur Erfüllung der Ziele des Abkommens (Art. 2 PA) abstrakte Selbstverpflichtungen für nationale Beiträge zum globalen Klimaschutz zu formulieren (Art. 3 PA), also die („ambitionierten“) konkreten Reduktionsziele selbst zu setzen, um den (politischen) Erfolg der nationalen Klimapolitik später hieran zu messen. 11

Eine Zielverfehlung löst keine unmittelbaren Rechtsfolgen aus.[39] Auch die Instrumente zur Zielerreichung werden weitestgehend den Mitgliedstaaten überlassen (Art. 4 PA), konkrete Maßnahmen – wie etwa ein derzeit häufig geforderter Kohleausstieg[40] – werden den Staaten gerade nicht vorgegeben.[41] Das Abkommen hat insoweit eine „hybride“ Verbindlichkeitsstruktur.[42] Es ist in erster Linie ein auf sukzessive Fortschreibung durch die Mitgliedstaaten angelegtes[43]

[33] Hierzu *Beyerlin/Marauhn* S. 61 ff.; *Rajamani* in Krämer/Orlando S. 291 ff.
[34] Im Überblick *Beyerlin/Marauhn* S. 23 ff.; *Cordonier Segger/Khalfan,* Sustainable Development Law, 2004, S. 25 ff.
[35] Krit. daher *Beyerlin/Marauhn* S. 24; *Kloepfer* UmweltR § 10 Rn. 57.
[36] Vgl. hierzu *de Andrade Correa* AVR 50 (2012), 500 ff.
[37] Übereinkommen von Paris v. 12.12.2015 (ABl. 2016 L 282, 4); G zu dem Übereinkommen von Paris v. 28.9.2016 (BGBl. II 1082). Hierzu *Aust* ZUR 2018, 656 ff.; *Ekardt* NVwZ 2016, 355 ff.; *Frank* ZUR 2016, 352 ff.; *Franzius* ZUR 2017, 515 ff.; *Kreuter-Kirchhof* DVBl 2017, 97 ff.; *Schlacke* ZUR 2016, 65 f.; *v. Unger* ZUR 2018, 650 ff.; *Voland/Engel* NVwZ 2019, 1785 ff.; s. auch näher zum Pariser Abkommen und dessen Bewertung → § 6 Rn. 11 f.
[38] *Ziehm* ZUR 2018, 339 ff. Eingehend *Stoll* in Proelß (o. Fn. 9) 9. Abschn. Rn. 74 ff.
[39] *Bickenbach* JZ 2020, 168 (170).
[40] Dazu → § 6 Rn. 134.
[41] *Franzius* EurUP 2017, 166 (175); *Gärditz* ZUR 2018, 663 (664). Kritsch daher *Ekardt* NVwZ 2016, 355 f.; *Proelß* ZfU Sonderausgabe PA 2016, 58 (69); *Streck* ZUR 2019, 13 ff.
[42] *Saurer* NVwZ 2017, 1574 (1575 f.).
[43] *Ekardt* NVwZ 2016, 355 (358); *Gärditz* ZUR 2018, 663 (664).

politisches Programm.[44] Rechtsverbindlich sind im Wesentlichen nur die detaillierten Berichtspflichten (Art. 4 VIII–XII PA), also rein prozedurale Regelungsansätze,[45] die letztlich auf die politische Bereitschaft vertrauen, gesichtswahrend ambitionierte nationale Beiträge zur globalen Treibhausgasreduktion zu definieren, diesen dann auch in der Umsetzung gerecht zu werden und redlich hierüber zu berichten.

Obgleich das PA selbst nichtstaatlichen Akteuren keine subjektiven Rechte vermittelt, ist nicht auszuschließen, dass es im Rahmen dezentraler („transnationaler")[46] Durchsetzungsstrategien Bedeutung erlangt, wenn etwa die völkerrechtlich sanktionslosen Zielvorgaben nach innerstaatlichem Recht (einschließlich Grund- und Menschenrechten) in verbindliche Maßstäbe transformiert werden.[47] Für das Unionsrecht hat der *EuGH* eine solche Völkerrechtsdurchsetzung gegen Organe der EU mangels hinreichender individueller Betroffenheit jüngst abgelehnt.[48]

II. Die Quellen des Umweltvölkerrechts

1. Völkervertragsrecht

12 Der (bi- bzw. multilaterale) völkerrechtliche Vertrag (Art. 38 I lit. a IGH-Statut) ist in der Praxis die wichtigste Rechtsquelle des Umweltvölkerrechts. Als Rechtsinstrument ist er zur Lösung internationaler Umweltprobleme aufgrund seiner Bestimmtheit, Genauigkeit, Flexibilität und Aktualität besonders geeignet.[49] Völkerrechtliche Verträge wirken nicht unmittelbar in der deutschen Rechtsordnung, sondern bedürfen nach der Transformationslehre[50] der Umsetzung in das nationale Recht. Diese erfolgt idR durch ein Zustimmungsgesetz iSd Art. 59 II 1 GG. Den transformierten Völkerrechtsverträgen kommt der Rang einfacher Bundesgesetze zu. Da dem Völkerrecht – sieht man von den über Art. 25 GG automatisch transformierten Regeln des universellen Völkergewohnheitsrechts ab[51] – die Durchsetzungsfähigkeit des mit Anwendungsvorrang ausgestatteten Unionsrechts fehlt und zudem grenzüberschreitende Umweltkonflikte aufgrund der unionsrechtlichen Regelungskompetenzen[52] innerhalb der EU exklusiv der Gerichtsbarkeit des EuGH unterworfen sind, was internationale Streitschlichtungsmechanismen ausschließt,[53] verlaufen die Einflusspfade des Völkerrechts innerhalb der EU – zumal bei gemischten Abkommen – über Art. 216 II AEUV meist über das Unionsrecht ins nationale Recht.[54]

---

44 *Bodle/Oberthür* in Klein/Carazo/Doelle (Hrsg.), The Paris Agreement on Climate Change: Analysis and Commentary, 2017, S. 91 (103); *Gärditz* ZUR 2018, 663 (664); *Nückel* ZUR 2017, 525 (528); *Saurer* NVwZ 2017, 1574.

45 *Franzius* EurUP 2017, 166 (167, 169 f.); *Nückel* ZUR 2017, 525 (527).

46 *Spießhofer* AVR 57 (2019), 26 (33 ff.); zu den Akteuren *Kosa* EurUP 2020, 17 ff.

47 Hierfür etwa *Bickenbach* JZ 2020, 168 (173 ff.); *Cremer* ZUR 2019, 278 (280 ff.); *Hänni* EuGRZ 2020, 616 ff. S. auch → § 5 Rn. 22.

48 *EuGH*, Rs. C-565/19 P (Carvalho), ECLI:EU:C:2021:252, Rn. 39 ff., 75 ff.; aA *Winter* ZUR 2019, 259 ff. S. zum Ganzen auch *Franzius/Kling* in Kahl/Weller (Fn. 5) I. Rn. 4 ff.; sowie → § 6 Rn. 14 ff.

49 Vgl. *Kloepfer* UmweltR § 10 Rn. 87.

50 *Vöneky* in Isensee/Kirchhof (Hrsg.), HStR XI, 3. Aufl. 2013, § 236 Rn. 9 ff.

51 Stellv. *Cremer* in Isensee/Kirchhof (Hrsg.), HStR XI, 3. Aufl. 2013, § 235 Rn. 10 ff.

52 Dazu → § 2 Rn. 21 ff.

53 *EuGH*, Rs. C-459/03 (MOX Plant), Slg. 2006 I-4635. Weitergehend noch *EuGH*, Rs. C-284/16 (Achmea BV), ECLI:EU:C:2018:158: Unzulässigkeit einer Übertragung von Rechtsprechungsaufgaben auf internationale Schiedsgerichte in Investitionsschutzabkommen. Weiterführend *Behrens* RIW 2018, 701 ff.; *Gundel* EWS 2018, 124 ff.; *ders.* EWS 2019, 181 ff.; *Ohler* JZ 2018. 514 f.

54 Vgl. etwa *EuGH*, Rs. C-240/09 (Lesoochranárske zoskupenie), Slg. 2011 I-1255 Rn. 40 ff.

Unter der Vielzahl völkerrechtlicher Abkommen[55] sind von grundsätzlicher Bedeutung zB das Ramsar-Übereinkommen über Feuchtgebiete vom 2.2.1971,[56] das Washingtoner Artenschutzabkommen vom 3.3.1973,[57] die Berner Konvention über die Erhaltung der europäischen wildlebenden Pflanzen und Tiere und ihrer natürlichen Lebensräume vom 19.9.1979;[58] das Übereinkommen über weiträumige grenzüberschreitende Luftverunreinigung vom 13.11.1979,[59] das Walfangübereinkommen vom 2.12.1946,[60] das UN-Seerechtsübereinkommen (SRÜ) vom 10.12.1982,[61] das Wiener Übereinkommen zum Schutz der Ozonschicht vom 22.3.1985,[62] das Montrealer Protokoll über Stoffe, die zu einem Abbau der Ozonschicht führen, vom 16.9.1987,[63] das Übereinkommen über die frühzeitige Benachrichtigung bei kerntechnischen Unfällen vom 26.9.1986, das Übereinkommen über Hilfeleistungen bei kerntechnischen Unfällen oder radiologischen Notfällen vom 26.9.1986,[64] die Alpenkonvention vom 7.11.1991,[65] das UNECE-Übereinkommen über die grenzüberschreitende Umweltverträglichkeitsprüfung („Espoo-Konvention"),[66] die OSPAR-Konvention über den Schutz der Meeresumwelt im Nord-Ost-Atlantik vom 22.9.1992,[67] das Internationale Übereinkommen zur Verhütung der Meeresverschmutzung durch Schiffe (MARPOL-Übereinkommen) vom 2.11.1973,[68] die UN-Wüstenkonvention vom 12.9.1994,[69] die Klimarahmenkonvention (→ Rn. 8), die Artenvielfaltskonvention (→ Rn. 7), das UN-Wasserrechtsübereinkommen vom 21.5.1997[70] sowie die Aarhus-Konvention vom 25.6.1998.[71] 13

Teilweise werden auch *umweltunspezifischen* Verträgen umweltvölkerrechtliche Verpflichtungen entnommen. Dies gilt namentlich für die Menschenrechte etwa der EMRK, aus denen umweltbezogene Schutzpflichten abgeleitet werden,[72] für ein universelles Menschenrecht auf sauberes Wasser[73] und für das humanitäre Völkerrecht.[74]

---

[55] Vgl. umfassend *Proelß* (o. Fn. 8) 5. Abschn. Rn. 124 ff.; für das Naturschutzvölkerrecht *Durner* AVR 54 (2016), 355 ff.; *Wolf* ZUR 2017, 3 ff.

[56] BGBl. 1976 II 1266; hierzu *Durner* AVR 54 (2016), 355 (365 f., 379); *Gärditz* AVR 54 (2016), 413 ff.

[57] BGBl. 1975 II 777, hierzu etwa *Beyerlin/Marauhn* S. 184 ff.; *Sand* AVR 54 (2016), 561 ff.

[58] BGBl. 1984 II 620; hierzu *Lasén Diaz* RECIEL 19 (2010), 185 ff.; *Proelß* EurUP 2015, 314 ff.; *Schumacher* AVR 54 (2016), 543 ff.

[59] BGBl. 1982 II 374.

[60] BGBl. 1982 II 559.

[61] BGBl. 1994 II 1799. S. dort Teil XII über den Schutz und die Wahrung der Meeresumwelt (Art. 192–237). Im Überblick *Jenisch* NuR 2006, 79 ff.; *Proelß* AVR 54 (2016), 468 ff.

[62] BGBl. 1988 II 902.

[63] BGBl. 1988 II 1014, dazu *Schmidt/Kahl* in Rengeling EUDUR II/2, § 89 Rn. 42 f.; *Schuppert,* Neue Steuerungsinstrumente im Umweltvölkerrecht, 2012, S. 22 ff.

[64] BGBl. 1989 II 435 bzw. 441.

[65] BGBl. 1994 II 2538, hierzu *Cuypers* AVR 54 (2016), 435 ff.; *Odendahl* UTR 93 (2007), 59 ff.; *Söhnlein* BayVBl. 2013, 105 ff.; *Schroeder* BayVBl. 2004, 161 ff.; *ders.* NuR 2006, 133 ff.; *Wolf* NuR 2016, 369 ff.

[66] BGBl. 1996 II 1406; dazu *Rietzler* NVwZ 2015, 483 ff.

[67] BGBl. 1994 II 1360; dazu *Epiney/Felder* NuR 2003, 453 ff.; *Matz-Lück* in Proelß (o. Fn. 9) 12. Abschn. Rn. 44, 46, 104; *dies./Fuchs* ZUR 2012, 532 ff.

[68] BGBl. 1996 II 399; hierzu *Stöfen-O'Brien* EurUP 2019, 471 ff.

[69] BGBl. 1997 II 1468.

[70] BGBl. 2006 II 742; hierzu *Reichert* in Proelß (o. Fn. 9) 13. Abschn. Rn. 8.

[71] ILM 38 (1999), 517 ff.

[72] *EGMR,* Powell & Raynot v. UK, ECHR 1990, Series A, Nr. 172, Rn. 30 ff.; López Ostra v. Spain, ECHR 1994, Series A, Nr. 303, Rn. 44 ff.; vertiefend *Braig* NuR 2017, 100 ff.; *Heselhaus/Marauhn* EuGRZ 2005, 549 ff.; *Meyer-Ladewig* NVwZ 2007, 25 ff.; *Pedersen* in Krämer/Orlando S. 578 ff.; *Theil* NuR 2014, 330 ff.; speziell zum Klimaschutz *Hänni* EuGRZ 2019, 1 ff.; *dies.* EuGRZ 2020, 616 ff. Zur lateinamerikanischen Entwicklung *Kahl* EurUP 2019, 110 ff.

[73] *Beyerlin* ZaöRV 65 (2005), 525 (533); *Bothe* FS Wildhaber, 2007, S. 103 ff.

[74] *Heintschel v. Heinegg* FS R. Schmidt, 2006, S. 855 ff.

2. Völkergewohnheitsrecht

14 Im Gegensatz zum Umweltvertragsrecht haben sich die gewohnheitsrechtlichen Regeln (Art. 38 I lit. b IGH-Statut) des Umweltvölkerrechts nur schleppend fortentwickelt. Völkergewohnheitsrecht entsteht generell durch eine (partikuläre oder universelle) Übung sowie eine entsprechende Rechtsüberzeugung der beteiligten Kreise.[75] Auch wenn sich eine Übung nur hinsichtlich weniger Staaten feststellen lässt, kann Völkergewohnheitsrecht entstehen, wenn sich die überwältigende Mehrheit der Staaten dieser Rechtsbehauptung zumindest stillschweigend anschließt.[76]

15 Der *IGH* hat im *Festlandsockel-Fall*[77] anerkannt, dass die Dauer der Übung sich heute auf kürzere Zeiträume beschränken kann, sofern die entsprechende Praxis annähernd universal ist, also von einem ganz überwiegenden Teil der Staaten über einen hinreichenden Zeitraum befolgt wird. Folglich kann Völkergewohnheitsrecht auch nur begrenzt zur Lösung aktueller Probleme des Umweltschutzes beitragen.[78]

16 Das Völkergewohnheitsrecht gehört zu den „allgemeinen Regeln des Völkerrechts" iSd Art. 25 GG und gilt damit kraft grundgesetzlicher Rezeption automatisch in der Rechtsordnung der Bundesrepublik. Es steht über dem einfachen innerstaatlichen Gesetzesrecht, jedoch nach hM unter dem Verfassungsrecht (Art. 25 S. 2 GG).[79]

a) Verbot erheblicher grenzüberschreitender Umweltschädigungen

17 Als gewohnheitsrechtlich gesichert gilt insbes. das aus dem Prinzip der guten Nachbarschaft (vgl. Art. 74 UN-Charta) abgeleitete Verbot erheblicher grenzüberschreitender Umweltschädigungen *(„sic utere tuo ut alienam non laedas")*.[80] Danach darf kein Staat auf seinem Territorium Aktivitäten vornehmen, fördern oder dulden, die auf dem Gebiet eines Nachbarstaates erhebliche Schäden verursachen.[81] Dies entspricht im Übrigen dem Prinzip 21 der Stockholmer Deklaration (→ Rn. 2) sowie dem zweiten Rio-Prinzip. Dahinter stehen strukturprägend die Prinzipien der beschränkten territorialen Souveränität und Integrität.[82]

18 Damit wird die Abkehr von der sog. *Harmon*-Doktrin des ausgehenden 19. Jahrhunderts betont, nach der jeder Staat sein Territorium ohne Rücksichtnahme auf die Interessen anderer Staaten nutzen konnte. Die territoriale Souveränität ist nach heute einhelliger Ansicht begrenzt durch die territoriale Integrität der anderen Staaten, also durch deren Recht, allein und ausschließlich, mithin ohne Einwirkungen anderer Staaten, über ihr Hoheitsgebiet zu bestimmen. Beide, territoriale Souveränität und territoriale Integrität, stehen in einem Verhältnis der Gleichrangigkeit und müssen somit zu einem schonenden Ausgleich gebracht werden (hM, str.).[83] Entscheidend sind hierbei auch prozedurale Fragen, insbes. die Verfahren der Streitbeilegung, die zur Lösung von Nutzungskonflikten knapper Ressourcen im Sinne angemessener

---

[75] Stellv. *IGH,* Columbia vs. Peru (Asylum Case), ICJ Reports 1950, 266 (276 ff.); *Heintschel v. Heinegg* in Ipsen (Hrsg.), Völkerrecht, 7. Aufl. 2018, § 17 Rn. 1 ff.; *v. Arnauld* (o. Fn. 21) Rn. 251 ff.

[76] Vgl. *Verdross/Simma* (o. Fn. 11) § 557.

[77] ICJ Rep. 1969, 4 Rn. 73.

[78] *Schweitzer* in Rengeling EUDUR I § 21 Rn. 19.

[79] Vgl. BVerfGE 74, 358 (370); 111, 307 (317).

[80] Vgl. *BVerwG* NVwZ 2009, 453 (454); *Beyerlin* (o. Fn. 10) Rn. 116 ff.; *Schlacke* § 8 Rn. 9 ff.; *Hinds* AVR 30 (1992), 298 ff.; *Kloepfer* UmweltR § 10 Rn. 69 ff.; *Ruffert* UTR 78 (2004), 7 (18).

[81] *Bryde* AVR 31 (1993), 1; *Oppermann* in HdUR I Sp. 911 f.; *Wolfrum* DVBl 1984, 493 (495).

[82] *Epiney* JuS 2003, 1066 (1068).

[83] Vgl. *Hinds* AVR 30 (1992), 298 (299 f.); *Wolfrum* GYIL 1990, 311; aA *Beyerlin* (o. Fn. 10) S. 39 ff.; *Bryde* AVR 31 (1993), 1 (4 ff.); *Epiney* AVR 39 (2001), 1 (9 f.).

und gerechter Verteilung[84] beitragen sollen.[85] Die Prinzipien der guten Nachbarschaft und des Verbots erheblicher Schädigung der Umwelt jenseits des eigenen Hoheitsgebiets sind im Prinzip schon lange anerkannt. Leitentscheidung in diesem Zusammenhang ist der *Trail Smelter*-Schiedsspruch von 1941.[86]

Die Abgase einer kanadischen Zink- und Bleischmelze hatten zu erheblichen Schäden in der Land- und Forstwirtschaft im Staate Washington/USA geführt. Das angerufene Schiedsgericht urteilte, dass kein Staat eine Nutzung seines Gebiets zulassen dürfe, durch die das Territorium eines anderen Staates oder darauf lebende Menschen erheblich geschädigt würden und verpflichtete in dem zu entscheidenden Fall, da die Voraussetzung einer erheblichen Schädigung „klar und eindeutig nachgewiesen" sei, den Staat Kanada, die Entwicklung der schädlichen Abgase zu unterbinden sowie für den entstandenen Schaden Ersatz zu leisten.

Das Gericht ging von der völkergewohnheitsrechtlich anerkannten Regel aus, dass Staaten für alle ihnen nach dem Völkerrecht zuzurechnenden Handlungen und Unterlassungen, die gegen Normen des Völkerrechts verstoßen, den unmittelbar verletzten Völkerrechtssubjekten gegenüber verantwortlich sind.[87] Im Umweltvölkerrecht, in dem es üblicherweise um Handlungen privater Emittenten geht, sieht man seit der bezeichneten *Trail Smelter*-Entscheidung in der Gestattung der umweltschädigenden Nutzung des Staatsgebiets das maßgebliche Verhalten, das eine Zurechnung begründen kann.[88] Dieser Grundsatz gilt prinzipiell für das gesamte Umweltvölkerrecht.[89] Nach hM handelt es sich dabei zumindest grds. um eine *Verschuldenshaftung,*[90] was allerdings nichts an der Tendenz zur Etablierung einer faktischen Erfolgshaftung und den aus rechtspolitischer Sicht zu begrüßenden Bestrebungen zur verstärkten Einführung der völkergewohnheitsrechtlich derzeit noch nicht anerkannten[91] Gefährdungshaftung ändert. Diese Haftung greift allerdings bislang nicht, wenn es – wie insbes. bei den praktisch besonders relevanten Öltankerunfällen – um Schäden geht, die private Akteure außerhalb des Hoheitsgebietes eines Staates verursachen.[92] Abweichende Sonderregelungen enthält insoweit aber das Rechtsregime über den Tiefseebergbau im Zusatzübereinkommen zur Durchführung des Teils XI des SRÜ, das auch haftungsbewehrte Verpflichtungen der sog. Sponsorstaaten von Unternehmen kennt.[93] 19

Staaten sind daher aufgrund des Prinzips der guten Nachbarschaft verpflichtet, von ihrem Gebiet ausgehende Emissionen angemessen zu vermindern. Können einvernehmliche Regelungen nicht erzielt werden, muss auf die vom Völkerrecht zur einseitigen gewaltfreien (vgl. Art. 2 Nr. 4 UN-Charta) Rechtsdurchsetzung bereitgestellten Instrumentarien zurückgegriffen werden (zB Vermittlungen, Schiedsgerichtsverfahren, Bildung von Untersuchungskommissionen und internationale Ge- 20

---

84 Vertiefend *Czarnecki,* Verteilungsgerechtigkeit im Umweltvölkerrecht, 2008, S. 117 ff.

85 Eingehend *Reszat,* Gemeinsame Naturgüter im Völkerrecht, 2004, S. 353 ff.

86 RIAA 1949 III, 1938 (1965).

87 Vgl. *StIGH,* No. 17 v. 13.9.1928, Chorzow, Series A, S. 29; aus der Lit. *Schwarze* AVR 24 (1986), 408 (410 f.); *Verdross/Simma* (o. Fn. 11) § 1262.

88 Stellv. *Ruffert* UTR 78 (2004), 7 (9 f.); *v. Arnauld* (o. Fn. 21) Rn. 883 ff.; *Wolfrum* (Fn. 5) G. Rn. 11 ff.

89 Wie hier *Schwarze* AVR 24 (1986), 408 (415 ff.); *Rauschning* FS Schlochauer, 1981, S. 557 (564).

90 *Kimminich* AVR 22 (1984), 241 (261 ff.).

91 Vgl. *Dolzer* in BDGV 32 (1992), 195 (214 f.); *Randelzhofer* in BDGV 24 (1984), 35 (65 f.).

92 Vgl. *Traisbach* in Tomuschat (Hrsg.), Schutz der Weltmeere gegen Öltankerunfälle, 2005, S. 169 (192 ff., 198 ff.).

93 Übereinkommen zur Durchführung des Teiles XI des Seerechtsübereinkommens der Vereinten Nationen v. 10.12.1982 (BGBl. 1994 II 2566), hierzu *ISGH,* Advisory Opinion v. 1.2.2011 (Fall Nr. 17), §§ 99 ff.; *Jenisch* NordÖR 2010, 373 ff.; *Jessen* ZUR 2012, 71 ff.

richtsbarkeit), die aber – wie ganz allgemein im Völkerrecht als dezentraler Rechtsordnung – sehr schwach ausgestaltet sind.[94] Als Ultima Ratio, dh unter strenger Beachtung des Verhältnismäßigkeitsprinzips, kommen nach den allgemeinen Grundsätzen des Rechts der Staatenverantwortlichkeit auch Repressalien (Gegenmaßnahmen) in Betracht.[95] Diese sind zunächst darauf gerichtet, die völkerrechtliche Primärpflicht, namentlich also die Unterlassung der schädigenden Handlung, zu erzwingen; im Schadensfall kann auch die Wiedergutmachung durchgesetzt werden.

b) Vernünftige Teilung gemeinsamer Ressourcennutzung

21 Als Ausdruck der Gebietshoheit ist zwar ein Staat weiterhin berechtigt, die Umweltressourcen auf seinem Staatsgebiet – Wasserressourcen eingeschlossen – zu nutzen; handelt es sich jedoch um eine mit anderen Mitgliedstaaten geteilte Ressource, gilt das gewohnheitsrechtliche Gebot einer angemessenen und vernünftigen Nutzung *(fair and equitable benefit-sharing),*[96] was Kooperationspflichten der Anrainerstaaten nach sich zieht.[97] Für das internationale Wasserrecht wurde daher ein „elementares Recht auf gerechte und vernünftige Teilhabe an den Ressourcen internationaler Wasserläufe" anerkannt.[98]

c) Sonstige völkergewohnheitsrechtliche Grundsätze

aa) Informations-, Warnpflicht und Konsultationspflicht

22 Nach der hM (str.) besteht heute eine gewohnheitsrechtlich gesicherte Pflicht, einen potentiell betroffenen Nachbarstaat über umweltgefährdende oder umweltbelastende Vorhaben zu informieren und in Notstandsfällen zu warnen (vgl. Rio-Prinzip 18).[99] Bei einem Projekt mit weit reichenden potentiellen Auswirkungen für einen Nachbarstaat (etwa Atomkraftwerk oder Chemiepark in Grenznähe) muss hinreichende Transparenz sichergestellt werden. Auch eine Konsultationspflicht wird spätestens seit der UN-Umweltschutzkonferenz von Rio (vgl. Prinzip 19) von der hL mit Recht bejaht.[100] Die Pflicht hat den Inhalt, dass ein Staat in faire und gutnachbarliche Verhandlungen mit den betroffenen Nachbarn eintreten und diese Verhandlungen mit dem Ziel führen muss, zu einem Ausgleich der beiderseitigen Interessen zu gelangen. Es besteht demgegenüber weder eine Verpflichtung, die von der anderen Seite vorgebrachten Einwendungen tatsächlich zu berücksichtigen, noch eine Pflicht zum Abschluss eines völkerrechtlichen Vertrages.[101]

bb) Schadensvermeidungspflicht

23 Die hL nimmt ferner an, dass das Verbot der erheblichen Schädigung von Nachbargebieten neben einer repressiven auch eine präventive Komponente dahingehend beinhaltet, dass jeder Staat völkergewohnheitsrechtlich verpflichtet ist, (erhebliche) grenzüberschreitende Umweltbeeinträchtigungen von vornherein zu

---

94 Zutreffend *Proelß* (o. Fn. 8) 5. Abschn. Rn. 90.

95 Vgl. *Ruffert* UTR 78 (2004), 7 (12); *Verdross/Simma* (o. Fn. 11) §§ 1312 ff.

96 *Dederer* (o. Fn. 1) § 248 Rn. 120, 123; *v. Arnauld* (o. Fn. 21) Rn. 885 ff.; *Morgera* in Krämer/Orlando S. 323 ff.

97 *Dederer* (o. Fn. 1) § 248 Rn. 122; *Leb,* Cooperation in the Law of Transboundary Water Resources, 2013.

98 *IGH* Urt. v. 25.9.1997, Gabčíkovo-Nagymaros Project, ICJ Reports 1997, 7, § 78.

99 Vgl. den sog. *Korfu Kanal*-Fall des *IGH* ICJ Reports 1949, 4 (22), sowie das *2. Nicaragua*-Urteil ICJ Reports 1986, 12 (112).

100 *Brunnée* ZaöRV 49 (1989), 791 (795); *Epiney* JuS 2003, 1066 (1070); aA *Verdross/Simma* (o. Fn. 11) § 1031.

101 *Epiney* JuS 2003, 1066 (1070).

vermeiden bzw. das Risiko von Schadensfällen zu minimieren (Vorsorgeprinzip).[102] Der *IGH* hat dies in seiner *Pulp Mills*-Entscheidung im Jahr 2010 verdeutlicht und ebenfalls eine völkergewohnheitsrechtliche Geltung angenommen:[103] Insbes. der Begriff der „Erheblichkeit" erweist sich als weitgehend konturenarm. Es gibt kein absolutes, sondern nur ein eingeschränktes Beeinträchtigungsverbot. Eine Erstreckung der Schadensverhinderungspflicht auf potentielle Schädigungen unterhalb der Risikoschwelle kann nicht zum Bestand des Völkergewohnheitsrechts gezählt werden.

cc) Vetorecht

Erst recht abzulehnen ist ein Vetorecht, also ein Unterlassungsanspruch Russlands. 24
Die russische Regierung kann sich insbes. nicht auf ein völkergewohnheitsrechtliches Verbot des Baus von hochgefährlichen Anlagen *(ultra-hazardous activities)* in Grenznähe berufen.[104] Die statistische Möglichkeit eines Unfalls – wenn auch mit unter Umständen katastrophalen Folgen – reicht hierfür nicht aus. Staaten- und Vertragspraxis gehen vielmehr bislang von der Zulässigkeit auch grenznaher Anlagen mit gewissem Gefährdungspotential (zB Kernkraftwerke[105], Chemiefabriken) aus,[106] was etwa ein Blick auf die Anlagendichte am staatsgebietsübergreifenden Rhein belegt. Solange international etablierte Mindestsicherheitsstandards beachtet werden, besteht daher kein völkerrechtlicher Unterlassungsanspruch.

dd) Recht zur ökologischen Intervention

Schließlich besteht auch kein Recht zur Intervention, um potentielle Giftunfälle 25
abzuwenden. Der Begriff der ökologischen Intervention erfasst alle Aktivitäten, mit denen ein einzelner Staat ein umweltschädigendes oder -beeinträchtigendes Verhalten außerhalb seines Hoheitsgebiets zu unterbinden sucht.[107] Während der Einsatz von Gewalt entsprechend dem zwingenden Gewaltverbot (vgl. Art. 2 IV UN-Charta) generell ausgeschlossen ist,[108] findet der Einsatz nichtmilitärischen Zwangs seine Grenzen im völkerrechtlichen Nichteinmischungsprinzip,[109] das eine unmittelbare Einwirkung auf fremdes Territorium prinzipiell untersagt. Ob *ultra-hazardous activities,* die eine konkrete Gefahr einer massiven Schädigung des Nachbarstaates begründen, einen Ausnahmefall hiervon darstellen, sei dahingestellt, dürfte aber zu bejahen sein. In allen anderen Fällen ist es einem Nachbarstaat versagt, „die Forderung nach Risikovermeidung, Vorsorge und Prävention mit autoritativ wirkendem Zwang zu unterlegen und zu untermauern"[110].

3. Allgemeine Rechtsgrundsätze

Neben dem Völkergewohnheitsrecht und dem Vertragsrecht bilden die allgemeinen Rechts- 26
grundsätze (Art. 38 I lit. c IGH-Statut) eine weitere Rechtsquelle des Völkerrechts. Im

---

[102] *Ruffert* UTR 78 (2004), 7 (17 f.); klimaschutzspezifisch *Frank/Schwarte* ZUR 2014, 643 ff.; aA *Heintschel v. Heinegg* (o. Fn. 10) § 23 Rn. 81 ff. Systematisierend *Hofmann* in Proelß (Hrsg.), Protecting the Environment for Future Generations, 2017, S. 11 ff.
[103] *IGH* Urt. v. 20.4.2010, Pulp Mills on the River Uruguay, ICJ Reports 2010, 1, § 101.
[104] Vgl. den *Lac Lanoux*-Fall RIAA XII (1957), 281 (303).
[105] *Faßbender* ZUR 2012, 267 (271 f.).
[106] Vgl. *Schlacke* § 8 Rn. 11.
[107] *Nettesheim* AVR 34 (1996), 168 (173).
[108] Dazu *Bothe* in Graf Vitzthum/Proelß (o. Fn. 8) 8. Abschn. Rn. 3 ff.; *Proelß* in Isensee/Kirchhof (Hrsg.), HStR XI, 3. Aufl. 2013, § 227 Rn. 6 ff.
[109] Näher *Verdross/Simma* (o. Fn. 11) §§ 490 ff.
[110] *Nettesheim* AVR 34 (1996), 168 (192).

Umweltvölkerrecht spielten die allgemeinen Rechtsgrundsätze bislang eine eher untergeordnete Rolle. Zu erwähnen sind in diesem Zusammenhang zB das Verbot des Rechtsmissbrauchs, das Institut der Verwirkung, das Rücksichtnahmegebot sowie der Grundsatz von Treu und Glauben.[111] Mit der zunehmenden Ausdifferenzierung des vertraglichen Umweltvölkerrechts entstehen vermehrt auch genuin völkerrechtliche allgemeine Rechtsgrundsätze.

27 Als umweltspezifischer allgemeiner Rechtsgrundsatz darf das Modell des *common heritage of mankind and common concern of mankind* gelten.[112] Dieser Rechtsgrundsatz besagt, dass der Schutz der Ressourcen einem internationalen Bewirtschaftungssystem unterstellt und gleichsam treuhänderisch für die Weltgemeinschaft wahrgenommen wird. Vertragliche Grundsätze lassen sich freilich nur in Ausnahmekonstellationen zu allgemeinen Rechtsgrundsätzen abstrahieren, schon weil die Vertragsform als solche die souveräne Staatengleichheit als Ausgangsparadigma des universellen Völkerrechts schützt, das nicht über eine vorschnelle Abstraktion von Vertragspflichten ausgehebelt werden darf. Etwa die fortschreitende Dichte an multilateralen Verträgen, die für bestimmte Vorhaben obligatorische Umweltprüfungen vorsehen,[113] ist bislang inhaltlich zu spezifisch und zu disparat geblieben, um hieraus – losgelöst vom jeweiligen Regelungswerk – allgemeine Standards abzuleiten.[114] Der *IGH* hält es für möglich, dass es einen allgemeinen Rechtsgrundsatz gibt, Umweltprüfungen bei umweltgefährdenden Handlungen durchzuführen.[115]

4. Hilfsquellen

28 Hilfsquellen des Umweltvölkerrechts sind gem. Art. 38 I lit. d IGH-Statut richterliche Entscheidungen und die Lehrmeinungen der fähigsten Völkerrechtler der verschiedenen Nationen. Zu den richterlichen Entscheidungen iSd Art. 38 I lit. d IGH-Statut rechnen neben den Urteilen internationaler Gerichte, insbes. des *IGH,* auch die Judikate von nationalen Gerichten und Schiedsgerichten.

29 Die umweltrelevante Rechtsprechung entwickelte sich aufbauend auf dem bereits genannten *Trail Smelter*-Schiedsspruch vor allem im internationalen Wasserrecht.[116] Anzuführen ist in diesem Zusammenhang der *Korfu Kanal*-Fall,[117] in dem es der *IGH* als eine allgemein anerkannte Verpflichtung jedes Staates bezeichnete, keine Maßnahmen im eigenen Hoheitsgebiet wissentlich zu dulden, die die Rechte anderer Staaten beeinträchtigen.

Der *Lac Lanoux*-Schiedsspruch[118] des Jahres 1957 hob hervor, dass es eine Verletzung der Rechte eines Staates darstelle, wenn ein anderer Staat durch seine Ableitungen in einen Fluss eine beachtliche Wasserverschmutzung verursache oder das eingeleitete Wasser eine chemische Zusammensetzung, Temperatur oder sonstige Eigenschaften aufweise, welche die Interessen des betroffenen Staates beeinträchtigten.

Im amerikanisch-kanadischen *Gut Dam*-Schiedsverfahren wurde den beeinträchtigten amerikanischen Staatsangehörigen ein Schadensersatzanspruch zugebilligt, weil durch den Bau eines Staudammes zwischen den kanadischen Adam-Inseln und den auf US-Gebiet inmitten des St.-Lorenz-Stroms liegenden Galop-Inseln Überflutungsschäden auf amerikanischem Staatsgebiet entstanden waren.[119]

In jüngerer Zeit hat der Internationale Seegerichtshof Hamburg *(ISGH)* eine Reihe von Entscheidungen, vor allem vorläufige Maßnahmen nach Art. 290 SRÜ, erlassen, die den Schutz der

---

[111] Eingehend für das Umweltvölkerrecht *Fajardo* in Krämer/Orlando S. 38 ff.
[112] Zum Konzept vgl. *Brunnée* ZaöRV 49 (1989), 791 ff.; *Taylor* in Krämer/Orlando S. 303 ff.; *Wolfrum* ZaöRV 43 (1983), 3 ff.; grdl. *Durner,* Common Goods, 2001.
[113] *Beyerlin/Marauhn* S. 230 ff.; *Holder,* Environmental Assessment, 2004, S. 53 ff.
[114] In diesem Sinne auch *Proelß* (o. Fn. 8) 5. Abschn. Rn. 105.
[115] *IGH* Urt. v. 20.4.2010, Pulp Mills on the River Uruguay, ICJ Reports 2010, 1, § 204.
[116] *Epiney* FS Fleiner, 2003, S. 705 (710 ff.).
[117] *IGH* ICJ Reports 1949, 4.
[118] RIAA XII (1957), 281 (303).
[119] *Gut Dam*-Fall ILM 8 (1969), 118.

Meeresumwelt betreffen.[120] Während die Zuständigkeit des *ISGH* auch für Vertragsparteien des SRÜ nach Art. 287 SRÜ nur fakultativ ist, kann der Gerichtshof nach Art. 290 I SRÜ jedenfalls vorläufige Maßnahmen erlassen, soweit er seine prinzipielle Zuständigkeit in einer ordnungsgemäß eingeleiteten Streitsache für gegeben ansieht und die getroffenen Maßnahmen erforderlich sind, „schwere Schäden für die Meeresumwelt zu verhindern".

5. Soft law

Häufig sind bestimmte Tendenzen einer sich langsam abzeichnenden Völkerrechts- 30
entwicklung in verschiedenen unverbindlichen Erklärungen und Regelungsvorschlägen international besetzter Gremien *(soft law)* erkennbar, ohne dass bereits von Völkergewohnheitsrecht gesprochen werden kann.[121] Als Vorbote von künftigem *hard law* spielt das *soft law* gerade im Umweltvölkerrecht eine wesentliche Rolle.[122] Konkret geht es dabei um Empfehlungen, Beschlüsse, Resolutionen und Deklarationen internationaler Organisationen.[123] Sie entfalten zwar keine rechtliche, aber eine politisch-moralische und damit faktische Bindungswirkung und können Keimzelle neuen Völkergewohnheitsrechts sein.

Ein interessantes Beispiel aus der jüngeren Zeit ist die völkerrechtlich nicht bindende, sondern nur eine politische Empfehlung darstellende *Resolution 72/277* der UN-Generalversammlung von 2018, die einen *Global Pact for the Environment* vorschlägt.[124] Mit diesem globalen Umwelt-Pakt, der auf eine Initiative Frankreichs zurückgeht, sollen die Rahmenbedingungen für ein weltweites Bündnis zum Umwelt-, insbesondere Klimaschutz geschaffen werden. Der Pakt ist politisch umstritten; bei der Abstimmung hierüber in der UN-Generalversammlung sprachen sich 143 der 193 UN-Mitgliedstaaten dafür aus. Mit der Resolution 72/277 wurde eine Arbeitsgruppe beauftragt, zur Vorbereitung eines solchen Pakts Lücken im internationalen Umweltrecht auszumachen und festzustellen, ob Bedarf für ein neues Regelwerk und neue Instrumente besteht.[125]

III. Schutz des Einzelnen vor grenzüberschreitenden Umweltbeeinträchtigungen

Während bisher das „klassische" völkerrechtliche Verhältnis zwischen Staaten im 31
Vordergrund stand, geht es im Folgenden um die Relation Staat-Bürger und hierbei speziell um die Rechtsschutzmöglichkeiten gegen die vom Territorium eines ausländischen Staates ausgehenden Umweltbeeinträchtigungen.

---

[120] Etwa *ISGH*, Advisory Opinion v. 2.4.2015, Case No. 21, Sub-Regional Fisheries Commission; Advisory Opinion v. 1.2.2011, Case No. 17, Responsibilities and obligations of States with respect to activities in the Area, ITLOS Reports 2011, S. 10; Judgement v. 23.12.2002, Case No 11, Russian Federation v. Australia (The ‚Volga' Case); Order v. 3.12.2001, Case No 10, Ireland v. United Kingdom (The Mox Plant Case); Order v. 27.8.1999, Case No 3 & 4, New Zealand v. Japan & Australia v. Japan (Southern Bluefin Tuna Cases).

[121] Allg. hierzu *Knauff*, Der Regelungsverbund, 2010, S. 38 ff. und vor allem S. 257 ff.

[122] Eingehend *Beyerlin/Marauhn* S. 289 ff.; *Lang* AVR 22 (1984), 283 ff.; *Schult*, Das völkerrechtliche Schiffssicherheitsregime, 2005, S. 179 f.

[123] Dazu *Burhenne* in HdUR I Sp. 1113 ff.; *Germelmann* AVR 52 (2014), 325 (359 ff.); *Kilian* in Wolfrum (Hrsg.), Handbuch Vereinte Nationen, 2. Aufl. 1991, S. 868 ff.

[124] *UN-Generalversammlung*, Towards a Global Pact for the Environment, UN Doc A/RES/72/277, 10.5.2018.

[125] Näher dazu *Aguila/Viñuales* RECIEL 2019, 3 ff.; *Biniaz* RECIEL 2019, 33 ff.; *French/Kotzé* RECIEL 2019, 25 ff.; *Knox* RECIEL 2019, 40 ff.; *Voigt* RECIEL 2019, 13 ff.

1. Völkerrechtliche Rechtsschutzmöglichkeiten

32 Nach dem Grundsatz der Mediatisierung des Einzelnen im Völkerrecht können grds. nur Völkerrechtssubjekte (insbes. Staaten und internationale Organisationen) Träger von völkerrechtlichen Rechten und Pflichten sein, nicht dagegen der einzelne Bürger. Es wird vielmehr fingiert, dass in der Person eines etwaigen Geschädigten dessen Heimatstaat verletzt wird. Zu den völkerrechtlich anerkannten Rechten des Heimatstaates zählt grds. die Ausübung diplomatischen Schutzes. Der Heimatstaat macht in diesen Fällen, unbeschadet etwaiger verfassungsrechtlicher oder menschenrechtlicher Schutzpflichten im Verhältnis zu seinen Staatsangehörigen, eigene Rechte gegenüber dem Schädiger geltend,[126] da der Geschädigte selbst keine Völkerrechtssubjektivität besitzt und daher völkerrechtlich nur als objektives Substrat der Verletzungshandlung in Erscheinung tritt.

2. Rechtsstellung ausländischer Grenznachbarn im Verwaltungsverfahren und im Verwaltungsgerichtsprozess

33 Genehmigungen störender Anlagen werfen die Frage nach den verwaltungsgerichtlichen Klagebefugnissen betroffener Grenznachbarn und nach der grenzüberschreitenden Beteiligung von Ausländern am deutschen Verwaltungsverfahren auf.

a) Völkerrechtliche Vorgaben

34 Völkerrechtliche Verträge, in denen sich die Bundesrepublik Deutschland verpflichtet hätte, ausländischen Individuen eine Klagebefugnis einzuräumen oder eine Beteiligung am Verwaltungsverfahren zu ermöglichen, gibt es nicht. Aus völkergewohnheitsrechtlichen Prinzipien wie dem Grundsatz der guten Nachbarschaft oder aus allgemeinen Rechtsgrundsätzen lässt sich ein Anspruch von Ausländern auf eine Verfahrensbeteiligung oder Klagebefugnis in einem anderen Staat nicht herleiten.[127] Eine gewisse Weiterung bewirkt jedoch die Aarhus-Konvention.[128] Im Übrigen wäre es mit dem unionsrechtlichen Diskriminierungsverbot (Art. 18 AEUV) unvereinbar, nicht-gebietsansässigen EU-Ausländern generell Klagerechte zu versagen.[129]

b) Innerstaatliches Verfahren

35 Voraussetzung für eine Klagebefugnis gem. § 42 II VwGO ist, dass der ausländische Grenznachbar möglicherweise durch die deutsche Verwaltungsentscheidung in eigenen, durch die deutsche Rechtsordnung geschützten subjektiven Rechten verletzt ist. Der Betroffene muss somit darlegen können, dass durch die angegriffene Verwaltungsentscheidung Normen verletzt wurden, die nicht nur dem Allgemeininteresse, sondern zumindest auch seinem Interesse zu dienen bestimmt sind (Schutznormtheorie). Besteht eine solche Schutznorm grds., stellt sich die Frage, ob diese auch grenzüberschreitend nachbarschützend ist.

36 Das *BVerwG* hat in der sog. *Emsland*-Entscheidung jedoch zu Recht festgestellt, dass die Erstreckung von nationalen Schutznormen auf Ausländer jedenfalls dann nicht völkerrechtswidrig ist, wenn einem potentiell grenzüberschreitenden gefährlichen Tun begegnet werden soll.[130] Ein ausländischer Grenznachbar kann deshalb gegen die von einer deutschen Behörde erteilte öffentlich-rechtliche Gestattung den

---

[126] *Epping* in Ipsen (o. Fn. 75) § 5 Rn. 78, 115 ff.
[127] *Brandt* DVBl 1995, 779 (780 f.).
[128] Eingehend → § 5 Rn. 34.
[129] *Schenke/Schenke* in Kopp/Schenke (Hrsg.), VwGO, 27. Aufl. 2021, § 42 Rn. 90.
[130] BVerwGE 75, 285 (286 ff.); 132, 151 (157 ff.); *OVG Saarlouis* NVwZ 1995, 97 f.; *Beyerlin* EuGRZ 1987, 119 (120); *Menzel*, Internationales Öffentliches Recht, 2011, S. 700 f.; *Sodan* in ders./Ziekow (Hrsg.), NK-VwGO, 5. Aufl. 2018, § 42 Rn. 414.

Verwaltungsrechtsweg beschreiten, wenn er in einer § 42 II VwGO genügenden Weise vorbringt, in seinen Rechten verletzt zu sein. Maßgeblich ist hier kraft Territorialität allein das deutsche Recht.[131] Unbeschadet des unionsrechtlichen Diskriminierungsverbots, das eine Schlechterstellung nach Maßgabe der Staatsangehörigkeit verbietet, sowie etwaiger transnational wirkender grundrechtlicher Einflüsse fällt es also in die Regelungsgewalt deutscher Gesetzgeber, über die Einräumung subjektiver Rechte zu entscheiden.[132]

Das *BVerwG* hat dies zB ganz allgemein für das planerische Abwägungsgebot anerkannt.[133] Die zugrunde liegenden Erwägungen müssen letztlich für alle Ausländer und auch für andere drittschützende Normen (zB § 5 I 1 Nr. 1 BImSchG) zur Anwendung gebracht werden.[134] Eine Beeinträchtigung des völkerrechtlichen Territorialitätsprinzips (Grundsatz der Ausschließlichkeit der staatlichen Gebietshoheit) [135] liegt hierin, wie vom *BVerwG* zutreffend entschieden, schon deshalb nicht, da keine Regelungsgewalt über Sachverhalte auf fremdem Staatsgebiet beansprucht, sondern Gebietsfremden lediglich innerstaatlich der Zugang zu deutschen Gerichten erleichtert wird. 37

c) Verwaltungsverfahren

Im Rahmen der Öffentlichkeitsbeteiligung in Verwaltungsverfahren werden ausländischen Grenznachbarn nach einfachem Recht Beteiligungsrechte und Einwendungsbefugnisse zuerkannt.[136] Entsprechendes gilt für angrenzende ausländische Nachbargemeinden.[137] Inwiefern eine materielle Verfahrensbeteiligung (§ 13 VwVfG) möglich ist, hängt also wie bei der Klagebefugnis davon ab, ob die deutschen – ggf. unionsrechtskonform auszulegenden – nachbarschützenden Normen grenzüberschreitende Wirkung entfalten. 38

§ 2. Umwelteuroparecht

I. Einleitung

1. Hintergrund

Die *ökologische* Notwendigkeit[1] einer europäischen Umweltpolitik und eines europäischen Umweltrechts[2] resultiert aus der Erkenntnis, dass ein Großteil der – nach wie vor gravierenden – Umweltprobleme[3] nicht an nationalen Grenzen Halt macht, wie die 1

---

[131] *OVG Lüneburg* NVwZ 2011, 1073 (1074).
[132] *Gärditz* in ders. (Hrsg.), VwGO, 2. Aufl. 2018 § 42 Rn. 86; *Schmidt-Preuß*, Kollidierende Privatinteressen im Verwaltungsrecht, 2. Aufl. 2005, S. 440 f.
[133] BVerwGE 123, 322 (331); 132, 151 (158).
[134] So auch *Beyerlin* EuGRZ 1987, 119 (120 f.); *Bothe* UPR 1987, 170 (171).
[135] Zur Rechtsdurchsetzung in der AWZ *Proelß* EurUP 2018, 392 ff.; *Schatz* ZUR 2017, 345 ff.
[136] *Brandt* DVBl 1995, 779 (784); *Gärditz* (o. Fn. 132) § 42 Rn. 86; *Kloepfer* DVBl 1984, 245 (250); *Beyerlin* NuR 1985, 173 (176).
[137] Vgl. BVerwGE 132, 151 (157).
[1] Vgl. dazu und zum Folgenden *Wegener* in Terhechte (Hrsg.), Verwaltungsrecht der EU, 2011, § 36 Rn. 7 ff.
[2] Zum Begriff des europäischen Umweltrechts (der im Folgenden synonym mit EU-Umweltrecht verstanden wird) *Meßerschmidt* § 1 Rn. 90 ff., 129 ff., 137 ff.; zum Begriff der Umwelt auf europäischer Ebene *Saiger* EurUP 2019, 517 ff.
[3] Zum Zustand der Umwelt in der EU vgl. die Berichte der Europäischen Umweltagentur (abrufbar unter: www.eea.europa.eu), zuletzt „Zustand der Umwelt in Europa 2020: Kurs-

Verschmutzung der Meere und Flüsse, das Waldsterben sowie die Klimaveränderung zeigen. Sie sind nicht zuletzt Folge der durch die Lebensweise, insbes. den Konsum,[4] der Menschheit global hervorgerufenen transnationalen ökologischen Summations- und Distanzschäden. Die *ökonomische* Notwendigkeit eines europäischen Ansatzes beim Umweltschutz resultiert vor allem aus der engen wechselseitigen Verflechtung der nationalen Volkswirtschaften in einem auf den Säulen eines unverfälschten Wettbewerbs und der Grundfreiheiten (insbes. freier Warenverkehr) aufruhenden Binnenmarkt[5]. Effektiver Umweltschutz kann daher nur im *europäischen Mehrebenensystem* (Verfassungs- und Verwaltungsverbund)[6] erfolgen, wobei die einzelnen Ebenen (lokal, regional, national, unional, international[7]) durch verschiedene Mechanismen der vertikalen und horizontalen Interaktion[8] miteinander verklammert sind.

2 Spätestens seit Anfang der siebziger Jahre des letzten Jahrhunderts gehen vom europäischen Umweltrecht wesentliche *Reformimpulse* für das nationale Umweltrecht aus.[9] Dies gilt zunächst in *quantitativer* Hinsicht: Die elektronische Datenbank EUR-Lex weist unter dem Stichwort „Umweltschutz" 2.041 Rechtsvorschriften der EU aus (Stand: 8.7.2021). Je nach Berechnungsmethode beruhen zwischen 67[10] und 80 Prozent[11] der deutschen Umweltgesetze auf EU-Recht. Das EU-Umweltrecht folgt dabei weiterhin ganz überwiegend einem sektoriellen und punktuellen Ansatz. Es überzieht heute aber nahezu alle Bereiche des nationalen Umweltrechts mit einem mehr oder weniger engmaschigen Netz an Vorgaben (→ Rn. 29, 31).[12] Aber auch in *qualitativer* Hinsicht ist das EU-Recht von erheblicher Bedeutung für die Konzepte, Ziele und Instrumente des nationalen Umweltrechts,[13] wie die Stichworte „Informa-

---

wechsel dringend erforderlich, um dem Klimawandel zu begegnen, die Zerstörung der Umwelt zu stoppen und künftigen Wohlstand zu sichern". Vgl. auch → Einführung Rn. 5.

[4] Zum nachhaltigen Konsum grds. *Schlacke/Tonner/Gawel* JZ 2016, 1030 ff.; *Smeddinck* Verw. 44 (2011), 375 ff.

[5] Zum Binnenmarktbegriff vgl. Art. 26 II AEUV; dazu *Khan/Eisenhut* in Vedder/Heintschel v. Heinegg (Hrsg.), Europäisches Unionsrecht, 2. Aufl. 2018, Art. 26 AEUV Rn. 5 f.

[6] Vgl. *Calliess* in Rehbinder/Schink Abschn. 2 Rn. 43 ff.; *Eifert* Rn. 11 f., 36.

[7] Zur völkerrechtlichen Einbettung des EU-Umweltschutzes s. *Epiney* Kap. 3 Rn. 24 ff.; *Krämer* UTR 132 (2017), 143 (157 ff., 161 ff.); *Nettesheim* in Grabitz/Hilf/ders. (Hrsg.), Das Recht der EU, Art. 191 AEUV Rn. 24 ff.; vgl. auch → § 1.

[8] Zu nennen sind insbes. die Supranationalität (Anwendungsvorrang, unmittelbare Wirkung) des EU-Rechts, das Prinzip der loyalen Zusammenarbeit (Art. 4 III EUV), das Komitologieverfahren (Art. 291 II AEUV iVm VO [EU] Nr. 182/2011 [ABl. L 53, 13]), transnationale Verwaltungsakte, Informationsaustausch und Amtshilfe sowie die (gerichtliche) Kontrolle; vgl. zum Ganzen *Latour,* Die integrierte Umweltverwaltung in der Europäischen Union, 2013, S. 23 ff., 60 ff., 129 ff., 169 ff., 202 ff., 265 ff.; *Sparwasser/Engel/Voßkuhle* § 1 Rn. 138 ff.; *Appel* in Koch/Hofmann/Reese UmweltR-HdB § 2 Rn. 75 ff.

[9] Zum EU-Umweltrecht als Reformmotor des nationalen, auch des deutschen, Umweltrechts *Appel* in Koch/Hofmann/Reese UmweltR-HdB § 2 Rn. 98, 146 ff.; *Kloepfer* NVwZ 2002, 645 (648); ferner *Eifert* Rn. 18 ff.

[10] So die auf einem rein quantitativen Ansatz beruhenden Zahlen der Verwaltung des Deutschen Bundestages, zit. nach FAZ v. 3.9.2009, 13.

[11] So auf der Grundlage eines auch qualitative Aspekte berücksichtigenden Ansatzes *König/Mader* PVS 2009, 438 (442); *Eifert* Rn. 20; ebenso *Meßerschmidt* § 2 Rn. 356.

[12] *Epiney* in Landmann/Rohmer UmweltR AEUV Art. 192 Rn. 133 f. Näher zu den Einwirkungen des EU-Umweltrechts auf das nationale Umweltrecht *Krämer/Winter* in Schulze/Janssen/Kadelbach (Hrsg.), Europarecht, 4. Aufl. 2020, § 27 Rn. 1 ff.; für einen Überblick über besonders wichtige EU-Umweltsekundärrechtsakte s. zunächst nur *Schlacke* § 7 Rn. 25 f.; wN in Fn. 138.

[13] Grundlegend zu den prägenden Systemansätzen des europäischen Umweltrechts *Wahl* in GfU, Umweltrecht im Wandel, S. 237 (245 f.); zust. *Appel* in Koch/Hofmann/Reese Um-

tion", „Partizipation" und „Rechtsschutz"[14] exemplarisch verdeutlichen.[15] Das Unionsrecht entfaltet insoweit vielfach eine „bis heute stilbildende und maßstabsetzende Qualität"[16]. Nachgerade einen Paradigmenwechsel – weg von einem medialen, hin zu einem integrierten Umweltschutz – hat die Richtlinie über die integrierte Vermeidung und Verminderung von Umweltverschmutzung (IVU-Richtlinie; jetzt: IE-Richtlinie) eingeleitet.[17] Aus deutscher Sicht kam es in der Folge zu einem teilweisen Wandel weg von dem bisherigen, primär auf Konditionalprogrammierung sowie Emissionsgrenzwerte (quantitative Betrachtung) setzenden Ansatz hin zu einer stärker mit Finalprogrammierung (Planung) und Immissionsgrenzwerten (qualitative Betrachtung) operierenden Umweltrechtsetzung, wie sich insbes. im Gewässerschutzrecht zeigt.[18]

Gerade in Mitgliedstaaten mit einer vergleichsweise wenig entwickelten Umwelt- 3
politik erfüllten bzw. erfüllen die Standards und Grenzwerte „aus Brüssel" eine wichtige Impuls-, Motor- und Innovationsfunktion. Sie hatten bzw. haben in diesen Staaten nicht selten eine Anhebung des Umweltschutzniveaus zur Folge, zu der es dort ohne die EG (EU) nicht gekommen wäre und die daher bei einer *gesamteuropäisch-bilanzierenden* Betrachtung dem „Ökosystem EU" zugutekommt,[19] mögen dieselben unionsrechtlichen Regelungen auch von umweltpolitisch progressiveren Mitgliedstaaten als „kleinster gemeinsamen Nenner" kritisiert werden. Diese Kritik mag – durch die jeweilige nationale Brille betrachtet – richtig sein, sie führt aber im europäischen Umweltschutz, der regelmäßig supranational ansetzen muss (→ Rn. 1), nicht weiter. Vor allem in den ersten Jahrzehnten der E(W)G basierte in einzelnen Mitgliedstaaten (Portugal, Griechenland, Irland, Spanien) das Umweltrecht fast vollständig auf umgesetztem Gemeinschaftsrecht.[20] Im Zusammenhang mit der Erweiterung der EU nach Ost- und Mitteleuropa[21] kam dem EU-Recht noch

---

weltR-HdB § 2 Rn. 147. Vgl. zum Ganzen weiterführend (auch unter Hinweis auf strukturelle Schwächen und damit Reformbedarf im EU-Umweltrecht) *Wegener* ZUR 2009, 459 ff.; *dens.* in ders. (Hrsg.), Europäische Querschnittspolitiken, 2014, § 3 Rn. 98 ff.

[14] S. zum Ganzen *Ekardt,* Information, Partizipation, Rechtsschutz, 2. Aufl. 2009; *Schlacke/Schrader/Bunge,* Informationsrechte, Öffentlichkeitsbeteiligung und Rechtsschutz im Umweltrecht, 2009; zur Prozeduralisierung des europäischen Umweltrechts *Linzbach* EurUP 2020, 93 ff; s. auch → § 5 Rn. 5 ff. Speziell zur Europäisierung der Dogmatik des subjektiven öffentlichen Rechts/Schutznormtheorie (§ 42 II VwGO) infolge der weiteren Konzeption des *EuGH* bzgl. der „Rechte Einzelner", die verbreitet (Einzelheiten sind str.) als „normative Interessentenklage" eingestuft wird (so etwa *Epiney* EurUP 2017, 223 [225 ff., 232]), s. *Calliess,* Rechtsstaat und Umweltstaat, 2001, S. 482 ff. (486 ff.); *Hong* JZ 2012, 380 ff.; *Kahl/Ohlendorf* JA 2011, 41 ff.; speziell zu Verfahrensrechten *Epiney* FS Scheuing, 2011, S. 309 ff.; *Held* DÖV 2019, 121 ff. Rechtsvergleichend *Epiney* NVwZ 2014, 465 ff.

[15] Vgl. *Calliess* NuR 2006, 601 (605 ff.); *Krämer/Winter* (o. Fn. 12) § 27 Rn. 73 ff., 93 ff., 116 ff.

[16] *Wegener* (o. Fn. 1) § 36 Rn. 6.

[17] *Huber,* Recht der Europäischen Integration, 2. Aufl. 2002, § 7 Rn. 152; zum Ganzen *Welke,* Die integrierte Vorhabengenehmigung, 2010; s. auch → § 4 Rn. 6, 11.

[18] *Calliess* in Rehbinder/Schink Abschn. 2 Rn. 148 ff., 158 ff., 166 ff.; *Wagner/Spiecker gen. Döhmann* JbUTR 2015, 223 ff. Krit. *Breuer* AöR 127 (2002), 523 ff. Allg. zur Europäisierung durch andere Steuerungskonzepte der EU *Hansmann* FS Sellner, 2010, S. 107 ff.; *Kloepfer* NVwZ 2002, 645 ff. S. auch → § 8 Rn. 5 ff.

[19] *Calliess* in ders./Ruffert (Hrsg.), EUV/AEUV, 5. Aufl. 2016, Art. 191 AEUV Rn. 2. Vgl. zuletzt aber auch die insgesamt krit. Zwischenbilanz zum Stand der EU-Umweltpolitik bei *Hovden* JEEPL 2018, 281 ff.

[20] *Krämer* in v. der Groeben/Schwarze/Hatje (Hrsg.), Europäisches Unionsrecht, 7. Aufl. 2015, Vorbem. zu den Art. 191–193 AEUV Rn. 12; vgl. auch *Epiney* in Landmann/Rohmer UmweltR AEUV Art. 192 Rn. 135.

[21] Vgl. *Carius/v. Homeyer/Bär* APuZ B 48/99, 21 ff.

einmal eine besondere Innovations- und Motorfunktion zu, erwiesen sich doch die Umweltprobleme in den Beitrittsländern – nicht zuletzt aufgrund der von jahrzehntelanger sozialistischer Planwirtschaft hinterlassenen Umweltschäden – als erheblich.

2. Entwicklung

4 Der umweltpolitische Titel VII (Art. 130r ff. EWGV), der Vorläufer des späteren Titels XIX (Art. 174 ff. EG) und des heutigen Titels XX (Art. 191 ff. AEUV),[22] wurde mit der zum 1.7.1987 in Kraft getretenen *Einheitlichen Europäischen Akte* (EEA)[23] in den (damaligen) EWG-Vertrag aufgenommen.[24] Dies bedeutet nicht, dass es vorher keine Umweltpolitik der EWG gab. Im Gegenteil: Zwischen 1972 und 1987 erließ die EWG über 200 umweltrelevante Rechtsakte.[25] Da sie nach dem Prinzip der begrenzten Einzelermächtigung (Art. 5 I 1, II EUV) für jedes Handeln einer Rechtsgrundlage bedarf (vgl. auch Art. 4 I AEUV), bediente sie sich hierfür der Behelfskompetenzen der Art. 100 EWGV (jetzt: Art. 115 AEUV) und/oder Art. 235 EWGV (jetzt: Art. 352 AEUV).[26]

5 Mit dem am 1.11.1993 in Kraft getretenen Vertrag über die Europäische Union – EUV *(Maastrichter Vertrag)*[27] – wurde die Umweltpolitik nun auch ausdrücklich (deklaratorisch)[28] in den allgemeinen Aufgabenkatalog (ex Art. 3 lit. k EGV, jetzt: Art. 4 II lit. e AEUV) und Zielkanon (ex Art. 2 EGV, jetzt: Art. 3 III UAbs. 1 EUV) aufgenommen. Damit wurde klargestellt, was der *EuGH* schon vorher betont hatte,[29] dass nämlich der Umweltschutz eines der wesentlichen Ziele der Union ist.[30]

6 Zu einer weiteren Aufwertung der ökologischen Belange hat der am 1.5.1999 in Kraft getretene *Amsterdamer Vertrag*[31] geführt.[32] Der 8. Erwägungsgrund der Präambel zum EU-Vertrag erwähnt nunmehr ausdrücklich die „Stärkung […] des Umweltschutzes". Art. 2 EG (jetzt: Art. 3 III UAbs. 1 S. 2 EUV) spricht seitdem vom „hohe[n] Maß an Umweltschutz und Verbesserung der Umweltqualität". Die wichtigste Neuerung, die der Amsterdamer Vertrag für das Umweltrecht gebracht hat, liegt in der expliziten Verankerung des bereits durch den Maastrichter Vertrag implizit aus dem Völkerrecht[33] übernommenen Leitgrundsatzes der Nachhaltigen

---

[22] Gleichfalls mit der EEA wurde die Rechtsgrundlage für die binnenmarktbezogene Rechtsangleichung (Art. 100a EG, später: Art. 95 EGV, jetzt: Art. 114 AEUV) eingefügt.

[23] ABl. 1987 C 169, 1.

[24] Zur historischen Entwicklung des E(W)G-Umweltrechts s. *Epiney* in Landmann/Rohmer UmweltR AEUV Art. 191 Rn. 1 ff.; *Kahl* in Streinz (Hrsg.), EUV/AEUV, 3. Aufl. 2018, Art. 191 AEUV Rn. 1 ff.; *Nowak* NuR 2015, 306 ff.

[25] Beispielhafte Aufzählung bei *Kluth* in ders./Smeddinck § 1 Rn. 100.

[26] Zur Rechtslage vor der EEA *Kahl*, Umweltprinzip und Gemeinschaftsrecht, 1993, S. 10 ff.; *Schmidt/Müller*, Einführung in das Umweltrecht, 1. Aufl. 1987, S. 107 ff.

[27] BGBl. 1992 II 1251. Mit dem EUV wurde die frühere EWG umbenannt in EG.

[28] Eine *Aufgaben*norm stellte bereits seit 1987 Art. 174 I EWGV (heute: Art. 191 I AEUV) dar.

[29] *EuGH*, Rs. 240/83 (ADBHU), Slg. 1985, 531 Rn. 13; stRspr, vgl. nachfolgend zB Rs. C-28/09 (Kommission/Österreich), Slg. 2011, I-13525 Rn. 120; Rs. C-41/11 (Inter-Environnement Wallonie), ECLI:EU:C:2012:103 Rn. 57.

[30] Vgl. zu den umweltrechtlichen Änderungen durch den Maastrichter Vertrag *Beyer* JuS 1997, 294 ff.; *Epiney/Furrer* EuR 1992, 369 (380 ff.); *Kahl* (o. Fn. 26) S. 55 ff.

[31] ABl. 1997 C 340, 1.

[32] Zu den umweltrechtlichen Neuerungen durch den Amsterdamer Vertrag *Schröder* NuR 1998, 1 ff.

[33] → § 1 Rn. 4.

Entwicklung (*sustainable development*) in Art. 2 EU, Art. 2 und 6 EG.[34] Die zweite bedeutsame Änderung war das Vor-die-Klammer-Ziehen des Integrationsprinzips („Querschnittsklausel“[35], bis dahin: Art. 130r II UAbs. 1 S. 3 EGV) in Art. 6 EG (jetzt: Art. 11 AEUV). Schließlich wurde die Vorschrift über die binnenmarktbezogene Rechtsangleichung (Art. 100a EGV aF), welche von erheblicher Umweltschutzrelevanz ist, differenzierter und in einigen strittigen Punkten klarstellend geregelt (Art. 95 EG, jetzt: Art. 114 AEUV).

Der am 1.2.2003 in Kraft getretene *Vertrag von Nizza* hat den umweltrechtlichen Titel 7 des EG-Vertrages bis auf nachrangige Modifikationen des Art. 175 II UAbs. 1 EG weitgehend unberührt gelassen. Hinzuweisen ist auf die von der Regierungskonferenz von Nizza angenommene Erklärung Nr. 9 zu Art. 175 EG sowie auf Art. 37 EU-Grundrechte-Charta (GRCh). Art. 37 GRCh übernimmt das Integrationsprinzip und den Grundsatz der Nachhaltigen Entwicklung (→ Rn. 6) als rein objektiv-rechtlichen[36] Grundsatz iSv Art. 52 V GRCh (vergleichbar Art. 20a GG auf nationaler Ebene)[37].[38] Die Vorschrift verpflichtet gem. Art. 51 I GRCh die Union und die Mitgliedstaaten (letztere aber nur, soweit sie Unionsrecht durchführen).

Der am 1.12.2009 in Kraft getretene vorerst letzte Reformvertrag, der *Vertrag von* 8 *Lissabon,*[39] hat die umweltrechtlichen Bestimmungen in weitgehender inhaltlicher Kontinuität übernommen (vgl. Art. 11, 191–193 AEUV, daneben aus dem umweltrelevanten Recht insbes. Art. 114 AEUV).[40] Die in der Präambel der GRCh (3. und 6. Erwägungsgrund) und in Art. 37 GRCh niedergelegten Bestimmungen zu Umweltschutz und Nachhaltigkeit erlangten mit Inkrafttreten des Reformvertrages gem. Art. 6 I EUV rechtliche Verbindlichkeit. Das Prinzip der Nachhaltigkeit fungiert nunmehr als Leitprinzip des EU-Umweltrechts. Dies spiegelt sich in seiner häufigen Erwähnung in zentralen Bestimmungen (vgl. neben den bereits genannten noch Art. 3 III UAbs. 1 S. 2, Art. 3 V 2, Art. 21 II lit. d, f EUV) wider.[41] Wie bereits bislang der Sache nach (wenngleich noch ohne explizite Regelung) ist die Umweltpolitik eine *geteilte* Zuständigkeit der EU iSd Art. 4 I AEUV (vgl. Art. 4 II lit. e AEUV). Verfassungsrechtliche Ansprüche des Einzelnen auf Abwehr staatlicher Eingriffe (Abwehrrecht) oder auf Schutz vor von Privaten ausgehenden Gefährdungen (staatliche Schutzpflichten) können sich insbes. aus dem Recht auf Leben (Art. 2 GRCh) und

---

[34] *Kahl* (o. Fn. 24) Art. 11 AEUV Rn. 4 ff., Art. 191 AEUV Rn. 9.

[35] Zu diesem – synonymen – Begriff vgl. *Epiney* in Vedder/Heintschel v. Heinegg (o. Fn. 5) Art. 11 AEUV Rn. 1 ff.; eingehend *Wegener* Querschnittspolitiken (o. Fn. 13) §§ 1, 3.

[36] *Epiney* (o. Fn. 35) Art. 11 AEUV Rn. 4; *Jarass,* GRCh, 4. Aufl. 2021, Art. 37 Rn. 3. Zur Nichtexistenz eines EU-Grundrechts auf Umweltschutz *Rengeling* FS Kloepfer, 2013, S. 161 (163 ff., 173); *de lege ferenda* für ein solches Grundrecht *O'Gorman* European Public Law 2013, 583 ff. *De lege lata* übernimmt Art. 8 EMRK teilweise faktisch die Funktion eines Umweltgrundrechts, dazu *EGMR* NVwZ 2004, 1465 Rn. 96, 98, 119; NVwZ 2014, 429 Rn. 133 f.; NVwZ 2015, 1119 Rn. 27, 30; NVwZ 2020, 451 Rn. 157 ff.; *Braig* NuR 2017, 100 ff.; *Theil* NuR 2014, 330 ff.

[37] Vgl. *Cremer* Verw. Beih. 11, 2010, 9 (14 ff.).

[38] Näher zu Art. 37 GRCh: *Meßerschmidt* § 2 Rn. 39 ff.; *Nowak* NuR 2016, 306 (313); *Rudolf* in Meyer (Hrsg.), GRCh, 5. Aufl. 2019, Art. 37 Rn. 1 ff.

[39] ABl. 2008 L 115, 1.

[40] Zu den (begrenzten) Änderungen, die der Vertrag von Lissabon hinsichtlich der umweltrechtlichen Bestimmungen der Verträge brachte, *Kahl* (o. Fn. 24) Art. 191 AEUV Rn. 12; *Knebel* FS Kloepfer, 2013, S. 415 ff.; *Nowak* NuR 2016, 306 (310 ff.). Insbes. zur (nur deklaratorischen) Aufnahme des Klimaschutzes als Teilziel der Förderung von Maßnahmen auf internationaler Ebene (Art. 191 I Spstr. 4 AEUV) *Frenz* EuR Beih. 1, 2009, 232 (239 f.); *Nowak* NuR 2016, 375 ff.

[41] *Kahl* (o. Fn. 24) Art. 11 AEUV Rn. 8.

körperliche Unversehrtheit (Art. 3 GRCh), dem Eigentumsrecht (Art. 17 GRCh) oder dem Recht auf Schutz des Familienlebens (Art. 7 GRCh) ergeben.[42]

II. Die Ziele, Prinzipien und Berücksichtigungsgebote

1. Ziele

9 Art. 191 I AEUV legt „Ziele" der EU-Umweltpolitik fest.[43] Die EU trägt danach dazu bei, die Umwelt zu erhalten und zu schützen sowie ihre Qualität zu verbessern (Spstr. 1),[44] die menschliche Gesundheit zu schützen (Spstr. 2),[45] die natürlichen Ressourcen umsichtig und rationell zu verwenden (Spstr. 3) sowie Maßnahmen auf internationaler Ebene zur Bewältigung regionaler und globaler Umweltprobleme zu fördern (Spstr. 4).[46] „Umwelt" ist dabei in einem weiten, aber nicht umfassenden Sinne zu verstehen. Gemeint ist die *Umwelt* im natürlichen Sinne, die vom Menschen künstlich geschaffene Umwelt (kulturelle Umwelt) und Teile der sozialen Umwelt (unter Ausschluss der „Arbeitsumwelt" iSd Art. 151 ff., 114 IV AEUV).[47]

Die einzelnen umweltpolitischen Ziele bzw. Aufgaben der EU sind rechtsverbindlich und gleichrangig. Sie sind von allen Organen, Einrichtungen und sonstigen Stellen der EU, im Anwendungsbereich des AEU-Vertrages aber auch von den Mitgliedstaaten zu beachten.[48] Art. 191 I AEUV ist nicht unmittelbar anwendbar, gewährt also den Unionsbürgern für sich genommen keinen Anspruch auf ein gesetzgeberisches Tätigwerden und erst recht kein „Grundrecht auf Umweltschutz".

10 Der Begriff „Umweltpolitik" impliziert – insbes. mit Blick auf Art. 191 I (aber auch II, III) AEUV (die vermittelt über Art. 11 AEUV auch im Rahmen anderer Politiken gelten) – die Berücksichtigung einer Gesamtheit komplexer Tatsachen, Praktiken oder Maßnahmen. Infolgedessen wird es häufig zu Zielkonflikten kommen, welche durch Interessenabwägung zu lösen sind. Die Unionsorgane verfügen dabei über ein *weites Ermessen* (Gestaltungsspielraum), das zugleich eine begrenzte gerichtliche Kontrolle seiner Ausübung impliziert.[49]

---

[42] *Epiney* (o. Fn. 35) Art. 11 AEUV Rn. 4, unter Hinweis auf die einschlägige EGMR-Rspr. (vgl. dazu o. Fn. 36).

[43] Genau genommen handelt es sich dabei nur zT um Ziel-, überwiegend aber um Aufgabennormen; s. *Nettesheim* (o. Fn. 7) Art. 191 AEUV Rn. 60, 61 ff.; s. zum Ganzen auch *van Calster/Reins* S. 8 ff.

[44] Zum hieraus resultierenden Verschlechterungsverbot (im Sinne eines *prima-facie*-Verbots) *Cremer* Verw. Beih. 11, 2010, 9 (15 ff.).

[45] Zum Gesundheitsschutz als wesentlichem Unterziel auch des Umweltschutzes s. *EuGH*, Rs. C-320/03 (Kommission/Österreich), Slg. 2005, I-9871 Rn. 56; Rs. C-28/09 (o. Fn. 29), Rn. 122.

[46] Zu den Zielen bzw. Aufgaben iE *Calliess* (o. Fn. 19) Art. 191 AEUV Rn. 8 ff.

[47] Str.; für ein weites Verständnis *Kahl* (o. Fn. 24) Art. 191 AEUV Rn. 41 ff.; *Krämer* (o. Fn. 20) Art. 191 AEUV Rn. 3; allg. auch *Rudolf* (o. Fn. 38) Art. 37 Rn. 23; enger dagegen *Arndt*, Das Vorsorgeprinzip im EU-Recht, 2009, S. 138 ff.; *Kloepfer* UmweltR § 9 Rn. 84; vermittelnd *Epiney* in Landmann/Rohmer UmweltR AEUV Art. 191 Rn. 5 ff. (10); *Scherer/Heselhaus* in Dauses/Ludwigs (Hrsg.), Handbuch des EU-Wirtschaftsrechts, O Rn. 19. Zur Abgrenzung zum Tierschutz (s. Art. 13 AEUV) *Calliess* in Rehbinder/Schink Abschn. 2 Rn. 11. Zur räumlichen und zeitlichen Dimension s. *Epiney* aaO Art. 191 AEUV Rn. 12.

[48] *EuGH*, Rs. C-284/95 (Safety Hi-Tech), Slg. 1998, I-4301 Rn. 36; Rs. C-341/95 (Bettati), Slg. 1998, I-4355 Rn. 34.

[49] Vgl. *EuGH*, Rs. C-343/09 (Afton Chemical), Slg. 2010, I-7027 Rn. 33; *Epiney* in Landmann/Rohmer UmweltR AEUV Art. 191 Rn. 14, 19, 59; *Laguna de Paz* UTR 132 (2017), 27 (30 f., 48 ff., 53 ff.).

Nicht gefordert ist die Gewährleistung eines absoluten, sofortigen und globalen Umweltschutzes.[50] Die gerichtliche Nachprüfung beschränkt sich darauf, ob die Gesetzgebungsorgane ihr Ermessen tatsächlich ausgeübt und die Anwendungsvoraussetzungen des Art. 191 AEUV offensichtlich falsch beurteilt haben (Evidenzformel). Der *EuGH* ersetzt bei komplexen Sachverhalten die legislative Beurteilung der Eignung einer gewählten Maßnahme zur Zielerreichung nicht durch seine eigene Sichtweise, es sei denn der Kläger beweist, dass der EU-Gesetzgeber im Hinblick auf die ihm im Zeitpunkt des Erlasses der Maßnahme verfügbaren Kenntnisse einen offensichtlichen Irrtum oder einen Ermessensmissbrauch begangen oder die Grenzen seines Ermessens offenkundig überschritten hat.[51]

Gem. Art. 191 II UAbs. 1 S. 1 AEUV zielt die Umweltpolitik der Union unter Berücksichtigung der unterschiedlichen Gegebenheiten in den einzelnen Regionen der Union auf ein *hohes Schutzniveau* ab (vgl. auch die *leges speciales* für die Rechtsangleichung gem. Art. 114 III AEUV sowie für die Energiepolitik gem. Art. 194 I AEUV).[52] Hierbei handelt es sich um eine Spezialausprägung von Art. 3 III UAbs. 1 S. 2 EUV. Die Schutzniveauklausel begründet eine an alle EU-Organe, Einrichtungen und sonstige Stellen adressierte Rechtspflicht, keinen bloßen Programmsatz. Sie bezieht sich auf die einzelnen Umweltschutzmaßnahmen, nicht nur auf die Umweltpolitik insgesamt oder in einem bestimmten Sektor.[53] Sie verpflichtet insbes. den europäischen Gesetzgeber, für eine Verbesserung und langfristige Ausrichtung der Umweltpolitik zu sorgen. Dies schließt eine regelmäßige Beobachtungs-, Überprüfungs- und – bei Bedarf – Nachbesserungspflicht auf der Grundlage des jeweils aktuellen Standes von Wissenschaft und Technik ein. 11

„Hohes Schutzniveau" bedeutet nicht „höchstes Schutzniveau".[54] Nach dem *EuGH* ist es ausreichend, dass die EU über das Schutzniveau hinausgeht, das ihr aufgrund internationaler Verpflichtungen obliegt. Ein hohes Schutzniveau muss auch nicht „auf einen Schlag" verwirklicht werden; zulässig ist vielmehr eine sukzessive, Einzelaspekte herausgreifende Verwirklichung. Bei der Bestimmung des hohen Schutzniveaus sind insbes. alle verfügbaren wissenschaftlichen und technischen Daten, das Vorsorgeprinzip und die unterschiedlichen Gegebenheiten in den Regionen zu berücksichtigen (→ Rn. 20).[55]

2. Prinzipien

Die EU-Umweltpolitik beruht – ähnlich wie die nationale Umweltpolitik[56] – auf dem Vorsorge- und Vorbeugeprinzip, dem Ursprungsprinzip, dem Verursacherprinzip (Art. 191 II UAbs. 1 S. 2 AEUV) sowie dem Nachhaltigkeits- und dem Integrationsprinzip (Art. 11 AEUV, Art. 37 GRCh).[57] Hierbei handelt es sich nicht nur um politische Programmsätze, sondern um verbindliche Rechtsprinzipien (Optimie- 12

---

[50] *Kahl* (o. Fn. 24) Art. 191 AEUV Rn. 49.

[51] *EuGH*, Rs. C-284/95 (o. Fn. 48), Rn. 37; Rs. C-341/95 (o. Fn. 48), Rn. 35.

[52] Ausf. *Calliess* (o. Fn. 19) Art. 194 AEUV Rn. 1 ff.; *Kahl* EuR 2009, 601 ff.; *Ludwigs* in Ruffert (Hrsg.), Europäisches Sektorales Wirtschaftsrecht, 2. Aufl. 2020, § 5 Rn. 61 ff.; *Nowak* NuR 2016, 375 (379 ff.) sowie unter Governance-Aspekten *Schlacke/Lammers* EurUP 2018, 424 ff.

[53] *Epiney* in Landmann/Rohmer UmweltR AEUV Art. 191 Rn. 18 ff. (20).

[54] *Epiney* in Landmann/Rohmer UmweltR AEUV Art. 191 Rn. 19; s. auch *Kotulla* Teil 2 Rn. 9.

[55] Vgl. *Käller* in Schwarze (Hrsg.), EU-Kommentar, 4. Aufl. 2019, Art. 191 AEUV Rn. 18 ff.; *Kahl* (o. Fn. 24), Art. 191 AEUV Rn. 63 ff.

[56] → § 4 Rn. 21 ff.

[57] Dazu im Überblick *Aragão* in Krämer/Orlando S. 449 ff.; *van Calster/Reins* S. 17 ff.

rungsgebote), allerdings nicht um Regeln.[58] Die Prinzipien binden alle Organe, Einrichtungen und sonstige Stellen der EU, aber – im Anwendungsbereich der Verträge (dh bei Durchführung des Unionsrechts) – auch die nationalen Träger öffentlicher Gewalt[59]. Sie gelten jedoch aufgrund ihrer Abstraktheit und Offenheit grundsätzlich nicht unmittelbar, sondern sind auf stufenweise (legislative und judikative) Konkretisierung angewiesen. Die Einhaltung der Prinzipien kann nur in sehr engen Grenzen mit der Nichtigkeits- (Art. 263 AEUV) oder der Untätigkeitsklage (Art. 265 AEUV) gerichtlich kontrolliert werden.

Die EU-Umweltrechtsprinzipien entfalten zunächst – insbes. mit Blick auf die EU-Gesetzgebungsorgane (Europäisches Parlament, Rat) – eine Maßstabs- und eine Abwägungsfunktion. Eine weitere Rolle spielen die Grundsätze vor allem für den *EuGH* bzw. das *EuG* bei der Prüfung der Rechtfertigung nationaler Schutzverstärkungsmaßnahmen und bei der Interpretation des sonstigen Primärrechts sowie vor allem des Umweltsekundärrechts.[60]

13 Das *Vorsorgeprinzip* und das *Vorbeugeprinzip* weisen dem Umweltschutz die *temporäre* Richtung. Umweltschutz soll nicht als „Reparaturbetrieb“ hinterherhinkend-repressiv, sondern vorausschauend-präventiv erfolgen, sodass Umweltbeeinträchtigungen von vornherein vermieden werden, was zugleich eine Herabsetzung der Eingriffsschwelle impliziert.[61] Daher kommt etwa der Abfallvermeidung der Vorrang vor der Abfallverwertung und erst recht vor der Abfallbeseitigung zu.[62] Der *EuGH* unterscheidet dabei nicht systematisch zwischen Vorsorge- und Vorbeugeprinzip, sondern führt idR beide Grundsätze zusammen an, was auf einen synonymen Begriffsgebrauch schließen lässt.[63] Eine Abgrenzung der beiden Prinzipien ist jedoch möglich.[64] Danach ist der Vorbeugegrundsatz weniger anspruchsvoll. Er verlangt – gleichsam als „Sockel, auf dem das anspruchsvollere Vorsorgeprinzip aufbaut“[65] – nur die Abwehr von Gefahren (Gefahrenabwehrprinzip bzw. Schutzprinzip). Hierfür muss stets eine gewisse Wahrscheinlichkeit für die umweltschädigende Wirkung nachgewiesen sein. Dagegen setzt das Vorsorgeprinzip früher an und erlaubt – im Interesse der Möglichkeit eines Handelns auch unter (wissenschaftlichen) Ungewissheitsbedingungen – bereits die Vermeidung von Risiken, also ein Tätigwerden unterhalb der Gefahrenschwelle, sofern eine auf tatsächlichen Anhaltspunkten beruhende Besorgnis möglicher Umweltbeeinträchtigungen („Besorgnispotenzial“) gegeben ist und insbes. der Verhältnismäßigkeitsgrundsatz sowie das Diskriminierungsverbot beachtet werden.[66] Eine besonders

---

[58] *Cremer* Verw. Beih. 11, 2010, 9 (19); *Meßerschmidt* § 3 Rn. 72. Näher zur Rechtsnatur der EU-Umweltrechtsprinzipien und insbes. zur Abgrenzung zu Regeln *Martin* in Krämer/Orlando, S. 13 ff.

[59] Str., wie hier *Epiney* (o. Fn. 35), Art. 11 AEUV Rn. 5, Art. 191 AEUV Rn. 19. Keine Bindungswirkung gegenüber den Mitgliedstaaten besteht im Bereich der „autonomen“ nationalen Umweltpolitik, vgl. *Epiney* EurUP 2011, 128 (133); *Kahl* JZ 2012, 667 (667 f.).

[60] Vgl. *Kahl* (o. Fn. 24) Art. 191 AEUV Rn. 72 ff.; s. auch *Calliess* in Rehbinder/Schink Abschn. 2 Rn. 88 f.; *Epiney* in Landmann/Rohmer UmweltR AEUV Art. 191 Rn. 59 ff. Anschaulich *EuG*, Rs. T-309/12 (Zweckverband Tierkörperbeseitigung), ECLI: EU: T: 2014:676 Rn. 121.

[61] *Epiney* (o. Fn. 35) Art. 191 AEUV Rn. 11.

[62] → § 11 Rn. 14, 41.

[63] So auch *Nettesheim* (o. Fn. 7) Art. 191 AEUV Rn. 87 ff. (89); *Krämer* Rn. 1–33.

[64] *Arndt* (o. Fn. 47) S. 124 ff.; *Monien*, Prinzipien als Wegbereiter eines globalen Umweltrechts?, 2014, S. 277 ff.; vgl. auch *Montini* in Krämer/Orlando S. 174 ff. einerseits und *Duvic-Paoli* in Krämer/Orlando S. 161 ff. andererseits.

[65] *Meßerschmidt* § 3 Rn. 80 ff. (89).

[66] *EuGH*, Rs. C-333/08 (Kommission/Frankreich), Slg. 2010, I-757 Rn. 91 ff.; Rs. C-343/09 (o. Fn. 49), Rn. 61 ff.; zuletzt aufschlussreich für das Pflanzenschutzrecht *EuG*, Rs. T-584/

wichtige Ausprägung des Vorsorgeprinzips stellt das Instrument der Umweltverträglichkeitsprüfung (UVP)[67] dar.[68] Eine ressourcenökonomische bzw. bewirtschaftungsrechtliche Dimension des Vorsorgegrundsatzes wird hingegen im EU-Recht bislang – anders als im deutschen Recht – nicht anerkannt (str.).[69] In der Mitteilung der Kommission vom 2.2.2000 zur Anwendbarkeit des Vorsorgeprinzips werden insbes. die einzelnen Stufen eines europäischen Risikomanagements geregelt.[70]

Das *Ursprungsprinzip* besagt, dass Umweltschutz möglichst weit vorgelagert, dh *idealiter* an der Quelle selbst und nicht erst am Ort der Einwirkung der Umweltverschmutzung auf Menschen, Pflanzen und Tiere, erfolgen soll.[71] Es weist dem Umweltschutz damit die *lokale* Richtung. Verlangt wird danach etwa im Immissionsschutzrecht ein Vorrang der Emissionsverhinderung (zB Vermeidung von Lärm, der von einer Fabrik ausgeht) gegenüber der Emissionsminderung (zB Einbau von Schalldämpfern in lärmverursachenden Maschinen der Fabrik) und erst recht gegenüber dem Immissionsschutz (Einbau von Schallschutzfenstern in benachbarten Häusern).[72] Im Abfallrecht wurde das Ursprungsprinzip für Abfälle zur Beseitigung durch die Grundsätze der Nähe und Entsorgungsautarkie (Art. 16 Abfallrahmenrichtlinie[73]) konkretisiert.[74] Daneben hat das Ursprungsprinzip auch im Naturschutzrecht bereits praktische Bedeutung erlangt.[75] 14

Das *Verursacherprinzip* bildet das Gegenstück zum Gemeinlastprinzip und weist dem Umweltschutz die *personale* Richtung. Es dient der Internalisierung externer (ökologischer) Kosten. Verursacher ist, wer die Umwelt direkt oder indirekt belastet oder eine Bedingung für die Umweltbelastung setzt, wobei es auf die Legalität nicht ankommt.[76] Bei der Bestimmung des konkreten Verursachers verfügen die Mitgliedstaaten über einen weiten Konkretisierungsspielraum.[77] Inhaltlich ist das Verursacherprinzip primär Kostentragungsprinzip, daneben aber auch materielles Verant- 15

---

13 (BASF Agro ua/Kommission), ECLI:EU:T:2018:279 Rn. 58 ff. Vgl. ferner aus dem Schrifttum *Appel* in Koch/Hofmann/Reese UmweltR-HdB § 2 Rn. 32 ff.; *Käller* (o. Fn. 55) Art. 191 AEUV Rn. 28 f.; ausf. *Calliess* in Rehbinder/Schink Abschn. 2 Rn. 67 ff.

[67] → § 4 Rn. 85 ff.

[68] *Nettesheim* (o. Fn. 7) Art. 191 AEUV Rn. 97 ff.

[69] Vgl. *Arndt* (o. Fn. 47) S. 127 ff.; *Jans/v. der Heide* S. 36 f.; *Kahl* in Bauer/Czybulka/Kahl/Voßkuhle (Hrsg.), Umwelt, Wirtschaft und Recht, 2002, S. 111 (133 ff.); *ders.* (o. Fn. 24) Art. 191 AEUV Rn. 83; aA die hL, vgl. *Appel* in Koch/Hofmann/Reese UmweltR-HdB § 2 Rn. 36; *Calliess* (o. Fn. 19) Art. 194 AEUV Rn. 33; *Schröder* in Rengeling EUDUR I § 9 Rn. 20 f.

[70] KOM (2000) 1 endg., dazu *Appel* NVwZ 2001, 395 ff.; *Arndt* (o. Fn. 47) S. 180 ff. (252 ff.); *Kahl* (o. Fn. 24) Art. 191 AEUV Rn. 83 ff.; grundlegend *Calliess* (o. Fn. 14) S. 197 ff., 204 ff., 214 ff.

[71] *Kahl* (o. Fn. 26) S. 22 f.; *Krämer* in ders./Orlando S. 186 ff.; *Scherer/Heselhaus* (o. Fn. 47) O Rn. 42; *Kluth* in ders./Smeddinck § 1 Rn. 110.

[72] So zumindest in der Tendenz auch *Appel* in Koch/Hofmann/Reese UmweltR-HdB § 2 Rn. 37 f.; aA *Krämer* (o. Fn. 20) Art. 191 AEUV Rn. 49.

[73] RL 2008/98/EG des Europäischen Parlaments und des Rates v. 19.11.2008 über Abfälle und zur Aufhebung bestimmter Richtlinien (ABl. L 312, 3).

[74] *EuGH,* Rs. C-2/90 (Kommission/Belgien), Slg. 1992, I-4431 Rn. 34 ff.; *Kahl* ThürVBl. 1994, 256 (257 f.); *Reese* in Krämer/Orlando S. 219 ff.; s. auch → § 11 Rn. 90.

[75] *Kahl* (o. Fn. 24) Art. 191 AEUV Rn. 87 ff. (94); vgl. auch *Jarass* NuR 1998, 397 (399 ff.).

[76] *Kahl* (o. Fn. 26) S. 23 ff.; zust. *Epiney* in Landmann/Rohmer UmweltR AEUV Art. 191 Rn. 38; s. zum Ganzen auch *Schwartz* in Krämer/Orlando S. 260 ff.

[77] *Epiney* Kap. 5 Rn. 28; *Kahl* JZ 2012, 667 (668) mwN.

wortlichkeitsverteilungs- bzw. Zurechnungsprinzip.[78] Konkretisiert wird es ua durch die EG-Umwelthaftungsrichtlinie[79], die in Deutschland durch das Umweltschadensgesetz[80] umgesetzt wurde.[81]

16 Nach dem *Integrationsprinzip* gem. Art. 11 AEUV, Art. 37 GRCh müssen die Erfordernisse des Umweltschutzes bei der Festlegung und Durchführung anderer Unionspolitiken einbezogen werden.[82] Damit wird das umweltpolitische Programm des Art. 191 AEUV auf den gesamten AEU-Vertrag, allerdings nicht auf den EU-Vertrag erstreckt. Die primär anderen (insbes. ökonomischen) Zielen dienenden Politiken werden auf diese Weise „ökologisiert" oder jedenfalls ökologisch flankiert (s. auch die *leges speciales* Art. 114 III, 194 I AEUV). Dies bezeichnet man als *externe* Integration der Umweltschutzbelange. Sie kann etwa zum Tragen kommen bei der Berücksichtigung ökologischer Kriterien im Rahmen der Vergabe öffentlicher Aufträge,[83] der Entscheidung über die Unionsrechtskonformität nationaler Förderinstrumente im Bereich Erneuerbare Energien,[84] auf den Gebieten des (Kern-) Energie- und Beihilfenrechts[85] oder bei unionalen Wirtschaftshilfen im Zuge der COVID-19-Pandemie[86].[87] Hiervon zu unterscheiden ist die *interne* Integration. Sie steht für eine medienübergreifende („integrierte"), insbes. auch mögliche Wechselwirkungen zwischen den einzelnen Umweltmedien berücksichtigende Betrachtung der Belastungen für Luft, Wasser und Boden im Rahmen einer umweltrechtlichen Genehmigung, wie sie vor allem der UVP- oder der IE-Richtlinie zugrunde liegt.[88]

---

[78] *Kahl* (o. Fn. 24) Art. 191 AEUV Rn. 95 ff.; *Monien* (o. Fn. 64) S. 327 f., 357 ff. (368 f.); *Nettesheim* (o. Fn. 7) Art. 191 AEUV Rn. 110, 118 ff.; enger (nur Kostentragung) zB *Scheuing* in GfU, Umweltrecht im Wandel, S. 129 (139); *Wegener* (o. Fn. 1) § 36 Rn. 19.

[79] RL 2004/35/EG des Europäischen Parlaments und des Rates v. 21.4.2004 über Umwelthaftung zur Vermeidung und Sanierung von Umweltschäden (ABl. L 143, 56), s. dazu auch *Orlando* in Krämer/dies. S. 272 ff. Grundlegend *EuGH*, Rs. C-378/08, C-379/08, C-380/08 (ERG ua), Slg. 2010, I-1919 Rn. 52 ff.; Rs. C-534/13 (Fipa Group), ECLI:EU:C:2015:140 Rn. 39 ff.; Rs. C-129/16, (Túrkevei Tejtermelõ), ECLI:EU:C:2017:547 Rn. 35 ff. Im Abfallsektor können sich Abgrenzungsprobleme zur RL 2008/98/EG (o. Fn. 73) ergeben; dazu (betreffend die Haftung für Umweltschäden infolge illegaler Verbrennung von Siedlungsabfällen) *EuGH*, Rs. C-129/16, aaO Rn. 39 ff. (Anwendbarkeit der RL 2004/35/EG); aA (Spezialität der RL 2008/98/EG) GA *Kokott*, Schlussantr. zu Rs. C-129/16, aaO; *Berkemann* I+E 2017, 129 (130 ff.).

[80] Ausf. dazu → § 4 Rn. 161 ff.

[81] Zu weiteren Ausprägungen im Sekundärrecht *Epiney* in Landmann/Rohmer UmweltR AEUV Art. 191 Rn. 40 ff.

[82] Zu Entwicklung und systematischer Einordnung dieser Klausel *Epiney* in Landmann/Rohmer UmweltR AEUV Art. 191 Rn. 51 ff.; *Montini* in Krämer/Orlando S. 139 ff.; umfassend *Wegener* Querschnittspolitiken (o. Fn. 13) § 3 Rn. 2 ff.; *Nowak* (Hrsg.), Konsolidierung und Entwicklungsperspektiven des Europäischen Umweltrechts, 2015; *ders.* NuR 2016, 306 (311 ff.).

[83] *EuGH*, Rs. C-513/99 (Concordia Bus Finland), Slg. 2002, I-7213 Rn. 57 ff.; Rs. C-448/01 (Wienstrom), Slg. 2003, I-14527 Rn. 30 ff., 40 ff.

[84] *EuGH*, Rs. C-379/98 (Preussen Elektra), Slg. 2001, I-2099 Rn. 70 ff.; Rs. C-573/12 (Ålands Vindkraft AB), ECLI:EU:C:2014:2037 Rn. 55 ff.; s. auch → § 6 Rn. 49 ff.; *Knauff* EurUP 2018, 438 ff.

[85] *EuGH*, Rs. C-594/18 P, ECLI:EU:C:2020:742 Rn. 41 f., 45, 100 f.; dazu *Peters* EuZW 2021, 83 f. Vgl. zur Frage der Umweltverträglichkeit von AKW auch bereits *EuGH*, Rs. C-411/17 (Inter-Environnement Wallonie), ECLI:EU:C:2019:622 Rn. 59 ff. (73 ff.)

[86] So die Forderung von *Calliess/Dross* ZUR 2020, 456 ff.

[87] Ausf. *Wegener* Querschnittspolitiken (o. Fn. 13) § 3 Rn. 27 ff. Zur Integration des Nachhaltigkeitsprinzips (→ Rn. 17 ff.) in die Gemeinsame Handelspolitik s. zuletzt *EuGH*, Gutachten 2/15, ECLI:EU:C:2017:376 Rn. 139 ff.

[88] Eingehend *Calliess* DVBl 1998, 559 ff.; *Kahl* (o. Fn. 24) Art. 11 AEUV Rn. 2, 15 ff.; Art. 191 AEUV Rn. 103; *Scheuing* (o. Fn. 78) S. 140 ff., 166.

17 Der in Art. 3 III UAbs. 1 S. 2, V 2 EUV, Art. 11 AEUV, Art. 37 GRCh verankerte *Nachhaltigkeitsgrundsatz* zielt in erster Linie auf einen angemessenen und dauerhaften Ausgleich von Wirtschaft (Recht auf Entwicklung), Sozialem und Umweltschutz unter Berücksichtigung insbes. der Rechte künftiger Generationen („Drei-Säulen-Modell" bzw. Nachhaltigkeit im *weiten* Sinn).[89] Grundregel ist danach, dass jede Generation ihre Aufgaben selbst lösen muss und sie nicht den kommenden Generationen aufbürden darf, aber auch, dass ein Erdteil (der reiche „Norden") nicht einseitig auf Kosten eines anderen (des armen „Südens") leben darf, sondern Verteilungsgerechtigkeit hinsichtlich ökonomischer, sozialer und ökologischer Ressourcen herrschen soll.

18 Zur Umsetzung des Nachhaltigkeitsgrundsatzes iwS verfolgt die EU einen gemischt materiell-prozeduralen Ansatz, in dessen Mittelpunkt der Gedanke der Integration[90] steht:[91] Zur *materiellen* Steuerung beschloss der Europäische Rat von Göteborg (2001) als übergeordneten Rahmen die EU-Nachhaltigkeitsstrategie;[92] am 15./16.6.2006 beschloss der Europäische Rat sodann eine *„Erneuerte EU-Strategie für nachhaltige Entwicklung"*[93] und veröffentlichte hierzu 2007[94] und 2009[95] Fortschrittsberichte der Europäischen Kommission. Die EU-Nachhaltigkeitsstrategie dient als übergreifender politischer Ordnungsrahmen für alle Unionspolitiken und -strategien und soll diese langfristig auf bestimmte ganzheitliche Ziele hin ausrichten, um so Nachhaltigkeit durch Integration (Art. 11 AEUV), aber auch durch Kohärenz (Art. 7 AEUV) zu gewährleisten. Hierzu werden sieben zentrale Handlungsfelder benannt (ua Klimawandel und Erneuerbare Energien, nachhaltiger Verbrauch und Produktion, natürliche Ressourcen) und der Fokus auf bereichsübergreifende Maßnahmen gerichtet.[96] Für diese Bereiche hat die EU zum Teil spezifische Strategien vorgelegt oder bereitet solche vor.[97]

Zudem strebt die EU-Nachhaltigkeitsstrategie aber auch eine – *prozedurale* – Umsetzung der Nachhaltigkeit an.[98] Hierzu können Gesetzesfolgenabschätzungen *(Environmental Impact*

---

89 Statt vieler: KOM (2003) 745 endg., S. 4; *Barral* in Krämer/Orlando S. 103 ff.; *Meßerschmidt* § 3 Rn. 34 ff. (39); *Monien* (o. Fn. 64) S. 195 ff., 215 ff.; *Wagner* EurUP 2016, 121 ff.; zum völkerrechtlichen Hintergrund → § 1 Rn. 3 ff.

90 Auf politischer Ebene s. auch die Strategie von Cardiff (1998) zur Einbeziehung der Umweltbelange in die EU-Politik (sog. Cardiff-Prozess); dazu KOM (1998) 333; *SRU,* Umweltgutachten 2008, Tz. 27 ff., sowie die Lissabon-Strategie (nunmehr Strategie „Europa 2020", KOM [2010] 2020 endg.); dazu *SRU,* Umweltgutachten 2008, Tz. 36 ff.

91 Vgl. dazu und zum Folgenden *Lindemann/Jänicke* ZfU 2008, 355 ff.; *SRU,* Umweltgutachten 2008, Tz. 5 ff. Für Freihandelsabkommen: *EuGH,* Gutachten 2/15, ECLI:EU:C:2017:376 Rn. 142 ff. (146).

92 KOM (2001) 264 endg.; vgl. auch KOM (2005) 658 endg.

93 Veröffentlicht als Anl. zu *Rat der EU,* Die erneuerte Strategie für nachhaltige Entwicklung, Ratsdok. Nr. 10917/06 v. 26.6.2006, S. 3 ff., dazu *Monien* (o. Fn. 64) S. 201 ff.; *Ingold* in Kahl (Hrsg.), Nachhaltigkeit durch Organisation und Verfahren, 2016, S. 117 (127 ff.); *Windoffer,* Verfahren der Folgenabschätzung als Instrument zur rechtlichen Sicherung von Nachhaltigkeit, 2011, S. 19 ff.

94 KOM (2007) 642 endg.

95 KOM (2009) 400 endg.

96 Vgl. zuletzt auch *Europäische Kommission,* Mitteilung v. 22.11.2016, „Auf dem Weg in eine nachhaltige Zukunft: Europäische Nachhaltigkeitspolitik", KOM (2016) 739 endg. (dort insbes. die umweltschutzrelevanten Nachhaltigkeitsziele 6, 7, 13–15).

97 Vgl. etwa die EU-Biodiversitätsstrategie für 2030, COM (2020) 380 final. Seit 2016 sind die EU-Nachhaltigkeitsziele eng mit den Vorgaben der „Agenda 2030" der UN verzahnt, vgl. COM (2016) 739 final; COM (2019) 22 final; dazu *Falke* ZUR 2019, 312; zum völkerrechtlichen Hintergrund → § 1 Rn. 10.

98 Vgl. hierzu auch *Appel,* Staatliche Zukunfts- und Entwicklungsvorsorge, 2005, S. 339 ff. Dezidiert für ein prozedurales Verständnis von Art. 37 GRCh *Calliess* in Rehbinder/Schink Abschn. 2 Rn. 104 ff.

Assessment – EIA) einen Beitrag leisten.[99] Angestrebt wird ferner eine bessere Verknüpfung zwischen der nationalen, europäischen und internationalen Ebene und den dortigen Nachhaltigkeitsstrategien. Einen Beitrag hierzu soll das Netzwerk „Europäische nachhaltige Entwicklung" *(European Sustainable Development Network – ESDN)* leisten, eine Kooperationsplattform nationaler Verwaltungsbediensteter und Experten, die mit der Umsetzung von Nachhaltigkeitsstrategien befasst sind.[100]

19 Demgegenüber ist die – in Art. 11 AEUV als Subprinzip mitgeregelte, in engem Zusammenhang mit dem Ressourcenschutz gem. Art. 191 I Spstr. 3 AEUV stehende – Nachhaltigkeit im *engen* Sinn ein spezifisch umweltrechtliches Prinzip, das eine dauerhaft-umweltgerechte Entwicklung zur Erhaltung der natürlichen Lebensgrundlagen auch und gerade mit Blick auf die künftigen Generationen fordert.[101] Danach dürfen erneuerbare Naturgüter (zB Wasser, Holzbestände) auf Dauer nur im Rahmen ihrer Fähigkeit zur Regeneration genutzt werden (Regenerationsprinzip). Nicht erneuerbare Naturgüter (zB Mineralien, fossile Energieträger) dürfen auf Dauer nur in dem Umfang genutzt werden, wie ihre Funktion durch andere Materialien oder durch andere Energieträger ersetzt werden kann (Substitutionsprinzip). Die Freisetzung von Stoffen (zB Abfälle, Chemikalien) darf auf Dauer nicht größer sein als die Anpassungsfähigkeit der Ökosysteme (Prinzip der Anpassungsfähigkeit). Der Umsetzung des ökologischen Nachhaltigkeitsprinzips dient eine Vielzahl von Instrumenten. Dazu gehören insbes. Qualitätsziele und Planungsinstrumente, aber auch die hoheitliche Zuteilung von Nutzungsrechten, der Gebietsschutz, Vermeidungsgebote, Kontrollerlaubnisse, Kosten-Nutzen-Analysen etc.[102]

3. Berücksichtigungsgebote

20 Bei der Erarbeitung ihrer Umweltpolitik berücksichtigt die EU verschiedene, zum Teil gegenläufige Abwägungsbelange.[103] Zu diesen Berücksichtigungsgeboten, die eine Ausprägung der Grundsätze der Einheit der Verträge sowie der Verhältnismäßigkeit sind, gehören die verfügbaren wissenschaftlichen und technischen Daten, die Umweltbedingungen in den einzelnen Regionen der Union, die Vorteile und die Belastung aufgrund des Tätigwerdens bzw. eines Nichttätigwerdens, die wirtschaftliche und soziale Entwicklung der Union insgesamt sowie die ausgewogene Entwicklung ihrer Regionen (Art. 191 III AEUV).[104]

Zu berücksichtigen sind ferner die *EU-Grundrechte* (insbes. die Wirtschaftsgrundrechte gem. Art. 15–17 GRCh und der allgemeine Gleichheitssatz gem. Art. 20 GRCh) der von Umweltschutzmaßnahmen der EU sowie – bei Durchführung des Unionsrechts – der Mitgliedstaaten (vgl. Art. 51 I 1 GRCh) betroffenen Einzelnen, insbes. Unternehmer.[105]

---

[99] Zu ihrer Bedeutung *Craik* in Krämer/Orlando S. 195 ff.; *Kahl/Hilbert* FS Kloepfer, 2013, S. 399 ff.; *Windoffer* (o. Fn. 93) S. 222 ff.; allg. *Calliess* FS Schröder, 2012, S. 515 (525 ff.); *Kahl/Hilbert* JbUTR 2009, 207 ff.

[100] Nähere Informationen dazu unter http.//www.sd-network.eu.

[101] Ganz hierauf beziehen will den unionsrechtlichen Nachhaltigkeitsgrundsatz *Epiney* in Landmann/Rohmer UmweltR AEUV Art. 191 Rn. 46 ff.

[102] Vgl. *Frenz* UPR 2009, 48 ff.; *Kahl* (o. Fn. 24) Art. 11 AEUV Rn. 22 f.; *Redgwell* in Krämer/Orlando S. 115 ff.; s. auch → § 4 Rn. 36 ff.

[103] Ausf. *Nettesheim* (o. Fn. 7) Art. 191 AEUV Rn. 137 ff.

[104] Dazu *Kahl* (o. Fn. 24) Art. 191 AEUV Rn. 117 ff.; *Schröder* in Rengeling EUDUR I § 9 Rn. 51 ff.

[105] Näher dazu am Beispiel des Klimaschutzes *Shirvani* VerwArch 104 (2013), 83 (83 ff., 100 ff.); *Nowak* NuR 2016, 375 (382 ff.); speziell zur Eigentumsfreiheit *Shirvani* EurUP 2016, 112 ff.

III. Die Kompetenzen und Handlungsformen

1. Kompetenzen

a) Direkte Umweltschutzkompetenz

Die direkte (unmittelbare) umweltrechtliche Kompetenzgrundlage der EU ist in Art. 192 I–III AEUV geregelt. Diese Vorschriften betreffen sowohl die Organ- als auch die Verbandskompetenz.[106] Es handelt sich um eine geteilte Zuständigkeit (Art. 4 II lit. e iVm Art. 2 II AEUV). Die EU darf nach dem *Subsidiaritätsprinzip* nur tätig werden, „sofern und soweit die Ziele der in Betracht gezogenen Maßnahmen auf Ebene der Mitgliedstaaten nicht ausreichend erreicht werden können und daher wegen ihres Umfangs oder ihrer Wirkungen besser auf Unionsebene erreicht werden können"; der Kontrolle der Einhaltung des Subsidiaritätsprinzips in der Gesetzgebungspraxis dient vor allem das in Protokoll Nr. 2 zum Vertrag von Lissabon geregelte Verfahren, das den nationalen Parlamenten eine Schlüsselrolle zuweist (Art. 5 III EUV).[107] Als weitere Kompetenzausübungsschranke ist der Grundsatz der *Verhältnismäßigkeit* (iwS) zu beachten; die Organe der EU wenden diesen gleichfalls nach dem Protokoll Nr. 2 zum Vertrag von Lissabon an (Art. 5 IV EUV).[108] 21

Kompetenzgrundlage für ein Tätigwerden der Union zur Erreichung der Ziele des Art. 191 AEUV ist grundsätzlich *Art. 192 I AEUV.* Danach beschließt der Rat auf Vorschlag der Kommission (vgl. auch Art. 17 II 1 EUV) gem. dem ordentlichen Gesetzgebungsverfahren (Art. 289 I iVm 294 AEUV) und nach Anhörung des Wirtschafts- und Sozialausschusses sowie des Ausschusses der Regionen (Art. 300 AEUV). 22

Art. 192 I AEUV räumt der EU nach Ansicht des *EuGH* auch die Befugnis ein, den Mitgliedstaaten aufzugeben, schwere Umweltverstöße mit *strafrechtlichen* Sanktionen zu ahnden (str.). Obwohl das Strafrecht nicht in die Zuständigkeit der EU fällt, kann der Unionsgesetzgeber aber Maßnahmen in Bezug auf das Strafrecht der Mitgliedstaaten ergreifen, die seiner Meinung nach erforderlich sind, um die volle Wirksamkeit der von ihm zum Schutz der Umwelt erlassenen Rechtsnormen zu gewährleisten, wenn die Anwendung wirksamer, verhältnismäßiger und abschreckender Sanktionen durch die zuständigen nationalen Behörden eine zur Bekämpfung schwerer Beeinträchtigungen der Umwelt unerlässliche Maßnahme darstellt. Dies gilt jedenfalls, solange den Mitgliedstaaten die Wahl der anwendbaren strafrechtlichen Sanktionen überlassen bleibt.[109] Die EU hat daher – gestützt auf den damaligen Art. 175 I EG (jetzt: Art. 192 I AEUV) – die Richtlinie 2008/99/EG vom 19.11.2008 über den strafrechtlichen Schutz der Umwelt beschlossen.[110]

Nach der im Verhältnis zu Art. 192 I AEUV speziellen Kompetenzgrundlage des *Art. 192 II UAbs. 1 AEUV*[111] ist die Entscheidung des Rates in bestimmten, unter dem Gesichtspunkt der nationalen Souveränität besonders sensiblen Bereichen abweichend von Art. 192 I AEUV einstimmig und nach bloßer Anhörung des Europäi- 23

---

[106] *Kahl* (o. Fn. 24) Art. 192 AEUV Rn. 7; *Nettesheim* (o. Fn. 7) Art. 192 AEUV Rn. 1.

[107] Hierzu *Epiney* NuR 2018, 30 ff.; *Kahl* AöR 118 (1993), 414 ff. Zur Funktion des Subsidiaritätsprinzips als Kompetenzausübungsschranke *Calliess* (o. Fn. 19) Art. 5 EUV Rn. 27 ff.

[108] *Kloepfer* UmweltR § 9 Rn. 80 ff.

[109] *EuGH,* Rs. C-176/03 (Kommission/Rat), ECLI:EU:C:2005:542 Rn. 47 ff.; Rs. C-440/05 (Kommission/Rat), Slg. 2007, I-9097 Rn. 66 ff.

[110] ABl. L 328, 28. Dazu *Faure* RECIEL 2017, 139 ff.; *Schnichels/Seyderhelm* EuZW 2020, 829 ff.

[111] Art. 192 II *UAbs. 2* AEUV ist bislang weitgehend bedeutungslos geblieben (vgl. *Jans/v. d. Heide* S. 57) und kann daher im Folgenden unberücksichtigt bleiben.

schen Parlaments zu treffen. Diese – nach hM[112] eine Ausnahme zum Grundsatz gem. Art. 192 I AEUV darstellende und daher eng auszulegende – Kompetenzgrundlage ist einschlägig bei Vorschriften überwiegend steuerlicher Art, Maßnahmen, die die Raumordnung, die mengenmäßige Bewirtschaftung der Wasserressourcen oder die Bodennutzung (mit Ausnahme der Abfallbewirtschaftung) berühren, und Entscheidungen betreffend die Wahl zwischen verschiedenen Energieträgern.[113] Hierbei handelt es sich um Politikbereiche, für die außerhalb der unionalen Umweltpolitik entweder keine Gesetzgebungskompetenz der EU besteht oder für die im Rat Einstimmigkeit erforderlich ist (vgl. zB Art. 113 AEUV).[114] Für die (interne) Abgrenzung zwischen Art. 192 I und Art. 192 II (UAbs. 1) AEUV gilt – wie auch sonst (→ Rn. 40) – eine an Ziel und Inhalt des Gesetzgebungsakts (zur Terminologie: Art. 289 III AEUV) ausgerichtete Schwerpunktprüfung, die auf objektiven, gerichtlich nachprüfbaren Umständen, insbes. Ziel und Inhalt des Rechtsakts, beruhen muss.[115]

24 Die EU kann ferner auf der Basis von *Art. 192 III AEUV allgemeine*[116] umweltpolitische Aktionsprogramme beschließen.[117] Das erste Umweltaktionsprogramm stammt aus dem Jahre 1973,[118] ihm folgten bis heute fünf weitere nach.[119] Bis 2020 galt das 7. Umweltaktionsprogramm der EU.[120] Die Umweltaktionsprogramme enthalten die generellen vorrangigen Ziele für die zukünftige Entwicklung der europäischen Umweltpolitik innerhalb eines bestimmten Zeitraums.[121] Sie sind zwar (für die EU-Organe) rechtlich verbindlich,[122] aber so allgemein gehalten, dass sie zwingend auf stufenweise Konkretisierung in einzelnen Umweltbereichen angewiesen sind, die regelmäßig zunächst durch Grün- und Weißbücher der Kommission und sodann durch Richtlinien, Verordnungen und Beschlüsse des EU-Gesetzgebers erfolgt.

25 Die *Umweltaußenkompetenz* der EU folgt aus Art. 192 I AEUV, während sich die Funktion von Art. 191 IV AEUV lediglich in einer – an sich überflüssigen[123] – Klarstellung erschöpft.[124] Das unionsinterne Verfahren des völkerrechtlichen Vertragsschlusses bestimmt sich nach Art. 218 AEUV. Es gelten die allgemeinen Grund-

---

[112] *EuGH*, Rs. C-395/08 ua (Bruno ua), ECLI:EU:C:2010:329 Rn. 35; Rs. C-5/16 (Polen/Parlament), ECLI:EU:C:2018:483 Rn. 37, 44 ff.; *Calliess* in Rehbinder/Schink Abschn. 2 Rn. 21; für die Gegenansicht s. *Kahl* FS Scheuing, 2011, S. 92 (100 f.).

[113] *Epiney* in Landmann/Rohmer UmweltR AEUV Art. 192 Rn. 13 ff.; *Kahl* (o. Fn. 24) Art. 192 AEUV Rn. 21 ff.

[114] *EuGH*, Rs. C-36/98 (Spanien/Rat), Slg. 2001, I-779 Rn. 54; Rs. C-176/03 (o. Fn. 109) Rn. 44.

[115] *EuGH*, Rs. C-36/98 (o. Fn. 114) Rn. 58 f.; Rs. C-377/12 (Kommission/Rat), ECLI:EU:C:2014:1903 Rn. 34; Rs. C-5/16 (o. Fn. 112) Rn. 37 ff.

[116] Zur Nicht-Geltung des Art. 192 III AEUV für *besondere* Programme *Meßerschmidt* § 2 Rn. 535.

[117] S. dazu *Epiney* Kap. 3 Rn. 9 ff.

[118] ABl. 1973 C 112, 1.

[119] Überblick: *Kloepfer* UmweltR § 9 Rn. 93 f.

[120] Beschluss Nr. 1386/2013/EU des Europäischen Parlaments und des Rates v. 20.11.2013 über ein allgemeines Umweltaktionsprogramm der Union für die Zeit bis 2020, „Gut leben innerhalb der Belastbarkeitsgrenzen unseres Planeten", ABl. L 354, 171; dazu *Hoffmann* NVwZ 2013, 534 ff.; *Wimmers* UPR 2013, 286 ff. Das 7. UAP ist im Jahre 2020 ausgelaufen. Das 8. UAP ist bereits in Arbeit, aber noch nicht beschlossen.

[121] *Meßerschmidt* § 2 Rn. 532 ff.

[122] Vgl. *Calliess* in Rehbinder/Schink Abschn. 2 Rn. 27; *Epiney* Kap. 3 Rn. 11.

[123] Daher mit Recht krit. *Calliess* in Rehbinder/Schink Abschn. 2 Rn. 28.

[124] HM, vgl. *Calliess* ZUR Sonderheft 2003, 129 (132); *Käller* (o. Fn. 55) Art. 191 AEUV Rn. 46 ff.; *Nettesheim* (o. Fn. 7) Art. 191 AEUV Rn. 148 f.; aA zB *Classen* in Oppermann/ders./Nettesheim, Europarecht, 8. Aufl. 2018, § 33 Rn. 23, der in Art. 191 IV AEUV die Umweltaußenkompetenz der EU sieht.

sätze der Kompetenzverteilung zwischen der EU und den Mitgliedstaaten im Bereich der völkerrechtlichen Vertragsschlussbefugnisse, wie sie durch die sog. *AETR*-Rechtsprechung und die Folgeurteile hierzu entwickelt wurden. Zwischen Innen- und Außenkompetenzen der EU besteht eine Parallelität, sodass sich, unabhängig davon, ob die EU ihre Innenkompetenz bereits wahrgenommen hat oder nicht, aus einer Innenkompetenz der Union (zB Art. 192 I AEUV) zugleich eine implizite Außenkompetenz („Annex-Außenkompetenz") ergibt.[125] Dabei besteht auch in der Umweltaußenpolitik grundsätzlich eine geteilte Zuständigkeit zwischen der EU und den Mitgliedstaaten. Die ausschließliche Kompetenz der EU gem. Art. 207 AEUV kommt für Handelsabkommen, deren Ziel und Inhalt schwerpunktmäßig im Bereich des Umweltschutzes liegen, nicht zum Tragen.[126] Aufgrund der geteilten umweltrechtlichen Kompetenz sind gemischte Abkommen, bei denen ein Vertrag von der EU und den Mitgliedstaaten gemeinsam mit Drittstaaten ausgehandelt und anschließend gemeinsam unterzeichnet wird, die häufigste Erscheinungsform umweltaußenpolitischen Handelns der EU.[127] Ausschließlicher Charakter kommt den Umweltaußenkompetenzen der EU nur zu, falls die EU entweder von ihren Innenkompetenzen bereits erschöpfend Gebrauch gemacht hat oder die Materie sinnvoll nur durch eine externe Regelung erfasst werden bzw. die Zielsetzungen der internen Regelungsbefugnis nur dann effektiv umgesetzt werden können, wenn eine entsprechende Außenkompetenz besteht.

Die Zuständigkeit für die *Finanzierung*[128] und *Durchführung* (= Umsetzung und Anwendung) der europäischen Umweltpolitik liegt in erster Linie bei den Mitgliedstaaten (Art. 192 IV AEUV; Spezialregelung zu Art. 291 I AEUV, 4 III EUV).[129] 26
Die Mitgliedstaaten haben die Verpflichtung, den EU-Gesetzgebungsakten in ihrem Hoheitsgebiet wirksam und einheitlich Geltung zu verschaffen. Dabei gelten Verordnungen (→ Rn. 30 f.) nach Art. 288 II AEUV in jedem Mitgliedstaat grundsätzlich unmittelbar. Dennoch enthalten auch sie häufig Bestimmungen, die ein Tätigwerden der Mitgliedstaaten verlangen, wie bspw. das Benennen zuständiger Behörden, das Ergreifen von Verwaltungsmaßnahmen oder das Veröffentlichen von Berichten (sog. „hinkende" Verordnung). Richtlinien (→ Rn. 28 f.) sind von den Mitgliedstaaten gem. Art. 288 III AEUV iVm Art. 4 III EUV ordnungsgemäß

---

[125] *EuGH,* Rs. 22/70 (AETR), Slg. 1971, 263 Rn. 15 ff.; Rs. C-459/03 (Kommission/Irland), Slg. 2006, I-4635 Rn. 95; *Käller* (o. Fn. 55) Art. 191 AEUV Rn. 48. Näher dazu und zur Folge-Rspr. *Chamon* CMLRev 2018, 1101 ff.; *Kahl* (o. Fn. 24) Art. 191 AEUV Rn. 126 ff.; *Khan* in Geiger/ders./Kotzur, EUV/AEUV, 6. Aufl. 2017, Art. 216 AEUV Rn. 5 ff.

[126] *EuGH,* Gutachten 2/00 (Cartagena), Slg. 2001, I-9713 Rn. 20 ff.; Rs. C-94/03 (Kommission/Rat), Slg. 2006, I-1 Rn. 34 ff. Sind in einem Sekundärrechtsakt aber handels- und umweltrechtliche Inhalte bzw. Ziele untrennbar miteinander verknüpft, ohne dass die eine Komponente gegenüber der anderen als zweitrangig oder mittelbar angesehen werden kann, so sollen nach einzelnen Urteilen des *EuGH* Art. 207 AEUV und Art. 192 AEUV gemeinsam als Rechtsgrundlage heranzuziehen sein, vgl. *EuGH,* Rs. C-178/03 (Kommission/Parlament u. Rat), Slg. 2006, I-107 Rn. 40 ff.; Rs. C-94/03, aaO, Rn. 51 ff. Vgl. zuletzt auch *EuGH,* Gutachten 2/15 (Freihandelsabkommen), ECLI:EU:C:2017:376 Rn. 33 ff., 139 ff.

[127] Dazu *Jans/v. d. Heide* S. 101 ff.; *Steyrer* ZUR 2005, 343 (346 ff.). Zur internationalen Umweltschutzabkommenspraxis der EU s. *Classen* (o. Fn. 124) § 33 Rn. 44.

[128] Vgl. aber auch Art. 177 II iVm Art. 192 V Spstr. 2 AEUV (Kohäsionsfonds); ferner VO (EU) Nr. 2021/783 v. 29.4.2021 zur Errichtung des Programms für die Umwelt- und Klimapolitik (LIFE) und zur Aufhebung der VO (EU) Nr. 1293/2013 (Abl. L 172/53). Zum Ganzen *Nettesheim* (o. Fn. 7) Art. 192 AEUV Rn. 101 ff., 105 ff.

[129] Eingehend *Epiney* in Landmann/Rohmer UmweltR AEUV Art. 192 Rn. 52 ff., 55 ff., 68 ff.; *Wegener* Querschnittspolitiken (o. Fn. 13) § 3 Rn. 61 ff.

(insbes. sachlich vollständig und für ihr gesamtes Hoheitsgebiet) und fristgemäß umzusetzen sowie anschließend durch Verwaltung und Gerichte vollständig und effektiv anzuwenden.

b) Indirekte Umweltschutzkompetenzen

27 Die Umweltpolitik ist eine Querschnittsmaterie (s. Art. 11 AEUV), die Berührungen zu zahlreichen anderen Unionspolitiken aufweist. Daher existiert neben Art. 192 I–III AEUV noch eine Vielzahl sonstiger (indirekter bzw. mittelbarer) Umweltschutzkompetenzen,[130] zB Art. 43 AEUV (Landwirtschaft), Art. 91, 100 AEUV (Verkehr), Art. 101 ff. AEUV (Wettbewerb), Art. 114 AEUV (Rechtsangleichung),[131] Art. 194 AEUV (Energie),[132] Art. 207 AEUV (Handel).[133] Diesen Kompetenznormen ist gemeinsam, dass sie jedenfalls im Schwerpunkt unmittelbar anderen politischen Zielen dienen, ihnen dabei aber zugleich eine – zum Teil durchaus erhebliche – mittelbare (faktische) Umweltrelevanz zukommt. Man könnte insofern auch von „unechten" Umweltschutzkompetenzen sprechen.

2. Handlungsformen

28 Der Begriff des „Tätigwerdens" iSd Art. 192 I AEUV ist weit auszulegen.[134] Er umfasst zunächst (nicht abschließend; → Rn. 33) die in *Art. 288 AEUV* aufgezählten Handlungsformen (Verordnung, Richtlinie, Beschluss, Empfehlung und Stellungnahme), wobei die Union bei der Wahl ihrer Instrumente frei ist.[135] Die für das EU-Umweltrecht mit Abstand wichtigste Handlungsform ist die *Richtlinie,*[136] die gem. Art. 288 III AEUV nur hinsichtlich des zu erreichenden Ziels verbindlich ist, den Mitgliedstaaten jedoch die Wahl der Form und der Mittel überlässt (sog. zweistufige Rechtsetzung).[137]

29 Wichtige Richtlinien der EU im Bereich des *allgemeinen* Umweltrechts sind zB[138] die Richtlinie 2011/92/EU des Europäischen Parlaments und des Rates vom 13.12.2011 über die Umweltverträglichkeitsprüfung bei bestimmten öffentlichen und privaten Projekten (UVP-Richtlinie – kodifizierte Fassung),[139] die Richtlinie 2003/4/EG des Europäischen Parlaments und des Rates vom 28.1.2003 über den Zugang der Öffentlichkeit zu Umweltinformationen,[140] die Richtlinie 2010/75/EU des Europäischen Parlaments und des Rates vom 24.11.2010 über Industrieemissionen (integrierte Vermeidung und Verminderung der Umweltverschmutzung – IVU- bzw. IE-Richtlinie),[141] die Richtlinie 2001/42/EG des Europäischen Parlaments und des

---

[130] Überblick bei *Scheuing* (o. Fn. 78) S. 145 ff.; vgl. auch *Epiney* in Bieber/dies./Haag/Kotzur, Die Europäische Union, 14. Aufl. 2021, § 35 Rn. 2; *Jans/v. d. Heide* S. 61 ff., 66 ff.

[131] Dazu *Epiney* in Landmann/Rohmer UmweltR AEUV Art. 192 Rn. 23 ff.; *dies.* Kap. 4 Rn. 5 ff.

[132] S. dazu *Calliess* in Cremer/Pielow (Hrsg.), Probleme und Perspektiven im Energieumweltrecht, 2009, S. 20 ff.; *ders.* in Rehbinder/Schink Abschn. 2 Rn. 29 ff.; *Kahl* in Schulze-Fielitz/Müller (Hrsg.), Europäisches Klimaschutzrecht, 2009, S. 21 ff.; *ders.* EuR 2009, 601 ff.

[133] Im Überblick: *Epiney* in Landmann/Rohmer UmweltR AEUV Art. 192 Rn. 26; *Meßerschmidt* § 2 Rn. 160 ff.

[134] *Calliess* in Rehbinder/Schink Abschn. 2 Rn. 20.

[135] *Epiney* Kap. 4 Rn. 4; *Krämer/Winter* (o. Fn. 12) § 26 Rn. 59 ff.

[136] *Epiney* (o. Fn. 35) Art. 192 AEUV Rn. 3; *Krämer* Rn. 2–34.

[137] *Appel* in Koch/Hofmann/Reese UmweltR-HdB § 2 Rn. 21; *Meßerschmidt* § 2 Rn. 377 ff.

[138] Überblick über das EU-Umweltsekundärrecht bei *Epiney* Kap. 6–9; *Meßerschmidt* §§ 8–20; vgl. auch das hilfreiche Fundstellenverzeichnis bei *Epiney* Anhang. Über aktuelle Entwicklungen berichtet periodisch *Falke* in der ZUR, vgl. zuletzt *Falke* ZUR 2021, 311.

[139] ABl. L 26, 1.

[140] ABl. L 41, 26.

[141] ABl. L 334, 17.

Rates vom 27.6.2001 über die Prüfung der Umweltauswirkungen bestimmter Pläne und Programme (SUP-Richtlinie),[142] die Richtlinie 2003/35/EG des Europäischen Parlaments und des Rates vom 26.5.2003 über die Beteiligung der Öffentlichkeit bei der Ausarbeitung bestimmter umweltbezogener Pläne und Programme und zur Änderung der RL 85/337/EWG und 96/61/EG des Rates in Bezug auf die Öffentlichkeitsbeteiligung und den Zugang zu Gerichten (Öffentlichkeitsbeteiligungs-Richtlinie)[143] oder die Richtlinie 2004/35/EG des Europäischen Parlaments und des Rates vom 21.4.2004 über die Umwelthaftung zur Vermeidung und Sanierung von Umweltschäden (Umwelthaftungsrichtlinie)[144].

Der *Verordnung* kommt für das EU-Umweltrecht eine eher nachrangige Bedeutung 30
zu. Sie hat allgemeine Geltung (Art. 288 II 1 AEUV). Unter dem Blickwinkel der Effektivität kommt ihr gegenüber der Richtlinie der Vorzug zu, gem. Art. 288 II 2 AEUV in allen ihren Teilen verbindlich zu sein und unmittelbar in jedem Mitgliedstaat zu gelten. Damit treten bei ihr idR (→ Rn. 26) nicht die bei der Richtlinie häufig zu verzeichnenden Umsetzungsdefizite[145] auf.

Wichtige Verordnungen sind zB die Verordnung (EG) Nr. 401/2009 des Europäischen Par- 31
laments und des Rates vom 23.4.2009 über die Europäische Umweltagentur und das Europäische Umweltinformations- und Umweltbeobachtungsnetz (kodifizierte Fassung),[146] die Verordnung (EG) Nr. 1221/2009 des Europäischen Parlaments und des Rates vom 25.11.2009 über die freiwillige Teilnahme von Organisationen an einem Gemeinschaftssystem für Umweltmanagement und Umweltbetriebsprüfung und zur Aufhebung der Verordnung (EG) Nr. 761/2001 sowie der Beschlüsse der Kommission 2001/681/EG und 2006/193/EG (EMAS III-Verordnung),[147] die Verordnung (EG) Nr. 66/2010 des Europäischen Parlaments und des Rates vom 25.11.2009 über das EU-Umweltzeichen,[148] die Verordnung (EU) Nr. 1293/2013 (sog. LIFE-Verordnung)[149] oder die Verordnung (EG) Nr. 1367/2006 des Europäischen Parlaments und des Rates vom 6.9.2006 über die Anwendung der Bestimmungen des Übereinkommens von Århus über den Zugang zu Informationen, die Öffentlichkeitsbeteiligung an Entscheidungsverfahren und den Zugang zu Gerichten in Umweltangelegenheiten auf Organe und Einrichtungen der Gemeinschaft[150].

Vom *Beschluss* (Art. 288 IV AEUV) als unmittelbar verbindlicher, konkreter Einzel- 32
fallregelung wird im europäischen Umweltrecht nur in begrenztem Rahmen Gebrauch gemacht. *Empfehlung* und *Stellungnahme* (Art. 288 V AEUV) als unverbindliche Handlungsformen spielen kaum eine Rolle.[151]

Die Aufzählung des Art. 288 AEUV ist nicht abschließend. Daneben gibt es ver- 33
schiedene *sonstige Handlungsformen* (zB Grünbücher, Weißbücher, Mitteilungen der Kommission), die sich in der Praxis entwickelt haben und die im Außenverhältnis rechtlich unverbindlich sind.[152] In Betracht kommen auch sonstige nicht-regelnde

---

142 ABl. L 197, 30.
143 ABl. L 156, 17.
144 ABl. L 143, 56.
145 Zum Problem aus Sicht der „Hüterin der Verträge": KOM (2008) 773 endg.; COM (2017) 63 final; aus dem Schrifttum: *Käller* (o. Fn. 55) Art. 192 AEUV Rn. 38 ff.; *Rengeling/Gellermann* UTR 1996, 1 ff.; allg. zum Problem *Kahl* (o. Fn. 24) Art. 192 AEUV Rn. 50 ff.; *Rengeling* in ders. EUDUR I §§ 27, 29; *Saurer* EurUP 2016, 78 ff.
146 ABl. L 126, 13; vgl. auch *Kahl* UTR 1996, 119 ff.; *Runge* DVBl 2005, 542 ff.
147 ABl. L 342, 1.
148 ABl. L 27, 1.
149 S. o. Fn. 128.
150 ABl. L 264, 13; dazu *Guckelberger* NuR 2008, 78 ff. Vgl. für den Zugang zu EU-Dokumenten allg. die VO (EG) Nr. 1049/2011 über den Zugang der Öffentlichkeit zu Dokumenten des Europäischen Parlaments, des Rates und der Kommission, ABl. L 145, 43.
151 *Kloepfer* UmweltR § 9 Rn. 34 f.; *Krämer* Rn. 2–38.
152 *Epiney* in Landmann/Rohmer UmweltR AEUV Art. 192 Rn. 3; *Kloepfer* UmweltR § 9 Rn. 37.

Akte der Verwaltung (Realakte), insbes. informales (zB Warnungen, Hinweise u. Ä.) und kooperatives Handeln (zB Umweltvereinbarung[153]).[154] Hinzu kommen völkerrechtliche Verträge der EU (→ Rn. 25).

IV. Die Abgrenzung der Kompetenzgrundlagen

Fall 1: Der Streit um die richtige Rechtsgrundlage

34 Der Rat erließ am 18.3.1991 die Richtlinie 91/156/EWG zur Änderung der Richtlinie 75/442/EWG über Abfälle (fortan: „Abfalländerungs-Richtlinie").[155] Er stützte diese – entgegen dem Vorschlag der Kommission und der Stellungnahme des Parlaments, die sich für Art. 100a EWGV (jetzt: Art. 114 AEUV) ausgesprochen hatten – auf Art. 130s EWGV (jetzt: Art. 192 AEUV).

Zum Ziel der Abfalländerungs-Richtlinie heißt es in der vierten, sechsten, siebten und neunten Begründungserwägung, dass die Mitgliedstaaten zur Erreichung eines hohen Umweltschutzniveaus Maßnahmen zu treffen haben, um das Entstehen von Abfällen zu begrenzen und um die Rückführung und Wiederverwendung von Abfällen als Rohstoffe zu fördern, und dass sie die Entsorgungsautarkie erreichen sowie das Verbringen ihrer Abfälle vermindern müssen. In der fünften Begründungserwägung steht, dass unterschiedliche Rechtsvorschriften der einzelnen Mitgliedstaaten über Abfallbeseitigung und -verwertung die Umweltqualität und das reibungslose Funktionieren des Binnenmarktes beeinträchtigen können. Inhaltlich harmonisiert die Abfalländerungs-Richtlinie in Art. 1 bestimmte Grundbegriffe des Abfallrechts. Sodann verpflichtet sie die Mitgliedstaaten dazu, die Verhütung oder Verringerung der Erzeugung von Abfällen sowie deren Verwertung und Beseitigung ohne Gefährdung der menschlichen Gesundheit und der Umwelt zu fördern und eine unkontrollierte Ablagerung, Ableitung und Beseitigung von Abfällen zu verbieten (Art. 3, 4). Art. 5 bestätigt den Grundsatz, dass der Ort der Abfallbeseitigung in der Nähe des Ortes der Abfallerzeugung liegen muss, um möglichst Entsorgungsautarkie zu erreichen. Zur Verwirklichung dieser Ziele erstellen die Mitgliedstaaten Abfallbewirtschaftungspläne und können das Verbringen von Abfällen, das diesen Plänen nicht entspricht, unterbinden (Art. 7).

Die Kommission und das Parlament verklagen den Rat vor dem *EuGH.* Sie sind der Ansicht, die Wahl der falschen Rechtsgrundlage stelle einen wesentlichen Formverstoß dar. In der Sache tragen sie vor, dass die Binnenmarktkompetenz gegenüber der Umweltschutzkompetenz die speziellere Vorschrift sei und daher auch für alle Maßnahmen im Bereich des Umweltschutzes gelte, die, wie die Abfalländerungs-Richtlinie, mit der Verwirklichung und dem Funktionieren des freien Warenverkehrs für Abfälle zusammenhängen. Der Binnenmarktbezug der Abfalländerungs-Richtlinie ergebe sich aus der fünften Begründungserwägung sowie aus Art. 1, 3 und 4 Abfalländerungs-Richtlinie.

Der Rat vertritt demgegenüber die Auffassung, die Abfalländerungs-Richtlinie stelle eine positive, umfassende Aktion auf dem Gebiet des Umweltschutzes dar. Es handele sich primär um eine Maßnahme, mit der eine Gemeinschaftsstrategie für die Bewirtschaftung der Abfälle festgelegt werde. Dies ergebe sich zum einen aus dem allgemeinen Charakter

---

[153] Zu Umweltvereinbarungen zwischen der EU bzw. Mitgliedstaaten einerseits und Privaten andererseits vgl. *Epiney* Kap. 3 Rn. 18 ff.; *Nettesheim* (o. Fn. 7) Art. 192 AEUV Rn. 11 f.

[154] Vgl. *Frenz* Rn. 74 ff.; allg. *Mögele* BayVBl. 1989, 577 (581 ff.).

[155] ABl. L 78, 32.

der Art. 3–5 Abfalländerungs-Richtlinie und zum anderen daraus, dass die Richtlinie für die Mitgliedstaaten die Möglichkeit vorsieht, den freien Verkehr von Abfällen durch nationale Maßnahmen zu beschränken (Art. 5, 7), was dem Ökologieziel geschuldet und dem Ziel der Binnenmarktverwirklichung eher abträglich sei.

Wie wird der Gerichtshof der EU entscheiden? Legen Sie dabei die aktuelle Rechtslage (Vertrag von Lissabon) zugrunde.

1. Zulässigkeit

Statthafte Klageart könnte die Nichtigkeitsklage gem. Art. 263 I AEUV sein, deren Ziel es ist, die Tätigkeit des Rates einer Rechtmäßigkeitskontrolle zu unterwerfen.[156] Zuständig hierfür ist gem. Art. 263 II iVm 256 I UAbs. 1 AEUV, Art. 51 I EuGHSatz das Gericht *(EuG)* als Teil des Gerichtshofs der EU (zur Terminologie: Art. 19 I UAbs. 1 S. 1 EUV; zum Mandat des Gerichtshofs der EU: Art. 19 I UAbs. 1 S. 2 EUV). Klagegegenstand können (ua) „Gesetzgebungsakte" des Rates sein (vgl. Art. 263 I 1. Alt. iVm Art. 289 III AEUV), zu denen die Richtlinie nach heute geltender Begrifflichkeit (Art. 289 III AEUV) in jedem Fall (vgl. Art. 114 I 2, 192 I AEUV) gehört.[157] Die Kommission ist als „Hüterin der Verträge" (vgl. Art. 17 I 3 EUV iVm 263 II AEUV) klageberechtigt. Kommission und Parlament gehören gem. Art. 263 II AEUV zu den privilegierten Klagebefugten, dh, sie müssen keine individuelle und unmittelbare Betroffenheit in eigenen Rechten oder ein sonstiges Rechtsschutzinteresse geltend machen (vgl. im Gegensatz dazu für natürliche und juristische Personen: Art. 263 IV AEUV).[158] 35

Parlament und Kommission müssen aber einen der in Art. 263 II AEUV genannten Klagegründe geltend machen. Vorliegend tragen sie substantiiert die „Verletzung wesentlicher Formvorschriften" vor. Eine Formvorschrift ist ua dann wesentlich, wenn sie Einfluss auf die inhaltliche Gestaltung des Gesetzgebungsaktes gehabt haben könnte.[159] Zwar sind die prozeduralen Unterschiede zwischen Art. 114 AEUV und Art. 192 AEUV seit dem Amsterdamer Vertrag weitgehend beseitigt, insbes. gilt in *Fall 1* nach beiden Vorschriften (vgl. Art. 114 I 2, 192 I AEUV) das ordentliche Gesetzgebungsverfahren (Mitentscheidungsverfahren, Art. 289 I, 294 AEUV). Ein verfahrensmäßiger Unterschied besteht aber hinsichtlich der Beteiligung des Ausschusses der Regionen.[160] Dieser Unterschied kann wesentliche Auswirkungen auf den Inhalt der Richtlinie haben (→ Rn. 37); die Wahl des falschen Verfahrens begründet damit möglicherweise die Verletzung einer „wesentlichen Formvorschrift" iSd Art. 263 II AEUV. Falls man insofern eine andere Ansicht vertritt, wäre jedenfalls der (Auffang-)Klagegrund „Verletzung der Verträge" erfüllt. 36

---

[156] Vgl. *Meßerschmidt* § 2 Rn. 118 ff.; eingehend *Epiney* in Landmann/Rohmer UmweltR AEUV Art. 192 Rn. 72 ff.; *Kahl* (o. Fn. 24) Art. 192 AEUV Rn. 88; *Krämer/Winter* (o. Fn. 12) § 26 Rn. 73 ff.; allg. *Dervisopoulos* in Rengeling/Middeke/Gellermann (Hrsg.), Handbuch des Rechtsschutzes in der EU, 3. Aufl. 2014, § 7 Rn. 1 ff.

[157] Vgl. zum Ganzen *Schwarze/Voet van Vormidzeele* in Schwarze (o. Fn. 55) Art. 263 AEUV Rn. 16 ff.

[158] Zur – häufig problematischen – individuellen und unmittelbaren Betroffenheit (Art. 263 IV AEUV) von Einzelnen oder von Umweltverbänden s. *Kahl/Gärditz* NuR 2005, 555 (560 f.); *Schwarze* FS Scheuing, 2011, S. 190 ff.; *Wegener* FS Scheuing, 2011, S. 222 ff.; krit. zur seiner Ansicht nach insoweit zu engen, Art. 9 III AK nicht hinreichend beachtenden EuGH-Rspr. *Krämer* JEEPL 2017, 159 ff.; s. auch → § 10 Rn. 119.

[159] *Dervisopoulos* (o. Fn. 156) § 7 Rn. 111 mzwN.

[160] *Huber* (o. Fn. 17) § 17 Rn. 149.

Von der Einhaltung der Klagefrist von zwei Monaten (ab Veröffentlichung der Richtlinie im Amtsblatt der EU gem. Art. 297 I UAbs. 3 AEUV) gem. Art. 263 VI AEUV ist mangels entgegenstehender Angaben im Sachverhalt auszugehen. Die Klage ist damit zulässig.

2. Begründetheit

a) Praktische Relevanz der Abgrenzung

37 Bei der Frage der Abgrenzung zwischen Art. 192 AEUV und Art. 114 AEUV geht es nicht nur um einen akademischen Streit, sondern um eine Entscheidung von rechtlicher und praktischer Tragweite, da sich die Kompetenznormen in verschiedener Hinsicht unterscheiden:[161]

- *Abstimmungsmodus:* Art. 114 I 2 AEUV (iVm Art. 289 I, 294 AEUV) geht ausnahmslos von der Entscheidung des Rates mit qualifizierter Mehrheit aus und weist daher eine größere Integrationsdynamik auf als Art. 192 AEUV, der die Abstimmung mit qualifizierter Mehrheit nur als Grundsatz vorsieht (Art. 192 I, III UAbs. 1 iVm 289 I, 294 AEUV), davon aber für wichtige Bereiche eine Ausnahme zugunsten des Einstimmigkeitsprinzips enthält (Art. 192 II UAbs. 1 AEUV).
- *Beteiligung des Europäischen Parlaments:* Art. 114 I 2 AEUV entspricht stärker dem Demokratieprinzip, da er ausnahmslos vom ordentlichen Gesetzgebungsverfahren und damit von einer Mitentscheidung[162] des Europäischen Parlaments ausgeht (Art. 289 I iVm 294 AEUV). Bei diesem Verfahren verfügt das Parlament über ein Vetorecht im Sinne eines klassischen Zwei-Kammer-Systems. Art. 192 AEUV statuiert das ordentliche Gesetzgebungsverfahren dagegen nur im Prinzip (Art. 192 I, III UAbs. 1 iVm Art. 289 I, 294 AEUV), durchbricht diesen Grundsatz aber – wie gesehen – für wichtige Bereiche zugunsten eines besonderen Gesetzgebungsverfahrens, bei dem das Europäische Parlament lediglich anzuhören ist (Art. 192 II UAbs. 1 iVm Art. 289 II AEUV).[163]
- *Nationale Schutzverstärkungsbefugnisse:* Die Befugnis zu einer (insbes. nachträglichen) nationalen Schutzverstärkung (→ Rn. 45 ff.) ist im Rahmen von Art. 114 IV –VI AEUV an strengere Voraussetzungen gekoppelt als im Rahmen von Art. 193 AEUV. So besteht etwa gem. Art. 193 S. 3 AEUV keine konstitutive (so aber Art. 114 VI AEUV[164]), sondern nur eine deklaratorische Notifizierungspflicht des abweichungswilligen Mitgliedstaates gegenüber der Kommission.[165]

---

[161] Vgl. *Breier* in Rengeling EUDUR I § 13 Rn. 45 ff.; *Kahl* (o. Fn. 112) S. 93 ff.; *Kloepfer/Durner* UmweltschutzR § 7 Rn. 19 f.; *Meßerschmidt* § 2 Rn. 110 ff. (114); umfassend zum Ganzen *Schwartz,* Die Wahl der Rechtsgrundlage im Recht der Europäischen Union, 2013.

[162] Dazu *Meßerschmidt* § 2 Rn. 80 ff. Allg. zu den Akteuren der EU-Umweltpolitik und zum Gesetzgebungsverfahren *van Calster/Reins* S. 40 ff., 66 ff.

[163] Vgl. zur Unterscheidung der Gesetzgebungsverfahren in Art. 192 AEUV (ordentliches gem. Abs. 1 und besonderes gem. Abs. 2) *Nettesheim* (o. Fn. 7) Art. 192 AEUV Rn. 63 ff.; *Meßerschmidt* § 2 Rn. 68 ff.

[164] *EuGH,* Rs. C-41/93 (Frankreich/Kommission), Slg. 1994, I-1829, Rn. 27 ff., stRspr.; vgl. etwa noch *EuG,* Rs. T-69/08 (Polen/Kommission), Slg. 2010, II-5629 Rn. 57.

[165] *EuGH,* Rs. C-129/16 (o. Fn. 79) Rn. 62; *Calliess* (o. Fn. 19) Art. 193 AEUV Rn. 15; *Wegener* (o. Fn. 1) § 36 Rn. 15. Diese Differenz macht sich erst recht im Verhältnis des Art. 192 AEUV zu indirekten Umweltschutzkompetenzen (zB Art. 43, 100, 194, 207 AEUV) *ohne* Schutzverstärkungsbefugnis der Mitgliedstaaten bemerkbar, da Art. 193 (bzw. Art. 114 IV, V) AEUV auf diese Kompetenzen nach hM nicht (auch nicht analog) zur Anwendung kommt, vgl. *Epiney* in Landmann/Rohmer UmweltR AEUV Art. 191 Rn. 28, AEUV Art. 193 Rn. 5; *Krämer/Winter* (o. Fn. 12) § 27 Rn. 20; *Ludwigs* (o. Fn. 52) § 5 Rn. 78. Zwar wird von einzelnen Autoren eine Analogie befürwortet (zB für Art. 194 II AEUV *Britz* in Schulze-Fielitz/Müller [o. Fn. 132] S. 71 [86]), die hM lehnt dies aber ab (vgl. stellv. *Calliess*

– *Ausschuss der Regionen:* Art. 114 I 2 AEUV sieht im Gegensatz zu Art. 192 I–III AEUV keine Anhörung des Ausschusses der Regionen vor. Die Anhörung der Regionen dient aber einer frühzeitigen Erkennung von potentiellen späteren Umsetzungs- und Vollzugsproblemen[166] und deren antizipativer Berücksichtigung bereits bei der inhaltlichen Gestaltung des Sekundärrechtsakts.[167] Sie trägt im Übrigen auch dem umweltrechtlichen Grundsatz der regionalen Differenzierung (Art. 191 III Spstr. 2 AEUV) verfahrensmäßig Rechnung.[168]

b) Gemischt subjektiv-objektive Abgrenzungsmethode und Schwerpunkttheorie

Weitgehend unstreitig ist, dass „reine", also spezifische Umweltschutzvorschriften auf Art. 192 AEUV zu stützen sind. Hierzu gehören etwa die den Natur- und Habitatschutz betreffenden Richtlinien (zB Vogelschutzrichtlinie, FFH-Richtlinie), aber auch Vorschriften über den allgemeinen (medienübergreifenden) Umweltschutz (zB UVP-Richtlinie, Umweltinformations-Richtlinie). Dagegen erhebt sich Abgrenzungsstreit im Bereich der „Grauzone", in die vor allem die produktions- und anlagenbezogenen Regelungen, aber auch Teile der Produktregeln fallen, die einen (nahezu) gleich starken Bezug (Sachnähe) sowohl zum Binnenmarkt als auch zum Umweltschutz aufweisen.[169] 38

Zur Lösung dieser Problematik wurden im Schrifttum verschiedene Ansätze vertreten, die auf eine Abgrenzung allein anhand des Hauptziels (subjektive Theorie), des Regelungsschwerpunkts (objektive Theorie) oder nach den Grundsätzen der Spezialität (entweder des Art. 192 I AEUV oder des Art. 114 I AEUV) hinausliefen.[170]

Diese Ansichten konnten sich jedoch – mit Recht – nicht durchsetzen. Eine Spezialität des Art. 114 AEUV, wonach bei jedem, auch nur peripheren Binnenmarktbezug Art. 114 AEUV vorrangig wäre und Art. 192 AEUV verdrängte, lehnen der Gerichtshof und die hL ab und vermeiden damit gerade eine, in der Literatur zu Unrecht befürchtete,[171] Marginalisierung von Art. 192 AEUV. Umgekehrt scheidet erst recht eine Spezialität von Art. 192 AEUV aus, da sie mit der Wertung der Art. 11, 114 III, 194 I AEUV unvereinbar wäre. Die direkte Umweltschutzkompetenz des Art. 192 AEUV und die indirekten Umweltschutzkompetenzen stehen vielmehr grundsätzlich gleichrangig und im Verhältnis der Idealkonkurrenz *nebeneinander.*[172] 39

---

in Rehbinder/Schink Abschn. 2 Rn. 53; *SRU,* Sondergutachten „Wege zur 100 % erneuerbaren Stromversorgung", BT-Drs. 17/4890, Tz. 309).

166 Zum administrativen Vollzug des EU-Umweltrechts als „dessen dunkle Seite" *Wegener* (o. Fn. 1) § 36 Rn. 37; s. ferner COM (2018) 10 final; *Calliess* in Rehbinder/Schink Abschn. 2 Rn. 120 ff.; *Meßerschmidt* § 2 Rn. 212 ff. (213, 215); 437 ff., 461 ff., 493 ff.; *Saurer* EurUP 2016, 78 ff.

167 *Schröder* NuR 1998, 1 (4).

168 Vgl. *Calliess* (o. Fn. 19) Art. 191 AEUV Rn. 23; zust. *Huber* (o. Fn. 17) § 17 Rn. 149.

169 Vgl. *Epiney* (o. Fn. 35) Art. 192 AEUV Rn. 7; *Kahl* (o. Fn. 24) Art. 192 AEUV Rn. 96 f.; *Meßerschmidt* § 2 Rn. 133 f.; vgl. auch differ. *Classen* (o. Fn. 124) § 33 Rn. 21; *Nettesheim* (o. Fn. 7) Art. 192 AEUV Rn. 41 ff.

170 Näher zu diesen (älteren) Ansichten, die heute kaum mehr vertreten werden, im Überblick *Meßerschmidt* § 2 Rn. 121 ff., sowie die 6. Aufl. 2001 dieses Buchs § 7 Rn. 22 ff.

171 So *Breuer,* Entwicklungen des europäischen Umweltrechts – Ziele, Wege und Irrwege, 1993, S. 19 f.; *Everling* EuR 1991, 179 (181).

172 Vgl. *Käller* (o. Fn. 55) Art. 192 AEUV Rn. 6; *Kahl* (o. Fn. 112) S. 105; *Nettesheim* (o. Fn. 7) Art. 192 Rn. 21 ff. (24 f.); *Krämer* Rn. 2–75 ff., 3–41; s. auch mwN *Streinz,* Europarecht, 11. Aufl. 2019, Rn. 1250 f.

40 Hinsichtlich der *Wahl* zwischen den – gleichrangigen – Rechtsgrundlagen, die gerichtlich voll justiziabel ist und nicht im Ermessen der EU-Gesetzgebungsorgane steht, darf es nicht allein darauf ankommen, welches nach der Überzeugung des EU-Gesetzgebers das angestrebte Ziel ist.[173] Vielmehr muss die Wahl auf objektiven, gerichtlich nachprüfbaren[174] Kriterien beruhen, zu denen insbes. *Ziel und Inhalt* des Rechtsakts gehören (gemischt subjektiv-objektive Methode).[175] Verfolgt der Rechtsakt mehrere Ziele oder weist er mehrere Inhalte auf, so ist die Rechtsgrundlage heranzuziehen, die den *Regelungsschwerpunkt* (Hauptzweck und -inhalt; *„centre de gravité"*) darstellt.[176] Danach ist ein Rechtsakt jedenfalls dann auf Art. 192 AEUV zu stützen, wenn er „hauptsächlich" Maßnahmen im Umweltbereich beinhaltet und sich nur „beiläufig" oder „mittelbar" auf einen sonstigen Politiksektor auswirkt.[177]

41 Ausgehend hiervon gelangte der *EuGH* im *Fall 1* zu dem Ergebnis, die Abfalländerungs-Richtlinie sei zu Recht auf Art. 130s EWGV (jetzt: Art. 192 AEUV) gestützt worden. Sie sei darauf gerichtet, die Bewirtschaftung von Abfällen im Einklang mit den Erfordernissen des Umweltschutzes sicherzustellen, und nicht darauf, den freien Verkehr von Abfällen innerhalb der Union zu verwirklichen, wie sich aus ihren Art. 5 und 7 ergebe.[178] Zwar enthalte die Richtlinie einige Bestimmungen, die „Auswirkungen auf das Funktionieren des Binnenmarktes haben". Jedoch mache der Umstand, dass die Errichtung oder das Funktionieren des Binnenmarktes betroffen sei, allein die Anwendung von Art. 114 I AEUV noch nicht erforderlich. Ein Rückgriff auf die Binnenmarktkompetenz sei vielmehr dann nicht gerechtfertigt, wenn ein Rechtsakt „nur nebenbei" eine Harmonisierung der Marktbedingungen innerhalb der Union bewirke. Dies sei hier der Fall, weil es „Hauptzweck" der Abfalländerungs-Richtlinie sei, „im Interesse des Umweltschutzes die Effizienz der Bewirtschaftung von Abfällen gleich welchen Ursprungs in der Gemeinschaft sicherzustellen", und die Auswirkung auf die Wettbewerbs- und Handelsbedingungen nur gleichsam akzessorisch eintrete.[179]

42 Hat ein Rechtsakt dagegen gleichzeitig mehrere Zielsetzungen oder umfasst mehrere Komponenten, die untrennbar miteinander verbunden sind, ohne dass die eine gegenüber der anderen nur zweitrangig und mittelbar ist, so ist ein solcher Rechtsakt nach der Rechtsprechung des *EuGH* ausnahmsweise auf die verschiedenen einschlägigen Rechtsgrundlagen gemeinsam zu stützen, sofern die Gesetzgebungsverfahren der einschlägigen Rechtsgrundlagen nicht divergieren (insbes. hinsichtlich der Beteiligung des Europäischen Parlaments); im letzteren Fall ist der Rückgriff auf eine doppelte Rechtsgrundlage ausgeschlossen.[180] Im Verhältnis von Art. 192 I–III zu

---

173 *Meßerschmidt* § 2 Rn. 116.

174 *Epiney* Kap. 4 Rn. 11.

175 *EuGH,* Rs. 45/86 (Kommission/Rat), Slg. 1987, 1493 Rn. 11; Rs. C-300/89 (Kommission/Rat), Slg. 1991, I-2867 Rn. 10; Rs. C-176/03 (o. Fn. 109) Rn. 45; Rs. C-411/06 (Kommission/Parlament und Rat), Slg. 2009, I-7585 Rn. 45 f.; Rs. C-130/12, ECLI:EU:C:742 Rn. 42; Rs. C-377/12 (Kommission/Rat), ECLI:EU:C:2014:1903 Rn. 34; verb. Rs. C-626/15 und C-659/16 (Kommission/Rat), ECLI:EU:C:2018:925 Rn. 76; *Epiney* EurUP 2016, 2 (3); *Käller* (o. Fn. 55) Art. 192 AEUV Rn. 5; *Kahl* (o. Fn. 24) Art. 192 AEUV Rn. 92, 94; *Krämer/Winter* (o. Fn. 12) § 27 Rn. 12; *Nettesheim* (o. Fn. 7) Art. 192 AEUV Rn. 20 ff. (25), 27.

176 *EuGH,* Rs. C-155/07 (Parlament/Rat), ECLI:EU:C:2008:605 Rn. 35; verb. Rs. C-626/15 und C-659/16 (o. Fn. 175) Rn. 77; *Meßerschmidt* § 2 Rn. 122 ff.; krit. *Krämer* Rn. 2–74 ff.

177 *EuGH,* verb. Rs. C-164/97 und C-165/97 (Parlament/Rat), Slg. 1999, I-1139 Rn. 12 ff.; vgl. auch Rs. C-94/03 (o. Fn. 126) Rn. 35 mwN.

178 *EuGH,* Rs. C-155/91 (Kommission/Rat), Slg. 1993, I-939 Rn. 10, 14 f.

179 *EuGH,* Rs. C-155/91 (o. Fn. 178) Rn. 19 f.

180 Vgl. *EuGH,* Rs. C-211/01 (Kommission/Rat), Slg. 2003, I-8913 Rn. 40; Rs. C-130/12 (o. Fn. 175) Rn. 44 f.; Rs. C-377/12 (Kommission/Rat), ECLI:EU:C:2014:1903, Rn. 34; zu-

Art. 114 I AEUV scheidet mithin eine *Doppelabstützung* aus.[181] Im Verhältnis von Art. 192 II UAbs. 1 zu Art. 114 I AEUV gilt dies bereits wegen der Unterschiede hinsichtlich des Abstimmungsmodus im Rat und der Beteiligung des Parlaments (→ Rn. 37). Doch auch im Übrigen sind beide Bestimmungen nicht „kompatibel". Der Grund liegt in den unterschiedlich strengen Schutzverstärkungsbefugnissen gem. Art. 114 IV–VI und 193 AEUV (Gefahr der Entwertung von Art. 193 AEUV). Für die Fälle einer Unmöglichkeit einer Abgrenzung anhand der Schwerpunkttheorie *und* der (entweder generellen oder einzelfallbezogenen) Ablehnung einer Doppelabstützung wurde in der Literatur zum Teil vorgeschlagen, die – bei wertender Gesamtbetrachtung – integrations-, demokratie- und umweltschutzfreundlichere Kompetenzgrundlage heranzuziehen und hierfür auf den Abstimmungsmodus im Rat, die Beteiligung des Parlaments und die nationale Schutzverstärkungsbefugnis abzustellen.[182]

3. Zusammenfassung und Ergebnis

Der *EuGH* praktiziert bei der Abgrenzung mehrerer für einen EU-Umweltgesetzgebungsakt in Betracht kommender Rechtsgrundlagen eine am Einzelfall orientierte Zweistufenprüfung (gemischt subjektiv-objektive Theorie) und folgt einer Schwerpunktbetrachtung. Faktisch räumt er dabei häufig dem subjektiven Kriterium (Hauptzweck) ausschlaggebendes Gewicht ein.[183] Im Ergebnis bedeutet dies für die og kompetentielle „Grauzone" (→ Rn. 38): Produktregeln sind aufgrund des engen Binnenmarktbezugs regelmäßig (eine Ausnahme bilden wegen des hier im Vordergrund stehenden Umweltschutzes abfallrechtliche Vorschriften) auf Art. 114 I AEUV zu stützen. Am schwierigsten ist die Abgrenzung bei den produktions- und anlagenbezogenen Regelungen; hier kann letztlich nur auf den konkreten Einzelfall 43

letzt für den Abschluss eines gemischten Abkommens im Luftverkehrsrecht (Unzulässigkeit der Zusammenfassung in einem gemeinsamen Beschluss wg. Veränderung der Verfahrensanforderungen) *EuGH*, Rs. C-28/12 (Kommission/Rat), ECLI:EU:C:2015:282 Rn. 52. Der *EuGH* nimmt dabei zum Teil eine artikelpräzise Zuordnung zu der jeweiligen Rechtsgrundlage vor, vgl. berichtend und mwN *Käller* (o. Fn. 55) Art. 192 AEUV Rn. 12 ff., sowie – in der Tendenz krit. (bzw. restriktiv) – *Epiney* in Landmann/Rohmer UmweltR AEUV Art. 192 Rn. 30 ff.; *dies.* Kap. 4 Rn. 11 ff. (12); *Höhler/Lafuente* ZUR 2007, 71 (73 ff.); *Kahl* (o. Fn. 112) S. 101 ff.; zust. dagegen *Krämer/Winter* (o. Fn. 12) § 26 Rn. 19. Ein Beispiel ist die auf Art. 175 I EG (jetzt: Art. 192 I AEUV) *und* Art. 95 EG (jetzt: Art. 114 AEUV) gestützte RL 2009/28/EG des Europäischen Parlaments und des Rates v. 23.4.2009 zur Förderung der Nutzung von Energie aus erneuerbaren Quellen und zur Änderung und anschließenden Aufhebung der RL 2001/77/EG und 2003/30/EG (ABl. L 140, 16); krit. zur Doppelabstützung und für eine alleinige Abstützung auf Art. 175 I EG (jetzt Art. 192 I AEUV) in diesem Fall *Kahl* NVwZ 2009, 265 (266 ff.) bzw. auf Art. 175 II EG (jetzt Art. 192 II AEUV) *Müller/Bitsch* EurUP 2008, 220 ff.

181 So auch noch *EuGH*, Rs. C-300/89 (o. Fn. 175) Rn. 17 ff. (21), 22 ff.; wie hier ferner *Epiney* (o. Fn. 130) § 35 Rn. 3; *Jarass* EuZW 1991, 530 ff. Vgl. für die Abfallverbringungs-VO (VO [EG] Nr. 1013/2006) eine Doppelabstützung auf Art. 192 und 207 AEUV abl. *EuGH*, Rs. C-411/06 (o. Fn. 175) Rn. 51 ff.; zust. *Epiney* in Landmann/Rohmer UmweltR AEUV Art. 192 Rn. 32; *Kahl* JZ 2010, 668 (669); anders dagegen noch die frühere Rspr. (s. o. Fn. 126).

182 So ua die sog. Bilanzierungstheorie von *Kahl* (o. Fn. 26) S. 283 ff.; *ders.* (o. Fn. 24) Art. 192 AEUV Rn. 104; *ders.* JZ 2008, 74 (74 f.); *ders.* (o. Fn. 112) S. 109, die sich aber bislang nicht durchsetzen konnte, vgl. stellv. für die abl. hM *Meßerschmidt* § 2 Rn. 135.

183 Vgl. zB *EuGH*, Rs. C-187/93 (Parlament/Rat), Slg. 1994, I-2857 Rn. 18 ff., betreffend die – nach Ansicht des *EuGH* zu Recht auf Art. 130s EGV (jetzt: Art. 192 AEUV) gestützte – Abfallverbringungs-VO (o. Fn. 181).

abgestellt werden und ist es nur eine grobe „Faustformel", wenn gesagt wird, dass der Schwerpunkt nicht selten im Bereich des Umweltschutzes liegt (Art. 192 I AEUV).[184]

Die Kompetenzabgrenzung anhand der Schwerpunkttheorie führt zu Abgrenzungsschwierigkeiten. Ferner überlässt sie es dem Rat, durch entsprechende Formulierung der Begründungserwägungen die Wahl der Rechtsgrundlage „manipulativ" zu steuern.[185] In manchen Fällen erscheint die Wahl der Rechtsgrundlage im Ergebnis nachgerade zufällig.[186] So wurde beim Erlass der beiden Gentechnikrichtlinien einmal (Systemrichtlinie[187]) Art. 192 I AEUV, das andere Mal (Freisetzungsrichtlinie)[188] Art. 114 I AEUV herangezogen,[189] obgleich beide Richtlinien doch „ein grundsätzlich umfassendes Regelungssystem" bilden.[190]

44 Im *Ergebnis* ist somit in *Fall 1* die Klage der Kommission und des Parlaments zwar zulässig, aber unbegründet. Eine andere Ansicht ist in Anbetracht der gefestigten Rechtsprechung[191], der auch die ganz überwiegende Literatur folgt,[192] heute nur noch mit ausführlicher und sehr guter Begründung vertretbar.

V. Die nationale Schutzverstärkung

Fall 2: Deutschland als „ökologischer Musterschüler"

45 Da der Einweganteil an den Getränkeverpackungen in Deutschland in den letzten Jahren immer weiter angestiegen ist, verabschiedet die Bundesregierung eine nach nationalem Recht rechtmäßige Rechtsverordnung, die – nach einer Übergangsfrist von drei Jahren – ua Verbote für eine Reihe besonders umweltbelastender Dosen vorsieht (fortan: „VerpackungsverbotsVO"). Diese war nach Ansicht des Bundesumweltministeriums notwendig geworden, da sich die bisherige Strategie, auf freiwillige Selbstbeschränkungsabkommen mit der Industrie sowie eine Aufklärung der Verbraucher zu setzen, als zu wirkungsschwach erwiesen hatte. Eine neuere vergleichende Abfallstudie eines unabhängigen Forschungsinstituts belegt die besondere Umweltschädlichkeit der verbotenen Verpackungen und weist nach, dass Deutschland beim Konsum von Getränken in Einwegverpackungen neben Irland EU-weit an der Spitze liegt. Die anderen Mitgliedstaaten hätten dieses Problem entweder nicht oder nur in deutlich abgeschwächter Form.

---

[184] *Epiney* Kap. 4 Rn. 16 ff.; *Kahl* (o. Fn. 24) Art. 192 AEUV Rn. 96; vgl. auch BVerwGE 142, 73 (80).

[185] Krit. unter diesem Aspekt *Kahl* JZ 2008, 74 (74 f.); *ders.* (o. Fn. 112) S. 105 ff.; *Krämer* (o. Fn. 20) Art. 191 AEUV Rn. 16; *Schmidt* JZ 1995, 545 (546); *Scheuing* EuR 2002, 619 (633).

[186] Vgl. auch *Höhler/Lafuente* ZUR 2007, 71 (72); *Meßerschmidt* § 2 Rn. 124, wonach wesentlicher Nachteil der Schwerpunkttheorie „ihre relative Beliebigkeit" sei.

[187] RL 98/81/EG des Rates v. 26.10.1998 zur Änderung der RL 90/219/EWG über die Anwendung genetisch veränderter Mikroorganismen in geschlossenen Systemen (ABl. L 330, 13).

[188] RL 2001/18/EG des Europäischen Parlaments und des Rates v. 12.3.2001 über die absichtliche Freisetzung genetisch veränderter Organismen in die Umwelt und zur Aufhebung der RL 90/220/EWG des Rates (ABl. L 106, 1).

[189] *Streinz* (o. Fn. 172) Rn. 1251.

[190] BVerwGE 142, 73 (80).

[191] Für Einzelheiten vgl. *Kahl* (o. Fn. 24) Art. 192 AEUV Rn. 90 ff.

[192] Vgl. statt vieler *Appel* in Koch/Hofmann/Reese UmweltR-HdB § 2 Rn. 59 ff.; *Herrnfeld* in Schwarze (o. Fn. 55) Art. 114 AEUV Rn. 15; *Leible/Schröder* in Streinz (o. Fn. 24) Art. 114 AEUV Rn. 139 f.; *Wegener* (o. Fn. 1) § 36 Rn. 14.

Mit der VerpackungsverbotsVO geht Deutschland über eine zwei Jahre zuvor von der EU auf der Basis von Art. 114 I AEUV einstimmig beschlossene Abfall-Richtlinie hinaus, die nur Rücknahmepflichten und ein Pfandsystem statuiert. Nach Ansicht der Bundesregierung reicht dieser „kleinste gemeinsame Nenner" nicht aus, da in Deutschland gerade nach dem Erlass der Richtlinie die Menge an Einwegdosen noch einmal sprunghaft gestiegen sei.

Einige Mitgliedstaaten der EU protestieren gegen den „nationalen Alleingang" Deutschlands. Die von ihnen produzierten Kunststoffverpackungen könnten nunmehr in Deutschland nicht mehr abgesetzt werden. Dies sei ein unverhältnismäßiger Eingriff in den freien Warenverkehr, der das Funktionieren des Binnenmarktes behindere. Im Übrigen sei das „einseitige Vorpreschen" des „ökologischen Musterschülers" Deutschland auch aus formalen Gründen unzulässig, da die Bundesrepublik die nationale Regelung der Kommission zwar mitgeteilt, aber die Bestätigung durch die Kommission nicht abgewartet, sondern, nachdem die Kommission über ein halbes Jahr untätig geblieben war, die Verordnung ohne Gestattung durch die Kommission in Kraft gesetzt hat.

Die betroffenen Mitgliedstaaten wollen die Bundesrepublik Deutschland vor dem Gerichtshof der EU verklagen. Mit Erfolg?

1. Zulässigkeit

In Betracht kommt ein Vertragsverletzungsverfahren gem. Art. 259 AEUV,[193] für das der Gerichtshof *(EuGH)* zuständig ist (Art. 259 I iVm Art. 256 I UAbs. 1 AEUV, Art. 51 EuGHSatz). Voraussetzung hierfür ist grundsätzlich, (1.) dass die klagenden Mitgliedstaaten der Auffassung sind, Deutschland habe gegen eine Verpflichtung „aus diesem Vertrag" verstoßen (Art. 259 I AEUV), und (2.) dass das Vorverfahren gem. Art. 259 II–IV AEUV durchgeführt worden ist, um der Kommission die Möglichkeit zur gütlichen Streitbeilegung einzuräumen.[194] Letzteres ist hier jedoch gem. der Spezialvorschrift des Art. 114 IX AEUV entbehrlich, da die Kläger der Auffassung sind, Deutschland habe seine in Art. 114 IV–VI AEUV vorgesehene Befugnis missbraucht. Demnach kann der *EuGH* unmittelbar angerufen werden.[195] Die Klage ist zulässig. 46

2. Begründetheit

Die Klage ist begründet, wenn die deutsche VerpackungsverbotsVO gegen Bestimmungen des Unionsprimärrechts verstößt. 47

a) Vorüberlegungen

Fraglich ist, auf welche *Rechtsgrundlage* die nationale Umweltschutzverstärkung gestützt werden kann. Eine Berufung auf eine *Schutzklausel* (Art. 114 X, 191 II UAbs. 2 AEUV)[196] scheidet aus, da der Sachverhalt keinen Hinweis enthält, dass die einschlägige EU-Richtlinie eine solche Ermächtigung vorsieht.

---

[193] Zu dessen Bedeutung speziell im europäischen Umweltrecht *Meßerschmidt* § 2 Rn. 447 ff.; s. auch *Peters/Hesselbarth/Peters* Rn. 71.

[194] Näher dazu *Streinz* (o. Fn. 172) Rn. 640 ff.

[195] Vgl. *Leible/Schröder* (o. Fn. 192) Art. 114 AEUV Rn. 119 ff.

[196] ZB Art. 14 RL 2009/147/EG des Europäischen Parlaments und des Rates v. 30.11.2009 über die Erhaltung der wildlebenden Vogelarten (ABl. L 20, 7, Vogelschutz-RL); Art. 16 I RL 2004/35/EG (o. Fn. 79); dogmatisch unklar aber *EuGH,* Rs. C-129/16 (o. Fn. 79) Rn. 60, 65 („Art. 16 der Richtlinie 2004/35 […] in Verbindung mit Art. 193 AEUV"). Näher zur Figur

Damit kommen nur die primärrechtlichen *Schutzverstärkungsklauseln* (Art. 114 IV, V; Art. 193 AEUV) in Betracht. Diese Bestimmungen bringen eine wesentliche Neuerung gegenüber der Rechtslage vor der EEA, da ein Mitgliedstaat seitdem unter bestimmten Voraussetzungen auch dann noch die Befugnis zum Beibehalten bzw. Erlass strengerer nationaler Vorschriften (*„Opting out"* bzw. *„Opting up"*) hat, wenn die EU in dem betreffenden Bereich einen (abschließenden) Harmonisierungsrechtsakt erlassen hat. Mit anderen Worten: Die Schutzverstärkungsvorschriften, die in der Literatur zum Teil auch als *„Escape"*-Klauseln bezeichnet werden,[197] führen dazu, dass die grundsätzliche *Sperrwirkung*[198] des Unionsrechts *durchbrochen* wird und folglich die originäre Regelungszuständigkeit des Mitgliedstaates kraft seiner Souveränität (wieder) zum Tragen kommt.[199]

Vorliegend hat der Rat die Verpackungsrichtlinie auf Art. 114 I AEUV[200] gestützt. Daher scheidet Art. 193 AEUV als Rechtsgrundlage zur Rechtfertigung der deutschen Schutzverstärkung aus und kommt nur Art. 114 IV oder V AEUV in Betracht, bei dem die Rechtmäßigkeitsvoraussetzungen für die Schutzverstärkungsmaßnahme strenger sind als bei Art. 193 AEUV.[201]

---

der Schutzklauseln *Kahl* (o. Fn. 24) Art. 191 AEUV Rn. 113 ff.; *Leible/Schröder* (o. Fn. 192) Art. 114 AEUV Rn. 122 ff.; *Meßerschmidt* § 2 Rn. 289–336.

[197] *Appel* in Koch/Hofmann/Reese UmweltR-HdB § 2 Rn. 63.

[198] Vgl. *EuGH*, Rs. 148/78 (Denkavit), Slg. 1979, 3369 Rn. 14; Rs. 5/77 (Tedeschi), Slg. 1977, 1555 Rn. 33/35; *Epiney* Kap. 5 Rn. 90, 97. Im Falle einer fehlenden abschließenden Harmonisierung durch die EU bestimmt sich die Rechtfertigung des nationalen Alleingangs unmittelbar anhand der Grundfreiheiten, insbes. Art. 34 ff. AEUV, vgl. *Appel* in Koch/Hofmann/Reese UmweltR-HdB § 2 Rn. 94 ff. Dabei ist zu beachten, dass der Umweltschutz in den Rechtfertigungsgründen des Art. 36 S. 1 AEUV nicht genannt wird, aber als „zwingendes Erfordernis" iSd *Cassis de Dijon*-Formel anerkannt ist, vgl. *EuGH*, Rs. 302/86 (Kommission/Dänemark), Slg. 1988, 4607 Rn. 9; Rs. C-463/01 (Kommission/Deutschland), Slg. 2004, I-11705 Rn. 75; Rs. C-28/09 (o. Fn. 29) Rn. 119; *Meßerschmidt* § 2 Rn. 251 ff. Vgl. ferner in diesem Kontext noch (betreffend Dosenpfand) *EuGH*, Rs. C-309/02 (Radlberger), Slg. 2004, I-11763 Rn. 43 ff., 66, 70, 77 ff., dazu die Fallbearbeitung von *Dörr/Köber* JA 2012, 197 (198 ff.), sowie (betreffend Fahrverbot für bestimmte Güter transportierende Lkw) o. Fn. 86 und (betreffend Ökostromförderung) *EuGH*, Rs. C-573/12 (Ålands Vindkraft), ECLI:EU:C:2014:2037 Rn. 77 ff.; dazu *Kahl* GPR 2015, 183 ff.; *Streinz* JuS 2014, 951 ff.; *EuGH*, verb. Rs. C-204/12–C-218/12 (Essent), ECLI:EU:C:2014:2192 Rn. 90 ff.

[199] *Hailbronner* EuGRZ 1989, 101 (112); *Nettesheim* (o. Fn. 7) Art. 193 AEUV Rn. 2; *Kotulla* Teil 2 Rn. 23; umfassend *Richter*, „Nationale Alleingänge" – Förderung hoher Regelungsstandards oder Behinderung eines einheitlichen Binnenmarktes?, 2007. Zur Bedeutung von Vorreiterrollen einzelner Mitgliedstaaten im EU-Mehrebenensystem *SRU*, Umweltgutachten 2016, Tz. 36 ff.; speziell zur Rolle Deutschlands aaO, Tz. 16 f.

[200] Vgl. zu Art. 114 AEUV im Überblick *Geber* JuS 2014, 20 ff.

[201] *Epiney* (o. Fn. 35) Art. 193 AEUV Rn. 3; *Meßerschmidt* § 2 Rn. 317. Der Grund für die unterschiedlich strengen Rechtfertigungsvoraussetzungen liegt in Folgendem: Unionsregelungen im Umweltbereich (Art. 192 AEUV) bezwecken – anders als auf Art. 114 AEUV gestützte Gesetzgebungsakte – (regelmäßig) keine *vollständige* Harmonisierung, sondern nur eine *Mindest*harmonisierung, sodass der einzelne Mitgliedstaat eigenständig Maßnahmen zur Erreichung eines höheren Schutzniveaus beibehalten oder ergreifen kann, vgl. *EuGH*, Rs. C-318/98 (Fornasar ua), Slg. 2000, I-4785 Rn. 46; Rs. C-6/03 (Deponiezweckverband Eiterköpfe), Slg. 2005, I-2753 Rn. 27; Rs. C-2/10 (Azienda Agro-Zootecnica), Slg. 2011, I-6561 Rn. 48. Da von Schutzverstärkungen gem. Art. 193 AEUV somit keine oder geringere Beeinträchtigungen des Binnenmarktes und der Einheit des EU-Rechts ausgehen als von Schutzverstärkungen gem. Art. 114 IV und insbes. V AEUV, können die Voraussetzungen für die Rechtfertigung niedriger angesetzt werden. Vgl. zur Gesamtproblematik auch *Meßerschmidt* § 2 Rn. 30 ff.

Eine nationale Schutzverstärkung nach *Art. 193 AEUV* wäre wie folgt zu prüfen:[202] 48

(1) Vorliegen eines auf *Art. 192 AEUV* (bzw. dessen Vorgängernormen Art. 175 EG/130s EGV) gestützten EU-Sekundärrechtsakts (vgl. Wortlaut von Art. 193 S. 1 AEUV), wobei Art. 193 AEUV grundsätzlich auch im Bereich der Umweltaußenpolitik der EU[203] zum Zuge kommt (→ Rn. 25). Umstritten ist dabei, ob Art. 193 AEUV auch bei einer kompetentiellen Doppelabstützung anwendbar ist.[204]

(2) Der Unionsgesetzgebungsakt stellt für den betreffenden Bereich eine – *nicht* notwendigerweise abschließende (vollständige) – *Harmonisierung* dar und entfaltet mithin *Sperrwirkung* (im nicht harmonisierten Bereich bedarf es dagegen des Rückgriffs auf Art. 193 AEUV nicht).[205]

(3) Es muss eine nationale *Schutzverstärkungsmaßnahme* vorliegen. Dies ist bereits dann der Fall, wenn die nationale Maßnahme dieselben Ziele wie die EU-Regelung verfolgt und deren Vorgaben verschärft (nicht absenkt!). Es ist nicht erforderlich, dass die nationale Maßnahme „strukturell" mit dem Regelungsansatz des Unionsrechtsakts vergleichbar ist, vielmehr kann der Mitgliedstaat auch alternative Instrumente bzw. Lösungsansätze wählen, sofern nur Zielidentität besteht und die unionalen Instrumente bzw. Lösungsansätze nicht unterlaufen werden.[206]

(4) Art. 193 AEUV erfasst sowohl den *nachträglichen Erlass* als auch die *Beibehaltung* bereits bestehender schärferer Regelungen und unterwirft beide denselben Kriterien.

(5) *Vereinbarkeit* der nationalen Schutzverstärkungsmaßnahme *„mit diesen Verträgen"* (Art. 193 S. 2 AEUV): Hiermit ist nach hM das gesamte (primäre und sekundäre[207]) Unionsrecht gemeint,[208] nach aA nur das Primärrecht (insbes. Art. 34 ff. AEUV[209] und EU-Grundrechte)[210]. Der Schwerpunkt der Prüfung liegt dabei fast immer auf der Schranken-Schranke der Verhältnismäßigkeit (und dort vor allem auf der Erforder-

---

[202] Ausf. zur Prüfung von auf Art. 193 AEUV gestützten Schutzverstärkungsmaßnahmen *Appel* in Koch/Hofmann/Reese UmweltR-HdB § 2 Rn. 66 f.; *Kahl* (o. Fn. 24) Art. 193 AEUV Rn. 1 ff. (10 ff.); *Nettesheim* (o. Fn. 7) Art. 193 AEUV Rn. 5 ff.; *Meßerschmidt* § 2 Rn. 307 ff.

[203] Näher *Epiney* in Landmann/Rohmer UmweltR AEUV Art. 193 Rn. 9 f.

[204] Vgl. zum Meinungsstand mwN *Epiney* in Landmann/Rohmer UmweltR AEUV Art. 193 Rn. 6; *Kahl* (o. Fn. 24) Art. 193 AEUV Rn. 13.

[205] *Epiney* in Landmann/Rohmer UmweltR AEUV Art. 193 Rn. 1, 4, 7 f., 14; *dies.* Kap. 5 Rn. 65; *Meßerschmidt* § 2 Rn. 289 ff. (289, 293).

[206] So mit Recht *Epiney* EurUP 2012, 88 (93) unter Hinweis auf *EuGH,* Rs. C-2/10 (o. Fn. 201) Rn. 50 ff.; vgl. auch *EuGH,* Rs. C-6/03 (o. Fn. 201) Rn. 58. Ähnlich *Calliess* (o. Fn. 19) Art. 193 AEUV Rn. 8 f.; *Eifert* Rn. 27; enger (nur „systemimmanente" Konkretisierungen) *Giesberts* NVwZ 1996, 949 (950).

[207] Mit Ausnahme der Sekundärrechtsakte, von denen im konkreten Fall gem. Art. 193 AEUV gerade abgewichen werden soll.

[208] *Epiney* Kap. 5 Rn. 118; *Kotzur* in Geiger/Khan/ders., EUV/AEUV, 6. Aufl. 2017, Art. 193 AEUV Rn. 4. Implizit *EuGH,* Rs. C-2/10 (o. Fn. 201) Rn. 59 ff.

[209] S. dazu, insbes. zum Umweltschutz als „zwingendes Erfordernis" iSd *Cassis de Dijon*-Formel, *Epiney* Kap. 5 Rn. 68 ff. mwN; allg. zur Prüfung der Grundfreiheiten *Sauer* JuS 2017, 310 ff.

[210] *Calliess* ZUR Sonderheft 2003, 129 (135); *Kahl* (o. Fn. 24) Art. 193 AEUV Rn. 21; *Zuleeg* NVwZ 1987, 280 (284).

lichkeit),[211] daneben prüft der *EuGH* regelmäßig noch die Schranken-Schranke der Nichtdiskriminierung, da die „zwingenden Erfordernisse" iSd *Cassis de Dijon*-Formel grundsätzlich nur auf unterschiedslos geltende nationale Maßnahmen zur Anwendung kommen (der *EuGH* hat hiervon für den Umweltschutz aber teilweise eine Ausnahme gemacht und dieses zwingende Erfordernis auch bei diskriminierenden Maßnahmen herangezogen[212]).

(6) *Notifizierung* (im Sinne bloßer Meldung) der Schutzverstärkung durch den Mitgliedstaat gegenüber der Kommission (Art. 193 S. 3 AEUV): Eine Bestätigung durch die Kommission ist nicht erforderlich (nicht konstitutiv) und muss daher auch nicht als Rechtmäßigkeitsvoraussetzung für den „Alleingang" abgewartet werden.[213]

49 Da es in *Fall 2* um den *nachträglichen Erlass* strengerer nationaler Vorschriften und nicht um das Beibehalten von strengeren Bestimmungen geht, die im maßgeblichen Zeitpunkt (Beschluss des EU-Gesetzgebungsakts[214]) bereits galten, ist nicht Art. 114 IV (iVm VI) AEUV, sondern Art. 114 V (iVm VI) AEUV anwendbar.[215]

b) Formelle Rechtmäßigkeit

50 Verfahrensrechtliche Voraussetzung ist, dass Deutschland seine von der Verpackungsrichtlinie der EU abweichenden Vorschriften und die Begründung hierfür der Kommission *mitgeteilt* (Art. 114 V AEUV) und grundsätzlich die *Billigung* durch die Kommission abgewartet (Art. 114 VI UAbs. 1 AEUV) hat. Eine Anhörung Deutschlands vor dem Beschluss (Art. 288 IV AEUV) der Kommission ist nach hM nicht notwendig, da das Verwaltungsverfahren nach Art. 114 V AEUV kein kontradiktorisches sei.[216] Der Beschluss der Kommission ist gem. Art. 296 AEUV zu begründen, was der Selbstkontrolle der Kommission und vor allem dem effektiven Rechtsschutz dient.[217] Er wird erst mit der Bekanntgabe an die Adressaten

---

[211] Vgl. *EuGH*, Rs. C-129/16 (o. Fn. 79) Rn. 66; Rs. C-6/03 (o. Fn. 201) Rn. 63; *Brigola* EuZW 2017, 406 ff.; *Epiney* in Landmann/Rohmer UmweltR AEUV Art. 193 Rn. 20 ff.; *Gundel* ZLR 2016, 750 (756 f.).

[212] Vgl. *EuGH*, Rs. C-203/96 (Dusseldorp), Slg. 1998, I-4075 Rn. 40 ff.; *Cremer* EuZW 2007, 591 (593); *Scheuing* EuR 2001, 1 (6) mwN. Ausf. zum Ganzen *Kahl* FS Müller-Graff, 2015, S. 682 ff.

[213] *EuGH*, Rs. C-2/10 (o. Fn. 201) Rn. 53.

[214] Str.; wie hier *Frenz* Rn. 647 f.; die Gegenansicht stellt auf das Inkrafttreten des Rechtsakts ab (so zB *Calliess* in Rehbinder/Schink Abschn. 2 Rn. 56).

[215] Zu diesem mit dem Vertrag von Amsterdam (1.5.1999) eingeführten *zweispurigen* System der Schutzverstärkung innerhalb des Art. 114 AEUV mit teilweise unterschiedlich strengen Rechtfertigungsvoraussetzungen vgl. *EuGH*, Rs. C-512/99 (Deutschland/Kommission), Slg. 2003, I-845 Rn. 41; Rs. C-3/00 (Dänemark/Kommission), Slg. 2003, I-2643 Rn. 57 f.; verb. Rs. C-439/05 und C-454/05 (Land Oberösterreich und Österreich/Kommission), Slg. 2007, I-7141 Rn. 28; *EuG*, Rs. T-69/08 (o. Fn. 164) Rn. 59; *Appel* in Koch/Hofmann/Reese UmweltR-HdB § 2 Rn. 69 f.; *Leible/Schröder* (o. Fn. 192) Art. 114 AEUV Rn. 82 ff.; zur Prüfung von Art. 114 V AEUV s. auch *Epiney* NuR 2007, 111 (112 ff.).

[216] *EuGH*, Rs. C-3/00 (o. Fn. 215) Rn. 38 ff. (42 ff. [50]) mit Blick auf Art. 114 IV AEUV; übertragen auf Art. 114 V AEUV in *EuGH*, verb. Rs. C-439/05 und C-454/05 (o. Fn. 215) Rn. 34 ff.; eingehend Schlussantr. v. GA *Sharpston*, verb. Rs. C-439/05 und C-454/05 (o. Fn. 215) Tz. 77 ff.; zust. *Leible/Schröder* (o. Fn. 192) Art. 114 AEUV Rn. 104; *Ohler* ZLR 2005, 732 (734 f.); aA *Kahl* ZUR 2006, 86 (87).

[217] *EuG*, verb. Rs. T-366/03 und T-235/04 (Land Oberösterreich und Österreich/Kommission), Slg. 2005, II-4005 Rn. 50 ff.

wirksam; erst diese unterbricht die Frist von sechs Monaten gem. Art. 114 VI UAbs. 1 AEUV – der bloße Erlass des Beschlusses entfaltet eine solche Wirkung nicht.[218] Die Billigung ist *konstitutiver* Natur, also Rechtmäßigkeitsvoraussetzung für den „nationalen Alleingang" (Genehmigungsvorbehalt bzw. Verbot mit Erlaubnisvorbehalt).[219]

Trifft die Kommission, wie hier, innerhalb von sechs Monaten nach der Mitteilung der schutzverstärkenden Maßnahme durch den Mitgliedstaat keine Entscheidung, so gelten die einzelstaatlichen Bestimmungen kraft vertraglicher *Fiktion* als gebilligt (Art. 114 VI UAbs. 2 AEUV), es sei denn, die Kommission hat dem Mitgliedstaat mitgeteilt, dass sie die Entscheidungsfrist verlängert (zu den Voraussetzungen: Art. 114 VI UAbs. 3 AEUV).[220] Für eine solche Fristverlängerung enthält der Sachverhalt vorliegend keine Anhaltspunkte. Damit ist von einer Bestätigungsfiktion gem. Art. 114 VI UAbs. 2 AEUV auszugehen. **51**

Die Schutzverstärkung durch Deutschland ist formell rechtmäßig.

c) Materielle Rechtmäßigkeit

Die materielle Rechtmäßigkeit richtet sich nach Art. 114 V AEUV. Die dort genannten Voraussetzungen[221] müssen *kumulativ* vorliegen. Es ist Sache des Mitgliedstaates, der sich auf Art. 114 V AEUV beruft, nachzuweisen, dass die Voraussetzungen dieser Vorschrift erfüllt sind.[222] Danach trägt hier also Deutschland die *Darlegungs-* und *Beweislast* für das Vorliegen der nachfolgend erläuterten Voraussetzungen. **52**

aa) Rechtfertigungsgrund

Art. 114 V AEUV erlaubt nationale Schutzverstärkungen (nur) „zum Schutz der Umwelt oder der Arbeitsumwelt"[223] (insoweit abweichend: Art. 114 IV AEUV[224]). Vorliegend geht es um den „Schutz der Umwelt", denn das Ziel der Abfallmengenreduzierung dient sowohl der „Erhaltung und (dem) Schutz der Umwelt" als auch der „umsichtigen und rationellen Verwendung der natürlichen Ressourcen" (Art. 191 I Spstr. 1 und 3 AEUV). **53**

Erlaubt ist dabei nur eine Abweichung vom unionalen Schutzniveau nach oben, nicht nach unten.[225] Auch diese Voraussetzung ist vorliegend erfüllt.

bb) Schutzverstärkung trotz Zustimmung bzw. Einstimmigkeit

Nach dem umfassend formulierten Wortlaut des Art. 114 IV, V AEUV sind nationale Schutzverstärkungsmaßnahmen auch zulässig, wenn der vorausliegende EU- **54**

---

[218] *EuG*, Rs. T-69/08 (o. Fn. 164) Rn. 67 ff., zust. *Epiney* EurUP 2011, 128 (131); *Kahl* JZ 2012, 667 (669).

[219] Dies ist heute in Anbetracht des eindeutigen Wortlauts von Art. 114 IV AEUV unstrittig, vgl. statt vieler *Appel* in Koch/Hofmann/Reese UmweltR-HdB § 2 Rn. 72. Früher bereits in diesem Sinne (für die damals noch umstrittene Rechtslage vor Inkrafttreten des Vertrags von Amsterdam) *EuGH*, Rs. C-41/93 (o. Fn. 164), Rn. 30.

[220] Vgl. zu Art. 114 VI UAbs. 2 und 3 AEUV auch *EuG*, Rs. T-69/08 (o. Fn. 164), Rn. 60 ff.

[221] Vgl. für einen ersten Überblick statt vieler *Meßerschmidt* § 2 Rn. 316 ff.

[222] *EuGH*, Rs. C-512/99 (o. Fn. 215) Rn. 81; verb. Rs. C-439/05 und C-454/05 (o. Fn. 215) Rn. 58; das Gleiche gilt bei Art. 114 IV, V AEUV: *EuGH*, Rs. C-3/00 (o. Fn. 215) Rn. 84; vgl. auch *Fischer* in Lenz/Borchardt (Hrsg.), EU-Verträge, 6. Aufl. 2013, Art. 114 AEUV Rn. 33; *Ohler* ZLR 2005, 732 (735).

[223] Nicht aber der übrigen „zwingenden Erfordernisse" der *Cassis de Dijon*-Formel, vgl. *Epiney* in Landmann/Rohmer UmweltR AEUV Art. 193 Rn. 30.

[224] Vgl. dort auch die zusätzliche Bezugnahme auf wichtige Erfordernisse iSd Art. 36 AEUV.

[225] *Kahl* in Calliess/Ruffert (Hrsg.), EUV/AEUV, 4. Aufl. 2011, Art. 114 AEUV Rn. 50.

Gesetzgebungsakt mit Zustimmung des abweichungswilligen Mitgliedstaates oder gar einstimmig zustande gekommen ist (kein Rechtsmissbrauch). Es bedarf daher weder einer Stimmenthaltung noch eines ausdrücklichen Vorbehalts des abweichungswilligen Mitgliedstaates.[226]

cc) Neue wissenschaftliche Erkenntnisse

55 Die strengere nationale Regelung muss auf „neue wissenschaftliche Erkenntnisse gestützt" sein (Art. 114 V AEUV).[227] Hierbei handelt es sich um eine Spezialregelung zu Art. 191 III Spstr. 1 AEUV. Es kommt dabei nicht darauf an, ob die Erkenntnisse wissenschaftlich unumstritten sind. Es genügt vielmehr, dass fundierte Zweifel bestehen, ob das in dem EU-Gesetzgebungsakt vorgesehene Schutzniveau nach derzeitigem Wissensstand noch ausreichend ist.[228] Die Bundesregierung hat ein Sachverständigengutachten vorgelegt, das zum Nachweis der neuen wissenschaftlichen Erkenntnisse grundsätzlich genügt, vorausgesetzt, es handelt sich um das Gutachten unabhängiger Wissenschaftler und die von diesen vertretene Auffassung widerspricht nicht in jeder Hinsicht oder evident dem herrschenden Erkenntnisstand der internationalen Sachverständigengremien. Diese Voraussetzungen sind hier erfüllt, da ein unabhängiges Forschungsinstitut beauftragt wurde und der Sachverhalt keine Hinweise darauf enthält, dass europäische oder internationale Sachverständigengremien eine andere Ansicht verträten. Im Übrigen ist es aufgrund des Vorsorgeprinzips (Art. 11 iVm Art. 191 II UAbs. 1 S. 2 AEUV) nicht erforderlich, dass die in dem vom Mitgliedstaat vorgelegten Gutachten vertretenen wissenschaftlichen Erkenntnisse bereits dem Stand der hM im jeweiligen Fach entsprechen.

dd) Spezifisches Problem des Mitgliedstaates

56 Nach Art. 114 V AEUV muss die nationale Regelung „aufgrund eines spezifischen Problems für diesen Mitgliedstaat" erforderlich geworden sein.[229] Derartige spezifische Probleme können ihre Ursache in geographischen, geologischen, wirtschaftlichen oder sonstigen Besonderheiten des jeweiligen Mitgliedstaates haben. Fraglich ist, ob hierfür die „spezifischen" Konsumgewohnheiten der Deutschen, die zu einer gesteigerten Menge an Einwegverpackungen geführt haben, wie sie ansonsten nur noch in Irland zu verzeichnen ist, genügen. Art. 114 V AEUV verlangt nicht, dass ein Problem nur in Deutschland auftritt, sodass die gleichzeitige Betroffenheit einzelner anderer Mitgliedstaaten unbeachtlich ist. Es darf sich lediglich nicht um ein generelles, also alle oder die überwiegende Zahl der Mitgliedstaaten betreffendes Phänomen handeln.[230] Letzteres ist hier nicht der Fall, sodass die Möglichkeit der Berufung auf Art. 114 V AEUV nicht am Fehlen eines spezifischen Problems von Deutschland scheitert. Nach der insoweit restriktiveren hM, die in Art. 114 V AEUV wegen der hiermit verbundenen potentiellen Bedrohung des Binnenmarktziels und der Einheit des Unionsrechts eine eng auszulegende Ausnahmevorschrift sieht,[231] ist aber in

---

[226] Auch ein Mitgliedstaat, der erst nach dem Beschluss des EU-Gesetzgebungsaktes der EU beigetreten ist, kann sich auf Art. 114 IV, V AEUV berufen, vgl. *EuGH,* Rs. C-319/97 (Kortas), Slg. 1999, I-3143 Rn. 18 f.

[227] Vgl. *Epiney* in Landmann/Rohmer UmweltR AEUV Art. 193 Rn. 31 ff.

[228] *Leible/Schröder* (o. Fn. 192) Art. 114 AEUV Rn. 98; strenger *Ohler* ZLR 2005, 732 (736).

[229] Vgl. *Epiney* in Landmann/Rohmer UmweltR AEUV Art. 193 Rn. 35 ff.

[230] Vgl. *Leible/Schröder* (o. Fn. 192) Art. 114 AEUV Rn. 99.

[231] *EuGH,* Rs. C-512/99 (o. Fn. 215) Rn. 41; Rs. C-3/00 (o. Fn. 215) Rn. 58; verb. Rs. C-439/05 und C-454/05 (o. Fn. 215) Rn. 29; *Slot* ELRev 21 (1996), 378 (392); *Tietje* in Grabitz/Hilf/Nettesheim (o. Fn. 7) Art. 114 AEUV Rn. 156 ff. (160). AA *Kahl* ZUR

diesem Punkt auch eine andere Ansicht sehr gut vertretbar.[232] Sie würde hier zu dem Ergebnis gelangen, nationale oder regionale Konsumgewohnheiten, die zudem nicht auf Deutschland begrenzt sind, stellten kein spezifisches Problem iSd Art. 114 V AEUV dar.[233] Folgte man dem, so wäre der „nationale Alleingang" bereits aus diesem Grund materiell unionsrechtswidrig.

ee) Nachträgliches Problem des Mitgliedstaates

Schutzverstärkungen nach Art. 114 V AEUV sind nur zulässig zur Lösung eines Problems, „das sich nach dem Erlass der Harmonisierungsmaßnahme ergibt". Maßgeblich ist der Zeitpunkt des Beschlusses über den Rechtsakt in den zuständigen Legislativorganen (str.).[234] Deutschland hat nachgewiesen, dass sich das Problem der Zunahme des Einwegdosenmülls in seiner aktuellen Schärfe erst gestellt hat, nachdem die Abfall-Richtlinie in den EU-Gesetzgebungsorganen beschlossen worden war, weil sich die Abfallmenge nach diesem Beschluss noch einmal sprunghaft erhöht hat. Damit handelt es sich um ein nachträgliches Problem. 57

ff) Verhältnismäßigkeit iwS

Art. 114 V AEUV erwähnt zwar explizit nur die Erforderlichkeit, dies ist jedoch als Hinweis auf die Geltung des Grundsatzes der Verhältnismäßigkeit iwS (allgemeiner Rechtsgrundsatz) zu interpretieren.[235] Die strengere nationale Regelung muss also geeignet, erforderlich und verhältnismäßig ieS (angemessen) sein.[236] Die VerpackungsverbotsVO wird dem Anliegen tatsächlich gerecht, das verfolgte Ziel (Abfallreduzierung) in kohärenter und systematischer Weise zu erreichen.[237] Sie ist somit *geeignet.* 58

Hinsichtlich der *Erforderlichkeit* hat der *EuGH* in der parallel gelagerten Rechtssache „*Dänische Pfandflaschen*"[238] betont, dass Maßnahmen zum Schutz der Umwelt „nicht über die unvermeidlichen Beschränkungen hinausgehen dürfen, die aus Gründen des Umweltschutzes […] gerechtfertigt sind". Die Mitgliedstaaten sind dabei aber grundsätzlich berechtigt, den Grad des Umweltschutzes autonom festzusetzen. Der *EuGH* überprüft nicht das verfolgte Ziel „bestmöglicher Umweltschutz"[239] als solches, sondern nur die zur Verfolgung eingesetzten Mittel. Den Mitgliedstaaten kommt, insbes. wenn es auch um Gesundheitsschutz geht, ein Beur- 59

2006, 86 (88); *Epiney* NuR 2007, 111 (114); *dies.* in Landmann/Rohmer UmweltR AEUV Art. 193 Rn. 45, 47.

[232] Als Folge dieser restriktiven Linie findet sich in der Praxis der letzten Jahre, soweit ersichtlich, nur ein Fall, in dem die Kommission gestützt auf Art. 114 V AEUV eine nationale Schutzverstärkungsmaßnahme genehmigt hat, nämlich die Entscheidung 2002/59/EG vom 23.1.2002 (ABl. L 23, 37), vgl. *Ohler* ZLR 2005, 732 (737).

[233] Zur engen Auslegung des Merkmals „spezifisches Problem" vgl. *EuGH,* verb. Rs. C-439/05 und C-454/05 (o. Fn. 215) Rn. 57 ff., dazu *Kahl* ZUR 2006, 86 (87 f.).

[234] S. o. Fn. 214.

[235] *EuGH,* Rs. C-389/96 (Aher-Waggon), Slg. 1998, I-4483, Rn. 20 ff.; *Epiney* in Landmann/Rohmer UmweltR AEUV Art. 193 Rn. 39 f.; *Frenz* Rn. 687 ff.

[236] Vgl. *EuGH,* Rs. C-343/09 (o. Fn. 49) Rn. 45; *Dörr/Köber* JA 2012, 197 (202 f.); *Meßerschmidt* § 2 Rn. 269 ff.

[237] Zu den Anforderungen an die Geeignetheit s. zuletzt *EuGH,* Rs. C-28/09 (o. Fn. 29) Rn. 126, mwN auf die Rspr.

[238] *EuGH,* Rs. 302/86 (o. Fn. 198) Rn. 11.

[239] Zu dem – umstrittenen – Prinzip des bestmöglichen Umweltschutzes (Umweltprinzip) im EU-Umweltrecht s. *Zuleeg* NVwZ 1987, 280 (283 f.); *Kahl* (o. Fn. 26) S. 10 ff., 69 ff.; ferner im Grundsatz zust. *Epiney* Kap. 5 Rn. 55 ff. (56); abl. dagegen die hM, vgl. *Nettesheim*

teilungsspielraum zu.[240] Vorliegend gibt es kein milderes und zur Reduzierung der Abfallmenge gleichermaßen wirksames Mittel. Insbes. erwiesen sich alle auf die Freiwilligkeit der betroffenen Hersteller abstellenden Anreiz- und Kooperationssysteme als wenig effektiv. Damit ist die deutsche Verordnung auch erforderlich.[241]

60 Fraglich ist die *Angemessenheit* der nationalen Schutzverstärkungsmaßnahme. Sie verlangt eine Abwägung zwischen der Bedeutung des verfolgten ökologischen Zieles einerseits und der Schwere bzw. Tragweite der Beeinträchtigung sonstiger Vertragsziele (insbes. Binnenmarkt) andererseits. In diese Abwägung ist der Umweltschutz nach hM[242] gleichrangig bzw. nach anderer Ansicht mit *relativem* Vorrang[243] einzustellen. Die Annahme eines relativen Vorrangs i. S. einer Präferenz- oder Gewichtungsregel macht eine Abwägung im Einzelfall mit dem Ziel der Herstellung praktischer Konkordanz nicht entbehrlich, in diese Abwägung ist der Umweltschutz aber, insbes. in den für das Überleben der Menschheit fundamentalen Fragen, mit dem ihm vertraglich zukommenden hohen Rang[244] einzustellen.[245] Danach ist die VerpackungsverbotsVO vorliegend angemessen. Hierfür spricht das besondere Gewicht, das dem Umweltschutz zukommt (vgl. Art. 11, 114 III, 191 II UAbs. 1 S. 1 AEUV). Zudem ist die Beeinträchtigung des Binnenmarktzieles von vergleichsweise eher geringer Intensität, da die betroffenen Unternehmen aufgrund der in der deutschen VerpackungsverbotsVO vorgesehenen Übergangsfrist[246] von drei Jahren eine ausreichende Möglichkeit zur zumutbaren Produktionsanpassung haben (aA vertretbar).

gg) Behinderung des Funktionierens des Binnenmarktes

61 Die nationale Schutzverstärkung darf nicht „das Funktionieren des Binnenmarktes behindern" (Art. 114 VI UAbs. 1 AEUV). Dies könnte bei der VerpackungsverbotsVO mit Blick auf den freien Warenverkehr (gem. Art. 26 II AEUV eine wesentliche Säule des Binnenmarktes) der Fall sein. Die deutsche VerpackungsverbotsVO ist „geeignet, den innergemeinschaftlichen Handel unmittelbar oder mittelbar, tatsächlich oder potentiell zu behindern" (*Dassonville*-Formel)[247] und stellt somit eine Maßnahme gleicher Wirkung wie eine mengenmäßige Einfuhrbeschränkung iSd

---

(o. Fn. 7) Art. 191 AEUV Rn. 122; *Nowak* NuR 2016, 375 (384 f.); im Überblick: *Calliess* EurUP 2007, 54 (65 f.) mwN.

240 *EuGH,* Rs. C-320/03 (o. Fn. 45) Rn. 86 ff.; *Laguna de Paz* UTR 132 (2017), 27 (32 ff.); *Meßerschmidt* § 2 Rn. 280.

241 Vgl. hierzu *EuGH,* Rs. 302/86 (o. Fn. 198) Rn. 13.

242 S. statt vieler GA *Geelhoed,* Schlussantr. zu Rs. C-161/04 (Österreich/Europäisches Parlament u. Rat), Slg. 2006, I-7183 Rn. 59; *Epiney* in Landmann/Rohmer UmweltR AEUV Art. 191 Rn. 65; *Meßerschmidt* § 3 Rn. 62, 64; *Nettesheim* (o. Fn. 7) Art. 191 AEUV Rn. 122. Weitere Nachweise zum Meinungsstand bei *Kahl* (o. Fn. 24) Art. 191 AEUV Rn. 29 ff.; eingehend *Zils,* Wertigkeit des Umweltschutzes in Beziehung zu anderen Aufgaben der Europäischen Gemeinschaft, 1994.

243 Vgl. *Calliess* (o. Fn. 19) Art. 191 AEUV Rn. 21; *Epiney* NuR 1995, 497 (500); *Kahl* (o. Fn. 24) Art. 191 AEUV Rn. 35 ff.; *Scherer/Heselhaus* (o. Fn. 47) O Rn. 54; aA die hM, vgl. *Schröder* in Rengeling EUDUR I § 9 Rn. 66; *Sparwasser/Engel/Voßkuhle* § 1 Rn. 108.

244 Tendenziell ähnlich *EuGH,* Rs. C-28/09 (o. Fn. 29) Rn. 121 („grundlegende Bedeutung").

245 Vgl. *Epiney* Kap. 5 Rn. 57; *Möstl* EuR 2002, 318 (335 f.).

246 Zur Bedeutung ausreichender Übergangsfristen im Rahmen der Angemessenheitsprüfung *EuGH,* Rs. C-463/01 (o. Fn. 198), Rn. 79 ff.; Rs. C-309/02 (o. Fn. 198) Rn. 82; *Meßerschmidt* § 2 Rn. 285 („Übergangsgerechtigkeit").

247 *EuGH,* Rs. 8/74 (Dassonville), Slg. 1974, 837 (852). Zur Bedeutung für den Umweltschutz s. *Epiney* NVwZ 2006, 407 (416).

Art. 34 AEUV dar; insofern „behindert" sie das Funktionieren des Binnenmarktes.[248]

Die Voraussetzung der Binnenmarktbehinderung ist jedoch im Lichte der überragenden Bedeutung des Umweltschutzziels auszulegen. Verboten ist danach nicht jede noch so geringfügige, sondern nur eine besonders schwerwiegende bzw. substanzielle Behinderung. Der Umweltschutz verkörpert nämlich ein „zwingendes Erfordernis"[249] (*Cassis de Dijon*-Formel)[250] und somit nach einer Meinung ein ungeschriebenes negatives Tatbestandsmerkmal des Art. 34 AEUV bzw. nach der systematisch überzeugenderen Gegenansicht einen zusätzlichen Rechtfertigungsgrund iSd bzw. neben Art. 36 S. 1 AEUV.[251] Der Vertrag geht, wie etwa Art. 3 III UAbs. 1 S. 2 EUV, Art. 11 AEUV, Art. 114 III, 194 I AEUV, Art. 37 GRCh belegen, von der Vorstellung eines ökologisch qualifizierten Binnenmarktes[252] aus.

Hieraus folgt: Verhältnismäßige und den Wesensgehalt des Binnenmarktes nicht tangierende Beeinträchtigungen müssen in Kauf genommen werden und fallen auch nicht unter das Behinderungsverbot des Art. 114 VI UAbs. 1 AEUV.

Die vorliegende Beeinträchtigung des Binnenmarktes ist weder unverhältnismäßig noch greift sie in den Kernbereich bzw. die Substanz des Art. 26 II AEUV ein. Damit behindert sie nicht das Funktionieren des Binnenmarktes.

hh) Keine willkürliche Diskriminierung

Materiell-rechtliche Voraussetzung für die Rechtmäßigkeit der Schutzverstärkungsmaßnahme ist ferner, dass die VerpackungsverbotsVO „kein Mittel zur willkürlichen Diskriminierung" darstellt (vgl. Art. 114 VI UAbs. 1 AEUV). Hierfür können die im Rahmen von Art. 36 S. 2 AEUV geltenden Kriterien[253] entsprechend herangezogen werden. Danach stellt die VerpackungsverbotsVO keine willkürliche Diskriminierung dar, da sie rechtlich gleichermaßen für einheimische wie ausländische Produzenten gilt. Unterschiedliche faktische Auswirkungen sind grundsätzlich unerheblich. 62

ii) Keine verschleierte Beschränkung des Handels

Auch für das Verbot der verschleierten Handelsbeschränkung kann eine Anleihe bei Art. 36 S. 2 AEUV genommen werden. Danach liegt hier keine verschleierte Handelsbeschränkung vor, da die Maßnahme nicht nur vorgeblich, sondern tatsächlich den Zielen des Art. 191 I AEUV dient. 63

3. Ergebnis

Die VerpackungsverbotsVO ist (nach hier vertretener Ansicht) gem. Art. 114 V, VI AEUV gerechtfertigt. Die Klage der Mitgliedstaaten ist folglich zwar zulässig, aber unbegründet. Sie wird damit keinen Erfolg haben (aA gut vertretbar; s. o.). 64

---

[248] S. *Müller-Graff* in Rengeling EUDUR I § 10 Rn. 3f., 28, 40ff., 44ff.

[249] *EuGH*, Rs. C-302/86 (o. Fn. 198) Rn. 9; Rs. C-379/98 (o. Fn. 84) Rn. 76; verb. Rs. C-204/12-C-208/12 (o. Fn. 198) Rn. 90.

[250] *EuGH*, Rs. 120/78 (Kommission/Deutschland), Slg. 1979, 649 (662); *Müller-Graff* (o. Fn. 248) § 10 Rn. 54, 66ff.

[251] Vgl. *Kahl* (o. Fn. 26) S. 180ff.; *Schweitzer/Streinz* RIW 1984, 39 (44); von den „zwingenden Erfordernissen" als weiteren Rechtfertigungsgründen neben Art. 36 AEUV, aber auf einer Stufe mit den dort genannten Gründen, ausgehend *Knebel* (o. Fn. 40) S. 428.

[252] Vgl. *Epiney* NuR 1995, 497ff.; *Pernice* NVwZ 1990, 201 (203).

[253] Vgl. stellv. *Becker* in Schwarze (o. Fn. 55) Art. 36 AEUV Rn. 78ff.

VI. Die Umsetzung von Umweltschutzrichtlinien in nationales Recht

65 Bei der Umsetzung von EU-Umweltschutzrichtlinien in das nationale Recht gelten weitgehend die allgemeinen Anforderungen gem. Art. 288 III AEUV iVm Art. 4 III EUV. Die Mitgliedstaaten haben danach eine Reihe von richterrechtlichen Vorgaben hinsichtlich des „Wie" der Umsetzung zu beachten, die den Grundsätzen der Einheit und praktischen Wirksamkeit *(effet utile)* des Unionsrechts Rechnung tragen sollen.[254] Namentlich hat die Transformation der Richtlinie den Anforderungen der Vollständigkeit, Rechtssicherheit, Rechtsklarheit und Kontrollierbarkeit zu genügen.[255] Sie muss dabei durch Maßnahmen erfolgen, deren „zwingender Charakter außer Zweifel steht".[256] Dies setzt nach dem *EuGH*[257] nicht zwingend eine förmliche und wörtliche Umsetzung („eins zu eins") voraus.[258] Je nach Inhalt der Richtlinie kann auch ein allgemeiner rechtlicher Rahmen genügen, wenn er tatsächlich die vollständige Anwendung der Richtlinie in so klarer und bestimmter Weise gewährleistet, dass einerseits die Begünstigten in der Lage sind, von ihren Rechten Kenntnis zu erlangen (um diese ggf. einklagen zu können; vgl. Art. 47 GRCh),[259] und andererseits die Verpflichteten genau wissen, was von ihnen erwartet wird.[260]

66 *Nicht* ausreichend für eine ordnungsgemäße Umsetzung sind (auch normkonkretisierende) *Verwaltungsvorschriften* (zB TA Luft oder Lärm). Der *EuGH* begründete dies erstens mit deren nur beschränkten Anwendungsbereich.[261] Zweitens verwies er auf die mangelnde (unmittelbare) Außenwirkung der Verwaltungsvorschriften, die dazu führe, dass der Einzelne keine hinreichende Gewissheit über den Umfang der ihm zustehenden Rechte habe.[262] Drittens stellte er fest, dass die Übereinstimmung einer bloßen Verwaltungspraxis mit den Schutzgeboten einer Richtlinie kein Grund sei, diese Richtlinie nicht ordnungsgemäß umzusetzen, da eine Verwaltungspraxis jederzeit abänderbar sei und ihr die erforderliche Publizität fehle.[263] Die Mitgliedstaaten hätten vielmehr, um die volle Anwendung der Richtlinie in rechtlicher und

---

[254] Vgl. *EuGH,* Rs. 48/75 (Royer), Slg. 1976, 497 Rn. 69/73; Rs. 79/83 (Harz), Slg. 1984, 1921 Rn. 15, stRspr; im Überblick: *Epiney* Kap. 5 Rn. 122 ff.; *Kahl* in Calliess/Ruffert (o. Fn. 19) Art. 4 EUV Rn. 55 ff.

[255] *EuGH,* Rs. 291/84 (Kommission/Niederlande), Slg. 1987, 3483 Rn. 15; Rs. C-296/01 (Kommission/Frankreich), Slg. 2003, I-13909 Rn. 54; Rs. C-427/07 (Kommission/Irland), Slg. 2009, I-6277 Rn. 55; *Epiney* in Landmann/Rohmer UmweltR AEUV Art. 192 Rn. 60, 65; zur Vertiefung s. *Himmelmann* DÖV 1996, 145 ff.; *Meßerschmidt* § 2 Rn. 403 ff.; *Rengeling* in ders. EUDUR I § 28.

[256] *EuGH,* Rs. C-298/95 (Kommission/Deutschland), Slg. 1996, I-6747 Rn. 16.

[257] *EuGH,* Rs. C-360/87 (Kommission/Italien), Slg. 1991, I-791 Rn. 7; Rs. C-131/88 (Kommission/Deutschland), Slg. 1991, I-825 Rn. 6; *Meßerschmidt* § 2 Rn. 417.

[258] Näher *Epiney* in Landmann/Rohmer UmweltR AEUV Art. 192 Rn. 63 ff., 66 f.

[259] *EuGH,* Rs. C-433/93 (Kommission/Deutschland), Slg. 1995, I-2303 Rn. 18 ff.; Rs. C-298/95 (o. Fn. 256) Rn. 16. Einzelne können sich nach stRspr gegenüber öffentlichen Stellen auf unbedingte und hinreichend genaue Richtlinienbestimmungen berufen; vgl. *EuGH,* Rs. C-37/07 (Janecek), ECLI:EU:C:2008:447 Rn. 36 ff.; Rs. C-404/13 (ClientEarth), ECLI:EU:C:2014:2382 Rn. 54 ff.; resümierend *Kommission,* Mitteilung über den Zugang zu Gerichten in Umweltangelegenheiten, ABl. C 275, S. 1; *Epiney* EurUP 2017, 223 (224 ff.).

[260] *EuGH,* Rs. C-59/89 (Kommission/Deutschland), Slg. 1991, I-2607 Rn. 19; Rs. C-361/88 (Kommission/Deutschland), Slg. 1991, I-2567 Rn. 16, hierzu *Doerfert* JA 1999, 949 ff.

[261] *EuGH,* Rs. C-59/89 (o. Fn. 260) Rn. 20; Rs. C-361/88 (o. Fn. 260) Rn. 17 ff.

[262] *EuGH,* Rs. C-59/89 (o. Fn. 260) Rn. 23; Rs. C-361/88 (o. Fn. 260) Rn. 20.

[263] *EuGH,* Rs. C-59/89 (o. Fn. 260) Rn. 28; Rs. C-361/88 (o. Fn. 260) Rn. 24; Rs. C-131/88 (o. Fn. 257) Rn. 8. Vgl. auch *EuGH,* Rs. C-297/95 (Kommission/Deutschland), Slg. 1996, I-6739 Rn. 9; Rs. C-339/97 (Kommission/Luxemburg), Slg. 1998, I-4903 Rn. 10.

nicht nur in tatsächlicher Hinsicht zu gewährleisten, einen eindeutigen gesetzlichen Rahmen auf dem betreffenden Gebiet bereitzustellen.[264] Dieser Rechtsprechung ist zuzustimmen.[265] Normkonkretisierenden Verwaltungsvorschriften kommt eine nur beschränkte Bindungswirkung zu. Sie unterliegen Grenzen der Beachtlichkeit, die eingreifen, „wenn und soweit neuere gesicherte Erkenntnisse ausweisen, daß die ihnen zugrunde liegenden naturwissenschaftlichen Annahmen überholt sind" und wenn „atypische Fallgestaltungen" vorliegen, sprich „bei Sachverhalten, die der Vorschriftengeber bei der von ihm anzustellenden generellen Betrachtung nicht regeln konnte oder wollte".[266] Eine solche Flexibilität darf es aber mit Blick auf Rechte bzw. Verpflichtungen aus EU-Richtlinienbestimmungen im Interesse von deren praktischer Wirksamkeit und der Rechtssicherheit nicht geben.[267] In der deutschen Verwaltungsrechtsdogmatik ist die Judikatur des *EuGH* folglich mit Recht als Anstoß verstanden worden für eine grundlegende Klärung der Leistungsfähigkeit und -grenzen der Handlungsform der normkonkretisierenden Verwaltungsvorschrift. Solange eine solche Einordnung nicht überzeugend und unstrittig gelingt, bleibt in Fällen mit Individualrechtsbezug nur der Rückgriff auf die Rechtsverordnung (vgl. § 48a BImSchG).[268] Dieses Instrument ist – abgesehen von der Einspruchsfrist für den Bundestag – nicht schwerfälliger als ein Vorgehen nach § 48 BImSchG, weshalb ihm auch nicht der Einwand einer „erhöhten Flexibilität" der normkonkretisierenden Verwaltungsvorschrift entgegengehalten werden kann.[269]

§ 3. Umweltverfassungsrecht

I. Das Staatsziel Umweltschutz

Fall 3: Waldsterben und „Pseudo-Krupp"

1 Bauer *K* bewirtschaftet einen seit mehreren hundert Jahren im Familienbesitz befindlichen Hof mit ua 50 ha Wald. Innerhalb der letzten Jahre sind 89 % von *K*'s Bäumen erkrankt oder abgestorben. Der Schaden, der *K* jährlich durch dieses sog. Waldsterben entsteht, beläuft sich auf etwa 20.000 EUR.

Die einjährige Tochter *(T)* des Bauern leidet an dem unter dem Namen „Pseudo-Krupp" bekannten Würgehusten. Das Leben des ohnehin zarten Kindes ist dadurch bedroht. Nach weit verbreiteter, wenn auch nicht unbestrittener wissenschaftlicher Meinung sind sowohl das Waldsterben als auch die Pseudo-Krupp-Erkrankungen primär auf die vom Menschen verursachte, großräumig wirkende allgemeine Luftverschmutzung zurückzuführen. Gesicherte Erkenntnisse, ob und ab welchen Dimensionen die Luftverschmut-

---

264 *EuGH*, Rs. C-360/87 (o. Fn. 257) Rn. 13.

265 Wie hier *Epiney* in Landmann/Rohmer UmweltR AEUV Art. 192 Rn. 62; *Kahl* (o. Fn. 26) S. 131 ff.; *Schoch* JZ 1995, 109 (119); *Kotulla* Teil 2 Rn. 35; abl. dagegen *v. Danwitz* VerwArch 84 (1993), 73 ff.; *Ossenbühl* DVBl 1993, 753 (758).

266 *OVG Lüneburg* OVGE 38, 407 ff.; vgl. ferner BVerwGE 72, 300 ff.; *OVG Münster* NVwZ 1988, 173.

267 *Everling* RIW 1992, 379 (383).

268 *Bönker*, Umweltstandards in Verwaltungsvorschriften, 1992, S. 73 ff., 123; *Koch* ZUR 1993, 103 ff.

269 Wie hier *Everling* NVwZ 1993, 209 (215); *Koch* ZUR 1993, 103 (106).

zung zu Gesundheits- oder bestimmten Sachschäden führt, liegen jedoch nicht vor; einzelne Wirkungszusammenhänge sind ungeklärt.

K meint, es könne nicht im Einklang mit dem Grundgesetz stehen, dass der Staat derart schädliche Umwelteinwirkungen zulasse. Er möchte wissen, ob er oder *T* einen verfassungsrechtlichen Anspruch auf stärkere staatliche Anstrengungen zur Verringerung der Luftverschmutzung haben.

Außerdem möchte *K* darüber informiert werden, ob er eine Entschädigung für die Waldschäden verlangen kann. Dabei ist es ihm gleichgültig, ob er gegen den Staat, die Kommunen oder gegen private Anlagenbetreiber vorgehen muss.

2 *Art. 20a GG* statuiert: Der Staat schützt auch in Verantwortung für die künftigen Generationen die natürlichen Lebensgrundlagen und die Tiere im Rahmen der verfassungsmäßigen Ordnung durch die Gesetzgebung und nach Maßgabe von Gesetz und Recht durch die vollziehende Gewalt und die Rechtsprechung.[1] Ähnliche Bestimmungen finden sich in den deutschen Landesverfassungen[2] und in Verfassungen von EU-Mitgliedstaaten[3].

1. Entstehungsgeschichte

3 Die Frage, ob und auf welche Weise die natürlichen Lebensgrundlagen verfassungsrechtlich unter Schutz gestellt werden sollen, wurde seit Beginn der siebziger Jahre des letzten Jahrhunderts intensiv diskutiert.[4] Aufgenommen in die Verfassung wurde der Umweltschutz als Art. 20a GG jedoch erst im Rahmen der Grundgesetzänderung vom 27.10.1994.[5] Die Einführung einer solchen Staatszielbestimmung, deren Details damals stark umstritten waren,[6] ist grds. positiv zu bewerten, auch wenn die konkrete Formulierung – aus Gründen der Kompromissfindung – am Ende unnötig lang und „gewunden“[7] ausfiel; dies gilt vor allem für die Klauseln „im Rahmen der verfassungsmäßigen Ordnung durch den Gesetzgeber“ bzw. „nach Maßgabe von Gesetz und Recht durch die vollziehende Gewalt und die Rechtsprechung“, denen

---

[1] Zu Art. 20a GG *Erbguth/Schlacke* JURA 2009, 431 ff.; *Kloepfer/Durner* UmweltschutzR § 2 Rn. 11 ff.

[2] Vgl. Art. 3a I BWVerf; Art. 3 II 1, 141 BayVerf; Art. 31 I BlnVerf; Art. 39 BbgVerf; Art. 11a, 65 I BremVerf; Präambel V HmbVerf; Art. 26b HessVerf; Art. 12 M-VVerf; Art. 1 II NdsVerf; Art. 29a NRWVerf; Art. 69 RhPfVerf; Art. 34 II 1, 59a SaarlVerf; Art. 10 SächsVerf; Art. 35 VerfLSA; Art. 11 SchlHVerf; Art. 31 ThürVerf; zum landesverfassungsrechtlichen Umweltschutz im Überblick *Kloepfer* in Ehlers/Fehling/Pünder § 44 Rn. 57 ff. Zu den umfangreichen Umweltschutzbestimmungen gerade in den Verfassungen der neuen Länder *Schulze-Fielitz* in Dreier (Hrsg.), GG II, 3. Aufl. 2015, Art. 20a Rn. 19 ff.

[3] Rechtsvergleichend *Schröder* JöR 58 (2010), 195 ff.; vgl. auch *Orth*, Ein Grundrecht auf Umweltschutz in Europa?, 2006.

[4] Vgl. etwa *Bundesminister des Innern/Bundesminister der Justiz* (Hrsg.), Staatszielbestimmungen/Gesetzgebungsaufträge. Bericht der Sachverständigenkommission, 1983, Rn. 130; abl. dagegen zahlreiche Stimmen in der Lit., vgl. nur *Benda* UPR 1982, 241 (244). Im Überblick zur Vorgeschichte des Art. 20a GG *Murswiek* in Sachs (Hrsg.), GG, 9. Aufl. 2021, Art. 20a Rn. 2 ff.; *Scholz* in Maunz/Dürig GG Art. 20a Rn. 19 ff.; allg. zur historischen Entwicklung des Umweltverfassungsrechts *Storm* Rn. 163 ff.

[5] G zur Änderung des GG v. 27.10.1994 (BGBl. I 3146).

[6] Hauptstreitpunkte waren: Ökozentrischer/anthropozentrischer Ansatz, Rang des Umweltschutzes, Aufnahme eines Gesetzesvorbehalts; vgl. *Kloepfer* in BK-GG Art. 20a Rn. 44 f.; s. auch *Kilian* Ad Legendum 2020, 84 ff.

[7] *Epiney* in v. Mangoldt/Klein/Starck (Hrsg.), GG II, 7. Aufl. 2018, Art. 20a Rn. 14 Fn. 31; krit. zur Formulierung auch *Appel* in Vesting/Korioth (Hrsg.), Der Eigenwert des Verfassungsrechts, 2011, S. 289 (293); *Kloepfer* (o. Fn. 6) Art. 20a Rn. 45, 52, 70, 81.

vor dem Hintergrund insbes. des Art. 20 III GG, des Grundsatzes parlamentarischer Demokratie und der allgemeinen Rechtsnatur von Staatszielbestimmungen (→ Rn. 4, → Rn. 10) eine weitgehend nur deklaratorische Bedeutung zukommt.[8]

Im Jahr 2002[9] wurde Art. 20a GG um das – im Folgenden *nicht* behandelte, da systematisch nicht zum Umweltschutz gehörende[10] – Staatsziel Tierschutz erweitert.[11]

2. Rechtsnatur

Art. 20a GG ist eine an alle Träger hoheitlicher Gewalt (nicht an Private) gerichtete *Staatszielbestimmung.*[12] Eine Staatszielbestimmung ist eine Verfassungsnorm „mit rechtlich bindender Wirkung, die der Staatstätigkeit die fortdauernde Beachtung oder Erfüllung" bestimmter Aufgaben vorschreibt.[13] Da das Staatsziel aber eine nur annäherungsweise, bestmögliche Zielerfüllung verlangt, handelt es sich nicht um eine Regel, sondern um ein Prinzip[14] bzw. Optimierungsgebot.[15] Art. 20a GG ist gleichwohl nicht nur bloßer Programmsatz,[16] sondern rechtlich zwingende Norm,[17] wenngleich mit nur begrenzter *normativer Steuerungskraft* (→ Rn. 37).[18] Teile des Schrifttums sprechen unter bewusster semantischer Anleihe bei Art. 20, 23 I 1, 28 I 1 GG (Sozialstaat, Rechtsstaat, Bundesstaat) vom Staatsziel bzw. Prinzip *„Umweltstaat"*, auch um die grundlegende Bedeutung des Ziels im Sinne eines (weiteren) Verfassungsstrukturprinzips zu unterstreichen.[19] 4

Als Staatszielbestimmung ist Art. 20a GG rein *objektiv-rechtlicher* Natur und verleiht dem Einzelnen kein subjektives Recht auf eine gesunde Umwelt.[20] Er begründet daher weder unmittelbar eine Klagebefugnis (§ 42 II VwGO), noch erweitert er sonstige Normen zu drittschützenden Vorschriften.[21] *K* kann sich somit in *Fall 3* nicht auf Art. 20a GG berufen; als subjektive öffentliche Rechte des *K* kommen

---

8 HM, vgl. *Kloepfer* (o. Fn. 6) Art. 20a Rn. 77; *Sommermann* in v. Münch/Kunig (Hrsg.), GG I, 7. Aufl. 2021, Art. 20a Rn. 40, 46, 57. Positiver *Gärditz* in Landmann/Rohmer UmweltR GG Art. 20a Rn. 30 ff. (33), 34 ff.

9 G zur Änderung des GG v. 26.7.2002 (BGBl. I 2862); *Scholz* (o. Fn. 4) Art. 20a Rn. 1, 59.

10 Vgl. *Gärditz* in Landmann/Rohmer UmweltR GG Art. 20a Rn. 3.

11 *Caspar/Geissen* NVwZ 2002, 913 ff.; *Gärditz* in Landmann/Rohmer UmweltR GG Art. 20a Rn. 19 ff., 65 f.

12 BVerfGE 102, 1 (18); *Appel,* Staatliche Zukunfts- und Entwicklungsvorsorge, 2005, S. 119 ff.; *Kloepfer* (o. Fn. 6) Art. 20a Rn. 56.

13 Bericht der Sachverständigenkommission (o. Fn. 4) Rn. 7.

14 Zum Prinzipiencharakter von Art. 20a GG: *Jarass* in ders./Pieroth, GG, 16. Aufl. 2020, Art. 20a Rn. 1; *Schulze-Fielitz* (o. Fn. 2) Art. 20a Rn. 26.

15 *Murswiek* (o. Fn. 4) Art. 20a Rn. 70; *Sommermann* (o. Fn. 8) Art. 20a Rn. 44.

16 Wie etwa noch Art. 150 WRV.

17 S. nur *BVerfG* NVwZ 2001, 1148 (1149); *Badura,* Staatsrecht, 7. Aufl. 2018, D Rn. 44; *Schlacke* § 4 Rn. 6.

18 Vgl. *Appel* FS Wahl, 2001, S. 463 (481); *Gärditz* in Landmann/Rohmer UmweltR GG Art. 20a Rn. 41. Sehr krit. *Gassner* DVBl 2013, 547 (548). Positiver dagegen *Kilian* Ad Legendum 2020, 84 (87, 89 ff.).

19 Begriffsprägend *Kloepfer,* Umweltstaat, 1989, S. 39 ff. Ferner *Calliess,* Rechtsstaat und Umweltstaat, 2001, S. 74 ff.; *Gärditz* in Friauf/Höfling (Hrsg.), Berliner Kommentar zum GG, C Art. 20 (6. Teil) Rn. 226.

20 Dies ergibt sich aus Entstehungsgeschichte, Wortlaut und Systematik, vgl. *BVerfG* NVwZ 2001, 1148 (1149); *BVerwG* NVwZ 1998, 1080 (1081); *Berg* in Kahl (Hrsg.), Nachhaltigkeit als Verbundbegriff, 2008, S. 425 (429); *Kloepfer* in Ehlers/Fehling/Pünder § 44 Rn. 36; für das Landesverfassungsrecht *Kahl* BayVBl. 2009, 97 (103).

21 *Kloepfer* (o. Fn. 6) Art. 20a Rn. 57; *Kluth* in ders./Smeddinck § 1 Rn. 73.

allenfalls dessen im konkreten Fall beeinträchtigte Grundrechte in Betracht (→ Rn. 16 f., 18 ff.). Allerdings besteht auf der Basis der sog. Elfes-Doktrin[22] die Möglichkeit, sich im Rahmen der Geltendmachung der Grundrechte (mittelbar bzw. inzident) auch auf einen Verstoß gegen Art. 20a GG mit der Behauptung zu berufen, der in das Grundrecht eingreifende Hoheitsakt sei ansonsten nicht mit der verfassungsmäßigen Ordnung vereinbar.[23]

5 *Materiell-rechtliche* Bedeutung gewinnt die Staatszielbestimmung bei der Ausfüllung administrativer Spielräume (unbestimmter Rechtsbegriff, Ermessen, planerische Abwägung) und als Maßstab für die Auslegung von Gesetzen und sonstigen Rechtsvorschriften (Gebot umweltschutzfreundlicher Auslegung).[24] Gleichzeitig erteilt sie insbes. dem Gesetzgeber einen Handlungsauftrag zur Beachtung und Förderung des Umweltschutzes, der die entsprechenden Schutzwirkungen der Grundrechte (zB Art. 2 II 1 GG; → Rn. 14 ff., 18 ff.) unterstützt und verstärkt.[25] Umgekehrt kommt Art. 20a GG auch – neben dem Verhältnismäßigkeitsgrundsatz – als wichtige Schranken-Schranke bei der Prüfung der Rechtfertigung von Eingriffen in die Freiheitsgrundrechte (insbes. Wirtschaftsgrundrechte) Betroffener zum Tragen (→ Rn. 42).[26] Konkret kann er insofern im Rahmen der Verhältnismäßigkeitsprüfung (legitimer Zweck, Angemessenheit) verstärkend herangezogen werden. Besondere Bedeutung hat Art. 20a GG als verfassungsimmanente Grundrechtsschranke. Als kollidierendes Verfassungsrecht vermag er auch Eingriffe in Grundrechte ohne Gesetzesvorbehalt (zB Art. 4 I, II; 5 III 1 GG) zu rechtfertigen,[27] sofern der – grds. gleichrangige[28] – Umweltschutz in der Abwägung mit kollidierenden verfassungsrechtlichen Belangen im Einzelfall überwiegt. Soweit Umweltschutzmaßnahmen des Staates mit Grundrechtseingriffen verbunden sind, bedarf es aber stets einer hinreichend spezifischen, ihrerseits verfassungskonformen (parlaments-)gesetzlichen Grundlage (Vorbehalt des Gesetzes, Wesentlichkeits-Rspr. des *BVerfG*), die nicht bereits aus Art. 20a GG selbst folgt (→ Rn. 43). *Formell-rechtliche* (prozedurale) Auswirkungen hat Art. 20a GG wiederum vor allem für das Gesetzgebungsverfahren im materiellen Sinne (Begründungspflicht, Verstärkung einfachgesetzlicher Verfahrensanforderungen), daneben mittelbar für den gerichtlichen Rechtsschutz (Erweiterung *anderweitig hergeleiteter* subjektiver Rechte iSv § 42 II Hs. 2 VwGO) und Verwaltungsverfahren (zB Einwendungsverfahren, Begründung von Ermessensentscheidungen).[29] Art. 20a GG hat schließlich auch *umweltpolitische* Bedeutung, indem er allen Staatsorganen sowie der Gesellschaft die Bedeutung des Schutzes der natürlichen Lebensgrundlagen programmatisch und appellativ („erzieherisch") vor Augen führt.[30]

---

22 BVerfGE 6, 32 (37 f., 40 f.), stRspr.

23 *Gärditz* in Landmann/Rohmer UmweltR GG Art. 20a Rn. 25; *Kahl* JZ 2010, 668 (670 Fn. 17); offenlassend BVerfGK 16, 370 (377, 383); *Voßkuhle* NVwZ 2013, 1 (5).

24 Im Überblick *Murswiek* (o. Fn. 4) Art. 20a Rn. 64 ff. mwN, auch aus der Rspr.

25 Vgl. *Calliess* (o. Fn. 19) S. 509 ff.; *Kloepfer* UmweltR § 3 Rn. 25 ff.; *Sparwasser/Engel/Voßkuhle* § 1 Rn. 147 ff.; *Murswiek* (o. Fn. 4) Art. 20a Rn. 57, 60.

26 Grdl. zuletzt für den Klimaschutz und Eingriffe in Freiheitsgrundrechte, wie etwa Art. 2 I, 12 I, 14 I GG, *BVerfG* Beschl. v. 24.3.2021 – 1 BvR 2656/18 Ls. 3, Rn. 190. Ferner kann Art. 20a GG zB Einschränkungen der Versammlungsfreiheit des Art. 8 GG rechtfertigen, vgl. *BVerfG* NVwZ 2020, 1505 Rn. 6.

27 *v. Coelln* in Gröpl/Windthorst/ders., GG, 4. Aufl. 2020, Art. 20a Rn. 10; *Kloepfer/Durner* UmweltschutzR § 2 Rn. 16.

28 *Scholz* (o. Fn. 4) Art 20a Rn. 13 f., 41 f.

29 Vgl. *Murswiek* (o. Fn. 4) Art. 20a Rn. 73 ff. mwN.

30 Ähnlich *Kloepfer* (o. Fn. 6) Art. 20a Rn. 135; *Kluth* in ders./Smeddinck § 1 Rn. 60.

3. Schutzgüter und Schutzperspektive

Art. 20a Alt. 1 GG schützt die natürlichen Lebensgrundlagen. Der Begriff der 6 *natürlichen Lebensgrundlagen* wird synonym zum Begriff der natürlichen Umwelt verstanden und umfasst Menschen, Tiere, Pflanzen, Mikroorganismen, Boden, Wasser, Luft, Klima, Atmosphäre, Landschaft, biologische Vielfalt sowie das Wirkungsgefüge zwischen diesen Schutzgütern.[31] Erfasst werden – innerhalb der Grenzen des Völker- bzw. Europarechts – auch die außerhalb des deutschen Staatsgebiets befindlichen ökologischen Lebensgrundlagen.[32] Nicht unter den Begriff der natürlichen Lebensgrundlagen fällt der durch Art. 20a Alt. 2 GG eigenständig geregelte Tierschutz, verstanden als der Schutz individueller Tiere (nicht: Arten) vor nicht artgemäßer Haltung oder Zufügung vermeidbaren Leidens (→ Rn. 3).

Obgleich der *Klimaschutz* (einschließlich des Ziels der Klimaneutralität, einer internationalen 7 Klimaschutzverpflichtung und einer Klimawandelanpassungspflicht) als Teil der „natürlichen Lebensgrundlagen" von Art. 20a GG bereits jetzt mitumfasst ist, wie kürzlich das *BVerfG* ausdrücklich festgestellt hat,[33] hat die Bundestagsfraktion BÜNDNIS 90/DIE GRÜNEN zur Stärkung dieses Ziels im September 2019 einen Antrag auf Änderung des Grundgesetzes gestellt. Der Antrag sieht, auch in Reaktion auf die bislang eher zurückhaltende Rechtsprechung des *BVerfG* zu Art. 20a GG, vor, diesen um einen zweiten Satz zu ergänzen, wonach alle staatliche Gewalt an „für die Bundesrepublik Deutschland völkerrechtlich verbindliche Ziele und Verpflichtungen des Klimaschutzes" verfassungsrechtlich gebunden wird. Eine solche Regelung bezöge sich vor allem auf die Vorgaben des Pariser Abkommens und hier wiederum insbes. auf das „Unter-Zwei-Grad-Ziel".[34] Da der Verweis aber dynamisch gefasst ist, wären auch künftige völkerrechtliche Vereinbarungen mitumfasst.[35] Auf diese Weise bestünde etwa in Verfahren vor dem *BVerfG* eine konkretere Kontrollmöglichkeit hinsichtlich der Einhaltung von Anforderungen an den Klimaschutz als bisher.[36] Das hinter dem Antrag stehende Anliegen einer auch verfassungsrechtlichen Stärkung des Ziels des Klimaschutzes ist grds. berechtigt.[37] Der konkrete Vorschlag kann jedoch bereits mit Blick auf Art. 79 I 1 GG nicht überzeugen.[38] Danach kann das Grundgesetz nur durch ein Gesetz geändert werden, das den Wortlaut des Grundgesetzes *ausdrücklich* ändert oder ergänzt. Dieses Gebot der Rechtsklarheit[39] würde bei Umsetzung der genannten GG-Änderung in zweierlei Hinsicht missachtet: Zum einen würde nicht ausdrücklich festgelegt, welche konkreten Ziele und Verpflichtungen des Völkerrechts in Bezug genommen und damit unmittelbar geltender Inhalt des GG würden. Zum anderen könnte niemand vorhersagen, welche künftigen völkerrechtlichen Vereinbarungen einmal Verfassungsrecht sein würden.[40] Eine derartig unbestimmte und generelle völkerrechtliche „Öffnungsklausel", die wegen der hohen

---

[31] Vgl. *Gärditz* in Landmann/Rohmer UmweltR GG Art. 20a Rn. 9 f.; *v. Münch/Mager,* Staatsrecht I, 8. Aufl. 2016, Rn. 709; restriktiv *Gassner* NuR 2014, 482 (483).

[32] *Brönneke,* Umweltverfassungsrecht, 1999, S. 445 ff.; *Jarass* (o. Fn. 14) Art. 20a Rn. 3; einschränkend *Gärditz* in Landmann/Rohmer UmweltR GG Art. 20a Rn. 18.

[33] *BVerfG* Beschl. v. 24.3.2021 – 1 BvR 2656/18 Ls. 2, Rn. 185, 196 ff. (198) speziell zur internationalen Dimension aaO, Ls. 2c, Rn. 149, 199 f., zur Klimawandelanpassungspflicht aaO Rn. 150. Zuvor bereits ganz hL, vgl. nur *Kahl* JURA 2021, 117 (118); *Groß* NVwZ 2011, 129 ff.; zum Landesverfassungsrecht *Kahl* BayVBl. 2009, 97 ff.

[34] BT-Drs. 19/13538 S. 3; dazu *Cremer* ZUR 2019, 278 (281 f.); *Kloepfer* (o. Fn. 6) Art. 20a Rn. 155.

[35] BT-Drs. 19/4522 S. 7.

[36] Dazu BT-Drs. 19/4522 S. 6; *Cremer* ZUR 2019, 278 (280).

[37] Vgl. *Härtel* NuR 2020, 577 (588).

[38] Ebenso *Degenhart,* Ausschuss-Drs. 19(4)214 A, S. 1, 9, 11; *Kloepfer* (o. Fn. 6) Art. 20a Rn. 156; krit. mit Blick auf das Verhältnis zu den EU-Klimaschutzvorgaben *Saurer,* Ausschuss-Drs. 19(4)214 E, S. 5. AA *Cremer* ZUR 2019, 278 (281 ff.).

[39] Dazu *Degenhart,* Ausschuss-Drs. 19(4)214 A, S. 7; *Herdegen* in Maunz/Dürig GG Art. 79 Rn. 20.

[40] So *Degenhart,* Ausschuss-Drs. 19(4)214 A, S. 1, 9, 11.

Hürden des Art. 79 II GG faktisch kaum mehr zu ändern wäre, wäre auch vor dem Hintergrund des Demokratieprinzips (Art. 20 I und II GG) problematisch.[41] Der Antrag wurde vom Plenum schließlich auch abgelehnt.[42]

Auch auf der Ebene der Landesverfassungen gibt es Tendenzen, den Klimaschutz verfassungsrechtlich als Staatsziel zu verankern.[43] Im Februar 2020 wurde die Präambel der Verfassung der Freien und Hansestadt Hamburg nach Ausführungen zum Schutz der natürlichen Lebensgrundlagen dahingehend ergänzt, dass die Stadt insbes. „ihre Verantwortung für die Begrenzung der Erderwärmung" wahrnehme. Hierbei stellt sich freilich stets die Frage, welchen Mehrwert eine derartige konkrete Staatszielbestimmung im Hinblick auf den bundesverfassungsrechtlich vorgegebenen Art. 20a GG hat.[44]

8 Die natürliche Umwelt soll nicht nur insoweit geschützt werden, als sie Lebensgrundlage des Menschen ist, sondern zugleich auch als Eigenwert. Die Ausrichtung auf den Menschen bleibt aber – verfassungsrechtlich zwingend (vgl. Art. 1 I, 2 I, II 1 GG) – dominant („geläuterte" bzw. „kritische" *Anthropozentrik*);[45] was auch in der expliziten Erwähnung der „künftigen Generationen" zum Ausdruck kommt.

Die Bezugnahme auf die *Verantwortung für die künftigen Generationen*[46] verankert darüber hinaus – wie das BVerfG zuletzt anlässlich der Klimaverfassungsbeschwerden besonders akzentuiert hat – das *Vorsorge-* und das *(ökologische) Nachhaltigkeitsprinzip*[47] mit der diesen zugrunde liegenden Leitidee *intergenerationeller Gerechtigkeit*[48] bzw. der *„intertemporalen Freiheitssicherung"*[49] auf Ebene der Verfassung.[50] Mit den natürlichen Ressourcen ist so zu verfahren, dass sie in einem zumindest gleichwertigen Zustand und Umfang auch noch zukünftigen Generatio-

---

41 Ähnlich *Degenhart,* Ausschuss-Drs. 19(4)214 A, S. 12 f.; *Proelß,* Ausschuss-Drs. 19(4) 214 B, S. 7 f. Offener *Härtel* NuR 2020, 577 (584).

42 Vgl. BT-PlPr 19/128, S. 16060D.

43 Umfassend dazu *Härtel* NuR 2020, 577 ff.; s. auch bereits *Kahl* BayVBl. 2009, 97 ff.

44 Positiv *Härtel* NuR 2020, 577 (578 ff.).

45 *Epiney* (o. Fn. 7) Art. 20a Rn. 26; *Gärditz* in Landmann/Rohmer UmweltR GG Art. 20a Rn. 10, 23; relativierend *Calliess* (o. Fn. 19) S. 111 ff.; für reine Anthropozentrik *Scholz* (o. Fn. 4) Art. 20a Rn. 38 ff.

46 Nach hM sind hiermit grds. *alle* künftigen Generationen gemeint, vgl. *Glaser,* Nachhaltige Entwicklung und Demokratie, 2006, S. 49; *Kahl* in ders. (Hrsg.), Nachhaltigkeit als Verbundbegriff, 2008, S. 1 (25). Dies schließt Schutzabstufungen („Wie" des Schutzes) nicht aus. Stärker einschränkend *Gärditz* in Landmann/Rohmer UmweltR GG Art. 20a Rn. 58. Erschwert wird eine Operationalisierung durch die eher sperrigen und ungewohnten Begriffe „Verantwortung" (dazu *Gassner* NuR 2011, 320 [321]) und „Generation" (dazu *Gärditz* in Landmann/Rohmer UmweltR GG Art. 20a Rn. 14; überzogen krit. *Lepsius* in Kahl [Hrsg.], Nachhaltigkeit als Verbundbegriff, 2008, S. 326 [334]). Vgl. zum Ganzen auch *Kleiber,* Der grundrechtliche Schutz künftiger Generationen, 2014.

47 Genauer dazu → § 4 Rn. 36 ff.

48 *Calliess* (o. Fn. 19) S. 121.

49 *BVerfG* Beschl. v. 24.3.2021 – 1 BvR 2656/18 Ls. 4, Rn. 116 ff., 183 ff.; zuvor bereits ähnlich BVerfGK 16, 370 (383); aus dem Schrifttum grdl. *Hofmann,* Rechtsfragen der atomaren Entsorgung, 1981, S. 258 ff.; vgl. auch *Tepperwien,* Nachweltschutz im Grundgesetz, 2009.

50 Grdl. *BVerfG* Beschl. v. 24.3.2021 – 1 BvR 2656/18 Ls. 2e, 4, Rn. 112, 116 ff., 183 ff., 205 ff., 229, 243 ff.; vgl. ferner BVerfGE 118, 79 (110); *Eifert* in KJ (Hrsg.), Verfassungsrecht und gesellschaftliche Realität, 2009, S. 211 (215); *Gärditz* in Landmann/Rohmer UmweltR GG Art. 20a Rn. 2, 12 f.; *Glaser* (o. Fn. 46) S. 229 ff.; *Kahl* (o. Fn. 46) S. 25, 29; *Kilian* Ad Legendum 2020, 84 (88); *Klement* in Heidbrink/Langbehn/Loh (Hrsg.), Handbuch Verantwortung, 2017, S. 559 (574 ff.); *Wieland* ZUR 2016, 473 (475 ff.); eingehend *Kahl,* Nachhaltigkeitsverfassung, 2018. Vgl. auch die Vorschläge zur Effektivierung des Nachhaltigkeitsziels bei *SRU,* Demokratisch regieren in ökologischen Grenzen – Zur Legitimation von Umweltpolitik, Sondergutachten Juni 2019, Tz. 310.

nen zur Verfügung stehen. Hieraus ergeben sich die Rechtspflichten, bei der Bewertung von anthropogenen Umweltbelastungen (zB Kernenergie, Gentechnik, Nanotechnologie, Fracking, Geoengineering) auch auf deren potentielle Langzeitwirkungen abzustellen[51] sowie die Ziele der Ressourcenschonung und -bewirtschaftung[52] zu beachten.[53]

Bislang verfassungsrechtlich *nicht* geschützt[54] ist demgegenüber die *Nachhaltigkeit im weiten (dreidimensional-integrativen)* Sinn, also der zukunftsgerichtete Ausgleich der Ökologieziele mit sozialen und ökonomischen Belangen. Das Vorhaben, ein Staatsziel Nachhaltigkeit (iwS) im Interesse der Generationengerechtigkeit in das GG zu verankern *(Art. 20b nF)*, wurde zwar in der 16. Legislaturperiode unternommen[55] und stieß teilweise auch auf Zustimmung in der Literatur,[56] blieb jedoch in der Umsetzung (bislang) erfolglos. Gegenwärtig denkt jedenfalls die CDU/CSU-Bundestagsfraktion über einen erneuten Vorstoß in diese Richtung nach.[57]

4. Schutzumfang und -niveau

Das in Art. 20a GG statuierte Staatsziel Umweltschutz verpflichtet den Staat dazu, 9
die natürlichen Lebensgrundlagen zu schützen. „Schutz" bedeutet dabei, zumal vor genetischem Hintergrund,[58] zunächst Bewahrung, konkret Unterlassen weiterer umweltschädigender staatlicher Maßnahmen, aber auch Abwehr weiterer Schäden durch Eingriffe Dritter (Privater). Zwar müssen die Umweltgüter jedenfalls insoweit zwingend erhalten bleiben, als sie die Grundlage des menschlichen Lebens bilden (Kerngehaltsschutz, „ökologisches Existenzminimum").[59] Maximalen Umweltschutz, der die Umwelt von jedem menschlichen Eingriff freihält und jede Schadstoffbelastung der Umweltgüter ausschließt, gebietet Art. 20a GG jedoch nicht.

---

[51] Deutlich etwa mit Blick auf die Beurteilung der langfristigen Folgen des Einsatzes von Gentechnik BVerfGE 128, 1 (1, 36 f., 89); zust. *Kahl* JZ 2012, 667 (669); krit. dagegen *Dederer* JURA 2012, 218 (226); *Kluth,* Das Gentechnik-Urteil: eine kritische Würdigung der Grundsatzentscheidung des BVerfG zur Grünen Gentechnik, 2012. Davon zu unterscheiden ist der *grundrechtliche* Schutz künftiger Generationen, der nach hM über die Lehre der staatlichen Schutzpflichten konstruiert wird; vgl. *Kahl* EurUP 2016, 300 ff. mwN; aA zB *Kleiber* (o. Fn. 46), der den künftigen Generationen selbst (kollektive) Grundrechtsfähigkeit zuspricht.

[52] → § 4 Rn. 37, 39.

[53] *Gassner* DVBl 2013, 547 (549); *Kluth* in ders./Smeddinck, § 1 Rn. 63 f. Eingehend zum Ganzen zuletzt *Kment*, Die Neujustierung des Nachhaltigkeitsprinzips im Verwaltungsrecht, 2019, S. 18 ff., 44 ff., 97 ff.

[54] Vgl. *Kahl* (o. Fn. 50) S. 7 ff.; *Wieland* ZUR 2016, 473 (475 ff.).

[55] BT-Drs. 16/3399. Zum Scheitern des Projekts und den Gründen *Deter* ZUR 2012, 157 ff.

[56] Im Grundsatz zust., wenngleich teilw. abw. bzgl. des Regelungsstandorts und der konkreten Formulierung, *Glaser* in Kahl (Hrsg.), Nachhaltigkeit als Verbundbegriff, 2008, S. 620 (648 f.); *Kahl* DÖV 2009, 2 (9); *ders.* in ders. (Hrsg.), Nachhaltigkeit durch Organisation und Verfahren, 2016, S. 1 (8 ff.); *ders.* (o. Fn. 46) S. 21 ff.; *Kersten* in Kahl (Hrsg.), Nachhaltigkeit durch Organisation und Verfahren, 2016, S. 177 (192); *Wieland* ZUR 2016, 473 (480 ff.); abl. *Appel* (o. Fn. 12) S. 298; *Wolff* BayVBl. 2015, 397 (400).

[57] Vgl. etwa den von der CDU/CSU-Bundestagsfraktion veranstalteten Kongress „Im Sinne der Generationengerechtigkeit: Nachhaltigkeit ins Grundgesetz?", 20.2.2019, Berlin. Die dortigen Referate und Diskussionsbeiträge sind als Video auf Youtube verfügbar.

[58] Zur desaströsen Umweltsituation der früheren DDR als Mitanstoß zur Aufnahme eines Staatsziels Umweltschutz in das GG *Kahl* ZRP 1991, 9 ff.

[59] Berichtend und mit mwN zu den verschiedenen Ansätzen zur Begründung eines Grundrechts auf „ökologisches Existenzminium" (selbst offenlassend) *BVerfG* Beschl. v. 24.3.2021 – 1 BvR 2656/18 Rn. 114. Vgl. ferner *Kloepfer* (o. Fn. 6) Art. 20a Rn. 35, 99 ff.

Die Staatsorgane sind aber nicht nur zur Bewahrung des Status quo verpflichtet, sondern auch zu dessen Verbesserung.[60] Unzulässig ist nicht jede ökologische Verschlechterung bezogen auf den konkreten Einzelfall und die tatsächliche Situation, sondern auf das abstrakt-generelle Schutzniveau („relatives Rückschrittsverbot“[61]) einschließlich der Möglichkeit zu Kompensationen.[62] Materiell kann dies – je nach Regelungsgegenstand – sowohl Gefahrenabwehr als auch Risikovorsorge gebieten;[63] durch die Einbeziehung auch und gerade des Vorsorgebereichs unterscheidet sich das Umweltrecht vom im Kern repressiven Polizeirecht;[64] prozedural kann dies Organisations- und Verfahrensregelungen verlangen.[65] Bei alledem sind die jeweiligen Schutzwürdigkeits- und Gefährdungsprofile der betroffenen Funktionen und Strukturen zu berücksichtigen.[66]

10 Aus Art. 20a GG folgt kein Vorrang des Ökologieziels, vielmehr sind Umweltschutz und kollidierende sonstige Verfassungsgüter (zB Art. 5 III 1, 12 I, 14 I, 109 II GG) prinzipiell gleichrangig.[67] Der Umweltschutz ist daher stets im Rahmen von Abwägungsentscheidungen mit kollidierenden Verfassungsprinzipien und -rechtsgütern in angemessenen Ausgleich (praktische Konkordanz) zu bringen.[68] Bei dieser Abwägung verleiht Art. 20a GG jedoch dem Umwelt-, insbesondere dem Klimaschutz – zumal bei fortschreitendem Klimawandel – besonderes Gewicht.[69] Ggf. sind schutzverstärkend die betroffenen Grundrechte (insbes. Art. 2 II 1 GG) in die Abwägung mit einzustellen.[70]

---

[60] *Huster/Rux* in Epping/Hillgruber (Hrsg.), GG, 3. Aufl. 2020, Art. 20a Rn. 21; ähnlich wohl *Kluth* in ders./Smeddinck § 1 Rn. 64; aA *Gassner* NVwZ 2014, 1140 (1141).

[61] So treffend *Schulze-Fielitz* (o. Fn. 2) Art. 20a Rn. 71; vgl. auch *Appel* in Koch/Hofmann/Reese UmweltR-HdB § 2 Rn. 117, der auf die permanente Nachbesserungspflicht des Gesetzgebers verweist.

[62] Grdl. *Murswiek* NVwZ 1996, 222 (226 f.); zust. *Epiney* (o. Fn. 7) Art. 20a Rn. 65 f.; *Gärditz* in Landmann/Rohmer UmweltR GG Art. 20a Rn. 52 f.; *Huster/Rux* (o. Fn. 60) Art. 20a Rn. 21; zweifelnd bis abl. dagegen *Schink* DÖV 1997, 221 (226 f.); *Steinberg*, Der ökologische Verfassungsstaat, 1998, S. 143; vermittelnd *Appel* in Koch/Hofmann/Reese UmweltR-HdB § 2 Rn. 116 f.; *Schulze-Fielitz* (o. Fn. 2) Art. 20a Rn. 44.

[63] Vgl. § 5 I Nr. 1 und 2 BImSchG; § 4 I, II BBodSchG. Ferner BVerfGE 128, 1 (37); *Gärditz* in Landmann/Rohmer UmweltR GG Art. 20a Rn. 55 ff. (56); *Voßkuhle* NVwZ 2013, 1 (5).

[64] Zum Schutzgut im Gefahrenabwehrrecht *Korte/Dittrich* JA 2017, 332 ff. Zur Annäherung der beiden Rechtsgebiete s. aber auch *Lampert* JuS 2013, 507 (509 f.).

[65] *Gärditz* in Landmann/Rohmer UmweltR GG Art. 20a Rn. 63 f.; vgl. auch – *sub specie* Nachhaltigkeit – *Appel* in Kahl (Hrsg.), Nachhaltigkeit durch Organisation und Verfahren, 2016, S. 83 (94 ff.); *Kahl* in ders. aaO S. 1 (16 ff.); *Schubert* in Kahl aaO S. 63 (74 ff., 77 ff.).

[66] *Salzwedel* Rn. 11 ff.; zust. *Gassner* DVBl 2013, 547 (550).

[67] Ganz hM, vgl. nur *BVerfG* Beschl. v. 24.3.2021 – 1 BvR 2656/18 Ls. 2a („keinen unbedingten Vorrang“), Rn. 198; *Gärditz* in Landmann/Rohmer UmweltR GG Art. 20a Rn. 52, 61; *Kloepfer* (o. Fn. 6) Art. 20a Rn. 45, 65; *Sparwasser/Engel/Voßkuhle* § 1 Rn. 154. AA (relative Präferenz des Umweltschutzes): *Bruch* FS Kloepfer, 2013, S. 333 (339); wieder aA (Nachrang des Umweltschutzes): *Leisner* in Sodan (Hrsg.), GG, 4. Aufl. 2018, Art. 20a Rn. 14.

[68] *BVerfG* Beschl. v. 24.3.2021 – 1 BvR 2656/18 Ls. 2a; *Berg* (o. Fn. 20) S. 9; *Gärditz* in Landmann/Rohmer UmweltR GG Art. 20a Rn. 60. Zum Verhältnis von Art. 20a GG zu anderen Staatszielen vgl. *Epiney* (o. Fn. 7) Art. 20a Rn. 47 ff.

[69] *BVerfG* Beschl. v. 24.3.2021 – 1 BvR 2656/18 Ls. 2a, Rn. 185, 198; *Gärditz* in Landmann/Rohmer UmweltR GG Art. 20a Rn. 61; *Gassner* NuR 2011, 320 (322).

[70] Vgl. BVerfGE 128, 1 (38, 41, 48, 65, 67, 85, 88); 102, 1 (18).

5. Adressaten

Verpflichtet werden durch Art. 20a GG die staatlichen Gewalten (Gesetzgebung, vollziehende Gewalt, Rechtsprechung) auf der Ebene des Bundes und der Länder (einschließlich Gemeinden, Landkreise und sonstige dem Staat zurechenbare Träger von Hoheitsgewalt) bei sämtlichem (öffentlich- und privatrechtlichen) Handeln.[71] Eine Verpflichtung Privater ergibt sich dagegen nicht unmittelbar aus Art. 20a GG, auch nicht eine Pflicht zur umweltschutzbezogenen Kooperation mit dem Staat.[72] 11

Art. 20a GG lässt dabei die bundesstaatliche Kompetenzordnung unberührt.[73] Die Gesetzgebungskompetenz richtet sich ausschließlich nach den Art. 70 ff. GG (→ Rn. 45 ff.). Art. 20a GG knüpft stets an bestehende Kompetenzen an.[74] Bzgl. der umweltpolitischen Zuständigkeit der Kommunen ist zusätzlich Art. 28 II 1 GG zu beachten.[75] Umweltsteuern müssen sich in die Art. 105 f. GG, insbes. in den Katalog der Steuertypen nach Art. 106 I, II GG, einfügen (kein Steuererfindungsrecht aus Art. 20a GG).[76]

Primärer Adressat des Art. 20a GG ist der *Gesetzgeber* auf der jeweiligen Ebene. Er ist aus Gründen parlamentarischer Demokratie und Gewaltenteilung[77] in erster Linie berufen, die abstrakte Bestimmung zu konkretisieren und dadurch seinem verfassungsrechtlichen Auftrag zum Erlass hinreichend effektiver Umweltschutzvorschriften nachzukommen.[78] Präzisere inhaltliche Vorgaben, insbes. konkrete Handlungs- oder Unterlassungspflichten, wird man Art. 20a GG – ungeachtet der äußersten Grenze eines relativen Rückschrittsverbots (→ Rn. 9) – grds. nicht entnehmen können, ohne die Offenheit des demokratischen Prozesses zu gefährden.[79] Dem Gesetzgeber kommt, wie auch sonst bei Staatszielbestimmungen, bei der Erfüllung seines Gesetzgebungsauftrags ein weiter Gestaltungsspielraum zu,[80] der vorliegend sogar noch weiter ist als bei anderen, konkreter gefassten Gesetzgebungsaufträgen.[81] Das *BVerfG* hat bislang noch in keinem Fall eine Unterschreitung des gebotenen Mindestschutzniveaus festgestellt, zuletzt auch nicht im Fall der Klimaschutz-Verfassungsbeschwerden (→ Rn. 35).[82] Gleichwohl hat das *BVerfG* die Bedeutung des 12

---

71 *Gärditz* in Landmann/Rohmer UmweltR GG Art. 20a Rn. 27; *Sommermann* (o. Fn. 8) Art. 20a Rn. 17 f.

72 *Gärditz* in Landmann/Rohmer UmweltR GG Art. 20a Rn. 28.

73 *BVerwG* NVwZ 2006, 595 (597); *Gärditz* in Landmann/Rohmer UmweltR GG Art. 20a Rn. 29.

74 *BVerwG* NVwZ 2006, 595 (597).

75 Art. 20a GG berechtigt eine Gemeinde nicht dazu, Aufgaben des Umweltschutzes losgelöst vom Kompetenzbereich, dh über den örtlichen Wirkungskreis hinaus, an sich zu ziehen, vgl. *BVerwG* NVwZ 2006, 595 (596 f.), dazu *Kahl* JZ 2008, 74 (76); näher *Kahl/Schmidtchen*, Kommunaler Klimaschutz durch Erneuerbare Energien, 2013, S. 308 ff.

76 BFHE 141, 369 (372); *Waldhoff* ZfZ 2012, 57 (59); aA *Heun* in Dreier (Hrsg.), GG III, 3. Aufl. 2018, Art. 106 Rn. 15; *Osterloh* NVwZ 1991, 823 (828).

77 Grds. *Gärditz* in Landmann/Rohmer UmweltR GG Art. 20a Rn. 30 ff. (30), 34 ff. (34).

78 *Schlacke* § 4 Rn. 7; *Kahl* BayVBl. 2009, 97 (103); vgl. auch für die Nachhaltigkeit *Kube* in Kahl (Hrsg.), Nachhaltigkeit durch Organisation und Verfahren, 2016, S. 137 (138 ff.). Die Prärogative des Gesetzgebers ist besonders ausgeprägt bei der – regelmäßig kontroversen – politisch-wertenden Grenzwertfestsetzung im Risiko- bzw. Vorsorgebereich, vgl. BVerfGE 128, 1 (37); *Appel* (o. Fn. 18) S. 469, 475.

79 *Gärditz* in Landmann/Rohmer UmweltR GG Art. 20a Rn. 6.

80 BVerfGE 118, 1 (51); BVerfGK 11, 445 (457); *Wollenschläger* in Schmidt/ders. (Hrsg.), Kompendium öffentliches Wirtschaftsrecht, 5. Aufl. 2019, § 2 Rn. 98 mit Verweis auf Rn. 97.

81 *Appel* (o. Fn. 7) S. 293 f.; *Schulze-Fielitz* (o. Fn. 2) Art. 20a Rn. 71.

82 *BVerfG* Beschl. v. 24.3.2021 – 1 BvR 2656/18 Rn. 195 ff.; vgl. ferner zB BVerfGE 128, 1 (37 ff.); BVerfGK 16, 370 (378).

Art. 20a GG in dem Beschluss zu den Klimaschutz-Verfassungsbeschwerden in mehrfacher Hinsicht gestärkt (hohe, dynamische Gewichtung in der Abwägung, internationale Dimension, Betonung der Justiziabilität, Ausrichtung auf künftige Generationen, besondere Sorgfaltspflicht des Gesetzgebers) und ihn vor allem in seiner Bedeutung als Schranken-Schranke bei der Prüfung von Eingriffen in Freiheitsgrundrechte operationalisiert.[83]

13 Für die *vollziehende Gewalt* wie für die *Rechtsprechung* ist Art. 20a GG vor allem bei der Rechtsanwendung, insbes. der Auslegung gesetzlicher Bestimmungen und der Ausfüllung (bzw. Kontrolle) administrativer Letztentscheidungsrechte (zB Ermessen, Beurteilungsspielraum, Planungsermessen), relevant.[84] Art. 20a GG ist voll justiziabel.[85] Eine Maßstabsbildung für Verwaltung und Justiz wird dabei wegen der Konkretisierungsprärogative des Parlaments praktisch zumeist nur in gesetzlich mediatisierter (mittelbarer) Form erfolgen,[86] daneben ist beiden Gewalten aber auch unter bestimmten – iE str. – Voraussetzungen der unmittelbare Rekurs auf Art. 20a GG möglich (zB verfassungskonforme [hier: umweltschutzfreundliche] Auslegung).[87]

II. Der Grundrechtsschutz gegenüber Umwelteingriffen

1. Kein allgemeines Grundrecht auf Umweltschutz

14 Das Grundgesetz enthält *kein* allgemeines Grundrecht auf Schaffung oder Erhaltung einer sauberen und gesunden Umwelt.[88] Es ließe sich zwar *de constitutione lata* daran denken, ein solches Grundrecht aus Art. 2 I GG[89] oder Art. 2 II 1 GG, ggf. iVm Art. 1 I GG, zu entwickeln oder es aus der Gesamtheit der Grundrechte

[83] *BVerfG* Beschl. v. 24.3.2021 – 1 BvR 2656/18 Ls. 2–2e, 3, Rn. 185, 190, 198 f., 205 ff., passim.

[84] Bericht der Sachverständigenkommission (o. Fn. 4) Rn. 7; *Kloepfer* in Ehlers/Fehling/Pünder § 44 Rn. 37; *Schlacke* § 4 Rn. 7; zur Bedeutung von Art. 20a GG für die Bauleitplanung: *BVerwG* NVwZ-RR 2003, 171. Näher zum Ganzen und teilw. zurückhaltender *Gärditz* in Landmann/Rohmer UmweltR GG Art. 20a Rn. 45 ff. (50 f.).

[85] *BVerfG* Beschl. v. 24.3.2021 – 1 BvR 2656/18 Ls. 2e, Rn. 112, 205 ff.; *Calliess* (o. Fn. 19) S. 125 ff.; *Gärditz* in Landmann/Rohmer UmweltR GG Art. 20a Rn. 46. Grenzen der Justiziabilität ergeben sich freilich aus der weiten Einschätzungsprärogative des Gesetzgebers, vgl. *Krings* in Schmidt-Bleibtreu/Hofmann/Henneke (Hrsg.), GG, 14. Aufl. 2018, Art. 20a Rn. 18.

[86] Vgl. BFHE 181, 515 (519 f.); *Gärditz* DVBl 2010, 214 (221); *Murswiek* (o. Fn. 4) Art. 20a Rn. 57, 60, 61 ff.

[87] Vgl. nur (weiter) *Kloepfer* (o. Fn. 6) Art. 20a Rn. 70 ff., 88 ff., 94 ff.; *Gassner* NuR 2014, 482 (486) einerseits und (enger) *Gärditz* in Landmann/Rohmer UmweltR GG Art. 20a Rn. 45 ff. andererseits.

[88] BVerwGE 54, 211 (211 f. [Ls. 5], 219); *Beckmann* UPR 7/2021 (im Erscheinen), B. III. 1.; *Calliess* ZUR 2021, 323 (324); *Kahl* JURA 2021, 117 (118); *Schlacke* § 4 Rn. 9; *Storm* Rn. 178; *Voßkuhle* NVwZ 2013, 1 (5); vgl. ferner auch *Fischer* Rn. 7. Zur rechtspolitischen Debatte um die – aus guten Gründen abgelehnte – Einfügung eines solchen Grundrechts in das GG *Schulze-Fielitz* (o. Fn. 2) Art. 20a Rn. 4 ff. Ebenso für Art. 141 BayVerf *BayVerfGH* BeckRS 2011, 53258 Rn. 46.

[89] Nach vereinzelt gebliebener Ansicht soll aus *Art. 2 I GG* ein Abwehrrecht gegen Umwelteingriffe folgen, die sich auf die geistig-seelische Sphäre menschlicher Existenz negativ auswirken und so die freie Persönlichkeitsentfaltung beeinträchtigen (*OVG Berlin* NJW 1977, 2283 [2285]). Dieses Urteil ist aber auf die durch die damalige Insellage von West-Berlin bedingte besondere Bedeutung von Natur- und Erholungsflächen zurückzuführen und gilt heute mit Recht als „historisch überholt und dogmatisch fragwürdig“ (*Voßkuhle* NVwZ 2013, 1 [5]).

abzuleiten, bzw. *de constitutione ferenda*[90] ein explizites Grundrecht auf Umweltschutz neu in das Grundgesetz aufzunehmen. Ein derartiges soziales Grundrecht wird von der ganz hM jedoch sowohl hinsichtlich seiner rechtlichen Existenz[91] als auch seiner rechtspolitischen Wünschbarkeit mit Recht abgelehnt. Es würde vor allem mehr versprechen als es bewirken könnte, da ein solches Recht nach dem primär liberal-rechtsstaatlichen („klassischen") Grundrechtsverständnis des Grundgesetzes[92] stets „nur" als Abwehranspruch gegen schädliche staatliche Umwelteingriffe, nicht aber als ein soziales, anspruchsbegründendes Recht verstanden werden könnte, das über den schon jetzt aus Art. 1 I, 2 II 1, 14 I GG iVm Art. 20a GG folgenden Schutzanspruch hinausgeht.[93]

Als *Zwischenergebnis* steht damit fest, dass sich *K* und *T* bei ihrem Kampf gegen die Luftverschmutzung auf kein aus dem Grundrechtskatalog des Grundgesetzes ableitbares allgemeines Umweltschutzgrundrecht berufen können, das subjektiv-rechtlich einen weitergehenden Schutz vermittelt, als dies die einzelnen Grundrechte zugunsten ihrer jeweiligen konkreten Schutzgüter tun.[94] **15**

2. Grundrechte als Abwehrrechte

K und *T* müssen deshalb darlegen können, als Folge der Luftverschmutzung in konkreten, grundrechtlich geschützten Rechtspositionen verletzt zu sein. Grundrechte können als Abwehrrechte gegen staatliche Eingriffe geltend gemacht werden, sofern ein dem Staat zurechenbares[95] verfassungswidriges Handeln nachweislich kausal zu der grundrechtsbeeinträchtigenden Umweltschädigung geführt hat. Ein Abwehranspruch ist somit gegeben, wenn und soweit der Staat selbst in einer Weise auf die Umwelt einwirkt, aus der sich lebensgefährdende und gesundheitsschädliche Folgen ergeben (vgl. Art. 2 II 1 GG) oder in Privateigentum befindliche Sachen geschädigt werden (vgl. Art. 14 I 1 GG) und die Eingriffe nicht ausnahmsweise verfassungsrechtlich gerechtfertigt sind.[96] Grundrechtliche Abwehransprüche greifen dagegen grds. nicht, wenn zwar Eigentumsbeeinträchtigungen und Gesundheitsschäden auftreten, die Ursachen dafür aber nicht durch hoheitliches Verhalten der **16**

---

[90] So tendenziell im Umweltprogramm der sozial-liberalen Bundesregierung von 1971, BT-Drs. 6/2710, 9 f.; vgl. auch *Bosselmann*, Ökologische Grundrechte. Zum Verhältnis zwischen individueller Freiheit und Natur, 1998; für ein prozedurales Grundrecht auf Umweltschutz *Calliess* ZUR 2021, 323 (327 f.).

[91] Ein menschenwürdiges Leben setzt zwar die Gewährleistung eines „ökologischen Existenzminimums" voraus (BVerfGE 40, 121 [133]; *BVerfG* NVwZ 2012, 1024 [1029 f.]), als verfassungsrechtliche Fundamentalnorm eignet sich Art. 1 I GG aber grds. nicht, um konkrete Konflikte zwischen einzelnen divergierenden Zielen zu lösen (vgl. *Herdegen* in Maunz/Dürig GG Art. 1 Abs. 1 Rn. 19 ff.). Im Übrigen fehlt es an einem Eingriff, da Umweltbeeinträchtigungen – abgesehen von wenig realistischen Extrem-Szenarien – grds. keine Erniedrigung des Menschen zum bloßen Objekt staatlicher Behandlung („Verzweckung") darstellen.

[92] BVerfGE 61, 82 (101); *Isensee* in ders./Kirchhof (Hrsg.), HStR IX, 3. Aufl. 2011, § 191 Rn. 16 ff., 29 ff.

[93] *Bruch* (o. Fn. 67) S. 343 ff.; *Kloepfer* in Ehlers/Fehling/Pünder § 44 Rn. 30 f. Zum Grundrecht auf ein ökologisches Existenzminimum *BVerfG* Beschl. v. 24.3.2021 – 1 BvR 2656/18 Rn. 113 f. (iErg *in concreto* offenlassend); *Buser* DVBl 2020, 1389 (1391 f.); *Calliess* ZUR 2021, 323 (328 ff.); *ders.* ZUR 2021, 355 (357).

[94] So auch eindeutig BVerwGE 54, 211 (219 f.); *Starck* in v. Mangoldt/Klein/ders. (o. Fn. 7) Art. 2 Rn. 233; *Kunig/Kämmerer* in v. Münch/Kunig (o. Fn. 8) Art. 2 Rn. 128.

[95] S. dazu *BVerfG* NVwZ 2018, 1224 (1125); *VG Berlin* ZUR 2020, 160 Rn. 61; vgl. auch *Sachs* JuS 2018, 731 ff.; *Meyer* NJW 2020, 894 (895 ff.).

[96] *Kloepfer* UmweltR § 3 Rn. 64.

öffentlichen Hand gesetzt werden. Dieses Problem zeigt sich in *Fall 3:* Da die öffentlich-rechtlichen Körperschaften nur in relativ geringem Umfang schadstoffemittierende Unternehmen selbst betreiben, lässt sich kaum nachweisen, dass gerade dadurch konkrete grundrechtsverletzende Umweltschädigungen hervorgerufen werden.[97] Die Umweltverschmutzungen erweisen sich vielmehr als Ergebnis der summierten umweltverschmutzenden Tätigkeiten Privater, gegen die die Grundrechte in ihrer Abwehrfunktion schon wegen der fehlenden (unmittelbaren) Drittwirkung[98] leerlaufen.[99]

17 Auch eine Betrachtungsweise, die den (mittelbar-faktischen) staatlichen Eingriff etwa[100] in der hoheitlichen Zulassung (zB BImSchG-Genehmigung) und der damit verbundenen Legalisierungswirkung sieht,[101] hilft nicht weiter und wird daher von der hM zu Recht abgelehnt.[102] Eine solche Umdeutung von Freiheitsentfaltungen in Eingriffe würde die staatsgerichtete Abwehrfunktion der Grundrechte (vgl. Art. 1 III GG) entwerten und die Grundrechte – entgegen dem rechtsstaatlichen Verteilungsprinzip (vgl. Art. 2 I GG)[103] – in ihr Gegenteil, nämlich in einen Eingriffstitel, verkehren.[104] Im Übrigen ist bei den meisten Umweltbelastungen durch Private – so auch in *Fall 3* – eine Zurechnung an den Staat nicht möglich, da erst eine Vielzahl genehmigter Umweltbelastungen in ihrem Zusammenwirken zu einer konkreten Grundrechtsbeeinträchtigung führt (Summationsschaden), es der *einzelnen* Genehmigung aber mangels Überschreitens der Erheblichkeitsschwelle gerade am Eingriffscharakter fehlt.[105] Möglich wäre allenfalls die Annahme einer abstrakt-generellen staatlichen Mitverantwortung, die aber für eine Zurechnung, die konkret-individuell erfolgen muss, zu diffus bleibt.[106] Auch das *BVerfG* geht in stRspr grds. davon aus, dass umweltbeeinträchtigende Maßnahmen Privater dem Staat nicht (als Eingriff) zugerechnet werden können;[107] die Ausnahme, die es für atomrechtliche Genehmigungen gemacht hat,[108] ist zum einen vorliegend nicht einschlägig, zum anderen dogmatisch abzulehnen.[109]

---

[97] Vgl. *Steiger* in Salzwedel ua (Hrsg.), Grundzüge des Umweltrechts, 2. Aufl. 1997, Abschn. 1 Rn. 157 f.

[98] *Kloepfer,* Verfassungsrecht II, 2010, § 50 Rn. 47 ff., 53; *Rüfner* in Isensee/Kirchhof (o. Fn. 92) § 197 Rn. 83 ff.; *Kingreen/Poscher,* Grundrechte, 36. Aufl. 2020, Rn. 236 ff.

[99] *VG Berlin* ZUR 2020, 160 Rn. 61 f.; *Voßkuhle* NVwZ 2013, 1 (6).

[100] Andere denkbare Anknüpfungspunkte für eine Zurechnung privaten Verhaltens (Umweltbelastung) an den Staat wären die Förderung (zB Subventionierung) oder Duldung des Verhaltens.

[101] Vgl. dazu – mit Unterschieden in den Einzelheiten – BVerwGE 50, 282 (286 ff.); *Schwabe,* Probleme der Grundrechtsdogmatik, 1977, S. 213; *Murswiek,* Die staatliche Verantwortung für die Risiken der Technik, 1985, S. 88 ff. (101 ff.).

[102] Vgl. BVerfGE 49, 89 (140); *BVerfG* NJW 1998, 3264; *Appel* in Koch/Hofmann/Reese UmweltR-HdB § 2 Rn. 124; *Gärditz* in Landmann/Rohmer UmweltR GG Art. 20a Rn. 74 ff.; *Kahl* JURA 2021, 117 (118 f.); *Voßkuhle* NVwZ 2013, 1 (6).

[103] Danach ist die (auch umweltbeeinträchtigende) Freiheitsentfaltung des Privaten grds. geschützt. Die Darlegungs- und Beweislast für Grundrechtseingriffe trifft den Staat; vgl. *Appel* (o. Fn. 12) S. 108 f.; *Breuer* Rn. 18a.

[104] *Gärditz* in Landmann/Rohmer UmweltR GG Art. 20a Rn. 74, vgl. auch Rn. 77; ferner *Appel* in Koch/Hofmann/Reese UmweltR-HdB § 2 Rn. 124 („grundlegende Umbildung des Systems der grundrechtlichen Freiheiten und seiner Prämissen").

[105] *Kahl* JURA 2021, 117 (119).

[106] Vgl. BVerfGE 53, 30 (58); *Schmidt-Aßmann* AöR 106 (1981), 205 (215).

[107] Vgl. stellv. *BVerfG* NJW 1998, 3264.

[108] BVerfGE 53, 30 (57 f.).

[109] *Gärditz* in Landmann/Rohmer UmweltR GG Art. 20a Rn. 75.

3. Schutzpflichten aus Grundrechten

Eine Grundrechtsverletzung kann deshalb nur dann angenommen werden, wenn den Staat eine hinreichend konkrete, positive Handlungspflicht trifft, deren Unterlassen einem aktiven Grundrechtseingriff gleichsteht. Das Staatsziel Umweltschutz (Art. 20a GG) ist dabei jedoch zu unbestimmt, um allein daraus einen inhaltlich konkreten Handlungsauftrag des Staates ableiten zu können.[110] Als abstraktes und inhaltsoffenes Prinzip bedarf es vielmehr im Regelfall einer bereichsspezifischen, einfach-gesetzlichen Konkretisierung. 18

Gleichwohl darf der Staat nicht tatenlos zusehen, wenn seine Bürger durch Umweltverschmutzungen Privater an ihren grundrechtlich geschützten Rechtsgütern geschädigt werden. Die in den Grundrechten verkörperte objektiv-rechtliche Wertordnung mit Richtliniencharakter für alles staatliche Handeln[111] begründet nämlich zugleich die verfassungsrechtliche Pflicht des Staates, die durch die Grundrechte gesicherten Schutzgüter zu gewährleisten und die dafür erforderlichen Umweltbedingungen auch gegenüber Beeinträchtigungen, die von Privaten ausgehen, zu sichern (staatliche *Schutzpflichten*).[112] So beinhaltet etwa Art. 2 II 1 GG (iVm Art. 1 I 2 GG) die staatliche Pflicht, sich schützend und fördernd vor die Rechtsgüter Leben und körperliche Unversehrtheit[113] zu stellen und sie vor Eingriffen von Seiten anderer einschließlich von Umweltbelastungen (gleich von wem und durch welche Umstände sie drohen) zu bewahren.[114] Gleiches ergibt sich aus Art. 14 I GG (iVm Art. 1 I 2 GG) mit Blick auf das Eigentum. Fraglich ist daher, ob *K* und *T* unter Berufung auf die Schutzfunktion des Art. 14 I GG (*K*) bzw. des Art. 2 II 1 GG (*T*) einen (Leistungs-)Anspruch auf Erlass oder Nachbesserung bestimmter Schutzvorkehrungen (hier: Verschärfung des Immissionsschutzrechts) haben. 19

Voraussetzung für ein Eingreifen der Schutzpflichtenlehre[115] ist neben dem Vorliegen eines *schutzfähigen Rechtsguts*[116] vor allem das Bestehen einer *Schutzpflichtlage,* dh einer Gefahren- oder Risikolage, die den abstrakten Schutzauftrag des Staates gegenstandsbezogen aktiviert und ein hinreichendes Gefährdungsniveau aufweist.[117] Konkret können Schutzpflichten dabei durch anthropogene (von Privaten 20

---

110 Vgl. *Kahl* BayVBl. 2009, 97 (103).

111 StRspr seit BVerfGE 7, 198 (205); s. auch *Stern* in Isensee/Kirchhof (o. Fn. 92) § 185 Rn. 52 ff., 70 ff.

112 Allg. grdl. BVerfGE 39, 1 (41 f.), für das Umweltrecht BVerfGE 49, 89 (140 ff.); 56, 54 (78); aus dem Schrifttum statt aller: *Lorenz* in Kahl/Waldhoff/Walter (o. Fn. 6) Art. 2 II 1 Rn. 514 ff.; speziell für das Umweltrecht *Calliess* (o. Fn. 19) S. 312 ff.; *Heselhaus* in Rehbinder/Schink Abschn. 1 Rn. 92 ff.

113 Diesen Rechtsgütern kommt nach stRspr eine überragende Bedeutung zu, vgl. BVerfGE 3, 1 (42); 88, 203 (251 ff.).

114 Grdl. zuletzt *BVerfG* Beschl. v. 24.3.2021 – 1 BvR 2656/18 Ls. 1, Rn. 144 ff. Vgl. bereits BVerfGE 56, 54 (73 ff.); *BVerfG* NVwZ 2008, 780 (784); vgl. auch *Papier* FS Jarass, 2015, S. 229 (230 f.). Die Schutzpflicht erstreckt sich auch auf die Gefahren des Klimawandels und künftige Generationen, vgl. *BVerfG*, Beschl. v. 24.3.2021 – 1 BvR 2656/18 Ls. 1, Rn. 147 ff.

115 Näher dazu und zum Folgenden *Gärditz* in Landmann/Rohmer UmweltR GG Art. 20a Rn. 83 ff.; vgl. auch das Prüfungsschema bei *Manssen*, Staatsrecht II, 18. Aufl. 2021, Rn. 64 f. Aus der Rspr. aktuell und instruktiv die (iErg negative) Prüfung einer Schutzpflichtverletzung im Fall der Klimaschutz-Verfassungsbeschwerden: *BVerfG* Beschl. v. 24.3.2021 – 1 BvR 2656/18 Rn. 151 ff.

116 Schutzfähige Rechtsgüter sind nach ganz hM über die expliziten Schutzaufträge (Art. 1 I 2, 6 IV GG) hinaus alle durch die (besonderen) Freiheitsgrundrechte garantierten Rechtsgüter, vor allem Leib und Leben (Art. 2 II 1 GG), aber zB auch Eigentum (Art. 14 I GG).

117 *Kahl* JURA 2021, 117 (120).

ausgehende) Umweltbelastungen (zB Lärm oder Luftverunreinigung durch Verkehr, Betrieb eines Atomkraftwerks, elektromagnetische Felder, Freisetzung gentechnisch veränderter Organismen, Fracking) oder durch umweltgefährdende Naturereignisse (zB Erdbeben, Tsunami, Vulkanausbruch) ausgelöst werden. Das grundrechtsgefährdende Verhalten bzw. die Naturkatastrophe müssen nicht von deutschem Territorium ausgehen; die Grundrechte vermitteln dem Einzelnen auch einen Anspruch gegen seinen Staat auf Schutz vor ausländischer öffentlicher Gewalt.[118]

21 Von einer *Gefahr* spricht man bei Ereignissen, die bei ungehindertem Kausalverlauf mit hinreichender Wahrscheinlichkeit zu einem *Schaden (Grundrechtsverletzung)* führen (polizeirechtlicher Gefahrbegriff). Der Gesetzgeber reagiert auf abstrakte Gefahren, die Verwaltung schreitet gegen konkrete Gefahren ein, wobei sich das grds. bestehende Entschließungsermessen im Lichte der staatlichen Schutzpflicht im Einzelfall auf null reduzieren kann. Für das Vorliegen einer Gefahr kommt es auf das Produkt aus Schadensausmaß (Gewicht der betroffenen Rechtsgüter) und Schadenseintrittswahrscheinlichkeit an. Dabei gilt die sog. Je-desto-Formel, dh je größer der drohende Schaden, desto niedriger sind die Anforderungen an die Schadenseintrittswahrscheinlichkeit.

22 Daher kann auch Risikovorsorge grundrechtlich geboten sein.[119] Ein *Risiko* bezeichnet die Möglichkeit eines Schadenseintritts einerseits mit einem geringeren Wahrscheinlichkeitsgrad und damit unterhalb der Schwelle einer polizeilichen Gefahr (→ Rn. 21),[120] die aber andererseits nicht praktisch ausgeschlossen erscheint, was sie zum bloßen Restrisiko (→ Rn. 28) machen würde.[121] Grundrechtsgefährdungen liegen freilich nach der stRspr des *BVerfG* grds. im Vorfeld verfassungsrechtlich relevanter Grundrechtsbeeinträchtigungen und stehen nur unter qualifizierten Voraussetzungen Grundrechtsverletzungen gleich.[122] Ein Risiko kann insbes. bestehen bei Umweltgefährdungen mit geringer Eintrittswahrscheinlichkeit, aber hohem Schadenspotential für Leben oder Gesundheit einer Vielzahl von Grundrechtsträgern;[123] daneben aber auch bei Umweltbelastungen, die für sich genommen ungefährlich sind, die aber im Zusammenwirken mit anderen Umweltbelastungen bzw. über größere Zeiträume[124] oder Entfernungen zu Schäden führen können (Summations-, Langzeit- und Distanzschäden).[125] Eine erhöhte Schutzverantwortung besteht dort, wo der Gesetzgeber wissenschaftliches oder technisches Neuland betritt,[126]

---

[118] *Isensee* (o. Fn. 92) § 191 Rn. 208 ff.; offenlassend BVerfGK 17, 57 (68).

[119] BVerfGE 49, 89 (140 ff.); *BVerfG* NVwZ 2011, 991 (993); *Di Fabio,* Risikoentscheidungen im Rechtsstaat, 1994, S. 73 ff.; *Möstl,* Die staatliche Garantie für die öffentliche Sicherheit und Ordnung, 2002, S. 256 ff.

[120] Konzeptionell anders das EU-Sekundärrecht, das die deutsche Unterscheidung zwischen Risiko und Gefahr in dieser Form nicht kennt, vgl. *Gärditz* ZUR 2009, 413 (415); *Ziekow* NVwZ 2006, 259 (260).

[121] Vgl. BVerfGE 66, 39 (58); *Lorenz* (o. Fn. 112) Art. 2 II 1 Rn. 538. Zu dem der Definition zugrundeliegenden *dreistufigen* Sicherheitsniveau vgl. *Schröder* in Schulte/ders. S. 237 (245 ff., 250 ff.), sowie zum davon abzugrenzenden *zweistufigen* Sicherheitsniveau (Risiko, Restrisiko) *ders.* aaO S. 254 ff.

[122] Grdl. BVerfGE 49, 89 (141 f.).

[123] BVerfGE 66, 39 (58); BVerfGK 17, 57 (62).

[124] Aus Art. 2 II 1 GG (und den sonstigen Grundrechten) folgt aber kein verfassungsbeschwerdefähiges Recht auf Verhinderung erst später, insbes. für nachfolgende Generationen, eintretender Gefährdungen, vgl. BVerfGK 16, 370 (383); s. dazu auch → Rn. 33.

[125] Vgl. BVerfGK 17, 57 (62 f.); *Kahl* JURA 2021, 117 (120).

[126] Näher dazu und den sich hieraus ergebenden Anforderungen BVerfGK 17, 57 (62).

weil hier Kausalverläufe typischerweise wissenschaftlich ungeklärt sind und sich die Wissenslücke auch nicht durch Erfahrungswissen überbrücken lässt.[127]

Bei anthropogenen Umweltbelastungen, die zu Summations-, Langzeit- und Distanzschäden führen können, hilft die traditionelle polizeirechtliche Gefahr- und Störerdogmatik kaum weiter. Hierfür gilt der im Atomrecht entwickelte, aber grds. verallgemeinerungsfähige „Grundsatz der bestmöglichen Gefahrenabwehr und Risikovorsorge", wonach bereits die „entfernte Wahrscheinlichkeit eines Schadenseintritts" staatliche Schutzpflichten auslösen kann.[128] Die Rechtsprechung legt dabei ein *gleitendes Konzept* zugrunde, das von Art und zeitlicher Nähe der Gefahren, Wertigkeit des geschützten Rechtsguts und den bereits bestehenden Regelungen abhängt.[129] Notwendig sind grds. materielle Schutzstandards, im Einzelfall können grundrechtliche Schutzpflichten aber jedenfalls teilweise auch durch geeignete Verfahrensregelungen erfüllt werden, soweit das Verfahren für einen effektiven Grundrechtsschutz Bedeutung hat.[130] 23

Daneben folgt aus den Grundrechten (zB Art. 2 II 1 GG) auch eine Pflicht des Gesetzgebers zur fortlaufenden *Beobachtung* und *Überprüfung* der Effektivität seiner Regelungen (auch unter veränderten Umständen) und ggf. zur *Nachbesserung*.[131] Eine Verletzung der Nachbesserungspflicht liegt jedoch erst vor, „wenn evident ist, dass eine ursprünglich rechtmäßige Regelung zum Schutz der Gesundheit aufgrund neuer Erkenntnisse oder einer veränderten Situation untragbar geworden ist".[132] 24

Eine geänderte Risikobeurteilung und damit legislative Nachsteuerung wurde zuletzt insbes. im Bereich der durch *Mobilfunk*sendeanlagen (bzw. Funkablesegeräte/Smart Meter mit Funk) möglicherweise drohenden Gesundheitsschäden gefordert.[133] Die Rechtsprechung hat auf derartige Forderungen bislang aber nicht reagiert und geht weiter davon aus, dass die materiellen Schutzstandards der 26. BImSchV den Anforderungen der Schutzpflicht aus Art. 2 II 1 GG genügen.[134]

Für *Fall 3* ergibt sich hieraus Folgendes: Die allgemeine Luftverschmutzung – ihre Ursächlichkeit für Waldsterben und Pseudo-Krupp-Erkrankung unterstellt – beeinträchtigt mehr als unerheblich,[135] also in einer Intensität, bei der ein staatlicher Eingriff ohne gesetzliche Eingriffsermächtigung bzw. Schrankenbestimmung unzulässig wäre, Grundrechtspositionen der Betroffenen: Während *T* in ihrer körperlichen Unversehrtheit verletzt und in ihrem Recht auf Leben gefährdet ist, wird *K* durch den Verlust des Waldes schwer in seiner Eigentümerbefugnis getroffen. Aus Art. 2 II 1 bzw. 14 I 1 GG trifft den Staat daher grds. die Pflicht, *K* und *T* vor den durch Dritte (private Emittenten) veranlassten Eingriffen in ihre Grundrechtspositionen zu schützen. Fraglich ist aber, ob *K* bzw. *T* hieraus auch einen Leistungsanspruch auf konkrete Schutzvorkehrungen gegen den Staat ableiten können. 25

---

[127] Zu diesen typischen Kennzeichen von Risiken s. *Götz/Geis,* Allgemeines Polizei- und Ordnungsrecht, 16. Aufl. 2017, § 6 Rn. 9.

[128] Grdl. BVerfGE 49, 89 (138 f.); ferner BVerfGK 14, 402 (407 f.); normative Ausprägungen des Grundsatzes: § 6 II Nr. 2 und 4, § 7 II Nr. 3 und 5 AtG. Vgl. auch für das Gentechnikrecht § 6 II, § 16 I (Nr. 3) GenTG; *Gärditz* ZUR 2009, 413 (414).

[129] BVerfGE 49, 89 (140 ff.); *BVerfG* NVwZ 2011, 991 (993); *Gärditz* in Landmann/Rohmer UmweltR GG Art. 20a Rn. 87.

[130] BVerfGE 53, 30 (65 f.); 128, 1 (55 f.); *Gärditz* in Landmann/Rohmer UmweltR GG Art. 20a Rn. 91.

[131] BVerfGE 49, 89 (143 iVm 130 f.); *BVerfG* NVwZ 2011, 991 (994); *Voßkuhle* NVwZ 2013, 1 (7); ausf. *Isensee* (o. Fn. 92) § 191 Rn. 285 ff.

[132] *BVerfG* NVwZ 2011, 991 (994).

[133] *Budzinski* NVwZ 2012, 547 ff. mwN.

[134] *BGH* NJW 2011, 3514; *VGH München* NVwZ-RR 2011, 851.

[135] Vgl. *Schmidt-Aßmann* AöR 106 (1981), 205 (216).

26 Die objektiv-rechtlichen Schutzpflichten werden nach hM insoweit resubjektiviert, als ein konkret-individuell Betroffener einen Anspruch auf hoheitliches Einschreiten *(Schutzanspruch)* aus dem jeweils einschlägigen Grundrecht (vorliegend: Art. 2 II 1, 14 I 1 GG, jeweils iVm Art. 1 I 2 GG) haben kann.[136] Die Rechtsfolge besteht allerdings nur in einer abstrakten Handlungspflicht, die primär an den Gesetzgeber adressiert ist. Nicht vorgegeben werden dagegen ein ganz bestimmtes Ziel oder gar bestimmte Mittel bzw. Instrumente zur Zielerreichung („Wie" des Schutzes).[137]

27 Dem Gesetzgeber[138] kommt bei der Erfüllung von Schutzpflichten ein *sehr weiter Einschätzungs-, Wertungs- und Gestaltungsspielraum* zu, der auch Raum lässt, etwa konkurrierende öffentliche und private Interessen zu berücksichtigen (Abwägung).[139] Ihm obliegt es aufgrund seiner unmittelbaren demokratischen Legitimation,[140] die Gefahrensituation zu beurteilen und aus der Vielzahl denkbarer Regelungen und Maßnahmen (Instrumente) die ihm geeignet erscheinenden auszuwählen.[141] Dabei müssen der Legislative nicht nur die notwendigen Entscheidungsspielräume zugestanden werden, sondern auch gesicherte Erfahrungsgrößen und angemessene Anpassungszeiträume zur Verfügung stehen.[142] Mit der Entscheidung des Staates für ein bestimmtes Schutzkonzept (zB nicht-rückholbare Endlagerung atomaren Abfalls) kann eine Einschränkung künftiger politischer Handlungsfreiheit verbunden sein, ohne dass hieraus eine Verletzung von Art. 2 II 1 GG (iVm Art. 38 I 1, 20 II GG) folgt, denn es gibt „kein[en] grundrechtlich geschützte[n] Anspruch des einzelnen Bürgers darauf […], dass der Gesetzgeber nur ‚reversible' Entscheidungen bzw. nur Entscheidungen mit ‚reversiblen' Folgen trifft".[143]

28 Ein Ausschluss von Grundrechtsgefährdungen mit absoluter Sicherheit kann vom Staat angesichts der Grenzen menschlichen Erkenntnisvermögens nicht verlangt werden, da dies in der Sache auf ein vollständiges Errichtungs- und Betriebsverbot für bestimmte riskante Anlagen und insoweit auf eine Unmöglichkeit von technischem Fortschritt und eine weitgehende Verbannung jeder staatlichen Zulassung der Nutzung von Technik hinausliefe.[144] *Restrisiken* sind vielmehr als sozial-adäquat von der Allgemeinheit hinzunehmen.[145] Dem Bereich des Restrisikos sind „diejeni-

---

[136] Vgl. BVerfGE 39, 1 (36 ff.); 79, 174 (201 f.); *Dietlein,* Die Lehre von den grundrechtlichen Schutzpflichten, 2. Aufl. 2005, S. 133 ff.; *Unruh,* Zur Dogmatik der grundrechtlichen Schutzpflichten, 1996, S. 62 ff.; krit. aber *Bethge* FS Isensee, 2007, S. 613 ff.

[137] *BVerfG* NVwZ 2016, 841; *Appel* (o. Fn. 7) S. 292, 294; *Hufen,* Staatsrecht II, 8. Aufl. 2020, § 5 Rn. 6.

[138] Über einen Einschätzungsspielraum verfügt auch die Exekutive (str.). So BVerfGK 17, 57 (65) sowie für das Atomrecht berichtend (die Vereinbarkeit mit Art. 19 IV 1 GG offenlassend) BVerfGK 16, 370 (386). Für das Gentechnikrecht vgl. BVerwGE 143, 24 (35); aA aber wegen Art. 19 IV 1 GG zB *Gärditz* ZUR 2009, 413 (417 ff. [419]).

[139] *BVerfG* Beschl. v. 24.3.2021 – 1 BvR 2656/18 Rn. 147 ff.; BVerfGE 56, 54 (82); *BVerfG* NJW 1996, 651; NVwZ 2016, 841; BVerwGE 142, 234 (278); *Kahl* JURA 2021, 117 (120); *Kube* (o. Fn. 78) S. 144; *Voßkuhle* NVwZ 2013, 1 (7); zum Ganzen *Bickenbach,* Die Einschätzungsprärogative des Gesetzgebers, 2014, S. 17 ff., 128 ff., 160 ff.

[140] BVerfGE 39, 1 (44); 46, 160 (164).

[141] BVerfGE 56, 54 (80 f.).

[142] BVerfGE 56, 54 (82); 77, 170 (214 f.).

[143] BVerfGK 16, 370 (376 f.); zu verfassungsrechtlichen Problemen der kerntechnischen Entsorgung *Ludwigs* RW 2018, 109 (124 ff.).

[144] BVerfGE 49, 89 (143 ff.); BVerfGK 16, 370 (375); *Gärditz* in Landmann/Rohmer UmweltR GG Art. 20a Rn. 89; *Kahl* JZ 2012, 667 (670).

[145] BVerfGE 49, 89 (142 f.); BVerwGE 143, 24 (35 f.); für die Zwischen- bzw. Endlagerung radioaktiver Abfälle BVerfGK 16, 370 (382). Ebenso *Voßkuhle* NVwZ 2013, 1 (7); *Kahl* JURA 2021, 117 (120); daher stellen Restrisiken auch keine abwägungsbeachtlichen Belange dar, vgl. *BVerwG* NVwZ 2015, 220 Rn. 24.

gen Risiken zuzuordnen, hinsichtlich derer es nach dem Stand von Wissenschaft und Technik praktisch ausgeschlossen[146] erscheint, dass daraus Schadensereignisse erwachsen, sowie solche Risiken, die aus den Grenzen des menschlichen Erkenntnisvermögens resultieren und die wegen ihrer Unentrinnbarkeit als sozial-adäquate Lasten von allen Bürgern zu tragen sind"[147]. Abzustellen ist dabei auf das Individualrisiko des Einzelnen, nicht auf die Zahl der von diesem Risiko betroffenen Personen.[148]

Auch die Restrisikobeurteilung ist eine *dynamische* Aufgabe[149] und kann sich aufgrund veränderter Tatsachenlage als nicht mehr haltbar und damit modifizierungsbedürftig oder obsolet erweisen. Der Gesetzgeber hat die hieraus notwendigen Konsequenzen durch Anpassung der Rechtslage zu ziehen. **29**

Daher war es etwa verfassungskonform,[150] dass der Gesetzgeber vor dem Hintergrund insbes.[151] der Reaktorkatastrophe von Fukushima (März 2011) im Jahre 2011 mit der 13. AtG-Novelle[152] einen beschleunigten *Atomausstieg* beschlossen hat. Die bisherige deutsche Sicherheitsphilosophie des deutschen Atomrechts, die beim Betrieb von Kernkraftwerken von einem als sozial-adäquat hinzunehmenden Restrisiko (→ Rn. 28) ausging und davon, dass das einfache Recht (§ 7 I, II [Nr. 3, 5] AtG) den durch Art. 2 II 1 GG gebotenen Schutzstandard gewährleiste,[153] war – spätestens – nach Fukushima nicht mehr haltbar.[154]

Wegen des beträchtlichen Spielraums von Gesetzgebung und eingeschränkt auch vollziehender Gewalt kann deren Entscheidung, welche Schutzmaßnahmen und welches Schutzniveau konkret geboten sind, nur begrenzt *gerichtlich überprüft* werden (reduzierte Kontrolldichte).[155] Das *BVerfG* kann erst eingreifen, wenn der Gesetzgeber bzw. die Exekutive die Schutzpflicht evident verletzt hat *(Evidenzkontrolle)*. Dies ist der Fall, wenn **30**

---

[146] Hierfür gilt der Maßstab „praktischer Vernunft"; grdl. BVerfGE 49, 89 (140 ff.), stRspr, vgl. etwa noch BVerfGK 16, 370 (382); BVerwGE 143, 24 (36); aus der Lit. statt vieler *Kloepfer* in Ehlers/Fehling/Pünder § 44 Rn. 81. Dieser Maßstab wurde durch die Reaktorkatastrophe von Fukushima (2011) schwer erschüttert, vgl. *Kloepfer* aaO Rn. 81; dazu sogleich → Rn. 29.

[147] BVerfGE 49, 89 (143). Vgl. auch *BVerfG* NJW 2002, 1638 (1639); BVerfGK 14, 402 (408).

[148] BVerfGK 14, 402 (410).

[149] Allg. zum Erfordernis eines dynamischen Grundrechtsschutzes (für das Atomrecht) BVerfGE 49, 89 (137); BVerfGK 16, 370 (380); hinsichtlich des Atomausstiegs in Reaktion auf Fukushima BVerfGE 143, 246 (355).

[150] Die Verfassungsmäßigkeit der 13. AtG-Novelle (BGBl. 2011 I 1704, dazu BT-Drs. 17/5070, 5 ff.) grds. bestätigend BVerfGE 143, 246 (346 ff.). Es bedarf aber einer Entschädigung der betroffenen Energiekonzerne, dazu *Frenz* DVBl 2017, 121 f. In Reaktion auf das Urteil erfolgte die – ihrerseits zT verfassungswidrige – 16. AtG-Novelle durch G v. 10.7.2018 (BGBl. I 1122), dazu *BVerfG* Beschl. v. 29.9.2020 – 1 BvR 1550/19, DVBl 2021, 181; dazu *Berkemann* DVBl 2021, 151 ff. sowie bereits *Burgi* NVwZ 2019, 585 ff. sowie u. Fn. 220. Näher zum Ganzen → § 6 Rn. 100 ff.

[151] Zu weiteren Gründen für eine geänderte Beurteilung (zB Alterungserscheinungen, Terrorismus etc.) *Wollenteit* ZUR 2013, 323 (325); grds. *Kersten* in Ostheimer/Vogt (Hrsg.), Die Moral der Energiewende, 2014, S. 164 ff.

[152] S. o. Fn. 150.

[153] BVerfGE 49, 89 (141 ff.); BVerfGK 14, 402 (407 f.).

[154] *Wollenteit* ZUR 2013, 323 ff.; *Kloepfer/Durner* UmweltschutzR § 3 Rn. 8; weiter von einem bloßen Restrisiko ausgehend *Gierke/Paul* in Danner/Theobald (Hrsg.), Energierecht, Vorb. zum AtomR Rn. 12 ff.

[155] Vgl. stellv. aus neuerer Zeit BVerfGK 17, 57 (61). Dazu auch *Buser* DVBl 2020, 1389 (1392 f.) und *Kahl* JURA 2021, 117 (120 f.).

(1) der Gesetzgeber in Ansehung eines objektivierten Umweltproblems *schlichtweg untätig* bleibt,
(2) getroffene Maßnahmen (insbes. gesetzliche Regelungen) gemessen am Stand wissenschaftlicher Erkenntnis *offensichtlich ungeeignet* sind, die relevante Umweltgefahr (bzw. das Risiko) hinreichend zu begrenzen *oder*
(3) die Schutzvorkehrungen erheblich hinter dem Schutzziel zurückbleiben.[156]

Nur unter besonderen Umständen kann sich der Einschätzungsspielraum so verengen, dass nur durch eine bestimmte Maßnahme der Schutzpflicht Genüge getan werden kann.[157]

31 Zur verfassungsgerichtlichen Mindestkontrolle gehören – unter Beachtung des Grundsatzes der Gewaltenteilung sowie der unterschiedlichen Erkenntnismöglichkeiten von Legislative bzw. Exekutive einerseits und Gerichten andererseits[158] – auch die *relevanten Prognosen* und *Tatsachengrundlagen* der Legislative oder Exekutive, insbes. wenn es um Entscheidungen geht, die auf ungewissen Folgenabschätzungen beruhen.[159] Nach der Rechtsprechung hat die öffentliche Gewalt vorhandene Erkenntnisquellen auszuschöpfen und eine Risikoanalyse mit fachlicher Bewertung vorzunehmen,[160] die auf einer ausreichenden Datenbasis beruht und dem Stand von Wissenschaft und Technik im Zeitpunkt der Entscheidung Rechnung trägt.[161] Der Gesetzgeber genügt daher seiner Schutzpflicht idR durch Verweis auf eine sorgfältig aufgearbeitete Tatsachengrundlage (insbes. Gutachten und Stellungnahmen von unabhängigen, pluralistisch besetzten [internationalen] Sachverständigenkommissionen oder internationalen Organisationen), die die von ihm gezogenen Folgerungen stützt.[162]

32 Überdies hat der Gesetzgeber nach dem *BVerfG*[163] zur Beachtung seiner Schutzpflicht grds. auch das *Untermaßverbot* zu beachten, durch das eine untere Schwelle festgelegt wird, die der Gesetzgeber nicht unterschreiten darf.[164] Die Vorkehrungen des Gesetzgebers müssen danach „für einen – unter Berücksichtigung entgegenstehender Rechtsgüter – angemessenen und wirksamen Schutz ausreichend sein und zudem auf sorgfältigen Tatsachenermittlungen und vertretbaren Einschätzungen

[156] *BVerfG* Beschl. v. 24.3.2021 – 1 BvR 2656/18 Rn. 152. Vgl. aus der früheren Rspr. noch, mit Abweichungen im Detail, BVerfGE 49, 89 (139 ff.); *BVerfG* NVwZ 2011, 991 (994); BVerfGK 17, 57 (61); *BVerwG* NVwZ 2015, 220 Rn. 20; aus dem Schrifttum *Glaser/Klement* Fall 1 Rn. 100 ff.; *Kloepfer/Durner* UmweltschutzR § 2 Rn. 6 ff.

[157] BVerfGE 56, 54 (80 f.); *BVerfG* NVwZ 2008, 780 (784); NVwZ 2011, 991 (993 f.).

[158] *BVerfG* NJW 2002, 1638 (1639).

[159] Genauer hierzu *Gärditz* in Landmann/Rohmer UmweltR GG Art. 20a Rn. 92.

[160] BVerfGE 66, 39 (61); BVerfGK 17, 57 (62); *OVG Münster* DVBl 2012, 1573 (1574).

[161] Grdl. BVerwGE 72, 300 (316 ff.); vgl. ferner *BVerwG* NVwZ 2008, 1012 (1015). Die Vereinbarkeit dieser Rspr. mit Art. 19 IV 1 GG offenlassend BVerfGK 16, 370 (386 ff.).

[162] Vgl. *BVerwG* NVwZ 2010, 1486 ff.; *Gärditz* in Landmann/Rohmer UmweltR GG Art. 20a Rn. 93.

[163] Grdl. (für den Schutz des ungeborenen Lebens [*nasciturus*]): BVerfGE 88, 203 (254 f.). Vorbereitend *Canaris* AcP 184 (1984), 201 (228); *Isensee* in ders./Kirchhof (Hrsg.), HStR V, 1. Aufl. 1992, § 111 Rn. 165 f.

[164] *BVerfG* NJW 1996, 651; NVwZ 2011, 991 (994); *Appel* in Koch/Hofmann/Reese UmweltR-HdB § 2 Rn. 127 ff.; *Lorenz* (o. Fn. 112) Art. 2 II 1 Rn. 524. Die Geltung der Lehre vom Untermaßverbot im *Umwelt*recht ist aber nach wie vor umstritten. Zuletzt *ohne* jede Erwähnung des Untermaßverbots und allein auf die og (→ Rn. 30) Kriterien abstellend *BVerfG* Beschl. v. 24.3.2021 – 1 BvR 2656/18 Rn. 151 ff.; krit. *Calliess* ZUR 2021, 355 (357).

beruhen",[165] wobei die Verfassung nur den Schutz als Ziel vorgibt, nicht jedoch seine Ausgestaltung iE. Daher prüfe das *BVerfG* nur, ob der Gesetzgeber seinen Einschätzungsspielraum unter Abwägung mit widerstreitenden Interessen vertretbar gehandhabt hat (Vertretbarkeitskontrolle).[166] Nach der wohl hM verlangt das Untermaßverbot als *Handlungsnorm*[167] vom Gesetzgeber, nach aA auch als *Kontrollnorm* von den Gerichten, die Prüfung dreier Kriterien:

(1) Sorgfältige *Ermittlung der Tatsachen und vertretbare Einschätzungen,*
(2) *Angemessenheit* der ergriffenen Schutzmaßnahmen, dh vertretbare *Abwägung* der widerstreitenden Interessen *und*
(3) (tatsächliche) Wirksamkeit der ergriffenen Schutzmaßnahmen (*Effektivität* des Schutzes).[168]

Die gerichtliche *Kontrolle* des Untermaßverbotes ist wegen des auch insoweit bestehenden weiten gesetzgeberischen Gestaltungsspielraums auf offensichtliche Verstöße iSd Evidenzformel (→ Rn. 30) beschränkt.[169] Ein solcher liegt zweifellos bei einem völligen Rückzug des Staates aus dem Umweltschutz vor.[170] Letztlich ist jeweils der konkrete Einzelfall und insbes. die jeweilige Güterabwägung entscheidend.

Die Verletzung staatlicher Schutzpflichten kann vom Einzelnen mit der *Verfassungsbeschwerde* (Art. 93 I Nr. 4a GG) geltend gemacht werden.[171] Um den Anforderungen an die *Zulässigkeit* einer Verfassungsbeschwerde zu entsprechen, die auf die Verletzung einer Schutzpflicht gestützt wird, muss der Beschwerdeführende schlüssig dartun, „dass die öffentliche Gewalt Schutzvorkehrungen entweder überhaupt nicht getroffen hat oder dass offensichtlich die getroffenen Regelungen und Maßnahmen gänzlich ungeeignet oder völlig unzulänglich sind, das Schutzziel zu erreichen".[172] Das *BVerfG* hat die an eine Verfassungsbeschwerde zu stellenden Anforderungen an eine hinreichend *substantiierte Begründung* (§§ 23 I 2, 92 BVerfGG) gerade in Schutzpflichtfällen zuletzt noch verschärft,[173] was bereits zahlreiche Verfassungsbeschwerden (wohl auch eine von *K* und *T*), die nur mehr oder weniger allgemein und pauschal eine Schutzpflichtverletzung (des Gesetzgebers) rügen, wegen nicht hinreichend substantiierten Vortrags unzulässig macht. Bei Langzeitrisi- 33

---

[165] *BVerfG* NVwZ 2009, 1489 (1490). Vgl. auch BVerfGE 88, 203 (254); *BVerfG* NVwZ 2011, 991 (994).
[166] BVerfGE 88, 203 (254, 262 f.); *BVerfG* NVwZ 2011, 991 (994).
[167] Die Einzelheiten der dogmatischen Einordnung des Untermaßverbots sind noch nicht abschließend geklärt; s. *Calliess* (o. Fn. 19) S. 570 ff.; *Störring,* Das Untermaßverbot in der Diskussion, 2009.
[168] Wie diese ständige Formel des *BVerfG* in eine klausurtechnische Prüfung zu „übersetzen" ist, wird unterschiedlich gesehen: Die wohl hL nimmt zutreffend eine – um die im Text genannten Topoi modifizierte bzw. hierdurch ergänzte – *Verhältnismäßigkeitsprüfung iwS* vor (vgl. *Glaser/Klement* Fall 1 Rn. 103 ff.; *Sodan* NVwZ 2000, 601 [605 f.]), andere Autoren beschränken die Prüfung dagegen auf den Aspekt der Güterabwägung (vgl. stellv. *Schröder* in Schulte/ders. S. 237 [247]).
[169] *Scholz* (o. Fn. 4) Art. 20a Rn. 49; vgl. auch *Manssen* (o. Fn. 115) Rn. 61.
[170] *Becker* ZG 1992, 225 (228, 240); zust. *Murswiek* (o. Fn. 4) Art. 20a Rn. 40.
[171] BVerfGE 77, 170 (214); BVerfGK 17, 57 (63); *Kahl* JURA 2021, 117 (119).
[172] BVerfGK 17, 57 (63); s. auch BVerfGE 77, 170 (215).
[173] Lesenswert: *BVerfG* NVwZ 2011, 991 (991, 994); vgl. ferner BVerfGK 17, 57 (63 f., 66 ff.), dazu *Kahl* JZ 2012, 667 (669 f.).

ken, die erst nach Lebzeiten des Beschwerdeführenden eintreten, kann es bereits an einer *gegenwärtigen* Betroffenheit und damit einer Beschwerdebefugnis (Art. 93 I Nr. 4a GG, § 90 I BVerfGG) des Beschwerdeführenden fehlen.[174] Problematisch kann im Einzelfall schließlich auch die *unmittelbare* Beschwer sein.

34 Die staatlichen Schutzpflichten gewinnen aktuell insbes. im *Klimaschutzrecht* aufgrund der sog. *Klimaklagen* an Relevanz, die sich in die weltweit geführte Debatte zum Thema *Climate Change Litigation* einfügen.[175] Klimaklagen wurden in Deutschland sowohl vor den Verwaltungsgerichten als auch vor dem *BVerfG* geltend gemacht.[176]

Auf verwaltungsgerichtlicher Ebene erregte ein Urteil des *VG Berlin* Aufsehen.[177] Vorbild dafür war eine niederländische Klage der Umweltschutzorganisation Urgenda,[178] in deren Rahmen der niederländische Staat dazu verurteilt wurde, bis Ende 2020 die Treibhausgasemissionen der Niederlande um 25 % gegenüber dem Referenzjahr 1990 zu mindern.[179] Die Klage vor dem *VG Berlin* wurde dagegen wegen fehlender Klagebefugnis als unzulässig zurückgewiesen.[180] Die Kläger wollten, dass die Bundesrepublik Deutschland Maßnahmen trifft, um das im „Aktionsprogramm Klimaschutz 2020"[181] durch Kabinettsbeschluss selbst gesteckte nationale Ziel einer Treibhausgasminderung von 40 % bis zum Ende des Jahres 2020 zu erreichen. Das *VG Berlin* entschied, dass die Klagebefugnis nicht auf das Aktionsprogramm selbst gestützt werden könne, da jenes nur eine politische Absichtserklärung darstelle, die „keine rechtsverbindliche Regelung mit Außenwirkung" enthalte und damit kein subjektiv öffentliches Recht vermittle.[182] Ferner lehnte es die Möglichkeit eines Grundrechtseingriffs in Art. 2 II 1, 14 I GG mit der Begründung ab, dass die Treibhausgasemissionen, die von deutschem Boden ausgehen, Deutschland nicht zurechenbar seien.[183] Dabei befasste es sich ausführlich mit der Frage, ob und in welchem Umfang Art. 2 II 1, 14 I GG staatliche Klimaschutzpflichten begründen. Hierzu führte es an, dass klimabedingte Schutzgutsbeeinträchtigungen grds. dazu geeignet seien, staatliche Schutzpflichten auszulösen. Insbes. schließe „allein der

---

[174] BVerfGK 16, 370 (383); 17, 57 (61). Anders stellt sich dagegen die Situation im Bereich des *Klimaschutzes* dar; hier können natürliche Personen (im Übrigen sogar, wenn sie aus dem Ausland kommen) Klimaschutz schon heute einklagen, vgl. *BVerfG* Beschl. v. 24.3.2021 – 1 BvR 2656/18 Rn. 108 ff., unter Hinweis auf *Stürmlinger* EurUP 2020, 169 (179); *Kahl* JURA 2021, 117 (125); hier auch eine Beschwerdebefugnis bejahend bezogen auf die Prüfung einer Verletzung der Freiheitsgrundrechte in ihrer abwehrrechtlichen, intertemporalen Dimension *BVerfG* aaO Rn. 129 ff.

[175] Überblick zu den Klimaklagen mit Prüfung der Zulässigkeit und Begründetheit bei *Kahl* JURA 2021, 117 (121 ff.). Vgl. auch *Stürmlinger* EurUP 2020, 169 ff.; *Wegener* ZUR 2019, 3 (6 ff.). Umfassend und rechtsvergleichend *Kahl/Weller* (Hrsg.), Climate Change Litigation, 2020.

[176] *VG Berlin* ZUR 2020, 160 Rn. 45 f., dazu *Stürmlinger* EurUP 2020, 169 (174 f.).

[177] *VG Berlin* ZUR 2020, 160. Dazu *Bickenbach* JZ 2020, 168 ff.; *Buser* NVwZ 2020, 1253 ff.; *Kahl* JURA 2021, 117 (122); *Meyer* NJW 2020, 894 ff.; *Ruffert* JuS 2020, 478 ff.; *Schomerus* ZUR 2020, 167 ff.; *Stürmlinger* EurUP 2020, 169 (174 ff.); s. auch die Anwälte Deutschlands in diesem Fall *Oexle/Lammers* NVwZ 2020, 1723 ff.

[178] So *Voland* NVwZ 2019, 114 (114).

[179] *Hoge Raad* Urt. v. 20.12.2019 – Rs. 19/00135, ECLI:NL:HR:2019:2006, ECLI:NL:HR:2019:2007. Überblick bei *Stürmlinger* EurUP 2020, 169 (170); *Voland* NVwZ 2019, 114 (115). Vgl. auch *Conseil d'État* Urt. v. 19.11.2020 – 427301, ECLI:FR:CECHR:2020:427301:20201119.

[180] *VG Berlin* ZUR 2020, 160 Rn. 40; vgl. auch *Kahl* JURA 2021, 117 (122).

[181] *BMUB*, Aktionsprogramm Klimaschutz 2020, Kabinettsbeschluss v. 3.12.2014.

[182] *VG Berlin* ZUR 2020, 160 Rn. 41.

[183] *VG Berlin* ZUR 2020, 160 Rn. 61 f.; s. auch → Rn. 16.

Umstand, dass eine sehr große Zahl von Personen von den Auswirkungen des Klimawandels betroffen ist, […] eine individuelle Betroffenheit nicht von vornherein aus".[184] Aufgrund der staatlichen Schutzpflichten könne der Staat daher prinzipiell – sofern „das verfassungsrechtlich gebotene Mindestmaß an Klimaschutz unterschritten" sei – zu Mindestmaßnahmen gegen den Klimawandel verpflichtet werden.[185] Letztlich verwies das *VG Berlin* aber auf den weiten Einschätzungs-, Wertungs- und Gestaltungsbereich des Gesetzgebers sowie der vollziehenden Gewalt[186] und lehnte eine evidente Schutzpflichtverletzung ab, da „die bisherigen Maßnahmen des Klimaschutzes […] nicht gänzlich ungeeignet oder völlig unzulänglich" seien.[187]

Auch das *BVerfG* konnte in seinem Beschluss v. 24.3.2021 weder eine Schutzpflicht- 35
verletzung (Art 2 II 1, 14 I GG) noch einen Verstoß gegen Art. 20a GG erkennen. Gleichwohl waren die vier *Klimaschutz-Verfassungsbeschwerden*, über die es zu entscheiden hatte, *teilweise erfolgreich*.[188] Nach dem *BVerfG* sind die Regelungen des Klimaschutzgesetzes (KSG) über die nationalen Klimaschutzziele und die bis zum Jahr 2030 zulässigen Jahresemissionsmengen, namentlich die §§ 3 I 2, 4 I 3 KSG iVm Anl. 2, insofern mit den *Freiheitsgrundrechten* der natürlichen Personen als Beschwerdeführende (die beiden Verfassungsbeschwerden von Umweltverbänden wurden bereits mangels Beschwerdebefugnis als unzulässig zurückgewiesen) unvereinbar, als hinreichende Maßgaben für die weitere Emissionsreduktion ab dem Jahr 2031 fehlen. Als *„intertemporale Freiheitssicherung"* schützten die Grundrechte die Beschwerdeführenden vor einer umfassenden Freiheitsgefährdung durch einseitige Verlagerung der durch Art. 20a GG aufgegebenen Treibhausgasminderungslast in die Zukunft. Der Gesetzgeber hätte Vorkehrungen zur Gewährleistung eines freiheitsschonenden Übergangs in die Klimaneutralität treffen müssen, an denen es bislang jedoch fehle. Die Fortschreibung des Treibhausgasreduktionspfads in § 4 VI 1 KSG sei verfassungsrechtlich unzulänglich geregelt; sie genüge auch nicht den Anforderungen aus Art. 80 I GG und dem Grundsatz des Gesetzesvorbehalts. In der Folge verstießen die Regelungen der §§ 3 I 2, 4 I 3 KSG iVm Anl. 2, die für die Beschwerdeführenden eine „eingriffsgleiche Vorwirkung" entfalteten, gegen den Verhältnismäßigkeitsgrundsatz, da sie zu unverhältnismäßigen Belastungen der künftigen Freiheit der Beschwerdeführenden führten. Sie genügten nicht dem aus dem Gebot der Verhältnismäßigkeit folgenden Erfordernis, die nach Art. 20a GG notwendigen Reduktionen von CO_2-Emissionen bis hin zur Klimaneutralität vorausschauend in grundrechtsschonender Weise über die Zeit zu verteilen. Diese innovative Entscheidung, die im Bereich des Umweltverfassungsrechts neue Wege beschreitet, stellt eine bemerkenswerte, grds. zu begrüßende Operationalisierung und Konkretisierung der Zukunftsdimension der Freiheitsgrundrechte und insbesondere der im Nachhaltigkeitsprinzip gem. Art. 20a GG enthaltenen Zielsetzung *intergenerationeller Gerechtigkeit (Generationengerechtigkeit)*, hier konkret der Be-

---

[184] *VG Berlin* ZUR 2020, 160 Rn. 63 ff., Zitat: Rn. 67.

[185] *VG Berlin* ZUR 2020, 160 Rn. 63. Zu möglichen Schutzmaßnahmen *Groß* NVwZ 2020, 337 (341 f.); *Meyer* NJW 2020, 894 (898).

[186] *VG Berlin* ZUR 2020, 160 Rn. 72.

[187] *VG Berlin* ZUR 2020, 160 Rn. 76; zust. *Spieth/Hellermann* NVwZ 2020, 1405 (1406 f.). S. zum Ganzen auch *Buser* NVwZ 2020, 1253 ff.

[188] *BVerfG* Beschl. v. 24.3.2021 – 1 BvR 2656/18 insbes. Rn. 144 ff. (151 ff.), 196 ff. (205 ff.), 243 ff. (251 ff.), 259 ff.; s. dazu https://www.lto.de/recht/hintergruende/h/bverfg-klimaklage-20a-gg-grundrecht-oekologisches-existenzminimum-klimaschutz-interview/. Ferner bereits *Kahl* JURA 2021, 117 ff.; *Stürmlinger* EurUP 2020, 169 (174 ff.); *Groß* NVwZ 2020, 337 ff.; *Heß/Wulff* EurUP 2020, 386 ff.

lastungsverteilungsgerechtigkeit zwischen „Jung" und „Alt", dar (zur Einordnung und Bewertung der Klimaschutz-Verfassungsbeschwerden → Rn. 39).

36 Unter Zugrundelegung des og (→ Rn. 30, 32) Prüfungsmaßstabs ist in *Fall 3* nicht erkennbar, dass der Gesetzgeber seine Pflicht, die Bürger vor Gesundheitsgefahren oder Gefahren für das Eigentum durch großräumige Luftverunreinigungen zu schützen, verletzt hat.[189] Das Problem der sog. Waldschäden ist seit Mitte der achtziger Jahre des letzten Jahrhunderts in der öffentlichen Diskussion. Seither war der Gesetzgeber in diesem Bereich nicht untätig. So wurden im Jahre 1974 das – später mehrfach novellierte – Bundesimmissionsschutzgesetz und in der Folgezeit eine Vielzahl konkretisierender Rechtsverordnungen und Verwaltungsvorschriften (zB TA Luft) erlassen. Diese können auch nicht als schlechterdings untauglich bezeichnet werden. Eine evidente Schutzpflichtverletzung liegt mithin nicht vor. Es kann gerade vor dem Hintergrund der weiten Einschätzungsprärogative des Gesetzgebers auch nicht gesagt werden, dass die bisherigen Regelungen zur Luftreinhaltung nicht angemessen oder wirksam wären (Untermaßverbot). Darauf, dass die bisherigen Regelungen möglicherweise nicht den optimalen Schutz bewirkt haben, kommt es nicht an.

Gegenwärtig haben *K* und *T* somit im *Ergebnis* keinen aus der Verfassung ableitbaren Anspruch auf Erlass weitergehender Vorschriften zur Verringerung der Luftbelastung.

III. Zwischenergebnis: Die begrenzte Steuerungskraft des Umweltverfassungsrechts

37 In *Fall 3* bestätigt sich die begrenzte Steuerungskraft des Umweltverfassungsrechts (Art. 20a GG, grundrechtliche Schutzpflichtenlehre).[190] Das *BVerfG* hatte sich zwar in den letzten Jahren in Verfahren auf zahlreichen Gebieten (Verkehrslärm [insbes. Fluglärm], End- und Zwischenlagerung von atomarem Abfall, elektromagnetische Felder, Gentechnik)[191] mit dem – bei Beschwerdeführenden sehr beliebten – Vorwurf eines Verstoßes gegen das Staatsziel Umweltschutz und insbes. einer Schutzpflichtverletzung (zumeist mit Blick auf Art. 2 II 1 GG) zu beschäftigen, ging aber stets davon aus, dass der Gesetzgeber seinen weiten Einschätzungsspielraum nicht über- bzw. unterschritten hat. Damit erweisen sich vor allem die grundrechtlichen Schutzpflichten (→ Rn. 18 ff.) im Umweltverfassungsrecht (bislang) als weitgehend „stumpfes Schwert".[192] Hierzu hat auch die erwähnte (→ Rn. 33) Tendenz der Rspr. beigetragen, Verfassungsbeschwerden bereits wegen nicht hinreichend substantiier-

---

[189] *BVerfG* NJW 1983, 293 f. Vgl. ferner (verkehrsbedingter Ausstoß von Stickoxiden) *BVerfG* NJW 1996, 651 (652). Für eine Parallelproblematik (Ozonbelastung) *BVerfG* NJW 1996, 651, krit. *Steinberg* NJW 1996, 1985 ff.; umgesetzt in die Falllösung bei *Calliess/Kallmayer* JuS 1999, 785 ff.

[190] Zu diesem Befund und den Gründen hierfür *Appel* (o. Fn. 7) S. 291, 293 ff., 300 ff.; *ders.* in Kahl (Hrsg.), Nachhaltigkeit durch Organisation und Verfahren, 2016, S. 83 ff. S. auch *Voßkuhle* NVwZ 2013, 1 (8: „Der Befund ist eher mager!"); vgl. für Art. 20a GG auch *Kube* (o. Fn. 78) S. 145; für den (ökologischen) Nachhaltigkeitsgrundsatz *Schubert* (o. Fn. 65) S. 71; differ. *Kahl* in ders. (Hrsg.), Nachhaltigkeit durch Organisation und Verfahren, 2016, S. 1 (9 ff., 12 ff.). Krit. zur – ihrer Meinung nach zu zurückhaltenden – Rspr. des *BVerfG* (insbes. zu den staatlichen Schutzpflichten aus Art. 2 II 1 GG) und für eine Erhöhung der gerichtlichen Kontrolldichte *Murswiek* Verw. 33 (2000), 240 (244 ff., 262 f.); *Steinberg* (o. Fn. 62) S. 325 ff.

[191] Vgl. *Gärditz* in Landmann/Rohmer UmweltR GG Art. 20a Rn. 85.

[192] Vgl. auch *Voßkuhle* NVwZ 2013, 1 (7).

ter Begründung (§§ 23 I 2, 92 BVerfGG) bzw. wegen Verstoßes gegen den Subsidiaritätsgrundsatz als unzulässig zu verwerfen.[193]

Für eine zusätzliche Relativierung der Bedeutung des Grundgesetzes sorgt die Internationalisierung und vor allem die Europäisierung (auch) des Umweltrechts durch das mit Anwendungsvorrang ausgestattete Unionsrecht.[194] Hiervon betroffen sind auch die umweltrelevanten nationalen Grundrechte (zB Art. 2 II 1, 12 I 1, 14 I 1 GG): Nach der „Solange II-Doktrin"[195] wird nationales Recht, das auf zwingendem Unionsrecht (Umweltschutzrichtlinien der EU ohne Umsetzungsspielraum) beruht, grds. nicht mehr an den nationalen Grundrechten, sondern nur noch an den entsprechenden EU-Grundrechten (Art. 6 I EUV iVm Art. 3 I, 15–17 GRCh) gemessen, es sei denn, der Kläger bzw. Beschwerdeführende kann (was ihm kaum gelingen dürfte) ein Absinken des unionalen Grundrechtsschutzes unter den nach der Solange II-Formel erforderlichen Mindeststandard substantiiert darlegen.[196] 38

In der jüngsten Rspr. aus Karlsruhe zeichnet sich nunmehr jedoch – jedenfalls für den Klimaschutz – eine gewisse Trendumkehr im Sinne einer *Verschärfung der gerichtlichen Kontrolle* ab (→ Rn. 35). Hierfür wurde indes nicht bei der weitgehend unveränderten, wenngleich nunmehr auch explizit auf den Schutz „künftiger Generationen" bezogenen Schutzpflichtlehre angesetzt, bei der das *BVerfG* dem Gesetzgeber weiterhin einen beträchtlichen Spielraum einräumt, sondern bei der *intertemporalen Funktion der Freiheitsgrundrechte* iVm Art. 20a GG und dem Verhältnismäßigkeitsgrundsatz. Das Gericht hat dabei deutlich gemacht, dass das Gewicht, welches bestimmte vitale ökologische Güter wie Klimaschutz durch Art. 20a, 2 II 1 GG erhalten, zumindest in die Richtung eines relativen Vorrangs geht; wenn man so will, hat es den bis dahin weitgehend „brachliegenden" Art. 20a GG damit „scharf gestellt". Diese grundlegende Neuausrichtung des verfassungsrechtlichen Umweltschutzes hat – erwartungsgemäß – ein gespaltenes Echo hervorgerufen: Während die einen hierin einen (weiteren) – vor dem Hintergrund von parlamentarischer Demokratie und Gewaltenteilung problematischen – Schritt in Richtung eines „Jurisdiktionsstaates" sehen und befürchten, dass sich das Gericht in der Rolle eines „Retters der Welt" überhebe, begrüßen andere das Urteil – mit Recht – als einen wichtigen Beitrag zur Effektivierung des bislang zu „zahnlosen" ökologischen Verfassungsstaates gerade vor den enormen Zukunftsherausforderungen im Zeitalter des Anthropozäns und der Ökokrise, insbes. Klimakrise.[197] 39

Ergänzend zu dieser materiell-rechtlichen Stärkung des Umweltschutzes gerade in seiner intertemporalen Dimension (Generationengerechtigkeit) kommt auf *formellrechtlicher* Ebene – neben einem behutsamen Ausbau direkt-demokratischer Instrumente[198] und einer effektiveren Institutionalisierung ökologischer Interessen[199] – vor 40

---

[193] BVerfGK 17, 57 (63 f., 66 ff.); vgl. auch *OVG Münster* DVBl 2012, 1573 ff.

[194] *Appel* in Koch/Hofmann/Reese UmweltR-HdB § 2 Rn. 146 ff.; *Voßkuhle* NVwZ 2013, 1 (1 f., 8). Ausf. hierzu → § 2 Rn. 1 ff.

[195] BVerfGE 73, 339 (378 ff., 387); 102, 147 (164).

[196] BVerfGE 118, 79 (95); BVerfGK 11, 189 (191); BVerwGE 124, 47 (56 f.); *Lampert* JuS 2013, 507 (512 f.). Vgl. aber auch den neuartigen Kontrollzugriff des *BVerfG* auf die GRCh in seinen „Recht auf Vergessen-Beschlüssen": BVerfGE 152, 152 ff. und 152, 216 ff.

[197] ISd erwähnten Kritik zB *Müller* FAZ v. 30.4.2021, 1; *Beckmann* UPR 7/2021 (im Erscheinen), C.; dem *BVerfG* zust. dagegen zB *Janisch* SZ v. 30.4.2021, 1; positiv auch *Muckel* JA 2021, 610 (613); differ. *Calliess* ZUR 2021, 355 ff.

[198] Grdl. *Glaser* (o. Fn. 46) insbes. S. 341 ff., 365 ff.; vgl. auch *Kahl/Glaser* in Lange (Hrsg.), Nachhaltigkeit im Recht, 2003, S. 9 (32 ff.).

[199] Dazu *Steinberg* (o. Fn. 62) S. 344 ff.; vgl. auch (eher zurückhaltend) *Kahl/Glaser* (o. Fn. 198) S. 28 ff.

allem eine verstärkte *Prozeduralisierung* des Umweltschutzes in Betracht,[200] spielt doch bislang der „Umweltschutz durch Verfahren" in der Rspr. des *BVerfG* nach wie vor eine zu geringe Rolle.[201] Gemeint ist damit eine stärkere normative Umhegung der gesetzgeberischen Spielräume durch Verfahrensanforderungen, Anhörungs- und Beteiligungsrechte sowie Begründungspflichten. Deren Ausbau ermöglichte zum einen mehr Transparenz im Hinblick auf den Vorgang und das Ergebnis von gesetzgeberischer Ermittlung, Bewertung und Abwägung und verbesserte damit zum anderen auch die gerichtliche Kontrollierbarkeit von Entscheidungen.

IV. Die Schadensersatz- bzw. Entschädigungsansprüche

41 Nach Auffassung der Gerichte[202] besteht für immissionsbedingte Waldschäden keine Schadensersatz- bzw. Entschädigungspflicht: Weder § 14 S. 2 BImSchG noch die Amtshaftung nach § 839 BGB iVm Art. 34 GG oder die Grundsätze des enteignungsgleichen oder enteignenden Eingriffs bzw. der ausgleichspflichtigen Inhalts- und Schrankenbestimmung sollen hier einschlägig sein.[203] Auch das *BVerfG* hat Entschädigungsansprüche für Waldschäden infolge Luftverschmutzung kategorisch abgelehnt.[204] Ein Schadensausgleich ist iErg weder durch die von der Literatur geforderte Ausweitung des Eingriffsbegriffs[205] noch durch Ausdehnung des Instituts der Amtspflichtverletzung[206] zu erreichen. Vielmehr ist – *de lege ferenda* – die Schaffung einer *neuen Haftungsgrundlage* durch den *Gesetzgeber* geboten.[207] Der Gesetzgeber hat es jedoch versäumt, im 1991 in Kraft getretenen Umwelthaftungsgesetz auch Summations- und Distanzschäden, dh solche Schäden, die räumlich weit entfernt von den Emittenten auftreten und daher keinem bestimmten Verursacher zugeordnet werden können,[208] mit einzubeziehen. § 6 UmweltHG schafft zwar Beweiserleichterungen, der Nachweis eines Schadens durch eine konkrete Anlage (§ 1 UmweltHG) ist aber weiterhin unverzichtbar.[209]

K kann in *Fall 3* somit nach geltendem Recht weder Schadensersatz noch Entschädigung für die Waldschäden verlangen.

V. Die verfassungsrechtlichen Grenzen für den Umweltschutz

42 Aus den *Grundrechten* lassen sich nicht nur Abwehransprüche gegen (staatliche) Umwelteingriffe oder bestimmte Schutzpflichten ableiten (Grundrechtsschutz *durch*

[200] Weiterführend *Appel* (o. Fn. 7) S. 307 ff., 314. Mit ähnlicher Tendenz bereits *Böhm*, Der Normmensch, 1996, S. 102 f.
[201] Vgl. zu diesem Befund *Voßkuhle* NVwZ 2013, 1 (7).
[202] *BVerfG* NJW 1983, 2931; BVerfGE 56, 54 (80 f.).
[203] Es geht dabei um das Problem einer Staatshaftung für legislatives Unrecht. Dieses spielte im Umweltrecht zuletzt im Kontext des Atomausstiegs wieder eine Rolle; vgl. dazu *Schmitt/Werner* NVwZ 2017, 21 ff.
[204] *BVerfG* NJW 1998, 3264 ff.
[205] Vgl. etwa *Suhr*, Immissionsschäden vor Gericht, 1986, S. 91 f.; *Murswiek* NVwZ 1986, 611 (613).
[206] So etwa *Leisner*, Waldsterben – öffentlich-rechtliche Ersatzansprüche, 1983.
[207] Vgl. nur *Bender* VerwArch 77 (1986), 335 ff.; *Medicus* JZ 1988, 458 (459); *Kloepfer* UmweltR § 6 Rn. 108.
[208] *Sparwasser/Engel/Voßkuhle* § 2 Rn. 167; s. auch → § 4 Rn. 28 ff.
[209] → § 4 Rn. 160 ff.

staatlichen Umweltschutz), vielmehr setzen sie zugleich als Freiheits- und Gleichheitsrechte staatlichen Umweltmaßnahmen auch *Schranken* (Grundrechtsschutz *gegen* staatlichen bzw. *vor* staatlichem Umweltschutz).[210] In Betracht kommen insoweit vor allem die Grundrechte aus Art. 14 I 1 (Eigentumsfreiheit), Art. 12 I 1 (Berufs-, insbes. Unternehmerfreiheit[211]), Art. 2 I (allgemeine Handlungsfreiheit) und Art. 3 I GG (allgemeiner Gleichheitssatz).[212] Die Grundrechte gewährleisten dem sich wirtschaftlich betätigenden Privaten (zB Betreiber einer emittierenden Anlage), polemisch formuliert, *prima facie* eine „Umweltverschmutzungsfreiheit".[213] Die dadurch entstehenden Grundrechtskollisionen (Wirtschaftsgrundrechte als Abwehrrechte versus grundrechtliche Schutzpflichten für Leben, Gesundheit oder Eigentum iVm Art. 20a GG) in komplexen Dreieckskonstellationen zu lösen, ist vornehmlich Aufgabe des unmittelbar demokratisch legitimierten parlamentarischen Gesetzgebers, dem insoweit eine weite Einschätzungsprärogative zukommt. Dessen in (Wirtschafts-)Freiheitsgrundrechte eingreifende Umweltschutzmaßnahmen haben dabei auf Ebene der sog. Schranken-Schranken insbes.[214] – gerade auch in intertemporaler Perspektive (angemessener Ausgleich der Belastungen bzw. Freiheitschancen zwischen den Generationen) – das Verhältnismäßigkeitsprinzip zu beachten.[215] Greift der Gesetzgeber in vorbehaltlos gewährleistete Grundrechte (zB Art. 4 I, II; 5 III 1 GG) ein, fungiert der Umweltschutz (Art. 20a GG) darüber hinaus als verfassungsimmanente Schranke (kollidierendes Verfassungsrecht).[216] Die meisten Grundrechtsfragen betreffen dabei Art. 14 I GG.[217] Eigentumsrechtliche Probleme sind im Umweltrecht ubiquitär. Sie begegnen etwa bei Schutzgebietsausweisungen im Gewässer- und Naturschutzrecht, bei der Inanspruchnahme von (früheren) Eigentümern zur Bodensanierung oder bei der Energiewende (zB Förderung Erneuerbarer Energien,[218] Atom- oder Kohleausstieg);[219] häufig geht es dabei um die Ab-

---

[210] Zu diesen beiden Bedeutungen der Grundrechte im Umweltrecht s. *Appel* in Koch/Hofmann/Reese UmweltR-HdB § 2 Rn. 123 ff., 131 ff.; *Schlacke* § 4 Rn. 10 ff.; *Gärditz* in Landmann/Rohmer UmweltR GG Art. 20a Rn. 67 ff.

[211] Dazu *Kirchhof* EurUP 2016, 332 (338 ff.).

[212] S. zum Ganzen auch *Scholz* EurUP 2016, 368 ff.

[213] HM (sog. weite Tatbestandstheorie), vgl. statt aller nur *Appel* (o. Fn. 7) S. 295 f.; *Sparwasser/Engel/Voßkuhle* § 1 Rn. 166 f.; aA (enge Tatbestandstheorie bzw. Verständnis der Grundrechte als Teilhaberechte) *Murswiek* DVBl 1994, 77 (79 f., 81 ff.); ähnlich *Bruch*, Umweltpflichtigkeit der grundrechtlichen Schutzbereiche, 2012, S. 83 ff., 112 ff., 201 ff., 225 ff.

[214] Weitere Schranken-Schranken folgen ua aus dem Gesetzesvorbehalt, Bestimmtheitsgrundsatz und dem Gleichheitssatz, vgl. *Appel* in Koch/Hofmann/Reese UmweltR-HdB § 2 Rn. 135 ff.

[215] Dies unterstrich zuletzt der Beschluss zu den Klimaverfassungsbeschwerden, vgl. *BVerfG* Beschl. v. 24.3.2021 – 1 BvR 2656/18 Ls. 4, Rn. 192, 243 ff. unter Betonung der subjektivrechtlichen Funktion der Freiheitsgrundrechte als „intertemporale Freiheitssicherung" (aaO Rn. 116 ff., 183 ff.), zu der ein entsprechender objektivrechtlicher Schutzauftrag aus Art. 20a GG hinzutritt. Zu den praktischen Schwierigkeiten der Verhältnismäßigkeitsprüfung in mehrpoligen Verhältnissen *Appel* (o. Fn. 7) S. 298; *Calliess* (o. Fn. 19) S. 566 ff.; für einen progressiven Neuansatz („ökologische Verhältnismäßigkeit" statt „klassische" Verhältnismäßigkeit) *Winter* ZUR 2013, 387 (389 f., 391 ff.); ferner zur Stärkung des Umweltschutzes bei Abwägungsentscheidungen *Hahn*, Umwelt- und zukunftsverträgliche Entscheidungsfindung des Staates, 2017, S. 61 ff., 143 ff., 209 ff.

[216] *Gärditz* in Landmann/Rohmer UmweltR GG Art. 20a Rn. 69.

[217] Vgl. *Shirvani* EurUP 2016, 112 (116 ff.).

[218] Vgl. *Kahl* in Hofmann/Papadopoulou/Gogos (Hrsg.), Demokratisch-funktionale Analyse der Öffentlichkeitsbeteiligung im Umwelt- und Infrastrukturrecht, 2016, S. 15 ff.

[219] Zur Schutzgebietsausweisung → § 8 Rn. 96; → § 10 Rn. 102 ff.; zur bodenschutzrechtlichen Sanierung → § 9 Rn. 29, 53 ff.; zum Atomausstieg → § 6 Rn. 100 ff.

grenzung von (ggf. ausgleichspflichtiger) Inhalts- und Schrankenbestimmung (Art. 14 I 2 GG) einerseits und Enteignung (Art. 14 III GG) andererseits, wobei erstere den Regelfall darstellt.[220] Im Rahmen der Angemessenheitsprüfung (Güterabwägung) ist der Sozial- (Art. 14 II GG) bzw. Umweltpflichtigkeit (Art. 20a GG) des Eigentums (wegen der erhöhten Schutzbedürftigkeit der knappen Ressource Boden) hinreichend Rechnung zu tragen.[221]

43 Wesentliche Ausprägung eines demokratischen Rechtsstaats sind daneben der *Vertrauens- und Bestandsschutz*.[222] Er spielt in umweltrechtlichen Fällen häufig, gerade unter dem Aspekt des Rückwirkungsverbots, eine zentrale Rolle. Das *BVerfG* unterscheidet zwischen einem spezifischen Vertrauensschutz, der seine Grundlage in den besonderen Freiheitsgrundrechten (insbes. Art. 12 I, 14 I GG) hat, sowie einem allgemeinen Vertrauensschutz gem. Art. 2 I iVm Art. 20 III GG, der unter Umständen auch Investitionen im Hinblick auf künftige unternehmerische Tätigkeiten erfasst.[223] Hiermit verbunden sind der Bestandsschutz (abgeleitet aus dem Rechtsstaatsprinzip)[224] sowie die Planungs- und Investitionssicherheit des Einzelnen, insbes. des Unternehmers. Aktuell wird etwa diskutiert, ob das EU-Naturschutzrecht den verfassungsrechtlichen Bestandsschutz verdrängt.[225]

VI. Die Gesetzgebungskompetenzen im Umweltschutz

Fall 4: „Tempo 100"

44 Im Bundesland Bayern gründet sich eine *„Arbeitsgemeinschaft Volksbegehren und Volksentscheid: Tempo 100"* mit dem Ziel, notfalls im Wege des Volksentscheides, ein Gesetz zu verabschieden, durch das auf den Autobahnen in Bayern eine generelle Geschwindigkeitsbegrenzung von 100 km/h eingeführt werden soll. Der entsprechende Gesetzentwurf wird damit begründet, dass nur durch diese Maßnahme die allgemeine Luftverschmutzung und das dadurch verursachte Waldsterben sofort wirksam bekämpft werden könnten. Das Bayerische Staatsministerium des Innern gibt dem Antrag auf Zulassung des Volksbegehrens wegen Verstoßes gegen die Kompetenzordnung der Bayerischen Verfassung nicht statt und legt ihn dem *BayVerfGH* zur Entscheidung vor.

---

[220] Aus neuerer Zeit grdl. BVerfGE 134, 242 Rn. 158 ff. (Garzweiler II), dazu *Klement* FS Wendt, 2015, S. 219 (226 ff.); BVerfGE 143, 246 (346 ff.) (Atomausstieg – betr. 13. AtG), dazu o. Fn. 150; ferner *Burgi* NVwZ 2019, 585 (586 ff.); *Ludwigs* in Shirvani (Hrsg.), Eigentum im Recht der Energiewirtschaft, 2018, S. 31 ff.; *ders.* NVwZ 2016, 1 ff.; *ders.* NVwZ-Beil. 1/2017, 3 ff.; *BVerfG* Beschl. v. 29.9.2020 – 1 BvR 1550/19, DVBl 2021, 181 (Atomausstieg II – betr. 16. AtG), dazu o. Fn. 150; ferner *Berkemann* DVBl 2021, 151 (156 f.); *Ludwigs* VerfBlog 2020/11/22, https://verfassungsblog.de/vermeidbar-und-vorhersagbar/; *ders.* JZ 2021, 294 ff.; *Göken* https://www.lto.de/recht/nachrichten/n/bverfg-1-bvr-1550-19-energiewende-atomausstieg-ausgleich-kraftwerkbetreiber-verfassungswidrig/; *Ruttloff* NVwZ 2021, 351 ff.; *Terhechte* EuZW 2021, 303 ff.

[221] Dazu – am Beispiel des Waldeigentums – *Czybulka* NuR 2002, 73 (75 ff.).

[222] Vgl. zum Vertrauensschutz *Ludwigs* in Feldmann/Raetzke/Ruttloff (Hrsg.), Atomrecht in Bewegung, 2019, S. 19 (43 ff.).

[223] BVerfGE 155, 238 Rn. 122; näher dazu *Gebert* RdE 2021, 21 ff. Zum Vertrauensschutz im Genehmigungsrecht durch Stichtagsregelungen *Kahl/Ellerbrok* EurUP 2018, 12 ff.

[224] *Grzeszick* in Maunz/Dürig GG Art. 20 VII Rn. 69 ff. mwN.

[225] Vgl. dazu *Appel* NuR 2020, 663 ff.

Bei seiner Entscheidung über den Zulassungsantrag[226] prüft der *BayVerfGH* nicht nur dessen formelle Voraussetzungen,[227] sondern misst den zugrunde liegenden Gesetzentwurf an Bundesrecht und an der Bayerischen Verfassung.[228] Die Verfassung von Gliedstaaten ist nämlich „nicht in der Landesverfassungsurkunde allein enthalten, sondern in sie hinein wirken auch Bestimmungen der Bundesverfassung. Beide Elemente zusammen machen erst die Verfassung des Gliedstaates aus".[229] Zu den in die Landesverfassung hineinwirkenden Bestimmungen des Grundgesetzes gehören auch die Regelungen über die Verteilung der Gesetzgebungskompetenzen auf Bund und Länder gem. Art. 70 ff. GG. 45

1. Überblick

Auch nach Inkrafttreten der Föderalismusreform I (1.9.2006)[230] bestimmt sich die Zuständigkeit für die Gesetzgebung im Bereich des Umweltschutzes weiterhin nach den Art. 70 ff. GG, wobei dem Bundesgesetzgeber auch in diesem Bereich ungeachtet des Grundsatzes gem. Art. 30, 70 GG iErg (weiterhin) ein deutliches kompetentielles Übergewicht zukommt.[231] Es ist im Wege der Verfassungsreform nicht gelungen, einen – aus Gründen der Rechtssicherheit sowie des Integrationsprinzips mit Recht – geforderten[232] allgemeinen Kompetenztitel „Recht des Umweltschutzes" im Grundgesetz zu verankern. Damit bleibt es bei der bisherigen Fragmentierung der Gesetzgebungskompetenzen im Umweltrecht und bei der Notwendigkeit, medienübergreifende (integrierte) Umweltschutzregelungen auf eine sog. Mosaikkompetenz zu stützen, die sich aus einer Zusammenschau verschiedener bereichsspezifischer Einzelkompetenzen mit Umweltschutzbezug ergibt.[233] Das *BVerfG* ist insofern um eine „Kompensation" zugunsten des Bundes bemüht, als es die Titel der konkurrierenden Gesetzgebungskompetenz des Bundes weit auslegt und zudem gegenstandsspezifisch die Anforderungen an die Erforderlichkeit (Art. 72 II GG) gegenüber seiner bisherigen Rspr. zurücknimmt.[234] 46

Die – für das Umweltrecht ieS nur am Rande relevanten[235] – ausschließlichen Bundeskompetenzen (Art. 71, 73 GG) sind im Kern unverändert geblieben. Die Materien der Rahmengesetzgebung wurden weitgehend in die konkurrierende Gesetzgebungskompetenz in Art. 74 GG überführt, unterliegen aber im Wesentlichen nicht mehr der Erforderlichkeitsklausel gem. Art. 72 II GG (zum sich hieraus ergebenden, dreigeteilten System konkurrierender Gesetzgebungskompetenzen des Bundes → Rn. 53). 47

---

[226] Vgl. Art. 64 I BayLWG iVm Art. 67 BayVerf.
[227] S. dazu Art. 63 BayLWG.
[228] Vgl. *BayVerfGH* BayVBl. 1985, 523 ff.
[229] BVerfGE 1, 208 (232); 27, 44 (55).
[230] Zu deren Relevanz für das Umweltrecht *SRU* (Hrsg.), Der Umweltschutz in der Föderalismusreform, 2006, sowie im Überblick *Kloepfer* ZG 2006, 250 ff.
[231] *Appel* in Koch/Hofmann/Reese UmweltR-HdB § 2 Rn. 103.
[232] *Epiney* NuR 2006, 403 (404 ff.); *Kane,* Die Gesetzgebungskompetenzen des Bundes im Umweltschutz, 2013, S. 248 ff.
[233] *Gärditz* in Landmann/Rohmer UmweltR GG Art. 20a Rn. 99 f.; *Sparwasser/Engel/Voßkuhle* § 1 Rn. 176; zum Ganzen *Rengeling,* Gesetzgebungskompetenzen für den integrierten Umweltschutz, 1999. S. dazu am Bsp. des UGB → § 4 Rn. 6 f.
[234] So für das Gentechnikrecht (Art. 74 I Nr. 26 GG) BVerfGE 128, 1 (33 f.).
[235] Am wichtigsten ist die ausschließliche Bundesgesetzgebungskompetenz für das Atom- und Strahlenschutzrecht (Art. 73 I Nr. 14 GG), dazu *BVerfG* NVwZ 2010, 114 (116); relevant sind ferner Art. 73 I Nr. 6 und 6a GG, da hiervon auch der Schutz vor den vom Luft- und Eisenbahnverkehr ausgehenden Umweltbelastungen erfasst wird; zum Ganzen *Gärditz* in Landmann/Rohmer UmweltR GG Art. 20a Rn. 101 f.

Der Preis, den der Bund im Rahmen der Föderalismusreform I für die Überführung verschiedener Kompetenzbereiche von der Rahmengesetzgebung in die konkurrierende Gesetzgebung sowie den Wegfall der Erforderlichkeit zu zahlen hatte, bestand in der Einführung der neuartigen Abweichungsgesetzgebungskompetenz der Länder (Art. 72 III GG);[236] der Umweltschutz ist dabei ein besonders wichtiges Anwendungsfeld der Abweichungsgesetzgebung. Die Reichweite des Abweichungsrechts kann sich jedoch je nach Sachbereich aufgrund von sog. abweichungsfesten Kernen unterscheiden (→ Rn. 51).[237]

48 Recht, das vor Inkrafttreten der Föderalismusreform I auf der Grundlage von Art. 75 GG aF erlassen worden ist und das nun gem. Art. 74 GG erlassen werden könnte, gilt gem. Art. 125b I 1 GG fort. Dies betrifft etwa das BJagdG, aber auch Teile des Wasserrechts (zB AbwAG, WVG[238]). Die Befugnisse und Verpflichtungen der Länder zur Gesetzgebung bleiben insoweit bestehen (Art. 125b I 2 GG). Auf den in Art. 72 III 1 GG genannten Gebieten (insbes. Naturschutz und Landschaftspflege sowie Wasserhaushalt) können die Länder jedoch von dem fortgeltenden Rahmenrecht abweichende Regelungen schaffen.

2. Konkurrierende Gesetzgebungskompetenzen

49 Der Katalog der konkurrierenden Gesetzgebungskompetenztitel des Bundes (Art. 72 I iVm 74 I GG) umfasst zahlreiche umweltrechtliche oder umweltrelevante Materien.[239]

Kompetenztitel im Bereich des *Umweltrechts ieS* sind Art. 74 I Nr. 18, 24, 26, 29 und 32 GG.

Art. 74 I *Nr. 18* GG regelt ua die Gesetzgebungszuständigkeit für das „Bodenrecht". Auf diesem Kompetenztitel gründet das *Bodenschutzrecht* (BBodSchG, BBodSchV; ggf. arrondiert durch andere Kompetenztitel).[240] Der Titel ist auch indirekt umweltrelevant, weil hierauf etwa das BauGB bzw. dessen umwelt- und klimaschutzbezogene Änderungen der letzten Jahre gestützt wurden.[241]

Art. 74 I *Nr. 24* GG enthält die zentrale Umweltgesetzgebungskompetenz für die *Abfallwirtschaft* (vgl. insbes. KrWG) sowie die *Luftreinhaltung* und *Lärmbekämpfung* (vgl. insbes. BImSchG). Der Abfallbegriff entspricht weitgehend dem des § 3 I KrWG und umfasst alle Stufen der Abfallwirtschaft einschließlich etwaiger abgabenrechtlicher Instrumente, sofern es sich nicht um Steuern handelt.[242] „Luftreinhaltung" und „Lärmbekämpfung" beziehen sich auf den gesamten Luftraum (einschließlich Atmosphäre) und dessen Veränderung durch physikalische oder chemische Einwirkungen bzw. Schallwellen, allerdings mit der grds.[243] Ausnahme verhaltensbezogenen Lärms, der nicht von einer Anlage, sondern von Menschen (auch in ihrer Eigenschaft als Anlagennutzer)[244] ausgeht und für den gem. dem Klammerzusatz in Art. 74 I Nr. 24 GG der Landesgesetzgeber zuständig ist.

---

236 *Glaser* NuR 2007, 439 (440); *Uhle* in Kluth (Hrsg.), Föderalismusreformgesetz, 2007, Art. 72 Rn. 48.

237 Dazu iE *Schulze-Fielitz* NVwZ 2007, 249 (256 ff.).

238 Vgl. dazu *Breuer/Gärditz* WasserR Rn. 5 f.

239 Vgl. im Überblick *Appel* in Koch/Hofmann/Reese UmweltR-HdB § 2 Rn. 105; *Kloepfer/Durner* UmweltschutzR § 2 Rn. 33; *Schlacke* § 4 Rn. 42 ff.

240 *Gärditz* in Landmann/Rohmer UmweltR GG Art. 20a Rn. 106.

241 Vgl. zur Auslegung des Begriffs „Bodenrecht" BVerfGE 3, 407 (424).

242 BVerfGE 110, 370 (385); *Kment* in Jarass/Pieroth (o. Fn. 14) Art. 74 Rn. 68.

243 Vgl. die in den meisten Ländern bestehenden Landesimmissionsschutzgesetze.

244 Gegenausnahmen bestehen für verhaltensbezogenen Lärm, der unmittelbar mit dem Betrieb einer Anlage zusammenhängt und diesem daher zurechenbar ist (Bundeszuständigkeit gem.

Art. 74 I *Nr. 29* GG vermittelt die Bundesgesetzgebungskompetenz für den *Naturschutz* und die *Landschaftspflege.* Beide Bereiche sind als Einheit zu betrachten (vgl. BNatSchG). Erfasst werden nicht nur passive Schutzmaßnahmen, sondern auch aktive Pflege. Der Naturbegriff entspricht weitgehend dem Begriff „natürliche Lebensgrundlagen“ in Art. 20a GG (→ Rn. 6). Dem Begriff der Landschaft kommt eine ökologische, aber auch eine ästhetische Funktion zu, sodass auch Regelungen betreffend die Schönheit der Natur möglich sind. Zu weitgehend dürfte es aber sein, wenn das *BVerwG* annimmt, dass selbst naturschutzrechtliche Verfahrensregelungen von Art. 74 I Nr. 29 GG erfasst sind.[245]

Art. 74 I *Nr. 32* GG ermöglicht erstmals die umfassende bundesgesetzliche Regelung des Wasserhaushalts (vgl. daher die Vollregelung des WHG 2010),[246] was aus Gründen der Kohärenz des deutschen Wasserrechts einen substantiellen Fortschritt bedeutet.[247] „Wasserhaushalt“ ist der Oberbegriff für das gesamte Regime der Wassermengen- und Wassergüterbewirtschaftung, soweit nicht spezielle Kompetenztitel einschlägig sind (zB Küstengewässer: Art. 74 I Nr. 17 GG; gewässerökologischer Biotop-, Habitat- und Artenschutz: Art. 74 I Nr. 29 GG).[248]

Nur *umweltrelevante* (das *Umweltrecht iwS* betreffende) Kompetenztitel sind insbes. Art. 74 I Nr. 11 (Recht der Wirtschaft, vgl. zB EnWG), Nr. 17 (Fischerei), Nr. 18 (Bodenrecht, vgl. zB BauGB, BauNVO), Nr. 20 (Pflanzenschutz, vgl. zB PflSchG), Nr. 21–23 (Verkehrsrecht), Nr. 26 2. Alt. (Gentechnik, vgl. GenTG), Nr. 28 (Jagdwesen, vgl. zB BJagdG), Nr. 30 (Bodenverteilung) und Nr. 31 (Raumordnung, vgl. zB ROG).

Die Gesetzgebungskompetenzen gem. Art. 74 I *Nr. 11, 20, 26* GG darf der Bund gem. *Art. 72 II GG* nur ausüben, wenn und soweit die Herstellung gleichwertiger Lebensverhältnisse im Bundesgebiet oder die Wahrung der Rechts- und Wirtschaftseinheit im gesamtstaatlichen Interesse eine bundesgesetzliche Regelung erforderlich macht. Damit ist aber zugleich auch gesagt (Umkehrschluss): Außerhalb des Tierschutzes, der Gentechnik und umweltbezogener Regelungen in Wirtschaftsgesetzen muss die Erforderlichkeitsklausel des Art. 72 II GG bei der Umweltrechtsetzung seit 2006 nicht mehr beachtet werden.[249] Die Bedeutung der Erforderlichkeitsklausel für das Umweltrecht ist damit stark zurückgegangen, die konkurrierende umweltrechtliche Gesetzgebungszuständigkeit des Bundes ist der ausschließlichen Kompetenz grds. weitgehend angenähert (man spricht daher auch – untechnisch – von einer „Vorranggesetzgebung“ des Bundes[250]). 50

3. Abweichungsgesetzgebung

Die Länder dürfen, nachdem der Bund von seiner konkurrierenden Gesetzgebungszuständigkeit Gebrauch gemacht hat, auf Grundlage von Art. 72 III 1 GG abweichende Regelungen treffen.[251] Das Abweichungsrecht der Länder bezieht sich mit 51

Art. 74 I Nr. 24 GG, vgl. *Gärditz* ZfU 2012, 249 [280]), sowie für verkehrsbezogenen Lärm (Bundeszuständigkeit gem. Art. 73 I Nr. 6, 6a; 74 I Nr. 21–23 GG).

[245] BVerwGE 92, 258 (260); aA wie hier (Art. 84 GG) *Gärditz* in Landmann/Rohmer UmweltR GG Art. 20a Rn. 114.

[246] Dazu *Faßbender* ZUR 2010, 181 ff.; ausf. *Apel,* Die Reform des Föderalismus im Wasserhaushaltsrecht, 2016; näher dazu → § 8 Rn. 2 f.

[247] *Gärditz* in Landmann/Rohmer UmweltR GG Art. 20a Rn. 115.

[248] BVerfGE 15, 1 (15), stRspr.

[249] *Schulze-Fielitz* NVwZ 2007, 249 (252).

[250] *Degenhart* in Sachs (o. Fn. 4) Art. 72 Rn. 2.

[251] Allg. Überblick bei *Degenhart* DÖV 2010, 422 ff.; speziell für das Umweltrecht *Krause* JA 2011, 768 ff. Zur Kritik (Rechtszersplitterung, Intransparenz, „Ping-Pong-Gesetzgebung“):

dem Naturschutz und der Landschaftspflege (Nr. 2) sowie dem Wasserhaushalt (Nr. 5) auf zwei umweltrechtliche Kernmaterien.

Inhaltlich sind die Länder in der Wahrnehmung ihrer Abweichungskompetenz – vorbehaltlich höherrangigen Rechts – frei.[252] Ein maßgeblicher Unterschied zur ehemaligen Rahmengesetzgebung besteht darin, dass die Länder nicht mehr das einfache Gesetzesrecht des Bundes zu beachten haben.[253]

Vom abweichenden Zugriff der Länder ausgeschlossen bleiben einige sog. abweichungsfeste Kerne.[254] In Bezug auf den Naturschutz handelt es sich dabei um die „allgemeinen Grundsätze des Naturschutzes, das Recht des Artenschutzes oder des Meeresnaturschutzes" (vgl. Klammerzusatz in Art. 72 III 1 Nr. 2 GG).[255] Im Wasserhaushaltsrecht erstreckt sich das Abweichungsrecht der Länder nicht auf „stoff- oder anlagenbezogene Regelungen" (vgl. Klammerzusatz in Art. 72 III 1 Nr. 5 GG).[256]

4. Verhältnis von Bundesrecht und Landesrecht

52 Solange und soweit der Bund von seiner konkurrierenden Gesetzgebungszuständigkeit durch Gesetz Gebrauch gemacht hat, kommt den Ländern grds. keine Befugnis zur Gesetzgebung zu (Art. 72 I GG). In diesem Bereich erlassene Normen der Länder sind nichtig.[257] Der Bund hat auf dem Gebiet aller den Umweltschutz betreffenden Kompetenzgrundlagen Gesetze erlassen. Inwieweit diese jeweils abschließend sind, den Ländern Gestaltungsspielräume belassen oder jene in Form von Öffnungsklauseln ausdrücklich zur eigenständigen Rechtsetzung ermächtigen, ist anhand des konkreten Einzelfalls zu ermitteln.

Im Bereich der Abweichungsgesetzgebung geht allerdings gem. Art. 72 III 3 GG im Verhältnis von Bundes- und Landesrecht das jeweils spätere Gesetz vor *(lex posterior derogat legi priori).* Im Unterschied zur Grundregel von Art. 72 I GG wird damit kein Geltungs-, sondern lediglich ein Anwendungsvorrang des jeweils jüngeren Rechts angeordnet.[258] Etwaige zeitlich vorhergehende bundesgesetzliche Regelungen werden durch spätere landesgesetzliche Regelungen nicht in ihrer Geltung beeinträchtigt. Sie finden nur auf dem Gebiet des betreffenden Landes keine Anwendung. Das jeweils frühere Recht ist nicht nichtig, sondern wird verdrängt[259] und lebt bei Wegfall des späteren Rechts wieder auf.[260] Zu beachten bleibt schließlich, dass Bundesgesetze auf den Gebieten der Abweichungsgesetzgebung frühestens sechs Monate nach ihrer Verkündung in Kraft treten, soweit nicht mit Zustimmung des Bundesrates anderes bestimmt ist (Art. 72 III 2 GG). Diese Karenzfrist soll es den

---

Schulze-Fielitz NVwZ 2007, 249 (253 f.). Die Abweichungsgesetzgebungskompetenz birgt aber auch Potenzial für einen „kompetitiven" bzw. „experimentellen" Föderalismus („Wettbewerb der Rechtsordnungen"), der wiederum einem bestmöglichen Umweltschutz zugutekommen kann.

[252] BT-Drs. 16/813, 11; *Glaser* NuR 2007, 439 (441).

[253] *Schulze-Fielitz* NVwZ 2007, 249 (254).

[254] Dazu BT-Drs. 16/813, 11; *Rengeling* DVBl 2006, 1537 (1542).

[255] Vgl. BT-Drs. 16/813, 11; *Krüsemann* in Czybulka (Hrsg.), Das neue Naturschutzrecht des Bundes, 2011, S. 27 (29 ff.); näher dazu → § 10 Rn. 8 f.

[256] Vgl. dazu BT-Drs. 16/813, 11; *Scheidler* VR 2009, 81 (84); näher dazu → § 8 Rn. 10.

[257] *Oeter* in v. Mangoldt/Klein/Starck (o. Fn. 7) Art. 72 Rn. 58, 87; *Wittreck* in Dreier (o. Fn. 2) Art. 72 Rn. 31.

[258] *Appel* in Koch/Hofmann/Reese UmweltR-HdB § 2 Rn. 108.

[259] *Kment* (o. Fn. 242) Art. 72 Rn. 32.

[260] *Pietzcker* in Isensee/Kirchhof (Hrsg.), HStR VI, 3. Aufl. 2008, § 134 Rn. 43.

Ländern faktisch ermöglichen, das Inkrafttreten bundesrechtlicher Regelungen auf ihrem Territorium durch vorherige abweichende Rechtsetzung von Anfang an abzuwenden.[261]

5. System der konkurrierenden Gesetzgebungskompetenzen

Insgesamt sind damit nach nunmehr geltendem Recht drei Arten von konkurrierenden Gesetzgebungskompetenzen des Bundes zu *unterscheiden:* 53

- Die *Kernkompetenzen* des Bundes nach Art. 72 I GG ohne Geltung der Erforderlichkeitsklausel nach Art. 72 II GG und ohne Abweichungsmöglichkeit der Länder (zB Art. 74 I Nr. 18 und insbes. Nr. 24 GG);
- die *Erforderlichkeitskompetenzen* des Bundes nach Art. 72 I, II GG (zB Art. 74 I Nr. 20, 26 GG) und
- die *Abweichungskompetenzen* des Bundes nach Art. 72 I, III GG (zB Art. 74 I Nr. 29, 30, 32 GG).[262]

6. Ergebnis (Fall 4)

Der in *Fall 4* von der *Arbeitsgemeinschaft „Tempo 100"* vorgelegte Gesetzentwurf könnte gegen Art. 72 I, 74 I Nr. 24 GG verstoßen, die auf dem Gebiet der Luftreinhaltung dem Bund die konkurrierende Gesetzgebungsbefugnis einräumen, von der dieser mit Erlass des Bundesimmissionsschutzgesetzes Gebrauch gemacht hat. Nach § 38 I 2 BImSchG sind Kraftfahrzeuge so zu betreiben, dass „vermeidbare Emissionen verhindert und unvermeidbare Emissionen auf ein Mindestmaß beschränkt bleiben". Da der bestimmungsgemäße Betrieb eines Fahrzeugs keine Verletzung der Immissionsminderungspflicht darstellt,[263] verstößt der Fahrer, der die angegebene Höchstgeschwindigkeit seines Autos nutzt, nicht gegen § 38 I 2 BImSchG. 54

Raum für die Landesgesetzgebung zum Erlass einer generellen Geschwindigkeitsbegrenzung im Interesse der Luftreinhaltung könnte bestehen, wenn § 38 BImSchG keine abschließende Regelung treffen wollte. Da das Bundesimmissionsschutzgesetz zumindest bei der Festlegung von Gefahren, Gefahrenquellen und Gegenmaßnahmen die Gesetzgebungsbefugnis des Art. 74 I Nr. 24 GG ausgeschöpft hat, kann dies jedoch nicht angenommen werden.[264]

Darüber hinaus verstößt eine generelle Geschwindigkeitsbegrenzung auf Autobahnen durch den Landesgesetzgeber gegen das Straßenverkehrsrecht (§ 3 III Nr. 2c StVO), zu dessen Regelung gem. Art. 74 I Nr. 22 GG der Bund befugt ist. Wenn die Kompetenz zur Regelung umweltrelevanter Vorgänge von der jeweiligen Sachkompetenz gedeckt ist und die Kompetenz zur Verringerung von Schadstoffen durch den Individualverkehr sachspezifisch in der Befugnis zur Regelung des Straßenverkehrsrechts enthalten ist, so überschneiden sich die Kompetenzen der Nr. 22 und 24 des Art. 74 I GG. Die Überlagerung ist aber unschädlich, da die einzelnen in Art. 74 I GG aufgezählten Sachgebiete nicht in einem strengen Spezialitätsverhältnis zueinanderstehen und es deshalb gleichgültig ist, ob sich eine Materie unter mehrere der in dieser Vorschrift aufgeführten Zuständigkeitsbereiche subsumieren lässt. So kann eine Gesetzgebungskompetenz primär auf das spezielle Sachgebiet und zugleich hilfsweise auf allgemeinere Kompetenzen gestützt werden.

Der von der Arbeitsgemeinschaft eingebrachte Gesetzentwurf verstößt damit gegen die Bayerische Verfassung, weil er die über das Grundgesetz in die Landesverfassung hineinwirkenden Regelungszuständigkeiten aus Art. 72 I iVm 74 I Nr. 22, 24 GG missachtet. Der *BayVerfGH* wird daher feststellen, dass die gesetzlichen Voraussetzungen für die Zulassung des Volksbegehrens nicht vorliegen.

---

[261] *v. Münch/Mager* (o. Fn. 31) Rn. 386.

[262] Vgl. zu diesem System *Heselhaus* in Rehbinder/Schink Abschn. 1 Rn. 149 ff. Guter Überblick zum allg. Gesetzgebungskompetenzsystem des GG bei *Fehling* JURA 2016, 498 (502 ff.).

[263] *Jarass* BImSchG § 38 Rn. 17 mwN.

[264] Vgl. *Pestalozza* WiVerw 1984, 245 (255).

VII. Die Verwaltungskompetenzen im Umweltschutz

55 Im Bereich des Vollzugs von Umweltrecht liegt – anders als bei der Gesetzgebung – der Schwerpunkt rechtlich *und* faktisch bei den Ländern (vgl. Art. 30, 83 GG). Danach vollziehen die Länder stets ihre Landesumweltgesetze (Art. 30 GG). Sie führen aber auch die Bundesumweltgesetze grds. als *eigene Angelegenheit* aus, soweit das Grundgesetz in den nachfolgenden Art. 84 ff. nicht etwas anders bestimmt oder zulässt (Art. 83 GG).[265]

56 Führen die Länder die Bundesgesetze als eigene Angelegenheit aus, so regeln sie die *Einrichtung der Behörden* und das *Verwaltungsverfahren* (Art. 84 I 1 GG). Bundesgesetze können aber etwas Anderes bestimmen, ohne dass es hierfür einer Zustimmung des Bundesrates bedürfte. Art. 84 I 2 GG räumt den Ländern jedoch ein Abweichungsrecht ein. Macht ein Land hiervon Gebrauch, so treten in diesem (!) Land hierauf bezogene spätere bundesgesetzliche Regelungen über die Behördenorganisation und das Verwaltungsverfahren frühestens sechs Monate nach ihrer Verkündung in Kraft, soweit nicht mit Zustimmung des Bundesrates anderes bestimmt ist (Art. 84 I 3 GG). Art. 72 III 3 GG gilt entsprechend (Art. 84 I 4 GG). In Ausnahmefällen kann der Bund jedoch wegen eines besonderen Bedürfnisses nach bundeseinheitlicher Regelung das Verwaltungsverfahren *ohne Abweichungsmöglichkeit* für die Länder regeln, sofern der Bundesrat zustimmt (Art. 84 I 5, 6 GG). Nach hL fällt das Umweltverfahrensrecht zwar nicht stets, aber doch wohl im Regelfall unter die Voraussetzungen des Art. 84 I 5 GG und ist damit – vorausgesetzt der Bundesrat stimmt zu (Art. 84 I 6 GG) – abweichungsfest.[266] Allerdings dürfen den Gemeinden und Gemeindeverbänden durch *Bundes*gesetz keine Aufgaben übertragen werden (Art. 84 I 7 GG). Die Bundesregierung kann für die Landesverwaltung unter – auf eine bloße Rechtsaufsicht (Gesetzmäßigkeitsprüfung) beschränkter – Bundesaufsicht mit Zustimmung des Bundesrates allgemeine Verwaltungsvorschriften erlassen (Art. 84 II GG).

57 Im Ausnahmefall wird Bundesumweltrecht durch die Länder als *Auftragsverwaltung* ausgeführt (Art. 85 GG). Beispiele hierfür sind Teile des Atomrechts (Art. 87c GG iVm § 24 AtG) und bestimmte Aufgaben der Luftverkehrsverwaltung (Art. 87d II GG iVm § 31 II LuftVG). Hier ist die Bundesaufsicht nicht auf eine bloße Rechtsaufsicht beschränkt. Vielmehr erstreckt sie sich auch auf die Zweckmäßigkeit der Ausführung (Art. 85 IV GG). Die Landesbehörden unterliegen den Weisungen der zuständigen Bundesministerien (Art. 85 III GG).[267] Der Bund hat insoweit die Sachkompetenz (inhaltliches Bestimmungsrecht durch Weisungen), die Länder die Wahrnehmungskompetenz (Handeln und Verantwortung nach außen).[268]

58 *Bundeseigene Verwaltung* kommt im Umweltschutz im Wesentlichen nur im Bereich der Bundeswasserstraßenverwaltung vor (Art. 87 I 1, 89 II GG).[269] Praktisch relevant sind die nach Art. 87 III 1 GG errichteten *selbständigen Bundesoberbehörden* für Bereiche, in denen dem Bund die Gesetzgebung zusteht (zB Umweltbundesamt, Bundesamt für Strahlenschutz[270] oder Bundesamt für Naturschutz). Ferner

---

[265] Überblick zur allg. Verteilung der Vollzugskompetenzen gem. Art. 83 ff. GG bei *Maurer* JuS 2010, 945 ff.; *Voßkuhle/Kaiser* JuS 2017, 316 ff.

[266] *Kloepfer/Durner* UmweltschutzR § 2 Rn. 41; zu den Einzelheiten *Kahl* NVwZ 2008, 710 ff.

[267] BVerfGE 81, 310 (332 ff.).

[268] *Kloepfer/Durner* UmweltschutzR § 2 Rn. 43.

[269] *Schlacke* § 4 Rn. 56.

[270] Vgl. BVerfGE 104, 238 (247); BVerfGK 14, 402 (406, 411 ff.) m. Nachw. auch auf die vom *BVerfG* mit Recht abgelehnte Gegenansicht, nach der Art. 87c GG insoweit *lex specialis* sein soll.

wurden gem. Art. 87 III 1 GG verschiedene *bundesunmittelbare Anstalten des öffentlichen Rechts* errichtet, die zumindest von mittelbarer Bedeutung für den Umweltschutz sind, wie etwa die Bundesanstalt für Gewässerkunde oder die Physikalisch-Technische Bundesanstalt. Zuletzt war strittig, ob die Überweisung der Zuständigkeit für die mit dem beschleunigten Energienetzausbau verbundenen Planungsaufgaben an die Bundesnetzagentur (durch bloße Rechtsverordnung[271]) dem Gesetzesvorbehalt des Art. 87 III 1 GG genügt.[272] Diese Behörden haben – abgesehen vom Bundesamt für Strahlenschutz – idR keine Vollzugskompetenzen. Sie beraten die Ministerien wissenschaftlich, führen Forschungsvorhaben oder fachliche Prüfungen durch und betreiben Öffentlichkeitsarbeit.[273]

§ 4. Strukturen, Prinzipien und Instrumente des Umweltrechts

I. Einleitung

1 Im Folgenden geht es um das *deutsche Umweltverwaltungsrecht.* Weil dieses ein sehr verästeltes Bild bietet, erleichtert es das Verständnis, wenn man sich vor der Auseinandersetzung mit Einzelfragen zunächst einen Überblick über die *Strukturen* dieses Rechtsgebiets verschafft. Hilfreich ist dabei neben der Kenntnis der *historischen* Entstehung und Entwicklung des Umweltrechts[1] als selbständiges Rechtsgebiet[2] eine Vorabvergewisserung über die *tatsächliche* Umweltsituation und mögliche politische Strategien für deren Verbesserung. Insoweit zeigt sich ein Bild, das ungeachtet verschiedener, auch wesentlicher Fortschritte in Einzelbereichen (zB Schutz der Ozonschicht, Wasserqualität von Flüssen und Seen, Ausbau Erneuerbarer Energien, Zunahme der Öko-Landwirtschaft) weiterhin durch schwerwiegende, sog. *persistente Umweltprobleme*[3] wie Klimawandel, Verlust an Biodiversität, Flächenverbrauch, Überfischung, Meeresverschmutzung (insbes. mit Plastikmüll), Lärm, Luftverunreinigung (insbes. aufgrund von Verkehr) und Umweltbelastungen durch konventionelle Landwirtschaft[4] gekennzeichnet ist.

2 Ein Hauptgrund für die fortbestehenden Umweltprobleme liegt darin, dass die Umweltgüter Luft, Wasser und Boden trotz ihrer Knappheit weitgehend unentgeltlich in Anspruch genommen werden dürfen, ohne dass die Kosten der Umweltinanspruchnahme und -schädigung beim Produzenten oder Konsumenten zu Buche schlagen.[5] Es hat daher das Ziel zu sein, den Verursachern (→ Rn. 28 ff.) verstärkt die sozialen Kosten der Umweltverschmutzung aufzuerlegen *(Kosteninternalisierung).* Während sich dafür traditionell vor allem Auflagen, Ge- und Verbote *(Umweltord-*

---

271 Vgl. §§ 2 II, 31 I, II NABEG.

272 Vgl. hierzu jeweils nur stellv. und mwN (verneinend) *Gärditz* ZfU 2012, 249 (269 f.) einerseits und (bejahend) *Krappel* DVBl 2013, 551 ff. andererseits. Näher dazu → § 6 Rn. 93.

273 *Kloepfer/Durner* UmweltschutzR § 2 Rn. 44; *Kluth* in ders./Smeddinck § 1 Rn. 96.

1 S. bereits → Einführung Rn. 1 ff. Ausf. *Kloepfer,* Zur Geschichte des deutschen Umweltrechts, 1994; Überblick: *Eifert* Rn. 1 ff.; *Schlacke* § 2 Rn. 5 ff.

2 S. *Schulze-Fielitz* in Willoweit (Hrsg.), Rechtswissenschaft und Rechtsliteratur im 20. Jahrhundert, 2007, S. 989 ff.

3 Hierzu *Kment* NVwZ-Editorial 13/2018; ausf. *Hahn,* Umwelt- und zukunftsverträgliche Entscheidungen des Staates, 2017, S. 5 ff., 186 ff.

4 *Reese* ZUR 2010, 339 (341).

5 Vgl. *Wicke* in Rengeling EUDUR I § 5 Rn. 13 ff.; *Sparwasser/Engel/Voßkuhle* § 1 Rn. 49, § 2 Rn. 134 ff.

nungsrecht) anbieten (→ Rn. 68 ff.), die auch weiterhin das „Rückgrat" des deutschen Umweltrechts bilden, wird von der Möglichkeit, Umweltgüter mittels *ökonomischer Instrumente* (→ Rn. 124 ff.) als knappe Güter zu verrechtlichen bzw. ihre kostenlose Inanspruchnahme zu verhindern (zB Umweltabgaben), bislang noch (zu) wenig Gebrauch gemacht.[6]

3 Das Umweltverwaltungsrecht der Zukunft muss durch einen strategiegeleiteten,[7] kohärenten, effektiven und effizienten *Instrumentenverbund („Instrumentenmix")*[8] im Interesse von Rechtssicherheit, Bürgerfreundlichkeit und Vollzugstauglichkeit noch besser strukturiert und durch hinreichend konkretisierte Prinzipien angeleitet werden, um seine *systematischen Zusammenhänge* und *Ordnung*[9] noch klarer hervortreten zu lassen, aber auch um dysfunktionale Effekte und unverhältnismäßige Belastungskumulationen zu vermeiden. Die Zuordnung zu *allgemeinen* Vorschriften einerseits sowie *besonderen* Regelungen des *medialen, kausalen* und *vitalen* Umweltschutzes[10] andererseits[11] kann dabei einer ersten *Vorstrukturierung* dienen, bleibt aber letztlich unterkomplex. Sie läuft insbes. Gefahr, einer ökologischen Gesamtbetrachtung unter Einbeziehung der Wechselwirkungen zwischen den einzelnen Umweltbereichen (*integrativer* Umweltschutz; → Rn. 42 ff.) nicht hinreichend gerecht zu werden.[12]

II. Das Vorhaben eines Umweltgesetzbuchs

4 Das deutsche Umweltrecht zeichnet sich vor allem durch seine *Zersplitterung* aus.[13] Es ist fast über die gesamte Rechtsordnung verstreut.[14] *Öffentlich-rechtliche* Umweltschutzregelungen des Bundes finden sich in einer Reihe sektoraler Fachgesetze, die entweder dem Schutz traditionell ausgeformter Umweltmedien (zB Bundesimmissionsschutzgesetz, Wasserhaushaltsgesetz, Bundesbodenschutzgesetz, Bundesnaturschutzgesetz)[15] oder dem Schutz vor bestimmten stoffbezogenen Gefahren und Risiken dienen (zB Atomgesetz, Chemikaliengesetz, Kreislaufwirtschaftsgesetz[16]). Hinzu treten die neueren Bereiche des Klimaschutzrechts sowie des Umweltenergierechts.[17] Daneben bestehen umweltrechtliche Fachgesetze, die spezifische Instru-

---

6 Vgl. *Murswiek* JZ 1988, 985 ff.; *Hansmeyer/Schneider,* Umweltpolitik, 2. Aufl. 1992, S. 14 ff.

7 Zu möglichen Strategien des Umweltschutzes *Rehbinder* in ders./Schink Abschn. 3 Rn. 195 ff.

8 Dazu *Fehling* ZUR 2020, 387 (388 f., 391 ff.); *Shirvani* EurUP 2010, 267 ff.; *Wißmann* EurUP 2016, 373 ff.; umfassend *Lee,* Umweltrechtlicher Instrumentenmix und kumulative Grundrechtseinwirkungen, 2013.

9 Anregend dazu *Reese* ZUR 2010, 339 ff.; *Monien,* Prinzipien als Wegbereiter eines globalen Umweltrechts?, 2014, S. 60 ff.

10 Begriffsprägend *Breuer* Der Staat 20 (1981), 393 (395 ff.); *ders.* Rn. 37. Diese Unterscheidung ist jedoch nur eine idealtypische, bei der Überschneidungen nicht ausgeschlossen sind, vgl. *Kloepfer* in Ehlers/Fehling/Pünder § 44 Rn. 16 f.

11 *Schlacke* § 2 Rn. 22 ff.

12 *Schlacke* § 2 Rn. 28; *Kloepfer* in Ehlers/Fehling/Pünder § 44 Rn. 18.

13 Vgl. *Scheidler* VR 2009, 81 (82).

14 Vgl. *Guckelberger* NuR 2008, 369 (371); *v. Lewinski* in Brandner ua (Hrsg.), Umweltgesetzbuch und Gesetzgebung, 2008, S. 1 (6); *Sangenstedt* ZUR 2007, 505 (507).

15 Zum Immissionsschutzrecht → § 7, zum Wasserrecht → § 8, zum Bodenschutzrecht → § 9, zum Naturschutzrecht → § 10.

16 Hierzu → § 11.

17 Hierzu → § 6.

mente des Umweltschutzes bereitstellen (zB Abwasserabgabengesetz, Umweltinformationsgesetz, Umwelthaftungsgesetz, Umweltauditgesetz, Umweltverträglichkeitsprüfungsgesetz).[18] Der Umweltschutz als „*problembezogene Querschnittsaufgabe*"[19] ist aber nicht nur in den *Umweltgesetzen ieS* normiert, sondern wurde auch in zahlreiche, nicht spezifisch umweltrechtliche Gesetze integriert, die gleichwohl als *Umweltrecht iwS* (umweltrelevantes Recht)[20] eine „ökologische Tönung"[21] aufweisen (zB Raumordnungs- und Baurecht, Energiewirtschaftsrecht, Landwirtschaftsrecht, Verkehrsrecht).[22] Umweltrechtliche Regelungen finden sich schließlich nicht nur im Öffentlichen Recht, sondern auch im *Privat-* (→ Rn. 153 ff.) und *Strafrecht* (→ Rn. 176 f.).

Zwischen den sektoralen umweltrechtlichen Regelungen bestehen teilweise erhebliche materiellrechtliche Unterschiede hinsichtlich der Begriffe und Instrumente,[23] aber auch hinsichtlich des Verfahrens.[24] Es fehlt bislang eine *normative*[25] Grund- und *systematische Gesamtstruktur* („Allgemeiner Teil"), welche die einzelnen Umweltgesetze umklammert (innere Harmonisierung[26] des Umweltrechts).[27] 5

Für die Systematisierung und Harmonisierung des Umweltrechts käme einem *Umweltgesetzbuch (UGB)* eine wesentliche Bedeutung zu. Eine solche *Kodifikation*[28] könnte einen wichtigen Beitrag zur Ordnung, Deregulierung und Optimierung des Umweltrechts leisten.[29] Sie ist seit den siebziger Jahren des letzten Jahrhunderts in der Diskussion.[30] Infolge der Pflicht zur Umsetzung der IVU-Richtlinie,[31] deren 6

---

18 Zum Abwasserabgabengesetz → § 4 Rn. 134, → § 8 Rn. 14, zum Umweltinformationsgesetz → Rn. 178 ff., zum Umwelthaftungsgesetz → Rn. 160 ff., zum Umweltauditgesetz → Rn. 208 ff., zum Umweltverträglichkeitsprüfungsgesetz → Rn. 85 ff.

19 *Breuer* Rn. 36; zust. *Eifert* Rn. 7; vgl. auch *Ramsauer* in Koch/Hofmann/Reese UmweltR-HdB § 3 Rn. 9.

20 Zur Unterscheidung eines Umweltrechts ieS und iwS *Kloepfer/Durner* UmweltschutzR § 1 Rn. 22; *Storm* Rn. 45 ff.

21 Begriff von *Storm* AgrarR 1974, 181 (182).

22 *Eifert* Rn. 8 f. Überblick *Kloepfer/Durner* UmweltschutzR § 1 Rn. 31 ff.

23 *Bohne* EurUP 2006, 276 (277); *Knopp* UPR 2009, 121 (122).

24 Vgl. *Lottermoser* UPR 2007, 401 (404); *Sellner* in Köck (Hrsg.), Auf dem Weg zu einem Umweltgesetzbuch nach der Föderalismusreform, 2009, S. 49 (60).

25 Dieses *normative* Defizit ist umso bedauerlicher, vergegenwärtigt man sich den vergleichsweise hohen Grad an *wissenschaftlicher* Durchdringung und Systematisierung, den das deutsche Umweltrecht aufweist.

26 Programmatisch *Kloepfer/Meßerschmidt*, Innere Harmonisierung, 1986; frühzeitig *Kloepfer*, Systematisierung des Umweltrechts, 1978.

27 *Kloepfer* UPR 2007, 161; *Ramsauer* in Koch/Hofmann/Reese UmweltR-HdB § 3 Rn. 17 f.

28 Zur Kodifikationsidee im Verwaltungsrecht *Kahl* in Hoffmann-Riem/Schmidt-Aßmann (Hrsg.), Verwaltungsverfahren und Verwaltungsverfahrensgesetz, 2002, S. 67 ff.; *Kahl/Hilbert* RW 2012, 453 ff.; *Breuer* FS Isensee, 2007, S. 345 ff.

29 *Kahl/Hilbert* RW 2012, 453 (472 f.); *Kloepfer/Durner* UmweltschutzR § 1 Rn. 53; *Scheidler* UPR 2009, 173 (176); *Welke*, Die integrierte Vorhabengenehmigung, 2010, S. 371 ff., 385 ff.; aA *Schrader* ZRP 2008, 60 ff.; *Weber/Riedel* NVwZ 2009, 998 ff.; krit. auch bereits *Breuer*, Gutachten B zum 59. DJT (1992); generell skept. gegenüber der Kodifikationsidee *Lepsius* JuS 2019, 14 (17); *ders.* in Herdegen/Masing/Poscher/Gärditz (Hrsg.), Handbuch des Verfassungsrechts, 2021, § 12 Rn. 16 ff.

30 Berichtend *Gärditz* Verw. 40 (2007), 203 (206 ff.); *Szczekalla* DVBl 2008, 300 (302 f.). Überblick zu den Argumenten pro und contra „UGB" bei *Debus* VerwArch 100 (2009), 21 (23 ff.); *Kloepfer* UPR 2007, 161 (163 ff.); *Oldiges* ZG 2008, 263 (271 ff.); *Sellner* in Trute ua (Hrsg.), Allgemeines Verwaltungsrecht – zur Tragfähigkeit eines Konzepts, 2008, S. 192 (199 ff.).

31 Ursprünglich: RL 96/61/EG v. 24.9.1996 über die integrierte Vermeidung und Verminderung der Umweltverschmutzung (ABl. L 257, 26), heute: RL 2010/75/EU v. 24.11.2010

integrierter Ansatz auf einen medienübergreifenden Umweltschutz angelegt ist,[32] stellte sich das Problem der Rechtszersplitterung und der mangelnden Europarechtstauglichkeit des deutschen Umweltrechts[33] in verschärfter Form.[34] Folglich erfreute sich die Idee eines UGB in den neunziger Jahren des 20. Jahrhunderts verstärkten Zuspruchs.[35] Der vom BMU vorgelegte Referentenentwurf (UGB-RefE 1998),[36] dem umfangreiche Vorarbeiten verschiedener Sachverständigenkommissionen[37] vorausgegangen waren, scheiterte jedoch im Jahre 1999. Juristischer[38] Grund hierfür war, dass die damals nur fragmentarischen, teils auf Rahmenregelungen beschränkten Umweltgesetzgebungskompetenzen des Bundes (vgl. Art. 75 I 1 Nr. 3 und 4 GG aF) eine Vereinheitlichung in den Bereichen Wasser und Naturschutz vor dem Hintergrund der restriktiven *BVerfG*-Rechtsprechung zu Art. 75 (72 II) GG aF[39] nicht zuließen.[40] In der Folge beschränkte sich der Gesetzgeber auf ein Artikelgesetz,[41] mit dem die wesentlichen Vorgaben der IVU-Richtlinie insbes. im BImSchG und WHG umgesetzt wurden.[42]

7 Einen neuen Anstoß erhielt das Projekt eines Umweltgesetzbuchs durch die Aufnahme in den Koalitionsvertrag von CDU/CSU/SPD aus dem Jahre 2005[43] sowie vor allem durch die *Föderalismusreform I,*[44] die mit Wirkung zum 1.9.2006 die Kompetenzverteilung im Bund-Länder-Verhältnis neu ordnete.[45] Die Reform brachte zwar keine umfassende Bundesgesetzgebungskompetenz („Recht der Umwelt"), zumindest aber eine Stärkung der Umweltkompetenzen des Bundes durch Überführung der bisherigen umweltrechtlichen Rahmen- in eine konkurrierende Gesetz-

---

über Industrieemissionen (integrierte Vermeidung und Verminderung der Umweltverschmutzung – IE-RL) (ABl. L 334, 17).

32 Vgl. insbes. das Koordinierungsgebot gem. Art. 5 II IE-RL (ursprünglich: Art. 7 IVU-RL). Näher *Calliess* in Ruffert (Hrsg.), Recht und Organisation, 2003, S. 73 (75 ff.); *Engelhardt,* Die Umsetzung der IVU-Richtlinie in Deutschland, 2002; *Jarass* ZfU 2006, 1 (2); *Martini,* Integrierte Regelungsansätze im Immissionsschutzrecht, 2000, S. 44 ff.; *Schmidt-Preuß* NVwZ 2000, 252 ff.; *Wahl* NVwZ 2000, 502 ff.; *ders.* ZUR 2000, 360 ff.; zur Kritik am integrierten Ansatz → Rn. 48.

33 *Scheidler* VR 2009, 81 (82 f.).

34 *Gärditz* Verw. 40 (2007), 203 (207).

35 S. auch den Rückblick bei *Kloepfer* UmweltR § 1 Rn. 158 ff.

36 Arbeitsfassung abgedruckt in *Rengeling* (Hrsg.), Auf dem Weg zum Umweltgesetzbuch I, 1999, S. 273 ff.; dazu *Rengeling* ZfV 1999, 322 ff.

37 Zunächst: sog. Professorenentwurf, vgl. *Kloepfer/Rehbinder/Schmidt-Aßmann/Kunig,* Umweltgesetzbuch – Allgemeiner Teil, 1990 *(UGB-AT ProfE)*; dazu *Hoppe* NJW 1992, 1993 ff.; *Sendler* NVwZ 1996, 1145 ff. Später: sog. Kommissionsentwurf, vgl. *BMU* (Hrsg.), Umweltgesetzbuch, 1998 *(UGB-KomE)*; dazu *Kloepfer/Durner* DVBl 1997, 1081 ff.; *Rengeling* DVBl 1998, 997 ff.

38 Zu den Hintergründen des Scheiterns *Jarass* ZfU 2006, 1 (6 ff.).

39 Zur restriktiven Auslegung der Erforderlichkeitsklausel (Art. 75 aF iVm Art. 72 II GG) sowie des Begriffs „Rahmenvorschriften" (Art. 75 GG aF) BVerfGE 106, 62 (135 ff.); 111, 226 (253 ff.).

40 *Lottermoser* UPR 2007, 401; *Sangenstedt* ZUR 2007, 505 (506); *Schmitz* NVwZ 2000, 1238 (1242); aA („Mosaikgesetzgebungskompetenz" des Bundes) *Kloepfer* UmweltR § 1 Rn. 157, § 3 Rn. 176; *Rengeling* DVBl 1998, 997 ff. Vgl. auch → § 3 Rn. 46.

41 G zur Umsetzung der UVP-Änderungsrichtlinie, der IVU-Richtlinie sowie weiterer EG-Richtlinien zum Umweltschutz v. 27.7.2001 (BGBl. I 1950).

42 Vgl. aber auch zu fortbestehenden Umsetzungsdefiziten *Buchmann* NuR 2009, 380 (381 ff., 384).

43 Koalitionsvertrag von CDU, CSU und SPD v. 18.11.2005, S. 56.

44 *Guckelberger* NVwZ 2008, 1161 (1161); *Scheidler* GewArch 2006, 453 (457).

45 Näher dazu → § 3 Rn. 46 ff.

gebungskompetenz (Art. 74 I Nr. 29, 32 GG), wenn auch mit Abweichungsgesetzgebungskompetenz der Länder (Art. 72 III 1 Nr. 2, 5 GG, Art. 84 I 2 GG)[46]. Damit waren die kompetenzrechtlichen Voraussetzungen für ein UGB geschaffen.[47] Gleichzeitig wurden die Moratorien des Art. 125b I 3, II GG aufgenommen. Sie sollten dem Bund bis zum 1.1.2010 (für Regelungen des Verwaltungsverfahrens bis zum 1.1.2009) die „ungestörte" Erarbeitung eines UGB (einschließlich Vollregelung des Naturschutz- und Wasserhaushaltsrechts) ermöglichen und zugleich einen gewissen Zeitdruck für das Projekt „UGB" aufbauen.[48]

Das BMU legte am 19.11.2007 einen unter Beteiligung der Länder, anderer Fachressorts, gesellschaftlicher Gruppen und der Rechtswissenschaft (sog. „Projektkreis UGB") erarbeiteten Referentenentwurf für das Umweltgesetzbuch vor,[49] der im Anschluss an die interministerielle Abstimmung sowie die Länder- und Verbändeanhörung noch einmal überarbeitet wurde. Aus einer erneuten Ressortabstimmung ging schließlich der *UGB-RefE v. 4.12.2008* hervor[50] – der bislang letzte Entwurf für ein UGB. 8

Nach dem UGB-RefE 2008 sollte das UGB zunächst *fünf Bücher* aufweisen: Das UGB I umfasste allgemeine Vorschriften, die für alle nachfolgenden Bücher gelten sollten, sowie das vorhabenbezogene Umweltrecht. Im UGB II war das Wasserrecht geregelt,[51] im UGB III das Naturschutzrecht.[52] Das UGB IV beinhaltete Vorschriften über den Schutz vor nichtionisierender Strahlung. Das UGB V überführte das Treibhausgas-Emissionshandelsgesetz (TEHG). Hinzu kamen der Entwurf für ein Einführungsgesetz zum Umweltgesetzbuch (EG-UGB) sowie zwei Verordnungsentwürfe (Vorhaben-Verordnung, Umweltbeauftragten-Verordnung). Zu jedem der Bücher bzw. Gesetze gab es ausführliche Begründungen des BMU. 9

Dem UGB-RefE 2008 liegt somit das Modell einer *gestuften Kodifikation* bzw. einer *Bücherkodifikation* nach dem Modell des Sozialgesetzbuchs zugrunde.[53] Die fünf Bücher sollten nur den ersten Schritt (Kern-UGB) darstellen, dem in späteren Legislaturperioden weitere Bücher zu den zunächst nicht berücksichtigten Materien (zB Immissionsschutzrecht der nicht genehmigungsbedürftigen Anlagen, gebiets- und verkehrsbezogener Immissionsschutz, Bodenschutz und Altlasten, Kreislaufwirtschaftsrecht, Schutz vor gefährlichen Stoffen, Anforderungen an Produkte und Ressourcenschutz) folgen sollten.[54] Damit blieb der Entwurf zwar einerseits hinter einer optimalen Lösung zurück, wie man sich diese aus wissenschaftlicher Sicht gewünscht hätte,[55] andererseits war die Selbstbeschränkung des Gesetzgebers jedoch in Anbetracht der begrenzten zeitlichen und personellen Kapazitäten sowie im Interesse der politischen Realisierungschancen des Projekts notwendig bzw. ratsam.[56] 10

---

46 → § 3 Rn. 51.

47 *Gärditz* Verw. 40 (2007), 203 (207 f.); *Kloepfer* FS Scholz, 2007, S. 651 (654); *Koch* in Kloepfer (Hrsg.), Das kommende Umweltgesetzbuch, 2007, S. 21 ff.

48 *Kloepfer* UPR 2007, 161 (167); *Smeddinck* EurUP 2007, 202 (204).

49 Dazu *Sangenstedt* in Köck (Hrsg.), Auf dem Weg zu einem Umweltgesetzbuch nach der Föderalismusreform, 2009, S. 25 ff. mwN.

50 Abrufbar unter: https://www.bmu.de/gesetz/referentenentwurf-fuer-das-umweltgesetzbuch-vor-anhoerung-mai-2008/.

51 Dazu *Durner* NuR 2008, 293 ff.; *Nisipeanu* NuR 2008, 87 ff.

52 Vgl. *Fischer-Hüftle* NuR 2008, 213 ff.; *Meßerschmidt* UPR 2008, 361 ff.

53 Zum gestuften Vorgehen *Guckelberger* NVwZ 2008, 1161 (1163); *Kloepfer/Durner* UmweltschutzR § 1 Rn. 52; *Scheidler* VR 2009, 81 (85 ff.); *Sangenstedt* ZUR 2007, 505 (508 f.); *Szczekalla* DVBl 2008, 300 (304 ff.); ausf. *Schärdel*, Die Bücherkodifikation, 2012, S. 133 ff.

54 *Erbguth/Schubert* NuR 2008, 474 f.; *Szczekalla* DVBl 2008, 300 (305).

55 Zur Regelungsbedürftigkeit der Instrumente des Umweltschutzes in einem UGB differ. *Kahl* in Kloepfer (Hrsg.), Das kommende Umweltgesetzbuch, 2007, S. 113 ff.

56 *Kloepfer* Verw. 41 (2008), 195 (224).

11 Das Herzstück des UGB-RefE 2008 bildete das Erste Buch (UGB I)[57] und dort das Instrument der *integrierten Vorhabengenehmigung (IVG).*[58] Sie stellt einen neuen einheitlichen Zulassungstyp für bestimmte umwelt- und raumbedeutsame Vorhaben[59] dar. Mit ihrer Hilfe sollten die bestehenden sektoralen Zulassungen harmonisiert werden,[60] indem die materiellen und formellen Zulassungsregelungen zusammengeführt und zugleich die UVP-Verfahrensschritte integriert werden.[61] Vereinfacht gesagt lautet der Grundgedanke, dass *eine* Behörde in *einem* Verfahren *eine* Entscheidung über alle umweltrelevanten Auswirkungen eines Vorhabens trifft.[62] Die IVG wäre über eine bloße Konzentrationswirkung (zB § 75 I VwVfG, § 13 BImSchG) hinausgegangen, da sie auch materiell ein einheitliches Prüf- und Entscheidungsprogramm geschaffen hätte.[63] Sie hätte zudem eine Beschleunigung vor allem bei Großvorhaben bedeutet, bei denen bislang häufig mehrere Zulassungen nebeneinander erforderlich sind.[64] Die integrierte Vorhabengenehmigung dient dabei in erster Linie einer Umsetzung des integrierten Ansatzes des EU-Umweltrechts.[65] Eine der umstrittensten Fragen bildete die Einbindung des wasserrechtlichen Gestattungssystems.[66] Der UGB-RefE 2008 hat insoweit eine am bisherigen WHG orientierte Lösung gewählt, indem er am wasserrechtlichen Bewirtschaftungsregime und dem Institut des repressiven Verbots mit Befreiungsvorbehalt festhielt.[67]

12 Politische Ereignisse der Jahre 2008/2009 (Landtagswahl in Bayern und andere Wahlkämpfe, Wirtschafts- und Finanzkrise)[68] sorgten jedoch dafür, dass die Gelingensbedingungen für das Projekt „UGB" ungünstig waren. In der Folge wurde das Projekt – trotz bis zur Beschlussreife geführter Vorarbeiten und Investition erheblicher (Steuer-)Mittel[69] – von Teilen von CDU/CSU als politisch nachrangig bzw. dem Wiederwahlinteresse abträglich eingestuft. Die UGB-Gegner innerhalb der Bundesregierung beriefen sich dabei auf den Widerstand aus Wirtschaftskreisen sowie – in der Sache zu Unrecht[70] – auf den mit dem UGB angeblich verbundenen erheblichen Anstieg der Zahl genehmigungsbedürftiger Anlagen („Monsterbürokratie").[71] In der Folge schaffte es der UGB-RefE 2008 nicht mehr bis zum Regierungsentwurf. Am 1.2.2009 erklärte der damalige Bundesumweltminister *Gabriel* das Vor-

---

57 Vgl. dazu den Überblick bei *Kloepfer/Durner* UmweltschutzR § 1 Rn. 52.

58 §§ 49 ff. *UGB I-RefE 2008;* dazu *Kahl* in UBA (Hrsg.), Forum UGB, Heft 4, 2007, S. 11 ff.; *Martini* VerwArch 100 (2009), 40 ff.; näher zur integrierten Vorhabengenehmigung *Calliess,* ZUR 2008, 343 ff.; *Kahl/Diederichsen* NVwZ 2006, 1107 (1108 f.); *Volkmann* VerwArch 89 (1998), 363 (374 ff.); zuletzt erhellend *Durner* DVBl 2019, 145 ff.; zur Variante der planerischen Vorhabengenehmigung *Guckelberger* NuR 2008, 369 ff. Grdl. zum Ganzen *Welke* (o. Fn. 29).

59 Zum Anwendungsbereich *Waskow/Grandjot* UPR 2008, 321 ff.

60 *Calliess* ZUR 2008, 343 (344).

61 *Gönner* in UBA (Hrsg.), Forum UGB, Heft 6, 2008, S. 8 ff.; *Kloepfer* Verw. 41 (2008), 195 (210).

62 *Guckelberger* NuR 2008, 369 (371); *Kloepfer* UPR 2007, 161 (169).

63 *Kahl/Welke* DVBl 2010, 1414 (1415 f.); eher skept. *Durner* in Kahl (Hrsg.), Nachhaltigkeit durch Organisation und Verfahren, 2016, S. 317 (328 ff.). Zur Konzentrationswirkung → § 7 Rn. 77 ff.

64 *Sangenstedt* ZUR 2007, 505 (508).

65 *Debus* VerwArch 100 (2009), 21 (35); *Kahl/Welke* DVBl 2010, 1414 (1415 f.); *Scheidler* WiVerw 2008, 1 (6).

66 Vgl. *Calliess* ZUR 2008, 343 (346); *Couzinet* NuR 2008, 376 ff.; *Oldiges* ZG 2008, 263 (278 ff.); *Reinhardt* ZUR 2008, 352 (355); Überblick über die im Vorfeld diskutierten Regelungsmodelle bei *Durner* NuR 2008, 293 (294 f.); *Kahl/Diederichsen* NVwZ 2006, 1107 (1108 ff.).

67 Hierfür vor allem die Landesumweltministerien, vgl. *Munk* Wasser und Abfall 3/2007, 40 ff.

68 Ähnliche Ursachenanalyse bei *Durner* NuR 2009, 373 („Vorwirkungen des kommenden Bundestagswahlkampfs"); vgl. auch *Knopp/Piroch* ZUR 2009, 410 (411).

69 Krit. insoweit mit Recht *Knopp* UPR 2009, 121 (125).

70 Wie hier *Gönner* FAZ v. 3.2.2009, 2; *Knopp* UPR 2009, 121 (121, 124 f.).

71 Berichtend *Schmiese* FAZ v. 21.2.2009, 4. Für die überwiegend skept. Haltung der Wirtschaft vgl. *Spoerr* in Kloepfer (Hrsg.), Das kommende Umweltgesetzbuch, 2007, S. 95 ff.

haben für *gescheitert.*[72] Damit fiel der UGB-RefE 2008 mit Ablauf der 16. Legislaturperiode des Deutschen Bundestages (27.10.2009) dem Grundsatz der Diskontinuität (§ 125 GeschO BT) zum Opfer.

Nach dem Scheitern der „großen Lösung" versuchten Bundestag und Bundesrat Mitte 2009, zu „retten, was noch zu retten ist"[73] und erließen *vier Einzelgesetze,* die am 1.3.2010 in Kraft traten („kleine Lösung"):[74] 13

(1) Gesetz vom 29.7.2009 zur Neuregelung des Rechts des Naturschutzes und der Landschaftspflege. Kernbestandteil ist das in Art. 1 enthaltene *Gesetz über Naturschutz und Landschaftspflege (Bundesnaturschutzgesetz – BNatSchG 2010);*[75]
(2) Gesetz vom 31.7.2009 zur Neuregelung des Wasserrechts mit der Kernbestimmung des Art. 1, der das Gesetz zur Ordnung des Wasserhaushalts enthält *(Wasserhaushaltsgesetz – WHG 2010);*[76]
(3) Gesetz vom 29.7.2009 zur Regelung des Schutzes vor nichtionisierender Strahlung, dort Art. 1 *(Gesetz zum Schutz vor nichtionisierender Strahlung bei der Anwendung am Menschen – NiSG);*[77]
(4) Gesetz vom 11.8.2009 zur Bereinigung des Bundesrechts im Geschäftsbereich des Bundesministeriums für Umwelt, Naturschutz und Reaktorsicherheit *(Rechtsbereinigungsgesetz Umwelt – RGU).*[78]

Rückblickend lässt sich *kritisch feststellen:* Das Thema „UGB" bleibt in Deutschland – im Gegensatz zu anderen Staaten (zB Frankreich, Italien, Polen, Schweden, Schweiz), die bereits über eine (Teil-)Kodifikation ihres Umweltrechts verfügen – ein Trauerspiel, das kein gutes Licht auf Handlungskompetenz und Langzeitperspektive des Gesetzgebers wirft.[79] Auch die aktuelle Bundesregierung unternimmt, soweit ersichtlich, keine Anstrengungen, das „heiße Eisen" UGB erneut anzufassen. Die deutsche Umweltpolitik hat sich – im Gegenteil – offenbar, gestützt von den umweltrechtlichen „Fachbruderschaften" in Ministerien, Wirtschaft, Verbänden und Anwaltschaft, mit der Hyperkomplexität und Unübersichtlichkeit des deutschen Umweltrechts arrangiert. Die Verabschiedung des WHG und BNatSchG 2010 hat den Handlungsdruck zudem spürbar reduziert. Die Polykrise, in der sich Deutschland und die EU seit 2008 bis heute befinden, hat ein Übriges getan, dass sich die Aufmerksamkeit der Politik von dem Thema „UGB" abgewendet hat. Stattdessen nimmt der Gesetzgeber – allen Bekenntnissen zur „Guten" bzw. „Besseren Rechtsetzung"[80] zum Trotz – Überregulierung, Rechtszersplitterung, Intransparenz und Hyperkomplexität des Umweltrechts weiterhin in Kauf. 14

Aus *rechtswissenschaftlicher* Sicht erweist sich die Forderung nach einer Zusammenführung und Systematisierung des deutschen Umweltrechts in einem UGB gleichwohl als *unverändert aktuell.*[81] Wesentlich für einen wirksamen und effizienten Umweltschutz wäre dabei sowohl aus ökologischen als auch ökonomischen Gründen insbes. die Einführung einer integrierten Vorhabengenehmigung (→ Rn. 11).[82] 15

---

[72] Vgl. *BMU* Pressemitteilung Nr. 33/09 v. 1.2.2009.
[73] *BMU* Pressemitteilung Nr. 77/09 v. 11.3.2009.
[74] Überblick: *Scheidler* UPR 2009, 173 (175 f.).
[75] BGBl. I 2542.
[76] BGBl. I 2585.
[77] BGBl. I 2433.
[78] BGBl. I 2723.
[79] Wie hier *Knopp* UPR 2009, 121 ff.; *Rehbinder* FS Sellner, 2010, S. 89 (105: „blamabel").
[80] Dazu *Mödinger*, Bessere Rechtsetzung, 2020; *Kahl/Mödinger* DÖV 2021, 93 ff.
[81] So auch *Kloepfer* in Ehlers/Fehling/Pünder § 44 Rn. 26; *Scheidler* UPR 2009, 173 (176).
[82] Weiterführend, auch zu möglichen Perspektiven, zuletzt *Durner* DVBl 2019, 145 (149 ff., 151 f.). Der Normenkontrollrat beziffert die Bürokratieeinsparungen für KMU infolge des UGB mit ca. 27 Mio. EUR, zit. nach *Knopp* UPR 2009, 121 (125 Fn. 65).

III. Der Begriff und Zweck des Umweltrechts

16 Zu den strukturbezogenen Vorklärungen gehört auch eine Bestimmung des *Begriffs* der Umwelt bzw. des Umweltrechts.[83] Ein weiter Umweltbegriff versteht unter der Umwelt die gesamte Umgebung menschlicher Existenz einschließlich sozialer und kultureller Faktoren. Dieser Umweltbegriff bleibt freilich unkonturiert und abstrakt. Er erweist sich als ungeeignet, bestimmte Regelungsgegenstände voneinander abzugrenzen, und als nicht hinreichend operationabel. Ein enger Umweltbegriff bezieht sich auf die „natürlichen Lebensgrundlagen" (vgl. Art. 20a GG[84]), sprich Wasser, Boden, Luft, Tiere, Pflanzen, die biologische Vielfalt, das Klima und die Landschaft unter Einschluss der jeweiligen Wechselwirkungen. Demgegenüber verfolgen die meisten einfachgesetzlichen Definitionen bzw. Anknüpfungspunkte (zB § 2 I UVPG, § 2 III Nr. 1 UIG, § 1 VI Nr. 7 BauGB, § 3 II BImSchG, vgl. auch § 4 Nr. 1 UGB I-RefE 2008) einen vermittelnden Ansatz: Sie gehen vom medialen Umweltbegriff aus, der für den Naturhaushalt bzw. die Naturgüter (Boden, Wasser, Luft, lebende Organismen) sowie die Landschaft steht, ergänzen diesen aber durch Elemente eines kulturellen Umweltbegriffs, indem sie auch „Kultur- und sonstige Sachgüter" zu den „Umweltgütern" zählen; dies dürfte dem heute herrschenden, auch hier zugrunde gelegten Begriffsverständnis am nächsten kommen.[85]

17 Klarheit sollte auch über den *Zweck* des Umweltrechts bestehen.[86] Die Analyse einzelner Umweltgesetze ergibt jedoch, dass meistens nur sehr vage Zweckvorgaben auffindbar sind. Genannt werden ua die „nachhaltige Bewirtschaftung" von Umweltgütern (§ 1 WHG), die „Schonung der natürlichen Ressourcen" (§ 1 KrWG), der Schutz „von Mensch und Umwelt" (§ 1 KrWG) oder Schutz und Vorsorge vor „schädlichen Umwelteinwirkungen" (§ 1 I BImSchG). Deutlich wird dabei regelmäßig ein – wenngleich zumeist nicht ausschließlicher (vgl. § 1 I BNatSchG) – vorrangiger Bezug auf den Menschen und dessen Rechtsgüter (sog. geläuterte bzw. kritische *Anthropozentrik*).[87]

18 Schon wegen der Heterogenität der umweltrechtlichen Regelungsmaterien lässt sich der *allgemeine Zweck des Umweltrechts* nur auf einen sehr groben gemeinsamen Nenner bringen. Er entspricht auch heute noch im Kern den Vorgaben des Umweltprogramms der Bundesregierung von 1971. Danach zielt das Umweltrecht darauf ab,
- dem Menschen eine Umwelt zu sichern, die es ihm ermöglicht, ein gesundes Leben und ein menschenwürdiges Dasein zu führen,
- die Umweltgüter sowie die Pflanzen- und Tierwelt vor nachteiligen Eingriffen durch Menschen zu schützen und
- bereits eingetretene Schäden oder Nachteile aus Umwelteingriffen weitestgehend zu beseitigen.

---

83 S. zum Folgenden *Kloepfer* UmweltR § 1 Rn. 52 ff.
84 *Hoffmann* NuR 2011, 389 (390 f.) mwN.
85 Aufschlussreich *Hoffmann* NuR 2011, 389 (391 ff.).
86 Zur Bedeutung gesetzlicher Zweckbestimmungen im Umweltrecht BVerfGE 75, 329 (344).
87 Zum bereits verfassungsrechtlich vorgegebenen (vgl. Art. 1 I, 2 I, II 1, 20a GG) primär *anthropozentrischen* Schutzzweck des deutschen Umweltrechts (um des Menschen willen) vgl. *Kloepfer* UmweltR § 1 Rn. 60 ff. Dieser Ansatz schließt einen *ökozentrischen* Schutz von Umweltgütern (als Eigenwert) nicht aus, vgl. *Kloepfer* in Ehlers/Fehling/Pünder § 44 Rn. 13 f.; *Storm* PdW S. 6 ff. In neuerer Zeit mehren sich wieder Stimmen, die rechtspolitisch Tiere als Rechtspersonen anerkennen und mit Rechtsfähigkeit ausstatten wollen, vgl. dazu → Einführung Rn. 14 mwN.

Zum Vergleich: *§ 1 UGB-KomE* sah folgende Zweckbestimmung vor: 19

§ 1 Zweck des Gesetzbuches

(1) Zweck des Gesetzbuches ist der Schutz der Umwelt und des Menschen, seiner Gesundheit und seines Wohlbefindens.

(2) Der Schutz der Umwelt dient der vorsorgenden und dauerhaften Sicherung der natürlichen Lebensgrundlagen, insbes.
1. der Funktionsfähigkeit des Naturhaushalts einschließlich der biologischen Vielfalt und
2. der Nutzbarkeit der natürlichen Ressourcen.

(3) Dieses Gesetzbuch dient im Rahmen der völkerrechtlichen Ordnung auch dem Schutz der Umwelt und des Menschen im Ausland und in den hoheitsfreien Räumen.[88]

Demgegenüber formulierte *§ 1 I UGB I-RefE 2008* eher lapidar: 20

§ 1 Schutz von Mensch und Umwelt

(1) Zweck des Umweltgesetzbuchs ist der Schutz des Menschen und der Umwelt auch in Verantwortung für künftige Generationen.[89]

IV. Die Prinzipien des Umweltrechts

Das nationale[90] Umweltrecht strebt die Verwirklichung des Zwecks des Umweltrechts (→ Rn. 17 ff.) auf der Basis von *fünf Hauptprinzipien* an: dem Vorsorge-, dem Verursacher-, dem Kooperations-, dem Nachhaltigkeits- und dem Integrationsprinzip.[91] Diese Hauptprinzipien haben wichtige systembildende und interpretationsleitende Funktionen, insbes. bei der planerischen Abwägung[92] sowie der Ausübung von Ermessens- und Beurteilungsspielräumen.[93] Daneben gibt es noch *ergänzende* (teils rechtsnormative, teils nur politisch-ethische) *Prinzipien* wie das der Eigenverantwortlichkeit, der Gemeinlast, der Umweltgerechtigkeit[94], des Bestandsschutzes und der ökologischen Abwägung, die Konkretisierungen oder Ausnahmen der genannten Hauptprinzipien sind.[95] Den Umweltrechtsprinzipien, die in den umweltrechtlichen Fachgesetzen regelmäßig eine bereichsspezifische Ausprägung erfahren haben, kommt eine umweltpolitische Bedeutung, daneben überwiegend auch eine – unterschiedlich „starke" – Rechtsqualität zu.[96] Sie bedürfen jedoch grds. der stufen- 21

---

88 *UGB-KomE,* S. 109.

89 *UGB I-RefE 2008,* S. 10.

90 Zu den Prinzipien des Umweltvölkerrechts → § 1 Rn. 14 ff., des EU-Umweltrechts → § 2 Rn. 12 ff.

91 *Eifert* Rn. 38 ff.; *Schlacke* § 3 Rn. 1 ff.; *Sparwasser/Engel/Voßkuhle* § 2 Rn. 11, 15 ff.

92 Dazu *Hahn* (o. Fn. 3) S. 143 ff., 235 ff., passim.

93 *Ramsauer* in Koch/Hofmann/Reese UmweltR-HdB § 3 Rn. 27; *Scheidler* VR 2010, 401 (402).

94 Grdl. *Kloepfer*, Umweltgerechtigkeit, 2006; *Ehemann*, Umweltgerechtigkeit, 2020, S. 113 ff., 201 ff., passim; *Meßerschmidt* FS Peine, 2016, S. 195 ff.

95 Näher *Eifert* Rn. 71 ff.; *Kloepfer/Durner* UmweltschutzR § 3 Rn. 15 f.; vgl. auch *Schlacke* § 3 Rn. 2.

96 Vgl. für die „klassischen" Umweltrechtsprinzipien (Vorsorge-, Verursacher- und Kooperationsprinzip) deklaratorisch Art. 16 des Staatsvertrags über die Schaffung einer Währungs-, Wirtschafts- und Sozialunion zwischen der Bundesrepublik Deutschland und der Deutschen Demokratischen Republik v. 18.5.1990 (BGBl. II 5637); Art. 34 Einigungsvertrag v. 31.8.1990 (BGBl. II 889); s. auch § 1 II 1 *UGB I-RefE 2008.*

weisen Konkretisierung durch speziellere Bestimmungen und durch die Rechtsprechung.

1. Vorsorgeprinzip

22 Das Vorsorgeprinzip bildet zusammen mit dem – ungeachtet einer gewissen Schnittmenge – selbständig danebenstehenden[97] – Nachhaltigkeitsprinzip (→ Rn. 36 ff.)[98] das Leitprinzip einer modernen Umweltpolitik.[99] Es zielt darauf ab, innerhalb bestimmter rechtsstaatlicher Grenzen (insbes. Verhältnismäßigkeit)[100] durch vorausschauendes Handeln bereits einer bloßen Schadensmöglichkeit *(Risiko)* vorzubeugen *(Risikovorsorge)* und durch schonenden Umgang mit den zur Verfügung stehenden Ressourcen die ökologischen Grundlagen langfristig zu sichern (*Ressourcenvorsorge;* zum Ziel der Ressourcenschonung vgl. zB explizit § 1 KrWG).[101] Das Vorsorgeprinzip ist in Art. 20a GG verankert und wurde insofern erst jüngst vom *BVerfG* im Bereich des Klimaschutzes operationalisiert, wenn das Gericht betont, dem Gesetzgeber obliege bei wissenschaftlicher Ungewissheit über umweltrelevante Ursachenzusammenhänge auch zugunsten künftiger Generationen eine „besondere Sorgfaltspflicht [...], bereits belastbare Hinweise auf die Möglichkeit gravierender oder irreversibler Beeinträchtigungen zu berücksichtigen“[102]. Vor allem aber liegt das Vorsorgeprinzip zahlreichen Umweltgesetzen zugrunde. Es stellt daher ungeachtet seiner inhaltlichen und instrumentellen Konturenschwäche[103] unstreitig ein Verfassungs- und Rechtsprinzip dar.

23 In der Praxis bereitet die Abgrenzung zwischen *Gefahrenabwehr (Schutzprinzip)* und *Vorsorge* (vgl. zB § 5 I Nr. 1 und 2 BImSchG) Schwierigkeiten.[104] Diese ist aber schon deshalb geboten, weil den Vorsorgevorschriften – anders als den Gefahrenabwehrvorschriften – nach hM keine drittschützende Wirkung zukommen soll (str.).[105] Als Regel kann gelten, dass die Vorsorge vor der polizeirechtlichen Gefahrenschwelle, sprich auf einer Vorstufe, einsetzt („gefahrenunabhängige Risikovorsorge“), wenn „Besorgnispotential“ besteht.[106] Vereinfacht gesagt kommt das Vorsorgeprinzip in zwei Systemvarianten vor: Es soll zum einen dazu dienen, vor der Gefahrenschwelle aus Gründen der Unwissenheit eine Sicherheits- bzw. Pufferzone zu errichten (Ignoranztheorie), zum anderen sollen im Interesse künftiger Nutzungen und zur Sicherung von Belastbarkeitsreserven Freiräume geschaffen oder erhalten werden (Freiraumtheorie); genau genommen handelt es sich daher um ein „mehrfunktionales Gebot“.[107] Ein aktuelles Beispiel für die Anwendung des Vor-

---

[97] Fehlgehend insoweit *Scheidler* VR 2010, 401 (402).

[98] Zur Abgrenzung *Rehbinder* in ders./Schink Abschn. 3 Rn. 96 f.

[99] *Reese* ZUR 2010, 339 (340 f., 345 f.); vgl. auch *Monien* (o. Fn. 9) S. 300 ff.; *Storm* Rn. 21 ff.

[100] Die Grenze der Verhältnismäßigkeit wird zB dadurch konkretisiert, dass nur die nach dem „Stand von Wissenschaft und Technik“ (§ 6 II Nr. 2, § 7 II Nr. 3 AtG) bzw. dem „Stand der Technik“ (§ 5 I Nr. 2 BImSchG) erforderliche Vorsorge zu treffen ist.

[101] Vgl. *Calliess* UTR 2006, 89 ff.; *Fischer* Rn. 35; *Schlacke* § 3 Rn. 3 ff. (6 f., 8); *Wahl* FS Frank, 2014, S. 53 ff. Zum Risikobegriff *Klafki,* Risiko und Recht, 2017, S. 7 ff. (9 ff.). Das Vorsorgeprinzip ist damit *die* rechtliche Antwort auf die Herausforderungen der Risikogesellschaft, vgl. zu letzterer grdl. *Beck*, Risikogesellschaft, 1986.

[102] *BVerfG* Beschl. v. 24.3.2021 – BvR 2656/18 Ls. 2b, ferner Rn. 229.

[103] *SRU,* Umweltgutachten 1978, BT-Drs. 8/1938, Rn. 1936; *ders.*, Umweltgutachten 1994, BT-Drs. 12/6995, Rn. 73 ff.

[104] Zu dieser Unterscheidung *Fischer* Rn. 34 f.; *Ramsauer* in Koch/Hofmann/Reese UmweltR-HdB § 3 Rn. 31 ff. Für das Immissionsschutzrecht → § 7 Rn. 54 ff., 62 ff.

[105] BVerwGE 65, 313; s. auch → § 7 Rn. 62.

[106] BVerwGE 72, 300 (314); 143, 24 (35); ferner *Klafki* (o. Fn. 101) S. 12 f.; *Salzwedel* Rn. 15 ff.

[107] *Kloepfer/Durner* UmweltschutzR § 3 Rn. 7; *Scheidler* VR 2010, 401 (402).

sorgeprinzips liefert etwa die – kontroverse – Debatte um das gesundheitliche Gefährdungspotenzial des Ausbaus des neuen Mobilfunkstandards 5G.[108]

Der Vorsorgegedanke hat zahlreiche *gesetzliche Regelungen* erfahren. Er wird häufig bereits im Rahmen der Zwecksetzung eines Gesetzes angesprochen (vgl. § 1 UVPG, § 1 BImSchG, § 1 BBodSchG), um dann hinsichtlich seiner Ausformung konkretisiert zu werden, etwa mit der Verpflichtung zur Minimierung denkbarer Schadensursachen durch Beachtung der nach dem Stand der Technik (vgl. § 5 I Nr. 2 BImSchG;[109] § 16 I 3, § 57 WHG) beziehungsweise nach dem Stand von Wissenschaft und Technik möglichen Maßnahmen (§ 6 II Nr. 2, § 7 II Nr. 3 AtG)[110] oder der Pflicht, Vorsorge gegen das Entstehen schädlicher Bodenveränderungen zu treffen (§ 7 BBodSchG) bzw. Abfälle in erster Linie zu vermeiden (§ 6 I Nr. 1 KrWG;[111] vgl. auch die Vermeidungspflicht gem. § 5 I Nr. 1 WHG oder den Abwägungsbelang gem. § 1 VI Nr. 7 lit. e 1. Alt. BauGB). Eine weitere besondere Ausprägung des Vorsorgegedankens[112] ist das Verbot, die Qualität des vorhandenen Umweltbestandes zu verschlechtern (vgl. zB § 1 III BNatSchG).[113] 24

Die im Vorsorgeprinzip enthaltene *temporäre, zukunftsgerichtete Komponente* kommt – neben Art. 20a GG (Schutz künftiger Generationen) – besonders deutlich in § 1 UVPG (Nr. 1: „frühzeitig", Nr. 2 aE: „so früh wie möglich") und nicht zuletzt in einer Vielzahl von Planungsvorschriften (→ Rn. 50 ff.) zum Tragen,[114] die entweder direkt der Verwirklichung umweltpolitischer Ziele dienen oder doch wenigstens die Belange des Umweltschutzes mitberücksichtigen. Neben der räumlichen Gesamtplanung (vgl. § 2 II Nr. 6 ROG) und der Bauleitplanung (vgl. § 1 V 1, VI Nr. 7; § 1a [II, III] BauGB) verdient § 50 BImSchG Erwähnung, durch den der Immissionsschutz bei jeder Planung besonderes Gewicht erhält.[115] 25

Im Zivilrecht wirkt der Vorsorgegedanke als *Beweislastumkehr-* bzw. *Beweislasterleichterungsregel* bei Umweltschäden.[116] Der Verschmutzer kann nur durch die Vermeidung von Umweltbeeinträchtigungen möglichen Haftungsansprüchen begegnen.[117] 26

Der Vorsorgegrundsatz lässt sich mit Hilfe der folgenden *Subprinzipien* konkretisieren: 27

- Die Umweltbelastung soll nicht weiter anwachsen;
- durch den Einsatz bestmöglicher Technik ist sicherzustellen, dass zulässige Immissionswerte nur in dem Umfang ausgeschöpft werden, wie dies im Hinblick auf den Stand der Technik erforderlich ist;
- behördliche Maßnahmen sollen nicht vom Nachweis, sondern von der Wahrscheinlichkeit der Schädlichkeit eines Stoffes oder seiner Konzentration abhängen;
- die Umweltbelange sollen bei jeder Planungsentscheidung mitberücksichtigt werden;
- das weitere Wachstum der menschlichen Gesellschaft muss durch Schaffung von Freiräumen ermöglicht werden;
- die umweltbeeinträchtigenden Wirkungen von Eingriffen, die nicht vermieden werden können, müssen zumindest auf das zumutbare Maß reduziert werden.[118]

---

[108] Vgl. dazu *Müggenborg* NuR 2020, 16 ff.
[109] Vgl. im Rahmen der Fallbearbeitung *Glaser/Klement* Fall 2 Rn. 76 f.
[110] Grundsatz der bestmöglichen Gefahrenabwehr und Risikovorsorge, vgl. *BVerfG* DVBl 2009, 642 Rn. 27; BVerwGE 131, 129 Rn. 21; *Schulze-Fielitz* in Schulte/Schröder S. 455 (464 ff.).
[111] Zum Vermeidungsbegriff s. § 3 XX KrWG; näher §§ 7 I, 13, 24, 25 KrWG.
[112] Systematisch dazu *Rehbinder* in ders./Schink Abschn. 3 Rn. 54 ff.
[113] Vgl. *Breuer* Rn. 10 („Bestandsschutzprinzip").
[114] *Hoppe* VVDStRL 38 (1980), 228 ff.; *Breuer* Rn. 8.
[115] BVerwGE 143, 24 (36); *Jarass* BImSchG § 50 Rn. 1 ff., 5 ff.
[116] Vgl. BGHZ 92, 143; *Hager* JURA 1991, 303 ff.
[117] Auch der *SRU*, Umweltgutachten 1978, Rn. 1936, sieht in der Beweislastumkehr eine Möglichkeit zur Verankerung des Vorsorgegedankens.
[118] Diese Konkretisierungen überschneiden sich vielfach.

2. Verursacherprinzip

28 Während das Vorsorgeprinzip direkt auf eine Verbesserung der Umweltqualität zielt, wird mit Hilfe des Verursacherprinzips bestimmt, wem einzelne Umweltbeeinträchtigungen *zuzurechnen* sind und wer für die Beseitigung bzw. Verminderung in die Pflicht genommen werden soll, wer also „haftet" bzw. verantwortlich ist, insbes. die *Kosten* für die Schadensbeseitigung *trägt.* Das Prinzip lässt sich aber nicht auf die bloße *Zurechnung („Internalisierung") der Kosten* für Vermeidung, Beseitigung und Ausgleich von Umweltbelastungen reduzieren.[119] Vielmehr zeigen gerade die rechtlichen Regelungen der Pflichten zur Bekämpfung der Umweltverschmutzung in Form direkter Verhaltensregulierung über Gebote, Verbote und Auflagen, dass das Verursacherprinzip auch auf die *materielle Verantwortlichkeit* abstellt (vgl. zB § 2 Nr. 3, § 3 I USchadG, § 13 S. 1, § 15 I, II, VI BNatSchG; § 1 II 1 Nr. 3 Hs. 1 *UGB I-RefE 2008*).[120]

29 Allerdings wirkt das Verursacherprinzip unmittelbar nur mit erheblichen Einschränkungen, denn so einfach es in der Theorie anmutet – ohne inhaltliche *Konkretisierung,* für die in der parlamentarischen Demokratie in erster Linie der Gesetzgeber zuständig ist, ist es aufgrund seiner Offenheit und der breiten Skala von Reaktionsmöglichkeiten grds. nicht handhabbar.[121]

Dies zeigt sich an den *Schwierigkeiten*[122] bei der Festlegung des konkreten *Verursachers.*[123] Diese stellen sich zB bei der Frage, ob für konsumbezogene Umweltbelastungen der Produzent oder der Verbraucher oder beide verantwortlich sind. Bei der Auswahl des Verantwortlichen für die Sanierung einer Altlast geht das Gesetz explizit davon aus, dass nicht nur der unmittelbare Verursacher „haftet", sondern daneben noch verschiedene andere Verantwortliche herangezogen werden können (vgl. § 4 III, VI BBodSchG).[124] Überdies kann die Zuordnung konkreter Umweltschäden zu einzelnen Schädigungsfaktoren aufgrund sog. Distanz- und Summationsschäden häufig nicht oder nur mit großen Schwierigkeiten und Unsicherheiten vorgenommen werden, wie die Beispiele emittentenferner Wald- oder Klimaschäden belegen.

30 Um diesen Schwierigkeiten zu entgehen und um das Verursacherprinzip rechtlich zu fassen, ist es in seiner Reichweite auf eine *„instrumentalistische" Systemvariante* verkürzt worden.[125] Danach wird der Verursacher nicht allgemein für alle Schäden verantwortlich gemacht, die als Folge umweltbelastender Produktion oder Produkte entstehen, sondern ihm wird nur das zugerechnet, was die staatliche Umweltpolitik nach Maßgabe ihrer jeweiligen Qualitätsziele und der jeweils vorgeschriebenen Umweltschutzmaßnahmen für erforderlich hält. Dies kann volle Internalisierung bedeuten, aber auch – wie im Regelfall – dahinter zurückbleiben.[126] Dabei wird dem

---

[119] So aber *Bundesregierung,* Umweltbericht 1976, BT-Drs. 7/5684, 8.

[120] Dazu *Beckbissinger* EurUP 2020, 2 (7 ff.); *Fischer* Rn. 32; *Monien* (o. Fn. 9) S. 327 f., 383 ff. (393 f.); *Rehbinder* in ders./Schink Abschn. 3 Rn. 147 f.; *Storm* Rn. 27.

[121] *Scheidler* UPR 2009, 11 (13 f.).

[122] S. auch *Ramsauer* in Koch/Hofmann/Reese UmweltR-HdB § 3 Rn. 39.

[123] Im Anlagenzulassungsrecht kommt dem Betriebs- bzw. Betreiberbegriff als Anknüpfungspunkt für die ordnungsrechtliche Verantwortlichkeit und zivilrechtliche Haftung maßgebliche Bedeutung zu, vgl. *Vierhaus* NuR 2014, 98 ff.

[124] Dazu → § 9 Rn. 24 ff., sowie im Rahmen der Falllösung *Glaser/Klement* Fall 6 Rn. 73 ff., 78 ff.

[125] *Bundesregierung,* Umweltbericht 1976, BT-Drs. 7/5684, 8 f.; *Rehbinder* in ders./Schink Abschn. 3 Rn. 150 ff.; *Kloepfer* DÖV 1975, 593 (594). Zu den Systemvarianten des Verursacherprinzips *Bullinger* in ders. ua, Das Verursacherprinzip und seine Instrumente, 1974, S. 70; *Breuer* NuR 1980, 89 (91).

[126] *Rehbinder* in ders./Schink Abschn. 3 Rn. 150.

Verursacherprinzip zum einen dadurch Rechnung getragen, dass mit Hilfe von Auflagen, Abgaben, Verboten und Einzelanordnungen versucht wird, umweltschädliches Verhalten auf das rechtlich zulässige Maß zu begrenzen. Zum anderen bedeutet das Verursacherprinzip in seiner Funktion als Prinzip der Kostenzurechnung, dass der Verursacher die Kosten finanziell auszugleichen hat, die dadurch entstehen, dass eine gewisse Umweltverschmutzung erlaubt bleibt, wobei die Kostenlast auch losgelöst vom eigentlichen Ausgleichsgedanken in Form eines Entgelts für die Inanspruchnahme knapper Umweltgüter festgesetzt werden kann.[127] Die instrumentalistische Betonung des Verursacherprinzips erleichtert die Bestimmung des Verursachers und die Auswahl einzelner Maßnahmen. Denn es lässt sich nach dem Grundsatz verfahren, dass derjenige in die Pflicht zu nehmen ist, bei dem unter Berücksichtigung wirtschaftlich und verwaltungstechnisch günstiger Lösungen ein möglichst großer Erfolg zu erzielen ist.[128]

Insgesamt ist das geltende umweltrechtliche Instrumentarium auf den prinzipiellen Vorrang des Verursacherprinzips ausgerichtet, wie ein Blick auf das Umweltordnungs- (→ Rn. 68 ff.)[129] und Umwelthaftungsrecht (→ Rn. 160 ff.) zeigt.[130] Ungeachtet dessen leistet auch die öffentliche Hand einen beträchtlichen Beitrag zur Verminderung der Umweltschäden. Das insoweit durchschlagende *Gemeinlastprinzip,* welches das Gegenstück zum Verursacherprinzip bildet und nach welchem die Allgemeinheit die Kosten von Umweltschutzmaßnahmen über das allgemeine Steueraufkommen finanziert (zB Umweltschutzsubventionen; → Rn. 140 ff.[131]), muss angesichts der mit dem Verursacherprinzip verbundenen Feststellungs-, Zurechnungs- und Quantifizierungsprobleme sowie als Ergebnis sozial- und wirtschaftspolitischer Überlegungen (Sicherung von Arbeitsplätzen und Wettbewerbsfähigkeit) hingenommen werden.[132] 31

Beispiel für eine Ausprägung des Gemeinlastprinzips ist § 9 I 2 USchadG. Danach können die Länder regeln, dass der Verantwortliche unter den in Art. 8 IV Umwelthaftungsrichtlinie genannten Voraussetzungen die Kosten der durchgeführten Sanierungsmaßnahme nicht zu tragen hat.

Das *Gruppenlastprinzip* stellt eine Zwischenlösung[133] dar, indem es bestimmte Gruppen als Kollektiv potentieller Umweltverschmutzer (zB alle Betreiber von chemischen Fabriken oder Atomkraftwerken) als Verantwortliche heranzieht und als Ausgleich für ihr Verhalten und den ökonomischen Nutzen, den sie hieraus ziehen,[134] vorab (zB im Wege von Sonderabgaben; → Rn. 133 ff.) in einen Umweltfonds einzahlen lässt, aus dem die Beseitigung potentieller späterer Umweltschäden (zB 32

---

[127] *Kloepfer* UmweltR § 4 Rn. 96.

[128] *Rehbinder,* Politische und rechtliche Probleme des Verursacherprinzips, 1973, S. 30 f.

[129] Vgl. etwa als ordnungsrechtliche Ausprägungen des Verursacherprinzips die naturschutzrechtliche Eingriffsregelung (§ 13 S. 1, § 15 BNatSchG), den abfallrechtlichen Grundsatz der Eigenentsorgung (§§ 7 II, 15 I KrWG), die Verantwortlichkeitsregelung im Bodenschutzrecht (§ 4 I, III 1 BBodSchG) oder die Adressierung von Maßnahmen der Luftreinhalteplanung (§ 47 IV 1 BImSchG).

[130] *Eifert* Rn. 46; genauer *Rehbinder* in ders./Schink Abschn. 3 Rn. 154 ff.

[131] Dazu *Rehbinder* in ders./Schink Abschn. 3 Rn. 151.

[132] Zum Gemeinlastprinzip s. *Fischer* Rn. 33; *Rehbinder* in ders./Schink Abschn. 3 Rn. 163 ff.; *Storm* Rn. 29.

[133] *Rehbinder* in ders./Schink Abschn. 3 Rn. 167, spricht von einer „Sonderform des Gemeinlastprinzips“.

[134] *Rehbinder* in ders./Schink Abschn. 3 Rn. 168, verselbständigt diesen Gedanken zu einem „Nutznießerprinzip“.

Chemieunfall), die Lösung von Entsorgungsproblemen (zB Endlagerung von Atommüll) oder Wiederherstellungsmaßnahmen (zB Rückbau von Kernkraftwerken[135]) finanziert werden.[136]

3. Kooperationsprinzip

33 Als umweltpolitischer und umweltrechtlicher[137] Grundsatz[138] will das Kooperationsprinzip zur Lösung der Umweltprobleme durch *Zusammenarbeit von Staat und Gesellschaft* (gemeinsame Umweltverantwortung[139]) beitragen, vornehmlich durch „frühzeitige Beteiligung der gesellschaftlichen Kräfte am umweltpolitischen Willensbildungs- und Entscheidungsprozeß".[140] Das Kooperationsprinzip ist Ausdruck der Erkenntnis, dass die Aufgaben des Umweltschutzes leichter mit als gegen die gesellschaftlich relevanten Gruppen durchsetzbar sind,[141] allerdings mit der Gefahr, im Interesse guter Zusammenarbeit Kompromisse auf Kosten der Allgemeinheit zu schließen.[142] Deshalb, und weil das Vertrauen auf freiwillige Vereinbarungen empirisch nicht immer gerechtfertigt ist,[143] kann auch im Umweltrecht Kooperation staatliche Regelungsbefugnis („Befehl und Zwang") nicht ersetzen; die Zusammenarbeit hat sich vielmehr vor allem darauf zu beschränken, durch Einbringung von privatem Sachverstand und Einbindung der Verantwortlichen (Konzept der Verantwortungsteilung[144]) staatliche Entscheidungen zu erleichtern und deren Akzeptanz zu erhöhen.[145]

34 Auch das *BVerfG* hat bereits verschiedentlich auf ein *bereichsspezifisches*[146] Kooperationsprinzip Bezug genommen. In einer Entscheidung zum Abfallrecht heißt es: „Das Kooperationsprinzip begründet eine kollektive Verantwortung verschiedener Gruppen mit unterschiedlichen fachlichen, technischen, personellen und wirtschaftlichen Mitteln, in eigenständiger Aufgabenteilung das vorgegebene oder gemeinsam definierte Ziel zu erreichen [...]. Die Kooperation erlaubt eine einvernehmliche Mitwirkung der Beteiligten je nach Bedarf und Fähigkeit [...]."[147] Mit dem im Zusammenhang mit dem Bundesimmissionsschutzgesetz genannten „Konzept eines kooperativen Verwaltens"[148] hat das *BVerfG* die Beratung des Antragstellers durch die

---

[135] Für eine Fondslösung *Wieland* FS Peine, 2016, S. 245 (257 f.); vgl. auch *Schmitz/Grefrath* NVwZ 2015, 169 f.

[136] Vgl. *Eifert* Rn. 47. Zu Fondslösungen im Atomrecht → § 6 Rn. 108.

[137] Vgl. *Schlacke* § 3 Rn. 17; *Scheidler* VR 2010, 401 (403 f.); aA (kein Rechtsprinzip) *Eifert* Rn. 73 f.; *Gusy* ZUR 2001, 1 ff.; *Koch* NuR 2001, 541 ff.; *Voßkuhle* ZUR 2001, 23 ff.

[138] *Rehbinder* in ders./Schink Abschn. 3 Rn. 173.

[139] *Ramsauer* in Koch/Hofmann/Reese UmweltR-HdB § 3 Rn. 42.

[140] *Bundesregierung,* Umweltbericht 1976, BT-Drs. 7/5684, 9; ferner *Koch* NuR 2001, 542 ff.; *Rengeling,* Das Kooperationsprinzip im Umweltrecht, 1998, S. 5 ff.; *Shirvani,* Das Kooperationsprinzip im deutschen und europäischen Umweltrecht, 2005, S. 132 ff.; *Salzborn,* Das umweltrechtliche Kooperationsprinzip auf unionaler Ebene, 2011, S. 146 ff., 164 ff.; *Storm* Rn. 30 ff.

[141] Grdl. zum kooperativen Handeln der Verwaltung *Schmidt-Aßmann,* Das allgemeine Verwaltungsrecht als Ordnungsidee, 2. Aufl. 2004, S. 174 ff.

[142] Vgl. *Bohne,* Der informale Rechtsstaat, 1981, S. 49 ff.

[143] Vielfach fehlt es am Eigeninteresse der Adressaten am Normvollzug bzw. an motivationsfördernden Sanktionsmöglichkeiten, vgl. *Lübbe-Wolff* NuR 1993, 217 (227); daher mit Recht differ. *Schlacke* § 3 Rn. 21.

[144] Dazu *Schulze-Fielitz* (o. Fn. 110) S. 499 ff. mwN.

[145] Zum Zusammenhang von Vollzugsdefizit und Kooperationsprinzip *Lübbe-Wolff* NuR 1989, 295 ff.

[146] Zu Recht betont von *Rehbinder* in ders./Schink Abschn. 3 Rn. 182.

[147] BVerfGE 98, 106 (121 f.).

[148] BVerfGE 98, 83 (98 ff. [Zitat: 98]).

Genehmigungsbehörde und den Mechanismus des Unterlagenprüfverfahrens kooperativ interpretiert.[149]

Ausprägungen des Kooperationsprinzips[150] sind zunächst Beteiligungsvorschriften, insbes. betreffend Anhörungs- oder Einwendungsrechte (sog. *partizipative* Kooperation).[151] Eine zweite Gruppe bilden Instrumente der *aufgabenzuweisenden* Kooperation. Hierzu gehören die Untergruppen **35**
- des *influenzierenden* Verwaltungshandelns (zB Umweltabgaben, Zertifikatslösungen, Umweltzeichen [zB „Blauer Engel", „Grüner Knopf"],[152] Energieverbrauchskennzeichnung);
- des *indikativen* Verwaltungshandelns (zB staatliche Informationen, Umweltschutzbeauftragte,[153] technische Regelwerke [Standardsetzung] durch Private,[154] sachverständige Beratung des Staates[155] durch mit unabhängigen Fachleuten besetzte Stellen oder Gremien [zB Reaktorsicherheitskommission, Strahlenschutzkommission, SRU, WBGU, Rat für Nachhaltige Entwicklung] bzw. Naturschutzvereinigungen; *de lege ferenda* zB Ökologischer Rat bzw. Nachhaltigkeitsrat,[156] Umwelt- bzw. Nachhaltigkeits-Ombudsmann);
- des *informalen (informellen)* Verwaltungshandelns (zB Absprachen bzw. Arrangements, Duldung,[157] Selbstverpflichtungen; → Rn. 147 ff.) und
- des *formalen (formellen)* kooperativen Verwaltungshandelns (zB Verwaltungsvertrag gem. §§ 54 ff. VwVfG, § 3 III BNatSchG, § 13 BBodSchG; Zusage/Zusicherung gem. § 38 VwVfG; Öffentlichkeitsbeteiligung gem. §§ 25 III, 73 VwVfG; § 10 III–VI BImSchG iVm §§ 10 ff. 9. BImSchV[158]).

Hinzu treten „neuartige" Formen der Kooperation zwischen *Gesetzgeber* und Gesellschaft, etwa die *paktierte Gesetzgebung* beim Atomausstieg I, die maßgeblich auf einer Vereinbarung zwischen den Betreibern der Atomkraftwerke und der Bundesregierung beruhte, welche nachträglich lediglich noch in Gesetzesform „umgegossen" wurde.[159] Zu erwähnen sind ferner das *Gesetzgebungsoutsourcing,* also die Erstellung von Gesetzentwürfen durch (größere, spezialisierte) Rechtsanwaltskanzleien.[160]

---

[149] Krit. dazu *Koch* NuR 2001, 541 (545); *Murswiek* ZUR 2001, 7 (13); aA *Di Fabio* NVwZ 1999, 1153 (1157); *Schlacke* § 3 Rn. 17.

[150] Systematisierend *Grüter,* Umweltrecht und Kooperationsprinzip in der Bundesrepublik Deutschland, 1990, S. 37 ff., 44 ff.; Überblick: *Rehbinder* in ders./Schink Abschn. 3 Rn. 183 ff.

[151] Ausf. *Rehbinder* in ders./Schink Abschn. 3 Rn. 181, 184 ff. Beispiele: § 68 KrWG, § 51 BImSchG (Anhörung beteiligter Kreise); § 63 BNatSchG (Verfahrensbeteiligung von anerkannten Naturschutzvereinigungen); § 10 III–VI BImSchG, §§ 24 III, 73 VwVfG (Öffentlichkeitsbeteiligung).

[152] *Engelsing* DB 2020, M4 f.; *Franz* WRP 2020, 548 ff.; *Schilder* UPR 2019, 208 ff.

[153] §§ 53 ff., 58a ff. BImSchG; §§ 64 ff. WHG; §§ 59 f. KrWG; dazu *Kotulla* FS Dolde, 2016, S. 163 ff.; *ders.* NuR 2020, 16 ff.

[154] ZB Deutsches Institut für Normung eV (DIN), Verband der Elektrotechnik, Elektronik und Informationstechnik (VDE), Verein Deutscher Ingenieure (VDI).

[155] S. *Hahn* (o. Fn. 3) S. 228 f., 391 ff.; *Wischmeyer* in Kahl (Hrsg.), Nachhaltigkeit durch Organisation und Verfahren, 2016, S. 253 ff.

[156] Dazu *Kahl,* Nachhaltigkeitsverfassung, 2018, S. 105 ff.; *Calliess* in Kahl, Nachhaltigkeit durch Organisation und Verfahren, 2016, S. 275 ff.; *Tremmel* in Mannewitz (Hrsg.), Die Demokratie und ihre Defekte, 2018, S. 107 ff.

[157] *Kment/Berger* DVBl 2017, 1336 ff.

[158] Grds. *Gärditz* ZSE 2015, 4 ff.; *ders.* in Kahl (Hrsg.), Nachhaltigkeit durch Organisation und Verfahren, 2016, S. 351 ff.; vgl. auch *Erbguth* UPR 2018, 121 ff. Zu damit häufig verbundenen „zivilgesellschaftlichen" Konzepten *Köck* ZUR 2016, 643 ff. Rechtsvergleichend *Glaser/Hunkemöller* EurUP 2015, 12 ff.; *Groß* EurUP 2017, 55 ff. Einzelne deutsche Länder haben über das Bundesrecht hinausgehende Vorschriften zur Öffentlichkeitsbeteiligung erlassen, insbes. Baden-Württemberg, vgl. zum dortigen, am 1.1.2015 in Kraft getretenen Umwelt-Verwaltungsgesetz (UVwG) *Feldmann/Heiland* VBlBW 2015, 49 (50 ff.).

[159] Vgl. Koalitionsvertrag von SPD und Bündnis 90/Die Grünen v. 20.10.1998, S. 19. Problemsensibel *Kloepfer* ZG 2010, 346 ff.

[160] Dazu *Kloepfer* NJW 2011, 131 ff.

4. Nachhaltigkeitsprinzip

36 Als wichtigster *Leitgrundsatz* des modernen Umweltrechts, insbes. eines zukunftsfähigen, auf planerische Gestaltung[161] sowie Qualitätsziele setzenden Umweltbewirtschaftungsrechts,[162] konnte sich in den letzten 25 Jahren aufgrund internationaler und europäischer Impulse (UN-Umweltschutzkonferenz von Rio de Janeiro 1992 und *Rio-follow-up*-Prozess bzw. „Rio+20"[163])[164] das Prinzip der Nachhaltigkeit *(„sustainability")* bzw. – regelmäßig synonym verstanden – der Nachhaltigen Entwicklung *(„sustainable development")* durchsetzen.[165] Die hM, zumal im Völker- und Europarecht,[166] geht dabei von einem *weiten (dreidimensionalen)* Begriffsverständnis aus (sog. Drei-Säulen-Konzept bestehend aus den drei – grds. gleichrangigen[167] – Säulen „Ökologie", „Ökonomie" und „Soziales"). Nachhaltigkeit meint danach, das Recht (insbes.) der Schwellen- und Entwicklungsländer auf wirtschaftliche und soziale Entwicklung anzuerkennen, ohne dadurch die ökologischen und sonstigen Interessen anderer Menschen (insbes. künftiger Generationen) unangemessen zu beeinträchtigen (vgl. zB § 1 II ROG, § 1 V 1 BauGB, § 1 III *UGB I-RefE 2008*[168]).[169]

37 Der engere, in Art. 20a GG angelegte, aber auch einzelnen Umweltgesetzen zugrunde liegende, *eindimensionale* Begriff der (rein ökologischen) Nachhaltigkeit steht demgegenüber für das Ziel der Schonung und langfristigen[170] Sicherung der natürlichen Lebensgrundlagen im Sinne einer dauerhaft-umweltgerechten Entwicklung.[171]

---

[161] Vgl. *Gärditz* Verw. 40 (2007), 203 (213 ff.); *ders.*, Europäisches Planungsrecht, 2008, S. 27 ff., 40 ff.; *Kahl* in Bauer ua (Hrsg.), Umwelt, Wirtschaft und Recht, 2002, S. 111 (142 ff.); *Kersten* in Jarass (Hrsg.), Wechselwirkungen zwischen Raumplanung und Wasserwirtschaft, 2008, S. 53 (55 ff.); *Rehbinder* NVwZ 2002, 657 (662 f.).

[162] *Reese* ZUR 2010, 339 (345); s. auch → § 8 Rn. 5.

[163] Vgl. Brundtland-Bericht (1987), Rio-Deklaration (1992), Agenda 21 (1992). Aus dem Schrifttum *Gehne*, Nachhaltige Entwicklung als Rechtsprinzip, 2011, S. 11 ff. (34 ff.); *Ingold* in Kahl (Hrsg.), Nachhaltigkeit durch Organisation und Verfahren, 2016, S. 117 (125 ff.); *Kahl* (o. Fn. 161) S. 116 ff.; *Kment*, Die Neujustierung des Nachhaltigkeitsprinzips im Verwaltungsrecht, 2019, S. 7 ff.; *Wagner* EurUP 2016, 121 (122 f.); *Windoffer*, Verfahren der Folgenabschätzung als Instrument zur rechtlichen Sicherung von Nachhaltigkeit, 2011, S. 10 ff.; zur Umsetzung auf EU-Ebene → § 2 Rn. 18; auf nationaler Ebene *Bundesregierung*, Nachhaltigkeitsstrategie für Deutschland – Fortschrittsbericht 2012, BT-Drs. 17/8721; *Windoffer* aaO S. 39 ff., 44 ff.

[164] Näher dazu → § 1 Rn. 4 ff., 9 ff.

[165] *Kahl* (o. Fn. 161) S. 113 ff.; *Reese* ZUR 2010, 339 (340 f., 345); ähnlich *Eifert* Rn. 66 f.; *Ramsauer* in Koch/Hofmann/Reese UmweltR-HdB § 3 Rn. 46 ff. Ausf. *Appel*, Staatliche Zukunfts- und Entwicklungsvorsorge, 2005, S. 15 ff., 242 ff.; *Beaucamp*, Das Konzept der zukunftsfähigen Entwicklung im Recht, 2002; *Glaser*, Nachhaltige Entwicklung und Demokratie, 2006, S. 42 ff.; *Kahl* in ders. (Hrsg.), Nachhaltigkeit als Verbundbegriff, 2008, S. 1 ff.; *Kahl/Glaser* in Lange (Hrsg.), Nachhaltigkeit im Recht, 2003, S. 9 ff.

[166] Zum Nachhaltigkeitsgrundsatz im Völkerrecht → § 1 Rn. 4; zum unionsrechtlichen Nachhaltigkeitsprinzip → § 2 Rn. 17 f.

[167] *Hahn* (o. Fn. 3) S. 212 ff., 242 ff.

[168] *UGB I-RefE 2008*, S. 11.

[169] S. statt vieler *Fischer* Rn. 1, 39; *Gehne* (o. Fn. 163) S. 73 ff.; *Glaser* (o. Fn. 165) S. 44 ff.; *Kersten*, Die Notwendigkeit der Zuspitzung, 2020, S. 67; *Roden*, Urbane Biodiversität als städtebaurechtliches Konzept, 2017, S. 62 Fn. 9.

[170] Noch enger *Klement* in Kahl (Hrsg.), Nachhaltigkeit als Verbundbegriff, 2008, S. 99 (122 ff.), der für einen *formalen* Nachhaltigkeitsbegriff (Langfristigkeit staatlicher Entscheidungen) plädiert. Zur Unterscheidung von formaler und materieller Nachhaltigkeit *Wolff* BayVBl. 2015, 397 ff.

[171] Ähnlich *Eifert* Rn. 66; vgl. auch aus verfassungsrechtlicher Sicht *dens.* in KJ (Hrsg.), Verfassungsrecht und gesellschaftliche Realität, 2009, S. 211 ff. sowie hier → § 3 Rn. 8.

Dieser aus der Forstwirtschaft stammende und von den Umweltwissenschaften rezipierte Begriff[172] ist fassbarer als der weite, gerade wegen seines sehr flexiblen, offen-kontextabhängigen Charakters kritisierte[173] (dreidimensionale) Nachhaltigkeitsbegriff und lässt sich besser als operables Prinzip (des Umweltrechts) definieren und konkretisieren (vgl. zB § 1 BNatSchG; → Rn. 39). Letzteres gilt im Übrigen auch für andere eindimensionale Nachhaltigkeitsbegriffe (soziale Nachhaltigkeit, ökonomische Nachhaltigkeit).

Auch wenn die Staatszielbestimmung des *Art. 20a GG* den Grundsatz der Nachhaltigkeit nicht ausdrücklich nennt, kommt dieser im Sinne eines Gebotes nachhaltiger umweltgerechter Entwicklung und damit in dem soeben erläuterten engen Verständnis zumindest implizit in dem Rekurs auf die „Verantwortung für künftige Generationen"[174] zum Ausdruck.[175] Mit dieser Wendung wird die – daneben auch in Art. 2 II 1 GG als objektivrechtliche Schutzverpflichtung zum Ausdruck kommende – besondere Zukunftsverantwortung des Staates *(Generationengerechtigkeit bzw. intergenerationelle Gerechtigkeit)*[176] bereichsspezifisch für den Umweltschutz, insbesondere den Klimaschutz, in der Verfassung verankert.[177] **38**

Zur *Konkretisierung* des ökologischen Nachhaltigkeitsbegriffs wurden vom UBA und SRU zusammen mit der Wissenschaft verschiedene *Managementregeln* entwickelt.[178] Danach gilt: **39**

- Die Abbaurate erneuerbarer Ressourcen darf nicht größer sein als ihre Regenerationsrate.
- Nicht erneuerbare Ressourcen sind nach dem Grundsatz der Sparsamkeit zu verwenden (Effizienzprinzip, Substitutionsprinzip).[179]
- Stoffeinträge (zB in den Boden oder die Meere) dürfen die Absorptionsfähigkeit der Umweltmedien nicht überschreiten und müssen in einem ausgewogenen Verhältnis zum Zeitmaß der natürlichen Prozesse stehen (Prinzip der Anpassungsfähigkeit).

Zur Effektivierung dieser Managementregeln bedarf es, um diese zu „härten", *ökologischer Belastungsgrenzen* (*planetary boundaries*). Hierfür sind – gestützt auf

---

172 Zur Begriffsentwicklung *Kahl* (o. Fn. 161) S. 116 ff.

173 Zur Kritik referierend, zugleich aber mit Recht auch relativierend *Kment* FS Erbguth, 2019, S. 13 ff. mwN.

174 S. *Calliess,* Rechtsstaat und Umweltstaat, 2001, S. 118 ff.

175 Stellv. *Jarass* in ders./Pieroth, GG, 16. Aufl. 2020, Art. 20a Rn. 6, 10; *Kahl* (o. Fn. 156) S. 9; skept. *Beaucamp* (o. Fn. 165) S. 166 f.

176 Zum Prinzip der Generationengerechtigkeit und seinen Ausprägungen *Mathis,* Nachhaltige Entwicklung und Generationengerechtigkeit, 2017; vgl. ferner *Glaser* (o. Fn. 165) S. 48 f.; *Kahl* DÖV 2009, 2 ff.; *Windoffer* (o. Fn. 163) S. 50 ff.; umfassend *Strack,* Intergenerationelle Gerechtigkeit, 2015.

177 Grdl. insoweit zuletzt *BVerfG* Beschl. v. 24.3.2021 – 1 BvR 2656/18 Ls. 1, 2b, 2e, 4, Rn. 112, 148, 205 ff., 229, 243 ff.; vgl. ferner *Calliess* (o. Fn. 174) S. 121; *Kahl* DÖV 2009, 2 ff.; *Klement* in Heidbrink/Langbehn/Loh (Hrsg.), Handbuch Verantwortung, 2017, S. 559 (574 ff.).

178 Vgl. *Enquete-Kommission des Bundestags,* Abschlussbericht „Schutz des Menschen und der Umwelt", BT-Drs. 13/11200, 25; *SRU,* Umweltgutachten 1994, Tz. 11 ff.; *Eifert* Rn. 62; *Kahl* (o. Fn. 161) S. 126 f.; *Ramsauer* in Koch/Hofmann/Reese UmweltR-HdB § 3 Rn. 51 f.

179 *Glaser* (o. Fn. 165) S. 232. Im Hinblick auf Art. 20a GG zweifelnd *Beaucamp* (o. Fn. 165) S. 167. In neuerer Zeit wird verstärkt ein vom Nachhaltigkeitsprinzip geprägtes Ressourcenschutzrecht gefordert, vgl. *Herrmann/Sanden/Schulze* ZUR 2012, 523 ff.; *Sanden/Schomerus/Schulze,* Entwicklungen eines Regelungskonzepts für ein Ressourcenschutzrecht des Bundes, 2012.

fachwissenschaftliche (zB klimawissenschaftliche) Erkenntnisse – von der Politik (*idealiter* in rechtsverbindlichen internationalen Abkommen, zB Pariser Abkommen) ökologische Leitplanken bzw. „Kipppunkte" (zB 1,5-Grad-Ziel der Klimapolitik) zu definieren, die keinesfalls erreicht, zu denen aber aufgrund des Vorsorgegrundsatzes sogar ein Sicherheitsabstand zu halten ist. In diesem Zusammenhang hat sich auch ein Denken in (verbleibenden) *ökologischen Budgets* bewährt (zB CO_2-Budget, damit das CO_2-Reduktionsziel eines Staates bis 2030 eingehalten werden kann).

Als generelle *Leitlinien* für eine Politik der ökologischen Nachhaltigkeit hat der SRU zuletzt gefordert: Langfristperspektive, integrierte Governance, Wissensbasierung, Gemeinwohlorientierung, Partizipation und Gleichgewicht der Freiheiten.[180]

40 Dem Nachhaltigkeitsgrundsatz kommt sowohl die *Funktion* einer Auslegungs- und Ermessensrichtlinie als auch einer Abwägungsdirektive zu. Er ist im Rahmen der prospektiv-gestalterischen Anwendung des Gesetzesrechts durch die Verwaltung insbes. bei Abwägungsentscheidungen und der Ausübung von (Planungs)Ermessen[181], aber auch der Konkretisierung von unbestimmten Rechtsbegriffen, und auf der Kontrollebene durch die Gerichte zu beachten. Die praktische *Effektivität* des Nachhaltigkeitsprinzips lässt gleichwohl nach wie vor zu wünschen übrig; sie leidet ua[182] unter der mangelnden Verankerung im Grundgesetz, der Kurzzeitperspektive („Zukunftsvergessenheit") der parlamentarischen Demokratie, der Interpretationsoffenheit und Unbestimmtheit seines Schutzgehalts und hieraus resultierenden Durchsetzungsschwäche[183] gerade bei „harten" Zielkonflikten („Ökologie versus Ökonomie")[184] sowie mangelnder normativer (insbes. umweltverwaltungs- und planungsrechtlicher) Nachverdichtung durch konkrete gesetzliche Vorgaben (verbindliche Ziele, Monitoring, Nachsteuerung, Ge- und Verbote, etc.).

41 *Ausprägungen* des Nachhaltigkeitsprinzips finden sich zB in den Managementregeln des § 1 I, III, IV BNatSchG, in der naturschutzrechtlichen Eingriffsregelung (§§ 13 ff. BNatSchG),[185] im Gebot der nachhaltigen Gewässerbewirtschaftung (§§ 1, 6 I 1 WHG),[186] im Gebot der Abfallvermeidung (§ 6 I Nr. 1 KrWG),[187] in Verschlechterungsverboten (§§ 27 I Nr. 1, II Nr. 1, 44,

---

[180] Zum Ganzen *SRU*, Demokratisch regieren in ökologischen Grenzen – Zur Legitimation von Umweltpolitik, Sondergutachten, Juni 2019, S. 30 ff., 141 ff. Zum Konzept der *planetary boundaries* bzw. Kipppunkte am Beispiel des Klimaschutzes s. auch *Buser* DVBl 2020, 1389 ff.

[181] Zur besonderen Bedeutung der Planung für die Operationalisierung des Nachhaltigkeitsgrundsatzes *Gärditz* Verw. 40 (2007), 203 (229 ff.); *Kahl* (o. Fn. 161) S. 142 ff.

[182] Näher zu den Wirkungsdefiziten, ihren Ursachen und hieraus zu ziehenden Konsequenzen für eine Fortentwicklung der Nachhaltigkeit – in rechtsvergleichender Perspektive zu Neuseeland – *Kment* (o. Fn. 163) S. 44 ff., 97 ff.; *ders.* (o. Fn. 173) S. 21 ff., 23 ff., jew. mwN. Vgl. auch *Popp*, Nachhaltigkeit und direkte Demokratie, 2020, S. 5 ff.; *SRU* (o. Fn. 180) S. 116 ff., 163 ff.

[183] Vgl. *Kahl* (o. Fn. 161) S. 122 ff.; *Kment* (o. Fn. 173) S. 21 ff.; *Murswiek* NuR 2002, 641 (643); *Rehbinder* in GfU (Hrsg.), Umweltrecht im Wandel, 2001, S. 721 (730 ff.); *Ekardt* (o. Fn. 8) S. 65 ff.; mit Recht differ. *Roden* (o. Fn. 169) S. 62 f. Zu dem im Hintergrund stehenden Streit um eine „schwache" oder „starke" Nachhaltigkeit mwN *Popp* (o. Fn. 182) S. 39 ff.; *Roden* aaO S. 64 ff., der iErg überzeugend für einen vermittelnden Ansatz („ausgewogene Nachhaltigkeit") plädiert (aaO S. 68 ff., insbes. 70 f.); so auch bereits *Glaser* (o. Fn. 165) S. 66 f.; *Steurer* ZfU 2001, 537 (541 f.).

[184] Zur Bedeutung dieser Zielkonflikte *Rehbinder* in ders./Schink Abschn. 3 Rn. 7 ff.

[185] → § 10 Rn. 40 ff.

[186] → § 8 Rn. 18.

[187] → § 11 Rn. 43 ff.

47 I Nr. 1 WHG; § 33 I BNatSchG)[188] oder in Abwägungsvorgaben für die räumliche Gesamtplanung (§ 1 II ROG; §§ 1 V, 1a BauGB[189]).[190]

5. Integrationsprinzip

Das (interne) Integrationsprinzip verlangt eine *integrative Einbeziehung aller Umweltauswirkungen* in die umweltrechtliche Bewertung.[191] Es ist weder unionsprimär- noch nationalverfassungsrechtlich geregelt, sondern ergibt sich aus einer Zusammenschau verschiedener sekundärrechtlicher Regelungen des Unionsrechts, insbes. der UVP- und IE-Richtlinie bzw. dem entsprechenden nationalen Umsetzungsrecht (→ Rn. 47).[192] 42

Von der *internen* Integration zu unterscheiden[193] ist die – im nationalen Umweltrecht nicht geregelte – *externe* Integration: Letztere meint die Berücksichtigung des Umweltschutzes bei der Durchführung *anderer* – dem Umweltschutz nicht selten gegenläufiger – Politiken (zB Agrar-, Energie-, Verkehrspolitik). Die externe Integration ist zugleich die prozedurale Dimension des Nachhaltigkeitsprinzips[194]. Als solche ist sie im Unionsrecht in Art. 11 AEUV, 37 GRCh verankert und bindet bei Durchführung des Unionsrechts gem. Art. 4 III EUV bzw. Art. 51 I 1 GRCh auch die Mitgliedstaaten.[195] 43

Der *Leitgedanke* der (internen) Integration ist, dass eine Bewertung der Auswirkungen eines umweltschädlichen Vorhabens nicht lediglich isoliert innerhalb der einzelnen Umweltmedien, sondern *medienübergreifend* erfolgen soll.[196] Effektiver Umweltschutz verlangt eine *ganzheitliche* Betrachtung, die die Auswirkungen auf die Umwelt insgesamt einschließlich der Wechselwirkungen zwischen den einzelnen Medien berücksichtigt. Traditionelle *sektorale* Konzepte zielen dagegen immer nur auf eine Verminderung von Emissionen in den einzelnen Medien Luft, Wasser oder Boden, sehen sich deshalb aber dem Vorwurf ausgesetzt, die schädlichen Auswirkungen lediglich von einem Medium in ein anderes zu verlagern.[197] 44

Ausprägungen einer *materiellrechtlichen Integration* im deutschen Umweltrecht sind beispielhaft: 45

- § 7 I Nr. 2 BNatSchG, der den Naturhaushalt als die Naturgüter Boden, Wasser, Luft, Klima, Tiere, Pflanzen sowie das *Wirkungsgefüge zwischen ihnen* definiert,
- § 5 I BImSchG, der die Betreiber genehmigungsbedürftiger Anlagen zur Gewährleistung eines hohen Schutzniveaus für die *Umwelt insgesamt* verpflichtet (vgl. auch § 3 VI 1 BImSchG),
- § 7 I 2 BImSchG mit dem Erfordernis, dass bei der Festlegung von Anforderungen durch Rechtsverordnung insbes. mögliche *Verlagerungen* von einem Schutzgut auf ein anderes zu berücksichtigen sind, und

---

188 → § 8 Rn. 43 ff.; → § 10 Rn. 53, 119.

189 → § 4 Rn. 59 ff., 63 ff. Ferner *Hahn* (o. Fn. 3) S. 276 ff.; *Lee* ZJS 2016, 559 ff. mwN.

190 Zu weiteren umweltverwaltungs- und planungsrechtlichen Ausprägungen *Appel* (o. Fn. 165) S. 418 ff.; *Beaucamp* (o. Fn. 165) S. 245 ff.; *Kment* (o. Fn. 163) S. 18 ff.

191 *Eifert* Rn. 70; genauer *Rehbinder* in ders./Schink Abschn. 3 Rn. 116 ff.

192 Vgl. *Eifert* Rn. 69. Eingehend *Wagner*, Das integrierte Konzept der IE-Richtlinie und seine Umsetzung im deutschen Recht, 2017.

193 Zu dieser Unterscheidung *Ramsauer* in Koch/Hofmann/ReeseUmweltR-HdB § 3 Rn. 55 f.; *Storm* Rn. 24 f.

194 Näher *Appel* in Kahl (Hrsg.), Nachhaltigkeit durch Organisation und Verfahren, 2016, S. 83 (99 ff.); *Epiney* in Kahl aaO S. 103 ff.; *Kahl* in ders. aaO S. 1 (16 ff., 27 ff., 35 ff.); *Schubert* in Kahl aaO S. 63 (74 ff.).

195 Zur externen Integration („Querschnittsklausel") *Epiney* (o. Fn. 194) S. 104 ff.; *Kahl* in Streinz (Hrsg.), EUV/AEUV, 3. Aufl. 2018, Art. 11 AEUV Rn. 15 ff. sowie → § 2 Rn. 16.

196 *Gärditz* Verw. 40 (2007), 203 (218 ff.).

197 Instruktiv *Rehbinder* in ders./Schink Abschn. 3 Rn. 200 ff.

– § 2 I Nr. 5 UVPG, der die Umweltverträglichkeitsprüfung auch auf die *Wechselwirkungen* zwischen den Umweltgütern ausdehnt.

46 *Ausprägungen* einer *formellrechtlichen (verfahrensrechtlichen) Integration* sind etwa:
– Verfahren der *Folgenabschätzung* einschließlich Nachhaltigkeitsprüfung im Rahmen der Gesetzgebung auf deutscher und unionaler Ebene,[198]
– § 31 UVPG, der die Bestimmung einer *federführenden Behörde* durch die Länder regelt, welche das Zusammenwirken der Zulassungsbehörden sicherzustellen hat,
– § 7 II WHG, der die zuständigen Behörden der Länder verpflichtet, ihre wasserwirtschaftlichen *Planungen* und *Maßnahmen* untereinander zu *koordinieren*, soweit die Belange der flussgebietsbezogenen Gewässerbewirtschaftung dies erfordern (vgl. auch § 45k WHG), und
– § 10 V 2 BImSchG, der eine *„vollständige Koordinierung“* des immissionsschutzrechtlichen Zulassungsverfahrens mit etwaigen nach anderen Gesetzen erforderlichen Zulassungen (zB wasserrechtliche Gestattung) vorschreibt.[199]

47 Der Bundesgesetzgeber hat die sich aus der (früheren) IVU-Richtlinie (jetzt: IE-Richtlinie) der EU[200] ergebenden Verpflichtungen zur Etablierung eines *integrierten Ansatzes* im Anlagengenehmigungsrecht durch ein Artikelgesetz umgesetzt.[201] Zwar wurde weder im Rahmen dieser Umsetzung noch später – im Rahmen der Pläne zur Schaffung eines UGB – die im Schrifttum breit diskutierte integrierte Vorhabengenehmigung (→ Rn. 11, 15) als integrativ-medienübergreifendes Instrument des Umweltschutzes eingeführt. Jedoch hat das Artikelgesetz die verschiedenen sektoralen Umweltgesetze jeweils um integrative Elemente angereichert.[202] Somit besteht zwar ein *sektoral differenziertes Genehmigungs- und Planungsrecht* fort, sodass weiterhin je nach Art des Vorhabens ein oder ggf. mehrere (parallele) Zulassungsverfahren nach dem jeweiligen Fachgesetz (insbes. BImSchG, WHG) durchzuführen sind. *Innerhalb* des jeweiligen Genehmigungsrechts findet jedoch eine integrative Berücksichtigung von Umweltbelangen statt.

48 Gegen den integrierten Ansatz wurde – vor allem im deutschen Schrifttum – ernst zu nehmende, letztlich aber überzeichnete *Kritik*[203] vorgebracht. Sie bezieht sich vor allem auf die beschränkten Möglichkeiten einer Generalisierung und kann – grob gesprochen – wie folgt zusammengefasst werden: Eine gesamthafte Betrachtungsweise werde – aufgrund der Lückenhaftigkeit der Forschung – immer eine auf Vermutungen gestützte subjektive Abwägungsentscheidung bleiben. Bereichsspezifische, generalisierende Maßstäbe, wie zB die TA-Luft, passten hierzu nicht. Feste Grenzwerte könnten lediglich als Leit- oder Orientierungswerte herangezogen werden. Bei typisierender Übersetzung des Ansatzes in das Ordnungsrecht (zB durch konkrete Anlagenanforderungen) bestehe die „Gefahr einer innovationshemmenden technischen Pfadvorgabe“. Werde der Ansatz aber im Wege einer Einzelfallbetrachtung verfolgt, „müssen die Genehmigungstatbestände Ermessen zulassen, wobei die Komplexität der erfor-

---

[198] S. *Kahl* in Kluth/Krings (Hrsg.), Gesetzgebung, 2014, § 13 Rn. 1 ff.; *ders.* (o. Fn. 156) S. 126 ff.; *ders./Hilbert* JbUTR 2009, 207 ff.; *dies.* FS Kloepfer, 2013, S. 399 ff.; *Meßerschmidt* in Kahl (Hrsg.), Nachhaltigkeit durch Organisation und Verfahren, 2016, S. 195 (199 ff., 211 ff.); *Windoffer* (o. Fn. 163) S. 121 ff.; *ders.* in Kahl, Nachhaltigkeit, aaO, S. 217 ff.

[199] Vgl. *Kloepfer/Durner* UmweltschutzR § 3 Rn. 35; *Scheidler* UPR 2009, 11 (16). Zum Ganzen *Durner* (o. Fn. 63) S. 317 ff.

[200] S. o. Fn. 31.

[201] G zur Umsetzung der UVP-Änderungsrichtlinie, der IVU-Richtlinie und weiterer EG-Richtlinien zum Umweltschutz v. 27.7.2001 (BGBl. I 1950).

[202] Vgl. *Kloepfer* UmweltR § 4 Rn. 161.

[203] *Bohne* JEEPL 2008, 1 (30 ff.); *Breuer* (o. Fn. 29) S. B 56; *Di Fabio* NVwZ 1998, 329 ff.; *Martini* (o. Fn. 32) S. 49 ff.; *Masing* DVBl 1998, 549 (551 ff.); *Reese* ZUR 2010, 339 (340, 344); *Sparwasser/Engel/Voßkuhle* § 2 Rn. 41; *Volkmann* VerwArch 89 (1998), 363 ff. Zur Anti-Kritik vgl. nur *Gärditz* Verw. 40 (2007), 203 (218 ff.). Differ. *Wahl* NVwZ 2000, 502 (505).

derlichen Abwägungen aber schnell zu unvertretbarem Aufwand oder willkürlichen Entscheidungen führt und erhebliche Rechtsunsicherheit mit sich bringt“[204].

V. Die Instrumente des Umweltrechts

Die Vielzahl und Vielfalt der umweltrechtlichen Regelungen und ihrer Instrumente bedarf, wie gesehen, gerade in ihrem Zusammenwirken (Instrumentenverbund bzw. -mix; → Rn. 3) der Systematisierung, auch um mögliche dysfunktionale Effekte und Belastungskumulationen für Normadressaten zu identifizieren. Im Folgenden werden die Instrumente nach ihrem *Regelungsgehalt* systematisiert. Dem zentral gewordenen Recht der Umweltinformationen widmet sich sodann ein eigener Abschnitt (VI.). 49

1. Planungsinstrumente

Umweltplanung dient der Umsetzung des Vorsorgeprinzips (→ Rn. 22 ff.). Sie ermöglicht es, komplexe Ursachen- und Problemzusammenhänge vorausschauend zu erfassen und Umweltschutzmaßnahmen nicht nur untereinander, sondern auch mit widerstreitenden, insbes. wirtschaftlichen Zielen und Interessen zu koordinieren. Grundvoraussetzung hierfür und zugleich prägendes Kennzeichen der Planung ist der *planerische Gestaltungsspielraum* (Planungsermessen), der rechtlich freilich durch das *Abwägungsgebot* eingehegt wird.[205] Planung ohne Planungsfreiheit bzgl. der Ziele und Mittel wäre ein Widerspruch in sich. Als eigenständige Rechtsform gibt es „den“ Plan als solchen nicht.[206] Pläne ergehen vielmehr insbes. in Gestalt von Parlamentsgesetzen, Rechtsverordnungen, Satzungen, Verwaltungsvorschriften oder auch Verwaltungsakten, wobei systematisch zwischen den Komplexen der Fachplanung (mit bzw. ohne umweltspezifischen Bezug) und der raumbezogenen Gesamtplanung (auf der überörtlichen Ebene von Bund/Land bzw. auf der örtlichen Ebene der Kommunen) zu unterscheiden ist.[207] Der Einsatz planungsrechtlicher Instrumente zu Zwecken des Umweltschutzes ist daher vielfältig[208] und ungebrochen aktuell. Etwa das planungsaffine sowie zugleich ökologisch sensible Recht der Energiewende[209] – zuletzt die Einführung einer neuen Fachplanung zur Allokation von Offshore-Windparks nach §§ 4 ff. WindSeeG[210] – zeigt dies.[211] 50

---

[204] *Eifert* Rn. 70, unter Verweis auf *Reese* ZUR 2010, 339 (340, 344).

[205] BVerwGE 34, 301 (304, 307); ferner *Kloepfer/Durner* UmweltschutzR § 4 Rn. 6; *Schlacke* § 5 Rn. 5; *Kersten* JURA 2013, 478 ff.; *Koch* FS Dolde, 2014, S. 401 ff.

[206] *Möstl* in Ehlers/Pünder (Hrsg.), Allgemeines Verwaltungsrecht, 15. Aufl. 2015, § 19 Rn. 11.

[207] Zum Verhältnis von räumlicher Gesamtplanung und räumlicher Fachplanung *Deutsch* ZUR 2021, 67 ff.; *Gärditz* ZUR 2013, 651 ff.; *Hendler* FS Peine, 2016, S. 103 ff.; *Deutsch* EurUP 2016, 90 ff.

[208] Eingehend *Ramsauer* in Koch/Hofmann/Reese UmweltR-HdB § 3 Rn. 64 ff.

[209] Eingehend *Kment* Verw. 47 (2014), 377 ff.

[210] Windenergie-auf-See-Gesetz v. 13.10.2016 (BGBl. I 2258, 2310). Hierzu vertiefend *Lennartz* RdE 2018, 297 ff.; *Pflicht* EnWZ 2016, 550 ff.; *Schulte/Kloos* DVBl 2017, 596–602 ff.; *Uibeleisen* NVwZ 2017, 7 ff.; ferner *Spieth/Lutz-Bachmann* (Hrsg.), Offshore-Windenergierecht, 2018.

[211] Eingehend *Chou* EurUP 2018, 296 ff.

a) Umweltschutz durch Fachplanung

51 Häufig wird den Umweltbelangen über *umweltspezifische Fachplanungen* Geltung verschafft, die ein bestimmtes, sektoral begrenztes – eben spezifisches – Umweltziel verfolgen:[212]

- im Naturschutzrecht durch Landschaftsplanung (§§ 8 ff. BNatSchG) und Schutzgebietsausweisungen (§§ 20 ff. BNatSchG);[213]
- im Immissionsschutzrecht durch Festsetzung von Untersuchungs- (§ 44 II BImSchG) und Schutzgebieten (§ 49 BImSchG), Aufstellung von Emissionskatastern (§ 46 BImSchG), Luftreinhalte- und Aktionsplänen (§ 47 BImSchG) oder Lärmkarten (§ 47c BImSchG) und Lärmaktionsplänen (§ 47d BImSchG);[214]
- im Gewässerschutzrecht durch Festsetzung von Wasserschutz- (§ 51 WHG) oder Überschwemmungsgebieten (§ 76 WHG), Maßnahmenprogramme (§ 82 WHG) und Bewirtschaftungspläne (§ 83 WHG);[215] Planfeststellungen für den Gewässerausbau (§§ 67 f. WHG) betreffen immerhin das Umweltmedium Wasser, weshalb ökologische Aspekte (vor allem über die Bewirtschaftungsziele) hier eine zentrale Rolle spielen, sind aber ungeachtet dessen Instrumente der Gewässerbewirtschaftung, nicht originär des Umweltschutzes, was auch die inhaltliche Parallelität zum Wasserstraßenrecht (vgl. §§ 14 ff. WaStrG) zeigt;[216]
- im Kreislaufwirtschaftsrecht durch Abfallwirtschaftspläne (§ 30 KrWG) und Planfeststellungen für Abfalldeponien (§§ 35 ff. KrWG);[217]
- die Standortauswahlplanung (§§ 13 ff. StandAG)[218]

52 Im Gegensatz hierzu steht bei der *umweltrelevanten Planung* nicht die Sicherung der Umwelt, sondern ein anderes Vorhaben im Mittelpunkt, bei dessen Verwirklichung jedoch regelmäßig die tangierten Umweltschutzbelange mit zu berücksichtigen sind.[219] Beispielhaft genannt seien die Planfeststellungen für Bundesfernstraßen (§§ 17 ff. FStrG), Eisenbahntrassen (§§ 18 ff. AEG), Flughäfen (§ 8 LuftVG),[220] Wasserstraßen (§§ 14 ff. WaStrG) usw.[221] Allgemeine Regeln des Planfeststellungsrechts enthalten die §§ 72 ff. VwVfG, die Anwendung finden, soweit das Fachrecht auf diese verweist (§ 72 I 1 VwVfG), das seinerseits häufig sektorale Modifikationen enthält. Eine ähnliche Funktion erfüllt die bergrechtliche Betriebsplanung (§§ 51 ff. BBergG).[222] Der Umweltschutz ist hier nicht das eigentliche Ziel der Planung, sondern die Verwirklichung eines Vorhabens, das typischerweise die Umwelt beeinträchtigt. Umweltrecht kann daher dem Vorhaben als zwingendes Recht („Planungsleitsatz“) entgegenstehen;[223] ökologische Belange sind aber auch in der planerischen Abwägung angemessen zu verarbeiten.[224]

---

212 Ausf. und instruktiv dazu *Klement/Saurer* in Rehbinder/Schink Abschn. II.5. Auch hinsichtlich der Wärmeversorgung wird daher *de lege ferenda* auf fachplanerische Instrumente gesetzt: *Maaß* ZUR 2020, 22 ff.

213 Hierzu → § 10 Rn. 21 ff., 84 ff.

214 Hierzu → § 7 Rn. 156 ff.

215 Hierzu → § 8 Rn. 105 ff.

216 Zum Problem *Durner* EurUP 2015, 82 ff.; *Gärditz* NuR 2013, 605 ff.; *ders.* W+B 2015, 65 ff.; *Reinhardt* in ders. (Hrsg.), Wasserrecht im Umbruch, 2007, S. 9 (15).

217 Hierzu → § 11 Rn. 103 ff.

218 Hierzu → § 6 Rn. 105.

219 Für das praktisch wichtigste Naturschutzrecht nur *Durner* in Ziekow (Hrsg.), Handbuch des Fachplanungsrechts, 2. Aufl. 2014, § 7 Rn. 5 ff.

220 Zur Umweltdimension und Verzahnung stellv. *Deutsch* EurUP 2016, 90 ff.

221 Detailliert *Stüer/Probstfeld,* Die Planfeststellung, 2. Aufl. 2016, Rn. 999–1904.

222 Zur Umweltrelevanz *von Weschpfennig* EurUP 2016, 182 ff.; zu anachronistischen Regelungsdefiziten *Ludwig* ZUR 2014, 451 ff.

223 BVerwGE 48, 56 (59 f.); 107, 1 (9); *Wysk* in Kopp/Ramsauer (Hrsg.), VwVfG, 21. Aufl. 2020, § 74 Rn. 60 ff.; *Peine,* Öffentliches Baurecht, 4. Aufl. 2003, Rn. 1198; *Sanden* in Koch/Hofmann/Reese UmweltR-HdB § 13 Rn. 157, 160; *Wahl/Hönig* NVwZ 2006, 161 (167 ff.).

224 Zum Stand der Dogmatik *Berkemann* ZUR 2016, 323 ff.

Planfeststellungsverfahren sind anspruchsvolle Genehmigungsverfahren,[225] wobei der Behörde aufgrund der planerischen Abwägung weitergehende Entscheidungsspielräume zukommen als etwa im Rahmen eines – zwar als gebundene Entscheidung konstruierten, aber praktisch ähnlich strukturierten – Anlagengenehmigungsverfahrens nach § 10 BImSchG. Das ursprüngliche Verfahrensmodell unterlag immer wieder dem Zugriff verschiedener Beschleunigungsnovellen.[226] Das Verfahren wird eingeleitet, indem der Träger des Vorhabens der – von der entscheidenden Planfeststellungsbehörde idR verschiedenen – Anhörungsbehörde den Antrag zuleitet, damit die Behörde das Anhörungsverfahren durchführt (§ 73 I 1 VwVfG).[227] Das in § 73 VwVfG geregelte *Anhörungsverfahren* umfasst eine umfassende *Beteiligung* der Fachbehörden sowie insbes. der *Öffentlichkeit,*[228] die durch die Auslegung des Plans in den betroffenen Gemeinden (vgl. § 73 V VwVfG) informiert wird. Das *Gesetz zur Sicherstellung ordnungsgemäßer Planungs- und Genehmigungsverfahren während der COVID-19-Pandemie* (PlanSiG) v. 20.5.2020[229] hat hier als vorübergehendes Pandemierecht weitreichende Möglichkeiten einer Digitalisierung geschaffen, um einen Verfahrensstillstand zu vermeiden,[230] die absehbar auch ein dauerhaftes Modell der Effektuierung der eher schwerfälligen Öffentlichkeitsbeteiligung wären.[231] Betroffene können innerhalb einer Frist von zwei Wochen nach Ablauf der Auslegungsfrist schriftlich Einwendungen erheben; mit Fristablauf sollen alle (öffentlich-rechtlichen) Einwendungen ausgeschlossen, also materiell präkludiert (§ 73 IV VwVfG) sein. Diese *Präklusionsregelung* ist zwar verfassungskonform,[232] aber nach einer Entscheidung des *EuGH* mit Art. 11 UVP-RL 2011/92/EU bzw. Art. 25 IE-RL 2010/75/EU unvereinbar, weil insoweit umweltbezogene Einwendungen einer gerichtlichen Kontrolle entzogen werden.[233] Das *BVerwG* vertritt die Auffassung, dass dies auch für Einwendungen ohne unmittelbaren Umweltbezug gilt.[234] Bedenkt man, dass die bezeichneten Richtlinien aus kompetenzrechtlichen Gründen lediglich das geltende Umweltrecht effektuieren können, weil der EU die allgemeine Kompetenz für eine Europäisierung des nationalen Verwaltungsprozessrechts fehlt (Grundsatz der mitgliedstaatlichen Verfahrensautonomie gem. Art. 291 I AEUV), so überzeugt dies nicht. Jedenfalls verbleiben für die Präklusionsregelung kaum noch praktische Anwendungsbereiche; im Wesentlichen kommt sie nur noch bei nicht umweltrelevanten Planfeststellungen zur Anwendung.[235] Der Bundesgesetzgeber hat sich allerdings nicht zu einer Streichung der materiellen Präklusionsregelung entschlossen, sondern die Unionsrechtskonformität dadurch sichergestellt, dass die umweltspezifische Regelung des § 7 IV UmwRG[236] die allgemeine Bestimmung des § 73 IV 3–6 VwVfG im Anwendungsbereich der bezeichneten Richtlinien für unanwendbar erklärt.[237] Diese 53

[225] Zum Stand *Deutsch* DVBl 2019, 1437 ff.

[226] Im Überblick *Uschkereit* in Pautsch/Hoffmann (Hrsg.), VwVfG, 2. Aufl. 2021, § 72 Rn. 13 ff.

[227] Eingehend *Stüer/Probstfeld* (o. Fn. 221) Rn. 72 ff.

[228] Näher zu den Funktionen und der Effektivität der Öffentlichkeitsbeteiligung an umweltrechtlichen Fachplanungen *Bull* DVBl 2015, 593 ff.; *Gärditz* in Kahl (Hrsg.), Nachhaltigkeit durch Organisation und Verfahren, 2016, S. 351 ff.; *Guckelberger* VerwArch 103 (2012), 31 ff.; *Haug/Schadtle* NVwZ 2014, 271 ff.; *Hendler/Wu* DVBl 2014, 78 ff.; *Reinhardt* DVBl 2016, 1423 ff.; rechtsvergleichend *Glaser,* Schweizerisches Jahrbuch für Europarecht 2016/17, 327 ff.

[229] BGBl. I 1041.

[230] *Rebler* ZUR 2020, 478 (480).

[231] *Ruge* ZUR 2020, 481 (486).

[232] *BVerfG* DVBl 2016, 307 (309 f.); *OVG Münster* ZUR 2015, 685 ff.; *Breuer/Gärditz* WasserR Rn. 1224; *Neumann/Külpmann* in Stelkens/Bonk/Sachs (Hrsg.), VwVfG, 9. Aufl. 2018, § 73 Rn. 88a; *Siegel* NVwZ 2016, 337 (338). Zum atomrechtlichen Genehmigungsverfahren bereits BVerfGE 61, 82 (109 ff.); BVerwGE 60, 297 (305 ff.); *BVerwG* DVBl 1997, 51.

[233] *EuGH,* Rs. C-137/14 (Kommission/Deutschland), ZUR 2016, 33 Rn. 75 ff.

[234] *BVerwG* ZUR 2017, 539 (540).

[235] Vgl. *Wysk* in Kopp/Ramsauer (o. Fn. 223) § 73 Rn. 89.

[236] Dazu iE → § 5 Rn. 51.

[237] Vgl. *BVerwG* AbfallR 2018, 141; *Wysk* in Kopp/Ramsauer (o. Fn. 223) § 73 Rn. 89. Das *BVerwG* geht davon aus, dass eine Präklusion in einem Planänderungsverfahren auch dann ausgeschlossen sein kann, wenn im Rahmen der ursprünglichen Planfeststellung Einwendungen unionsrechtswidrig als präkludiert behandelt worden seien: *BVerwG* DVBl 2018, 585 ff.

Ausschlussregelung soll auch auf die Parallelbestimmungen der LVwVfG Anwendung finden.[238]

Einwendungen werden zusammen mit den Stellungnahmen der Behörden in einem Erörterungstermin erörtert (s. im Einzelnen § 73 VI VwVfG).[239] Die Anhörungsbehörde gibt im Anschluss eine Stellungnahme ab, aus der hervorgehen muss, wie sie das Vorhaben selbst beurteilen würde,[240] und leitet diese – sofern nicht beide Behörden nach Fachrecht identisch sind – an die Planfeststellungsbehörde weiter (§ 73 IX VwVfG). Im Übrigen soll unabhängig hiervon nach dem – als Konsequenz einer breiten Diskussion über die überkommene Struktur der Öffentlichkeitsbeteiligung bei Infrastrukturvorhaben – eingeführten § 25 III VwVfG auf eine *frühe Öffentlichkeitsbeteiligung* hingewirkt werden, durch die die Akzeptanz umstrittener Großprojekte gefördert werden soll.[241] Allerdings ist der Gesetzgeber sehr wankelmütig: Mit dem *Gesetz zur Beschleunigung von Planungs- und Genehmigungsverfahren im Verkehrsbereich v. 6.12.2018* hat er für den praktisch wichtigsten Bereich bereits nach fünf Jahren wieder eine 180-Grad-Kehrtwende vollzogen und nicht nur Lärm- und Rechtsschutz, sondern auch die Öffentlichkeitsbeteiligung reduziert, um die Planungs- und Genehmigungsverfahren effizienter zu gestalten.[242]

Das *Gesetz zur Vorbereitung der Schaffung von Baurecht durch Maßnahmengesetz im Verkehrsbereich v. 22.3.2020* (Maßnahmengesetzvorbereitungsgesetz)[243] hat zuletzt – unter dem Gesichtspunkt von Gewaltengliederung (Art. 20 II 2 GG) und effektivem Rechtsschutz (Art. 19 IV GG; Art. 47 GRCh iVm Art. 9 II AK) verfassungs- und unionsrechtlich nicht unproblematische[244] – Optionen geschaffen, bei Planfeststellungen für besonders umweltrelevante Verkehrsprojekte nach § 18 AEG bzw. § 14 WaStrG einen zulassenden Verwaltungsakt nach einem vorbereitenden Verwaltungsverfahren durch ein Parlamentsgesetz zu ersetzen.[245]

54 Die Planfeststellungsbehörde stellt den Plan durch *Planfeststellungsbeschluss* fest (§ 74 I 1 VwVfG); hierbei handelt es sich um eine benutzungsregelnde Allgemeinverfügung gem. § 35 S. 2 Alt. 3 VwVfG,[246] die daher nach §§ 48 f. VwVfG aufgehoben[247] und mit der Anfechtungsklage angegriffen werden kann. Im Planfeststellungsbeschluss entscheidet die Planfeststellungsbehörde nach § 74 II 1 VwVfG über die Einwendungen, über die bei der Erörterung vor der Anhörungsbehörde keine Einigung erzielt worden ist. Sie hat nach § 74 II 2 VwVfG dem Träger des Vorhabens Vorkehrungen oder die Errichtung und Unterhaltung von Anlagen aufzuerlegen, die zum Wohl der Allgemeinheit oder zur Vermeidung nachteiliger Wirkungen auf Rechte anderer erforderlich sind. Dies sind zB Maßnahmen des aktiven oder passiven Lärmschutzes, Unter- oder Überführungen, die Schaffung neuer Zufahrten, Schutzzäune oder bepflanzte Böschungen.[248] Sind solche Vorkehrungen oder Anlagen untunlich oder mit dem

---

[238] *BVerwG* NVwZ 2018, 1150; NVwZ 2018, 1322.

[239] Zu dessen praktischer Bewährung bzw. Reformbedarf insbes. bei Großvorhaben *Rockitt* UPR 2016, 435 ff.

[240] *Peine* (o. Fn. 223) Rn. 1191.

[241] G v. 7.6.2013 (BGBl. I 1388); hierzu *Hendler/Wu* DVBl 2014, 78 (83 f.); *Hilgers* NVwZ 2021, 436 (438 ff.); *Köck* ZUR 2016, 643 (648 f.); *Munding/Hertel* NJW 2013, 2150 ff.; *Schmitz/Prell* NVwZ 2013, 745 ff.; *Ziekow* NVwZ 2013, 754 ff.; speziell für Baden-Württemberg (vgl. dort neben § 25 III LVwVfG auch den speziellen § 2 UVwG) *Arndt* VBlBW 2015, 192 ff.; *Feldmann/Heiland* VBlBW 2015, 49 (51 f.).

[242] BGBl. I 2237; mit Recht krit. *Antweiler* NVwZ 2019, 29 (33).

[243] BGBl. I 640.

[244] *Brade* EurUP 2020, 140 (144), mit möglichem Ausweg (144); *Brigola/Heß* NuR 2021, 104 (105 ff.); *Wegener* ZUR 2020, 195 ff.; vorsichtig *Guckelberger* NuR 2021, 805 (808 ff.); für eine Konformität aber *Pernice-Warnke* EurUP 2002, 146 (153–162); *Stüer* DVBl 2020, 617 ff.; *ders.* EurUP 2020, 164 (166 ff.); *von Weschpfennig* AöR 145 (2020), 438 (447 ff.); *Ziekow* NVwZ 2020, 677 (680 ff.); *ders.*, Vorhabenplanung durch Gesetz, 2020, S. 45 ff., 72 ff.

[245] S. im Einzelnen *Guckelberger* NuR 2021, 805 ff.; *Lenz* NdsVBl. 2020, 229 ff.; *Pernice-Warnke* EurUP 2002, 146 ff.; *Reidt* EurUP 2020, 86 ff.; *Wahlhäuser* UPR 2021, 41 ff.; *Ziekow* NVwZ 2020, 677 (679 ff.).

[246] S. iErg *Neumann/Külpmann* (o. Fn. 232) § 74 Rn. 17 ff.

[247] Zum Widerruf eines Planfeststellungsbeschlusses *BVerwG* NVwZ 2016, 1325 (1327 f.).

[248] *Peine* (o. Fn. 223) Rn. 1207; *Stüer/Probstfeld* (o. Fn. 221) Rn. 871.

Vorhaben unvereinbar, so hat der Betroffene nach § 74 II 3 VwVfG Anspruch auf angemessene Entschädigung in Geld, was iÜ allgemeine Ansprüche aus Aufopferung oder enteignendem Eingriff verdrängt.[249]

Jede Fachplanung erfordert nach allgemeinen Grundsätzen eine hinreichende *Planrechtfertigung*, die dann gegeben ist, wenn ein Vorhaben vernünftigerweise geboten erscheint,[250] sich also ein Bedarf plausibel darstellen lässt. Die Aufnahme eines Vorhabens in den Katalog Transeuropäischer Netze (Art. 170 f. AEUV) indiziert idR einen solchen Bedarf.[251] Bei der Entscheidung über den Plan steht der Planfeststellungsbehörde *planerisches Ermessen* zu, dessen Ausübung nur einer begrenzten gerichtlichen Überprüfung nach Maßgabe einer Abwägungskontrolle unterliegt.[252] Namentlich „Planungsalternativen" sind in die Abwägung einzubeziehen, sofern sie sich als ernstlich in Betracht kommend aufdrängen.[253] 55

Die rein verfahrensrechtliche Konzentrationswirkung nach § 75 I 1 VwVfG entbindet daher nicht von der Beachtung geltenden Rechts *(keine materielle Konzentration)*.[254] Auch Planfeststellungen haben zwingendes Recht (einschließlich allgemeiner Umweltvorschriften) zu beachten; hierzu gehören zB die naturschutzrechtliche Eingriffsregelung (§§ 14 ff. BNatSchG)[255] sowie die Bestimmungen über den Habitat- und den Artenschutz (§§ 31 ff. BNatSchG)[256] oder die Beeinträchtigungsverbote nach § 30 II BNatSchG.[257] Auch die Lärmschutzwerte nach § 2 II FluglärmG konkretisieren als Planungsleitsatz eine verbindliche (abwägungsfeste) Zumutbarkeitsgrenze,[258] sind insoweit also abwägungsresistenter Planungsleitsatz. Andere ökologische Belange können, sofern sie hinreichendes Gewicht haben, in der planerischen Abwägung zu berücksichtigen sein. Sie sind hier freilich jeweils nur eine Position unter mehreren und ggf. konfligierenden Belangen (zB des Infrastrukturausbaus), weshalb sie auch „weggewogen" werden können.[259]

Der Planfeststellungsbeschluss ist dem Träger des Vorhabens, denjenigen, über deren Einwendungen entschieden worden ist, und den Vereinigungen, über deren Stellungnahmen entschieden worden ist, zuzustellen (§ 74 IV 1 VwVfG). Eine Ausfertigung des Beschlusses ist mit einer Rechtsbehelfsbelehrung und einer Ausfertigung des festgestellten Plans in den Gemeinden zwei Wochen zur Einsicht auszulegen; der Ort und die Zeit der Auslegung sind ortsüblich bekannt zu machen (§ 74 IV 2 VwVfG). Mit dem Ende der Auslegungsfrist gilt der Beschluss gegenüber den übrigen Betroffenen als zugestellt, worauf in der Bekanntmachung hinzuweisen ist (§ 74 IV 3 VwVfG). In bestimmten Fällen kann statt eines Planfeststellungsbeschlusses auch eine bloße Plangenehmigung ergehen (s. § 74 VI–VII VwVfG).[260] 56

Durch die Planfeststellung wird nach § 75 I 1 Hs. 1 VwVfG die Zulässigkeit des Vorhabens einschließlich der notwendigen Folgemaßnahmen an anderen Anlagen im Hinblick auf alle von ihm berührten öffentlichen Belange festgestellt. Soweit dies gesondert gesetzlich angeordnet ist (etwa § 19 II FStrG, § 22 II AEG, § 44 II WaStrG, § 28 II LuftVG) – und nur dann – entfaltet 57

---

[249] *Ossenbühl/Cornils*, Staatshaftungsrecht, 6. Aufl. 2013, S. 341 f., 346.
[250] BVerwGE 48, 56 (60); 71, 166 (168); 107, 142 (145); *BVerwG* NVwZ 1995, 905 (906).
[251] *BVerwG* LKV 1997, 213 (214); *Breuer/Gärditz* WasserR Rn. 1241.
[252] *Berkemann* ZUR 2016, 323 ff.; *Neumann/Külpmann* (o. Fn. 232) § 74 Rn. 26 ff.; *Wysk* in Kopp/Ramsauer (o. Fn. 223) § 74 Rn. 23 ff.
[253] BVerwGE 101, 166 (173); *BVerwG* ZUR 2018, 107 (114); *VGH Mannheim* VBlBW 2014, 226 (227); am Beispiel des Stromnetzausbaus *Leidinger* DVBl 2014, 683 ff.
[254] *Neumann/Külpmann* (o. Fn. 232) § 75 Rn. 16–17; *Wysk* in Kopp/Ramsauer (o. Fn. 223) § 74 Rn. 61, jew. mwN.
[255] → § 10 Rn. 41 ff.
[256] → § 10 Rn. 137 ff.
[257] *OVG Koblenz* NuR 2001, 291; *Breuer*, Rechtsfragen des Konflikts zwischen Wasserkraftnutzung und Fischfauna, 2006, S. 166 f.; *Gellermann* FS Stüer, 2013, S. 3 ff.; *Storost* FS Stüer, 2013, S. 481 (491 ff.); *Wahl/Hönig* NVwZ 2006, 161 (167 ff.)
[258] BVerwGE 125, 116 (199); *Gärditz/Macefat* JbUTR 2013, 123 (129 f.); *Koch* FS Sellner, 2010, S. 277 (282).
[259] Eingehend *Sanden* in Koch/Hofmann/Reese UmweltR-HdB § 13 Rn. 170 ff.; *Steinberg/Wickel/Müller*, Fachplanung, 4. Aufl. 2012, § 3 Rn. 107 ff.
[260] Zum Negativkriterium der UVP-Pflicht BVerwGE 127, 208 ff.; *OVG Hamburg* DVBl 2020, 1427 ff.

der Planfeststellungsbeschluss zugleich *enteignungsrechtliche Vorwirkung*,[261] weil die Erforderlichkeit im Interesse des Gemeinwohls verbindlich feststeht. Der festgestellte Plan ist daher dem Enteignungsverfahren zugrunde zu legen und für die Enteignungsbehörde bindend. Neben der Planfeststellung sind nach § 75 I 1 Hs. 2 VwVfG andere behördliche Entscheidungen, insbes. öffentlich-rechtliche Genehmigungen, Verleihungen, Erlaubnisse, Bewilligungen, Zustimmungen und Planfeststellungen nicht erforderlich *(formelle Konzentrationswirkung)*.[262] Durch die Planfeststellung werden zudem nach § 75 I 2 VwVfG alle öffentlich-rechtlichen Beziehungen zwischen dem Träger des Vorhabens und den durch den Plan Betroffenen rechtsgestaltend geregelt.

58 Eine besondere *Fehlerfolgenregelung* enthält § 75 Ia VwVfG: Mängel bei der Abwägung der von dem Vorhaben berührten öffentlichen und privaten Belange sind hiernach nur erheblich, wenn sie offensichtlich und auf das Abwägungsergebnis von Einfluss gewesen sind. Erhebliche Mängel bei der Abwägung oder eine Verletzung von Verfahrens- oder Formvorschriften führen nur dann zur Aufhebung des Planfeststellungsbeschlusses oder der Plangenehmigung, wenn sie nicht durch Planergänzung oder durch ein ergänzendes Verfahren behoben werden können; die §§ 45, 46 VwVfG bleiben unberührt. Ist der Planfeststellungsbeschluss unanfechtbar geworden, so sind nach § 75 II 1 VwVfG Ansprüche auf Unterlassung des Vorhabens, auf Beseitigung oder Änderung der Anlagen oder auf Unterlassung ihrer Benutzung ausgeschlossen. Einen Widerruf des Planfeststellungsbeschlusses nach § 49 VwVfG schließt dies allerdings nicht von vornherein aus.[263] Treten nicht voraussehbare Wirkungen des Vorhabens oder der dem festgestellten Plan entsprechenden Anlagen auf das Recht eines anderen erst nach Unanfechtbarkeit des Plans auf, so kann der Betroffene nach § 75 II 2 VwVfG Vorkehrungen oder die Errichtung und Unterhaltung von Anlagen verlangen, welche (im Rahmen einer einzelfallbezogenen Prognose[264]) die nachteiligen Wirkungen ausschließen. Sie sind nach § 75 II 3 VwVfG dem Träger des Vorhabens durch Beschluss der Planfeststellungsbehörde aufzuerlegen (vgl. aber § 75 II 4 VwVfG).

b) Umweltschutz durch raumbezogene Gesamtplanung

59 Erhebliches Gewicht kommt dem Umweltschutz auch in der raumbezogenen Gesamtplanung zu.[265] Diese umfasst namentlich die Raumordnung auf Landesebene (insbes. Regionalplanung) und die Bauleitplanung auf kommunaler Ebene (Bebauungspläne, Flächennutzungspläne).[266] Darüber hinaus kann aber auch der Bund Raumordnungspläne aufstellen (→ Rn. 62).

Die räumliche Gesamtplanung zeichnet sich vor allem durch ihre Integrationsfunktion aus,[267] dh sie soll einen Ausgleich zwischen den konfligierenden Interessen – ökologischer und sonstiger (zB sozialer, ökonomischer) Art – herstellen.[268] Während umweltspezifische Planungen idR nur den ökologischen Bestand und Bedarf formulieren, aber diesem noch nicht abschließend Verbindlichkeit in Relation zu anderen Belangen verleihen, greift die Gesamtplanung die fortbestehenden Konflikte, soweit diese raumplanerisch zu bewältigen sind, auf und entscheidet sie durch Gesamt-

---

261 *Neumann/Külpmann* (o. Fn. 232) § 75 Rn. 27. Zur Verfassungskonformität und den Prüfungsanforderungen *BVerfG* NVwZ 2016, 524 („Wesertunnel").

262 *Wysk* in Kopp/Ramsauer (o. Fn. 223) § 74 Rn. 18. Zu den Grenzen des Entscheidungsrahmens nach §§ 75 I 1, 78 VwVfG grdl. BVerwGE 151, 213 ff. („Godorfer Hafen"); krit. *Erbguth* DVBl 2015, 840 ff.

263 S. *OVG Münster* ZUR 2017, 612 (616).

264 *BVerwG* DVBl 2018, 1155 (1157).

265 Eingehend *Gärditz* EurUP 2016, 290 ff.

266 S. zum Ganzen *Schubert* Verw. Beih. 11, 2010, 89 ff.; *Spannowsky* in Faßbender/Köck (Hrsg.), Entwicklungslinien und Perspektiven des Umwelt- und Planungsrechts, 2016, S. 77 ff.

267 *Erbguth* UPR 1983, 137 (138); *Forsthoff/Blümel*, Raumordnungsrecht und Fachplanungsrecht, 1970, S. 19; *Gärditz* Verw. 40 (2007), 203 (204 f.); *Hendler/Heimlich* JbUTR 2000, 7 (13); *Spieker*, Raumordnung durch Private, 1999, S. 29 f.

268 BVerwGE 118, 181 (194); 125, 116 (134, 137).

abwägung. Aus diesem Grund kennt die Gesamtplanung auch verbindliche normative Festsetzungen als abschließende Abwägungsergebnisse (Bebauungsplan als Satzung nach § 10 I BauGB; Ziele der Raumordnung nach § 4 I ROG, die idR durch Rechtsverordnung festgelegt werden).[269] Eine positive Planung kann sogar zur räumlichen Konfliktbewältigung notwendig sein (*Planungsvorbehalt*),[270] wenn sich nämlich die durch ein Vorhaben ausgelösten Konflikte aufgrund ihrer Komplexität und Breitenwirkung in einem vorhabenbezogenen Zulassungsverfahren allein nicht mehr angemessen auflösen lassen.

aa) Raumordnung

Das *Raumordnungsgesetz* (ROG) des Bundes ist der Leitvorstellung einer nach- 60
haltigen Raumentwicklung verpflichtet, die die sozialen und wirtschaftlichen Ansprüche an den Raum mit seinen ökologischen Funktionen in Einklang bringt (§ 1 II ROG).[271] Im Hinblick auf diese Aufgabe stellt § 2 II ROG einige – nicht abschließend geregelte[272] und daher der Ergänzung durch die Raumordnung der Länder zugängliche – („insbesondere") Grundsätze der Raumordnung auf. Vor allem die Grundsätze, die die Nachhaltige Entwicklung (§ 2 II Nr. 1 ROG) sowie den unmittelbar raumbezogenen Umweltschutz (§ 2 II Nr. 6 ROG) betreffen, sind hervorzuheben. Umweltrelevante Bezüge finden sich daneben aber auch in den anderen Raumordnungsgrundsätzen. Bereits die allgemeinen Vorgaben für Raumordnungspläne enthalten spezifische ökologische Vorgaben (§ 7 II 2, VI ROG) sowie allgemeine Instrumente (§ 7 III, IV ROG), die sich auch zur umweltschützenden Steuerung einsetzen lassen.

Die Steuerungswirkung der Raumordnung hängt von der Art ihrer Festsetzungen 61
ab, beschränkt sich aber allgemein auf raumbedeutsame Maßnahmen;[273] was unterhalb dieser Schwelle bleibt, lässt sich durch die grobmaschige Raumordnung nicht steuern. *Ziele* der Raumordnung enthalten bereits abschließend abgewogene Vorgaben (§ 3 I Nr. 2 ROG), die bei raumbedeutsamen Planungen und Maßnahmen *zu beachten* sind (§ 4 I 1 1. Alt. ROG). Dies hat gerade gegenüber Fachplanungen erhebliche Relevanz.[274] Es handelt sich also um strikte normative Ge- und Verbote. Demgegenüber kommt den *Grundsätzen* der Raumordnung (§ 3 I Nr. 3 ROG) keine strikte Bindungswirkung zu; sie sind lediglich bei den nachfolgenden Abwägungs- und Ermessensentscheidungen *zu berücksichtigen* (§ 4 I 1 2. Alt., II ROG), stellen also letztlich Abwägungsdirektiven dar.[275] Die einzelnen Grundsätze der Raumordnung können nicht isoliert voneinander betrachtet werden. Sie bedürfen jeweils einer gesamtintegrativen Vertiefung und folglich einer Konkretisierung auf nachgeordneten Planungs- bzw. Entscheidungsebenen. Ein relativer Vorrang kommt keinem der Grundsätze zu. Zwar nimmt der Nachhaltigkeits-

---

[269] Zur Reichweite *Deutsch* ZUR 2021, 67 (70 ff.).

[270] Vgl. BVerwGE 117, 25 (30); *BVerwG* BauR 2005, 832; *Gärditz* EurUP 2020, 276 (278 ff.); *Hornmann* NVwZ 2006, 969 (971).

[271] Hierzu vertiefend *Goppel/Maier* in Kahl (Hrsg.), Nachhaltigkeit als Verbundbegriff, 2008, S. 369 ff.; ferner *Sanden* in Koch/Hofmann/Reese UmweltR-HdB § 13 Rn. 22 ff.

[272] *Werk* in Schumacher/ders./Albrecht (Hrsg.), ROG, 2. Aufl. 2020, § 2 Rn. 6.

[273] Eingehend *Kümper* UPR 2019, 161 ff.

[274] S. *Kümper* EurUP 2017, 295 (300 ff.); *ders.* UPR 2018, 463 ff. Zur Bedeutung der Ziele der Raumordnung für die Bauleitplanung (§ 1 IV BauGB) *Kümper* VerwArch 2018, 63 ff.; *ders.* DÖV 2017, 1030 ff.; *ders.* DVBl 2018, 70 ff.

[275] S. *Durner* in Kment (Hrsg.), ROG, 2019, § 4 Rn. 91 ff.; *Finkelnburg/Ortloff/Kment*, Öffentliches Baurecht, 7. Aufl. 2017, § 20 Rn. 37; *Spannowsky* in ders./Runkel/Goppel (Hrsg.), ROG, 2. Aufl. 2018, § 2 Rn. 30, 35; *Steinberg* DVBl 2010, 137 (138).

grundsatz eine zentrale Rolle ein (§ 2 I ROG),[276] jedoch ist diese nach allgemeinem Verständnis ihrerseits integrativ-übergreifend (Ökologie, Soziales und Ökonomie), also auf relationale Abwägung angelegt. Planerische Nachhaltigkeit geht daher im allgemeinen Gebot planerischer Abwägung auf. Vor allem Zielen der Raumordnung kommt aufgrund ihrer rechtsnormativen Funktion[277] entscheidende Bedeutung dabei zu, die Raumordnung als Instrument des Umweltschutzes zu mobilisieren. Praktisch besonders relevant ist hierbei der Einsatz der Raumordnung zur ökologisch verträglichen Standortauswahl bei großen, raumrelevanten Infrastrukturvorhaben (zB Verkehrsflughäfen, Schifffahrtshäfen, Industrieparks),[278] da die Standortzuweisung im Raum nicht nur, aber eben entscheidend auch die von einem Vorhaben ausgehenden Umweltbelastungen für die Umgebung bewerten muss.[279] Die Verminderung des Klimawandels sowie die Anpassung an den Klimawandel kann ebenfalls auf Instrumente der Raumordnung nicht verzichten,[280] was inzwischen § 13 KSG[281] konkretisiert. Da Raumordnungsplanung unabhängig von ihrem finalen Einsatz als Instrument des Umweltschutzes jedenfalls unvermeidbar umweltrelevant ist, sieht § 8 ROG – im Einklang mit der SUP-RL (→ Rn. 113 ff.) – eine obligatorische Umweltprüfung als Sonderfall einer Strategischen Umweltprüfung vor, um namentlich standortbezogene Auswahlentscheidungen bereits dort ökologisch zu sensibilisieren, wo noch eine echte raumbezogene Alternativenprüfung möglich ist.[282]

62 Eine zunehmende Bedeutung erfährt schließlich die *Raumordnung des Bundes,* die überregionale planerische Kohärenzanforderungen formulieren kann. Für diese gelten die allgemeinen Regeln des § 7 ROG.[283] Der Bund hat Befugnisse einer eigenen Raumordnungsplanung für die deutsche maritime AWZ (§ 17 I ROG)[284] sowie für den Gesamtraum in Bezug auf konkrete Infrastrukturen (§ 17 II ROG) sowie die gesamträumliche Entwicklung des Bundesgebiets (§ 17 III ROG).[285] Namentlich die Raumordnung zum Hochwasserschutz sowie zu Standortkonzepten für Häfen und Flughäfen ist von besonderer Umweltrelevanz. Mit der Raumordnung des Bundes verflochten ist die Flächenentwicklungsplanung für *Offshore*-Windparks nach den §§ 4 ff. WindSeeG (→ Rn. 50).[286]

---

[276] *Spannowsky* (o. Fn. 275) § 2 Rn. 22. Stark relativierend *Kümper* in Kment (o. Fn. 265) § 2 Rn. 38.

[277] BVerwGE 119, 217 (223 f.).

[278] Hierzu *Gärditz* ZUR 2013, 651 ff.; *ders./Macefat* JbUTR 2013, 123 (143 ff.); *Goppel* DVBl 2000, 86 ff.; *ders.* UPR 2000, 431 ff.; *Hendler* LKRZ 2010, 281 ff.; *Kment* NuR 2010, 392 ff.; *Rojahn* NVwZ 2011, 654 ff.; *Steinberg* DVBl 2010, 137 ff.; *Wahl* FS Sellner, 2010, S. 155 ff.

[279] Konkret zum Fracking *Schlacke/Schnittker* ZUR 2016, 259 ff.; zur infrastrukturellen Anpassung an den Klimawandel *Reese* ZUR 2015, 16 ff.

[280] *Fischer,* Grundlagen und Grundstrukturen eines Klimawandelanpassungsrechts, 2013, S. 256 ff.; *Gärditz* EurUP 2016, 290 (292); *Jarass* (Hrsg.), Raumplanung und Klimawandel, 2016; *Köck* ZUR 2013, 269 ff.; *Meyer,* Adaptionsplanung, 2014, S. 83 ff.; *Saurer* EurUP 2018, 183 (184 f.); *Sauthoff* ZUR 2021, 140 ff.; *Wagner* UPR 2020, 88 ff.; *Weghake* BauR 2015, 44 ff. S. auch → § 6 Rn. 39, 78.

[281] Dazu *Albrecht* NuR 2020, 370 (377); *Scharlau/Swieykowski-Trzaska/Keimeyer/Klinski/Sina* NVwZ 2020, 1 (5 f.); *Schink* NuR 2021, 1 ff.

[282] S. *Gärditz,* Europäisches Planungsrecht, 2009, S. 18 f.; *Kadelbach* FS Hoppe, 2000, S. 897 (909); *Schink* NVwZ 2005, 615; *Stelkens* NuR 2005, 362 (363); *Sydow* DVBl 2006, 65 (68).

[283] *Janssen* EurUP 2018, 220 (222).

[284] Hierzu *Czybulka/Francesconi* NuR 2017, 594 ff.; *Janssen* EurUP 2018, 220 (221 ff.). Vgl. auch RL 2014/89/EU des Europäischen Parlaments und des Rates v. 23.7.2014 zur Schaffung eines Rahmens für die maritime Raumplanung (ABl. L 257, 135).

[285] Hierzu *Hager* BauR 2018, 188 ff.

[286] Zu den filigranen Mechanismen *Chou* EurUP 2018, 296 (300 f.).

bb) Bauleitplanung

Von zentraler praktischer Bedeutung für den Umweltschutz ist das Bauplanungsrecht.[287] Die Bauleitplanung trifft die maßgeblichen Entscheidungen über den Ausgleich konkurrierender bodenrechtlich relevanter[288] Interessen im innerstädtischen Bereich. Mit der vordringenden Zersiedelung der Landschaft, der Nutzbarmachung und dem Schutz innerstädtischer Biodiversität[289] sowie dem Vordringen von Tier- und Pflanzenarten aus dem Umland in die Städte stellen sich auch im Innenbereich maßgebliche ökologische Herausforderungen; der Schutz der menschlichen Gesundheit vor Umweltbeeinträchtigungen war zudem schon immer eine zentrale Aufgabe der Bauleitplanung. Neben einen eher defensiven Umweltschutz traditioneller Prägung treten zudem zunehmend aktiv-gestalterische Konzepte, etwa der klimapolitischen Quartiersanierung oder der ökologischen Stadterneuerung. Bei der Rückentwicklung von Räumen, die aufgrund der strukturellen oder demografischen Entwicklung nicht mehr benötigt werden,[290] spielt ebenfalls die Bauleitplanung – nicht zuletzt über die besonderen Instrumente nach den §§ 171a ff. BauGB[291] – die entscheidende Rolle. 63

Auch der kommunalen Bauleitplanung liegt das Leitbild einer nachhaltigen städtebaulichen Entwicklung zugrunde, welche ua eine menschenwürdige Umwelt sichern und die natürlichen Lebensgrundlagen schützen sowie entwickeln soll (§ 1 V BauGB). Einen ausführlichen Katalog an Umweltbelangen, die bei der Abwägung (§ 1 VII BauGB) zu berücksichtigen sind,[292] enthalten § 1 V, VI Nr. 7 und § 1a BauGB; von Umweltrelevanz ist ua auch der Hochwasserschutz (§ 1 VI Nr. 12 BauGB).[293] 64

Dass die Belange des Umweltschutzes iSd § 1 VI Nr. 7 und § 1a BauGB bei der Aufstellung der Bauleitpläne hinreichende Berücksichtigung finden, wird prozedural durch die grds. (vgl. aber auch §§ 13, 13a BauGB) erforderliche sog. *Umweltprüfung*[294] gewährleistet (§ 2 IV BauGB). Die Umweltprüfung ist als ein besonders geregelter Fall der Strategischen Umweltprüfung integraler Bestandteil des Aufstellungsverfahrens. Die Pflicht zur Umweltprüfung ist *nicht drittschützend*.[295] Sie ermöglicht eine vorgelagerte umweltimmanente Ermittlung und Bewertung der durch den Plan betroffenen Belange,[296] und zwar nicht nur im Plangebiet, sondern auch in

---

287 Querschnittsanalyse bei *Ellinghaus* EurUP 2019, 306 (308 ff.); *Sanden* in Koch/Hofmann/Reese, § 13 Rn. 63 ff.; *Schink* FS Stüer, 2013, S. 442 ff.

288 Vgl. zur verfassungsrechtlichen Matrix nur BVerfGE 3, 407 (424).

289 *Kersten* UPR 2012, 15 ff.; umfassend *Roden*, „Urbane Biodiversität" als städtebaurechtliches Nachhaltigkeitskonzept, 2017. Zum Baumschutz durch Bauleitplanung *Timmermann/Wieringer* ZUR 2020, 521 ff.; *Wienicke*, Natur und Baumschutz in Deutschland, 2012, S. 46 ff.

290 Hierzu *Battis/Kersten/Mitschang*, Rechtsfragen der ökologischen Stadterneuerung, 2010; *Kersten/Neu/Vogel* Leviathan 40 (2012), 563 ff.; *Krautzberger* DVBl 2012, 69 ff.; *Pilniok* DVBl 2017, 1209 ff.

291 Näheres bei *Kersten* in Kahl (Hrsg.), Nachhaltigkeit als Verbundbegriff, 2008, S. 396 (416 ff.); vgl. auch *Cevrim*, Housing Improvement Districts, 2016, S. 13 ff., 36 ff.

292 Weiterführender Überblick bei *Kersten* JURA 2013, 478 ff.

293 S. vor allem zu Überschwemmungsgebieten §§ 5 IVa, 246a BauGB; zu den damit verbundenen Instrumenten stellv. *Breuer* NuR 2006, 614 ff.; *Breuer/Gärditz* WasserR Rn. 1296 ff.; *Mitschang* ZfBR 2018, 329 ff.

294 Zum davon zu unterscheidenden, *untechnisch-weiten* Begriff der Umweltprüfungen als Oberbegriff für die Umweltverträglichkeitsprüfung (UVP), Strategische Umweltprüfung (SUP) und FFH-Verträglichkeitsprüfung *Schlacke* in Kahl (Hrsg.), Nachhaltigkeit durch Organisation und Verfahren, 2016, S. 335.

295 *VGH Kassel* NVwZ-RR 2018, 639 ff.

296 Vgl. BT-Drs 15/2250, 42; ferner *Battis* in ders./Krautzberger/Löhr, BauGB, 14. Aufl. 2019, § 2 Rn. 6; *Hoppe* NVwZ 2004, 903 (907 f.).

der Nachbarschaft.[297] Es werden nach § 2 IV 1 BauGB die voraussichtlichen erheblichen Umweltauswirkungen ermittelt und in einem Umweltbericht beschrieben sowie bewertet. Die näheren Mindestinhalte ergeben sich aus Anl. 1 zum BauGB.[298] Die Gemeinde legt dazu nach § 2 IV 2 BauGB für jeden Bauleitplan fest, in welchem Umfang und Detaillierungsgrad die Ermittlung der Belange für die Abwägung erforderlich ist. Die Umweltprüfung bezieht sich nach § 2 IV 3 BauGB auf das, was nach gegenwärtigem Wissensstand und allgemein anerkannten Prüfmethoden sowie nach Inhalt und Detaillierungsgrad des Bauleitplans gegenstandsadäquat verlangt werden kann. Das Ergebnis der Umweltprüfung ist nach § 2 IV 4 BauGB in der Abwägung zu berücksichtigen. Sind solche Belange voraussichtlich zu berücksichtigen, ist nach § 13a I 2 Nr. 2 BauGB auch ein vereinfachtes Verfahren der Planaufstellung ausgeschlossen.[299] In der Regel ist der Bedarf einer Umweltprüfung schon dadurch indiziert, dass es zur Abklärung etwaiger Umweltauswirkungen Gutachter bedarf.[300]

65 Trotz ihrer besonderen verfahrensrechtlichen Absicherung treten die Umweltbelange auch im Rahmen der Bauleitplanung in Konkurrenz zu vielzähligen anderen Belangen, mit denen sie in Ausgleich zu bringen sind (Abwägungsgebot, § 1 VII BauGB). Ein genereller Vorrang kommt den Umweltbelangen dabei nicht zu.[301] Die vollständig ermittelten und korrekt bewerteten Belange des Umweltschutzes sind in einem gesonderten *Umweltbericht* dem Bauleitplanentwurf beizufügen (§ 2a S. 2 und 3 BauGB).

Verstöße gegen §§ 2 IV, 2a BauGB sind *Verfahrensfehler* und insoweit an § 214 BauGB zu messen.[302] Führen Fehler bei der Aufstellung des Umweltberichts dazu, dass Umweltbelange nach § 1 VI Nr. 7 BauGB nur unvollständig erfasst werden, kann sich dies – über lediglich verfahrensrechtliche Ermittlungs- und Bewertungsfehler nach §§ 2 III, 214 III 2 BauGB hinaus[303] – auch auf das *Abwägungsergebnis* auswirken und insoweit zu einem relevanten materiellen Planungsfehler führen, sofern die vorgenommene Abwägung (§ 1 VII BauGB) aufgrund des Gewichts der Umweltbelange gemessen an § 214 III 2 Hs. 2 BauGB mit einer Abwägungsdisproportionalität belastet ist oder gegen das materielle Gebot der planerischen Konfliktbewältigung[304] verstößt.[305]

66 Spezifische materielle Vorgaben enthält § 1a BauGB. Mit *Grund und Boden* soll nach § 1a II 1 BauGB sparsam und schonend umgegangen werden; dabei sind zur Verringerung der zusätzlichen Inanspruchnahme von Flächen für bauliche Nutzungen die Möglichkeiten der Entwicklung der Gemeinde insbes. durch Wiedernutzbarmachung von Flächen, Nachverdichtung und andere Maßnahmen zur Innenentwicklung zu nutzen sowie Bodenversiegelungen auf das notwendige Maß zu begrenzen.[306] Landwirtschaftlich, als Wald oder für Wohnzwecke genutzte

---

[297] *OVG Hamburg* NVwZ 2020, 406 (408).

[298] Dazu *OVG Koblenz* UPR 2020, 388 ff.; *Weyrauch* UPR 2018, 81 ff.

[299] Anschaulich *BVerwG* NVwZ 2020, 1686 ff.

[300] *OVG Münster* Beschl. v. 4.4.2017 – 10 D 44/15.NE Rn. 50, 55 (juris).

[301] Vgl. *Sparwasser/Engel/Voßkuhle* § 2 Rn. 106; *Schlacke* § 5 Rn. 19.

[302] *Battis* (o. Fn. 296) § 214 Rn. 7. Zur Frage der Unionsrechtskonformität der Planerhaltungsvorschriften der §§ 214, 215 BauGB s. den Vorlagebeschl. des *BVerwG* DVBl 2017, 767; das Verfahren beim *EuGH* (C-206/17) hat sich zwischenzeitlich erledigt.

[303] Vgl. anschaulich *VGH München* Urt. v. 19.3.2018 – 2 N 15.2593 Rn. 36.

[304] Hierzu BVerwGE 47, 144 (155); 58, 281 (284); 69, 30 (34); 143, 24 (31); 147, 379 (384); *Durner*, Konflikte räumlicher Planungen, 2005, S. 327 f.; *Koch* in ders./Hendler (Hrsg.), Baurecht, Raumordnungs- und Landesplanungsrecht, 6. Aufl. 2015, § 17 Rn. 52 ff.; *Peine* (o. Fn. 223) Rn. 373.

[305] *Gärditz* in Landmann/Rohmer UmweltR UVPG Vor §§ 14a ff. Rn. 19.

[306] Vgl. *OVG Münster* Beschl. v. 30.8.2018 – 10 B 326/18.NE; *Spannowsky* UPR 2013, 201 ff.; *Kümper* DÖV 2021, 155 ff.

Flächen sollen nach § 1a II 2 BauGB nur im notwendigen Umfang umgenutzt werden. Diese Grundsätze sind nach § 1a II 3 BauGB in der Abwägung nach § 1 VII BauGB zu berücksichtigen. § 1a III BauGB enthält die Schnittstellenregelung, mit der die Eingriffsregelung nach dem BNatSchG in die Bauleitplanung integriert wird,[307] § 1 VI Nr. 7b, § 1a IV BauGB verweisen auf die Regelungen zum Netz „Natura 2000" (§§ 31 ff. BNatSchG)[308], die freilich im Kern zwingendes – abwägungsfestes – Recht enthalten. Im Übrigen sind auch im Rahmen der Bauleitplanung die artenschutzrechtlichen Verbotstatbestände zu beachten (vgl. § 44 V 1 BNatSchG).[309] Ergänzende Regelungen zur Durchführung naturschutzrechtlicher Ausgleichsmaßnahmen enthält § 135a BauGB (vgl. im Übrigen § 200a BauGB betreffend Ersatzmaßnahmen).[310]

§ 1 V 1 BauGB enthält schließlich eine *Klimaschutz*generalklausel.[311] Den Erfordernissen des Klimaschutzes soll hiernach sowohl durch Maßnahmen, die dem Klimawandel entgegenwirken, als auch durch solche, die der Anpassung an den Klimawandel dienen, Rechnung getragen werden, und zwar nach § 1 V 2 BauGB durch Berücksichtigung in der Abwägung nach § 1 VII BauGB.[312] Mit dem Klimawandel ist zunächst das Weltklima gemeint, sodass entsprechende Maßnahmen vor allem darauf gerichtet sein können, CO_2-Emissionen zu reduzieren. Die Möglichkeiten des Städtebaurechts sind hierbei von vornherein begrenzt, aber nicht wirkungslos;[313] etwa ist es planerisch möglich, die Verkehrswege zu optimieren, öffentlichen Personennahverkehr durch Ausweisung entsprechender Flächen bereitzustellen und Gebiete für die Erzeugung Erneuerbarer Energien freizuhalten.[314] Auch die Nachverdichtung oder die Begrenzung flächenverbrauchender und klimaschädlicher Bauweisen kann über Bebauungspläne (§ 10 I BauGB) und insbes. Festsetzungen zur Bauweise (§ 22 BauNVO) und zum Maß der Bebauung – in den bundesrechtlichen Grenzen (vgl. vor allem § 17 BauNVO) – gesteuert werden. **67**

Ausdrücklich aufgenommen wurde aber auch das Ziel der Anpassung an den Klimawandel. Urbane Verdichtungsräume sind von Klimawandelfolgen spezifisch betroffen, lassen sich aber auch durch Anpassungsmaßnahmen städtebaurechtlich gezielt strukturieren.[315] Eine dem Klimaschutz dienende Anpassung kann hierbei – auch zum Schutz der Gesundheit der Wohnbevölkerung (§ 1 VI Nr. 1 BauGB) – das örtliche Mikroklima in den Blick nehmen, etwa durch Schneisen zur Belüftung, Beschattung durch Baumbepflanzung oder Festsetzungen zur Dachbegrünung (vgl. auch § 9 I Nr. 2, 5, 10, 15–18, 24–25 BauGB).[316] Stadtumbaumaßnahmen können ebenfalls dem Klimaschutz dienen (§ 171a II, III Nr. 1, 6 BauGB). Das Recht der städtebaulichen Sanierung wurde um klimapolitische Maßnahmen (§ 136 II Nr. 1, III Nr. 1 lit. h, IV Nr. 1 BauGB) und Maßnahmen zur Optimierung des Energiehaushalts ergänzt (§ 148 II Nr. 5 BauGB). Unzulässig wäre es mit Blick auf die Sperrwirkung des § 5 II BImSchG hingegen, die Nutzung von fossilen Brennstoffen in Anlagen, die dem TEHG unterliegen, bauplanungsrechtlich von weiteren Anforderungen der CO_2-Einsparung abhängig zu machen.[317] Eine besondere, von planerischen Festsetzungen unabhängige Regelung betreffend die Wärmedämmung von Gebäuden enthält § 248 BauGB.[318] § 249 BauGB erleichtert das sog. *Repowering* von Windenergieanlagen, ermöglicht aber auch – höchst

---

307 Hierzu iE → § 10 Rn. 75 ff. Vergleichend zur Fachplanung *Schink* NuR 2017, 585 ff.

308 Dazu → § 10 Rn. 113 ff.

309 Hierzu näher → § 10 Rn. 141 ff.

310 Vgl. *Schlacke* § 10 Rn. 41 ff.; *Stüer,* Der Bebauungsplan, 5. Aufl. 2015, Rn. 888 ff.

311 Näher dazu *Gärditz* JuS 2008, 324 f.; *Schink* UPR 2020, 500 ff. *Wagner* UPR 2017, 361 ff.; s. auch → § 6 Rn. 40, 79 ff.

312 Hierzu *Fischer* (o. Fn. 280) S. 315 ff.

313 Eingehend *Krautzberger* FS Stüer, 2013, S. 207 ff.; *Schneider,* Auswirkungen des Klimawandels auf das Bauplanungsrecht, 2013.

314 *Gärditz* ZfU 2012, 249 (276).

315 Vgl. *Krautzberger* UPR 2012, 99 ff. Namentlich zum städtebaulichen Vertrag *Mainka,* Der städtebauliche Vertrag als Instrument des Klimaschutzes, 2018.

316 Eingehend *Kahl/Schmidtchen,* Kommunaler Klimaschutz und Erneuerbare Energien, 2013, S. 141 ff.

317 BVerwGE 159, 356 ff.

318 Zum Konflikt mit dem Denkmalschutz *Winkler* EurUP 2013, 72 ff.

umstrittene sowie zeitlich befristete – landesrechtliche Schutzergänzungen (§ 249 III BauGB).[319]

2. Ordnungsrechtliche Instrumente

68 Obschon das Umweltrecht stets Vorreiter und Referenzgebiet moderner Steuerungsansätze gewesen ist, bleibt es doch auf klassische Instrumente *direkter (imperativer) Verhaltenssteuerung* angewiesen. Das ordnungsrechtliche Instrumentarium, das auf die Ursprünge des Umweltrechts im allgemeinen Ordnungs- und Gewerberecht hinweist, ist für die umweltschutzrechtlichen Bedürfnisse fortentwickelt worden; es reicht von Eröffnungskontrollen mit Anzeige- und Erlaubnisvorbehalten aller Art über Auskunfts-, Sicherungs- und sonstige Verhaltenspflichten bis hin zu repressiven Kontrollmitteln und Eingriffsbefugnissen der Verwaltung und regelt zB die Errichtung und den Betrieb bestimmter Anlagen, das Herstellen, Inverkehrbringen oder Verwenden bestimmter Stoffe oder das Verbot bestimmter Handlungen in Schutzgebieten.

a) Eröffnungskontrollen

69 Zunächst findet sich die aus dem allgemeinen Verwaltungsrecht bekannte Bandbreite von Eröffnungskontrollen unterschiedlicher Intensität wieder.

aa) Verbot mit Anzeigevorbehalt

70 Als mildeste Form verlangt der Gesetzgeber die bloße Anzeige solcher Tätigkeiten, deren Auswirkungen auf die Umwelt er als nicht ganz so gefährlich einstuft, als dass eine Genehmigung erforderlich würde (Verbot mit Anzeigevorbehalt). Die jeweilige Tätigkeit darf schon mit der Anzeige ausgeführt werden, solange sie nicht (repressiv) untersagt wird. Zweck der Anzeige ist es, die zuständigen Behörden über die Ausübung solcher Tätigkeiten zu informieren und ihnen hierdurch eine effektive Überwachung sowie erforderlichenfalls ein repressives Einschreiten zu ermöglichen.[320] Mit ihr sind regelmäßig die zur Prüfung erforderlichen Unterlagen einzureichen.

bb) Präventives Verbot mit Erlaubnisvorbehalt

71 Auf einer höheren Stufe der Kontrollintensität steht das präventive Verbot mit Erlaubnisvorbehalt. Ein bestimmtes umweltrelevantes Verhalten wird hier zwar nicht generell als unerwünscht untersagt, aber einer – dem Modell der Baugenehmigung entsprechend – vorgeschalteten Prüfung unterworfen, ob die gesetzlichen Anforderungen eingehalten werden *(Kontrollerlaubnis).* Erst mit der Genehmigungserteilung darf die jeweilige Tätigkeit ausgeübt werden *(Gestattungswirkung).* Die Gestattung ist insoweit gestaltender Verwaltungsakt, weil die Freigabe des Vorhabens erteilt bzw. das entgegenstehende Verbot beseitigt wird.[321] Liegen die Voraussetzungen vor, besteht hierauf jedoch idR ein (gebundener) Anspruch.[322] Ist dies der Fall, entfaltet die Genehmigung idR zugleich die begrenzte *Feststellungswirkung*, dass das genehmigte Vorhaben mit dem gesamten im Zeitpunkt der Genehmigung

---

[319] Näher dazu *Albrecht/Zschiegner* NVwZ 2015, 1093 ff.; *Fülbier/Wegner* ZUR 2015, 149 ff.; *Kment* DÖV 2013, 17 (22 ff.); *Scheidler* in Schrödter (Hrsg.), BauGB, 9. Aufl. 2019, § 249 Rn. 33 ff.; *ders.* NuR 2018, 361 ff.; *Würfel/Werner* BayVBl. 2015, 1 ff.

[320] Vgl. *Kotulla* S. 40 f.; *Sparwasser/Engel/Voßkuhle* § 2 Rn. 79 f.

[321] *OVG Münster* DÖV 2004, 302 (304); *Hahn* DVBl 1992, 1408 (1412); *Peine* (o. Fn. 223) Rn. 1071.

[322] S. *Maurer/Waldhoff*, Allgemeines Verwaltungsrecht, 20. Aufl. 2020, § 9 Rn. 52 ff.

geltenden Recht übereinstimmt, soweit dieses Recht nach den Genehmigungsvoraussetzungen geprüft wurde.[323]

Musterbeispiel eines präventiven Verbots mit Erlaubnisvorbehalt ist die immissionsschutzrechtliche Genehmigung für die Errichtung oder den Betrieb solcher Anlagen, die in besonderem Maße geeignet sind, schädliche Umwelteinwirkungen hervorzurufen (§ 4 BImSchG iVm der 4. BImSchV). Diese „ist" nach § 6 I BImSchG zu erteilen, wenn die dort genannten Voraussetzungen vorliegen.[324] 72

cc) Repressives Verbot mit Befreiungsvorbehalt

Das repressive Verbot mit Befreiungsvorbehalt verbietet demgegenüber ein Verhalten als grds. sozial schädlich oder unerwünscht. Nur in begründungsbedürftigen Ausnahmefällen oder zur Vermeidung unzumutbarer Härten kann die Behörde eine Befreiung von dem Verbot erteilen. Diese sog. Ausnahmebewilligung (*Dispens*) steht daher konsequenterweise im pflichtgemäßen Ermessen der Behörde. Der betroffene Bürger hat grds. nur einen Anspruch auf ermessensfehlerfreie Entscheidung iSv § 40 (L)VwVfG (Ausnahme: Ermessensreduzierung auf Null). 73

So statuiert etwa das wasserwirtschaftliche Benutzungsregime der §§ 8 ff. WHG ein repressives Verbot mit Befreiungsvorbehalt bzw. treffender: mit Distributionsvorbehalt (vgl. § 12 II WHG). Das im Einzelnen durchaus diskussionswürdige[325] Bewirtschaftungsermessen rechtfertigt sich nach hM mit der überragenden Bedeutung der knappen Ressource Wasser.[326] 74

Zur Feinsteuerung des umweltrelevanten Verhaltens kann die Verwaltung eine Genehmigung mit *Nebenbestimmungen* versehen. An die Stelle des § 36 (L)VwVfG treten dabei häufig Sonderbestimmungen (zB § 12 BImSchG, § 36 IV KrWG, § 13 WHG). 75

b) Überwachung und repressives Einschreiten der Verwaltung

Als umweltrechtliches Spezifikum weisen erteilte Genehmigungen regelmäßig nur eine beschränkte Bestandskraft auf (→ Rn. 71). Die Verwaltung hat auch nach Erlaubniserteilung umweltrelevantes Verhalten – insbes. die Einhaltung dynamischer Betreiberpflichten – zu überwachen und erforderlichenfalls repressiv einzuschreiten.[327] Erst recht gilt dies bei genehmigungsfreien Vorhaben.[328] 76

aa) Auskunftsrechte und -pflichten

Eine effektive Überwachung ermöglichen Betretungs- und Prüfungsrechte der zuständigen Behörden, denen entsprechende Duldungs-, Auskunfts- und Mitwirkungspflichten der Genehmigungsinhaber korrespondieren.[329] Sollen diese der Verwaltung die notwendige Tatsachengrundlage für weitere aufsichtliche Maßnahmen an die Hand geben, dient die staatliche Überwachung zugleich auch der allgemeinen Umweltbeobachtung[330] – letztlich ein Fall der administrativen Wissensgenerierung im Verfahren[331]. 77

---

[323] Vgl. etwa BVerwGE 84, 11 (13 f.); *OVG Münster* DÖV 2004, 302 (304); BauR 2006, 342 (343); NVwZ-RR 2002, 564 (565); *Hartmann* in Schönenbroicher/Kamp (Hrsg.), BauO NRW, 2013, § 63 Rn. 1; *Ortloff* NJW 1987, 1665 (1667); *Peine* (o. Fn. 223) Rn. 1071.

[324] Eingehend → § 7 Rn. 16, 18, 51.

[325] *Kahl/Diederichsen* NVwZ 2006, 1107 ff.

[326] IE hierzu → § 8 Rn. 23 f.

[327] S. zB §§ 5 I, 17, 20 f. BImSchG, dazu → § 7 Rn. 117 ff.

[328] S. wiederum exemplarisch §§ 22 ff. BImSchG, dazu → § 7 Rn. 124 ff.

[329] Vgl. zB §§ 52, 26 ff. BImSchG.

[330] Vgl. *Kloepfer/Durner* UmweltschutzR § 4 Rn. 57.

[331] Hierzu allg. *Eifert* in GVerwR I § 19 Rn. 61 ff.; *Voßkuhle* in Trute ua (Hrsg.), Allgemeines Verwaltungsrecht – zur Tragfähigkeit eines Konzepts, 2008, S. 637 ff.; *Wollenschläger*, Wissensgenerierung im Verfahren, 2009, S. 195 ff.

78 Eine sektorenübergreifende Regelung von Auskunftspflichten zum Zwecke der Datenerfassung enthält das *Umweltstatistikgesetz,* das die Rechtsgrundlage für statistische Erhebungen (und Auskunftspflichten) im Bereich der Abfallentsorgung, Wasserversorgung und Abwasserbeseitigung, der Unfälle mit wassergefährdenden Stoffen, der klimawirksamen Stoffe sowie der Aufwendungen, Waren und Dienstleistungen für den Umweltschutz bildet.[332]

bb) Umweltpflichten

79 Die Fachgesetze regeln eine Reihe von materiellen Umweltpflichten, die teils als Jedermann-Pflichten ausgestaltet, teils an einen bestimmten Personenkreis adressiert sind. Neben allgemeinen Sorgfaltsanforderungen im Umgang mit der Umwelt,[333] Gefahrenabwehr-, Vorsorge- und Vermeidungspostulaten[334] ist in diesem Zusammenhang auch die Pflicht zur Eigenüberwachung, insbes. durch die Einrichtung von Betriebsbeauftragten,[335] zu nennen.

cc) Eingriffsbefugnisse

80 Stellt die zuständige Behörde fest, dass gesetzliche Gebote oder Verbote bzw. die Auflagen einer Genehmigung nicht eingehalten werden, dass ein umweltgefährdendes Verhalten ohne die erforderliche Genehmigung ausgeübt wird oder dass sonstige Gefahren für die Umwelt bestehen, etwa weil die zunächst festgesetzten Grenzwerte nicht ausreichen, kann und muss sie unter Umständen Einzelfallanordnungen erlassen.

81 Regelmäßig stehen umweltrechtliche Genehmigungen unter dem Vorbehalt *nachträglicher Anordnungen,* ohne dass sich der Betroffene hiergegen auf die Bestandskraft seiner Erlaubnis oder auf Vertrauensschutz berufen könnte. Entsprechende Ermächtigungen finden sich etwa in § 17 BImSchG, § 13 WHG oder § 19 GenTG. Einen beschränkten Schutz bietet allenfalls das Übermaßverbot.[336] Reichen solche nachträglichen Anordnungen zum Schutz der Umwelt nicht aus, kann eine Zulassung auch *zurückgenommen* bzw. *widerrufen* werden. Im Fall der Rücknahme einer rechtswidrigen Gestattung kann grds. auf § 48 VwVfG zurückgegriffen werden, wobei auch hier der Verhältnismäßigkeit im Rahmen des Rücknahmeermessens Rechnung zu tragen ist. Der Widerruf rechtmäßiger Genehmigungen ist hingegen überwiegend spezialgesetzlich geregelt (zB § 21 BImSchG, § 18 WHG). § 49 VwVfG tritt in diesem Fall als subsidiär zurück.

82 Wird eine genehmigungspflichtige Anlage unter Verletzung hinreichend konkreter, sich aus dem jeweiligen Fachgesetz ergebender materieller Pflichten zur Beschaffenheit und Betriebsweise der Anlage betrieben, so kann der Betrieb temporär *untersagt* werden (vgl. zB § 20 I BImSchG); auch im Hinblick auf schwere Unfälle (vgl. § 20 Ia BImSchG) oder bei Unzuverlässigkeit des Betreibers ist zT eine Untersagungsanordnung möglich (vgl. § 20 III BImSchG). Wird die Anlage ohne Zulassung (weiter) betrieben, kann die zuständige Behörde mit einer *Stilllegungs-* oder *Beseitigungsverfügung* reagieren (vgl. zB § 20 II BImSchG). Stilllegung ist die dauerhafte Untersagung des Betriebs; bei der Beseitigung muss die Anlage abgebaut und vom Grundstück entfernt werden. Wegen der Gefahr irreversibler Umweltschäden genügt für beide Verfügungen (wie grds. auch bei der baurechtlichen Nutzungsunter-

---

[332] Umweltstatistikgesetz v. 16.8.2005 (BGBl. I 2446).
[333] Vgl. etwa § 5 WHG, § 4 BNatSchG.
[334] Vgl. zB § 5 I BImSchG und die Pflicht zur Störfallvorsorge in §§ 3 ff. der 12. BImSchV.
[335] Vgl. etwa § 53 BImSchG.
[336] Vgl. insbes. § 17 II 1 BImSchG.

sagung, aber anders als bei der baurechtlichen Beseitigungsanordnung, die die materielle Illegalität voraussetzt) grds. die (lediglich) *formelle* Illegalität.[337]

Schließlich können auch *genehmigungsfreie Tätigkeiten* untersagt werden, etwa 83 wenn der Betreiber einer immissionsschutzrechtlich nicht genehmigungspflichtigen Anlage Anordnungen im Einzelfall nicht nachkommt (zB §§ 25 I, 24 BImSchG) oder wenn die von einer Anlage hervorgerufenen schädlichen Umwelteinwirkungen das Leben oder die Gesundheit von Menschen oder bedeutende Sachwerte gefährden (zB § 25 II BImSchG).

Soweit im Übrigen eine spezialgesetzliche Eingriffsgrundlage fehlt, kann grds. auf 84 die *polizei- und ordnungsrechtliche Generalklausel* (vgl. stellv. §§ 1, 3 PolG BW; Art. 7 II Nr. 3 BayLStVG; § 14 OBG NW) zurückgegriffen werden.[338] In einem Verstoß gegen umweltrechtliche Ge- oder Verbote liegt stets auch eine Verletzung der öffentlichen Sicherheit. Allerdings schränkt das *BVerwG* den Einsatz der polizeirechtlichen Generalklausel durch die Legalisierungswirkung der Genehmigung praktisch nicht unerheblich ein.[339]

3. Umweltverträglichkeitsprüfung und Strategische Umweltprüfung

a) Allgemeines

Die Umweltverträglichkeitsprüfung (UVP) und die Strategische Umweltprüfung 85 (SUP) zählen zu den wichtigen (Verfahrens-)Instrumenten eines *integrativen und vorsorgenden Umweltschutzes.*[340] Bevor über die Zulässigkeit öffentlicher oder privater Vorhaben entschieden bzw. Pläne oder Programme aufgestellt werden, die erhebliche nachteilige Umweltauswirkungen haben können, sollen diese Auswirkungen – einer übergreifenden Leitidee der Prozeduralisierung folgend[341] – möglichst frühzeitig und umfassend ermittelt, beschrieben und bewertet werden; die hierbei gewonnenen Ergebnisse sollen bei den nachfolgenden Entscheidungen so früh wie möglich berücksichtigt werden (vgl. § 3 UVPG).

Die ursprüngliche *UVP-RL* von 1985 verpflichtete die EG-Mitgliedstaaten, eine UVP-Pflicht 86 zunächst nur für bestimmte öffentliche oder private Vorhaben bis zum 2.7.1988 in das nationale Recht umzusetzen, was durch das UVPG 1990 geschah. Die Richtlinie wurde seitdem mehrmals geändert und neugefasst. Die SUP-RL 2001/42/EG[342] hat die Umweltverträglichkeitsprüfung auch auf Pläne und Programme erstreckt *(Strategische Umweltprüfung),* umgesetzt durch die §§ 14a ff. UVPG aF (jetzt: §§ 33 ff. UVPG).[343] Eine Rechtsbereinigung im deutschen Recht brachte die *Neufassung des UVPG* vom 24.2.2010;[344] im europäischen Recht wurde die UVP-RL 2011 redaktionell bereinigt (Richtlinie 2011/92/EU[345]).[346]

---

337 *Schlacke* § 5 Rn. 78 (anders bei unmittelbar bevorstehender Genehmigung); *Jarass* BImschG § 20 Rn. 44, 48. Zur (umstrittenen) Rechtslage im Bauordnungsrecht s. statt vieler zum Vergleich und mwN *Lindner* JuS 2014, 118 (120).

338 Enger aber *VG Neustadt a. d. W.* Urt. v. 9.12.2015 – 3 K 1130/15.NW Rn. 46 ff. (juris): Subsidiarität.

339 Näher BVerwGE 55, 118 (120 ff.); *Jarass* BImSchG § 20 Rn. 2 ff.; *Peine* JZ 1990, 201 ff.

340 So auch *Erbguth* ZUR 2014, 515 (516, 521 f.); *Goldmann* ZJS 2015, 3 (4). Zu Entwicklung und Stand der UVP zuletzt im Überblick *Schink* NuR 2018, 21 ff.

341 S. *Kim* EurUP 2017, 233 (236).

342 RL 2001/42/EG des Europäischen Parlaments und des Rates v. 27.6.2001 über die Prüfung der Umweltauswirkungen bestimmter Pläne und Programme (ABl. L 197, 30).

343 Art. 1, 4 des Gesetzes zur Einführung einer strategischen Umweltprüfung und zur Umsetzung der RL 2001/42/EG (SUPG) v. 25.6.2005 (BGBl. I 1746).

344 BGBl. I 94.

345 RL 2011/92/EU des Europäischen Parlaments und des Rates v. 13.12.2011 über die Umweltverträglichkeitsprüfung bei bestimmten öffentlichen und privaten Projekten (ABl. 2012 L 26, 1).

346 Vgl. *Falk* ZUR 2012, 258; *Gärditz* ZfU 2012, 249 (255).

87 Die *UVP-Änd-RL 2014*[347] hat zu einer Reihe eher technischer Neuerungen geführt. Ziel war die Vereinfachung des Verfahrens, um die Erreichung der Umweltziele zu optimieren und das Prüfprogramm für die seit der Urfassung von 1985 signifikant gestiegenen Anforderungen an den Umweltschutz zu sensibilisieren. Die Grundstrukturen der UVP hat dies unverändert gelassen,[348] allerdings zu Ergänzungen der Schutzgüter (namentlich Klimaschutz,[349] biologische Vielfalt und Katastrophenschutz[350]) geführt. Von besonderer Bedeutung ist die systematische Erfassung der Klimaauswirkungen, der praktische Bedeutung allerdings nur insoweit zukommt, als das anzuwendende Fachrecht klimabezogene Zulassungsanforderungen enthält bzw. eine Berücksichtigungspflicht nach § 13 KSG besteht.[351]

88 Die Richtlinie 2014/52/EU betont durchweg die Begründungspflichten gegenüber der Öffentlichkeit, justiert also die – in der Praxis oftmals zu schwerfälligen – Bestimmungen über die *Öffentlichkeitsbeteiligung* nach. Im Interesse einer besseren Verständlichkeit des Entscheidungsprozesses für die Öffentlichkeit wurden die Anforderungen an die Informationen, die im vom Projektträger zu erstellenden UVP-Bericht enthalten sein müssen, verfeinert.[352] Art. 6 II UVP-RL sieht ausdrücklich eine *frühzeitige Information der Öffentlichkeit* vor, was allgemeinen Entwicklungen entspricht, die auch in § 25 III VwVfG ihren Niederschlag gefunden haben (→ Rn. 106). Eine *Fristenbindung* für die einzelnen Phasen der Umweltprüfung – Vorprüfung: innerhalb von 90 Tagen mit Verlängerungsoption (Art. 4 VI UVP-Änd-RL 2014); Konsultationen: mindestens 30 Tage (Art. 6 VII UVP-Änd-RL 2014) – soll das Verfahren straffen und effektivieren. Endgültige Entscheidungen sind innerhalb eines angemessenen Zeitraums zu treffen (Art. 8a V UVP-Änd-RL 2014), wobei das Steuerungspotential dieses Kriteriums angesichts der Unterschiedlichkeit der Verfahren und der nur sehr begrenzten Quantifizierbarkeit des Zeitbedarfs begrenzt ist.

89 Die UVP-Änd-RL 2014 hat zudem den (auch) *materiellen Regelungsansatz* der UVP (→ Rn. 91) verstärkt;[353] sie verstetigt damit eine zuvor von der Rechtsprechung des *EuGH* eingeleitete Materialisierung des ursprünglich rein verfahrensrechtlich gedeuteten UVP-Konzepts (→ Rn. 91). Die Ergebnisse der Konsultationen und die gem. Art. 5–7 UVP-Änd-RL 2014 eingeholten Angaben sind nämlich nach Art. 8 UVP-Änd-RL 2014 beim Genehmigungsverfahren nunmehr *gebührend* zu berücksichtigen. Die Berücksichtigungsanforderungen werden insoweit um einen vorhandenen *qualitativen* Maßstab ergänzt, der dann zwangsläufig eine begrenzte materielle Bindung bewirkt, an der auch die Entscheidungsinhalte gemessen werden müssen. Ob ein Belang gebührend – sprich: angemessen – berücksichtigt ist, erfordert eine materielle Abwägungskontrolle, bei der dann auch die Umweltgüter ins Verhältnis zu den Belangen, die für eine Vorhabenzulassung sprechen, zu setzen sowie nach ihrer konkreten Wertigkeit zu gewichten sind.

90 Eine eher technische und kleinteilige *Umsetzung der UVP-Änd-RL* im BauGB erfolgte durch das Gesetz zur Umsetzung der Richtlinie 2014/52/EU im Städtebaurecht und zur Stärkung des neuen Zusammenlebens in der Stadt v. 4.5.2017 (BauGB-Novelle 2017).[354]. Das Gesetz zur Modernisierung des Rechts der Umweltverträglichkeitsprüfung v. 20.7.2017[355] hat dann auch die Richtlinie innerhalb des UVPG umgesetzt[356] und das zuvor mehrfach geänderte Gesetz neu gefasst.[357] Während die inhaltlichen Änderungen hierbei eher punktuell blieben,

---

347 RL 2014/52/EU des Europäischen Parlaments und des Rates v. 16.4.2014 zur Änderung der RL 2011/92/EU über die Umweltverträglichkeitsprüfung bei bestimmten öffentlichen und privaten Projekten (ABl. L 124, 1). Hierzu *Paluch/Werk* NuR 2014, 400 ff.; *Sangenstedt* ZUR 2014, 526 ff.; *Schink* DVBl 2014, 877 ff.

348 In der Bewertung wie hier *Schink* DVBl 2014, 877 (878, 886).

349 S. *Wolf* ZUR 2018, 457 (458 f.): umfassender Klimabegriff, anders als das frühere standortbezogene Mikroklima.

350 Hierzu *Schink* DVBl 2014, 877 (880 f.).

351 Vgl. insoweit *Verheyen/Schayani* ZUR 2020, 412 (418 f.).

352 Anh. IV iVm Art. 5 I UVP-RL 2014.

353 AA *Schink* DVBl 2014, 877 (878).

354 BGBl. I 1057; hierzu eingehend *Battis/Mitschang/Reidt* NVwZ 2017, 817 ff.

355 BGBl. I 2808.

356 S. BR-Drs. 164/17, 1; BT-Drs. 18/11499, 1.

357 Analyse bei *Leidinger/Stickel* UPR 2019, 327 ff.; *Schenk* EurUP 2018, 174 ff.

wurde das Gesetz nunmehr stringenter durchsystematisiert und die Paragrafenreihung neu geordnet. Nachfolgend wurde auch die 9. BImSchV den Vorgaben der UVP-Änd-RL 2014 angepasst.[358]

b) Begriff und Rechtsnatur

Umweltverträglichkeitsprüfung und Strategische Umweltprüfung sind primär *verfahrensrechtliche* Instrumente. Sie bezeichnen die Ermittlung, Beschreibung und Bewertung der unmittelbaren und mittelbaren Auswirkungen eines Vorhabens bzw. eines Plans oder Programms auf die Schutzgüter,[359] namentlich 91

- Menschen, einschließlich der menschlichen Gesundheit, Tiere, Pflanzen und die biologische Vielfalt,
- Boden, Wasser, Luft, Klima und Landschaft,
- Kulturgüter und sonstige Sachgüter sowie
- die Wechselwirkung zwischen den vorgenannten Schutzgütern (§ 2 I Nr. 1–5 UVPG).

Ungeachtet dessen spricht der *EuGH* Teilen der UVP, nämlich der in Art. 3 UVP-RL enthaltenen Bewertungspflicht, entgegen der traditionellen Qualifikation als reines Verfahrensinstrument[360] mit Recht daneben auch *materielle* Gehalte zu (→ Rn. 89).[361] Bei unionsrechtskonformer Auslegung des UVPG haben daher auch Gerichte zu überprüfen, ob dokumentierte Bewertungen inhaltlichen Mindestanforderungen genügen.[362]

c) Umweltverträglichkeitsprüfung

Die wichtigsten Bestimmungen über die Umweltverträglichkeitsprüfung finden sich zum einen allgemein in §§ 1–3 UVPG, zum anderen speziell in §§ 4–32 UVPG. 92

aa) Anwendungsbereich

Eine Umweltverträglichkeitsprüfung ist bei den in Anl. 1 zum UVPG enumerativ aufgeführten Vorhaben (legaldefiniert in § 2 IV UVPG) durchzuführen, bei denen eine – von der Behörde festzustellende – UVP-Pflicht besteht (§ 5 I 1 iVm § 1 Nr. 1 UVPG). Anhand der Legende zur Liste UVP-pflichtiger Vorhaben bzw. der §§ 5–14 UVPG lassen sich drei (bzw. vier) verschiedene Ausprägungen unterscheiden. 93

Zum einen gibt es Vorhaben, bei denen aufgrund ihrer Art, Größe und Leistung eine *UVP obligatorisch* ist; sie werden in Sp. 1 der Anl. 1 zum UVPG mit einem „X" gekennzeichnet.[363] Ausschlaggebend für die UVP-Pflicht ist, ob die unter der jeweiligen Vorhabennummer in der Anl. 1 genannten Merkmale vorliegen (§ 6 S. 1 UVPG) bzw. ob die dort genannten Größen- oder Leistungswerte überschritten werden (§ 6 S. 2 UVPG) – unabhängig davon, ob dies durch die erstmalige Errichtung, die nachträgliche Änderung oder Erweiterung (§ 9 UVPG) oder zusammen mit anderen Vorhaben derselben Art, die in einem engen Zusammenhang stehen,

---

358 ÄndVO v. 8.12.2017 (BGBl. I 3882). Hierzu *Wolf* ZUR 2018, 457 ff.

359 Näher zu Prüfauftrag und -gegenständen der UVP *Schlacke* (o. Fn. 294) S. 341 ff.

360 BVerwGE 100, 370 (376); 104, 337 (347); *Meßerschmidt* § 8 Rn. 135.

361 *EuGH*, Rs. C-50/09 (Kommission/Irland), Slg. 2011, I-873 Rn. 37 ff., 40; ebenso *Breuer/Gärditz* WasserR Rn. 1195; *Erbguth* NVwZ 2011, 935; *Wemdzio* NuR 2008, 479 (482).

362 *Gärditz* ZfU 2012, 249 (256).

363 Vgl. anschaulich *EuGH*, Rs. C-531/13 (Marktgemeinde Straßwalchen), NVwZ 2015, 655: Probebohrungen zur Erkundung von Erdöl oder Erdgasvorkommen, die der bloßen Erkundung dienen, seien keine gewerblichen Vorhaben nach Anh. I Nr. 14, können aber nach Art. 4 II UVP-RL einer UVP-Pflicht unterfallen.

geschieht (*kumulierende Vorhaben,* §§ 10–13 UVPG), wobei nunmehr auch bislang offene[364] Fragen der nachträglichen Kumulation geregelt sind (§§ 11, 12 UVPG).

Obligatorisch UVP-pflichtig sind zB Kraftwerke mit einer Leistung von mehr als 200 MW (Nr. 1.1.1 der Anl. 1 zum UVPG), die Intensivhaltung von mehr als 60.000 Hennen (Nr. 7.1.1), eine Abfallverbrennungsanlage für gefährliche Abfälle (Nr. 8.1.1) oder ein Verkehrsflughafen ab Bahnlänge von 1.500m (Nr. 14.12.1). Ein kumulierendes Vorhaben liegt etwa bei einer Windfarm von mehr als 20 Windkraftanlagen mit einer Gesamthöhe von jeweils mehr als 50m vor (Nr. 1.6.1), wenn diese in einem engen räumlichen Zusammenhang stehen.[365]

94 Zum anderen gibt es Vorhaben, die aufgrund einer *Vorprüfung im Einzelfall (sog. Screening) UVP-pflichtig* sind (§ 7 I 1 UVPG).[366] Sie lassen sich unterteilen in Vorhaben mittlerer Größe oder Leistung, bei denen eine *allgemeine Vorprüfung* des Einzelfalls vorgesehen ist. Sie werden in Sp. 2 der Anl. 1 mit einem „A" indexiert. Hier ist eine Umweltverträglichkeitsprüfung dann durchzuführen, wenn das Vorhaben bei einer Prognoseentscheidung der zuständigen Behörde unter Berücksichtigung der in der Anl. 3 aufgeführten Kriterien erhebliche nachteilige Umweltauswirkungen haben kann, die nach § 25 II UVPG bei der Genehmigung des Vorhabens zu berücksichtigen wären (§ 7 I 3 UVPG). Zu berücksichtigen kann ein Belang nicht nur sein, wenn dieser die Entscheidung über das „Ob" der Vorhabenzulassung oder die Abwägung etwaiger Varianten berührt (*Abwägungsrelevanz*[367]), sondern auch, wenn eine Entscheidung über Nebenbestimmungen zum Schutz der Umwelt im Rahmen der Abwägung davon beeinflusst werden kann.[368] Die allgemeine Vorprüfung beschränkt sich gemäß § 7 I 2 UVPG in ihrer Prüftiefe auf eine überschlägige Vorausschau,[369] die die eigentliche Umweltverträglichkeitsprüfung nicht vorwegnehmen,[370] sich aber auch nicht „in einer oberflächlichen Abschätzung spekulativen Charakters erschöpfen" darf, sondern auf der Grundlage geeigneter und ausreichender Informationen erfolgen muss.[371]

Demgegenüber unterliegen Vorhaben mit geringerer Größe oder Leistung einer *standortbezogenen Vorprüfung* („S" in Sp. 2 der Anl. 1). Sie sind UVP-pflichtig, wenn aufgrund besonderer örtlicher Gegebenheiten gem. den in der Anl. 3 Nr. 2.3 aufgeführten (standortbezogenen) Schutzkriterien erhebliche nachteilige Umweltauswirkungen zu erwarten sind (§ 7 II 1–3 UVPG). Die in Bezug genommene Anl. 3 Nr. 2.3 verweist wiederum auf die verschiedenen naturschutzrechtlichen Schutzgebietskategorien. Dementsprechend sind nur solche Vorhaben UVP-pflichtig, die eine Gefährdung gerade standortspezifischer ökologischer Schutzfunktionen befürchten lassen sowie die die besondere Empfindlichkeit oder die Schutzziele des Gebiets betreffen.[372] Der Katalog der Anl. 3 Nr. 2.3 soll hierbei nicht abschließend sein, sondern vielmehr auch im Fall einer nicht förmlichen Unterschutzstellung eines

---

[364] Vgl. *OVG Greifswald* NuR 2018, 346 f.
[365] Hierzu *Kupke/Magaard* ZUR 2016, 598 ff.
[366] Allg. zur UVP-Vorprüfung (und ihrer Wiederholbarkeit) *VGH Mannheim* UPR 2020, 316 ff.; *Hilbert* VerwArch 108 (2017), 115 ff.; *Pauli/Hagemann* UPR 2018, 8 ff.
[367] *OVG Lüneburg* Beschl. v. 3.4.2019 – 1 MN 129/18 Rn. 26; *OVG Münster* Urt. v. 11.11.2020 – 2 D 54/18.NE Rn. 47; *VGH München* Beschl. v. 14.1.2020 – 9 NE 19.1111 Rn. 4; *Spannowsky* ZfBR 2018, 544 (552); *Tepperwien* in Schink/Reidt/Mitschang UVPG § 7 Rn. 5.
[368] *BVerwG* NVwZ 2020, 1663 (1666); UPR 2021, 94 ff.
[369] Eingehend *OVG Greifswald* NordÖR 2021, 43 (47 ff.).
[370] Bereits BVerwGE 131, 352 ff.; *BVerwG* NVwZ 21012, 575.
[371] *HessVGH* Beschl. v. 21.10.2020 – 6 B 2381/20.T Rn. 85
[372] *VGH Kassel* Beschl. v. 25.7.2017 – 9 B 2522/16 Rn. 14 (juris); *VGH Mannheim* VBlBW 2018, 335 (336 f.); *Dienes* in Hoppe/Beckmann/Kment (Hrsg.), UVPG, 5. Aufl. 2018, § 7 Rn. 10.

Gebiets, aber einem vergleichbaren Schutzbedarf zur Anwendung kommen (Beispiel: „faktisches Vogelschutzgebiet“).[373] Artenschutzrechtliche Belange (§ 44 I BNatSchG) sollen idR bei der standortbezogenen Vorprüfung nur dann zu berücksichtigen sein, wenn sie förmlich als Schutzzweck eines Gebietes nach Nr. 2.3 Anl. 3 zum UVPG bestimmt wurden.[374]

Die standortbezogene Vorprüfung ist in der UVP-RL zwar nicht ausdrücklich vorgesehen, als Konkretisierung der Relevanzkriterien der Richtlinie hiermit aber kompatibel.[375] Ergibt die Prüfung in der ersten Stufe, dass keine besonderen örtlichen Gegebenheiten vorliegen, so besteht keine UVP-Pflicht (§ 7 II 4 UVPG). Ergibt die Prüfung in der ersten Stufe, dass besondere örtliche Gegebenheiten vorliegen, so prüft die Behörde nach § 7 II 5 UVPG auf der zweiten Stufe unter Berücksichtigung der in Anl. 3 aufgeführten Kriterien, ob das Neuvorhaben erhebliche nachteilige Umweltauswirkungen haben kann, die die besondere Empfindlichkeit oder die Schutzziele des Gebietes betreffen und nach § 25 II UVPG bei der Zulassungsentscheidung zu berücksichtigen wären.[376] Die UVP-Pflicht besteht nach § 7 II 6 UVPG, wenn das Neuvorhaben nach Einschätzung der zuständigen Behörde solche Umweltauswirkungen haben kann. **95**

Eine *allgemeine* Vorprüfung im Einzelfall ist etwa erforderlich für Kraftwerke mit einer Leistung von 50 bis 200 MW (Nr. 1.1.2), die Intensivhaltung von 40.000 bis weniger als 60.000 Hennen (Nr. 7.1.2) oder eine Windfarm mit 6 bis 20 Windkraftanlagen (Nr. 1.6.2). Einer *standortbezogenen* Vorprüfung bedarf es zB bei Kraftwerken mit einer Leistung unter 50 MW (vgl. Nr. 1.1.3 bis 1.1.7), bei Intensivhaltung von 15.000 bis weniger als 40.000 Hennen (Nr. 7.1.3) oder bei 3 bis 5 Windkraftanlagen (Nr. 1.6.3). **96**

Die Vorprüfung nach § 7 I, II UVPG entfällt nach § 7 III 1 UVPG, wenn der Vorhabenträger die Durchführung einer Umweltverträglichkeitsprüfung beantragt und die zuständige Behörde das Entfallen der Vorprüfung als zweckmäßig erachtet. Diese Option der freiwilligen UVP kann für den Vorhabenträger insoweit vorteilhaft sein, als zum einen der Zeitverlust, der mit einer absehbar positiven Vorprüfung einhergeht, vermieden wird, zum anderen aber auch Rechtssicherheit geschaffen wird.[377] Ein Fall fehlender Zweckmäßigkeit liegt dann vor, wenn nach Aktenlage offenkundig ist, dass ein Vorhaben ohnehin keine schädlichen Umweltauswirkungen verursachen kann.[378] Die behördliche Entscheidung ist insoweit nicht anfechtbar (§ 7 III 3 UVPG), was – da es um eine reine Verfahrenshandlung geht[379] – im Übrigen schon aus § 44a VwGO folgen würde. **97**

Bei der Vorprüfung berücksichtigt die Behörde gem. § 7 V 1 UVPG, ob erhebliche nachteilige Umweltauswirkungen durch Merkmale des Vorhabens oder des Standorts oder durch Vorkehrungen des Vorhabenträgers *offensichtlich ausgeschlossen* werden. Zugrunde zu legen ist also ein Evidenzmaßstab (summarische Prüfung)[380]; sind Umweltauswirkungen nicht auszuschließen, ist die UVP durchzuführen.[381] Hierbei ist entscheidend, dass sich der Gegenstand der UVP-Vorprüfung auch auf das letztlich genehmigte Vorhaben bezieht, dieses also nicht weitegehende Umweltauswirkungen hat.[382] Liegen der Behörde Ergebnisse vorgelagerter Um- **98**

---

[373] *VGH Kassel* Beschl. v. 25.7.2017 – 9 B 2522/16 Rn. 15 (juris).
[374] BVerwGE 166, 321 Rn. 30.
[375] *Tepperwien* (Fn. 367) § 7 UVPG Rn. 3.
[376] Zu Belangen des Artenschutzes *BVerwG* UPR 2020, 185 ff.; *Kment* NVwZ 2020, 481 ff.
[377] BR-Drs. 164/17, 88.
[378] BR-Drs. 164/17, 88; *Dienes* (o. Fn. 372) § 7 Rn. 12.
[379] Vgl. *Dienes* (o. Fn. 372) § 7 Rn. 12.
[380] *OVG Berlin-Brandenburg* LKV 2020, 168 (170).
[381] *Tepperwien* (o. Fn. 367) § 7 Rn. 7, 10.
[382] *BVerwG* NVwZ 2018, 1647 (1648).

weltprüfungen oder anderer rechtlich vorgeschriebener Untersuchungen zu den Umweltauswirkungen des Vorhabens vor, bezieht sie diese Ergebnisse nach § 7 V 2 UVPG in die Vorprüfung ein.[383] Bei der allgemeinen Vorprüfung kann sie nach § 7 V 3 UVPG ergänzend berücksichtigen, inwieweit Prüfwerte für Größe oder Leistung, die die allgemeine Vorprüfung eröffnen, überschritten werden. Die zuständige Behörde trifft die Feststellung zügig und – vorbehaltlich einer Verlängerung (§ 7 VI 2 UVPG), die vor allem bei Komplexität des Vorhabens in Betracht kommt[384] – spätestens sechs Wochen nach Erhalt der erforderlichen Angaben (§ 7 VI 1 UVPG). In Ausnahmefällen kann sie die Frist für die Feststellung um bis zu drei Wochen oder, wenn dies wegen der besonderen Schwierigkeit der Prüfung erforderlich ist, um bis zu sechs Wochen verlängern. Die kurze Frist, die deutlich strenger ist als der unionsrechtliche Möglichkeitsrahmen, sollte den lediglich summarischen Charakter der Vorprüfung unterstreichen.[385] Die Behörde dokumentiert nach § 7 VII UVPG die Durchführung und das Ergebnis der allgemeinen und der standortbezogenen Vorprüfung.

99 *Keine* Anwendung findet das UVPG, sofern speziellere Vorschriften des Bundes- oder Landesrechts die Umweltverträglichkeitsprüfung regeln (§ 1 IV 1 UVPG).[386] So tritt das UVPG als subsidiär hinter die 9. BImSchV, die UVP-V Bergbau[387] oder die atomrechtliche Verfahrensverordnung zurück. Ferner geht die UVP in der umfassenderen Umweltprüfung im Rahmen der Bauleitplanung nach § 2 IV BauGB auf (s. § 50 UVPG). Der Ausbau der *Offshore*-Windkraftparks in der Ausschließlichen Wirtschaftszone (AWZ) richtet sich nach den §§ 2 ff. SeeAnlG[388] und fällt damit in das allgemeine Planfeststellungs- und UVP-Rechtsregime.

bb) Verfahren

100 § 4 UVPG stellt klar, dass die Umweltverträglichkeitsprüfung nur ein *unselbständiger Teil* verwaltungsbehördlicher Verfahren ist, die der Entscheidung über die Zulässigkeit von Vorhaben dienen (vgl. für das Immissionsschutzrecht auch § 1 II 1 9. BImSchV). Entsprechendes gilt nach § 33 UVPG für die SUP. Bildlich gesprochen werden UVP und SUP im sog. *„Huckepack-Verfahren“* im Rahmen des (zB immissionsschutzrechtlichen oder naturschutzrechtlichen) Gestattungsverfahrens (zB § 10 X 2 BImSchG iVm §§ 1–1a, 2a, 4–4e, 8, 10, 11a, 20–24 9. BImSchV; § 17 X BNatSchG) bzw. des Planfeststellungsverfahrens (vgl. zB § 17 FStrG, § 35 II 2 KrWG) durchgeführt.[389]

101 *Zuständig* ist damit die jeweilige Genehmigungs- bzw. Planungsbehörde. In Fällen, in denen für ein Projekt mehrere Genehmigungen notwendig sind, ist nach § 31 I UVPG von den Bundesländern eine federführende Behörde festzulegen, die bestimmte Arbeitsschritte der Umweltverträglichkeitsprüfung für alle beteiligten Behörden durchführt. Die Länder können von den nachfolgend genannten Vorschriften zum Verwaltungsverfahren entgegen der Regel in Art. 84 I 2 GG grds. nicht abweichen (§ 71 UVPG; abweichungsfeste Regelung nach Art. 84 I 5–6 GG). Die Länder haben aber – mangels Zugriffs des Bundes nach Art. 84 I GG – die alleinige Kompetenz, die UVP in solchen Bereichen zu regeln, in denen die materielle

---

383 Vgl. auch *VGH München* ZUR 2017, 308 (309): avisierte umweltschützende Nebenbestimmungen zur Genehmigung als Indiz für Umweltrelevanz.

384 *Dienes* (o. Fn. 372) § 7 Rn. 21.

385 BT-Drs. 18/11499, 79; *Tepperwien* (o. Fn. 367) § 7 Rn. 12.

386 Hierzu *Peters* NuR 2018, 457 (458).

387 Zum Anwendungsbereich *VGH München* ZfB 2019, 202 ff. Systematisierend *von Weschpfennig* EurUP 2016, 182 ff.

388 Seeanlagengesetz v. 13.10.2016 (BGBl. I 2258, 2348).

389 Vgl. *Goldmann* ZJS 2015, 3 (4); *Schlacke* (o. Fn. 294) S. 343.

Regelungskompetenz bei den Ländern liegt (zB allgemeines Straßen- und Wegerecht).[390]

Das Verfahren der UVP[391] beginnt mit einem *Vorverfahren.* Dieses wird mit der Feststellung der zuständigen Behörde eingeleitet, ob für ein Vorhaben gem. §§ 6–13 UVPG (→ Rn. 93 f.) eine UVP durchzuführen ist (§ 5 I UVPG). Soweit hierzu eine Vorprüfung des Einzelfalls nach § 7 I UVPG erforderlich ist (sog. *Screening*), steht ihr ein – durch unionsrechtliche Mindestanforderungen begrenzter[392] – *Beurteilungsspielraum* zu, der gerichtlich nur begrenzt überprüfbar ist (so ausdrücklich § 5 III 2 UVPG).[393] Die Feststellung ist als solche – wie nach § 44a VwGO – nicht selbständig anfechtbar (§ 5 III 1 UVPG). Im Übrigen kann eine unterlassene Vorprüfung des Einzelfalls entsprechend § 45 I, II (L)VwVfG bis zum Abschluss der letzten Tatsacheninstanz des verwaltungsgerichtlichen Verfahrens nachgeholt werden,[394] was auch § 4 Ib 2 Nr. 1 UmwRG klarstellt.[395] Ergibt die nachgeholte Vorprüfung, dass das Vorhaben einer UVP nicht unterzogen werden muss, so ist die Fehlerkorrektur abgeschlossen; das Genehmigungsverfahren muss nicht neu durchgeführt werden. Ergibt hingegen die nachgeholte Vorprüfung, dass eine UVP aufgrund der Umweltrelevanz des Projektes durchzuführen wäre, so ist dieser Verfahrensfehler grds. nicht korrigierbar und im Ergebnis auch beachtlich nach § 46 VwVfG.[396] Denn eine in diesem Fall noch ausstehende Projekt-UVP lässt sich aufgrund ihrer Komplexität nicht mehr ergebnisoffen während eines anhängigen Gerichtsverfahrens nachholen, ohne die spezifische Verfahrensfunktion (namentlich öffentlichkeitsflankierte sowie ergebnisoffene Sachverhaltsermittlung und -bewertung), die mit dem eigentlichen Verwaltungsverfahren verkoppelt ist, ebenso zu untergraben wie die funktionsnotwendige Distanz zwischen Gerichts- und Verwaltungsverfahren[397]. 102

Sofern der Vorhabenträger darum ersucht oder die zuständige Behörde es für erforderlich hält, unterrichtet sie im sog. *Scoping*-Verfahren nach § 15 UVPG bereits vor Beginn des förmlichen Verwaltungsverfahrens den Vorhabenträger entsprechend dem Planungsstand des Vorhabens frühzeitig über Inhalt und Umfang der voraussichtlich beizubringenden Unterlagen, nachdem sie zuvor mit ihm Gegenstand, Umfang und Methoden der UVP erörtert hat. Andere Behörden, Sachverständige und Dritte können hinzugezogen werden. 103

Zu Beginn des förmlichen Verfahrens, regelmäßig zusammen mit dem Zulassungsantrag, legt der Vorhabenträger die entscheidungserheblichen *Unterlagen* über die Umweltauswirkungen des Vorhabens vor (§ 16 I UVPG). Inhalt und Umfang der Unterlagen bestimmen sich grds. nach den jeweiligen Fachgesetzen (§ 16 IV 1 UVPG), allerdings finden sich Mindestanforderungen in § 16 I, V–VI, VII 1 UVPG. Die Unterlagen müssen geeignet sein, eine Anstoßfunktion zu erfüllen.[398] Die Zusammenstellung der erforderlichen Informationen ist damit primär Aufgabe des Vorhabenträgers. 104

In einem nächsten Schritt werden die in ihrem Aufgabenbereich berührten nationalen und ausländischen *Behörden* unterrichtet und ihre Stellungnahmen eingeholt (§§ 17, 54, 55 UVPG). Das zentrale Instrument zur Informationsgewinnung, Transparenz und demokratischen Par- 105

---

[390] *BVerwG* NVwZ 2020, 1663 (1665); Urt. v. 18.6.2020 – 3 C 2/19 Rn. 30. Zur revisionsrechtlichen Kontrolle auf die Einhaltung von Unionsrecht *BVerwG* NVwZ 2020, 1663 (1664).

[391] Dazu im Überblick *Goldmann* ZJS 2015, 3 (5 ff.); *Peters/Hesselbarth/Peters* Rn. 177 ff.

[392] *BVerwG* NVwZ 2020, 1663 (1665 f.).

[393] In diesem Sinne schon *OVG Münster* DVBl 2007, 129; *Kahl* JZ 2008, 74 (77).

[394] *OVG Hamburg* ZUR 2018, 548 (549). Zur nachträglichen Reduktion des Genehmigungsumfangs *OVG Münster* ZUR 2018, 117.

[395] Vgl. *Schenk* EurUP 2018, 174 (179).

[396] BVerwGE 131, 352 (360); *OVG Koblenz* NVwZ 2013, 883 (885); DVBl 2014, 940 (941 f.); *Schink* NuR 2012, 603 ff.

[397] S. *Gärditz,* Funktionswandel der Verwaltungsgerichtsbarkeit, 2016, S. 37; *Möllers,* The Three Branches, 2013, S. 147; *Held* in Sommermann/Schaffarazik (Hrsg.), Handbuch der Geschichte der Verwaltungsgerichtsbarkeit, Bd. 1, 2019, S. 989 (1012 f.); *Rennert* DVBl 2015, 793 (800).

[398] *BVerwG* NVwZ 2020, 1199 (1200).

tizipation ist jedoch die (ggf. grenzüberschreitende, vgl. § 56 UVPG[399]) *Öffentlichkeitsbeteiligung* (§ 18 UVPG)[400]. Zunächst hat die zuständige Behörde die (unbeschränkte) Öffentlichkeit über den Antrag, die Feststellung der UVP-Pflicht, die zuständige Behörde, die Art der möglichen Entscheidung, die eingereichten Unterlagen sowie den Ort, den Zeitraum ihrer Auslegung und über weitere Einzelheiten des Verfahrens der Öffentlichkeitsbeteiligung zu unterrichten (§ 19 I Nr. 1–8 UVPG). Sie ist verpflichtet, zumindest die eingereichten Unterlagen des Vorhabenträgers und die entscheidungserheblichen Berichte und Empfehlungen zur Einsicht für die Öffentlichkeit auszulegen (§ 19 II 1 UVPG). Hierfür werden (parallel zu § 4a IV BauGB) zentrale Internetportale eingerichtet (§ 20 UVPG).

106 Ist die Einsichtnahme somit jedermann möglich, wird Gelegenheit zur Äußerung hingegen nur der *betroffenen* Öffentlichkeit gegeben (§ 21 I 1 UVPG).[401] Zur betroffenen Öffentlichkeit zählen nach der gesetzlichen Definition des § 2 IX UVPG neben Personen, deren Belange durch eine Entscheidung berührt werden, auch Vereinigungen, deren satzungsmäßiger Aufgabenbereich berührt wird. In der Praxis spielt diese gesetzliche Differenzierung freilich keine große Rolle, weil der Aufwand, bei den typischerweise sehr zahlreichen Einwendungen zwischen betroffenen und sonstigen Einwendenden zu unterscheiden, idR höher ist, als eingegangene Einwendungen schlicht in der Sache abzuarbeiten. Bei grenzüberschreitenden Umweltauswirkungen ist auch die Öffentlichkeit in Nachbarstaaten nach Maßgabe des § 56 UVPG zu beteiligen.

107 Die eigentliche *Entscheidungsphase* als Kernstück der UVP beginnt gem. § 24 I UVPG damit, dass die zuständige Behörde auf der Grundlage der Unterlagen des Vorhabenträgers (§ 16 UVPG), der behördlichen Stellungnahmen (§§ 17, 55 UVPG), der Äußerungen der betroffenen Öffentlichkeit (§§ 21, 56 UVPG) und ihrer eigenen Ermittlungen (§ 24 I 3 UVPG) eine zusammenfassende Darstellung der Umweltauswirkungen des Vorhabens und der erforderlichen Vermeidungs-, Verminderungs-, Ausgleichs- und Ersatzmaßnahmen erarbeitet.

108 Auf der Grundlage dieser zusammenfassenden Darstellung *bewertet* die Behörde die Umweltauswirkungen des Vorhabens (§ 25 I 1 UVPG).[402] Diese Bewertung ist zu begründen (§ 25 I 2 UVPG) und aus einer *rein ökologischen Perspektive* vorzunehmen, was iSd Integrationsprinzips eine umfassende Abwägung aller Umweltschutzbelange ermöglicht. Abschließend *berücksichtigt* die zuständige Behörde die Bewertung bei der Entscheidung über die Zulässigkeit des Vorhabens (§ 25 II UVPG). Erst hier treten die Umweltschutzbelange in Konkurrenz zu den übrigen nicht-umweltspezifischen Belangen der Allgemeinheit oder des Vorhabenträgers. Bei der Entscheidung über die Zulassung des Vorhabens müssen die zusammenfassende Darstellung und die begründete Bewertung nach Einschätzung der zuständigen Behörde hinreichend aktuell sein (§ 25 III UVPG). Erfordert das Vorhaben mehrere Zulassungen in parallelen Verfahren, ist es Aufgabe der federführenden Behörde, die zusammenfassende Darstellung der Umweltauswirkungen nach § 24 UVPG zu erarbeiten (§ 31 II UVPG). Auf dieser Grundlage haben die jeweiligen Zulassungsbehörden eine Gesamtbewertung der Umweltauswirkungen des Vorhabens vorzunehmen und diese nach § 25 UVPG bei ihren eigenen Entscheidungen zu berücksichtigen (§ 31 IV 1 UVPG).

109 Der einschlägige Zulassungsbescheid (oder Ablehnungsbescheid) hat die Ergebnisse der UVP nach Maßgabe des § 26 I UVPG zu enthalten. Die UVP ist also zwingender Bestandteil der nach § 39 VwVfG notwendigen Begründung des Bescheids. Die Entscheidung über die Zulässigkeit oder die Ablehnung des Vorhabens ist öffentlich bekannt zu machen (§ 74 V 2 VwVfG) und entsprechend § 74 IV 2 VwVfG mit Begründung und Rechtsbehelfsbelehrung zwei Wochen zur Einsicht auszulegen (§ 27 S. 1 UVPG). In Umsetzung des Art. 8a IV UVP-RL 2014 ist die Einhaltung der umweltbezogenen Bestimmungen des Zulassungsbescheides zu überwachen (§ 28 I UVPG). Die Überwachung richtet sich vorrangig nach den fachrechtlichen

---

[399] Zur völkerrechtlichen Grundlage (Espoo-Konvention) *Rietzler/v. Gayling-Westphal* EurUP 2017, 11 ff. sowie → § 1 Rn. 12. Vgl. *EuGH*, Rs. C-411/17 (Doel), ECLI:EU:C:2019:622: zwingende grenzüberschreitende UVP bei Laufzeitverlängerung von AKW; *Frenz* DVBl 2020, 122 ff.

[400] Dazu *Erbguth* UPR 2018, 121 ff.

[401] Zum völker- und unionsrechtlichen Hintergrund der Differenz *Versteyl/Marschländer* EurUP 2020, 449 (450 ff.).

[402] Hierzu *Erbguth* ZUR 2014, 515 (522 ff.).

Spezialvorschriften (zB § 52 BImSchG), nur subsidiär nach der allgemeinen Regelung des § 28 I UVPG. Das UVPG enthält allerdings eine Auffangbestimmung für schwer vorhersehbare Umweltauswirkungen: Soweit bundes- oder landesrechtliche Regelungen keine entsprechenden Überwachungsmaßnahmen vorsehen, ergreift die zuständige Behörde nach § 28 II 1 UVPG geeignete Maßnahmen zur Überwachung erheblicher nachteiliger Umweltauswirkungen, wenn die Auswirkungen des Vorhabens schwer vorhersehbar oder die Wirksamkeit von Maßnahmen, mit denen erhebliche Umweltauswirkungen ausgeschlossen, vermindert oder ausgeglichen werden sollen, oder die Wirksamkeit von Ersatzmaßnahmen unsicher sind. Das UVPG ermächtigt insoweit – schon mangels hinreichender Bestimmtheit – allein zu schlichten Überwachungen. Welche Folgen aus festgestellten Defiziten gezogen werden können, richtet sich allein nach dem Fachrecht.[403]

d) Probleme

Nach Ansicht zahlreicher Stimmen in der Literatur[404] und der früheren obergerichtlichen Rechtsprechung[405] ist die UVP, die der Ermittlung und Bewertung von Umweltbelangen dient, Teil der Abwägung und hat damit *materiell*rechtlichen Charakter. Dieser Ansicht ist das *BVerwG* jedoch entgegengetreten. Das Umweltrecht sei durch die UVP-RL materiell nicht angereichert worden. Diese Auffassung, wonach die Umweltverträglichkeitsprüfung als unselbständiger Teil des Verwaltungsverfahrens, in das sie integriert ist, ein rein *verfahrens*rechtliches (formelles) Instrument sei, ist aber mittlerweile mit Blick auf die Rechtsprechung des *EuGH*[406] überholt (→ Rn. 91). Zwar richtet sich die zulassungsrechtliche Relevanz der Ergebnisse einer UVP weiterhin gem. § 26 III UVPG nach dem einschlägigen Fachrecht.[407] Die Berücksichtigung nach § 25 II UVPG schließt indes gleichwohl eine Verpflichtung zur *angemessenen* Verarbeitung der Feststellungen bei der Ausarbeitung der der Zulassungsentscheidung zugrunde zu legenden Bewertungen ein. Dies gebietet bereits Art. 8 UVP-RL (→ Rn. 89), der eine „gebührende" Berücksichtigung verlangt. Eine lediglich formal-schematische Zusammenstellung, die sich nicht hinreichend mit den einschlägigen ökologischen Sachproblemen auseinandersetzt, genügt diesen Anforderungen nicht.[408] Anwendungsprobleme bestehen freilich auch dort fort, wo es um die Relevanz bloßer Verfahrensfehler geht. Dies ist letztlich eine Frage des Rechtsschutzes, die über § 113 I 1 VwGO bzw. § 46 VwVfG hinaus inzwischen detailliert in § 4 I–III UmwRG geregelt ist.[409] **110**

Im Rahmen von Planfeststellungsentscheidungen findet die Berücksichtigung der Ergebnisse der UVP zum einen im Rahmen der Anwendung des zwingenden Umweltrechts als Planungsleitsätze (→ Rn. 55),[410] zum anderen aber auch im Rahmen der planerischen Abwägung statt.[411] Besondere Schwierigkeiten bereitet die Konstruktion der UVP als integrierter Bestandteil des Verwaltungsverfahrens dementsprechend bei *gebundenen Zulassungsentscheidungen.* Während bei einer Zulassung im Wege der Planfeststellung die Auswirkungen des Projekts auf alle Um- **111**

---

[403] *Reidt/Augustin* in Schink/Reidt/Mitschang UVPG § 28 Rn. 3.

[404] *Kahl* JZ 2012, 667 (671); *Schlacke* ZUR 2006, 360 (363); *Sparwasser/Engel/Voßkuhle* § 4 Rn. 30 mzwN.

[405] *VGH München* DVBl 1994, 1198; *OVG Koblenz* ZUR 1995, 146.

[406] *EuGH*, Rs. C-50/09 (Kommission/Irland), Slg. 2011, I-873 Rn. 37 ff., 40.

[407] S. *OVG Lüneburg* ZUR 2018, 480 (481).

[408] *Kümper* in Schink/Reidt/Mitschang UVPG § 25 Rn. 16.

[409] Hierzu näher *Goldmann* ZJS 2015, 3 (10 ff.) sowie → § 5 Rn. 22 ff. Zu den umstrittenen Möglichkeiten einer Heilung (Nachholung) der unterlassenen UVP in entsprechender Anwendung von § 45 I, II VwVfG im gerichtlichen und außergerichtlichen Verfahren s. BVerwGE 141, 282 Rn. 35; *BVerwG* ZUR 2009, 25 Rn. 24 ff.

[410] *Beckmann* in Hoppe/Beckmann/Kment (o. Fn. 372) § 25 Rn. 123 f.

[411] Eingehend *Beckmann* (o. Fn. 410) § 25 Rn. 125 ff.

weltmedien einschließlich ihrer Wechselwirkungen umfassend im Rahmen der Abwägung berücksichtigt werden können, kennt etwa das Immissionsschutzrecht bei der Anlagengenehmigung nach den §§ 4 I, 6 I BImSchG kein Versagungsermessen.[412] Auch die Berücksichtigungspflicht des § 25 II UVPG modifiziert die Zulassungsanforderungen nicht, erlaubt es namentlich nicht, in gebundene Zulassungsentscheidungen Elemente eines Versagungsermessens zu integrieren.[413] Bei den gebundenen Genehmigungsentscheidungen kann das Ergebnis einer UVP allenfalls über unbestimmte Rechtsbegriffe (wie zB „schädliche Umwelteinwirkungen" oder „Wohl der Allgemeinheit"), insoweit aber letztlich nur unzureichend einbezogen werden.[414]

112 Dahinter steht jedoch ein strukturelles Problem der deutschen Rechtsdogmatik, die die Sachverhaltsermittlung oft unzutreffend auf einen bloßen technischen Erkenntnisvorgang reduziert, der von Fachleuten zu leisten und insoweit rechtlich indifferent ist, statt richtigerweise die Herstellung des relevanten Sachverhalts als zentrale Leistung rechtsgebundener Verfahren auszuweisen. Unterschiedliche Verfahrensverläufe führen daher zu unterschiedlichen – jeweils rechtlich „richtigen" – Sachverhalten, weshalb auch bei gebundenen Entscheidungen das Verfahren von maßgeblicher Ergebnisrelevanz bleibt. Daher nimmt es auch nicht wunder, dass Planfeststellungsverfahren und immissionsschutzrechtliche Anlagengenehmigungen trotz rechtsstruktureller Unterschiede verwaltungspraktisch sehr ähnliche Anforderungen an die Ermittlung und Bewertung des Sachverhalts herantragen. Auch bei gebundenen Entscheidungen „entsteht" der unter die Zulassungsanforderungen zu subsumierende Sachverhalt also erst im Verfahren, weshalb die begründete Bewertung nach § 25 I UVPG durchaus das materielle Entscheidungsprogramm steuert. Noch deutlicher kommt dies in § 20 Ib 1 9. BImSchV zum Ausdruck. Davon geht im Übrigen implizit auch § 26 I UVPG aus, weil die Ergebnisse der UVP Bestandteil des Bescheides werden, sich dann aber die Begründung des Bescheides im Übrigen nicht über die dortigen Sachverhaltsfeststellungen hinwegsetzen kann. Wenn eine UVP schädliche Umweltauswirkungen feststellt, die ausnahmsweise nach Fachrecht keine Relevanz erlangen, was jeweils sorgfältig anhand der geltenden Bestimmungen des einzelnen Zulassungsverfahrens zu prüfen ist,[415] läge hierin ein (ggf. rechtpolitisch zu behebendes) Defizit des anzuwendenden materiellen Rechts.

e) Strategische Umweltprüfung

113 Die Strategische Umweltprüfung (SUP) von *Plänen* und *Programmen* wird speziell im dritten Teil des UVPG (§§ 33–46) normiert. Zweck der SUP ist es, umweltrelevante Entscheidungen möglichst bereits in der vorgelagerten Planungsphase zu sensibilisieren, schon weil manche Festlegungen – wie insbes. die konkrete Standortauswahl[416] – auf der nachgelagerten Ebene der Projektzulassung nicht mehr korrigierbar sind.[417] Im Übrigen kann die SUP dazu beitragen, nachgelagerte Planungen

---

412 → § 7 Rn. 75.

413 *Beckmann* (o. Fn. 410) § 25 Rn. 91 ff.; *Kümper* (o. Fn. 408) § 25 Rn. 19. Abw. aber *Koch* in Koch/Hofmann/Reese UmweltR-HdB § 4 Rn. 205 zu § 20 Ib 1 9. BImSchV.

414 Zu den konkreten Möglichkeiten ausf. *Beckmann* (o. Fn. 410) § 25 Rn. 133 ff.

415 Vgl. *Beckmann* (o. Fn. 410) § 25 Rn. 94.

416 Aus diesem Grund wurde gerade für die Suche eines atomaren Endlagers die Öffentlichkeitsbeteiligung im Rahmen des StandAG extrem ausgebaut. S. hierzu *Durner* NuR 2019, 241 ff.; *Haug/Zeccola* ZUR 2018, 75 ff.; *Wollenteit* in Frenz (Hrsg.), Atomrecht, 2019, Einf. StandAG Rn. 8.

417 *Gärditz* (o. Fn. 282) S. 18 f.; *Schink* NVwZ 2005, 615; *Sydow* DVBl 2006, 65 (68).

und Entscheidungen in umweltfachlicher Hinsicht zu koordinieren.[418] Pläne und Programme iSd UVPG sind dabei bundesrechtlich oder durch Rechtsakte der EU vorgesehene Pläne und Programme, zu deren Ausarbeitung, Annahme oder Änderung eine Behörde durch Rechts- oder Verwaltungsvorschriften verpflichtet ist (§ 2 VII 1 UVPG). Dem liegt ein tendenziell weites Verständnis zugrunde, auch weil die Differenzierung zwischen Regierungs- und behördlicher Verwaltungstätigkeit innerhalb der EU sehr unterschiedlich erfolgt und es bei funktionaler Betrachtung vornehmlich um eine frühzeitige Sensibilisierung für Umweltauswirkungen unabhängig von der Rechtsform der Entscheidung geht. Der *EuGH* hatte vor diesem Hintergrund zB unter Pläne und Programme auch Regierungserlasse gefasst, die Voraussetzungen der Zulassung von Windenergieanlagen festlegen.[419] Begrifflich *nicht* erfasst werden dagegen gem. § 2 VII 2 UVPG Pläne und Programme, die ausschließlich den Zielen der Verteidigung oder des Katastrophenschutzes dienen, sowie Finanz- und Haushaltspläne und -programme.[420]

Das UVPG findet wiederum keine Anwendung, wenn *spezielle Rechtsvorschriften* die SUP näher regeln (§ 38 UVPG); für die Umweltprüfung bei Bauleitplänen (§ 2 IV BauGB) folgt dies bereits aus § 50 II UVPG. Das *Verfahren* der SUP entspricht in seiner Systematik weitgehend dem der Projekt-UVP (→ Rn. 100 ff.); auch die SUP setzt das umweltmedienübergreifende Integrationsprinzip (→ Rn. 42 ff.) verfahrensrechtlich um.[421] Eigenständige Planungsziele enthält die SUP nicht.[422]

aa) Anwendungsbereich

Auch hier gilt es, eine generelle und eine SUP-Pflicht im Einzelfall zu unterscheiden. 114
Obligatorisch ist die SUP bei Plänen und Programmen durchzuführen, die in Anl. 5 Nr. 1 genannt sind (§ 35 I Nr. 1 UVPG); für die in Anl. 5 Nr. 2 aufgeführten gilt dies hingegen nur, sofern sie einen Rahmen für die Zulässigkeit von UVP-pflichtigen Vorhaben der Anl. 1 setzen (§ 35 I Nr. 2 UVPG). Pläne und Programme setzen nach der *Legaldefinition* des § 35 III UVPG einen Rahmen für die Entscheidung über die Zulässigkeit von Vorhaben, wenn sie Festlegungen mit Bedeutung für spätere Zulassungsentscheidungen, insbes. zum Bedarf, zur Größe, zum Standort, zur Beschaffenheit, zu Betriebsbedingungen von Vorhaben oder zur Inanspruchnahme von Ressourcen, enthalten.[423] Die Festsetzung von FFH-Schutzgebieten fällt grds. nicht unter Pläne und Programme.[424] Zwingend ist eine SUP schließlich bei Plänen und Programmen, die einer Verträglichkeitsprüfung nach § 36 S. 1 Nr. 2 BNatSchG unterliegen (§ 36 UVPG). Bei unionsrechtskonformer Auslegung gelten die §§ 33 ff. UVPG nicht nur im Aufstellungsverfahren, sondern reziprok auch im

---

418 *Faßbender* ZUR 2018, 323 (329 f.).

419 *EuGH*, Rs. C-290/15 (D'Oultremont/Région wallonne), ECLI:EU:C:2016:816, Rn. 45 ff. Abl. für Windenergieerlasse *OVG Münster* ZUR 2018, 159 (162 f.); krit. *Faßbender* ZUR 2018, 323 (326 f.). Überblick zum Anwendungsbereich der SUP-Richtlinie im Lichte der EuGH-Rspr. *Bunge* NuR 2017, 447 ff.

420 Hierzu *Gärditz* in Landmann/Rohmer UmweltR UVPG § 14b Rn. 22.

421 *Calliess* in Erbguth (Hrsg.), Strategische Umweltprüfung (SUP), 2006, S. 21 (28 ff.).

422 *Guckelberger/Gard* EurUP 2016, 168 (170).

423 Zum unionsrechtlichen Begriff *EuGH*, Rs. C-671/16 (Inter-Environnement Bruxelles), NuR 2018, 541 Rn. 36 ff.

424 *EuGH*, Rs. C-43/18 (CFE), ECLI:EU:C:2019:483 Rn. 61 ff.; *Bunge* NuR 2019, 793 (795 ff.). Ob eine sonstige naturschutzrechtliche Schutzgebietsverordnung, die nur projektindifferente Ge- und Verbote zum Schutz von Natur und Landschaft enthält, SUP-pflichtig ist, bedarf einer weiteren Klärung. S. den Vorlagebeschl. *BVerwG* ZUR 2020, 494 ff.

Aufhebungsverfahren.[425] Eine Aufhebung ist insoweit eine „Änderung" nach § 33 UVPG.[426]

115 Verstöße gegen die Vorschriften der SUP sind *Verfahrensfehler*, deren Fehlerfolgen sich nach der jeweiligen Handlungsform richten, in denen das Programm oder der Plan erlassen wurde (etwa §§ 45, 46 VwVfG, § 214 BauGB), die aber unionsrechtlich mit Blick auf Art. 4 III EUV im Regelfall relevant sind. Unterbleibt eine rechtlich gebotene SUP, ist grds. der Plan oder das Programm auszusetzen oder für nichtig zu erklären, sofern nicht eine partielle Aufrechterhaltung geboten ist, um einen materiellen ökologischen Mindeststandard zu gewährleisten.[427] Die zuständige Behörde ist hierzu ggf. nach allgemeinen Regeln[428] von Amts wegen verpflichtet.

116 Einer *generellen SUP* unterliegen nach Anl. 5 Nr. 1 zum UVPG etwa Verkehrswegeplanungen auf Bundesebene, Risikomanagementpläne nach § 75 WHG, Raumordnungsplanungen nach §§ 8, 17 II, III ROG (s. hierzu § 48 UVPG), Bundesfachpläne *Offshore* nach § 17a EnWG, die Festlegung der Standortregionen und Standorte für die übertägige oder untertägige Erkundung nach §§ 14 II, 17 II StandAG oder Flächennutzungs- und Bebauungspläne nach §§ 6, 10 BauGB (hier greift freilich nach § 50 II UVPG ausschließlich § 2 IV BauGB). Eine Anwendung der SUP-Regeln ergibt sich ferner für *Offshore*-Flächenentwicklungspläne aus Anl. 5 Nr. 1.17 zum UVPG iVm §§ 5 III 3, 6 IV 2, V, VI WindSeeG.[429]

117 Eine *SUP bei Rahmensetzung* ordnet Anl. 5 Nr. 2 für Lärmaktions- und Luftreinhaltepläne (§ 47d bzw. § 47 I BImSchG[430]) sowie Abfallwirtschaftskonzepte und -pläne (§§ 21, 30 KrWG) an. Eine rechtliche Verbindlichkeit ist nicht erforderlich. Es genügt (bei richtlinienkonformer Auslegung) eine Berücksichtigungspflicht,[431] etwa im Rahmen von Ermessens- und Abwägungsentscheidungen oder bei Beurteilungsermächtigungen.[432]

118 Eine *SUP im Einzelfall* (konditionale SUP) sieht § 35 II 1, IV UVPG für alle Pläne und Programme vor, die nicht unter Anl. 5 fallen, aber für UVP-pflichtige Vorhaben einen Rahmen setzen *und* nach einer Vorprüfung im Einzelfall voraussichtlich erhebliche Umweltauswirkungen haben, die im weiteren Aufstellungsverfahren nach § 43 II UVPG zu berücksichtigen wären. Dies ist zB der Fall bei Luftreinhalteplänen nach § 47 III 1 BImSchG,[433] bei der Einrichtung von Lärmschutzbereichen nach § 2 FluglärmG[434] und bei wasserrechtlichen Bewirtschaftungsplänen nach § 83 WHG.[435]

---

[425] *EuGH*, Rs. C-567/10 (Inter-Environnement Bruxelles), ZUR 2012, 486 Rn. 33 ff.; *Guckelberger/Gard* EurUP 2016, 2016, 168 (170); *Schink* in ders./Reidt/Mitschang (o. Fn. 367) § 34 Rn. 6; hierzu *Kahl* JZ 2014, 722 (725 f.); *Kümper* ZUR 2014, 74 ff.

[426] AA *Schink* in ders./Reidt/Mitschang (o. Fn. 367) § 34 Rn. 6.

[427] So *EuGH*, Rs. C-41/11 (Inter-Environnement Wallonie), ZUR 2012, 359 Rn. 63 f.; dazu *Kahl* JZ 2014, 722 (727).

[428] *EuGH*, Rs. 14/83 (von Colson und Kamann), Slg. 1984, 1891 Rn. 26; Rs. C-129/96 (Inter-Environnement Wallonie), Slg. 1997, I-7411 Rn. 40; Rs. C-144/04 (Mangold), Slg. 2005, I-9981 Rn. 77; Rs. C-555/07 (Kücükdeveci), Slg 2010, I-365 Rn. 51.

[429] S. *Chou* EurUP 2018, 296 (299 f.).

[430] Hierzu eingehend *VG Hannover* Beschl. v. 25.10.2018 – 4 A 11790/17.

[431] *Schlacke* § 5 Rn. 74; *Erbguth/Schubert* ZUR 2005, 524 (526); *Faßbender* ZUR 2018, 323 (326).

[432] *Gärditz* in Landmann/Rohmer UmweltR UVPG § 14b Rn. 44; *Gassner*, UVPG, 2006, § 14b Rn. 28; *Leidinger* in Hoppe/Beckmann/Kment (o. Fn. 372) § 35 Rn. 36.

[433] *VG Hannover* Beschl. v. 25.10.2018 – 4 A 11790/17; *Gärditz* in Landmann/Rohmer UmweltR UVPG § 14b Rn. 56; *Gassner* (o. Fn. 432) § 2 Rn. 74.

[434] *Gärditz* in Landmann/Rohmer UmweltR UVPG § 14b Rn. 57.

[435] *Gärditz* in Landmann/Rohmer UmweltR UVPG § 14b Rn. 60; *Gassner* (o. Fn. 432) § 14b Rn. 22; *Hendler* NVwZ 2005, 977 (980); abl. *Berendes*, WHG, 2. Aufl. 2018, § 82 Rn. 3; *Reinhardt* NuR 2005, 499 (502).

Für Verordnungen zur Festlegung der Flugverfahren nach § 33 II LuftVO („Flugrouten") wird dies hingegen abgelehnt.[436] Ebenfalls unter dem Vorbehalt einer Vorprüfung im Einzelfall steht die SUP-Pflicht bei geringfügigen Änderungen eines SUP-pflichtigen Plans oder Programms bzw. einer lediglich lokalen Planung[437] (§ 37 S. 1 UVPG).[438] Auch hier sind Vermeidungs- und Verminderungsmaßnahmen zu berücksichtigen (§ 35 IV 2 UVPG).

bb) Verfahren

Die Verfahrensschritte ähneln weitgehend denen der Projekt-UVP. 119

Einleitend hat die zuständige Behörde wiederum frühzeitig festzustellen, ob für einen Plan oder ein Programm eine Strategische Umweltprüfung durchzuführen ist (§ 34 I UVP). Im anschließenden *Scoping*-Verfahren legt sie den Untersuchungsrahmen der SUP einschließlich des Umfangs und des Detaillierungsgrades der in den Umweltbericht nach § 40 UVPG aufzunehmenden Angaben fest (§ 39 I UVPG). Als Maßstab für den Untersuchungsrahmen sind die Vorschriften des jeweils einschlägigen Fachplanungsrechts heranzuziehen, wobei allerdings die Zweckbestimmung der SUP (vgl. § 3 S. 3 UVPG) zu berücksichtigen ist (§ 39 II 1 UVPG). Behörden, deren Aufgabenbereich möglicherweise berührt ist, werden in diesem vorbereitenden Verfahren beteiligt (§ 39 IV 1 UVPG);[439] Sachverständige, betroffene Gemeinden, anerkannte Umweltvereinigungen und Dritte können hinzugezogen werden (§ 39 IV 3 UVPG).

Nachfolgend hat die Behörde gem. § 40 I UVPG einen frühzeitigen *Umweltbericht* aufzustellen, der die voraussichtlichen erheblichen Umweltauswirkungen der Durchführung des Plans bzw. Programms sowie vernünftige Alternativen ermittelt, beschreibt und bewertet. Sind Pläne und Programme Bestandteil eines mehrstufigen Planungs- und Zulassungsprozesses, soll nach § 39 III 1 UVPG zur Vermeidung von Mehrfachprüfungen bei der Festlegung des Untersuchungsrahmens bestimmt werden, auf welcher der Stufen dieses Prozesses bestimmte Umweltauswirkungen schwerpunktmäßig geprüft werden sollen.[440] Dabei sind Art und Umfang der Umweltauswirkungen, fachliche Erfordernisse sowie Inhalt und Entscheidungsgegenstand des Plans oder Programms zu berücksichtigen. Dies dient letztlich der arbeitsteiligen Abschichtung von Problemen in gestuften Entscheidungsprozessen.[441] Den Mindestinhalt des Umweltberichts regelt § 40 II 1 Nr. 1–9 UVPG. Insbes. ist auch eine allgemeinverständliche, nichttechnische Zusammenfassung der Angaben beizufügen, um Dritten die Beurteilung zu ermöglichen, ob und in welchem Umfang sie von den möglichen Umweltauswirkungen betroffen sein könnten. Anders als die zusammenfassende Darstellung der Umweltauswirkungen bei der Projekt-UVP (vgl. § 24 UVPG) ist der Umweltbericht, mit dem die Behörde dem eigentlichen Prüfungsauftrag der SUP nachkommt,[442] bereits *vor* der Behörden- und Öffentlichkeitsbeteiligung zu erstellen; bei der SUP steht die zuständige Behörde als Planungsträger in der Bringschuld, die entscheidungserheblichen Informationen zusammenzustellen. Dies entspricht der öffentlichen Planungsverantwortung, weil die planerische Strukturierung der Raumnutzung – anders als einzelne Projekte – von vornherein eine öffentliche Aufgabe ist, die allein Gemeinwohlinteressen folgt. 120

---

[436] *OVG Bautzen* ZUR 2013, 36 (38); *Herrmann* DVBl 2014, 813 (815); *Sydow/Fiedler* DVBl 2006, 1420 (1423); de lege ferenda für eine Öffentlichkeitsbeteiligung *Reinhardt/Mutert* ZUR 2016, 84 ff.; zur unionsrechtlichen UVP-Pflicht *Calliess/Wiegand* NVwZ 2016, 793 ff.

[437] Hierzu *EuGH*, Rs. C-295/10 (Valciukiene ua), Slg. 2011, I-8819.

[438] Für die praktisch wichtigsten Fälle der Änderung oder Ergänzung von Bauleitplänen oder der geringfügigen Änderung von Raumordnungsplänen bestehen in §§ 13, 13a BauGB und § 9 II ROG jedoch Sonderregelungen (vgl. § 48, 50 II UVPG). Hierzu *Krautzberger* DVBl 2014, 270 ff.

[439] Hierzu *EuGH*, Rs. C-474/10 (Seaport), Slg. 2011, I-10227.

[440] S. entsprechend auch §§ 5 III 3, 51 WindSeeG.

[441] Hierzu *Gärditz* in Landmann/Rohmer UmweltR UVPG § 14f Rn. 13; *Rung*, Strukturen und Rechtsfragen europäischer Verbundplanungen, 2013, S. 403 ff. Vgl. auch die besondere Abschichtungsregelung in § 23 NABEG.

[442] *Erbguth/Schubert* ZUR 2005, 524 (528); vertiefend *Balla* NuR 2006, 485 ff.; *Kment* DVBl 2008, 364 ff.

121 Nun werden der Plan- oder Programmentwurf zusammen mit dem Umweltbericht an die *Behörden,* deren umwelt- und gesundheitsbezogener Aufgabenbereich berührt wird, übermittelt und deren Stellungnahmen eingeholt (§ 41 UVPG). Hinsichtlich der *Öffentlichkeitsbeteiligung* verweist § 42 UVPG auf das Verfahren der Projekt-UVP (§§ 18 I, 19 I, 21 I, 22 UVPG) mit der Maßgabe, dass der Plan- oder Programmentwurf, der Umweltbericht und weitere zweckdienliche Unterlagen frühzeitig und für mindestens einen Monat öffentlich auszulegen sind (§ 42 II 1 UVPG). Die *betroffene* Öffentlichkeit – wiederum also nicht jedermann (→ Rn. 105) – erhält die Gelegenheit, sich innerhalb einer festzulegenden Frist von mindestens einem Monat zu äußern; ein Erörterungstermin ist durchzuführen, soweit die einschlägigen Fachplanungsvorschriften dies vorsehen (§ 42 III UVPG).

122 Die Annahme eines Plans oder Programms *muss,* ihre Ablehnung *kann öffentlich bekannt* gemacht werden (§ 44 I UVPG). Bei Annahme ist der Plan oder das Programm öffentlich auszulegen. Neben einer zusammenfassenden Erklärung über die einbezogenen Umwelterwägungen, die Berücksichtigung des Umweltberichts und der Stellungnahmen sowie über die erwogenen Alternativen (§ 44 II Nr. 2 UVPG) ist auch eine Aufstellung der Überwachungsmaßnahmen nach § 14m UVPG beizufügen (§ 44 II Nr. 3 UVPG).

123 Nach Abschluss des Verfahrens ist die anschließende Durchführung des Plans gem. § 45 UVPG zu *überwachen.* Die umweltbezogenen Erkenntnisse, die im Umweltbericht abgebildet werden, können spätere Verfahren entlasten, was Bedürfnissen nach arbeitsteiliger Problemabschichtung Rechnung trägt:[443] Bei nachfolgenden Plänen und Programmen sowie bei der nachfolgenden Zulassung von Vorhaben, für die der Plan oder das Programm einen Rahmen setzt, soll sich nach § 39 III 3 UVPG die Umweltprüfung auf zusätzliche oder andere erhebliche Umweltauswirkungen sowie auf erforderliche Aktualisierungen und Vertiefungen beschränken.

4. Indirekte bzw. „ökonomische" Instrumente

124 Das mit Befehl und Zwang operierende ordnungsrechtliche Instrumentarium wird durch Elemente einer *indirekten* (sog. „weichen") Verhaltenssteuerung flankiert. Sie lässt dem Bürger die Wahl, sich zwischen verschiedenen, gleichermaßen legalen Verhaltensweisen zu entscheiden, sucht ihn aber gleichwohl durch positive oder negative Anreize zu beeinflussen. Zu nennen sind unter den indirekten bzw. ökonomischen Umweltschutzinstrumenten insbes. Umweltabgaben (→ Rn. 125 ff.), Zertifikatehandel (→ Rn. 139), Umweltsubventionen (→ Rn. 140) und Umweltschutz im Rahmen öffentlicher Auftragsvergabe (→ Rn. 143).

a) Umweltabgaben

125 Eine besondere Bedeutung unter den *ökonomischen Instrumenten* als dem wichtigsten Fall indirekter Verhaltenssteuerung kommt hierbei den *Umweltabgaben* zu.[444] Umweltabgaben führen dazu, dass der ursprünglich kostenlosen Inanspruchnahme natürlicher Ressourcen ein (fingierter) Geldwert zugeordnet wird und hierdurch ein monetäres Eigeninteresse der Abgabeverpflichteten erzeugt wird, Umweltbelastungen zu vermeiden (Anreizsteuerung).[445] Weiterhin tragen Umweltabgaben zur Verwirklichung des Verursacherprinzips (→ Rn. 28 ff.) bei, indem die Kosten der Umweltbelastung nicht länger auf die Allgemeinheit, letztlich also den Steuerzahler, abgewälzt werden können (sog. Externalisierung interner Kosten), sondern dem Verursacher angelastet werden.[446] Unter Umweltabgaben werden öffentlich-rechtliche Geldleistungen in Gestalt von Steuern, Gebühren, Beiträgen und Sonderabgaben verstanden,

---

[443] *Schink* in Schink/Reidt/Mitschang UVPG § 39 Rn. 15.
[444] Vgl. *Hendler* in GfU (Hrsg.), Umweltrecht im Wandel, S. 285 ff.
[445] Zu den Mechanismen eingehend *Sacksofsky* in GVerwR II § 40 Rn. 52 ff.
[446] Eingehend *Koch* FS Selmer, 2004, S. 769 ff.; *Sacksofsky,* Umweltschutz durch nicht-steuerliche Abgaben, 2000; *Schomerus* ZfZ 2010, 141 ff.

die zur Verfolgung ökologischer Zwecke erhoben werden. Dabei ist unerheblich, ob die Verhaltenslenkung oder aber die Einnahmeerzielung im Vordergrund steht.[447]

aa) Umweltsteuern

Die einen Unterfall der Umweltabgaben darstellenden Umweltsteuern müssen dem verfassungsrechtlichen Steuerbegriff gerecht werden, der dem X. Abschnitt des Grundgesetzes (Art. 104a ff. GG) zugrunde liegt.[448] Sie dürfen daher keine Gegenleistung für eine besondere öffentliche Leistung darstellen und müssen von einem öffentlich-rechtlichen Gemeinwesen zur Erzielung von Einnahmen allen auferlegt werden, auf die der Steuertatbestand zutrifft (vgl. die begriffsprägende einfachgesetzliche Definition des Steuerbegriffs in § 3 I AO). Ein (umweltpolitischer) Lenkungszweck wird hierdurch nicht ausgeschlossen, die Einnahmeerzielung muss aber zumindest Nebenzweck der Steuer sein. 126

Ein Beispiel ist die sog. „Ökosteuer" auf Mineralöl, die damit begründet wurde, eine Reduzierung des Rohstoffverbrauchs und damit zugleich der emittierten Menge an CO_2 durch Kostenerhöhung zu erreichen (§§ 2 ff. EnergieStG). Das *BVerfG* hat die „Ökosteuer" als Verbrauchsteuer nach Art. 106 I Nr. 2 GG qualifiziert und die durch den Gesetzgeber getroffenen gewerbebezogenen Differenzierungen aufgrund der erheblichen abgabenrechtlichen Gestaltungsspielräume für vereinbar mit Art. 3 I GG erachtet.[449] 127

Als umweltpolitisch motivierte Besteuerung kommt zudem vor allem eine „Immissionssteuer" (Schmutz- und Lärmsteuer) in Betracht. Voraussetzung ist allerdings, dass eine solche Steuer (zB eine CO_2-Steuer oder eine SO_2-Steuer) den in Art. 106 I–III GG geregelten Steuertypen zugeordnet werden kann. Zwar hat der Bund – vorbehaltlich Art. 105 IIa GG – eine konkurrierende Gesetzgebungskompetenz für die „übrigen Steuern" nach Art. 105 II GG. Ein beliebiges Steuererfindungsrecht folgt hieraus aber nicht.[450] Denn die in Art. 106 GG filigran geregelte, an Steuertypen anknüpfende Aufkommensverteilung würde unterlaufen, wenn sich der Bund daneben weitere substanzielle Steuereinnahmequellen dadurch verschaffen könnte, indem er schlicht aus den Regelungstypen ausbricht. Zugleich entfaltet sich damit die freiheitsschützende Funktion der Finanzverfassung,[451] die gerade durch Typisierung und Formalisierung die Steuerbürger vor einer beliebigen Inanspruchnahme schützen soll. 128

Aus diesem Grund hat sich auch die – rein fiskalpolitisch motivierte, bisweilen aber auch mit umweltpolitischen Argumenten verteidigte – *Kernbrennstoffsteuer* nach KBrStG[452] als verfassungswidrig erwiesen. Diese Steuer wurde im Kontext des sog. Atomkompromisses 2010 eingeführt, um einen Teil der Zusatzgewinne, die durch eine seinerzeit beschlossene[453] Verlängerung der Laufzeiten für Atomkraftwerke zu erwarten waren, abzuschöpfen. Nach der Zurücknahme dieser Laufzeitverlängerung und der Umstellung auf ein grds. verfassungskonformes[454] Ausstiegskonzept[455] nach der „Energiewende" im Kontext des Atomunfalls von 129

---

[447] Namentlich zur lenkungsbezogenen Zwecksteuer *Waldhoff* StuW 2002, 285 ff.

[448] Bilanzierend *Kirchhof* JöR 64 (2016), 553 ff.; *Waldhoff* Verw. 2015, 85 ff.; allg. zur Abgrenzung von Steuer und nichtsteuerlicher Abgabe (Gebühr, Beitrag) BVerfGE 149, 222 (248 ff.).

[449] BVerfGE 110, 274 ff. Zur Perspektive einer CO_2-Besteuerung *Wieland* EurUP 2019, 363 ff.

[450] BVerfGE 146, 171 (195, 212); BFHE 141, 369 (372); *FG Hamburg* ZUR 2012, 54 (58 f.); *FG München* ZUR 2012, 255 (257).

[451] BVerfGE 55, 274 (302); 108, 186 (215); 108, 1 (16); 113, 128 (147); 122, 316 (335); 123, 132 (142).

[452] Kernbrennstoffsteuergesetz v. 8.12.2010 (BGBl. I 1804).

[453] 11. G zur Änderung des Atomgesetzes v. 8.12.2010 (BGBl. I 1814).

[454] BVerfGE 143, 246 (323 ff.); zu fortgesetzten Defiziten der Entschädigungshöhe *BVerfG* Beschl. v. 29.9.2020 – 1 BvR 1550/19.

[455] G v. 31.7.2011 (BGBl. I 1704).

Fukushima[456] blieb die Kernbrennstoffsteuer – konzeptionell widersinnig, aber verfassungsrechtlich unbedenklich[457] – erhalten. Neben teils geäußerten Bedenken gegen die Vereinbarkeit der Steuer mit dem EU-Beihilfenrecht,[458] dem Euratom-Vertrag und dem europäischen Verbrauchsteuerrecht,[459] die der *EuGH* nicht für verletzt erachtet hat,[460] stellt sich namentlich die Frage, ob diese Steuer als Verbrauchsteuer (Art. 106 I Nr. 2 GG) qualifiziert werden kann, da sie nämlich weder beim Verbrauch eines Wirtschaftsgutes ansetzt – vielmehr mit der Einsetzung der Brennstäbe (§ 5 I KBrStG) einen Produktionsschritt besteuert –, noch aufgrund der Strompreisbildung an der Strombörse *(merit order)*[461] die Abwälzung auf den Endverbraucher typisierend sicherstellt. Da eine andere Kompetenzgrundlage für die komplett dem Bundeshaushalt zufließende Steuer nicht in Betracht kommt, wurde die Steuer mit Recht als verfassungswidrig qualifiziert.[462]

130 Als Umweltsteuer i.S. einer örtlichen Verbrauchsteuer (Art. 105 IIa GG)[463] war auch die *kommunale Verpackungssteuer* einzuordnen, die teils auf Einwegverpackungen und -geschirr erhoben wurde, sofern darin Speisen und Getränke zum Verzehr an Ort und Stelle verkauft wurden. Das *BVerfG* sah in der Lenkungswirkung dieser Steuer einen Verstoß gegen das bundesabfallrechtliche Kooperationsprinzip (→ Rn. 33 ff.) und erklärte sie für verfassungswidrig. Der Steuergesetzgeber dürfe die vom Sachgesetzgeber getroffene Entscheidung nicht durch Lenkungsregelungen verfälschen, deren verhaltensbestimmende Wirkungen dem Regelungskonzept des Sachgesetzgebers zuwiderlaufen.[464] Ähnlich entschied es zu den landesrechtlichen Abfallabgaben.[465] Das *BVerfG* hat hierfür den eher konturenschwachen Topos der *Widerspruchsfreiheit* der Rechtsordnung eingeführt.[466] Er ist in der Literatur auf Kritik gestoßen, wäre doch in beiden Fällen eine Lösung über die insoweit speziellere Kompetenzordnung des Grundgesetzes (Art. 70 ff. GG) möglich gewesen.[467]

bb) Umweltgebühren und -beiträge

131 Im Gegensatz zu den Steuern stellen Gebühren und Beiträge eine Gegenleistung für eine staatliche Leistung dar. *Gebühren* werden als öffentlich-rechtliche Geldleistungen von demjenigen erhoben, der eine konkrete öffentliche Leistung tatsächlich in Anspruch genommen hat. Sie haben das Äquivalenzprinzip zu beachten, ihre Höhe darf also nicht außer Verhältnis zum Wert bzw. Nutzen der öffentlichen Leistung für den Gebührenschuldner stehen. *Beiträge* fiskalisieren hingegen die abstrakte Nutzungsmöglichkeit bzw. Wertsteigerung durch die Bereitstellung einer öffent-

---

456 Näher → § 3 Rn. 29; → § 6 Rn. 7, 98, 102.

457 *Gärditz* N&R 2013, 11 (12); *Wernsmann* in Ludwigs (Hrsg.), Der Atomausstieg und seine Folgen, 2016, S. 83 (90 ff.).

458 Hierzu *FG Hamburg* EuZW 2014, 320 ff.; *Kühling* EWS 2013, 113 ff.

459 Hierzu *FG Hamburg* ZfZ Beilage 1/2014, 6 ff.; EWeRK 2014, 244 ff.; *Gärditz* in Löwer (Hrsg.), Veranlassung und Verantwortung bei der Energiewende, 2013, S. 73 (95 ff.); *Kube* IStR 2012, 553 ff.

460 *EuGH,* Rs. C-5/14 (Kernkraftwerke Lippe-Ems), NVwZ 2015, 1122; zust. *Kahl/Bews* NVwZ 2015, 1081 ff.; *Wernsmann* (o. Fn. 457) S. 86 ff.; für die Luftverkehrsteuer rezipierend BFHE 252, 560 ff.

461 S. *BKartA,* Sektoruntersuchung: Stromerzeugung, Stromhandel, 2011, S. 275; *Martini* ZUR 2012, 219 (223).

462 BVerfGE 146, 171 (214 ff.); *FG Hamburg* ZUR 2012, 54 (57 f.); ZfZ Beilage 1/2014, 6 ff.; EWeRK 2014, 244 ff.; *FG München* ZUR 2012, 255 f.; *Gärditz* N&R 2013, 11 (13 ff.); *ders.* ZfZ 2014, 18 (19 ff.); *Ludwigs* NVwZ 2017, 1509 ff.; *Tappe* EurUP 2017, 186 (193 f.); für Verfassungskonformität hingegen *FG Stuttgart* ZUR 2012, 252 (253); *Waldhoff/v. Aswege,* Kernenergie als „goldene Brücke"?, 2010, S. 57; *Waldhoff* ZfZ 2012, 57 ff.; krit. zum *BVerfG* auch *Ziehm* ZNER 2017, 265 ff.

463 Zur Zuordnung einer Jagdsteuer *BVerwG* HFR 2009, 1252; GewArch 2018, 108.

464 BVerfGE 98, 106 (119).

465 BVerfGE 98, 83 (97 ff.).

466 Fortgeführt durch BVerfGE 116, 164 (186); 119, 331 (366); 120, 125 (135); 128, 282 (318).

467 Krit. *Dieterich,* Systemgerechtigkeit und Kohärenz, 2014, S. 367 ff.; *Jarass* AöR 126 (2001), 588 (594 ff.); *Schmidt/Diederichsen* JZ 1999, 37 ff.; *Sendler* NJW 1998, 2875 ff.

lichen Einrichtung, ohne dass es auf die konkrete Inanspruchnahme der Einrichtung ankäme. Inwieweit sich solche nichtsteuerlichen Abgaben überhaupt eignen, ökonomische Lenkungswirkungen zu entfalten, ist umstritten.[468]

Umweltgebühren sind zB die mengenabhängigen Abfall- oder die Abwassergebühren. Umweltbeiträge sind etwa Klärbeiträge für die Errichtung einer kommunalen Kläranlage oder Kostenerstattungsbeiträge des Vorhabenträgers für naturschutzrechtliche Ausgleichsmaßnahmen einer Gemeinde gem. § 135a II 1 BauGB.[469] Als Steuerungsinstrument kommen auch Parkgebühren im Rahmen einer ökologischen Parkraumbewirtschaftung in Betracht.[470]

Umstritten ist die rechtliche Einordnung des sog. „*Wasserpfennigs*", der in den meisten Bun- **132**
desländern als Abgabe für die Entnahme von Grundwasser (teilweise auch von Oberflächenwasser) vor allem von Wasserversorgungsunternehmen und Industriebetrieben erhoben wird. Das *BVerfG* hat den „Wasserpfennig" als „*Abschöpfungsabgabe*" klassifiziert und damit weder als Steuer noch als Sonderabgabe oder Vorzugslast.[471] Hierbei handelt es sich um eine hoheitlich auferlegte Geldleistungspflicht, die dazu dient, einen *individuellen* (anderen Interessenten nicht gewährten) Sondervorteil[472] des Abgabepflichtigen (hier: Recht zur Nutzung des knappen Gutes der Allgemeinheit „Wasser") zu kompensieren. Entscheidend für seine (insbes. kompetenzrechtliche) Zulässigkeit komme es darauf an, dass die Ordnungs- und Schutzfunktion der bundesstaatlichen Finanzverfassung gewahrt werde. Im Ergebnis geht das Gericht wohl von einer Art Ressourcennutzungsgebühr aus, die den Sondervorteil abschöpfe, der aus dem Verbrauch öffentlicher Umweltgüter wie dem Grundwasser resultiere. Die staatliche Leistung bestehe demnach in dem konkreten (wirtschaftlichen) Vorteil, der mit der Wasserentnahme in Anspruch genommen werde. Problematisch an der Argumentation des *BVerfG* ist vor allem, dass sich (im Rahmen der Verhältnismäßigkeit) prinzipiell jede Ressource in einem ersten Schritt in ein öffentlich-rechtliches Nutzungsregime überführen und hierdurch der privatnützigen Freiheitsentfaltung entziehen ließe, um dann in einem zweiten Schritt diese Freiheit über den Hebel einer Ressourcennutzungsabgabe rückzuveräußern.[473] Freiheitsentfaltung wird so durch Verknappung zum Finanzierungstitel („Preis für Freiheit").[474] Abschöpfungsabgaben unterliegen daher – neben den allgemeinen Anforderungen an die Rechtfertigung nichtsteuerlicher Abgaben (→ Rn. 135 ff.)[475] – verschiedenen besonderen Anforderungen, namentlich, dass (1.) die Ausübung der mit der Zahlungspflicht belasteten Tätigkeit in zulässiger Weise einer staatlichen Bewirtschaftung unterworfen worden ist (sprich, dass es sich tatsächlich um ein knappes Gut handelt, bei dem die rechtliche Zuweisung eines Nutzungsrechts einen wirtschaftlichen Sondervorteil begründet), (2.) die Abgabe ihrer Höhe nach „nicht außer Verhältnis zum Wert der öffentlichen Leistung" steht und (3.) mit dem Schutzzweck der Bewirtschaftung vereinbar ist.[476] Differenzierte Inanspruchnahme (wie Ausnahmen für Kühlwasser oder die Nichtbelastung der Küstengewässernutzung) liegt grundsätzlich nach Art. 3 I GG im Gestaltungsspielraum des Gesetzgebers.[477]

---

468 Hierzu *Magen* Verw. 46 (2013), 383 ff. Positiv *Kahl* EurUP 2019, 321 (323 ff.), allerdings auch zu den verfassungsrechtlichen Grenzen.

469 Vgl. hierzu *Kirchhof* DVBl 1987, 545 ff.; *Sacksofsky* (o. Fn. 446) S. 95 ff., 106 ff.; *Sparwasser/Engel/Voßkuhle* § 2 Rn. 148 f.; *Wieland,* Die Konzessionsabgabe, 1991, S. 294 ff.

470 *Ringwald* in Faßbender/Köck (Hrsg.), Rechtliche Herausforderungen und Ansätze für eine umweltgerechte und nachhaltige Stadtentwicklung, 2021, S. 103 (106 ff.).

471 Dazu BVerfGE 93, 319 (345 ff.); Bestätigung der Kategorie in *BVerfG* NVwZ 2003, 467.

472 Vgl. *Jarass,* Nichtsteuerliche Abgaben und lenkende Steuern unter dem Grundgesetz, 1999, S. 36 ff. Für die Windnutzung *Köck* ZUR 2017, 684 ff.

473 Krit. *Waldhoff* DVBl 2011, 653 ff.; *ders.* FS Papier, 2013, S. 401 ff.

474 Mit Recht krit. *Kirchhof* in Isensee/ders. (Hrsg.), HStR V, 3. Aufl. 2007, § 119 Rn. 37; *Müller-Franken* VerwArch 103 (2012), 315 (328 f., 331).

475 Zusammenfassend *Müller-Franken* VerwArch 103 (2012), 315 (330) mwN.

476 *Müller-Franken* VerwArch 103 (2012), 315 (331); *Seiler* in Henneke/Pünder/Waldhoff (Hrsg.), Recht der Kommunalfinanzen, 2006, § 18 Rn. 9.

477 *BVerfG* NVwZ 2021, 56 (58 f.).

cc) Umweltsonderabgaben

133 Neben Steuern, Gebühren und Beiträgen werden vom Staat weiterhin noch *Sonderabgaben* erhoben. Insoweit lassen sich Lenkungssonderabgaben (Sonderabgaben iwS),[478] die vorrangig einen umweltpolitischen Gestaltungszweck verfolgen, und Finanzierungssonderabgaben (Sonderabgaben ieS) als reine Instrumente der Einnahmeerzielung unterscheiden,[479] wobei die Einnahme oftmals der Finanzierung einer spezifischen ökologischen Aufgabe dient.[480] In jedem Fall zeichnen sich Sonderabgaben – im Kontrast zur Steuer – durch eine strukturelle Verwendungsbindung und die damit einhergehende Haushaltsflüchtigkeit (Durchbrechung des Nonaffektationsprinzips) aus.[481]

134 Eine wichtige Lenkungsabgabe findet sich im *Abwasserabgabengesetz* (AbwAG), wonach für das Einleiten von Abwasser in ein Gewässer eine Abgabe zu entrichten ist (§ 1 AbwAG).[482] Die Höhe der Abgabe richtet sich dabei nach der Schädlichkeit des Abwassers und wird auf der Grundlage des Bescheides, der die Einleitung genehmigt, ermittelt (§§ 3, 4 AbwAG). Dies macht deutlich, dass die Abwasserabgabe die direkte administrative Steuerung nicht ersetzt, sondern nur ergänzt: So darf nicht beliebig die Gewässer verschmutzen, wer für die Einleitung von Abwasser nur bezahlt; Grundvoraussetzung für das Einleiten von Abwässern bleibt weiterhin der Besitz einer wasserrechtlichen Erlaubnis nach § 10 WHG, die ua auch die Einleitungsmengen festlegt und nur erteilt wird, wenn die Schadstofffracht im Abwasser so gering gehalten wird, wie dies nach dem Stand der Technik möglich ist (§ 57 I Nr. 1 WHG). Die Abwasserabgabe entfaltet hier einen ökonomischen Anreiz zu zusätzlichen, überobligatorischen Anstrengungen, die einzuleitenden Abwässer zu reinigen.

135 Auch jeder Umweltsonderabgabe ist jedoch ungeachtet einer etwaigen primären Lenkungsfunktion stets der Grundzweck der Einnahmeerzielung immanent. Sie bedarf daher einer besonderen Legitimation, durchbricht sie doch die verfassungsrechtliche Grundentscheidung für den Steuerstaat. Danach hat der Staat seinen Finanzbedarf durch die Erhebung von Steuern zu decken, ihm stehen „parafiskalische Sonderabgaben“ nicht beliebig zur Verfügung, weil anderenfalls die Begrenzungsfunktion der Finanzverfassung (Art. 105–107 GG), die Gleichheit der Steuerschuldner (Art. 3 I GG)[483] und die Budgethoheit des Parlaments (Art. 110 GG) unterlaufen werden könnte.[484] Nach der verfassungsgerichtlichen Rechtsprechung sind Sonderabgaben nur zulässig, wenn

- eine gesellschaftlich *homogene Gruppe* vorliegt, die sich aufgrund ihrer gemeinsamen Interessenlage von der Allgemeinheit abgrenzen lässt,

---

478 Ausf. zu lenkenden Sonderabgaben *Wernsmann,* Verhaltenslenkung in einem rationalen Steuersystem, 2005, S. 457 ff. Zur Unterscheidung von Finanzierungssonderabgaben *Waldhoff* JZ 2014, 407 (408 f.).

479 Vgl. *Müller-Franken* VerwArch 103 (2012), 315 (324 ff.). Vgl. zum Ganzen auch *Jäkel* JURA 2017, 630 ff.

480 ZB der Klärschlamm-Entschädigungsfonds; gebilligt durch BVerfGE 119, 370 (387 ff.), weil die Belastung der Klärschlammhersteller durch die gruppennützige Verwendung der Abgabe zur Aufrechterhaltung der Klärschlammaufbringung als Entsorgungsweg diene; zust. *Gärditz* AbfallR 2004, 284 ff.; abl. *Scheier/Mangold* ZfW 2005, 79 ff.; *Scheier/Mornhinweg* AbfallR 2005, 68 ff. S. zur Diskussion, ob eine Finanzierungsvorsorge für den Rückbau von Atomkraftwerken und die Endlager durch Sonderabgabe erfolgen könnte, *Moench* DVBl 2015, 213 ff.; *Ziehm* ZUR 2015, 658 ff.; entsprechend zum Kohleausstieg *Rodi* EnWZ 2017, 195 ff.

481 *Waldhoff* in Isensee/Kirchhof (Hrsg.), HStR V, 3. Aufl. 2007, § 116 Rn. 144.

482 Eingehend *Breuer/Gärditz* WasserR Rn. 83 ff. mwN.

483 Dazu *Kirchhof* StuW 2017, 3 ff. Vergleichbare Grundsätze hat das *BVerfG* auch auf die Veräußerungskürzung nach §§ 19, 20 ZuG 2012 angewendet: *BVerfG* NVwZ 2018, 972 ff. (Verfassungskonformität bejaht).

484 Vgl. BVerfGE 91, 186 (202); *Berg* FS Schmidt, 2006, S. 661 (664).

– die Gruppe eine spezifische *Sachnähe* zum Abgabenzweck aufweist und
– aus diesem Grund eine besondere *Finanzierungs- bzw. Gruppenverantwortung* für diese Aufgabe trägt.
– Weiterhin muss das Abgabenaufkommen *gruppennützig* verwendet werden und
– die Sonderabgabe in angemessenen Zeiträumen *überprüft* und in den Haushaltsplänen *dokumentiert* werden.[485]

Das *BVerfG* hat zB den sog. „*Kohlepfennig*" für verfassungswidrig erklärt. Diese Ausgleichsabgabe zur Stabilisierung des deutschen Steinkohlebergbaus sollte von den Elektrizitätsunternehmen gezahlt werden; schon von Gesetzes wegen war aber vorgesehen, die Abgabe auf die Endverbraucher umzulegen. Damit mangelte es bereits an einer abgrenzbaren homogenen Gruppe, denn die Finanzierungsverantwortlichkeit traf letztlich die Allgemeinheit.[486] **136**

Auch die sog. *Abfallverbringungsabgabe,* die den Solidarfonds Abfallrückführung finanzieren sollte, erfüllte nicht die verfassungsgerichtlichen Anforderungen an eine Sonderabgabe. Zwar belastete die Abgabe Abfallexporteure nach Art und Menge der bei einer Ausfuhr notifizierten Abfallmengen und somit *prima facie* eine homogene Gruppe. Die Leistungen aus dem Solidarfonds sollten indes die Kosten illegaler Abfallverbringung abdecken. Zu Recht hat es das *BVerfG* als unzulässig angesehen, legal handelnde Exporteure zur Finanzierung der Folgen fremden Fehlverhaltens heranzuziehen.[487] Dem ist zuzustimmen, denn individuelles Fehlverhalten kann keine besondere Gruppenverantwortung begründen. **137**

Diese an sich klare Linie des *BVerfG* zu den Sonderabgaben wird allerdings dadurch verwischt, dass hiervon die sog. *Ausgleichsabgaben* ausgenommen werden, bei denen die Finanzierung einer besonderen Aufgabe weder Haupt- noch Nebenzweck ist. So hat das *BVerwG* etwa die baden-württembergische *Naturschutzabgabe*[488] von den verfassungsgerichtlichen Anforderungen an Sonderabgaben mit der Begründung ausgenommen, die Ausgleichsabgabe erfülle keine typische Lenkungs-, sondern eine Wiedergutmachungsfunktion; im Vordergrund stehe alleine die „Entschädigung" für den erfolgten Eingriff in Natur und Landschaft, nicht aber eine Finanzierungsfunktion.[489] **138**

b) Zertifikatehandel

Im weiteren Zusammenhang mit den abgabenrechtlichen Instrumenten ist auch der *Zertifikatehandel* zu erwähnen.[490] Dieses Instrument, dessen nähere Ausgestaltung für einen Teilbereich im TEHG und in der jeweiligen Zuteilungsverordnung (aktuell: ZuV 2020)[491] für eine Handelsperiode (aktuell: 2013–2020) geregelt ist, beruht ebenfalls auf dem Regelungsansatz, ein bislang kostenlos zur Nutzung oder Verschmutzung zur Verfügung stehendes Umweltgut Marktmechanismen zu unterwerfen, um die externen Kosten der Allgemeinheit zu internalisieren und hierdurch über den Hebel einer Einpreisung sichtbar zu machen. Insoweit ähnelt der Zertifikatehandel zwar den Umweltabgaben, verfeinert deren holzschnittartige Wirkungsweise aber durch ein besonderes Marktelement, das zusätzliche Anreize zur Entwicklung umweltfreundlicher Technik bzw. umweltfreundlichen Verhaltens setzen soll: Für **139**

---

[485] BVerfGE 55, 274 (300 ff.); 82, 159 (179 ff.); 92, 91 (113 ff.); 93, 319 (342 f.); 101, 141 (147 ff.); 108, 186 (218 f.); 110, 370 (387 ff.); 113, 128 ff.; 122, 316 ff.; 123, 132 ff.; 135, 155 ff.; 136, 194 ff. Zusammenfassend *Jäkel* JURA 2017, 630 ff. Zur Nichtübertragbarkeit auf steuernde Vorzugslasten BVerwGE 165, 373 ff.

[486] BVerfGE 91, 186 (203).

[487] BVerfGE 113, 128 (150 ff.). Zust. *Gärditz* AbfallR 2006, 34 ff.; *Kloepfer* ZUR 2005, 479 ff.; abl. *Koch* NVwZ 2005, 1153 ff.

[488] Näher dazu → § 10 Rn. 39 ff.

[489] So BVerwGE 74, 308 (309 ff.); 81, 220 (225 f.).

[490] Eingehend → § 6 Rn. 26 ff.

[491] Zuteilungsverordnung 2020 v. 26.9.2011 (BGBl. I 1921).

die Nutzung eines Umweltgutes bedarf es hiernach eines (idR mengenbezogenen) Zertifikats, wodurch es zu einer künstlichen Marktverknappung kommt.[492] Stehen Zertifikate für eine avisierte Umweltbelastung nicht oder nicht in genügendem Umfang zur Verfügung, müssen diese zugekauft werden. Zugleich werden Zertifikate für handelbar erklärt, sodass derjenige, der (zB aufgrund technologischer Verbesserung) seine Zertifikatmenge nicht benötigt, diese gewinnbringend (zB rationalitätssteigernd im Rahmen einer Versteigerung[493]) veräußern kann. Hierdurch entsteht ein Markt. Das Regelungskonzept ist prinzipiell auf sämtliche mengenmäßig erfassbaren Umweltbelastungen anwendbar, sofern sich diese mit vertretbarem Aufwand messen lassen. Das Modell wurde daher konsequent durch das *Brennstoffemissionshandelsgesetz v. 12.12.2019*[494] auf Treibhausemissionen ausgedehnt, die von Brennstoffen ausgehen.[495] Diskutiert wird etwa eine Anwendung zur Steuerung der baulichen Flächeninanspruchnahme.[496]

c) Umweltsubventionen

140 Der Staat kann ökologische Lenkungsziele auch dadurch verfolgen, dass er umweltpolitisch erwünschtes Verhalten durch Sach- oder Geldmittel direkt subventioniert *(Leistungssubvention)*. Grds. ist nach etablierter – obgleich nicht unbestrittener Auffassung – für die Gewährung umweltbezogener Beihilfen keine spezifische Ermächtigung erforderlich, sofern die Förderung nicht (verdeckt) mit mittelbaren Eingriffen in spezifische Grundrechte Dritter verbunden ist. Nach herkömmlicher Auffassung ist eine Subvention rechtmäßig, wenn

- sie sich auf einen hinreichenden haushaltsrechtlichen Titel stützen lässt, der die Verwaltung spezifisch zu entsprechenden Ausgaben ermächtigt, und
- Förderrichtlinien, die ggf. als Verwaltungsvorschrift zu erlassen sind, die Kriterien der Förderung festlegen und insoweit eine gleichmäßige sowie kontrollierbare – mithin mit Art. 3 I GG in Einklang stehende – Förderpraxis sicherstellen.[497]

Inhaltlich ist eine Subvention zulässig, wenn hinreichend gewichtige vernünftige – insbes. umweltpolitische – Sachgründe eine Besserstellung der geförderten Personen gegenüber anderen rechtfertigen.[498] Ist der umweltpolitische Nutzen plausibel dargelegt, spricht prima facie bereits Art. 20a GG für die Zulässigkeit einer (einfachen, ohne substanzielle Eingriffe in die Rechte Dritter einhergehenden) Förderung ökologisch erwünschten Verhaltens. Gerade auf kommunaler Ebene

---

[492] Näher zum Mechanismus sowie seinen Vor- und Nachteilen *Gärditz* in Kirchhof/Korte/Magen (Hrsg.), Öffentliches Wirtschaftsrecht, 2014, § 6 Rn. 3, 47 ff.; *Kloepfer* FS Peine, 2016, S. 145 ff.

[493] S. VO (EU) Nr. 1031/2010 der Kommission v. 12.11.2010 über den zeitlichen und administrativen Ablauf sowie sonstige Aspekte der Versteigerung von Treibhausgasemissionszertifikaten gem. der RL 2003/87/EG (ABl. L 302, 1); *Funke/Ertl* N&R 2011, 2 ff.; *Gärditz* (o. Fn. 492) § 6 Rn. 47 ff.; *Koenig* in Löwer (Hrsg.), Vielfalt des Energierechts, 2009, S. 71 (75 ff.).

[494] BGBl. I 2728.

[495] Hierzu *Altenschmidt* ZfZ 2020, 122 ff.; *Frenz* RdE 2020, 281 ff.; *Klemm* REE 2020, 1 ff.; *Kortländer* ZNER 2020, 69 ff.; *Meßerschmidt* UPR 2021, 46 ff.; *Vollmer* NuR 2020, 237 ff. Finanzverfassungsrechtlich krit. *Wernsmann/Bering* NVwZ 2020, 497 ff.; nach Abschöpfungszeiträumen differenziert *Klinski/Keimeyer* ZUR 2020, 342 (344 ff.).

[496] *Kümper* NVwZ 2021, 365 ff.; *Köck/Bovet/Tietz* ZUR 2018, 67 ff.

[497] BVerwGE 90, 112 (126); *Maurer/Waldhoff* (o. Fn. 322) § 6 Rn. 20 ff.; krit. *Kämmerer* in Isensee/Kirchhof (Hrsg.), HStR V, 3. Aufl. 2007, § 124 Rn. 32; *Unger* in Schmidt/Wollenschläger (Hrsg.), Kompendium Öffentliches Wirtschaftsrecht, 5. Aufl. 2019, § 8 Rn. 8.

[498] BVerfGE 137, 305 (371).

können insoweit Subventionen Handlungsspielräume für eine aktive lokale Umweltpolitik eröffnen.

Allerdings sind auch in diesem Rahmen die allgemeinen Grenzen zu beachten, die das *EU-Wettbewerbsrecht* unternehmensbezogenen Beihilfen setzt (Art. 107 f. AEUV).[499] Verletzungen des Beihilfeverbots (Art. 107 I AEUV) bzw. der Notifizierungspflicht und des Durchführungsverbots (Art. 108 III 1, 3 AEUV) führen zur Rechtswidrigkeit des Bescheides und grds. zur Rücknahme nach § 48 VwVfG. Beihilfen zu Zwecken des Umweltschutzes lassen sich ggf. durch eine Ausnahme nach Art. 107 III AEUV rechtfertigen.[500] **141**

Die konkrete Subventionsentscheidung im Einzelfall (der Rechtsgrund der Subventionierung) ist immer öffentlich-rechtlich (Verwaltungsakt nach § 35 VwVfG oder öffentlich-rechtlicher Vertrag nach § 54 VwVfG), wohingegen die Abwicklung auch privatrechtlich ausgestaltet sein kann (zB Darlehensvertrag).[501] **142**

d) Umweltschutz im Rahmen öffentlicher Auftragsvergabe

Besondere praktische Bedeutung erlangt hat auch die Berücksichtigung umweltbezogener Belange im Rahmen der öffentlichen Auftragsvergabe, deren Verfahren und materielle Standards eingehend in den §§ 97 ff. GWB[502] und (untergesetzlich) VgV[503] bzw. KonzVgV[504] geregelt sind.[505] Öffentliche Aufträge (§ 103 GWB) und Konzessionen (§ 105 GWB) werden von öffentlichen Auftraggebern (§§ 98 ff. GWB) nach § 97 I 1 GWB im Wettbewerb und im Wege transparenter Verfahren vergeben, die im Einzelnen in den §§ 119 ff. GWB (einschließlich spezifischen Rechtsschutzes) geregelt sind. Dabei werden nach § 97 I 2 GWB die Grundsätze der Wirtschaftlichkeit und der Verhältnismäßigkeit gewahrt. Die Teilnehmer an einem Vergabeverfahren sind nach § 97 II GWB gleich zu behandeln *(Diskriminierungsverbot).* Bei der Vergabe werden Aspekte der Qualität und der Innovation sowie soziale und *umweltbezogene* Aspekte berücksichtigt (§ 97 III GWB). Bei öffentlichen Aufträgen wird eine Leistung (z B eine Dienstleistung, ein Bauauftrag, eine Warenbeschaffung) gegen Entgelt von der öffentlichen Hand „eingekauft". Konzessionen sind nach § 105 I GWB hingegen Verträge, bei denen einem Auftragnehmer ein Recht zur Leistungserbringung (z B Altpapiersammlung) übertragen wird, die Erlöse aber aus Vereinbarungen mit Dritten gezogen werden;[506] die §§ 148 ff. GWB sehen für diese ein besonderes Vergabeverfahren vor, für das teils abweichende Regelungen gelten. **143**

Das geltende Vergaberecht sieht eine differenzierte Prüfungskaskade vor,[507] die einerseits der öffentlichen Hand eine effektive und wirtschaftliche Beschaffung ermöglichen, andererseits **144**

---

[499] Dazu weiterführend *Germelmann* EurUP 2019, 255 ff.; *Unger* (o. Fn. 497) § 8 Rn. 11 ff.

[500] *Cremer* in Calliess/Ruffert (Hrsg.), EUV/AEUV, 5. Aufl. 2016, Art. 107 Rn. 67 f.; *Frenz* NuR 2019, 361 ff. vgl. auch *Europäische Kommission,* Ein Rahmen für die Klima- und Energiepolitik im Zeitraum 2020–2030, KOM (2014) 15 endg.

[501] Vgl. *Maurer/Waldhoff* (o. Fn. 322) § 17 Rn. 13 ff. (mit Kritik an der sog. Zwei-Stufen-Theorie Rn. 16 ff.).

[502] Gesetz gegen Wettbewerbsbeschränkungen idF v. 26.6.2013 (BGBl. I 1750, 3245).

[503] Vergabeverordnung v. 12.4.2016 (BGBl. I 624).

[504] Konzessionsvergabeverordnung v. 12.4.2016 (BGBl. I 624, 683).

[505] Zu den Landesvergabegesetzen im Überblick *Burgi,* Vergaberecht, 3. Aufl. 2021, § 7 Rn. 17 ff. (

[506] Vgl. speziell zu Konzessionen im Umweltrecht *Wollenschläger* EurUP 2016, 380 ff. Die umweltrechtlich besonders relevanten Wasserkonzessionen fallen allerdings nach § 149 Nr. 9 GWB aus dem Anwendungsbereich des Vergaberechts; zu deren (unionsrechtskonformer) Behandlung eingehend *Schröder* NVwZ 2017, 504 ff.; zu wasserrechtlichen Genehmigungen *Durner* DVBl 2020, 149 ff.

[507] Hierzu *Burgi* (o. Fn. 505) § 4 Rn. 21 ff.; *Diederichsen/Renner* in Schmidt/Wollenschläger (Hrsg.), Kompendium Öffentliches Wirtschaftsrecht, 5. Aufl. 2019, § 7 Rn. 17 ff.

aber auch Diskriminierungen (insbes. aus politischen Gründen, sprich: Protektionismus) verhindern soll. Hierbei unterscheidet das GWB unionsrechtskonform strikt zwischen Eignungs- und Zuschlagskriterien:[508]

145 Öffentliche Aufträge werden an *fachkundige und leistungsfähige (geeignete) Unternehmen* vergeben, die nicht rechtmäßig ausgeschlossen worden sind (§ 122 I GWB). Ein Unternehmen ist geeignet, wenn es die durch den öffentlichen Auftraggeber im Einzelnen zur ordnungsgemäßen Ausführung des öffentlichen Auftrags festgelegten Kriterien *(Eignungskriterien)* erfüllt, insbes. die technische und berufliche Leistungsfähigkeit (§ 122 II Nr. 3 GWB). Öffentliche Auftraggeber können unter Berücksichtigung des Grundsatzes der Verhältnismäßigkeit ein Unternehmen zu jedem Zeitpunkt des Vergabeverfahrens von der Teilnahme an einem Vergabeverfahren ausschließen, wenn das Unternehmen bei der Ausführung öffentlicher Aufträge nachweislich gegen geltende umweltrechtliche Verpflichtungen verstoßen hat (§ 124 I Nr. 1 GWB).

146 Der *Zuschlag* wird nach § 127 I 1 GWB auf das *wirtschaftlichste Angebot* erteilt (für Konzessionen entsprechend § 152 GWB). Dies bedeutet nicht zwangsläufig eine Zuschlagserteilung auf den billigsten Angebotspreis. Das wirtschaftlichste Angebot bestimmt sich vielmehr gem. § 127 I 3 GWB nach dem besten Preis-Leistungs-Verhältnis. Zu dessen Ermittlung können neben dem Preis oder den Kosten nach § 127 I 4 GWB ausdrücklich auch qualitative, umweltbezogene oder soziale Aspekte berücksichtigt werden. Insoweit können umweltbezogene Aspekte zum Gegenstand der Leistungsbeschreibung gemacht und als primäres Vergabeziel in den Bieterwettbewerb einbezogen werden, wenn der Beschaffungsgegenstand erst hierdurch definiert wird (etwa Umweltstandards eines zu errichtenden Gebäudes, einzuhaltende Standards der Abfallentsorgung). Daneben können – im Einklang mit der Rechtsprechung des *EuGH*[509] – aber iRd § 127 I 4 GWB auch auftragsbezogene ökologische Standards (zB Herkunfts- oder Verwendungsnachweise) vorgegeben werden (vgl. auch § 49 VgV), die nicht notwendig sind, den Auftrag funktionsgerecht zu erfüllen, die aber legitimen und transparent gemachten ökologischen Sekundärzielen dienen (sog. „vergabefremde Aspekte"; zB die Verwendung von Holz aus nachhaltigem Anbau im Rahmen eines Bauauftrags).[510] Insgesamt ist hierbei jeweils das Verhältnismäßigkeitsgebot zu beachten;[511] namentlich dürfen überzogene Umweltanforderungen nicht missbraucht werden, verdeckt und mittelbar Wettbewerber zu diskriminieren (zB durch ökologisch nicht zwingend gebotene Festlegung auf einen Produktionsstandard, den nur ein spezifisches Unternehmen erfüllt). Vorschriften für die Beschaffung energieverbrauchsrelevanter Leistungen und von Straßenfahrzeugen in den §§ 67 f. VgV enthalten umweltspezifische Spezialregelungen.[512]

5. Informale Instrumente

147 In der (umweltrechtlichen) Praxis handelt der Staat häufig informal. Wenn die öffentliche Hand auf ihre hoheitlich-imperativen Instrumente verzichtet und eine konsensual-dialogische Lösung mit den Betroffenen anstrebt, zeigt sich darin der Wandel vom Ordnungsstaat zum *kooperativen* und *informalen* Staat. Das Kooperationsprinzip (→ Rn. 33 ff.) findet hier seine weitestgehende Verwirklichung. Informales Handeln verspricht eine größere Effizienz und Flexibilität, Kosten- und Zeitersparnis, eine verbesserte Akzeptanz und damit einhergehend weniger Rechtsstreitigkeiten. Zugleich trennt diese Vorteile aber nur ein schmaler Grat von signifikanten Nachteilen: Gemeinwohlinteressen und Umweltstandards stehen in

---

[508] *Diederichsen/Renner* (o. Fn. 507) § 7 Rn. 122.

[509] Vgl. *EuGH*, Rs. C-513/99 (Concordia Bus Finland), Slg. 2002, I-7213 Rn. 69; Rs. C-448/01 (Wienstrom), Slg. 2003, I-14527 Rn. 30 ff. Hierzu *Behrend* NuR 2015, 233 ff.; *Huber/Wollenschläger* WiVerw 2005, 212 ff.; *Meßerschmidt* in Ehlers/Fehling/Pünder § 45 Rn. 76 f.; *Rosenkötter* NVwZ 2012, 867 (874).

[510] Eingehend *Hattenhauer/Butzert* ZfBR 2017, 129 ff.

[511] Hierzu *Burgi* (o. Fn. 505) § 6 Rn. 26, § 7 Rn. 16.

[512] Vertiefend *Kloepfer* EurUP 2015, 214 ff.; *Dageförde*, Umweltschutz im öffentlichen Vergabeverfahren, 2012; *Burgi* (o. Fn. 505) § 7 Rn. 15, § 16 Rn. 37, § 17 Rn. 17 ff.

Gefahr, je nach der Verhandlungsposition des Gegenübers wegverhandelt zu werden, konkurrierende Interessen außenstehender Dritter drohen unberücksichtigt zu bleiben. Ein Mangel an Transparenz und gerichtlicher Kontrolle sowie eine Ungleichheit der Rechtsanwendung werden beklagt,[513] ferner die Unsicherheit der Befolgung (Ausweichverhalten der Bürger)[514] und folglich nicht ein – an sich erhoffter – Abbau, sondern – im Gegenteil – eine Verstärkung von Vollzugsdefiziten im Umweltrecht.

Informales Handeln findet in Gestalt rechtlich oft nicht spezifisch geregelter Kontakte, Absprachen, Arrangements, Vorabstimmungen und gemeinsamer Aktionen zwischen Verwaltung und Bürger statt;[515] auch staatliche Listungen, Empfehlungen, Warnungen, Appelle und Umweltberatung zählen dazu[516] sowie nicht zuletzt normvollziehende sowie normvorbereitende und -ersetzende Absprachen.

Normvollziehende Absprachen betreffen die Anwendung bestehender Rechtsnormen, etwa die Frage, wie das Umweltschutzziel einer Norm auch ohne den Erlass einer hoheitlichen Verfügung (die auf ihrer Grundlage ergehen könnte) oder den Abschluss eines öffentlich-rechtlichen Vertrages[517] erreicht werden kann. Vor allem aber sind sie im Vorfeld eines Verwaltungsverfahrens anzutreffen. Insbes. bei komplexen Genehmigungsverfahren bietet sich schon vor Stellung eines förmlichen Antrags eine frühzeitige Kontaktaufnahme mit den zuständigen Behörden an, um etwa einzureichende Unterlagen, relevante Sachfragen oder einzuhaltende Pflichten informell abzuklären. Aus Sicht der Genehmigungsbehörde kann es sinnvoll sein, den Entwurf eines Bescheides vorab zuzuleiten, um das Rechtsmittelrisiko abzuschätzen. In § 2 II der 9. BImSchV, § 5 UVPG oder auch § 71c II (L)VwVfG ist dieser sog. *Scoping*-Prozess mittlerweile auch gesetzlich anerkannt worden. **148**

Normvorbereitende Absprachen wurden zuletzt insbes. in der deutschen Energiepolitik praktiziert; hinzuweisen ist auf den sog. „paktierten Atomausstieg" v. 14.6.2000 zwischen der Bundesregierung und Energieversorgungsunternehmen. Im Schrifttum wird hierin ein Anwendungsfall „kooperativer Rechtserzeugung" bzw. „*Collaborative Governance*" gesehen.[518] **149**

Normvertretende (bzw. normersetzende oder normvermeidende) Absprachen setzen hingegen schon im Vorfeld des Normerlasses mit dem Ziel an, diesen zu verhindern. Gemeint sind Selbstverpflichtungen der Wirtschaft, etwa der Automobilindustrie zur Senkung des Kraftstoffverbrauchs bzw. der CO_2-Emissionen oder im Chemikalien- und Entsorgungsbereich.[519] Im Gegenzug verzichtet die öffentliche Hand, regelmäßig die Regierung oder das Parlament, auf eine entsprechende gesetzliche Regelung. Solche informalen Absprachen können zwar der praktischen Problembewältigung dienen, aber zugleich auch die demokratische Öffentlichkeit des parlamentarischen Verfahrens sowie die Allgemeinheit des Gesetzes als Instrument der Freiheits- und Gleichheitssicherung[520] aushebeln.[521] Ein von der Regierung geschlossener Vertrag über konkrete Inhalte der Gesetzgebung kann schon im Hinblick auf die funktionale **150**

---

[513] Vgl. etwa *Bauer* VerwArch 1987, 241 ff.; *Henneke* NuR 1991, 267 ff.; *Oster* NuR 2008, 845 ff.; *Schmidt-Aßmann* (o. Fn. 141) S. 348 ff.; *Sparwasser/Engel/Voßkuhle* § 2 Rn. 196 ff.

[514] Zu dieser Gefahr *Kirchhof* ZRP 2015, 136 (137).

[515] Frühzeitig bereits *Forsthoff*, Lehrbuch des Verwaltungsrechts, Bd. I, 10. Aufl. 1973, S. 73 f.

[516] S. *Bohne* in HdUR I Sp. 1046 ff.; *Schröder* NVwZ 1998, 1011 ff.

[517] Instruktiv *Fontana* EurUP 2017, 310 ff.

[518] S. *Bauer* ZfE 2010, 237 ff.; *Köpp*, Normvermeidende Absprachen zwischen Staat und Wirtschaft, 2001, S. 45 ff.; *Schuppert*, Governance und Rechtsetzung, 2011, S. 60 ff.; allg. auch *Hansjürgens/Köck/Kneer* (Hrsg.), Kooperative Umweltpolitik, 2003. Speziell mit Blick auf den „paktierten Atomausstieg" *Kahl/Bews* JURA 2014, 1004 (1007 ff.); *Schorkopf* NVwZ 2000, 1111 ff.; *Böhm* NuR 1999, 661 ff. Eingehend *Hahn*, Der Gesetzgebungsvertrag als Rechtsproblem, 2017, S. 100 ff.

[519] Vgl. *Anderl*, Gesetzgebung und kooperatives Regierungshandeln, 2006, S. 56 ff.; *Dempfle*, Normvertretende Absprachen, 1994, S. 3 ff.; *Schuppert* (o. Fn. 518) S. 65 ff.; *SRU*, Gutachten 1998, BT-Drs. 13/10195, Tz. 266 ff.

[520] Hierzu prononciert *Kirchhof*, Die Allgemeinheit des Gesetzes, 2009.

[521] Krit. daher *Becker*, Kooperative und konsensuale Strukturen der Normsetzung, 2005, S. 261 ff.; *Kloepfer* ZG 2010, 346 ff.; *Kloepfer/Bruch* JZ 2012, 377 (383 f.).

Gewaltengliederung (Art. 20 II 2 GG) den parlamentarischen Gesetzgeber nicht binden. Wer sich auf eine solche Absprache verlässt, ist auch in seinem Vertrauen grds. nicht geschützt, wenn dann der Gesetzgeber – zumal mit anderen Mehrheiten nach einer Wahl – doch handelt und sich von den Abreden der Regierung löst.

151 Neuerdings vermehrt in die Diskussion geraten sind als (vermeintlich) goldener Mittelweg zwischen Ordnungsrecht und Laissez-faire (sog. „libertärer Paternalismus“) diverse Formen des „Schubsens“ *(Nudging)* von Bürgern (Konsumenten), die durch unbewusste oder halb bewusste Anreize in Richtung auf ein umweltschutzfreundliches Verbraucherverhalten gelenkt werden sollen (zB grüne Fußabdrücke auf dem Gehweg, die zum nächsten Mülleimer führen; vergleichende Informationen über den eigenen Energieverbrauch und den [durchschnittlichen] Verbrauch der anderen, um einen „Wettbewerb“ um das Energiesparen zu stimulieren; Speisen eines Buffets so anordnen, dass klimafreundliche Angebote als erstes kommen und vorne stehen).[522] Das *Nudging* wirft eine Reihe von bislang nicht abschließend geklärten Rechtsfragen auf, nicht zuletzt mit Blick auf die – gerade in der Summation mit anderen informalen oder formalen Instrumenten – nicht zu unterschätzende Beeinträchtigung (auch negativer) individueller Freiheit.[523] Umso dringlicher stellt sich die Frage nach den rechtsstaatlichen Grenzen des informalen Verwaltungshandelns.

152 Informales Handeln erfolgt nicht im rechtsfreien Raum. Die Grundrechtsbindung (Art. 1 III GG) und der Grundsatz der Gesetzmäßigkeit (Art. 20 III GG) enden nicht mit dem Verzicht der öffentlichen Hand, förmlich zu handeln. Insbes. bleibt die Verwaltung an den Gesetzesvorrang, die Kompetenzordnung, das Verhältnismäßigkeitsprinzip, den Gleichheitssatz und das Neutralitätsgebot gebunden.[524] Verpflichtende Vereinbarungen zulasten Dritter sind im konsensualen Verfahren ausgeschlossen.[525] Im Übrigen ließe sich ein Mindestmaß an Transparenz, ohne dass hierdurch der Charakter des Informalen verloren ginge, durch die Verpflichtung erreichen, getroffene Absprachen zu veröffentlichen.[526] Ferner sollte das informale Verwalten nach Möglichkeit auf einer bewussten Entscheidung des Gesetzgebers beruhen, die zunächst im Parlament diskutiert und sodann im Bundesgesetzblatt verkündet wird.[527]

6. Umwelthaftung

a) Öffentliches und privates Umweltrecht

153 Vor Inkrafttreten des Grundgesetzes und der modernen Umweltgesetze lag die gerichtliche Durchsetzung umweltschutzrechtlicher Belange – von ersten Anklängen

[522] Impulsgebend *Thaler/Sunstein*, Nudge, 4. Aufl. 2014, insbes. S. 14 ff., 251 ff., 331 ff.; weiterführend *Beul* KritV 2019, 39 ff.; *Honer* DÖV 2019, 940 ff.; *Hufen* JuS 2020, 193 ff.; *Kemmerer/Möllers/Steinbeis/Wagner* (Hrsg.), Choice Architecture in Democracies, 2016; *Kunzendorf*, Gelenkter Wille, 2021. Für den Lebensmittelbereich *Kahl* ZLR 2017, 147 ff.; *Holle* ZLR 2016, 596 ff.

[523] Vgl. *Holle* ZLR 2016, 596 ff.; *Hufen* FS Schmidt-Preuß, 2018, S. 99 ff.; *Kirchhof* ZRP 2015, 136 ff.; *Smeddinck* ZRP 2014, 245 ff.; *ders./Bornemann* DÖV 2018, 513 ff.; *Weber/Schäfer* Der Staat 56 (2017), 561 ff.

[524] S. zum Informationshandeln BVerfGE 148, 40 ff. Ferner BVerfGE 104, 249 (266), zur Bindung informalen Handelns an die Kompetenzordnung.

[525] So auch *Maurer/Waldhoff* (o. Fn. 322) § 15 Rn. 21; *Schoch* in Isensee/Kirchhof (Hrsg.), HStR III, 3. Aufl. 2005, § 37 Rn. 128 ff.

[526] Vgl. *Schmidt-Aßmann* (o. Fn. 141) S. 354.

[527] *Schoch* (o. Fn. 525) § 37 Rn. 114 ff., 127 ff.; *Kirchhof* Verw. 46 (2013), 361 (366 ff.); *ders.* ZRP 2015, 136 (137).

eines öffentlichen Umweltrechts im Gewerberecht abgesehen[528] – schwerpunktmäßig im Zivilrecht. Mit der Ausformung subjektiver öffentlicher Rechte wird diese Aufgabe nunmehr zum größten Teil durch die öffentlich-rechtliche Nachbarklage wahrgenommen. Dieses Nebeneinander von privatem und öffentlichem Umweltrecht hat zu einem zweigleisigen, sich überschneidenden und überlagernden Rechtsschutz geführt, der die Gefahr divergierender Entscheidungen mit sich bringt. Öffentlich-rechtliche Planungsentscheidungen drohen durch privatrechtliche Abwehransprüche konterkariert zu werden, denn zunächst einmal stehen das private und das öffentliche Umweltrecht gleichberechtigt nebeneinander.[529] Insoweit besteht zwischen öffentlichem und privatem Umweltrecht ein gewisses *Spannungs*verhältnis. Inzwischen sind das öffentliche und das private Umweltrecht freilich weitgehend harmonisiert worden, was die Spannungen deutlich abgemildert, wenn auch nicht völlig beseitigt hat. Vielfach stehen beide Rechtsgebiete sogar im Verhältnis von wechselseitigen Auffangordnungen zueinander (*Ergänzungs*verhältnis).[530]

b) Recht des Bürgerlichen Gesetzbuchs

aa) Unterlassungsansprüche

Der wichtigste zivilrechtliche Abwehranspruch findet sich in § 1004 I BGB. Er **154** gewährt dem Eigentümer einen verschuldensunabhängigen Beseitigungs- (S. 1) und Unterlassungsanspruch (S. 2) gegen eine Beeinträchtigung seines Eigentums jedweder Art – auch durch schädliche Umwelteinwirkungen. Inhaltlich gleichartige Ansprüche hat ein Besitzer gegen eine Störung seines Besitzes durch verbotene Eigenmacht (§§ 862 I, 858 BGB). Schließlich erstreckt der sog. quasi-negatorische Rechtsschutz den Unterlassungsanspruch auch auf drohende widerrechtliche Eingriffe in ein sonstiges, durch §§ 823 ff. BGB geschütztes Rechtsgut, insbes. Leben und Gesundheit.[531] Allen Unterlassungsansprüchen ist gemein, dass sie ausgeschlossen sind, wenn der Rechtsgutsträger zur Duldung verpflichtet ist. Eben diese Duldungspflicht konkretisiert § 906 I BGB für die Zuführung unwägbarer Stoffe aller Art (sog. Imponderabilien), etwa auch für Immissionen iSd BImSchG.[532] So hat der Eigentümer eines Grundstücks solche Einwirkungen zu dulden, die sein Grundstück nur unwesentlich beeinträchtigen (S. 1). Eine unwesentliche Beeinträchtigung liegt *in der Regel* vor, wenn die in Gesetzen oder Rechtsverordnungen (wie zB den verschiedenen BImSchV) enthaltenen Grenz- oder Richtwerte eingehalten werden (S. 2). Gleiches gilt für die Grenzwerte in Verwaltungsvorschriften wie der TA Lärm oder TA Luft, die auf Grundlage des § 48 BImSchG erlassen worden sind und den Stand der Technik wiedergeben (S. 3).

§ 906 I 2, 3 BGB kommt somit die Funktion einer *Brücken-* bzw. *Scharniernorm* zwischen **155** öffentlichem und privatem Umweltschutzrecht zu. Zwar wird der Richter einer zivilrechtlichen Nachbarstreitigkeit nicht absolut an öffentlich-rechtliche Grenzwerte gebunden, doch indiziert ihre Einhaltung eine nur unwesentliche und damit unbeachtliche Beeinträchtigung wie umgekehrt ihre Überschreitung für eine wesentliche Einwirkung spricht. Abweichungen sind begründungsbedürftig. Mittelbar führt die Regelvermutung des § 906 I BGB so zu einer Harmonisierung und einem relativen Vorrang des öffentlichen Rechts vor dem privaten Umwelt-

---

528 Vgl. bereits den – dem heutigen § 4 I BImSchG ähnlichen – § 26 der Preußischen Gewerbeordnung v. 1845.

529 *Dolderer* DVBl 1998, 19 (21 ff.).

530 Grdl. hierzu die Beiträge in *Hoffmann-Riem/Schmidt-Aßmann* (Hrsg.), Öffentliches Recht und Privatrecht als wechselseitige Auffangordnungen, 1996.

531 Zu diesem quasi-negatorischen Unterlassungsanspruch schon RGZ 60, 6 (7 f.); 61, 366 (369); 116, 151 (153 ff.), hierzu *Wagner* in MüKoBGB, Bd. 7, 8. Aufl. 2020, Vor § 823 Rn. 35.

532 Zum Immissionsbegriff → § 7 Rn. 55 ff.

schutzrecht.[533] Im Übrigen besteht eine Duldungspflicht auch dann, wenn eine Störungsbeseitigung ihrerseits gegen Umweltrecht (zB BNatSchG) verstößt.[534]

bb) Schadensersatzansprüche

156 Bei Beeinträchtigung eines der in § 823 I BGB geschützten Rechtsgüter kann neben dem eben erwähnten quasi-negatorischen Unterlassungsanspruch auch *Schadensersatz in Geld* beansprucht werden. Eine weitere Anspruchsgrundlage enthält § 823 II BGB im Falle der (schuldhaften) Verletzung eines Schutzgesetzes. Als *Schutzgesetz* kommt jede Rechtsnorm in Frage (Art. 2 EGBGB), die nach ihrem Regelungszweck zumindest auch dazu dienen soll, den Einzelnen oder einzelne Personenkreise gegen die Verletzung eines bestimmten Rechtsguts zu schützen. [535]

157 In diesem Sinne drittschützend sind etwa die §§ 5, 22 BImSchG[536], immissionsschützende Vorschriften des Baunachbarrechts[537] oder §§ 13 I, 14 III WHG,[538] soweit sie konkrete Verhaltenspflichten mit nachbarschützendem Bezug enthalten bzw. dem Betroffenen eine materielle Rechtsstellung einräumen. Auch ein Verwaltungsakt ist unter diesen Voraussetzungen ein Schutzgesetz (im materiellen Sinne), zB eine Baugenehmigung, die mit einer Lärmschutzauflage zugunsten der Nachbarschaft versehen wird.[539] *Keine* Schutzgesetze sind demgegenüber technische Standards, die wie die TA Luft oder TA Lärm durch Sachverständigengremien unter Beteiligung der Wirtschaft erarbeitet werden (vgl. § 48 BImSchG) oder Regelwerke von Verbänden (zB DIN/EN-, CEN-, ISO- und andere Normen).[540] Die Missachtung ökologischer Standards kann aber ein Sachmangel oder deliktsrechtlich eine haftungsbegründende sittenwidrige Schädigung[541] sein. Das Haftungsrisiko kann dann wiederum mittelbare generalpräventive Wirkung entfalten.

158 Wenngleich diese Schadensersatzansprüche primär der Befriedigung und Genugtuung des geschädigten Rechtsgutträgers dienen, wohnt ihnen auch eine nicht zu vernachlässigende *Präventionsfunktion* inne (zum Vorsorgeprinzip → Rn. 22 ff.). Das Verhalten des potentiellen Schädigers wird durch die im Schadensfalle drohende Kostenbelastung ökonomisch durch einen Vermeidungsanreiz gesteuert.

In der Praxis sieht sich der Geschädigte bei der Geltendmachung zivilrechtlicher Schadensersatzansprüche freilich regelmäßig erheblichen *Beweis*schwierigkeiten ausgesetzt, da er für sämtliche Anspruchsvoraussetzungen die Beweislast trägt. Insbes. der Nachweis der haftungsbegründenden Kausalität und des Verschuldens ist – zumal bei Summations- und Distanzschäden – oft kaum zu erbringen.[542] Namentlich der Versuch, einen Großemittenten (RWE) auf der Grundlage des allgemeinen Deliktsrechts für Klimawandelfolgen in Anspruch zu nehmen, blieb mangels Nachweises einer adäquaten Kausalität (bislang) erfolglos.[543]

---

[533] Vgl. *Calliess* Verw. 34 (2001), 169 (188); *Kloepfer* UmweltR § 6 Rn. 24 ff. Zum Ganzen auch *Appel/Bulla* DVBl 2008, 1277 (1282 f.).

[534] *OLG Hamm* Urt. v. 29.5.2017 – I-5 U 156/15 (Auswilderung geschützter Wisente). Ggf. sind von Zivilgerichten naturschutzrechtliche Dispense zu prüfen, vgl. BGHZ 120, 239 ff. (quakende Frösche).

[535] BGHZ 122, 1 ff.; *BGH* NJW 2004, 356 (357); NJW 2004, 1949.

[536] Vgl. *BGH* DVBl 1997, 424 f.

[537] *OLG Frankfurt aM* NJW-RR 2000, 1542.

[538] *BGH* NJW 1977, 1770 (1774); BayObLGE 80, 168.

[539] BGHZ 121, 1.

[540] S. BGHZ 139, 16.

[541] BGHZ 225, 316 ff.; 226, 322 ff.; *BGH* NJW 2020, 2798 ff.; *OLG Koblenz* NJW 2019, 2237 ff.: illegale Abschalteinrichtung im Kfz-Emissionsbegrenzungssystem („Dieselskandal"). Hierzu *Jaensch* jM 2020, 322 ff.; *Otte-Gräbener* BB 2020, 1874 ff.

[542] *Michalski* JURA 1995, 617.

[543] *LG Essen* ZUR 2017, 370 (371 f.); krit. *Frank* NVwZ 2017, 664 ff.; s. allerdings den Hinweisbeschluss in der Berufungsinstanz *OLG Hamm* ZUR 2018, 118 (119). Gegen eine

Privatrechtliche Haftungsvorschriften sind ferner die Ausgleichspflicht nach § 14 S. 2 BImSchG, die Gefährdungshaftung nach § 89 WHG oder das Haftungsregime nach §§ 25 ff. AtG.

cc) Privatrechtsgestaltende Wirkung

Zu einem relativen Vorrang des öffentlichen Umweltrechts trägt schließlich auch das Institut der privatrechtsgestaltenden Wirkung bei, das die Durchsetzbarkeit zivilrechtlicher Ansprüche stark beschränkt. Ist eine öffentlich-rechtliche Genehmigung unanfechtbar, kann die Einstellung des Betriebs einer Anlage etwa nach § 14 S. 1 BImSchG oder § 75 II 1 VwVfG grds. nicht mehr aufgrund privatrechtlicher Ansprüche verlangt werden. Wer seine Rechte nicht im Genehmigungsverfahren geltend gemacht hat, ist nach Bestandskraft der Genehmigung auch vor den Zivilgerichten mit privatrechtlichen Abwehransprüchen ausgeschlossen. Diese Verkürzung des Rechtsschutzes zwischen Privaten ist deshalb – ungeachtet des auch hier geltenden Justizgewährleistungsanspruchs (Art. 2 I iVm Art. 20 III GG)[544] – verfassungskonform, weil die Betroffenen ihre Rechte im Verwaltungsverfahren geltend machen können und ihnen insoweit Verwaltungsrechtsschutz gegen den Planfeststellungsbeschluss zur Verfügung steht. 159

c) Umwelthaftungsgesetz

Nur begrenzte Abhilfe schafft das Umwelthaftungsgesetz (UmweltHG), das ergänzend neben die allgemeinen zivilrechtlichen Schadensersatzansprüche tritt (§ 18 I UmweltHG). Nach § 1 UmweltHG trifft den Betreiber einer Anlage eine *verschuldensunabhängige* Pflicht zum Ersatz solcher Schäden an Leben und Gesundheit oder an Sachen, die durch eine von seiner Anlage ausgehende Umwelteinwirkung entstehen. Während diese *Gefährdungs*haftung an sich nicht nur Störfälle, sondern auch den Normalbetrieb erfasst, findet die sie ergänzende Ursachenvermutung des § 6 I UmweltHG – und hierin liegt die Achillesferse des UmweltHG – keine Anwendung, wenn die Anlage *bestimmungsgemäß betrieben* wurde. Ein solcher bestimmungsgemäßer Betrieb liegt vor, wenn die besonderen Betriebspflichten, die sich aus der Anlagengenehmigung, Auflagen, vollziehbaren Anordnungen und aus Rechtsvorschriften ergeben, eingehalten werden (§ 6 II, III UmweltHG). Der Anlagenbetreiber kann die Kausalitätsvermutung weiterhin dadurch entkräften, dass er einen anderen Umstand (nicht aber eine andere Anlage als potentielle Schädigerin) ins Feld führt, der nach den Gegebenheiten des Einzelfalles geeignet ist, den Schaden zu verursachen (§ 7 I, II UmweltHG). Die Gefährdungshaftung des UmweltHG wird so weitgehend ihrer Schlagkraft beraubt.[545] 160

d) Umweltschadensgesetz

Das Umweltschadensgesetz (USchadG)[546] setzt die Vorgaben der Umwelthaftungsrichtlinie 2004/35/EG[547] in das deutsche Recht um. Das USchadG begründet eine 161

Haftung *Ahrens* VersR 2019, 645 ff. Insgesamt zu zivilrechtlichen Haftungsklagen *Engel* I +E 2019, 160 ff.; *Rumpf* EurUP 2019, 145 ff.

544 BVerfGE 54, 277 (291); 84, 366 (369); 88, 118 (123 f.); 116, 135 (153 ff.).

545 Krit. auch *Kloepfer/Durner* UmweltschutzR § 4 Rn. 135.

546 S. G v. 10.5.2007 (BGBl. I 666); erläuternd *Becker,* Das neue Umweltschadensgesetz, 2007; *Diederichsen,* NJW 2007, 3377 ff.; *Diederichsen/Jerxsen* UPR 2007, 17 ff.; *Petersen,* Die Umsetzung der Umwelthaftungsrichtlinie im Umweltschadensgesetz, 2008; *Scheidler* NVwZ 2007, 1113 ff.; *Wagner* VersR 2008, 565 ff. Aktueller Rechtsprechungsbericht bei *Knopp/Lohmann/Schumacher* NuR 2017, 741 ff.

547 RL 2004/35/EG des Europäischen Parlaments und des Rates v. 21.4.2004 über Umwelthaftung zur Vermeidung und Sanierung von Umweltschäden (ABl. L 143, 56). Allg. zum

Haftung für *rein ökologische* Schäden. Sein *öffentlich-rechtliches* Haftungsregime[548] greift unabhängig von der privatrechtlichen, auf den Schutz von Individualrechtsgütern bezogenen Haftung nach den §§ 823 ff. BGB, § 89 WHG oder § 1 UmweltHG.

aa) Anwendungsbereich

162 Das USchadG enthält zwei zu unterscheidende Haftungstatbestände. § 3 I Nr. 1 USchadG statuiert eine verschuldensunabhängige – insoweit von den Strukturen des deutschen Ordnungsrechts abweichende[549] – *Gefährdungs*haftung für Umweltschäden und unmittelbare Gefahren solcher Schäden, die durch eine der in Anl. 1 aufgeführten beruflichen Tätigkeiten verursacht werden. § 3 I Nr. 2 USchadG sieht demgegenüber eine *Verschuldens*haftung für Biodiversitätsschäden[550] durch alle anderen beruflichen Tätigkeiten vor. Die Haftung nach Nr. 2 ist somit zum einen weiter als jene nach Nr. 1, da sie grds. durch jede berufliche Tätigkeit ausgelöst werden kann; zugleich ist sie aber auch enger, da sie nur bei (unmittelbar drohenden) Schädigungen von Arten und natürlichen Lebensräumen iSd § 19 II, III BNatSchG und nur bei Vorsatz oder Fahrlässigkeit greift. Die Begriffe Vorsatz und Fahrlässigkeit bestimmen sich in Anlehnung an das Zivilrecht (vgl. § 276 BGB).[551] Demgegenüber soll eine Haftung gem. § 3 I Nr. 2 USchadG nach dem *BVerwG nicht* die *Rechtswidrigkeit* des erfolgsverursachenden Handelns voraussetzen.[552]

163 Zu den als besonders umweltgefährlich eingeschätzten beruflichen *Tätigkeiten der Anl. 1* zählen etwa der Betrieb bestimmter Industrieanlagen (Nr. 1), Abfallbewirtschaftungsmaßnahmen wie der Betrieb von Deponien iSd § 43 II, III KrWG oder von immissionsschutzrechtlich genehmigungspflichtigen Verbrennungsanlagen (Nr. 2), Gewässerbenutzungen (Nr. 3–6) und der Umgang mit Gefahrstoffen (Nr. 7, 8) oder mit gentechnisch veränderten Organismen (Nr. 10, 11).

164 Als *sonstige berufliche Tätigkeit* definiert § 2 Nr. 4 USchadG „jede Tätigkeit, die im Rahmen einer wirtschaftlichen Tätigkeit, einer Geschäftstätigkeit oder eines Unternehmens ausgeübt wird, unabhängig davon, ob sie privat oder öffentlich und mit oder ohne Erwerbscharakter ausgeübt wird".[553] Im Kontrast zum Polizeirecht wird also weder für jeden unmittelbaren Verursachungsbeitrag als Handlungsstörer noch überhaupt als Zustandsstörer gehaftet, sondern nur für qualifizierte Tätigkeiten.[554] Nicht in den Anwendungsbereich des USchadG fallen damit etwa Arbeiten im heimischen Garten oder der privat durchgeführte (unerlaubte) Ölwechsel am Kraftfahrzeug. Im Übrigen lässt sich jedoch eine Beschränkung des persönlichen Anwendungsbereichs auf Selbständige dem Wortlaut nicht entnehmen und ist abzulehnen.[555]

Konzept *Becker* NVwZ 2005, 371 ff.; *Duikers,* Die Umwelthaftungsrichtlinie der EG, 2006; *Hille,* Die EU-Richtlinie über Umwelthaftung zur Vermeidung und Sanierung von Umweltschäden, 2007; *Meßerschmidt* § 12 Rn. 1 ff.; *Orlando* in Krämer/dies. S. 272 ff.; *Ruffert* UTR 81 (2004), 43 ff.; *Wagner/Volgger* EurUP 2012, 14 ff.

548 *Cosack/Enders* DVBl 2008, 405 (406); *Müggenborg* NVwZ 2009, 12; *Ruffert* NVwZ 2010, 1177; *Sties,* Europäisches Umwelthaftungsrecht, 2009, S. 152; *Wagner* VersR 2008, 565 (566).

549 *Petersen* (o. Fn. 546) S. 113.

550 Hierzu eingehend *Knopp* in ders./Wiebler (Hrsg.), Der Biodiversitätsschaden des Umweltschadensgesetzes, 2009, S. 1 ff.

551 *BVerwG* ZUR 2018, 230 (231 f.); *Knopp/Lohmann/Schumacher* NuR 2017, 741 (744); *Saurer* NuR 2017, 289 ff.

552 *BVerwG* ZUR 2018, 230 (232 f.); *OVG Schleswig* NuR 2016, 572 (580); *Koukakis* NuR 2018, 460 (462 ff.). AA noch *VG Köln* ZUR 2017, 310 (312); *Kohler* NuR 2017, 657 (659 f.).

553 Hierzu *VGH München* NVwZ-RR 2015, 530: Der Bau einer Bundesfernstraße durch den Straßenbaulastträger sei grds. keine „berufliche" Tätigkeit iSd § 3 I USchadG. Eingehend *Mittelstein* NVwZ 2021, 455 ff.

554 *Beckmann/Wittmann* in Landmann/Rohmer UmweltR USchadG § 2 Rn. 29, 43.

555 Dasselbe gilt für den gleichlautenden Wortlaut von Art. 2 Nr. 7 RL 2004/35/EG. So auch *Diederichsen* NJW 2007, 3377 (3379); aA *Duikers* (o. Fn. 547) S. 85.

bb) Begriff des Umweltschadens

Zentrale Voraussetzung für die Anwendbarkeit des USchadG ist das Vorliegen eines Umweltschadens, der in § 2 Nr. 1 USchadG definiert wird.[556] Ein Umweltschaden ist hiernach 165

- eine Schädigung von Arten und natürlichen Lebensräumen nach Maßgabe des § 19 BNatSchG (lit. a),
- eine Schädigung der Gewässer nach Maßgabe des § 90 WHG (lit. b),
- eine Schädigung des Bodens durch eine Beeinträchtigung der Bodenfunktionen iSd § 2 II BBodSchG, die durch eine direkte oder indirekte Einbringung von Stoffen, Zubereitungen, Organismen oder Mikroorganismen auf, in oder unter den Boden hervorgerufen wurde und Gefahren für die menschliche Gesundheit verursacht (lit. c)[557].

Durch den Verweis auf § 19 I 1 BNatSchG bzw. § 90 I WHG und die dort verankerten *Erheblichkeitsschwellen* („erhebliche Auswirkungen auf") werden reine Bagatellschäden vom Anwendungsbereich ausgenommen. § 2 Nr. 1 lit. c USchadG verlangt für einen Umweltschaden im Boden sogar das Überschreiten der Gefahrenschwelle. Allerdings steht zu erwarten, dass die Rechtsprechung – wie auch bisher bei der FFH-Verträglichkeitsprüfung und bei Gewässerschäden – die Schwelle der Erheblichkeit aufgrund der besonderen Bedeutung der Schutzgüter eher niedrig ansetzen wird.[558] So hat der *EuGH* in Bezug auf die Definition der Erheblichkeit (vgl. § 19 V BNatSchG) etwa festgestellt, dass eine „normale" Bewirtschaftung, die als unerheblich anzusehen ist, nur eine solche sein kann, die auch den Schutzzielen der Richtlinie entspricht,[559] also von vornherein umweltschonend ausgerichtet ist. 166

Gleichzeitig wird an der Aufzählung der Schutzgüter ersichtlich, dass das USchadG nur einen unvollkommenen integrativen Ansatz verfolgt, denn Umweltschäden an Luft und Atmosphäre werden nicht erfasst.[560] Diese Selbstbeschränkung entspringt indes einer konsequenten Umsetzung der zugrunde liegenden Umwelthaftungsrichtlinie, deren Haftungsregime sich eng am Verursacherprinzip orientiert. Wo eine Zuordnung der einzelnen Verschmutzungsbeiträge zu identifizierbaren Verursachern unmöglich ist, weil etwa Emissionen sofort in der Luft und Atmosphäre diffundieren, liefen die Haftungsregelungen des USchadG ohnehin leer. Soweit Schäden von Luft und Atmosphäre individuell zurechenbar sind, sind diese auch als indirekte Schäden des Gewässers, Bodens oder der geschützten Arten und natürlichen Lebensräume fassbar; Luft und Atmosphäre werden damit letztlich nicht als Schutzgut, sondern als Belastungspfad berücksichtigt.[561] 167

cc) Begrenzung des Anwendungsbereichs

Der Anwendungsbereich wird örtlich und sachlich durch § 3 II–V USchadG sowie zeitlich durch § 13 I USchadG begrenzt. Von Bedeutung ist hierbei insbes. § 3 IV USchadG, der das Umweltschadensgesetz bei *diffusen Umweltschäden* nur dann für anwendbar erklärt, wenn ein ursächlicher Zusammenhang zwischen dem Schaden und den Tätigkeiten einzelner Verantwortlicher festgestellt werden kann. Richtigerweise geht es auch hierbei nicht um irgendeinen Ursachenzusammenhang, sondern um einen hinreichenden Grund normativer Zurechnung, weshalb atypische Kausal- 168

---

[556] Näher dazu *Scheidler* NVwZ 2007, 1113 (1114 f., 1116 f.).
[557] Vertiefend *Brinktrine* ZUR 2007, 337 ff.
[558] So krit. *Diederichsen* NJW 2007, 3377 (3378).
[559] *EuGH*, Rs. C-297/19 (Naturschutzbund Deutschland), ECLI:EU:C:2020:533 Rn. 55 ff.; hierzu *Mittelstein/Gottberg* NuR 2020, 690 ff. Vgl. auch *BVerwG* NVwZ-RR 2019, 640 ff.
[560] Vgl. *Führ/Lewin/Roller* NuR 2006, 67 (68); *Wagner* VersR 2008, 565 (566 f.).
[561] Vgl. Art. 1 RL 2004/35/EG sowie Erwägungsgründe 2, 4 und 13.

verläufe, die für den Einzelnen weder vorhersehbar noch beherrschbar sind, ausscheiden.[562]

169 Eine weitere Ausnahme versteckt sich in § 19 I 2 BNatSchG, der über den Verweis des § 2 Nr. 1 lit. a USchadG einen Umweltschaden schon *per definitionem* ausschließt, wenn die beeinträchtigenden Tätigkeiten von der zuständigen Behörde im Rahmen einer FFH-Verträglichkeitsprüfung (§ 34 BNatSchG), einer speziellen artenschutzrechtlichen Prüfung nach § 45 VII oder § 67 II BNatSchG, der naturschutzrechtlichen Eingriffsregelung (§ 15 BNatSchG) oder aufgrund der Aufstellung eines Bebauungsplans nach §§ 30, 33 BauGB ermittelt und genehmigt sind. Entscheidend ist, dass die *konkreten* umweltbeeinträchtigenden Tätigkeiten *ex ante* erkannt und legalisiert werden.

In den übrigen Fällen haftet auch der Betreiber einer genehmigten Anlage bzw. wer eine Erlaubnis für die umweltbeeinträchtigende Tätigkeit hat. Der rechtmäßige Normalbetrieb einer Anlage – dies unterscheidet das öffentlich-rechtliche Haftungsregime des USchadG von der zivilrechtlichen Haftung (vgl. § 6 II UmweltHG) – beseitigt die (primäre) Verantwortlichkeit nach dem USchadG also grds. gerade nicht.[563]

dd) Verantwortlichkeit

170 Die Verantwortlichkeit für einen Umweltschaden, an welche die gesetzlichen Pflichten des USchadG anknüpfen, definiert § 2 Nr. 3 USchadG. Verantwortlich ist hiernach „jede natürliche oder juristische Person, die eine berufliche Tätigkeit ausübt oder bestimmt, einschließlich der Inhaber einer Zulassung oder Genehmigung für eine solche Tätigkeit oder der Person, die eine solche Tätigkeit anmeldet oder notifiziert, und dadurch unmittelbar einen Umweltschaden oder die unmittelbare Gefahr eines solchen Schadens verursacht hat“. Hiernach haftet namentlich nicht nur eine Kapitalgesellschaft, sondern auch ein Organwalter, der die umweltschädigende Handlung verursacht,[564] was eine substanzielle Haftungserweiterung bedeutet. Zugleich wird der haftende Personenkreis allerdings abschließend bestimmt. Ein Rückgriff auf § 278 BGB (Haftung für Erfüllungsgehilfen) kommt daher nach dem *BVerwG* nicht in Betracht.[565] Die Legalisierungswirkung einer Genehmigung schließt eine Haftung nicht aus.[566]

171 Seinem Wortlaut nach verlangt § 2 Nr. 3 USchadG nicht nur die bloße Kausalität einer beruflichen Tätigkeit für einen Umweltschaden bzw. die unmittelbare Gefahr eines solchen, sondern eine *unmittelbare Verursachung.* Der deutsche Gesetzgeber knüpft damit an die klassische ordnungsrechtliche Störer- bzw. Verantwortlichkeitsdogmatik an, wonach nur derjenige für eine Gefahr verantwortlich ist, dessen Verhalten unmittelbar zur Überschreitung der Gefahrenschwelle führt.[567] Eine Verursachungsvermutung kennt das USchadG nicht.[568] Der Gesetzesbegründung zufolge sollten insbes. Behörden und Kommunen vom Anwendungsbereich des USchadG ausgenommen werden, die durch die Genehmigungserteilung oder das Aufstellen von Bauleitplänen einen Umweltschaden lediglich mittelbar verursachen würden.[569] Diese Beschränkung widerspricht sowohl dem Wortlaut (vgl. Art. 2 Nr. 6 Richtlinie 2004/35/EG) als auch dem expliziten Willen der Umwelthaftungsrichtlinie; insbes. sieht diese ausdrücklich vor, dass neben dem Nutzer eines Produktes auch dessen Hersteller, der im Grunde auch nur eine mittelbare Ursache für einen Umweltschaden setzt, verantwortlich

[562] Zu den Hindernissen im Bereich des Klimaschutzes daher *Beckbissinger* EurUP 2020, 2 ff.
[563] Hierzu *Diederichsen* NJW 2007, 3377 (3379).
[564] Hierzu *Keich,* Organmitglieder von Kapitalgesellschaften im System des Umweltschadensgesetzes, 2012; *Schmidt* NZG 2007, 650 ff.; *Wagner* VersR 2008, 565 (570 f.).
[565] *BVerwG* ZUR 2018, 230 (234 f.) betr. externen Gutachter; *Knopp/Lohmann/Schumacher* NuR 2017, 741 (744); *Schwonberg* NVwZ 2018, 431 ff.; krit. *Möckel* ZUR 2018, 235.
[566] *Beckmann* EurUP 2020, 238 ff.
[567] Vgl. BT-Drs. 16/3806, 22. Krit. *Knopp/Lohmann/Schumacher* NuR 2017, 741 (742).
[568] *VG Gießen* NuR 2018, 501 (503).
[569] Vgl. die Gesetzesbegründung der Bundesregierung, BR-Drs. 678/06, 40 f.

ist.[570] Die fehlende unmittelbare Verursachung darf damit erst auf Kostenebene berücksichtigt werden. § 2 Nr. 3 USchadG ist insoweit richtlinienkonform erweiternd auszulegen; die schlichte Kausalität genügt.[571]

ee) Pflichten des Verantwortlichen

Die Pflichten des Verantwortlichen regeln die §§ 4 ff. USchadG: **172**

- Besteht die unmittelbare Gefahr eines Umweltschadens oder ist ein Umweltschaden bereits eingetreten, hat der Verantwortliche zunächst die zuständige Behörde unverzüglich über alle bedeutsamen Aspekte des Sachverhalts zu *unterrichten* (§ 4 USchadG).
- Ist der unmittelbar drohende Umweltschaden noch nicht eingetreten, hat der Verantwortliche unverzüglich die erforderlichen *Vermeidungsmaßnahmen* zu ergreifen (§ 5 USchadG).
- Nach Eintritt eines Umweltschadens hat der Verantwortliche die erforderlichen *Schadensbegrenzungsmaßnahmen* und *Sanierungsmaßnahmen* (§ 2 Nr. 7, 8 USchadG) zu ergreifen (§ 6 USchadG).

Gem. § 8 I USchadG ist der Verantwortliche selbst verpflichtet, die nach den fachrechtlichen Vorschriften erforderlichen Sanierungsmaßnahmen zu ermitteln und diese der zuständigen Behörde zur Zustimmung vorzulegen. In einem zweiten Schritt entscheidet die zuständige Behörde dann „nach Maßgabe der fachrechtlichen Vorschriften" – gemeint sind § 90 WHG und § 19 IV BNatSchG, die ihrerseits wieder auf den Anh. 2 zur Umwelthaftungsrichtlinie verweisen – über Art und Umfang der durchzuführenden Sanierungsmaßnahmen (§ 8 II USchadG). **173**

Die Einhaltung dieses Pflichtenkatalogs wird durch die zuständige Behörde *überwacht.* Sie kann dem Verantwortlichen auch konkrete Informationspflichten, Vermeidungs-, Schadensbegrenzungs- und/oder Sanierungsmaßnahmen auferlegen (§ 7 USchadG). Die Behörde wird von Amts wegen tätig, aber auch wenn ein Betroffener oder eine nach dem UmwRG anerkannte Vereinigung dies beantragt und Tatsachen vorbringt, die den Eintritt eines Umweltschadens glaubhaft erscheinen lassen (§ 10 USchadG). Der Erlass konkreter Maßnahmen bzw. die Auswahl der Mittel steht hingegen im pflichtgemäßen Ermessen.[572] Die Vollstreckung behördlich angeordneter Maßnahmen richtet sich nach den jeweils einschlägigen landesrechtlichen Vollstreckungsgesetzen.[573] **174**

Die *Kosten* für die Vermeidungs-, Schadensbegrenzungs- und Sanierungsmaßnahmen hat grds. der Verantwortliche zu tragen (§ 9 I 1 USchadG). Die Länder können jedoch vorsehen, dass er von den Sanierungskosten für solche Umweltschäden freizustellen ist, die trotz rechtmäßigen Normalbetriebs entstanden sind.[574] Unter mehreren Verantwortlichen für einen Umweltschaden sieht § 9 II 1 USchadG einen Ausgleichsanspruch entsprechend § 426 I 2 BGB vor.[575] Die gerichtliche Durchset- **175**

---

[570] Vgl. Art. 9 RL 2004/35/EG. S. ferner Erwägungsgrund 22 der RL.

[571] So auch *Diederichsen* NJW 2007, 3377 (3380). IE abw. *VG Gießen* NuR 2018, 501 (503).

[572] *VGH München* NVwZ-RR 2015, 530 ff.; *Petersen,* USchadG, 2013, § 7 Rn. 27. § 10 USchadG modifiziert insoweit § 22 S. 2 Nr. 1 VwVfG, vermittelt aber keinen Anspruch auf bestimmte Maßnahmen.

[573] Vgl. BT-Drs. 16/3806, 25.

[574] § 9 I 2 USchadG unter Verweis auf die Voraussetzungen des Art. 8 IV Umwelthaftungsrichtlinie. Krit. *Diederichsen* NJW 2007, 3377 (3379). Ausf. zur Kostentragungspflicht nach dem USchadG *Duikers* UPR 2008, 427 ff.

[575] Zur Verjährung und der Verweisung auf den ordentlichen Rechtsweg s. § 9 II 2–5 USchadG. Ausf. zur Kostentragung und zum Ausgleich im Innenverhältnis *Lennartz* NVwZ 2018, 1429 ff.

zung richtet sich nach § 11 II USchadG iVm UmwRG;[576] Eilrechtsschutz richtet sich ggf. nach § 123 VwGO.[577]

7. Strafrechtliche Haftung für Umweltverschmutzungen

176 Für die effektive Durchsetzung des Umweltrechts spielt auch das Strafrecht eine gewisse – unionsrechtlich induzierte[578] – Rolle. Neben allgemeinen Straftatbeständen hat sich zum Schutz von Gütern der Allgemeinheit ein spezifisch *verwaltungsakzessorisches Umweltstrafrecht* etabliert (§§ 324 ff. StGB), das der flankierenden Durchsetzung des Umweltverwaltungsrechts dient („Straftaten gegen die Umwelt").[579] Das Umweltstrafrecht verfolgt keinen eigenständigen strafrechtlichen Regelungsansatz, sondern sichert letztlich die Einhaltung des Umweltverwaltungsrechts,[580] namentlich der verwaltungsrechtlichen Genehmigungsverfahren. Typisierend kann auf den Basistatbestand des § 324 I StGB verwiesen werden. Wer hiernach unbefugt ein Gewässer verunreinigt oder sonst dessen Eigenschaften nachteilig verändert, wird mit Freiheitsstrafe bis zu fünf Jahren oder mit Geldstrafe bestraft.

177 Entscheidendes Kriterium, durch welches das Gewässerschutzstrafrecht mit dem Verwaltungsrecht verkoppelt wird, ist das Merkmal *„unbefugt"*. Befugt handelt der Gewässerverunreiniger, wenn die vorgenommene Verunreinigung materiell zulässig ist und im Falle eines Genehmigungserfordernisses (vgl. § 8 WHG) eine wirksame Gestattung vorliegt.[581] Ist der genehmigende Verwaltungsakt nichtig (§ 44 VwVfG), entfaltet er auch strafrechtlich keine Rechtfertigungswirkung.[582] Auch eine fehlerhafte Genehmigung entfaltet rechtfertigende Wirkung.[583] Daher kommt es auf die verwaltungsrechtliche Wirksamkeit, nicht auf die Rechtmäßigkeit an (*Verwaltungsaktsakzessorietät,* nicht: Verwaltungsrechtsakzessoritāt[584]). Eine Ausnahme hiervon regelt freilich § 330d I Nr. 5 StGB. Ein Handeln ohne Genehmigung, Planfeststellung oder sonstige Zulassung iSd Strafrechts liegt hiernach auch vor, wenn die Gestattung durch Drohung, Bestechung oder Kollusion[585] erwirkt oder durch unrichtige oder unvollständige Angaben erschlichen wurde. Dies bedeutet eine Abweichung vom Verwaltungsrecht, da auch solche Verwaltungsakte grds. wirksam, aber rücknehmbar sind (§ 48 I, II 3 VwVfG).[586] Ist eine Handlung nach materiellem Verwaltungsrecht lediglich *genehmigungsfähig,* wurde sie aber nicht genehmigt, handelt der Umweltverschmutzer im Übrigen weiterhin unbefugt.[587] Das Strafrecht dient hier also zum Schutz des Verwaltungsverfahrens und seiner Erkenntnis- sowie Rationalisierungsfunktionen.

---

[576] Zur Reichweite *OVG Hamburg* Urt v. 8.4.2019 – 1 Bf 200/15 Rn. 72 ff. (juris).

[577] *VGH München* NVwZ-RR 2015, 530 f.; *VG Neustadt a. d. W.* ZUR 2017, 566 (567).

[578] S. RL 2005/35/EG des Europäischen Parlaments und des Rates v. 7.9.2005 über die Meeresverschmutzung durch Schiffe und die Einführung von Sanktionen für Verstöße (ABl. L 255, 11); RL 2008/99/EG des Europäischen Parlaments und des Rates v. 19.11.2008 über den strafrechtlichen Schutz der Umwelt (ABl. L 328, 28); hierzu *Hecker* in ders./Hendler/Proelß/Reiff (Hrsg.), Verantwortlichkeit und Haftung für Umweltschäden, 2013, S. 117 ff.

[579] Zum Stand *Breuer/Gärditz* WasserR Rn. 1557–1648; *Kloepfer/Heger,* Umweltstrafrecht, 3. Aufl. 2014; *Krell,* Umweltstrafrecht, 2017; *Saliger,* Umweltstrafrecht, 2. Aufl. 2020. Speziell zur Verwaltungsakzessorietät *Saurer* Verw. 2017, 339 ff.

[580] Daher gibt es auch keine zur Klageerzwingung berechtigte Verletzte nach § 172 StPO: *OLG Karlsruhe* ZUR 2020, 105 (106); krit. *Schall* NStZ 2020, 569 (570 ff.).

[581] *Ransiek* in Kindhäuser/Neumann/Paeffgen (Hrsg.), StGB, 5. Aufl. 2017, § 324 Rn. 22.

[582] *Ransiek* (o. Fn. 581) § 324 Rn. 24.

[583] *Jakobs,* Strafrecht Allgemeiner Teil, 2. Aufl. 1993, 16. Abschn. Rn. 29a.

[584] Hierzu eingehend *Lüthge/Klein* ZStW 129 (2017), 48 ff.; *Paeffgen* FS Stree und Wessels, 1993, S. 587 ff.

[585] Anschaulich *OLG Jena* wistra 2018, 52 ff.

[586] Krit. zu dieser Diskrepanz *Breuer* JZ 1994, 1077 ff.

[587] BGHSt 37, 21 (28 ff.); *Ransiek* (o. Fn. 581) § 324 Rn. 27; *Rogall* NStZ 1992, 561 (565).

VI. Die Umweltinformation durch Behörden und Unternehmen

Fall 5: Auskunft im Dieselskandal

J ist Journalistin bei einer großen deutschen Boulevardzeitung. Sie recherchiert im Zusammenhang mit dem „Dieselskandal" und möchte in Erfahrung bringen, wie Behörden des Bundes mögliche Software-Updates bewerten und ob diese geeignet sind, die inzwischen aufgedeckten Abgas-Manipulationen im normalen Fahrbetrieb zu korrigieren. Sie wendet sich daher an das Bundesministerium für Verkehr und Infrastruktur *(BMVI)* und erbittet Auskunft, namentlich die Übermittlung von Kopien von externen Sachverständigengutachten, die das Ministerium zur Bewertung von Software-Updates eingeholt hat. Das Ministerium verweigert dies und beruft sich auf „exekutivische Eigenverantwortung", Betriebs- und Geschäftsgeheimnisse und das Urheberrecht der externen Verkehrssachverständigen an ihren Gutachten. Das *BMVI* bemühe sich zudem um eine koordinierte europäische Rechtsetzung (konkret: den Erlass einer EU-Verordnung), um einheitliche Standards festzulegen. In deren Rahmen würden die Gutachten benötigt, sodass das Ministerium nicht als informationspflichtige Behörde, sondern als Gesetzgeber handeln würde. Im Übrigen liefen Ermittlungen der zuständigen Staatsanwaltschaft Braunschweig gegen mutmaßlich Verantwortliche, die nicht durch eine frühzeitige Bekanntgabe von Bewertungen seitens des *BMVI* gestört werden dürften. *J* möchte wissen, ob sie einen Informationsanspruch gegen den Bund hat.[588] 178

1. Grundlagen der Informationsansprüche

a) Funktionen eines freien Informationszugangs

In einem freiheitlichen demokratischen Rechtsstaat kommt dem Zugang zu behördlichen Informationen eine zentrale Bedeutung zu. Die Frage der Verfügungsmöglichkeit über Informationen berührt eine Machtfrage. Funktionell werden bei der Transparenz staatlicher Daten eine Kontroll-, Appell-, Entlastungs-, Legitimations- und Rechtsverteidigungsfunktion unterschieden.[589] Dabei muss stets eine praktische Konkordanz hergestellt werden zwischen dem Informationszugangsbegehren der Bürger einerseits und dem Interesse des Staates bzw. Dritter an der Vertraulichkeit staatlicher [590]Informationen bzw. dem Schutz der informationellen Selbstbestimmung (Datenschutz) andererseits.[591] Auch die (reziproke) aktive – antragsunabhängige – behördliche Öffentlichkeitsinformation (vgl. § 10 UIG, § 40 LFGB) ist insoweit an Grundrechten zu messen, sofern die Voraussetzungen eines mittelbar-faktischen Grundrechtseingriffs gegeben sind.[592] Eine amtlich veröffentlichte Information muss namentlich zutreffend sein.[593] 179

---

[588] Angelehnt an *VG Berlin* Urt. v. 21.6.2018 – 2 K 291.16.

[589] *Kahl* in Haratsch/Kugelmann/Repkewitz (Hrsg.), Herausforderungen an das Recht der Informationsgesellschaft, 1996, S. 9 (13 ff.); vgl. auch *Schoch* in GVerwR III § 50 Rn. 162 ff.

[590] Vgl. *Voßkuhle/Kaiser* JuS 2018, 343 (345).

[591] Zu den konzeptionellen Spannungen differ. *Gusy* DVBl 2013, 941 ff.; *ders.* JZ 2014, 171 ff.

[592] BVerfGE 148, 40 (51 ff.); hierzu eingehend sowie zur Abweichung von der früheren Rechtsprechung *Gärditz* LMuR 2020, 62 ff.; *Wollenschläger* JZ 2018, 980 ff.

[593] *OVG Münster* NWVBl. 2021, 79 ff. zu § 52a V BImSchG.

180 Die Öffentlichkeit staatlichen Handelns, die sich nicht auf die Kreation der Repräsentativorgane beschränkt, sondern auch den administrativen Vollzug erfasst,[594] dient – auch vor dem Hintergrund der Einflüsse des Völker- und Europarechts und des dortigen Konzepts von Transparenz (Offenheit und Bürgernähe) im Allgemeinen und *„informierter Öffentlichkeit"* im Besonderen (vgl. nur Art. 1 II, 10 III 2, 11 II, III EUV, Art. 15, 298 I AEUV, Art. 42 GRCh sowie das einschlägige EU-Sekundärrecht; → Rn. 148)[595] – dazu, „die verantwortliche Teilhabe der Bürger an der politischen Willensbildung zu ermöglichen"[596], mithin einer Politisierung administrativer Vorgänge[597]. Zugleich wird durch Öffentlichkeit dezentrale Kontrolle über den ordnungsgemäßen Vollzug des demokratischen Rechts ausgeübt,[598] was vornehmlich einen *rechtsstaatlichen,* akzessorisch aber auch einen *demokratischen* Mehrwert hat (Stichworte: partizipative Demokratie, aktive Beteiligung der Zivilgesellschaft bzw. Governance; vgl. Art. 10 III 1, 11 I–III EUV).[599] Schließlich dient ein hoher Grad an Informiertheit der Bürgerinnen und Bürger in der EU auch dazu, dass diese von ihrem Wahlrecht sowie ihren in steigendem Maße eingeräumten direkt-demokratischen Instrumenten (vgl. für die EU-Ebene etwa Art. 11 IV, V EUV) möglichst sachgerecht und rational Gebrauch machen können.

b) Verfassungsrechtliche Verankerung

181 Der Zugang zu behördlichen Informationen folgt nach hM nicht bereits aus Art. 5 I 1 2. Alt. GG (str.),[600] wird aber im Einzelfall aus dem Demokratie- und Rechtsstaatsprinzip abgeleitet.[601] Da die Kommunikationsgrundrechte des Art. 5 I GG (bzw. Art. 10 EMRK, Art. 11 I GRCh) als Basis einer freien und offenen Meinungsbildung für eine Demokratie schlechthin konstitutiv sind,[602] erscheint es freilich systematisch sachgerechter, unmittelbare grundrechtliche Ansprüche anzuerkennen; dies gilt insbes. – im Rahmen der Anspruchsvoraussetzungen der Informationsfreiheitsgesetze, einschließlich der dort normierten Grenzen – für das

[594] Vgl. *Bieber* DÖV 1991, 857 (865); *Gurlit,* Die Verwaltungsöffentlichkeit im Umweltrecht, 1989, S. 110 ff.

[595] Aus dem Völkerrecht ist insbes. auf die Aarhus-Konvention zu verweisen, aus dem Unionsrecht auf die VO (EG) Nr. 1049/2011 v. 30.5.2001 über den Zugang der Öffentlichkeit zu Dokumenten des Europäischen Parlaments, des Rates und der Kommission, ABl. L 145, 43 sowie die RL 2003/4/EG v. 28.1.2003 über den Zugang der Öffentlichkeit zu Umweltinformationen und zur Aufhebung der RL 90/313/EWG, ABl. L 41, 26; vgl. *Glaser,* Die Entwicklung des Europäischen Verwaltungsrechts aus der Perspektive der Handlungsformenlehre, 2013, S. 598 ff.; *Tsioumani* in Krämer/Orlando, S. 366 ff.; *Wiesinger,* Innovation im Verwaltungsrecht durch Internationalisierung, 2013, S. 31 ff., 70 ff., 100 ff., 134 ff.

[596] BVerfGE 44, 125 (147); sinnentsprechend *EuGH,* verb. Rs. C-39/05 P ua (Turco), Slg. 2008, I-4723 Rn. 45; Rs. C-350/12 P (Sophie in 't Veld), NVwZ 2014, 1366 Rn. 53.

[597] Vgl. allg. BVerfGE 123, 267 (358 f.); *Di Fabio* Der Staat 32 (1993), 191 (203).

[598] Grdl. *Masing,* Die Mobilisierung des Bürgers für die Durchsetzung des Rechts, 1997. S. auch *Gärditz* (o. Fn. 282) S. 67; *Kahl* in GVerwR III § 47 Rn. 135 ff., 205 ff., 211, 243 ff.; *Rossen-Stadtfeld* in Schmidt-Aßmann/Hoffmann-Riem (Hrsg.), Verwaltungskontrolle, 2001, S. 117 (152 ff.).

[599] Hierzu mwN *Gärditz* GewArch 2011, 273 ff.

[600] Vgl. BVerfGE 66, 116 (137); BVerwGE 47, 247 (252); *Schulze-Fielitz* in Dreier (Hrsg.), GG I, 3. Aufl. 2013, Art. 5 I, II Rn. 81; anders etwa *Pauly/Krieg* DVBl 2014, 265 (267 f.).

[601] Vgl. *BVerwG* NJW 1983, 2954; objektiv-grundrechtlich *Scherzberg,* Die Öffentlichkeit der Verwaltung, 2000, S. 289 ff., 336 ff., 346 f.

[602] BVerfGE 62, 230 (247); 76, 196 (208 f.); 93, 266 (292 f.); *Jarass* in ders./Pieroth (Hrsg.), GG, 16. Aufl. 2020, Art. 5 Rn. 3; *Mensching* in Karpenstein/Mayer (Hrsg.) EMRK, 2. Aufl. 2015, Art. 10 Rn. 1 f.

hinsichtlich seines Gewährleistungsgehalts auf gesetzgeberische Ausgestaltung angewiesene (normgeprägte[603]) Grundrecht der Informationsfreiheit gem. Art. 5 I 1 2. Alt., II GG.[604] Das *BVerwG* entnimmt namentlich Art. 5 I 2 1. Alt. GG für die Presse einen verfassungsunmittelbaren Informationsanspruch.[605] In Brandenburg ist ein Recht auf Informationszugang sogar durch die Verfassung garantiert (Art. 21 IV BbgVerf). Auf Unionsebene vermittelt die Verordnung (EG) Nr. 1049/2001[606] einen Anspruch auf Zugang zu Informationen der Unionsorgane. Daneben gibt es teils sektorale Spezialregelungen wie nach Art. 67 II UAbs. 2 EU-Pflanzenschutz-VO 1107/2009.[607]

c) Anspruchsgrundlagen

aa) Akteneinsichtsrechte und allgemeine Auskunftsansprüche

§ 29 (I 1) VwVfG gewährt ein – allerdings nur sehr begrenztes – Recht auf *Akteneinsicht,* wobei die Akteneinsicht grds. bei der die Akten führenden Behörde erfolgt (§ 29 III VwVfG). Dieses Recht kommt nur den Beteiligten eines Verwaltungsverfahrens (§ 9 VwVfG) zu. „Beteiligter“ ist der Antragsteller, der Antragsgegner, der Adressat einer Maßnahme oder der Hinzugezogene (§ 13 I, II VwVfG). Außerdem ist die Akteneinsicht nach § 29 I 1 Hs. 2 VwVfG nur insoweit zulässig, als deren Kenntnis zur Geltendmachung oder Verteidigung rechtlicher Interessen – insbes. wirksamen Rechtsschutzes – erforderlich ist.[608] Des Weiteren sind die Ausnahmen bzw. Einschränkungen gem. §§ 29 I 2, 3, II, 30 VwVfG zu beachten.[609] **182**

Neben dieser allgemeinen Bestimmung gibt es eine Reihe von *spezialgesetzlichen Auskunftsansprüchen.*[610] Zu erwähnen sind etwa § 72 I Hs. 2 VwVfG, §§ 19, 20 UVPG, §§ 9 f. UmwHG, § 88 III WHG. Diese Normen begründen regelmäßig ein formelles subjektives Recht, dh einen Anspruch auf ermessensfehlerfreie Entscheidung. Zwar wird der Kreis der Auskunftsberechtigten grds. auf „jedermann“ erweitert, der Informationszugang bleibt aber auch hier funktional auf das Verwaltungsverfahren und auf die abschließende Verwaltungsentscheidung bezogen. Weitergehende Ansprüche kennt das allgemeine (auch für umweltrelevante Recherche einsetzbare) Landespresserecht.[611] **183**

---

603 *OVG Münster* DVBl 2014, 930 (933); *Rossi,* Informationszugangsfreiheit und Verfassungsrecht, 2004, S. 207 f., 216 ff.; *Schoch,* IFG, 2. Aufl. 2016, Einl. Rn. 69, 153 ff.

604 *Wegener,* Der geheime Staat, 2006, S. 480 ff. (486 f.); *ders.* NVwZ 2015, 609 (610).

605 BVerwGE 146, 56 ff.; 151, 348 ff.; 159, 194 ff.; *BVerwG* ZUM 2016, 794 ff.; NVwZ 2018, 590 (593); offengelassen *BVerfG* NVwZ 2016, 50. Daneben können sich auch Journalisten auf das IFG berufen, vgl. BVerwGE 159, 194 ff.; *BVerwG* IÖD 2021, 26 ff.; *BVerwG* Beschl. v. 22.3.2018 – 7 C 1/17 Rn. 15 (juris).

606 VO (EG) Nr. 1049/2001 v. 30.5.2001 über den Zugang der Öffentlichkeit zu Dokumenten des Europäischen Parlaments, des Rates und der Kommission (ABl. L 145, 43). Hierzu *EuGH,* Rs C-350/12 P (Sophie in't Veld), NVwZ 2014, 1366.

607 *VG Karlsruhe* ZUR 2020, 564 (565).

608 Vgl. *Ramsauer* in Kopp/ders. (o. Fn. 223) § 29 Rn. 15; *Maurer/Waldhoff* (o. Fn. 322) § 19 Rn. 29.

609 Eingehend *VGH München* Beschl. v. 7.1.2020 – 8 ZB 18.1652.

610 Eingehende Bestandsaufnahme bei *Troidl,* Akteneinsicht im Verwaltungsrecht, 2013, Rn. 57 ff.

611 ZB § 4 I BWLPresseG, § 4 I LPresseG NRW). Zur verfassungskonformen Anwendung *BVerfG* NJW 2015, 3708; NVwZ 2016, 50.

bb) Informationsfreiheitsgesetz

184 Das Informationsfreiheitsgesetz (IFG)[612] trat am 1.1.2006 in Kraft und soll – nach dem Vorbild des älteren Umweltinformationsrechts – einen umfassenden voraussetzungslosen Zugang zu Informationen des Bundes ermöglichen. Es wird ergänzt durch das IWG.[613] Jeder hat nach § 1 I 1 IFG gegenüber den Behörden des Bundes (iSv § 1 IV VwVfG[614]) einen Anspruch auf Zugang zu amtlichen Informationen, der nach Maßgabe der §§ 3 ff. IFG beschränkt wird. Zweck des Gesetzes ist es, eine wirksame Kontrolle staatlichen Handelns sowie hierdurch mittelbar eine effektive Durchsetzung des Rechts zu fördern.[615] Während das IFG nur die Bundesbehörden verpflichtet, haben mittlerweile auch die meisten Länder für ihre Behörden Informationsfreiheits- oder allgemeine Transparenzgesetze erlassen.

cc) Umweltinformationsgesetz

185 Das Umweltinformationsrecht geht auf Vorgaben der *EU* (bzw. früheren EG) zurück.[616] Gegenwärtig fußt es auf der Umweltinformationsrichtlinie 2003/4/EG[617] über den Zugang der Öffentlichkeit zu Umweltinformationen. Anlass hierfür bildete die völkerrechtliche Verpflichtung der Gemeinschaft, die von ihr ratifizierte Aarhus-Konvention[618] umzusetzen.

Das Umweltinformationsgesetz (UIG) des *Bundes* v. 1994, das der Umsetzung der ersten Umweltinformationsrichtlinie 90/313/EWG diente,[619] wurde in der Folge novelliert[620] und im Jahr 2014 neu gefasst.[621] Es gilt (wie das IFG) aus Kompetenzgründen nur für Bundesbehörden.

Die Länder haben – um einen Verstoß Deutschlands gegen Art. 288 III AEUV zu vermeiden – eigene Umweltinformationsgesetze erlassen[622] oder das Umweltinformationsrecht in das allgemeine Informationsfreiheitsrecht (Landestransparenzgesetze)[623] integriert.

---

612 Einführend *Kloepfer/v. Lewinski* DVBl 2005, 1277 ff.; *Schoch* JURA 2012, 203 ff.; zu Einzelproblemen im Spiegel der Rspr. *Schoch* NVwZ 2015, 1 ff.; NVwZ 2017, 97 ff.; NVwZ 2019, 257 ff.; *Vollmer* NuR 2019, 741 ff.

613 Informationsweiterverwendungsgesetz v. 13.12.2006 (BGBl. I 2913), gd G v. 8.7.2015 (BGBl. I 1162). Hierzu BVerwGE 155, 1 ff.; *Kirchberg* VBlBW 2017, 280 ff.; *Richter* NVwZ 2016, 1143 ff.

614 *BVerwG* NVwZ 2012, 251.

615 BT-Drs. 15/4493, 6; ähnlich *BVerwG* NVwZ 2009, 1114 (1116).

616 Eingehend *Guckelberger* NuR 2018, 378 ff.; *Schoch* EurUP 2018, 77 ff.

617 S. o. Fn. 564, dazu *Beer/Wesseling* DVBl 2006, 133 ff.

618 ILM 38 (1999), 517.

619 ABl. 1990 L 158, 56.

620 Überblick *Scheidler* UPR 2006, 13 ff.

621 IdF d. Bek. v. 27.10.2014 (BGBl. I 1643).

622 Vgl. zur landesrechtlichen Umsetzung etwa für Baden-Württemberg (§§ 24 ff. Umwelt-Verwaltungsgesetz [UVwG] v. 25.11.2014) *Schoch* VBlBW 2017, 45 ff.; für Bayern *Troidl* BayVBl. 2015, 581 ff.; für Hamburg *Tolkmitt* NordÖR 2007, 392 ff.; für Niedersachsen *Louis/Osterloh* NordÖR 2008, 93 ff.; für Nordrhein-Westfalen *Tolkmitt/Schomerus* NWVBl. 2008, 165 ff.; für Sachsen *Troidl* SächsVBl. 2015, 233 ff.; für Thüringen *Troidl* ThürVBl. 2015, 1 ff., 29 ff.

623 So etwa das Landestransparenzgesetz RhPf, s. hierzu *OVG Koblenz* NVwZ 2017, 643 ff.; *Guckelberger* NuR 2018, 378 (379); zur Verfassungskonformität der Offenlegung von Identitätsangaben *VerfGH RhPf* NVwZ 2018, 492 ff.; zu Hamburg *Engewald* NVwZ 2018, 1536 ff.

Als besonderes umweltinformationsrechtliches Nebengesetz gilt seit 2009 das *Geodatenzugangsgesetz* (GeoZG[624]), das seinerseits teils durch Landesgesetze ergänzt wird und der Umsetzung der Geodateninfrastrukturrichtlinie (INSPIRE-Richtlinie)[625] dient. Geodaten (§ 3 I GeoZG) sind grds. von Amts wegen bereitzustellen und von jedermann nutzbar (s. iE §§ 5 ff., 11 f. GeoZG). 186

Zweck des UIG ist es, den rechtlichen Rahmen für den freien Zugang zu Umweltinformationen bei informationspflichtigen Stellen sowie die Verbreitung dieser Umweltinformationen zu schaffen (§ 1 UIG). Daneben soll es zum Abbau unterschiedlicher Behandlung der Bürger in der Union sowie ungleicher Wettbewerbsbedingungen beitragen, die sich durch die unterschiedlichen Rechtsvorschriften in den einzelnen Mitgliedstaaten ergeben. Es zielt darauf ab, das allgemeine Umweltbewusstsein zu schärfen, einen freien Meinungsaustausch und eine wirksame Teilnahme der Öffentlichkeit an Entscheidungsverfahren zu ermöglichen und auf diese Weise den Umweltschutz zu verbessern.[626] 187

dd) Verbraucherinformationsgesetz

Das Verbraucherinformationsgesetz (VIG) ist am 1.5.2008 als Reaktion auf verschiedene Lebensmittelskandale in Kraft getreten. Durch eine Ausweitung der Informationstätigkeit der Behörden und einen Informationszugangsanspruch der Bürger gegen die Verwaltung soll das bislang zu Lasten der Verbraucher bestehende Informationsdefizit ausgeglichen werden.[627] Namentlich über die produktbezogenen Informationsansprüche (vgl. § 2 I 1 VIG) können hierüber *auch umweltrelevante* Daten abgefragt werden[628] – der ökologische Schutz des Menschen (vgl. § 2 I 1 UVPG) und der Verbraucherschutz weisen mithin Schnittmengen auf. In der Praxis zielen Informationsansprüche nach dem VIG sogar häufig auch auf ökologische Daten (zB „Gentechnikfreiheit"; Belastung mit Schadstoffen, wie zB Pflanzenschutzmitteln; umweltverträgliche Herstellung).[629] 188

2. Anspruchsvoraussetzungen der Informationszugangsansprüche

Der Anspruch aus § 3 I 1 UIG steht neben sonstigen Informationsrechten (vgl. § 3 I 2 UIG). Die Anspruchsgrundlagen in § 2 I VIG, § 1 I 1 IFG sind dagegen nur *subsidiär* heranzuziehen (vgl. § 2 IV VIG, § 1 III IFG).[630] Wenn auch das IFG als solches im Bereich von Umweltinformationen also nicht unmittelbar einschlägig ist, so können bei der Anwendung des UIG bzw. des VIG in geeigneten Fällen dennoch Einzelregelungen des IFG als allgemeiner Rechtsgedanke (Indiz) in die Argumentation miteinbezogen werden. Die Ansprüche aus UIG, VIG und IFG stehen selbständig neben den spezialgesetzlichen Regelungen und werden nicht Teil von Planfeststellungs- oder UVP-Verfahren.[631] Ungeachtet der fortbestehenden fachlichen Segmentierung konvergieren die Anspruchsvoraussetzungen und die Informationsverweigerungsgründe weitgehend, sodass sich alle drei Gesetze zu einem übergrei- 189

---

[624] G v. 10.2.2009 (BGBl. I 278). Hierzu *Damm*, Der Zugang zu staatlichen Geodaten als Element der Daseinsvorsorge, 2016; *Neumann* BauR 2017, 26 ff.

[625] RL 2007/2/EG des Europäischen Parlaments und des Rates v. 14.3.2007 zur Schaffung einer Geodateninfrastruktur in der Europäischen Gemeinschaft (ABl. L 108, 1).

[626] 1. Erwägungsgrund der RL 2003/4/EG (o. Fn. 595); ferner BVerwGE 130, 236 Rn. 24; *BVerwG* NVwZ 2009, 1114 (1116).

[627] BT-Drs. 16/5404, 7.

[628] Vgl. *Borchert* in Beyerlein/ders. (Hrsg.), VIG, 2009, § 1 Rn. 86.

[629] Anschaulich *OVG Lüneburg* NordÖR 2018, 221 (223 ff.): Informationen über die Transport- und Schlachtbedingungen von Geflügel seien zwar keine Umweltinformationen, fielen aber unter § 2 I 1 Nr. 1 VIG.

[630] *BVerwG* NVwZ 2020, 1680 (1681); s. auch *BVerwG* NVwZ 2018, 1401 (1402)

[631] *BVerwG* NVwZ 2007, 1095.

fenden System gesetzlicher Informationszugangsansprüche nach allgemeinen Prinzipien[632] zusammenfügen.

190 Die *Anspruchserfüllung* ist mit Blick auf die Umweltinformationen in § 3 II UIG geregelt. Danach kann der Zugang durch Auskunftserteilung, Gewährung von Akteneinsicht oder in sonstiger Weise eröffnet werden. Wird eine bestimmte Art des Informationszugangs beantragt, so darf dieser nur aus gewichtigen Gründen (zB deutlich höherer Verwaltungsaufwand) auf andere Art eröffnet werden. Der Antrag muss ein Mindestmaß an Eingrenzung aufweisen, um die gewünschte Information präzise zu bezeichnen.[633]

a) Anspruchsberechtigung

191 Den Anspruch aus § 3 I 1 UIG kann *jedermann* geltend machen, also jede natürliche und juristische Person unabhängig von ihrer Nationalität (sog. Jedermann-Informationszugangsrecht). Praktisch sind es vor allem Umweltverbände, konkurrierende Unternehmen und Journalisten, die von Informationsansprüchen Gebrauch machen. Nach der Rechtsprechung steht der Anspruch nach § 3 I 1 UIG – anders als nach IFG[634] – auch organisatorisch verfestigten, nicht rechtsfähigen Personenmehrheiten zu.[635] Dazu zählen zB Bürgerinitiativen. Ausgenommen sind dagegen grds. juristische Personen des öffentlichen Rechts.[636] Abweichendes gilt jedoch für Selbstverwaltungskörperschaften (zB Gemeinden), die dem Staat aufgrund ihrer verfassungsrechtlich eingeräumten subjektiv-rechtlichen Rechtsstellung (Art. 28 II 1 GG) wie ein Bürger gegenübertreten, soweit die begehrten Umweltinformationen im Zusammenhang mit der Wahrnehmung einer Aufgabe im Selbstverwaltungsbereich gesehen werden können.[637] Der Antragsteller muss für sein Informationsbegehren weder eine Begründung noch ein Interesse vortragen.

b) Anspruchsverpflichtete

192 Unterschiede ergeben sich mit Blick auf die Anspruchsverpflichteten, die sog. informationspflichtigen Stellen (vgl. zB § 1 II UIG).[638] Das UIG erfasst mangels Bundeskompetenz[639] nur – wenngleich dies umfassend und ohne Handlungsbezug (vgl. § 2 I Nr. 1 UIG) – Bundesbehörden. Der Anspruch gilt insoweit dann allerdings auch gegenüber verwaltungsprivatrechtlich handelnden Stellen.[640]

193 Auch Informationen, die im Zusammenhang mit Regierungshandeln anfallen, sind nicht tatbestandlich ausgeklammert.[641] § 2 I Nr. 1 S. 3 lit. a UIG nimmt allerdings die obersten Bundesbehörden, soweit und solange sie im Rahmen der Gesetzgebung tätig werden, von der Informationspflicht aus. Diese Ausnahme soll entsprechend Art. 2 Nr. 2 S. 2 Umweltinformationsrichtlinie den ordnungsgemäßen Ablauf des

---

632 Hierzu *Masing* VVDStRL 63 (2004), 377 (396 ff.); *Schoch* UTR 2011, 81 ff.
633 *BVerwG* NVwZ 2019, 1211
634 Vgl. *Rossi*, IFG, 2006, § 1 Rn. 13; *Kloepfer/v. Lewinski* DVBl 2005, 1277 (1279 f.).
635 BVerwGE 108, 369 ff.; *BVerwG* NuR 2008, 781.
636 *BVerwG* NVwZ 1996, 400 (401); *Rossi* (o. Fn. 634) § 1 Rn. 15 f.
637 BVerwGE 130, 223 (232 f.); *VGH Kassel* UPR 2007, 312; *Vollmer* NuR 2019, 741 (742). AA *Glaser/Klement* Fall 9 Rn. 74.
638 Hierunter fallen mangels Verwaltungstätigkeit keine Staatsanwaltschaften, s. *BVerwG* NVwZ 2019, 978 ff.; *Rossi* NVwZ 2019, 980 f.
639 Vgl. → § 3 Rn. 45.
640 *BVerwG* NVwZ 2006, 343, mAnm *Kahl* JZ 2008, 74 (78 f.); *Murswiek* JuS 2006, 572; entsprechend für das Presserecht *BGH* NJW 2017, 3153 ff.; *Gödeke/Jördening* ZIP 2017, 2284 ff.; *Huff* NJW 2017, 3160 f.
641 BVerwGE 141, 122 ff.; *BVerwG* NVwZ 2012, 251 (252 f.); *Wegener* ZUR 2016, 153 ff.

Verfahrens zum Erlass von Gesetzen gewährleisten. Bei unionsrechtskonformer teleologischer Auslegung ist zu berücksichtigen, dass diese Ausnahme in Bezug auf die Ministerien nur greift, wenn diese sich durch Gesetzentwürfe oder Stellungnahmen unmittelbar am Gesetzgebungsverfahren beteiligen. In zeitlicher Hinsicht ist eine Störung des ordnungsgemäßen Verfahrensablaufs nicht mehr zu besorgen, sobald das Gesetzgebungsverfahren abgeschlossen ist; danach greift die Bereichsausnahme somit nicht mehr.[642] Bei der Vorbereitung *untergesetzlicher* Regelungen können sich Ministerien zudem von vornherein nicht auf die Ausnahme für Legislativtätigkeiten berufen, sondern eine Ablehnung allenfalls auf allgemeine Geheimnisschutzgründe stützen.[643] Auch die Mitwirkung von Mitarbeitern eines Ministeriums an der Gesetzgebung auf EU-Ebene fällt nicht unter die Ausnahme,[644] weil sich die zugrunde liegende Ausnahme der Umweltinformationsrichtlinie nach der Rspr. des *EuGH* nur auf Mitwirkungshandlungen einer Behörde „nach nationalem Recht" bezieht[645].

Natürliche oder juristische Personen des Privatrechts sind dagegen nur dann verpflichtet, wenn sie öffentliche Aufgaben erfüllen.[646] Das UIG setzt darüber hinaus einen umweltrechtlichen Handlungsbezug der genannten Rechtssubjekte voraus (§ 2 I Nr. 2 UIG); überdies müssen sie der Kontrolle (zum Begriff: § 2 II UIG) der „öffentlichen Hand" unterliegen.[647] **194**

c) Anspruchsgegenstände

Grds. besteht ein umfassender Informationsanspruch auf jede Aufzeichnung, die amtlichen Zwecken dient, unabhängig von der Art ihrer Speicherung (vgl. § 2 Nr. 1 IFG). Lediglich Entwürfe und Notizen, die nicht Bestandteil eines Vorgangs werden sollen, gehören nicht dazu. Auch eine Verpflichtung auf Beschaffung von Informationen, die sich nicht im Verantwortungsbereich der Behörde befinden, ergibt sich nicht, was §§ 3 I 1, 2 IV UIG ausdrücklich klarstellen.[648] **195**

Der gegenüber dem IFG speziellere UIG-Anspruch ist auf Umweltinformationen beschränkt (§ 3 I 1 UIG).[649] Eine – tendenziell weit auszulegende[650] – Definition enthält § 2 III UIG. Umweltinformationen erfassen danach Daten über den Umweltzustand, umweltbeeinflussende Faktoren, Maßnahmen oder Tätigkeiten, Kosten-Nutzen-Analysen zu deren Vorbereitung oder Durchführung, Berichte über die **196**

---

642 *EuGH*, Rs. C-204/09 (Flachglas Torgau), ZUR 2012, 237 Rn. 38, 49 ff.; *BVerwG* ZUR 2012, 675 ff.

643 *EuGH*, Rs. C-515/11 (Deutsche Umwelthilfe), ZUR 2013, 538 Rn. 18 ff.

644 *VG Berlin* ZUR 2018, 236 (237); Urt. v. 30.11.2017 – 2 K 288.16 Rn. 34 (juris); Urt. v. 21.6.2018 – 2 K 291.16 Rn. 34 (juris).

645 *EuGH*, Rs. C-204/09 (Flachglas Torgau), ZUR 2012, 237 Rn. 49.

646 Explizit § 1 I 3 IFG. Eingehend zur Abgrenzung *EuGH*, Rs. C-279/12 (Fish Legal), ZUR 2014, 230 Rn. 52 ff., dazu *Kahl/Dubber* EurUP 2014, 215 ff. Bejaht für die DB Netz AG *BVerwG* NVwZ 2017, 1775 (1778 f.); *VG Stuttgart* Urt. v. 16.11.2017 – 14 K 6356/16 Rn. 19 ff. (juris), insoweit unter (überzeugender) Bezugnahme auf BVerfGE 147, 50 (154 ff.).

647 Beispiele hierzu bei *Scheidler* UPR 2006, 13 (14).

648 Für § 1 I 1 IFG ebenfalls *BVerwG* NJW 2013, 2538 (2539).

649 Vgl. zB keine Tierschutzbelange: BVerwGE 167, 311 ff.: *VG Augsburg* LMuR 2021, 61; *Gerhold* NVwZ 2020, 883 (884).

650 Vgl. *EuGH*, Rs. C-266/09 (Stichting Natuur en Milieu ua), Slg. 2010, I-13119 Rn. 39 ff.; Rs. C-442/14 ua (Bayer CropScience), ZUR 2017, 152 Rn. 56; Rs. C-673/13 P (Stichting Greenpeace Nederland), ZUR 2017, 160 Rn. 81; BVerwGE 130, 223 (227, 232); *OVG Berlin-Brandenburg* ZUR 2012, 556; *VGH Kassel* ZUR 2016, 687 (688); *VGH Mannheim* NVwZ-RR 2018, 30 (31); *Vollmer* NuR 2019, 741 (742).

Umsetzung des Umweltrechts und Daten über den Zustand der menschlichen Gesundheit.[651] Der Begriff „alle Daten über“ setzt nur voraus, dass die Daten im Zusammenhang mit einer umweltbezogenen Maßnahme angefallen sind; hingegen muss nicht jedes einzelne Datum selbst einen unmittelbaren Umweltbezug aufweisen.[652] Der Umweltbezug muss hinreichend wahrscheinlich und nicht nur rein theoretischer Natur sein.[653] Die dazugehörigen Datensätze sind zudem Umweltinformationen unabhängig von der Art ihrer Speicherung. Das novellierte Umweltinformationsgesetz bezieht sich nicht nur auf die bei Behörden vorhandenen Umweltinformationen. Vielmehr umfasst es nunmehr auch die für sie bereitgehaltenen Informationen (vgl. § 2 IV 1 UIG). „Bereitgehalten“ werden Informationen gem. § 2 IV 2 UIG, wenn eine nicht informationspflichtige Stelle Informationen für eine informationspflichtige Stelle aufbewahrt. Ein Zugriff reicht aus.[654] Erfasst werden generell nicht nur Informationen, die sich noch aktuell auf den Zustand der Umwelt auswirken oder auswirken könnten, sondern auch Informationen zu Geschehnissen, die sich bereits in der Vergangenheit abgespielt haben.[655]

d) Ausnahmen

197 Die dem Grunde nach voraussetzungslos eröffneten Informationsansprüche unterliegen – praktisch weitreichenden – Relativierungen durch Ausschlussgründe.[656] Denn – teils fachrechtlich positivierte[657] – Geheimhaltung von Akteninhalten kann auch in einer Demokratie notwendiger Distanzierung, Neutralität und der Sicherung eines fairen Interessenausgleichs dienen.[658] Ein Ausschluss oder eine Beschränkung des Anspruchs ist sowohl zum Schutz öffentlicher (§ 8 UIG) als auch privater Belange (§ 9 UIG) möglich. Die Gründe sind in den genannten Vorschriften abschließend aufgezählt und grds. eng auszulegen,[659] bilden sie doch den neuralgischen Punkt in den Staat-Bürger-Informationsbeziehungen[660].

198 Nach § 8 I Nr. 1 UIG ist der Antrag grds. abzulehnen, sofern das Bekanntgeben der Informationen nachteilige Auswirkungen auf die internationalen Beziehungen[661], die Verteidigung oder bedeutsame Schutzgüter der öffentlichen Sicherheit[662] hätte. Voraussetzung hierfür ist eine ernsthafte, konkrete Gefahr für die Funktionsfähigkeit des Staates oder der Schutzgüter Leben und Gesundheit; vage Anhaltspunkte oder bloße Vermutungen ohne greifbaren, auf den Einzelfall bezogenen Anlass reichen

---

651 Vgl. anschaulich *VG Düsseldorf* Urt. v. 27.8.2018 – 29 K 11682/17 Rn. 19 ff. (juris): Ausmusterung städtischer Bussen im ÖPNV (abl.); *OVG Lüneburg* ZUR 2020, 541 (542 f.): Corona-Erlasse (abl.); abw. noch *VG Hannover* ZUR 2020, 500 f. Problematisch *OVG Lüneburg* NVwZ 2020, 1606 (1607 f.): Innenraumluft keine Luft iSd UIG.

652 *BVerwG* NVwZ 2017, 1775 Rn. 55, 86; *VGH Mannheim* NVwZ-RR 2018, 30 (31).

653 *BVerwG* NVwZ 2019, 1514 (1515).

654 *VG Karlsruhe* ZUR 2020, 564 (565); *VG Stuttgart* ZUR 2020, 632 (633 ff.); *Salzborn*, ZUR 2020, 637.

655 *OVG Koblenz* NVwZ 2007, 351; *VG Trier* NVwZ-RR 2009, 828 (829).

656 Krit. *Fehling* DVBl 2017, 79 ff.

657 Vgl. *BVerwG* ZIP 2020, 359 (360 f.).

658 Vgl. *Masing* VVDStRL 63 (2004), 377 (385).

659 *EuGH*, Rs. C-266/09 (Stichting Natuur), Slg. 2010, I-13119 Rn. 52; Rs. C-442/14 ua (Bayer CropScience), ZUR 2017, 152 Rn. 56; *VG Oldenburg* DVBl 2014, 330 (331); *Fehling* DVBl 2017, 81 (83); zur Beibringungslast: *VGH Mannheim* DVBl 2017, 786 (788 f.).

660 Treffend *Fehling* DVBl 2017, 81 (82).

661 Vgl. zum Beurteilungsspielraum der Verwaltung *BVerwG* ZUR 2017, 32 (33 f.). Zu den auswärtigen Beziehungen gehören auch die zur EU, vgl. *BVerwG* NVwZ 2016, 1566 (1568 ff.).

662 Eingehend *VGH München* NuR 2017, 346 (349).

nicht.[663] Etwa Sicherheits- und Schutzkonzepte für Atomkraftwerke können aufgrund der Dimension möglicher Anschlagsfolgen geheim gehalten werden.[664] Hinzu kommen die weiteren – mit Zeitablauf graduell in ihrem Gewicht zu relativierenden[665] – *öffentlichen* Belange der Vertraulichkeit der Beratungen von informationspflichtigen Stellen (§ 8 I 1 Nr. 2 UIG)[666] und der Nichtbeeinträchtigung eines laufenden Verwaltungs- oder Gerichtsverfahrens (§ 8 I 1 Nr. 3 UIG)[667] sowie bei Anwendbarkeit des UIG die Vermeidung nachteiliger Auswirkungen auf den Zustand der Umwelt und ihrer Bestandteile oder Schutzgüter (§ 8 I 1 Nr. 4 UIG). Erforderlich ist „eine ernsthafte, konkrete Gefährdung der geschützten Belange", die nicht durch pauschalen Verweis – zB auf laufende Verfahren oder Nachteile für das Wohl des Bundes/Landes – hinreichend dargetan ist.[668] Informationen über rechtswidrige Missstände sind grds. nicht geheimhaltungsbedürftig.[669] Geheimhaltungsbedürftig können aber zB vor der Öffentlichkeit verborgene Habitate oder Brutstätten gefährdeter Arten sein. Die Darlegungs- und Beweislast liegt bei der Behörde.[670]

Aus Gründen des – auch unionsrechtlich anerkannten[671] – Schutzes *privater* Interessen besteht der Anspruch gem. der bei enger Auslegung unionsrechtskonformen[672] Bestimmung des § 9 I 1 UIG nicht, soweit (1.) durch das Bekanntgeben der Informationen personenbezogene Daten offenbart und (kumulativ[673]) dadurch Interessen der Betroffenen erheblich beeinträchtigt würden, (2.) Rechte am geistigen Eigentum, insbes. Urheberrechte, durch das Zugänglichmachen von Umweltinformationen verletzt würden[674] oder (3.) durch das Bekanntgeben Betriebs- oder Geschäftsgeheimnisse[675] zugänglich gemacht würden oder die Informationen dem Steuergeheimnis oder dem Statistikgeheimnis unterliegen.[676] Der einfach-gesetzliche Tatbestand setzt nicht die Grundrechtsfähigkeit des Verfügungsberechtigten voraus, sodass der Ablehnungsgrund auch Unternehmen der öffentlichen Hand zustehen kann.[677] Der 199

---

663 *OVG Koblenz* NVwZ 2008, 1141; *VG Trier* NVwZ-RR 2009, 828 (829).
664 *VGH München* ZUR 2016, 435 f.
665 *VGH Mannheim* NVwZ-RR 2018, 30 (33).
666 S. zB einerseits *VG Köln* ZUR 2013, 559; andererseits *OVG Münster* ZUR 2017, 50 („Energiewende"). Zum unionsrechtskonformen Begriff der (vertraulichen) Beratungen in § 8 I 1 Nr. 2 UIG *BVerwG* ZUR 2012, 675 ff., dazu *Kahl* JZ 2014, 722 (728). Zur Auskunft gegen Parlamente *Gärditz* NVwZ 2015, 1161 ff.; *Schoch* NVwZ 2015, 1 ff.
667 Zu staatsanwaltschaftlichen Ermittlungen *OVG Schleswig* NordÖR 2020, 370 (372 ff.); *VG Berlin* ZUR 2018, 236 (238); Urt. v. 30.11.2017 – 2 K 288.16 Rn. 45 ff. (juris); Urt. v. 21.6.2018 – 2 K 291.16 Rn. 46 ff. (juris), jeweils zum „Dieselskandal".
668 *OVG Münster* NVwZ 2011, 375 (377); *BVerwG* NVwZ 2011, 880 (882 f.).
669 *Fehling* DVBl 2017, 81 (84).
670 *VG Schleswig* Urt. v. 2.10.2020 – 6 A 243/18 Rn. 46 (juris).
671 Vgl. *EuGH*, Rs. C-140/13 (Altmann/BaFin), NVwZ 2015, 46 Rn. 36 ff.; Rs. C-442/14 ua (Bayer CropScience), ZUR 2017, 152 Rn. 98 ff.
672 *OVG Berlin-Brandenburg* Urt. v. 10.6.2020 – OVG 12 B 1.19 Rn. 21 ff. (juris).
673 *Guckelberger* NuR 2018, 508 mwN zur Gegenansicht.
674 Anschaulich *VG Dresden* ZUR 2016, 437 f.: artenschutzrechtliche Fachbeiträge; *VG Darmstadt* Beschl. v. 26.6.2017 – 6 L 1478/17.DA Rn. 31 (juris). S. zu den Voraussetzungen des § 12 UrhG in diesem Kontext auch *OVG Münster* ZNER 2017, 517 ff.
675 Eingehend *Wiebe* NVwZ 2019, 1705 ff. Vgl. auch die Spezialregelung des § 6a AtVfV; hierzu *Leidinger* NVwZ 2019, 270 (271 f.).
676 Das wird grds. verneint bei wahrheitsgemäßen Informationen über unternehmerisches Fehlverhalten: *OVG Münster* LMuR 2020, 92 (96); Beschl. v. 7.5.2020 – 15 B 315/20 Rn. 7; *VGH Mannheim* LMuR 2020, 115 (118); *VG Düsseldorf* Beschl. v. 7.6.2019 – 29 L 1226/19 Rn. 74.
677 *BVerwG* NVwZ 2017, 1775 (1781, 1784); *Guckelberger* NuR 2018, 508 (510 f.).

Zugang zu Umweltinformationen über Emissionen[678] kann gem. § 9 I 2 UIG nicht unter Berufung auf die Nr. 1 und 3 abgelehnt werden.[679] Bei Umweltinformationen, die private Dritte freiwillig einer informationspflichtigen Stelle übermittelt haben, ist § 9 II UIG zu beachten.[680] Die Darlegungslast, dass ein geschütztes Geheimnis vorliegt, trifft den betroffenen privaten Geheimnisträger.[681]

200 In dem Schutz der genannten privaten Belange konkretisieren sich auf einfach-gesetzlicher Ebene *verfassungsrechtliche* Wertentscheidungen:[682] *Personenbezogene Daten* sind Informationen, die der inneren persönlichen Lebenssphäre und der Erhaltung ihrer Grundbedingungen dienen und die deshalb durch das allgemeine Persönlichkeitsrecht in seiner Ausprägung des Grundrechts auf informationelle Selbstbestimmung (Art. 2 I iVm Art. 1 I GG) geschützt sind.[683] Damit sind nicht nur der engere Bereich der Persönlichkeitssphäre, sondern alle Aspekte des Lebens gemeint, die zur privaten Lebensgestaltung gehören. Hierzu zählen auch Informationen zu den sozialen und sonstigen Kontakten mit Dritten, Verbindungsdaten (soweit diese nicht bereits durch den spezielleren Art. 10 GG geschützt sind) und das soziale Gefüge, dem der Grundrechtsträger zugehört. Informationsverweigerungsgrund können etwa sektorale datenschutzrechtliche Löschungspflichten sein.[684] Juristische Personen können sich hierauf grds. nicht berufen.[685] Zu dem *geistigen Eigentum,* das unter den Schutz von Art. 14 GG fällt, gehören insbes. Urheberrechte, Patentrechte oder Markenrechte.

201 Der Schutz der *Betriebs- und Geschäftsgeheimnisse* ist primär durch Art. 12 I GG und ergänzend (für den Fall von die unternehmerische Existenz bedrohenden Maßnahmen) durch Art. 14 I GG geboten.[686] Auch die Geschäftsgeheimnis-Richtlinie 2016/943/EU[687] schützt zwar – in Konkretisierung von Art. 16, 17 GRCh[688] – entsprechende Geheimnisse,[689] erfasst allerdings nicht die Offenlegung durch Behörden (s. Erwägungsgrund 11, Art. 1 II lit. a–b, Art. 5 lit. a).[690] Ein Geschäfts- und Betriebsgeheimnis setzt erstens den Mangel an Offenkundigkeit der zugrunde liegenden Informationen und zweitens ein berechtigtes Interesse des Unternehmens an der Nichtverbreitung voraus. Ein solches Interesse fehlt, wenn die Offenlegung der Information nicht geeignet ist, exklusives technisches oder kaufmännisches Wissen den Marktkonkurrenten zugänglich zu machen und so die Wettbewerbsposition des Unternehmens nachteilig zu beeinflussen.[691] Geschützt können danach etwa sein: Produktausstattungen, Marktanalysen und Marktstrategien, Preisvereinbarungen,[692] Kunden- und Lieferantenlisten, Messdaten, sons-

---

678 S. *OVG Berlin-Brandenburg* Urt. v. 18.1.2018 – 12 B 14.16 Rn. 26 (juris); *VGH Mannheim* ZUR 2017, 560 (562 f.); *Kersandt* I+E 2017, 182 (185 f.). Zur Parallelsituation auf EU-Ebene (Emissionsklauseln gem. Art. 4 II RL 2003/4 und Art. 6 I VO 1367/2006) *Epiney* EurUP 2017, 96 (99 f.); *Wegener* ZUR 2017, 146 ff.

679 S. *OVG Berlin Brandenburg* NVwZ 2019, 1372 (1377).

680 Eingehend *OVG Berlin* NVwZ 2019, 1372 (1377 f.).

681 *VGH Mannheim* ZUR 2017, 560 (562); *VG Schleswig* ZUR 2018, 628 (630).

682 Hierzu und zum Folgenden instruktiv *Hufen* in Informationsfreiheit und Informationsrecht, Jahrbuch 2008, 123 (127 ff.); *Schoch* ZLR 2010, 121 ff.

683 Für eine Auslegung analog DSGVO *Guckelberger* NuR 2018, 508.

684 *VGH Mannheim* ZUR 2015, 47 (49 f.).

685 *VG Düsseldorf* Urt. v. 27.8.2018 – 29 K 11682/17 Rn. 31 (juris).

686 Vgl. BVerfGE 67, 100 (142); 115, 205 ff.; 137, 185 (243); *v. Danwitz* DVBl 2005, 597 ff.; *Shirvani* FS Peine, 2016, S. 231 ff.; unionsrechtlich *Beer/Wesseling* DVBl 2006, 133 (134 ff.).

687 RL (EU) 2016/943 des Europäischen Parlaments und des Rates v. 8.6.2016 über den Schutz vertraulichen Know-hows und vertraulicher Geschäftsinformationen (Geschäftsgeheimnisse) vor rechtswidrigem Erwerb sowie rechtswidriger Nutzung und Offenlegung (ABl. L 157, 1). Hierzu *Goldhammer* NVwZ 2017, 1809 ff.

688 Vgl. *Kersandt* I+E 2017, 182 (187).

689 S. zum Finanzmarktrecht *EuGH,* Rs. C.15/16 (BAFin/Baumeister), NVwZ 2018, 1386 Rn. 21 ff.

690 Zur möglichen mittelbaren Begriffsprägung aber *Lohmann* NuR 2018, 607 ff.

691 BVerfGE 115, 205 (230 f.); *BVerwG* NVwZ 2009, 1113 (1114); 1114 (1116); *OVG Berlin-Brandenburg* Urt. v. 18.1.2018 – 12 B 14.16 Rn. 26 (juris).

692 *BVerwG* PharmR 2020, 699 f.

tige technische Daten, Qualitätssicherungssysteme, Umsatzzahlen und Daten zur Kreditwürdigkeit eines Unternehmens.

Auch wenn eines der genannten öffentlichen oder privaten Interessen tatbestandlich gegeben ist, folgt hieraus nicht automatisch die Ablehnung des Informationsbegehrens. Auch etwaig betroffene Grundrechte können verhältnismäßig eingeschränkt werden.[693] Die Behörde ist vor diesem Hintergrund verpflichtet, eine *einzelfallbezogene Güterabwägung* vorzunehmen, in deren Rahmen auch das gegenläufige Informationsinteresse angemessen zu berücksichtigen ist (vgl. §§ 8 I 1 aE, II aE, 9 I 1 aE, II 1 aE UIG).[694] Der darin liegende *Abwägungsauftrag* begründet freilich kein Ermessen auf Rechtsfolgenseite, sondern ist Tatbestandsvoraussetzung und im Hinblick auf Art. 19 IV 1 GG voll gerichtlich überprüfbar.[695] Bei der Abwägung der öffentlichen Informationsinteressen mit gegenläufigen Interessen können mehrere der in den einschlägigen Bestimmungen genannten Gründe für die Verweigerung der Bekanntgabe kumulativ berücksichtigt werden.[696] Zugunsten eines Informationsbegehrens ist ggf. die Pressefreiheit (Art. 5 I 2 GG) zu berücksichtigen, sofern Informationsansprüche von Journalisten im Rahmen ihrer Recherchetätigkeit geltend gemacht werden.[697] § 6 IFG geht über das notwendige Schutzniveau sogar hinaus, indem er eine Abwägung der widerstreitenden Interessen ausschließt und nur bei Zustimmung des Betroffenen Zugang gewährt, weshalb in Bezug auf Umweltinformationen das – zudem insoweit unionsrechtlich unterfütterte – UIG der „stärkere" Anspruch ist. 202

e) Verfahren und Rechtsschutz

Das Verfahren wird durch den formlosen Antrag auf Informationszugang eingeleitet (§ 4 I UIG). Zuständig ist grds. die informationspflichtige Stelle, bei der die Information vorhanden ist (§ 4 I, III 1 UIG). Sonderregelungen bestehen für den Fall, dass die Information einer natürlichen oder juristischen Person des Privatrechts, derer sich eine Behörde zur Erfüllung hoheitlicher Aufgaben bedient, begehrt wird. § 4 I UIG lässt es zu, dass der Antrag direkt an die verpflichtete Stelle gerichtet wird. Regelmäßig soll der Informationszugang innerhalb eines Monats ab Eingang des Antrags gewährt werden (§ 3 III 2 Nr. 1 UIG). 203

Die Entscheidung der Behörde über die Gewährung des Informationszugangs, für die *Gebühren und Auslagen* erhoben werden (§ 12 I 1 UIG), ist ein Verwaltungsakt iSd § 35 S. 1 VwVfG.[698] Der Anspruch wird – nach einem etwaigen Vorverfahren (vgl. § 9 IV 2 IFG, § 6 II UIG) – mit der *Verpflichtungsklage* (§ 42 I 1. Alt. VwGO) durchgesetzt (explizit: § 9 IV 1 IFG).[699] Mit den genannten Ansprüchen auf Informationszugang werden *materielle* und damit *selbständig einklagbare* Rechtspositionen eingeräumt, über die in einem eigenen Verwaltungsverfahren entschieden wird, weshalb § 44a S. 1 VwGO keine Anwendung findet (vgl. auch § 9 IV 1 IFG, § 6 II– 204

---

693 Für die Art. 16, 17 GRCh *EuGH*, Rs. C-442/14 (Bayer CropScience), NVwZ 2017, 380 Rn. 97 ff.; *VGH Mannheim* ZUR 2017, 560 (561).

694 *EuGH*, Rs. C-266/09 (Stichting Natuur), Slg. 2010, I-13119 Rn. 53 ff.; *BVerwG* ZUR 2010, 37 (39); *Wegener* NVwZ 2015, 609 (615); *VG Schleswig* ZUR 2018, 628 (630).

695 *Schrader* ZUR 2005, 568 (570).

696 *EuGH*, Rs. C-71/10 (Office of Communications), Slg. 2011, I-7205 Rn. 22 ff.

697 *OVG Münster* RiA 2016, 33 ff.; tendenziell auch BVerwGE 159, 194 ff.; *BVerwG* Beschl. v. 22.3.2018 – 7 C 1/17 Rn. 15 (juris).

698 Vgl. § 9 IV 1 IFG. Nichts anderes kann für das UIG und VIG gelten, vgl. *VGH Kassel* NVwZ 2007, 348.

699 Eingehend *Schoch* (o. Fn. 603) § 9 Rn. 83 ff. Zur Abwägung im einstweiligen Rechtsschutz *OVG Magdeburg* LKV 2020, 36 (37 f.).

IV UIG).[700] Macht die Behörde in der Sache Geheimhaltungsgründe geltend und verweigert sie daher die Vorlage der Akten, muss ggf. im Verwaltungsprozess ein Verfahren nach § 99 II VwGO durchgeführt werden;[701] ggf. kann es durch Einsicht in die Verfahrensakten (vgl. § 100 VwGO) zur faktischen Erledigung des Rechtsstreits kommen, wenn die Akten die begehrte Umweltinformation enthalten.[702]

205 In *Fall 5* kann *J* ihr durch Antrag nach § 4 I UIG geltend gemachtes Informationsbegehren, das sich gegen eine Behörde des Bundes *(BMVI)* nach § 2 I Nr. 1 UIG richtet, auf die Anspruchsgrundlage des § 3 I UIG stützen. Bei dem begehrten Gutachten über Software-Updates handelt es sich um Umweltinformationen nach § 2 III Nr. 3 UIG, weil sich das Gutachten auf mögliche Maßnahmen bezieht, den durch die Abgasmanipulationen entstehenden (materiell nicht zulassungskonformen) Luftverunreinigungen (vgl. § 2 III Nr. 1 UIG) entgegenzuwirken. Da es zugleich um den Vollzug umweltbezogener Normen des Kfz-Zulassungsrechts geht, lässt sich die begehrte Information zudem als Bericht über die Umsetzung des Umweltrechts nach § 2 III Nr. 4 UIG einstufen. Das *BMVI* ist informationspflichtige Stelle (§ 2 I Nr. 1 UIG). Zwar enthält § 2 I Nr. 1 S. 3 lit. a UIG eine Ausnahme für Behörden, die im Rahmen der „Gesetzgebung" tätig werden.[703] Hier ist schon fraglich, ob dies überhaupt tatsächlich der Fall ist, weil das externe Gutachten eher der allgemeinen fachlichen Information der Bundesregierung dient, aber nicht unmittelbar einen Legislativvorschlag vorbereitet. Dies kann hier offenbleiben. Die Ausnahme des § 2 I Nr. 1 S. 3 lit. a UIG erfasst jedenfalls keine Mitwirkungshandlungen im Rahmen des Rechtssetzungsprozesses innerhalb der EU (→ Rn. 193).

206 Das Informationsbegehren könnte nur dann abgelehnt werden, wenn sich das *BMVI* rechtmäßig auf einen der Ablehnungsgründe nach §§ 8, 9 UIG beruft. Mit der Bezugnahme auf die „exekutive Eigenverantwortung" macht das BMVI in der Sache den Ablehnungsgrund der Vertraulichkeit der Beratung der informationspflichtigen Stelle nach § 8 I 1 Nr. 2 UIG geltend.[704] Dieser Ausnahmetatbestand greift aber nicht durch. Hier geht es schon nicht um den geschützten internen Prozess der Willensbildung innerhalb der Regierung, sondern um externen Sachverstand. Auch die Beeinträchtigung strafrechtlicher Ermittlungen nach § 8 I 1 Nr. 3 UIG kommt hierfür nicht in Betracht. Hierzu müsste aufgrund konkreter Tatsachen mit hinreichender Wahrscheinlichkeit die Sachverhaltsaufklärung bzw. Wahrheitsfindung durch das Bekanntwerden von Informationen beeinträchtigt sein.[705] Dies ist hier schon deshalb völlig unplausibel, weil es erstens um eine unabhängige Bewertung durch externe Gutachter geht, die die von der Staatsanwaltschaft vorzunehmenden eigenen Beurteilungen nicht determinieren kann. Dass öffentlich über die Möglichkeit der *künftigen* Fehlerkorrektur diskutiert wird, ist überdies für die strafrechtliche Würdigung des *vergangenen* Fehlverhaltens unerheblich. Schließlich kann auch das BMVI von vornherein keinen Einfluss auf eine Staatsanwaltschaft des Landes Niedersachsen nehmen (vgl. nur §§ 146, 147 GVG).

---

[700] *Ehlers* in ders./Schoch (Hrsg.), Rechtsschutz im Öffentlichen Recht, 2009, § 21 Rn. 177.

[701] Zu den prozessrechtlichen Problemen etwa *Gärditz* in ders. (Hrsg.), VwGO, 2. Aufl. 2018, § 99 Rn. 4 ff.; *Schoch* (o. Fn. 603) § 9 Rn. 97 ff.

[702] S. BVerwGE 130, 236 (240 f.); *Schroeter* NVwZ 2011, 457 (459).

[703] Zur Begründungshöhe *BVerwG* Beschl. v. 22.4.2020 – 10 B 18/19 Rn. 25 f. (juris).

[704] So auch *VG Berlin* Urt. v. 21.6.2018 – 2 K 291.16 Rn. 64 (juris).

[705] *VG Berlin* ZUR 2018, 236 (238); Urt. v. 30.11.2017 – 2 K 288.16 Rn. 45 ff. (juris); Urt. v. 21.6.2018 – 2 K 291.16 Rn. 46 ff. (juris). Vgl. auch zur Indizwirkung der staatsanwaltschaftlichen Einschätzung *OVG Schleswig* Beschl. v. 2.10.2020 – 4 LA 141/18 Rn. 25 ff. (juris).

Dass die Offenlegung eines Sachverständigengutachtens, das die Eignung der Software zur Fehlerkorrektur bewertet, Betriebs- und Geschäftsgeheimnisse nach § 9 I 1 Nr. 3 UIG verletzen würde, ist nicht hinreichend plausibel dargetan. Da die Darlegungslast beim Betroffenen liegt, reichen pauschale Behauptungen nicht aus. Im Übrigen wäre nach § 9 I 1 Hs. 2 UIG eine Interessenabwägung vorzunehmen, wobei vorliegend das erhebliche öffentliche Interesse – verstärkt durch die Pressefreiheit (→ Rn. 202) – am Umgang mit dem „Dieselskandal" das aufgrund mutmaßlich kriminellen Vorverhaltens nur reduziert schutzwürdige Geheimhaltungsinteresse des betroffenen Unternehmens überwiegen würde. Ggf. wären allenfalls einzelne Passagen im Gutachten zu streichen. Auch der Schutz von Urheberrechten nach § 9 I 1 Nr. 2 UIG greift ersichtlich nicht durch. Zum einen erreichen wissenschaftliche Fachgutachten idR schon nicht die schöpferische Höhe eines urheberrechtsfähigen Werkes (§ 2 I Nr. 7 UrhG).[706] Zum anderen wird ein Gutachten für eine Behörde dieser vom Ersteller grds. zur Erfüllung ihrer öffentlichen Aufgaben überlassen,[707] was dann die Befriedigung von gesetzlichen Informationsansprüchen einschließt.[708] 207

Im Ergebnis steht *J* daher ein Informationsanspruch gegen den Bund zu.

3. Umweltaudit (EMAS)

a) Allgemeines

Im Jahr 1993 wurde die Verordnung (EWG) Nr. 1836/93 über ein Umweltmanagement- und Umweltbetriebsprüfungssystem für Industriebetriebe[709] (sog. *Öko-Audit-Verordnung* oder *EMAS I-Verordnung*) erlassen, zunächst 2001 durch die EMAS II-Verordnung modifiziert und schließlich durch die zum 11.1.2010 in Kraft getretene heutige *Verordnung (EG) Nr. 1221/2009* des Europäischen Parlaments und des Rates vom 25.11.2009 über die freiwillige Teilnahme von Organisationen an einem Gemeinschaftssystem für Umweltmanagement und Umweltbetriebsprüfung (sog. *EMAS III-Verordnung*)[710] ersetzt. Die institutionelle Umsetzung der (unmittelbar anwendbaren, vgl. Art. 288 AEUV) Verordnung erfolgt im *Umweltauditgesetz* (UAG)[711] nebst untergesetzlichem Regelwerk. 208

Das *Ziel* von EMAS besteht darin, kontinuierliche Verbesserungen der Umweltleistung von Organisationen im Sinne auf Eigenverantwortung gründender „regulierter Selbstregulierung"[712] zu fördern, indem die Organisationen Umweltmanagementsysteme errichten und anwenden, die Leistung dieser Systeme einer systematischen, objektiven und regelmäßigen Bewertung unterzogen wird, Informationen über die Umweltleistung vorgelegt werden, ein offener Dialog mit der Öffentlichkeit und anderen interessierten Kreisen geführt wird und die Arbeitnehmer der Organisationen aktiv beteiligt werden und eine angemessene Schulung erhalten.[713] Die Verordnung enthält hierfür keine materiellen Standards, sondern hat *prozeduralen* Charakter. Sie 209

---

[706] Eingehend *Lauber-Rönsberg* GRUR 2019, 244 ff.; *Schack* in Dreier/Ohly (Hrsg.), Plagiate, 2013, S. 81 ff. Vgl. im vorliegenden Kontext *Richter* GRUR 2020, 358 (359 f.).

[707] Zutreffend für Behördenbedienstete BVerwGE 152, 241 ff. Auch der wissenschaftliche Erkenntnisprozess nach Art. 5 III 1 GG ist mit der Übergabe abgeschlossen, vgl. *VGH Kassel* ZUR 2020, 422 ff.

[708] *VG Berlin* Urt. v. 21.6.2018 – 2 K 291.16 Rn. 74 (juris); *Richter* GRUR 2020, 358 (360). AA aber *BVerwG* GRUR 2020, 189 (190).

[709] ABl. 1993 L 168, 1.

[710] ABl. L 342, 1. Die EMAS III-VO ergänzt insbes. § 52b BImSchG.

[711] Umweltauditgesetz idF v. 4.9.2002 (BGBl. I 3490).

[712] Vgl. *Schmidt-Preuß* FS Kriele, 1997, S. 1157 (1158 f.)

[713] Art. 1 EMAS III-Verordnung.

gibt den Rahmen vor für die Einrichtung innerorganisatorischer, insbes. betrieblicher Informationswege, Kontrollvorgänge, Entscheidungsabläufe sowie für die Darstellung der Umweltschutzmaßnahmen der Organisation in der Öffentlichkeit.[714]

b) Verfahrensschritte

210 Beteiligte Unternehmen formulieren eine *Umweltpolitik*. Hierunter versteht man die von den obersten Führungsebenen einer Organisation verbindlich dargelegten Absichten und Ausrichtungen der Organisation in Bezug auf ihre Umweltleistung (Art. 2 Nr. 2 EMAS III-Verordnung), einschließlich der Einhaltung aller geltenden Umweltvorschriften[715] *(compliance)* und der Verpflichtung zur kontinuierlichen Verbesserung der Umweltleistung. Die Umweltpolitik bildet den Rahmen für die Maßnahmen und für die Festlegung umweltbezogener Zielsetzungen und Einzelziele,[716] die wiederum in ein *Umweltprogramm* eingehen.[717]

211 Hierauf aufbauend erfolgt eine (erste) *Umweltprüfung*, also die erstmalige Untersuchung der Umweltaspekte, der Umweltauswirkungen und der Umweltleistung im Zusammenhang mit den Tätigkeiten, Produkten und Dienstleistungen der Organisation (Anh. I der EMAS III-Verordnung),[718] und die Implementierung eines *Umweltmanagementsystems*. Auf dieser Grundlage erfolgt schließlich eine (interne) *Umweltbetriebsprüfung*[719] durch einen (internen oder externen) Betriebsprüfer. Dem schließt sich die Unterrichtung der Öffentlichkeit über den betrieblichen Umweltschutz in Form der *Umwelterklärung* an (vgl. Anh. IV der EMAS III-Verordnung).[720]

212 Das Umweltmanagementsystem und die Umwelterklärung werden durch externe, akkreditierte bzw. zugelassene *Umweltgutachter begutachtet* und ggf. *validiert* (für gültig erklärt).[721] Wenn die Voraussetzungen des Art. 13 EMAS III-Verordnung erfüllt sind, wird schließlich die Organisation auf ihren Antrag von der bzw. den – nach nationalem Recht – „zuständigen Stelle (n)“[722] erstmalig in ein Verzeichnis (EMAS-Register) eingetragen *(Registrierung)*,[723] das von der Kommission im Amtsblatt der EU veröffentlicht wird. Mit der Registrierung wird die Organisation sog. „EMAS-Standort“. EMAS-Standorte kommen in den Genuss bestimmter immissionsschutz- und abfallrechtlicher Überwachungserleichterungen nach der *EMAS-Privilegierungs-Verordnung* (EMASPrivilegV).[724]

213 Mit der erstmaligen Durchführung der og Verfahrensschritte wird der Betriebsprüfungszyklus abgeschlossen. Danach beginnt die erste sog. *Folgephase* (s. Art. 14 I EMAS III-Verordnung).

c) Umwelterklärung

214 Die Umwelterklärung wird für jede am EMAS beteiligte Organisation nach der ersten Umweltprüfung und nach jeder folgenden Betriebsprüfung oder nach jedem Betriebsprüfungszyklus erstellt.[725] Sie wird für die Öffentlichkeit verfasst, dieser

---

[714] *Schmidt-Preuß* (o. Fn. 712) S. 1162 f.
[715] Art. 2 Nr. 3 EMAS III-Verordnung.
[716] Art. 2 Nr. 1 EMAS III-Verordnung.
[717] Art. 2 Nr. 9, 10 EMAS III-Verordnung.
[718] Art. 2 Nr. 9 EMAS III-Verordnung.
[719] Art. 2 Nr. 16 iVm Art. 9 und Anh. III EMAS III-Verordnung.
[720] Art. 2 Nr. 18 iVm Anh. IV EMAS III-Verordnung.
[721] Art. 2 Nr. 20, 24 f., Art. 4 V, 25 ff. iVm Anh. VII EMAS III-Verordnung.
[722] Art. 11 EMAS III-Verordnung. Gem. § 32 UAG sind „zuständige Stellen“ i. S. dieser Vorschriften in Deutschland die Industrie- und Handelskammern sowie die Handwerkskammern.
[723] Zu den Einzelheiten s. Art. 3 ff., 11 ff. EMAS III-Verordnung, insbes. zum Registrierungsantrag Art. 5 iVm Anh. VI EMAS III-Verordnung; zum Registrierungsverfahren Art. 12 EMAS III-Verordnung.
[724] VO über immissionsschutz- und abfallrechtliche Überwachungserleichterungen für nach der VO (EG) Nr. 761/2001 registrierte Standorte und Organisationen (EMAS-Privilegierungs-Verordnung – EMASPrivilegV) v. 24.6.2002 (BGBl. I 2247).
[725] Anh. III Nr. 4 EMAS III-Verordnung.

bekannt gemacht (vgl. § 9 EMASPrivilegV) und in knapper, verständlicher Form geschrieben.[726] Der einzelne Bürger hat einen (strikt begrenzten)[727] Anspruch auf Erteilung der Umwelterklärung unmittelbar gegen die Organisation (s. Art. 2 Nr. 19 und Anh. IV D EMAS III-Verordnung).

§ 5. Umweltrechtsschutz

I. Einleitung

1. Hintergrund

1 Die praktische Wirksamkeit des Umweltschutzrechts hängt entscheidend von den Mechanismen der Rechtsdurchsetzung ab. Hierbei kommt es nicht nur auf geeignete Instrumente des administrativen Vollzugs und deren Verzahnung[1] an. Gerade bei der Zulassung umweltrelevanter Vorhaben sind institutionelle Absicherungen einer neutralen und unvoreingenommenen Kontrolle durch Gerichte rechtsstaatlich unabdingbar. Der Umweltrechtsschutz ist daher ein zentraler Baustein des allgemeinen Umweltrechts, was nicht zuletzt das Unionsrecht forciert hat.

2 Auch der Umwelt-Verwaltungsrechtsschutz fügt sich zunächst in das allgemeine Korsett des Verwaltungsrechtsschutzes ein, das vor allem die VwGO zur Verfügung stellt. Das deutsche Rechtsschutzmodell gründet hierbei auf der Systementscheidung für eine Verletztenklage, aufbauend auf Art. 19 IV GG, der als Ausdruck von Individualität und Personalität[2] subjektiven Rechtsschutz des Einzelnen gegen Akte der öffentlichen Gewalt garantiert.[3] Das Verwaltungsprozessrecht ist daher auf die Durchsetzung subjektiver Rechte austariert (§§ 42 II, 113 I 1 VwGO). Dies garantiert einen höchst effektiven Rechtsschutz durch unabhängige Verwaltungsgerichte. Die Reichweite des Rechtsschutzes Drittbetroffener hängt damit aber zugleich von der Bestimmung des Schutznormcharakters relevanter Vorschriften des Umweltrechts ab. Große Teile des Umweltrechts sind mangels personalen Bezugs traditionell nicht drittschützend, was namentlich durchweg für das Naturschutzrecht der Fall ist. Hierdurch entsteht die mit Recht beklagte[4] Asymmetrie, dass sich einerseits der Umweltnutzer/-verschmutzer gegen jedwede – auch bagatellhafte – Beschränkung seiner Nutzungsmöglichkeiten effektiv zur Wehr setzen kann, wohingegen nicht normativ subjektivierte Umweltschutzinteressen der Allgemeinheit in der Regel nicht wehrfähig sind. Aus diesem Grund wurde das Umweltrecht zum Laboratorium der (altruistischen) Verbandsklagen.[5]

---

[726] S. Anh. IV B, C 1. b) EMAS III-Verordnung.
[727] *Sellner/Schnutenhaus* NVwZ 1993, 928 (931 f.); *Köck* VerwArch 87 (1996), 645 (660).
[1] S. hierzu → § 4 Rn. 3.
[2] *Schmidt-Aßmann*, Verwaltungsrechtliche Dogmatik, 2013, S. 109.
[3] *Schmidt-Aßmann*, Das allgemeine Verwaltungsrecht als Ordnungsidee, 2. Aufl. 2004, S. 214.
[4] Etwa *Ramsauer* in Koch/Hofmann/Reese UmweltR-HdB § 3 Rn. 174; *Lübbe-Wolff* NuR 2000, 19 (22).
[5] Eingehend *Schlacke*, Überindividueller Rechtsschutz, 2008, S. 161 ff.

2. Entwicklung

3 Das deutsche System des Verwaltungsrechtsschutzes kannte ursprünglich keinen Umweltrechtsschutz im Sinne umweltspezifischer Vorschriften der formalisierten Verwaltungskontrolle. Insoweit kamen *ausschließlich* die allgemeinen Regelungen der VwGO zur Anwendung, wobei hier die Frage im Mittelpunkt stand, welche Vorschriften des materiellen Umweltrechts als drittschützend iSd §§ 42 II, 113 I 1 VwGO anzusehen sind. Hierzu hatte sich eine filigrane und kasuistische Feindogmatik entwickelt,[6] nach der in der Regel Vorsorgebestimmungen (wie insbes. § 5 I Nr. 2 BImSchG) der Drittschutz abgesprochen wurde, wohingegen der Gefahrenabwehr dienende Bestimmungen (etwa § 5 I Nr. 1 BImSchG) auch den Rechten betroffener Nachbarn zu dienen bestimmt seien, was wiederum bei besonderen Risikotechnologien (Atomkraft, Gentechnik) zugunsten eines erweiterten Drittschutzes durchbrochen wurde (→ Rn. 20). Im Übrigen wurde im Naturschutzrecht zaghaft – und zunächst auf Landesebene – eine eigenständige, an Beteiligungsrechte anknüpfende Verbandsklage eingeführt, die für Naturschutzvereinigungen in einem Teilbereich des Umweltrechts altruistische Rechtsdurchsetzungsmöglichkeiten geschaffen hat (s. heute § 64 BNatSchG).

4 Der Umweltrechtsschutz zeigt sich aber auch in besonderer Weise durch die Offenheit des Rechtsschutzsystems für die systematische Aufnahme europäischer „Entwicklungsanstöße"[7], die zugleich die Kohärenz und Konsistenz des Gesamtrechtsschutzsystems herausfordern[8]. Die von einer restriktiv angewendeten Schutznormdoktrin ausgehende Verengung des Gerichtszugangs ist nicht nur auf wissenschaftliche Kritik gestoßen,[9] sondern wurde in den 1990er Jahren durch die Rechtsprechung des *EuGH* in einer *ersten Phase der Europäisierung* aufgebrochen. Der *EuGH* begreift zum einen den nationalen Rechtsschutz auch als dezentrales Instrument zur praktischen Durchsetzung des Unionsrechts,[10] verlangt zum anderen vor allem aber auch, dass der Einzelne Rechte, die ihm das Unionsrecht gewährt, vor nationalen Behörden und ggf. vor nationalen Gerichten einfordern können muss (vgl. Art. 19 I UAbs. 2 EUV; Art. 47 GRCh).[11] Der *EuGH* hat – in der Sache überzeugend – grundsätzlich auch aus traditionell der Vorsorge zuzuordnenden Bestimmungen des Unionsrechts Rechte des Einzelnen abgeleitet, sofern diese Bestimmungen ein personalisierbares Rechtsgut schützen.[12] Dies ist insbes. für den Schutz der Gesundheit der Fall,[13] gilt gleichermaßen aber auch für das Eigentum,

---

6 Eingehend *Jarass* FS Dolde, 2014, S. 551 (555 ff.).

7 Allg. *Schmidt-Aßmann* (o. Fn. 2) S. 39.

8 *Schmidt-Aßmann,* Kohärenz und Konsistenz des Verwaltungsrechtsschutzes, 2015, S. 87 ff.

9 Etwa *Ekardt* Der Staat 44 (2005), 622 ff.; *Ramsauer* in Koch/Hofmann/Reese UmweltR-HdB § 3 Rn. 174; *Schmidt-Aßmann* (o. Fn. 2) S. 111; zur Vorsorge *Krüper*, Gemeinwohl im Prozess, 2009, S. 98 ff., 166 ff.

10 Hierzu *v. Danwitz* DVBl 2008, 537 (540 f.); *Masing,* Die Mobilisierung des Bürgers für die Durchsetzung des Rechts, 1997; *Schoch* VBlBW 2013, 361 (365); *Steinbeiß-Winkelmann* NJW 2010, 1233 (1234); *Streinz* VVDStRL 61 (2002), 300 (341 f.).

11 *EuGH,* Rs. C-433/93 (Kommission/ Deutschland), Slg. 1995, I-2303 Rn. 19; Rs. C-298/95 (Kommission/ Deutschland), Slg. 1996, I- 6747 Rn. 16; Rs. C-54/96 (Dorsch Consult), Slg. 1997, I-4961 Rn. 40. Zu den qualitativen Anforderungen grundlegend *EuGH,* Rs. C-64/16 (Associação Sindical dos Juízes Portugueses), ECLI:EU:C:2018:117 Rn. 29 ff.

12 Etwa *EuGH,* Rs. C-131/88 (Grundwasserrichtlinie), Slg. 1991, I-825 Rn. 8 ff.; Rs. C-361/88 (TA Luft), Slg. 1991, I-2567 Rn. 15 ff.; Rs. C-59/89 (Kommission/ Deutschland), Slg. 1991, I-2607 Rn. 23 f.; Rs. C-262/95 (Kommission/ Deutschland), Slg. 1996, I-5729 Rn. 13 ff.; Rs. C-298/95 (Kommission/ Deutschland), Slg. 1996, I-6747 Rn. 15 ff.

13 *EuGH,* Rs. C-237/07 (Janecek), Slg. 2008, I-6221 Rn. 34 ff.; Rs. C-197/18 (Wasserleitungsverband Nördliches Burgenland), ECLI:EU:C:2019:824 Rn. 45; bestätigt *EuGH,* Rs. C-

richtigerweise aber nicht für Rechtspositionen ohne personalen Zuweisungsgehalt (wie etwa das Artenschutzrecht)[14]. Dementsprechend kam es zu einer sukzessiven Europäisierung subjektiver Rechte im Verwaltungsprozess,[15] die sich gerade im Umweltrecht (positiv) bemerkbar gemacht hat.

Eine *zweite Phase der Europäisierung* des Umweltrechtsschutzes geht mit der Umsetzung der Rechtsschutzbestimmungen der Aarhus-Konvention (AK)[16] – s. dort Art. 9 II–III – durch die Öffentlichkeitsbeteiligungsrichtlinie[17] im Jahre 2003 einher. Die – in ihren Rechtsschutzbestimmungen inzwischen durch novellierte Rechtsakte (Art. 11 UVP-RL und Art. 25 IE-RL; → Rn. 14) ohne inhaltliche Änderungen abgelöste – Richtlinie verpflichtete die Mitgliedstaaten im Anwendungsbereich der seinerzeitigen UVP- und der IVU-Richtlinie dazu, der betroffenen Öffentlichkeit nach Maßgabe des nationalen Rechts einen weiten Zugang zu Gerichten zu verschaffen, „um die materiellrechtliche und verfahrensrechtliche Rechtmäßigkeit von Entscheidungen, Handlungen oder Unterlassungen anzufechten", soweit die Kläger ein ausreichendes Interesse nachweisen oder alternativ eine Rechtsverletzung geltend machen können. Klagerechte in diesem Sinne haben automatisch anerkannte Umweltvereinigungen als Teil der betroffenen Öffentlichkeit. 5

Eine erste Umsetzung der Richtlinie durch das *Umweltrechtsbehelfsgesetz* (UmwRG[18]) im Jahre 2006 hatte zunächst Verbandsklagerechte nach § 2 I UmwRG aF auf solche Klagen begrenzt, mit denen sich ein Verband auf Rechtsnormen stützte, die dem Schutz Einzelner (nicht notwendig des klagenden Verbandes) zu dienen bestimmt sind. Diese Einengung lief offensichtlich dem Ziel der Verbandsklage zuwider, gerade dort kompensatorisch Rechtsschutz zu eröffnen, wo mangels betroffener subjektiver Rechte ein Kontrolldefizit droht, und wurde vom *EuGH* mit Recht für unionsrechtswidrig erachtet.[19] 6

Vorübergehend wurden Klagerechte durch unmittelbare Anwendung des Unionsrechts sichergestellt.[20] Im Jahr 2013 wurde das Defizit des UmwRG auch vom Gesetzgeber jedenfalls insoweit behoben.[21] Bereits ein nachfolgendes Vertragsverletzungsverfahren, welches zu der letzten *Novelle* (ua) *des UmwRG v. 29.5.2017* durch den deutschen Gesetzgeber führte,[22] zeigt jedoch – ebenso wie die Streitigkeiten um 7

535/18 (Bezirksregierung Detmold), ECLI:EU:C:2020:391, Rn. 120 ff. Dazu *Bunge* NuR 2020, 766 ff.; *Römling* NuR 2020, 686 ff.

14 Weitergehend aber *Kokott/Sobotta* DVBl 2014, 132 (136).

15 *Gärditz* in Rengeling/Gellermann/Middeke (Hrsg.), Handbuch des Rechtsschutzes in der Europäischen Union, 3. Aufl. 2014, § 35 Rn. 59; *Kahl/Ohlendorf* JA 2010, 41 (43); *Saurer,* Der Einzelne im europäischen Verwaltungsrecht, 2014, S. 75 ff.

16 UN/ECE-Übereinkommen über den Zugang zu Informationen, die Öffentlichkeitsbeteiligung an Entscheidungsverfahren und den Zugang zu Gerichten in Umweltangelegenheiten (BGBl. 2006 II 1251); zu den hieraus folgenden Vorgaben für das EU-Recht und das nationale Recht im Überblick *Wegener* in ders. (Hrsg.), Europäische Querschnittspolitiken, 2014, § 3 Rn. 71 ff.

17 RL 2003/35/EG des Europäischen Parlaments und des Rates v. 26.5.2003 über die Beteiligung der Öffentlichkeit bei der Ausarbeitung bestimmter umweltbezogener Pläne und Programme (ABl. L 156, 17).

18 Umwelt-Rechtsbehelfsgesetz idF der Bek. v. 8.4.2013 (BGBl. I 753).

19 *EuGH,* Rs. C-115/09 („Trianel"), Slg. 2011, I-3673 Rn. 42 ff. Vorlage durch das *OVG Münster* NuR 2009, 369 ff.

20 BVerwGE 141, 282 (284 f.).

21 G zur Änderung des Umweltrechtsbehelfsgesetzes und anderer Vorschriften v. 21.1.2013 (BGBl. I 95).

22 G zur Anpassung des Umwelt-Rechtsbehelfsgesetzes und anderer Vorschriften an europa- und völkerrechtliche Vorgaben v. 29.5.2017, BGBl. I 1298. Vorausgehend: *EuGH,* Rs. C-137/14 (Kommisssion/Deutschland), ECLI:EU:C:2015:683. Eingehend zur UmwRG-No-

die unionsrechtlichen Folgen von Art. 9 III AK (→ Rn. 13 ff.) –, dass die unionsrechtlich notwendige Konsolidierung des deutschen Umweltrechtsschutzes noch nicht abgeschlossen ist (zu den Folgen: → Rn. 11, → Rn. 28–32, → Rn. 57).

3. Rechtsgrundlagen

8 Da auch der öffentlich-rechtliche Umweltrechtsschutz mit den Rechtsbehelfen der VwGO zu erreichen ist, richtet sich dieser zunächst nach den allgemeinen Bestimmungen des Verwaltungsprozessrechts, die den Rechtsweg, die Klagearten, die Sachentscheidungsvoraussetzungen, die Vollstreckung von Entscheidungen[23] und die Rechtsmittel regeln.

a) Nationales Sonderverwaltungsprozessrecht

9 Das allgemeine Verwaltungsprozessrecht wird jedoch überlagert durch umweltspezifisches *Sonderverwaltungsprozessrecht,* nämlich zum einen durch das zusätzliche und gegenständlich begrenzte Klagerecht für Naturschutzverbände nach § 64 BNatSchG sowie zum anderen durch das UmwRG, das besondere Bestimmungen zur Klagebefugnis (§ 2 UmwRG), zur Begründetheit (§ 4 UmwRG), zur gerichtlichen Kontrolle von Verfahrensfehlern (§ 4 UmwRG), eine besondere Klagebegründungsfrist (§ 6 UmwRG), aber auch teils abweichende Regelungen für atypische Rechtsbehelfe (§ 7 II UmwRG) enthält, die nicht nur für die anerkannten Vereinigungen (§ 3 UmwRG), sondern teilweise auch für Individualkläger gelten (vgl. § 4 III UmwRG).[24] § 2 UmwRG gilt zudem nach § 11 II USchadG[25] entsprechend für den Rechtsschutz zur Durchsetzung behördlicher Pflichten nach USchadG.[26]

10 Die *Klagearten* folgen grundsätzlich der VwGO. Als verwaltungsaktsbezogene Klagen stehen Anfechtungs- und Verpflichtungsklage (§ 42 I VwGO) zur Verfügung (zB Anfechtung einer Zulassungsentscheidung; Klage auf behördliches Einschreiten durch Ordnungsverfügung).[27] Eine Fortsetzungsfeststellungsklage nach § 113 I 4 VwGO ist möglich; das UmwRG entbindet aber auch privilegierte Vereinigungen (§§ 2, 3 UmwRG) nicht von dem Erfordernis eines fortbestehenden Feststellungsinteresses.[28] Im Übrigen kommen allgemeine Leistungsklagen (zB auf Vornahme oder Unterlassung von Realakten[29] oder von Rechtsakten, die keine VA sind) in Betracht. Die allgemeine Feststellungsklage (§ 43 VwGO) hat eine Auffangfunktion (→ Rn. 18). Einige umweltrelevante Planungen auf Landesebene (zB Bebauungspläne, Regionalpläne als VO) lassen sich mit einem Normenkontrollantrag nach § 47 VwGO angreifen. Um anerkannten Umweltvereinigungen im Einklang mit Art. 9 III AK darüber hinaus auch einen Rechtsbehelf gegen Planungen des Bundes zu eröffnen, die hiervon nicht erfasst werden, stellt nunmehr § 7 II 2 UmwRG einen selbstständigen – lediglich Vereinigungen nach § 3 UmwRG

---

velle 2017 *Durner* EurUP 2018, 142 ff.; *Franzius* NVwZ 2018, 219 ff.; *Gärditz* EurUP 2018, 158 ff.; *Schlacke* NVwZ 2017, 905 ff.; *dies.* EurUP 2018, 127 ff.

23 Vgl. *EuGH,* Rs. C-752/18 (DUH), ECLI:EU:C:2019:1114 Rn. 33 ff. (nationale Verfahrensautonomie und Effektivitätsgebot); zur Umsetzung *VGH München* ZUR 2020, 689 ff. („Söder"). Hierzu *Gafus* EurUP 2020, 185 ff.; *Klinger* ZUR 2020, 367 f.; *ders.* EurUP 2020, 202 ff.; *Ruffert* JuS 2020, 700 ff. S. eingehend → § 7 Rn. 184.

24 Eingehend *Held* DÖV 2019, 121 ff. Zur Rechtsprechungsentwicklung *Berkemann* DVBl 2020, 1 ff.; *Schlacke* NVwZ 2019, 1392 ff.

25 Hierzu *VGH München* NuR 2015, 336; *Gassner* NuR 2015, 320; *Marty* ZUR 2009, 115 ff. Sehr restriktiv interpretiert durch *OVG Hamburg* ZUR 2019, 618 f.

26 Näher *Breuer/Gärditz* WasserR Rn. 1555.

27 Vgl. *VGH Mannheim* UPR 2019, 26 ff.

28 *BVerwG* Urt. v. 2.11.2017 – 7 C 26/15 Rn. 16.

29 Anschaulich BVerwGE 159, 95 ff.: Unterbindung der Nutzung des rechtswidrig errichteten Radwegs.

begünstigenden (s. § 7 VI UmwRG)[30] – Rechtsbehelf durch entsprechende Anwendung des § 47 VwGO zur Verfügung. Insoweit wird die Feststellungsklage als bisheriger Auffangrechtsbehelf verdrängt.[31]

§ 8 UmwRG legt den *zeitlichen Anwendungsbereich* des UmwRG fest.[32] Der *sachliche Anwendungsbereich* des UmwRG wird durch dessen § 1 I 1 UmwRG definiert. 11
Hiernach findet das UmwRG Anwendung auf Rechtsbehelfe gegen

- Zulassungsentscheidungen iSv § 2 VI UVPG[33] über die Zulässigkeit von Vorhaben, für die nach (a)) UVPG, (b)) der Verordnung über die Umweltverträglichkeitsprüfung bergbaulicher Vorhaben oder (c)) landesrechtlichen Vorschriften eine Pflicht zur Durchführung einer Umweltverträglichkeitsprüfung bestehen kann (Nr. 1).[34] Hierunter können mit Blick auf § 2 VI Nr. 3 UVPG auch vorhabenbezogene Bebauungspläne (§ 10 BauGB) fallen, soweit diese die Zulässigkeit von UVP-pflichtigen Vorhaben begründen,[35] nicht hingegen Zielabweichungsentscheidung nach ROG;[36]
- Genehmigungen für Anlagen, die in Anh. 1 (Sp. c) der 4. BImSchV mit dem Buchstaben G gekennzeichnet sind, gegen Entscheidungen nach § 17 Ia BImSchG, gegen Erlaubnisse nach § 8 I WHG für Gewässerbenutzungen, die mit einem Vorhaben iSd IE-RL 2010/75/EU (→ Rn. 14) verbunden sind,[37] sowie gegen Planfeststellungsbeschlüsse für Deponien nach § 35 II KrWG (Nr. 2);
- Genehmigungen für Anlagen nach § 23b I 1 oder § 19 IV BImSchG oder Zulassungen für Betriebspläne nach § 57d I BBergG (Nr. 2a) bzw. bestimmte Entscheidungen über die Zulässigkeit von Vorhaben, die benachbarte Schutzobjekte iSd § 3 Vd BImSchG (Nr. 2b) betreffen;[38]
- Entscheidungen nach USchadG (Nr. 3);
- Entscheidungen über die Annahme von Plänen und Programmen nach § 2 VII UVPG, wenn eine Pflicht zur Durchführung einer SUP besteht (Nr. 4);[39] hier ist eine abweichende Zuständigkeit des OVG gegeben (§ 7 II 1 UmwRG). Die Ausnahme für Pläne und Programme, über deren Annahme durch Parlamentsgesetz entschieden wird, ist völkerrechtskonform und erfasst zB Bundesbedarfspläne nach § 12e EnWG und standortbezogene Pläne nach §§ 15 III, 17 II StandAG.[40] Die Regelung der Nr. 4 findet nach § 48 S. 2 UVPG keine Anwendung auf Raumordnungspläne, die Flächen für die Windenergienutzung oder für den Abbau von Rohstoffen ausweisen.[41] Ziel dieser Ausnahme ist es, den Rechtsschutz gegen Raumordnungspläne zurückzudrängen und in die nachfolgende Planungsstufe der Bauleitplanung zu verlagern.[42] Eine weitere – unbenannte – Ausnahme von § 1 I 1 Nr. 4 UmwRG bilden SUP-pflichtige Pläne und Programme, die in einem förmli-

---

30 BT-Drs. 18/9526, 43; *Gärditz* EurUP 2018, 158 (170); *Mager* EurUP 2018, 50 (55).
31 *Gärditz* EurUP 2018, 158 (170).
32 Hierzu *BVerwG* NVwZ 2018, 986 f.
33 Zum Begriff *Schlacke* in Gärditz (Hrsg.), VwGO, 2. Aufl. 2018, § 1 UmwRG Rn. 12 ff.
34 S. *OVG Münster* NVwZ-RR 2018, 642: Umsetzung eines Verkehrskonzeptes; *OVG Bautzen* SächsVBl. 2020, 264 ff.: Flurbereinigungsmaßnahmen.
35 *OVG Lüneburg* NuR 2018, 780 ff.; *VGH München* ZNER 2020, 456 ff.
36 *VGH Kassel* NVwZ-RR 2020, 251 f.
37 Hierzu *OVG Hamburg* ZUR 2021, 111 (115).
38 Nr. 2a und 2b eingefügt durch Art. 3 des G v. 30.11.2016 zur Umsetzung der RL 2012/18/EU zur Beherrschung der Gefahren schwerer Unfälle mit gefährlichen Stoffen (BGBl. I 2749).
39 Eingehend *Durner* EurUP 2018, 142 ff.
40 *Schlacke* NVwZ 2017, 905 (907 f.).
41 Hierzu krit. *Erbguth* DVBl 2018, 897 ff.; *Gärditz* EurUP 2018, 158 (170).
42 *Wagner* in Hoppe/Beckmann/Kment (Hrsg.), UVPG, 5. Aufl. 2018, § 48 Rn. 45.

chen Gesetzgebungsverfahren erlassen werden (§ 2 VII 1 Nr. 2 UVPG), da hier weiterhin Art. 100 I GG greift;[43]

- Verwaltungsakte (§ 35 VwVfG) oder öffentlich-rechtliche Verträge (§ 54 VwVfG), durch die *andere* als in § 1 I 1 Nr. 1–2 UmwRG genannte Vorhaben unter Anwendung umweltbezogener Rechtsvorschriften des Bundes-, Landes- oder des unmittelbar geltenden Unionsrechts zugelassen werden (Nr. 5), was zB die Genehmigung nach § 19 I BImSchG,[44] Verlängerungsentscheidungen nach § 18 III BImSchG,[45] artenschutzrechtliche Abschusserlaubnisse,[46] forstrechtliche Umwandlungsgenehmigungen,[47] umweltbezogene Baugenehmigungen[48] oder Vorbescheide[49] erfasst.[50] Der Auffangtatbestand soll bei Auslegung im Lichte von Art. 9 III AK auch solche Vorhaben erfassen, bei denen nach Durchführung einer UVP-Vorprüfung keine erheblichen Umweltauswirkungen zu erwarten sind;[51]
- Verwaltungsakte über Überwachungs- oder Aufsichtsmaßnahmen zur Umsetzung oder Durchführung von Entscheidungen nach § 1 I 1 Nr. 1–5 UmwRG, die der Einhaltung entsprechender umweltbezogener Rechtsvorschriften dienen (Nr. 6). Dies kann bei völkerrechtskonform weiter Auslegung[52] auch Rücknahme und Widerruf von Genehmigungen erfassen.[53]

Die Nrn. 4–6 wurden in § 1 I 1 UmwRG durch Anpassungsgesetz vom 29.5.2017 (→ Rn. 7) eingefügt, um möglichen Umsetzungsdefiziten – insbes. im Hinblick auf Art. 9 III AK – zu begegnen und Rechtsschutzlücken zu schließen. Art. 9 III AK erfasst nämlich über die Verwaltungsakte hinaus auch Realakte und untergesetzliche Formen der Rechtsetzung,[54] die das frühere Spektrum der Klagerechte nicht abdeckte. § 1 IV UmwRG enthält nunmehr eine Legaldefinition der umweltbezogenen Rechtsvorschriften, die im Wesentlichen auf § 2 III UIG Bezug nimmt.[55]

Das Gesetz findet – insoweit nach Art. 9 II AK und Unionsrecht zwingend geboten[56] – nach § 1 I 2 UmwRG auch Anwendung, wenn entgegen geltenden Rechtsvorschriften keine entsprechende Entscheidung getroffen worden ist, sich der Rechtsbehelf also gegen ein *Unterlassen* richtet,[57] bspw. eine unterbliebene Aufhebung einer Entscheidung nach §§ 48, 49 VwVfG[58] oder ein verweigertes behördliches Einschreiten.

---

43 *Gärditz* EurUP 2018, 158 (170).
44 *OVG Berlin-Brandenburg* Beschl. v. 22.8.2018 –11 S 10.18 Rn. 4; *Schlacke* NVwZ 2017, 905 (908).
45 BVerwGE 167, 250 Rn. 13.
46 *OVG Lüneburg* Besch. v. 26.6.2020 – 4 ME 116/20 Rn. 13; *VGH München* ZUR 2020, 240 (241).
47 *Guckelberger* NuR 2020, 217 (221).
48 *VGH München* Beschl. v. 10.12.2020 – 9 CS 20.892 Rn. 27; offen gelassen *VGH München* Beschl. v. 8.10.2020 – 2 ZB 19.449.
49 *OVG Lüneburg* Urt. v. 25.10.2018 – 12 LB 118/16 Rn. 148.
50 Verneint für straßenverkehrsrechtliche Einzelzulassung *VG Düsseldorf* Urt. v. 24.1.2018 – 6 K 12341/17 Rn. 79 („Dieselklage"); zust. *Spieth/Hellermann* NVwZ 2019, 745 (748); hierzu *Fredel* EurUP 2018, 535 ff.
51 BVerwGE 166, 321 Rn. 25.
52 *Guckelberger* NuR 2020, 217 (224).
53 *BVerwG* NVwZ 2021, 152 (153).
54 *Fischer-Hüftle* NuR 2018, 735 (738); *Schlacke* EurUP 2018, 127 (140).
55 Zur Öffnung für Denkmalschutzbelange als Umwelt *Spennemann* NuR 2020, 227 (228 ff.).
56 BVerwGE 159, 95 (98 f.).
57 *Bunge*, UmwRG, 2. Aufl. 2019, § 1 Rn. 158.
58 *BVerwG* NVwZ 2021, 152 f.

Maßnahmen, für die keine UVP oder SUP vorgesehen ist, können jedenfalls auf der Grundlage des geltenden UmwRG nicht angegriffen werden. Früher noch bestehende Rechtsschutzlücken bei SUP-pflichtigen Maßnahmen (zB bei der Aufstellung von Raumordnungsplänen) wurden durch die Novelle 2017 insoweit geschlossen.[59] Die bloße Möglichkeit, dass eine Maßnahme aufgrund umstrittener Rechtslage eine UVP erfordern könnte, führt nicht dazu, dass der Anwendungsbereich des § 1 UmwRG eröffnet ist;[60] vielmehr muss die UVP-Pflicht jedenfalls in rechtlicher – nicht notwendig auch in tatsächlicher[61] – Hinsicht positiv durch Auslegung festgestellt werden.[62] 12

b) Völker- und Unionsrecht

13 Auf *völkerrechtlicher Ebene* enthält die Aarhus-Konvention Verpflichtungen, der betroffenen Öffentlichkeit – einschließlich privilegierter Umweltvereinigungen – Umweltrechtsschutz bei Verfahren nach Maßgabe des Anhangs der Konvention zur Verfügung zu stellen (Art. 9 II AK) sowie ganz allgemein der Öffentlichkeit nach Maßgabe des nationalen Rechts Rechtsbehelfe zur Kontrolle des geltenden Umweltrechts zu eröffnen (Art. 9 III AK).

14 Die Verpflichtungen aus Art. 9 II AK wurden für die *Mitgliedstaaten* auf unionsrechtlicher Ebene verbindlich wortlautgleich umgesetzt durch Art. 11 I UVP-RL[63] sowie Art. 25 I IE-RL,[64] und zwar jeweils für den Anwendungsbereich der bezeichneten Richtlinien. Über eine Verweisung in Art. 23 lit. b Seveso-RL[65] gelten auch für in deren Anwendungsbereich fallende Vorhaben die entsprechenden Rechtsschutzbestimmungen. Eine ähnliche Regelung enthält schließlich Art. 13 UmweltschadensRL.[66] Art. 9 III AK wurde demgegenüber auf Unionsebene für die Mitgliedstaaten nicht umgesetzt (zu den Folgeproblemen → Rn. 28 ff.).

15 Zur Umsetzung der Aarhus-Konvention für die *EU* hat diese die sog. Aarhus-VO[67] erlassen, die den Rechtsschutz gegen Maßnahmen von Unionsorganen über Art. 263 AEUV hinaus erweitert. Auch die Vereinbarkeit dieser Bestimmung mit dem für die Union nach Art. 216 II AEUV geltenden Art. 9 III AK sieht sich Zweifeln ausgesetzt. Das *EuG* hatte entschieden, dass der dortige Begriff der anfechtbaren Handlung durch eine Verengung auf Einzelfallentscheidungen nicht dem weitergehenden Verpflichtungsgehalt der Aarhus-Konvention entspricht,[68] und die Verordnung in-

---

59 BGBl. I 1298. Vgl. hierzu auch bereits *Klinger* NuR 2016, 835 f.; *Michl* NuR 2016, 543 ff.

60 So aber *OVG Berlin-Brandenburg* ZUR 2013, 678 (780); *VG Düsseldorf* ZUR 2015, 424 (425).

61 Vgl. *OVG Berlin-Brandenburg* Urt. v. 23.1.2020 – OVG 6 A 6.18 Rn. 18; *OVG Hamburg* Urt. v. 29.11.2019 – 1 E 23/18 Rn. 82; vgl. etwa *OVG Lüneburg* ZUR 2020, 299 (301): Klage zulässig, wenn UVP-Pflicht aufgrund von Dokumentationsdefiziten nicht aufklärbar ist.

62 BVerwGE 168, 20 Rn. 22; *BVerwG* ZUR 2015, 351 (352); *OVG Hamburg* UPR 2020, 352.

63 RL 2011/92/EU des Europäischen Parlaments und des Rates v. 13.12.2011 über die Umweltverträglichkeitsprüfung bei bestimmten öffentlichen und privaten Projekten (ABl. L 26, 1).

64 RL 2010/75/EU des Europäischen Parlaments und des Rates v. 24.11.2010 über Industrieemissionen (integrierte Vermeidung und Verminderung der Umweltverschmutzung), ABl. L 334, 17.

65 Art. 23 lit. b RL 2012/18/EU des Europäischen Parlaments und des Rates v. 4.7.2012 zur Beherrschung der Gefahren schwerer Unfälle mit gefährlichen Stoffen (ABl. L 197, 1).

66 RL 2004/35/EG des Europäischen Parlaments und des Rates v. 21.4.2004 über Umwelthaftung zur Vermeidung und Sanierung von Umweltschäden (ABl. L 143, 56).

67 VO (EG) Nr. 1367/2006 des Europäischen Parlaments und des Rates v. 6.9.2006 über die Anwendung der Bestimmungen des Übereinkommens von Århus (ABl. L 264, 13).

68 *EuG*, Rs. T-396/09 (Vereniging Milieudefensie ua), ZUR 2012, 495 Rn. 60 ff.; Rs. T-338/08 (Stichting Natuur en Milieu ua), NuR 2012, 550 Rn. 58 ff. S. zum engen Verständnis von Art. 263 IV AEUV auch *EuG*, Rs. T-382/15 (Greenpeace Energy eG), ZUR 2017, 223.

soweit für ungültig erklärt. Demgegenüber hat der *EuGH* im Rechtsmittelverfahren mit Recht die unmittelbare Anwendbarkeit des Art. 9 III AK verneint[69] und im Rechtsmittelverfahren auch die Entscheidung des Gerichts insoweit korrigiert[70]. Jüngst hat der Gerichtshof auf dieser Grundlage auch Individualklagen gegen als unzureichend beanstandete Klimaschutzmaßnahmen der EU mangels hinreichender individueller Betroffenheit abgewiesen.[71]

II. Der individuelle Umweltrechtsschutz

1. Zulässigkeit

16 Die Zulässigkeit von Individualklagen richtet sich nach den Bestimmungen der VwGO, die ggf. im Einklang mit den Vorgaben des Unionsrechts auszulegen sind. Individualrechtsschutz kommt in erster Linie in zwei Konstellationen in Betracht: Zum einen kann sich der Umweltnutzer (zB Anlagenbetreiber, Gewässerbenutzer) gegen belastende Maßnahmen oder die Versagung einer beantragten Zulassungsentscheidung wehren. Zum anderen können Nachbarn gewährte Zulassungen mit der Begründung angreifen, dass diese gegen nachbarschützende Umweltvorschriften verstießen, bzw. ein behördliches Einschreiten gegen ungenehmigte Nutzungen verlangen, wenn die Untätigkeit nachbarschützende Bestimmungen verletzt.

a) Allgemeines

17 Keine Besonderheiten ergeben sich im Bereich der Verletztenklagen. Soweit sich der Adressat einer belastenden Verfügung gegen diese wehrt, ist die statthafte Anfechtungsklage (§ 42 I 1. Alt. VwGO) – vorbehaltlich der übrigen Sachentscheidungsvoraussetzungen – nach § 42 II VwGO zulässig, weil jedenfalls Art. 2 I GG verletzt sein kann („Adressatentheorie“[72]). Eine Verpflichtungsklage (§ 42 I 2. Alt. VwGO) auf Erteilung einer umweltrelevanten Zulassung setzt nach § 42 II VwGO voraus, dass ein eigener Anspruch auf die begehrte Begünstigung geltend gemacht werden kann.

18 Will sich ein Betroffener gegen die *Festsetzung von Flugrouten* („Flugverfahren“) nach § 33 II LuftVO wenden, die durch Rechtsverordnung des Bundes festgelegt werden, kann er diese – mangels prinzipaler Normenkontrolle (vgl. § 47 I VwGO)[73] – zur Gewährleistung effektiven Rechtsschutzes (Art. 19 IV GG) durch Feststellungsklage (§ 43 VwGO) angreifen, etwa um eine darzulegende Lärmbelastung oder Gefährdung abzuwehren.[74] Die Festlegung der Flugrouten ist eine Abwägungsentscheidung, in deren Rahmen die betroffenen Interessen einzustellen sind,[75] weshalb ein Betroffener geltend machen kann, dass das Abwägungsgebot durchfehlende oder unzureichende Berücksichtigung eigener und abwägungsrelevanter Interessen

---

[69] *EuGH*, Rs. C-240/09 (Lesoochranárske zoskupenie), Slg. 2011, I-1255 Rn. 45; Rs. C-664/15, ECLI:EU:C:2017:987 Rn. 45.

[70] *EuGH*, Rs. C-401/12 P ua (Vereniging Milieudefensie ua), ZUR 2015, 160 Rn. 59 ff.

[71] *EuGH*, Rs. C-565/19 P (Carvalho), ECLI:EU:C:2021:252, Rn. 39 ff., 72 ff.

[72] *BVerwG* NJW 1988, 2752 (2753); NJW 2004, 698.

[73] Auch § 7 II 2 UmwRG greift nach hM nicht ein, weil diese die SUP-Pflicht der Verordnungen ablehnt. S. *OVG Berlin-Brandeburg* NuR 2014, 366 (371); Beschl. v. 28.9.2017 – OVG 6 A 30.14 Rn. 79; *SächsOVG* ZUR 2013, 36 (39); offengelassen *BVerwG* Beschl. v. 25.9.2018 – 4 B 8/18 Rn. 5.

[74] BVerwGE 111, 276 (278 ff.); 121, 152 (156).

[75] BVerwGE 111, 276 (280 f.); 119, 245 (254); 121, 152; 123, 322 (330).

verletzt sei.[76] Die Rechtsschutzstruktur ist auf andere bundesrechtliche Verordnungen übertragbar.[77]

Auch ein Naturschutzverband kann als Individualkläger eine untergesetzliche Regelung nach § 47 VwGO angreifen, muss dann aber eine individuelle Rechtsverletzung geltend machen können (§ 47 II 1 VwGO), etwa die Verletzung eines Mitwirkungsrechts nach § 63 BNatSchG[78]. Besteht ein solches Recht nicht, gebietet auch Art. 9 III AK keine erweiternde Auslegung.[79]

b) Schutznormakzessorietät

Individualrechtsschutz ist nur zulässig, soweit der Einzelne eine mögliche Verletzung eigener subjektiver öffentlicher Rechte geltend machen kann (§ 42 II VwGO). Dies ist eine Frage der Auslegung des materiellen Rechts, wobei im Einzelfall sowohl der subjektive Schutzgehalt als auch dessen konkrete Reichweite zu bestimmen sind. Bloße Interessen genügen nicht.[80] Die Bestimmung des Betroffenenkreises, der vom Schutzgehalt der Norm eingeschlossen sein soll, wird in der Regel unter dem Nachbarbegriff diskutiert und hängt entscheidend von dem potentiellen Auswirkungsradius eines Vorhabens ab. Unmittelbar unionsrechtlich begründete Rechte unterfallen §§ 42 II, 47 II 1, 113 I 1, V 1 VwGO.[81] Folglich richtet sich der Drittschutz nach allgemeinen Grundsätzen danach, ob ein von der Allgemeinheit abgrenzbarer Personenkreis nach dem Zweck der jeweiligen Vorschrift geschützt und daher zur selbstständigen Rechtsdurchsetzung ermächtigt werden soll.[82] Nur ausnahmsweise – wie etwa in § 4 I 7 KSG[83] – stellt der Gesetzgeber explizit klar, dass keine subjektiven Rechte begründet werden. 19

Traditionell werden Bestimmungen der *Gefahrenabwehr* als Schutznormen zugunsten der potentiell gefährdeten Dritten angesehen. Dies gilt namentlich für § 5 I Nr. 1 BImSchG.[84] *Vorsorgebestimmungen* – und diese dominieren das moderne Umweltrecht – sollen nach tradiertem Vorverständnis lediglich dem Schutz der Allgemeinheit dienen und daher dem Einzelnen keine subjektiven Rechte vermitteln.[85] Diese Differenzierung muss jedenfalls dort aufgegeben werden, wo Vorsorgebestimmungen auf Unionsrecht beruhen und dieses personalisierte Interessen des Einzelnen (vor allem Leben, Gesundheit, Eigentum) schützt (→ Rn. 4). Die feingliedrige Unterscheidung, die aufgrund des gleitenden und normativ wertungsabhängigen Übergangs von Gefahr und Risiko mit erheblichen Abgrenzungsschwierigkeiten behaftet ist, überzeugt aber auch im unionsrechtlich nicht determinierten nationalen Recht nicht mehr. Personalisierte Schutzgüter sind Ausdruck der Freiheit des Einzelnen, 20

---

[76] Allg. etwa *BVerwG* NVwZ 2010, 584 (585); für Rechtsschutz gegen Raumordnungsplanung *BVerwG* ZUR 2015, 602 (603 f.); *OVG Lüneburg* ZUR 2015, 672 f.

[77] S. *OVG Lüneburg* ZUR 2017, 494 f.: Feststellungsklage eines Betroffenen auf Aufhebung der Gorleben-Veränderungssperren-VO zulässig.

[78] Hierzu → § 10 Rn. 157 ff.

[79] *OVG Lüneburg* ZUR 2016, 610 (611 f.).

[80] *OVG Hamburg* ZUR 2020, 99 f.: längere Anreise zum Bahnhof durch Planfeststellungsbeschluss.

[81] Etwa *Dörr*, Rechtsschutzauftrag, 2003, S. 189 ff., 221; *Ehlers* DVBl 2004, 1441 (1446); *Gärditz* JuS 2009, 385 (389); *Kahl/Ohlendorf* JA 2011, 41 (43); für eine anderweitige gesetzliche Bestimmung iSv § 42 II Hs. 1 VwGO hingegen *Steinbeiß-Winkelmann* NJW 2010, 1233 (1237).

[82] Anschaulich BVerwGE 167, 147 Rn. 15 ff.: Lärmaktionsplan.

[83] Krit. dazu *Klinger* ZUR 2002, 259 ff.

[84] BVerwGE 80, 184 (189).

[85] BVerwGE 65, 313 (320).

deren Verteidigung in einer technisierten und risikoanfälligen Gesellschaft ganz allgemein möglich sein muss.[86]

21 Im Übrigen hat die Rechtsprechung schon immer Ausnahmen anerkannt, in denen auch Vorsorgebestimmungen drittschützend sind. Dies gilt vor allem für *Risikotechnologien,* bei denen Schäden entweder zwar unwahrscheinlich, aber in ihren Auswirkungen sehr weitreichend und schwerwiegend sein können, oder Schadensverläufe mangels hinreichenden Risikowissens von vornherein nur unzureichend prognostizierbar sind. Gefahrenabwehr im klassischen Sinne würde hier – schon aufgrund der kognitiven Unsicherheit über mögliche Kausalverläufe – im Regelfall zu kurz greifen und den Bürger weitgehend schutzlos stellen.[87] Das atomrechtliche Vorsorgegebot wurde – auch mit Blick auf grundrechtliche Schutzpflichten[88] – vor diesem Hintergrund schon immer als drittschützend angesehen.[89] Vorsorgebestimmungen des GenTG, die auch dem Schutz der in § 1 Nr. 1 GenTG genannten Individualrechtsgüter zu dienen bestimmt sind, entfalten ebenfalls Drittschutz.[90]

22 Im Übrigen kommt es nach allgemeinen Kriterien darauf an, ob umweltschützende Vorschriften nach Sinn und Zweck gerade auch Nachbarschutz vermitteln sollen. Bspw. sind Bestimmungen des Hochwasserschutzrechts (§ 78 II Nr. 3, 7 WHG) nachbarschützend, soweit durch die Zulassung von Vorhaben ein wirksamer Hochwasserschutz beeinträchtigt wird und sich hierdurch für den Nachbarn die individuellen Hochwasserrisiken erhöhen.[91] Demgegenüber sind *allgemeine ökologische Schutzziele* nicht drittschützend.[92] Keinen Drittschutz entfalten zB Bestimmungen des Habitat- oder des Artenschutzrechts.[93] Wenn vereinzelt vertreten wird, der Umweltschutz diene letztlich dem Wohle der gegenwärtigen und künftigen Generationen und müsse daher grundsätzlich von jedem durchgesetzt werden können,[94] ist dies abzulehnen, weil dies jedwede – auch vom Unionsrecht vorausgesetzte – Differenz von subjektivem Recht und objektiver Verpflichtung auflösen und in einen allgemeinen Normbefolgungsanspruch überleiten würde. Der Gemeinwohlbezug ist jeder öffentlichen Entscheidung inhärent, also als solcher kein taugliches Argument für eine Subjektivierung. Ob sich abstrakte grundrechtliche Schutzpflichten zu konkreten Klimaschutzverpflichtungen verdichten lassen, die dann vor Gericht einklagbar sind, oder ob der objektiv-rechtliche Auftrag aus Art. 20a GG, wirksamen Klimaschutz zu gewährleisten, den Gesetzgeber allein gemeinwohlbezogen (und nicht individualisierbar) adressiert, ist umstritten geblieben.[95]

---

[86] In der Sache ähnlich *Ekardt* Der Staat 44 (2005), 622 ff.

[87] In diesem Sinne *Ladeur* NVwZ 1992, 948 (949).

[88] BVerfGE 53, 30 (57 f.); BVerwGE 72, 300 (310); *BVerwG* ZUR 2013, 610 (612 f.).

[89] BVerwGE 60, 297 (301, 305); 72, 300 (310, 318); 75, 285 (289 ff.); 131, 129 (134). Konkret für § 4 II Nr. 3 AtomG *BVerwG* NVwZ 2013, 1407 (1409); *Schlacke* ZUR 2013, 614 (616); abl. *Leidinger/Ruttloff* NVwZ 2013, 1369 ff.

[90] *OVG Hamburg* ZUR 1995, 93; *VG Augsburg* ZUR 2007, 437 (439 f.); *VG Hamburg* ZUR 1994, 322; *Beaucamp* NuR 2002, 332 (333); *Gärditz* ZUR 2009, 413 (414). Etwa zu § 16 I Nr. 3 GenTG *VG Braunschweig* Urt. v. 23.7.2008 – 2 A 227/07; *VG Köln* Urt. v. 25.1.2007 – 13 K 2858/06; *Ostertag,* GVO-Spuren und Gentechnikrecht, 2006, S. 365 f.

[91] So *OVG Koblenz* Urt. v. 2.3.2010 – 1 A 10176/09 Rn. 27 ff.; offenlassend *VGH Mannheim* ZUR 2015, 361 (362).

[92] BVerwGE 72, 300 (308).

[93] *BVerwG* NVwZ 2007, 1074 (1076).

[94] *Kokott/Sobotta* DVBl 2014, 132 (136).

[95] Bejahend *Buser* DVBl 2020, 1389 ff.; *Groß* EurUP 2019, 353 (360 ff.); *Heß/Wulff* EurUP 2020, 386 ff.; *Meyer* NJW 2020, 894 (898 ff.); *Stürmlinger* EurUP 2020, 169 (175 ff.); völkerrechtlich *Heitsch* EurUP 2020, 379 ff. Zur Entwicklung *Oexle/Lammers* NVwZ 2020, 1723 ff.; zu den möglichen Grundlagen von Klagen *Bickenbach* JZ 2020, 168 ff. Zu Verfassungsbeschwerden eingehend *Kahl* JURA 2021, 117 (120 ff.). Sehr zurückhaltend und

Nunmehr hat das *BVerfG* in einer ambitionierten und in der Sache überzeugenden Entscheidung auf Verfassungsbeschwerden Klimabetroffener Teile des KSG für unvereinbar mit grundrechtlichen Schutzpflichten iVm Art. 20a GG erklärt. Das Gericht stellt dabei maßgeblich auf eine Verschränkung eingegangener internationaler Verpflichtungen mit einer zutreffend bejahten intertemporalen Dimension der Grundrechte ab. Rechte Künftiger werden hierbei zutreffend nicht als subjektive Rechte, sondern als Gegenstand eines objektiven Schutzauftrags verstanden, dafür aber die Grundrechte gegenwärtiger Beschwerdeführer gerade in ihrem Zeitbezug über das Jetzt hinaus stark gemacht. Als Klimaschutzgebot habe Art. 20a GG – so überzeugend – auch eine internationale Dimension. Der nationalen Klimaschutzverpflichtung stehe folglich nicht entgegen, dass der globale Charakter von Klima und Erderwärmung eine Lösung der Probleme des Klimawandels durch einen Staat allein ausschließe; vielmehr sei gerade international ausgerichtetes Handeln zum globalen Schutz des Klimas gefordert, im Rahmen internationaler Abstimmung auf Klimaschutz hinzuwirken. Verfassungsrechtlich bestünde eine Pflicht, grundrechtsgeschützte Freiheit über die Zeit und zur verhältnismäßigen Verteilung von Freiheitschancen über die Generationen hinweg zu sichern. Subjektivrechtlich schützen dann – so das Gericht folgerichtig – die Grundrechte als intertemporale Freiheitssicherung vor einer einseitigen Verlagerung der durch Art. 20a GG aufgegebenen Treibhausgasminderungslast in die Zukunft. Auch der objektivrechtliche Schutzauftrag des Art. 20a GG schließe die Notwendigkeit ein, mit den natürlichen Lebensgrundlagen so sorgsam umzugehen, dass nachfolgende Generationen diese nicht nur um den Preis radikaler eigener Enthaltsamkeit weiter bewahren könnten. Dies erfordere eine rechtzeitige Einleitung eines Übergangs zur Klimaneutralität. Diesen Anforderungen entsprach das KSG nicht, weil es in erheblichem Maße gegenwärtige Belastungen vermied und Emissionsreduktionen einseitig in die Zeit nach 2030 verlagern wollte, also letztlich eine rechtzeitige Transformation bewusst verschleppte, was dann die künftigen Belastungen (auch für Eingriffsabwehrrechte) zusätzlich verschärft.[96]

Was das Gericht hier für Verfassungsbeschwerden gegen unzureichende Gesetzgebung entschieden hat, lässt sich aufgrund der freiheitsgrundrechtlichen Subjektivierung grundsätzlich auch im Rahmen des Verwaltungsrechtsschutzes auf Umsetzungsebene anwenden, wenn es dort projekt- oder vorhabenbezogen zu einer einseitigen Verlagerung von Lasten in die Zukunft kommt.

c) Rechtsschutz gegen Verfahrensfehler

Fall 6: Kleinfrachter statt Krabbenkutter

In der niedersächsischen Stadt C soll im Außenbereich die Errichtung eines Seehafens genehmigt werden, an dem Schiffe ihre Fracht (maximal 1350t) löschen können. Eine durch Molen eingegrenzte Hafeneinfahrt zu einem früheren (inzwischen stillgelegten) Fischereihafen ist bereits vorhanden; das Hafenbecken selbst wird ausgebaut, mit einem Landungssteg versehen und für den Frachtverkehr an die allgemeine Verkehrsinfrastruktur angebunden. Hierzu werden die Schienenanbindungen in einem Planfeststellungsverfahren nach §§ 18ff. AEG genehmigt, wobei eine UVP ordnungsgemäß durchgeführt wird. Straßenwege, die in einem planfeststellungsersetzenden Bebauungsplan aufgenommen wurden (vgl. § 17b II 1 FStrG), sind bereits vorhanden. Über die Hafenanlagen selbst wird im Rahmen einer wasserrechtlichen Planfeststellung nach WHG entschieden, einzelne Gebäude werden im Baugenehmigungsverfahren genehmigt. Eine UVP wird nicht durchgeführt, und zwar mit der Begründung, dass zum einen die Umweltauswirkungen in dem verkehrsrechtlichen Verfahren hinreichend geprüft worden seien, zum anderen von einem Kleinhafen keine schädlichen Umweltauswirkungen zu erwarten seien. 23

---

konkret die Klagebefugnis verneinend *VG Berlin* ZUR 2020, 160ff.; krit. *Kahl* EnWZ 2020, 93f.

[96] *BVerfG* Beschl. v. 24.3.2021 – 1 BvR 2656/18. S. auch → § 6 Rn. 142f.

A ist Landwirt und Anwohner auf einem bebauten Außenbereichsgrundstück in der Nähe des alten Fischereihafens. Er macht darauf aufmerksam, dass sich inzwischen auf den Sandbänken vor dem alten Hafenbecken eine kleine Brutkolonie der europäischen Vogelart Küstenseeschwalbe *(Sterna paradisaea)* niedergelassen habe. Eine Wiederaufnahme des Schiffsbetriebs sowie bereits die Hafenausbauarbeiten würden die Brutstätten erheblich stören und die Vögel absehbar dauerhaft vertreiben. Zudem befürchtet A, dass er durch den zu erwartenden Lärm des Frachtverkehrs in unter 200m Entfernung von seinem Wohnhaus empfindlich gestört werde, was auf Dauer möglicherweise gesundheitliche Folgen haben könne. Dies wird plausibel dargelegt, aber mangels Kenntnis der konkreten Auswirkungen des Hafenlärms nicht verifiziert; jedenfalls ließen sich die Folgen ohne eine vorherige behördliche Prüfung nicht absehen.

A erhebt daher nach erfolglosem Widerspruchsverfahren Klage gegen die wasserrechtliche Gestattung. Hat diese Klage Aussicht auf Erfolg?

24 Verfahrensvorschriften sind nach herkömmlichem Verständnis grundsätzlich keine Schutznormen, es sei denn, der Kläger kann zugleich die mögliche Verletzung eines materiellen Rechts geltend machen (sog. *relative* Verfahrensrechte).[97] Dies beruht auf dem Vorverständnis, dass das Verfahren als dienendes Recht lediglich die Herstellung einer richtigen Sachentscheidung ermögliche. Eine Verletzung von relativen Verfahrensrechten würde zudem, sofern nicht zugleich ein materielles subjektives Recht verletzt wird, keinen – von der Frage des subjektiven Schutzgehalts zu trennenden[98] – Aufhebungsanspruch nach § 113 I 1 VwGO nach sich ziehen (→ Rn. 36 ff.).[99] Abweichendes soll lediglich für sog. *absolute* Verfahrensrechte gelten,[100] also solche Verfahrensbestimmungen, die bestimmte Mitwirkungsrechte unabhängig vom Verfahrensergebnis gewähren. Dies betrifft insbes. die gesetzlich besonders vorgesehene Beteiligung von Vereinigungen an Verwaltungsverfahren (etwa nach § 63 BNatSchG), da hier die zu Beteiligenden von der verfahrensabschließenden Entscheidung als solcher nicht in eigenen Rechten betroffen sind und daher eine Durchsetzung der verselbstständigten subjektiven Verfahrensrechte anderenfalls nicht möglich wäre. Eine Individualklage, die sich *ausschließlich* auf die Verletzung von relativen (nicht absoluten) Verfahrensvorschriften stützt, ist hingegen nach § 42 II VwGO unzulässig.[101]

25 Diese Marginalisierung des Verfahrensrechts ist verfehlt.[102] Sie wird der tragenden Rolle des Verfahrens nicht gerecht, das zwar funktional immer dienend ist, weil ein Verfahren nur stattfindet, um eine Sachentscheidung herbeizuführen (Verfahren ist kein Selbstzweck).[103] Gerade insoweit wird aber eine Sachentscheidung erst hergestellt und essentielle Kommunikationschancen, die auch ergebnisrelevant sind, werden auf Akteure verteilt. Das Unionsrecht, das dem Verfahrensgedanken insgesamt einen höheren Stellenwert einräumt, kennt eine Reduktion des Verfahrensrechts zum Recht zweiter Klasse ebenfalls nicht. Art. 11 I UVP-RL bzw.

---

97 BVerwGE 41, 58 (63 ff.); 62, 243 (246 f.); 78, 40 (41); 117, 93 (104).

98 *Held* NVwZ 2012, 461 (463).

99 S. *OVG Lüneburg* NVwZ-RR 2012, 836 (837); *OVG Münster* ZUR 2006, 487 (488); *Held* NVwZ 2012, 461 (463); *Wiesinger,* Innovation im Verwaltungsrecht durch Internationalisierung, 2013, S. 265 f.

100 Hierzu BVerwGE 41, 58 (64 f.); 64, 325 (331 f.); 105, 348 (354).

101 BVerwGE 75, 285 (291); 85, 368 (375); *OVG Lüneburg* NVwZ-RR 2012, 836 (838); *OVG Münster* NVwZ-RR 2007, 89 (96).

102 Stellv. *Kahl* VerwArch 95 (2004), 1 (26 f.); *Schoch* in GVerwR III § 50 Rn. 173a.

103 *Fehling* VVDStRL 70 (2011), 278 (286); *Gärditz* in ders. (Hrsg.), VwGO, 2. Aufl. 2018, § 44a Rn. 3; *Gurlit* VVDStRL 70 (2011), 227 (234); *Held* NVwZ 2012, 461 (462); *Schneider* in GVerwR II § 28 Rn. 1; *Stelkens* DVBl 2010, 1078.

Art. 25 I IE-RL gewähren der betroffenen Öffentlichkeit Gerichtszugang gerade auch, um die *verfahrensmäßige* Rechtmäßigkeit von Entscheidungen anzugreifen. Dieses Recht würde aber unterlaufen, wenn Verfahrensrechte generell weder eine Klagebefugnis noch einen Aufhebungsanspruch zu vermitteln vermögen.[104] Folglich muss auch für Verfahrensfehler, die im Rahmen des § 4 III UmwRG Individualklägern unionsrechtskonform einen Aufhebungsanspruch verleihen, entgegen einer verbreiteten Ansicht,[105] bereits eine Klagebefugnis (§ 42 II VwGO) verliehen werden, da anderenfalls die jedenfalls zugunsten der betroffenen Öffentlichkeit gebotene Erweiterung des Rechtsschutzes vereitelt wird.[106] Dies bekräftigt auch die wegweisende Entscheidung des *EuGH* in der Rechtssache *Altrip*. Der Gerichtshof betont hier mit Recht, dass es dem besonderen unionsrechtlichen Rechtsschutzanspruch weitgehend die praktische Wirksamkeit nehmen würde, wenn eine umweltrelevante Entscheidung nicht gestützt auf erhebliche Verfahrensfehler angefochten werden könnte.[107] Richtigerweise sind vor allem verfahrensrechtliche Bestimmungen über die Durchführung einer Umweltverträglichkeitsprüfung nach der UVP-RL und mithin auch nach UVPG bei unionsrechtskonformer Auslegung grundsätzlich gem. § 42 II VwGO drittschützend,[108] weil die UVP auch dem Schutz individueller Rechte (weiter Umweltbegriff, insbes. Gesundheit) dient und das Verfahrensrecht daher einen eigenständigen personalen Zuweisungsgehalt hat.

In *Fall 6* ist der Verwaltungsrechtsweg eröffnet (§ 40 I VwGO). Statthafte Klageart **26** ist die Anfechtungsklage (§ 42 I 1. Alt. VwGO), weil hier eine wasserrechtliche Gestattung durch Planfeststellungsbeschluss nach §§ 68 I, 70 I WHG iVm § 75 I VwVfG erteilt wurde, mithin ein Verwaltungsakt (§ 35 S. 1 VwVfG) vorliegt. A müsste *klagebefugt* sein, also geltend machen können, möglicherweise in eigenen subjektiven Rechten verletzt zu sein (§ 42 II VwGO). Soweit sich A hier implizit auf das naturschutzrechtliche Zugriffsverbot des § 44 I Nr. 2 BNatSchG bezieht, ist dieses nicht drittschützend. Objektives Naturschutzrecht lässt sich nicht in einen subjektiven Anspruch auf Erhalt der natürlichen Gegebenheiten umdeuten (→ Rn. 4). Allerdings könnte A geltend machen, dass es der Durchführung einer UVP bedurft hätte. Diese dient freilich zwar auch dem Schutz der menschlichen Gesundheit (§ 2 I Nr. 1 UVPG), allerdings lediglich durch prozedurale Vorsorge, die nach herkömmlichem Verständnis – anders als die Gefahrenabwehr – nicht Individualschutz vermitteln soll. Diese Auffassung ist jedoch mit Blick auf die unionsrechtliche Prägung des UVPG abzulehnen. Der durch die UVP-RL (→ Rn. 14) vermittelte Gesundheitsschutz begründet unter Zugrundelegung der Rechtsprechung des *EuGH* (→ Rn. 4) unionsrechtliche Rechte Einzelner, die vor staatlichen Gerichten durchsetzbar sein müssen (Art. 19 I UAbs. 2 EUV). Gemessen hieran müssen dann auch die der Umsetzung dienenden Bestimmungen des UVPG

---

104 *Gärditz* NVwZ 2014, 1 (3).

105 BVerwGE 168, 20 Rn. 26; *BVerwG* BRS 86 (2018), Nr. 182; *OVG Hamburg* DVBl 2020, 1427; *OVG Münster* ZUR 2018, 288; ZUR 2020, 156 f.; vor der Novelle 2017 *BVerwG* DVBl 2012, 501; BauR 2013, 2014; NVwZ 2014, 367; ZNER 2014, 205; ZLW 2017, 161 (169 f.). S. auch *Seibert* NVwZ 2019, 337 f.

106 *OVG Münster* ZUR 2014, 613 (614 f.); BauR 2015, 1138 ff.; *Franzius* in Schink/Reidt/Mitschang UVPG § 4 Rn. 12 f.; *Ogorek* NVwZ 2010, 401 (402 f.); *Schlacke* (o. Fn. 33) § 4 UmwRG Rn. 16.

107 *EuGH*, Rs. C-72/12 (Altrip), ZUR 2014, 36 Rn. 37.

108 *OVG Koblenz* NVwZ 2005, 1208 (1210 f.); *OVG Münster* ZUR 2015, 492 (494 f.); *Gärditz* EurUP 2010, 210 (219); *Kahl/Ohlendorf* JA 2011, 41 (46); *Kment* NVwZ 2007, 274 (279); *Schlacke* ZUR 2006, 360 (362); offengelassen BVerwGE 131, 352 (354).

als drittschützend angesehen werden, jedenfalls soweit sie einen Bezug zu den personalen Schutzgütern aufweisen (→ Rn. 4, → Rn. 20, → Rn. 42). Bei dem hiesigen Vorhaben handelt es sich um ein solches, das nach Nr. 13.11.2 der Anl. 1 zum UVPG einer UVP-Vorprüfung im Einzelfall nach § 7 I UVPG unterliegt. Sollte eine Vorprüfung ergeben, dass erhebliche Umweltauswirkungen – solche auf die menschliche Gesundheit eingeschlossen – zu erwarten sind, wäre eine UVP nach den §§ 15 ff. UVPG durchzuführen. Dies ist hier unterblieben, sodass mögliche Gesundheitsbeeinträchtigungen noch nicht einmal geprüft wurden. Insofern kann A die Verletzung eigener Rechte geltend machen. Die Klage ist mithin, da die übrigen Sachentscheidungsvoraussetzungen vorliegen, zulässig (zur Begründetheit → Rn. 43).

d) Völkerrechtliche Öffnung der Klagebefugnis?

Fall 7: Segelflugplatz im Eulenbrutgebiet

27 A ist leidenschaftlicher Wanderer und Vogelfreund, der seit Jahren seinen Urlaub im Emsland verbringt, um dort Vögel zu beobachten. In einem Sumpfgebiet brüten seit einigen Jahren Paare der in Deutschland vom Aussterben bedrohten Sumpfohreule *(Asio flammeus).* Die zuständige Bezirksregierung möchte jedoch in der Nähe der Brutstätten den Bau und Betrieb eines Segelflugplatzes (ohne beschränkten Bauschutzbereich nach § 17 LuftVG) genehmigen. Aufgrund des niedrigen Landeanflugs der Sportflugzeuge besteht akute Kollisionsgefahr mit den – in der Balz- und Brutzeit auch am Tag jagenden – Eulen. A geht nach rechtlicher Beratung – in der Sache zutreffend – davon aus, dass dies mit dem artenschutzrechtlichen Tötungsverbot (§ 44 I Nr. 1 BNatSchG)[109] unvereinbar ist. Er möchte gegen die Genehmigung klagen. Hat die Klage Aussicht auf Erfolg?

28 Art. 9 III AK, der von der EU für die Mitgliedstaaten nicht umgesetzt wurde, könnte zu einer Öffnung des Rechtsschutzes in Bereichen des Umweltrechts zwingen, in denen sich Kläger auf Umweltvorschriften berufen, die entweder keinen Drittschutz vermitteln (vor allem Habitat- und Artenschutz) oder – bezogen auf anerkannte Verbände – aus dem Anwendungsbereich des § 1 I UmwRG fallen. Art. 9 III AK lautet: „Zusätzlich und unbeschadet der in den Absätzen 1 und 2 genannten Überprüfungsverfahren stellt jede Vertragspartei sicher, dass Mitglieder der Öffentlichkeit, sofern sie etwaige in ihrem innerstaatlichen Recht festgelegte Kriterien erfüllen, Zugang zu verwaltungsbehördlichen oder gerichtlichen Verfahren haben, um die von Privatpersonen und Behörden vorgenommenen Handlungen und begangenen Unterlassungen anzufechten, die gegen umweltbezogene Bestimmungen ihres innerstaatlichen Rechts verstoßen." Diese Bestimmung betrifft nicht nur die betroffene Öffentlichkeit (Art. 9 II AK) und ist auch nicht auf Umweltverbände beschränkt. Eine unmittelbare Anwendung scheidet mangels Unbedingtheit und hinreichender Bestimmtheit aus.[110] Wie eine Weiterung von Klagerechten jenseits der betroffenen Öffentlichkeit (Art. 9 II AK) regelungstechnisch auszugestalten ist, überlässt Art. 9 III AK ausdrücklich den Mitgliedstaaten. Art. 9 III AK zwingt namentlich auch nicht zu einer vorbehaltlosen und generellen Öffnung des Umweltrechtsschutzes für jedermann (Popularklage),[111] schon weil anderenfalls die austarierte Regelung des Art. 9 II AK schlechterdings überflüssig wäre.[112]

---

[109] Hierzu → § 10 Rn. 142 f.
[110] *EuGH,* Rs. C-240/09 (Lesoochranárske zoskupenie), Slg. 2011, I-1255 Rn. 45.
[111] BVerwGE 147, 312 (314).
[112] *Gärditz* NVwZ 2014, 1 (5).

Der *EuGH* hat allerdings bezogen auf Art. 9 III AK in seiner Entscheidung zum „*Slowakischen Braunbär*“ eine unionsrechtliche Pflicht angenommen, das nationale Recht ggf. völkerrechtskonform auszulegen, soweit das Völkerrecht (sprich: Art. 9 III AK) zugleich eine Durchsetzung unionsrechtlich begründeter Rechte betreffe, vorausgesetzt, eine unionsrechtskonforme Auslegung des nationalen Rechts sei möglich.[113] Über die Bedeutung und Reichweite dieser Entscheidung, die stark von den Besonderheiten des Ausgangsfalls geprägt wurde und die sich daher nur begrenzt verallgemeinern lässt,[114] besteht seitdem Streit. Ungeachtet missverständlicher Formulierungen[115] lässt sich der *EuGH* jedenfalls nicht so verstehen, dass die FFH-Richtlinie sämtlichen Einzelnen unmittelbar subjektive Individualrechte auf Habitat- oder Artenschutz gewähre, also eine umfassende Subjektivierung des Naturschutzrechts geboten sei. Die Entscheidung bezieht sich insoweit vielmehr allein auf die Durchsetzung spezifischer Beteiligtenrechte von nach Art. 2 Nr. 5 AK privilegierten Naturschutzvereinigungen nach Maßgabe des nationalen Rechts.[116] Auch in seiner Folgerechtsprechung zur Reichweite der Rechtsschutzgarantie des Art. 9 II AK verlangte der *EuGH* lediglich, dass sich *betroffene* Einzelne vor Gericht nach Art. 288 III AEUV auf anwendbare Bestimmungen der FFH-Richtlinie berufen können müssen.[117] Dies entspricht im Wesentlichen der auch im deutschen Recht anerkannten Doktrin, dass sich in ihren Rechten Betroffene grundsätzlich auf jede Verletzung objektiven Rechts berufen können. Der Gerichtshof fordert hingegen weder subjektive Individualrechte auf die Einhaltung habitatschutzrechtlicher Bestimmungen,[118] noch werden Kriterien einer materiellen Betroffenheit vorgegeben, bei deren Vorliegen automatisch Betroffenenrechte entstehen. 29

Zur bislang folgenreichsten Subjektivierung ist es in Bezug auf Rechte von Umweltvereinigungen im Rahmen der *Protect*-Entscheidung gekommen.[119] Der *EuGH* hat hier festgestellt, dass überall dort, wo ein Mitgliedstaat verfahrensrechtliche Vorschriften erlässt, die auf Rechtsbehelfe gem. Art. 9 AK anwendbar und auf die Geltendmachung von Rechten einer Umweltorganisation nach Unionsrecht gerichtet sind, Unionsrecht iSv Art. 51 I GRCh angewendet werde.[120] Zwar könnten sich lediglich „Mitglieder der Öffentlichkeit, sofern sie etwaige in ihrem innerstaatlichen Recht festgelegte Kriterien erfüllen“, auf den insoweit nicht unmittelbar anwendbaren Art. 9 III AK berufen. Im Zusammenspiel mit Art. 47 GRCh seien die Mitgliedstaaten indes dazu verpflichtet, „einen wirksamen gerichtlichen Schutz der durch das Recht der Union garantierten Rechte, insbes. der Vorschriften des Umweltrechts, zu gewährleisten“,[121] weil – so die letztlich zirkuläre Begründung – anderenfalls die praktische Wirksamkeit des Klagerechts „ausgehöhlt“ würde.[122] „Umweltorganisationen darf durch im innerstaatlichen Recht festgelegte Kriterien insbes. nicht die Möglichkeit genommen werden, die Beachtung der aus dem Unionsumweltrecht hervorgegangenen Rechtsvorschriften überprüfen zu lassen, zumal solche Rechtsvorschriften in den meisten Fällen auf das allgemeine Interesse und nicht auf den alleinigen Schutz der Rechtsgüter Einzelner gerichtet sind und Aufgabe besagter Umweltorganisationen der Schutz des Allgemeininteresses ist“.[123] Insoweit transformiert also die Rechtsschutzgarantie den nicht unmittelbar anwendbaren Art. 9 III AK kraft Unionsprimärrechts in ein Klagerecht mit unmittelbarer Wirkung.[124] Die Bezugnah- 30

---

[113] So *EuGH*, Rs. C-240/09 (Lesoochranárske zoskupenie), Slg. 2011, I-1255 Rn. 50, 52.
[114] Hierzu *Gärditz* NVwZ 2014, 1 (5 f.); *ders.* EurUP 2014, 39 ff.
[115] *EuGH*, Rs. C-240/09 (Lesoochranárske zoskupenie), Slg. 2011, I-1255 Rn. 47.
[116] Ähnlich *VGH München* ZUR 2017, 109 (111).
[117] *EuGH*, Rs. C-243/15 (Lesoochranárske zoskupenie), ZUR 2017, 86 Rn. 44.
[118] Unzutreffend *Klinger* ZUR 2017, 90 f.
[119] Kritische Bestandsaufnahme *Ruffert* DVBl 2019, 1033 ff.
[120] *EuGH*, Rs. C-664/15 (Protect), ECLI:EU:C:2017:987 Rn. 44.
[121] *EuGH*, Rs. C-664/15 (Protect), ECLI:EU:C:2017:987 Rn. 45.
[122] *EuGH*, Rs. C-664/15 (Protect), ECLI:EU:C:2017:987 Rn. 46.
[123] *EuGH*, Rs. C-664/15 (Protect), ECLI:EU:C:2017:987 Rn. 47.
[124] Ähnlich *Wegener* ZUR 2018, 217 (219).

me auf den subjektiven Rechtsschutzanspruch nach Art. 47 GRCh greift im Übrigen nur im Anwendungsbereich des Art. 51 I GRCh, also bei unionsrechtlichen Umweltvorschriften. Rein nationales Recht vermittelt insoweit keine Klagerechte auf dieser Grundlage.

31 Eine Öffnung für individuelle Klagerechte zur Durchsetzung rein objektiven Rechts ließe sich innerhalb der subjektiv-rechtlichen Koordinaten der §§ 42 II, 113 I 1, V VwGO nicht herstellen. Eine solche systemrelevante Umgestaltung des Rechtsschutzes wäre eine politische Grundsatzentscheidung, die kraft demokratischer Wesentlichkeit (Art. 20 II GG) allein der parlamentarische Gesetzgeber treffen könnte und die nicht durch gerichtliche Auslegung vorweggenommen werden darf.[125] Das *BVerwG* hat daher eine vom geltenden Recht nicht gedeckte Anwendung der allgemeinen Vorbehaltsklausel in § 42 II Hs. 1 VwGO sowie eine analoge Anwendung des UmwRG auf Entscheidungen nach Art. 9 III AK abgelehnt.[126] Soweit hingegen der *EuGH* allerdings nunmehr (→ Rn. 30) ein Klagerecht unmittelbar auf Art. 47 GRCh iVm Art. 9 III AK stützt, geht er von einem unmittelbar einklagbaren Recht aus, was dann tatsächlich eine legislative Umsetzung verzichtbar macht.[127] Das Klagerecht folgt dann aus dem vorrangigen Unionsrecht selbst.[128] Gerade dies verdeutlicht nochmals, dass es nicht überzeugend ist, Art. 9 III AK trotz der Ausgestaltungsoffenheit und Vagheit der Norm über die Rechtsschutzgarantie zu einer unmittelbar einklagbaren Rechtsposition umzudeuten.

32 Hinsichtlich der *personellen Reichweite* wird man den *EuGH* (→ Rn. 30) so verstehen müssen, dass erst die institutionelle Sonderrolle der Umweltvereinigungen, das geltende (europäische) Umweltrecht im Allgemeininteresse durchzusetzen, umfassende Klagerechte nach Art. 9 III zwingend erfordert. Eine Einbeziehung von *Individualklägern* ist also auch hiernach, obgleich diese ebenfalls Teile der nach Art. 6 AK zu beteiligenden „Öffentlichkeit" (vgl. Art. 2 Nr. 4, 5 AK) sind, nicht geboten.[129] Art. 9 II AK gewährt nur der „betroffenen Öffentlichkeit" (Art. 2 Nr. 5 AK) Gerichtszugang und bezieht in diese hierbei qua Legaldefinition automatisch Umweltvereinigungen ein.[130] Nicht privilegierte Individuen müssen hingegen eine Betroffenheit nachweisen. Zwar besteht eine Pflicht, individuellen Mitgliedern der betroffenen Öffentlichkeit im Rahmen von Art. 11 UVP-RL bzw. Art. 25 IE-RL Gerichtszugang zu verschaffen.[131] Wann eine qualifizierte Betroffenheit vorliegt, bleibt indes – wie der *EuGH* in der Rechtssache *Gruber* betont hatte – weiterhin ausgestaltungsbedürftig,[132] zwingt mithin nicht zu einer undifferenzierten Öffnung am Gesetzgeber vorbei.[133] Für Individualkläger bleibt die Klagebefugnis (§ 42 II VwGO) im Zusammenspiel mit einer regelungsspezifischen Bestimmung von Schutznormen und deren Reichweite (öffentlich-rechtlicher Nachbarschutz nach

[125] *OVG Koblenz* NVwZ 2013, 881 (882 f.); *Gassner* DVBl 2014, 551 (552); *Lau* NVwZ 2014, 637 (640); *Stevens* DVBl 2014, 349 (354).
[126] BVerwGE 147, 312 (322 ff.).
[127] *BVerwG* ZUR 2020, 296 (298). Anders noch *VGH München* NVwZ-RR 2017, 554 (555).
[128] S. *Fischer-Hüftle* NuR 2018, 735 (739); *Wegener* ZUR 2018, 217 (220). Für einen Umsetzungsbedarf aber *Klinger* NVwZ 2018, 231 (232).
[129] Wie hier *Held* DÖV 2019, 121 (126). Abweichend *Franzius* NVwZ 2018, 219 (221); *Wegener* ZUR 2018, 217 (221).
[130] *Epiney/Diezig/Pirker/Reitemeyer*, Aarhus-Konvention, 2018, Art. 9 Rn. 23.
[131] *OVG Münster* ZUR 2014, 613 (615 f.).
[132] *EuGH*, Rs. C-570/13 (Gruber), DVBl 2015, 767 Rn. 46, 50, 51.
[133] BVerwGE 167, 147 Rn. 13 f.; *Gärditz* ZfU 2016, 247 (253); *Held* DÖV 2019, 121 (126); tendenziell anders *OVG Münster* ZUR 2014, 613 (614 f.).

faktischer Auswirkung eines Vorhabens[134]) – wie Art. 9 II lit. b AK verdeutlicht – ein adäquates und unions- wie völkerrechtskonformes Instrument, den Kreis der betroffenen Öffentlichkeit zu definieren.[135] Erst in diesem Rahmen kann es im Einzelfall abhängig vom jeweiligen Regelungskontext geboten sein, den subjektiven Schutzumfang bestehender materieller Bestimmungen des Umweltrechts ‚rechtsschutzfreundlich' im Lichte des Art. 9 III AK auszulegen.[136] Art. 9 II, III AK liegt mithin ein Rechtsschutzmodell zugrunde, das eine Umweltpopularklage gerade vermeidet, dafür Umweltvereinigungen privilegiert und den Individualrechtsschutz in den landesspezifisch etablierten Bahnen des Interessenten- oder Verletztenrechtsschutzes belässt,[137] also auf mitgliedstaatliche Ausgestaltung verweist. Die deutsche Schutznormakzessorietät ist insoweit eine legitime Konkretisierung, was auch Art. 9 II AK zeigt.

Im *Fall 7* wäre eine Anfechtungsklage (§ 42 I 1. Alt. VwGO) statthaft, da es sich bei der hier einschlägigen Genehmigung nach § 6 I LuftVG – die Voraussetzungen für eine Planfeststellung nach § 8 LuftVG sind hier tatbestandlich nicht gegeben – um einen Verwaltungsakt (§ 35 S. 1 VwVfG) handelt. Da ein Planfeststellungsverfahren, gegen das bei einer gestuften Zulassung nach §§ 6, 8 LuftVG ausschließlich Rechtsschutz zulässig wäre, nicht durchzuführen ist, kann die Genehmigung nach § 6 LuftVG isoliert angefochten werden.[138] A müsste zudem *klagebefugt* sein, also geltend machen können, dass ihn die Genehmigung möglicherweise in eigenen subjektiven Rechten verletzt (§ 42 II VwGO). Die Voraussetzungen des § 6 II, III LuftVG dienen – abgesehen vom Fluglärmschutz – ausschließlich öffentlichen Interessen, begründen also keine subjektiven Rechte. Freilich verweist der Versagungsgrund der öffentlichen Sicherheit nach § 6 II 1 LuftVG – entsprechend einem allgemeinen polizeirechtlichen Verständnis – auf die Summe aller öffentlich-rechtlichen Normen,[139] sodass insoweit eine Genehmigung unzulässig und nach § 42 II VwGO anfechtbar wäre, wenn sie gegen eine öffentlich-rechtliche Schutznorm verstieße, die dem Schutz gerade des Klägers zu dienen bestimmt ist. Hier sind jedoch keine subjektiven Rechte betroffen. Namentlich § 44 BNatSchG begründet keine subjektiven Rechte. Niemand hat ein Recht auf die Einhaltung des objektiven Artenschutzrechts. Allein das Interesse, seltene Vögel zu beobachten, ist rechtlich nicht geschützt. Hieran ändert auch Art. 9 II, III AK nichts. Der Gesetzgeber hat bislang weder voraussetzungslose Klagerechte eingeführt noch das gesamte Naturschutzrecht subjektiviert. Auch das Unionsrecht fordert eine solche Subjektivierung allein aus Gründen der instrumentellen Rechtsdurchsetzung nicht.[140] Soweit der *EuGH* nunmehr Art. 9 III AK über Art. 47 GRCh als Grundlage unmittelbar anwendbarer Klagerechte interpretiert, gilt dies richtigerweise nur für Umweltvereinigungen, nicht aber für Individualkläger.

e) Grenzüberschreitende Nachbarklagen

Auf Art. 19 IV GG kann sich jedermann berufen, sofern er von deutscher öffentlicher Gewalt (ggf. auch im Ausland) betroffen ist. Problematisch sind allerdings Klagerechte von Betroffenen, die nicht auf *deutschem Staatsgebiet* ansässig sind, etwa von Nachbarn genehmigter Anlagen, die hinter der Staatsgrenze wohnhaft sind. Der Regelungsgehalt einer Genehmigung legt aufgrund der territorialen Begrenzung deutscher Hoheitsrechte auf das Staatsgebiet solchen Nachbarn zwar keine recht- 33

[134] S. *BVerwG* NVwZ 1991, 566 f.; NVwZ 2019, 410 (411); *OVG Koblenz* NVwZ 2005, 1208

[135] Wie hier BVerwGE 167, 147 Rn. 13 f.; *Epiney/Diezig/Pirker/Reitemeyer* (o. Fn. 130) Art. 9 Rn. 22. Ähnlich *OVG Münster* Urt. v. 18.5.2017 – 8 A 870/15 Rn. 46.

[136] *Franzius* DVBl 2014, 543 (550); *Gärditz* EurUP 2014, 39 (44); *Kahl* JZ 2014, 722 (730); *Wegener* (o. Fn. 16), § 3 Rn. 86, 88 ff. So in der Sache auch BVerwGE 147, 312 (322 ff.).

[137] Schlussanträge GA *Sharpston,* Rs. C-664/15 (Protect) Rn. 79 ff.; *Held* DÖV 2019, 121 (126).

[138] S. BVerwGE 56, 110 (134 ff.); *Durner,* Konflikte räumlicher Planungen, 2005, S. 477; *Steinberg/Müller* NJW 2001, 3293 (3295).

[139] *Schwenk/Giemulla,* Handbuch des Luftverkehrsrechts, 5. Aufl. 2019, Kap. 9 Rn. 66 f.

[140] *Gärditz* EurUP 2014, 39 (41).

lichen Pflichten (etwa zur Duldung) auf, betrifft diese aber mitunter mittelbar-faktisch. Zutreffend geht das *BVerwG* zunächst davon aus, dass sich aus der allgemeinen Geltungsbegrenzung des nationalen Rechts nichts für die Frage ableiten lässt, ob ein im Ausland wohnhafter Ausländer durch einen von einem Träger deutscher öffentlicher Gewalt im Bundesgebiet erlassenen Verwaltungsakt in seinen Rechten verletzt sein kann. Entscheidend sei vielmehr allein, ob beim Erlass des relevanten Verwaltungsakts Rechtsvorschriften beachtet werden müssen, die jedenfalls auch zum Schutz konkretisierter Interessen des ausländischen Klägers ergangen sind.[141] Es ist auch mit der völkerrechtlichen Territorialhoheit vereinbar, einem im Ausland wohnhaften fremden Staatsangehörigen vor deutschen Gerichten Klagerechte einzuräumen.[142] Die – im deutschen Recht nicht vorgesehene – Benachteiligung von Staatsangehörigen anderer EU-Mitgliedstaaten wäre im Hinblick auf das allgemeine Diskriminierungsverbot (Art. 18 AEUV) im Anwendungsbereich des Unionsrechts ohnehin unzulässig.[143] Der grenzüberschreitende Drittschutz folgt daher aus dem nationalen Recht.[144]

34 Bestimmungen, die dem Schutz von *Leben, Gesundheit und Eigentum* im Einwirkungsbereich einer Anlage dienen, sind prinzipiell schon mit Blick auf den insoweit wirkungsbezogenen Grundrechtsschutz grenzüberschreitend drittschützend. Soweit in einem Verfahren eine *grenzüberschreitende Öffentlichkeitsbeteiligung* stattfindet (§ 56 UVPG; § 11a 9. BImSchV), indiziert dies die Erstreckung der relevanten Schutznormen auf den Kreis der zu Beteiligenden. So gehören in diesem Fall etwa im Nachbarstaat ansässige Bürger zu den in ihrer gesundheitlichen Integrität nach § 2 I Nr. 1 UVPG geschützten Menschen.[145] Ausländische Behörden bzw. ausländische öffentlich-rechtliche Rechtsträger sind zwar unabhängig von ihrer Beteiligung am Verwaltungsverfahren grundsätzlich nicht klagebefugt. Das *planerische Abwägungsgebot* schützt, sofern eine angemessene Berücksichtigung kommunaler Belange verlangt ist, aber gleichermaßen in- wie ausländische Nachbargemeinden.[146]

2. Begründetheit

35 Die Begründetheit der Individualklagen richtet sich nach den allgemeinen Vorschriften der VwGO, also vor allem § 113 I, V, § 43 I, § 47 V 2 VwGO. Namentlich ist (jenseits der Normenkontrolle als objektives Beanstandungsverfahren) jeweils erforderlich, dass über eine objektive Verletzung geltenden Rechts hinaus der Kläger/Antragsteller hierdurch zugleich in seinen eigenen subjektiven Rechten verletzt ist. Selbst wenn man also die Zulässigkeitshürde des § 42 II VwGO (→ Rn. 19 ff.) überwinden würde, wäre keine Popularklage eröffnet; vielmehr würde sich die Schutznormakzessorietät lediglich erst in der Begründetheit auswirken. § 113 I 1 VwGO wird zudem einerseits durch § 46 VwVfG (iVm § 4 Ia 1 UmwRG) ergänzt, der den Aufhebungsanspruch wegen Verfahrensfehlern begrenzt, andererseits aber durch § 4 I (iVm III) UmwRG überlagert, der absolute Verfahrensrechte und damit einen über § 113 I 1 VwGO hinausgehenden Aufhebungsanspruch begründet.

---

[141] BVerwGE 75, 285 (286); 132, 151 (157); *OVG Saarlouis* NVwZ 1995, 97 f.; *Brandt* DVBl 1995, 779 (782 ff.); *Menzel,* Internationales Öffentliches Recht, 2011, S. 700 f.; *Schmidt-Preuß,* Kollidierende Privatinteressen im Verwaltungsrecht, 2. Aufl. 2005, S. 439 f.

[142] BVerwGE 75, 285 (287); 132, 151 (159).

[143] *Jarass* NJW 1983, 2844 (2848); *Schenke* in Kopp/ders. (Hrsg.), VwGO, 26. Aufl. 2020, § 42 Rn. 90.

[144] BVerwGE 132, 151 (157).

[145] *Gärditz* in ders. (o. Fn. 103), § 42 Rn. 84.

[146] BVerfGE 132, 151 (157).

a) Aufhebungsanspruch

36 Ist der angefochtene Verwaltungsakt rechtswidrig und der Kläger dadurch in seinen subjektiven Rechten verletzt, folgt aus § 113 I 1 VwGO ein prozessualer Aufhebungsanspruch. Verletzungen von nicht drittschützenden Normen sind also grundsätzlich nicht entscheidungserheblich.[147] Auch § 4 Ia UmwRG vermittelt Individualklägern nach § 4 III UmwRG keinen selbstständigen Aufhebungsanspruch.[148] Die Koppelung an eine subjektive Rechtsverletzung ist unionsrechtskonform.[149]

Abweichendes gilt nur für Verbandskläger[150] sowie für die Verletzung *absoluter* Verfahrensrechte nach § 4 I UmwRG, die über § 4 III UmwRG im Falle einer (gemessen an § 42 II VwGO) zulässigen (→ Rn. 24 f.) Klage zu einem Aufhebungsanspruch schon dann führt, wenn ein entsprechendes Verfahrensrecht verletzt wird; die Verletzung eines materiellen Rechts wird daher in Fällen des Abs. 1 (anders als des Abs. 1a) nicht mehr geprüft.[151] Inhaltlich ist in Bezug auf Sonderregelungen des UmwRG zwischen Verletzungen materiellen Rechts und Verfahrensrechts zu unterscheiden:

aa) Materielle Rechtsverletzung

37 Nach § 7 V 1 UmwRG führt in Abweichung von § 113 I 1 VwGO[152] eine materielle Rechtsverletzung nur dann zur Aufhebung der Entscheidung, wenn sie nicht durch Entscheidungsergänzung oder ein ergänzendes Verfahren behoben werden kann. Diese Möglichkeit materieller Fehlerheilung wird vom *BVerwG* als unionsrechtskonform bewertet.[153] Die Regelung gilt nach § 7 V 2 UmwRG nicht im Anwendungsbereich des § 75 Ia VwVfG, also bei der Bewertung von Abwägungsfehlern in Planfeststellungsverfahren. Hauptanwendungsbereich des § 7 V 1 UmwRG sind daher immissionsschutzrechtliche Genehmigungen nach § 6 BImSchG und wasserrechtliche Zulassungen nach § 8 WHG.[154] Folge ist entsprechend der bisherigen Praxis im Planfeststellungsrecht, dass das Gericht eine Verletzung materiellen Rechts feststellt und die Entscheidung bis zur Korrektur für nicht vollziehbar erklärt.[155]

bb) Verfahrensrechtsverletzung

38 Ist hingegen Verfahrensrecht verletzt, entsteht ein Aufhebungsanspruch zwar prinzipiell nur, wenn der Verfahrensfehler gemessen an § 46 VwVfG nicht unbeachtlich ist. Allerdings ergänzt die umweltspezifische Spezialvorschrift des § 4 III UmwRG die allgemeine Regelung des § 113 I 1 VwGO.[156] § 4 III UmwRG ordnet an, dass die primär für Vereinigungen geltenden Vorschriften des § 4 I, II UmwRG auch für Beteiligte (insbes. Individualkläger) nach § 61 Nr. 1–2 VwGO gelten. Für Individualkläger bedeutet dies, dass sie nach hM zwar weiterhin die *Möglichkeit* einer materiellen Rechtsverletzung nach § 42 II VwGO darlegen müssen, damit die Klage

---

147 *BVerwG* Beschl. v. 10.10.2017 – 7 B 4/17 Rn. 8.
148 *OVG Koblenz* UPR 2018, 272 f.; *OVG Münster* ZNER 2018, 167 f.; ZUR 2018, 430 (432 f.); AUR 2018, 356 f.; Beschl. v. 26.3.2018 – 8 B 1291/17 Rn. 39; Beschl. v. 23.7.2018 – 2 B 565/18 Rn. 8 ff.; *Seibert* NVwZ 2019, 337 (337 f., 344); zweifelnd *Franzius* NVwZ 2018, 219 (221 f.).
149 *EuGH*, Rs. C-137/14 (Kommission/Deutschland), ZUR 2016, 33 Rn. 34 ff.
150 *Skouris* DVBl 2016, 937 (942).
151 *Seibert* NVwZ 2019, 337 (338).
152 *BVerwG* NVwZ 2019, 1611 (1612).
153 *BVerwG* ZUR 2018, 543 (544 f.); NVwZ 2019, 1611 (1612).
154 *Franzius* (o. Fn. 106) § 7 Rn. 7.
155 *BVerwG* NVwZ 2018, 1647 (1649).
156 BVerwGE 141, 282 (291).

zulässig ist; ist dies der Fall, werden in der Begründetheit im Rahmen des § 4 I UmwRG sämtliche Rechtsvorschriften wie in einem objektiven Beanstandungsverfahren geprüft.[157] Insoweit wertet § 4 I UmwRG die Verfahrensrechte, die den katalogisierten Verfahrensfehlern zugrunde liegen, auch in Bezug auf individuelle Kläger (§ 4 III UmwRG) zugleich zu *absoluten Verfahrensrechten* auf.[158] Materielle Fehler der Abwägung bleiben von § 4 I, Ia UmwRG unberührt.[159]

In der Sache wirkt sich Abs. 1 zugleich wie eine Erleichterung der Aufhebung aus, die von der – unionsrechtlich unter Druck geratenen[160] – Kausalitätsprüfung des § 46 VwVfG befreit,[161] wohingegen bei sonstigen Verfahrensfehlern nach der Bestimmung des § 4 Ia UmwRG weiterhin § 46 VwVfG zur Anwendung kommt. Wann ein Verfahrensfehler diese Relevanzschwelle erreicht, erfordert wiederum eine – mit Unsicherheiten behaftete – Fehlerfolgenprüfung.[162]

39 Die Aufhebung einer Entscheidung über die Zulässigkeit eines Vorhabens nach § 1 I 1 Nr. 1 UmwRG (UVP-Pflicht) kann nach § 4 I 1 Nr. 1 UmwRG verlangt werden, wenn eine nach den Bestimmungen des UVPG, nach der UVP-V Bergbau[163] oder nach entsprechenden landesrechtlichen Vorschriften erforderliche UVP[164] oder eine erforderliche Vorprüfung des Einzelfalls über die UVP-Pflichtigkeit nicht durchgeführt worden und nicht nachgeholt worden ist. Ergänzend gilt Entsprechendes auch für eine versäumte und nicht nachgeholte Öffentlichkeitsbeteiligung nach § 18 UVPG bzw. § 10 BImSchG (§ 4 I 1 Nr. 2 UmwRG), weil dies qua gesetzlicher Vermutung einen besonders schweren Verfahrensfehler darstellt, sowie für vergleichbar schwere Verfahrensfehler, die nicht geheilt wurden und der Öffentlichkeit die gesetzlichen Beteiligungsmöglichkeiten genommen haben. Schließlich kann nach § 4 I 1 Nr. 3 UmwRG eine Aufhebung verlangt werden, wenn ein anderer Verfahrensfehler vorliegt, der nicht geheilt worden ist (lit. a), nach seiner Art und Schwere mit den in den Nummern 1 und 2 genannten Fällen vergleichbar ist (lit. b) und der betroffenen Öffentlichkeit die Möglichkeit der gesetzlich vorgesehenen Beteiligung am Entscheidungsprozess genommen hat (lit. c). Zur Beteiligung am Entscheidungsprozess gehört auch der Zugang zu den Unterlagen, die zur Einsicht für die Öffentlichkeit auszulegen sind.[165] Sind die ausgelegten Unterlagen (zB Fachgutachten) inhaltlich fehlerhaft, liegt hierin grundsätzlich kein Verfahrensfehler, solange sie die Anstoßfunktion hinreichend erfüllen,[166] was auch von der Komplexität des jeweiligen Beitrags und seiner Rolle für das Verfahren abhängt.[167] Einer nicht durchgeführten UVP steht es nach § 4 I 2 UmwRG gleich, wenn eine durchgeführte

---

157 *Seibert* NVwZ 2019, 337 (338).

158 *OVG Koblenz* NuR 2018, 45 (46); *OVG Münster* Beschl. v. 23.10.2017 – 8 B 705/17 Rn. 5; Beschl. v. 27.11.2018 – 8 B 1170/17 Rn. 68; Urt. v. 5.10.2020 – 8 A 240/17 Rn. 65 ff.; *Held* DÖV 2019, 121 (128 f.); *Seibert* NVwZ 2019, 337.

159 *BVerwG* Beschl. v. 31.1.2019 – 4 B 9/17 Rn. 23.

160 *EuGH,* Rs. C-137/14 (Kommission/Deutschland), ZUR 2016, 33 Rn. 55 ff.

161 BVerwGE 141, 282 (291); *BVerwG* UPR 2013, 447 f.

162 *Seibert* NVwZ 2019, 337 (344); anschaulich BVerwGE 159, 121 (125 f.).

163 VO über die Umweltverträglichkeitsprüfung bergbaulicher Vorhaben v. 13.7.1990 (BGBl. I 1420).

164 Dies gilt auch für eine UVP-Pflicht kraft unmittelbarer Anwendbarkeit der UVP-RL: *BVerwG* NVwZ 2019, 410 (412). Die Regelungskompetenz des Bundes folgt hier aus Art. 74 I Nr. 1 GG: *BVerwG* 2020, 1663 (1665).

165 Ausf. *OVG Münster* ZUR 2018, 430 f.; Urt. v. 20.12.2018 – 8 A 2971/17 Rn. 56 ff. Anschauliches Negativbeispiel bei *OVG Lüneburg* Urt. v. 4.7.2017 – 7 KS 12/15 Rn. 47.

166 *BVerwG* NVwZ 2020, 1199 (1200).

167 *BVerwG* NVwZ 2021, 254 (255).

Vorprüfung des Einzelfalls über die UVP-Pflichtigkeit nicht dem Maßstab von § 5 III 2 UVPG genügt.

§ 45 II und § 75 Ia VwVfG bleiben unberührt (§ 4 Ib 2 Nr. 1–2 UmwRG); eine *Heilung* von Verfahrensfehlern ist also theoretisch nicht ausgeschlossen.[168] Praktisch sind die Möglichkeiten einer Heilung allerdings begrenzt, weil sich eine komplexe UVP kaum während eines laufenden gerichtlichen Verfahrens ergebnisoffen nachholen lässt.[169] Und eine fehlende UVP-Vorprüfung ist nur dann geheilt, wenn sich nachträglich herausstellt, dass eine UVP tatsächlich nicht durchzuführen war.[170] Eine Verletzung von Verfahrensvorschriften führt nach § 4 Ib 1 UmwRG allerdings nur dann zur Aufhebung der Entscheidung nach § 1 I 1 Nr. 1–2b oder Nr. 5 UmwRG, wenn sie nicht durch Entscheidungsergänzung oder ein ergänzendes Verfahren behoben werden kann. Dass hierzu absehbar eine UVP durchzuführen sein wird, soll eine Anwendung nicht ausschließen.[171] Das Gericht kann ggf. das Verfahren aussetzen, um eine Heilung von Verfahrensfehlern zu ermöglichen (§ 4 Ib 3 UmwRG),[172] was mit Blick auf § 4 II UmwRG auf Bebauungspläne keine Anwendung findet.[173] 40

Kein automatischer Aufhebungsanspruch besteht, soweit zwar eine UVP durchgeführt wurde, diese aber nicht mit in § 4 I UmwRG katalogisierten Verstößen gegen Verfahrensrecht belastet ist. Unionsrechtlich wäre diese Differenzierung nicht haltbar,[174] hätte der Gesetzgeber das Problem nicht durch den Auffangtatbestand des § 4 I 1 Nr. 3 UmwRG weitgehend entschärft. Die Ausdehnung der absoluten Verfahrensrechte in Abs. 1 und die damit einhergehende Reduktion des Kreises lediglich relativer Verfahrensrechte nach Abs. 1a führt insgesamt – bei allen Problemen im Detail – zu einem unionsrechtskonformen Rechtsfolgenregime. Letztlich wird die Rechtsfolge nach der Schwere des Verfahrensverstoßes differenziert.[175] 41

Nach Art. 11 UVP-RL bzw. Art. 25 IE-RL ist es erforderlich, generell Rechtsbehelfe zur Verfügung zu stellen, um die materiell-rechtliche und verfahrensrechtliche Rechtmäßigkeit von Entscheidungen anzufechten; dies schließt einen allgemeinen Verfahrensrechtsschutz ein.[176] § 4 I UmwRG bewirkt eine Erleichterung für Kläger im Rahmen der Begründetheit (→ Rn. 38), ist also eine Mindestgarantie. Sonstige (relative) Verfahrensfehler sind nach § 4 Ia 1 UmwRG nur nach Maßgabe des § 46 VwVfG relevant. Insoweit ist zu prüfen, ob offensichtlich ist, dass der Verfahrensfehler die Sachentscheidung nicht beeinflusst hat. Mit dem unionsrechtlichen Rechtsschutzanspruch aus Art. 11 UVP-RL bzw. Art. 25 IE-RL wäre es unvereinbar, wenn eine Entscheidung allein deshalb nicht aufgehoben werden könne, weil der klagenden Partei der Nachweis der Kausalitätsverletzung misslinge.[177] Freilich indiziert bereits der Wortlaut des § 46 VwVfG, dem früher nicht immer hinreichend Beachtung geschenkt wurde,[178] eine strikte Beweislastverteilung zum Nachteil der

---

[168] Vgl. anschaulich *VGH Mannheim* UPR 2020, 316 ff. Vertiefend *Saurer* NVwZ 2020, 1137 ff.

[169] Vgl. auch *Jarass* FS Dolde, 2014, S. 551 (553).

[170] BVerwGE 131, 352 (360).

[171] *BVerwG* NVwZ 2020, 1199 (1201); *OVG Lüneburg* ZUR 2020, 549 (553).

[172] Hierzu *BVerwG* DVBl 2018, 1232 f.; *OVG Münster* NWVBl. 2018, 75 ff.; *VGH München* Beschl. v. 28.6.2018 – 8 B 18.413 Rn. 4.

[173] *VGH München* Beschl. v. 27.3.2020 – 15 N 19.1377 Rn. 26.

[174] Vgl. *EuGH*, Rs. C-243/15 (Lesoochranárske zoskupenie), ZUR 2017, 86 Rn. 61.

[175] *BVerwG* NVwZ 2021, 254 (255).

[176] *EuGH*, Rs. C-72/12 (Altrip), ZUR 2014, 36 Rn. 37; *VGH Kassel* ZUR 2012, 438.

[177] *EuGH*, Rs. C-137/14 (Kommission/Deutschland), ZUR 2016, 33 Rn. 57 ff.

[178] Zu restriktiv BVerwGE 98, 339 (361); 100, 238 (246 f.); 100, 370 (376); 130, 83 (94); *BVerwG* NVwZ-RR 1999, 429 (430).

Behörde, die die Unerheblichkeit des Fehlers für das Verfahrensergebnis nachzuweisen hat.[179] Bei einer entsprechend restriktiven Anwendung[180] ist daher § 46 VwVfG auch weiterhin unionsrechtskonform.[181] Dies gilt erst recht im Hinblick auf die Beweislastregel[182] des § 4 Ia 2 UmwRG, wonach bei Nichtaufklärbarkeit der Kausalität – nach Ausschöpfung der verfügbaren Erkenntnisquellen (§ 86 I VwGO)[183] – eines Verfahrensmangels für das Verfahrensergebnis eine Beeinflussung vermutet wird.[184]

42 Größere Schwierigkeiten bereitet hingegen ein anderes festgefahrenes Dogma des deutschen Verwaltungsprozessrechts: Relative Verfahrensrechte als solche vermitteln nach herkömmlicher Auffassung keinen Aufhebungsanspruch nach § 113 I 1 VwGO (→ Rn. 38).[185] Bliebe es hierbei, würde die Anfechtung einer behördlichen Entscheidung im Rahmen des § 4 Ia UmwRG (relative Verfahrensfehler) trotz festgestellter Verfahrensrechtsverletzung im Ergebnis zu keiner Kassation führen können. Dies wäre jedoch mit dem Gebot unvereinbar, auch die verfahrensrechtliche Rechtmäßigkeit einer Entscheidung anzufechten (Art. 11 UVP-RL bzw. Art. 25 IE-RL), was auch für Individualkläger gilt, sofern sie Mitglieder der betroffenen Öffentlichkeit sind. Der *EuGH* geht zutreffend davon aus, dass die Mitgliedstaaten nicht die Anfechtungsgründe beschränken und insbes. bestimmte Verfahrensfehler von vornherein für unbeachtlich erklären können.[186] Ist eine auf Verfahrensfehler gestützte Klage zulässig erhoben, muss der Klagegrund bei erwiesener Rechtswidrigkeit grundsätzlich auch zum Erfolg der Klage führen können. Richtigerweise sind daher solche Verfahrensrechte, die – wie die meisten Bestimmungen des UVPG – auch dem Schutz personalisierter Rechtsgüter (Leben, Gesundheit, Eigentum) dienen, generell als *absolute Verfahrensrechte* anzusehen, die *selbstständig durchsetzbar* sind und einen *eigenen Aufhebungsanspruch* nach § 113 I 1 VwGO vermitteln.[187] Dann muss aber konsequenterweise auch in Fällen des § 4 Ia UmwRG – entgegen der Rechtsprechung des *BVerwG* (→ Rn. 24) – bei gemessen an § 46 VwVfG erheblichen Verfahrensfehlern eine Aufhebung nach § 113 I 1 VwGO unabhängig von der materiellen Rechtsverletzung erfolgen. Konsequenterweise muss zudem schon der mögliche Verfahrensrechtsverstoß unabhängig von einer materiellen Rechtsverletzung auch eine Klagebefugnis (§ 42 II VwGO) vermitteln, um ein Leerlaufen des Individualrechtsschutzes zu verhindern (→ Rn. 25).[188]

43 In *Fall 6* ergibt sich hieraus für die Begründetheit Folgendes: Die Anfechtungsklage wäre begründet, wenn der Planfeststellungsbeschluss rechtswidrig wäre und A in seinen Rechten verletzt (§ 113 I 1 VwGO). A kann hier geltend machen, dass die Bestimmung des § 7 I UVPG verletzt wurde, weil das Vorhaben offensichtlich

---

[179] *Ekardt/Schenderlein* NVwZ 2008, 1059 (1064); *Held* NVwZ 2012, 461 (466); *Quabeck*, Dienende Funktion des Verwaltungsverfahrens und Prozeduralisierung, 2010, S. 286.

[180] Etwa BVerwGE 166, 132 Rn. 44.

[181] IErg wie hier *BVerwG* ZUR 2016, 492 (494); *Enders* ZUR 2016, 387 (392); *Kment/Lorenz* EurUP 2016, 47 (49); *Rennert* DVBl 2017, 209 (213).

[182] *Ingold/Münkler* EurUP 2018, 468 (479); *Schlacke* (o. Fn. 33) § 2 UmwRG Rn. 42; *Seibert* NVwZ 2019, 337 (344).

[183] *OVG Münster* Urt. v. 17.11.2017 – 11 D 12/12.AK Rn. 169.

[184] Hierzu *BVerwG* ZUR 2016, 492 (493).

[185] BVerwGE 117, 93 (104); *OVG Lüneburg* NVwZ-RR 2012, 836 (837); *OVG Münster* ZUR 2006, 487 (488).

[186] *EuGH*, Rs. C-72/12 (Altrip), ZUR 2014, 36 Rn. 36 ff.

[187] Für einen Aufhebungsanspruch iErg auch *Kahl* JZ 2014, 722 (732); *Murswiek* Verw. 38 (2005), 243 (266 f.); *Schlacke* ZUR 2006, 360 (362 f.).

[188] So bereits *OVG Münster* DVBl 2015, 993; aufgegeben aber durch *OVG Münster* ZUR 2018, 288; dazu *Seibert*, NVwZ 2019, 337 (338).

Umweltauswirkungen zeitigen wird und die davon ausgehenden Gesundheitsrisiken nicht geprüft wurden. Diese Norm ist richtigerweise auch drittschützend (→ Rn. 25). Fraglich ist, ob A indes allein durch einen Verfahrensfehler ein Aufhebungsanspruch nach § 113 I 1 VwGO vermittelt wird. Die Rechtsprechung hat dies bislang abgelehnt und die Verletzung einer materiellen Rechtsposition des jeweiligen Klägers verlangt. Diese Auffassung ist indes aus den genannten Gründen aufzugeben. Hier führt bereits der Verfahrensfehler zu einer unzureichenden Sachverhaltsbewertung, wodurch die Funktion der UVP, gerade auch die Gesundheit des A zu schützen, verfehlt wird. Zwar wird man korrigierend § 46 VwVfG anzuwenden haben. Dies führt aber hier nicht zur Unbeachtlichkeit, da mögliche Folgen für die Zulassung des Vorhabens aufgrund des plausiblen Sachvortrags des A nicht auszuschließen (ja sogar wahrscheinlich) sind. Die Klage ist damit auch begründet.

Soweit Gegenstand der gerichtlichen Überprüfung Beschlüsse über die Aufstellung, 44
Änderung oder Ergänzung eines Bebauungsplans nach § 10 BauGB (ggf. mit planfeststellungsersetzender Funktion) sind, gelten abweichend von § 4 I UmwRG nach § 4 II UmwRG die §§ 214, 215 BauGB sowie die einschlägigen landesrechtlichen Vorschriften. Insoweit wird die Geltung des Planerhaltungsrechts sichergestellt.[189]

b) Kontrolldichte

Umweltrecht ist in besonderem Maße technikabhängiges Recht, weil sowohl die 45
Vermeidung von Umweltbelastungen als auch deren konkrete Erfassung entscheidend von – oft filigranen – technischen Standards abhängen,[190] die sich als solche aber einer Regelung in Verfahren der Gesetz- und Verordnungsgebung praktisch entziehen. Es ist daher ein zentrales und wiederkehrendes Problem des Umweltrechts, inwieweit die im Umweltrecht verbreiteten – für die Rechtsanwendung unverzichtbaren – technischen *Verwaltungsvorschriften* (etwa TA Luft, TA Lärm) auch von den Gerichten zu beachten sind.[191] Auch wenn Verwaltungsvorschriften als bloßes Binnenrecht der Verwaltung als solche für Gerichte in außenrechtsrelevanten Streitigkeiten nicht bindend sind, besteht ein erhebliches praktisches Bedürfnis nach Standardisierung in umwelt- und technikrechtlichen Zulassungsverfahren, auch weil sich in Anbetracht der Unbestimmtheit der gesetzlichen Generalklauseln, ihrer Abhängigkeit von Konkretisierungen sowie unvermeidbarer Beurteilungsspielräume anderenfalls eine gleichmäßige – insoweit auch Art. 3 I GG genügende – Rechtsanwendung nicht sicherstellen lässt. Der ursprünglich diskutierte Ansatz, Verwaltungsvorschriften als *antizipierte Sachverständigengutachten* zu bewerten, wurde mit Recht aufgegeben: Verwaltungsvorschriften enthalten wesentliche Elemente politischer Bewertungen, die über eine bloße Aktualisierung allgemein anerkannter fachlicher Bewertungsmaßstäbe hinausgehen. Richtigerweise knüpft daher die Rechtsprechung heute an die Ermächtigung der Verwaltung im jeweiligen Fachrecht an, Beurteilungsspielräume durch abstrakt-generelle Standardisierung auszufüllen (zB § 48 BImSchG). Solche Standards sind dann als sog. *normkonkretisierende Verwaltungsvorschriften* auch für Gerichte grundsätzlich

---

[189] Zur Unionsrechtskonformität *BVerwG* DVBl 2017, 767 f.; *Schlacke* (o. Fn. 33) § 4 UmwRG Rn. 54. Die beim *EuGH* anhängige Rechtssache (C-206/17) hat sich ohne Klärung der Frage erledigt.

[190] Eingehend *Schulze-Fielitz* in Schulte/Schröder (Hrsg.), Technikrecht, 2. Aufl. 2011, S. 455 (464 ff.).

[191] Hierzu stellv. BVerwGE 110, 216 (218); 114, 342 (344 f.); 129, 209 (211). vgl. auch → § 7 Rn. 59 ff.

„verbindlich“,[192] sprich: als administrative Letztentscheidung in den Grenzen der rechtlichen Beurteilungsermächtigung hinzunehmen. Allgemeine rechtliche Grenzen bilden vor allem der Gleichheitssatz (Art. 3 I GG) und die allgemein anerkannten Bewertungsgrundsätze. Die Gerichte wenden daher normkonkretisierende Verwaltungsvorschriften nicht an, wenn diese entweder veraltet sind oder es um einen atypischen Fall geht, der von dem in der Verwaltungsvorschrift normierten Standard nicht angemessen abgebildet wird.[193]

46 Häufig stellt sich im Umweltrecht das Problem, dass das verfügbare Fachwissen zur Beurteilung ökologischer Handlungsfolgen unzureichend ist. Stößt die gerichtliche Kontrolle nach weitestmöglicher Aufklärung an die Grenze des Erkenntnisstandes in Wissenschaft und Praxis, zwingt nach Ansicht des *BVerfG* Art. 19 IV 1 GG das erkennende Verwaltungsgericht nicht zu weiteren Ermittlungen, sondern erlaubt ihm, seiner Entscheidung insoweit die plausible Einschätzung der Behörde zu der fachlichen Frage zugrunde zu legen. Die Einschränkung der Kontrolle soll hier nicht aus einer der Verwaltung eingeräumten Einschätzungsprärogative folgen und daher auch keiner spezifischen gesetzlichen Ermächtigung bedürfen.[194]

47 Die Bestimmung des § 6 S. 1 UmwRG betont die Formalisierung des Verwaltungsprozesses, ohne hierbei Instrumente zur Verfügung zu stellen, die nicht schon die allgemeinen Regeln der VwGO enthalten.[195] Der Kläger hat innerhalb einer Frist von zehn Wochen die zur Begründung seiner Klage dienenden Tatsachen und Beweismittel anzugeben.

c) Mehrstufige Verfahren

48 In mehrstufigen Planungsprozessen sind Vorentscheidungen in der Regel gerichtlich nicht angreifbar, was das geltende Fachrecht teils ausdrücklich klarstellt, etwa für Linienbestimmungen nach FStrG und WaStrG (§ 47 I UVPG), für Ergebnisse eines Raumordnungsverfahrens (§ 49 III UVPG) und für die energieleitungsrechtliche Bundesfachplanung (§ 15 III 2 NABEG). Rechtsschutz richtet sich dann ausschließlich gegen die verfahrensabschließende Zulassungsentscheidung (zB gegen den jeweiligen Planfeststellungsbeschluss), sog. Konzentrationsmodell. Eine Folge ist es dann, dass die Rechtmäßigkeit der Vorentscheidungen bzw. der aus diesen übernommenen internen Festlegungen einer *Inzidentprüfung* im Rahmen des die abschließende Entscheidung angreifenden Rechtsbehelfs zu unterwerfen sind.[196] Insoweit wird eine vollständige gerichtliche Kontrolle sichergestellt, sodass das Konzentrationsmodell auch mit Art. 19 IV GG vereinbar ist.[197]

3. Einstweiliger Rechtsschutz

49 Im einstweiligen Rechtsschutz gelten die allgemeinen Regelungen der §§ 80, 80a, 123 VwGO.[198] Eine modifizierende Sonderregelung für Umweltrechtsbehelfe (§ 4a III UmwRG aF) wurde durch das UmwRG 2017 (→ Rn. 7) aufgehoben. Schwerwiegende Fehler nach § 4 I

---

[192] BVerwGE 72, 300 (316 ff.); 110, 216 (218); 114, 342 (344 f.); 129, 209 (211); *Breuer* in Hecker/Hendler/Proelß/Reiff (Hrsg.), Aktuelle Probleme des Umwelt- und Technikrechts, 2011, S. 9 (18 f.); *Di Fabio* DVBl 1992, 1338 ff.

[193] BVerwGE 55, 250 (258); 77, 285 (288 ff.).

[194] BVerfGE 149, 207 ff.

[195] Vgl. *Bunge* (o. Fn. 57) § 6 Rn. 15. Zu den Folgen im Eilverfahren *OVG Schleswig* NordÖR 2021, 87 ff.

[196] *de Witt* in ders./Scheuten (Hrsg.), NABEG, 2013, § 15 Rn. 64 ff.; *Sangenstedt* in Steinbach (Hrsg.), NABEG/EnLAG/EnWG, 2013, § 15 NABEG Rn. 33 f. Krit. *Durner* DVBl 2013, 1564 (1572).

[197] *Franke/Wabnitz* ZUR 2017, 462 (466) mwN; *Knappe* DVBl 2016, 276 (284); *Schlacke* ZUR 2017, 456 (457 f.).

[198] S. *Schlacke* § 6 Rn. 20 ff. Von spezifischer Umweltrelevanz ist § 80 II Nr. 3a VwGO, der die aufschiebende Wirkung bei Rechtsbehelfen gegen die Zulassung von Vorhaben betref-

UmwRG führen in der Regel zur Aussetzung der Vollziehung des Zulassungsbescheides.[199] Die Voraussetzungen des § 4 Ib UmwRG sind im Eilverfahren in der Regel nicht zu prüfen.[200] Verfahrensfehler würden nämlich jedenfalls zur Feststellung der Rechtswidrigkeit und Außervollzugsetzung der Genehmigung führen; auch in diesem Fall wäre aber die aufschiebende Wirkung des Rechtsbehelfs wiederherzustellen.[201] In die vom Gericht im Rahmen des § 80 VwGO vorzunehmende Folgenabwägung sind auch etwaige irreparable Schäden für geschützte Umweltgüter einzustellen.[202] Wird bei summarischer Prüfung eine Verletzung umweltrechtlicher Vorschriften festgestellt, soll bei der nach § 80 V (ggf. iVm § 80a III) VwGO vorzunehmenden Interessenabwägung im Rahmen des § 4 III 1 UmwRG das öffentliche Interesse an der wirksamen Durchsetzung umweltverfahrensrechtlicher Vorschriften auch zugunsten eines antragstellenden Drittbetroffenen wirken.[203] Soweit § 1 I 2 UmwRG Rechtsschutz gegen Unterlassungen eröffnet, richtet sich der Eilrechtsschutz entsprechend nach § 123 VwGO.

III. Der Rechtsschutz von Umweltverbänden

Fall 8: Industriestandort ohne Luftreinhalteplan

Obwohl es in der nordrhein-westfälischen Stadt L wiederholt zu Überschreitungen von Partikelgrenzwerten kam, die in §§ 4–5 der 39. BImSchV festgelegt sind, weigert sich die zuständige Bezirksregierung, einen Luftreinhalteplan aufzustellen, um die Einhaltung der gesetzlichen Anforderungen zu erreichen. Gerade im Sommer ist aufgrund der geballten Industrieansiedlung mit einer verstärkten Partikelkonzentration in der Luft zu rechnen, bei der biomedizinische Studien ein signifikant erhöhtes Risiko von Lungenerkrankungen bei längerfristiger Exposition belegen. Der Verein *Saubere Luft für Alle eV* (S), eine bundesweit tätige und nach § 3 UmwRG anerkannte Umweltvereinigung, die insbes. Ziele der Luftreinhaltung verfolgt, beschwert sich mehrmals erfolglos hierüber. Als feststeht, dass mit einem Einlenken der Bezirksregierung nicht mehr zu rechnen ist, erhebt S Klage vor dem zuständigen Verwaltungsgericht Köln. Ist die Klage zulässig? 50

Eine Besonderheit – und gewiss auch ein Innovationsmotor[204] – des Umweltrechts ist der substanzielle Ausbau von Verbandsklagerechten.[205] Verbandsklagerechte erfüllen ganz allgemein die Funktion, Rechtsschutz dort zur Verfügung zu stellen, wo Interessen der Allgemeinheit an einem rechtskonformen Vollzug (Art. 20 III GG) mangels subjektiv-rechtlicher Aufladung gerichtlich nicht durchsetzbar sind und daher strukturelle Kontrolldefizite bestehen. Zugleich ist Verbandsrechtsschutz eine gerichtsförmliche Fortsetzung des allgemeinen Modells einer *partizipativen Öffentlichkeit,*[206] indem die (politische) Verfahrensöffentlichkeit teilweise mit prozessualer Durchsetzungsmacht ausgestattet wird. Die insoweit durchaus sinnvoll angelegte 51

---

fend Bundesverkehrswege und Mobilfunknetze ausschließt. Die Regelung wurde neu eingeführt durch das G. zur Beschleunigung von Investitionen v. 3.12.2020 (BGBl. I 2694).

199 *OVG Greifswald* Beschl. v. 20.8.2018 – 3 M 14/16 Rn. 49.

200 Gegen eine Anwendbarkeit von § 4 Ib 3 UmwRG *BVerwG* Beschl. v. 9.7.2020 – 9 VR 1/20 Rn. 2.

201 *OVG Münster* ZUR 2018, 374 f.; ZUR 2018, 376; *Seibert* NVwZ 2018, 97 (103); iE ähnlich *OVG Hamburg* ZUR 2017, 113 (116); *OVG Lüneburg* ZUR 2018, 553 ff.

202 *OVG Münster* ZUR 2019, 44 f.

203 *OVG Hamburg* NuR 2018, 118 (124).

204 *Schmidt-Aßmann* EurUP 2016, 360 (366).

205 Zum Stand *Buchberger* EurUP 2019, 377 ff.; *Bunge* JuS 2020, 740 ff.; *Franzius* NuR 2019, 649 ff.; *Guckelberger* NuR 2020, 149 ff.; *Rubel* EurUP 2019, 386 ff.

206 *Kment* NVwZ 2012, 481 (482).

Verbandsklage erfüllt im Wesentlichen eine *rechtsstaatliche Unterstützungsfunktion,*[207] da die objektive Wirksamkeit des geltenden Rechts verbessert wird. Man mag daraus ergänzend demokratische Erträge für das Gesamtsystem ableiten.[208] Denn die Klagerechte und der von diesen ausgehende Druck auf einen rechtmäßigen Vollzug können zugleich die praktische Wirksamkeit des demokratisch gesetzten Rechts effektuieren.

1. Allgemeines

52 Auch Rechtsschutz von Umweltvereinigungen vollzieht sich grundsätzlich in den allgemeinen Strukturen der VwGO. Da diese allerdings (bislang) keine allgemeinen Bestimmungen über altruistische Verbandsklagen enthält, sprich: solche Klagen nicht unterstützt, sondern lediglich eine Öffnungsklausel für abweichende Regelungen zur Verfügung stellt (§ 42 II Hs. 1 VwGO), werden die schutznormakzessorischen Regelungen der Zulässigkeit und Begründetheit von den speziellen Regelungen des § 64 BNatSchG und des UmwRG überlagert. Dies gilt auch für Feststellungsklagen in Bezug auf das qualifizierte Feststellungsinteresse (§ 43 II VwGO) und die analog angewendete Klagebefugnis.[209] Soweit diese Gesetze keine abweichenden Regelungen enthalten, finden indes weiterhin die Bestimmungen der VwGO Anwendung, was § 2 I UmwRG ausdrücklich klarstellt.

53 Das Verhältnis der speziellen naturschutzrechtlichen Verbandsklage zum allgemeinen Rechtsbehelf nach § 2 UmwRG ergibt sich aus § 64 I BNatSchG. Beide Rechtsbehelfe sind *nebeneinander* anwendbar.[210] Ergänzend legt allerdings § 1 III UmwRG fest, dass § 64 I BNatSchG nicht angewendet wird, soweit in Planfeststellungsverfahren, die § 1 I 1 Nr. 1, Nr. 2 oder Nr. 5 UmwRG unterfallen, Rechtsbehelfe nach dem UmwRG eröffnet sind. Bei den – praktisch häufigen – Überschneidungen geht daher das UmwRG vor, freilich nur, soweit hiernach überhaupt Rechtsschutz eröffnet ist. Die schon zuvor als zulässig anerkannte[211] *Partizipationserzwingungsklage* bleibt demgegenüber auch in solchen Fällen statthaft, in denen Rechtsschutz nach § 64 BNatSchG oder UmwRG nicht eröffnet ist.[212] Denn eine Partizipationserzwingungsklage dient gerade der – auch von Art. 19 IV GG garantierten – Durchsetzung eigener Rechte der Verbände (nämlich absoluter Verfahrensrechte; → Rn. 23); eine insoweit betroffene genuine Verletztenklage wird aber von vornherein nicht durch die prozessrechtlich eingeräumte Möglichkeit einer altruistischen Klageerhebung verdrängt.

2. Zulässigkeit

54 Die Zulässigkeit von Rechtsbehelfen richtet sich nach den allgemeinen Bestimmungen der VwGO. Besonderheiten ergeben sich vor allem hinsichtlich der *Klagebefugnis,* die von den Vereinigungen in Abweichung von § 42 II Hs. 2, § 47 II 1 VwGO nach § 2 I UmwRG nicht gefordert wird, soweit der Anwendungsbereich des § 1 UmwRG eröffnet ist. Entsprechendes gilt für § 64 BNatSchG. § 2 III UmwRG

---

[207] Allg. *Gärditz* GewArch 2011, 273 ff.

[208] Etwa *Franzius* DVBl 2014, 543 (548 f.); *ders.* UPR 2016, 281 ff.; *Lübbe-Wolff* VVDStRL 60 (2001), 246 (278 f.); *Wegener* in Bertschi ua (Hrsg.), Demokratie und Freiheit, 1999, S. 19 (24 ff.).

[209] *OVG Saarlouis* Urt. v. 10.1.2017 – 2 A 3/16 Rn. 68 ff.

[210] *Schlacke* (o. Fn. 33) § 1 UmwRG Rn. 79.

[211] S. nur *Schlacke* (o. Fn. 5) S. 174 f.

[212] *OVG Hamburg* NuR 2010, 501; *VGH Mannheim* ZUR 2012, 312 (314); *Gärditz* ZfU 2011, 383 (390).

enthält eine Sonderregelung für *Rechtsbehelfsfristen.* Ist eine Entscheidung nach den geltenden Rechtsvorschriften weder öffentlich bekannt gemacht noch der Vereinigung bekannt gegeben worden, müssen Widerspruch oder Klage nach § 2 III 1 UmwRG binnen eines Jahres erhoben werden, nachdem die Vereinigung von der Entscheidung Kenntnis erlangt hat oder hätte erlangen können. Dies gilt nach § 2 III 3 UmwRG entsprechend, wenn eine Entscheidung nach § 1 I 1 UmwRG entgegen geltenden Rechtsvorschriften nicht getroffen worden ist und die Vereinigung von diesem Umstand Kenntnis erlangt hat oder hätte erlangen können. Widerspruch oder Klage gegen eine Entscheidung nach § 1 I 1 Nr. 5 oder 6 UmwRG müssen jedoch spätestens binnen zweier Jahre, nachdem der Verwaltungsakt erteilt wurde, erhoben werden (§ 2 III 2 UmwRG).

Nach § 2 I 1 UmwRG kann eine nach § 3 UmwRG anerkannte inländische oder ausländische Vereinigung, ohne eine Verletzung in eigenen Rechten geltend machen zu müssen, Rechtsbehelfe nach Maßgabe der VwGO gegen eine Entscheidung nach § 1 I 1 UmwRG oder deren Unterlassen einlegen, wenn die Vereinigung **55**

- geltend macht, dass die angegriffene Entscheidung oder deren Unterlassen Rechtsvorschriften, die für die Entscheidung von Bedeutung sein können, widerspricht (Nr. 1),
- geltend macht, in ihrem satzungsgemäßen Aufgabenbereich der Förderung der Ziele des Umweltschutzes durch die Entscheidung oder deren Unterlassen berührt zu sein (Nr. 2), und
- abhängig von der Art der angegriffenen Maßnahme zur Beteiligung in einem Verfahren nach § 1 I 1 UmwRG berechtigt war und sie sich hierbei in der Sache gem. den geltenden Rechtsvorschriften geäußert hat oder ihr entgegen den geltenden Rechtsvorschriften keine Gelegenheit zur Äußerung gegeben worden ist (Nr. 3).[213] Die Möglichkeit eines Beteiligungsrechts reicht hierbei aus.[214]

Bei Rechtsbehelfen gegen eine Entscheidung nach § 1 I 1 Nr. 2a–6 UmwRG oder gegen deren Unterlassen muss die Vereinigung zudem die Verletzung umweltbezogener Rechtsvorschriften geltend machen (§ 2 I 2 UmwRG).

Das Anerkennungsverfahren ist hierbei im Einzelnen in § 3 UmwRG geregelt.[215] Ihm kommt entscheidende Bedeutung zu, die mit dem UmwRG einhergehende erhebliche Weiterung des Rechtsschutzes zu kanalisieren,[216] indem die potentiellen Kläger einer dem Rechtsschutzverfahren vorgelagerten – insoweit abstrakten – institutionellen Ernsthaftigkeits- und Stabilitätskontrolle unterworfen werden.

Eine Vereinigung, die nicht nach § 3 UmwRG anerkannt ist, kann einen Rechtsbehelf nach § 2 II 1 UmwRG nur dann einlegen, wenn sie bei Einlegung des Rechtsbehelfs die Voraussetzungen für eine Anerkennung erfüllt (Nr. 1), sie einen Antrag auf Anerkennung gestellt hat (Nr. 2) und über eine Anerkennung aus Gründen, die von der Vereinigung nicht zu vertreten sind, noch nicht entschieden ist (Nr. 3).[217] Bei einer ausländischen Vereinigung gelten die Voraussetzungen der Nr. 3 gem. § 2 II 2 UmwRG als erfüllt. Mit der Bestandskraft einer die Anerkennung versagenden Entscheidung wird gem. § 2 II 3 UmwRG der Rechtsbehelf unzulässig. **56**

Im Übrigen gilt aber, wie der *EuGH* zutreffend betont hat: Soweit das Unionsrecht privilegierten Naturschutzvereinigungen nach Art. 2 Nr. 5 AK subjektive Rechte auf Einhaltung des Umweltrechts einräumt, was ggf. durch Auslegung des objektiven **57**

---

[213] Zur Versäumnis *OVG Bautzen* UPR 2020, 351 f.
[214] BVerwGE 166, 321 Rn. 24; 168, 20 Rn. 23.
[215] Eingehend *Larnfried* DVBl 2020, 609 ff.
[216] *Schlacke* NVwZ 2014, 11 (13).
[217] Zur unionsrechtskonformen Anwendung *VGH Kassel* NVwZ-RR 2019, 771 (772).

Naturschutzrechts im Lichte von Art. 9 II AK zu ermitteln ist,[218] müssen diese Rechte auch nach Art. 47 GRCh wirksam gerichtlich durchsetzbar sein (vgl. → Rn. 30).[219]

Das *BVerwG* ist dem möglichen Konflikt, wie Art. 9 III AK im Lichte der Rechtsprechung Rechnung getragen werden kann, letztlich ausgewichen. Die maßgebliche Leitentscheidung betraf die Klage eines Umweltverbandes auf Erlass von Luftreinhalteplänen (§ 47 BImSchG), die nicht in den Anwendungsbereich von UVP-RL bzw. IE-RL fallen. Das Gericht hat dem klagenden Verband dadurch ein Klagerecht verschafft, dass es den bereits für Individualkläger anerkannten subjektiven Schutz auch auf Verbände als Bestandteil der betroffenen Öffentlichkeit erstreckt hat.[220]

Dies ist eine Behelfslösung, die spätestens dann versagt, wenn es um Umweltschutzbestimmungen geht, die schon mangels personalisierbaren Regelungskerns – wie etwa das praktisch zentrale Habitat- oder Artenschutzrecht – einer Subjektivierung aus strukturellen Gründen entzogen bleiben.[221] Die jüngere Rechtsprechung des *BVerwG* hat mit Recht eine Erweiterung von Klagerechten anerkannter Naturschutzvereinigungen über das UmwRG hinaus dort abgelehnt, wo (funktional kollektivierbare) individuelle Rechte nicht zur Verfügung standen,[222] hat also letztlich den Subjektivierungsansatz nicht weiterverfolgt. Gute Gründe sprechen in entsprechenden Fällen folglich dafür, Art. 9 III AK jedenfalls auf anerkannte Umweltverbände unmittelbar anzuwenden. Denn Verbände behalten ihre privilegierte Stellung nach Art. 9 II AK richtigerweise auch im Rahmen des Art. 9 III AK, der bereits ausweislich des Wortlautes nur zusätzliche Rechtsschutzoptionen eröffnen soll. Eine Verbandsklage ist insoweit aber die regelungstechnische Minimallösung, die der Gesetzgeber in jedem Fall vorsehen müsste. Gemessen hieran kann eine anerkannte Vereinigung im Rahmen einer nach § 2 UmwRG im Übrigen zulässigen Verbandsklage auch die Verletzung anderer Umweltvorschriften nach Art. 9 III AK geltend machen.[223]

3. Begründetheit

58 Da Klagen nach § 2 UmwRG nicht von subjektiven Rechten abhängen, kann sich auch der *Maßstab* der Begründetheitsprüfung nicht aus § 113 I, V VwGO ergeben. Das Schutznormerfordernis wird daher durch die erforderliche *Konnexität mit Verbandsinteressen* ersetzt. Daher legt § 2 IV UmwRG einen gegenüber der VwGO vorrangigen Maßstab der Begründetheit fest.[224] Rechtsbehelfe sind hiernach unter folgenden Voraussetzungen begründet:

- Die angegriffene Entscheidung nach § 1 I 1 Nr. 1 oder 2 UmwRG oder deren Unterlassen verstößt gegen Rechtsvorschriften, die für die Entscheidung von Bedeutung sind (Nr. 1). Bei Entscheidungen nach § 1 I 1 Nr. 1 und Nr. 4 UmwRG – also betreffend UVP-pflichtige Vorhaben – muss nach § 2 IV 2 UmwRG zudem eine Pflicht zur Durchführung einer Umweltverträglichkeitsprüfung bestehen. Dieses Erfordernis soll kraft teleologischer Reduktion nicht anwendbar sein auf Luftreinhaltepläne.[225] Dies bedeutet, dass das Gericht ggf. das

---

218 Vgl. auch *VGH München* ZUR 2017, 109 (110).

219 *EuGH*, Rs. C-243/15 (Lesoochranárske zoskupenie), ZUR 2017, 86 Rn. 49 ff.; Rs. C-664/15, ECLI:EU:C:2017:987 Rn. 45. Problematisch daher *OVG Lüneburg* ZUR 2017, 39 (40 f.).

220 BVerwGE 147, 312 (325 f.).

221 *Gärditz* EurUP 2015, 196 (210 f.); *Klinger* ZUR 2014, 1 (2); krit. daher *Bunge* ZUR 2014, 3 (7); *Hofmann* EurUP 2015, 266 (272). Als atypischen Sonderfall krit. bewertend *Rennert* DVBl 2017, 209 (211 f.).

222 BVerwGE 150, 294 (300 f.); *BVerwG* DVBl 2015, 636 (638), jeweils zu § 47d BImSchG; tendenziell auch BVerwGE 152, 10 ff., zu § 63 BNatSchG.

223 *VG Osnabrück* ZUR 2015, 428 (429); *Gärditz* NVwZ 2014, 1 (7).

224 *Guckelberger* NuR 2020, 655.

225 BVerwGE 168, 20 Rn. 24; *OVG Münster*, Urt. v. 31.7.2019 – 8 A 2851/18 Rn. 398; *Seibert* EurUP 2020, 346 (355 f.).

negative Ergebnis einer UVP-Vorprüfung kontrollieren oder eine fehlende UVP-Vorprüfung nachholen muss.[226] Eine Aufhebung der angegriffenen Entscheidung, weil eine UVP-Pflicht lediglich möglich erscheint, von der Behörde aber nicht ordnungsgemäß geprüft wurde, ist mithin nicht möglich[227] und wäre unvereinbar mit dem Untersuchungsgrundsatz (§ 86 I VwGO).

– Entscheidungen nach § 1 I 1 Nr. 2a–6 UmwRG oder deren Unterlassen (insbes. Bebauungspläne), wenn sie gegen umweltbezogene Rechtsvorschriften verstoßen, die für die Entscheidung von Bedeutung sind (Nr. 2).

Der Verstoß gegen Rechtsvorschriften muss (korrelierend zu § 2 I 1 Nr. 2 UmwRG) 59
Belange berühren, deren Schutz satzungsgemäßes Ziel der Vereinigung ist (§ 2 IV 1 UmwRG).[228] In Fällen des § 1 I 1 Nr. 2a–6 UmwRG muss der Verstoß ausdrücklich *Belange des Umweltschutzes* berühren (§ 2 IV 1 Nr. 2 UmwRG),[229] die zu den Zielen gehören, die die Vereinigung nach ihrer Satzung fördert. Vorschriften des Umweltschutzes können sowohl Verfahrensrecht als auch materielles Recht betreffen, und zwar unabhängig von einem subjektiv-rechtlichen Schutzgehalt.[230] Andere Vorschriften sollen demgegenüber in einem Verbandsklageverfahren nicht überprüfbar sein.[231]

Grund für diese „Aufspaltung des Maßstabs in der Begründetheitsprüfung“[232] durch § 2 IV 1 UmwRG ist folgender: Entscheidungen nach § 2 IV 1 Nr. 1 UmwRG unterfallen Art. 9 II AK, der eine Prüfung sämtlicher Rechtmäßigkeitsvoraussetzungen umweltrelevanter Entscheidungen unabhängig von ihrer Umweltrelevanz gewährleistet.[233] § 2 IV 1 Nr. 2 UmwRG beruht demgegenüber auf Art. 9 III AK, der sich explizit nur auf umweltrelevante Vorschriften bezieht und daher keinen weitergehenden gerichtlichen Kontrollzugriff erforderlich macht.

Eine Prüfung, ob ein Plan nach § 1 I 1 Nr. 4 UmwRG tatsächlich der SUP-Pflicht unterlag, ist (anders als in Bezug auf die UVP-Pflicht) von § 2 IV UmwRG nicht gefordert.[234]

§ 2 IV UmwRG legt nur die *Maßstäbe der Prüfung* fest, nicht aber das den Streit- 60
gegenstand bestimmende Rechtsschutzziel und auch nicht die korrespondierende Tenorierung einer stattgebenden Entscheidung. Dies ergibt sich weiterhin aus den allgemeinen Bestimmungen der VwGO. Erfolgreich angegriffene Verwaltungsakte werden also nach § 113 I 1 VwGO aufgehoben, ein Bebauungsplan wird nach § 47 V 2 1. Hs. VwGO für unwirksam erklärt, eine Verpflichtung zum Erlass eines Verwaltungsaktes nach § 113 V 1 VwGO ausgesprochen. Auch ein Feststellungstenor nach § 113 I 4 oder § 43 I VwGO kommt in Betracht. In Fällen des § 7 II 2 UmwRG findet § 47 V 2 VwGO entsprechende Anwendung, sodass auch ein sonstiger Plan für unwirksam erklärt werden kann. Wird hingegen eine gebotene Entscheidung, einen Plan nach § 1 I 1 Nr. 4 UmwRG zu erlassen, versäumt, kann eine Verpflichtung, den Plan zu erlassen, festgestellt werden.[235]

§ 10 III 5 BImSchG aF und § 2 III UmwRG aF enthielten *materielle Präklusionsregelungen.* 61
Der *EuGH* hat jedoch festgestellt, dass eine materielle Präklusion mit Art. 11 UVP-RL bzw. Art. 25 IE-RL unvereinbar ist, weil rügefähige Verletzungen des Umweltrechts von vornherein

---

[226] *Bunge* (o. Fn. 57) § 2 Rn. 123.
[227] *Ingold/Münkler* EurUP 2018, 468 (473).
[228] Hierzu BVerwGE 160, 263 Rn. 175. Für die Zulässigkeit muss ein solcher Bezug nur geltend gemacht werden können, vgl. *OVG Berlin-Brandenburg* NuR 2021, 272 (273).
[229] Krit. *Berkemann* DVBl 2015, 389 ff.; *Grunow/Salzborn* ZUR 2015, 156 (158 f.).
[230] *Schlacke* (o. Fn. 33) § 2 UmwRG Rn. 54.
[231] *BVerwG* NuR 2014, 199 (200).
[232] *Schlacke* (o. Fn. 33) § 2 UmwRG Rn. 55.
[233] *Epiney/Diezig/Pirker/Reitemeyer* (o. Fn. 130) Art. 9 Rn. 31.
[234] *Ingold/Münkler* EurUP 2018, 468 (473).
[235] *Gärditz* EurUP 2018, 158 (172).

einer gerichtlichen Kontrolle entzogen würden.[236] Auf § 215 BauGB lässt sich dies hingegen nicht übertragen.[237]

62 Mit Gesetz v. 29.5.2017 (→ Rn. 7) zog der Gesetzgeber hieraus die Konsequenzen und strich die bezeichneten Präklusionsvorschriften.[238] Eine Ausnahme bildet zwar weiterhin § 73 IV 3 VwVfG, der aber in Verfahren nach UmwRG gem. § 7 IV UmwRG keine Anwendung findet.[239] Der Restanwendungsbereich ist verschwindend gering. An die Stelle der alten Präklusionsregelung ist eine Übernahme der Rechtsprechung des *EuGH* durch eine Missbrauchsklausel[240] getreten (§ 5 UmwRG). Sachliche Einwendungen (darunter fallen keine rein rechtlichen Erwägungen[241]), die eine Person oder eine Vereinigung iSd § 4 III 1 UmwRG erhebt, bleiben unberücksichtigt, wenn die erstmalige Geltendmachung im Rechtsbehelfsverfahren missbräuchlich oder unredlich ist. Dies ist richtigerweise von der Behörde nachzuweisen.[242] Wann ein Fall von Rechtsmissbrauch vorliegt, ist einzelfallbezogen anhand der konkreten Umstände zu beurteilen. Etwa das planmäßige Zurückhalten von Einwendungen, um die Behörde im Prozess zu „überrumpeln" und hierdurch das Verfahren zu torpedieren, wäre ebenso missbräuchlich wie die „Korrektur" von zunächst bewusst wahrheitswidrig erhobenen Einwendungen im Prozess durch ein Nachschieben der eigentlichen Beanstandungen.

63 Unionsrechtlich möglich bleibt eine formelle (nur für das Genehmigungsverfahren geltende) Präklusion (zB § 3 II 2 iVm § 4a VI BauGB) sowie eine innerprozessuale Präklusion, zB über strikte Fristen für den Tatsachenvortrag.[243] Insoweit hat der Gesetzgeber in § 6 UmwRG eine gegenüber § 87b VwGO strikter gefasste, die Amtsermittlungspflicht nach § 86 I VwGO beschränkende[244] Klagebegründungsfrist vorgegeben.[245] Praktisch wird die Klagebegründungsfrist nur zu halten sein, wenn eine beteiligungsfähige Vereinigung das Verwaltungsverfahren von Anfang an aktiv begleitet hat und die kritischen Punkte einer Entscheidung kennt, die in der Regel auch schon Gegenstand öffentlicher Auseinandersetzung gewesen sein werden. Die Anwendung hat im Lichte des unionsrechtlichen Effektivitätsgebots (Art. 4 III EUV) zu erfolgen.[246]

64 Ob dies auch für die prozessuale Präklusion nach § 3 II 2 BauGB iVm § 47 IIa VwGO aF galt, war eine offene Frage. Viele Bebauungspläne wären ohnehin nicht in den Anwendungsbereich der UVP-RL bzw. IE-RL gefallen,[247] allenfalls solche Bebauungspläne, die zulassungsrelevant sind. Der Gesetzgeber hat es nicht darauf ankommen lassen, auch diesen Konflikt vor dem *EuGH* verteidigen zu müssen. Das Gesetz zur Anpassung des UmwRG (→ Rn. 7) hat § 47 IIa VwGO konsequent gestrichen und § 3 II 2 BauGB geändert.

65 Ob es daneben möglich wäre, auch eine modifizierte *materielle Präklusion wiedereinzuführen*, wird gegenwärtig diskutiert.[248] Hintergrund des Wiederaufflammens der Debatte ist eine latente Unzufriedenheit mit der Entscheidung des *EuGH*, die noch nicht in jeder Hinsicht als hinreichend konkret sowie sedimentiert bewertet wird. Es gibt – anders gewendet – Akteure,

---

236 *EuGH*, Rs. C-137/14 (Kommission/Deutschland), ZUR 2016, 33 Rn. 75 ff.

237 Vgl. *Mager* VBlBW 2017, 54 (58); so iErg auch *VGH Mannheim* BeckRS 2015, 56056 Rn. 66 ff.

238 BGBl. I 1298.

239 S. hierzu BVerwGE 160, 263 Rn. 18. Dies bezieht sich bei unionsrechtskonformer Auslegung auch auf Parallelbestimmungen im Landesverwaltungsverfahrensrecht: *BVerwG* NVwZ 2018, 1150; NVwZ 2018, 1647.

240 Vgl. *EuGH*, Rs. C-137/14 (Kommission/Deutschland), ZUR 2016, 33 Rn. 81.

241 *OVG Hamburg* NVwZ 2020, 406 (407).

242 *Schlacke* NVwZ 2017, 905 (910).

243 *Gärditz* ZfU 2016, 247 (254); *Rennert* DVBl 2017, 69 (74 f.).

244 *OVG Hamburg* Urt. v. 29.11.2019 – 1 E 23/18 Rn. 150.

245 Hierzu näher *BVerwG* Beschl. v. 16.4.2020 – 9 B 66/19 Rn. 9 f.; *OVG Münster* Beschl. v. 18.2.2020 – 11 B 13/20 Rn. 17 ff.; *Gärditz* EurUP 2018, 158 (159 f.); *Guckelberger* NuR 2020, 655 (656 ff.); *Marquard* NVwZ 2019, 1162 ff. Unanwendbar in Verfahren nach § 47 VwGO *OVG Münster* ZNER 2020, 140 (141 f.); Urt. v. 26.10.2020 – 10 D 66/18.NE Rn. 138; auf Klageänderungen *OVG Münster* Urt. v. 31.8.2020 – 20 A 1923/11 Rn. 131.

246 Vgl. *EuGH*, Rs. C-280/18 (Flausch), ECLI:EU:C:2019:928 Rn. 53 ff.

247 *VGH Mannheim* ZUR 2016, 370 (371 f.).

248 BT-Drs. 19/16907, 2, 12, 29. Berichtend *Guckelberger* NuR 2020, 805 (814 f.) mwN; zu den Spielräumen des nationalen Gesetzgebers insofern auch *Durner* VerwArch 111 (2020), 162 ff.; zum Ganzen *Baudewin/Großkurth* NVwZ 2018, 1674 ff.

die gerne „austesten" würden, ob der *EuGH* eine in ihren Anwendungsvoraussetzungen moderat rechtsschutzfreundlichere Präklusionsregelung akzeptieren würde. Unter welchen Voraussetzungen der Gerichtshof eine materielle Präklusion mit Art. 9 II, III AK für vereinbar halten würde, ist in der Tat schwer abzuschätzen.[249] Ob das Risiko einer erneuten Unionsrechtswidrigkeit eingegangen werden sollte, erscheint freilich schon unabhängig von der rechtspolitischen Bewertung des Vorstoßes zweifelhaft, weil einerseits bis zu einer Klärung Verfahren mit erheblicher Unsicherheit belastet blieben, andererseits der frühere Ertrag der Präklusion angesichts der restriktiven Anwendung ohnehin überschaubar war.

In *Fall 8* ist der Verwaltungsrechtsweg nach § 40 I VwGO eröffnet. Fraglich ist, 66 welche *Klageart statthaft* ist. Der Erlass von Luftreinhalteplänen ist in § 47 BImSchG geregelt. Werden die durch eine Rechtsverordnung nach § 48a I BImSchG festgelegten Immissionsgrenzwerte – hier: §§ 4, 5 der 39. BImSchV – einschließlich festgelegter Toleranzmargen überschritten, hat nach § 47 I 1 BImSchG die zuständige Behörde einen Luftreinhalteplan aufzustellen, welcher die erforderlichen Maßnahmen zur dauerhaften Verminderung von Luftverunreinigungen festlegt und den Anforderungen der Rechtsverordnung entspricht. Eine bestimmte Rechtsform ist damit nicht festgelegt. Ein Luftreinhalteplan hat nämlich keine außenwirksame Regelungs-, sondern eine interne Koordinierungsfunktion, um die verschiedenen möglichen Maßnahmen, die Gesamtbelastung zu reduzieren (zB Rechtsverordnung nach § 47 VII BImSchG, Bauleitplanung, Verkehrsbeschränkung nach § 40 I BImSchG, nachträgliche Anordnung nach § 17 BImSchG)[250], effektiv zu kombinieren. Daher handelt es sich weder um einen Verwaltungsakt (Allgemeinverfügung nach § 35 S. 2 VwVfG) noch um eine Rechtsverordnung.[251] Verpflichtungsklage (§ 42 I 2. Alt. VwGO) oder Normerlassklage (analog § 47 I VwGO[252]) scheiden daher von vornherein aus. Das *BVerwG* geht davon aus, dass ein Luftreinhalteplan einer Verwaltungsvorschrift ähnlich sei und daher im Wege der allgemeinen Leistungsklage eingeklagt werden müsse.[253] Insoweit bedarf es keines Rückgriffs auf den subsidiären § 7 II 2 UmwRG.

Nach hM ist auch im Rahmen dieser Klageart § 42 II VwGO entsprechend an- 67 zuwenden, dh eine *Klagebefugnis* zu fordern. Zu prüfen ist daher, ob S geltend machen kann, in einem subjektiv-öffentlichen Recht verletzt zu sein. Der drittschützende Charakter der Immissionswerte der 39. BImSchV ist zwar bei unionsrechtskonformer Auslegung inzwischen anerkannt.[254] Vorliegend handelt es sich jedoch um eine Vereinigung, die in der Sache auf den ersten Blick keine Verletzung eigener Rechte, sondern objektive Rechtswahrungsinteressen geltend macht. Der Ansatz des *BVerwG*, einer Vereinigung subjektive Betroffenenrechte zuzusprechen,[255] ist inzwischen überholt.[256] Mit der UmwRG-Novelle 2017 (→ Rn. 7) hat der Gesetzgeber mit § 1 I 1 Nr. 4 UmwRG Umweltvereinigungen auch ein Klagerecht in Bezug auf SUP-pflichtige Planungen zur Verfügung gestellt. Bei Luftreinhalteplänen nach § 47 I BImSchG handelt es sich um Pläne nach § 2 VII UVPG, die typischerweise der SUP-Pflicht unterfallen (§ 35 I Nr. 2 UVPG iVm Anl. 5 Nr. 2.2.). Und selbst wenn

---

249 *Guckelberger* NuR 2020, 805 (814).
250 S. → § 7 Rn. 67.
251 S. iE → § 7 Rn. 162.
252 Hierfür etwa *Schmidt* DÖV 2011, 169 (173); für eine allgemeine Leistungsklage *Gärditz* in ders. (o. Fn. 103), § 42 Rn. 44; *Hufen* FS Würtenberger, 2013, S. 873 (879).
253 *BVerwG* NVwZ 2014, 64 (65).
254 Vgl. BVerwGE 128, 278 (286); weitere Nachw. bei → § 7 Rn. 180.
255 BVerwGE 147, 312 (322 ff.).
256 *VGH Kassel* Beschl. v. 17.12.2018 – 9 A 2037/18.Z Rn. 13; *VG Düsseldorf* Urt. v. 24.1.2018 – 6 K 12341/17 Rn. 196 ff.; *Durner* EurUP 2018, 142 (147 f.).

eine abstrakte SUP-Pflicht ausnahmsweise nicht in Betracht kommt, ist § 1 I 1 Nr. 4 UmwRG analog anzuwenden.[257] Daher ist der Anwendungsbereich des UmwRG eröffnet. Das Klagerecht bezieht ausdrücklich auch die Unterlassung von Maßnahmen ein (§ 1 I 2 UmwRG), ermöglicht also Rechtsbehelfe auf Erlass des begehrten Planes bzw. auf Feststellung der Rechtswidrigkeit des Nichterlasses. Erstinstanzlich zuständig hierfür ist nach § 7 II 1 UmwRG das *OVG*.[258]

IV. Der Umweltrechtsschutz von Gemeinden

68 Auch Gemeinden und Kreise kommen als potentielle Umweltkläger in Betracht. Kommunale subjektive Rechte werden allerdings in der Regel nur insoweit bestehen, als geltend gemacht werden kann, dass eine Vorhabenzulassung durch staatliche Behörden die kommunale Selbstverwaltungsgarantie (Art. 28 II 1 GG[259]) verletzt, die subjektive Rechte iSd § 42 II VwGO begründet.[260] Rechte der Einwohner kann eine Gemeinde hingegen weder als eigene Rechte noch prozessstandschaftlich geltend machen;[261] auch § 4 III UmwRG vermittelt ihr keine Rechte.[262] Die *kommunale Planungshoheit* als Ausdruck der Selbstverwaltungsgarantie vermittelt – auch in Konkretisierung durch § 2 II 1 BauGB – ein subjektives Recht nach § 42 II VwGO.[263]

69 Eine Zulassung oder höherstufige Planung kann daher unter der Voraussetzung gerichtlich angegriffen werden, dass die klagende Gemeinde einen konkreten Konflikt mit einer bereits hinreichend verfestigten Planung darlegt.[264] Wird bspw. zur Ermöglichung eines umweltrelevanten Großprojekts eine Zielabweichung von einem Regionalplan nach § 6 ROG zugelassen und beeinträchtigt diese eine bereits raumordnungsrechtlich der Gemeinde zugewiesene Funktion, kann die betroffene Gemeinde eine Verletzung ihres Selbstverwaltungsrechts geltend machen.[265] Dies gilt richtigerweise insbes. auch dann, wenn die Raumordnungsplanung raumrelevante Infrastrukturen planerisch so zu lokalisieren hat, dass Umweltbelastungen im Raum verträglich verteilt und die einzelnen Gemeinden vor einer unzumutbaren Beeinträchtigung der eigenverantwortlichen Nutzung ihres Teilraumes bewahrt werden.[266]

70 Einklagbare Rechte von Gemeinden hängen vor diesem Hintergrund entscheidend davon ab, inwiefern sich Umweltbelastungen als potentielle Beeinträchtigungen des Selbstverwaltungsrechts ausweisen lassen. Die Rechtsprechung war hier bislang sehr restriktiv und hat in der Regel einen unmittelbaren Bezug von Zulassungen zur Selbstverwaltung verneint.[267] Im Zuge der allgemeinen – unionsrechtlich induzierten – Öffnung des Umweltrechtsschutzes für die betroffene Öffentlichkeit erscheint

[257] *OVG Münster* ZUR 2019, 97 Rn. 41 ff.
[258] Vgl. zur Reichweite *OVG Münster* ZUR 2019, 97 ff.
[259] Entsprechend zB Art. 71 BWVerf, Art. 10 I BayVerf, Art. 78 NRWVerf, Art. 49 RhPfVerf.
[260] BVerwGE 95, 333 (338). Zu den Grenzen *OVG Berlin-Brandenburg* LKV 2020, 232 f.
[261] *Lange*, Kommunalrecht, 2. Aufl. 2019, Kap. 1 Rn. 143 f. So auch für § 47 II 1 VwGO *VGH München* BayVBl. 2021, 93.
[262] *OVG Berlin-Brandenburg* LKV 2020, 232 (235).
[263] *VGH Kassel* NVwZ 2010, 1165 (1167 f.); *Happ* in Eyermann, VwGO, 15. Aufl. 2019, § 42 Rn. 172.
[264] BVerwGE 74, 124 (132); 100, 388 (394); *BVerwG* NVwZ 2006, 1290; NVwZ 2008, 123.
[265] *OVG Koblenz* DVBl 2009, 386 ff.
[266] In diesem Sinne § 19 II 5 StandAG, der Standortgemeinden und -grundstückseigentümer gegenüber Standortauswahlvorschlägen für ein atomares Endlager den Vereinigungen nach § 3 UmwRG gleichstellt. Hierzu *Gärditz* FS Erbguth, 2019, S. 485 (494 ff.); *Rehbinder* EurUP 2018, 61 (64); *Schlacke* ZUR 2017, 456 (461).
[267] Etwa *OVG Lüneburg* ZUR 2012, 562 (563).

auch hier eine moderate Kurskorrektur angezeigt. Es ist legitimatorisch nur schwer begründbar, einerseits die Klagerechte von (weder individuell noch demokratisch spezifisch legitimierten) Umweltvereinigungen flächendeckend auszudehnen, andererseits die Klagerechte demokratisch legitimierter Gemeinden, die als Inbegriff einer institutionalisierten Betroffenenöffentlichkeit die Umwelt im Interesse der örtlichen Gemeinschaft verteidigen wollen, demgegenüber weitgehend zu versagen.[268] Es wäre durchaus möglich, auch die kommunale Selbstverwaltungsgarantie (Art. 28 II 1 GG) stärker als bislang auch als normativen Anker ökologischer Erhaltungsansprüche der örtlichen Gemeinschaft zu verstehen. Soweit ungesetzliche Umweltbelastungen zugleich die territorialen Nutzungs- und Gestaltungschancen einer Gemeinde substantiell beeinträchtigen können, lässt sich dann aus dem Selbstverwaltungsrecht auch ein gebietsbezogener Abwehranspruch ableiten.

V. Der Umweltrechtsschutz vor ordentlichen Gerichten

Privatrechtliche Ansprüche wegen Umweltschäden nach allgemeinem Deliktsrecht (§ 823 I, II BGB) oder nach umweltspezifischem Haftungsrecht (§§ 1, 2 UmweltHG, § 2 HaftpflichtG, § 89 WHG, §§ 25 ff. AtomG) bzw. private Unterlassungsansprüche (§§ 1004, 823 BGB) sind vor den ordentlichen Gerichten durchzusetzen. Eine zivilrechtliche Inanspruchnahme von Privatpersonen, die Umweltvorschriften verletzen, wird nach Maßgabe des nationalen Prozessrechts auch von Art. 9 III AK explizit gefordert. Ansprüche sind mit der zivilrechtlichen Leistungsklage oder ggf. Feststellungsklage (§ 256 ZPO) zu verfolgen. Einschlägig sind die allgemeinen Bestimmungen der ZPO. Bei Klagen zur Durchsetzung von Ansprüchen nach UmwHG ist der besondere ausschließliche Gerichtsstand nach § 32a ZPO zu beachten. 71

Die ordentlichen Gerichte sind nach Art. 34 S. 3 GG, § 40 II 1 VwGO im Übrigen zuständig für öffentlich-rechtliche Streitigkeiten über Schadensersatzansprüche aus *Amtshaftung* nach § 839 BGB iVm Art. 34 GG wegen Verletzungen von drittschützenden Umweltvorschriften. Sachlich zuständig sind in erster Instanz die Landgerichte (§ 71 II Nr. 2 GVG), und zwar unabhängig vom Streitwert. Das Verfahrensrecht richtet sich grundsätzlich nach der ZPO. Bei der Untersuchung des Sachverhalts sowie bei der Anwendung der Darlegungs- und Beweislastregeln sind indes im Hinblick auf Art. 19 IV GG öffentlich-rechtliche Mindestanforderungen zu beachten, die einen effektiven Rechtsschutz sicherstellen.[269] Aus unionsrechtlicher Sicht erfüllt auch Sekundärrechtsschutz die Funktion, eine effektive Durchsetzung des Unionsrechts (Art. 4 III EUV) sicherzustellen.[270] 72

[268] Krit. daher *Breuer* FS Kloepfer, 2013, S. 315 (329); *Gärditz* ZfU 2013, 381 (389); *ders.* NVwZ 2014, 1 (9).

[269] *BVerfG* EuGRZ 2013, 563.

[270] Vgl. *EuGH,* Rs. C-432/05 (Unibet), Slg. 2007, I-2271 Rn. 47 ff., 58, 65; *v. Danwitz* DVBl 2008, 537 (538).

Besonderer Teil des Umweltrechts

§ 6. Klimaschutz- und Umweltenergierecht

I. Einleitung

1. Hintergrund

1 Heute steht in der seriösen Fachwissenschaft außer Streit, dass wir im Zeitalter des Anthropozän leben, welches ua dadurch gekennzeichnet ist, dass eine globale Erderwärmung stattfindet, die maßgeblich anthropogen verursacht ist und schwerwiegende Auswirkungen auf Staaten, Gesellschaft, einzelne Menschen und die Umwelt (zB Luft, Artenvielfalt) hat.[1] Der Mensch trägt durch seine Lebensweise (Verkehr, Industrie, Wohnen, Ernährung, Landwirtschaft) dazu bei, dass zu viele Treibhausgase (THG; vor allem Kohlenstoffdioxid [CO_2], Methan) emittiert werden, die die Abstrahlung der Sonnenenergie dämmen und auf diese Weise den sog. Treibhauseffekt hervorrufen. Stand 2018 haben menschliche Aktivitäten bereits etwas mehr als 1,2°C globale Erwärmung gegenüber den vorindustriellen Werten verursacht. Experten erwarten für 2021 den zweitschnellsten Anstieg von Kohlendioxid in der Luft seit Menschengedenken. Unterbleiben hinreichend effektive Gegenmaßnahmen, so steuert die Erde auf eine Erwärmung um 4°C bis zum Ende dieses Jahrhunderts zu.[2]

2 Um die Klimaerwärmung auf einen Anstieg von 2°C über dem vorindustriellen Stand zu begrenzen, ist es nach Ansicht von Sachverständigen erforderlich, die globalen Treibhausgasemissionen (THG-Emissionen) bis 2050 um mindestens 50 % und bis 2100 um 80–90 % zu verringern, was jedenfalls für die Industrieländer bedeuten würde, dass sie ihre Emissionen bis 2020 mindestens um 30 % und bis 2050 mindestens um 80 % senken müssten.[3] Andernfalls könnte sich die Erde bis 2100 um bis zu 4°C gegenüber dem Stand von 1990 erwärmen, was nach heutigem Erkenntnisstand mit weitreichenden Folgen für Mensch und Natur (Meeresspiegelanstieg, Verödung von Land, hierdurch erzwungene Massenflucht etc.) verbunden wäre.[4]

Bei einer Begrenzung der Klimaerwärmung auf einen Anstieg von 1,5°C wären die Folgen nach einem Bericht des *IPCC* geringer. Um eine solche Begrenzung errei-

---

1 Ausf. *Intergovernmental Panel on Climate Change (IPCC),* 5. Sachstandsbericht, http://www.de-ipcc.de/de/200.php. Unter dem Aspekt des Anthropozäns *Franzius* EurUP 2019, 498 ff. Zur Aufklärung der Öffentlichkeit über den Klimawandel in Zeiten von zunehmendem Anti-Rationalismus und Wissenschaftsskeptizismus *Gärditz* EurUP 2017, 112 ff. Zur Klimakrise als einer der drei aktuell gravierendsten Krisen der Menschheit (neben der Ernährungs- und der Biodiversitätskrise) *WBGU*, Landwende im Anthropozän: Von der Konkurrenz zur Integration, Nov. 2020, https://www.wbgu.de.

2 *Müller-Jung* FAZ v. 22.4.2021, 1; vgl. auch *IPCC*, Sonderbericht über 1,5°C globale Erwärmung, Hauptaussagen, abrufbar unter https://www.de-ipcc.de. Zusammenfassend zum Forschungsstand *Evers* Der Spiegel v. 7.12.2019, 108 ff. („planetare Notlage").

3 Die *WBGU*, Klimaschutz als Weltbürgerbewegung, Sondergutachten 2014, S. 59, empfiehlt sogar, die CO_2-Emissionen aus fossilen Energieträgern bis spätestens 2070 auf null zu senken.

4 *McAdam*, Climate Change, Forced Migration and International Law, 2012.

chen zu können, müssten die globalen anthropogenen CO_2-Emissionen bis 2030 um etwa 45 % gegenüber dem Niveau von 2010 abnehmen und um das Jahr 2050 Null erreichen. Dies setzt einschneidende Emissionsminderungen in allen Sektoren, ein breites Portfolio von Minderungsmöglichkeiten und ein bedeutendes Anwachsen der Investitionen in diese Optionen voraus. Denn wenn die globale Erwärmung mit der aktuellen Geschwindigkeit weiter zunimmt, wird der Temperaturanstieg von 1,5°C bereits zwischen 2030 und 2052 erreicht sein.[5]

3 Wegweisend für den *internationalen* Klimaschutz ist das im Rahmen der Klimarahmenkonvention der *Vereinten Nationen* zustande gekommene *Pariser Abkommen* (→ Rn. 11 f.). Wichtige internationale Foren der Klimaschutzpolitik sind neben den UN etwa auch noch die *OECD*[6] und der *G8- (bzw. G7-)Gipfel.* So wurde auf dem G7-Treffen in Elmau (2015) das 2009 in L'Aquila beschlossene Ziel bekräftigt, die CO_2-Emissionen bis 2050 um 40–70 % zu senken. Zudem soll die Weltwirtschaft bis zum Ende des Jahrhunderts ohne Kohle, Öl und Gas auskommen.[7] Allmählich beginnen die internationalen Klimaschutzanstrengungen zu greifen. 2019 sind, anders als noch in den beiden Vorjahren, die aus der Energieerzeugung stammenden globalen Kohlendioxidemissionen nicht weiter gestiegen.[8] Der Stillstand ist größtenteils den Rückgängen in den Industriestaaten zu verdanken, die vermehrt auf Erneuerbare Energien setzten, von Kohle auf Gas umstiegen und Kernenergie nutzten.[9] Hemmer eines weltweiten Emissionsrückgangs seien vor allem Emissionszunahmen durch ein Wachstum der Kohleverstromung in Asien, allen voran in China.[10]

4 Für die *EU* hat der Europäische Rat schon im März 2007 die Zieltrias aus Nachhaltigkeit, Versorgungssicherheit und Wettbewerbsfähigkeit der Energieversorgung formuliert[11] und sich verpflichtet, die THG-Emissionen bis zum Jahr 2020 um mindestens 20 % gegenüber 1990 zu vermindern. Bis 2030 sollen die THG-Emissionen um 40 % gesenkt werden.[12] Ebenfalls bis 2030 soll der Anteil der Erneuerbaren Energien auf 32 % steigen und die Energieeffizienz gegenüber 2007 um 32,5 % gesteigert werden.[13] Diese 2030-Ziele möchte die EU nunmehr ausweislich insbes. des *European Green Deal* (→ Rn. 16)[14] verschärfen und außerdem bis 2050 – als erster Kontinent – klimaneutral werden. Im Dezember 2020 einigte sich der Europäische Rat darauf, die CO_2-Emissionen bis 2030 um 55 % (gegenüber 1990) zu reduzieren.[15]

---

5 *IPCC* (o. Fn. 2). Vgl. auch *Burck ua,* Climate Change Performance Index (CCPI) 2021, Die wichtigsten Ergebnisse, hrsg. v. Germanwatch, Dez. 2020.

6 Dazu *Jahn* ZUR 2020, 526 ff.

7 *Oberthür* ZUR 2015, 385 ff.

8 *Geinitz* FAZ v. 12.2.2020, 15.

9 So lag zB in Deutschland der Anteil Erneuerbarer Energien 2020 bei ca. 45 %; s. *Záboji* FAZ v. 18.12.2020, 19.

10 *Geinitz* FAZ v. 12.2.2020, 15.

11 Vgl. Schlussfolgerungen des Vorsitzes des Europäischen Rates v. 8./9.3.2007, Tz. 30 ff., Anl. I (Aktionsplan „Eine Energiepolitik für Europa"); näher *Kahl* in Schulze-Fielitz/Müller (Hrsg.), Europäisches Klimaschutzrecht, 2009, S. 21 (24 ff.).

12 COM (2014) 15 final, S. 6. Zur tatsächlichen Entwicklung: EU-Fortschrittsbericht über den Klimaschutz v. 30.11.2020, COM (2020) 777 final.

13 Die Ziele für 2030 wurden mit dem Legislativpaket „Saubere Energie für alle Europäer" 2018 (→ Rn. 24) verschärft. Zuvor betrugen sie je 27 % für den Anteil der Erneuerbaren Energien und die Energieeffizienz.

14 COM (2019) 640 final. Vgl. auch die gemeinsame Erklärung des Europäischen Parlaments, des Rates und der Kommission, Gesetzgeberische Prioritäten der EU für 2021, ABl. C 451 I, 1, Ziff. 1.

15 *Falke* ZUR 2021, 186 (190). Vorausgehend: *Kommission*, EU-Klimaschutzplan 2030 v. 17.9.2020, COM (2020) 562 final; dazu *Falke* ZUR 2021, 57 (57 f.). Zum Schutz der EU-

5 Auch *Deutschland* hat sich ambitionierte THG-Reduktionsziele gesetzt. Bis 2030 sollen die THG-Emissionen um 55 % verringert werden (§ 3 I Bundes-Klimaschutzgesetz [KSG]; → Rn. 19)[16]. Außerdem verfolgt auch Deutschland das Langfristziel der Treibhausgasneutralität bis 2050 (§ 1 KSG). Zur Zielerreichung werden gem. § 4 I 1 KSG jährliche Minderungsziele durch die Vorgabe von Jahresemissionsmengen für die Sektoren Energiewirtschaft, Industrie, Verkehr, Gebäude, Landwirtschaft sowie Abfallwirtschaft und Sonstiges festgelegt.[17] Die bis 2030 zulässigen Jahresemissionsmengen richten sich nach Anl. 2. Für den Zeitraum ab 2031 konnte sich der Gesetzgeber indes nicht zu konkreten Treibhausgasemissionsreduktionspflichten durchringen, sondern beließ es bei einer Rechtsverordnungsermächtigung (§ 4 VI KSG), was dem *BVerfG* indes nicht genügte (→ Rn. 19, → Rn. 143). Wird die in einem Sektor zulässige Jahresemissionsmenge überschritten, legt das jeweils zuständige Bundesministerium der Bundesregierung gem. § 8 I KSG ein Sofortprogramm für den jeweiligen Sektor vor, welches die Einhaltung der Jahresemissionsmengen des Sektors für die folgenden Jahre sicherstellt.[18] Nach aktuellen Berechnungen des *SRU* reicht jedoch die Einhaltung der im KSG vorgesehenen nationalen Klima- und Sektorziele nicht aus, um die Verpflichtungen Deutschlands aus dem Pariser Abkommen angemessen zu erfüllen, weshalb eine Verschärfung der Klimaziele nach § 3 III KSG gefordert wird.[19]

Das 40 %-Ziel bis 2020 hat Deutschland nach vorläufigen, geschätzten Zahlen des BMU (ohne die Effekte der Corona-Pandemie) verfehlt.[20] Um das 2030-Ziel erreichen zu können, hat die Bundesregierung im Oktober 2019 das Klimaschutzprogramm 2030 erlassen.[21] Es sieht Maßnahmen für die jeweiligen Sektoren sowie sektorübergreifende Instrumente vor. Wichtigstes übergreifendes Instrument ist das nationale Emissionshandelssystem (nEHS),[22] das gem. dem Brennstoffemissionshandelsgesetz – BEHG[23] seit 2021 anzuwenden ist (→ Rn. 35 ff.). Eine weitere zentrale Maßnahme des Klimaschutzprogramms 2030 ist die schrittweise Beendigung der

---

Industrie, die besonders in direktem internationalem Wettbewerb steht (zB Stahlbranche), vor Wettbewerbsnachteilen infolge der strengen EU-Klimaschutzstandards plant die EU die Einführung einer CO_2-„*Grenzsteuer*". Diese sieht vor, ausländische Unternehmen (insbes. aus China, USA) zum Ausgleich für die dortigen niedrigeren Klimastandards einem Grenzausgleichsmechanismus zu unterwerfen, der keine Steuer ieS (erst recht kein Zoll) ist, sondern auf dem Emissionshandel aufbauen soll. Offen ist insoweit noch die Vereinbarkeit mit den WTO-Regeln. Ein Vorschlag der Kommission ist für Sommer 2021 avisiert, vgl. FAZ v. 11.3.2021, 16.

16 Bundes-Klimaschutzgesetz (KSG) v. 12.12.2019, BGBl. I 2513.

17 Dazu *Franzius* ZUR 2021, 131 (135 ff.); *Saurer* NuR 2020, 433 (435); *Klinger* ZUR 2020, 259; *Scharlau/Swieykowski-Trzaska/Keimeyer/Klinski/Sina* NVwZ 2020, 1 (3).

18 Dazu *Albrecht* NuR 2020, 370 (375); *Saurer* NuR 2020, 433 (436); *Scharlau/Swieykowski-Trzaska/Keimeyer/Klinski/Sina* NVwZ 2020, 1 (3); *Ziehm* ZUR 2020, 129 (130); *Frenz/Overath* UPR 2019, 479 (480).

19 *SRU*, Umweltgutachten 2020, S. 51 ff. Das vom *SRU* errechnete Paris-kompatible CO_2-Budget iHv 6,7 Gt CO_2, das Deutschland ab 2020 maximal verbleibt, wird voraussichtlich um die doppelte Menge überschritten.

20 *BMU*, Klimaschutz in Zahlen 2020, S. 26. Nur „dank" der Pandemie-Effekte sanken die Treibhausgasemissionen in 2020 um 40,8 % (die Effekte herausgerechnet nur um 39 %), vgl. *BMU*, Klimaschutzbericht 2020, zit. nach FAZ v. 17.3.2021, 1, 15.

21 Dazu sowie allg. zum Klimapaket der Bundesregierung *Frenz/Overath* UPR 2019, 479 (481 ff.); *Schwarze* ZUR 2019, 641 f.

22 *BReg*, Klimaschutzprogramm 2030, S. 24 ff.

23 G über einen nationalen Zertifikatehandel für Brennstoffemissionen (BEHG) v. 12.12.2019, BGBl. I 2728, zgd Art. 1 G v. 3.11.2020, BGBl. I 2291.

Kohleverstromung bis 2038,[24] die mit Verabschiedung des Kohleausstiegsgesetzes[25] im Juli 2020 eingeleitet wurde (→ Rn. 109 ff.). Im Klimaschutzplan 2030 sieht die Bundesregierung erstmals auch einschneidende Instrumente in den Sektoren Verkehr und Gebäudesanierung, die bisher keinen angemessenen Beitrag zur CO_2-Minderung leisten, vor.[26]

2. Begriffsfragen und systematische Einordnungen

a) Begriffe

aa) Klimaschutzrecht

6 Der (Rechts-)Begriff des *Klimas* umfasst die Gesamtheit meteorologischer Ursachen, die für den längerfristigen Zustand der Erdatmosphäre bzw. des Wetters an einem Ort verantwortlich sind. Im Gegensatz zum tagesgeprägten Wetter enthält der Klimabegriff eine Langzeitperspektive, da er Mittelwerte abbildet.[27] Das Klima unterliegt einem langfristigen Wandel und ist keine statische Größe.

Das *Klimaschutzrecht* ist die Summe der Rechtsnormen, die dem Schutz des Klimas durch Vorbeugung und/oder Wiederherstellung dienen.[28] Hauptzielrichtung des Klimaschutzrechts ist es, zur Verhinderung einer gefährlichen anthropogenen Störung des Klimasystems beizutragen.

bb) Umweltenergierecht

7 Unter dem *Umweltenergierecht* versteht man die Summe der Rechtsvorschriften, die unmittelbar die den Umweltschutz berührenden Merkmale von Energiegewinnung, -versorgung und -verbrauch regeln.[29] Kernelemente des Umweltenergierechts sind insbes. (1) die Förderung der Stromerzeugung aus Erneuerbaren Energien sowie (2) die Erhöhung der Energieeinsparung und der Energieeffizienz. Normen, die unmittelbar dem Schutz anderer Umweltmedien dienen (zB Immissionsschutzrecht) und sich lediglich mittelbar-faktisch auf das Energierecht auswirken, gehören nicht zum Umweltenergierecht.[30]

cc) Energiewende-Recht

8 Eine besondere Zäsur im nationalen Umweltenergierecht stellt die *Energiewende* dar.[31] Der Begriff ist eine Chiffre für den Ausstieg aus der friedlichen Nutzung der Kernenergie und einen verstärkten Ausbau der Erneuerbaren Energien.[32] Hierfür wurde im Juni 2011 in Reaktion auf die Atomkatastrophe in Fukushima in Rekordzeit ein Gesetzespaket verabschiedet, durch das ua das EEG novelliert und der Atomausstieg vorangetrieben wurde (→ Rn. 98 f.). Mittlerweile ist die Erstarkung

---

24 *BReg*, Klimaschutzprogramm 2030, S. 34 f. Für eine Beendigung schon bis 2030 *SRU*, Umweltgutachten 2020, S. 89.

25 G zur Reduzierung und zur Beendigung der Kohleverstromung und zur Änderung weiterer Gesetze (Kohleausstiegsgesetz) v. 8.8.2020, BGBl. I 1818, zgd Art. 23 G v. 21.12.2020, BGBl. I 3138.

26 Weitergehende Maßnahmen im Verkehrssektor, insbes. eine streckenabhängige Pkw-Maut, empfehlend *SRU*, Umweltgutachten 2020, S. 332 ff.

27 *Gärditz* JuS 2008, 324.

28 *Sailer* NVwZ 2011, 718 (720 f.); *Hoffman-Much* in Kluth/Smeddinck § 6 Rn. 4.

29 *Kahl* JuS 2010, 599.

30 *Kloepfer/Durner* UmweltschutzR § 11 Rn. 4.

31 Überblick bei *Scholtka/Helmes* NJW 2011, 3185 ff. Zum Begriff der Energiewende *Klement* Verw. 48 (2015), 55 (76).

32 Eingehend zum Recht der Energiewende *Kahl/Bews* JURA 2014, 1004 ff. und 1094 ff.

des Begriffs der Energiewende zu einem Rechtsbegriff nicht mehr zu bestreiten.[33] Es handelt sich sogar um einen Gesetzesbegriff.[34]

Das *Energiewende-Recht* weist als Querschnittsmaterie Überschneidungen mit (ua) Atom-, Umweltenergie-, Energiewirtschafts-, Klimaschutz-, Raumordnungs- und Baurecht auf. Im Verhältnis zum Umweltenergie- und Klimaschutzrecht verfügt das Energiewende-Recht über einen engeren, alleine auf die Transformation des deutschen Energiesystems ausgerichteten, Anwendungsbereich. Aufgrund dieser prozesshaften und in ihrem zeitlichen Geltungsanspruch begrenzten Natur bleibt ihm die Anerkennung als eigenständiges Rechtsgebiet versagt.[35]

b) Klimaschutz und Umweltenergie als eigenständige (Teil-)Rechtsgebiete des Umweltrechts

Das *Klimaschutzrecht*[36] und das *Umweltenergierecht*[37] sind mittlerweile selbstständige (Teil-)Rechtsgebiete des Umweltrechts. Beide sind dabei *Querschnittsrechtsgebiete*,[38] die primär bei der Erzeugung klimaschädigender Substanzen und beim Energieverbrauch ansetzen und daher – als Ausdruck des Integrationsprinzips[39] – Bezüge zu zahlreichen sonstigen Rechtsgebieten (zB Finanzrecht, Energiewirtschaftsrecht, Verkehrsrecht, Landwirtschaftsrecht, Planungsrecht; → Rn. 41 ff.) aufweisen.[40] 9

3. Rechtsgrundlagen

a) Klimaschutzrecht

aa) Völkerrecht

Das Klimaschutzrecht lässt sich nur im Kontext des inter- und transnationalen sowie europäischen Mehrebenensystems von Recht und Politik begreifen.[41] Am Anfang des modernen Klimaschutzrechts stehen Impulse aus dem Völkervertragsrecht. An erster Stelle zu erwähnen ist die UN-Konferenz für Umwelt und Entwicklung (sog. „Erdgipfel“) in Rio de Janeiro (1992).[42] Dort wurde die *UN-Klimarahmenkonvention (KRK)*[43] verabschiedet. Verbindliche Klimaschutzziele enthielt erstmalig das 1997 beschlossene, am 16.2.2005 in Kraft getretene Klimaschutzprotokoll zur KRK (*Kyoto-Protokoll*[44]).[45] 10

Seit 1995 treffen sich die Vertragsstaaten der KRK jährlich im Rahmen einer UN-Klimakonferenz zur Fortentwicklung des UN-Klimaschutzrechts. Auch wenn viele

---

33 S. *Kahl/Bews* JURA 2014, 1004. Auch auf europäischer Ebene wird der Begriff inzwischen gebraucht, vgl. COM (2016) 860 final; s. auch *Frenz* RdE 2020, 157 ff.

34 Vgl. § 14 III 1 EnStatG 2002.

35 S. zum Ganzen *Kahl/Bews* JURA 2014, 1004 (1005 f.).

36 Ebenso *Kloepfer/Durner* UmweltschutzR § 10 Rn. 3 f.; *Müller/Schulze-Fielitz* in Schulze-Fielitz/Müller (o. Fn. 11) S. 9 (15); *Schlacke* § 16 Rn. 2.

37 Vgl. nur *Kloepfer* UmweltR § 18; zum europäischen Energierecht *Ludwigs* in Ruffert (Hrsg.), Europäisches Sektorales Wirtschaftsrecht, 2. Aufl. 2020, § 5.

38 *Koch/Verheyen* NuR 1999, 1 (2); vgl. auch *Kerth* FS Scheuing, 2011, S. 340 (341 ff.).

39 → § 4 Rn. 42 ff.

40 Ausf. 10. Aufl. dieses Buchs § 6 Rn. 7 ff.

41 Grdl. *Schlacke* Verw. Beih. 11, 2010, 121 (126 ff.); *dies.* EnWZ 2020, 355 ff.; *Hofmann* EurUP 2020, 394 ff. Zum transnationalen Klimaschutzrecht *Boysen* ZUR 2018, 643 ff.; *Franzius* EurUP 2019, 498 (504 ff.); *ders.* ZUR 2017, 515 ff.

42 Dazu → § 1 Rn. 3 ff. (8).

43 BGBl. 1993 II 1784. Homepage der KRK: http://unfccc.int.

44 BGBl. 2002 II 966.

45 Zum stufenweisen Konkretisierungsprozess im internationalen Klimaschutz *Appel*, Staatliche Zukunfts- und Entwicklungsvorsorge, 2005, S. 389 ff.

Konferenzen weitgehend ergebnislos blieben,[46] so wurde auf *Bali* (2007) vereinbart, bis zur Konferenz in *Kopenhagen* (2009) eine Nachfolgeregelung für das 2012 auslaufende Kyoto-Protokoll zu verabschieden. Da dies nicht gelang, wurde in *Doha* (2012) mit dem sog. *Doha Amendment* (DA)[47] eine (partielle) Verlängerung des Kyoto-Protokolls beschlossen.

11 In *Paris* (2015) konnten sich die Vertragsparteien auf ein neues Weltklimaabkommen einigen, das ab 2020 gelten und den Rahmen für den globalen Klimaschutz der kommenden Jahrzehnte bilden soll.[48] Kern des Vertrages bildet das *Pariser Abkommen (PA).*[49] Die schnelle Ratifizierung des Abkommens von mehr als 55 Vertragsstaaten mit einem Anteil von mehr als 55 % der weltweiten THG-Emissionen (Art. 21 I PA) nach nur zehn Monaten im Oktober 2016 zeigt, dass der internationale Klimaschutz von der Staatengemeinschaft mittlerweile ernstgenommen wird. Inhaltlich setzen sich die Staaten das völkerrechtlich verbindliche Ziel, die Erderwärmung im Vergleich zum vorindustriellen Zeitalter auf „weit unter" 2°C zu beschränken (Art. 2 I PA). Zudem sollen Anstrengungen unternommen werden, den Temperaturanstieg bereits bei 1,5°C[50] zu stoppen. Verantwortlich für die Nichtüberschreitung dieser „absoluten Leitplanken" bzw. „planetaren Grenzen (*planetary boundaries*)"[51] sind alle Staaten, allerdings nach dem Prinzip der gemeinsamen, aber unterschiedlichen Verantwortlichkeiten. In der zweiten Hälfte des Jahrhunderts soll die globale Netto-THG-Emission auf null reduziert werden (Art. 4 I PA). Um diese Ziele zu erreichen, hat jede Vertragspartei ab 2020 selbst festgelegte, progressiv angelegte und alle fünf Jahre zu erneuernde Minderungsbeiträge bzw. -ziele (*Nationally Determined Contributions – NDC*) zu melden, wobei staatliche Verbände wie die EU eine gemeinsame NDC melden dürfen (zu den Einzelheiten s. Art. 2 II, 3 f., 14 PA).[52] Die bisher gemeldeten nationalen Minderungsbeiträge reichen aber bei weitem nicht aus und können den Temperaturanstieg nur auf ca. 3°C begrenzen.[53] Neben den NDC sieht das PA vor, dass die Industrieländer die Entwicklungsländer finanziell unterstützen.

12 Das Pariser Abkommen stieß unter Umweltjuristen auf ein gespaltenes *Echo*.[54] Positiv wurde aufgenommen, dass sich überhaupt so viele Staaten zusammenschlossen, um dem Problem des Klimawandels auf der Basis eines verbindlichen Abkom-

---

46 So etwa in *Bonn* (1999), *Marrakesch* (2001), *Nairobi* (2006) oder *Lima* (2014).

47 FCCC/KP/CMP/2012/13/Add. 1; dazu *Germelmann* AVR 52 (2014), 325 (333 f.).

48 Näher → § 1 Rn. 11.

49 Abgedruckt in ZfU-Sonderheft Pariser Abkommen 2016, 13 ff.; ausf. hierzu *Kreuter-Kirchhof* DVBl 2017, 97 ff.; *Hofmann* EurUP 2020, 394 (396 ff.); zur rechtlichen Verbindlichkeit *Saurer* NVwZ 2017, 1574 ff. Zur Rolle der NGOs beim Zustandekommen des PA *Shari Kosa* EurUP 2020, 17 ff.

50 Zum Erfordernis dieses Ziels aus klimawissenschaftlicher Sicht statt vieler *Schellnhuber* FAZ v. 14.12.2015, 9.

51 Zu diesen beiden eng verwandten Konzepten allg. *SRU*, Sondergutachten „Demokratisch Regieren in ökologischen Grenzen – Zur Legitimation der Umweltpolitik", Juni 2019; *Calliess* ZUR 2019, 385 f. sowie bereits *ders.*, Rechtsstaat und Umweltstaat, 2001, S. 125 ff., 235 ff.; *Hofmann* EurUP 2020, 394 (395 f.).

52 *Hofmann* EurUP 2020, 394 (396 f.). Die interne Zuteilung der von der EU gemeldeten NDC zu den Mitgliedstaaten ist über die Klimaschutzverordnung (VO [EU] 2018/842 v. 30.5.2018, ABl. L 156, 26) erfolgt (s. dort Anhang I).

53 *SRU*, Umweltgutachten 2020, S. 39; vgl. auch *Hofmann* EurUP 2020, 394 (397) unter Hinweis auf https://climateactiontracker.org („Erwärmung auf 2,5–3,2 Grad Celsius bis zum Jahr 2100").

54 Vgl. *Markus* ZaöRV 2016, 715 ff.; *Proelß* EurUP 2019, 72 ff.; *Schröder* EurUP 2018, 86 ff.; *Voland/Engel* NVwZ 2019, 1785 ff.

mens entgegenzutreten.[55] Doch auch wenn mit der Einigung der Vertragsstaaten als solcher eine wesentliche Hürde im Kampf gegen den anthropogenen Klimawandel genommen ist, ob sie – mit den Worten des Klimagipfelpräsidenten *Fabius* – einen „Wendepunkt in der Geschichte der Menschheit"[56] darstellt, wird sich erst noch zeigen müssen. Maßgeblich hierfür sind die – dringend erforderliche – weitere konkrete Ausgestaltung, Präzisierung und Verschärfung sowie nicht zuletzt auch die anschließende Umsetzung und Überwachung. Kritisiert wird, dass den hoch gesteckten Ambitionen des Klimavertrages bislang zu schwache Instrumente zur Seite stünden.[57] Hinzu treten zu viele weiche Formulierungen, etwa wenn die CO_2-Emissionen „so schnell wie möglich" gesenkt werden sollen.[58]

In den folgenden Konferenzen in *Marrakesch* (2016), *Bonn* (2017) und *Kattowitz*[59] (2018) ging es um die konkrete Ausgestaltung und Umsetzung des Pariser Abkommens. Außerdem wurde ein Regelbuch[60] zur Umsetzung des Pariser Abkommens vorbereitet und schließlich verabschiedet. Dieses verpflichtet die Staaten ua zur Offenlegung ihrer „national festgelegten Beiträge" in einem der Öffentlichkeit zugänglichen Onlineregister. In *Madrid* (2019) wurden keine wesentlichen Fortschritte erzielt, insbes. gelang es nicht, die in *Kattowitz* offen gebliebenen Details zum globalen Emissionshandel im Rahmen des Art. 6 PA zu klären.[61] Die COP26, die ursprünglich im November 2020 in *Glasgow* stattfinden sollte, ist aufgrund der Corona-Pandemie auf November 2021 verschoben worden; im Vorfeld dieses Gipfels ist derzeit die US-Administration von Präsident *Biden* diplomatisch bemüht, die 40 Staaten mit den höchsten CO_2-Emissionen zur Vorlage verbindlicher, möglichst kurzfristiger Reduktionsziele zu bewegen, indem sie insbes. die ökonomischen Potentiale von Klima-Innovationen und Klima-Technik betont.[62] 13

bb) Europarecht

Die EU hat – vor allem gestützt auf Art. 192 I AEUV bzw. dessen Vorgängernorm[63] – eine Reihe von Sekundärrechtsakten zur Klimapolitik erlassen, zuletzt insbes. zur Umsetzung des Pariser Abkommens (→ Rn. 11 f.).[64] Mit Blick auf den Kyoto-Prozess hat sie von der in Art. 4 KP vorgesehenen Möglichkeit Gebrauch gemacht, ihre THG-Reduktionspflicht gemeinsam zu erfüllen.[65] Zur Umsetzung von Art. 17 KP wurde die EG-Emissionshandelsrichtlinie (EH-RL) 2003/87/EG erlassen.[66] Die EU 14

---

55 *Morgenstern/Dehnen* ZUR 2016, 131 (137); Meinungsüberblick bei *Franzius* EurUP 2017, 166 ff.; *Stäsche* EnWZ 2016, 303 (304).

56 Zit. nach *Müller-Jung* FAZ v. 14.12.2015, 3.

57 So etwa im Hinblick auf fehlende Sanktionierungsmechanismen nach Art. 15 II PA *Proelß* ZfU-Sonderheft Pariser Abkommen 2016, 58 (69).

58 Krit. *Ekardt* NVwZ 2016, 355 ff.; ähnlich auch *Hofmann* EurUP 2020, 394 (397).

59 Dazu *Frenz* RdE 2019, 159 (162 ff.).

60 S. Voraufl. § 6 Rn. 14; *Saurer* NuR 2019, 145 ff.; *Voland/Engel* NVwZ 2019, 1785 ff.

61 Ausf. zu den Ergebnissen der COP25 mit krit. Bewertung *Obergassel ua* CCLR 2020, 3 ff.

62 https://unfccc.int/news/cop26-postponed; *Müller-Jung* FAZ v. 22.4.2021, 1.

63 Mit dem Inkrafttreten des Vertrags von Lissabon (1.12.2009) wurde mit deklaratorischer Wirkung klargestellt, dass der Klimaschutz zu den umweltpolitischen Zielen der EU gehört, vgl. Art. 191 I 4. Spstr. AEUV, dazu *Kahl* EuR 2009, 601 f.

64 Für einen Überblick vgl. *Kahl* (o. Fn. 11) S. 54 ff.; *Schlacke* § 16 Rn. 9 ff.; speziell zur Umsetzung des Pariser Abkommens durch die EU *Hofmann* EurUP 2020, 394 (397 ff.).

65 Entscheidung 2002/358/EG des Rates v. 25.4.2002 (ABl. L 130, 1).

66 RL 2003/87/EG des Europäischen Parlaments und des Rates v. 13.10.2003 über ein System für den Handel mit Treibausgasemissionszertifikaten in der Gemeinschaft und zur Änderung der RL 96/61/EG des Rates (ABl. L 275, 32), zgd Art. 1 Del. Beschluss (EU) 2020/1071 v. 18.5.2020 (ABl. L 234, 16). Mitte Juli 2021 will die Kommission in ihrem „*Fit for 55*"-Paket

verfolgt damit seit 2003 in Umsetzung der völkerrechtlichen Klimaschutzvorgaben einen *zweigeteilten Ansatz*:[67] Bestimmte Sektoren unterliegen dem EU-Emissionshandelssystem – EHS (*Emission Trading Scheme – ETS*). Zu diesem *EHS-* bzw. *ETS-Sektor* gehören vor allem die Strom- und Wärmerzeugung, energieintensive Industrien (zB Ölraffinerien, Stahl- und Aluminiumwerke ua), Teile der chemischen Industrie und innereuropäische Flüge; diese Bereiche stehen für rund 40 % aller Treibhausgasemissionen in der EU (→ Rn. 27 ff.). Im Übrigen – Verkehr, Landwirtschaft, Gebäude – spricht man vom *Non-ETS-Bereich*, der von der Klimaschutzverordnung (VO [EU] 2018/842)[68] erfasst wird.

15 Zentrales Ziel der 2018 erlassenen Governance-VO[69] ist die Errichtung eines Systems für die Energieunion und für den Klimaschutz. Sie soll die Energie- und Klimapolitik der EU übergreifend steuern, diese in einem Rechtsakt integrieren und zusammenführen. Die Governance-VO schreibt den Mitgliedstaaten die Erarbeitung von Langfriststrategien zur THG-Reduktion von 2021 bis 2050 (Art. 15 Governance-VO) sowie von (mittelfristigen) integrierten nationalen Energie- und Klimaplänen (Art. 3 Governance-VO) vor. Diese Vorschriften werden von Kontrollbefugnissen der Kommission flankiert. So kann die Kommission etwa gegenüber den Mitgliedstaaten Empfehlungen aussprechen und Maßnahmen vorschlagen, wenn sie deren Beiträge zur Erreichung der EU-Ziele für unzureichend hält oder wenn die Mitgliedstaaten ihre Strategien und Maßnahmen nur unzureichend umsetzen (Art. 31 I, III, Art. 32 Governance-VO). Daneben übt sie ihre Befugnisse auf Unionsebene aus, zB durch Erlass von delegierten Rechtsakten und Durchführungsrechtsakten iSv Art. 290, 291 AEUV.

16 Der *European Green Deal*[70] statuiert das Ziel der EU, Klimaneutralität bis 2050 zu erreichen. Kernpunkte des *Green Deal* sind die Versorgung mit sauberer, erschwinglicher und sicherer Energie, die Mobilisierung der Industrie für eine saubere und kreislauforientierte Wirtschaft, energie- und ressourcenschonendes Bauen und Renovieren, eine raschere Umstellung auf eine nachhaltige und intelligente Mobilität,

---

darlegen, in welchem Umfang Industrie, Verkehr, Landwirtschaft und Gebäudesektor die Treibhausgasemissionen vermindern müssen, um das 55 %-Reduktionsziel bis 2030 zu erreichen; vgl. *Kafsack* FAZ v. 30.6.2021, 19.

[67] Ausf. dazu https://ec.europa.eu/clima/policies/ets_de; bündig *Hofmann* EurUP 2020, 394 (398 f.).

[68] o. Fn. 52. Die VO (EU) 2018/842 wird auch als *Effort-Sharing-Regulation* oder *Climate-Action*-VO bezeichnet. Für Gebäude und Verkehr will die Kommission aber einen separaten Emissionshandel aufbauen, vgl. *Kafsack* (o. Fn. 66).

[69] VO (EU) 2018/1999 des Europäischen Parlaments und des Rates v. 11.12.2018 über das Governance-System für die Energieunion und für den Klimaschutz, zur Änderung der VO (EG) Nr. 663/2009 und (EG) Nr. 715/2009 des Europäischen Parlaments und des Rates, der Richtlinien 94/22/EG, 98/70/EG, 2009/31/EG, 2009/73/EG, 2010/31/EU, 2012/27/EU und 2013/30/EU des Europäischen Parlaments und des Rates, der Richtlinien 2009/119/EG und (EU) 2015/652 des Rates und zur Aufhebung der Verordnung (EU) Nr. 525/2013 des Europäischen Parlaments und des Rates (ABl. L 328, 1). Dazu *Dederer* NR 2021, 25 ff.; *Schlacke/Knodt* ZUR 2019, 404 ff.; *Pause* ZUR 2019, 387 (388 f.); *Gundel* in Dauses/Ludwigs (Hrsg.), Handbuch des EU-Wirtschaftsrechts, 50. EL 2020, M. Energierecht Rn. 241 f.; *Ludwigs* (o. Fn. 37) § 5 Rn. 278 ff. Vgl. auch den Bericht der Kommission zur Lage der Energieunion 2020, COM (2020) 950 final, dazu *Falke* ZUR 2021, 57 (59 f.).

[70] Dazu *Becker* EuZW 2020, 441 f.; *Becker* EuZW 2020, 160 f.; *Calliess/Dross* ZUR 2020, 456 ff.; *Falke* ZUR 2020, 246 ff.; *Frenz* EuR 2020, 605 ff.; *ders.* RdE 2020, 441 ff.; *Güßregen* EuZW 2020, 84 ff.; *Krämer* JEEPL 2020, 267 ff.; *Köck/Markus* ZUR 2020, 257 f.; *v. der Leyen* EnWZ 2020, 241 ff.; *Schlacke* ifo-Schnelldienst 6/2020, 28 ff.; unter Beihilfegesichtspunkten *Tax* EWS 2021, 12 ff.

die Entwicklung eines fairen, gesunden und umweltfreundlichen Lebensmittelsystems, die Erhaltung und Wiederherstellung der Ökosysteme und Biodiversität sowie eine schadstofffreie Umwelt. Außerdem soll die Nachhaltigkeit künftig in alle Politikbereiche der EU einbezogen werden und die EU eine Rolle als globaler Vorreiter einnehmen. Ergänzt wird der Grüne Deal durch den *Europäischen Klimapakt*, der Akteuren der Zivilgesellschaft (Einzelne, soziale Gruppen, Verbände etc.), Organisationen und der EU-Kommission einen – im Laufe der Zeit weiterzuentwickelnden – offenen, inklusionsfördernden Raum zum Austausch von Erfahrungen und Wissen, für Diskussionen und zur Koordination des Handelns zur Bewältigung der Klimakrise bieten und damit digitalen und grünen Wandel verbinden soll.[71]

Konkretisiert wird der Green Deal ferner durch das *Europäische Klimagesetz (EU-KG)*, auf das sich Rat und Europäisches Parlament am 20.4.2021 einigten und bei dem es sich rechtstechnisch um eine Verordnung iSd Art. 288 II AEUV handelt.[72] Damit soll ua das bereits im *Green Deal* enthaltene Ziel der Klimaneutralität der EU bis 2050 (→ Rn. 16) nun auch rechtsverbindlich festgeschrieben werden. Hierzu ergreifen die Organe der Union und der Mitgliedstaaten auf Unions- und auf nationaler Ebene die notwendigen Maßnahmen. Bis 2030 sollen die THG-Emissionen gegenüber dem Stand von 1990 um mindestens 55 % verringert werden. Für den Zeitraum von 2030–2050 empfiehlt die Kommission die Verabschiedung eines EU-weiten Zielpfads für die weitere Verringerung der THG-Emissionen. Die Kommission will bis September 2023 und dann im Fünf-Jahres-Rhythmus prüfen, ob die Maßnahmen der EU und der Mitgliedstaaten mit diesen Zielen im Einklang stehen. Ergreifen die Mitgliedstaaten Maßnahmen, die nicht zielkonform sind, soll die Kommission Empfehlungen aussprechen können, die die Mitgliedstaaten befolgen oder jedenfalls ihre Nichtbefolgung begründen müssen.[73] Im Übrigen wurde mit dem EU-KG auch die Notwendigkeit anerkannt, die CO_2-Senken (insbes. Wälder[74]) durch eine ehrgeizigere Verordnung über Landnutzung, Landnutzungsänderungen und Forstwirtschaft (LULUCF) zu verbessern (die Kommission soll hierfür im Juni 2021 einen Vorschlag präsentieren). Ferner einigte man sich auf eine Verpflichtung zur Erreichung negativer Emissionen nach 2050, die Einrichtung eines europäischen Klimarats als unabhängiges wissenschaftliches Beratungsgremium und strengere Vorschriften für die Anpassung an den Klimawandel. Schließlich wurde eine enge Abstimmung zwischen den einzelnen Politiken der EU im Hinblick auf das Ziel der Klimaneutralität sowie eine Pflicht zur Zusammenarbeit mit der Wirtschaft zur Erarbeitung branchenspezifischer Fahrpläne als Beiträge zum Ziel der Klimaneutralität vereinbart. **17**

Im Juli 2020 beschloss die EU einen mit 750 Mrd. EUR ausgestatteten Sonderhaushalt (*Next Generation EU – NGEU*).[75] Hiermit wird zunächst das Finanzierungsvolumen mehrerer EU-Programme und -Fonds um 77,5 Mrd. EUR aufgestockt, darunter der Fonds für einen gerech- **18**

---

[71] COM (2020) 788 final; dazu *Falke* ZUR 2021, 186 (187 f.).

[72] https://www.consilium.europa.eu. S. dazu und zum Folgenden auch beck-aktuell v. 21.4.2021, https://rsw.beck.de („Verbindliches europäisches Klimagesetz beschlossen"); ferner *Kafsack/Geinitz* FAZ v. 22.4.2021, 15; *Kommission*, Europäisches Klimagesetz, https://ec.europa.eu. Vorausgehende Kommissionsvorschläge: COM (2020) 80 final; (2020) 563 final; zur Genese im Überblick *Stangl* NR 2021, 14 ff. Die ersten Reaktionen auf das 55 %-Ziel fallen unterschiedlich aus, vgl. krit. *Müller-Jung* FAZ v. 22.4.2021, 1 („bleibt rechnerisch hinter ihren Möglichkeiten zurück"), positiv dagegen *Kafsack*, ebd., 15 („Klima-Realismus").

[73] S. zum Ganzen auch – noch auf der Basis der Kommissionsvorschläge – *Reese* ZUR 2020, 641 f.; *Falke* ZUR 2020, 440 ff.; *Schuelken/Sichla* UPR 2021, 1 ff.

[74] Dieser Punkt gehörte zu den umstrittensten, vgl. *Kafsack* FAZ v. 20.4.2021, 17.

[75] S. *Europäischer Rat*, Schlussfolgerungen v. 21.7.2020 – EUCO 10/20, A1 ff. Vgl. dazu und zum Folgenden *Ruffert* NVwZ 2020, 1777 ff.; *Schorkopf* NJW 2020, 3085 ff.

ten Übergang, der die sozioökonomischen Kosten des Übergangs zu einer klimaneutralen Wirtschaft abfedern soll.[76] Mit einem Volumen von 672,5 Mrd. EUR zentral ist jedoch ein neuer Krisenfonds, die Aufbau- und Resilienzfazilität (*Recovery and Resilience Facility – RRF*). Dieser *Corona-Wiederaufbaufonds* stellt ein neuartiges Konjunkturpaket der EU dar. Das Geld soll zwischen 2021 und 2023 an Regionen und Wirtschaftsbereiche fließen, deren Wirtschaft besonders unter der pandemiebedingten Krise gelitten hat. Es soll in Form von Krediten und nicht zurückzahlbaren Zuschüssen ausgezahlt werden. Zu den Auswahlkriterien hinsichtlich der förderungsfähigen mitgliedstaatlichen Vorhaben gehört neben der Stärkung des Wachstumspotenzials und der Schaffung von Arbeitsplätzen ua auch ein wirksamer Beitrag zur grünen und digitalen Wende. Konkret sind 37 % des Geldes für den Klimaschutz, mit anderen Worten, für nationale Umweltschutzsubventionen, vorgesehen. Der deutsche Aufbauplan, den die Bundesregierung am 27.4.2021 verabschiedet hat, sieht etwa Gesamtausgaben von rund 28 Mrd. EUR vor, davon 11 Mrd. EUR für den Klimaschutz.[77]

cc) Nationales Recht

19 Deutschland hat seit dem 12.12.2019 ein *Bundes-Klimaschutzgesetz (KSG)*[78].[79] Zweck dieses am 18.12.2019 in Kraft getretenen Gesetzes ist es, zum Schutz vor den Auswirkungen des weltweiten Klimawandels die Erfüllung der nationalen Klimaschutzziele sowie die Einhaltung der europäischen Zielvorgaben zu gewährleisten (§ 1 S. 1 KSG). Festgelegtes Ziel ist die Minderung der THG-Emissionen um 55 % bis 2030 (§ 3 I KSG). Zur Zielerreichung werden gem. § 4 I 1 KSG jährliche Minderungsziele durch die Vorgabe von Jahresemissionsmengen für die einzelnen Sektoren festgelegt, bei deren Überschreitung nach § 8 KSG ein Sofortprogramm eingeleitet wird.[80] Hierfür werden sektorbezogene Jahresemissionsmengen für die bis 2030 geltenden Reduktionspfade festgelegt (§ 3 I 2, § 4 I 3 KSG iVm Anl. 2). Für die Jahre 2031 ff. fehlt es im KSG selbst jedoch an hinreichenden Maßgaben für die weitere Emissionsreduktion, sondern beließ es der Gesetzgeber bei einer – unbestimmten – Ermächtigung zur Regelung durch Rechtsverordnung (§ 4 VI KSG). Aus diesem Grund erklärte das *BVerfG* das KSG für verfassungswidrig und verpflichtete den Gesetzgeber, bis 31.12.2022 die Fortschreibung der Minderungsziele der Treibhausgasemissionen für die Zeit nach 2030 selbst näher zu regeln (→ Rn. 143).[81] § 9 I KSG schreibt den Beschluss eines Klimaschutzprogramms[82] nach jeder Fortschreibung des Klimaschutzplans sowie Aktualisierungen im Falle der Zielverfehlung vor (→ Rn. 48). Außerdem wird nach § 11 I KSG ein interdis-

---

76 https://ec.europa.eu/commission/presscorner/detail/de/IP_20_2354.

77 https://ec.europa.eu/info/business-economy-euro/recovery-coronavirus/recovery-and-resilience-facility_en; *Kafsack ua* FAZ v. 28.4.2021, 17.

78 → Rn. 5.

79 Vgl. zu Inhalt und Entstehungsgeschichte des KSG *Albrecht* NuR 2020, 370 ff.; *Franzius* EnWZ 2019, 440 ff.; *Frenz*, Grundzüge des Klimaschutzrechts, 2020, S. 107 ff.; *Hofmann* EurUP 2020, 394 (400); *Saurer* NuR 2020, 433 ff.; *SRU*, Umweltgutachten 2020, S. 79 ff.

80 Weiterführend *Klinger* ZUR 2020, 259; *Kohlrausch* ZUR 2020, 262 (270); *Albrecht* NuR 2020, 370 (375); *Saurer* NuR 2020, 433 (435); *Frenz/Overath* UPR 2019, 479 (480).

81 *BVerfG* Beschl. v. 24.3.2021 – 1 BvR 2656/18 Rn. 43 ff., 259 ff., dort eine Verletzung der Beschwerdeführenden (natürliche Personen) in ihren Freiheitsgrundrechten aufgrund einseitiger Verlagerung der Treibhausgasminderungslast in die Zukunft und einen Verstoß des § 4 VI 1 KSG gegen Art. 80 I 2 GG und den Grundsatz des Gesetzesvorbehalts bejahend. Näher → § 3 Rn. 35, 39; → § 5 Rn. 22. IErg verneinte das *BVerfG* eine Nichtigkeit von § 3 I 2, § 4 I 3 KSG iVm Anl. 2 und ging lediglich von ihrer Unvereinbarkeit mit dem GG verbunden mit einer Fortgeltungsanordnung aus. Die Bestimmungen bleiben also anwendbar, allerdings trifft den Gesetzgeber bis 31.12.2022 eine Nachbesserungspflicht unter Beachtung der Maßgaben des Beschlusses.

82 Zur gerichtlichen Kontrolle der Klimaschutzprogramme *Schlacke/Römling* DVBl 2021, 144 (148 ff.).

ziplinärer unabhängiger Expertenrat für Klimafragen eingerichtet, der vornehmlich Kontrollaufgaben wahrnimmt (§ 12 I KSG). Schließlich soll die öffentliche Hand eine Vorbildfunktion einnehmen (§§ 13 ff. KSG), indem ua die Bundesverwaltung bis zum Jahr 2030 klimaneutral zu organisieren ist (§ 15 I KSG; → Rn. 52 ff.).

Daneben existieren in vielen Ländern *Landesklimaschutzgesetze*, namentlich in Baden-Württemberg,[83] Bremen,[84] Hamburg,[85] Nordrhein-Westfalen,[86] Rheinland-Pfalz,[87] Schleswig-Holstein,[88] Thüringen[89] und seit November/Dezember 2020 auch in Bayern[90] und Niedersachsen[91].[92] Der Erlass von Landesklimaschutzgesetzen ist dank § 14 I KSG auch nach Erlass des KSG noch möglich, denn dieser ermöglicht den Erlass neuer und die Fortgeltung bestehender Landesklimaschutzgesetze unbeschadet der Vereinbarkeit mit Bundesrecht. Auch die Landesklimaschutzgesetze legen Klimaschutzziele ausgehend vom Basisjahr 1990 fest, wobei die Zielhorizonte und Zielwerte teilweise divergieren.[93] Als Instrumente zur Erreichung der Klimaschutzziele sehen die Landesklimaschutzgesetze, ähnlich wie das KSG, die Erstellung von Klimaschutzplänen bzw. -konzepten,[94] Monitoring,[95] die Errichtung beratender Gremien[96] und eine Vorbildfunktion der öffentlichen Hand[97] vor.[98] 20

Neben den Klimaschutzgesetzen gehören das der Umsetzung der völker- und europarechtlichen Vorgaben zum Emissionszertifikatehandel[99] dienende *Treibhausgas-Emissionshandelsgesetz (TEHG)*[100] sowie das im Dezember 2019 erlassene *BEHG*[101] zu den wichtigsten Säulen des deutschen Klimaschutzrechts. 21

---

[83] Klimaschutzgesetz BW (KSG BW) v. 23.7.2013 (GBl. S. 229), zgd Art. 1 G v. 15.10.2020 (GBl. S. 937).

[84] Brem. Klimaschutz- und Energiegesetz (BremKEG) v. 24.3.2015 (Brem. GBl. S. 124), zgd Nr. 2 iVm Anl. 3 Bek. V. 20.10.2020 (Brem. Gbl. S. 1172).

[85] Hmb. Klimaschutzgesetz v. 25.6.1997 (GVBl. S. 261), neuerlassen als Hamburgisches Gesetz zum Schutz des Klimas (HmbKliSchG) am 20.2.2020 (HmbGVBl. S. 280), zgd § 1 G v. 12.5.2020 (HmbGVBl. S. 280). Dazu *Wickel* NordÖR 2020, 157 ff.

[86] Klimaschutzgesetz NRW v. 29.1.2013 (GV. NRW. S. 33); dazu *Thomas* NVwZ 2013, 679 ff.; *Heß/Kachel/Lange* EnWZ 2013, 155 ff. Insbes. zur Vereinbarkeit mit TEHG und BImSchG *Schlacke* FS Koch, 2014, S. 417 (435 ff.).

[87] Landesklimaschutzgesetz RhPf (RhPfLKSG) v. 19.8.2014 (GVBl. 2014, S. 188), zgd § 48 G v. 6.10.2015 (GVBl. S. 283).

[88] Gesetz zur Energiewende und zum Klimaschutz in Schleswig-Holstein (KSG SH) v. 7.3.2017 (SH GVOBl. S. 124).

[89] Thür. Klimagesetz v. 18.12.2018 (Th. GVBl. S. 816).

[90] Bay. Klimaschutzgesetz (BayKlimaG) v. 23.11.2020 (Bay. GVBl. S. 598, 656).

[91] Nds. Klimagesetz (NKlimaG) v. 10.12.2020 (Nds. GVBl. S. 464).

[92] In Berlin und Hessen existieren Energiegesetze mit vergleichbarer Zielsetzung. Vergleichender Überblick über die Landesklimaschutzgesetze bei *Kohlrausch* ZUR 2020, 262 ff.; *Sina* EurUP 2018, 314 ff.; *Stäsche* ZUR 2018, 131 ff.; *Zengerling* ZUR 2020, 3 ff. (7 ff.); *Wickel* in BerlKommEnergieR Teil 2 G Rn. 1 ff. Zur kommunalen Ebene *Kahl/Schmidtchen*, Kommunaler Klimaschutz durch Erneuerbare Energien, 2013, S. 11 ff.; *Tomerius* ER 2018, 2 ff. und 47 ff.

[93] Vgl. § 4 I KSG BW: 35 % bis 2020, § 1 II BremKEG: 40 % bis 2020.

[94] Etwa nach § 6 RhPfLKSG.

[95] Etwa nach § 9 KSG BW.

[96] Etwa nach § 7 HmbKliSchG.

[97] Etwa nach § 7 KSG BW.

[98] Näher zu den einzelnen Instrumenten *Kohlrausch* ZUR 2020, 262 (266 ff.).

[99] Vgl. → Rn. 27 ff.

[100] G über den Handel mit Berechtigungen zur Emission von Treibhausgasen v. 21.7.2011 (BGBl. I 1475), zgd Art. 2 G v. 8.8.2020 (BGBl. I 1818).

[101] o. Fn. 23.

b) Umweltenergierecht

aa) Völkerrecht

22 Im Mittelpunkt des Umweltenergievölkerrechts steht die Handlungsform des völkerrechtlichen Vertrags. Von der UN-Konferenz für Umwelt und Entwicklung in Rio de Janeiro (1992) gingen wichtige Impulse auch für den Energiesektor aus.[102] Daneben sind für die regional-völkerrechtliche Ebene insbes. zu erwähnen: Art. 9 Energiechartavertrag[103] sowie das Energiechartaprotokoll über die Energieeffizienz und damit verbundene Umweltaspekte.[104] 2009 wurde die Internationale Agentur für Erneuerbare Energie (IRENA) gegründet, die Industrie- und Entwicklungsländer beim Ausbau Erneuerbarer Energien unterstützen soll.

bb) Unionsrecht

23 Die EU verfügt mit Art. 194 I AEUV über eine eigenständige (direkte) energierechtliche Kompetenz, die auch für den Bereich der Umweltenergiepolitik von erheblicher Bedeutung ist (vgl. Art. 194 I Hs. 1 AEUV: „unter Berücksichtigung der Notwendigkeit der Erhaltung und Verbesserung der Umwelt", Art. 194 I lit. c AEUV).[105] Dabei ist jedoch der energierechtliche Souveränitätsvorbehalt zugunsten der Mitgliedstaaten zu beachten (Art. 194 II UAbs. 2 AEUV, vgl. auch Art. 192 II UAbs. 2 lit. c AEUV).

24 Unter den mit dem sog. „*Winterpaket ‚Saubere Energie für alle Europäer'*" reformierten[106] umweltenergierechtlichen *Sekundärrechtsakten* der EU ist vor allem die EE-RL (2018)[107] hervorzuheben. Sie sieht auf Unionsebene eine erhöhte Quote für Erneuerbare Energien von 32 % bis 2030 vor (Art. 3 I EE-RL), überlässt dabei aber den Mitgliedstaaten die Festlegung der nationalen Ziele (Art. 3 II EE-RL) und gesteht diesen einen weiten Spielraum bei der Ausgestaltung ihrer Fördersysteme zu (vgl. Art. 4 EE-RL).[108] Der Großteil der Regelungen ist sektorübergreifend und betrifft etwa das Verwaltungsverfahren (Art. 15 EE-RL) und das Genehmigungsrecht (Art. 16 EE-RL). Sektorspezifische Regelungen trifft die EE-RL für die Sektoren Strom (Art. 4–6, 21 EE-RL), Wärme und Kälte (Art. 23 f. EE-RL) sowie Verkehr (Art. 25–28 EE-RL). Außerdem wurden im Winterpaket noch weitere für das Umweltenergierecht relevante Rechtsakte reformiert, namentlich die Energieeffizienz-RL[109] und die Ge-

---

[102] *Gundel* in Kahl (Hrsg.), Nachhaltigkeit als Verbundbegriff, 2008, S. 443 (452 ff.).

[103] BGBl. 1997 II 4.

[104] BGBl. 1997 II 102.

[105] Zu den Kompetenzen der EU im Bereich der (Umwelt-)Energiepolitik *Kahl* EuR 2009, 601 ff.; *Gärditz* RdE 2018, 457 (460); *Ludwigs* (o. Fn. 37) § 5 Rn. 61 ff. (82 ff.).

[106] Berichtend *Kreuter-Kirchhof* EuZW 2017, 829 ff.; *Gundel/Buckler* GewArch 2020, 41 ff.; *Pielow* RdE 2019, 421 ff.; *Pause* ZUR 2019, 387 ff.; *Scholtka/Keller-Herder* NJW 2020, 890 (890 f.).

[107] RL 2018/2001/EU des Europäischen Parlaments und des Rates v. 11.12.2018 zur Förderung der Nutzung von Energie aus erneuerbaren Quellen (fortan: EE-RL [2018]) (ABl. L 328, 82, ber. 2020 ABl. L 311, 11). Zur Zulässigkeit einer kompetenziellen Doppelabstützung (noch bezogen auf Art. 175 I, 95 I EG aF) *Kahl* NVwZ 2009, 265 (266 ff.).

[108] Zur Neufassung der EE-RL *Gundel* (o. Fn. 68) Rn. 262; *Leinders* RdE 9/2020 (Sonderheft), 34 ff.; *Frenz* (o. Fn. 79) S. 59 f.; *Vollprecht/Lehnert/Kather* ZUR 2020, 204 ff.; zur Bedeutung der Neuerungen für den Verkehrssektor *Hoffmann* ZNER 2020, 300 ff.

[109] RL 2012/27/EU des Europäischen Parlaments und des Rates v. 25.10.2012 zur Energieeffizienz, zur Änderung der RL 2009/125/EG und 2010/30/EU und zur Aufhebung der Richtlinien 2004/8/EG und 2006/32 EG (ABl. L 315, 1, zgd Art. 70 RL [EU] 2019/944 [ABl. L 158, 125, ber. 2020 ABl. L 15, 8]); dazu *Ludwigs* (o. Fn. 37) § 5 Rn. 256 f.

bäudeeffizienz-RL[110]. Neu erlassen wurden die Governance-VO (→ Rn. 15),[111] die Elektrizitätsbinnenmarkt-RL,[112] die Elektrizitätsbinnenmarkt-VO,[113] die ACER-VO[114] und die Risikovorsorge-VO[115].

Aus dem Bereich der *Energiesparsamkeit und -effizienz* sind etwa[116] folgende Sekundärrechtsakte zu erwähnen: die Ökodesign-RL[117] und die Verordnung über ein Kennzeichnungsprogramm der Union für Strom sparende Bürogeräte.[118]

Im Juli 2020 hat die Kommission eine EU-Strategie zur Integration des Energiesystems als Rahmen für eine europäische *Energiewende* vorgelegt.[119]

cc) Nationales Recht

Im deutschen Recht finden sich Regelungen, die man heute zum Umweltenergierecht zählen würde, bereits in den siebziger und achtziger Jahren des letzten Jahrhunderts.[120] Die Herausbildung eines eigenständigen Umweltenergierechts begann aber erst Anfang der neunziger Jahre.[121] Das sich seitdem höchst dynamisch entwickelnde nationale Umweltenergierecht basiert vor allem auf dem Erneuerbare-Energien-Gesetz (EEG),[122] dem Gebäudeenergiegesetz (GEG),[123] dem Kraft-Wär- 25

---

[110] RL 2010/31/EU des Europäischen Parlaments und des Rates v. 19.5.2010 über die Gesamtenergieeffizienz von Gebäuden (ABl. L 153, 13), zgd VO (EU) 2018/1999 (ABl. L 328, 1), dazu *Winkler/Baumgart/Ackermann*, Europäisches Energierecht, 2021, S. 124 Rn. 88, S. 130 Rn. 102.

[111] VO (EU) 2018/1999 (o. Fn. 69).

[112] RL 2019/944/EU des Europäischen Parlaments und des Rates v. 5.6.2019 mit gemeinsamen Vorschriften für den Elektrizitätsbinnenmarkt und zur Änderung der RL 2012/27/EU (ABl. L 158, 125). Dazu *Kahles/Pause* ER 2019, 47 ff.; *Scholtka/Keller-Herder* NJW 2020, 890.

[113] VO (EU) 2019/943 des Europäischen Parlaments und des Rates v. 5.6.2019 über den Elektrizitätsbinnenmarkt (ABl. L 158/54), dazu *Kahles/Pause* ER 2019, 47 (50 ff.).

[114] VO (EU) 2019/942 des Europäischen Parlaments und des Rates v. 5.6.2019 zur Gründung einer Agentur der Europäischen Union für die Zusammenarbeit der Energieregulierungsbehörden (ABl. L 158, 22). Zur ACER-Agentur *Winkler/Baumgart/Ackermann* (o. Fn. 110) S. 35 f. Rn. 28 f.

[115] VO (EU) 2019/941 des Europäischen Parlaments und des Rates v. 5.6.2019 über die Risikovorsorge im Elektrizitätssektor und zur Aufhebung der RL 2005/89/EG (ABl. L 158, 1).

[116] Für weitere s. *Ludwigs* (o. Fn. 37) § 5 Rn. 248 ff.

[117] RL 2009/125/EG des Europäischen Parlaments und des Rates v. 21.10.2009 zur Schaffung eines Rahmens für die Festlegung von Anforderungen an die umweltgerechte Gestaltung energieverbrauchsrelevanter Produkte (ABl. L 285, 10), zgd Art. 27 RL 2012/27/EU (ABl. L 315, 1), dazu *Ludwigs* (o. Fn. 37) § 5 Rn. 253 ff.

[118] VO (EG) Nr. 106/2008 des Europäischen Parlaments und des Rates v. 15.1.2008 über ein gemeinschaftliches Kennzeichnungsprogramm für Strom sparende Bürogeräte (Neufassung) (ABl. L 39, 1); geändert durch VO (EU) Nr. 174/2013 des Europäischen Parlaments und des Rates v. 5.2.2013 (ABl. L 63, 1).

[119] COM (2020) 299 final, dazu *Falke* ZUR 2021, 57 (58).

[120] Namentlich: Energieeinsparungsgesetz v. 22.7.1976 idF v. 1.9.2005 (BGBl. I 2684), aufgehoben mit Ablauf des 31.10.2020 durch Art. 10 G v. 8.8.2020 (BGBl. I 1728); näher zur historischen Entwicklung *Kloepfer/Durner* UmweltschutzR § 11 Rn. 3, 5 ff.

[121] Eine „Initialzündung" ging dabei vom Stromeinspeisungsgesetz v. 7.12.1990 (BGBl. I 2633) aus.

[122] G für den Ausbau Erneuerbarer Energien v. 21.7.2014 (BGBl. I 1066), zgd Art. 1 G v. 21.12.2020 (BGBl. I 3138).

[123] G zur Einsparung von Energie und zur Nutzung Erneuerbarer Energien zur Wärme- und Kälteerzeugung in Gebäuden (Gebäudeenergiegesetz – GEG) v. 8.8.2020 (BGBl. I 1728). Das Gebäudeenergiegesetz dient der Vereinheitlichung des Energieeinsparrechts für Gebäude und vereint insoweit ua die Regelungen des bisherigen EEWärmeG, des Energieeinsparungsgesetzes und der Energieeinsparverordnung, dazu *Jope* EWeRK 2020, 153 ff.; *Ley-*

me-Kopplungs-Gesetz (KWKG),[124] dem Energieverbrauchsrelevante-Produkte-Gesetz (EVPG),[125] dem Energieverbrauchskennzeichnungsgesetz (EnVKG),[126] dem Energieleitungsausbaugesetz (EnLAG)[127] und dem Netzausbaugesetz (NABEG)[128]. Daneben verfolgt auch das Energiewirtschaftsgesetz (EnWG)[129] ua den Zweck einer umweltverträglichen Energieversorgung (§ 1 I EnWG). Konkretisierend treten Rechtsverordnungen hinzu.

II. Die Instrumente des Klimaschutzrechts

1. Ordnungsrechtliche Instrumente

26 Ordnungsrechtliche[130] Maßnahmen im Interesse des Klimaschutzes sind etwa die (gestaffelte) *Festsetzung von Emissionsgrenzwerten* für neue Personenkraftwagen durch die EU[131] oder die *Pflicht* aller Unternehmen, die Otto- oder Dieselkraftstoff in Verkehr bringen, *zur Beimischung von Biokraftstoffen,* mit der der Anteil Erneuerbarer Energien im Verkehrssektor EU-weit zunächst bis 2020 um 10 % (vgl. Art. 3 IV EE-RL [2009]) und nunmehr – nachdem dieses Ziel nur von wenigen Mitgliedstaaten erreicht wurde – bis 2030 auf 14 % (Art. 25 I EE-RL [2019]) gesteigert werden soll(te).[132] Diese Regelungen werden von Abgabe- und teilweise von Mitteilungspflichten flankiert.

2. Emissionszertifikatehandel als ökonomisches Anreizinstrument

a) Grundlagen

27 Der Emissionshandel ist ein marktwirtschaftliches Instrument, durch das die zulässige Menge an THG-Emissionen begrenzt und in Form handelbarer Rechte ausgegeben wird. In der EU existiert schon seit 2005 ein Emissionszertifikatehandelssystem (EHS, *Emission Trading Scheme – ETS*) für den Ausstoß von Treibhausgasen durch

---

mann ZUR 2020, 666 ff. Für einen Überblick zu den Vorgängerregelungen s. *Hoffman-Much* in Kluth/Smeddinck § 6 Rn. 113 ff.

[124] G für die Erhaltung, die Modernisierung und den Ausbau der Kraft-Wärme-Kopplung v. 21.12.2015 (BGBl. I 2498), zgd Art. 17 G v. 21.12.2020 (BGBl. I 3138).

[125] G über die umweltgerechte Gestaltung energieverbrauchsrelevanter Produkte v. 27.2.2008 (BGBl. I 258), zgd Art. 260 VO v. 19.6.2020 (BGBl. I 1328), dazu im Überblick *Meßerschmidt* in Ehlers/Fehling/Pünder § 46 Rn. 224.

[126] G zur Kennzeichnung von energieverbrauchsrelevanten Produkten, Kraftfahrzeugen und Reifen mit Angaben über den Verbrauch an Energie und an anderen wichtigen Ressourcen v. 10.5.2012 (BGBl. I 1070), zgd Art. 6 G v. 8.8.2020 (BGBl. I 1728), dazu im Überblick *Meßerschmidt* in Ehlers/Fehling/Pünder § 46 Rn. 220 ff.

[127] G zum Ausbau von Energieleitungen v. 21.8.2009 (BGBl. I 2870), zgd Art. 250 VO v. 19.6.2020 (BGBl. I 1328).

[128] Netzausbaubeschleunigungsgesetz Übertragungsnetz v. 28.7.2011 (BGBl. I 1690), zgd Art. 2 G v. 13.5.2019 (BGBl. I 706).

[129] G über die Elektrizitäts- und Gasversorgung v. 7.7.2005 (BGBl. I 1970, ber. 3621), zgd Art. 2 G v. 21.12.2020 (BGBl. I 3138).

[130] Grdl. zur Instrumentenfrage in der Klimaschutzpolitik *Overkamp*, Ökonomische Instrumente und Ordnungsrecht, 2020.

[131] VO (EU) 2019/631 des Europäischen Parlaments und des Rates v. 17.4.2019 zur Festsetzung von CO_2-Emissionsnormen für neue Personenkraftwagen und für neue leichte Nutzfahrzeuge und zur Aufhebung der Verordnungen (EG) Nr. 442/2009 und (EU) Nr. 510/2011 (ABl. L 111/13).

[132] In Deutschland gilt das Biokraftstoffquotengesetz. Dazu *Schlacke* § 16 Rn. 51 ff.

bestimmte emissionshandelspflichtige Anlagen, vor allem aus den Sektoren Energiewirtschaft und Industrie (→ Rn. 14). Seit 2012 erfasst der EU-Emissionshandel auch den Flugverkehr. Geregelt ist das EHS in der EH-RL, die für die kommende *vierte Handelsperiode (2021–2030)* novelliert wurde.[133] Die nationale Umsetzung erfolgt mittels des TEHG[134]. Da in Zukunft die Kommission einheitliche Zuteilungsregelungen als Verordnungen erlassen wird, wird es für die vierte Handelsperiode keine deutsche Zuteilungsverordnung mehr geben. Neben dem EU-EHS gibt es in Deutschland seit 2021 ein nationales Zertifikatehandelssystem (nEHS) für Brennstoffemissionen aus den Sektoren Wärme und Verkehr, die nicht vom EU-Emissionshandel erfasst werden. Geregelt ist es im BEHG.[135]

Der *umweltökonomische* Grundgedanke des Handels mit Emissionsrechten besteht darin, das freie Gut der Atmosphärennutzung zu verknappen und Marktmechanismen zu unterwerfen. Die begrenzte Gesamtemissionsmenge wird hierfür in einzelne Belastungseinheiten – 1t CO_2-Äquivalent[136] – aufgeteilt, die jeweils Ansprüche auf Freisetzung des THG darstellen. Durch die Begrenzung der Gesamtemissionsmenge bildet sich ein Preis, der Ausdruck der Knappheit der Emissionsberechtigungen sein soll. Nachdem früher eine zu großzügige kostenlose Zuteilung von Zertifikaten und ein Zertifikateüberschuss die Wirksamkeit des Systems beeinträchtigten, sind nun ein spürbarer Anstieg des Preises sowie eine Antizipation der zu erwartenden zusätzlichen Verknappung der Zertifikate infolge des 55 %-Klimaziels durch die Marktteilnehmer zu beobachten, sodass in absehbarer Zeit ein Nachfrageüberschuss und damit eine deutlich verbesserte ökologische Steuerungswirkung des Instruments, namentlich ein verstärkter Anreiz zur Investition in klimafreundlichere Anlagen, zu verzeichnen sein wird.[137] 28

b) Europäischer Emissionszertifikatehandel

aa) Funktionsweise

(1) Emissionsgenehmigung und Emissionsberechtigungen

Die Freisetzung von THG ist gem. § 4 I 1 TEHG genehmigungspflichtig.[138] Die für den Antrag zuständige Behörde ist gem. § 19 I Nr. 3 TEHG das Umweltbundesamt (UBA) und dort die Deutsche Emissionshandelsstelle (DEHSt) in Berlin, sofern nicht nach Nr. 1 die Immissionsschutzbehörde zuständig ist.[139] Letztere ist zuständig für den Vollzug von § 4 TEHG bei genehmigungsbedürftigen Anlagen iSd § 4 I 3 BImSchG[140] (§ 19 I Nr. 1 TEHG). Für diese Anlagen ist ein 29

---

[133] o. Fn. 66. Zur Novelle *Kreuter-Kirchhof* EuZW 2017, 412 (416).

[134] o. Fn. 100.

[135] o. Fn. 23.

[136] Dies entspricht einer Tonne CO_2 oder der Menge eines anderen THG, die in ihrem Potential zur Erwärmung der Atmosphäre einer Tonne CO_2 entspricht, vgl. § 3 Nr. 3 TEHG.

[137] Eine Tonne CO_2 kostet mittlerweile fast 50 EUR, was eine Verdoppelung innerhalb weniger Monate und eine Verzehnfachung seit 2018 ist, vgl. *Kafsack/Záboji* FAZ v. 29.4.2021, 17. Zur früheren Kritik an der Effektivität des Emissionshandelssystems vgl. dagegen noch *Franzius* Verw. 48 (2015), 175 (183 f.); *Beckmann/Fisahn* ZUR 2009, 299 ff.; *Wegener* ZUR 2009, 283 f.; Voraufl. § 6 Rn. 25.

[138] Dazu *Storm* Rn. 541.

[139] Daneben besteht in einem Einzelfall die Zuständigkeit des Luftfahrt-Bundesamts, vgl. §§ 19 I Nr. 2, 31 II TEHG, dazu *Ehrmann* in Säcker/Ludwigs (o. Fn. 92) § 19 TEHG Rn. 7.

[140] G zum Schutz vor schädlichen Umwelteinwirkungen durch Luftverunreinigungen, Geräusche, Erschütterungen und ähnliche Vorgänge v. 17.5.2013, BGBl. I 1274, zgd Art. 2 I G v. 9.12.2020, BGBl. I 2873.

gesonderter Antrag auf eine Genehmigung nach dem TEHG zu stellen, die Genehmigung nach § 4 I TEHG wird aber von der Konzentrationswirkung der immissionsschutzrechtlichen Genehmigung (§ 13 BImSchG)[141] erfasst.[142] Die Konzentrationswirkung bezieht sich jedoch nur auf das Genehmigungsverfahren und nicht auf sich möglicherweise anschließende Überwachungs- und Eingriffsmaßnahmen.[143]

30 § 7 I TEHG verpflichtet die Verantwortlichen, jährlich bis zum 30.4. für die im vorausgegangenen Jahr verursachten Emissionen eine entsprechende Anzahl von Berechtigungen (§ 3 Nr. 3 TEHG) abzugeben.[144] Diese Kardinalpflicht[145] wird durch grds. verschuldensunabhängige[146] Sanktionen gem. § 30 TEHG, der Art. 16 EH-RL umsetzt, unterstützt. Danach ist zum einen eine Geldzahlungspflicht iHv 100 EUR pro emittierter Tonne ohne Berechtigung vorgesehen,[147] zum anderen gem. § 30 IV TEHG eine Veröffentlichung des Namens des Betreibers im Bundesanzeiger.[148] Der *EuGH* hat bzgl. Art. 16 III EH-RL klargestellt, dass Sanktionen auch gegenüber demjenigen zu verhängen sind, der zum Stichtag der Pflichterfüllung zwar über die notwendige Anzahl an Berechtigungen verfügt, sie aber noch nicht an die zuständige Behörde abgegeben hat.[149]

(2) Abgabe und Zuteilung der Zertifikate

31 Um der Pflicht des § 7 I TEHG nachkommen zu können, müssen die Betreiber zunächst *Berechtigungen* erhalten. Hierfür stehen im Grundsatz *zwei unterschiedliche Wege* bereit: die kostenpflichtige Abgabe im Rahmen einer Versteigerung (§ 8 TEHG) und die Zuteilung von kostenlosen Berechtigungen (§§ 9, 11 TEHG).

Die Versteigerung der Zertifikate wird entsprechend dem nach Art. 10 II EH-RL berechneten Anteil von den Mitgliedstaaten durchgeführt. Die Zertifikate werden in Deutschland gem. § 8 TEHG iVm Verordnung (EU) Nr. 1031/2010[150] an der Energiebörse EEX in Leipzig versteigert.[151]

---

[141] Hierzu → § 7 Rn. 77 ff.; *Lang* in Säcker/Ludwigs (o. Fn. 92), § 13 BImSchG Rn. 1; *Giesberts* in BeckOK UmweltR, 58. Ed. 1.4.2021, BImSchG § 13 Rn. 1; *Meßerschmidt* in Ehlers/Fehling/Pünder § 46 Rn. 84.

[142] BT-Drs. 17/5296, 46.

[143] *Koch/Wells* NVwZ 2015, 633 (634).

[144] Eine antragsabhängige Ausnahme besteht nach § 27 TEHG für Kleinemittenten. Zum Anwendungsbereich der Ausnahmevorschrift in ihrer früheren Fassung *Ehrmann* (o. Fn. 139) § 27 TEHG Rn. 6 ff.

[145] Gesetzentwurf der Bundesregierung, BT-Drs. 15/2540, 17, zu § 6 I TEHG aF.

[146] Ausgenommen von der Sanktionierung sind lediglich Fälle höherer Gewalt, vgl. § 30 I 4 TEHG.

[147] Der *EuGH*, Rs. C-580/14 (Bitter), ECLI:EU:C:2015:835 hat die Verhältnismäßigkeit der Sanktionshöhe bestätigt. Krit. hierzu *Kahl* JZ 2016, 666 (674).

[148] Vgl. *Michaelis/Holtwisch* JA 2005, 71 (75); zu Ausnahmen: *BVerwG* NVwZ 2014, 663.

[149] *EuGH*, Rs. C-203/12 (Billerud Karlsborg und Billerud Skärblacka), ECLI:EU:C:2013:664 Rn. 25 ff.

[150] VO (EU) Nr. 1031/2010 der Kommission v. 12.11.2010 über den zeitlichen und administrativen Ablauf sowie sonstige Aspekte der Versteigerung von Treibhausgasemissionszertifikaten gem. der RL 2003/87/EG des Europäischen Parlaments und des Rates über ein System für den Handel mit Treibhausgasemissionszertifikaten in der Gemeinschaft (ABl. L 302, 1).

[151] Näher zum Verfahren *Frenz*, Emissionshandelsrecht, 3. Aufl. 2012, § 8 Rn. 9 ff.; *Hartmann* ZUR 2011, 246 (249 ff.).

Die kostenlose Zuteilung von Emissionszertifikaten soll der Gefahr einer sog. *Carbon Leakage* begegnen, also der Gefahr der Verlagerung von Emissionen. Diese besteht wegen des Anreizes für Unternehmen, ihre Produktion aufgrund der mit Klimaschutzmaßnahmen verbundenen Kosten in Staaten außerhalb der EU mit weniger strengen Umweltschutzstandards zu verlagern.[152] Diese Gefahr besteht besonders bei energieeffizienter Industrie, weshalb in dieser Branche bis 2030 sämtliche Zertifikate kostenfrei vergeben werden (Art. 10b I EH-RL, § 9 TEHG). Anderen Sektoren, bei denen ebenfalls eine *Carbon-Leakage*-Gefahr besteht, werden gem. Art. 10b IV EH-RL 30 % der Zertifikate kostenlos gewährt.[153] Wer den Betrieb einer dem TEHG unterfallenden Anlage nach Beginn der Handelsperiode aufnehmen möchte, kann als Newcomer die Zuteilung kostenloser Berechtigungen aus der Reserve (Art. 10a VII EH-RL) gem. § 9 I TEHG, Art. 10a I 1 EH-RL iVm VO (EU) Nr. 1031/2010 beantragen.[154] 32

bb) Vereinbarkeit mit Grundrechten

Das Emissionshandelssystem muss sich, soweit eine Grundrechtsverletzung durch sekundäres Unionsrecht geltend gemacht wird, an den Unionsgrundrechten messen lassen, deren Verletzung durch den *EuGH* geprüft wird.[155] Die Einführung des EU-EHS selbst verstößt nicht gegen Unionsrecht.[156] Insbes. sind Eingriffe in das Eigentumsgrundrecht aus Art. 17 GRCh und die unternehmerische Freiheit aus Art. 16 GRCh verhältnismäßig und damit gerechtfertigt.[157] Dasselbe gilt hinsichtlich der an Art. 20 GRCh zu messenden Ungleichbehandlung, da nicht alle CO_2-Emittenten (insbes. der Verkehr zu Land) in das Zertifikatehandelssystem einbezogen sind. Diese ist, unter Beachtung des vom *EuGH* anerkannten Beurteilungsspielraums,[158] gerechtfertigt, da sie besonders stark emittierende Sektoren vorrangig einbezieht und der schrittweisen Fortentwicklung des Gesamtsystems dient. Auch die Regelungen zur Ausgabe der Berechtigungen sind mit höherrangigem Unionsrecht vereinbar, denn die an Art. 20 GRCh zu messende Ungleichbehandlung von Anlagen des stromerzeugenden Sektors gegenüber Industrieanlagen hinsichtlich der Zuteilung kostenloser Berechtigungen ist aufgrund des Umweltschutzes und des geringen *Carbon Leakage*-Risikos beim stromerzeugenden Sektor gerechtfertigt.[159] 33

cc) Rechtsschutz

Die Betreiber müssen vor den nationalen Gerichten gegen die Zuteilungsentscheidung der Verwaltung vorgehen. Wenn ein Betreiber etwa die Zuteilung von mehr kostenlosen Berechtigungen begehrt, als er erhalten hat, ist grds. die Verpflichtungsklage (§ 42 I 2. Alt. VwGO) die richtige Klageart,[160] da die Zuteilungsentscheidung nach § 9 IV 1 TEHG einen begünstigenden Verwaltungsakt iSv § 35 34

[152] *Stäsche* EnWZ 2018, 306 (314).
[153] Zu den Unterschieden bei der kostenlosen Zuteilung gegenüber der Vorgängerregelung s. *Zenke/Telschow* IR 2018, 150 (151).
[154] *Spieth/Hamer* NVwZ 2011, 920 (923).
[155] Ausf. zur Vereinbarkeit des EU-EHS mit Grundrechten s. Voraufl. § 6 Rn. 31 ff.
[156] *Rehbinder* FS Koch, 2014, S. 401 (403 f.) mwN.
[157] BVerwGE 124, 47 (60 ff.).
[158] *EuGH*, Rs. C-127/07 (Arcelor Atlantique et Lorraine ua/Premierminister ua), Slg. 2008, I-9895 Rn. 23 ff.; näher 10. Aufl. dieses Buches § 6 Rn. 34.
[159] Zust. *Ludwigs* (o. Fn. 37) § 5 Rn. 237.
[160] *Frenz* (o. Fn. 151) § 9 TEHG Rn. 38 ff. Übergreifend zum Rechtsschutz gegen Zuteilungsentscheidungen *Zenke/Vollmer* EnWZ 2014, 9 ff.

S. 1 VwVfG darstellt.[161] Sie ist auch idR der frühestmögliche Zeitpunkt, Rechtsschutz zu erlangen (vgl. § 9 III 3 TEHG). Insbes. hat der *EuGH* entschieden, dass einzelne Betreiber sich nicht mit der Nichtigkeitsklage (Art. 263 IV AEUV) gegen die Zuteilungsregeln des Beschlusses 2011/278/EU wenden können, da dieser Beschluss zwar ein Rechtsakt mit *Verordnungscharakter* ist, aber Durchführungsmaßnahmen nach sich zieht.[162] Allerdings haben Unternehmen im Wege eines Informationsanspruchs die Möglichkeit, bei der Kommission Einblick in die nationale Zuteilungsliste zu erhalten, soweit dies ihre eigenen Anlagen betrifft.[163]

c) Nationaler Emissionszertifikatehandel

aa) Funktionsweise

35 Das nationale Emissionshandelssystem (nEHS[164]) erfasst Emissionen aus der Verbrennung fossiler Brenn- und Kraftstoffe, insbes. Heizöl, Flüssiggas, Erdgas, Kohle, Benzin und Diesel (§ 2 I, Anl. 1 BEHG). Im Sektor Wärme werden Emissionen der Wärmeerzeugung des Gebäudesektors und der Energie- und Industrieanlagen außerhalb des EU-EHS erfasst. Im Verkehrsbereich umfasst das System die Emissionen aus der Verbrennung fossiler Kraftstoffe mit Ausnahme des Luftverkehrs, der dem EU-EHS unterliegt.[165] Wie beim EU-EHS müssen die betroffenen Unternehmen ihre CO_2-Emissionen durch Zertifikate abdecken, die sie iRv Auktionen (bzw. während der Einführungsphase durch Veräußerung zum Festpreis) oder durch Handel auf dem Sekundärmarkt erwerben. Geben sie nicht fristgerecht für jede t CO_2-Äquivalent ein Emissionszertifikat ab, sieht § 21 I BEHG die Festsetzung einer Zahlungspflicht durch die DEHSt vor. Sie beträgt in der Einführungsphase das Doppelte des jeweiligen Festpreises, danach entspricht sie der Höhe der Zahlungspflicht im europäischen Emissionshandel, dh gegenwärtig 100 EUR pro t CO_2-Äquivalent.[166]

36 Um in der Einführungsphase des nEHS einen verlässlichen Preispfad zu schaffen, der Bürgern und Wirtschaft eine Einstellung auf die neue Entwicklung ermöglicht, wird bis 2026 zunächst ein Festpreissystem eingeführt, durch das der Zertifikatepreis von 25 EUR pro t CO_2-Äquivalent im Jahr 2021 auf 55 EUR im Jahr 2025 ansteigt (§ 10 II BEHG). Die maximale Emissionsmenge ist dabei zunächst unbegrenzt. Werden in der Einführungsphase in einem Jahr mehr Zertifikate ausgegeben, als es den Deutschland nach der EU-Klimaschutzverordnung zugewiesenen Jahresmengen entspricht, wird der darüberhinausgehende Bedarf an Emissionszertifikaten gem. § 5 I BEHG durch Zukauf einer entsprechenden Menge an Emissionszuweisungen aus anderen Mitgliedstaaten gedeckt. Ab 2026 wird eine maximale jährliche Emissionsmenge festgelegt. Sie ergibt sich aus dem Klimaschutzplan 2050 und den EU-rechtlich festgelegten nationalen Emissionsbudgets für die Non-EHS-

---

[161] Vgl. nur *Körner* in ders./Vierhaus, TEHG 2005, § 9 TEHG Rn. 8.

[162] *EuGH,* Rs. T-381/11 (Eurofer/Kommission), ZUR 2012, 548 ff.

[163] *EuGH,* Rs. C-60/15 P, NVwZ 2017, 1276 ff.

[164] Zum nEHS s. *Frenz* (o. Fn. 79) S. 128 ff.; *ders.* RdE 2020, 281 ff.; *ders.* ER 2020, 179 ff.; *Klemm* REE 2020, 1 ff.; *Klinski/Keimeyer* ZUR 2020, 342 ff.; *Doderer/Metz* EnWZ 2020, 216 (218 f.); *v. Oppen* ER 2020, 3 (8 ff.); *Zenke/Telschow* EnWZ 2020, 157 ff.; *Kortländer* ZNER 2020, 69 ff.; *Roderburg/Scholz/Wessling* FAZ v. 2.12.2020, 16; *Meßerschmidt* UPR 2021, 46 ff.; zur Nachhaltigkeit des Emissionshandels in Bezug auf den Verkehrssektor *Lerch ua* ZfU 2021, 1 (1 ff., 8 f.).

[165] Zu Härtefallausnahmen vom nEHS s. *Frenz* ER 2021, 10 ff.

[166] Dazu *Zenke/Telschow* EnWZ 2020, 157 (161).

Sektoren (§ 4 I BEHG). Ebenfalls ab diesem Zeitpunkt werden die Zertifikate gem. § 10 I 2 BEHG versteigert. Dabei gilt nach § 10 II 4 BEHG im Jahr 2026 zunächst ein Mindestpreis von 55 EUR und ein Höchstpreis von 65 EUR pro t CO_2-Äquivalent.

bb) Verfassungsmäßigkeit

Bedenken an der Verfassungsmäßigkeit des nEHS[167] bestehen hinsichtlich dessen Vereinbarkeit mit dem Finanzverfassungsrecht. Denn die Pflicht zum Erwerb der Emissionsberechtigungen könnte eine Steuer sein. Dem einfachen Gesetzgeber steht nach der Rechtsprechung des *BVerfG* kein „Steuererfindungsrecht" zu,[168] sodass Steuern nur zulässig sind, wenn sie einer der in Art. 105 II 2 iVm Art. 106 GG abschließend aufgezählten Steuerarten entsprechen. Eine Steuer ist eine einmalige oder laufende Geldleistung, die nicht eine Gegenleistung für eine besondere Leistung darstellt und die von einem öffentlich-rechtlichen Gemeinwesen zur Erzielung von Einnahmen allen auferlegt wird, bei denen der Tatbestand zutrifft, an den das Gesetz die Leistungspflicht knüpft.[169] Problematisch ist im vorliegenden Zusammenhang das Merkmal „Gegenleistung". Die Ausgabe der Emissionszertifikate könnte eine Gegenleistung sein.[170] Andererseits könnte insbes. in der Einführungsphase, in der die maximale Emissionsmenge und damit auch die Zertifikatemenge unbegrenzt sind, die Ausgabe der Zertifikate auch als bloßer Zahlungsbeleg für eine Steuer anzusehen sein.[171] Darüber hinaus wirkt der durch das nEHS eingeführte Zertifikatepreis durch seine Anknüpfung an die Energiesteuer wie eine indirekte Erhöhung der Steuersätze für Kraft- und Heizstoffe,[172] was für das Vorliegen einer Steuer spricht. 37

Bei der Pflicht zum Erwerb von Emissionsberechtigungen im EU-EHS, dem unionsrechtlichen „Vorbild" des nEHS, handelt es sich nach der Rechtsprechung des *BVerfG*[173] nicht um eine Steuer, sondern um eine Sonderabgabe. Die Befugnis zur THG-Emission sei aufgrund der mengenmäßigen Begrenzung der Emissionsberechtigungen ein Sondervorteil, der über die Pflicht zum Erwerb von Emissionszertifikaten abgeschöpft werden könne. Deshalb sei der Erwerb von Emissionsberechtigungen im EU-EHS als Sondervorteilsabschöpfungsabgabe und nicht als Steuer zu qualifizieren.[174] Diese Rechtsprechung lässt sich aber richtigerweise nicht auf die Einführungsphase des nEHS übertragen, denn in dieser fehlt es gerade an der mengenmäßigen Begrenzung der Emissionsberechtigungen, die den mittels Sonderabgabe abschöpfbaren Sondervorteil der Befugnis zur THG-Emission begründen könnte. Ohne verbindliche Emissionsobergrenze kann die Pflicht zum 38

---

167 Ausf. *Antoni ua,* Verfassungsmäßigkeit des Entwurfs zum Brennstoffemissionshandelsgesetz, 2019.

168 BVerfGE 145, 171 Rn. 71.

169 *Aichberger* in Creifels, Rechtswörterbuch, 25. Aufl. 2020, Stichwort: Steuer.

170 Davon geht wohl der Gesetzgeber aus, der die Erlöse aus dem nEHS als nicht-steuerliche Abgabe einordnet, die sich auf die Sachgesetzgebungskompetenz des Bundes für die Luftreinhaltung nach Art. 74 I Nr. 24 GG stütze, BR-Drs. 533/19, 44.

171 Ähnliche Überlegung bei *Zenke/Telschow* EnWZ 2020, 157 (162) unter Verweis auf *Steinbach/Valta* JZ 2019, 1139 (1142).

172 *Zenke/Telschow* EnWZ 2020, 157 (162).

173 *BVerfG* NVwZ 2018, 972.

174 *BVerfG* NVwZ 2018, 972 Rn. 26 ff.

Erwerb von Emissionsberechtigungen daher keine Sondervorteilsabschöpfungsabgabe sein.[175]

39 Qualifiziert man die Pflicht zum Erwerb von Emissionsberechtigungen im nEHS in der Einführungsphase damit als Abgabe steuerlicher Art, muss sie einer der im GG vorgesehenen Steuern entsprechen. Zwar kennt Art. 106 GG Steuern, die auf den ersten Blick Anknüpfungspunkte für klimapolitisch motivierte Ausgestaltungen geben können, etwa die Verbrauchsteuern (Art. 106 I Nr. 2 GG), allerdings kennt das GG offenkundig keine auf Emissionen oder auf Umweltbelastungen gerichtete Steuertypen.[176] Richtigerweise lässt sich die Zertifikatserwerbspflicht auch nicht als Verbrauchsteuer iSv Art. 106 I Nr. 2 GG einordnen, da es am Verbrauch eines Gutes des ständigen Bedarfs fehlt; im Übrigen ist die staatlich auferlegte Zahlungspflicht auch keine voraussetzungslose, wie es eine Steuer verlangt. IErg bestehen daher erhebliche Zweifel an der finanzverfassungsrechtlichen Vereinbarkeit der Ausgestaltung des nEHS mit dem GG.[177]

cc) Rechtsschutz

40 Die Verfassungsmäßigkeit des BEHG kann nicht unmittelbar im Wege der Verfassungsbeschwerde gegen das BEHG gem. Art. 93 I Nr. 4a GG iVm §§ 13 Nr. 8a, 90 ff. BVerfGG überprüft werden, da etwaige Beschwerdeführer durch das BEHG nicht selbst, gegenwärtig und unmittelbar in ihren verfassungsrechtlich geschützten Rechten betroffen sein werden. Stattdessen müssen etwaige vom nEHS Betroffene zunächst den verwaltungsgerichtlichen Rechtsschutz erschöpfen, etwa im Wege der Feststellungsklage (§ 43 VwGO) auf Feststellung des Nichtbestehens der Verpflichtung, Zertifikate zu erwerben und abzugeben. Im Verwaltungsgerichtsverfahren kann dann eine inzidente Überprüfung der Verfassungsmäßigkeit des BEHG im Wege der konkreten Normenkontrolle durch das *BVerfG* (Art. 100 I GG, §§ 13 Nr. 11, 80 ff. BVerfGG) erreicht werden.

Rechtsschutzmöglichkeiten bestehen darüber hinaus gegen die Festsetzung einer Zahlungspflicht nach § 21 I BEHG. Die Festsetzung ist ein belastender Verwaltungsakt iSd § 35 S. 1 VwVfG, der grds. mit Anfechtungswiderspruch (§ 68 I VwGO) und -klage (§ 42 I 1. Alt. VwGO) angegriffen werden kann.

3. Planungsrechtliche Instrumente

a) Fachplanung

41 Neben den ordnungsrechtlichen und den ökonomischen Instrumenten kommt auch im Bereich des Klimaschutzes dem Planungsrecht Bedeutung zu.[178] Eine bislang geringe Rolle spielt dabei das *Fachplanungsrecht.* Zwar zählt der (globale) Klima-

---

[175] So auch *Antoni ua* (o. Fn. 167) S. 12; in diese Richtung, aber iErg weniger verbindlich (S. 10: „es spricht mehr dafür") *Klinski/Keimeyer*, Zur finanzverfassungsrechtlichen Zulässigkeit eines nationalen Zertifikatehandels für CO_2-Emissionen aus Kraft- und Heizstoffen, 2019, S. 8 ff.; mit ähnlicher Argumentation, aber das Ergebnis offenlassend *Zenke/Telschow* EnWZ 2020, 157 (162).

[176] Argumentation nach *Klinski/Keimeyer* (o. Fn. 175) S. 11. Grdl. BVerfGE 145, 171.

[177] Ebenso *Hofmann* EurUP 2020, 394 (407 f.); *Wernsmann/Bering* NVwZ 2020, 497 (499 f.); *Zenke/Telschow* EnWZ 2020, 157 (162); s. aber auch *Antoni ua* (o. Fn. 167) S. 14 f. Zum Gesamtkomplex der Möglichkeiten einer CO_2-Besteuerung *Klinski/Keimeyer* NVwZ 2020, 1465 ff.; *Wieland* EurUP 2019, 363 ff.

[178] Zur umweltrechtlichen Relevanz des Planungsrechts → § 4 Rn. 50 ff.; zum Ineinandergreifen der einzelnen Planungsebenen (Raumordnung, Bauleitplanung, Fachplanung) allg. bei Infrastrukturvorhaben *Deutsch* ZUR 2021, 67 ff.

schutz als Teil des – partiell ausdrücklich erwähnten (vgl. § 3 I 2 FStrG, § 12 VII 2 WaStrG) – Umweltschutzes zu den abwägungsrelevanten öffentlichen Belangen iSv § 17 S. 2 FStrG, § 8 I 2 LuftVG, § 14 I 2 WaStrG oder § 28 I 2 PBefG, allerdings nimmt die Praxis bislang allenfalls auf das Regional- und Lokalklima Bezug.[179] Auch die *UVP* (bzw. SUP) schafft insoweit keine Abhilfe: In ihrem Rahmen sind auch die Auswirkungen eines Vorhabens auf das Klima zu berücksichtigen (§ 2 I 2 Nr. 2 UVPG, für die SUP vgl. § 2 IV 2 UVPG). Dabei spielt aber in der Praxis das Makroklima kaum eine Rolle. Zudem fehlt es an – gem. § 12 UVPG notwendigen – genauen Grenzwerten für THG-Emissionen im jeweiligen Fachrecht.[180]

b) Raumplanung

Die Klimaschutzrelevanz des Raumplanungsrechts entfaltet sich auf Ebene des *Bundes* im Rahmen der Leitvorstellung einer nachhaltigen Raumentwicklung (§ 1 II ROG), zu der auch der Klimaschutz gehört,[181] vor allem über die einschlägigen, unmittelbar klimaschutzrelevanten und im Rahmen der Abwägung zu berücksichtigenden (§ 4 ROG bzw. entsprechendes Landesrecht) Grundsätze der Raumordnung (vgl. insbes. § 2 II Nr. 6 S. 1, 7 und 8 ROG).[182] Dagegen verzichtete das *Landes*planungsrecht bislang zumeist auf die Formulierung eigener klimaschutzbezogener Grundsätze und beließ es bei eher pauschalen Vorgaben. Mittlerweile schreiben indes einige Bundesländer, wie etwa Nordrhein-Westfalen, Rheinland-Pfalz und Baden-Württemberg, in Klimaschutzgesetzen konkrete CO_2-Minderungsziele fest, denen auch mittels des Landesplanungsrechts zur Verwirklichung verholfen werden soll.[183] Diese Entwicklung kann sich auf den Ebenen der Landesentwicklungs- und Regionalpläne fortsetzen, die bislang das Thema (nationaler bzw. globaler) Klimaschutz selten ausdrücklich aufnehmen und sich stattdessen auf den (regionalen) Schutz von Freiräumen mit Klimafunktionen beschränken.[184] **42**

Wegen ihrer Raumbedeutsamkeit iSd § 3 I Nr. 6 ROG können Anlagen zur Nutzung Erneuerbarer Energien, insbes. Wind- und Wasserkraftanlagen, zT auch große Photovoltaikanlagen, Gegenstand der Raumordnung sein. Zur Festlegung von Zielen (Begriff: § 3 I Nr. 2 ROG, Wirkung: Beachtenspflicht gem. § 4 I ROG) oder Grundsätzen (Begriff: § 3 I Nr. 3 ROG, Wirkung: Berücksichtigungspflicht gem. § 4 I, II ROG) der Raumordnung kann sich der Plangeber der Steuerungsinstrumente gem. § 7 III ROG bedienen und für die Windenergie Vorranggebiete (S. 2 Nr. 1), Vorbehaltsgebiete (S. 2 Nr. 2), Eignungsgebiete (S. 2 Nr. 3) oder Vorranggebiete mit der Wirkung von Eignungsgebieten (S. 3) festlegen.[185] Angesichts der **43**

---

[179] *Groß* in Böhm/Schmehl (Hrsg.), Verfassung – Verwaltung – Umwelt, 2010, S. 35 (40 f.).

[180] *Groß* (o. Fn. 179) S. 41.

[181] *Sauthoff* ZUR 2021, 140 ff.

[182] Zum Ganzen *Köck* ZUR 2013, 269 (271 ff.); *Fischer* EurUP 2014, 85 ff. Von mittelbarer Relevanz für das Klima ist der den Verkehrssektor betreffende Grundsatz des § 2 II Nr. 3 ROG.

[183] Nach § 12 VI LPlG NRW sollen die Minderungsziele des § 3 I KlSchG NRW als raumbezogene Ziele und Grundsätze raumordnerisch umgesetzt werden und/oder nachfolgenden Planungsebenen entsprechende Konkretisierungsaufträge erteilt werden, vgl. hierzu *Klinger/Wegener* NVwZ 2011, 905 ff.

[184] Näher dazu – am Beispiel Hessen (vgl. § 3 II Nr. 5, § 7 IV Nr. 7 HLPG) – *Groß* (o. Fn. 179) S. 44 f. (wenngleich noch unter der alten Rechtslage).

[185] Ausf. zur Gebietsfestlegung die Baurechtslehrbücher und ROG-Kommentare, vgl. statt vieler *Hofmann* in Kment (Hrsg.), ROG, 2019, § 7 Rn. 37 ff.; *Goppel* in Spannowsky/Runkel/Goppel (Hrsg.), ROG, 2. Aufl. 2018, § 7 Rn. 62 ff.; *Erbguth/Schubert*, Öffentliches Baurecht, 6. Aufl. 2014, § 8 Rn. 134 ff.; s. auch Voraufl. § 6 Rn. 75.

hohen Dynamik der Energiewende haben viele Länder Windenergieerlasse[186] veröffentlicht. Diese norminterpretierenden Verwaltungsvorschriften[187] sollen einheitliche Planungs- und Genehmigungsverfahren auf Grundlage der aktuellen Gesetzeslage und Rechtsprechung ermöglichen.[188]

c) Bauleitplanung und örtliche Landschaftsplanung

44 Durch die Verankerung als Planungsleitsatz in § 1 V 2 BauGB und als Abwägungsbelang in § 1a V BauGB ist klargestellt, dass der Schutz des globalen Klimas eine Aufgabe der Bauleitplanung ist und in die planerische Abwägung (§ 1 VII BauGB) eingeht, wenngleich sich dieser Belang nicht zwingend gegenüber anderen, kollidierenden Belangen durchsetzt.[189] Bei der Aufstellung von Bauleitplänen sind die Auswirkungen auf das Klima zu berücksichtigen (§ 1 VI Nr. 7 lit. a BauGB). Zu den klimarelevanten Festsetzungen im Bauleitplan zählen ua bauplanerische Darstellungen oder Festsetzungen betreffend EE- und KWK-Anlagen sowie ähnliche Einrichtungen (§ 5 II Nr. 2 lit. b, c; § 9 I Nr. 12 BauGB) sowie Darstellungen und Festsetzungen von Grünflächen (§ 5 II Nr. 5, § 9 I Nr. 15 BauGB).[190] Außerdem möglich ist nach § 9 I Nr. 23 lit. a BauGB die Planung von Gebieten, in denen zum Schutz vor schädlichen Umwelteinwirkungen iSd BImSchG bestimmte luftverunreinigende Stoffe nicht oder nur beschränkt verwendet werden dürfen, sowie nach § 9 I Nr. 23 lit. b BauGB von Gebieten, in denen bei der Errichtung von Gebäuden bauliche Maßnahmen zur Förderung von Solaranlagen sowie die Installation von Solaranlagen selbst vorgeschrieben werden. Klimaschützend können daneben auch weitere Festsetzungen, zB zum Maß der baulichen Nutzung, etwa zur Dachneigung (§ 9 I Nr. 1 BauGB) oder zur Stellung der baulichen Anlagen, etwa zur Südausrichtung von Dächern (§ 9 I Nr. 2 3. Alt. BauGB), wirken.

45 Baurechtliches Schlüsselinstrument zur Förderung von klimaschutzrechtlichen Zielen ist gem. *§ 35 I BauGB* die *Privilegierung* von baulichen Anlagen zur Erforschung, Entwicklung oder Nutzung der Wind- oder Wasserenergie (Nr. 5), der energetischen Nutzung von Biomasse (Nr. 6, unter den dort genannten Voraussetzungen) sowie der Nutzung von Solarenergie im Zusammenhang mit Gebäuden (Nr. 8) im Außenbereich. Die privilegierten Vorhaben unterliegen nicht dem für die sonstigen Vorhaben geltenden grds. Bauverbot mit Ausnahmevorbehalt (§ 35 II BauGB). Bauplanungsrechtlich sind sie daher zulässig, wenn ihnen die in § 35 III BauGB genannten öffentlichen Belange nicht entgegenstehen, was im Wege der Abwägung zu ermitteln ist.[191]

46 *§ 35 III 3 BauGB* räumt den Planungsträgern (Gemeinden) die Möglichkeit ein, die Nutzung des Außenbereichs durch gezielte Auswahl von Standorten (Darstellungen im *Flächennutzungsplan*) planerisch zu steuern, um insbes. eine „Verspargelung“ der Landschaft durch ungesteuerte Errichtung von Windkraftanlagen (WKA) im Au-

---

186 Vgl. zB Windenergieerlass Baden-Württemberg, Windenergieerlass Bayern. Zu den Verschärfungen bei Mindestabständen zu Erdbebenstationen und beim Vogelschutz im bayerischen Windenergieerlass s. *Loibl* REE 2018, 76 ff.

187 Vgl. *VGH München* ZUR 2016, 306 ff.

188 Hierzu *Fest/Fechler* NVwZ 2016, 1050 ff.; *Schwarzenberg/Ruß* ZUR 2015, 278 ff. Allg. zu Problemen beim Windenergieausbau aus Sicht der Behörden- bzw. Gerichtspraxis *Agatz* ZUR 2020, 584 ff.; *Gatz*, Windenergieanlagen in der Verwaltungs- und Gerichtspraxis, 3. Aufl. 2019.

189 *Battis ua* NVwZ 2011, 897 (898 f.).

190 Ausf. hierzu *Kahl/Schmidtchen* (o. Fn. 92) S. 141 ff.; vgl. ferner *Kahl* ZUR 2010, 395 (396 f.).

191 BVerwGE 28, 148 (151); *Mitschang/Reidt* in Battis/Krautzberger/Löhr (Hrsg.), BauGB, 14. Aufl. 2019, § 35 Rn. 68.

ßenbereich zu verhindern.[192] Die Festlegung der *Konzentrationsflächen* entfaltet ihre Wirkung in zwei Richtungen: Einerseits verstoßen Anlagen, die außerhalb des definierten Bereichs errichtet werden, gegen öffentliche Belange und sind damit bauplanungsrechtlich unzulässig. Andererseits ist bei Anlagen, die innerhalb der Konzentrationszone errichtet werden, ein Verstoß gegen öffentliche Belange nicht anzunehmen, sodass sie grds. bauplanungsrechtlich zulässig sind. Der Flächennutzungsplan entfaltet damit vermittels § 35 III 3 BauGB eine – ihm sonst nicht zukommende – rechtliche Bindungswirkung.[193] Schließlich können auch städtebauliche Verträge (§ 11 BauGB) einen Beitrag zum Klimaschutz auf kommunaler Ebene leisten.[194]

Auch *Landschaftspläne* für das Gebiet einer Gemeinde (und die *Grünordnungspläne* für Teile eines Gemeindegebiets) sollen Angaben enthalten „zum Schutz, zur Qualitätsverbesserung und zur Regeneration von (…) Klima" (§ 11 I iVm § 9 III UAbs. 1 Nr. 4 lit. e BNatSchG). Insoweit haben auch einzelne Gemeinden im Rahmen der Bauleit- und Landschaftsplanung den Auftrag und die planerischen Möglichkeiten, zum Klimaschutz beizutragen.[195] Allerdings machen Kommunen hiervon bislang nur unzureichend Gebrauch.[196] 47

d) Klimaschutzplanung

Seit Erlass des KSG kennt Deutschland nun auch eine Klimaschutzplanung (§§ 9 ff. KSG). § 9 I 1 KSG schreibt die Erstellung von Klimaschutzprogrammen nach jeder Fortschreibung des Klimaschutzplans sowie deren Aktualisierung im Falle einer tatsächlichen oder absehbaren Zielverfehlung vor.[197] Wie sich aus der Formulierung „mindestens" ergibt, kann die Bundesregierung jedoch auch häufiger tätig werden.[198] Mithilfe der Klimaschutzprogramme soll sichergestellt werden, dass Deutschland seine Klimaschutzziele für 2030 erreicht.[199] Hierzu legt die Bundesregierung gem. § 9 I 2 KSG im Plan fest, welche Maßnahmen in den einzelnen Sektoren ergriffen 48

---

[192] S. hierzu allg. *Gatz* DVBl 2017, 461 ff.; *Kment* DÖV 2013, 17 (21 ff.).

[193] Für die Aufstellung von Konzentrationsflächenplänen hat das *BVerwG* daher in seiner sog. „Tabuzonenrechtsprechung" ein besonderes vierstufiges Abwägungsverfahren entwickelt, BVerwGE 117, 287 (296 ff.); 145, 231 (232 ff.). Guter Überblick bei *Will*, Öffentliches Baurecht, § 2 Rn. 56 ff., 137; *Erbguth/Schubert* (o. Fn. 185) § 8 Rn. 119 ff.; *Battis*, Öffentliches Baurecht und Raumordnungsrecht, 7. Aufl. 2017, 5. Teil Rn. 407; *Büchner/Schlotterbeck*, Baurecht Band 1, Kap. 3 F, Rn. 581 ff.; *Schlacke* § 16 Rn. 69; *Marquard* ZUR 2020, 598 (600 ff.); speziell zur Vorhabenzulassung bei divergierenden Ausweisungen *Kümper* UPR 2020, 171 ff. Zur fehlenden Erforderlichkeit von Konzentrationsflächen in landschaftsschutzrechtlichen Bauverbotszonen *OVG Münster* ZUR 2020, 621 ff. Zur mit der Ausweisung von Konzentrationsflächen verbundenen Möglichkeit, den Flächennutzungsplan mit der Normenkontrolle (§ 47 I Nr. 1 VwGO analog) anzugreifen, s. BVerwGE 128, 382; *BVerwG* NVwZ 2013, 1011; *Bringewat* NVwZ 2013, 984 ff. mwN. Zur Bedeutung der Sonderregelungen für Windenergie in § 249 BauGB s. Voraufl. § 6 Rn. 82 sowie die einschlägige Standardliteratur zum Baurecht; vgl. statt vieler *Prall/Ewer* in Koch/Hofmann/Reese UmweltR-HdB § 9 Rn. 112; *Söfker* in Ernst/Zinkhahn/Bielenberg/Krautzberger (Hrsg.), BauGB, 139. EL Aug. 2020, § 249 Rn. 1 ff. Zu Akzeptanzproblemen der Windenergie und diesbzgl. Reformvorschlägen Voraufl. § 6 Rn. 85.

[194] *Berkemann* UWP 2021, 29 (30 ff.).

[195] Ausf. hierzu *Wagner* UPR 2017, 361 ff.; allg. zur örtlichen Landschaftsplanung → § 10 Rn. 34 ff.

[196] S. dazu die Fallstudie von *Diepes/Müller* ZfU 2018, 288 ff.

[197] Dazu *Klinger* ZUR 2020, 259; *Albrecht* NuR 2020, 370 (376); zur Klimaschutzplanung als Planung im verwaltungsrechtlichen Sinne *Schlacke* EurUP 2020, 338 (339 ff.).

[198] *Albrecht* NuR 2020, 370 (376).

[199] BT-Drs. 19/14377, 33.

werden sollen. Dabei orientiert sie sich am jeweils aktuellen Klimaschutz-Projektionsbericht nach § 10 II KSG. Gerade an der Einbeziehung des Projektionsberichts zeigt sich der planerische Charakter der Klimaschutzprogramme, denn dies zwingt die Bundesregierung zu vorausschauendem Agieren.[200] § 9 II KSG regelt das Verfahren zur Erarbeitung der Klimaschutzprogramme. Danach schlagen die für die jeweiligen Sektoren zuständigen Bundesministerien Maßnahmen vor, die geeignet sind, die in ihrem Sektor erforderlichen zusätzlichen THG-Minderungen zu erzielen (§ 9 II 2 KSG). § 9 III KSG sieht einen gesellschaftlichen Beteiligungsprozess[201] vor, in dessen Rahmen Länder, Kommunen, Wirtschafts- und zivilgesellschaftliche Verbände, die Wissenschaftsplattform Klimaschutz und wissenschaftliche Begleitgremien der Bundesregierung in die Erstellung der Klimaschutzprogramme einbezogen werden.

49 Nach § 10 I 1 KSG erstellt die Bundesregierung außerdem jährlich einen Klimaschutzbericht, in dem sie eine Einschätzung über die bisherige und weitere Entwicklung der THG-Emissionen abgibt und über den Stand der Klimaschutz- und der Sofortprogramme informiert.[202] Dieses Monitoring-Instrument soll insbes. den Bundestag über die Entwicklung der Emissionen und Klimaschutzprogramme informieren.[203]

50 Darüber hinaus erstellt die Bundesregierung ab 2021 alle zwei Jahre einen Klimaschutz-Projektionsbericht (§ 10 II KSG). Er enthält eine Prognose, wie sich die THG-Emissionen in den nächsten 20 Jahren voraussichtlich entwickeln werden[204] und ist dem Bundestag (§ 10 II 2 KSG) sowie der EU-Kommission (Art. 18 I lit. b VO [EU] 2018/1999) zuzuleiten.

e) Fazit

51 Die planungsrechtlichen Instrumente haben sich mit Blick auf den Klimaschutz bislang überwiegend als defizitär erwiesen.[205] Dies zeigt sich deutlich an dem klimarelevanten Verkehrssektor: Es fehlt an rechtlichen Regelungen, um die allgemeinen klimapolitischen Ziele für einzelne Verkehrssektoren zu konkretisieren. Der Bundesverkehrswegeplan ist zu einer effektiven Koordination nicht in der Lage, da er auf eine verkehrsträgerübergreifende Steuerung verzichtet.[206] Die Raumordnung wiederum ist nicht in der Lage, diese Koordinationsfunktion zu übernehmen. Anlass zur Hoffnung gibt die neu eingeführte Klimaschutzplanung, die die Einhaltung der THG-Minderungsziele ausdrücklich bezweckt und sich so in Zukunft als wirksames Planungsinstrument zur Nachsteuerung im Falle drohender Zielverfehlungen erweisen könnte. Entscheidend wird es freilich auch hier sein, die Klimaschutzplanungen nach Maßgabe des § 13 KSG in verbindliche und vollziehbare Gesamtplanungen zu integrieren sowie in Zulassungsverfahren zu implementieren.

---

[200] *Scharlau ua* NVwZ 2020, 1 (3 f.); BT-Drs. 19/14337, 33.
[201] BT-Drs. 19/14337, 34.
[202] Dazu *Albrecht* NuR 2020, 370 (377); *Saurer* NuR 2020, 433 (437); *Scharlau ua* NVwZ 2020, 1 (4).
[203] Vgl. BT-Drs. 19/14337, 34.
[204] Vgl. BT-Drs. 19/14337, 34.
[205] Dazu und zum Folgenden *Groß* (o. Fn. 179) S. 45 f.
[206] *SRU,* Sondergutachten Umwelt und Straßenverkehr, 2005, Tz. 397.

4. Vorbildfunktion der öffentlichen Hand

§§ 13–15 KSG verpflichten die *öffentliche Hand* dazu, ihr Verwaltungshandeln auf die Erreichung der Klimaschutzziele auszurichten, um so eine *Vorbildwirkung* zu erzeugen. Das Berücksichtigungsgebot des § 13 I 1 KSG sieht vor, dass alle Träger öffentlicher Aufgaben bei ihren Planungen und Entscheidungen den Zweck des KSG und die zu seiner Erfüllung festgelegten Ziele berücksichtigen müssen. Konkret erfolgt die Einbeziehung an allen Stellen, an denen das materielle Bundesrecht auslegungsbedürftige Rechtsbegriffe verwendet oder Planungs-, Beurteilungs- oder Ermessensspielräume lässt.[207] Es richtet sich an alle öffentlichen Aufgabenträger, also an solche, die dem Bund selbst zuzuordnen sind, sowie an all jene, die Bundesrecht vollziehen, also insoweit auch an die Länder und Kommunen.[208] § 13 II KSG hingegen richtet sich ausschließlich an den Bund und verpflichtet diesen zur Prüfung, wie bei der Planung, Auswahl und Durchführung von Investitionen und bei der Beschaffung jeweils zum Erreichen der Klimaschutzziele beigetragen werden kann. Dabei trifft den Bund die Pflicht, bei mehreren Möglichkeiten derjenigen den Vorzug zu geben, mit der die Minderung von THG-Emissionen über die gesamte Nutzungsdauer des Investitions- oder Beschaffungsguts zu den geringsten Kosten erreicht werden kann (§ 13 II 2 KSG). 52

Gem. § 15 I 1 KSG setzt sich der Bund zum Ziel, die *Bundesverwaltung* bis zum Jahr 2030 *klimaneutral* zu organisieren. Dazu verabschiedet die Bundesregierung spätestens 2023 und daraufhin jeweils im Abstand von fünf Jahren Maßnahmen, etwa betreffend den Umgang mit Vermögen, Ausstattung, Personal und Sachmitteln, die von den Bundesbehörden und sonstigen Bundeseinrichtungen, die der unmittelbaren Organisationsgewalt des Bundes unterliegen, einzuhalten sind (§ 15 I 2 KSG). Nach dem Willen des Gesetzgebers soll die Klimaneutralität insbes. durch die Einsparung von Energie, durch die effiziente Bereitstellung, Umwandlung, Nutzung und Speicherung von Energie sowie durch die effiziente Nutzung Erneuerbarer Energien und die Wahl möglichst klimaschonender Verkehrsmittel erreicht werden (§ 15 II 1 KSG). So sollen zB vermehrt Videokonferenzen statt persönlicher Gespräche stattfinden und es soll auf Waren verzichtet werden, die mit dem Flugzeug transportiert wurden.[209] 53

Auch einige Landesklimaschutzgesetze kennen das Ziel der (weitgehenden) Klimaneutralität ihrer *Landesverwaltung* bis zu einem bestimmten Zieldatum, zB § 7 II 1 KSG BW, wonach die Landesverwaltung in BW bis 2040 weitgehend klimaneutral zu organisieren ist, oder Art. 3 I 1 BayKlimaG, der die Klimaneutralität der Behörden und Einrichtungen der Staatsverwaltung Bayerns bis 2030 vorsieht. 54

III. Die Instrumente des Umweltenergierechts

1. Förderung von Strom aus Erneuerbaren Energien

Die Förderung von Strom aus Erneuerbaren Energien ist beispielhaft für die hohe Dynamik des Umweltenergierechts. Sie zeigt sich an einer hohen Zahl von Änderun- 55

---

[207] So auch *Scharlau ua* NVwZ 2020, 1 (6). → § 4 Rn. 61, 87.
[208] Ebenso *Albrecht* NuR 2020, 370 (377); *Scharlau ua* NVwZ 2020, 1 (5).
[209] BT-Drs. 19/14337, 39.

gen der einschlägigen Gesetze (insbes. des EEG) in den letzten Jahren, die in vergleichsweise kurzen zeitlichen Abständen erfolgten.[210] Die jüngste grundlegende EEG-Reform trat mit Wirkung zum 1.1.2021 in Kraft *(EEG 2021).*[211] *Zweck* des EEG ist es, „insbesondere im Interesse des Klima- und Umweltschutzes eine nachhaltige Entwicklung der Energieversorgung zu ermöglichen, die volkswirtschaftlichen Kosten der Energieversorgung auch durch die Einbeziehung langfristiger externer Effekte zu verringern, fossile Energieressourcen zu schonen und die Weiterentwicklung von Technologien zur Erzeugung von Strom aus Erneuerbaren Energien zu fördern" (§ 1 I EEG). Hierfür soll der gesamte Strom, der im Staatsgebiet erzeugt oder verbraucht wird, vor dem Jahr 2050 treibhausgasneutral erzeugt und als Zwischenziel bis 2030 ein Anteil Erneuerbarer Energien an der Stromerzeugung von mindestens 65 % erreicht werden (§ 1 III, II EEG). Zur Erreichung dieser Ziele schreibt § 4 EEG Ausbaupfade für die Erneuerbaren Energien vor, zB eine Steigerung der installierten Leistung von Windenergieanlagen an Land auf 57 GW im Jahr 2022 und 71 GW im Jahr 2030.

a) Anwendungsbereich und Fördermechanismus

56 Der *Anwendungsbereich* des EEG erstreckt sich auf Strom aus Erneuerbaren Energien iSd § 3 Nr. 21 EEG, also aus Wasserkraft, Windenergie an Land,[212] solarer Strahlungsenergie, Geothermie und Biomasseenergie sowie auf Strom aus Grubengas. Voraussetzung ist grds., dass der Strom im Bundesgebiet, dh im Staatsgebiet einschließlich der deutschen ausschließlichen Wirtschaftszone (AWZ), erzeugt wird (§ 5 I EEG).

Für den Strom aus Erneuerbaren Energien gibt es mit dem Einspeisevergütungssystem und dem Direktvermarktungssystem zwei unterschiedliche *Fördermechanismen,* die mit den zahlreichen Novellen des EEG weiterentwickelt wurden. Beide Fördermechanismen begründen ein gesetzliches Schuldverhältnis (§ 7 I EEG) zwischen den privaten Netzbetreibern (§ 3 Nr. 36 EEG) und den Betreibern von Anlagen[213] zur Erzeugung von Strom aus Erneuerbaren Energien. Die Netzbetreiber sind verpflichtet, die Anlagen unverzüglich und vorrangig an das Netz anzuschließen (§ 8 I 1 EEG) und den Strom aus diesen Anlagen vorrangig abzunehmen, zu übertragen und zu verteilen (§ 11 I 1 EEG).

Schließlich haben die Anlagenbetreiber gegen die Netzbetreiber einen Anspruch auf Zahlung einer Marktprämie bei der Direktvermarktung (§ 19 I Nr. 1 iVm § 20 EEG)

---

[210] Vgl. hierzu *Meßerschmidt* in Ehlers/Fehling/Pünder § 46 Rn. 188; *Hofmann* Verw. 47 (2014), 349 (357 ff.); *Kahl/Bews* JZ 2015, 232 f.; *Schlacke* § 16 Rn. 43 ff.; *Storm* Rn. 599.

[211] Überblick zu den Neuerungen bei *v. Oppen* ER 2021, 56 ff.; *Schütte/Winkler* ZUR 2020, 700 ff.; *Scholtka/Helmes* FAZ v. 23.12.2020, 16; *Scholtka/Frizen* NJW 2021, 906 (908); noch auf der Basis von Entwurfsfassungen *Flecken* NuR 2020, 833 ff.; *Scholtka/Helmes* REE 2020, 113 ff.; *Uibeleisen/Groneberg* ER 2020, 223 ff.

[212] *Greb* in BeckOK EEG, 11. Ed. 16.11.2020, EEG 2017 § 3 Nr. 21 Rn. 9 ff.; *Salje*, EEG, 8. Aufl. 2018, § 3 Rn. 102 f. Die Förderung von *Offshore*-Anlagen wird dagegen im Windenergie-auf-See-Gesetz geregelt (→ Rn. 83 ff.). Zu dessen teilweiser Verfassungswidrigkeit wegen Verstoßes gegen den allg. Vertrauensschutzgrundsatz (Art. 2 I iVm 20 III GG) BVerfGE 155, 238 Rn. 121 ff.

[213] Zum in § 3 Nr. 1 EEG definierten, umstrittenen Anlagenbegriff s. mwN *Reshöft* in Reshöft/Schäfermeier (Hrsg.), EEG, 4. Aufl. 2014, EEG § 3 Rn. 10 ff.; *v. Oppen* in BeckOK EEG, 11. Ed. 16.11.2020, EEG 2017 § 3 Nr. 1 Rn. 5 ff.; *Salje* (o. Fn. 212) § 3 Rn. 2 ff.; für einen weiten Anlagenbegriff *BGH* NVwZ 2014, 313 ff.; NVwZ-RR 2016, 172 ff.; *OLG Nürnberg* IR 2017, 250 ff.

bzw. einer gesetzlich festgelegten Einspeisevergütung (§ 19 I Nr. 2 iVm § 21 EEG).[214]

Die *praktische Relevanz* des Einspeisungsvergütungssystems ist mittlerweile jedoch recht begrenzt: Es gilt grds. nur noch für Kleinanlagen bis 100 kW sowie für größere Anlagen unter engen Voraussetzungen (§ 21 I EEG). Außerdem findet es (mit verringerter Vergütungshöhe, vgl. § 53 II EEG) Anwendung auf ausgeförderte Windenergieanlagen an Land, bei denen der ursprüngliche Anspruch auf Zahlung nach der für die Anlage maßgeblichen Fassung des EEG am 31.12.2020 oder 31.12.2021 beendet ist, sowie auf sonstige ausgeförderte Anlagen mit einer installierten Leistung von bis zu 100 kW (§ 21 I Nr. 3 EEG). 57

Im Übrigen ist nunmehr das *Direktvermarktungssystem* das allein anwendbare Förderinstrument. Der Direktvermarktungsmechanismus ist in seinen Grundzügen dem Festvergütungssystem nachgezeichnet. In beiden Systemen reichen die Netzbetreiber die Förderkosten an die ÜNB weiter, die diese im Horizontal- und Vertikalverhältnis ausgleichen. Die Anlagenbetreiber reichen den Strom aber, anders als beim Einspeisevergütungssystem, nicht gegen Zahlung eines festen Einspeisetarifs weiter, sondern veräußern ihn selbst. Sie erhalten hierfür von den Netzbetreibern eine Marktprämie (§§ 19 I Nr. 1, 20 I EEG). Die Förderhöhe wird im EEG 2021 grds. durch Ausschreibungen ermittelt (§ 22 I EEG). Der in EEG-Anlagen erzeugte Strom wird nur noch gefördert, wenn die Anlagen erfolgreich an einer Ausschreibung am Markt mit anderen Wettbewerbern teilgenommen haben.[215] Jährlich finden für jede Technologie zwei bis drei Ausschreibungsrunden statt, deren Volumen sich an den Ausbaupfaden orientiert und so in Zukunft einen koordinierten Zubau sicherstellt (§§ 27–28c EEG). Wird das Gebot durch Zuschlag (§ 32 EEG) angenommen, so wird über den Gebotswert die Vergütungshöhe ermittelt (§ 23 EEG). 58

Keine gesetzliche Regelung hat das *Rechtsverhältnis zwischen den Stromvertriebsunternehmen und den Letztverbrauchern* gefunden. Der Gesetzgeber geht aber implizit (vgl. §§ 63 ff. EEG) davon aus, dass die Förderkosten in Gestalt der EEG-Umlage auf die – nach dem Verursacherprinzip verantwortlichen[216] – Verbraucher abgewälzt werden,[217] sodass es sich für die Vertriebsunternehmen um durchlaufende Posten handelt. 59

Bestimmte Letztverbraucher werden auf fristgebundenen Antrag (§ 66 EEG) von den Kosten der EEG-Förderung befreit. Die *besondere Ausgleichsregelung* (§§ 63 ff. EEG) beabsichtigt eine Privilegierung von stromkostenintensiven Unternehmen (§ 64 EEG) inklusive der dortigen Herstellung von Wasserstoff (§ 64a EEG), Schienenbahnen (§ 65 EEG), Verkehrsunternehmen mit elektrisch betriebenen Bussen im Linienverkehr (§ 65a EEG) und Landstromanlagen (§ 65b EEG) gegenüber den übrigen umlagepflichtigen Letztverbrauchern. 60

---

[214] Zu den jeweiligen Anspruchsvoraussetzungen s. *Lamy/Rühr* EnWZ 2017, 248 (250 ff.); *Stangl* in Baumann/Gabler/Günther (Hrsg.), EEG, 2020, § 19 Rn. 3 ff., § 20 Rn. 4 ff., § 21 Rn. 2 ff.; *Wiemer* in BeckOK EEG, 11. Ed. 16.11.2020, EEG 2017 § 19 Rn. 23 f.; *Salje* (o. Fn. 212) § 3 Rn. 10 ff.

[215] Damit ist auch prozessual das Feld des Konkurrentenrechtsschutzes betreten, hierzu *Götz* NVwZ 2017, 17 ff.; *Maslaton/Urbanek* ER 2017, 15 ff.; generell zum Rechtsschutz gegen Entscheidungen im Ausschreibungsverfahren *Salje* RdE 2017, 437 (440 ff.).

[216] *Sailer/Kantenwein* in Reshöft/Schäfermeier EEG Einl. Rn. 123; allg. *Beckbissinger* EurUP 2020, 2 (2 f.).

[217] BGHZ 155, 141 (155); *Britz/Müller* RdE 2003, 163 (165 f.).

b) Unionsrechts- und Verfassungskonformität

aa) Unionsrecht

61 Ob es sich beim deutschen Fördermodell um eine *Beihilfe* iSd Art. 107 I AEUV handelt, ist umstritten.[218] In Bezug auf das EEG 2012 herrschte ein langjähriger Streit zwischen der Kommission und der Bundesrepublik Deutschland, da die Kommission den Beihilfetatbestand sowohl im Hinblick auf die umlagefinanzierten Einspeisevergütungen und Marktprämien (§§ 16 ff., 33 ff. EEG 2012) als auch auf die Besondere Ausgleichsregelung (§§ 40 ff. EEG 2012) bejahte.[219] Mit Urteil vom 28.3.2019 hat der *EuGH,* entgegen dem *EuG* in der Vorinstanz, den Beschluss der Kommission für nichtig erklärt.[220] Der Fördermechanismus sei keine Beihilfe, da die mit der EEG-Umlage erwirtschafteten Gelder keine staatlichen Mittel seien. Zum einen könne man die EEG-Umlage wegen der fehlenden Verpflichtung zur Abwälzung auf den Letztverbraucher nicht mit einer Abgabe gleichstellen. Zum anderen habe das *EuG* weder die Verfügungsgewalt des Staates über die mit der EEG-Umlage erwirtschafteten Gelder noch die staatliche Kontrolle über die mit der Verwaltung dieser Gelder betrauten ÜNB nachgewiesen. Um erneute Streitigkeiten zu vermeiden, hat die Bundesrepublik Deutschland mit der Kommission eine Vereinbarung über die Rückforderung der beanstandeten Befreiungen von der EEG-Umlage getroffen[221] und die nachfolgenden EEG-Novellen wurden in enger Abstimmung mit der Kommission entsprechend der *Beihilfeleitlinien für Umweltschutz und Energie* ausgestaltet.[222]

62 Die *EuGH*-Entscheidung zum deutschen EEG-Fördermechanismus ist *nicht verallgemeinerungsfähig*. Denn im Zentrum der Argumentation des *EuGH* standen nicht etwa ein (neuer) enger Beihilfenbegriff, der auch auf andere Fördersysteme übertragen werden könnte, sondern

---

[218] Grdl. *EuGH,* Rs. C-379/98 (PreussenElektra), Slg. 2001, I-2099 Rn. 68 ff.; bestätigt durch *EuGH,* Rs. C-329/15 (ENEA), ECLI:EU:C:2017:671. Guter Überblick bei *Ludwigs* REE 2018, 1 (5 ff.). Zur Entwicklung der Rspr. s. *Schmidt-Kötters* in Kment (Hrsg.), Der Einfluss des *EuGH* auf das Umwelt- und Infrastrukturrecht, 2020, S. 45 (54 ff.). Vgl. aber auch *EuGH,* Rs. C-515/16 (Enedis SA), ECLI:EU:C:2017:217. Ausf. dazu 10. Aufl. dieses Buches § 6 Rn. 44 ff.

[219] Beschluss (EU) 2015/1585 der Kommission v. 25.11.2014 über die Beihilferegelung SA. 33995 (ABl. 2015 L 250, 122). In Bezug auf das EEG 2012 ebenfalls eine verbotene Beihilfe annehmend *Bickenbach* DÖV 2013, 953 (957 ff.); *Ludwigs* RW 2014, 255 (265 ff.); *Schröder* AöR 140 (2015), 89 (107 ff.). AA *Burgi/Wolff* EuZW 2014, 647 (652 f.); *Ekardt* EurUP 2013, 197 ff.; *Ismer/Karch* ZUR 2013, 526 (527 ff.); *Sailer/Kantenwein* in Reshöft/Schäfermeier EEG Einl. Rn. 237 ff. Zum EEG 2014 (eine Beihilfe abl.) *Böhme/Schellberg* EnWZ 2014, 147 ff.; *Kahl/Bews* JURA 2014, 1094 (1095 ff.). Auch mit Blick auf das EEG 2017 eine Beihilfe annehmend und die Genehmigungspraxis der Kommission kritisierend *Ludwigs* REE 2018, 1 (7, 10 f.).

[220] *EuGH,* Rs. C-405/16 P (Deutschland/Kommission), ECLI:EU:C:2019:268; vorgehend *EuG,* Rs. T-47/15 (Deutschland/Kommission), ECLI:EU:T:2016:281; dazu *Scholtka* EuZW 2019, 418 (425 ff.); *Kahles/Nysten* EnZW 2019, 147 ff.; *Schmidt-Kötters* (o. Fn. 218) S. 66 ff., 70 ff.; *Ludwigs* NVwZ 2019, 909 ff.; *Overkamp/Brinkschmidt* DÖV 2019, 868 ff.; *Thielen* RdE 2019, 444 ff.; *Germelmann* EurUP 2019, 255 ff.; *Stöbener de Mora* NVwZ 2019, 633 ff.; *Arhold* N&R 2019, 130 ff.; *Meitz* ZUR 2019, 353 ff.; *Frenz* EuR 2019, 401 ff.; *Lamy/Rühr* RdE 2020, 1 (7 f.); *Böhringer* EurUP 2020, 360 (361 f.). Für Übertragbarkeit auf das KWKG *Schmidt-Preuß,* Kraft-Wärme-Kopplung und Beihilfe, 2020.

[221] Ausf. *Altenschmidt* NuR 2015, 166 (169 ff.).

[222] Allg. zu Energiebeihilfen nach der AGVO *Frenz* ER 2019, 64 ff. Zu weiteren Folgen der *EuGH*-Entscheidung *Ludwigs* NVwZ 2019, 909 (911 ff.); *Johann/Lünenberger/Manthey* EuZW 2019, 647 (649 ff.); *Frenz* RdE 2019, 209 ff.; zur Unionsrechtskonformität der Regelungen des EEG 2021 *Böhringer* EurUP 2021, 360 (362 ff.).

vielmehr die Besonderheiten der Ausgestaltung des deutschen EEG.[223] Es überrascht daher nicht, dass *EuGH* und *EuG* in den letzten Jahren die Beihilfeeigenschaft der EE-Fördersysteme anderer Mitgliedstaaten bejaht haben. So entschied der *EuGH* nur wenige Wochen nach seinem Urteil zum deutschen EE-Fördersystem, dass es sich beim litauischen System der EE-Förderung um eine Beihilfe handle.[224] Die dort vorgesehenen Ausgleichsmaßnahmen für Erbringer von Dienstleistungen von allgemeinem Interesse im Elektrizitätssektor stellten wegen des Vorliegens einer staatlichen Verfügungsgewalt Beihilfen dar.[225] Im Unterschied zum deutschen EE-Fördersystem besteht in Litauen für die Endverbraucher eine echte Beitragspflicht in Form von Pflichtbeiträgen zu einem Fonds, während im deutschen System eine Weitergabe der Kosten an die Verbraucher gesetzlich nicht vorgegeben ist.[226] Auch das tschechische EE-Fördersystem stellt nach Ansicht des *EuG* eine Beihilfe dar.[227] Dort wurden die Fördermaßnahmen durch eine EE-Umlage in Form eines Aufschlags auf die Stromübertragungs- und -verteilungstarife finanziert, der von den Endverbrauchern an die ÜNB und die regionalen Stromverteilungsunternehmen gezahlt werden musste. Auf den Einspeisepreis wurde eine sog. „Solarsteuer" erhoben. Bei den daraus herrührenden Beträgen handele es sich um staatliche Einnahmen, so das *EuG*.[228] Insofern liege (ähnlich wie im litauischen System der Pflichtbeitragszahlungen) eine Finanzierung aus dem Staatshaushalt vor.[229]

Im Rahmen des Beihilfeverfahrens überprüft die Kommission die Förderregelungen auch am sonstigen Unionsrecht. Kontrovers beurteilt wird, inwieweit die EEG-Förderung mit dem *freien Warenverkehr* (Art. 34 AEUV)[230] vereinbar ist. Hinsichtlich eines vergleichbaren schwedischen Fördermodells hat der *EuGH* in der Rechtssache *Ålands Vindkraft*[231] entschieden, dass eine Begrenzung der nationalen Förderregelung auf den im Inland erzeugten Strom aus Erneuerbaren Energien eine offene Diskriminierung ausländischer Anlagenbetreiber darstelle, die aber aufgrund des Umweltschutzes gerechtfertigt sei. Dies lässt sich auf die EEG-Förderung übertragen, die nach der Warenherkunft differenziert (vgl. § 15 I EEG). Dabei handelt es sich um eine unmittelbar diskriminierende Beschränkung des freien Warenverkehrs iSd *Dassonville*-Formel, da der innergemeinschaftliche Handel zumindest mittelbar und potenziell behindert wird, ohne unter die *Keck*-Formel zu fallen. 63

Die vom *EuGH* angenommene Rechtfertigung diskriminierender nationaler Fördermodelle ist allerdings in der Literatur umstritten. Zwar ergibt sich die Zulässigkeit – auch diskriminierender – nationaler Fördermodelle aus Art. 3 III UAbs. 2 der EE-RL (2009).[232] Sollte man die EE-RL (2009) trotz des sehr weiten Umsetzungsspiel- 64

---

[223] So auch *Overkamp/Brinkschmidt* DÖV 2019, 868 (874).

[224] *EuGH*, Rs. C-706/17 (Achema), ECLI:EU:C:2019:407; dazu *Maiworm* IR 2019, 205 ff.

[225] *EuGH*, Rs. C-706/17 (Achema), ECLI:EU:C:2019:407 Rn. 45 ff.

[226] Vgl. *Soltész* EuZW 2020, 5 (6); *Gundel* (o. Fn. 69) M. Energierecht Rn. 255.

[227] *EuG*, Rs. T-217/17 (FVE Holýšov/Kommission), ECLI:EU:T:2019:633.

[228] *EuG*, Rs. T-217/17 (FVE Holýšov/Kommission), ECLI:EU:T:2019:633 Rn. 5 ff, 111.

[229] *EuG*, Rs. T-217/17 (FVE Holýšov/Kommission), ECLI:EU:T:2019:633 Rn. 11.

[230] Dazu *Kahl* GPR 2015, 183 ff.; *Leidinger* in Moench/Dannecker/Ruttloff (Hrsg.), Beiträge zum neuen EEG 2014, 2014, S. 61 ff.

[231] *EuGH*, Rs. C-573/12 (Ålands Vindkraft AB), ECLI:EU:C:2014:2037 Rn. 76 ff. Diese Rspr. gilt jedoch nur für Fördermaßnahmen, die *direkt* bei den Erzeugern ansetzen. Sie gilt nicht für *indirekte* Förderung. In letzterem Fall einen Verstoß gegen Art. 34 AEUV wegen unverhältnismäßiger und daher nicht gerechtfertigter Diskriminierung eingeführter EE annehmend *EuGH*, Rs. C-492/14 (Essent Belgium II), RdE 2016, 505 Rn. 96 ff. (insbes. 102 ff.) mAnm *Gundel* aaO 511 (512), für den die Unterscheidung mangelnde Stimmigkeit aufweist und der darauf hinweist, dass es jedenfalls „kein vollständiges ‚Grundfreiheiten-Reservat'" für EE gibt.

[232] Hierauf abstellend *Cremer* in Schulze-Fielitz/Müller (o. Fn. 11) S. 129, 134 f.; einschränkend *Ludwigs* EuZW 2014, 201 (202).

raums als abschließende Harmonisierungsmaßnahme ansehen (str.),[233] wären ihre Regelungen aus Gründen der Normenhierarchie (Vorrang des Primärrechts) ihrerseits auf ihre Vereinbarkeit mit Art. 34 AEUV zu prüfen, sodass es letztlich stets auf die Voraussetzungen der Rechtfertigung aus Umweltschutzgründen ankommt.[234] Mehr als eine Indizwirkung kommt der EE-RL (2009) somit richtigerweise nicht zu; insbes. kann das Sekundärrecht nicht von der Geltung des Primärrechts „dispensieren" (str.).[235]

65 Die entscheidende Frage ist letztlich – sieht man einmal von der besonderen Ausgleichsregelung (→ Rn. 60) ab, für die es richtigerweise bereits an der Einschlägigkeit des Rechtfertigungsgrundes „Umweltschutz" fehlen dürfte[236] – die *Erforderlichkeit* und *Angemessenheit* diskriminierender nationaler Fördermodelle (hier: EEG-Einspeisevergütung). Nach einer verbreiteten restriktiven (binnenmarktfreundlichen) Meinung lässt sich ein diskriminierender Eingriff in den freien Warenverkehr mit Blick auf die zwischenzeitliche Harmonisierung des Strombinnenmarktes nicht mehr rechtfertigen.[237] Die Voraussetzungen, die noch den *EuGH* in der Rechtssache *PreussenElektra* von der Vereinbarkeit des StrEG mit der Warenverkehrsfreiheit ausgehen ließen, seien mit der vollständigen Marktöffnung entfallen. Richtig ist, dass eine Förderung Erneuerbarer Energien als „Reservat nationaler Förderpolitik"[238] an sich nicht zur Idee eines Energiebinnenmarktes passt. Ausschlaggebend für die iErg gleichwohl zu bejahende Erforderlichkeit und Angemessenheit sind allerdings die möglichen negativen Auswirkungen, die eine Aufhebung der Diskriminierung durch Öffnung der nationalen Förderregime für das Funktionieren der Förderung und damit das Erreichen der Umweltschutzziele hätte.[239]

bb) Verfassungsrecht

66 Nach hM handelt es sich bei der EEG-Vergütungspflicht nicht um eine Sonderabgabe iSd deutschen Finanzverfassungsrechts.[240] Gegen eine unmittelbare Anwendbarkeit der finanzverfassungsrechtlichen Bestimmungen wird vor allem der fehlende Zugriff des Staates auf „konkrete" Finanzmittel und die daher fehlende Aufkommenswirkung ins Feld geführt.[241] Ebenso wenig lassen sich nach hM[242] die materiellen Kriterien, die für Sonderabgaben gelten, auf die EEG-Vergütungspflicht übertragen, da das EEG lediglich Finanzbeziehungen zwischen Privaten organisiert, die die Schutz- und Begrenzungsfunktion der Finanzverfassung nicht in Frage stellen,

---

[233] So *Altrock/Oschmann* in dies./Theobald (Hrsg.), EEG, 4. Aufl. 2013, Einf. Rn. 114; dagegen zutreffend *EuGH*, Rs. C-573/12 (Ålands Vindkraft AB), ECLI:EU:C:2014:2037 Rn. 63.

[234] *Sailer/Kantenwein* in Reshöft/Schäfermeier EEG Einl. Rn. 236; vgl. dazu *GA Bot*, Schlussantrag zu Rs. C-573/12 (Ålands Vindkraft AB), ZUR 2014, 350 Rn. 62 ff.

[235] *Gundel* EnWZ 2014, 99 (103); aA *Klinski* ZNER 2005, 207 (211 f.).

[236] *Sailer/Kantenwein* in Reshöft/Schäfermeier EEG Einl. Rn. 277.

[237] *GA Bot*, Schlussantrag zu Rs. C-573/12 (Ålands Vindkraft AB), ECLI:EU:C:2014:2037 Rn. 74 ff., 82 ff., 96 ff.

[238] *Gundel* in Terhechte (Hrsg.), Verwaltungsrecht der Europäischen Union, 2011, § 23 Rn. 58.

[239] *EuGH*, Rs. C-573/12 (Ålands Vindkraft AB), ECLI:EU:C:2014:2037 Rn. 89 ff. (99).

[240] Zum EEG 2014 s. *Kahl/Bews*, Ökostromförderung und Verfassung, 2015, S. 57 ff.; *Schröder* AöR 140 (2015), 89 (92 ff.). Für das EEG 2012 eine Sonderabgabe abl. *BGH* NVwZ 2014, 1180 (1181 ff.); *Gawel* DVBl 2013, 409 (410 ff.); *Kröger* ZUR 2013, 480 (481 ff.); *Waldhoff/Roßbach* WiVerw 2014, 1 (14 ff.). AA *Gärditz* ZfU 2015, 343 (363 f.); *Manssen* DÖV 2012, 499 (501 ff.); *Steffens* in Säcker (Hrsg.), Berliner Kommentar zum Energierecht, Sonderband zu Bd. II, 3. Aufl. 2015, Einl. EEG Rn. 98 ff.

[241] *Waldhoff/Roßbach* WiVerw 2014, 1 (14 ff.).

[242] Vgl. nur *Waldhoff/Roßbach* WiVerw 2014, 1 (8 ff., 14 ff.) mwN.

und sich die Kohlepfennig-Entscheidung[243] wegen der bei der EEG-Vergütung fehlenden Bildung eines öffentlich-rechtlichen Sondervermögens, dem die Finanzströme zufließen, nicht auf die EEG-Vergütung übertragen lässt.[244]

Nach hM verstößt der Fördermechanismus gem. EEG auch nicht gegen Grundrechte.[245] Eine Verletzung der Grundrechte der an dem Umlagemechanismus beteiligten Netzbetreiber, ÜNB und Stromvertriebsunternehmen erscheint wegen der jeweils bestehenden Abwälzungsmöglichkeit schon im Ansatzpunkt fernliegend. 67

Eine Verletzung der Eigentumsfreiheit (Art. 14 I GG) der Letztverbraucher kommt mangels Eröffnung des Schutzbereichs wegen des fehlenden Abgabencharakters der EEG-Umlage nicht in Betracht. Auch eine Verletzung der Vertragsfreiheit, die durch die Berufsfreiheit (Art. 12 I GG), subsidiär durch die allgemeine Handlungsfreiheit (Art. 2 I GG) geschützt wird, ist nicht anzunehmen, da, selbst wenn man von einer die Vertragsfreiheit beeinträchtigenden Preisregelung ausgeht, der Eingriff zur Erreichung des durch Art. 20a GG verfassungsrechtlich abgesicherten, hochrangigen Förderziels geeignet und wegen der weiten gesetzgeberischen Einschätzungsprärogative auch mit Blick auf die alternativen Fördermodelle erforderlich und angemessen ist.

Die besondere Ausgleichsregelung für energieintensive Unternehmen und Schienenbahnen ist mit dem allgemeinen Gleichheitssatz (Art. 3 I GG) vereinbar, da die Ungleichbehandlung an eine sachliche Differenzierung anknüpft und (noch) verhältnismäßig ist.[246]

2. Gebäudeenergie

Am 1.11.2020 ist das GEG[247] in Kraft getreten und hat den bisherigen Dreiklang von EnEG, EnEV und EEWärmeG ersetzt. 68

Zweck des GEG ist ein „möglichst sparsamer Einsatz von Energie in Gebäuden einschließlich einer zunehmenden Nutzung Erneuerbarer Energien zur Erzeugung von Wärme, Kälte und Strom für den Gebäudebetrieb" (§ 1 I GEG). Konkrete Ziele enthält das GEG, anders als etwa noch § 1 II EEWärmeG und § 1 I 1 EnEV, nicht mehr. Stattdessen verweist § 1 II GEG pauschal auf die energie- und klimapolitischen Ziele der Bundesregierung.

Das GEG gilt sowohl für neu zu errichtende Gebäude als auch für Bestandsgebäude sowie für deren Anlagen und Einrichtungen der Heizungs-, Kühl-, Raumluft- und Beleuchtungstechnik und der Warmwasserversorgung (§ 2 I 1 GEG).

a) Energetische Mindestanforderungen an Gebäude

Neubauten sind als Niedrigstenergiegebäude zu errichten (§ 10 I GEG), dh als Gebäude, deren jährlicher Primärenergiebedarf und Transmissionswärmeverlust gewisse Höchstwerte nicht überschreitet und deren verbleibender Energiebedarf zumindest anteilig durch Erneuerbare Energien gedeckt wird (§ 10 II GEG). §§ 11–14 69

---

[243] → § 4 Rn. 136.

[244] Ausf. Voraufl. § 6 Rn. 55.

[245] Für das EEG 2014 s. *Kahl/Bews* (o. Fn. 240) S. 93 ff. Zum EEG 2012 statt aller und mwN auf den Meinungsstand *Manssen* WiVerw 2012, 170 (172 ff.); *Waldhoff/Roßbach* WiVerw 2014, 1 (8 ff., 20 ff.).

[246] *Manssen* WiVerw 2012, 170 (178 ff.); *Waldhoff/Roßbach* WiVerw 2014, 1 (25 ff.); zumindest teilweise wohl aA *Kreuter-Kirchhof* NVwZ 2014, 770 (775 f.).

[247] o. Fn. 123. S. überblicksartig zum GEG *Leymann* ZUR 2020, 666 ff.; *Jope* EWeRK 2020, 153 ff.; *Frenz* ER 2020, 153 ff.

GEG definieren Anforderungen an den Mindestwärmeschutz, Wärmebrücken, Dichtheit und sommerlichen Wärmeschutz. Hinsichtlich der anteiligen Nutzung Erneuerbarer Energien erlaubt das Gesetz den Einsatz von solarthermischen Anlagen, Strom und Kälte aus Erneuerbaren Energien, Geothermie, Umweltwärme, fester, flüssiger und gasförmiger Biomasse, Abwärme, Kraft-Wärme-Kopplung, Fernwärme und Fernkälte (§§ 34–44 GEG). Der geforderte Anteil richtet sich nach dem Energieträger.[248] Die Nutzungspflicht kann durch eine Kombination mehrerer Maßnahmen erfüllt (§ 34 II 1 GEG) und durch Maßnahmen zur Einsparung von Energie (§ 45 GEG) ersetzt werden. Die Regelungen entsprechen inhaltlich weitgehend den bisherigen §§ 9 ff. EnEV, sodass sie etwa eine erhöhte Modernisierungsquote oder umfangreichere Modernisierungen nicht bewirken können.[249]

70 Darüber hinaus kennt § 72 I, II GEG ein Betriebsverbot für alte Heizkessel. Ab 2026 ist der Einbau neuer Öl- und Kohleheizungen nur noch bedingt gestattet (§ 72 IV GEG). Die Ausnahmetatbestände sind aber weit, sodass zB eine kombinierte Nutzung von Ölheizung und Erneuerbaren Energien gem. § 72 IV 1 Nr. 1 GEG weiter zulässig ist.

b) Energieausweise

71 §§ 79 ff. GEG verpflichten zur Ausstellung eines Energieausweises für Gebäude, der Informationen über die energetischen Eigenschaften des Gebäudes enthält und dadurch einen überschlägigen Vergleich von Gebäuden ermöglichen soll (§ 79 I 1 GEG). Der Energieausweis enthält zahlreiche Angaben, zB das Baujahr des Gebäudes, die wesentlichen Energieträger für Heizung und Warmwasser sowie bei Wohngebäuden die Energieeffizienzklasse (§§ 85 f. GEG). Beim Verkauf eines Gebäudes oder der Bestellung eines Rechts ist der Energieausweis dem potentiellen Käufer durch den Verkäufer oder den Immobilienmakler spätestens bei der Besichtigung vorzulegen, dasselbe gilt im Falle der Vermietung, Verpachtung oder eines Leasings für den Vermieter, Verpächter, den Leasinggeber oder den Immobilienmakler (§ 80 IV 1, V GEG).

c) Finanzielle Förderung

72 Finanzielle Anreize zur energetischen Gebäudesanierung werden durch Fördermittel des Bundes zur Nutzung Erneuerbarer Energien für die Erzeugung von Wärme oder Kälte, zur Errichtung besonders energieeffizienter und zur Verbesserung der Energieeffizienz bestehender Gebäude gesetzt (§§ 89 ff. GEG). Die Regelungen entsprechen weitgehend den bisherigen §§ 13 ff. EEWärmeG. Eine weitere Anreizwirkung wird durch Steuerermäßigungen für energetische Maßnahmen bei zu eigenen Wohnzwecken genutzten Gebäuden nach § 35c EStG erreicht.[250]

3. Kraft-Wärme-Kopplung

73 Das KWKG[251] dient ausweislich seines § 1 der Erhöhung der Nettostromerzeugung aus KWK-Anlagen auf 110 Terrawattstunden bis zum Jahr 2020 sowie auf 120 Terrawattstunden bis zum Jahr 2025. Die KWK trägt unmittelbar zur Energieeffizienz der Energie- und Wärmeversorgung und damit mittelbar zur Verringerung des

---

[248] Solarthermische Anlage: 15 %, Strom aus Erneuerbaren Energien: 15 %, Geothermie und Umweltwärme: 50 %, feste und flüssige Biomasse: 50 %, gasförmige Biomasse: 30–50 %, Abwärme: 50 %, Kraft-Wärme-Kopplung: 40–50 %.

[249] Krit. auch *Leymann* ZUR 2020, 666 (668 f.).

[250] Dazu *Urban* FR 2020, 354 ff.

[251] o. Fn. 124.

CO_2-Ausstoßes bei.[252] Bei der KWK wird der eingesetzte Primärenergieträger gleichzeitig in einer technischen Anlage in elektrische Energie und Wärme umgewandelt. Auf diese Weise kann ein Nutzungsgrad (Summe von Strom- und Wärmeabgabe) von bis zu 90 % erreicht werden (gegenüber ca. 40 % elektrischem Wirkungsgrad bei konventionellen Kohlekraftwerken).[253]

Das KWKG beruht auf einem ähnlichen Regelungsmodell wie das EEG:[254] Die Anlagenbetreiber haben – innerhalb des sachlichen Anwendungsbereichs des Gesetzes (§ 1 II KWKG)[255] – gegen den Netzbetreiber (§ 2 Nr. 21 KWKG) einen Anspruch auf vorrangigen Anschluss und Abnahme des Stroms aus KWK-Anlagen (§ 3 I KWKG). § 3 II KWKG stellt klar, dass die Abnahme von KWK-Strom und Strom aus Erneuerbaren Energien und Grubengas weiterhin gleichrangig erfolgen muss. Die unterschiedlichen Vermarktungsmöglichkeiten des Stroms aus der KWK-Anlage zeigt § 4 KWKG auf. Für Anlagen mit einer Leistung ab 100 kW besteht demnach die Pflicht, den Strom im Wege der Direktvermarktung zu veräußern,[256] sofern die Anlagenbetreiber ihn nicht selbst verbrauchen (§ 4 I KWKG). Für KWK-Anlagen mit geringerer Leistung bleibt die Direktvermarktung optional, sie können stattdessen vom Netzbetreiber die kaufmännische Abnahme ihres erzeugten KWK-Stroms verlangen (§ 4 II 1 KWKG). Die Netzbetreiber müssen den Anlagenbetreibern einen festen Zuschlag auf den Marktpreis garantieren (§ 7 KWKG). Für diese Zuschläge erfolgt nach § 28 KWKG ein Belastungsausgleich unter den Netzbetreibern und ÜNB. Letztlich werden die Zuschläge aber von allen Verbrauchern über eine weitere Umlage auf den Strompreis finanziert.[257] Die Voraussetzungen für zuschlagsfähige KWK-Anlagen sind in §§ 6, 13 KWKG geregelt. Der im KWKG 2016 neu eingeführte Vorbescheid nach § 12 KWKG für neue KWK-Anlagen mit einer Leistung von mehr als 50 MW kann die Frage der Zuschlagsberechtigung bereits vor Inbetriebnahme der Anlage verbindlich beantworten und schafft damit Rechtssicherheit für Investoren. KWK-Strom aus neuen und modernisierten KWK-Anlagen mit einer elektrischen Leistung zwischen 500 kW und 50 MW können dagegen nur gefördert werden, wenn sie erfolgreich an einer Ausschreibung teilgenommen haben. Außerdem gibt es Boni für innovative KWK-Systeme und elektrische Wärmeerzeuger (§§ 7a f. KWKG) sowie einen Kohleersatzbonus (§ 7c KWKG)[258]. Das Ausschreibungsdesign gleicht dabei dem des EEG. Die Ausschreibungen werden in einem begrenzten Umfang für KWK-Anlagen im europäischen Ausland geöffnet (§ 1 V KWKG). Näheres zum Gebots- und Zuschlagsverfahren sowie den Voraussetzungen für eine Auszahlung der KWK-Förderung regelt die KWKAusV.[259] 74

Neben dem Preiszuschlag für KWK-Strom sieht das Gesetz als weitere Fördermechanismen Investitionszuschüsse für den Neu- und Ausbau von Wärme- und Kältenetzen (§§ 19 ff. KWKG) sowie für den Neubau von Wärme- und Kältespeichern (§§ 23 ff. KWKG) vor. Die Voraussetzungen für die Förderung solcher Projekte, die in §§ 18, 22 KWKG geregelt sind, werden in einem öffentlich-rechtlichen Zulassungsverfahren (§§ 20, 24 KWKG) vom Bundesamt für Wirtschaft und Ausfuhrkontrolle überprüft. Die Förderung der KWK ist insgesamt finanziell begrenzt auf jährlich 1,8 Mrd. EUR (§ 29 I 1 KWKG). Die Summe der Zuschlagzahlungen für Wärme- und Kältenetze sowie Wärme- und Kältespeicher nach den §§ 18–25 KWKG darf dabei grds. 150 Mio. EUR nicht überschreiten (§ 29 II 1 Hs. 1 KWKG).[260] 75

---

[252] Zur Steuerungswirkung eingehend *Ismer*, Klimaschutz als Rechtsproblem, 2014, S. 270 ff.

[253] *Buchmann/Hirschmann* RdE 2009, 204.

[254] Umfassend *Schmidt-Preuß* (o. Fn. 220) S. 47 ff.; *Brodowski*, Der Belastungsausgleich im Erneuerbare-Energien-Gesetz und im Kraft-Wärme-Kopplungsgesetz im Rechtsvergleich, 2007.

[255] § 1 III KWKG schließt zugleich eine Doppelförderung nach EEG und KWKG aus.

[256] Ausf. zur Direktvermarktung nach KWKG *Baltes/Geipel* RdE 2017, 9 ff.

[257] Zur Refinanzierung durch die KWKG-Umlage *Schmidt-Preuß* (o. Fn. 220) S. 58 ff.

[258] Zum Kohleersatzbonus und sonstigen Änderungen des KWKG infolge des Kohleausstiegs s. *Stürmlinger/Fuchs* NuR 2021, 320 (325 f.); *Hennig/Grave* in Säcker (Hrsg.), Berliner Kommentar zum Energierecht, Bd. 5, 4. Aufl. 2018, KWKAusV § 19 Rn. 32.

[259] VO zur Einführung von Ausschreibungen zur Ermittlung der Höhe der Zuschlagszahlungen für KWK-Anlagen und innovative KWK-Systeme v. 10.8.2017 (BGBl. I 3167), zgd Art. 8 G v. 8.8.2020, BGBl. I 1818; hierzu *Faßbender/Riggert* IR 2017, 146 ff.

[260] Krit. *Buchmann/Hirschmann* RdE 2009, 204 (211).

Hinsichtlich der Vereinbarkeit des Fördermechanismus (§§ 1, 3, 28 KWKG) mit dem AEUV und dem GG gilt dasselbe wie für den Fördermechanismus des EEG (→ Rn. 61 ff.).[261]

4. Anschluss- und Benutzungszwang

76 Zusätzlich zur finanziellen Förderung nach dem KWKG wird der Neu- und Ausbau von Fernwärmenetzen durch das Instrument des Anschluss- und Benutzungszwangs erleichtert. Der Anschluss an ein Fernwärmenetz dient dem Klimaschutz, weil eine effiziente KWK die CO_2-Emissionen gegenüber dem Hausbrand und der Stromerzeugung in Großkraftwerken um 20–25 % senken kann.[262] Aufgrund der hohen Investitionskosten ist es wirtschaftlich erforderlich, möglichst alle Haushalte in einem Wärmenetzgebiet anzuschließen. Da die Fernwärmeversorgung meist kommunal organisiert ist, ist der Anschluss- und Benutzungszwang zur Versorgung mit Fernwärme überwiegend in den Gemeindeordnungen geregelt, welche die Gemeinden zum Erlass entsprechender Satzungen ermächtigen.[263]

77 Eine bundesweite Ermächtigungsgrundlage für einen klimaschutzpolitisch motivierten Anschluss- und Benutzungszwang sieht § 109 GEG vor.[264] Danach können die Gemeinden und Gemeindeverbände von einer Bestimmung nach Landesrecht, die sie zur Begründung eines Anschluss- und Benutzungszwangs an ein Netz der öffentlichen Nah- oder Fernwärmeversorgung ermächtigt, auch zum Zwecke des Klima- und Ressourcenschutzes Gebrauch machen.

78 Zur Rechtfertigung des Anschluss- und Benutzungszwangs aus Klimaschutzgründen müssen bestimmte Voraussetzungen vorliegen: Die Ermächtigungsgrundlagen in den Gemeindeordnungen setzen regelmäßig (zT sogar dringende) Gründe des öffentlichen Wohls bzw. Bedürfnisses[265] voraus; sie werden zumeist dahingehend präzisiert, dass sie Gründe des (Volks-)Gesundheitsschutzes einschließen. Diese Voraussetzung ist im Lichte der – auch kompetenzbegrenzend wirkenden – Bestimmung des Art. 28 II 1 GG („Angelegenheiten der örtlichen Gemeinschaft") auszulegen. Der Gemeinde kommt insoweit zwar ein gerichtlich nur eingeschränkt überprüfbarer Beurteilungsspielraum zu, sie muss aber den ihrer Entscheidung zugrunde gelegten Sachverhalt vollständig und zutreffend ermitteln.[266] Unter welchen Voraussetzungen das öffentliche Bedürfnis vorliegt, ist umstritten. Sieht die Ermächtigungsgrundlage die Anordnung eines Anschluss- und Benutzungszwangs aus Gründen des Klima- und Ressourcenschutzes vor, so muss nach hM in der betreffenden Gemeinde keine Umwelt- oder Gesundheitsgefährdung durch Luftverunrei-

---

[261] Umfassend *Schmidt-Preuß* (o. Fn. 220). Die Kommission genehmigte am 24.10.2016 die deutsche Förderung für KWK-Strom (IP/16/3525) und leitete (erwartungsgemäß) eingehende Untersuchungen zu Ermäßigungen von der KWK-Umlage für energieintensive Unternehmen ein. Gegen eine Einordnung der KWKG-Regelungen als Beihilfe *Kachel* EnWZ 2016, 51 (51).

[262] S. *Kahl/Schmidtchen* (o. Fn. 92) S. 287 ff., 327 ff.

[263] § 9 S. 1 GO NRW; sehr ähnlich § 11 I BWGemO (unter zusätzlicher Erwähnung der Versorgung mit „Nahwärme"), § 19 II 1 HGO, § 13 S. 1 NdsKomVG, § 26 I 1 RhPfGemO, § 14 I SächsGemO; enger Art. 24 I Nr. 3 BayGO; s. zu den Regelungen in den weiteren Ländern *Böhm/Schwarz* DVBl 2012, 540 (541).

[264] Zur Gesetzgebungskompetenz für die im Wortlaut identische Vorgängerregelung (§ 16 EEWärmeG) BVerwGE 159, 102 ff. mAnm *Helmes* NVwZ 2017, 64 f.

[265] Umfassend *Gläß*, Rechtsfragen des kommunalen Anschluss- und Benutzungszwangs in Zeiten von Klimawandel und Energiewende, 2016, S. 183 ff.

[266] *OVG Magdeburg* NVwZ-RR 2008, 810.

nigung aufgrund der örtlichen Verhältnisse festgestellt werden.[267] Vielmehr genügt, dass die *Maßnahme* einen örtlichen Bezug aufweist und dass die Fernwärmeversorgung hinsichtlich ihres *Ziels* bzw. ihrer *Wirkung* nur bei globaler Betrachtung aufgrund ersparter Kraftwerksleistungen an anderer Stelle zu einer nicht völlig unbeachtlichen Verringerung des Schadstoffausstoßes führt. Zu beachten ist im Übrigen noch der Grundsatz der Verhältnismäßigkeit.[268] Damit die Anordnung des Anschluss- und Benutzungszwangs angemessen ist, muss die Satzung insbes. Ausnahmen für den Fall einer gleichwertigen Nutzung anderer regenerativer Energiequellen (zB Solar) sowie ggf. sonstige Härte- und Übergangsregelungen enthalten.

5. Energieeinsparung und Energieeffizienz

Energiesparsames und -effizientes Verhalten[269] ist zu einem unverzichtbaren Baustein für eine kohlenstoffarme Wirtschaft *(„Low Carbon Economy")* und damit des Umwelt(energie)rechts geworden.[270] Sie leisten durch Verminderung des Energiebedarfs einen Beitrag zu einer Reduktion von CO_2-Emissionen und damit zum Klimaschutz. 79

Nicht ohne Klausurrelevanz ist die ordnungsrechtliche energiebezogene Betreiberpflicht im Immissionsschutzrecht (§ 5 I Nr. 4 BImSchG[271]), deren Einhaltung Voraussetzung für die Erteilung der immissionsschutzrechtlichen Genehmigung[272] ist. § 5 I Nr. 4 BImSchG statuiert die gegenüber den reinen Immissionsschutzzielen verselbstständigte,[273] allgemeine Pflicht, genehmigungsbedürftige Anlagen aus Gründen des Vorsorgeprinzips so zu errichten und zu betreiben, dass zur Gewährleistung eines hohen Schutzniveaus für die Umwelt insgesamt „Energie sparsam und effizient verwendet wird" (vgl. auch § 4d der 9. BImSchV).[274]

Für genehmigungsbedürftige Anlagen, die dem Anwendungsbereich des TEHG unterliegen, ist der *Vorrang des TEHG* zu beachten (§ 5 II 2 BImSchG).[275]

§ 5 I Nr. 4 BImSchG betrifft nur Modifikationen der Beschaffenheit und des Betriebs der Anlage, nicht die Wahl eines anderen Anlagentyps oder eines anderen Einsatzstoffes, der einen anderen Anlagentyp erfordert, auch nicht den Einsatz einer anderen Energieart, wenn dadurch Anlagenzweck und Anlagentyp berührt werden.[276] In der Praxis ist die Betreiberpflicht des § 5 I Nr. 4 BImSchG bislang relativ wirkungsschwach geblieben, da die Konkretisierung durch Rechts- oder Verwaltungsvorschriften wie TA Luft oder einzelne Bestimmungen in Bundes-Immissionsschutzverordnungen[277] unzulänglich ist.[278] 80

[267] Genauer BVerwGE 125, 68 (71 ff.); ebenso, mit Unterschieden im Detail, *Böhm/Schwarz* DVBl 2012, 540 (542 f.). AA *Glaser* Verw. 41 (2008), 483 (498 ff., 507 ff.).

[268] *Manten/Elbel* LKV 2009, 1 (7 f.); detailliert zu den Anforderungen an kommunale Satzungen *Kahl* EurUP 2010, 114 (120 ff.).

[269] Zu den Begriffen Sparsamkeit und Effizienz Voraufl. § 6 Rn. 67 ff.

[270] Zur Einordnung als eigenständiges Rechtsgebiet s. (verneinend) *Ludwigs* in Brinktrine/Ludwigs/Seidel (Hrsg.), Energieumweltrecht in Zeiten von Europäisierung und Energiewende, 2014, S. 175 ff.

[271] Dazu *Schmidt-Kötters* in BeckOK UmweltR, 58. Ed. 1.10.2019, BImSchG § 5 Rn. 150 ff.

[272] Dazu → § 7 Rn. 51, 66.

[273] *Britz* UPR 2004, 55 (57).

[274] Krit. *Müller/Schulze-Fielitz* (o. Fn. 36) S. 13: „Maßnahme(n) bloß symbolischer Gesetzgebung".

[275] Dazu → § 7 Rn. 64; *Schmidt-Kötters* in BeckOK UmweltR, 58. Ed. 1.10.2019, BImSchG § 5 Rn. 159.

[276] *Enders/Krings* DVBl 2001, 1389 (1397).

[277] Vgl. etwa für die Wärmenutzung § 13 der 17. BImSchV (vgl. § 1 IV Nr. 1 der 17. BImSchV).

[278] Vgl. *Vollmer*, Nachhaltigkeit als Maßstab des Energieeffizienzgebotes, 2009, S. 47.

81 Auch das Abfallrecht, das ua auf eine Schonung der natürlichen Ressourcen zielt (vgl. § 1 I KrWG), leistet einen wichtigen Beitrag zur sparsamen Energieverwendung.[279] In der fünfstufigen Abfallhierarchie des § 6 I KrWG tritt die energetische Verwertung grds. hinter dem Recycling zurück, was jedoch durch die spezielle Regelung des § 8 KrWG durchbrochen werden kann. Außerdem wird unter bestimmten Voraussetzungen die thermische Behandlung von Abfällen (Müllverbrennung) als energetische Verwertung und nicht als nachrangige Beseitigung eingestuft.[280] Der grds. Vorrang der Verwertung gegenüber der Beseitigung entfällt, wenn die Beseitigung – zB unter dem Aspekt der einzusetzenden oder zu gewinnenden Energie – die umweltverträglichere Lösung darstellt (§ 6 II KrWG). Bei der Behandlung und Ablagerung anfallende Energie wird dann so weit wie möglich genutzt (§ 15 I 3 KrWG).

82 Bedeutung kommt der Einsparung von Energie auch im Bereich von Gebäuden, Geräten und Kraftfahrzeugen zu. Für den Gebäudesektor verpflichtet das GEG[281] Hauseigentümer zu energiesparendem Wärmeschutz und energiesparender Anlagentechnik, zudem soll der Energieausweis zur Transparenz energetischer Gebäudestandards beitragen (→ Rn. 68 ff.). Bei Haushaltsgeräten (zB Kühlgeräte) sowie bei Vorschaltgeräten für Leuchtstofflampen ergeben sich Energieeinsparpotenziale vor allem durch Festlegung von Höchstwerten für den Energieverbrauch, aber auch durch Pflichten zur Energieverbrauchskennzeichnung.[282] Produktbezogene Regelungen zum Energieverbrauch sieht die Ökodesign-RL[283] vor, zu deren Umsetzung die Kommission verschiedene Verordnungen[284] erlassen hat, ua zum Ersatz der traditionellen Glühlampe durch Energiesparlampen.

6. Offshore-Windenergie

83 Zunehmend werden zur Windenergienutzung große Windparks im Meer geplant, die im deutschen Hoheitsgebiet (bis 12 Seemeilen vor der Küste) und in der angrenzenden AWZ errichtet werden können.[285] Das Zulassungsverfahren für die Offshore-Windenergieparks in Nord- und Ostsee – ein energiepolitisches Schlüsselelement der Energiewende – wird seit 2017 im Windenergie-auf-See-Gesetz (WindSeeG)[286] geregelt. Ziel des Gesetzes ist es, die installierte Leistung von Windenergieanlagen auf See ab dem Jahr 2021 auf insgesamt 20 GW bis zum Jahr 2030 und auf insgesamt 40 GW bis zum Jahr 2030 zu steigern (§ 1 II 1 WindSeeG). Das Gesetz regelt dafür neben der Fachplanung auch die Ausschreibungen zur wettbewerblichen Ermittlung der Marktprämie nach § 22 EEG für Anlagen, die nach dem 31.12.2020 in Betrieb genommen werden, sowie die Zulassung, die Errichtung, die Inbetriebnahme und den Betrieb von Anlagen, soweit sie nach dem 31.12.2020 in

---

279 *Beckmann* AbfallR 2008, 65 ff.

280 *Schink/Frenz/Queitsch,* Das neue Kreislaufwirtschaftsgesetz 2012, 2012, Rn. 82.

281 o. Fn. 123.

282 Dies ist Gegenstand des EnVKG (o. Fn. 126).

283 o. Fn. 117. Ausf. *Tölle,* Der Rechtsrahmen für den Erlass von Öko-Design Anforderungen, 2016.

284 Für eine Auflistung der verschiedenen Produktgruppen mit der jeweils dazu gehörigen Ökodesign-VO vgl. https://de.wikipedia.org/wiki/Ökodesign-Richtlinie#Durchführungsmaßnahmen.

285 Für einen Überblick *Prall* in Altrock/Oschmann/Theobald (o. Fn. 233) § 31 Rn. 24 ff. Zum europäischen Kontext *Kommission,* EU-Strategie für erneuerbare Offshore-Energie v. 19.12.2020, COM (2020) 741 final.

286 G zur Entwicklung und Förderung der Windenergie auf See v. 13.10.2016, BGBl. I 2258, zgd Art. 19 G v. 21.12.2020, BGBl. I 3138. Überblick bei *Uibeleisen* NVwZ 2017, 7 ff.

Betrieb genommen werden (§ 2 WindSeeG).[287] Für den Zeitraum davor ist die Übergangsvorschrift des § 77 I WindSeeG zu beachten.

Die Errichtung und der Betrieb von Windenergieanlagen auf See und Anlagen zur Übertragung des Stroms sowie die wesentliche Änderung solcher Einrichtungen oder ihres Betriebs bedürfen nach § 45 I WindSeeG der Planfeststellung.[288] Anstelle eines Planfeststellungsbeschlusses kann eine Plangenehmigung nach § 74 VI VwVfG treten, sofern das Vorhaben nicht UVP-pflichtig ist. Die UVP-Pflicht von Windfarmen ergibt sich aus § 1 I Nr. 1 UVPG iVm Nr. 1.6 der Anl. I zum UVPG. Sie kann unter den Voraussetzungen des § 51 WindSeeG beschränkt werden. Zuständige Behörde ist jeweils das Bundesamt für Seeschifffahrt und Hydrographie (§ 45 II WindSeeG). 84

Den Antrag auf Durchführung eines solchen Verfahrens darf nur stellen, wer einen Zuschlag im Rahmen der Ausschreibungen erhalten hat.[289] Die Ausschreibungen sind in den §§ 14 ff. WindSeeG geregelt, wobei zwischen Ausschreibungen für voruntersuchte Flächen (§§ 16 ff. WindSeeG) und für bestehende Projekte (§§ 26 ff. WindSeeG) unterschieden wird. Bei Ausschreibungen für voruntersuchte Flächen vermittelt der Zuschlag das ausschließliche Recht zur Durchführung eines Planfeststellungsverfahrens zur Errichtung und zum Betrieb von Windenergieanlagen auf See auf der jeweiligen Fläche (§ 24 I Nr. 1 WindSeeG) sowie einen Anspruch auf Zahlung der Marktprämie nach § 19 EEG (§ 24 I Nr. 2 WindSeeG) und auf Anschluss der Windenergieanlagen an die Offshore-Anbindungsleitung und die Netzanbindungskapazität (24 I Nr. 3 WindSeeG). Bei Ausschreibungen für bestehende Projekte hat der bezuschlagte Bieter mit der Erteilung des Zuschlags einen Anspruch auf Zahlung der Marktprämie nach § 19 EEG (§ 37 I Nr. 1 WindSeeG) und auf Anschluss der Windenergieanlagen an die Offshore-Anbindungsleitung und die Netzanbindungskapazität (§ 37 I Nr. 2 WindSeeG). 85

Am 30.6.2020 erklärte das *BVerfG* das WindSeeG für verfassungswidrig, soweit es keinen Ausgleich für Planungs- und Untersuchungskosten von Vorhabenträgern vorsieht, deren nach früherem Recht begonnene Projekte infolge des 2017 erlassenen WindSeeG beendet wurden (vgl. insbes. § 46 III 1 WindseeG).[290] Ein solcher Ausgleich sei nach den Grundsätzen des Investitionsvertrauensschutzes erforderlich. Der Gesetzgeber hat ihn nunmehr eingeführt (s. § 10a WindseeG). 86

IV. Der Netzausbau

1. Hintergrund

Die Zunahme der Stromerzeugung aus Erneuerbaren Energien macht eine Anpassung der Netzinfrastruktur erforderlich, da die Zentren der Stromerzeugung und des Strombedarfs zunehmend räumlich divergieren. Verstärkt wird der Ausbaudruck durch die europäische Integration der Energienetze sowie den Aufholbedarf für die zu geringen Investitionen in der Vergangenheit.[291] Ein schnellerer Ausbau insbes. des überregionalen Höchstspannungsnetzes wird daher als dringlich angesehen. 87

---

[287] Zum Übergangsmodell für bestehende Projekte *Schulz/Appel* ER 2016, 231 (236 ff.).

[288] Zum Planfeststellungsverfahren *Spieth* in ders./Lutz-Bachmann (Hrsg.), Offshore-Windenergierecht, 2019, § 45 WindSeeG Rn. 5 ff.

[289] Zu den Rechtsfolgen des Zuschlags *Spieth* (o. Fn. 288) § 24 WindSeeG Rn. 3 ff.

[290] BVerfGE 155, 238 Rn. 121 ff.; dazu *Lutz-Bachmann* IR 2020, 266 ff.; *Klausmann* EnWZ 2020, 459 ff.; *Sachs* JuS 2020, 1091 ff.; *Uwer/Andersen* REE 2021, 61 ff.

[291] *Glaser* DVBl 2012, 1283 (1284).

Dazu wurde in den vergangenen Jahren – neben den unionsrechtlichen Sondervorschriften für Vorhaben von gemeinsamem Interesse[292] – nicht nur das System der Bedarfsplanung im EnWG[293] reformiert, sondern mit dem NABEG[294] ein eigenes Regime für die Planung vorrangiger Vorhaben geschaffen. Allerdings verläuft der tatsächliche Ausbau weiterhin schleppend: Von 7.700 km Neubau oder Netzverstärkung waren im März 2020 erst 950 km gebaut, 1.069 km befanden sich in der Bauphase. Bei knapp der Hälfte der Streckenkilometer (ca. 3.470 km) befand sich das Vorhaben immer noch in der Raumordnungs-/Bundesfachplanung, der Rest (ca. 2.150 km) befand sich im Planfeststellungsverfahren.[295]

2. Netzausbau nach EnWG

88 Der Ausbau der Übertragungsnetze (ab 110 kV)[296] ist – vorbehaltlich der angesprochenen Sonderregelungen – im EnWG geregelt. Nach dem Leitbild der Netzregulierung ist die Anpassung der Infrastruktur an den Bedarf keine staatliche Aufgabe, sondern obliegt den vier privaten ÜNB (§ 11 I 1 EnWG).[297] Durch die Einführung einer staatlichen Bedarfsplanung (§§ 12a ff. EnWG) sowie die mögliche Verpflichtung der Netzbetreiber zur Durchführung der notwendigen Vorhaben (§ 65 IIa EnWG) wurde die Netzentwicklung jedoch vergleichbaren staatlichen Infrastrukturplanungen – wie zB der Fernstraßenplanung – deutlich angenähert.[298]

89 Die Planung verläuft in mehreren *Stufen:* Zunächst erarbeiten die ÜNB alle zwei Jahre einen *Szenariorahmen* (§ 12a EnWG) für die Entwicklung von Stromerzeugung und -bedarf, aus dem – ebenfalls im Zwei-Jahres-Rhythmus – ein *Netzentwicklungsplan*[299] (§ 12b EnWG) und ein Offshore-Netzentwicklungsplan (§ 17b EnWG) mit den notwendigen Ausbaumaßnahmen erstellt werden. Verbindlich wird die Bedarfsplanung durch die Verabschiedung des *Bundesbedarfsplans* (§ 12e EnWG) als Gesetz durch den Bundestag.[300] Die Bedarfsplanung stellt die erforderlichen Ausbauvorhaben nur mit Anfangs- und Endpunkt fest, die Trassenfestlegung erfolgt ggf. grob in der nachfolgenden Fachplanung und parzellenscharf im Planfeststellungsverfahren.[301] Dabei nimmt der Bundesbedarfsplan die Planrechtfertigung der vordringlichen Vorhaben gesetzlich vorweg. Der energiewirtschaftliche Bedarf wird durch den Plan mit Verbindlichkeit für die nachfolgenden Verfahrensstufen festgestellt (§ 12e IV 1 EnWG).[302]

---

[292] VO (EU) Nr. 347/2013 des Europäischen Parlaments und des Rates v. 17.4.2013 zu Leitlinien für die transeuropäische Energieinfrastruktur ua (ABl. L 115, 39), zgd VO v. 31.10.2019 (ABl. L 74, 1); s. dazu *Leidinger* DVBl 2015, 400 ff.

[293] o. Fn. 129.

[294] o. Fn. 128.

[295] *BMWi*, Der Netzausbau schreitet voran, Stand: März 2020, abrufbar unter https://www.bmwi.de.

[296] Zum Ausbau der Verteilernetze s. *Vogt* RdE 2014, 483 ff.

[297] *Tüngler* in Kment (Hrsg.), EnWG, 2019, § 11 Rn. 9. Zu den Aufgaben der Netzbetreiber *Theobald* in Theobald/Kühling EnWG § 11 Rn. 29 ff.

[298] *Durner* DVBl 2013, 1564 (1565).

[299] Im Februar 2019 haben die ÜNB den ersten Entwurf des Netzentwicklungsplans 2030 (2019) vorgestellt. Um bis 2013 65 % des Stromverbrauchs aus regenerativen Quellen beziehen zu können, seien in den kommenden 12 Jahren zusätzliche Ausgaben von 70–76 Mrd. EUR für den Netzausbau nötig, die letztendlich von den Stromkunden getragen werden; vgl. *Mihm* FAZ v. 4.2.2019, 15.

[300] Aktuell gilt das Bundesbedarfsplangesetz v. 23.7.2013, BGBl. I 2543, zgd Art. 3 G v. 13.5.2019, BGBl. I 706. Zu Verfahren, Inhalt und Rechtswirkungen des Bedarfsplans s. *Henze* in Theobald/Kühling EnWG § 12e Rn. 23 ff.

[301] *Durner* DVBl 2013, 1564 (1566).

[302] Zur verfassungsrechtlichen Prüfung der Bedarfsplanung *Buus*, Bedarfsplanung durch Gesetz, 2018, S. 369 ff.; *Posser* in Kment (o. Fn. 297) § 12e Rn. 5.

Für alle Hochspannungsleitungen des Übertragungsnetzes ist nach § 43 I 1 Nr. 1–4 EnWG ein Planfeststellungsverfahren vorgeschrieben. § 43 IV EnWG verweist für das Verfahren auf die allgemeinen Regeln der §§ 72 ff. VwVfG, sodass die Planfeststellung im Wesentlichen der Situation bei der Planung anderer Infrastrukturvorhaben wie Straße und Schiene entspricht.[303] 90

3. NABEG

Ziel des NABEG ist die Errichtung eines neuen Planungs- und Genehmigungsregimes für den Ausbau der länderübergreifenden und grenzüberschreitenden Höchstspannungsleitungen sowie der im Bundesbedarfsplan besonders ausgewiesenen Offshore-Anschlussvorhaben (§ 2 I NABEG).[304] Die bisherigen Raumordnungs- und Planfeststellungsverfahren der Länderbehörden werden bei der BNetzA zentralisiert, die dazu eine eigene *Bundesfachplanung* (§§ 4 ff. NABEG) sowie die anschließenden *Planfeststellungsverfahren* (§§ 18 ff. NABEG) durchführt. 91

Die Bundesfachplanung legt Trassenkorridore fest. Dabei nimmt sie eine umfassende Abwägung öffentlicher und privater Belange vor (§ 5 I 2 NABEG) und prüft die Raumverträglichkeit (§ 5 II NABEG), sodass ein eigenes Raumordnungsverfahren entfällt (§ 28 S. 1 NABEG). Die Entscheidung der BNetzA über die grobe Trassenplanung nach § 12 NABEG entfaltet nach hM eine umfassende Bindungswirkung gegenüber der Planfeststellung.[305] 92

Neben der förmlichen Öffentlichkeitsbeteiligung (§ 9 III NABEG) sind bei der Bundesfachplanung eine öffentliche Antragskonferenz (§ 7 NABEG) sowie ein Erörterungstermin zu den Einwendungen (§ 10 NABEG) vorgesehen.[306]

Die Verfassungsmäßigkeit des NABEG ist mit Blick auf die Gesetzgebungskompetenz (hM: Art. 74 I Nr. 11 GG [Energiewirtschaft])[307],vor allem aber mit Blick auf die Zuweisung des Vollzugs der Bundesfachplanung (§§ 4 ff. NABEG) und insbes. des Planfeststellungsverfahrens (§§ 18 ff. NABEG) an die BNetzA (hM: Art. 87 III 1 GG)[308] umstritten.[309] 93

Wie häufig bei mehrstufigen Planungsverfahren stellt sich die Frage des Rechtsschutzes für die einzelnen Verfahrensschritte.[310] Mögliche Rechtsbetroffene sind vor allem die Grundstückseigentümer entlang der Trasse, Gemeinden, Netzbetreiber sowie Umweltverbände nach Maßgabe des § 2 I UmwRG. Der Entscheidung der BNetzA über die Trassenplanung kommt grds. nach § 15 III 1 NABEG keine Außenwirkung zu, sodass ihre Überprüfung nur inzident iRv Rechtsbehelfen gegen den Planfeststellungsbeschluss möglich ist. Eine Ausnahme gilt gegenüber den Netzbetreibern, die aufgrund der Entscheidung über die Trassenführung nach § 11 I EnWG zur Planung verpflichtet sind und nach § 12 II 3 NABEG zur Antragstellung aufgefordert werden können. Ihnen gegenüber entfaltet die Trassenplanung deshalb 94

---

303 *Kment* UPR 2014, 81 (86).

304 Zum Verhältnis des NABEG zum Raumordnungsrecht *Koch* in Schlacke/Schubert (Hrsg.), Energie-Infrastrukturrecht, 2015, S. 65 ff.; *Reidt/Augustin* UPR 2016, 121 ff.; *Franke/Karrenstein* EnWZ 2019, 195 ff. Krit. zum durch das NABEG erreichbaren Beschleunigungspotential von Planungsverfahren *Reidt* DVBl 2020, 597 ff.; *Baumann/Brigola* DVBl 2020, 324 ff.

305 *de Witt* in Theobald/Kühling NABEG § 12 Rn. 1; *Franzius* JuS 2018, 28 (32).

306 Differ. zu Chancen und Risiken der Öffentlichkeitsbeteiligung *Durner* in Schlacke/Schubert (o. Fn. 304) S. 87 ff.

307 *Kahl/Bews* JURA 2014, 1094 (1105 f.); *Schink/Versteyl* in Schink/Versteyl/Dippel, NABEG, 2016, Einl. Rn. 62 ff.: AA (Art. 74 I Nr. 31 GG [Raumplanung]).

308 *Kahl/Bews* JURA 2014, 1094 (1108 f.); aA zB *Gärditz* ZfU 2012, 249 (270).

309 Näher dazu Voraufl. § 6 Rn. 100 f. mwN.

310 S. im Überblick *Kluth* in Schlacke/Schubert (o. Fn. 304) S. 119 ff.; *Franke/Wabnitz* ZUR 2017, 462 ff.

Außenwirkung und kann mit Widerspruch und Anfechtungsklage angegriffen werden.[311] Für alle anderen Betroffenen bleibt die Möglichkeit des Rechtsschutzes gegen den Planfeststellungsbeschluss vor dem *BVerwG.*[312]

V. Der Atomausstieg und seine Folgen

95 Der mit der Chiffre „Atomausstieg" paraphrasierte Wandel der deutschen Atompolitik ist, neben dem „Kohleausstieg" (→ Rn. 109 ff.) ein zentrales Element der Energiewende, zugleich aber einer der politisch brisantesten Prozesse der vergangenen Jahrzehnte, der insbes. verschiedene – nicht zuletzt auch als „Präzedenzfall" mit Blick auf den Kohleausstieg – eigentumsrechtliche Fragen aufwarf.

Fall 9: Rasanter Atomausstieg

96 Durch die 13. AtG-Novelle (2011) wurde die Betriebsgenehmigung des Kernkraftwerksbetreibers Atom-On (A) zum 31.12.2017 befristet. Zugleich wurden ihm die durch die 11. AtG-Novelle (2010) zusätzlich zugeteilten Reststrommengen entzogen. A ist der Auffassung, dass die 13. AtG-Novelle, bei der es sich nach seiner Ansicht um nicht mehr als politischen Aktionismus handelt, gegen seine Eigentumsfreiheit verstoße, und erhebt Verfassungsbeschwerde. Er trägt vor, im Vertrauen auf die Laufzeitverlängerungen Investitionen getätigt zu haben, die nun wertlos seien. Im Übrigen könne er bis zum Abschalttermin die ihm im Rahmen des Atomausstiegs 2002 zugewiesenen Reststrommengen auch bei voller Auslastung nicht mehr konzernintern nutzen, was bei den anderen betroffenen Konzernen nicht der Fall sei. Wäre die Genehmigung dagegen auf den 31.12.2019 befristet worden, so wäre der konzerneigene Verbrauch der Reststrommengen möglich gewesen. Ist die zulässige Verfassungsbeschwerde begründet?

1. Stilllegung der Kernkraftwerke

a) Hintergrund und Rechtsgrundlagen

97 Der rechtliche Rahmen für die Nutzung der Kernenergie zur gewerblichen Erzeugung von Elektrizität durch Kernkraftwerke (KKW) ergibt sich aus dem *Atomgesetz* (AtG)[313]. Dieses enthält insbes. Vorschriften über die Genehmigung und Überwachung kerntechnischer Anlagen (§§ 3 ff.) und über die Haftung für von diesen ausgehende Schadensereignisse (§§ 25 ff.). 2002 hatte die rot-grüne Bundesregierung (Kabinett Schröder I) das sog. Ausstiegsgesetz[314] beschlossen, wonach eine Erteilung

[311] *Durinke* in de Witt/Scheuten, NABEG, 2013, § 13 Rn. 15 ff.; aA aber die hM, vgl. *Kment* NVwZ 2015, 616 (625); *de Witt* in Theobald/Kühling NABEG § 15 Rn. 14, wonach der Vorhabenträger erst gegen die Aufforderung zur Einleitung des Planfeststellungsverfahrens nach § 12 II 3 NABEG Rechtsmittel ergreifen und in diesem Verfahren die Trassenplanung inzident prüfen lassen könne.

[312] Die erstinstanzliche Zuständigkeit folgt aus § 6 BBPlG.

[313] G über die friedliche Verwendung der Kernenergie und den Schutz gegen ihre Gefahren v. 23.12.1959 idF v. 15.7.1985, BGBl. I 1665, zgd Art. 3 G v. 7.12.2020, BGBl. I 2760. Zu den Neuerungen durch das 16. Atomrechtsänderungsgesetz s. *Ludwigs* NVwZ 2019, 1501 ff. Zur Verfassungswidrigkeit dieser Neuerungen *BVerfG* ZUR 2021, 93 ff., dazu *Sachs* JuS 2021, 93 ff.; *Braun* IR 2021, 7 ff.; *Ludwigs* VerfBlog 10/22/2020. Einen Überblick über die Inhalte des AtG gibt *Fischer* Rn. 224 ff.

[314] G zur geordneten Beendigung der Kernenergienutzung zur gewerblichen Erzeugung von Energie v. 22.4.2002, BGBl. I 1351.

neuer Betriebsgenehmigungen nicht mehr möglich war (§ 7 I 2 AtG) und die Geltungsdauer der bestehenden Genehmigungen durch eine für das jeweilige KKW spezifizierte Menge an noch zu erzeugender Elektrizität (Reststrommenge) beschränkt wurde. Im Anschluss an den Wechsel der politischen Verhältnisse wurde unter der neuen schwarz-gelben Koalition (Kabinett Merkel II) 2010 durch das 11. Atomrechtsänderungsgesetz[315] eine *Laufzeitenverlängerung* beschlossen, indem die zugeteilten Reststrommengen erhöht wurden. Hierdurch wurden die Betriebszeiten der KKW um durchschnittlich zwölf Jahre verlängert.

Allerdings wandelte sich infolge der Atomkatastrophe von Fukushima die Stimmung in der deutschen Bevölkerung und Politik schlagartig zu Lasten der Kernenergie. Daher wurde mit dem 13. Atomrechtsänderungsgesetz[316] ein *beschleunigter Ausstieg* beschlossen, indem die durch das 11. Atomrechtsänderungsgesetz zugeteilten zusätzlichen Reststrommengen entzogen und in § 7 Ia AtG erstmals feste Fristen (gestaffelt bis zum 31.12.2022[317]) eingeführt wurden, mit deren Ablauf die Genehmigungen der deutschen KKW auslaufen. Ist im Zeitpunkt des Ablaufs der gesetzlichen Frist noch nicht die volle Reststrommenge vom betreffenden Kraftwerk produziert worden, so kann diese verbleibende Strommenge aber auf andere Kraftwerke, deren Laufzeit-Frist noch nicht erreicht ist, übertragen werden (§ 7 Ib 4 AtG). 98

Mit dem Atomausstieg steht Deutschland international nicht alleine da: Einige Länder haben ebenfalls einen Atomausstieg beschlossen, planen diesen oder haben zumindest einige Kernkraftwerke ausgeschaltet und verzichten auf einen Ausbau. Zu nennen sind etwa Italien, Belgien, die Schweiz und Taiwan, die einen Atomausstieg bereits beschlossen bzw. (Italien) sogar abgeschlossen haben. Die weitaus größere Zahl an Staaten (zB Großbritannien, Frankreich, Polen, Tschechien, Ungarn, Litauen und im Übrigen bemerkenswerterweise auch Japan) nutzt die Kernenergie dagegen weiter oder baut sie sogar aus. Weltweit betrachtet ist die Kernenergie somit keine „aussterbende" Energieform, sondern – im Gegenteil – sogar eher auf dem Vormarsch; aktuell sind 443 Reaktoren in Betrieb, 51 befinden sich im Bau.[318] Auch das Unionsrecht steht der Beibehaltung der Kernenergie als Energiequelle nicht entgegen. Gem. Art. 194 II UAbs. 2 AEUV haben die Mitgliedstaaten das Recht, ihren Energiemix selbst zu bestimmen (vgl. auch Art. 192 II UAbs. 1 lit. c AEUV). Sogar eine nationale Beihilfe für die Kernenergie wurde aufgrund deren Beitrags zur Energieversorgungssicherheit und zum Klimaschutz (Art. 11, 194 I AEUV, Art. 37 GRCh) als gem. Art. 107 III lit. c AEUV zulässig eingestuft.[319] 99

b) Beschleunigter Atomausstieg

Der beschleunigte Ausstieg vom März 2011 (→ Rn. 98) wurde verfassungsrechtlich, vor allem unter dem Aspekt der Eigentumsfreiheit und des Vertrauensschutzes, von Anfang an kontrovers beurteilt und ist insgesamt kein Lehrstück überzeugender 100

315 11. G zur Änderung des Atomgesetzes v. 8.12.2010, BGBl. I 1814.

316 13. G zur Änderung des Atomgesetzes v. 31.7.2011, BGBl. I 1704. Zu Hintergrund und Vorgeschichte des (2.) Atomausstiegs (März 2011) *Bauchmüller/Braun/Deininger* SZ v. 6./7.3.2021, 11 ff.; zur Chronologie des Ausstiegs *Ludwigs* JZ 2021, 294 f.

317 Aktuell sind noch 6 deutsche Reaktoren in Betrieb, von denen drei bis Ende 2021, die anderen drei bis Ende 2022 abgeschaltet werden.

318 https://pris.iaea.org/pris/. Allg. rechtsvergleichend zu den durchaus unterschiedlichen nationalen Umweltenergiepolitiken *Saurer* JöR 64 (2016), 411 ff. Zu Japan: *Nakanishi* NuR 2021, 37 (39 f.). Krit. zum deutschen Atomausstieg, mit dem Deutschland international den Anschluss an den technologischen Fortschritt verpasse und auf einen wichtigen Beitrag zum Klimaschutz und zur Energieversorgungssicherheit verzichte, *Geinitz* FAZ v. 11.3.2021, 1, 17.

319 *EuGH*, Rs. C-594/18 P (Österreich/Kommission), ECLI:EU:C:2020:742 Rn. 41 ff. mAnm *Peters* EuZW 2021, 83 (84).

Gesetzgebung.[320] Das *BVerfG* entschied, dass die 13. AtG-Novelle im Wesentlichen mit dem Grundgesetz vereinbar ist.[321] Die Entziehung der erst sieben Monate zuvor mit der 11. AtG-Novelle gewährten zusätzlichen Strommengen und die zeitliche Befristung der Betriebsgenehmigungen greifen in die durch Art. 14 I GG geschützte, durch die atomrechtliche Betriebsgenehmigung konkretisierte Nutzungsbefugnis der Anlagenbetreiber ein.[322]

101 Mangels finaler Entziehung einer Eigentumsposition zum Zwecke der Güterbeschaffung sind die Verkürzung der Restlaufzeiten und die Befristung der Betriebsgenehmigungen jedoch nicht als Enteignung (Art. 14 III GG), sondern als *Inhalts- und Schrankenbestimmungen* (Art. 14 I 2 GG) zu qualifizieren.[323] Diese sind verhältnismäßig. Obgleich dadurch eine Stromproduktion von durchschnittlich 12 Jahren gestrichen wurde, ist die Schutzwürdigkeit der betroffenen Eigentumsposition in mehrfacher Hinsicht eingeschränkt. Zum einen weist das Eigentum an Kernenergieanlagen einen starken Sozialbezug auf (vgl. Art. 14 II GG), zum anderen handelt es sich bei der Gewährung der Zusatzstrommengen um eine politische Entscheidung und keine Kompensation für eine anderweitige Einschränkung des Eigentums. Die Rücknahme der Laufzeitenverlängerung dient der Risikominimierung und verfolgt damit Gemeinwohlbelange (insbes. Art. 2 II 1 GG). Die Verfassungsbeschwerde des *A* ist insoweit unbegründet.

102 Zu berücksichtigen ist jedoch, dass *A* in dem kurzen Zeitraum zwischen der Laufzeitenverlängerung (Dezember 2010) und dem beschleunigten Ausstieg (Juli 2011) Investitionen getätigt hat, die sich nicht mehr amortisieren können. Die Anlagenbetreiber durften sich durch die 11. AtG-Novelle zu Investitionen in die „Brückentechnologie" Kernenergie ermutigt fühlen und mussten gerade nicht damit rechnen, dass der Gesetzgeber noch in derselben Legislaturperiode binnen weniger Monate von dieser Grundsatzentscheidung wieder Abstand nimmt. Die 13. AtG-Novelle ist daher insoweit verfassungswidrig, als sie keinen Ausgleich für frustrierte Investitionen vorsieht.[324]

103 Schwer wiegt die Eigentumsbeeinträchtigung durch die 13. AtG-Novelle auch insoweit, als die 2002 zugewiesenen Reststrommengen aufgrund der festen Endtermine nicht mehr produziert werden können. Anders als bei den Zusatzstrommengen der 11. AtG-Novelle haben die Reststrommengen „Kompensationscharakter". Sie sollten den durch das Ausstiegsgesetz 2002 herbeigeführten Verlust der bis dahin bestehenden Nutzungsmöglichkeit der KKW ausgleichen und so die Verhältnismäßigkeit der Ausstiegsentscheidung wahren helfen. Sofern durch den beschleunigten Ausstieg einigen Konzernen ungenutzte Reststrommengen verbleiben, ist die Regelung unverhältnismäßig. Das gilt insbes., da der Gesetzgeber in § 7 Ia AtG gestaffelte Restlaufzeiten vorgesehen hat. Dies ist auch vor Art. 3 I GG nicht begründbar, was auch für die *A* gilt. Zu beachten ist insbes., dass in seinem Fall die

---

[320] Sehr krit. daher *Berkemann* DVBl 2021, 151 ff.; *Büdenbender* DVBl 2017, 1449 (1455 f.).

[321] BVerfGE 143, 246, dazu *Frenz* DVBl 2017, 121 ff.; *Ludwigs* NVwZ-Beil. 1/2017, 3 ff.; *Ziehm* ZUR 2017, 172 ff.

[322] BVerfGE 143, 246 Rn. 220 ff.; *Schröder* FS Papier, 2013, S. 605 (609 ff.); *Ludwigs* NVwZ 2016, 1 (2 f.).

[323] BVerfGE 143, 246 Rn. 262 ff.; *Kloepfer* DVBl 2011, 1437 (1439); *Ludwigs* NVwZ-Beil. 1/2017, 3 (7); *Schlömer,* Der beschleunigte Ausstieg aus der friedlichen Nutzung der Kernenergie, 2013, S. 119; *Eichberger* RdE 2018, 453 (455); *Ludwigs* in Shirvani (Hrsg.), Eigentum im Recht der Energiewirtschaft, 2018, S. 32 (43 ff.); aA *Battis/Ruttloff* NVwZ 2013, 817 (821 f.); *Gutmann* JURA 2016, 1205 (1212).

[324] BVerfGE 143, 246 Rn. 371 ff. So bereits *Kahl/Bews* JURA 2014, 1004 (1016 f.); *Schlömer* (o. Fn. 323) S. 156 ff.; *Schröder* NVwZ 2013, 105 ff.

Verstrombarkeitsdefizite durch Befristung zum 31.12.2019 hätten vermieden werden können, ohne das erstrebte Gesamtausstiegsdatum Ende 2022 zu gefährden. Ein Gleichheitsverstoß liegt auch zulasten des KKW Krümmel vor, das durch die Befristung sogar unter der vom Gesetzgeber an sich angestrebten Regellaufzeit von 32 Jahren[325] bleibt.[326]

Daraufhin wurde mit der 16. AtG-Novelle das AtG durch die §§ 7e, 7f AtG um neue Ausgleichsansprüche ergänzt.[327] § 7e I AtG sieht einen Ausgleichsanspruch vor, sofern im Vertrauen auf die durch die 11. AtG-Novelle geschaffenen zusätzlichen Elektrizitätsmengen Investitionen getätigt wurden, die allein aufgrund des Entzugs der zusätzlichen Elektrizitätsmengen durch die 13. AtG-Novelle wertlos geworden sind. § 7f I AtG gibt den Genehmigungsinhabern der Kraftwerke Brunsbüttel, Krümmel und Mülheim-Kärlich einen Ausgleichsanspruch, soweit die ihnen zugewiesenen Elektrizitätsmengen bis zum Ablauf der Genehmigungen nicht mehr erzeugt oder auf ein anderes Kraftwerk übertragen werden. 104

2. Endlagersuche

Eine weitere (mittelbar) mit dem Atomausstieg zusammenhängende Frage betrifft die Suche nach einem *Endlager* für radioaktive Abfälle.[328] § 9a III 1 Hs. 2 AtG verpflichtet den Bund zur Einrichtung von Anlagen zur Sicherstellung und Endlagerung. In Ausführung dieser Verpflichtung wurde 2013 das *Standortauswahlgesetz (StandAG)*[329] erlassen, das 2017 – auf der Basis der Empfehlungen im Abschlussbericht der „Kommission Lagerung hoch radioaktiver Abfallstoffe" (Endlagerkommission)[330] – neugefasst wurde.[331] 105

Das Standortauswahlverfahren[332] soll bis Ende 2031 abgeschlossen sein (§ 1 V 2 StandAG). In dem mehrstufigen Verfahren (§§ 13 ff. StandAG)[333] werden unter Berücksichtigung der durch die Kommission entwickelten Kriterien die in Betracht 106

---

[325] Vgl. BT-Drs. 17/6070, 6 f.

[326] BVerfGE 143, 246 Rn. 357; *Kersten/Ingold* ZG 2011, 350 (368 f.); aA (wegen des gesetzgeberischen Typisierungsspielraums und der besonderen Störanfälligkeit bestimmter KKW) *Ekardt* NuR 2012, 813 (818 f.); *Kloepfer* DVBl 2011, 1437 (1444); *Mann/Sieven* VerwArch 106 (2015), 184 (203 ff.).

[327] BGBl. I 1122; dazu *Ludwigs* NVwZ 2018, 1268 ff. Allerdings verstößt iErg auch die 16. AtG-Novelle gegen Art. 14 I GG, da der Gesetzgeber damit keine Neuregelung geschaffen hat, durch die eine im Wesentlichen vollständige Verstromung der den KKW zugewiesenen Strommengen sichergestellt oder ein angemessener Ausgleich geregelt wird, vgl. BVerfGE 155, 378, dazu *Sachs* JuS 2021, 93 ff.; *Braun* IR 2021, 7 ff.; *Berkemann* DVBl 2021, 151 (156 f.); *Ludwigs* JZ 2021, 294 ff.; *Ruttloff* NVwZ 2021, 351 ff.; mit Blick auf den unionsrechtlichen Eigentumsschutz *Terhechte* EuZW 2021, 303 ff. Inzwischen haben sich die Bundesregierung und die Energiekonzerne auf Entschädigungszahlungen iHv 2,4 Mrd. EUR geeinigt, vgl. *Depenbrock* et 2021, 8.

[328] Im Überblick hierzu *Ziehm* ZNER 2015, 208 ff.

[329] G zur Suche und Auswahl eines Standortes für ein Endlager für hochradioaktive Abfälle v. 23.7.2013, BGBl. I 2553, zgd Art. 1 G v. 7.12.2020, BGBl. I 2760.

[330] *Kommission Lagerung hoch radioaktiver Abfallstoffe*, Abschlussbericht der Kommission Lagerung hoch radioaktiver Abfallstoffe v. 5.7.2016, K-Drs. 268, 55 ff.

[331] G zur Fortentwicklung des Gesetzes zur Suche und Auswahl eines Standortes für ein Endlager für Wärme entwickelnde radioaktive Abfälle und anderer Gesetze v. 5.5.2017 (BGBl. I 1074). S. hierzu im Überblick *Schlacke/Schnittker* ZUR 2017, 137 ff.; ausf. *Langer*, Die Endlagersuche nach dem Standortauswahlgesetz, 2021; *Smeddinck* (Hrsg.), StandAG, 2017; *Wollenteit* in Frenz (Hrsg.), Atomrecht, 2019, Kommentierung des StandAG.

[332] Vorhabenträger ist die Bundesgesellschaft für Endlagerung GmbH (§ 6 StandAG iVm § 9a III 2 AtG). Zum aktuellen Stand des Verfahrens *König* ZNER 2020, 365 ff.

[333] Ausf. hierzu *Wollenteit* NuR 2018, 746 ff.

kommenden Standortregionen (§ 13 StandAG) ermittelt und Entscheidungen über die über- und untertägige Erkundung getroffen (vgl. §§ 14 I, 17 I StandAG). In der Folge erstellt das Bundesamt für kerntechnische Entsorgungssicherheit (BfE)[334] einen abschließenden Standortvergleich und unterbreitet einen Standortvorschlag (§ 19 StandAG). Die endgültige Standortentscheidung wird als Gesetz beschlossen (§ 20 StandAG) und entfaltet Bindungswirkung für das anschließende atomrechtliche Genehmigungsverfahren gem. § 9b Ia AtG (§ 20 III StandAG).

107 Das StandAG ist durch eine verstärkte Öffentlichkeitsbeteiligung als Kommunikations- und Legitimationsfaktor und Beitrag zur Komplexitätsbewältigung gekennzeichnet.[335] Die Öffentlichkeit der Kommissionsarbeit (§ 5 StandAG), die Einrichtung eines gesellschaftlichen Begleitgremiums (§ 8 StandAG) sowie die Durchführung von Bürgerversammlungen (§ 10 StandAG) sollen der politisch umstrittenen Standortsuche zu größerer Legitimität verhelfen.[336] Andererseits entfalten die in Gesetzesform erlassenen Auswahlentscheidungen (§§ 17 II 5, 20 II 1 StandAG) enteignungsrechtliche Vorwirkung, die wegen der damit einhergehenden Verkürzung des Rechtswegs (zuständig ist alleine das *BVerfG*) mit Blick auf die verfassungsrechtliche Rechtsschutzgarantie (Art. 19 IV GG) problematisch ist.[337]

108 Problematisch gestaltet sich auch die *Kostentragung* hinsichtlich der Entsorgung des radioaktiven Abfalls. Nach § 9a Ia AtG sind die KKW-Betreiber hierfür verantwortlich. Allerdings wurde die Entsorgungsverantwortung 2017 im *Entsorgungsfondsgesetz (EntsorgFondsG)*[338], dem *Entsorgungsübergangsgesetz (EntsorgÜG)*[339] und dem *Nachhaftungsgesetz (NachhG)*[340] neu geregelt. Gem. § 1 I EntsorgFondsG wird ein Fonds zur Finanzierung der kerntechnischen Entsorgung als rechtsfähige Stiftung des öffentlichen Rechts errichtet,[341] dessen Zweck die Finanzierung der Kosten für die sichere Entsorgung der radioaktiven Abfälle ist (§ 1 II EntsorgFondsG).[342] Da alle Kraftwerksbetreiber die Grundbeträge iHv insgesamt 17,9 Mrd. EUR und Risikoaufschläge iHv insgesamt 6,2 Mrd. EUR vollständig eingezahlt haben,[343] ist die Finanzierungspflicht für Endlageranlagen gem. §§ 21a, 21b AtG sowie § 28 StandAG nach § 1 EntsorgÜG auf den Entsorgungsfonds übergegangen. Die KKW-Betreiber haften aber weiterhin für die Kosten von Stilllegung und Rückbau der KKW sowie für die Verpackung der Abfälle.[344]

---

[334] Zu dessen Rolle als Aufsichtsbehörde *Albin/Leuschner* ZUR 2018, 515 (516 ff.).

[335] Grdl. hierzu *Langer* (o. Fn. 331) S. 119 ff., 490 ff.; zum Beteiligungsverfahren *Wollenteit* (o. Fn. 331) §§ 5 ff. StandAG. Zur Entwicklung der Öffentlichkeitsbeteiligung *Smeddinck* DVBl 2019, 744 (746).

[336] S. dazu *Haug/Zeccola* ZUR 2018, 75 (77 ff.); *Wollenteit* NuR 2018, 668 (672 ff.).

[337] Ausf. *Gärditz* FS Erbguth, 2019, S. 499 ff. Krit. auch *Wollenteit* NuR 2018, 818 ff.; *Hitzer/Ruttloff* DVBl 2016, 1148 (1151 ff.); eingehend zur Rechtsschutzproblematik *Rehbinder* EurUP 2018, 61 ff. Allg. zu verfassungsrechtlichen, insbes. Grundrechtsfragen der Endlagersuche *Langer* (o. Fn. 331) S. 183 ff.; vgl. im Übrigen auch *dens.* aaO S. 152 ff. zum international- und europarechtlichen Rahmen.

[338] G zur Errichtung eines Fonds zur Finanzierung der kerntechnischen Entsorgung v. 27.1.2017, BGBl. I 114, zgd Art. 243 VO v. 19.6.2020, BGBl. I 1328.

[339] G zur Regelung des Übergangs der Finanzierungs- und Handlungspflichten für die Entsorgung radioaktiver Abfälle der Betreiber von Kernkraftwerken v. 27.1.2017, BGBl. I 114, zgd Art. 245 VO v. 19.6.2020, BGBl. I 1328.

[340] G zur Nachhaftung für Abbau- und Entsorgungskosten im Kernenergiebereich v. 27.1.2017, BGBl. I 114, zgd Art. 4 G v. 5.5.2017, BGBl. I 1074.

[341] Zu den verfassungsrechtlichen Aspekten dieses Fonds *Ludwigs* RW 2018, 109 (124 ff.), *Däuper/Dietzel* in Frenz (o. Fn. 331) § 1 EntsorgFondsG Rn. 6 ff.

[342] Zur Beihilfekonformität des Entsorgungsfonds s. *Frenz* RdE 2017, 393 f.

[343] *BMWi* Pressemitteilung v. 3.7.2017.

[344] Zu Rechtsfragen im Zusammenhang mit der Enthaftung der Konzernobergesellschaften durch gesellschaftsrechtliche Abspaltung s. Voraufl. § 6 Rn. 120.

VI. Der Kohleausstieg

Im August 2020 hat der Bundestag das Kohleausstiegsgesetz[345] beschlossen. Dabei handelt es sich um ein Artikelgesetz, dessen Herzstück mit Art. 1 das Kohleverstromungsbeendigungsgesetz (KVBG)[346] ist. Das KVBG regelt die schrittweise und möglichst stetige Reduzierung und Beendigung der Erzeugung elektrischer Energie durch den Einsatz von Kohle in Deutschland (§ 1 I 2 KVBG). Dabei gibt das KVBG für einzelne Jahre Zielniveaus für die verbleibende Leistung der Braun- und Steinkohleanlagen vor. Langfristziel ist die vollständige Beendigung der Kohleverstromung spätestens bis zum Ablauf des Jahres 2038 (§ 2 II Nr. 3 KVBG), Zwischenziele sind eine Reduzierung auf jeweils 15 GW Stein- und Braunkohle bis 2022 (§ 2 II Nr. 1 KVBG) sowie auf 8 GW Steinkohle und 9 GW Braunkohle bis 2030 (§ 2 II Nr. 2 KVBG). Um dies zu erreichen, sieht das KVBG für Steinkohle- und Braunkohleanlagen unterschiedliche Maßnahmen vor (→ Rn. 110 ff., → Rn. 116 ff.). 109

1. Reduzierung und Beendigung der Steinkohleverstromung

Die Reduzierung der Steinkohleverstromung soll zunächst durch Ausschreibungen erfolgen (§ 5 I 1 Nr. 1, Nr. 2 KVBG), geregelt in Teil 3 KVBG.[347] Von 2020–2027 findet jedes Jahr ein Ausschreibungsverfahren statt. Das Ausschreibungsvolumen entspricht der Differenz zwischen dem Ausgangsniveau und dem Zielniveau der Leistung der Steinkohleanlagen am Strommarkt (§ 6 II KVBG). In den Jahren 2023–2025 wird das so ermittelte Volumen zusätzlich um jeweils 1 GW erhöht (§ 6 V KVBG).[348] Abweichend davon wurde das Ausschreibungsvolumen in den Jahren 2020 und 2021 gesetzlich auf 4 GW 2020 bzw. 1,5 GW 2021 festgelegt (§ 6 III KVBG). 110

Die Teilnahme an den Ausschreibungen ist für die Betreiber der Steinkohleanlagen freiwillig. Entscheiden sie sich dafür, müssen sie fristgerecht ein Gebot abgeben, das den Anforderungen des § 14 KVBG entspricht. Danach sind ua die Gebotsmenge (Nettonennleistung der Steinkohleanlage), der Gebotswert (EUR pro MW Nettonennleistung) sowie die historischen Kohlendioxidemissionen der Steinkohleanlage anzugeben (§ 14 Nr. 5, Nr. 6, Nr. 10 KVBG). Für den Gebotswert legt § 19 I KVBG Höchstpreise zwischen 165.000 EUR pro MW Nennleistung im Jahr 2020 und 89.000 EUR im Jahr 2027 fest. 111

Der Ablauf des anschließenden Zuschlagsverfahrens hängt davon ab, ob die Summe der zulässigen Gebote das Ausschreibungsvolumen übersteigt (Überzeichnung) oder nicht (Unterzeichnung). Bei Überzeichnung werden die Gebote gem. § 18 III–VIII KVBG grds. in der Reihenfolge bezuschlagt, mit der die höchsten Emissionseinspa- 112

---

[345] o. Fn. 25; den Inhalt zusammenfassend *Schütte/Winkler* ZUR 2020, 317 (318 f.). Krit. zum transnationalen Mehrwert eines nationalen Kohleausstiegs *Gärditz* ZUR 2018, 663 ff.

[346] G zur Reduzierung und zur Beendigung der Kohleverstromung v. 8.8.2020, BGBl. I 1818, zgd Art. 3a G v. 3.12.2020, BGBl. I 2682; bündig berichtend *Scholtka/Keller-Herder* NJW 2020, 890 (891). Die finale Ausgestaltung entspricht weitgehend den Empfehlungen der zuvor eingesetzten sog. „Kohlekommission". Zur Kritik bzgl. der Ausarbeitung von Gesetzgebungsvorschlägen durch außerparlamentarische Expertengremien s. mwN *Ludwigs* DVBl 2021, 353 (355).

[347] Dazu *Franzius* ER 2021, 3 (6); *Büdenbender* DVBl 2021, 281 (284 ff.).

[348] Dies dient dem Ausgleich der erwarteten Mehremissionen des neuen Kraftwerks Datteln IV, vgl. *BMU*, Fragen und Antworten zum Kohleausstieg in Deutschland, unter https://www.bmu.de.

rungen für den gebotenen Preis erfolgen.[349] Bei Unterzeichnung erhalten alle Gebote einen Zuschlag in Höhe ihres Gebotswerts (§ 20 I KVBG). Ab 2024 findet bei Unterzeichnung neben der Ausschreibung eine gesetzliche Reduzierung der Steinkohleverstromung durch Anordnung durch die BNetzA statt (→ Rn. 114 f.), davor werden die nicht bezuschlagten Mengen bei der Ermittlung des Ausschreibungsvolumens im Folgejahr berücksichtigt (§ 20 II KVBG).[350] Rechtsfolge der Zuschlagserteilung sind ein Anspruch des Anlagenbetreibers auf Zahlung des Steinkohlezuschlags (§§ 5 II 1, 23 KVBG), ein Kohleverfeuerungsverbot (§§ 5 II 4, 51 I KVBG) und ein Vermarktungsverbot (§§ 5 II 4, 52 I KVBG).[351]

113 Die ersten beiden Ausschreibungsrunden (2020 und 2021) haben bereits stattgefunden. 2020 lag eine Überzeichnung vor; es wurden 11 Gebote mit einer Gebotsmenge von 4,79 GW bezuschlagt. Der Gebotswert fiel dabei sehr unterschiedlich aus und lag zwischen 6.048 EUR pro MW und 150.000 EUR pro MW. Die Gesamtsumme der Zuschläge lag bei rund 317 Mio. EUR.[352] Die Ergebnisse der zweiten Ausschreibungsrunde (2021), bei der die Gebote bis zum 4.1.2021 eingereicht werden mussten, liegen noch nicht vor.

114 Die gesetzliche Reduzierung der Steinkohleverstromung ist in Teil 4 KVBG geregelt.[353] Sie findet von 2024–2027 nur im Falle der Unterzeichnung der Ausschreibung statt; anschließend ist sie das alleinige Instrument zur weiteren Reduzierung und Beendigung der Steinkohleverstromung. Zunächst erstellt die BNetzA per Allgemeinverfügung[354] eine Liste mit allen Steinkohleanlagen in Deutschland, die diese Anlagen unter Berücksichtigung etwaiger kürzlich getätigter Investitionen grds. nach dem Datum ihrer Inbetriebnahme reiht (§§ 29 IV 2, 31 IV KVBG).

115 Anhand der Liste bestimmt die BNetzA, beginnend mit der ältesten Anlage, für jeden Anordnungstermin die Steinkohleanlagen, für die die gesetzliche Reduzierung nach § 35 I KVBG angeordnet wird. Dabei fährt sie so lange fort, bis die Summe der Nettonennleistung der stillzulegenden Anlagen die Reduktionsmenge für das jeweilige Zieldatum übersteigt (§ 33 II 1 KVBG). Anlagen, die für die Sicherheit und Zuverlässigkeit des Elektrizitätsversorgungssystems erforderlich sind, werden von der Anordnung ausgenommen (§ 35 II 1 KVBG). Die Anordnung der gesetzlichen Reduzierung führt grds. nach einem Zeitraum von 30 Monaten zu einem Verfeuerungsverbot (§ 51 I 1, II Nr. 2 KVBG) und zu einem Vermarktungsverbot (§ 52 I KVBG).[355] Die Stilllegung erfolgt in diesem Fall, anders als bei Stilllegungen aufgrund von Ausschreibungen, entschädigungslos.

2. Reduzierung und Beendigung der Braunkohleverstromung

116 Teil 5 KVBG sieht für die Reduzierung und Beendigung der Braunkohleverstromung vertragliche Vereinbarungen mit den Betreibern vor und regelt die inhaltlichen Vorgaben dieser Vereinbarungen.

---

349 Sog. „modifizierte Preisausschreibung“, *Schütte/Winkler* ZUR 2020, 317 (319).

350 Die Erreichung der Zielniveaus für Steinkohle hängt daher bis 2024 wesentlich von der Teilnahmebereitschaft der Anlagenbetreiber am Ausschreibungsverfahren ab. Dies aus Klimaschutzperspektive kritisierend *Stürmlinger/Fuchs* NuR 2021, 320 (322).

351 Näher zu den Rechtsfolgen der Zuschlagserteilung s. *Kachel/Büchner* ZUR 2020, 643 ff.

352 Die Ergebnisse der Ausschreibungen werden auf der Homepage der BNetzA (www.bundesnetzagentur.de) veröffentlicht.

353 Dazu *Franzius* ER 2021, 3 (7); *Büdenbender* DVBl 2021, 281 (286 f.).

354 BT-Drs. 19/17342, 129.

355 Abweichend davon werden systemrelevante Steinkohleanlagen in die Netzreserve übernommen, sodass ihre endgültige Stilllegung verboten ist, dazu *Stürmlinger/Fuchs* NuR 2021, 320 (322).

§ 40 I KVBG iVm Anl. 2 KVBG normiert für jede Braunkohleanlage ein endgültiges Stilllegungsdatum zwischen dem 31.12.2020 und dem 31.12.2038. Einige Anlagen werden für den Fall einer Versorgungskrise zunächst vorläufig stillgelegt (Anl. 2 KVBG iVm §§ 45 KWKG, 13g II 1 EnWG). Eine Stilllegungspflicht wird aber durch § 40 I KVBG iVm Anl. 2 KVBG nicht begründet, sondern erst durch den nach § 49 KVBG mit den Anlagenbetreibern zu schließenden öffentlich-rechtlichen Vertrag.[356]

In den Jahren 2026, 2029 und 2032 soll geprüft werden, ob die Stilllegung von Anlagen, deren Stilllegung nach 2030 erfolgen soll, um jeweils bis zu 3 Jahre nach vorne gezogen werden kann (§ 47 I KVBG).

Rechtsfolgen der Stilllegung nach dem zu schließenden öffentlich-rechtlichen Vertrag iVm § 40 I KVBG iVm Anl. 2 KVBG sind ein Kohleverfeuerungsverbot (§ 51 I 2, II Nr. 4 KVBG) und ein Anspruch auf Entschädigungszahlung. § 44 I 1 KVBG sieht einen Anspruch der RWE PowerAG auf Entschädigung iHv 2,6 Mrd. EUR und der Lausitz Energie Kraftwerk AG (LEAG LW AG) iHv 1,75 Mrd. EUR für Stilllegungen bis zum 31.12.2029 vor. Spätere Stilllegungen werden nicht entschädigt.[357] Die Entschädigungen sollen insbes. für die Wiedernutzbarmachung und Rekultivierung der vom Tagebau geprägten Gebiete genutzt werden[358] und wirtschaftliche Nachteile aufgrund des vorzeitigen Braunkohleausstiegs in Bezug auf Bergbauverpflichtungen, notwendige Umstellungen, Personalrestrukturierungen und Stromvermarktung ausgleichen.[359] **117**

Damit keine neuen Stein- und Braunkohleanlagen ans Netz gehen können, ist gem. § 53 I KVBG die Aufnahme des Betriebs neuer Stein- und Braunkohleanlagen nach dem 14.8.2020 verboten. Ab diesem Zeitpunkt werden keine Genehmigungen für die Errichtung und den Betrieb solcher Anlagen nach dem BImSchG erteilt (§ 53 II 1 KVBG). **118**

3. Strukturstärkung

Um die Folgen des Kohleausstiegs in den Kohleregionen möglichst abzufedern, werden mithilfe des Investitionsgesetzes Kohleregionen (InvKG)[360] Fördermittel für vom Kohleausstieg unmittelbar betroffene Regionen bereitgestellt.[361] **119**

Zur Förderung der Braunkohleregionen gewährt der Bund den Ländern Brandenburg, Nordrhein-Westfalen, Sachsen und Sachsen-Anhalt bis 2038 Finanzhilfen iHv insgesamt 14 Mrd. EUR (§ 1 I InvKG). Die Auswahl der konkret zu fördernden Investitionsvorhaben obliegt den Ländern (§ 7 II, III InvKG). Bei der Auswahl sind insbes. Schaffung und Erhalt von Arbeits- und Ausbildungsplätzen, Diversifizierung der Wirtschaftsstruktur und eine Verbesserung der Attraktivität des Wirtschaftsstandortes zu berücksichtigen (§ 4 II InvKG).

Zur Förderung strukturschwacher Steinkohlestandorte sowie für das ehemalige Braunkohlerevier Helmstedt sind Förderungen des Bundes an die Länder Meck- **120**

---

[356] Vgl. BT-Drs. 19/17342, 137. Näher zum „vertraglichen Kohleausstieg" *Di Fabio* NVwZ 2020, 1324 ff.; *Martin* ER 2020, 100 (103); die Kritik an der „paktierenden Gesetzgebung" kritisierend *Ludwigs* DVBl 2021, 353 (356 ff.).

[357] BT-Drs. 19/17342, 138.

[358] BT- Drs. 19/17342, 139.

[359] *Frenz* UPR 2020, 209 (211).

[360] Investitionsgesetz Kohleregionen v. 8.8.2020, BGBl. I 1795.

[361] Näher zu den Finanz- und Strukturhilfen *Stürmlinger/Fuchs* NuR 2021, 320 (326 f.). Allg. zum Auffangen der Folgen des Kohleausstiegs *Frenz* (o. Fn. 79) S. 199 ff.; *ders.* ZNER 2019, 87 (91 ff.). Zu Fragen der energetischen Folgenutzung ehemaliger Kohlestandorte *Wehmeyer* NuR 2020, 162 ff.; *dies.* NuR 2020, 242 ff.

lenburg-Vorpommern, Niedersachsen, Nordrhein-Westfalen und an das Saarland iHv 1,09 Mrd. EUR vorgesehen (§ 11 I InvKG). Daneben sieht das InvKG eine Reihe bundeseigener Investitionsmaßnahmen vor, zB den Ausbau des Straßen- und Schienennetzes in den geförderten Regionen (§§ 20–24 InvKG) sowie die Schaffung von mindestens 5.000 neuen Arbeitsplätzen durch die Ansiedlung von Behörden und Bundeseinrichtungen in den Gemeinden und Gemeindeverbänden der Fördergebiete (§ 18 InvKG).

4. Unions- und Verfassungsrechtskonformität

a) Unionsrecht

121 Aus unionsrechtlicher Sicht sind insbes. die nationale Kompetenz für den Kohleausstieg, die Vereinbarkeit der Kompensationszahlungen mit dem Beihilferecht sowie die Vereinbarkeit mit der Niederlassungs- und Warenverkehrsfreiheit problematisch.

122 Deutschland hat ungeachtet der geteilten Zuständigkeit der EU für die Energiepolitik (vgl. Art. 194 iVm Art. 2 II, Art. 4 II lit. i AEUV) bzw. Energieumweltpolitik (vgl. Art. 192 I, II, Art. 2 II, Art. 4 II lit. e AEUV) weiterhin die Kompetenz zur Regelung eines nationalen Kohleausstiegs.[362] Da dieser schwerpunktmäßig zur Energieumweltpolitik gehört, fällt er unter die in Art. 192 II UAbs. 1 lit. c AEUV genannten „Maßnahmen, welche die Wahl eines Mitgliedstaates zwischen verschiedenen Energiequellen und die allgemeine Struktur seiner Energieversorgung erheblich berühren". Da der EU-Gesetzgeber bislang keine sekundärrechtliche Regelung bzgl. der weiteren (Nicht-)Verwendung von Kohle als Energieträger in den Mitgliedstaaten getroffen hat, liegt die diesbezügliche Regelungskompetenz bei den Mitgliedstaaten (vgl. Art. 2 II 1, 2 iVm Art. 4 II lit. e AEUV).[363] Insbes. enthalten die auf Art. 192 I AEUV gestützte EH-RL[364] iVm Art. 9 I IE-RL[365] keine abschließende Regelung dahingehend, dass den Mitgliedstaaten der Einsatz anderer als der dort geregelten Instrumente zur Reduzierung der THG-Emissionen untersagt wäre. Von ihnen geht daher keine Sperrwirkung für die Mitgliedstaaten aus.[366] Auf die sog. Schutzverstärkungsklausel des Art. 193 AEUV kommt es daher hier nicht an.[367]

123 Die beihilferechtliche Beurteilung der Entschädigungszahlungen an die Kraftwerksbetreiber richtet sich nach den Art. 107 f. AEUV.[368] Art. 10 Kohleausstiegsgesetz enthält insoweit einen beihilferechtlichen Vorbehalt, wonach insbes. die Regelungen zum Steinkohlezuschlag und zur finanziellen Entschädigung bei der Braunkohleverstromung erst angewendet werden, wenn eine beihilferechtliche Genehmigung durch die Europäische Kommission vorliegt. Nach Art. 107 I AEUV ist eine Beihilfe

---

[362] Die Gesetzgebungszuständigkeit des Bundes für das KVBG folgt aus Art. 74 I Nr. 24 GG (Luftreinhaltung), so zutreffend BT-Drs. 19/17342, 86.

[363] Ausf. *Klinski* EnWZ 2017, 203 (205 ff.).

[364] o. Fn. 66.

[365] RL 2010/75/EU des Europäischen Parlaments und des Rates v. 24.11.2010 über Industrieemissionen (ABl. L 334, 17, ber. ABl. 2012 L 158, 25).

[366] Vgl. mit eingehender Argumentation *Kahl* EurUP 2020, 305 (308). Vgl. auch *Schomerus/Franßen*, Klimaschutz und die rechtliche Zulässigkeit der Stilllegung von Braun- und Steinkohlekraftwerken (Rechtsgutachten im Auftrag des BMU), 2018, S. 80 ff. (92 ff., 99 ff., 108 f.); *Franzius* NVwZ 2018, 1585 (1590); *Klinski* NVwZ 2015, 1473 (1477 f.). AA *Spieth* NVwZ 2015, 1173 (1176 f.).

[367] So schon *Kahl* EurUP 2020, 305 (308); ebenso *Klinski* EnWZ 2017, 203 (209); aA *Spieth* NVwZ 2015, 1173 (1178 f.). Zu Art. 193 AEUV → § 2 Rn. 48.

[368] *Holtmann/Stöbener de Mora* EuZW 2019, 485 (486). Zur Bedeutung der Grundfreiheiten im Beihilfeverfahren zum Kohleausstieg *Frenz* EWS 2020, 76 (81 f.).

eine staatliche oder aus staatlichen Mitteln gewährte Begünstigung an ein Unternehmen, die selektiv ist, eine Wettbewerbsverfälschung im Binnenmarkt befürchten lässt und den Handel zwischen den Mitgliedstaaten beeinträchtigt.[369]

Die Entschädigungszahlungen an die Kraftwerksbetreiber sind *staatliche Maßnahmen*, da die Gelder unmittelbar vom Staat herrühren.[370] Da sie sich an bestimmte Unternehmen richten, sind sie auch *selektiv*. Sie drohen jedenfalls den *Wettbewerb zu verfälschen* und *beeinträchtigen den Handel* zwischen den Mitgliedstaaten.

Problematisch ist allein das Merkmal der *Begünstigung*. Eine Begünstigung ist jeder wirtschaftliche Vorteil, für den keine oder keine marktübliche Gegenleistung erbracht wird.[371] Nach Ansicht der Kommission verschafft der einem Unternehmen gewährte Ausgleich dem jeweiligen Unternehmen dann keinen Vorteil, mithin liegt dann keine Beihilfe vor, wenn der Ausgleich lediglich die entstandenen Schäden kompensiert, sofern der Rechtsrahmen des jeweiligen Staates für Betreiber, deren Rechte als Eigentümer eingeschränkt werden, uU einen Ausgleichsanspruch vorsieht.[372] Das ist bei den hier in Rede stehenden Entschädigungszahlungen an die Kraftwerksbetreiber der Fall. Darüber hinaus wird die Entschädigungshöhe für die Stilllegung von Steinkohleanlagen im Ausschreibungsverfahren ermittelt, wodurch ein marktübliches Verhältnis zwischen Leistung und Gegenleistung sowie Diskriminierungsfreiheit gewährleistet werden, was erst recht gegen die Annahme einer Begünstigung spricht.[373] **124**

Hält man dagegen – entgegen der hier vertretenen Ansicht – den Beihilfetatbestand für erfüllt, ist eine Ausnahme zu prüfen.[374] Eine Legalausnahme nach Art. 107 II AEUV ist hier nicht ersichtlich. Möglich ist daher nur eine Ermessensausnahme nach Art. 107 III AEUV. Die Entschädigungszahlungen werden nicht von der Allgemeinen Gruppenfreistellungsverordnung (AGVO)[375] erfasst, sodass eine Einzelfallentscheidung der Kommission erforderlich ist. Gem. Art. 107 III lit. c AEUV[376] kann die Kommission staatliche Beihilfen zur Förderung der Entwicklung gewisser Wirtschaftszweige in der EU als mit dem Binnenmarkt vereinbar betrachten, soweit sie die Handelsbedingungen nicht in einer Weise verändern, die dem gemeinsamen Interesse zuwiderläuft. Letztlich kommt es entscheidend auf die Verhältnismäßigkeit **125**

---

[369] *Korte* JURA 2017, 656 (656 f.); *Unger* in Schmidt/Wollenschläger (Hrsg.), Kompendium Öffentliches Wirtschaftsrecht, 5. Aufl. 2019, § 8 Rn. 14; *Oppermann/Classen/Nettesheim*, Europarecht, 9. Aufl. 2021, § 21 Rn. 6 ff.

[370] Allg. zum Staatlichkeitsmerkmal *Haratsch/Koenig/Pechstein*, Europarecht, 12. Aufl. 2020, Rn. 12.

[371] *Haratsch/Koenig/Pechstein* (o. Fn. 370) Rn. 12; *Ziekow*, Öffentliches Wirtschaftsrecht, 5. Aufl. 2020, § 6 Rn. 23 f.

[372] *Kommission* Beschl. v. 27.5.2016 – SA. 42536, C(2016) 3124 final Rn. 18, 33 ff., 49. Vgl. auch *Mederer* in v. der Groeben/Schwarze/Hatje (Hrsg.), Europäisches Unionsrecht, 7. Aufl. 2015, Art. 107 AEUV Rn. 14.

[373] So schon *Kahl* EurUP 2020, 305 (309) unter Verweis auf *Kommission* Beschl. v. 27.5.2016 – SA. 42536, C(2016) 3124 final Rn. 78; allg. *Cremer* in Calliess/Ruffert (Hrsg.), EUV/AEUV, 5. Aufl. 2016, Art. 107 AEUV Rn. 14.

[374] Allg. zur Systematik der Prüfung *Oppermann/Classen/Nettesheim* (o. Fn. 369) § 21 Rn. 6 ff.

[375] VO (EU) Nr. 651/2014 der Kommission v. 17.6.2014 zur Feststellung der Vereinbarkeit bestimmter Gruppen von Beihilfen mit dem Binnenmarkt in Anwendung der Art. 107 und 108 des Vertrags über die Arbeitsweise der Europäischen Union (ABl. L 187, 1).

[376] Auch die Kommission stellt im vorliegenden Kontext allein hierauf ab, vgl. *Kommission* Beschl. v. 27.5.2016 – SA. 42536, C(2016) 3124 final Rn. 52 ff. Denkbar wäre wohl auch eine Berufung auf Art. 107b III lit. b Alt. 1 AEUV, in diesem Sinne etwa *Frenz* EuR 2019, 400 (417); *Kloepfer* UmweltR § 5 Rn. 903.

der Fördermaßnahmen an.[377] Die Kommission untersucht, „ob die Ausgestaltung der Beihilfe auf ein Ziel von gemeinsamem Interesse schwerer wiegt als ihre etwaigen negativen Auswirkungen auf Handel und Wettbewerb“[378]. Der Kohleausstieg dient der Umstellung der nationalen Energieversorgung und damit dem Klimaschutz durch Reduktion der THG-Emissionen, was ein legitimes Ziel von öffentlichem Interesse darstellt (vgl. Art. 192 II UAbs. 1 lit. c, 194 II UAbs. 2 AEUV und Art. 3 III UAbs. 1 S. 2 EUV, Art. 11, 191 I 4. Spstr. AEUV, Art. 37 GRCh iVm PA). Die Entschädigungszahlungen sind zur Förderung dieses Ziels auch geeignet und – unter Beachtung der Einschätzungsprärogative des Mitgliedstaats – angesichts des Fehlens eines milderen, gleichermaßen effektiven Mittels auch erforderlich, sofern sie nicht über das hinausgehen, was für eine Kompensation der mit der Stilllegung der Betriebe verbundenen Grundrechtseingriffe notwendig ist.[379] In Abwägung mit den von den Zahlungen ausgehenden Anreizwirkungen sowie mit der mit ihnen verbundenen wettbewerbsverzerrenden und handelsbeeinträchtigenden Wirkung müssen die Zahlungen schließlich angemessen sein, wobei es maßgeblich auf die anhand des jeweiligen Einzelfalls zu beurteilende konkrete Situation ankommt. Bei einer marktgetriebenen Ersetzung der Kohle durch andere Energieträger, zB aufgrund eines ambitionierten Ausbaus der Erneuerbaren Energien, und einem Fortbestehen von Überkapazitäten auf dem deutschen Strommarkt wäre wohl nur mit begrenzten Auswirkungen auf die Strompreise und den Wettbewerb zu rechnen, sodass auch die Angemessenheit und somit insgesamt die Verhältnismäßigkeit der Entschädigungszahlungen wohl zu bejahen sind.[380]

126 Die Entschädigungsregelung bei Steinkohleanlagen wurde am 25.11.2020 von der Kommission beihilferechtlich genehmigt.[381] In ihrem Beschluss stellt die Kommission allerdings nicht abschließend fest, ob die Maßnahme eine Begünstigung enthält, also als Beihilfe zu qualifizieren ist. Stattdessen kam sie zu dem Schluss, dass die Maßnahme in jedem Fall mit dem EU-Binnenmarkt vereinbar ist. Insbes. sei sichergestellt, dass die Ausschreibungen wettbewerbsorientiert sind und die Entschädigung somit auf das erforderliche Minimum beschränkt wird. Der Beitrag der Maßnahme zu den Umwelt- und Klimazielen der EU wiege eindeutig schwerer als etwaige Verfälschungen von Wettbewerb und Handel.[382]

Bzgl. der geplanten Entschädigungszahlungen für die Braunkohle leitet die EU dagegen wohl ein förmliches Prüfverfahren iSd Art. 108 III 2 AEUV ein.[383]

127 Damit die Strompreise für private Haushalte und Unternehmen trotz Kohleausstieg bezahlbar bleiben, führte der Gesetzgeber einen aus dem Bundeshaushalt finanzierten Zuschuss zu den Übertragungsnetzentgelten (§ 24a II EnWG nF) sowie einen zusätzlichen Zuschuss an hiervon nicht (ausreichend) profitierende stromintensive Industriebetriebe, die im internationalen Wettbewerb stehen (§ 55 V KVBG), ein.

Bei den Zuschüssen handelt es sich nicht um Beihilfen. Zwar werden die Zuschüsse unmittelbar aus dem Bundeshaushalt finanziert, sodass zumindest eine potenzielle „Belastung“ bzw. „Ver-

---

377 Näher *Kahl* EurUP 2020, 305 (310).

378 *Kommission* Beschl. v. 27.5.2016 – SA. 42536, C(2016) 3124 final Rn. 55.

379 Vgl. *Däuper* EnWZ 2019, 153 (154, 158).

380 So schon *Kahl* EurUP 2020, 305 (311) unter Verweis auf *Kommission* Beschl. v. 27.5.2016 – SA. 42536, C(2016) 3124 final Rn. 84. Zur Übertragbarkeit der beihilferechtlichen Fragestellungen auf andere Felder, etwa auf die Energie- und Verkehrswende, *Frenz* DVBl 2020, 849 ff.

381 Der Beschluss wurde noch nicht veröffentlicht, wird aber über das Beihilfenregister unter der Nummer SA. 58181 zugänglich gemacht, s. *Kommission* Pressemitteilung v. 25.11.2020.

382 *Kommission* Pressemitteilung v. 25.11.2020; *BMWi* Pressemitteilung v. 25.11.2020.

383 Pressemitteilungen (o. Fn. 382).

ringerung eines Postens des Staatshaushalts"[384] vorliegt, mithin die Staatlichkeit der Begünstigung, anders als etwa bei der EEG-Umlage (→ Rn. 61), zu bejahen ist.[385] Allerdings steht der Zuschuss zu den Übertragungsnetzentgelten nicht im Ermessen der Behörde, sondern kommt allen Verbrauchern zu gleichen Konditionen zugute, sodass es an der Selektivität der Begünstigung fehlt, also schon tatbestandlich keine Beihilfe vorliegt.

Problematisch ist darüber hinaus die Vereinbarkeit der Regelungen zum Kohleausstieg mit der *Niederlassungsfreiheit* gem. Art. 49 AEUV. **128**

Der sachliche *Schutzbereich* der Niederlassungsfreiheit umfasst die Aufnahme und Ausübung einer wirtschaftlichen, selbstständigen Tätigkeit im Rahmen einer dauerhaften Niederlassung in einem anderen Mitgliedstaat, die auf die Teilnahme an dessen Wirtschaftsleben gerichtet ist.[386] Erfasst werden nach Art. 54 AEUV auch Gesellschaften, die ihren Sitz in der Union haben und einem Erwerbszweck nachgehen; und zwar – anders als im Rahmen des (insoweit engeren) Art. 19 III GG[387] – unabhängig von der staatlichen Beherrschung des Unternehmens.[388] Der Betrieb eines Kohlekraftwerks ist daher vom Schutzbereich des Art. 49 AEUV erfasst, sofern ein grenzüberschreitender Bezug gegeben ist,[389] sich also ein Unternehmen aus einem anderen Mitgliedstaat in Deutschland niederlassen will.

Da deutsche und EU-ausländische Unternehmen von den Regelungen gleichermaßen betroffen werden, liegt keine Diskriminierung iSe Eingriffs aufgrund der Staatsangehörigkeit vor. Allerdings geht die Niederlassungsfreiheit über ein bloßes Diskriminierungsverbot hinaus und enthält zugleich ein allgemeines Beschränkungsverbot.[390] Eine *Beschränkung* der Niederlassungsfreiheit iSd Art. 49 I AEUV liegt in jeder Maßnahme, die die Ausübung der Niederlassungsfreiheit unterbindet, behindert oder weniger attraktiv macht.[391] Damit liegt jedenfalls eine Beschränkung der Niederlassungsfreiheit der noch nicht in Deutschland tätigen EU-ausländischen Kohleunternehmer vor, die sich auf dem deutschen Markt betätigen wollen, denen dies aber nunmehr untersagt ist. Ob darüber hinaus auch EU-ausländische Kohle-Unternehmer, die bereits eine Niederlassung auf dem deutschen Markt haben und nun zum Abschalten ihres Kraftwerks gezwungen sind, in ihrer Niederlassungsfreiheit beschränkt werden, hängt von der Weite des Schutzbereichs der Art. 49 iVm Art. 54 AEUV ab. Bei weiter Auslegung enthält die Niederlassungsfreiheit auch ein Verbot der unterschiedlichen bzw. beschränkenden Behandlung nach erfolgtem Markteintritt. Bei der überzeugenderen engeren Auslegung ist dagegen eine Beeinträchtigung nur bei Erschwerung des Marktzugangs anzunehmen.[392] Der bloße Marktwegfall ist daher von Art. 49 AEUV nicht erfasst.

---

384 Vgl. *EuGH*, Rs. C-405/16 P (Deutschland/Kommission), ECLI:EU:C:2019:268 Rn. 60, 84.

385 Ausf. zur divergierenden Rechtslage bei EEG-Umlage und Strompreisentlastung *Kahl* EurUP 2020, 305 (311 f.).

386 *Müller-Graff* in Streinz (Hrsg.), EUV/AEUV, 3. Aufl. 2018, Art. 49 AEUV Rn. 11.

387 Vgl. statt vieler mwN BVerfGE 143, 246 Rn. 188, 190.

388 Dazu näher *Kahl* EurUP 2020, 305 (312).

389 *Haratsch/König/Pechstein* (o. Fn. 370) Rn. 846.

390 Systematisch *Jarass* EuR 2000, 705 (708 ff.).

391 *EuGH*, Rs. C-168/91 (Konstandinidis), ECLI:EU:C:1993:115 Rn. 15; Rs. C-439/99 (Kommission/Italien), ECLI:EU:C:2002:14 Rn. 22.

392 Vgl. dazu bereits *Kahl/Hilbert* in BK-GG Art. 19 III Rn. 314; *Kahl* EurUP 2020, 305 (313). Wie hier auch *Roth* GS Knobbe-Keuk, 1997, S. 729 (737 ff., 740 ff.); *Müller-Graff* (o. Fn. 386) Art. 49 AEUV Rn. 60 ff. Ein Beschränkungsverständnis in diesem Sinne annehmend *EuGH*, Rs. C-577/13 (DKV Belgium), ECLI:EU:C:2013:146 Rn. 32 f.; R. C-594/14 (Kornhaas), ECLI:EU:C:2015:805 Rn. 28 f.

129 Der Eingriff in die Niederlassungsfreiheit durch Erschwerung des Marktzugangs ist aber *gerechtfertigt*. Die geschriebene Schranke der Niederlassungsfreiheit in Art. 52 AEUV ist vorliegend zwar nicht einschlägig,[393] allerdings ist auf den Umweltschutz als ungeschriebenen, zwingenden Grund des Allgemeinwohls (vgl. Art. 3 III UAbs. 1 S. 2 EUV, Art. 11, 114 III, 191 I AEUV, Art. 37 GRCh),[394] ggf. ergänzend auf den Gesundheitsschutz (Art. 52 I AEUV) abzustellen. Umweltschutz und Gesundheitsschutz stellen legitime Ziele dar, zu deren Förderung das Verbot der Neuerrichtung von Kohleanlagen geeignet, erforderlich und in Abwägung mit der Beeinträchtigung der Niederlassungsfreiheit auch angemessen, dh verhältnismäßig, ist.

130 Neben der Niederlassungsfreiheit ist auch die *Warenverkehrsfreiheit* (Art. 28–37 AEUV) vom Kohleausstieg betroffen.

Nicht von der Warenverkehrsfreiheit erfasst ist der *Export von Strom* ins EU-Ausland. Die Warenverkehrsfreiheit setzt für die Eröffnung ihres *Schutzbereichs* nach Art. 28 II AEUV das Vorliegen einer im freien Verkehr befindlichen Ware voraus. Bei einem Stopp der Kohleverstromung befindet sich der Strom aber gerade nicht mehr im freien Verkehr. Es handelt sich auch nicht um eine Maßnahme gleicher Wirkung iSd Art. 35 AEUV, da es an der nach der *Groenveld*-Formel[395] erforderlichen Privilegierung der nationalen Produktion oder des Binnenmarkts zum Nachteil der Produktion oder des Handels anderer Mitgliedstaaten fehlt. Im Gegenteil wirkt sich die entfallende Exportmöglichkeit gerade zum Nachteil für die deutsche Wirtschaft aus. Es liegt daher *keine Beeinträchtigung* der Warenverkehrsfreiheit vor.[396]

Etwas anderes gilt für den *Import von Steinkohle* aus dem EU-Ausland.[397] Steinkohle ist eine Ware iSv Art. 28 II AEUV, sodass der *Schutzbereich* eröffnet ist. Die Reduzierung und Beendigung der Steinkohleverstromung in Deutschland hat eine Reduzierung und Beendigung des Imports von Steinkohle zur Folge. Sie ist somit geeignet, den innergemeinschaftlichen Handel mittelbar und potenziell zu behindern, also eine *Maßnahme gleicher Wirkung* (Art. 34 AEUV) iSd *Dassonville*-Formel,[398] die nicht unter die *Keck*-Formel[399] fällt. Der Eingriff ist aber wegen des zwingenden Erfordernisses des Umweltschutzes[400] sowie wegen des Schutzes der Gesundheit von Menschen (Art. 36 AEUV) *gerechtfertigt*.[401]

131 Ein Verstoß des Kohleausstiegsgesetzes gegen die Eigentumsfreiheit als EU-Grundrecht (Art. 17 I 1 GRCh) und die Unternehmerfreiheit (Art. 16 I GRCh) scheidet mangels Anwend-

---

393 Näher *Kahl* EurUP 2020, 305 (313).

394 Grdl. *Jarass* ZUR 2011, 563 ff.

395 *EuGH*, Rs. C-393/92 (Gemeente Almelo), ECLI:EU:C:1994:171 Rn. 28.

396 Gleichsinnig für faktische Exporteinschränkungen infolge des Atomausstiegs *Moench* in Ludwigs (Hrsg.), Der Atomausstieg und seine Folgen, 2016, S. 13 (27).

397 Zum Steinkohleimport s. https://de.statista.com/statistik/daten/studie/156742/umfrage/einfuhr-von-steinkohlenkoks-nach-deutschland-seit-1991/.

398 *EuGH*, Rs. 8/74 (Dassonville), ECLI:EU:C:1974:82 Rn. 5; dazu *Kingreen* in Calliess/Ruffert (o. Fn. 373) Art. 36 AEUV Rn. 37, die sich auf *Einfuhr*beschränkungen (Art. 34 AEUV) bezieht.

399 *EuGH*, verb. Rs. C-267/91 und C-268/91 (Keck), ECLI:EU:C:1993:905 Rn. 16 f.

400 *EuGH*, Rs. 302/86 (Dänische Pfandflaschen), ECLI:EU:C:1988:421 Rn. 8 f.; Rs. C-573/12 (Ålands Vindkraft), ECLI:EU:C:2014:2037, der insoweit als Rechtfertigungsgründe den Schutz menschlicher Gesundheit (Rn. 80, 93) und den Umweltschutz, namentlich die Förderung Erneuerbarer Energien und die Verringerung der Treibhausgasemissionen (Rn. 77, 93), nebeneinander heranzieht. Zum Ganzen *Kahl* GPR 2015, 183 ff.; *Jarass/Kment*, EU-Grundrechte, 2. Aufl. 2019, § 7 Rn. 31, § 34 Rn. 8; *Schmidt-Preuß* in Ludwigs/ders., Klausurenkurs Europäische Grundrechte und Grundfreiheiten, 2016, S. 241 (247 ff.).

401 S. näher *Kahl* EurUP 2020, 305 (314).

barkeit der GRCh aus.[402] Die GRCh gilt für die Mitgliedstaaten gem. Art. 51 I 1 Hs. 2 GRCh nämlich ausschließlich bei Durchführung des Unionsrechts.[403] Es muss eine „unionsrechtlich geregelte Fallgestaltung“[404] vorliegen, dh es muss um die Umsetzung oder den Vollzug von Unionsrecht gehen.[405] Beim nationalen Kohleausstieg ist das gerade nicht der Fall,[406] da es an einer primär- oder sekundärrechtlichen Regelung der Union gerade fehlt. Das Vorhandensein einer bloßen Rechtsetzungskompetenz, hier Art. 192 II UAbs. 1 lit. c AEUV, genügt nicht.[407]

b) Verfassungsrecht

Aus verfassungsrechtlicher Sicht wirft der Kohleausstieg insbes. die Frage der Vereinbarkeit mit der Eigentumsfreiheit der Kraftwerksbetreiber (Art. 14 GG) auf.[408] Dabei bestehen zahlreiche Parallelen zur entsprechenden Diskussion beim Atomausstieg (→ Rn. 100 ff.). **132**

Vom Schutzbereich der Eigentumsfreiheit werden die aufgrund der BImSchG-Genehmigung rechtskonform errichteten Kraftwerke und die Grundstücke, auf denen sie sich befinden, genauer gesagt das zivilrechtliche Sacheigentum hieran, sowie das aus diesem Sacheigentum fließende Recht zur Nutzung[409] der Kraftwerke zur Kohleverstromung erfasst.[410] Im Einzelfall erfasst ist auch das Vertrauen der Unternehmer bzgl. der Möglichkeit zur weiteren Nutzung ihrer legal genehmigten und betriebenen Kohlekraftwerke, sofern auf der Grundlage der Genehmigung bereits Vermögensdispositionen getroffen wurden, die nunmehr durch die Änderung der Rechtslage frustriert werden.[411] Geschützt ist also das „berechtigte Vertrauen in den Bestand der Rechtslage als Grundlage von Investitionen in das Eigentum und seine Nutzbarkeit“[412]. Das KVBG regelt generell-abstrakt die mit dem Eigentum an den Kohlekraftwerken verbundenen Rechte und Pflichten und ist daher eine Inhalts-

---

[402] S. zur weiteren Argumentation *Kahl* EurUP 2020, 305 (315).

[403] Dazu *EuGH*, Rs. C-617/10 (Åkerberg Fransson), ECLI:EU:C:2013:105 Rn. 19 f.

[404] BVerfGE 133, 277 (316). Zum Ganzen auch *Ludwigs/Sikora* EWS 2016, 121 (125 ff.).

[405] *EuGH*, Rs. C–144/95 (Maurin), ECLI:EU:C:1996:235 Rn. 11 f.; Rs. C-206/13 (Siragusa), ECLI:EU:C:2014:126 Rn. 26 f.; Rs. C-198/13 (Julian Hernández), ECLI:EU:C:2014:2055 Rn. 35; *Jarass*, GrCh, 4. Aufl. 2021, Art. 51 Rn. 18 ff.; *Streinz/Michl* in Streinz (o. Fn. 386) Art. 51 GRCh Rn. 6 f., 23. Eingehend zum Ganzen *Jarass* NVwZ 2012, 457 ff.

[406] Ebenso mit Blick auf den Atomausstieg *Moench* (o. Fn. 396) S. 28 f.

[407] *EuGH*, Rs. C-370/12 (Pringle), ECLI:EU:C:2012:756 Rn. 179 f.; *Streinz/Michl* (o. Fn. 405) Art. 51 GRCh Rn. 23; aA (Anknüpfung an Kompetenzen) *GA Sharpston*, SchlA Rs. C-34/09 (Ruiz Zambrano), Rn. 163.

[408] Die Vereinbarkeit des Kohleausstiegs mit Art. 3 I GG prüfend und diese iErg verneinend *Büdenbender/Michaelis* RdE 2020, 505 (509 ff.). Zur Verfassungsbeschwerde gegen das KVBG aufgrund eines Eingriffs in die Grund- und Menschenrechte der im Bereich des Tagebaus Garzweiler II lebenden Menschen *Frenz* ZNER 2020, 492 (493 ff.).

[409] Zur Nutzung als elementarer Eigentumsgewährleistung gerade des Grundeigentümers *Axer* in Epping/Hillgruber (Hrsg.), GG, 3. Aufl. 2020, Art. 14 Rn. 44 f.; *Dederer* in Kahl/Waldhoff/Walter (o. Fn. 392) Art. 14 Rn. 240 ff. (255 ff.).

[410] *Kreuter-Kirchhof*, Rechtliches Gutachten zur Positionierung des Wirtschafts- und Energieministeriums NRW im Hinblick auf die Kommission „Wachstum, Strukturwandel und Beschäftigung“ v. Nov. 2018, 45 f., 79; *Schomerus/Franßen* (o. Fn. 366) S. 19; für den Atomausstieg gleichsinnig *Moench* (o. Fn. 396) S. 31 f. unter Verweis ua auf *BVerfG* NVwZ 2010, 771 (772); *Schmidt-Preuß* NJW 2000, 1524 (1525). Beide vorliegend geschützten Eigentumspositionen werden im Weiteren (Eingriff – verfassungsrechtliche Rechtfertigung) zusammengezogen geprüft.

[411] Vgl. BVerfGE 143, 246 Rn. 372; *VG Berlin* ZUR 2020, 160 Rn. 57; *Kotzur* in v. Münch/Kunig (Hrsg.), GG-Kommentar, Bd. 1, 7. Aufl. 2021, Art. 20 Rn. 161; *Gröpl*, Staatsrecht I, 12. Aufl. 2020, Rn. 497.

[412] BVerfGE 143, 246 Rn. 372; allg. zum Vertrauen auf eine auf geltendes Recht gegründete Rechtsposition und deren Schutz vor rückwirkenden Änderungen BVerfGE 127, 31 (47); 155, 238 Rn. 74 ff.

und Schrankenbestimmung iSv Art. 14 I 2 GG,[413] die in die Nutzungsmöglichkeit der Betriebe und die Rentabilität der hierfür getätigten Investitionen eingreift.[414]

133 Hinsichtlich der verfassungsrechtlichen Rechtfertigung muss der Gesetzgeber einen gerechten Ausgleich herstellen zwischen der Bedeutung des Eigentums als Grundlage persönlicher (hier: unternehmerischer) Freiheit einerseits und dessen Sozialbindung gem. Art. 14 II GG andererseits.[415] Es bedarf also eines Ausgleichs zwischen dem Vertrauensschutz der Unternehmer bzgl. der Möglichkeit zur weiteren Nutzung ihrer legal genehmigten und betriebenen Kohlekraftwerke einerseits und dem Gemeinwohlinteresse an einer dem Klimaschutz dienenden Rechtsänderung andererseits.[416]

Legitimer Zweck des KVBG ist die Verminderung der CO_2-Emissionen und damit der Klimaschutz als Teilaspekt des Schutzes der natürlichen Lebensgrundlagen (Art. 20a GG) sowie der Schutz von Leben und Gesundheit (Schutzpflicht aus Art. 2 II 1 iVm Art. 1 I 2 GG). Die Reduzierung und Beendigung der Kohleverstromung ist auch *geeignet*,[417] diesen Zweck zu fördern und hierfür *erforderlich*, denn ein milderes und gleich geeignetes Mittel ist nicht ersichtlich. Insbes. hat sich der europäische Zertifikatehandel (bislang) als nicht hinreichend effektiv erwiesen.[418]

Die *Angemessenheit* verlangt die Herstellung eines Ausgleichs im Einzelfall zwischen Art. 14 GG einerseits und Art. 20a GG sowie Art. 2 II 1, Art. 1 I 2 GG andererseits im Wege der praktischen Konkordanz. Von den Kohlekraftwerken geht ein hoher Ausstoß von CO_2-Emissionen aus, der mit Blick auf den voranschreitenden Klimawandel und die diesbezüglichen völkerrechtlichen Verpflichtungen Deutschlands (→ Rn. 10 ff.) eine erhebliche Umweltbelastung darstellt. Diese könnte bei einem ersatzweisen Einsatz anderer Technologien, zB Erneuerbarer Energien, vermieden, jedenfalls aber stark reduziert werden. Art. 20a GG und Art. 2 II 1 iVm Art. 1 I 2 GG vermitteln daher ein *überragendes Gemeinwohlinteresse* an der Beendigung der Kohleverstromung.[419] Auf der anderen Seite stellt die zeitnahe Stilllegung der Kraftwerke, auch angesichts des durch die unbefristet erteilte Betriebsgenehmigung geschaffenen Vertrauenstatbestands, einen *besonders schwerwiegenden Eingriff* in die Eigentumsfreiheit der Kraftwerksbetreiber dar.[420] Um eine Unangemessenheit zu vermeiden, sind daher Ausnahmen, Befreiungen und Übergangsregelungen sowie subsidiär Ausgleichszahlungen vonnöten.[421] Übergangsregelungen iSe stufenweisen Ausstiegs sowie Entschädigungszahlungen in angemessener Höhe sieht das KVBG vor, sodass die Regelungen des Kohleausstiegs insgesamt verhältnismäßig sind.[422] Das KVBG ist mit Art. 14 GG vereinbar.

---

[413] BT-Drs. 19/17342, 87 f.; *Däuper* EnWZ 2019, 153 (158) mit Verweis auf BVerfGE 143, 246 Rn. 245 ff.; ferner *Klinski* NVwZ 2015, 1473 (1475); *Kreuter-Kirchhof* (o. Fn. 410) S. 50, S. 79.

[414] *Kreuter-Kirchhof* (o. Fn. 410) S. 46 ff., S. 79; *Kahl* FS Ebke 2021, im Erscheinen, (sub III.).

[415] Näher *Moench* (o. Fn. 396) S. 42.

[416] Dazu ausf. mwN *Kahl* (o. Fn. 414) sub IV.

[417] Insbes. findet aufgrund der im KVBG vorgesehenen Löschung freiwerdender Zertifikate aus dem EU-EHS nicht bloß eine Verlagerung der Emissionen auf EU-Ebene statt. Auch die entstehende Versorgungslücke soll nicht etwa durch Import von Kohlestrom aus dem Ausland ausgeglichen, sondern anderweitig kompensiert werden. Ausf. *Kahl* (o. Fn. 414) sub IV.

[418] Vgl. *Klinski* EnWZ 2017, 203; *Rodi* EnWZ 2017, 195 (196).

[419] *Däuper/Michaels* EnWZ 2017, 211 (215); *Franzius* NVwZ 2018, 1585 (1585 f.).

[420] Zur Begründung *Kreuter-Kirchhof* (o. Fn. 410) S. 63 ff., S. 80.

[421] *Kreuter-Kirchhof* (o. Fn. 410) S. 56, 70; *Schomerus/Franßen* (o. Fn. 366) S. 25 f.

[422] Näher *Kahl* (o. Fn. 414) (sub IV.).

Im August 2020 scheiterte ein Antrag auf Erlass einer einstweiligen Anordnung vor dem *BVerfG* betreffend das Ausschreibungsvolumen und die Höhe des Steinkohlezuschlags. Da die Antragstellerin ein gemischtwirtschaftliches Unternehmen in überwiegend öffentlicher Hand ist, stehen ihr materielle Grundrechte nicht zu. Die GRCh führt zu keiner abweichenden Beurteilung, da es sich bei den Bestimmungen zum „Ob" und „Wie" des Kohleausstiegs nicht um einen unionsrechtlichen Rechtsrahmen, sondern um nationale Regelungen handelt.[423] 134

VII. Das Strommarktgesetz

Das Strommarktgesetz[424] von 2016 soll den Strommarkt „fit" für die Energiewende und die wachsenden Anteile Erneuerbarer Energien machen. Im Wesentlichen änderte es das EnWG und einzelne, aufgrund des EnWG erlassene Verordnungen. Neben nach alter Rechtslage bereits vorhandenen netz- und marktbezogenen Maßnahmen zur Gewährleistung der Netzstabilität sind mit der Netz- und Kapazitätsreserve[425] neue Maßnahmen für die Versorgungssicherheit geschaffen worden. 135

VIII. Climate Change Litigation

Ein in jüngster Zeit kontrovers diskutiertes, weltweit unter dem Stichwort *Climate Change Litigation*[426] behandeltes Problem betrifft die Frage nach der Haftung für Klimaschäden.[427] Bei diesen zumeist unmittelbar oder jedenfalls mittelbar-faktisch von *Umweltschutzverbänden* (NGOs) erhobenen Klagen, die mittlerweile einen festen Bestand von deren Umweltschutzpolitik bilden (sog. *strategic litigation*),[428] kann zwischen (mindestens) zwei Arten von Klagen[429] bzw. Ansprüchen unterschieden werden. 136

1. Schadensersatzansprüche

In der ersten Kategorie geht es um Schadensersatzansprüche Privater gegen andere Private oder gegen den Staat aus zivil- oder öffentlich-rechtlichen Anspruchsgrundlagen. Die Kläger fordern Ersatz für Schäden, die ihnen aufgrund des Klimawandels entstanden sind. 137

Aufsehen erregte insoweit die Klage eines peruanischen Bauern gegen RWE vor dem *LG Essen.* Der Bauer machte geltend, RWE sei wegen der ausgestoßenen Treibhausgase anteilig verantwortlich für den Klimawandel. Dieser führe dazu, dass ein

[423] *BVerfG* NVwZ 2020, 1500 ff.; dazu *Gundel* NVwZ 2020, 1504 f.; *Michaels* EnWZ 2020, 453 ff.; *Zuber* IR 2020, 251 ff.

[424] G zur Weiterentwicklung des Strommarktes (Strommarktgesetz) v. 26.7.2016, BGBl. I 1786.

[425] Zur kontroversen Diskussion bzgl. der in § 13d EnWG geregelten Netzreserve *Ruttloff/Lukosek* GewArch 2019, 12 (14 ff.). Zur für die schrittweise Stilllegung vorgesehenen Subventionierung iHv 1,6 Mrd. EUR vgl. *Kommission,* Entscheidung v. 27.5.2016, COM (2016) 3142 final; ausf. *Frenz* RdE 2016, 1 ff.

[426] Ausf. *Kahl/Weller* (Hrsg.), Climate Change Litigation, 2021; Überblick bei *Gelinsky* FAZ Einspruch v. 29.3.2021; *Franzius,* Die Rolle von Gerichten im Klimaschutzrecht, FEU Research Paper No. 10/2021.

[427] Zur Behandlung grenzüberschreitender Klimaschäden im Strafrecht *Tscharke* rescriptum 2020, 85 ff. Zur Frage der Klimahaftung der Energiekonzerne *Frenz* RdE 2021, 61 ff.

[428] Zur Rolle der NGOs in diesem Kontext *Sethi* EELR 2020, 177 ff.; *Heß* ZUR 2018, 686 ff.

[429] Vgl. auch die Strukturierung der Klimaschutzklagen bei *Engel* I+E 2019, 160 ff.; *Frenz* ZNER 2021, 123 ff.; *Saurer* ZUR 2018, 679 ff.

Gletscher in den Anden schmelze und schließlich einen Gletschersee in der Nähe seines Heimatdorfes zum Überlaufen bringen werde. Deshalb habe er Maßnahmen zum Schutz seines Hauses ergreifen müssen und fordere dafür nun Ersatz. Das *LG Essen* wies die Klage jedoch ab, da es keine lineare Verursachungskette zwischen der Quelle der Treibhausgase und dem Schaden sah und damit die Kausalität verneinte.[430] Der Kläger legte daraufhin Berufung beim *OLG Hamm* ein, dessen Urteil noch aussteht. Allerdings ist das *OLG Hamm*, anders als die Vorinstanz, in die Beweisaufnahme eingetreten.[431] Damit hält es den Antrag des Klägers zumindest für schlüssig begründet.

138 Unabhängig von diesem Fall, der die Diskussion über *Climate Change Litigation* nach Deutschland brachte, werden aus zivilrechtlicher Perspektive insbes. Ansprüche gegen Anlagenbetreiber aus § 823 I BGB, § 906 II 2, § 1004 I BGB und § 3 I UmweltHG diskutiert.[432] Als öffentlich-rechtliche Anspruchsgrundlagen gegen Anlagenbetreiber könnten sich § 14 S. 2 BImSchG, § 114 I BBergG[433] und § 9 USchadG[434] eignen. Eine Haftung des Staates könnte sich nach den Grundsätzen des enteignenden und enteignungsgleichen Eingriffs oder nach § 839 BGB iVm Art. 34 GG ergeben. Gemeinsame Voraussetzung dieser Anspruchsgrundlagen ist, sofern sie denn im konkreten Fall überhaupt einschlägig sind, die Kausalität.[435] Folgt man der Linie des *LG Essen*, scheitern die Ansprüche zumindest daran. Anderenfalls muss die kausale Kette zwischen den THG-Emissionen durch den Anlagenbetreiber und dem entstandenen Schaden bewiesen werden. In den Niederlanden gelang ein solcher Beweis: Der Öl- und Erdgaskonzern Shell muss den Ausstoß von CO_2 bis 2030 um netto 45 % im Vergleich zu 2019 reduzieren, so das Urteil des Gerichts *Den Haag* v. 26.5.2021.

2. Staatliche Schutzpflichten

139 Die zweite Kategorie betrifft die Verpflichtung der EU oder von Staaten zu einer effizienteren Klimaschutzpolitik. Auf *europäischer* Ebene klagten im sog. *Peoples' Climate Case* zehn Familien aus der EU, Kenia und Fidschi gegen das Europäische Parlament und den Rat, um eine Verschärfung der EU-Klimaziele zu erreichen. Die Klage wurde jedoch sowohl vom *EuG* als auch vom *EuGH* aufgrund der fehlenden individuellen Betroffenheit (iSd sog. *Plaumann*-Formel) der Kläger (Art. 263 IV AEUV) als unzulässig zurückgewiesen.[436] Zunehmende Bedeutung für den europäischen Klimaschutz erlangen in jüngerer Zeit auch Individualbeschwerden vor dem *EGMR*, aktuell insbes. eine Beschwerde von 6 portugiesischen Kindern/Jugendlichen gegen 33 europäische Staaten.[437]

---

[430] *LG Essen* ZUR 2017, 370 ff.

[431] *OLG Hamm* Pressemitteilung v. 30.11.2017; *Köck/Markus* ZUR 2019, 257 f.

[432] Zu diesen Anspruchsgrundlagen und deren Hauptproblemen *Chatzinerantzis/Appel* NJW 2019, 881 ff.; *Kahl/Daebel* EEELR 2019, 67 ff.

[433] Diese Anspruchsgrundlage gründlich untersuchend und iErg die Anwendbarkeit überzeugend abl. *Frenz* JbUTR 2018, 99 ff.

[434] Zur Haftung für Klimaschäden nach dem USchadG ausf. *Kahl/Stürmlinger* in Kahl/Weller (o. Fn. 426) S. 486 ff.

[435] Zur Kausalität *Frank* NVwZ 2017, 664 (665 ff.); *ders.* NVwZ 2018, 960 (961 f.); *Griffin* Journal of Energy & Natural Resources Law 2018, 381 (397 ff.).

[436] *EuGH*, C-565/19 P (Armando Carvalho), ECLI:EU:C:2021:252; ebenso bereits *EuG*, T-330/18 (Armando Carvalho), ECLI:EU:T:2019:324; krit. *Winter* ZUR 2019, 259; vgl. auch *Krämer* JEEPL 2019, 198 ff.

[437] Hierzu berichtend *Hummel* SZ v. 30.4.2021, 2. Der *EGMR* hat in diesem Verfahren die Beschwerdegegner relativ schnell zu einer Stellungnahme aufgefordert, was die Beschwerde-

Auf nationaler Ebene konnten Kläger im Ausland zT bereits erste prozessuale Erfolge erzielen: Weltweites Aufsehen erregte die – letztinstanzlich erfolgreiche – Klage der *niederländischen* Stiftung Urgenda gegen den niederländischen Staat, mit deren Hilfe der Staat zu einer Reduktion seiner THG-Emissionen um 25 % bis 2020 gegenüber dem Stand von 1990 verpflichtet wurde.[438] Nach Ansicht des *Hoge Raad*, des obersten Zivilgerichts der Niederlande, lasse sich Art. 2 und Art. 8 EMRK eine Pflicht des Staates zum Ergreifen von Maßnahmen zum Schutz von Einzelpersonen vor potenziell schweren Schäden an ihrer Umwelt entnehmen.[439] Diese beinhalte aufgrund eines breiten internationalen Konsenses und aufgrund der Verpflichtungen aus dem PA auch eine Pflicht zur Reduzierung der THG-Emissionen um 25 % bis 2020 iSe absoluten Minimums der Schutzpflicht aus Art. 2 und Art. 8 EMRK.[440] Damit bestätigte der *Hoge Raad* letztinstanzlich die vorangegangenen Entscheidungen des Bezirksgerichts[441] und des Berufungsgerichts[442]. Zu ähnlichen Klagen kam es auch in anderen Staaten, etwa (iErg erfolgreich) in Irland[443] oder (iErg nicht erfolgreich) in Norwegen[444] und in den USA. 140

In *Deutschland* können Klimaschutzklagen sowohl verwaltungs- als auch verfassungsrechtlicher Natur sein.[445] Auf *verwaltungsgerichtlicher* Ebene scheiterte im Oktober 2019 eine Klage vor dem *VG Berlin*.[446] Sie bezweckte eine Verurteilung der Bundesregierung dazu, zusätzliche Maßnahmen zu ergreifen, um das im „Aktionsprogramm Klimaschutz 2020" niedergelegte Ziel einer Reduktion der THG-Emissionen um 40 % bis 2020 zu erreichen und europäische Reduktionspflichten zu erfüllen. Das *VG Berlin* 141

---

führer als ermutigendes Zeichen werten. S. auch *Braig/Ehlers-Hofherr* NuR 2020, 589 ff. mwN; allg. *Hänni* EuGRZ 2019, 1 ff.; *dies.* EuGRZ 2020, 616 ff.

[438] *Hoge Raad*, Rs. 19/00135, ECLI:NL:HR:2019:2006, englischsprachige Übersetzung abrufbar unter https://uitspraken.rechtspraak.nl; ausf. *Backes/v. der Veen* JEEPL 2020, 307 ff.; *Brewsters Soyapi* RECIEL 2019, 152 ff.; *Stürmlinger* EurUP 2020, 169 ff.; s. auch *Groß* NVwZ 2020, 337 ff.

[439] *Hoge Raad* (o. Fn. 438) Abschnitt 5.2.3.

[440] *Hoge Raad* (o. Fn. 438) Abschnitt 7.5.1.

[441] Dazu *Saurer/Purnhagen* ZUR 2016, 16 ff.; *Frank/Baldrich/Bals* in Lozán ua (Hrsg.), Warnsignal Klima – Extremereignisse. Wissenschaftliche Auswertungen 2018; *Peel/Osofsky* TEL 2018, 37 (49 ff.).

[442] Dazu – in der Bewertung unterschiedlich – *Voland* NVwZ 2019, 114 ff.; *Wegener* ZUR 2019, 3 ff.; *Graser* ZUR 2019, 271 ff.; *Groß* EurUP 2019, 353 (358 f.); *Minnerop* J. Energy Nat. Recour. Law 2019, 149 (152 f.); *Spier* J. Energy Nat. Recour. Law 2019, 181 (183 ff.).

[443] *Supreme Court*, Appeal No 205/19 (Friends of the Irish Environment CLG/The Government of Ireland and the Attorney General); dazu *Schamschula*, Irische Klimaklage erfolgreich v. 11.8.2020, https://www.umweltrechtsblog.at. Zum anders lautenden erstinstanzlichen Urteil *High Court*, Az. 2017 No. 793 JR (Friends of the Irish Environment CLG/The Government of Ireland and the Attorney General); dazu *Renglet* CCLR 2020, 163 ff.; *Oexle/Lammers* NVwZ 2020, 1723 ff.

[444] LTO v. 22.12.2020 („Oberstes Gericht weist Klimaklage gegen den Staat ab"). S. zu den anders lautenden Urteilen in erster und zweiter Instanz *Bezirksgericht Oslo* Urt. v. 4.1.2018 – 16166674 16–166674TVI-OTIR/06; *Berufungsgericht Borgarden* Urt. v. 23.1.2018 – 18060499 18–060499ASD-BORG/03; dazu *Verheyen/Schayani* ZUR 2020, 412 (417 f.).

[445] Dazu *Stürmlinger* EurUP 2020, 169 (174 f.); zur Prüfung von Schutzpflichtverletzungen im Umwelt-, insbes. Klimaschutzrecht: → § 3 Rn. 33 ff. (34 f.); grdl. *BVerfG* Beschl. v. 24.3.2021 – BvR 2656/18 Rn. 147 ff.

[446] *VG Berlin* ZUR 2020, 160 ff. Dazu *Bickenbach* JZ 2020, 168 ff.; *Buser* NVwZ 2020, 1253 ff.; *Frenz* (o. Fn. 79) S. 95 ff.; *Kahl* JURA 2021, 117 (122); *Meyer* NJW 2020, 894 ff.; *Ruffert* JuS 2020, 478 ff.; *Schomerus* ZUR 2020, 167 ff.; *Stürmlinger* EurUP 2020, 169 (174 ff.); s. auch die Anwälte Deutschlands in diesem Fall *Oexle/Lammers* NVwZ 2020, 1723 ff. Ferner: → § 3 Rn. 34.

wies die Klage als unzulässig ab, da die Kläger, 13 Individualkläger und der Umweltverband Greenpeace e. V., nicht klagebefugt seien (§ 42 II VwGO).[447] Das Aktionsprogramm habe als politische Absichtserklärung keine Außenwirkung und sei deshalb keine Schutznorm iSd Schutznormtheorie, aus der die Kläger subjektive Rechte ableiten könnten. Auch ein möglicher Verstoß des Staates gegen grundrechtliche Klimaschutzpflichten sei nicht zu bejahen. Die Kläger hätten nicht substantiiert dargelegt, dass der Staat in evidenter Weise „das verfassungsrechtlich gebotene Mindestmaß an Klimaschutz unterschritten haben könnte"[448].

142 Auch *Klimaschutz-Verfassungsbeschwerden* wurden vor dem Hintergrund der bisherigen, sehr restriktiven Schutzpflichten-Judikatur des *BVerfG*,[449] gerade im Umweltbereich, von der hL geringe Erfolgsaussichten eingeräumt. Das war jedoch – wie sich herausgestellt hat (→ Rn. 143) – zu pessimistisch, weil sich klimaschutzverfassungsrechtliche Verpflichtungen durchaus auch formulieren lassen, ohne in die primäre Verantwortung des Gesetzgebers überzugreifen. In der Tat kommt dem Gesetzgeber zwar bei der Erfüllung seiner Schutzpflichten eine weite Einschätzungsprärogative zu. Auch ist der Bundesgesetzgeber mit dem Erlass von Gesetzen, wie insbes. dem KSG, dem BEHG und dem KVBG, in den letzten Jahren keineswegs untätig geblieben. Gleichwohl bestehen Zweifel, ob diese Bemühungen einen hinreichend effektiven Beitrag Deutschlands zur Bewältigung des Klimawandels darstellen. Sowohl die deutschen Reduktionsziele (insbes. für die Jahre 2031 ff.) als auch die bislang ergriffenen Maßnahmen bleiben nämlich hinter dem Stand zurück, der nach fachwissenschaftlicher Erkenntnis notwendig wäre, um das „unter 2 Grad, möglichst unter 1,5 Grad-Ziel" aus dem Pariser Abkommen zu erreichen.[450] Selbst eine Verletzung von Schutzpflichten bzw. Art. 20a GG dem Grunde nach („Ob") würde allerdings noch keinen grundrechtlichen Anspruch auf ein bestimmtes gesetzgeberisches Handeln („Wie") vermitteln. Es obliegt dann immer noch dem demokratisch legitimierten Gesetzgeber, unter Abwägung aller privaten und öffentlichen Belange, angemessene Klimaschutzstrategien und einen Instrumentenmix zu entwickeln.[451] Das hat nunmehr iErg auch das *BVerfG* so bewertet, auch wenn es dabei einen etwas anderen Begründungsweg wählte.

143 Es ist zu begrüßen, dass das *BVerfG* in seinem Beschluss über vier *Klimaschutz-Verfassungsbeschwerden* das KSG für teilweise verfassungswidrig erklärte (→ Rn. 19). Die Beschwerden wendeten sich ua gegen das Unterlassen des Gesetzgebers, geeignete legislative Maßnahmen zu ergreifen, um seinen internationalen und supranationalen Verpflichtungen zur Erfüllung der Klimaschutzziele 2020 und Art. 2 I PA nachzukommen[452] sowie explizit gegen das KSG und die darin enthaltenen Reduktionsziele für 2030.[453] Das *BVerfG* verneinte in einer sehr sorgfältig begründeten, rechtsdogmatisch innovativen und grds. überzeugenden Entscheidung zwar eine Schutzpflichtverletzung sowie einen Verstoß gegen das „Klimaschutzgebot" des Art. 20a GG, erkannte aber einen unverhältnismäßigen Eingriff (genauer: eine „eingriffsähnliche Vorwirkung") in die Freiheitsgrundrechte der beschwerdeführenden natürlichen Personen, da das KSG keine hinreichenden Maßgaben für die

---

[447] *VG Berlin* ZUR 2020, 160 Rn. 40 ff.
[448] *VG Berlin* ZUR 2020, 160 Rn. 63. S. auch → § 3 Rn. 18 ff.
[449] Dazu → § 3 Rn. 18 ff.
[450] *Kahl* JURA 2021, 117 (127); *Klinger* ZUR 2020, 259; *Buser* DVBl 2020, 1389 (1394 f.); krit. auch *Franzius* EnWZ 2019, 435 (435, 440); *Ziehm* ZUR 2020, 129 (129 f.); *Kment* NVwZ 2020, 1537 (1541, 1544); aA BT-Drs. 19/14337, 1 f.
[451] *Kahl* JURA 2021, 117 (128); vgl. auch *Buser* DVBl 2020, 1389 (1395 f.).
[452] Beschwerdeschrift, S. 62, abrufbar unter https://klimaklage.com.
[453] Beschwerdeschrift, S. 2, 57 f., abrufbar unter https://www.greenpeace.de.

Emissionsreduktion ab dem Jahr 2031 vorsehe.[454] Die §§ 3 I, 4 I 3 KSG iVm Anl. 2 reduzierten folglich zulasten der jungen Generation die nach 2030 verbleibenden Emissionsmöglichkeiten erheblich und gefährdeten dadurch die Freiheitsrechte der heute lebenden jungen Menschen unverhältnismäßig, indem sie die aus Art. 20a GG iVm dem PA folgenden Emissionsreduktionsverpflichtungen Deutschlands (bis hin zur Klimaneutralität) einseitig in die Zukunft verschöben.[455]

IX. Perspektiven

Ungeachtet der – gerade in den letzten Jahren erheblichen – Aktivitäten des Gesetzgebers im Klimaschutz- und Umweltenergiebereich besteht weiterhin ein *dringender rechtspolitischer Handlungsbedarf* auf allen Ebenen, soll die globale Klimakrise mit ihren weitreichenden Auswirkungen auf Leben, Gesundheit, Wirtschaft und Gesellschaft noch abgewendet werden. Aktuellen Studien zufolge reichen die bisherigen Maßnahmen nicht aus, um die selbst gesetzten CO_2-Reduktionsziele für 2030 einzuhalten. Bereits auf nationaler *Verfassungsebene* (Bund und Länder) werden aktuell verschiedene Vorschläge diskutiert oder Verfassungsänderungen vorbereitet, um die Klimaschutzbelange mittels Staatszielbestimmungen zu stärken.[456] Auch auf *europäischer* Ebene besteht noch Handlungsbedarf. Der *European Green Deal* (→ Rn. 4, → Rn. 16) stellt einen grds. zu begrüßenden Aufbruch zu einer neuen Umwelt- und Klimaschutzpolitik dar.[457] Aber nur wenn es gelingt, die darin vorgesehenen Maßnahmen tatsächlich zu erlassen und nur wenn die Mitgliedstaaten diese Vorgaben dann auch zügig und korrekt umsetzen und vollziehen, wird die EU die globale Vorreiterrolle, in der sie sich selbst sieht,[458] auch tatsächlich einnehmen und als erster Kontinent klimaneutral werden können. 144

Auch bei Einhaltung der selbst gesetzten Reduktionsziele drohen die EU und Deutschland allerdings ihr auf Basis des im Pariser Abkommen vorgesehenen 1,5°C-Ziels verbleibendes CO_2-Budget zu überschreiten. Bei gerechter Verteilung des globalen Budgets verbleiben der EU, um die Erderwärmung bei 1,5°C zu stoppen, ab 2020 31,6 Gt CO_2, Deutschland verbleiben ab 2020 4,2 Gt CO_2.[459] Bei linearer jährlicher Reduktion der Emissionen wäre das EU-Budget im Jahr 2037 verbraucht, das Budget Deutschlands bereits 2032.[460] Die bei Einhaltung der aktuellen nationalen Klimaschutzziele tatsächlich zu erwartenden THG-Emissionen Deutschlands sind mit geschätzten 8,1 Gt CO_2 jedoch fast doppelt so hoch wie das verbleibende Budget.[461] Die Klima- und Sektorziele des KSG sind daher bei weitem nicht ausreichend, um einen angemessenen Beitrag zur Einhaltung der Pariser Klimaziele zu leisten. Sie müssen dringend (in Einklang mit dem verbleibenden CO_2-Budget) verschärft und ihre Einhaltung durch weitere einschneidende Klimaschutzmaßnahmen sichergestellt werden. 145

---

[454] *BVerfG* Beschl. v. 24.3.2021 – 1 BvR 2656/18, 1 BvR 96/20, 1 BvR 78/20, 1 BvR 288/20, https://www.bundesverfassungsgericht.de; näher dazu → § 3 Rn. 35. S. auch *Kahl* JURA 2021, 117 (122 ff.); *Stürmlinger* EurUP 2020, 169 (174 ff.); *Groß* NVwZ 2020, 337 ff.; *Heß/Wulff* EurUP 2020, 386 ff.

[455] S. näher → § 3 Rn. 35, 39; → § 5 Rn. 22.

[456] Überblick dazu bei *Härtel* NuR 2020, 577 mwN; ferner → § 3 Rn. 7.

[457] So auch *SRU*, Umweltgutachten 2020, S. 469.

[458] So ausdrücklich in COM (2019) 640 final, S. 24.

[459] *SRU*, Pariser Klimaziele erreichen mit dem CO_2-Budget, 2020, S. 52.

[460] *SRU*, Umweltgutachten 2020, S. 52.

[461] *SRU*, Umweltgutachten 2020, S. 55.

146 Dazu bedarf es eines – noch optimierungsfähigen – *kohärenten, effektiven und effizienten Verbundes („Mix")* aus *ordnungsrechtlichen* (direkten) und *ökonomischen* (indirekten) *Instrumenten.*[462] Das KSG kann hierbei die Funktion eines Anker- bzw. Leitgesetzes übernehmen, in dem Emissionsreduktionsziele für die einzelnen Sektoren langfristig festgelegt und untereinander abgestimmt werden. Ferner eignet sich das KSG als zentrale Rechtsquelle des nationalen Klimaschutzrechts, weil es einheitliche Regelungen für Monitoring und Nachsteuerung (in Form von Sofortprogrammen) schafft und damit eine koordinierte Reduktion der CO_2-Emissionen bis hin zur THG-Neutralität gem. den Zielen des Pariser Abkommens und des danach verbleibenden CO_2-Budgets sicherstellt.

Auf EU-Ebene wird eine alle Sektoren des Energieverbrauchs erfassende CO_2-Bepreisung als Steuerungsinstrument diskutiert,[463] um die Verbraucher in der EU zu Emissionseinsparungen anzuhalten. Ein Ansatzpunkt hierfür wäre die Ausdehnung des Anwendungsbereichs des EU-EHS auf den Wärme- und Verkehrssektor sowie alle anderen Bereiche, die noch nicht von ihm erfasst werden.[464]

147 Eine besondere Herausforderung für eine klimaneutrale Zukunft ist der Verkehrssektor,[465] insbes. der innerstädtische Verkehr (*climate resilient cities*)[466]. Mit einer drohenden Zielverfehlung um 33,4 Mio. t CO_2-Äquivalente ist der Verkehrssektor für knapp die Hälfte der trotz Klimaschutzprogramm 2030 bestehenden Minderungslücke (70,7 Mio. t CO_2-Äquivalente) verantwortlich.[467] Um die *Verkehrswende* herbeiführen und das im Klimaschutzplan 2050 vorgesehene Ziel der Reduktion der verkehrsbedingten Emissionen um 40 % bis 2030[468] erreichen zu können, sind auf europäischer und nationaler Ebene erhebliche zusätzliche Anstrengungen nötig, die über die bisherigen Maßnahmen wie den sog. „Umweltbonus" für Elektroautos,[469] steuerliche Privilegierung für Elektromobilität[470] und eine Anhebung der Kraftstoffpreise über das nEHS (→ Rn. 35 ff.) weit hinausgehen müssen.[471] Hinzu kommen müssen grundlegend neue (urbane) Verkehrskonzepte, insbes. zugunsten des Radverkehrs und des ÖPNV. Ua hiermit befasst sich die beim Bundesverkehrs-

---

462 Grdl. *Overkamp* (o. Fn. 130). Speziell zum Effektivitätsaspekt *Faure* ZUR 2020, 141 ff.

463 *v. der Leyen*, Eine Union, die mehr erreichen will. Meine Agenda für Europa, undatiert. Vgl. auch *Steinbach/Valta*, CO_2-orientierte Bepreisung der Energieträger – Handlungsoptionen, Kompensationsmöglichkeiten und ihre rechtlichen Rahmenbedingungen, 2019; *dies.* JZ 2019, 1139 ff. Zu Rechtsfragen einer „Carbon Border Tax" *Merkel* ZUR 2020, 658 ff.

464 *Blanke/Pilz* EuR 2020, 270 (280) unter Verweis auf *v. der Leyen* (o. Fn. 463) S. 6, die den Seeverkehr, den Straßenverkehr und den Bausektor in das EU-EHS einbeziehen möchte.

465 Weitere besondere „Sorgenkinder" mit Blick auf den Klimaschutz und die Energiewende sind der Landwirtschaftsbereich (dazu *Hofmann* NVwZ 2019, 1145 ff.; *ders.* EurUP 2020, 394 [401 ff.]) und der Gebäudesektor (s. für diesen etwa den Vorschlag zur Einführung einer Wärmeplanung, dazu *Maas* ZUR 2020, 22 ff.).

466 Dazu *Albrecht* ZUR 2020, 12 ff. Allg. zur Rolle der Städte in der Klimapolitik *Aust* ZUR 2018, 656 ff.; *ders.*, Das Recht der globalen Stadt, 2017, S. 275 ff.; *Bucher* VBlBW 2020, 319 ff.

467 *UBA*, Treibhausgasminderungswirkung des Klimaschutzprogramms 2030 (Kurzbericht), Climate Change 12/2020, 2020, S. 45.

468 *BMU*, Klimaschutzplan 2050, S. 8.

469 *BMWi*, Bekanntmachung der Richtlinie zur Förderung des Absatzes von elektrisch betriebenen Fahrzeugen (Umweltbonus) vom 7.7.2020, BAnz. AT 7.7.2020 B2.

470 *BReg*, Klimaschutzprogramm 2030, S. 83 ff.

471 Zu verschiedenen Aspekten und erörterten Maßnahmen einer Verkehrswende s. *Erbguth* ZUR 2021, 1 f.; *ders.* ZUR 2021, 22 ff.; *Grotefels* ZUR 2021, 25 ff.; *Hofmann* EurUP 2020, 394 (404 ff.); *Kümper* ZUR 2021, 33 ff.; *Wahlhäuser* ZUR 2021, 3 ff.; zu Strukturproblemen des Umweltverkehrsrechts *Reimer* EurUP 2019, 371 ff.

ministerium angesiedelte „Nationale Plattform Zukunft der Mobilität", in der allerdings Umweltinteressen unterrepräsentiert sind und die bei der Mobilitätswende inhaltlich bislang noch nicht entscheidend weitergekommen ist.[472] Auf EU-Ebene bedarf es neben der CO_2-Bepreisung (→ Rn. 146) ua einer Verschärfung der Grenzwerte für den CO_2-Ausstoß von Autos sowie ein klares (ordnungsrechtliches) Datum für das Ende des Verbrennungsmotors.[473] Immerhin sehen die Festlegung zulässiger Jahresemissionsmengen für den Verkehrssektor in Anl. 2 KSG sowie das dazugehörige Monitoring-System eine Nachsteuerung in Form des Erlasses eines Sofortprogramms vor (→ Rn. 5, → Rn. 19), sollten die verkehrsbedingten CO_2-Emissionen auch in den kommenden Jahren nicht sinken. Ob die deutsche und unionale Politik die Kraft aufbringen wird, die Verkehrswende gegen zu erwartende Widerstände mit der gebotenen Entschlossenheit einzuleiten, bleibt abzuwarten.

Im Juni 2020 hat die deutsche Bundesregierung eine *„Nationale Wasserstoffstrategie"*[474] veröffentlicht. Diese ist ein „Handlungsrahmen für die künftige Erzeugung, den Transport, die Nutzung und Weiterverwendung von Wasserstoff und damit für entsprechende Innovationen und Investitionen".[475] Ziel der Strategie ist es, sog. Grünen Wasserstoff, der mit Erneuerbaren Energien erzeugt wird, wettbewerbsfähig zu machen und ihn als alternativen Energieträger zu etablieren, um damit in unterschiedlichen Bereichen fossile Brennstoffe durch Grünen Wasserstoff zu ersetzen, was wiederum einen Beitrag zur Senkung der Treibhausgasemissionen auf null bis 2050 (Dekarbonisierung) leistet. Dazu soll ein „Heimatmarkt" für Wasserstofftechnologien in Deutschland aufgebaut und der Weg für Importe bereitet werden. Die Transport- und Verteilinfrastruktur soll weiterentwickelt, die Wissenschaft gefördert und Transformationsprozesse gestaltet und begleitet werden.[476] Einsatzfelder für den Grünen Wasserstoff sind etwa der Flug- oder Schwerlastverkehr (weniger der Pkw-Verkehr) sowie emissionsintensive Industrieprozesse, etwa in der Stahlproduktion.[477] Da für die Gewinnung des Wasserstoffs im Wege der Elektrolyse erhebliche Mengen an Erneuerbarer Energie benötigt werden, ist der konsequente Ausbau der „Erneuerbaren" umso wichtiger. **148**

Insgesamt sind im *freiheitlichen, demokratischen Verfassungsstaat* alle Freiheitseingriffe, auch wenn sie gewichtigen Zielen wie dem Klimaschutz dienen, stets so zu gestalten und vor allem zu begrenzen, dass eine *„Ökodiktatur"*[478] vermieden wird. Deshalb ist am rechtsstaatlichen Verteilungsgrundsatz (Vermutung für die Freiheit des Einzelnen, Rechtfertigungsbedürftigkeit jeder eingreifenden staatlichen oder **149**

---

472 https://www.plattform-zukunft-mobilitaet.de.

473 Zu entsprechenden Vorschlagsplänen der Kommission für Mitte Juli 2021 FAZ v. 11.3.2021, 16. S. auch *Kommission,* Strategie für nachhaltige und intelligente Mobilität v. 9.12.2020, COM (2020) 789 final. Zur innerstädtischen umweltgerechten Mobilität ferner im Überblick *Steiner* NVwZ 2021, 356 ff.

474 *BReg,* Die Nationale Wasserstoffstrategie, Juni 2020, https://www.bmwi.de; dazu *Scholtka/Frizen* NJW 2021, 906 (907). S. zu den rechtlichen Rahmenbedingungen einer Wasserstoffwirtschaft *Brahms/Arnold* REE 2021, 74 ff.; *Sieberg/Cesarano* RdE 2020, 230 ff. (232 ff.). Auf EU-Ebene ist die Wasserstofftechnologie ein wesentlicher Baustein des *Green Deal*, vgl. *Kommission,* Eine Wasserstoffstrategie für ein klimaneutrales Europa, COM (2020) 301 final, dazu *Falke* ZUR 2021, 57 (58 f.). Zum Ganzen das Schwerpunktheft 4/2021 der ZUR.

475 *BReg* (o. Fn. 474) S. 5.

476 *BReg* (o. Fn. 474) S. 5 ff.

477 *Reinhold* FAZ v. 28.4.2021, V3.

478 Die Sorge vor einer „Klimadiktatur" findet sich explizit etwa bei *Depenheuer* Cicero v. 18.2.2020. Die Diskussion ist nicht neu; s. zum Ganzen bereits *Baumeister*, Wege zum ökologischen Rechtsstaat – Umweltschutz ohne Öko-Diktatur, 1994. Aus jüngerer Zeit *Pötter*, Ausweg Ökodiktatur? – Wie unsere Demokratie an der Umweltkrise scheitert, 2010.

unionalen Maßnahme) festzuhalten. Daneben sind sowohl isoliert betrachtet als auch bei Summation verschiedener staatlicher Maßnahmen (sog. kumulativer/additiver Eingriff) unverhältnismäßige Grundrechtsbeeinträchtigungen (zB bei Unternehmen, Stromkunden) zu unterlassen sowie Vertrauensschutz und Rechtssicherheit (Planungs- und Investitionssicherheit) zu gewährleisten. Als zumindest grenzwertig erweisen sich vor dem Hintergrund des Übermaßverbots, im Übrigen auch vor dem Hintergrund des Sozialstaatsprinzips, die im weltweiten Vergleich extrem hohen Stromkosten in Deutschland,[479] die Folge einer bedenklichen Kumulation diverser Steuern mit der EE-Umlagenbelastung (→ Rn. 59) sind und – erst recht im Zusammenwirken mit immer weiter steigenden Mieten – vor allem Bürgerinnen und Bürger im Niedriglohnsektor überproportional hart treffen.[480]

§ 7. Immissionsschutzrecht

I. Einleitung

1. Hintergrund

1 Der Schutz vor schädlichen Immissionen zählt zum innersten *Kernbereich* des Umweltrechts. Er zielt auf die Luftreinhaltung und die Lärmbekämpfung. Die Entwicklung in diesen Bereichen zeichnet in den zurückliegenden Jahren ein uneinheitliches Bild. Trotz zT beachtlicher Verbesserungen der Situation stellen sich noch immer zahlreiche, für die menschliche Gesundheit wichtige Herausforderungen.

2 Bei der *Luftreinhaltung* betrug der Rückgang der Emission klassischer Schadstoffe wie Schwefeldioxid (SO_2) in Deutschland zwischen 1990 und 2018 94,7 %. Bei den Stickstoffoxiden (NO_X) liegt die Minderung der Emission bei 58,5 %. Die verstärkt in die Diskussion geratene Feinstaubemission (PM) konnte zwischen 1995 und 2018 ebenfalls verringert werden, etwa bei PM_{10} um 40,8 % und bei $PM_{2,5}$ um 54,6 %.[1] Diese Entwicklung ist positiv, darf aber über zweierlei nicht hinwegtäuschen: Der große Anteil der Minderungen wurde in den 1990er Jahren erreicht und insbes. durch das Ende der früheren DDR und der dortigen Industrie befördert. Seitdem sind Einsparungen schwieriger. Und trotz aller Fortschritte ist die Schadstoffkonzentration vor allem in einigen städtischen Gebieten und bedingt durch den Straßenverkehr nach wie vor (zu) hoch.[2] Deshalb war ein Vertragsverletzungsverfahren der Kommission gegen Deutschland vor dem *EuGH* erfolgreich.[3]

---

[479] *Weltwirtschaftsforum*, Energy Transition Index 2021, zit. nach *Geinitz/Záboji* FAZ v. 21.4.2021, 17. Danach zahlen deutsche Haushalte 55 % mehr für Strom als ihre europäischen Nachbarn, die deutsche Industrie sogar 60 % mehr als ihre europäische Konkurrenz.

[480] Zur Zusammensetzung des Strompreises *BMWi*, Der Strompreis, unter https://www.bmwi.de.

[1] www.umweltbundesamt.de/daten/luftbelastung/luftschadstoff-emissionen-in-deutschland.

[2] *UBA*, Luftqualität 2019, 2020, S. 7 ff.; *SRU*, Umweltgutachten 2020, S. 354. Vgl. auch Mitteilung der Kommission v. 17.5.2018, COM (2018) 330 final.

[3] *EuGH*, Rs. C-635/18 (Kommission/Deutschland), ECLI:EU:C:2021:437. Entsprechendes gilt für andere Mitgliedstaaten: *EuGH*, Rs. C-488/15 (Kommission/Bulgarien), ECLI:EU:C:2017:267; Rs. C-336/16 (Kommission/Polen), ECLI:EU:C:2018:94; Rs. C-636/18 (Kommission/Frankreich), ECLI:EU:C:2019:900; Rs. C-644/18 (Kommission/Italien), ECLI:EU:C:2020:895; Rs. C-637/18 (Kommission/Ungarn), ECLI:EU:C:2021:92.

Eine ambivalente Entwicklung ergibt sich für den *Lärmschutz:* Zwar stehen dank technischer Fortentwicklungen im Bereich des aktiven und passiven Schallschutzes deutlich verbesserte Möglichkeiten der Verminderung von Lärmbelastungen zur Verfügung.[4] Dennoch ist, auch wegen des gesteigerten Verkehrsaufkommens, vor allem die Verkehrslärmbelastung nach wie vor hoch.[5] 3

Die *Folgen* von Luftverunreinigungen, etwa „Saurer Regen", sind seit längerem wissenschaftlich anerkannt. Gezeigt hat sich zudem die gesundheitsschädigende Wirkung von Feinstäuben, etwa in Form von Atemwegs- und Herzkreislauferkrankungen.[6] Ebenfalls anerkannt sind die Folgen von Lärm als schädigendem Stressfaktor, der von Kommunikations- und Schlafstörungen bis hin zu einer Erhöhung des Herzinfarktrisikos und einer Minderung der Lebenserwartung führen kann.[7] Verstärkt diskutiert werden negative Auswirkungen elektromagnetischer Strahlungen, wie sie zB bei Mobilfunkanlagen festzustellen sind (→ Rn. 130). 4

2. Entwicklung

Obgleich das Immissionsschutzrecht sich heute als modernes Umweltrecht darstellt, ist es der Sache nach keineswegs neu. Ursprünglich als privatrechtlicher Abwehranspruch gegen Einwirkungen auf das Eigentum entstanden, wurde der Immissionsschutz schon in der ersten Hälfte des 19. Jahrhunderts zu einer öffentlichen Aufgabe. 5

Nachdem mit Hilfe von Polizeiverordnungen nur unzureichend auf die im Zuge der Industrialisierung wachsenden Immissionsprobleme reagiert werden konnte, wurden in Preußen bereits nach der Allgemeinen Gewerbeordnung von 1845 bestimmte lästige Anlagen einer besonderen Genehmigungspflicht unterworfen (§§ 26 ff. PrAllGewO). Bei der Beurteilung der Genehmigungsfähigkeit war schon damals zu berücksichtigen, ob die geplante Anlage mit „erheblichen Nachteilen, Gefahren oder Belästigungen für die Nachbarn oder das Publikum überhaupt verbunden ist" (§ 29 I PrAllGewO).

Auf dieser Regelung basierten die §§ 16 ff. der Gewerbeordnung des Norddeutschen Bundes von 1869 bzw. der Reichsgewerbeordnung von 1900, die im Kern bis heute unverändert geblieben sind. Hinzu kamen eine Vielzahl von Rechts- und Verwaltungsvorschriften des Bundes und der Länder. Dem Streben nach Vereinheitlichung des Immissionsschutzrechts entsprang das *Bundesimmissionsschutzgesetz (BImSchG)* von 1974, mit dem die Vorschriften über die genehmigungspflichtigen Anlagen aus der GewO herausgelöst, das System der Anlagengenehmigung allerdings weitgehend übernommen wurde.[8] 6

Die jüngere Entwicklung des Immissionsschutzrechts steht vor allem im Zeichen des Europarechts. Dabei treten Unterschiede in der systematischen Grundkonzeption zu Tage:[9] Die traditionell *quellenbezogene,* im Kern *sektorale* Genehmigungs- und Überwachungsstruktur des BImSchG (*emissions*bezogener Ansatz) sieht sich verstärkt einer neuartigen, *integrativen* Struktur des Unionsrechts (*immissions*bezogener Ansatz) gegenüber, der *quellenunabhängig* auf eine Verbesserung der Umweltqualität insgesamt gerichtet ist.[10] Das nationale Recht hat diese Impulse bislang eher 7

---

[4] Vgl. dazu *Sparwasser/Engel/Voßkuhle* § 10 Rn. 48.

[5] *SRU,* Umweltgutachten 2020, S. 266 ff.

[6] *SRU,* Umweltgutachten 2008, Tz. 249; s. zu weiteren Gefahren *Müller-Jung* FAZ Nr. 61 v. 13.3.2019, S. N2.

[7] *SRU,* Umweltgutachten 2020, S. 272. Betreffend die Umsetzung der Umgebungslärmrichtlinie (Fn. 369) hat die Kommission ein Vertragsverletzungsverfahren (2016/2116) eröffnet.

[8] Vgl. *Saurer* in Appel/Ohms/Saurer (Hrsg.), BImSchG, 2021, Einl Rn. 3 ff.

[9] Zu den Schwierigkeiten der Umsetzung *Koch* FS Bartlsperger, 2006, S. 497 (502 ff.).

[10] Vgl. *Sparwasser/Engel/Voßkuhle* § 10 Rn. 54; *Storost* UPR 2015, 121 ff.

verhalten aufgegriffen.[11] Auch bei der Umsetzung der *IVU-Richtlinie*[12] war der Gesetzgeber bemüht, an den Kernstrukturen des deutschen Immissionsschutzrechts festzuhalten.

8 Die IVU-Richtlinie wurde 2011 durch die *Industrieemissions-Richtlinie* (IE-RL)[13] ersetzt.[14] Deren Umsetzung im Jahr 2013 brachte zwar einige wichtige Änderungen ua im BImSchG mit sich,[15] hat aber dessen normative Qualität zugleich insofern erheblich gesenkt, als die Neuerungen nicht systematisch eingepasst, sondern nur an den bisherigen Normenbestand „angeklebt" wurden. Gleiches gilt für die Umsetzung der *Seveso-III-Richtlinie*[16].[17] Das Ergebnis ist weitgehendes Stückwerk und ein enormes Anschwellen des Umfangs des BImSchG. Damit verbleibt perspektivisch nur die Forderung nach einer Konsolidierung des Immissionsschutzrechts, zu der es allerdings bei realistischer Betrachtung des Funktionierens von Gesetzgebung kaum kommen dürfte.[18]

3. Rechtsgrundlagen

a) Europarecht

9 Das Immissionsschutzrecht wird zunehmend von europäischen Vorgaben geprägt. Von allgemeiner Bedeutung ist die bereits erwähnte IE-RL (→ Rn. 8). Im Zentrum des europäischen Luftreinhalterechts steht die *Luftqualitätsrichtlinie*[19], bei der die Tendenz der europäischen Umweltpolitik zu einem quellenunabhängigen und medienübergreifenden Umweltschutz besonders deutlich wird.[20] Neben Richtlinien (Art. 288 III AEUV) sind einzelne EU-Rechtsakte zum Immissionsschutz auch in Form der Verordnung (Art. 288 II AEUV) ergangen, etwa die Verordnung (EG) 1005/2009 vom 16.9.2009 über Stoffe, die zum Abbau der Ozonschicht führen.

10 Durch die IE-RL (→ Rn. 8) rückten zudem die sog. *BVT-Schlussfolgerungen* in den Kreis der Rechtsquellen auf. Sie werden von der Kommission gem. Art. 13 V, 75 II IE-RL im Komitologieverfahren als Durchführungsrechtsakte (Art. 291 II AEUV), nämlich als Durchführungsbeschlüsse (Art. 288 IV, 291 IV AEUV), erlassen, die regelmäßig an die Mitgliedstaaten gerichtet sind.[21] „BVT" steht für „beste verfügbare

---

[11] *Calliess* DVBl 2010, 1 ff.

[12] RL 96/61/EG des Rates v. 24.9.1996 über die integrierte Vermeidung und Verminderung der Umweltverschmutzung (ABl. 1996 L 257, 26), später ersetzt durch RL 2008/1/EG v. 15.1.2008 (ABl. 2008 L 24, 8).

[13] RL 2010/75/EU des Europäischen Parlaments und des Rates über Industrieemissionen v. 24.11.2010 (ABl. 2010 L 334, 17).

[14] *Kloepfer* UmweltR § 15 Rn. 40 ff.

[15] Art. 1 G zur Umsetzung der RL über Industrieemissionen v. 8.4.2013 (BGBl. I 734). Übergreifend krit. zur deutschen Umsetzung der IE-RL *Wagner*, Das integrierte Konzept der IE-Richtlinie und seine Umsetzung im deutschen Recht, 2017, S. 116 ff. (256 ff.).

[16] RL 2012/18/EU des Europäischen Parlaments und des Rates v. 4.7.2012 zur Beherrschung der Gefahren schwerer Unfälle mit gefährlichen Stoffen, zur Änderung und anschließenden Aufhebung der RL 96/82/EG des Rates (ABl. L 197, 1).

[17] G zur Umsetzung der RL 2012/18/EU v. 30.11.2016 (BGBl. I 2749); Artikelverordnung v. 9.1.2017 (BGBl. I 47); hierzu *Jarass* NVwZ 2018, 185 ff.

[18] *Jarass* in Kment (Hrsg.), Zukunftsperspektiven des Immissionsschutzrechts, 2017, S. 17 ff.; weniger krit. *Hansmann* FS Dolde, 2014, S. 91 (106 f.).

[19] RL 2008/50/EG des Rates und des Europäischen Parlaments v. 21.5.2008 über Luftqualität und saubere Luft in Europa (ABl. L 152, 1).

[20] Vgl. *Köck/Lehmann* ZUR 2013, 67 (67); *Meßerschmidt* § 15 Rn. 11, 21, 48 f.

[21] *Jarass* BImSchG § 3 Rn. 113. Betreiber von IE-Anlagen können die Durchführungsbeschlüsse mangels unmittelbarer Betroffenheit nicht mit der Nichtigkeitsklage (Art. 263 IV AEUV) angreifen, weil die Vorgaben der BVT-Schlussfolgerungen ihnen gegenüber erst

Techniken" und bezeichnet – ähnlich dem deutschen „Stand der Technik" (§ 3 VI 1 BImSchG)[22] – einen bestimmten Entwicklungsstand von Tätigkeiten und Betriebsmethoden, auf dessen Grundlage Genehmigungsauflagen, insbes. *Emissionsgrenzwerte*, ermittelt werden können (Art. 3 Nr. 10 IE-RL). Zu ihrer Festlegung werden im sog. Sevilla-Prozess unter Beteiligung der Kommission, der Mitgliedstaaten, von NGOs und Privaten sog. BVT-Merkblätter erarbeitet. Daraus lassen sich die BVT-Schlussfolgerungen destillieren, die insbes. die zulässigen Emissionswerte enthalten (Art. 3 Nr. 12 IE-RL, § 3 VIb iVm VIc, VId BImSchG). Diese Werte sind für die Mitgliedstaaten grundsätzlich verbindlich (Art. 15 III IE-RL). Es bedarf aber einer Umsetzung im nationalen Recht, in Deutschland insbes. durch Rechtsverordnungen (§ 7 I BImSchG) und Verwaltungsvorschriften (§ 48 Ia BImSchG).[23] Abweichungen nach unten sind ausnahmsweise möglich (vgl. §§ 7 Ib, 12 Ib, 17 IIb, 48 Ib BImSchG).[24] Wichtig ist, dass die BVT-Schlussfolgerungen nur in Hinblick auf Anlagen nach der IE-RL in einem strengen Sinne rechtlich verbindlich sind. Bei allen anderen Anlagen bleibt es dabei, dass die Vorgaben der BVT-Merkblätter und der BVT-Schlussfolgerungen nur bei der Bestimmung des Standes der Technik „zu berücksichtigen" sind (§ 3 VI 2 iVm Nr. 13 der Anl. zu § 3 VI BImSchG; Nr. 5.1.1 TA Luft). Die Berücksichtigungspflicht der BVT-Merkblätter greift zudem bei Anlagen nach der IE-RL, für die noch keine BVT-Schlussfolgerungen erlassen wurden.[25]

b) Bundesrecht

Das zentrale Regelwerk des deutschen Immissionsschutzrechts ist das *BImSchG.* 11
Dessen Erlass konnte der Bund auf die konkurrierende Gesetzgebungskompetenz des Art. 74 I Nr. 24 GG (Luftreinhaltung und Lärmbekämpfung ohne Schutz vor verhaltensbezogenem Lärm) sowie Art. 74 I Nr. 11 GG (Recht der Wirtschaft) stützen. Daneben kommen Art. 73 Nr. 6 GG und Art. 74 I Nr. 21–23 GG in Betracht. Auf der Grundlage des BImSchG sind bislang über 40 *Durchführungsverordnungen* erlassen worden, von denen jedoch einige bereits wieder aufgehoben wurden.[26]

Neben dem BImSchG bestehen *spezielle Immissionsschutzgesetze,* etwa das Flug- 12
lärmschutzgesetz[27] und das Schienenlärmschutzgesetz[28]. Der Schutz vor den Gefahren der Kernenergie und sonstiger radioaktiver Stoffe und vor der schädlichen Wirkung *ionisierender* Strahlen ist dem Atomgesetz (§ 2 II 1 BImSchG) und dem Strahlenschutzgesetz (StrlSchG) zugewiesen.[29] Um einen wirksamen Schutz und die Vorsorge vor schädlichen Wirkungen *nichtionisierender* Strahlung, die durch die Anwendung am Menschen verursacht werden, zu gewährleisten, wurde das Gesetz zur Regelung des Schutzes vor nichtionisierender Strahlung (NiSG) erlassen. Da-

---

durch nationale Verwaltungsakte konkret festgesetzt werden, *EuG,* Rs. T-739/17 (Euracoal ua), ECLI:EU:T:2018:959 Rn. 117.

[22] Zu den Unterschieden *Jarass* NVwZ 2013, 169 (170 f.).

[23] Vgl. dazu *Jarass* FS Peine, 2016, S. 129 (135 ff.); *Rebentisch* UPR 2020, 164 ff.; krit. in Hinblick auf zeitliche Umsetzungslücken *Kment* VerwArch 105 (2014), 262 (270 ff.).

[24] Zum Ganzen *Koch/Hofmann* in Koch/Hofmann/Reese UmweltR-HdB § 4 Rn. 156 ff.; krit. *Weidemann/Krappel/v. Süßkind-Schwendi* DVBl 2012, 1457 (1460 f.).

[25] *Jarass* NVwZ 2013, 169 (172).

[26] Zum Ganzen mit Fundstellen *Kloepfer* UmweltR § 15 Rn. 90 ff.

[27] G zum Schutz gegen Fluglärm idF der Bek. v. 31.10.2007 (BGBl. I 2550).

[28] G zum Verbot des Betriebs lauter Güterwagen v. 20.7.2017 (BGBl. I 2804).

[29] G v. 27.6.2017 (BGBl. I 1966).

neben enthalten zahlreiche Gesetze, wie etwa das GastG oder das StVG, auch immissionsschützende Regelungen, ohne deshalb immissionsschutzrechtliche Gesetze zu sein (sog. *immissionsschutzrelevante* Gesetze).[30]

13 Eine erhebliche Rolle spielen zudem die zum BImSchG erlassenen *allgemeinen Verwaltungsvorschriften.* Auf der Basis des § 48 BImSchG sind ua die Technische Anleitung zur Reinhaltung der Luft (TA Luft) und die Technische Anleitung zum Schutz gegen Lärm (TA Lärm) ergangen (→ Rn. 59 ff.).[31] *Private technische Normen,* zB des Deutschen Instituts für Normung (DIN) oder des Vereins Deutscher Ingenieure (VDI), entfalten keine Bindungswirkung für Gerichte oder die Verwaltung, können aber aufgrund des in ihnen enthaltenen Sachverstandes einen gewissen Indizcharakter haben.[32] Entsprechendes gilt für Richt- und Leitlinien des Länderausschusses für Immissionsschutz (LAI)[33].

c) Landesrecht

14 Nachdem das BImSchG im Wesentlichen auf einer konkurrierenden Gesetzgebungskompetenz des Bundes beruht, verbleibt aufgrund der Sperrwirkung des Art. 72 I GG für öffentlich-rechtliche Vorschriften des Landesrechts nur insoweit Raum, als der Bundesgesetzgeber erkennbar keine abschließende Regelung treffen wollte bzw. entsprechende Vorbehalte oder Ermächtigungen zugunsten der Länder vorgesehen hat.[34] Grundsätzlich sind die Vorschriften des BImSchG als umfassende Regelung des materiellen Immissionsschutzrechts gedacht. Dies gilt jedenfalls für die Regelungen über die genehmigungsbedürftigen Anlagen, welche eine in sich geschlossene Normeneinheit darstellen (→ Rn. 16 ff.).[35] Den wichtigsten Bereich, der in der Kompetenz der Länder liegt (vgl. den Klammerzusatz in Art. 74 I Nr. 24 GG), bilden die Regelungen nicht *anlagen*bezogener, sondern unmittelbar von Menschen, Tieren und Pflanzen ausgehender, insbes. *verhaltens*bezogener Immissionen, etwa Vorschriften über das Musizieren,[36] das Verbrennen auf freiem Feld oder die Tierhaltung[37]. Ebenfalls unterfallen aus Kompetenzgründen (→ Rn. 18) nicht gewerbliche Immissionen, deren Beeinträchtigungspotenzial weder den Bereich der Luftverunreinigung noch der Geräusche betrifft, allein dem Landesrecht, etwa die Straßenbeleuchtung.

II. Die genehmigungsbedürftigen Anlagen

Fall 10: Der Schlachthof im Wohngebiet

15 Das Betriebsgelände der Fleischverarbeitungsgesellschaft *Metzger KG (M-KG)* im bayerischen Altstadt wird von einer als allgemeines Wohngebiet zu charakterisierenden Bebauung umgeben. Zwar wurde der Betrieb der *M-KG* vor 20 Jahren außerhalb des bebauten

[30] Mit weiteren Bsp. *Kloepfer* UmweltR § 15 Rn. 124 ff.
[31] Hierzu *Hansmann* in Rehbinder/Schink Abschn. 7 Rn. 100 ff.
[32] Vgl. *OVG Bremen* BeckRS 2015, 45211; Fallbearbeitung bei *Koch/Dietrich* JA 2006, 360 (364 f.).
[33] *OVG Berlin Brandenburg* ZUR 2020, 90 (92 f.); *Kloepfer* UmweltR § 15 Rn. 122.
[34] S. dazu *Schlacke* § 9 Rn. 16.
[35] *Jarass* BImschG Einl. Rn. 36.
[36] Etwa § 11 I LImSchG Bbg, § 10 I LImSchG NRW.
[37] Vgl. *Glaser/Klement* Fall 2 Rn. 3; Fall 5 Rn. 43.

Stadtgebiets errichtet, doch war im Lauf der Zeit die Bebauung bis auf 150m an das Firmengelände herangerückt. Nachdem der Fleischkonsum aufgrund von Berichten über quälende Tiertransporte stetig zurückgegangen war, wollte die *M-KG* das Vertrauen der Verbraucher zurückgewinnen. Sie versprach, künftig nur noch Tiere aus eigener Produktion und eigener Schlachtung zu verarbeiten. Den dazu notwendigen Schlachthof mit einer täglichen Verarbeitungskapazität von Tieren mit insgesamt 55t Lebendgewicht werde sie auf ihrem Firmengelände errichten. Diese Nachricht löste jedoch bei der benachbarten Wohnbevölkerung Protest aus. Sie befürchtete unerträgliche Geruchsbelästigungen und wollte nicht durch „Todesschreie" der Tiere in ihrer Wohnruhe gestört werden. Daraufhin bat der Geschäftsführer der *M-KG* Rechtsanwältin *Fachlich* um eine ausführliche Beurteilung der rechtlichen Voraussetzungen zur Durchführung seines Vorhabens, insbes. ob Aussicht besteht, eine eventuell erforderliche Genehmigung zu erhalten.

Abwandlung: Die *M-KG* beantragt wenig später ordnungsgemäß die immissionsschutzrechtliche Genehmigung, für die ein förmliches Verfahren durchgeführt wird. Den mit dem Antrag abgegebenen Unterlagen fügt sie – wie vorgeschrieben – verschiedene Gutachten bei. Der zuständige Beamte legt allerdings eine der Expertisen versehentlich nicht mit aus. Aus dieser geht hervor, dass durch die Geruchsbildung mit schädlichen Umwelteinwirkungen zu rechnen sei. Als Nachbarin *N,* die das ganze Verfahren interessiert verfolgt hat, nach Ablauf der Einwendungsfrist davon erfährt, möchte sie gerichtlich gegen die inzwischen erteilte Genehmigung vorgehen. Hat die Klage Aussicht auf Erfolg?

1. Genehmigungsbedürftigkeit

a) Systematische Unterscheidung genehmigungsbedürftiger und nicht genehmigungsbedürftiger Anlagen

Die immissionsschutzrechtliche Genehmigung ist zu erteilen, wenn das Vorhaben genehmigungs*bedürftig* und *-fähig* ist. 16

Das BImSchG regelt im 2. Teil die Errichtung und den Betrieb von Anlagen und nimmt dabei eine strukturelle Unterscheidung zwischen genehmigungsbedürftigen (§§ 4 ff. BImSchG) und nicht genehmigungsbedürftigen Anlagen (§§ 22 ff. BImSchG) vor. Dieser Zuordnung folgen jeweils eigene Regelungsmechanismen. Somit bildet die Frage der Genehmigungsbedürftigkeit grundsätzlich das entscheidende Kriterium für die Anwendbarkeit der einzelnen Normen.[38]

Diese bislang strikte Trennung hat durch die Umsetzung der Seveso-III-RL (→ Rn. 8) eine gewisse Aufweichung erfahren, da nunmehr unter bestimmten Voraussetzungen auch an sich nicht genehmigungsbedürftige Anlagen einer sog. *störfallrechtlichen Genehmigung* bedürfen können (→ Rn. 25).

Ist eine Anlage im *immissionsschutzrechtlichen* Sinne nicht genehmigungsbedürftig, kann eine sonstige (insbes. *bauordnungsrechtliche*) Genehmigungspflicht bestehen und im Rahmen der Erteilung dieser Genehmigung von der zuständigen Behörde (Bauaufsichtsbehörde) ua auch die Einhaltung des Immissionsschutzrechts (§§ 22 ff. BImSchG; → Rn. 120 ff.) zu prüfen sein.[39] 17

Gem. § 4 I 1 BImSchG sind solche Anlagen genehmigungsbedürftig, die in besonderem Maße geeignet sind, schädliche Umwelteinwirkungen hervorzurufen oder in 18

---

[38] Zum Prüfungsstandort in der Klausur (eigener Punkt vor der formellen Rechtmäßigkeit): *Glaser/Klement* Fall 2 Rn. 1 m. Fn. 1.

[39] *Hilbert* JuS 2014, 983 (985 f.); Fallbearbeitungen bei *Pagel* JURA 2008, 66 ff.

anderer Weise die Nachbarschaft zu gefährden, erheblich zu benachteiligen oder erheblich zu belästigen.[40]

Mit Ausnahme von Abfallentsorgungsanlagen sind Anlagen, die nicht gewerblichen Zwecken dienen und nicht im Rahmen wirtschaftlicher Unternehmungen Verwendung finden, gem. § 4 I 2 BImSchG insoweit privilegiert, als sie nur dann genehmigungspflichtig sind, wenn schädliche Umwelteinwirkungen speziell in Form von Luftverunreinigungen und Geräuschen drohen. Grund für diese Einschränkung ist die Reichweite der Bundesgesetzgebungskompetenz: Wenn Art. 74 I Nr. 11 GG (Recht der Wirtschaft) nicht einschlägig ist, verbleibt nur Art. 74 I Nr. 24 GG (Luftreinhaltung und Lärmbekämpfung).

19 Voraussetzung der Genehmigungsbedürftigkeit ist zunächst, dass es sich überhaupt um eine „*Anlage*" iSv § 3 V BImSchG, also eine ortsfeste Einrichtung, eine ortsveränderliche technische Einrichtung oder ein Grundstück mit einer emittierenden Nutzung, handelt.[41] An dieser Stelle kommt es insbes. auf die erwähnte Abgrenzung „anlagenbezogene oder verhaltensbezogene" Immissionen an (→ Rn. 14). In der Praxis ist der Anlagenbegriff bei *genehmigungsbedürftigen* Anlagen iSv § 4 I BImSchG jedoch idR unproblematisch. Auch in der Klausur stellt er insoweit – anders als bei *nicht genehmigungsbedürftigen* Anlagen (§§ 22 ff. BImSchG) – regelmäßig kein vertieft zu erörterndes Problem dar, weshalb die Einzelheiten vorliegend erst an späterer Stelle (→ Rn. 123) dargestellt werden.

20 Das Tatbestandsmerkmal „schädliche Umwelteinwirkungen" iSd § 4 I 1 BImSchG ist zwar in § 3 I BImSchG legaldefiniert. Die Zuordnung zum Kreis der genehmigungsbedürftigen Anlagen ergibt sich jedoch nicht aus einer Subsumtion des Einzelfalls. Vielmehr bestimmt die auf der Ermächtigungsgrundlage des § 4 I 3 BImSchG erlassene *4. BImSchV konstitutiv,*[42] welche Anlagen immissionsschutzrechtlich genehmigungspflichtig sind: Durch § 1 I 1 der 4. BImSchV iVm Anh. 1 zur 4. BImSchV wird geregelt, dass nur die dort genannten Anlagen genehmigungspflichtig iSd § 4 I BImSchG sind; die Aufzählung ist *abschließend.*[43] Deshalb ist eine gesonderte Subsumtion unter § 4 I 1 BImSchG nicht nur überflüssig, sondern verfehlt.

Beispiel: Nach Nr. 1.6 des Anh. 1 zur 4. BImSchV ist jede *Windkraftanlage* mit einer Gesamthöhe von mehr als 50 Metern genehmigungspflichtig, ab 20 oder mehr Anlagen sogar im förmlichen Genehmigungsverfahren (→ Rn. 33 ff.; zur Privilegierung solcher Anlagen im Rechtsschutz → Rn. 74).

21 Neben der Nennung in Anh. 1 zur 4. BImSchV kommt es gem. § 1 I 1 der 4. BImSchV für die Genehmigungsbedürftigkeit auf eine *Mindestbetriebsdauer* an. Es muss nach den objektiven Umständen zu erwarten sein (subjektive Absicht genügt nicht!), dass die Anlage länger als zwölf Monate an demselben Ort betrieben wird (sog. stationäre Anlage). Eine Ausnahme gilt gem. § 1 I 2 der 4. BImSchV bei den in Nr. 8 des Anh. 1 zur 4. BImSchV genannten Anlagen zur Verwertung und Beseitigung von Abfällen und sonstigen Stoffen, sofern sie sich *nicht* am Ort des Entstehens der Abfälle befinden.[44]

---

[40] Das Genehmigungserfordernis des § 4 BImSchG ist nach Ansicht der Rspr. nicht drittschützend: BVerwGE 85, 368 (372); aA *Dietlein* in Landmann/Rohmer UmweltR BImSchG § 4 Rn. 105.

[41] Vgl. *Jarass* BImschG § 4 Rn. 16.

[42] Vgl. nur *Schmidt-Kötters* in BeckOK UmweltR, 58. Ed. 1.10.2019, BImSchG § 4 Rn. 71.

[43] *Böhm* in Führ (Hrsg.), GK-BImSchG, 2. Aufl. 2019, § 4 Rn. 32.

[44] Näher *Jarass* BImSchG § 4 Rn. 31 f.

22 § 1 I 3 der 4. BImSchV sieht vor, dass die in dieser Bestimmung aufgezählten Anlagen nur dann genehmigungsbedürftig sind, soweit sie *gewerblichen Zwecken* dienen oder im Rahmen von *wirtschaftlichen Unternehmungen* verwendet werden (zum Hintergrund → Rn. 18).[45]

23 § 1 I 4 der 4. BImSchV legt fest, dass die im Anh. 1 maßgeblichen *Leistungsgrenzen* und *Anlagengrößen* am rechtlich und tatsächlich möglichen Betriebsumfang zu bemessen sind. Folglich ist es zum einen unerheblich, wenn die Anlage etwa wegen geringerer Nachfrage nicht voll ausgelastet ist; zum anderen kann der Anlagenbetreiber durch eine rechtlich verbindliche Selbstbeschränkung das Genehmigungserfordernis entfallen lassen, auch wenn die technisch nutzbare Leistung der Anlage deutlich höher ist.[46]

Führt eine Anlagen*erweiterung* zu einer erstmaligen Überschreitung einer relevanten Leistungsgrenze oder Betriebsgröße, so bedarf gem. § 1 V der 4. BImSchV die gesamte Anlage einer Erstgenehmigung; für das „Überschreiten" kommt es auf dieselbe Schwelle gem. Anh. 1 zur 4. BImSchV wie bei der Ersterrichtung an.[47]

Stehen *mehrere Anlagen* derselben Art in einem engen räumlichen und betrieblichen Zusammenhang, so werden die jeweiligen Leistungsgrenzen oder Anlagengrößen gem. § 1 III 1 der 4. BImSchV zusammengerechnet (sog. gemeinsame Anlage). Wann dieser Zusammenhang vorliegt, wird in Satz 2 konkretisiert.[48]

Der Verordnungsgeber hat in § 1 I 4 der 4. BImSchV ferner klargestellt, dass es für die Frage, ob eine Anlage eine bestimmte Leistungsgrenze oder Größe erreicht bzw. überschreitet, nur auf die Anlage(n) *desselben Betreibers* ankommt.[49] Betreiber ist dabei jede natürliche oder juristische Person oder Personenmehrheit, die die Anlage(n) auf eigene Rechnung und in eigener Verantwortung führt, dh derjenige, der unter Berücksichtigung der konkreten rechtlichen, wirtschaftlichen und tatsächlichen Gegebenheiten bestimmenden Einfluss auf die Errichtung, die Beschaffenheit und den Betrieb der Anlage ausübt.[50]

Gem. der *Ausnahmevorschrift* des § 4 II BImSchG sind untertägig betriebene *Anlagen des Bergwesens* iSd § 2 BBergG nicht genehmigungspflichtig. In der Folge sind die Vorschriften über nicht genehmigungsbedürftige Anlagen (§§ 22 ff. BImSchG) anzuwenden.[51]

24 Nach alledem ist der von der *M-KG* geplante Schlachthof, der unproblematisch eine Anlage iSd § 3 V Nr. 1 BImSchG darstellt, die auch länger als zwölf Monate an demselben Ort betrieben werden soll, gem. § 4 I 1, 3 BImSchG[52] iVm § 1 I 1, 3 der 4. BImSchV genehmigungsbedürftig, wenn die Anlage im Anh. 1 zur 4. BImSchV aufgeführt ist und die dort genannte Leistungsgrenze oder Anlagengröße erreicht. Unter Nr. 7.2 des Anh. 1 zur 4. BImSchV werden Anlagen zum Schlachten von Tieren mit einer Leistung ab vier Tonnen (bei Geflügel bereits ab 0,5 Tonnen) je Tag genannt. Da der von der *M-KG* geplante Schlachthof eine tägliche Kapazität von 55 Tonnen aufweist, fällt er unter diese Bestimmung.

---

45 Dazu *Jarass* BImSchG § 4 Rn. 34 ff. Weitere Sonderfälle sind geregelt in § 1 VI (Forschungs-, Entwicklungs- und Erprobungsanlagen im Labor- oder Technikumsmaßstab) und § 1 VII der 4. BImSchV (Anlagen zur Lagerung von Stoffen, die eine Gefahrenabwehrbehörde sichergestellt hat); krit. *Rebentisch* NVwZ 2015, 785 ff.

46 Vgl. *VGH Mannheim* VBlBW 2015, 253 (255); *Jarass* BImSchG § 4 Rn. 24.

47 *Jarass* BImSchG § 4 Rn. 26.

48 S. auch *Jarass* BImSchG § 4 Rn. 27 ff.

49 *Ludwig* in Feldhaus (Hrsg.), Bundesimmissionsschutzrecht, B 2.4 § 1 Rn. 12a.

50 *OVG Münster* DVBl 2009, 457 (457); *Jarass* BImSchG § 3 Rn. 87 ff.

51 Krit. *Jarass* BImSchG § 4 Rn. 39.

52 § 4 I 2 BImSchG ist nicht einschlägig, da der Schlachthof der *M-KG* gewerblichen Zwecken dient.

25 Nach der Umsetzung der Seveso-III-RL kann sich neuerdings zudem – unabhängig von der 4. BImSchV (!) – aus §§ 23a ff. BImSchG eine besondere immissionsschutzrechtliche Genehmigungspflicht für an sich nicht genehmigungsbedürftige Anlagen ergeben.[53] Insoweit ist ein zweistufiges Verfahren vorgesehen. Gem. § 23a I 1 BImSchG ist zunächst jede störfallrelevante Errichtung oder Änderung (§ 3 Vb BImSchG) einer Anlage (Ausnahme: § 23c BImSchG), die ein Betriebsbereich oder Bestandteil eines Betriebsbereichs (§ 3 Va BImSchG) ist, dh, in der – vereinfacht gesprochen – gefährliche Stoffe iSd Art. 3 Nr. 10 Seveso-III-RL vorhanden sind oder sein werden, der zuständigen Behörde *anzuzeigen.* Diese hat dann *festzustellen,* ob durch die Errichtung/Änderung der angemessene Sicherheitsabstand (§ 3 Vc BImSchG)[54] zu benachbarten Schutzobjekten (§ 3 Vd BImSchG) erstmalig oder noch weiter unterschritten wird (§ 23a II 1 BImSchG). Ist dies der Fall, ist eine *störfallrechtliche Genehmigung* notwendig, sofern dem Gebot, den angemessenen Sicherheitsabstand zu wahren, nicht anderweitig Rechnung getragen wurde (§ 23b I 1, 2 BImSchG). Die Genehmigung wird in einem Verfahren mit Öffentlichkeitsbeteiligung erteilt, das dem des § 10 BImSchG (→ Rn. 33 ff.) ähnelt, aber va ohne Erörterungstermin auskommt und nur Einwände der betroffenen Öffentlichkeit zulässt (§ 23b BImSchG iVm § 18 der 12. BImSchV).[55] In materieller Hinsicht ist das Vorhaben gem. § 23b I 5 BImSchG *genehmigungsfähig,* wenn sichergestellt ist, dass die durch § 22 BImSchG (→ Rn. 128), durch Rechtsverordnungen nach § 23 BImSchG, durch andere öffentlich-rechtliche Vorschriften und Belange des Arbeitsschutzes an nicht genehmigungsbedürftige Anlagen gestellten Anforderungen nicht entgegenstehen. Das störfallrechtliche Genehmigungserfordernis wird durch die Befugnis zur Anordnung der Stilllegung respektive Beseitigung bei fehlender Genehmigung (§ 25a BImSchG) abgesichert.

b) Anlagen nach der Industrieemissions-Richtlinie

26 Durch die Umsetzung der IE-RL (→ Rn. 8) wurde innerhalb der genehmigungsbedürftigen Anlagen eine neue Differenzierung eingeführt. Unter ihnen nehmen nunmehr die Anlagen nach der IE-RL eine Sonderstellung ein.[56] Sie sind in § 3 VIII BImSchG legaldefiniert, der hierfür auf die in der 4. BImSchV (Anh. 1, Sp. d) mit „E" gekennzeichneten Anlagen verweist (→ Rn. 31); sie werden abkürzend zumeist als *Industrieemissions-Anlagen* (IE-Anlagen) bezeichnet. IE-Anlagen unterliegen weitergehenden formellen und materiellen Genehmigungsanforderungen als die „normalen" genehmigungsbedürftigen Anlagen; zudem existieren Sonderregeln für die Zeit nach Genehmigungserteilung.[57]

c) Rechtsfolgen eines Anlagenbetriebs ohne Genehmigung

27 Eine genehmigungspflichtige Anlage darf ohne Genehmigung nicht errichtet oder betrieben werden. Das genehmigungslose Errichten ist eine Ordnungswidrigkeit (§ 62 I Nr. 1, 4a BImSchG), das Betreiben eine Straftat (§ 327 II 1 Nr. 1 StGB). Zudem ist ohne Genehmigung eine Einschränkung der Kausalitätsvermutung des § 6 I UmweltHG nicht möglich (§ 6 II, III UmweltHG).

2. Formelle Genehmigungsvoraussetzungen

a) Zuständigkeit

28 Die Bestimmung der sachlich und örtlich zuständigen Behörde liegt gem. Art. 83, 84 I GG iVm § 1 III VwVfG in der Verwaltungszuständigkeit der Länder.

---

53 *Schoppen* NVwZ 2017, 1561 (1565 ff.).
54 *Rebentisch* NVwZ 2018, 1569 ff.
55 BT-Drs. 18/9417, 28 f.; BT-Drs. 18/10057, 13; *Jarass* FS Schmidt-Preuß, 2018, S. 835 (840 ff.).
56 *Friedrich* UPR 2013, 161.
57 Überblick bei *Jarass* NVwZ 2013, 169 ff.

Die *sachliche* Zuständigkeit bestimmt sich regelmäßig nach entsprechenden Landes-Immissionsschutzgesetzen oder Rechtsverordnungen; danach ist zB in Baden-Württemberg oder Bayern das Landratsamt zuständig.[58]

Für die *örtliche* Zuständigkeit gilt idR § 3 I Nr. 1 LVwVfG[59] (ortsfeste Anlagen), es sei denn, es handelt sich ausnahmsweise um eine ortsveränderliche Anlage (dann: § 3 I Nr. 2 LVwVfG).

b) Genehmigungsverfahren

aa) Richtige Verfahrensart

Das BImSchG unterscheidet zwischen dem *förmlichen* Genehmigungsverfahren nach § 10 BImSchG und dem in § 19 BImSchG geregelten *vereinfachten* Verfahren. Letzteres dient der Vermeidung unangemessenen Verwaltungsaufwands; die stärkere Entformalisierung ist hierbei aufgrund der regelmäßig geringen Emissionen der hiervon erfassten Anlagen vertretbar. Beim förmlichen Verfahren, das *kein* förmliches Verfahren ieS (§§ 63 ff. LVwVfG) darstellt,[60] steht die legitimitäts- und konsensfördernde Funktion[61] bei der Entscheidungsfindung im Vordergrund. Es ist von einem hohen Maß an Formstrenge, Publizität und weitreichenden Beteiligungsregeln geprägt und trägt so deutliche Züge des Planfeststellungsverfahrens.[62] 29

Welches Verfahren Anwendung findet, ergibt sich aus der *4. BImSchV.* Diese zählt im *Anh. 1* nicht nur die genehmigungsbedürftigen Anlagen auf, sondern legt in *Sp. c* auch die anzuwendende Verfahrensart fest. So sind nach § 2 I 1 Nr. 1 lit. a der 4. BImSchV die in Sp. c mit dem Buchstaben G gekennzeichneten Anlagen einem förmlichen Verfahren zu unterziehen, während bzgl. der mit dem Buchstaben V gekennzeichneten Anlagen eine differenzierte Betrachtung erfolgt: Gem. § 2 I 1 Nr. 2 der 4. BImSchV ist für die mit dem Buchstaben V gekennzeichneten Anlagen grundsätzlich das vereinfachte Verfahren nach § 19 BImSchG einschlägig, es sei denn, sie sind Teil einer Anlage, die sich auch aus einer mit dem Buchstaben G gekennzeichneten Anlage zusammensetzt (§ 2 I 1 Nr. 1 lit. b der 4. BImSchV), oder es ist nach §§ 5 ff. UVPG eine UVP durchzuführen (vgl. § 2 I 1 Nr. 1 lit. c der 4. BImSchV). Ob eine mit dem Buchstaben V gekennzeichnete Anlage wirklich im vereinfachten Verfahren nach § 19 BImSchG genehmigt werden kann, ist deshalb immer erst nach einer Prüfung der UVP-Pflichtigkeit[63] anhand des UVPG und dessen Anl. 1 zu beantworten. 30

Das vereinfachte Verfahren ist gem. § 19 IV 1 BImSchG zudem dann nicht einschlägig, wenn durch eine störfallrelevante Änderung oder Errichtung (§ 3 Vb BImSchG) der angemessene Sicherheitsabstand erstmalig oder noch weiter unterschritten wird oder eine erhebliche Gefahr-

---

[58] Vgl. § 2 I (idR Nr. 2) iVm § 1 II (idR Nr. 3 iVm § 15 LVG) (für Betriebsgelände) bzw. im Übrigen § 1 I, II Nr. 3, III BWImSchZuVO iVm § 15 I LVG (ggf. § 15 I Nr. 1 Hs. 2 iVm § 19 I Nr. 5 lit. d LVG beachten!); Art. 1 I Nr. 3 BayImSchG; § 1 HessBImSchGZustErmG iVm §§ 1, 4 HessImSchZustVO; § 14 IV NRWImSchG iVm §§ 1 II Nr. 2, § 2 I 1 NRWZustVU iVm Anh. I, II; §§ 1, 2 I 2, II SächsAGImSchG, beachte aber § 3 I SächsImSchZuVO; für die sonstigen Länder vgl. *Jarass* BImSchG Einl. Rn. 46.

[59] Anders in Schleswig-Holstein (§ 31 SchlHLVwG) sowie Berlin, Brandenburg, Niedersachsen, Rheinland-Pfalz, Sachsen und Sachsen-Anhalt, in denen § 3 I (Nr. 1) Bundes-VwVfG gilt (vgl. § 1 des VwVfG dieser Länder).

[60] *Wysk* in Kopp/Ramsauer (Hrsg.), VwVfG, 21. Aufl. 2020, § 63 Rn. 1b, 10 (nur förmliches Verfahren iwS, da §§ 64–71 LVwVfG nicht anwendbar sind).

[61] *Kloepfer* UmweltR § 15 Rn. 407.

[62] *Czajka* in Feldhaus (Hrsg.), Bundesimmissionsschutzrecht, B 1 § 10 Rn. 10.

[63] S. dazu → § 4 Rn. 92 ff.

erhöhung ausgelöst wird. In diesen Fällen greift ein modifiziertes Verfahren nach § 10 BImSchG Platz (vgl. § 19 IV 2, 3 BImSchG; → Rn. 25).

31 Aus dem Anh. 1 zur 4. BImSchV ergibt sich zudem, ob eine Anlage eine solche nach der IE-RL ist (→ Rn. 26). Dies ist der Fall, wenn sie in Sp. d mit dem Buchstaben E gekennzeichnet ist (§ 3 der 4. BImSchV). Diese Kennzeichnung hat zwar keine unmittelbaren Auswirkungen auf die Wahl der Art des Genehmigungsverfahrens (die sich nach der Kennzeichnung in Sp. c richtet). Da aber für Anlagen nach der IE-RL gem. Art. 24 I iVm Anh. IV dieser Richtlinie eine Öffentlichkeitsbeteiligung im Genehmigungsverfahren zwingend vorgeschrieben ist, eine solche jedoch im vereinfachten Verfahren weitgehend entfällt (→ Rn. 50), ist es folgerichtig, dass derzeit alle Anlagen nach der IE-RL in Sp. c des Anh. 1 zur 4. BImSchV mit dem Buchstaben G gekennzeichnet sind. Andernfalls wären jedenfalls die Vorgaben der Richtlinie zur Öffentlichkeitsbeteiligung unmittelbar anwendbar.

32 Da der geplante Schlachthof eine Kapazität von mehr als 50t/Tag haben soll, unterliegt er gem. § 2 I 1 Nr. 1 lit. a der 4. BImSchV aufgrund der Kennzeichnung mit dem Buchstaben G in Nr. 7.2.1, Sp. c des Anh. 1 zur 4. BImSchV dem förmlichen Genehmigungsverfahren nach § 10 BImSchG. Da derartige Anlagen in Nr. 7.2.1, Sp. d des Anh. 1 zur 4. BImSchV mit dem Buchstaben E gekennzeichnet sind, handelt es sich bei dem Schlachthof zudem um eine Anlage nach der IE-RL.

bb) Förmliches Genehmigungsverfahren

33 § 10 BImSchG stellt die zentrale Norm für das immissionsschutzrechtliche Genehmigungsverfahren dar. Die auf der Basis des § 10 X BImSchG erlassene Verordnung über das Genehmigungsverfahren (9. BImSchV) regelt die Einzelheiten des Verfahrens. Subsidiäre Anwendung findet daneben das jeweilige LVwVfG (vgl. § 1 I Hs. 2 LVwVfG).

33a Eine rechtliche Reaktion auf die Pandemie war die übergreifende Modifizierung einiger Verfahrensschritte in Genehmigungsverfahren durch das Gesetz zur Sicherstellung ordnungsgemäßer Planungs- und Genehmigungsverfahren während der COVID-19-Pandemie (PlanSiG).[64] Sie betrafen auch die Verfahren nach dem BImSchG. Insbesondere war die öffentliche Auslegung (→ Rn. 40) im Internet möglich (§ 3 PlanSiG); hinsichtlich der Entscheidung, ob ein Erörterungstermin durchgeführt wird (→ Rn. 42), wurde angeordnet, dass das Risiko der Verbreitung des Virus in der Ermessensentscheidung berücksichtigt werden kann (§ 5 I PlanSiG). Das Gesetz war bis zum 31.3.2021 befristet (§ 7 II 1 PlanSiG).[65]

34 Da immissionsschutzrechtlich relevante Vorhaben nicht selten auch UVP-pflichtig sind, stellt sich die Frage nach dem Verhältnis von 9. BImSchV und UVPG. Nach § 1 IV UVPG findet das UVPG nur Anwendung, wenn in anderen Rechtsvorschriften die Prüfung der Umweltverträglichkeit nicht näher bestimmt ist oder den Anforderungen des UVPG nicht genügt. Die 9. BImSchV ordnet aber ein Verfahren an, das dem Niveau der Prüfung nach UVPG entspricht. Insbes. sind bei den einzelnen Verfahrensabschnitten zT explizite Sondervorschriften für UVP-pflichtige Vorhaben zu beachten. Daneben wird dies auch durch § 2 I 1 Nr. 1 lit. c der 4. BImSchV sichergestellt, der Anlagen, die in Sp. c des Anh. 1 zur 4. BImSchV mit dem Buchstaben V gekennzeichnet sind, im Falle der UVP-Pflichtigkeit in das förmliche Verfahren verweist. Somit richtet sich das Verfahren jedenfalls nach der 9. BImSchV. Ein ergänzender Rückgriff auf Verfahrensvorschriften des UVPG kommt nicht in

---

64 *Röcker* VBlBW 2021, 89 ff.

65 Zu Reaktionsmöglichkeiten jenseits dieses Gesetzes *Albrecht/Zschiegner* NVwZ 2020, 671 ff.

Betracht.[66] Die UVP wird als unselbstständiger Teil des Genehmigungsverfahrens durchgeführt (§ 1 II 1 der 9. BImSchV).

Ob im *Fall 10* eine UVP-Pflicht vorliegt, bestimmt sich allein nach dem UVPG (§ 1 II der 9. BImSchV). Maßgeblich sind die §§ 5 ff. UVPG iVm Anl. 1 zum UVPG. In dieser Anl. sind bestimmte Vorhabenkategorien aufgelistet, die entweder per se (§ 6 UVPG) oder nur abstrakt und erst nach einer Einzelfallprüfung (sog. *Screening*) konkret (§ 7 UVPG) UVP-pflichtig sind. Der von der *M-KG* geplante Schlachthof mit einer Schlachtleistung von 55t/Tag stellt ein Vorhaben iSd Nr. 7.13.1 der Anl. 1 zum UVPG dar. Mit der Kennzeichnung „A" in Sp. 2 kommt es auf eine allgemeine Vorprüfung des Einzelfalles gem. § 7 I 1 UVPG an. Für eine solche Einzelfallprüfung liegen hier keine weiteren Angaben vor; je nach Ergebnis wäre auf die Sonderregelungen für UVP-pflichtige Anlagen zu achten. 35

(1) Einleitung des Verfahrens

Der Träger des Vorhabens hat gem. § 2 II der 9. BImSchV noch vor Stellung eines Antrags die Möglichkeit, im Rahmen einer informalen Vorphase die Genehmigungsbehörde über das geplante Vorhaben zu unterrichten. Die Behörde soll den Träger daraufhin im Interesse der Beschleunigung des Genehmigungsverfahrens hinsichtlich der Antragstellung beraten sowie erhebliche Fragen des Verfahrens mit ihm erörtern.[67] Eine Pflicht des Vorhabenträgers, die Behörde zu unterrichten, besteht nicht. Umgekehrt hat er keinen Anspruch gegenüber der Behörde auf Beratung.[68] Anders ist dies im Fall der UVP-Pflichtigkeit der Anlage. Gem. § 2a I der 9. BImSchV hat der Vorhabenträger in diesen Fällen einen Anspruch auf Beratung bzw. es erfolgt eine solche, falls die Behörde es für erforderlich hält. Gegenstand dieser Beratungspflicht ist auch eine Unterrichtung über den voraussichtlichen Untersuchungsrahmen, was für die vorzulegenden Unterlagen (→ Rn. 37) wichtig ist, sowie weitere Gesichtspunkte des Verfahrens (zB dessen zeitlicher Ablauf). Der Beratung kann eine Besprechung (sog. *Scoping*) über Inhalt und Umfang der Unterlagen sowie Gegenstand, Umfang und Methoden der UVP vorausgehen (§ 2a III der 9. BImSchV).[69] 36

Eine *frühe Öffentlichkeitsbeteiligung*, die idR *vor* Antragstellung stattfindet, ist im BImSchG nicht vorgesehen. Da dem BImSchG insoweit keine Sperrwirkung beizumessen ist, findet aber § 25 III LVwVfG[70] Anwendung.[71] Wird die Behörde über Planungen zu einem immissionsschutzrechtlich genehmigungsbedürftigen Vorhaben informiert, das „nicht nur unwesentliche Auswirkungen" auf „eine größere Zahl von Dritten" hat,[72] so hat sie darauf hinzuwirken, dass der Vorhabenträger die Öffentlichkeit frühzeitig über Ziele, Mittel und Auswirkungen des Vorhabens unterrichtet. Der Vorhabenträger soll der Öffentlichkeit Gelegenheit zu Äußerung und Erörterung geben, verpflichtet ist er dazu freilich nicht.[73] Ein Unterlassen der frühen Öffentlichkeitsbeteiligung berührt jedenfalls nicht die Rechtmäßigkeit des Verwaltungsverfahrens.[74]

---

[66] *BVerwG* ZUR 2017, 287 (288 f.); *VGH Mannheim* NuR 2019, 200 (204).

[67] Das *BVerfG* spricht von einem „Kooperationskonzept", vgl. BVerfGE 98, 83 (99); krit. *Jarass* UPR 2001, 5 (6 ff.).

[68] Vgl. *Roßnagel/Hentschel* in Führ (Hrsg.), GK-BImSchG, 2. Aufl. 2019, § 10 Rn. 107; aA *Czajka* (o. Fn. 62) B 2.9 § 2 Rn. 22.

[69] Vgl. *Jarass* BImSchG § 10 Rn. 24 ff.

[70] In Baden-Württemberg ggf. lex specialis: § 2 I UVwG BW; hierzu *Feldmann* NVwZ 2015, 321 (323).

[71] BT-Drs. 17/9666, 17; *Kloepfer* UmweltR § 15 Rn. 420.

[72] Krit. *Dolde* NVwZ 2013, 769 (773).

[73] Krit. *Jaensch/Kenyeressy* I+E 2014, 236 ff.; positiver *Ziekow* NVwZ 2013, 754 ff.

[74] *Ramsauer* in Kopp/ders. (o. Fn. 60) § 25 Rn. 42; vgl. zu § 2 I UVwG BW *Arndt* VBlBW 2015, 192 (196).

37 Das Genehmigungsverfahren wird gem. § 10 I 1 BImSchG iVm § 2 I 1 der 9. BImSchV mit einem schriftlichen Antrag eingeleitet, dessen Inhalt in § 3 der 9. BImSchV geregelt ist. Der Umfang der beizufügenden Unterlagen ergibt sich aus § 10 I 2 BImSchG iVm §§ 4 ff. der 9. BImSchV. Bei UVP-pflichtigen Vorhaben ist gem. § 4e der 9. BImSchV zudem die Vorlage eines UVP-Berichts erforderlich. Wird eine Genehmigung für eine Anlage nach der IE-RL beantragt, in der relevante gefährliche Stoffe (§ 3 IX, X BImSchG) verwendet, erzeugt oder freigesetzt werden, ist, wenn und soweit durch diese eine Verschmutzung des Bodens oder des Grundwassers auf dem Anlagengrundstück möglich ist, ein Bericht über den Ausgangszustand der Boden- und Grundwasserverschmutzung mit den entsprechenden Stoffen vorzulegen (§ 10 Ia 1 BImSchG, § 4a IV der 9. BImSchV).[75] Die Mitwirkungspflichten des Antragstellers entbinden die Behörde nicht vom allgemeinen Untersuchungsgrundsatz des § 24 LVwVfG.[76] Die Genehmigung stellt sich somit als mitwirkungsbedürftiger Verwaltungsakt dar. Eine nicht beantragte Genehmigung ist, unbeschadet der Heilungsmöglichkeit gem. § 45 I Nr. 1 LVwVfG, rechtswidrig.[77]

(2) Behördenbeteiligung und -koordination

38 Die in § 10 V BImSchG iVm § 11 der 9. BImSchV angeordnete Einbeziehung weiterer Behörden unterscheidet in den Sätzen 1 und 2 des § 10 V BImSchG zwischen der einfachen Beteiligung sonstiger Behörden und der vollständigen Koordination anderer Zulassungsverfahren. Nach § 10 V 1 BImSchG holt die Genehmigungsbehörde die Stellungnahmen der Behörden ein, deren Aufgabenbereich durch das Vorhaben berührt wird. Dies sind regelmäßig – aber nicht nur – die Behörden, deren Genehmigung durch die Konzentrationswirkung des § 13 BImSchG (→ Rn. 77 ff.) ersetzt wird,[78] sowie bei grenzüberschreitendem Bezug gem. § 11a I 1, II der 9. BImSchV iVm § 55 UVPG auch ausländische Behörden. Die Stellungnahmen sind für die Genehmigungsbehörde nicht bindend, aber zu berücksichtigen (vgl. § 20 I 2 der 9. BImSchV).[79] Ferner wird sich die Genehmigungsbehörde den jeweiligen sachlichen Erkenntnissen schon nach dem Amtsermittlungsgrundsatz nicht verschließen können. Dies gilt insbes. dann, wenn die anzuhörende Behörde die Monatsfrist verstreichen lässt (vgl. § 11 der 9. BImSchV).[80]

39 Daneben erfordert § 10 V 2 BImSchG bei parallelen Zulassungsverfahren deren vollständige Koordination durch die Genehmigungsbehörde.[81] Ein solcher Fall ist gegeben, wenn hinsichtlich bestimmter behördlicher Entscheidungen, wie etwa der wasserrechtlichen Erlaubnis oder Bewilligung gem. §§ 8, 10 WHG, die Konzentrationswirkung nach § 13 BImSchG nicht vorgesehen ist.[82] Die Koordination dient der verfahrensrechtlichen Sicherung eines integrierten, medienübergreifenden Umweltschutzes iSd IE-RL (vgl. dort Art. 5 II) und erfordert nicht nur eine Koordination des Verfahrens, sondern gem. § 10 V 2 BImSchG iVm § 11 S. 4 der 9. BImSchV auch eine inhaltliche Abstimmung. In Abgrenzung zur schlichten Anhörung ist mit der Koordinierungspflicht ein wechselseitiger Informationsaustausch der Behörden

---

75 *Müggenborg* NVwZ 2014, 326 ff.
76 *Jarass* BImSchG § 10 Rn. 52.
77 Str., wie hier *Jarass* BImSchG § 10 Rn. 27; aA *Storost* in Ule/Laubinger/Repkewitz (Hrsg.), BImSchG, § 10 C 2 (Nichtigkeit).
78 Vgl. *Jarass* BImSchG § 10 Rn. 53.
79 *Czajka* (o. Fn. 62) B 1 § 10 Rn. 51 f., B 2.9 § 11 Rn. 43.
80 Vgl. *Frenz* in Kotulla (Hrsg.), BImSchG, § 10 Rn. 127.
81 S. hierzu *Jarass* NVwZ 2009, 65 ff.
82 Zur Abgrenzung der Kompetenzen *OVG Lüneburg* NVwZ-RR 2020, 23 Rn. 37 ff.

verbunden, aber nicht etwa eine gemeinsame Öffentlichkeitsbeteiligung oder gleiche Auslegungszeiten und -orte.[83] Zur Erfüllung der Koordinierungspflicht hat die Immissionsschutzbehörde zu ermitteln, ob der anderen notwendigen Zulassungsentscheidung unüberwindbare Hindernisse entgegenstehen sowie die immissionsschutzrechtliche Genehmigung ggf. unter den Vorbehalt nachträglicher Anordnungen zu stellen ist.[84]

(3) Öffentlichkeitsbeteiligung

Die Öffentlichkeitsbeteiligung ist *mehrstufig* aufgebaut. Der öffentlichen Bekanntmachung des Vorhabens gem. § 10 III 1, IV BImSchG iVm §§ 8, 9 der 9. BImSchV folgt zur Einsichtnahme die Auslegung von Antrag und Unterlagen gem. § 10 III 2 BImSchG iVm § 10 der 9. BImSchV.[85] Zwischen der Bekanntmachung und der Auslegungsfrist von einem Monat soll gem. § 9 II der 9. BImSchV eine Woche liegen. Da diese Wochenfrist nur Verzögerungen beim Erscheinen von Tageszeitungen ausgleichen soll, sind Verkürzungen dann unerheblich, wenn die Auslegung frühestens am Tag nach der letzten Bekanntmachung erfolgt.[86] Die Auslegungsfrist von einem Monat berechnet sich gem. § 31 I, III LVwVfG iVm §§ 187 II 1, 188 II 2. Alt. BGB. 40

Während der Auslegung und bis zu zwei Wochen – bzw. einem Monat für UVP-pflichtige Anlagen (§ 12 I 2 der 9. BImSchV)[87] sowie Anlagen nach der IE-RL (§ 10 III 4 Hs. 2 BImSchG) – danach können gem. § 10 III 4 BImSchG iVm § 12 der 9. BImSchV bei der zuständigen Behörde[88] schriftlich – oder elektronisch, sofern das Dokument vom Versender (§ 3a II 2 LVwVfG) oder einem De-Mail-Anbieter (§ 3a II 4 Nr. 2 LVwVfG) mit einer qualifizierten elektronischen Signatur nach dem Signaturgesetz versehen ist[89] – Einwendungen erhoben werden. Auf privatrechtlichen Titeln beruhende Einwendungen sind jedoch gem. § 10 III 6 BImSchG auf den Zivilrechtsweg zu verweisen. Die Fristberechnung erfolgt gem. § 31 I, III LVwVfG iVm §§ 187 II 1, 188 II 2. Alt. BGB. Im Falle der unverschuldeten Fristversäumnis kommt Wiedereinsetzung gem. § 32 LVwVfG in Betracht. Zur Einwendung ist – im Unterschied zu § 73 IV LVwVfG – nicht nur der potentiell Betroffene befugt.[90] Das Einwendungsrecht dient nämlich auch der besseren Information der Genehmigungsbehörde im Interesse einer gründlichen Sachverhaltsermittlung. So kann zB ein durchreisender Vertreter oder der Bewohner einer anderen Region Einwendungen geltend machen. Allerdings haben diese sog. Jedermann-Einwender im Gegensatz zu den drittbetroffenen Einwendern, bei denen es um die Geltendmachung eines Abwehranspruchs geht, kein eigenes Recht auf Verfahrensteilhabe oder 41

[83] *Czajka* (o. Fn. 62) B 1 § 10 Rn. 54j f.

[84] *OVG Münster* ZUR 2012, 372 (373 ff.).

[85] Bei UVP-pflichtigen Anlagen erfolgt die Bekanntmachung gem. § 8 I 3 der 9. BImSchV auch im Internetportal nach § 20 I UVPG. Jenseits dessen ist eine Bekanntmachung im Internet gem. § 27a LVwVfG aufgrund der Sperrwirkung des § 10 III BImSchG nicht erforderlich, ausf. *Jaensch/Kenyeressy* I+E 2014, 236 (243 ff.).

[86] *Jarass* BImSchG § 10 Rn. 75.

[87] Hierin ist eine verordnungsrechtliche Wiederholung von § 21 II UVPG zu sehen, der seinerseits § 10 III 4 Hs. 1 BImSchG vorgeht (§ 1 IV UVPG).

[88] Gem. § 12 I der 9. BImSchV können Einwendungen auch bei der Stelle, bei der Antrag und Unterlagen zur Einsicht ausliegen, erhoben werden. Nach § 10 III 4 BImSchG, der als Gesetz der Verordnung vorgeht, müssen die Einwendungen jedoch der *zuständigen* Behörde zugehen, vgl. *Röckinghausen* EurUP 2008, 210 (215 f.); aA *Jarass* BImSchG § 10 Rn. 87.

[89] *BVerwG* NVwZ 2011, 364 (367 f.).

[90] BVerwGE 28, 131 (133), zu §§ 16 ff. GewO; *Storost* (o. Fn. 77) § 10 D 40.

die Möglichkeit der Genehmigungsanfechtung.[91] Für beide gilt, dass sich die Einwendungen nicht als bloßer Protest, sondern als sachliches, auf die Verhinderung oder Modifizierung des beantragten Vorhabens abzielendes Gegenvorbringen darstellen müssen, wobei vom Drittbetroffenen verlangt wird, dass er die konkret gefährdeten Rechtsgüter und die befürchtete Beeinträchtigung darlegt.[92] Jedoch bedarf es dazu keines Ursache-Wirkungs-Nachweises; vielmehr genügen etwa Bedenken von Nachbarn, die sich im Interesse ihrer Gesundheit gegen mögliche Geruchsbelästigungen wenden.

42 Nach Ablauf der Einwendungsfrist *kann*[93] gem. § 10 VI BImSchG iVm §§ 12 I 3, 14 ff. der 9. BImSchV ein Erörterungstermin durchgeführt werden, in dem die rechtzeitig erhobenen Einwendungen mit den Einwendern und dem Antragsteller erörtert werden. Der Erörterungstermin dient nicht nur der Sachaufklärung, sondern soll den Betroffenen zugleich rechtliches Gehör gewähren und zu einem Interessenausgleich zwischen Betreiber und Einwendern beitragen. Allerdings hängt deren Klagebefugnis nicht von ihrer Teilnahme am Erörterungstermin ab.[94] Der Erörterungstermin wird beendet, wenn alle rechtzeitig erhobenen Einwendungen behandelt sind, wobei es weder erforderlich ist, dass eine Einigung zwischen Antragsteller und Einwendern erzielt wurde, noch, dass bestimmte Sachfragen endgültig geklärt sind. Kein Erörterungstermin findet in den Fällen des § 16 der 9. BImSchV statt. Das Ermessen besteht auch für UVP-pflichtige Vorhaben, da die Öffentlichkeitsbeteiligung nach der UVP-RL nicht durch einen Erörterungstermin erfolgen muss.[95] Gleiches gilt für die Öffentlichkeitsbeteiligung nach der IE-RL.

(4) Präklusion

43 An Bedeutung verloren hat der Einwendungsausschluss gem. § 10 III 5 BImSchG. Zwar werden mit Ablauf der Einwendungsfrist alle Einwendungen präkludiert, die nicht auf besonderen privatrechtlichen Titeln beruhen, wenngleich die Behörde auch verspätet erhobene Einwendungen bei ihrer umfassenden Prüfung der Genehmigungsfähigkeit mitberücksichtigen muss.[96] Die Präklusion hat allerdings nur noch zur Folge, dass Betroffene keinen Anspruch darauf haben, ihre nicht rechtzeitig vorgebrachten Einwendungen im anschließenden Erörterungstermin gem. § 14 I 2 der 9. BImSchV zu erläutern oder sonst ein Eingehen auf sie zu verlangen (*formelle* Präklusion). Eine *materielle* Präklusion mit der Folge, dass derjenige, der die rechtzeitige Erhebung von Einwendungen versäumt hat, seine Rechte auch nicht mehr in einem Rechtsbehelfsverfahren (Widerspruch und Klage) geltend machen kann, bewirkt § 10 III 5 BImSchG seit dem 2.6.2017 nicht mehr („für das Genehmigungsverfahren").[97]

(5) Entscheidung

44 Das Genehmigungsverfahren schließt mit der behördlichen Entscheidung über den Antrag, die im förmlichen Verfahren gem. § 10 VIa 1 BImSchG grundsätzlich inner-

---

91 Vgl. *Dietlein* in Landmann/Rohmer UmweltR BImSchG § 10 Rn. 127.
92 *Sellner/Reidt/Ohms*, Immissionsschutzrecht und Industrieanlagen, 3. Aufl. 2006, 2. Teil Rn. 89.
93 Zur Ermessensausübung *VGH Mannheim* NuR 2019, 200 (204 f.); *Dippel* NVwZ 2010, 145 (151 ff.).
94 *Dietlein* in Landmann/Rohmer UmweltR BImSchG § 10 Rn. 219.
95 *Sellner/Reidt/Ohms* (o. Fn. 92) 2. Teil Rn. 128.
96 BVerwGE 60, 297 (309 f.); *Czajka* (o. Fn. 62) B 1 § 10 Rn. 62.
97 Zum Hintergrund s. 10. Aufl. Rn. 42 ff.

halb von sieben Monaten nach Antragseingang zu treffen ist. Diese Frist ist aber nur als äußere Grenze zu verstehen. Vielmehr ergibt sich aus § 20 I 1 der 9. BImSchV, dass die Behörde nach Ermittlung aller relevanten Umstände unverzüglich zu entscheiden hat. Das Nichteinhalten der Frist stellt rechtswidriges Behördenhandeln dar, führt aber nicht zu einer Erteilungsfiktion. Vielmehr ist der Betreiber nach Fristablauf auf die Verpflichtungsklage gem. §§ 42 I 2. Alt., 75 VwGO mit der Maßgabe verwiesen, dass die dort vorausgesetzte Frist derjenigen des § 10 VIa BImSchG entspricht.[98] Bei Verschulden kann ein Amtshaftungsanspruch aus § 839 I BGB iVm Art. 34 S. 1 GG gegeben sein.[99]

Bei *UVP-pflichtigen Vorhaben* vollzieht sich die Entscheidungsfindung in *drei Schritten:*[100] Gem. § 20 Ia der 9. BImSchV ist eine zusammenfassende Darstellung der erwarteten Auswirkungen des Vorhabens auf die in § 1a der 9. BImSchV genannten Schutzgüter einschließlich etwaiger Vermeidungs- oder Ersatzmaßnahmen zu erarbeiten. Auf dieser Grundlage werden die zu erwartenden Auswirkungen auf die Schutzgüter bewertet und die Bewertung begründet (§ 20 Ib der 9. BImSchV). Als letzter Schritt sind die bewerteten Auswirkungen bei der Entscheidung gem. § 20 Ib 4 der 9. BImSchV zu berücksichtigen. Dies erfolgt „nach Maßgabe der hierfür geltenden Vorschriften", dh, Entscheidungsmaßstab bleibt allein § 6 BImSchG (→ Rn. 51 ff.), sodass die Bewertung nur bei der Prüfung von dessen Genehmigungsvoraussetzungen Berücksichtigung finden kann. 45

c) Ordnungsgemäße Form

Der Genehmigungsbescheid, dessen Inhalt in § 21 I der 9. BImSchV detailliert geregelt ist,[101] wird gem. § 10 VII BImSchG schriftlich erlassen und begründet und sodann dem Antragsteller und den Einwendern zugestellt sowie öffentlich bekannt gemacht. Die Zustellung an die Einwender kann gem. § 10 VIII BImSchG durch öffentliche Bekanntmachung ersetzt werden, soweit ein hinreichender sachlicher Grund besteht, etwa eine besonders große Zahl von Einwendern.[102] Bei Anlagen nach der IE-RL sind gem. § 10 VIIIa 1 BImSchG zudem der Genehmigungsbescheid sowie die Bezeichnung des für die betreffende Anlage maßgeblichen BVT-Merkblatts (→ Rn. 10) im Internet öffentlich bekannt zu machen;[103] Gleiches gilt gem. § 21a II 5 der 9. BImSchV bei UVP-pflichtigen Vorhaben. 46

d) Verfahrensfehler

Sollte der Behörde ein Verfahrensfehler bei der Genehmigungserteilung unterlaufen, führt dies nicht per se zur Rechtswidrigkeit bzw. zu einem Aufhebungsanspruch. Zum einen sieht § 45 LVwVfG für eine Vielzahl von Verfahrensfehlern eine Heilungsmöglichkeit vor. Zum anderen schließt § 46 LVwVfG einen Aufhebungsanspruch für Verwaltungsakte, die unter Verletzung von Vorschriften über das Verfahren, die Form oder die örtliche Zuständigkeit zustande gekommen sind, aus, wenn offensichtlich ist, dass die Verletzung der Verfahrensvorschrift die Entscheidung in der Sache nicht beeinflusst hat. Zwar soll nach der bisherigen Rechtsprechung des *BVerwG* ein Verfahrensfehler nur beachtlich sein, wenn die konkrete 47

---

98 *Czajka* (o. Fn. 62) B 1 § 10 Rn. 83.

99 *Jarass* DVBl 2009, 205 (206).

100 Hierzu und zum Folgenden *Jarass* BImSchG § 10 Rn. 116 ff.

101 Zusätzliche Angaben sind gem. § 21 Ia der 9. BImSchV nötig bei Genehmigungen von UVP-pflichtigen Anlagen, gem. § 21 IIa der 9. BImSchV bei Genehmigungen von Anlagen nach der IE-RL und gem. § 21 III der 9. BImSchV bei Anlagen, auf die die 17. BImSchV anzuwenden ist.

102 *Jarass* BImSchG § 10 Rn. 132.

103 Hierzu *Scheidler* UPR 2013, 121 (124 f.). § 10 VIIIa BImSchG sperrt als speziellere Regelung die Anwendung von § 27a I 1 LVwVfG auf § 10 VII, VIII BImSchG.

Möglichkeit besteht, dass die Behörde bei Einhaltung der Verfahrensvorschriften anders entschieden hätte (evidente *positive* Kausalität), was der *Kläger* darzulegen und zu beweisen hat (sog. Kausalitäts-Rechtsprechung).[104] Die so erreichte Ausweitung der Unbeachtlichkeit von Verfahrensfehlern ist aber mit Blick auf den Wortlaut von § 46 LVwVfG, der eindeutig auf die evidente *negative* Kausalität abstellt, und die Aufbürdung der Beweislast auf den Betroffenen zu großzügig. Sie gerät mitunter auch in Konflikt mit Unionsrecht; ua deshalb sieht § 4 I, Ia UmwRG vor, dass für bestimmte (absolute) Verfahrensfehler – zu denen die nicht ordnungsgemäße Durchführung einer UVP und das Unterbleiben einer Öffentlichkeitsbeteiligung nach § 10 BImSchG gehören – § 46 LVwVfG nicht anzuwenden ist.[105]

48 In der *Abwandlung* zu *Fall 10* liegt ein Verfahrensfehler hinsichtlich § 10 III 2 BImSchG iVm § 10 der 9. BImSchV vor. Fraglich ist, inwieweit dieser justitiabel ist. Hinsichtlich der *Zulässigkeit* der statthaften Anfechtungsklage ist fraglich, ob *N* sich auf ein subjektives öffentliches Recht berufen kann (§ 42 II VwGO). Nach der Schutznormtheorie[106] kommt es darauf an, dass die in Frage stehende Norm zumindest auch dem Interesse des Klägers dient. Dies ist jedenfalls bei § 5 I Nr. 1 BImSchG der Fall, da dieser ausdrücklich die Nachbarschaft in Bezug nimmt.[107] *N* gehört auch zum geschützten Kreis der Nachbarschaft und kann die Möglichkeit der Verletzung geltend machen. Weiter kommt § 10 III 2 BImSchG selbst in Betracht. Der drittschützende Charakter von Verfahrensnormen wird dann angenommen, wenn die Norm Dritte, die materiell betroffen sein können, in das Verfahren einbezieht, was für die Öffentlichkeitsbeteiligung anzunehmen ist.[108] Nach der Rspr. muss der Betroffene darlegen, dass sich der Verfahrensverstoß auch auf seine materielle Position ausgewirkt hat.[109] Vorliegend kann nicht ausgeschlossen werden, dass bei ordnungsgemäßem Verfahren die drittschützenden Betreiberpflichten bei der Genehmigung beachtet worden wären. Damit ist *N* auch hiernach klagebefugt.

49 Wie sich aus dem Sachverhalt ergibt, kann für die *Begründetheit* die formelle (bzgl. § 10 III 2 BImSchG) und die materielle (bzgl. § 5 I Nr. 1 BImSchG) Rechtswidrigkeit angenommen werden. Diese Normen sind auch drittschützend, sodass *N* in ihren Rechten verletzt ist. Der Rechtsverletzung kann die Präklusionsvorschrift gem. § 10 III 5 BImSchG seit ihrer Neufassung im Verwaltungsprozess nicht mehr entgegengehalten werden (→ Rn. 43). Zwar ist es möglich, dass materielle Rechtsfehler immissionsschutzrechtlicher Genehmigungen durch Entscheidungsergänzung oder ein ergänzendes Verfahren nachträglich behoben werden (§ 7 V UmwRG).[110] Dann entfiele die Rechtsverletzung. Das ist aber nicht geschehen; die Klage ist begründet.

e) Vereinfachtes Genehmigungsverfahren

50 Anlagen mit einem geringeren Gefährdungspotential für die Umwelt, die in Sp. c des Anh. 1 zur 4. BImSchV mit dem Buchstaben V gekennzeichnet sind und bzgl. derer die Voraussetzungen des § 2 I 1 Nr. 1 lit. c der 4. BImSchV nicht vorliegen, werden in dem vereinfachten Verfahren gem. § 19 BImSchG, § 24 der 9. BImSchV genehmigt, das durch einen weitgehenden Ausschluss der Öffentlichkeitsbeteiligung gekennzeichnet ist. So entfallen insbes. Auslegung, öffentliche Bekannt-

---

[104] BVerwGE 100, 238 (250); krit. hierzu *Kahl* VerwArch 95 (2004), 1 (24).
[105] Zu den prozessualen Folgen → § 5 Rn. 24 f., 35.
[106] Vgl. *Gärditz* in ders. (Hrsg.), VwGO, 2. Aufl. 2018, § 42 Rn. 56 ff.
[107] Vgl. nur *BVerwG* NJW 1984, 2174 (2175).
[108] *Jarass* BImSchG § 6 Rn. 76, § 10 Rn. 148.
[109] BVerwGE 85, 368 (374 ff.).
[110] BT-Drs. 18/9526, 44.

machung[111] und Erörterung. Konsequenterweise finden auch die Vorschriften über den Einwendungsausschluss und die privatrechtsgestaltende Wirkung der Genehmigung keine Anwendung. Da die im vereinfachten Verfahren erteilte Genehmigung dem Betreiber insoweit eine schwächere Rechtsposition vermittelt, steht es dem Betreiber nach § 19 III BImSchG frei, die Durchführung eines förmlichen Verfahrens zu beantragen, auch wenn dieses nicht erforderlich ist.[112]

3. Materielle Genehmigungsvoraussetzungen

Fraglich ist, ob der von der *M-KG* geplante Schlachthof die materiellen Genehmigungsvoraussetzungen erfüllt. Diese ergeben sich aus § 6 BImSchG. Danach setzt eine Genehmigungserteilung voraus, dass die nach § 5 BImSchG auferlegten Betreiberpflichten erfüllt sind, weitere, sich aus Rechtsverordnungen ergebende Verpflichtungen beachtet werden und „andere", dh außerhalb des BImSchG normierte, öffentlich-rechtliche Vorschriften nicht entgegenstehen. 51

a) Betreiberpflichten

Die Genehmigungsfähigkeit der Anlage setzt voraus, dass schädliche Umwelteinwirkungen nicht hervorgerufen werden können (Schutzgrundsatz, § 5 I Nr. 1 BImSchG), Vorsorge gegen schädliche Umwelteinwirkungen und sonstige Gefahren, erhebliche Nachteile und erhebliche Belästigungen getroffen wird (Vorsorgegrundsatz, § 5 I Nr. 2 BImSchG), Abfälle vermieden werden (Abfallvermeidungsgrundsatz, § 5 I Nr. 3 BImSchG), Energie sparsam und effizient verwendet wird (Energienutzungsgrundsatz, § 5 I Nr. 4 BImSchG) und sichergestellt ist, dass von der Anlage auch nach der Betriebseinstellung keine Gefahren ausgehen und darüber hinaus die Wiederherstellung eines ordnungsgemäßen Zustandes des Betriebsgeländes gewährleistet ist (Nachsorgegrundsatz, § 5 III BImSchG). Bei Anwendung dieser unbestimmten Rechtsbegriffe hat die Genehmigungsbehörde keinen Beurteilungsspielraum, sodass sie einer uneingeschränkten verwaltungsgerichtlichen Nachprüfung unterliegt.[113] 52

Der Verweis auf § 5 BImSchG umfasst auch den Einleitungssatz des § 5 I BImSchG, wonach Anlagen so zu errichten und zu betreiben sind, dass ein hohes Schutzniveau „für die Umwelt *insgesamt*" gewährleistet wird. Während § 10 V 2 BImSchG mit der Behördenkoordination die formale Seite des Verfahrens hinsichtlich des medienübergreifenden Umweltschutzes sichern will, dient § 5 I Hs. 1 BImSchG der materiellen Umsetzung. Allerdings enthält die Klausel keine selbständige Grundpflicht zu einem hohen Schutzniveau. Vielmehr dient sie der Auslegung der Betreiberpflichten iSd integrativen Ansatzes (vgl. auch § 1 II 1. Spstr. BImSchG).[114] Damit wird sichergestellt, dass insbes. die Wechselwirkungen zwischen einzelnen Umweltmedien mit berücksichtigt werden, sodass eine Anlage nicht durch schlichte Verlagerung der Belastung in ein anderes Umweltmedium genehmigungsfähig wird.[115] 53

---

[111] Diese kann aber vom Vorhabenträger beantragt werden, vgl. § 21a S. 1 2. Alt. der 9. BImSchV. Umstr. ist, ob diese sodann die Rechtsbehelfsfrist in Lauf setzt, näher *Albrecht/Zschiegner* UPR 2019, 134 (136 ff.).

[112] Andersherum kann ein Drittbetroffener die Durchführung eines vereinfachten Verfahrens nicht als Verletzung eigener Rechte geltend machen, vgl. *VGH Mannheim* VBlBW 2015, 253 (254).

[113] BVerwGE 55, 250 (253 f.).

[114] *Dietlein* in Landmann/Rohmer UmweltR BImSchG § 5 Rn. 7.

[115] Vgl. *Sparwasser/Engel/Voßkuhle* § 10 Rn. 146.

aa) Schutzgrundsatz

54 Gem. § 5 I Nr. 1 BImSchG dürfen von der Anlage keine schädlichen Umwelteinwirkungen (1. Alt.) und sonstige Gefahren, erhebliche Nachteile und erhebliche Belästigungen (2. Alt.) für die Allgemeinheit und die Nachbarschaft ausgehen, dh, sie müssen nach den konkreten Umständen mit hinreichender Wahrscheinlichkeit ausgeschlossen sein.[116]

Schädliche Umwelteinwirkungen sind nach der Legaldefinition in § 3 I BImSchG Immissionen, die geeignet sind, Gefahren, erhebliche Nachteile oder erhebliche Belästigungen herbeizuführen. Der *Immissionsbegriff* wird in § 3 II BImSchG definiert und umfasst neben Luftverunreinigungen (vgl. § 3 IV BImSchG) Geräusche, Erschütterungen, Licht[117], Wärme, Strahlen und ähnliche Umwelteinwirkungen. Damit werden zum einen nur physikalische oder chemische Vorgänge erfasst, zum anderen nur unwägbare Stoffe (Imponderabilien).[118] Der so eingegrenzte Immissionsbegriff lässt neben den in § 3 II BImSchG explizit benannten Vorgängen für verbleibende „ähnliche" Einwirkungen nur Raum für bestimmte Beeinträchtigungen wie Funken, Zufuhr kalter Luft, Krankheitserreger, Samenflug oder den periodischen Schattenwurf einer Windkraftanlage als Veränderung der natürlichen Lichtverhältnisse[119], nicht dagegen für ästhetische (Verunstaltung), ideelle (Bordellbetrieb) oder negative Beeinträchtigungen (Entzug von Luft und Licht).[120] Neben den schädlichen Umwelteinwirkungen iSv § 5 I Nr. 1 1. Alt. BImSchG bleibt für die nach der 2. Alt. (insoweit auch) erfassten *sonstigen Gefahren, (erheblichen) Nachteile* und *(erheblichen) Belästigungen* ein Anwendungsbereich für alle anderen, dh nicht immissionsbezogenen, Gefahrenquellen oder Einwirkungen (zB wägbare Stoffe, Explosionsgefahr, durch Windkraftanlagen ausgelöste Turbulenzen).[121]

55 Die Begriffe *Immissionen* und *Emissionen* bezeichnen dieselben physikalischen Vorgänge. Allerdings erfasst der Emissionsbegriff diese an ihrem *Ausgangspunkt* (§ 3 III BImSchG), ist mithin anlagenbezogen. Der Immissionsbegriff hingegen erfasst die Vorgänge am *Ort ihrer Einwirkung* (§ 3 II BImSchG) (akzeptorbezogene Betrachtung). Er ist somit quellenunabhängig[122] und berücksichtigt daher grundsätzlich auch summative Effekte von Vorbelastung und hinzutretender Zusatzbelastung.[123]

56 Der Betrieb eines Schlachthofes verursacht in erster Linie Luftverunreinigungen (vgl. § 3 IV BImSchG) durch Geruchsstoffe. Mithin handelt es sich um Immissionen. Fraglich ist, ob diese nach Art, Ausmaß und Dauer geeignet sind, Gefahren, erhebliche Nachteile oder erhebliche Belästigungen für die Allgemeinheit oder die Nachbarschaft herbeizuführen. In der Zusammenschau mit den weiteren Varianten des § 3 I BImSchG kann der Begriff der Gefahr – anders als etwa im Polizeirecht – nicht allein die hinreichende Wahrscheinlichkeit meinen.[124] Er setzt überdies voraus, dass der Schaden an einem Rechtsgut des § 1 BImSchG einzutreten droht und eine gewisse Qualität hinsichtlich seiner Intensität aufweist.[125] Dies ist bei einem Schaden an der Gesundheit stets der Fall (Begr.: grundrechtskonforme Auslegung gem. Art. 2

---

[116] Vgl. *VGH Mannheim* VBlBW 2015, 484 (484).
[117] Dazu *Borchers/Schomerus* NuR 2015, 614 ff.
[118] *Kloepfer* UmweltR § 15 Rn. 192.
[119] *Meeßen* UPR 2016, 254 ff.; Fallbearbeitung bei *Dietrich* JURA 2008, 234 ff.
[120] Vgl. *Jarass* BImSchG § 3 Rn. 11 ff.; *Kloepfer* UmweltR § 15 Rn. 191.
[121] Vgl. *Schlacke* § 9 Rn. 47; *Jarass* BImSchG § 5 Rn. 24 ff.
[122] *Jarass* JuS 2009, 608 (609).
[123] Dazu *Koch* FS Jarass, 2015, S. 319 ff.
[124] Zum notwendigen Grad der Wahrscheinlichkeit vgl. *BVerwG* NVwZ-RR 2015, 94 Rn. 15 f.
[125] *Thiel* in Landmann/Rohmer UmweltR BImSchG § 3 Rn. 33 ff.

II 1 GG).[126] Ein Gesundheitsschaden ist allerdings nur bei einer funktionellen oder morphologischen Veränderung des menschlichen Organismus, die die natürliche Variationsbreite überschreitet, anzunehmen.[127] Negative körperliche Veränderungen, die lediglich psychisch-emotional vermittelt werden, werden hingegen nicht erfasst. Damit kann das Vorliegen einer Gefahr in *Fall 10* ausgeschlossen werden.

Es kommt vorliegend vielmehr nur ein Nachteil oder eine Belästigung iSd § 3 I BImSchG in Betracht. Beide Begriffe sind nicht scharf voneinander zu trennen.[128] Ein *Nachteil* wird regelmäßig in der Beeinträchtigung von Interessen ohne gleichzeitige Rechtsgutsbeeinträchtigung gesehen, vor allem in Fällen bloßer Vermögenseinbußen[129] (zB Minderung der Wohnqualität, Umsatzrückgang, Wertminderung eines Grundstücks). Als *Belästigungen* werden hingegen Beeinträchtigungen des körperlichen Wohlbefindens bezeichnet, die zwar keine Gesundheitsschäden auslösen, aber nicht lediglich eine Interessenbeeinträchtigung darstellen.[130]

Demnach handelt es sich bei der im *Fall 10* befürchteten Geruchseinwirkung um 57
einen Nachteil. Allerdings sieht § 3 I BImSchG nur in *erheblichen* Belästigungen oder Nachteilen schädliche Umwelteinwirkungen. Die Erheblichkeit beurteilt sich danach, ob die Beeinträchtigung das der Allgemeinheit oder den Nachbarn zumutbare Maß übersteigt (vgl. § 3 I BImSchG),[131] wobei dem Immissionsbegriff entsprechend auf die Gesamtbelastung am Einwirkungsort abzustellen ist (→ Rn. 55), etwaige Vorbelastungen also mit einzubeziehen sind.[132]

Zur Allgemeinheit gehören alle Personen, die von Einwirkungen der Anlage betroffen sein können und nicht zum (engeren) Kreis der Nachbarschaft gehören. Die *Nachbarschaft* iSd § 3 I BImSchG erstreckt sich in räumlicher Hinsicht auf den Einwirkungsbereich der Anlage, wobei im Hinblick auf die Handhabbarkeit dieses Kriteriums nicht die Reichweite von Schadstoffen zugrunde zu legen ist, sondern nur ein Radius, in dem noch eine zuverlässige Zurechnung der individuellen Emissionen möglich ist (Nahbereich).[133] Weiter bedarf es eines „qualifizierten Betroffenseins",[134] dh einer besonderen persönlichen oder sachlichen Beziehung zum Einwirkungsbereich. In Abgrenzung zum baurechtlichen Nachbarbegriff umfasst der immissionsschutzrechtliche nicht nur die Eigentümer, sondern mit Blick auf den Schutzzweck gem. § 1 I BImSchG auch Mieter, Pächter oder im Einwirkungsbereich Beschäftigte, nicht dagegen Spaziergänger, Kurzzeiturlauber oder Besucher.[135]

Die Frage der Zumutbarkeit richtet sich dabei nicht nach dem Empfinden des 58
individuell Betroffenen, sondern nach dem des sog. normalen Durchschnittsmenschen, sodass die Auswirkungen auf überempfindliche oder besonders unempfindliche Personen grundsätzlich unberücksichtigt bleiben.[136] Die Zumutbarkeitsgrenze bestimmt sich dabei als Ergebnis einer umfassenden Güter- und Interessenabwägung nicht nur nach der konkreten Schutzwürdigkeit und Schutzbedürftigkeit der betroffenen Rechtsgüter, sondern auch nach der Art des im Einwirkungsbereich der

[126] *Kotulla* in ders. (Hrsg.), BImSchG, § 3 Rn. 38.
[127] Vgl. *VGH Mannheim* VBlBW 2015, 197 (198).
[128] *Feldhaus* in ders. (Hrsg.), Bundesimmissionsschutzrecht, B 1.2 § 3 Rn. 6.
[129] *Krohn* in Führ (Hrsg.), GK-BImSchG, 2. Aufl. 2019, § 3 Rn. 32.
[130] *Kloepfer* UmweltR § 15 Rn. 205.
[131] BVerwGE 50, 49 (53 ff.); 81, 197 (200).
[132] *Koch* FS Jarass, 2015, S. 319 (320).
[133] *Sparwasser/Engel/Voßkuhle* § 10 Rn. 123.
[134] BVerwGE 101, 157 (165).
[135] Vgl. BVerwGE 54, 211 (222 f.); 82, 61 (75).
[136] *Jarass* BImSchG § 3 Rn. 60.

Immissionen liegenden Gebiets, also seiner tatsächlichen oder planerischen Vorbelastung.[137]

So ist bspw. hinsichtlich Geruchsemissionen von Tierhaltungs- und Biogasanlagen in Dorfgebieten eine geminderte Schutzwürdigkeit von Wohngrundstücken gegeben, da es sich um dorfgebietstypische Emissionen handelt.[138]

59 Inwieweit dabei die nach § 48 BImSchG durch Verwaltungsvorschriften festgesetzten Immissionswerte und sonstigen Anforderungen eine geeignete Grundlage zur Beurteilung der Frage sind, ob die von einer Anlage ausgehenden Geräusche oder Luftverunreinigungen geeignet sind, Gefahren oder Beeinträchtigungen herbeizuführen, wurde lange kontrovers diskutiert. Für die Exekutive sind diese Verwaltungsvorschriften ohnehin verbindlich, doch entfalten sie – für Verwaltungsvorschriften eigentlich untypisch – auch gegenüber den Gerichten prinzipiell bindende Außenwirkung, sofern sie nicht selbst – etwa durch Kann-Vorschriften – Spielräume eröffnen[139], die zugrunde liegenden (technischen) Annahmen überholt sind[140] oder ein atypischer Einzelfall vorliegt.[141] Wenn wegen der in die Umweltstandards einfließenden wertenden Beurteilungen inzwischen ihre Qualifizierung als „antizipierte Sachverständigengutachten“[142] auch als überholt gilt,[143] so muss doch dem Umstand Rechnung getragen werden, dass die getroffenen Festsetzungen auf naturwissenschaftlich fundiertem Expertenwissen beruhen und gem. § 48 BImSchG in einem besonderen Verfahren erlassen werden, das sowohl demokratische Legitimation vermittelt (Erlass durch die Bundesregierung mit Zustimmung des Bundesrats) als auch die Sachrichtigkeit der Entscheidung verbürgt (Anhörung der beteiligten Kreise).

60 Dies rechtfertigt jedenfalls iErg die Bindung der Gerichte an die in den Regelwerken getroffenen Festsetzungen, es sei denn, diese sind veraltet oder wegen einer atypischen Fallgestaltung nicht heranzuziehen. Zur Begründung dieses Ergebnisses kann entweder darauf abgestellt werden, dass der Exekutive ein Standardisierungsspielraum zuerkannt werden muss, der durch die Verwaltungsvorschriften ausgefüllt wird, die wiederum – da auf einer politischen Wertungsentscheidung beruhend – nur einer Rechtmäßigkeitsüberprüfung unterliegen.[144] Oder es lässt sich argumentieren, dass die Verwaltungsvorschriften als normkonkretisierend – nicht lediglich norminterpretierend – mit originärer Verbindlichkeit angesehen werden müssen,[145] weil die gesetzlichen Normen durch die Verwaltungsvorschriften überhaupt erst praktikabel werden. Der durch die Verwaltungsvorschriften gewährte Schutzstandard steht denn auch nicht zur Disposition des Lärmbetroffenen.[146]

61 Hinsichtlich *Geruchs*immissionen enthält die TA Luft seit ihrer Novellierung im Jahr 2021 nicht mehr nur Regelungen für die Vorsorge gegen schädliche Umwelteinwirkungen durch Geruchsemissionen, sondern nunmehr auch für den Schutz (Nr. 4.3.2 iVm Anh. 7 TA Luft). Hierfür wurden auch Inhalte der Geruchsimmissionsrichtlinie (GIRL) übernommen,[147] die als Empfehlung ergangen war und auf die bis zur Novellierung der TA Lärm als Orientierungshilfe zurückgegriffen werden konnte.[148] In *Fall 10* ist mangels Angaben im Sachverhalt nicht davon auszugehen, dass der von der *M-KG* geplante Schlachthof durch Geruchsimmissionen erhebliche Nachteile hervorruft.

---

[137] BVerwGE 50, 49 (54 f.); 79, 254 (260 ff.); *BVerwG* UPR 2017, 516 ff.
[138] Vgl. *VGH Mannheim* NuR 2006, 651 (652); *OVG Lüneburg* ZUR 2015, 561 (562).
[139] BVerwGE 145, 145 Rn. 16; *VGH Mannheim* ZUR 2016, 555 (556 f.).
[140] Vgl. hierzu beispielhaft *Schröter* I+E 2018, 2 ff.
[141] Dazu instruktiv und fallbezogen *Faßbender/Herbrich* VR 2014, 166 (172 ff.).
[142] So noch BVerwGE 55, 250 (256).
[143] *Gerhardt* DVBl 1989, 125 (127); *Sparwasser/Engel/Voßkuhle* § 5 Rn. 42.
[144] *OVG Lüneburg* NVwZ 1985, 357 (358); *Breuer* NVwZ 1988, 104 (110 ff.).
[145] Grdl. BVerwGE 72, 300 (320 f.); zur TA Lärm BVerwGE 129, 209 (211) mwN; *Eifert* Rn. 277; krit. *Maurer/Waldhoff,* Allgemeines Verwaltungsrecht, 20. Aufl. 2020, § 24 Rn. 32.
[146] BVerwGE 145, 145 Rn. 25.
[147] *Wehrens* I+E 2019, 51 (54 f.).
[148] BVerwGE 141, 293 Rn. 22.

bb) Vorsorgegrundsatz

Zu den Betreiberpflichten zählt des Weiteren, dass die geplante Anlage auch dem Vorsorgegrundsatz des § 5 I Nr. 2 BImSchG genügt. Die Vorsorgepflicht unterscheidet sich vom Schutzgrundsatz des § 5 I Nr. 1 BImSchG dadurch, dass sie nicht den Schutz vor konkreten Umwelteinwirkungen im Auge hat, sondern bereits deren Entstehen vorbeugen will. Der Vorsorgegrundsatz ist als „multifunktionales Gebot" zu verstehen; wesentliche Ziele bestehen in der Schaffung einer Sicherheitszone unterhalb der Gefahrenschwelle und in der Erhaltung von Freiräumen als Belastungsreserven.[149] Im Unterschied zu § 5 I Nr. 1 BImSchG lässt das Vorsorgeprinzip Maßnahmen bereits dann zu, wenn die Immissionen noch keine schädlichen Umwelteinwirkungen darstellen.[150] So hält das *BVerwG* etwa bei sog. Bioaerosolen mangels hinreichender wissenschaftlicher Erkenntnisse die Schwelle des § 5 I Nr. 1 BImSchG nicht für überschritten,[151] billigt aber grundsätzlich die Anordnung vorsorgender Schutzmaßnahmen.[152] Das Vorsorgeprinzip dient der Verbesserung der allgemeinen Immissionssituation gerade auch im Hinblick auf den Ferntransport von Luftschadstoffen,[153] nicht aber den Belangen einzelner Dritter, räumt also grundsätzlich kein subjektives öffentliches Recht ein.[154] Allerdings verlangt der Vorsorgegrundsatz nur Maßnahmen zur Immissionsbegrenzung, die nach dem Stand der Technik (§ 3 VI BImSchG) möglich sind, und auch dies nur in den Grenzen der Verhältnismäßigkeit.[155] Daher rechtfertigt es § 5 I Nr. 2 BImSchG nicht, einen Genehmigungsantrag unter Hinweis auf den zukünftigen Stand der Technik abzulehnen.[156] 62

Auch die Anforderungen des Vorsorgegrundsatzes sind oftmals untergesetzlich konkretisiert. Das gilt vor allem für die Festschreibung des aktuellen Standes der Technik (§ 3 VI BImSchG), etwa in der TA Luft. Hierbei sind auch die Vorgaben der BVT-Merkblätter (§ 3 VIa BImSchG) zu berücksichtigen (→ Rn. 10), in Hinblick auf Schlachthöfe etwa das BVT-Merkblatt zu Tierschlachtanlagen und Anlagen zur Verarbeitung von tierischen Nebenprodukten[157]; verbindliche BVT-Schlussfolgerungen (§ 3 VIb BImSchG) existieren insofern derzeit nicht. Neben der Konkretisierung des Standes der Technik werden in der TA Luft aber auch Regelungen zur raumbezogenen Vorsorge getroffen.[158] 63

In *Fall 10* erwächst der Maßstab für die Beurteilung der Frage, ob der geplante Schlachthof gegen den Vorsorgegrundsatz aus § 5 I Nr. 2 BImSchG verstößt, aus Nr. 5.4.7.2 TA Luft, in der an die Errichtung von Schlachthöfen besondere Anforderungen gestellt werden. Unterstellt, die *M-KG* hat die dort vorgesehenen Maßnah-

---

[149] Str., wie hier BVerwGE 65, 313 (320 f.); *Dietlein* in Landmann/Rohmer UmweltR BImSchG § 5 Rn. 134; zum Meinungsstand *Roßnagel/Hentschel* (o. Fn. 68) § 5 Rn. 368 ff.

[150] *Peters/Hesselbarth/Peters* Rn. 688.

[151] *BVerwG* NVwZ-RR 2015, 94 Rn. 15.

[152] BVerwGE 152, 319 Rn. 15 ff. Dabei können nach Auffassung des *BVerwG* gar Maßnahmen angeordnet werden, die in Abwägung des Nutzens zum wirtschaftlichen Aufwand (noch) nicht dem Stand der Technik iSd § 3 VI BImSchG entsprechen. Abl. *Breuer* NVwZ 2016, 822 (825); vgl. auch *Rutloff* NVwZ 2016, 82 ff.; *Kahl* JZ 2016, 729.

[153] BVerwGE 69, 37 (42 ff.).

[154] BVerwGE 65, 313 (320); *Eifert* Rn. 284 verweist zutreffend darauf, dass Vorsorgewerten drittschützende Wirkung beizumessen sein kann, soweit allein diese zum Schutz individueller Rechtsgüter festgelegt sind. Differ. *Groß* in Rehbinder/Schink Abschn. 4 Rn. 46.

[155] Vgl. *OVG Berlin* DVBl 1979, 159 (160).

[156] Dagegen ist die in der Genehmigung auferlegte Verpflichtung, künftig bestimmte Maßnahmen vorzunehmen, sobald diese dem Stand der Technik entsprechen, zulässig.

[157] https://eippcb.jrc.ec.europa.eu/sites/default/files/2020-01/sa_bref_0505.pdf.

[158] *Jarass* BImSchG § 5 Rn. 54.

men bei der Schlachthofplanung berücksichtigt, bestehen gegen die Durchführung keine Bedenken, da der nach der Verwaltungsvorschrift vorgeschriebene Mindestabstand von 100 m zur nächsten Wohnbebauung eingehalten wird.

64 Bei genehmigungsbedürftigen Anlagen, die dem *TEHG* unterliegen, greift in Hinblick auf CO_2-Emissionen immissionsschutzrechtlich nur der Schutzgrundsatz des § 5 I Nr. 1 BImSchG (§ 5 II 1 BImSchG), die Vorsorgepflicht wird hingegen nicht durch eine Emissionsvermeidung nach dem Stand der Technik, sondern durch die Einhaltung der Anforderungen der §§ 5, 7 I TEHG erfüllt.[159] Der ordnungsrechtliche Ansatz von § 5 I Nr. 2 BImSchG wurde insoweit aufgegeben, da die Minderung der CO_2-Emissionen über den ökonomischen Mechanismus des Emissionszertifikatehandels erreicht werden soll.[160] Dem Betreiber steht es frei, mehr zu emittieren, solange er genügend Zertifikate zukauft. Eine Reduzierung der Gesamtemissionsmenge wird dann an anderer Stelle erreicht.[161]

cc) Abfallvermeidungsgrundsatz und Energieverwendungspflicht

65 Als weitere Betreiberpflicht regelt § 5 I Nr. 3 BImSchG, dass *Abfälle* vermieden, nicht zu vermeidende verwertet und nicht zu verwertende Abfälle beseitigt werden. Der Abfallbegriff folgt grundsätzlich dem des § 3 I KrWG,[162] macht sich aber nicht die dortigen Ausnahmen nach § 2 II KrWG zu eigen, sodass für die *M-KG* hinsichtlich tierischer Nebenprodukte (vgl. § 2 II Nr. 2 KrWG) die Betreiberpflicht relevant bleibt. Die Vermeidepflicht kann etwa durch ein bestimmtes Produktionsverfahren erfüllt werden, aber auch gem. § 3 XX 2 KrWG durch Kreislaufführung.[163] Sie setzt die technische Möglichkeit und Zumutbarkeit voraus. Zu beachten ist, dass die gesetzliche Rangfolge eine anlagenbezogene Pflicht darstellt, dh der Betrieb nach diesen Prioritäten einzurichten ist. Soweit danach nicht zu vermeidende Abfälle entstanden sind und verwertet bzw. beseitigt werden müssen, geht es um stoffbezogene Pflichten. Wie sich aus der Verweisung gem. § 5 I Nr. 3 4. Hs. BImSchG ergibt, bestimmen sich diese nach dem KrWG. Zwar verweist § 13 KrWG seinerseits zurück ins BImSchG, doch folgt daraus nur, dass das KrWG die materiellen Anforderungen bestimmt, während die Durchsetzung nach dem BImSchG erfolgt.[164] Die Regelung der Entsorgung in anderen Gesetzen kann dazu führen, dass der Vorrang der Verwertung im Einzelfall zurücksteht. Dies gilt etwa gem. § 7 II 3 KrWG, wenn die Beseitigung den Schutz von Menschen und Umwelt am besten gewährleistet.[165]

66 Das in § 5 I Nr. 4 BImSchG normierte Gebot, *Energie* sparsam und effizient zu verwenden, soll zur Senkung des Primärenergieverbrauchs beitragen und dient damit auch dem Immissionsschutz. Eine Einschränkung der Pflicht zur effizienten (nicht: sparsamen) Verwendung von Energie normiert § 5 II 2 BImSchG für dem *TEHG* unterfallende Anlagen.[166]

---

159 Eingehend *Kotulla* (o. Fn. 126) § 5 Rn. 123a ff.; s. auch *OVG Münster* ZUR 2019, 157 (159 ff.).

160 *Meßerschmidt* in Ehlers/Fehling/Pünder § 46 Rn. 61.

161 *Mager* DÖV 2004, 561 (565).

162 → § 11 Rn. 13, 20 ff.

163 Vgl. *Jarass* BImSchG § 5 Rn. 78.

164 Vgl. *Sellner/Reidt/Ohms* (o. Fn. 92) 1. Teil Rn. 215; zum Ganzen *Beckmann* I+E 2014, 192 ff.

165 Das Gebot der Abfallvermeidung ist nicht drittschützend. Geht es allerdings um das „Wie" der Verwertung oder Beseitigung, beurteilt sich die Frage des Drittschutzes nach den einschlägigen Spezialvorschriften, vgl. *Jarass* BImSchG § 5 Rn. 138.

166 *Storm* Rn. 468.

dd) Nachsorgepflichten

67 Nach § 5 III BImSchG sind genehmigungsbedürftige Anlagen so zu errichten, zu betreiben und stillzulegen, dass die Schutz- und Entsorgungspflicht auch nach einer eventuellen Betriebseinstellung gewährleistet ist. Die Nachsorgepflichten ermöglichen es, bereits im Rahmen des Genehmigungsverfahrens Vorkehrungen zu treffen, etwa durch Auflagen. Da sich bei Genehmigungserteilung einzelne Nachsorgepflichten jedoch häufig noch nicht absehen lassen, werden sie regelmäßig erst im Wege nachträglicher Anordnungen gem. § 17 BImSchG konkretisiert, wobei Nachsorgeverpflichtungen stets nur auf die Gefahrenabwehr, nicht aber auf die Durchsetzung von Vorsorgepflichten gerichtet sein können. Genau genommen handelt es sich bei § 5 III BImSchG nicht um eine zusätzliche Betreiberpflicht, sondern lediglich um die zeitliche Ausdehnung der in § 5 I BImSchG normierten Grundpflichten über den Zeitpunkt der Betriebsstilllegung hinaus.[167] Die Nachsorgepflichten treffen den jeweils letzten Anlagenbetreiber.[168]

68 Eine besondere Nachsorgepflicht statuiert § 5 IV 1 BImSchG: Nach ihr sind Betreiber von Anlagen nach der IE-RL nach Betriebseinstellung verpflichtet, erhebliche Bodenverunreinigungen oder Gewässerverschmutzungen, die durch relevante gefährliche Stoffe (§ 3 IX, X BImSchG) verursacht wurden, im Rahmen der Verhältnismäßigkeit zu beseitigen, soweit sie über den im Bericht über den Ausgangszustand (→ Rn. 37) angegebenen Zustand hinausgehen.[169] Die Verpflichtung trifft daher nur Betreiber von Anlagen, für die ein solcher Bericht erstellt werden musste.

b) Rechtsverordnungen

69 Daneben muss der Antragsteller gem. § 6 I Nr. 1 BImSchG auch die Anforderungen von Rechtsverordnungen erfüllen, welche auf der Grundlage des § 7 BImSchG zur Konkretisierung der Betreiberpflichten des § 5 BImSchG von der Bundesregierung erlassen wurden.[170]

70 Hierzu gehören ua[171] die Störfall-Verordnung (12. BImSchV), die der Umsetzung der Seveso-III-RL dient, die Verordnung über Großfeuerungs-, Gasturbinen- und Verbrennungsmotoranlagen (13. BImSchV), *die Abfallverbrennungs- und -mitverbrennungsverordnung (17. BImSchV)* sowie die Verordnung zur biologischen Behandlung von Abfällen (30. BImSchV).

c) Vereinbarkeit mit anderen öffentlich-rechtlichen Vorschriften

71 Neben der Beachtung der in § 5 I BImSchG genannten Betreiberpflichten setzt der Anspruch auf Genehmigungserteilung nach § 6 I Nr. 2 BImSchG voraus, dass der Errichtung und dem Betrieb der Anlage keine anderen öffentlich-rechtlichen Vorschriften und Belange des Arbeitsschutzes entgegenstehen. Hierzu gehören freilich nur Normen, die sich auf die Anlage als solche beziehen, nicht dagegen Regelungen, die auf persönliche Voraussetzungen des Betreibers für den Betrieb der Anlage abstellen.

---

[167] Dennoch ist die Gewährleistung der Nachsorgepflicht echte Genehmigungsvoraussetzung, soweit im Zeitpunkt der Genehmigungserteilung beurteilbar ist, ob im Falle der Stilllegung die Beachtung des Schutzgrundsatzes und die Entsorgungssicherheit gewährleistet sind. Vgl. *Kloepfer* UmweltR § 15 Rn. 343.

[168] *Jarass* BImSchG § 5 Rn. 107.

[169] Hierzu *Wolff* EurUP 2019, 54 ff.

[170] *Gürditz* in Appel/Ohms/Saurer (Hrsg.), BImSchG, 2021, § 6 Rn. 16.

[171] Näher zu den folgenden und weiteren Verordnungen *Kloepfer* UmweltR § 15 Rn. 355 ff.

72 Bedeutsam sind hierbei vor allem die Regelungen des *Bauplanungsrechts,*[172] die grundsätzlich keine immissionsschutzrechtliche Anlagengenehmigung zulassen, wenn der Betrieb in einem bauplanungsrechtlich festgesetzten Wohn-, Dorf- oder Mischgebiet bzw. in einem nicht durch gewerbliche Nutzung geprägten Innenbereich nach § 34 BauGB errichtet werden soll, ohne dass es auf den Grad der von der Anlage ausgehenden Störung ankommt.[173] Über diesen Weg ist auch das Gebot der Rücksichtnahme, wie es in § 35 III 1 BauGB ua als unbenannter öffentlicher Belang („insbesondere") verankert ist, zu beachten. Bedeutsam wird dies etwa hinsichtlich der bedrängenden optischen Wirkung von Windkraftanlagen.[174] Dies ist keine physische (→ Rn. 54), sondern eher eine psychische Einwirkung und somit nicht von § 5 I Nr. 1 BImSchG (und auch nicht von § 35 III 1 Nr. 3 BauGB) erfasst.[175] Die Einwirkung ist grundsätzlich einzelfallbezogen zu ermitteln. Gem. § 249 III 1 BauGB konnten die Bundesländer allerdings bis Ende 2015 gesetzliche Abstandsregelungen für Windkraftanlagen erlassen, wovon einzig Bayern (Art. 82 BayBO) Gebrauch gemacht hat.[176] Im Zusammenhang mit der Genehmigungsfähigkeit von Windkraftanlagen ist zudem § 18a I 1 LuftVG relevant, der ein materielles Bauverbot normiert, soweit Flugsicherungseinrichtungen gestört werden können.[177]

73 Die planungsrechtliche Zulässigkeit des baugenehmigungspflichtigen Schlachthofs beurteilt sich nach den §§ 29 ff. BauGB. Da das Betriebsgrundstück der *M-KG* durch die umgebende Bebauung in einem Gebiet mit dem Charakter eines allgemeinen Wohngebietes liegt, genügt der Schlachthof nicht den Anforderungen des § 34 BauGB, der fordert, dass sich die bauliche Anlage nach Art und Maß der baulichen Nutzung in die Umgebung einfügt. Die Behörde müsste daher die immissionsschutzrechtliche Genehmigung aus bauplanungsrechtlichen Gründen versagen.

4. Entscheidung der Immissionsschutzbehörde

a) Genehmigungstyp

74 Die Schwelle der Genehmigung soll sicherstellen, dass ein grundsätzlich erwünschtes Verhalten den gesetzlichen Vorschriften entsprechend ausgeübt wird. Mithin stellt sie sich als *präventives Verbot mit Erlaubnisvorbehalt* dar. Sind die Genehmigungsvoraussetzungen erfüllt, hat die *M-KG* einen Rechtsanspruch auf Erteilung der Genehmigung (*gebundene* Entscheidung). Weiter zeigt sich an den materiellen Genehmigungsvoraussetzungen, dass es sich bei der Genehmigung um eine reine Sachkonzession handelt. Personenbezogene Voraussetzungen sind nicht Prüfungsgegenstand. Die Möglichkeit, die Unzuverlässigkeit von bestimmten beteiligten Personen in Betracht zu ziehen, ist in § 20 III BImSchG nur als nachträgliche Maßnahme geregelt. Die Genehmigungsbehörde kann die Genehmigung aber mangels Sachbescheidungsinteresse ablehnen, sofern bei feststehender Unzuverlässigkeit des Vorhabenträgers dieser mit einer alsbaldigen Untersagung gem. § 20 III BImSchG rechnen muss, somit also keinen Nutzen aus der Genehmigung haben wird.[178] Aufgrund des das Bauplanungsrecht einbeziehenden materiellen Prüfungsumfangs (→ Rn. 72)

[172] BVerwGE 132, 372 Rn. 16 ff.; *Scheidler* GewArch 2016, 321 (323 ff.). Zu den Vorgaben des Naturschutz- und Artenschutzrechts *ders.* BayVBl. 2017, 509 ff.
[173] *BVerwG* NVwZ 1987, 884 (885).
[174] Vgl. *BVerwG* NVwZ 2007, 336 (337); *VGH München* NVwZ 2009, 338 (339).
[175] *Jarass* BImSchG § 5 Rn. 25 f.
[176] Bestätigend *BayVerfGH* NVwZ 2016, 999 ff., mAnm *Ludwigs* NVwZ 2016, 986 ff.
[177] Vgl. *BVerwG* NVwZ 2016, 1247 ff., mAnm *Kindler* NVwZ 2016, 1459 ff.; zur Vorinstanz *Kahl* JZ 2016, 729. Ausf. *Federwisch/Dinter* NVwZ 2014, 403 ff.
[178] *Gärditz* (o. Fn. 170) § 6 Rn. 12.

findet auch § 15 I 1, III 1, 4 BauGB entsprechende Anwendung, sodass die Immissionsschutzbehörde unter den dort normierten Voraussetzungen die Genehmigungsentscheidung zurückstellen kann.[179]

Genehmigungen für *Windenergieanlagen* an Land mit einer Gesamthöhe von mehr als 50m (vgl. Nr. 1.6 des Anh. 1 zur 4. BImSchV) sind insoweit privilegiert, als dass von Dritten erhobene Widersprüche und Anfechtungsklagen gem. § 63 BImSchG keine aufschiebende Wirkung haben. Für gerichtliche Streitigkeiten betreffend solche Genehmigungen ist erstinstanzlich das OVG/der VGH zuständig, § 48 I 1 Nr. 3a VwGO.

b) Nebenbestimmungen

Eng mit dem Charakter der Genehmigung als gebundener Entscheidung verbunden 75
ist die Möglichkeit der Behörde, gem. § 12 BImSchG die Entscheidung mit Nebenbestimmungen zu versehen.[180] Aus dem Verhältnismäßigkeitsgrundsatz folgt, dass die Versagung der Genehmigung rechtswidrig ist, wenn das Vorhaben mit Bedingungen oder Auflagen genehmigungsfähig gemacht werden kann.[181] Folglich stellt das vom Wortlaut des § 12 I 1 BImSchG vermittelte Ermessen für diese Fälle lediglich ein Auswahlermessen hinsichtlich der Frage dar, welcher Nebenbestimmungen sich die Behörde bedienen will.[182]

Der in § 12 BImSchG vorgesehene Katalog von Nebenbestimmungen ist grund- 76
sätzlich abschließend. Auf die allgemeine Vorschrift des § 36 LVwVfG kann nur hinsichtlich der dort vorgenommenen Begriffsdefinitionen zurückgegriffen werden. Somit kommt etwa die Genehmigungserteilung unter Widerrufsvorbehalt außerhalb von § 12 II 2 BImSchG auch mit Zustimmung des Betreibers nicht in Betracht. Allerdings sind anderweitige fachrechtliche Regelungen betreffend Nebenbestimmungen neben § 12 BImSchG anwendbar.[183]

c) Konzentrationswirkung

Die unanfechtbare immissionsschutzrechtliche Genehmigung nach § 4 BImSchG 77
ersetzt über die nach § 13 BImSchG angeordnete Konzentrationswirkung alle anderen, nicht ausdrücklich ausgenommenen anlagenbezogenen öffentlich-rechtlichen „Genehmigungen, Zulassungen, Verleihungen, Erlaubnisse und Bewilligungen", etwa die Baugenehmigung.[184] Auf diese Weise sollen Überschneidungen, die sich wegen der Weite des in § 6 I BImSchG normierten Prüfungsmaßstabs zwangsläufig ergeben würden, vermieden, das Genehmigungsverfahren vereinfacht sowie eindeutige Rechtsverhältnisse geschaffen werden.[185] Durch die Bündelung wird zudem die Erlangung effektiven Rechtsschutzes (Art. 19 IV 1 GG) sowohl für den Vorhabenträger als auch für Drittbetroffene erleichtert. Die hinter den ersetzten behördlichen Entscheidungen stehenden materiellen Vorschriften werden durch § 13 BImSchG aber in keinerlei Weise verdrängt, sondern gehen über § 6 I Nr. 2 BImSchG voll in die Prüfung ein. Die Konzentrationswirkung des § 13 BImSchG erstreckt sich auch auf das den erfassten Entscheidungen zugrundeliegende Verwaltungsverfahren. Für das Genehmigungsverfahren sind damit ausschließlich die immissionsschutzrechtlichen Vorschriften maßgeblich. Begründen andere Verfahrensvorschriften besonde-

---

179 *OVG Münster* NWVBl. 2015, 264 (265); *Raschke* ZfBR 2015, 119 ff.
180 Fallbearbeitung bei *Stark/Christmann* JuS 2017, 430 ff.; *Schilderoth/Wegner* JA 2021, 138 ff.
181 *Kloepfer* UmweltR § 15 Rn. 460.
182 *Jarass* BImSchG § 12 Rn. 27.
183 *OVG Lüneburg* ZUR 2017, 290 (291 f.). Zu den Sonderregelungen für IE-Anlagen s. *König* DVBl 2013, 1356 (1357 f.).
184 *Hilbert* JuS 2014, 983 ff.
185 *Giesberts* in BeckOK UmweltR, 58. Ed. 1.4.2021, BImSchG § 13 Rn. 1.

re Mitwirkungsrechte[186], sind diese auch dann nicht anwendbar, wenn die Verfahrensvorschriften des BImSchG ihnen funktionell nicht entsprechen;[187] Ausnahmen sind aber aufgrund ausdrücklicher Anordnung möglich. Eine solche findet sich etwa für die Mitwirkungsrechte gem. § 63 II Nr. 5 BNatSchG sowie das Erfordernis des gemeindlichen Einvernehmens gem. § 36 I 2 BauGB in eben diesen Vorschriften. Für das Zustimmungserfordernis gem. § 14 LuftVG gilt iErg dasselbe.[188]

78 Die Konzentrationswirkung gilt auch für Teilgenehmigungen (§ 8 BImSchG) und Änderungsgenehmigungen (§ 16 BImSchG),[189] für Genehmigungen, die im vereinfachten Verfahren erteilt werden, sowie entsprechend – um die Norm nicht ins Leere laufen zu lassen – für die Zulassung vorzeitigen Beginns (§ 8a BImSchG).[190] Zwar stellt der Vorbescheid (§ 9 BImSchG) keine Genehmigung dar, doch ist aufgrund der Bindungswirkung des Vorbescheids eine analoge Anwendung anerkannt.[191] Keine Konzentrationswirkung hat die nachträgliche Anordnung, soweit sie gem. § 17 IV BImSchG eine Änderungsgenehmigung ersetzt. Weiter sind die in § 13 BImSchG normierten Ausnahmen zu beachten.

79 Wird entgegen dem Konzentrationsgrundsatz eine nach § 13 BImSchG ersetzte Genehmigung separat erteilt, so ist sie rechtswidrig, aber regelmäßig nicht nichtig. Deshalb bleibt sie gem. § 43 II LVwVfG wirksam und entfaltet gegenüber der Immissionsschutzbehörde Bindungswirkung, von der die Immissionsschutzbehörde sich aber durch Rücknahme gem. § 48 LVwVfG befreien kann.[192] Vergleichbar ist der umgekehrte Fall zu beurteilen: Ergeht eine immissionsschutzrechtliche Genehmigung, obwohl es dieser nicht gem. § 4 I 1 BImSchG bedarf, so ist aufgrund der Konzentrationswirkung die tatsächlich erforderliche Genehmigungsentscheidung mit erteilt.[193] Diese ist mangels sachlicher Zuständigkeit ebenfalls rechtswidrig, nicht aber nichtig.

d) Zulassung vorzeitigen Beginns

80 Die Möglichkeit, gem. § 8a BImSchG noch vor der Entscheidung über die Genehmigung die *Errichtung* der Anlage oder eines Anlagenteils zu gestatten, dient der Beschleunigung von Investitionen.[194] Zu beachten ist, dass damit nicht der vorzeitige Betrieb ermöglicht wird, allenfalls ein Probebetrieb. Die Behörde soll auf Antrag hin die vorzeitige Zulassung erteilen, wenn mit einer positiven Entscheidung zu rechnen ist, ein öffentliches Interesse oder ein berechtigtes Interesse des Antragstellers besteht und bei negativem Ausgang des Verfahrens der Antragsteller den früheren Zustand wiederherstellt.[195] Unter den gleichen Voraussetzungen kann gem. § 8a III BImSchG im Falle der genehmigungsbedürftigen Änderung einer Anlage (§ 16 BImSchG) der Betrieb der Anlage vorläufig zugelassen werden, wenn die Änderung dazu dient, den immissionsschutzrechtlichen Anforderungen nachzukommen.

---

[186] Wie zB § 79 III BWNatSchG; § 21 HmbNatSchAG; § 12 III NRWLandschaftsG; § 33 I SächsNatSchG.
[187] *BVerwG* NVwZ 2003, 750 (751); *VGH München* BayVBl. 2015, 234 (235); krit. *Niederstadt/Weber* NuR 2009, 297 (299 f.).
[188] *OVG Lüneburg* NVwZ-RR 2020, 255.
[189] *Rebentisch* in Feldhaus (Hrsg.), Bundesimmissionsschutzrecht, B 1 § 13 Rn. 38.
[190] So jedenfalls iErg die hM, vgl., mit zT abw. Begründung, *Rebentisch* (o. Fn. 189) B 1 § 13 Rn. 43 ff.; *Seibert* in Landmann/Rohmer UmweltR BImSchG § 13 Rn. 21.
[191] *Jarass* BImSchG § 13 Rn. 2.
[192] *Guckelberger* in Kotulla (Hrsg.), BImSchG, § 13 Rn. 65 ff.; *Hilbert* JuS 2014, 983 (984 f.); aA *Rebentisch* (o. Fn. 189) B 1 § 13 Rn. 35 ff.
[193] *Scherer-Leydecker* DVBl 2015, 816 (820).
[194] *Koch/Hofmann* in Koch/Hofmann/Reese UmweltR-HdB § 4 Rn. 211.
[195] Vgl. *OVG Berlin-Brandenburg* ZUR 2020, 368 ff. mAnm *Mutert*.

5. Erlöschen der Genehmigung

Mitunter besteht das Bedürfnis, eine einmal erteilte Genehmigung entfallen zu lassen und somit den Betreiber von den mit der Genehmigung verbundenen Rechten und Pflichten zu befreien.[196] Dies soll durch § 18 II BImSchG sichergestellt werden. Erlischt das Genehmigungserfordernis, insbes. durch Änderung der 4. BImSchV, erlischt die Genehmigung kraft Gesetzes.[197] Ein Wiederaufleben von gem. § 14 BImSchG ausgeschlossenen privaten Rechten ist damit nicht verbunden.[198] Zudem soll ein vorsorgliches Sammeln von Genehmigungen verhindert werden, weshalb eine Genehmigung gem. § 18 I Nr. 1 BImSchG erlischt, wenn innerhalb einer von der Behörde gesetzten, angemessenen Frist nicht mit der Errichtung oder dem Betrieb der Anlage begonnen wird.[199] Die Fristsetzung kann dabei als Nebenbestimmung mit der Genehmigung oder nachträglich als eigenständiger VA erlassen werden.[200] 81

Gem. § 18 I Nr. 2 BImSchG erlischt die Genehmigung zudem, wenn eine Anlage länger als drei Jahre ununterbrochen nicht betrieben wurde, dh im Rahmen der Genehmigung tatsächlich keinerlei Betriebshandlungen mehr vorgenommen werden. Die bloße Erklärung, der Betrieb sei oder werde eingestellt, reicht nicht aus.[201] Zweck des § 18 I Nr. 2 BImSchG ist der Schutz der Allgemeinheit und der Nachbarschaft vor einer Wiederinbetriebnahme zu einem Zeitpunkt, in dem die tatsächlichen Verhältnisse, die der Genehmigung zugrunde lagen, sich möglicherweise wesentlich geändert haben. Wegen der gleich gelagerten Schutzbedürftigkeit ist eine analoge Anwendung auf gem. § 67a I BImSchG und § 67 II BImSchG formell nur anzeigepflichtige, aber materiell genehmigungsbedürftige Anlagen zu bejahen.[202] Beide Fristen des § 18 I BImSchG können gem. § 18 III BImSchG auf Antrag „aus wichtigem Grund“ verlängert werden,[203] wobei der Antrag vor Fristablauf gestellt werden muss, die Verlängerung aber auch noch nach Fristablauf erteilt werden kann.[204] 82

Neben der Regelung des § 18 BImSchG kann die Genehmigung auch aufgrund einer Befristung oder einer auflösenden Bedingung[205] sowie bei Verzicht des Betreibers[206] erlöschen. Eine Sonderregelung für den Vorbescheid (→ Rn. 86 ff.) enthält § 9 II BImSchG. 83

---

[196] Zum Ganzen *Berkemann* ZUR 2019, 579 ff.
[197] Gem. § 13 BImSchG eingeschlossene Genehmigungen, insbes. eine Baugenehmigung, bleiben grds. bestehen; vgl. *OVG Münster* NVwZ 1994, 184.
[198] BVerwGE 117, 133 (137).
[199] *Berkemann* ZUR 2019, 579 (580 ff.).
[200] *Jarass* BImSchG § 18 Rn. 3.
[201] BVerwGE 124, 156 (160 f.).
[202] BVerwGE 124, 156 (159); *BVerwG* ZUR 2011, 206 (207).
[203] Ausf. *Dolde* FS Jarass, 2015, S. 287 ff.; zur Anfechtbarkeit BVerwGE 167, 250.
[204] BVerwGE 124, 156 (162); aA hinsichtlich des Zeitpunkts der Antragstellung *Laubinger* in Ule/ders./Repkewitz (Hrsg.), BImSchG, § 18 C 30.
[205] *Jarass* BImSchG § 18 Rn. 14.
[206] BVerwGE 84, 209 (211 f.); *BVerwG* ZUR 2013, 225 (226 f.).

III. Die mehrstufigen Verwaltungsverfahren

Fall 11: Bodenaushub und Hochbauten

84 Der *M-KG* war im Juni 2018 ein Vorbescheid erteilt worden, mit dem festgestellt wurde, dass der Schlachthof an dem vorgesehenen Standort errichtet werden könne. Zugleich hatte die Genehmigungsbehörde eine erste Teilgenehmigung für den Bodenaushub erteilt. Den im Juli 2019 gestellten Antrag auf Erteilung der zweite Teilgenehmigung für die Hochbauten wies die Behörde nach ordnungsgemäß durchgeführtem Verfahren mit dem Argument zurück, sie sei erst jetzt von der Aufsichtsbehörde darauf hingewiesen worden, dass die bauplanungsrechtliche Unzulässigkeit die Erteilung einer immissionsschutzrechtlichen Genehmigung verbiete, selbst wenn keine schädlichen Umwelteinwirkungen zu erwarten seien.

85 Fraglich ist, ob die zweite Teilgenehmigung versagt werden durfte, obwohl die *M-KG* im Besitz eines Standortvorbescheids und einer Teilgenehmigung war. Vorbescheid und Teilgenehmigung haben als Formen der Teilentscheidung zur Stufung komplexer Verfahren das Ziel, eine zweckmäßige Verfahrensgestaltung zu ermöglichen und damit die Rationalität, Transparenz und Beschleunigung des Verfahrens zu fördern.[207] Zugleich wirft jedoch eine Verfahrensgestaltung, die eine einheitliche Gesamtentscheidung in mehrere Teilentscheidungen aufsplittet, spezifische Fragestellungen auf.

1. Vorbescheid

a) Regelungsgehalt

86 Nach § 9 BImSchG soll durch Vorbescheid vorab „über einzelne Genehmigungsvoraussetzungen sowie über den Standort der Anlage entschieden werden", wenn neben dem Vorliegen eines berechtigten Interesses die Auswirkungen der geplanten Anlage ausreichend beurteilt werden können. Fraglich sind dabei der Regelungsgehalt des Vorbescheids und die Reichweite der Bindungswirkung. Da der Vorbescheid den Antragsteller weder zur Errichtung noch zum Betrieb auch nur eines Anlagenteils berechtigt, stellt er keine Genehmigung dar, sondern eine Auskunftsentscheidung. Mit dieser wird dem Antragsteller auch nicht die künftige Genehmigung zugesagt, sondern es wird ein Ausschnitt aus dem feststellenden Teil der Genehmigung im Voraus festgelegt und so ein Teilaspekt des umfassenden Genehmigungstatbestandes mit definitiver Feststellungswirkung erledigt.[208] Im Genehmigungsverfahren erfolgt dann lediglich noch die Umsetzung des feststellenden Vorbescheids in eine Gestattung.

87 Zu den Voraussetzungen für den Erlass des Vorbescheids gehört nicht nur, dass eine Beurteilung hinsichtlich der zu entscheidenden Einzelfragen zu dem Ergebnis führt, diese erfüllten die Anforderungen des § 6 BImSchG (§ 9 III BImSchG), sondern es müssen auch die Auswirkungen der gesamten Anlage ausreichend beurteilt werden können (§ 9 I BImSchG). Ein Vorbescheid darf nur erteilt werden, wenn nach dem vorläufigen Gesamturteil eine hinreichende Sicherheit dafür besteht, dass die gesamte Anlage nach den Vorschriften des BImSchG betrieben werden kann und dem Vor-

---

207 *Schmidt-Aßmann* FG 25 Jahre BVerwG, 1978, S. 569 ff.

208 Vgl. nur *BVerwG* NVwZ 1985, 341 (342); *Dietlein* in Landmann/Rohmer UmweltR BImSchG § 9 Rn. 2.

haben keine von vornherein unüberwindlichen Hindernisse entgegenstehen.[209] Daraus folgt, dass bei UVP-pflichtigen Vorhaben ein Vorbescheid nicht ohne Durchführung einer UVP erteilt werden darf.[210]

b) Bindungswirkung

Eine entscheidende Bedeutung des Vorbescheids liegt in seiner – vom Gesetz nicht ausdrücklich angesprochenen, aber als selbstverständlich vorausgesetzten – Bindungswirkung für die Genehmigungsbehörde.[211] Problematisch ist dabei, ob ein Vorbescheid, der lediglich Feststellungen hinsichtlich einzelner Genehmigungsvoraussetzungen trifft, zu Bindungswirkungen auch insoweit führt, als er ein vorläufiges positives Gesamturteil über die Genehmigungsfähigkeit des Gesamtprojekts beinhaltet. Dies wird unter Hinweis auf Sinn und Zweck des Vorbescheids, nämlich das Investitionsinteresse des Antragstellers und das öffentliche Interesse an einer rationellen Verfahrensgestaltung zu sichern, bejaht.[212] Die Bindungswirkung reicht allerdings nur soweit, wie die Anlage Gegenstand der Prüfung war. Sind etwa für eine Windkraftanlage allein Unterlagen zur bauplanungsrechtlichen Situation, nicht aber zu den Lärmauswirkungen eingereicht worden, so sind letztere vom Vorbescheid und dem damit verbundenen, vorläufigen positiven Gesamturteil der Behörde auch nicht umfasst. Die Behörde muss die zu erwartenden Immissionen daher auch nicht bei der Genehmigung anderer Anlagen als bereits in Anspruch genommenes Lärmkontingent berücksichtigen.[213] Daneben kann sich eine Beschränkung der Bindung auch aus ausdrücklich angebrachten Vorbehalten ergeben. Keine Bindungswirkung entfaltet die Ablehnung des Vorbescheidsantrags.[214] 88

Da sich die Bindungswirkung des Vorbescheids auch auf diejenigen Entscheidungen erstreckt, die gem. § 13 BImSchG in die immissionsschutzrechtliche Genehmigung eingeschlossen werden, und sich die Standortfrage nicht ohne Entscheidung über die bauplanungsrechtliche Zulässigkeit der Anlage beurteilen lässt, musste die Behörde im Rahmen des Standortvorbescheids auch die bauplanungsrechtlichen Genehmigungsvoraussetzungen für den Schlachthof der *M-KG* prüfen.[215] Sie ist deshalb hinsichtlich des gewonnenen Ergebnisses an den rechtswidrigen Vorbescheid gebunden und kann die Bindungswirkung nur durch Rücknahme des Vorbescheids nach Maßgabe des § 48 LVwVfG beseitigen.[216] Solange der Vorbescheid nicht zurückgenommen ist, kann die Versagung der zweiten Teilgenehmigung jedenfalls nicht mit dem ungeeigneten Standort begründet werden. 89

2. Teilgenehmigung

a) Rechtscharakter

Eine Bindung der Genehmigungsbehörde könnte auch durch die Teilgenehmigung für die Aushubarbeiten eingetreten sein. Die in § 8 BImSchG geregelte Teilgenehmi- 90

---

[209] *OVG Lüneburg* BeckRS 2008, 41176.
[210] *OVG Münster* ZUR 2006, 603.
[211] *OVG Weimar* ZNER 2012, 443 f.; dies gilt selbst bei einer Änderung der Sach- oder Rechtslage, vgl. *OVG Lüneburg* NVwZ-RR 2012, 836 (838).
[212] Vgl. *Jarass* BImSchG § 9 Rn. 21. Krit. *Dietlein* in Landmann/Rohmer UmweltR BImSchG § 9 Rn. 18; Fallbearbeitung bei *Kerkmann* JA 2014, 600.
[213] *OVG Koblenz* NVwZ-RR 2015, 658 Rn. 32.
[214] *Peschau* in Feldhaus (Hrsg.), Bundesimmissionsschutzrecht, B 1 § 9 Rn. 14.
[215] Vgl. etwa *OVG Lüneburg* NuR 2015, 265 (266).
[216] *Schmidt-Aßmann* (o. Fn. 207) S. 581. Der Widerruf eines bei Erlass *rechtmäßigen* Vorbescheids erfolgt über den Verweis des § 9 III BImSchG nach § 21 BImSchG.

gung weist strukturelle Gemeinsamkeiten mit dem Vorbescheid auf, erfüllt jedoch eine prinzipiell andere Funktion. Im Gegensatz zum Vorbescheid stellt sie eine echte Genehmigung nach § 4 BImSchG dar und unterscheidet sich von der Vollgenehmigung lediglich durch ihren beschränkten Inhalt.[217] Deshalb kommt ihr für den Teilbereich, über den sie entscheidet, dieselbe Wirkung wie einer Vollgenehmigung zu. Auch gelten die Verfahrensvorschriften der §§ 10–21 BImSchG uneingeschränkt. Speziell für die Teilgenehmigung sieht § 12 III BImSchG die Möglichkeit der Befristung sowie des Widerrufs- und Auflagenvorbehalts vor.

b) Bindungswirkung

91 Die Teilgenehmigung setzt voraus, dass ein berechtigtes Interesse für ihre Erteilung gegeben ist und die Genehmigungsvoraussetzungen für die entsprechenden Anlagenteile vorliegen (vgl. § 8 I Nr. 1 und 2 BImSchG). Darüber hinaus dürfen dem Gesamtvorhaben auch keine von vornherein unüberwindlichen Hindernisse entgegenstehen (§ 8 I Nr. 3 BImSchG). Aus § 8 II BImSchG ergibt sich, dass das Gesetz von der Bindungswirkung der vorläufigen Gesamtbeurteilung ausgeht. Diese entfällt danach nur, wenn eine Änderung der Sach- und Rechtslage oder die im Zuge der späteren Teilgenehmigungen vorzunehmenden Einzelprüfungen zu einer abweichenden Beurteilung führen.[218]

Da in *Fall 11* keine Anhaltspunkte für eine Durchbrechung der Bindungswirkung vorhanden sind, steht auch die erste Teilgenehmigung, welche die *M-KG* für die Aushubarbeiten besitzt, der Genehmigungsversagung entgegen.

3. Rechtsschutz

Fall 12: Das Sicherheitsbedürfnis des Rentners

92 Das Energieversorgungsunternehmen *Mehrstrom AG (M-AG)* beabsichtigt den Bau eines großen Kohlekraftwerks. Nachdem Mitte 2019 über den Standort des Kraftwerks durch Vorbescheid positiv entschieden und eine erste Teilgenehmigung für bestimmte Ausschachtungsarbeiten erteilt worden war, ließ die *M-AG* die Erdarbeiten ausführen. Nach mehreren Monaten erhält die *M-AG* eine weitere Teilgenehmigung für den Bau der Feuerungsanlage. Der 200m von dem geplanten Kraftwerk entfernt wohnende Rentner *Philipp Pfälzer (P)*, dem der Vorbescheid versehentlich nicht bekannt gegeben wurde, möchte nach erfolglos durchgeführtem Widerspruchsverfahren[219] gegen das Vorhaben gerichtlich vorgehen. In seiner gegen die zweite Teilgenehmigung gerichteten Klage trägt er vor, die Anlage entspreche schon von ihrem Konzept her nicht den Sicherheitserfordernissen. Der Standort hätte auch keineswegs in der Nähe von Wohnbebauung genehmigt werden dürfen. Die Genehmigung der Feuerungsanlage sei rechtswidrig, weil die vorgesehene Konstruktion der erwarteten Hitzeentwicklung nicht standhalte.

Fraglich ist, ob *P* die zweite Teilgenehmigung erfolgreich mit seinen Argumenten angreifen kann oder ob er gegen den Vorbescheid und die erste Teilgenehmigung hätte vorgehen müssen.

---

[217] *Kloepfer* UmweltR § 15 Rn. 491.
[218] Vgl. dazu *Jarass* BImSchG § 8 Rn. 26 ff.
[219] In einigen Ländern entfällt das Widerspruchsverfahren nach § 68 I 2 Hs. 1 VwGO. Der Ausschluss in Niedersachsen gilt gem. § 80 II 1 Nr. 4 lit. b NJG *nicht* für Entscheidungen nach dem BImSchG.

a) Entgegenstehen des Vorbescheids

Gegen die Erteilung des Vorbescheids hätte *P* Rechtsschutz nach Maßgabe der Grundsätze zur Anfechtbarkeit begünstigender Verwaltungsakte mit Drittwirkung erhalten können. Die hinreichende Möglichkeit der für die Klagebefugnis erforderlichen Rechtsverletzung ergibt sich aus der bindenden Wirkung des Vorbescheids für die Behörde. Sie ist daher nur dann zu bejahen, „wenn sich die Behörde gebunden hat, dem Antragsteller eine Genehmigung zu erteilen, die den Dritten in seinen Rechten verletzen würde".[220] 93

Die Bindungswirkung und die daraus resultierenden Einschränkungen der Einwendungs- und Anfechtungsbefugnis hängen vom Regelungsgehalt des Vorbescheids in seinem Verhältnis zur nachfolgenden (Teil-)Genehmigung ab. Soweit der Vorbescheid (feststellende) Regelungen mit Bindungswirkung gegenüber der Behörde trifft, setzt die nachfolgende Genehmigung lediglich die getroffenen Feststellungen in eine Gestattung um. Dazu bedarf es keiner erneuten materiellrechtlichen Prüfung, da sich diese Umsetzung materiell nicht als Neuregelung im Sinne eines Zweitbescheids, sondern als bloß wiederholende Verfügung ohne eigene Regelungswirkung darstellt. Soweit deshalb eine Rechtsverletzung ausscheidet, fehlt es an der Klagebefugnis.[221] Ist also durch Vorbescheid nach § 9 BImSchG über die Zulässigkeit des Standorts entschieden, so kann diese Entscheidung nur durch Anfechtung des Vorbescheids angegriffen werden.[222] Etwas anderes kann nur gelten, wenn und soweit die Genehmigung nicht nur wiederholende, sondern eigenständige Verfügungen enthält, indem sie zB den Vorbescheid abändert, ergänzt oder vom Vorbescheid noch nicht erfasste Regelungsgegenstände enthält. 94

Wegen der Standortfestlegung könnte *P* also nur den Vorbescheid im Rahmen einer Anfechtungsklage angreifen. Diese Möglichkeit ist ihm auch nicht durch § 11 BImSchG genommen, der mit der Unanfechtbarkeit des Vorbescheids alle Einwendungen für das weitere Verfahren präkludiert, die aufgrund der ausgelegten Unterlagen schon im Vorbescheidsverfahren hätten vorgetragen werden können. Da *P* der Vorbescheid nicht bekannt gegeben worden war, wurde er ihm gegenüber auch nicht unanfechtbar. 95

b) Entgegenstehen einer früheren Teilgenehmigung

Ferner ist zu prüfen, ob und inwieweit die erste Teilgenehmigung dem Begehren des *P* auf Aufhebung der zweiten Teilgenehmigung entgegensteht. Soweit *P* die Klage darauf stützt, er werde gerade durch die Genehmigung zur Errichtung eines Teilbereichs, nämlich der Feuerungsanlage, in seinen Rechten verletzt, steht dieser Klage die frühere, unanfechtbare Teilgenehmigung mit anderem Regelungsgegenstand nicht entgegen. 96

Soweit sich *P* gegen die Errichtung und den Betrieb des gesamten Kraftwerks wendet, ist zunächst fraglich, ob er auch eine Teilgenehmigung, die sich nur auf die Errichtung von Anlageteilen bezieht, mit der Behauptung möglicher Rechtsverletzungen angreifen kann, die sich erst aus einer späteren, den Betrieb gestattenden Teilgenehmigung ergeben, zB weil die Auswirkungen des Betriebs als gesundheitsschädlich angesehen werden. Dies ist zu bejahen. Geht man von der durch die erste 97

---

[220] BVerwGE 55, 250 (270).

[221] Vgl. *R. P. Schenke* in Kopp/Schenke (Hrsg.), VwGO, 26. Aufl. 2020, § 42 Rn. 73 f.

[222] Soweit der Vorbescheid bei Erlass der folgenden (Teil-)Genehmigung noch nicht bestandskräftig ist, muss jedoch bei Anfechtung der Genehmigung die Rechtmäßigkeit des Vorbescheids mitgeprüft werden, vgl. BVerwGE 68, 241 (244 f.). Durch eine Anordnung der sofortigen Vollziehung kann eine sofortige Bindungswirkung des Vorbescheids erreicht werden, vgl. *VGH Mannheim* NVwZ-RR 2015, 96 (97).

Teilgenehmigung begründeten Bindungswirkung der vorläufigen (positiven) Gesamtbeurteilung aus, wird für den Betroffenen ein effektiver und rechtzeitiger Schutz nur gewährleistet, wenn die Gefährdung durch den Betrieb der Gesamtanlage bereits beim Angriff gegen die erste Teilgenehmigung berücksichtigt wird.[223] Da die gerichtliche Aufhebung auch nur einer Teilgenehmigung bewirkt, dass keine vollständige Genehmigung für die Errichtung und den Betrieb der Anlage vorliegt, kann *P* als Nachbar auch durch die Anfechtung einzelner Teilgenehmigungen das Ziel verfolgen, die Genehmigung für die Anlage insgesamt zu Fall zu bringen.[224]

98 Die erste Teilgenehmigung stellt die grundsätzliche Genehmigungsfähigkeit der Gesamtanlage fest. Diese Feststellung bindet auch Dritte, soweit die Teilgenehmigung ihnen gegenüber unanfechtbar geworden ist.[225] Darüber hinaus muss die Präklusionsvorschrift des § 11 BImSchG beachtet werden, wonach Drittbetroffene nach Unanfechtbarkeit einer Teilgenehmigung in weiteren Verfahren keine Einwendungen mehr erheben können, die bereits im vorhergehenden Verfahren möglich waren. Deshalb muss ein Dritter alle grundsätzlichen Einwendungen bereits im Verfahren der ersten Teilgenehmigung vorbringen. *P* hätte, soweit er die Genehmigung für die Gesamtanlage angreifen will, gegen die erste Teilgenehmigung vorgehen müssen. Da er dies versäumt hat, kann er die Klage gegen die zweite Teilgenehmigung nicht mehr darauf stützen, dass das Kraftwerk als solches nicht genehmigungsfähig sei.

IV. Die Entscheidungen nach Genehmigungserteilung

1. Nachträgliche Anordnungen

Fall 13: Chemiedüfte

99 Die *Mixfix GmbH (M-GmbH)* betreibt seit 2018 in der Gemeinde *Bergburg* einen immissionsschutzrechtlich genehmigten Betrieb zur Herstellung von Chemikalien. Schon bald nach Produktionsaufnahme hatte sich herausgestellt, dass abgeleitete Gase erhebliche Geruchsbelästigungen für die einige hundert Meter entfernt wohnenden Nachbarn mit sich brachten, die mittelfristig zu gesundheitlichen Beeinträchtigungen führen können. Aufgrund des Drängens der Betroffenen teilte die zuständige Behörde im Dezember 2019 mit, sie beabsichtige, die *M-GmbH* zu verpflichten, die Abluft mittels eines genau vorgeschriebenen chemischen Verfahrens so zu reinigen, dass die Geruchsstoffe um 80 % reduziert würden. Der Geschäftsführer der *M-GmbH* verhandelte daraufhin mit der Behörde und erklärte, die Firma habe auf die unanfechtbare immissionsschutzrechtliche Genehmigung vertraut. Im Übrigen wäre die vorgeschriebene Abluftreinigung so aufwändig, dass der Betrieb nur noch einen deutlich geringeren Gewinn erzielen könne. Nachdem die *M-GmbH* erklärt hatte, sie würde binnen Jahresfrist freiwillig die Geruchsstoffe um 50 % reduzieren, bleibt die Behörde zunächst untätig.

Der Nachbar *Josef Jäger (J)* will nicht länger warten. Hat er die Möglichkeit, über die Behörde eine Geruchsstoffreduzierung um 80 % durchzusetzen?

---

[223] Vgl. *Schenke* (o. Fn. 221) § 42 Rn. 74 mwN.
[224] Vgl. *BVerwG* DVBl 1972, 678 (679); *Hoppe/Beckmann/Kauch* § 21 Rn. 121.
[225] *Dietlein* in Landmann/Rohmer UmweltR BImSchG § 8 Rn. 90.

a) Rechtmäßigkeit nachträglicher Anordnungen

Ein möglicher Anspruch des *J* auf Erlass der von ihm gewünschten Anordnung setzt zunächst voraus, dass sie überhaupt rechtmäßig wäre. Beurteilungsmaßstab dafür ist § 17 BImSchG, wonach die Behörde auch nach der Genehmigungserteilung, ohne dass es eines entsprechenden Vorbehalts bedarf, noch Anordnungen zur Beschaffenheit und zur Art und Weise des Anlagenbetriebs treffen kann, wenn und soweit dies zur fortlaufenden Erfüllung der sich aus dem BImSchG ergebenden Betreiberpflichten (§ 5 I BImSchG) oder der sich aus Rechtsverordnungen nach § 7 BImSchG ergebenden Pflichten dient. Nach § 17 I 1 BImSchG steht der Erlass nachträglicher Anordnungen grundsätzlich im Ermessen der Behörde. Stellt sich jedoch nachträglich heraus, dass von der genehmigten Anlage schädliche Umwelteinwirkungen (§ 3 I BImSchG) auf die Nachbarschaft oder die Allgemeinheit ausgehen, „soll" (gebundenes Ermessen) die Behörde die erforderlichen Anordnungen erlassen (§ 17 I 2 BImSchG), dh, es trifft sie im Regelfall eine Pflicht zum Einschreiten, es sei denn, atypische Umstände rechtfertigen eine abweichende Entscheidung.[226] 100

Ausgeschlossen sind nachträgliche Anordnungen iSd § 17 I BImSchG, wenn sie unverhältnismäßig sind (§ 17 II BImSchG).[227] Darüber hinaus sollen gem. § 17 IIIa 1 BImSchG nachträgliche Anordnungen unterbleiben, sofern ein Betreiber unter den dort genannten Voraussetzungen ein Kompensationsvorhaben anbietet, also den Nachweis führt, dass er durch technische Maßnahmen an seinen Anlagen oder an Anlagen Dritter eine weitergehende Emissionsfrachtverringerung erzielt, als dies durch den Erlass nachträglicher Anordnungen erreicht werden könnte. Allerdings besteht die Kompensationsmöglichkeit nur im Bereich der Vorsorgepflicht; Anforderungen zur Durchsetzung des Schutzgrundsatzes sind nicht kompensierbar, sondern müssen strikt eingehalten werden.[228] § 17 IIIa 2, 3 BImSchG legt außerdem fest, dass eine Kompensation nur möglich ist, soweit der Betreiber nicht bereits durch eine Auflage oder eine nachträgliche Anordnung zur Emissionsminderung verpflichtet ist, und dass sie nur zwischen denselben oder in der Wirkung auf die Umwelt vergleichbaren Stoffen zulässig ist. 101

Besonderheiten gelten erneut für IE-Anlagen. Werden durch eine Anordnung gem. § 17 I 2 BImSchG Emissionsbegrenzungen neu festgelegt (§ 17 Ia BImSchG) oder auf Grundlage einer Verordnung nach § 7 Ib BImSchG oder einer Verwaltungsvorschrift nach § 48 Ib BImSchG weniger strenge Emissionsbegrenzungen festgelegt (§ 17 Ib BImSchG), ist der Entwurf der Anordnung öffentlich bekannt zu machen und eine Öffentlichkeitsbeteiligung entsprechend § 10 III, IV Nr. 1, 2 BImSchG durchzuführen (→ Rn. 40 ff.).[229] Der Kreis der Einwendungsbefugten ist durch § 17 Ia 3 BImSchG eingeschränkt. Die Bekanntgabe richtet sich nach §§ 17 Ia, 10 VII–VIIIa BImSchG (→ Rn. 46). 102

Sind Vorgaben aus BVT-Schlussfolgerungen nicht in untergesetzlichen Regelwerken umgesetzt, verpflichtet § 17 IIa iVm § 12 Ia BImSchG die Behörde, durch nachträgliche Anordnung dafür Sorge zu tragen, dass die für die IE-Anlagen geltenden Emissionsbegrenzungen nicht hinter den Vorgaben der BVT-Schlussfolgerungen zurückbleiben.[230] Eine Festlegung von weniger strengen Emissionsbegrenzungen ist aber unter den Voraussetzungen von § 17 IIb BImSchG möglich.

---

[226] BVerwGE 84, 220 (233).
[227] *OVG Lüneburg* ZUR 2019, 539 f.
[228] Vgl. *Sellner* NVwZ 1991, 305 (309).
[229] Hierzu *Jarass* BImSchG § 17 Rn. 70 ff.
[230] *Jarass* BImSchG § 17 Rn. 87 ff.

aa) Verhältnismäßigkeitsgrundsatz

103 Die Verhältnismäßigkeit nachträglicher Anordnungen ist gewahrt, wenn sie zur Verminderung der Immissionen geeignet, erforderlich und angemessen sind. Unangemessen ist eine Anordnung, „wenn der mit ihr verbundene Aufwand außer Verhältnis zu dem mit der Anordnung angestrebten Erfolg steht" (§ 17 II 1 BImSchG), wobei der Gesetzgeber das Verhältnismäßigkeitsprinzip in § 17 II 1 Hs. 2 BImSchG unter Berücksichtigung ökonomischer Gesichtspunkte exemplarisch konkretisiert hat. Geht man von der Geeignetheit und Erforderlichkeit einer angeordneten Maßnahme aus, so muss zur Beurteilung der Angemessenheit zunächst der investive und betriebliche Aufwand festgestellt werden. Dabei sind neben den reinen Investitionskosten zB der Grad der Abschreibung der Anlage, die Restnutzungsdauer und die Produktionsbedingungen[231] zu berücksichtigen. Ein weiteres Kriterium stellt die wirtschaftliche Vertretbarkeit der Maßnahme dar,[232] die jedenfalls dann zu verneinen wäre, wenn der Betreiber ernsthaft an eine Stilllegung denken müsste.[233] Auch die Sicherung der Arbeitsplätze wird bei der Verhältnismäßigkeitsbeurteilung berücksichtigt. Dies ist in Verhältnis zu dem angestrebten Erfolg zu setzen. Dabei muss zwischen Anordnungen zur Durchsetzung des Schutzgrundsatzes (vgl. § 5 I Nr. 1 BImSchG) und solchen im Interesse des Vorsorgegrundsatzes (vgl. § 5 I Nr. 2 BImSchG) unterschieden werden. Während sich im ersten Fall der Erfolg anhand des zu vermindernden Schadens messen lässt, kann bei den Vorsorgeanordnungen der Erfolg nur unter Berücksichtigung der langfristigen Auswirkungen und des Zusammenwirkens unterschiedlicher Gefährdungspotentiale abgeschätzt werden.[234]

104 Die von der Behörde ins Auge gefasste nachträgliche Anordnung würde für die *M-GmbH* einen beträchtlichen Aufwand bedeuten und zu einem Ertragseinbruch führen. Im Gegenzug lässt sich die Geruchsbelästigung bei Durchführung der Maßnahme um 80 % reduzieren. Der Geruch stellt nicht nur eine Belästigung der Nachbarschaft dar, sondern auch eine Gefährdung der Gesundheit steht zu befürchten. Der mit den Maßnahmen verbundene Aufwand stünde daher nicht außer Verhältnis zum angestrebten Erfolg.

bb) Drittschutz

105 Die Sollvorschrift des § 17 I 2 BImSchG hat nachbarschützenden Charakter.[235] Der daraus erwachsende Rechtsanspruch ist idR nicht nur auf eine fehlerfreie Ermessensentscheidung gerichtet, sondern auf den Erlass konkreter, zulässiger Anordnungen. Unter den Voraussetzungen des § 17 I 2 BImSchG hat der Nachbar mithin grundsätzlich einen Anspruch auf Erlass der notwendigen nachträglichen Anordnungen.

b) Bestandsschutz

106 Fraglich ist, ob den nachträglichen Anordnungen der Gesichtspunkt des Bestandsschutzes entgegensteht, der Betreiber sich also darauf berufen kann, er habe auf die immissionsschutzrechtliche Genehmigung vertraut.

aa) Genehmigungsrecht

107 Genehmigungsrechtlich wird dem Betreiber mit der Gestattung das subjektive öffentliche Recht eingeräumt, die Anlage im Rahmen der Genehmigung zu errichten

[231] BT-Drs. 10/1862, 11.
[232] *Jarass* DVBl 1986, 314 (318).
[233] Vgl. auch *Sendler* UPR 1983, 33 (45 f.).
[234] BT-Drs. 10/1862, 11.
[235] *Eifert* Rn. 302.

und zu betreiben.[236] Dieses Recht wird durch das im Rechtsstaatsprinzip verankerte Gebot des Vertrauensschutzes verfassungsrechtlich abgestützt.[237] Allerdings kann niemand darauf vertrauen, eine Genehmigung unverändert und ohne Rücksicht auf die allgemeine technische Entwicklung für alle Zeit nutzen zu können.[238] Dementsprechend schränkt das BImSchG das durch die Genehmigung eingeräumte, subjektive öffentliche Recht durch die *dynamischen Betreiberpflichten* nach § 5 I BImSchG, den Vorbehalt des Widerrufs (§ 21 BImSchG) und die Möglichkeit nachträglicher Anordnungen (§ 17 BImSchG) sowie der Untersagung, Stilllegung und Beseitigung (§ 20 BImSchG) selbst ein.[239] Die Genehmigung bewahrt den Betreiber auch nicht vor der Pflicht, „andere öffentlich-rechtliche Vorschriften" (§ 6 I Nr. 2 BImSchG), die nach Genehmigungserteilung geändert wurden, zu beachten. Durch die Genehmigung wird der Betrieb der Anlage gestattet (Gestattungswirkung) und die Vereinbarkeit des Betriebs mit den öffentlich-rechtlichen Vorschriften zum Zeitpunkt der Genehmigungserteilung festgestellt (Feststellungswirkung); auf Rechtsänderungen, die nach diesem Zeitpunkt liegen, kann sie sich deshalb nicht erstrecken.[240] Für die Durchsetzung neu erlassener Rechtsvorschriften ist nicht einmal eine nachträgliche Anordnung notwendig, sofern die verschärften Vorschriften ihrerseits hinreichend konkret sind.[241]

Vor allem wegen der Verpflichtung aus § 5 I Nr. 1, 2 BImSchG kann der Betreiber nicht darauf 108
vertrauen, dass für den Anlagenbetrieb ausschließlich die ursprünglich erteilte Genehmigung maßgeblich ist. Vielmehr kann das Gebot, die genehmigte Anlage stets nur im Einklang mit dem Gesetz zu betreiben, dazu führen, dass infolge geänderter Umstände von der ursprünglichen Genehmigung nicht mehr uneingeschränkt Gebrauch gemacht werden darf, etwa weil sich aufgrund fortschreitender wissenschaftlicher Erkenntnis die Schädlichkeit bestimmter Umwelteinwirkungen zeigt oder sich die aus dem Stand der Technik folgenden Anforderungen verschärft haben (sog. dynamische Grundpflichten).[242] Einer entschädigungslosen Einschränkung der Genehmigungsnutzung können aber nur die vom Gesetzgeber selbst normierten Schranken (vgl. §§ 17 II, IIb, IIIa, 21 IV BImSchG) entgegengehalten werden.[243] Dabei vermag bei nachträglichen Verpflichtungen im Rahmen der Verhältnismäßigkeitsbeurteilung der Vertrauensschutz in unterschiedlicher Stärke durchzuschlagen. So wird das Vertrauen auf den Bestand einer „Uraltgenehmigung" weniger schutzwürdig sein als dasjenige in die Fortdauer einer die heutigen Erkenntnisse berücksichtigenden Genehmigung.[244]

bb) Eigentumsrecht

Auch vermögenswerte subjektive öffentliche Rechte sind Eigentum iSv Art. 14 I 1 109
GG, wenn sie ihrem Inhaber eine Rechtsposition verschaffen, die derjenigen eines Eigentümers vergleichbar ist, weil sich das subjektive öffentliche Recht als Äquivalent eigener Leistung erweist.[245] Da die Genehmigung ausschließlich auf staatlicher Gewährung und nicht auf einer eigenen Leistung des Antragstellers beruht, kann nicht die Anlagengenehmigung als solche, sondern nur die auf der Basis dieser Genehmigung errichtete und in Betrieb genommene Anlage zu einer Bestandsschutz

---

236 *Dietlein* in Landmann/Rohmer UmweltR BImSchG § 4 Rn. 53.
237 Vgl. BVerfGE 24, 75 (98); 24, 220 (230 f.).
238 *Hoppe/Beckmann/Kauch* § 21 Rn. 146; vgl. auch *BVerwG* NVwZ 1989, 257.
239 *Feldhaus* (o. Fn. 128) B 1 § 5 Rn. 2.
240 BVerwGE 132, 224 (228); das *BVerfG* NVwZ 2010, 771 (773 f.) billigt diese Sichtweise; krit. *Beckmann* EurUP 2020, 238 (245).
241 BVerwGE 132, 224 (229 f.).
242 *Kloepfer/Durner* UmweltschutzR § 8 Rn. 52.
243 *Jarass* BImSchG § 6 Rn. 56.
244 BT-Drs. 10/1862, 12.
245 BVerfGE 18, 392 (397); 24, 220 (226). Statt vieler *Wieland* in Dreier (Hrsg.), GG I, 3. Aufl. 2013, Art. 14 Rn. 73.

genießenden Rechtsposition erstarken.[246] Dieser Ansicht ist nunmehr auch das *BVerfG* gefolgt. Es schien zwar zunächst etwas großzügiger zu sein,[247] hat aber im Urteil zur 13. Novelle des AtomG klargestellt, dass Anlagengenehmigungen als solche nicht dem Schutz von Art. 14 I GG unterstehen.[248] Dies ist auf immissionsschutzrechtliche Genehmigungen übertragbar.

110 Zwischen dem eigentumsrechtlichen Bestandsschutz und den Betreiberpflichten gem. § 5 I BImSchG sind Spannungen denkbar, weil die bestandsgeschützten Anlagen Nachteile und Belästigungen für die Nachbarschaft und die Allgemeinheit herbeiführen können. Doch sieht das *BVerwG* in Umwelteinwirkungen, die von bestandsgeschützten Anlagen ausgehen, keine Verletzung der Betreiberpflichten. Solche Belästigungen seien von vornherein nicht erheblich iSv § 5 I Nr. 1 BImSchG. Ein Eigentümer oder Nutzer eines Grundstücks, das an die bestandsgeschützte Anlage, von der die Belästigungen ausgehen, angrenzt, habe sich mit den damit verbundenen Nachteilen abzufinden, da die belästigende Anlage die Umgebung und ihre Belastungssituation von vornherein entscheidend präge. Die Situationsgebundenheit rechtfertige etwaige Belästigungen, die deshalb zumutbar und somit nicht erheblich iSv § 5 I Nr. 1 BImSchG seien.[249]

Die *M-GmbH* wäre danach weder in ihrem genehmigungsrechtlichen Bestandsschutz verletzt, noch könnte sie eine Anordnung unter Berufung auf den durch Art. 14 I 1 GG vermittelten Bestandsschutz angreifen. Denn da das Eigentum nur in dem Bestand geschützt ist, wie es durch die verfassungsmäßigen Gesetze geformt wurde,[250] die der *M-GmbH* eingeräumte Rechtsposition aber von vornherein mit den sich aus § 5 I BImSchG ergebenden, dynamischen Grundpflichten belastet war, ist die Weiterführung des Betriebs in der bisherigen Form nicht vom Bestandsschutz gedeckt.[251]

Da in *Fall 13* der Nachbar *J* schädlichen Umwelteinwirkungen ausgesetzt und keine Ausnahmesituation ersichtlich ist, hat die Behörde nach § 17 I 2 BImSchG die für notwendig erachteten Anordnungen zu treffen.

2. Änderungsgenehmigung

111 Beabsichtigt der Betreiber an seiner bereits in Betrieb genommenen, genehmigungsbedürftigen Anlage technische oder bauliche Veränderungen vorzunehmen, so sind die Maßnahmen gem. § 16 I 1 BImSchG genehmigungsbedürftig, wenn durch sie nachteilige Auswirkungen hervorgerufen werden können und diese für die Prüfung der sich aus § 6 I Nr. 1 BImSchG ergebenden Zulassungsvoraussetzungen erheblich sein können (Hs. 1), sowie wenn durch die Änderung oder Erweiterung des Betriebs für sich genommen die Leistungsgrenzen oder Anlagengrößen nach der 4. BImSchV erreicht werden (Hs. 2).[252] Dabei ist zu beachten: § 16 BImSchG regelt nur die Frage der Genehmigungsbedürftigkeit; Anspruchsgrundlage für die Erteilung der Genehmigung bleibt § 6 I BImSchG. Das Genehmigungserfordernis entfällt, wenn die nachträglichen Auswirkungen auf die Umwelt offensichtlich gering und die Anforderungen aus § 6 I Nr. 1 BImSchG erfüllt sind (§ 16 I 2 BImSchG) oder wenn eine genehmigte Anlage oder Teile hiervon im Rahmen der erteilten Genehmigung ersetzt oder ausgetauscht werden (§ 16 V BImSchG). Letzteres gilt auch für Anlagen, die nur nach § 67 II BImSchG anzeigepflichtig waren und deshalb über keine immissionsschutzrechtliche Genehmigung verfügen.[253]

---

[246] Dazu *Storost* (o. Fn. 77) § 4 B 8 mwN.
[247] Vgl. *BVerfG* NVwZ 2010, 771 (772).
[248] BVerfGE 143, 246 Rn. 228, 231 f.
[249] BVerwGE 50, 49 (55 f.).
[250] BVerfGE 58, 300 (335 f.); 143, 246 Rn. 229.
[251] Vgl. *Jarass* BImSchG § 6 Rn. 56; *Koch/König* in Führ (Hrsg.), GK-BImSchG, 2. Aufl. 2019, § 17 Rn. 9 ff.
[252] *Reidt* NVwZ 2017, 356 ff.
[253] BVerwGE 141, 293 (295).

Eine Besonderheit gilt für störfallrelevante Änderungen (§ 3 Vb BImSchG). Auch wenn sie nicht von § 16 I BImSchG erfasst werden, sind sie gem. § 16a BImSchG genehmigungsbedürftig, wenn durch sie der angemessene Sicherheitsabstand zu benachbarten Schutzobjekten erstmalig oder noch weiter unterschritten wird. Dies ist notwendig, um die unionsrechtlich geforderte Öffentlichkeitsbeteiligung auszulösen.[254]

Das Genehmigungsverfahren und die materiellen Genehmigungsvoraussetzungen sind mit denen der erstmaligen Genehmigung identisch. Unter den Voraussetzungen von § 16 II BImSchG soll von einer etwaigen Öffentlichkeitsbeteiligung abgesehen werden; eine unionsrechtskonforme Auslegung gebietet allerdings, die Öffentlichkeitsbeteiligung durchzuführen, wenn die Änderung die Schwellenwerte des Anh. I der IE-RL erreicht.[255] Hinsichtlich der materiellen Genehmigungsvoraussetzungen ist nach Ansicht des *BVerwG* zur Beantwortung der Frage, ob durch die geänderte Anlage schädliche Umwelteinwirkungen hervorgerufen werden können (§ 5 I Nr. 1 BImSchG), nur auf den Immissionsbeitrag abzustellen, der durch das Erweiterungsvorhaben (und nicht die gesamte geänderte Anlage) verursacht wird.[256] Des Weiteren ist zu beachten, dass gem. § 6 III BImSchG eine Änderungsgenehmigung dann nicht versagt werden darf, wenn zwar nach der Änderung die in Verwaltungsvorschriften nach § 48 bzw. Rechtsverordnungen nach § 48a BImSchG festgelegten Immissionswerte nicht eingehalten werden, der Immissionsbeitrag der konkreten Anlage aber deutlich und stärker gesenkt wird, als dies durch eine nachträglich angeordnete Sanierung bewirkt werden könnte (Nr. 1), weitere Maßnahmen zur Luftreinhaltung durchgeführt werden (Nr. 2), ein Immissionsmanagementplan zur Verringerung des Verursacheranteils vorgelegt wird, um eine spätere Einhaltung der Anforderungen nach § 5 I Nr. 1 BImSchG zu erreichen (Nr. 3), und die konkreten Umstände einen Widerruf der Genehmigung nicht erfordern (Nr. 4).[257] Dies gewährleistet, dass bestehenden Betrieben in Belastungsgebieten Entwicklungsmöglichkeiten offenbleiben, wenn der konkrete Immissionsbeitrag der geänderten Anlage den bei der Altanlage gem. § 17 BImSchG durchsetzbaren unterschreitet.[258] **112**

Gehen von der Änderung keine nachteiligen Wirkungen iSd § 16 I BImSchG aus, genügt eine Anzeige an die zuständige Behörde unter Beifügung der für die Beurteilung der Genehmigungsbedürftigkeit erforderlichen Unterlagen (§ 15 I BImSchG). Die Behörde prüft die Genehmigungsbedürftigkeit und teilt ihr Ergebnis dem Anzeigeerstatter unverzüglich mit (§ 15 II 2, 1 BImSchG), wobei dieser spätestens nach einem Monat auch ohne Mitteilung die Änderung vornehmen darf, was allerdings nicht für störfallrelevante Änderungen gilt (§ 15 IIa BImSchG). Ergeht eine Freistellungserklärung, stellt eine solche lediglich die fehlende Genehmigungsbedürftigkeit fest,[259] nicht hingegen die Einhaltung gesetzlicher Vorgaben.[260] Dementsprechend prüft die Behörde im Anzeigeverfahren die Einhaltung des materiellen Rechts nur eingeschränkt; drittschützende Wirkung kommt § 15 II 2 BImSchG nicht zu.[261] Dritte müssen mithin ein Einschreiten nach §§ 17 I, 20 I BImSchG verlangen. Im Interesse der Rechtssicherheit kann der Betreiber aber auch für ein lediglich anzeigepflichtiges Vorhaben gem. § 16 IV BImSchG eine Änderungsgenehmigung beantragen. **113**

---

[254] BT-Drs. 18/9417, 20 f.; *Jarass* FS Schmidt-Preuß, 2018, S. 835 (837 ff.); krit. zur Umsetzung *Rebentisch* NVwZ 2018, 1526 ff.

[255] *Jarass* BImSchG § 16 Rn. 55; aA *Engel/Mailänder* I+E 2013, 165 ff.

[256] BVerwGE 148, 155 Rn. 38, sodass im Rahmen der Anwendung von Irrelevanzklauseln, bei deren Eingreifen nicht von einem kausalen Hervorrufen schädlicher Umwelteinwirkungen auszugehen ist, auch nur dieser niedrigere Immissionswert anzusetzen ist; krit. *Hansmann* NVwZ 2014, 522 ff.; *Koch* FS Jarass, 2015, S. 319 (328).

[257] *Kloepfer/Durner* UmweltschutzR § 8 Rn. 35.

[258] Vgl. BR-Drs. 281/09, 15 f.

[259] *BVerwG* ZUR 2011, 206 (208 f.).

[260] Insbes. wird eine gebotene UVP nicht entbehrlich, sondern ist in anderen, eventuell notwendigen Genehmigungsverfahren durchzuführen, vgl. *OVG Magdeburg* NVwZ 2009, 340 (342).

[261] *BVerwG* ZUR 2013, 100 (101).

3. Untersagung, Stilllegung und Widerruf

a) Untersagung

114 Für den Fall, dass sich die Behörde doch noch für den Erlass einer nachträglichen Anordnung zur Abluftreinigung entscheidet und die *M-GmbH* dieser Anordnung nicht nachkommt, besteht nach § 20 I 1 BImSchG die Möglichkeit, den Betrieb der Anlage bis zur Erfüllung der Anordnung zu untersagen.[262] Gleiches gilt, wenn der Betreiber eine Auflage nicht beachtet oder einer durch Rechtsverordnung nach § 7 BImSchG abschließend bestimmten Pflicht nicht nachkommt. Eine Betriebsuntersagung ist zwingend vorgeschrieben, wenn durch den Verstoß eine unmittelbare Gefährdung der menschlichen Gesundheit verursacht wird oder er eine unmittelbare erhebliche Gefährdung für die Umwelt darstellt (§ 20 I 2 BImSchG) sowie wenn der Betreiber keine ausreichenden Maßnahmen zur Verhütung schwerer Unfälle iSd Seveso-III-RL trifft (§ 20 Ia BImSchG). Auf die Anordnung der Betriebsuntersagung bzw. einen fehlerfreien Ermessensgebrauch bei Entscheidung hierüber haben auch betroffene Nachbarn Anspruch, da § 20 BImSchG, sofern er nicht bereits selbst nachbarschützend ist,[263] die Nachbarn jedenfalls vor Verletzungen in Schutznormen (zB § 5 I Nr. 1 BImSchG) bewahren soll.[264]

b) Stilllegung und Beseitigung

115 Gem. § 20 II 1 BImSchG „soll" die Stilllegung oder Beseitigung einer Anlage angeordnet werden, die ohne die notwendige Genehmigung errichtet, betrieben oder wesentlich geändert wird (formelle Illegalität). Von einer solchen Verfügung kann also nur in atypischen Fällen abgesehen werden, etwa wenn die Genehmigungsfähigkeit evident ist und der Betreiber alles unternimmt, um die notwendige Genehmigung zu erlangen.[265] Eine *Beseitigung* muss angeordnet werden, wenn auf andere Weise, also insbes. durch die Anordnung der Stilllegung, der Schutz der Allgemeinheit und der Nachbarschaft nicht gewährleistet ist (§ 20 II 2 BImSchG).

c) Widerruf

116 Auch eine rechtmäßig erteilte Anlagengenehmigung kann widerrufen werden. Die Voraussetzungen hierfür legt § 21 BImSchG fest, der als Sonderregelung dem § 49 LVwVfG vorgeht.[266] Soweit nicht aus den speziellen Gründen des § 21 I Nr. 1–4 BImSchG die Genehmigung widerrufen werden kann, muss auf den Auffangtatbestand des § 21 I Nr. 5 BImSchG zurückgegriffen werden, der den Widerruf zulässt, um „schwere Nachteile für das Gemeinwohl zu verhüten oder zu beseitigen". Erfolgt der Widerruf, der gem. § 21 II BImSchG nur innerhalb eines Jahres nach Kenntniserlangung von den zum Widerruf berechtigenden Tatsachen zulässig ist,[267] aus Gründen, die vom Betreiber nicht zu vertreten sind (§ 21 I Nr. 3–5 BImSchG), so hat er gem. § 21 IV BImSchG Anspruch auf Entschädigung. Dies gilt jedoch nicht, wenn die Behörde einem Nachbarwiderspruch während des Widerspruchs- oder verwaltungsgerichtlichen Klageverfahrens abhilft (§ 21 VII BImSchG).

---

[262] Zur Vereinbarkeit mit Art. 14 I 1 GG (Bestandsschutz) vgl. *Hansmann* FG 50 Jahre BVerwG, 2003, S. 935 (944 ff.). Fallbearbeitung bei *Kerkmann/Eisenberger* VR 2018, 379 ff.

[263] So für § 20 Ia und II *Hansmann/Röckinghausen* in Landmann/Rohmer UmweltR BImSchG § 20 Rn. 90.

[264] *Jarass* BImSchG § 20 Rn. 22.

[265] *OVG Lüneburg* NVwZ-RR 2014, 300 (301); *VGH Kassel* ZUR 2019, 482 (483).

[266] Für die Rücknahme rechtswidriger Verwaltungsakte gilt dagegen § 48 LVwVfG.

[267] Vgl. BVerwGE 70, 356 (362) zur umstr. Problematik des Fristbeginns.

4. Verhältnis zu anderen Vorschriften

117 Die dargestellten repressiven Maßnahmen der Behörde gem. §§ 17, 20, 21 BImSchG stellen ein ausdifferenziertes und daher grundsätzlich abschließendes System dar.[268] Folglich ist der Erlass von Anordnungen auf der Grundlage sonstiger Vorschriften ausgeschlossen, wenn letztere Maßnahmen zur Durchsetzung immissionsschutzrechtlicher Pflichten regeln. Dies betrifft vor allem die ordnungsrechtliche Generalklausel. Allerdings ist bei Gefahr im Verzug ein einstweiliges Eingreifen durch die Sicherheitsbehörden zulässig. Ein Rückgriff auf andere Eingriffsbefugnisse zur Durchsetzung von nicht dem Immissionsschutzrecht entwachsenen Pflichten bleibt selbstverständlich möglich. Dies gilt insbes. für die Gewerbeuntersagung gem. § 35 GewO, die an die Unzuverlässigkeit hinsichtlich der Ausübung eines Gewerbes an sich – unabhängig von einer bestimmten Anlage – anknüpft.[269]

V. Die zivilrechtlichen Nachbaransprüche

118 Eine unanfechtbare immissionsschutzrechtliche Genehmigung gestaltet zur Sicherung des Bestands genehmigter Anlagen auch das Privatrechtsverhältnis zwischen dem Anlagenbetreiber und den Nachbarn um. Gem. § 14 BImSchG werden zivilrechtliche Nachbaransprüche, insbes. aus §§ 906 f., 1004 BGB, die auf die Einstellung des Betriebs gerichtet sind, ausgeschlossen, soweit sie nicht auf besondere privatrechtliche Titel (zB Verträge oder dingliche Ansprüche am Betriebsgrundstück) gestützt werden können. Der Ausschluss gem. § 14 BImSchG kommt aber nur in Betracht, wenn die Anlage im förmlichen Verfahren (→ Rn. 33 ff.) genehmigt worden ist und der Anspruch auf Einstellung sich insoweit gegen den genehmigungskonformen Betrieb richtet. Hierbei kann zu differenzieren sein: Verstößt der Betreiber gegen eine modifizierende Auflage, dh gegen eine Inhaltsbestimmung, so wird die Anlage nicht im Rahmen der Genehmigung betrieben mit der Folge, dass der Nachbar zivilrechtlich vorgehen kann. Liegt der Verstoß dagegen hinsichtlich einer echten Auflage vor, bleibt die Genehmigung unberührt, § 14 BImSchG damit anwendbar und es kommt nur ein Erstreiten der öffentlich-rechtlichen Durchsetzung der Auflage in Betracht.[270]

119 Statt des Einstellungsanspruchs ist der Nachbar auf den Anspruch auf Schutzvorkehrungen (Schalldämpfer, Filter etc.) verwiesen. Die Maßnahmen müssen gem. § 14 S. 2 BImSchG nach dem Stand der Technik durchführbar und wirtschaftlich vertretbar sein. Eine mangelnde Durchführbarkeit liegt nicht schon vor, wenn die Vorkehrung noch einer Änderungsgenehmigung bedarf.[271] Hinsichtlich der wirtschaftlichen Vertretbarkeit ist der objektive Maßstab des Durchschnittsbetriebs heranzuziehen, wobei dieses Kriterium sich schon aus der Legaldefinition des Standes der Technik gem. § 3 VI 1 BImSchG ergibt.[272] Wenn danach auch keine Vorkehrungen verlangt werden können, kann gem. § 14 S. 2 BImSchG vor den ordentlichen Gerichten ein Schadensersatzanspruch geltend gemacht werden.

---

[268] *Jarass* BImSchG § 20 Rn. 2.
[269] *Jarass* BImSchG § 20 Rn. 56.
[270] *Rehbinder* in Landmann/Rohmer UmweltR BImSchG § 14 Rn. 26 f.
[271] *BGH* NJW 1995, 714; *Jarass* BImSchG § 14 Rn. 14.
[272] *Spindler* in Feldhaus (Hrsg.), Bundesimmissionsschutzrecht, B 1 § 14 Rn. 99.

VI. Die nicht genehmigungsbedürftigen Anlagen

Fall 14: Glockenkrieg

120 Der Journalist *Helmut Zorn (Z)* wohnt seit Kurzem in *Altstadt*. Sein Einfamilienhaus befindet sich in einer Siedlung, die vom Charakter eines allgemeinen Wohngebiets (WA) geprägt ist. In unmittelbarer Nachbarschaft des *Z* steht eine katholische Pfarrkirche. Die Läuteordnung der Pfarrgemeinde sieht täglich um 7 Uhr, um 12 Uhr und um 18 Uhr für jeweils etwa zwei Minuten das Angelus-Läuten vor. Dieses Läuten ruft die Gläubigen traditionell zum Gebet und soll ihnen zur geistlichen Erbauung und dem Innehalten gereichen. *Z* dagegen stellt schon nach kurzer Zeit fest, dass er sich an diesen „Krach" nicht gewöhnen kann. Er berichtet von Schlafstörungen, da er aufgrund seiner unregelmäßigen Arbeitszeiten mitunter auch tagsüber ruhe, und von zunehmender Gereiztheit. Ein Gutachten ergab für das Läuten am maßgeblichen Messort vor dem nächstgelegenen Fenster des *Z* einen Wirkpegel des Einzelgeräusches von 80,2 dB(A) sowie einen Beurteilungspegel von 66 dB(A). Da *Z* findet, er brauche sich dies nicht bieten zu lassen, beauftragt er Rechtsanwalt *Dr. Anstand (A)*, zu prüfen, wie und mit welchen Erfolgsaussichten er dagegen vorgehen könne.

121 Mit dem Recht der nicht genehmigungsbedürftigen Anlagen gem. §§ 22 ff. BImSchG stellt das BImSchG Betreiberpflichten auf und gibt der Behörde Eingriffsgrundlagen an die Hand, um diese durchzusetzen. Die Anwendbarkeit dieser Normen hängt vom Vorliegen einer nicht genehmigungsbedürftigen Anlage ab und ist daher strikt von den in §§ 4 ff. BImSchG getroffenen Regelungen über die genehmigungsbedürftigen Anlagen zu trennen.

1. Nicht genehmigungsbedürftige Anlagen

122 Die nicht genehmigungsbedürftigen Anlagen sind in zwei Richtungen abzugrenzen: von den genehmigungsbedürftigen Anlagen und von denjenigen Emissionsquellen, die schon keine Anlagen iSd § 3 V BImSchG sind und damit nicht dem Geltungsbereich des BImSchG (vgl. § 2 I Nr. 1 BImSchG) unterfallen. Während Ersteres sich mittels eines Umkehrschlusses aus der konstitutiven und abschließenden Nennung der genehmigungsbedürftigen Anlagen im Anh. 1 zur 4. BImSchV feststellen lässt – Kirchenglocken sind dort nicht aufgeführt –, kommt es bei Zweiterem auf eine Subsumtion unter die Legaldefinition in § 3 V BImSchG an.

a) Anlagenbegriff

123 Aus § 3 V BImSchG ergeben sich drei Gruppen von Anlagen. Gem. § 3 V Nr. 1 BImSchG bilden die *erste Gruppe* Betriebsstätten und sonstige ortsfeste Einrichtungen. Solche sind Fabriken, Handwerksbetriebe, Werkstätten, Tankstellen, Straßenleuchten, Biergärten, Mobilfunkstationen etc.[273] Darüber hinaus ist auch ausschließlich betriebsbezogener Lärm, der von Maschinen oder Fahrzeugen auf dem Gelände der ortsfesten Anlage ausgeht, dieser zuzurechnen und ebenfalls unter § 3 V Nr. 1 BImSchG einzuordnen.[274]

Die *zweite Gruppe* bilden gem. § 3 V Nr. 2 BImSchG Maschinen, Geräte und sonstige ortsveränderliche technische Einrichtungen sowie Fahrzeuge, soweit sie nicht

---

[273] *Roßnagel/Hentschel* (o. Fn. 68) § 22 Rn. 17 mw Bsp.
[274] *BVerwG* NVwZ-RR 2019, 260 Rn. 10 ff.

der Vorschrift des § 38 BImSchG unterliegen. Ortsveränderlich sind Anlagen, die nicht aufgrund ihrer Art oder Konstruktion an ihren Standort gebunden sind.[275] Beispiele dafür sind Kräne, Kompressoren, Bohrmaschinen, Rasenmäher sowie Wohnwagen für die Untergruppe der Fahrzeuge.[276]

In der *dritten Gruppe* gem. § 3 V Nr. 3 BImSchG werden Grundstücke, auf denen Stoffe gelagert oder abgelagert oder Arbeiten durchgeführt werden, die Emissionen verursachen können, in den Anlagenbegriff aufgenommen. Ausgenommen sind hiervon die öffentlichen Verkehrswege. Die in § 3 V Nr. 3 BImSchG genannten Tätigkeiten müssen wesentlicher Inhalt der Zweckbestimmung des Grundstücks sein, andernfalls würde diese Gruppe jegliche verhaltensbedingte Emission erfassen. Die Nutzung muss mit der spezifischen Eigenart des Grundstücks zusammenhängen und darf nicht nur zufällig dort stattfinden.[277] Als Beispiele für diese Gruppe sind Lagerplätze für Materialien, Mülldeponien, Panzerübungsgelände und regelmäßig genutzte Freizeitanlagen zu nennen.[278]

b) Anlagenbezug

Die Einstufung einer Emissionsquelle als Anlage kann im Einzelfall Schwierigkeiten bereiten, insbes. weil rein verhaltensbezogene Umweltbeeinträchtigungen dem Immissions- bzw. Sicherheitsrecht der Länder unterliegen.[279] Die Abgrenzung von anlagenbedingten zu verhaltensbedingten Immissionen ist daher entscheidend für die Anwendbarkeit des BImSchG. Abgrenzungsprobleme stellen sich vor allem, wenn zumindest eine „sonstige ortsfeste Einrichtung", dh eine Anlage iSv § 3 V BImSchG, vorhanden ist, Lärm bzw. Geruch aber nicht von der Anlage als solcher ausgehen, sondern auf dem Verhalten der Anlagennutzer beruhen. Beispiele dafür sind der von einem Spielplatz ausgehende Kinderlärm oder der Publikumslärm eines Fußballstadions.[280] Auch wenn diese Emissionen durch menschliches Verhalten hervorgerufen werden, liegt ihre Ursache in der spezifischen Funktion und Verwendung der Anlage. Zwar richtet sich das anlagenbezogene Immissionsschutzrecht nicht an die Benutzer, wohl aber kann es dem Betreiber Pflichten zum Immissionsschutz auferlegen. Im Ergebnis ist auch solches Verhalten, das in innerem oder unmittelbarem Zusammenhang mit dem bestimmungsgemäßen Betrieb einer Anlage steht, am BImSchG zu messen.[281] 124

c) Betreiben

Dieser Einordnung steht nicht entgegen, dass das BImSchG auch als „technisches Recht" verstanden wird, das bei jeder der drei in § 3 V BImSchG genannten Anlagegruppen das *ungeschriebene Merkmal* des „Betreibens" voraussetzt.[282] Dieses Merkmal dient nach Sinn und Zweck des BImSchG der sinnvollen Begrenzung des weiten Anlagenbegriffs nach § 3 V BImSchG.[283] Umgekehrt würde aber schon die Legaldefinition gem. § 3 V Nr. 3 BImSchG einem zu engen technischen Begriff des Betreibens nicht gerecht. Vielmehr setzt dieses Merkmal voraus, dass mit einer gewissen 125

---

[275] *Jarass* BImSchG § 3 Rn. 75, 77.
[276] *Roßnagel/Hentschel* (o. Fn. 68) § 22 Rn. 22 mw Bsp.
[277] *Jarass* BImSchG § 3 Rn. 79.
[278] *Roßnagel/Hentschel* (o. Fn. 68) § 22 Rn. 23 mw Bsp.
[279] *Sellner/Löwer* WiVerw 1980, 221 (232).
[280] Vgl. BVerwGE 81, 197 (200); ausf. *Kloepfer* UmweltR § 15 Rn. 222 ff.
[281] *Jarass* BImSchG § 22 Rn. 9; enger *Huber/Wollenschläger* NVwZ 2009, 1513 (1518 f.).
[282] *Thiel* in Landmann/Rohmer UmweltR BImSchG § 3 Rn. 83; krit. *Ziegler* UPR 1986, 170 (171).
[283] *Sparwasser/Engel/Voßkuhle* § 10 Rn. 129.

Organisation und unter Einsatz technischer oder ideeller Arbeitsmittel ein bestimmter Zweck fortgesetzt verfolgt wird. Das so verstandene „Betreiben“ geht daher über einen engen technischen Begriff hinaus.[284]

126 Der technische Begriff des Betreibens gewinnt vor allem Bedeutung innerhalb der Gruppe der ortsveränderlichen technischen Einrichtungen gem. § 3 V Nr. 2 BImSchG. Er dient dazu, einfache Werkzeuge, bewegliche Sport- und Spielgeräte sowie einfache, nichtelektrische Musikinstrumente vom Anlagenbegriff auszunehmen.[285] Dagegen müssen etwa Tonwiedergabegeräte wie Radios als immissionsschutzrechtlich relevante Anlagen angesehen werden.[286] Bei Störungen durch diese überwiegt nämlich die „Technik“, nicht das menschliche Fehlverhalten.

127 Bei Kirchenglocken handelt es sich um eine ortsfeste Einrichtung und damit eine Anlage iSv § 3 V Nr. 1 2. Alt. BImSchG.[287] Ihr Zweck ist das liturgische Läuten bzw. das Zeitschlagen. Dieser wird fortgesetzt mit technischen Mitteln verfolgt, mithin liegt ein „Betreiben“ vor. Die Einstufung als Anlage entfällt auch nicht deshalb, weil es sich um gewollte Immissionen handelt. Das BImSchG geht zwar entscheidend von der Vermeidung nach dem Stand der Technik aus, sodass man vertreten könnte, ein Stand der Emissionsvermeidungstechnik könne hier schon gar nicht ermittelt werden.[288] Dem ist aber zu widersprechen, da ein umfassender Immissionsschutz zu gewährleisten ist und die Betreiberpflichten sich hier nicht grundsätzlich erübrigen.[289] Zudem bietet die Erheblichkeitsprüfung genügend Raum, eine Güterabwägung hinsichtlich gewollter Immissionen vorzunehmen.[290]

2. Anordnungen im Einzelfall

a) Betreiberpflichten

128 Nachdem Anwalt *A* die Anlageneigenschaft festgestellt hat, wird er prüfen, ob die weiteren Voraussetzungen einer Anordnung gem. § 24 S. 1 BImSchG vorliegen. Dazu müsste eine solche zur Durchführung des § 22 BImSchG und der auf das BImSchG gestützten Rechtsverordnungen erforderlich sein. Damit wird auf die Betreiberpflichten nach § 22 BImSchG Bezug genommen, die gegenüber den Pflichten von Betreibern genehmigungsbedürftiger Anlagen gem. § 5 BImSchG weniger streng sind.[291] § 22 I 1 BImSchG sieht namentlich eine Vermeidungs- (Nr. 1), eine Minimierungs- (Nr. 2) und eine Abfallbeseitigungspflicht (Nr. 3) vor:

Zunächst sind schädliche Umwelteinwirkungen[292] gem. § 22 I 1 Nr. 1 BImSchG grundsätzlich zu vermeiden, soweit dies nach dem Stand der Technik (§ 3 VI BImSchG) möglich ist.

Unvermeidliche schädliche Umwelteinwirkungen verhindern nicht den Anlagenbetrieb, sie müssen aber gem. § 22 I 1 Nr. 2 BImSchG auf ein Mindestmaß reduziert werden.[293] Bei der Prüfung dieses Mindestmaßes ist eine Abwägung zwischen der emittierenden und der immissionsbetroffenen Nutzung vorzunehmen. Diese Toleranz findet ihre Ursache darin, dass das dem gebietsbezogenen Immissionsschutz

---

[284] *Jarass* BImSchG § 3 Rn. 77.
[285] *Jarass* BImSchG § 3 Rn. 77.
[286] *Ziegler* UPR 1986, 170 (172); aA *Kutscheidt* NVwZ 1983, 65 (66).
[287] Vgl. nur BVerwGE 90, 163 (165); *VGH München* NVwZ-RR 2004, 829 (830).
[288] Vgl. *Ziegler* UPR 1986, 170 (172).
[289] BVerwGE 79, 254 (256).
[290] *Sparwasser/Engel/Voßkuhle* § 10 Rn. 129.
[291] *Koch/Hofmann* in Koch/Hofmann/Reese UmweltR-HdB § 4 Rn. 268.
[292] Anders als in § 5 BImSchG bezieht sich der Pflichtenkatalog des § 22 BImSchG nicht auf „sonstige Gefahren, erhebliche Nachteile und Belästigungen“.
[293] Dabei sind ggf. wirtschaftliche Mehrbelastungen hinzunehmen, vgl. *VGH Mannheim* VBlBW 2015, 197 (204 f.).

zugrunde liegende Trennungsgebot (§ 50 BImSchG) nicht für alle Anlagen sinnvoll ist.[294] Nach zutreffender Auffassung fließt daher an dieser Stelle auch die Sozialadäquanz der Anlage in die Bestimmung des Mindestmaßes ein. So kann die zumutbare Lärmbelastung etwa bei Altglascontainern, bei denen ein besonderes gesellschaftliches Interesse an der Erreichbarkeit besteht, höher sein als bei anderen Anlagen.[295] Stets überschritten ist das Mindestmaß allerdings, wenn durch die Umwelteinwirkungen konkrete Gefahren hervorgerufen werden.[296] Aus dem Gesetzeswortlaut lässt sich eine Vorsorgepflicht des Betreibers hinsichtlich des Vermeidungs- und Minimierungsgebots nicht ableiten.[297]

Als dritte Betreiberpflicht sieht § 22 I 1 Nr. 3 BImSchG das Gebot einer ordnungsgemäßen Abfallbeseitigung vor, wobei im Unterschied zu § 5 I 1 BImSchG nicht nach Vermeidung, Verwertung und Beseitigung differenziert wird.

Da sich für Anlagen, die nicht zu gewerblichen Zwecken und nicht im Rahmen wirtschaftlicher Unternehmungen Verwendung finden, Art. 74 I Nr. 11 GG (Recht der Wirtschaft) als Gesetzgebungskompetenz des Bundes nicht heranziehen lässt (→ Rn. 11), gelten die Betreiberpflichten gem. § 22 I 3 BImSchG dort nur für Luftverunreinigungen und Geräusche (Art. 74 I Nr. 24 GG) sowie nichtionisierende Strahlen (Art. 73 I Nr. 7 GG).

b) Rechtsverordnungen

Darüber hinaus können Bundes- und Landesregierungen durch Verordnungen auf 129
der Ermächtigungsgrundlage des § 23 I bzw. II BImSchG nicht genehmigungsbedürftige Anlagen generellen Anforderungen unterwerfen und zwar sowohl zum Schutz als auch zur Vorsorge gegen Umweltbeeinträchtigungen.[298] Auf diese Weise werden die Betreiberpflichten des § 22 BImSchG konkretisiert oder erweitert. Eine solche Verordnung hat aber das allgemeine Schutzniveau des § 22 BImSchG zu beachten. Dass etwa die frühere Bayerische Biergarten-Nutzungszeiten-Verordnung den Lärm von Biergärten innerhalb bestimmter Betriebszeiten generell für nicht schädlich erklärte und damit die Möglichkeit unzumutbarer Immissionen während dieser Zeiten außer Acht ließ, war mit der Verordnungsermächtigung nicht mehr zu vereinbaren.[299]

Zu den Rechtsverordnungen iSd § 23 I BImSchG gehört auch die Verordnung über 130
elektromagnetische Felder (26. BImSchV), die Grenzwerte für thermische, dh die Erwärmung von Körpergewebe verursachende, Effekte elektromagnetischer Felder von Hoch- und Niederfrequenzanlagen sowie Gleichstromanlagen statuiert. Zusätzlich gilt für Niederfrequenz- sowie Gleichstromanlagen eine Minimierungspflicht (§ 4 II der 26. BImSchV).[300]

Bisher nicht vorgesehen sind Grenzwerte für athermische Wirkungen, bei denen gesundheitliche Schäden im Zusammenhang mit der Strahlenexposition diskutiert werden. Allerdings bestehen hinsichtlich des „Besorgnispotentials“ noch derartige

---

294 *Classen* JZ 1993, 1042 (1048); *Koch/Hofmann* in Koch/Hofmann/Reese UmweltR-HdB § 4 Rn. 273 f.

295 *VGH Mannheim* NVwZ 2016, 1658 (1659 f.), auch zu den Grenzen. Fallbearbeitung bei *Kahl/Ellerbrok* BayVBl. 2015, 395 f. und 424 ff.

296 *Kutscheidt* NVwZ 1983, 65 (67).

297 *Jarass* BImSchG § 22 Rn. 29; aA *Hansmann* NVwZ 1991, 829 (831 ff.); *Kloepfer* UmweltR § 15 Rn. 557.

298 Vgl. etwa die Rechtsverordnungen über kleine und mittlere Feuerungsanlagen (1. BImSchV) sowie die Sportanlagenlärmschutzverordnung (18. BImSchV); ausf. *Schlacke* § 9 Rn. 60.

299 BVerwGE 108, 260 (264 ff.); in der Folge wurde eine neue Bayerische Biergartenverordnung v. 20.4.1999, GVBl. S. 142, erlassen.

300 Vgl. *BVerwG* NVwZ 2018, 1322 (2. Ls, 1326).

Unsicherheiten, dass sich aus der staatlichen Schutzpflicht (Art. 2 II 1 GG) keine Pflicht begründen lässt, die 26. BImSchV zu verschärfen.[301] Diese Sichtweise wird auch vom *EGMR* nicht beanstandet.[302]

131 In *Fall 14* sind die Betreiberpflichten nach § 22 I 3 BImSchG für die Kirchenglocken anwendbar, da es um die Verhinderung von Geräuschen geht. Hinsichtlich des Begriffs der schädlichen Umwelteinwirkungen gem. § 22 I 1 iVm § 3 I BImSchG kommen erhebliche Nachteile und Belästigungen in Betracht. Für die Konkretisierung der Erheblichkeitsschwelle ist die TA Lärm maßgebend.[303]

Der danach für allgemeine Wohngebiete gem. Nr. 6.1 lit. e TA Lärm zulässige Beurteilungspegel beträgt tags 55 dB(A) und wird von den hier gemessenen 66 dB(A) deutlich überschritten. Dagegen wird der Spitzenpegel mit 80,2 dB(A) bei erlaubten 85 dB(A) eingehalten. Fraglich ist daher, ob durch die Überschreitung des Mittelungspegels die Schwelle der Zumutbarkeit erreicht ist. Der Maßstab der Zumutbarkeit könnte sich unter Beachtung des besonderen Schutzes der Religionsausübung (Art. 4 I, II GG), der Herkömmlichkeit und der Sozialadäquanz erhöhen.[304] Dies ist gem. Nr. 3.2.2. lit. d TA Lärm zwar ausdrücklich nur für genehmigungsbedürftige Anlagen vorgesehen; für die regelmäßig geringer belastenden, nicht genehmigungsbedürftigen Anlagen muss diese Sonderfallprüfung aber entsprechend möglich sein.[305] Jedenfalls ergibt sich aus dem Ziel der TA Lärm als Verwaltungsvorschrift die Notwendigkeit einer Berücksichtigung besonderer (atypischer) Umstände im Einzelfall. Vorliegend handelt es sich um eine liturgische Handlung der Kirche. Diese geht auf eine lange Tradition zurück und ist fester Bestandteil des örtlichen Lebens.[306] Zwar wohnt Z in einem allgemeinen Wohngebiet, doch sind dort gerade auch kirchliche Anlagen zulässig. Hinzu kommt, dass nach der Rechtsprechung der Mittelungspegel beim dreimaligen Angelusläuten an Bedeutung hinter dem Spitzenpegel zurücktritt.[307] Mithin stellt das Angelusläuten keine schädliche Umwelteinwirkung dar.[308]

c) Privilegierung von Kinderlärm

132 § 22 Ia 1 BImSchG bestimmt, dass Geräuscheinwirkungen, die von Kindertageseinrichtungen, Kinderspielplätzen und ähnlichen Einrichtungen durch Kinder hervorgerufen werden, im Regelfall nicht als schädliche Umwelteinwirkungen anzusehen sind. Zudem dürfen bei ihrer Beurteilung Immissionsgrenz- und -richtwerte nicht herangezogen werden (§ 22 Ia 2 BImSchG). Hierdurch wird auch der Rückgriff auf die Vorgaben der TA Lärm und die 18. BImSchV gesperrt, die zwar tat-

---

301 BVerwGE 144, 82 Rn. 20; *BVerwG* UPR 2013, 345 (347); *Koch* NVwZ 2013, 251 (252 f.); aA *Buchner/Schwab* ZUR 2013, 212 (214 ff.).

302 *EGMR* NVwZ 2008, 1215.

303 Fallbearbeitung bei *Kahl/Ellerbrok* BayVBl. 2015, 424 (428 ff.).

304 BVerwGE 68, 62 (67 f.).

305 *VGH München* BayVBl. 2003, 241.

306 Vgl. *VGH Mannheim* DVBl 2012, 1055. Zur Sozialadäquanz der Wassergeräusche eines gemeindlichen Brunnens *VGH Mannheim* NVwZ-RR 2017, 566 ff.

307 *BVerwG* NVwZ 1997, 390 f.; *VGH München* NVwZ-RR 2005, 315 ff.; anders *VGH München* BayVBl. 2003, 241 ff.

308 BVerwGE 68, 62 (67 f.). Es ist auch vertretbar, das Glockengeläut als schädliche Umwelteinwirkung zu qualifizieren, die aber wegen des Schutzes der Religionsausübung und der Sozialadäquanz nicht das Mindestmaß iSd § 22 I 1 Nr. 2 BImSchG überschreitet und deshalb hinzunehmen ist, vgl. die Fallbearbeitung bei *Kahl/Ellerbrok* BayVBl. 2015, 424 (430).

bestandlich für die erfassten Anlagen nicht einschlägig sind, jedoch auch nicht zur „Orientierung" herangezogen werden dürfen.[309]

Wegen der fehlenden Gesetzgebungskompetenz des Bundes für verhaltensbezogenen Lärm (Art. 74 I Nr. 24 GG) wird nur derjenige Kinderlärm privilegiert, der von nicht genehmigungsbedürftigen Anlagen iSd § 22 I 1 (ggf. iVm S. 3) BImSchG ausgeht.[310] Ob sie privat oder staatlich betrieben werden, ist irrelevant. Ausdrücklich genannt sind Kindertageseinrichtungen (iSd § 22 I 1 SGB VIII), Kinderspielplätze und Ballspielplätze, erfasst werden aber auch alle ähnlichen Einrichtungen, die auf die überwiegende Nutzung durch Kinder angelegt sind.[311] Eine einfache Wiese oder eine wenig befahrene Straße sind indes nicht als Anlage iSd § 3 V BImSchG anzusehen.[312] **133**

Der Lärm muss zum einen *durch* Kinder hervorgerufen werden. Das bedeutet, dass nur „natürlicher Lärm" in Form natürlicher Lebensäußerungen, die Ausdruck kindlicher Verhaltensweisen sind,[313] privilegiert wird. Dies schließt Lärm, der durch die Verwendung von Spielzeugen und Spielgeräten (Bälle, Schaufeln, akustische Musikinstrumente, Schaukeln etc.) oder das Rufen der Betreuer hervorgerufen wird, ein.[314] Nicht mehr erfasst ist hingegen Lärm, der durch technische Geräte, die von Kindern betrieben werden (Stereoanlagen, Mobiltelefone etc.), hervorgerufen wird. Zum anderen muss der Lärm durch *Kinder* hervorgerufen werden.[315] Darunter sollen, in Anlehnung an § 7 I Nr. 1 SGB VIII, Personen verstanden werden, die noch nicht 14 Jahre alt sind.[316] Diese Grenze sollte aber – entgegen der wohl hM – nicht zu streng angewendet werden. Abgrenzungsprobleme in Fällen, in denen zB 13-Jährige mit 14-Jährigen zusammenspielen, lassen sich nur durch eine wertende Betrachtung im Einzelfall entscheiden.[317] **134**

Die Rechtsfolge des § 22 Ia 1 BImSchG greift nur im Regelfall. Dh, eine Einzelfallbetrachtung kann ausnahmsweise doch dazu führen, dass der Lärm als schädliche Umwelteinwirkung anzusehen und deshalb zu vermeiden ist. Dafür müssen besondere Umstände vorliegen, bspw. die besondere Schutzbedürftigkeit der Nachbarschaft, etwa ein dort befindliches Krankenhaus oder Altenheim.[318] Ein Sonderfall kann aber auch gegeben sein, wenn eine eigentlich privilegierte Anlage über das ortsübliche und erwartbare Maß hinaus genutzt wird.[319] **135**

---

[309] *Jarass* BImSchG § 22 Rn. 54; aA *Hansmann* DVBl 2011, 1400 (1402, 1404). Fallbearbeitung bei *Seidel* in ders./Reimer/Möstl, Allgemeines Verwaltungsrecht, 3. Aufl. 2019, Fall 9.

[310] Vgl. zu Gesetzgebungskompetenz und Landesrecht *Laubinger* FS Riedel, 2013, S. 535 (537 ff., 553 ff.).

[311] *Jarass* BImSchG § 22 Rn. 54. Eine durch den Bundesrat initiierte Ausweitung der Privilegierung auf Kinderlärm, der auf Sportstätten hervorgerufen wird, (BT-Drs. 18/2949) kam nicht zustande.

[312] BT-Drs. 17/4836, 5; *Laubinger* (o. Fn. 310) S. 544, 548.

[313] *VGH München* ZUR 2015, 691 Rn. 18.

[314] BT-Drs. 17/4836, 6; *OVG Koblenz* UPR 2013, 77 (78).

[315] Wenn eine von § 22 Ia BImSchG erfasste Anlage durch Jugendliche genutzt wird, greift die Privilegierung somit nicht; der Lärm geht aber nur von der Anlage aus, wenn der Betreiber sich die unerwünschte Nutzung zurechnen lassen muss, vgl. *VGH Mannheim* ZUR 2013, 368 (369 f.).

[316] BT-Drs. 17/4836, 6; *Fricke/Schütte* ZUR 2012, 89 (90).

[317] *Hansmann* DVBl 2011, 1400 (1403).

[318] BT-Drs. 17/4836, 7; Fallbearbeitung bei *Frank* JuS 2018, 56 ff.

[319] Vgl. *OVG Koblenz* NVwZ 2012, 1347 (1348).

3. Betriebsuntersagung

136 Auch für die nicht genehmigungsbedürftigen Anlagen ist den Behörden gem. § 25 BImSchG die Möglichkeit der Betriebsuntersagung eingeräumt, wenn Anordnungen nach § 24 BImSchG nicht erfüllt werden (Abs. 1),[320] nur unzureichende Vorkehrungen gegen Unfälle iSd Seveso-III-RL getroffen wurden (Abs. 1a) oder wenn die von einer Anlage hervorgerufenen schädlichen Umwelteinwirkungen bedeutende Rechtsgüter gefährden und auf andere Weise kein ausreichender Schutz möglich ist (Abs. 2). Im letzteren Fall hat die zuständige Behörde grundsätzlich die Verpflichtung zum Einschreiten („soll"). Soweit Maßnahmen unterhalb der Schwelle der Betriebsuntersagung zur Abwendung der Gefährdung iSd Abs. 2 ausreichen, können auch diese als mildere Mittel auf Grundlage des § 25 II BImSchG angeordnet werden.[321]

4. Rechtsschutz

137 Rechtsschutz kann hinsichtlich nicht genehmigungsbedürftiger Anlagen in mehreren Konstellationen relevant werden. Wenn der Betreiber etwa gegen eine nachträgliche Verfügung der Immissionsschutzbehörde vorgehen will, ergibt sich nach der sog. Adressatentheorie für ihn die Klagebefugnis aus Art. 2 I GG.

In *Fall 14* ergeben sich für *Z* zwei Möglichkeiten, gegen das Läuten vorzugehen: zum einen gegen die Kirchengemeinde selbst, zum anderen über die Immissionsschutzbehörde.

a) Öffentlich-rechtlicher Unterlassungsanspruch gegen die Kirchengemeinde

138 Bei einem gerichtlichen Vorgehen gegen die Kirchengemeinde als Betreiberin der Anlage ist zunächst fraglich, ob der Verwaltungsrechtsweg eröffnet ist. Zwar ergibt sich für innerkirchliche Angelegenheiten aus Art. 140 GG iVm Art. 137 III WRV ein Selbstverwaltungsrecht, doch entfaltet das Läuten auch im staatlichen Zuständigkeitsbereich (Rechts-)Wirkungen, sodass keine rein innerkirchliche Streitigkeit vorliegt.[322] Ob diese auch öffentlich-rechtlich ist, ist fraglich, da streitentscheidend sowohl zivilrechtliche (§§ 1004, 906 BGB) als auch öffentlich-rechtliche Normen sein können. Auch der Status der Kirche als Körperschaft des Öffentlichen Rechts (vgl. Art. 140 GG iVm Art. 137 V 1 WRV) schließt ein zivilrechtliches Handeln nicht aus. Vielmehr kommt es darauf an, von welcher Art der Glockenschlag ist, dh, ob der Einsatz gerade in unmittelbarem Zusammenhang mit dem öffentlich-rechtlichen Widmungszweck der Glocken als *res sacrae* steht.[323] Das Angelusläuten dient ausdrücklich dem Zweck, die Gläubigen zum Gebet und zur Besinnung anzuhalten, liegt mithin im Rahmen der kirchlichen Zweckbestimmung. Somit ist eine öffentlich-rechtliche Streitigkeit gegeben. Sofern der Emittent – anders als vorliegend – als

---

[320] Es ist nicht zwingend, zuvor Maßnahmen im Wege des Verwaltungszwangs zu ergreifen, *VGH Mannheim* NVwZ-RR 2015, 650 Rn. 31.

[321] BVerwGE 91, 92 (94); *VGH Mannheim* VBlBW 2015, 197 (200). Andersherum geht die hM zudem davon aus, dass § 24 S. 1 BImSchG zum Erlass einer Betriebsuntersagung befugt, BVerwGE 91, 92 (94); *OVG Weimar* ZUR 2015, 292 (293); *Jarass* BImSchG § 24 Rn. 11. Nach dieser Sichtweise unterscheiden sich die Soll-Vorschrift des § 25 II und die Kann-Vorschrift des § 24 S. 1 BImSchG allein in den Tatbestandsvoraussetzungen.

[322] Vgl. *Ruthig* in Kopp/Schenke (o. Fn. 221) § 40 Rn. 40.

[323] Vgl. *BVerwG* NJW 1994, 956 (956); *Ruthig* in Kopp/Schenke (o. Fn. 221) § 40 Rn. 40; aA *Hufen*, Verwaltungsprozessrecht, 11. Aufl. 2019, § 11 Rn. 47 (stets öffentlich-rechtlich). Ausf. *Huber* JA 2005, 119 ff.

Privater einzustufen ist, sind Unterlassungsansprüche gegen den Betreiber vor den Zivilgerichten geltend zu machen.[324]

Z müsste hinsichtlich der statthaften allgemeinen Leistungsklage in Form der Unterlassungsklage auch analog § 42 II VwGO klagebefugt sein.[325] Hierfür muss er die Möglichkeit eines Unterlassungsanspruchs darlegen. Ein solcher ergibt sich dabei jedoch nicht aus den drittschützenden Betreiberpflichten gem. § 22 I 1 Nr. 1, 2 BImSchG, denn diese Norm regelt keine Abwehrrechte des Gestörten gegenüber dem Störer.[326] Es ist vielmehr auf den allgemeinen öffentlich-rechtlichen Unterlassungsanspruch abzustellen.[327] Hinsichtlich der für sein Bestehen notwendigen Verletzung eines subjektiven öffentlichen Rechts kann dann allerdings wieder § 22 I 1 Nr. 1, 2 BImSchG als Maßstab herangezogen werden. Auf die Verletzung von Grundrechten kann sich *Z* in *Fall 14* indes ausnahmsweise nicht berufen. Die Kirchengemeinde ist zwar hoheitlicher Emittent, aber die öffentlich-rechtlichen Religionsgemeinschaften sind nur bei der Ausübung der vom Staat verliehenen Hoheitsgewalt grundrechtsgebunden (Art. 1 III GG);[328] eine solche liegt hier nicht vor. Die grundrechtlich geschützten Positionen des *Z* – namentlich seine Gesundheit (Art. 2 II 1 GG), sein Eigentum (Art. 14 I 1 GG) und seine negative Religionsfreiheit (Art. 4 I GG) – sind aber bei der Anwendung des einfachen Rechts in Rechnung zu stellen. 139

Der öffentlich-rechtliche Unterlassungsanspruch ist anerkannt, wenngleich seine Herleitung umstritten ist (§§ 1004, 862, 12 BGB analog; Rechtsstaatsprinzip; abwehrrechtliche Dimension der Grundrechte; Gewohnheitsrecht).[329] Vorliegend ist problematisch, dass kein hoheitliches Handeln gegeben ist, sodass für einen Unterlassungsanspruch nur §§ 1004, 862 BGB analog in Betracht kommen. Unabhängig hiervon hat *Z* indes keinen Unterlassungsanspruch, denn das Läuten führt zwar zu einer Beeinträchtigung seiner rechtlich geschützten Interessen, namentlich einer nicht nur unwesentlichen Beeinträchtigung seines Eigentums. Diese ist jedoch nicht widerrechtlich, weil *Z* zur Duldung verpflichtet ist. Dies folgt aus einer Anwendung der Maßstäbe aus § 906 BGB bzw. § 22 I 1 bzw. § 5 I Nr. 1 BImSchG, die trotz ihres unterschiedlichen Wortlauts identisch ausgelegt werden.[330] Die Frage, ob „schädliche Umwelteinwirkungen" vorliegen, wird jeweils anhand des § 3 I BImSchG konkretisiert. Wie sich oben bereits gezeigt hat, stellt das Angelusläuten keine schädliche Umwelteinwirkung iSd § 3 I BImSchG dar, weshalb auch die drittschützenden Betreiberpflichten des § 22 I 1 Nr. 1, 2 BImSchG nicht verletzt sind. *Z* hat das Glockenläuten zu dulden. 140

b) Anspruch gegen die Immissionsschutzbehörde auf Einschreiten gegen die Kirchengemeinde

Bei einem gerichtlichen Vorgehen gegen die Immissionsschutzbehörde ist der Verwaltungsrechtsweg eröffnet, da die streitentscheidenden Normen solche des öffentlichen Immissionsschutzrechts sind. Da *Z* von der Behörde eine Anordnung gem. §§ 24 f. BImSchG gegenüber der Kirchengemeinde verlangt, ist die Verpflichtungsklage gem. § 42 I 2. Alt. VwGO statthafte Klageart. *Z* ist auch klagebefugt. Dies 141

---

324 *Jarass* BImSchG § 22 Rn. 77.

325 Vgl. BVerwGE 36, 192 (199); 147, 312 (315); *Hufen* (o. Fn. 323) § 17 Rn. 8; aA *Erichsen* JURA 1992, 384 (386); alternatives Modell bei *Gärditz* (o. Fn. 106) § 42 Rn. 51 mit Rn. 42 ff.

326 Vgl. BVerwGE 79, 254 (256 f.); *VGH Mannheim* NVwZ-RR 2014, 724 (724 f.); aA für störende Hoheitsträger *Seiler,* Die Rechtslage der nicht genehmigungsbedürftigen Anlagen, 1985, S. 95. Zum Drittschutz *Groß* in Rehbinder/Schink Abschn. 4 Rn. 48.

327 *Fischer* Rn. 148 f.; Fallbearbeitungen bei *Kahl/Ellerbrok* BayVBl. 2015, 424 (425); *Seidel* in ders./Reimer/Möstl, Allgemeines Verwaltungsrecht, 3. Aufl. 2019, Fall 9.

328 *Kahl* in BK-GG Art. 1 Abs. 3 Rn. 261 f.

329 Vgl. dazu *Hufen* (o. Fn. 323) § 27 Rn. 3 ff.

330 Vgl. BVerwGE 79, 254 (258 f.).

ergibt sich für § 25 II BImSchG aus der Erwähnung der Nachbarschaft. Für § 24 S. 1 BImSchG folgt die nachbarschützende Wirkung über § 22 I 1 Nr. 1, 2 BImSchG aus der nachbarbezogenen Definition der „schädlichen Umwelteinwirkungen" in § 3 I BImSchG.[331]

142 *Z* könnte aber das allgemeine Rechtsschutzbedürfnis fehlen. Grundsätzlich kommt in immissionsschutzrechtlichen Nachbarkonstellationen auch ein zivilrechtliches Vorgehen gegen den Emittenten in Betracht, soweit nicht wie hier ein öffentlich-rechtlicher Emittent vorliegt. Hinsichtlich beider Klagekonstellationen könnte ein direktes Vorgehen ebenso zielführend, aber einfacher sein. Bei privaten Emittenten spricht gegen eine Verneinung des Rechtsschutzbedürfnisses jedoch, dass der verwaltungsrechtliche Rechtsschutz in verschiedener Hinsicht vorteilhaft ist, insbes. gilt der Untersuchungsgrundsatz. Im Übrigen folgt die Parallelität der Rechtswege aus der Zuerkennung des subjektiven öffentlichen Rechts selbst. Mithin ist im Interesse eines effektiven Rechtsschutzes (Art. 19 IV 1 GG) das Rechtsschutzbedürfnis anzuerkennen.[332]

143 Hinsichtlich der *Begründetheit* kommt als Rechtsgrundlage § 24 S. 1 BImSchG in Betracht, da keine Gesundheitsgefahr oÄ gem. § 25 II BImSchG vorliegt. Problematisch erscheint, dass die Kirche gem. Art. 140 GG iVm Art. 137 V 1 WRV eine öffentlich-rechtliche Körperschaft ist. Fraglich ist, ob sie damit überhaupt Adressat einer immissionsschutzrechtlichen Anordnung sein kann. Einer solchen „formellen Polizeipflichtigkeit" könnte die Struktur der staatlichen Kompetenz- und Zuständigkeitsordnung entgegenstehen. Soweit dieses Argument bei den Kirchen nicht schon entfällt, da diese über eine vom Staat getrennte Rechtspersönlichkeit verfügen, ergeben sich aus dem BImSchG selbst (§§ 10 XI, 59, 60 BImSchG) Verfahrens- und Vollzugsregelungen gegenüber bestimmten Hoheitsträgern. Überdies spricht die besondere Sachkunde und Fachkompetenz der Immissionsschutzbehörden für eine (auch formelle) Polizeipflichtigkeit.[333]

Weitere Voraussetzung ist schließlich, dass schädliche Umwelteinwirkungen vorliegen, die den Betreiberpflichten des § 22 BImSchG widersprechen. Da das Angelusläuten jedoch nicht als schädliche Umwelteinwirkung zu qualifizieren ist (→ Rn. 131), hat Z keinen Anspruch auf eine Anordnung.

Ansonsten ist die Anordnung gem. § 24 BImSchG in das Ermessen der Behörde gestellt („kann"). Daher kann der Kläger – von dem Ausnahmefall der Ermessensreduzierung auf null abgesehen – nur eine ermessensfehlerfreie Entscheidung verlangen (formelles subjektives öffentliches Recht).

5. Verhältnis zu anderen Vorschriften

a) Anforderungen in anderen Gesetzen

144 Nach § 22 II BImSchG bleiben weitergehende Vorschriften unberührt. Die Anforderungen an Errichtung und Betrieb sind somit nicht abschließend; vielmehr sind Vorschriften sowohl des Bundes- als auch des Landesrechts neben den §§ 22 ff. BImSchG anwendbar.[334]

145 Weitergehende Anforderungen sind bspw. für die Errichtung einer Gaststätte vorgeschrieben. Diese darf gem. § 4 I 1 Nr. 3 GastG schädliche Umwelteinwirkungen schon nicht befürchten lassen, womit ein strengerer Maßstab vorliegt als die Orientierung am Stand der Technik und dem nachbarlichen Interessenausgleich nach BImSchG.[335] Dagegen gehen die immissionsschutzrelevanten Regelungen des Bauplanungsrechts, wie etwa in §§ 34 und 35 BauGB, nicht

---

331 Vgl. *OVG Lüneburg* GewArch 1979, 345.
332 Vgl. *Sparwasser/Heilshorn* in Landmann/Rohmer UmweltR BImSchG § 24 Rn. 38.
333 BVerwGE 117, 1 (5); *Scheidler* LKV 2008, 300 ff.; iErg aA *Glöckner* NVwZ 2003, 1207 ff.
334 *Jarass* BImSchG § 22 Rn. 22 ff.
335 *Roßnagel/Hentschel* (o. Fn. 68) § 22 Rn. 166.

über das Schutzniveau des BImSchG hinaus, sondern stellen speziellere und deswegen zu beachtende Regelungen dar.[336] Hinsichtlich landesrechtlicher Vorschriften stellt § 22 II BImSchG klar, dass mit den §§ 22 ff. BImSchG keine abschließende Regelung der Anforderungen an nicht genehmigungsbedürftige Anlagen vorliegt.[337] Die Länder haben die Kompetenz mit Landesimmissionsschutzgesetzen, Lärmschutzverordnungen etc. ausgeübt. Daneben finden sich anlagenbezogene Immissionsschutzbestimmungen bspw. in den Landesbauordnungen.[338]

b) Konkurrenz der Eingriffsnormen

Fraglich ist, in welchem Konkurrenzverhältnis die in Gesetzen außerhalb des BImSchG geregelten Eingriffsnormen zu den repressiven Maßnahmen gem. §§ 21 und 25 BImSchG stehen. Zur Durchsetzung der Anforderungen des § 4 I 1 Nr. 3 GastG steht etwa mit § 5 I Nr. 3 GastG eine „spezielle" Eingriffsgrundlage zur Verfügung. Gleiches gilt für § 33a I 3 letzter Hs. und § 33i I 2 letzter Hs. GewO. Zu denken ist ferner etwa an die Befugnisse des Bauordnungsrechts. Um den durch diese Konkurrenz und die unterschiedlichen tatbestandlichen Voraussetzungen begründeten Unsicherheiten mit der Gefahr von Kompetenz- und Regelungsüberschneidungen zu begegnen, ist eine Abgrenzung erforderlich. 146

Aus der konkurrierenden Anwendbarkeit weitergehender immissionsschutzrechtlicher Anforderungen aus anderen Rechtsgebieten folgt, dass diese auch grundsätzlich mit den dort vorgesehenen Mitteln durchzusetzen sind und letztere nicht von § 24 BImSchG verdrängt werden.[339] Umgekehrt gilt, dass auch § 24 BImSchG durch die außerhalb des BImSchG geregelten Eingriffsnormen nicht verdrängt wird, sondern zur Durchsetzung der Betreiberpflichten des BImSchG uneingeschränkt anwendbar bleibt.[340] 147

Diese grundsätzlich parallele Eingriffsmöglichkeit kann allerdings ausscheiden, sofern das Landesrecht eine Kollisionsregelung trifft. So ist in einigen Ländern der Aufgabenbereich der Bauaufsichtsbehörde auf die Bereiche beschränkt, die nicht auch im Aufgabenbereich einer anderen Sonderordnungsbehörde – hier der Immissionsschutzbehörde – liegen.[341]

Die Frage der Anwendbarkeit der ordnungsrechtlichen Generalklausel neben §§ 24, 25 BImSchG ist umstritten. Sie ist zunächst jedenfalls bei Gefahr im Verzug sowie bei sonstigen, dh nicht immissionsbedingten, Gefahren[342] anzunehmen. Soweit es um die Abwehr von Gefahren durch schädliche Umwelteinwirkungen iSv § 3 I BImSchG geht, wird gegen eine parallele Anwendbarkeit der ordnungsrechtlichen Generalklausel zT angeführt, dass das BImSchG eine grundsätzlich abgeschlossene Regelung darstelle, somit nach der Grundpflicht des § 22 BImSchG verbleibende Risiken bis zur Grenze des § 25 II BImSchG von der Allgemeinheit oder der Nachbarschaft zu tragen seien.[343] Das *BVerwG*[344] nimmt jedoch aufgrund der im Vergleich zur ordnungsrechtlichen Generalklausel tatbestandlich höheren Anforderungen des § 25 II BImSchG eine Schutzlücke an. 148

---

336 Vgl. *Jarass* BImSchG § 22 Rn. 22.
337 *Kutscheidt* NVwZ 1983, 65 (69).
338 ZB § 32 BWLBO; Art. 40 BayBO; § 37 HessBO; § 43 NRWBauO; § 41 SächsBO.
339 *Hilbert* JuS 2014, 983 (986); Fallbearbeitung bei *Kahl/Ellerbrok* JA 2015, 759 ff.
340 *Jarass* BImSchG § 24 Rn. 2.
341 Art. 54 II 1 BayBO; § 58 I 1 BlnBauO; § 58 I 1 HmbBauO; § 58 I 1 M-VLBauO; § 58 I 1 SächsBO; § 57 II 2 LSABauO; § 58 I 1 ThürBO; dazu *Hilbert* JuS 2014, 983 (986).
342 *Koch/König* (o. Fn. 251) § 24 Rn. 43.
343 *Martens* DVBl 1981, 597 (606 f.).
344 BVerwGE 55, 118 (122).

149 Für die Heranziehbarkeit der ordnungsbehördlichen Generalklausel spricht zudem ein Vergleich mit den abschließenden Regelungen der §§ 17, 20, 21 BImSchG, die im Gegensatz zu §§ 24, 25 BImSchG eine ausdifferenzierte Regelung enthalten.[345] Zwar ergibt sich auch aus § 25 II BImSchG ein gestufter Tatbestand, doch handelt es sich dabei um eine Soll-Vorschrift, während ein Eingreifen aufgrund der ordnungsbehördlichen Generalklausel im Ermessen der Behörde steht. Aus § 25 II BImSchG folgt somit eine Reduktion des der Behörde sonst zustehenden Ermessens.[346] Dagegen ist der Norm keine Regelung hinsichtlich der Frage zu entnehmen, wann eine Untersagung grundsätzlich zulässig sein soll.[347] Somit bleibt die ordnungsrechtliche Generalklausel iErg neben §§ 24, 25 BImSchG anwendbar.[348]

VII. Die anlagenbezogene Überwachung

150 Ein Anlagenbetreiber hat während der gesamten Betriebsdauer einen genehmigungskonformen Betrieb sicherzustellen. Die Einhaltung dieser Verpflichtung kann nur dann gewährleistet werden, wenn regelmäßig kontrolliert wird, welche Emissionen von einer Anlage ausgehen und ob ggf. Maßnahmen zur Reduzierung ergriffen werden müssen. Das BImSchG kennt zwei Arten der Kontrolle:

Nebenpflicht des Betreibers aus der Genehmigung ist die *betriebliche Eigenüberwachung* der Emissionen. Diese wird durch verschiedene gesetzliche Pflichten effektuiert: So hat der Anlagenbetreiber, sofern die Voraussetzungen des § 53 I 1 BImSchG, § 1 der 5. BImSchV iVm Anh. I zur 5. BImSchV vorliegen, einen Mitarbeiter zum Immissionsschutzbeauftragten zu bestellen. Diesem kommen zum einen Funktionen der Beratung, Aufklärung und Kontrolle zu;[349] zum anderen soll er auf die Entwicklung umweltfreundlicher Verfahren hinwirken. Für bestimmte, besonders gefahrträchtige Anlagen ist zusätzlich gem. § 58a BImSchG ein Störfallbeauftragter zu bestellen. Betreiber von IE-Anlagen müssen gem. § 31 I BImSchG jährlich einen Bericht über von ihnen ermittelte Emissionen der Anlage vorlegen. Ein Unterschreiten der Genehmigungsvoraussetzungen des § 6 I Nr. 1 BImSchG ist gem. § 31 III BImSchG unverzüglich mitzuteilen.[350]

Daneben kann ein Betreiber auch hoheitlich zur Messung seiner betrieblichen Emissionen verpflichtet werden. So kann eine behördliche Anordnung ergehen, gem. §§ 26 und 28 BImSchG einmalig durch eine externe Stelle oder gem. § 29 BImSchG kontinuierlich durch Messgeräte Emissionen ermitteln zu lassen.[351] Daneben ergibt sich aus § 23 I 1 Nr. 3 BImSchG die Ermächtigung, Betreiber durch Rechtsverordnung zur Messung von Emissionen zu verpflichten.[352] Diese Vorschriften zur Anordnung einer Eigenüberwachung sind abschließend.[353] Unabhängig davon besteht für Betreiber genehmigungsbedürftiger Anlagen aber grund-

345 Vgl. *Jarass* BImSchG § 25 Rn. 24 mwN.
346 BVerwGE 81, 197 (211 f.).
347 *Prall* in Führ (Hrsg.), GK-BImSchG, 2. Aufl. 2019, § 25 Rn. 43.
348 *Jarass* BImSchG § 24 Rn. 2; aA *Würtenberger* in Ehlers/Fehling/Pünder § 69 Rn. 187.
349 *Kotulla* FS Peine, 2016, S. 163 (168 ff.); *Hansmann* in Rehbinder/Schink Abschn. 7 Rn. 70 ff.
350 *Scheidler* NuR 2013, 242 (244 f.); krit. zur Sanktionslosigkeit *Keller* UPR 2013, 128 (132).
351 *Scheidler* GewArch 2021, 61 ff.
352 Davon ist mehrfach Gebrauch gemacht worden, *Jarass* BImSchG § 26 Rn. 1 f.
353 *VGH München* NVwZ-RR 2009, 594, mAnm *Scheidler* NuR 2009, 465 ff.

sätzlich die Pflicht, eine Emissionserklärung abzugeben (§ 27 I BImSchG iVm der 11. BImSchV).[354]

Neben die betriebliche Eigenüberwachung tritt eine *staatliche Überwachung:* § 52 BImSchG verpflichtet die zuständige Behörde, Anlagen im Hinblick auf die Einhaltung der Normen des BImSchG und darauf gestützter Rechtsverordnungen sowohl regelmäßig als auch anlassbezogen zu überwachen.[355] Der Behörde sind dazu umfangreiche Betretungs-, Prüfungs- und Auskunftsrechte verliehen. Für IE-Anlagen sind gem. § 52 Ib iVm § 52a BImSchG darüber hinaus Überwachungspläne aufzustellen, die insbes. regelmäßige Vor-Ort-Besichtigungen vorsehen, deren Ergebnisse in sog. Umweltinspektionsberichten[356] zugänglich zu machen sind[357]. **151**

Grundsätzlich ist auch ein Anspruch Dritter auf Anordnung von Überwachungsmessungen denkbar, soweit ein begründeter Verdacht besteht, dass nachbarschützende Grenzwerte überschritten werden.[358] Es liegt im Ermessen der Behörde, ob sie selbst tätig wird (§ 52 BImSchG) oder die Messungen anordnet (§§ 26 ff. BImSchG).[359]

Eine in letzter Zeit erwogene Übertragung der behördlichen Aufgaben auf private Sachverständige begegnet jedenfalls dann Bedenken, wenn sie faktisch zu einer Entscheidungskompetenz des Privaten führt[360] oder sich hinsichtlich der Kosten, die auf den Anlagenbetreiber übergewälzt werden, als unverhältnismäßig erweist.[361]

VIII. Der verkehrsbezogene Immissionsschutz

Weil der Verkehr eine der Hauptquellen von Immissionen ist (→ Rn. 2 f.), kommt dem verkehrsbezogenen Immissionsschutz eine besondere Bedeutung zu. Das BImSchG verfolgt hierzu in seinem Vierten Teil zwei Regelungsansätze. Zum einen setzt es bei den Fahrzeugen als Emissionsquelle an und verlangt in § 38 I BImSchG, dass Fahrzeuge so beschaffen sein müssen, dass sie bei bestimmungsgemäßem Gebrauch bestimmte – zumeist in unmittelbar geltendem Unionsrecht festgelegte[362] – Grenzwerte nicht überschreiten (S. 1); zudem müssen die Fahrzeuge so betrieben werden, dass Emissionen möglichst vermieden werden (S. 2).[363] Die Regelung ergänzt das Straßenverkehrsrecht, das vor allem im Zuge der Diskussion um Abschalteinrichtungen bei bestimmten Fahrzeugen (sog. Dieselskandal) verstärkt Aufmerksamkeit erfahren hat.[364] Zum anderen setzt das BImSchG in den §§ 41–43 an den Verkehrswegen an, beschränkt sich insoweit aber auf *Lärm*immissionen. Diese sol- **152**

---

[354] *Scheidler* UPR 2020, 9 ff.
[355] *Scheidler* WiVerw 2010, 181 ff.
[356] *Beckmann* in Kment (Hrsg.), Zukunftsperspektiven des Immissionsschutzrechts, 2017, S. 79 ff.
[357] Zulässig ist auch die aktive Veröffentlichung im Internet; so auch *OVG Münster* NVwZ 2015, 304 (306); aA *Hennecken/Rosenbeck* I+E 2014, 2 (5); dazu *Kahl* JZ 2016, 729 (730).
[358] *VGH Mannheim* NVwZ-RR 2015, 650 Rn. 32; aA *Lechelt* in Führ (Hrsg.), GK-BImSchG, 2. Aufl. 2019, § 26 Rn. 51.
[359] *Fricke* ZUR 2015, 597 (601).
[360] *Sahm,* Privatisierung der immissionsschutzrechtlichen Anlagenüberwachung, 2014, S. 231 ff., 266 ff.
[361] *VGH München* NVwZ-RR 2010, 746 (747).
[362] Näher *Berkemann* ZUR 2019, 634 (634).
[363] *Schlacke* § 9 Rn. 39.
[364] S. hier nur *Will/Gabler* VerwArch 111 (2020), 291 ff.; *Will* NJW 2021, 1199 ff.; *Weidemann* NJW 2020, 9 ff.

len primär durch einen planerischen Ansatz vermieden (§ 41 I iVm § 50 BImSchG; → Rn. 157 ff.) und sekundär durch aktiven Lärmschutz gemindert werden (§ 41 BImSchG); wenn das nicht reicht, ist den Betroffenen Kostenersatz für passive Lärmschutzmaßnahmen zu leisten (§ 42 BImSchG).[365]

153 Der verkehrsbezogene Immissionsschutz erschöpft sich nicht in den Regelungen des Vierten Teils des BImSchG. Neben spezialgesetzlichen Regelungen, die an unterschiedliche Verkehrstypen anknüpfen (Straßenverkehrsrecht, Schienenwegerecht, Luftverkehrsrecht),[366] begegnet das BImSchG selbst Verkehrsimmissionen vor allem im Rahmen des gebietsbezogenen Immissionsschutzes, namentlich durch Luftreinhalte- und Lärmaktionspläne (näher → Rn. 154 ff.). Dies wird nicht zuletzt an § 40 BImSchG deutlich, der vor allem der Durchsetzung des gebietsbezogenen Immissionsschutzes durch Verkehrsverbote dient (vgl. → Rn. 169 ff.).

IX. Der gebietsbezogene Immissionsschutz

Fall 15: Verplante Luftreinhaltung

154 Für das Gebiet der Stadt *S* wurde zur Verbesserung der Luftqualität ein Luftreinhalteplan erlassen. Mehrere Jahre nach seinem Inkrafttreten wird im Innenstadtbereich ua der in § 3 II der 39. BImSchV vorgesehene Jahresmittelgrenzwert für Stickstoffdioxid (NO_2) iHv 40 μg/m³ Luft weiterhin überschritten. Die nach § 3 UmwRG anerkannte Umweltvereinigung *D eV* möchte die Einhaltung der Grenzwerte durchsetzen. Nachdem sie sich erfolglos an die zuständige Behörde gewandt hat, will sie die Fortschreibung des Luftreinhalteplans gerichtlich durchsetzen. Mit Aussicht auf Erfolg?

1. Gebietsbezogener Immissionsschutz und Umweltplanung

155 Zur Bekämpfung der gerade in ihrer Summe problematischen Emissionen verschiedener Quellen wählt das BImSchG in den §§ 44–47f BImSchG einen gebiets- bzw. qualitätsbezogenen Ansatz. Diese Vorschriften dienten der Umsetzung der EG-Luftqualitätsrahmen-RL samt Tochterrichtlinien, bis sie 2010 zur Umsetzung der nunmehr maßgeblichen Luftqualitäts-RL[367] modifiziert wurden.[368] Zudem setzen die Regelungen zum gebietsbezogenen Immissionsschutz die EG-Umgebungslärm-RL[369] um.

156 Die unionsrechtlich geforderte, koordinierte Vorgehensweise wird vom BImSchG vor allem mittels planungsrechtlicher Instrumente bewältigt.[370] Deren Kennzeichen ist, dass der Behörde zur Erreichung eines bestimmten Ziels ein eigener, nur beschränkt überprüfbarer Gestaltungsspielraum zukommt (→ Rn. 191), was sich angesichts dynamischer Belastungssituationen als sinnvoller erweist als der Versuch einer vollen konditionalen Programmierung. Im Einzelnen sind dies: der Luftreinhalteplan

---

[365] *Jarass* BImSchG § 41 Rn. 2.

[366] Hierzu *Kloepfer/Durner* UmweltschutzR § 8 Rn. 74, 77, 79.

[367] RL 2008/50/EG über Luftqualität und saubere Luft für Europa (ABl. 2008 L 152, 1); hierzu *Meßerschmidt* § 15 Rn. 35 ff.

[368] *Koch/Hofmann* in Koch/Hofmann/Reese UmweltR-HdB § 4 Rn. 25 ff.

[369] RL 2002/49/EG über die Bewertung und Bekämpfung von Umgebungslärm (ABl. 2002 L 189, 12).

[370] Vgl. dazu *Koch/Hofmann* in Koch/Hofmann/Reese UmweltR-HdB § 4 Rn. 68 f.; vgl. zudem *BVerwG* NVwZ 2013, 649 (653 f.).

(§ 47 I, III BImSchG), der – früher als Aktionsplan bezeichnete – Plan für kurzfristig zu ergreifende Maßnahmen (§ 47 II BImSchG) sowie der Lärmaktionsplan (§ 47d I BImSchG).

Daneben findet der Immissionsschutz über sog. *Berücksichtigungsklauseln* Eingang in Planungen nach anderen Vorschriften. So ergibt sich etwa aus § 50 S. 1 BImSchG für raumbedeutsame Planungen und Maßnahmen (§ 3 I Nr. 6 ROG) ein *Planungsleitsatz,* nach dem dem Schutz vor schädlichen Umwelteinwirkungen und schweren Unfällen in Raumordnungsplänen, Flächennutzungsplänen, Bebauungsplänen etc. Rechnung zu tragen ist.[371] Daraus folgt eine Abwägungsdirektive in Form eines Trennungsgebots hinsichtlich der Nutzungszuordnung sowie das Verbot der Konfliktverlagerung.[372] Da § 50 S. 1 BImSchG Ausdruck des Vorsorgegrundsatzes ist, reicht im Rahmen der Abwägung die Berufung auf die Einhaltung von Richtwerten, etwa der TA Lärm, nicht aus, da schädliche Umwelteinwirkungen eben nicht nur gerade eben noch vermieden werden sollen.[373] Demgegenüber enthält § 50 S. 2 BImSchG (nur) einen *Abwägungsbelang.* Allerdings ist dieser auch schon unterhalb der Überschreitung von Immissionsgrenzwerten und Zielwerten zu beachten. 157

Stärkeren Schutz gewährt § 41 BImSchG für den Lärmschutz. Nach dessen Abs. 1 ist sicherzustellen, dass beim Bau oder der wesentlichen Änderung (§ 1 der 16. BImSchV) öffentlicher Straßen, Eisenbahnen ua keine schädlichen Umwelteinwirkungen durch Verkehrsgeräusche hervorgerufen werden können, die nach dem Stand der Technik vermeidbar sind, soweit die Kosten der Schutzmaßnahme nicht unverhältnismäßig sind (Abs. 2).[374] In der Verkehrswegeplanung sind in der Folge ggf. Lärmschutzauflagen in den Plan aufzunehmen, die aktive Schallschutzmaßnahmen vorsehen.[375] 158

Bei der Aufstellung von Bauleitplänen sind gem. § 1 VI Nr. 7 BauGB die Auswirkungen auf Luft und Klima sowie die Pläne des Immissionsschutzrechts zu berücksichtigen.[376] Auf diese Weise wird eine gegenläufige Planung vermieden. 159

In Umsetzung der sog. NERC-RL[377] (National Emission Reduction Commitment) ist in der 43. BImSchV vorgesehen, dass die Bundesregierung ua ein nationales Luftreinhalteprogramm (§ 4) und ein nationales Emissionsinventar (§ 7) erstellt, die zu veröffentlichen (§§ 19, 20) und der EU zu berichten sind (§ 17). 160

2. Luftreinhalteplanung

a) Luftreinhaltepläne

Luftreinhaltepläne dienen der Verbesserung der Luftqualität in belasteten Gebieten. Sie sind der erste Schritt in einem mehrstufigen Vorgehen. In ihnen werden Maßnahmen festgelegt und koordiniert, die es in einem zweiten Schritt zu ergreifen gilt, wobei aufstellende Behörde und ausführende Behörde nicht identisch sein müssen. Es handelt sich um verwaltungsinterne Pläne, die keine zusätzlichen Kompetenzen zur Durchführung gewähren.[378] Die Durchführung bestimmt sich nach dem Recht der jeweiligen Maßnahme; allerdings verpflichtet § 47 VI 1 BImSchG grds. alle 161

---

[371] BVerwGE 71, 163 (165); *Jarass* BImSchG § 50 Rn. 19 f.

[372] Vgl. BVerwGE 143, 24 (36).

[373] *OVG Hamburg* ZUR 2016, 607 (608 f.); *Schulze-Fielitz* in Führ (Hrsg.), GK-BImSchG, 2. Aufl. 2019, § 50 Rn. 42.

[374] BVerwGE 110, 370 (382); 165, 192 (197 ff.).

[375] Zu betriebsregelnden Anordnungen s. BVerwGE 156, 306.

[376] Zu aus § 5 II BImSchG folgenden Grenzen BVerwGE 159, 356.

[377] RL 2016/2284/EU des Europäischen Parlaments und des Rates v. 14.12.2016 über die Reduktion der nationalen Emissionen bestimmter Luftschadstoffe, zur Änderung der RL 2003/35/EG und zur Aufhebung der RL 2001/81/EG (ABl. Nr. L 344, 1); vgl. hierzu *EuGH*, Rs. C-128/17 (Polen/EP und Rat), ECLI:EU:C:2019:194.

[378] *Köck* in BeckOK UmweltR, 58. Ed. 1.4.2018, BImSchG § 47 Rn. 19.

anderen Behörden, die Maßnahmen durchzuführen;[379] planungsrechtliche Vorgaben sind indes nur zu berücksichtigen, § 47 VI 2 BImSchG.[380] In Luftreinhalteplänen werden vor allem langfristig zu ergreifende Maßnahmen festgelegt, wenngleich kurzfristig zu ergreifende Maßnahmen ihnen ebenfalls nicht fremd sind (vgl. § 47 I 3, II 4 BImSchG). Bei der Maßnahmenauswahl und -abstimmung sind die Vorgaben von § 45 II BImSchG zu beachten, denen Luftreinhaltepläne entsprechen müssen (§ 47 V 1 BImSchG).

162 Umstritten ist, welche Rechtsnatur Luftqualitätspläne und insbes. Luftreinhaltepläne besitzen. Das *BVerwG* und die hL charakterisieren die Pläne als interne Handlungskonzepte ohne Außenwirkung, die noch der Umsetzung bedürften und insofern nur die Behörden bänden.[381] Zwar seien die Pläne gem. § 47 VI 1 BImSchG auch von selbständigen Rechtsträgern wie Gemeinden zu beachten, doch liege insofern eine gesetzliche Ausweitung des Innenrechts vor.[382] Insgesamt handele es sich deshalb um ein der Verwaltungsvorschrift ähnliches Instrument.[383] Die Gegenauffassung spricht den Plänen Außenrechtsqualität zu.[384]

163 Hinsichtlich der Aufstellung von Luftreinhalteplänen regelt § 47 BImSchG zwei Konstellationen: In Abs. 1 ist eine Aufstellungspflicht vorgesehen, mit der die Einhaltung von Immissionsgrenz- und -zielwerten sichergestellt werden soll, die auf unionale Vorgaben zurückgehen. Abs. 3 stellt die Aufstellung in das Ermessen der Behörde; in diesen Fällen geht es um die Einhaltung nationaler Immissionswerte.

164 Die Pflicht, einen Luftreinhalteplan aufzustellen, entsteht gem. § 47 I 1 BImSchG, wenn die durch eine Rechtsverordnung nach § 48a I BImSchG – das ist vor allem die 39. BImSchV – festgelegten Immissions*grenzwerte* (§ 1 Nr. 15 der 39. BImSchV) einschließlich festgelegter Toleranzmargen überschritten werden. Die Überschreitung an einer (von mehreren) Probenahmestellen reicht aus.[385] Des Weiteren besteht eine Aufstellungspflicht gem. § 47 I 2 BImSchG, wenn eine entsprechende Rechtsverordnung die Aufstellung eines Luftreinhalteplans zur Einhaltung von *Zielwerten* (§ 1 Nr. 37 der 39. BImSchV) regelt. Die Erlasspflicht entfällt nicht, wenn die Einhaltung der Grenzwerte durch konkrete, planunabhängige Anordnungen und Maßnahmen erreicht werden kann. Die Planungspflicht steht nicht unter dem Vorbehalt einer Erforderlichkeitsprüfung.[386] Erwägungen zur Verhältnismäßigkeit sind auf den Planinhalt zu beziehen (→ Rn. 168), nicht auf die Frage, ob ein Plan überhaupt aufgestellt werden muss.

In den die jeweiligen Grenz- und Zielwerte enthaltenden Rechtsverordnungen können ferner Maßnahmen zu deren Einhaltung festgelegt werden (§ 48a I BImSchG), wie dies in § 27 II–IV der 39. BImSchV geschehen ist, denen die Luftreinhaltepläne entsprechen müssen (§ 47 I 1 aE, ggf. iVm S. 2 BImSchG). Sie müssen zudem geeignet sein, den Zeitraum der Überschreitung bereits geltender Immissionsgrenz-

---

[379] *VGH Mannheim* NVwZ-RR 2019, 21 Rn. 22 ff. (für Lärmaktionspläne); *Hansmann/Röckinghausen* in Landmann/Rohmer UmweltR BImSchG § 47 Rn. 29.

[380] *VGH Kassel* ZUR 2018, 294 (295) (für Lärmaktionspläne); *Schink* BauR 2019, 1538 (1542 ff.).

[381] BVerwGE 128, 278 (288).

[382] Vgl. *VGH München* NVwZ 2005, 1094 (1095).

[383] BVerwGE 128, 278 (288); 147, 312 Rn. 18.

[384] *Sparwasser* NVwZ 2006, 369 (375 f.); *Hansmann/Röckinghausen* in Landmann/Rohmer UmweltR BImSchG § 47 Rn. 29d; allg. *Köck/Lehmann* ZUR 2013, 67 (69 f.).

[385] *EuGH*, Rs. C-723/17 (Craeynest), ECLI:EU:C:2019:533 Rn. 57 ff.

[386] *Meßerschmidt* in Ehlers/Fehling/Pünder § 46 Rn. 122.

werte so kurz wie möglich zu halten (§ 47 I 3 BImSchG, § 27 II 1 der 39. BImSchV), dürfen sich insofern also nicht auf langfristige Maßnahmen beschränken.[387]

Unter den Voraussetzungen des § 47 III 1 BImSchG steht die Aufstellung von Luftreinhalteplänen im Ermessen der zuständigen Behörde. Sie kann einen Luftreinhalteplan aufstellen, wenn Anhaltspunkte vorliegen, dass die durch eine Rechtsverordnung nach § 48a Ia BImSchG festgelegten Immissionswerte nicht eingehalten werden oder in einem Untersuchungsgebiet iSd § 44 II BImSchG sonstige schädliche Umwelteinwirkungen zu erwarten sind.[388] 165

An der Planaufstellung ist die Öffentlichkeit zu beteiligen (§ 47 V 2 BImSchG). Für verpflichtend aufzustellende Luftreinhaltepläne gem. § 47 I BImSchG ist eine qualifizierte Öffentlichkeitsbeteiligung durchzuführen, die § 47 Va BImSchG detailliert regelt. Sie tritt allerdings als subsidiär zurück, wenn eine Strategische Umweltprüfung (SUP)[389] durchzuführen ist (§ 47 Va 8 BImSchG). Bei der Aufstellung von Luftreinhalteplänen auf Grundlage einer Ermessensentscheidung gem. § 47 III 1 BImSchG ist hingegen nur eine einfache Öffentlichkeitsbeteiligung notwendig, die zumindest die öffentliche Zugänglichmachung des Planentwurfs und die Einwendungsmöglichkeit durch jedermann umfasst.[390] Hinzu kommt jeweils die Pflicht, Luftreinhaltepläne der Öffentlichkeit leicht und kostenlos, auch über das Internet, zugänglich zu machen (§ 47 V 3 BImSchG, § 30 I der 39. BImSchV). 166

Die zuständige Aufstellungsbehörde bestimmt sich nach Landesrecht. Eine Behördenbeteiligung ist für die Maßnahmen des Straßenverkehrs explizit geregelt (§ 47 IV 2 BImSchG).[391] Darüber hinaus ergibt sich aus allgemeinen Grundsätzen des Verwaltungsrechts und nicht zuletzt der kommunalen Planungshoheit (Art. 28 II 1 GG) das Erfordernis der Beteiligung derjenigen Behörden, deren Aufgabenbereich betroffen wird oder die Maßnahmen gem. § 47 VI BImSchG umzusetzen haben.[392] 167

Hinsichtlich des Inhalts des Luftreinhalteplans ergibt sich aus § 47 I 1 BImSchG lediglich, *dass* die erforderlichen Maßnahmen festzulegen sind. Dies eröffnet der zuständigen Behörde einen gewissen planerischen Gestaltungsspielraum. Weder dem Wortlaut von Art. 23 I, 24 I der Luftqualitäts-RL noch von § 47 I, II BImSchG lässt sich die Pflicht zu Maßnahmen entnehmen, die eine Überschreitung der Immissionswerte „auf einen Schlag" ausschließen.[393] Die Behörde muss jedoch Maßnahmen treffen, um – im Rahmen des tatsächlich Möglichen und rechtlich Zulässigen – schnellstmöglich zu einem Stand unterhalb der Schwellenwerte zu gelangen und eine Überschreitung in der Zukunft zu vermeiden.[394] Dazu hat sie auf Grundlage von Wirksamkeitsprognosen einzelner Maßnahmen ein Gesamtkonzept zu erarbeiten, das darlegt, auf welche Art und Weise zu welchem Zeitpunkt die Grenzwerte 168

---

387 Vgl. Art. 23 I UAbs. 2 S. 1 der Luftqualitäts-RL und BVerwGE 147, 312 Rn. 60 sowie Fn. 394.

388 Die Ziele und Erfordernisse der Raumordnung sind zu berücksichtigen (§ 47 III 2 BImSchG).

389 Dazu → § 4 Rn. 113 ff.

390 *Jarass* BImSchG § 47 Rn. 49.

391 *Uechtritz/Couzinet* NVwZ 2019, 985 ff.

392 *Hansmann/Röckinghausen* in Landmann/Rohmer UmweltR BImSchG § 47 Rn. 18.

393 *EuGH,* Rs. C-237/07 (Janecek), Slg. 2008, I-6221 Rn. 47; Rs. C-637/18 (Kommission/Ungarn), ECLI:EU:C:2021:92 Rn. 114 ff.; BVerwGE 161, 201 Rn. 47.

394 Art. 23 I Luftqualitäts-RL: „damit der Zeitraum der Nichteinhaltung so kurz wie möglich gehalten werden kann"; hierzu *EuGH,* Rs. C-488/15 (Kommission/Bulgarien), ECLI:EU:C:2017:267 Rn. 107 ff.; Rs. C-636/18 (Kommission/Frankreich), ECLI:EU:C:2019:900 Rn. 75 ff.; Rs. C-644/18 (Kommission/Italien), ECLI:EU:C:2020:895 Rn. 99 ff.; Rs. C-637/18 (Kommission/Ungarn), ECLI:EU:C:2021:92 Rn. 131 ff.; Rs. C-635/18 (Kommission/Deutschland), ECLI:EU:C:2021:437 Rn. 142 ff.

erreicht werden sollen.[395] Als Maßnahme kommt grundsätzlich jede Handlungsform der Behörde in Betracht, etwa Rechtsetzung (zB Rechtsverordnung nach § 47 VII BImSchG), Planung (zB Bebauungsplan), allgemein verfügende Maßnahmen (zB Verkehrsbeschränkung nach § 40 I BImSchG), Maßnahmen des Einzelfalls (zB nachträgliche Anordnung nach § 17 BImSchG) sowie schlicht-hoheitliches Tätigwerden (Umstellung der Beheizung öffentlicher Gebäude, Errichtung von Filtersäulen[396]).[397] Daneben muss die Behörde auch erwägen, ob sie etwa durch finanzielle Anreize Initiativen anderer Entscheidungsträger fördern kann, etwa die Umgestaltung der Parkraumbewirtschaftung, die Förderung der Fahrradmobilität oder ein verbilligtes ÖPNV-Ticket.[398] Bei der Auswahl der Maßnahmen hat die Behörde grundsätzlich das Verhältnismäßigkeits- und Verursacherprinzip zu beachten (§ 47 IV 1 BImSchG).[399] Finanzielle und wirtschaftliche Interessen müssen aufgrund des Zwecks der Luftreinhalteplanung (Schutz der menschlichen Gesundheit) gegebenenfalls zurückstehen.[400]

169 In den Fokus war zunächst die Einrichtung von *Umweltzonen* geraten, die von Kraftfahrzeugen im Rahmen eines abgestuften Systems nur mit sog. Feinstaubplaketten[401] iSd 35. BImSchV befahren werden dürfen.[402] Die Errichtung dieser Zonen erfolgt durch Aufstellung des Verkehrszeichens 270.1 auf der Rechtsgrundlage des § 40 I BImSchG.[403] Die obergerichtliche Rechtsprechung hat die Verhältnismäßigkeit der Einrichtung von Umweltzonen (§ 47 IV 1 BImSchG) bejaht.[404]

170 Derzeit dreht sich die Diskussion va darum, ob bzw. wie weitergehende Maßnahmen zur Luftreinhaltung wünschenswert respektive möglich sind. Im Mittelpunkt stehen dabei kontroverser denn je Verkehrsbeschränkungen, die über die Regelungen der 35. BImSchV hinausgehen, namentlich für Dieselfahrzeuge, die die Euro-6-Emissionsgrenzwerte[405] nicht einhalten (sowie für Kfz mit Ottomotoren, die die Euro-3-Emissionsgrenzwerte nicht einhalten).[406] Eine Änderung der 35. BImSchV dahingehend, dass eine neue Schadstoffgruppe samt zugehöriger Plakette (sog. Blaue Plakette) eingeführt wird, um ein Verkehrsverbot innerhalb des Umweltzonen-Systems zu ermöglichen, wird schon lange angedacht, hat aber politisch derzeit keine Realisierungschance. Ob unabhängig hiervon aufgrund des geltenden Straßenverkehrsrechts Verkehrsverbote für Fahrzeuge mit bestimmten Abgasnormen eingeführt werden dürfen, war umstritten.[407] Dieser Streit wurde – zumeist auf Initiative

---

[395] *VG Wiesbaden* ZUR 2015, 626 (627); *VG Stuttgart* ZUR 2017, 620 (621). Anschaulich *Brandt* NVwZ 2018, 945 ff.
[396] Vgl. FAZ Nr. 33 v. 8.2.2019, 22.
[397] *Hansmann/Röckinghausen* in Landmann/Rohmer UmweltR BImSchG § 47 Rn. 21, 25.
[398] *VG Sigmaringen* ZUR 2015, 111 (113).
[399] Zum Verhältnis der Prinzipien vgl. *OVG Münster* ZUR 2011, 199 (200 f.).
[400] *VG Wiesbaden* ZUR 2015, 626 (627).
[401] Hierzu *Scheidler* NJW 2007, 405 ff.
[402] Fallbearbeitung bei *Brenner/Seifarth* JuS 2009, 231 ff.
[403] *VG Hannover* ZUR 2009, 384 (384); *Scheidler* NVwZ 2007, 144 (146).
[404] *OVG Münster* ZUR 2011, 199 (202); *OVG Lüneburg* DVBl 2011, 1184. Krit. *Balbach/Morfeld* NVwZ 2014, 1499 (1501).
[405] Tabelle 2 des Anh. I zur VO (EG) Nr. 715/2007 des Europäischen Parlaments und des Rates v. 20.6.2007 über die Typgenehmigung von Kraftfahrzeugen hinsichtlich der Emissionen von leichten Personenkraftwagen und Nutzfahrzeugen (Euro 5 und Euro 6) und über den Zugang zu Reparatur- und Wartungsinformationen für Fahrzeuge (ABl. L 171, 1).
[406] Ebenfalls diskutiert werden finanzielle Anreizsteuerungen, etwa eine City-Maut, hierzu *Klinger* ZUR 2016, 591 ff.
[407] Für Zulässigkeit: *Faßbender* NJW 2017, 1995 (1997 f.); *Hofmann* NVwZ 2018, 928 (932 ff.); *Weise* I+E 2016, 114 ff.; dagegen: *Lenz* NVwZ 2017, 858 ff.; *Brenner* DAR 2018, 71 f.; *Schink* DVBl 2016, 1557 (1557 f.).

der DUH – vor verschiedenen Verwaltungsgerichten ausgetragen. Sie haben zumeist die zur Planung verpflichteten Stellen zur Fortschreibung ihrer Luftreinhaltepläne verurteilt und dabei Verkehrsverbote als effektive, (am besten) geeignete und rechtlich zulässige Maßnahmen qualifiziert.[408]

Mittlerweile hat auch das *BVerwG* entschieden, dass Verkehrsverbote – ggf. auch nur für Diesel – rechtlich zulässig sind.[409] Hierfür stellt es maßgeblich auf die unionsrechtliche Verpflichtung, den Zeitraum der Grenzwertüberschreitung so kurz wie möglich zu halten (→ Rn. 168), ab. Das Unionsrecht stehe einer Sperrwirkung der 35. BImSchV und von § 45 If StVO entgegen (weil diese entweder unionsrechtskonform ausgelegt werden oder unangewendet bleiben müssten), sodass als Ermächtigungsgrundlage auf § 40 I BImSchG (als Rechtsfolgenverweisung) iVm dem Straßenverkehrsrecht zurückgegriffen werden kann.[410] Hinsichtlich der straßenverkehrsrechtlichen Umsetzung hält es richtigerweise das Aufstellen von Verkehrsschildern mit Zeichen aus der Anl. 2 zu § 41 I StVO für zulässig, und zwar sowohl mit Zeichen 270.1 und 270.2 (für zonale Verbote) als auch mit Zeichen 251 (für streckenbezogene Verbote), jeweils *zuzüglich eines textlichen Zusatzzeichens* iSd §§ 39 III, 41 II 3 StVO (etwa: „Diesel Euro 6 und andere ab Euro 3 frei.“).[411]

Wegen der mit Verkehrsverboten verbundenen Grundrechtseingriffe, insbes. in Art. 2 I, 12 I GG, müssen Verkehrsverbote *verhältnismäßig* sein (§ 47 IV 1 BImSchG). Dies betont auch das *BVerwG* und stellt insoweit recht detaillierte Vorgaben auf, wobei es zwischen streckenbezogenen und zonalen Verboten differenziert.[412] Es hat aber auch klargestellt, dass nicht nur das Wie von Verkehrsverboten, sondern auch das Ob ihrer Einführung am Verhältnismaßigkeitsgrundsatz zu messen ist; insbes. sei bei nur geringfügiger Überschreitung der Grenzwerte und absehbarer Unterschreitung ein Verkehrsverbot regelmäßig nicht geboten.[413] Trotz der gerichtlichen Vorgaben bleibt die Verhältnismäßigkeitsprüfung im Einzelnen mit Problemen in den Details belastet. Bspw. geht es um den konkreten Zuschnitt der betroffenen Streckenführung und um die Mitberücksichtigung von prognostizierten Ausweichstrategien der Autofahrer, die dann andere Gebiete zusätzlich belasten. Ungeklärt ist auch, inwiefern es dem Regelungszweck des Luftreinhalterechts entspricht, durch punktuelle Fahrverbote für einzelne Straßenzüge zwar Grenzwertüberschreitungen zu verhindern, dafür aber die Gesamtemissionen (zB durch eine deutlich längere Streckenführung oder das Entstehen neuer Stauzonen) wesentlich zu erhöhen. Zudem müssten Ausnahmen für durch Verkehrsverbote besonders Belastete, etwa Handwerker, geprüft und im Einzelfall angeordnet werden (vgl. § 40

---

[408] *VG Düsseldorf* ZUR 2016, 692 (694 f.); *VG Stuttgart* ZUR 2017, 620 (623 ff.); deutlich ausgesprochene Verpflichtung zur Aufnahme von Verkehrsverboten bei *VG Mainz* ZUR 2019, 116; *VG Wiesbaden* Urt. v. 5.9.2018 – 4 K 1613/15.WI. mAnm *Will* NVwZ 2019, 263; strenger indes *VGH Kassel* NVwZ 2019, 329 Rn. 14 ff. Überblick über weitere Entscheidungen bei *Scheidler* DAR 2019, 17 (19).

[409] BVerwGE 161, 201; *BVerwG* NVwZ 2018, 890. Fallbearbeitungen bei *Schlacke/Droste* JA 2021, 37 ff.; *Gött/Wanner* JuS 2021, 141 ff. Zur elektronischen Überprüfung der Einhaltung der Verbote vgl. § 63c StVG; *Albrecht/Nentwich* NZV 2019, 377 (380 ff.).

[410] BVerwGE 161, 201 Rn. 37, 51 ff. Eingehend zu den Folgerungen *Franzius* NuR 2018, 433 ff.; *Giesberts* NVwZ 2018, 1276 ff.; *Hofmann* EurUP 2018, 363 ff.; *Krämer-Hoppe* DVBl 2018, 1553 ff.; *Will* NZV 2018, 393 ff.; *Schink/Fellenberg* NJW 2018, 2016 ff.

[411] Die VwV zu §§ 39–43 StVO Nr. III.16 lit. a steht textlichen Zusatzzeichen – schon nach ihrem Wortlaut – hier nicht entgegen, BVerwGE 161, 201 Rn. 56 f.

[412] BVerwGE 161, 201 Rn. 38 ff.; 168, 20 Rn. 34 ff., 54 ff. mAnm *Kümmel*; *Dolde* EurUP 2020, 259 (261 ff.).

[413] BVerwGE 168, 20 Rn. 34 ff.

I 2 BImSchG), ggf. unter Rückgriff auf § 46 I 1 Nr. 11 StVO.[414] Ein etwaiger, durch verhältnismäßige Verkehrsverbote verursachter Wertverlust von älteren Dieselfahrzeugen wäre als Inhalts- und Schrankenbestimmung iSd Art. 14 I 2 GG entschädigungslos hinzunehmen.[415]

Ungeachtet der eigentlichen Fragen der Verhältnismäßigkeit zeichnet sich ab, dass künftig auch sehr technische Fragen eine zentrale Rolle spielen werden, die letztlich vor allem fallbezogen zu beurteilen sind. So geht es zB darum, an welchen Stellen in einer Stadt Messstationen aufgestellt werden, welchen Abstand diese zur nächsten Straße haben müssen und welche Anforderungen an die Aussagekraft des Messstandorts für einen Straßenzug zu stellen sind.[416]

171 In Reaktion auf die gerichtlichen Entscheidungen zur Zulässigkeit von Verkehrsverboten wurde auf Initiative der Bundesregierung § 47 IVa BImSchG erlassen. Dieser sieht in S. 1 vor, dass Verkehrsverbote für Dieselfahrzeuge „in der Regel" nur in Betracht kommen, wenn der NO_2-Wert über 50 µg/m³ im Jahresmittel (statt der unionsrechtlich vorgegebenen 40 µg/m³) liegt. Die hiermit beabsichtigte Festschreibung der „Unverhältnismäßigkeit" bestimmter Ausgestaltungen von Verkehrsverboten steht freilich unter dem Vorbehalt, dass das unionsrechtlich zwingend vorgegebene Ziel, die Grenzwertüberschreitungen so kurz wie möglich zu halten (→ Rn. 168), nicht konterkariert wird.[417] Wegen ihrer Hintertür („in der Regel") kann die Vorschrift unionsrechtskonform ausgelegt werden, nämlich im Sinne einer widerleglichen Vermutung, wonach bei Immissionswerten unter 50 µg/m³ eine Unterschreitung des Grenzwerts aufgrund anderer Maßnahmen alsbald zu erwarten ist;[418] da diese Vermutung aber selbstredend erschüttert werden kann, wird die Vorschrift Verkehrsverbote vielfach nicht verhindern können, weil die Verwaltungsgerichte zumeist festgestellt haben, dass die unionsrechtlichen Ziele derzeit nur durch Verkehrsverbote erreicht werden können. Es handelt sich damit letzten Endes um Symbolpolitik am Rande der Wählertäuschung. Praktisch bedeutsam ist hingegen § 47 IVa 2 BImSchG, der bestimmte, näher bezeichnete Kraftfahrzeuge von Verkehrsverboten ausnimmt. Diese Ausnahmen gelten qua Gesetz und unabhängig von etwaigen (ggf. weiterreichenden) behördlich verfügten Ausnahmen (§ 47 IVa 4 BImSchG).[419] Ob dieser Ausnahmekatalog in jedem Fall einer unionsrechtlichen Kontrolle standhalten wird, ist nicht sicher.[420]

b) Pläne für kurzfristig zu ergreifende Maßnahmen

172 Entsprechend ihrem Namen sollen die in Plänen für kurzfristig zu ergreifende Maßnahmen festgelegten Maßnahmen kurzfristig ergriffen werden und kurzfristig wirken (§ 47 II 3 BImSchG). Ansonsten sind diese Pläne den Luftreinhalteplänen ähn-

---

[414] Diese Befreiungen müssen nicht durch Verkehrsschilder angeordnet werden, BVerwGE 161, 201 Rn. 45 ff. (59); krit. *Winkler/Zeccola/Willing* DVBl 2019, 79 (82).

[415] BVerwGE 161, 201 Rn. 48 f.

[416] Hierzu EuGH, Rs. C-723/17 (Craeynest), ECLI:EU:C:2019:533 Rn. 30 ff.; *OVG Hamburg* NVwZ 2019, 1774 Rn. 22 ff.; *VGH Mannheim* VBlBW 2020, 297 (298); *Seibert* EurUP 2020, 346 (352 f.); *Uechtritz/Couzinet* DVBl 2019, 1289 ff.; *Schink/Dingemann* UPR 2019, 241 ff., 285 ff.

[417] *Gärditz* ZfU 2019, 369 (400 f.).

[418] BVerwGE 168, 20 Rn. 60 ff.; vgl. auch *VGH Mannheim* NVwZ 2019, 813 Rn. 67 ff.; *Laskowski* ZRP 2019, 44 ff.; *Appel/Stark* NVwZ 2019, 1552 ff.; *Berkemann* ZUR 2019, 412 ff.

[419] *Albrecht/Nentwich* NZV 2019, 377 (380); *Weiß/Feder* EWS 2019, 14 (18 f.); aA *Scheidler* VBlBW 2019, 441 (443 f.).

[420] Kritisch etwa *Klinger* ZUR 2019, 131 (135).

lich. Beide sind Ausdruck des integrierten Umweltschutzes (§§ 47 V 1, 45 II lit. a BImSchG) und zeichnen sich durch ihren mehrstufigen Wirkungsmechanismus aus (vgl. § 47 VI BImSchG). Es verwundert deshalb nicht, dass Pläne für kurzfristig zu ergreifende Maßnahmen auch Teil von Luftreinhalteplänen sein können (§ 47 II 4 BImSchG).

Gem. § 47 II 1 BImSchG besteht eine Aufstellungspflicht, wenn die Gefahr besteht, dass die durch eine Rechtsverordnung nach § 48a I BImSchG festgelegten Alarmschwellen (§ 1 Nr. 1 der 39. BImSchV) überschritten werden, und die Rechtsverordnung die Aufstellung anordnet. Letzteres geschieht in § 28 I 1 der 39. BImSchV. Hingegen stellt § 47 II 2 BImSchG die Aufstellung in das Ermessen der zuständigen Behörde, wenn die Gefahr besteht, dass durch eine Rechtsverordnung nach § 48a I BImSchG festgelegte Immissionsgrenzwerte oder Zielwerte überschritten werden, und eine Rechtsverordnung eine Planaufstellungsmöglichkeit vorsieht, wie dies in § 28 I 2 der 39. BImSchV geschieht.[421] 173

Pläne für kurzfristig zu ergreifende Maßnahmen werden ohne Öffentlichkeitsbeteiligung aufgestellt, nach ihrer Aufstellung müssen sie aber der Öffentlichkeit zugänglich gemacht werden (§ 47 V 3 BImSchG) und diese ist über die Durchführbarkeit und Durchführung zu informieren (§ 47 Vb BImSchG).[422] Hinsichtlich der Behördenbeteiligung bestehen keine Unterschiede zu den Luftreinhalteplänen (§ 47 IV 2 BImSchG; → Rn. 167). 174

Die in den Plänen für kurzfristig zu ergreifende Maßnahmen festzulegenden Maßnahmen müssen den Anforderungen aus § 47 IV 1, V 1 BImSchG genügen und geeignet sein, die Überschreitung der Werte zu verringern oder die Dauer der Überschreitung zu verkürzen (§ 47 II 3 BImSchG; vgl. auch § 28 II der 39. BImSchV). Solche Maßnahmen können sein: befristete Verkehrsbeschränkungen, zeitliches Verbot der Verwendung bestimmter Brennstoffe, Betriebsbeschränkungen bei bestimmten Industrieanlagen etc.[423] Hinsichtlich der Art der Maßnahmen und des Planungsermessens ergeben sich keine wesentlichen Unterschiede zum Luftreinhalteplan. 175

3. Lärmaktionsplanung

Der Lärmaktionsplan ist Kernstück der in den §§ 47a–47f BImSchG geregelten Lärmminderungsplanung, die 2005 zur Umsetzung der Richtlinie 2002/49/EG über die Bewertung und Bekämpfung von Umgebungslärm vom 25.6.2002 (Umgebungslärm-RL)[424] in das BImSchG eingefügt worden ist.[425] Die relevanten Begriffsbestimmungen werden in § 47b BImSchG vorgenommen. Dieser definiert in Nr. 1 „Umgebungslärm“ mit lediglich „belästigenden“ Geräuschen und damit weiter als den Begriff der schädlichen Umwelteinwirkungen iSv § 3 I BImSchG.[426] 176

Hinsichtlich des Verfahrens ist zunächst eine Erfassung der Belastungssituation in Form von Lärmkarten vorzunehmen (§ 47c BImSchG). Diese bilden die Grundlage der gem. § 47d BImSchG aufzustellenden Lärmaktionspläne mit Maßnahmen zur Lärmminderung.[427] Solche können bspw. sein: Verbesserung des ÖPNV, Ausbau des Radwegenetzes, Sperrung einzelner 177

---

[421] *Hansmann/Röckinghausen* in Landmann/Rohmer UmweltR BImSchG § 47 Rn. 13.
[422] *Jarass* BImSchG § 47 Rn. 54.
[423] Vgl. *Jarass* BImSchG § 47 Rn. 20 f.
[424] Hierzu *Meßerschmidt* § 17 Rn. 19 ff.
[425] Zum Ganzen *Beye* EurUP 2017, 242 ff.; *Scheidler* GewArch 2019, 217 ff.
[426] *Scheidler* DVBl 2005, 1344 (1345); *Klinger/Douhaire* in Appel/Ohms/Saurer (Hrsg.), BImSchG, 2021, § 47b Rn. 9 ff.
[427] Lärmaktionspläne haben die gleiche Rechtsnatur wie Luftreinhaltepläne (→ Rn. 162), BVerwGE 167, 147 Rn. 7.

Straßen, Geschwindigkeitsbegrenzungen (Tempo-30-Zonen), Parkraumbewirtschaftung, Verlagerung von Gewerbebetrieben.[428]

4. Rechtsschutz

a) Gerichtliche Durchsetzung der Planaufstellungs- und -fortschreibungspflicht

178 In *Fall 15* liegt eine Überschreitung des Immissionsgrenzwertes gem. § 3 II der 39. BImSchV vor. Da in *Fall 15* bereits ein Luftreinhalteplan existiert, ist das Klagebegehren auf dessen Fortschreibung gerichtet. Voraussetzung für einen derartigen Anspruch ist, dass ein *Planaufstellungsanspruch* besteht. Ein solcher wandelt sich in einen *Anspruch auf Fortschreibung,* wenn ein aufgestellter Plan die mit ihm bezweckte Unterschreitung der Immissionsgrenzwerte nicht (in absehbarer Zeit) herbeizuführen geeignet ist.

179 Unabhängig vom Rechtscharakter der Pläne (→ Rn. 162) kommt als *statthafte Klageart* die allgemeine Leistungsklage in Betracht.[429] In der Begründetheitsprüfung muss dem Kläger für einen Aufstellungs- bzw. Ergänzungsanspruch ein *subjektives öffentliches Recht* zustehen. Die Aufstellung eines Luftreinhalteplans ist gem. § 47 I 1 BImSchG objektive Pflicht der Behörde; Gleiches gilt für die Fortschreibung, weil die Behörde mit einem Plan, der die Grenzwertunterschreitung nicht herbeiführt, ihre Pflicht nicht erfüllt.[430] Ob dieser objektiven Pflicht auch ein subjektives Recht korrespondiert, war lebhaft umstritten.[431] Das *BVerwG* wollte wegen des zweistufigen Systems der Luftreinhalteplanung ein subjektives Recht auf Planaufstellung ablehnen, legte die Sache aber dem *EuGH* vor.[432] Dieser bejahte zu Recht einen Anspruch auf Aufstellung eines Aktionsplans, weil sich der betroffene Einzelne auf die durch die Richtlinie auferlegten Verpflichtungen berufen können muss.[433] Dies gilt in gleicher Weise für den sich nunmehr aus Art. 23 I der Luftqualitäts-RL ergebenden Anspruch auf Planaufstellung[434] und entsprechend für dessen Fortsetzung in Gestalt eines Anspruchs auf Planfortschreibung.

180 Der Umsetzung des Anspruchs auf Planaufstellung bzw. Planfortschreibung aus Art. 23 I der Luftqualitäts-RL dient § 47 I 1 BImSchG. In unionsrechtskonformer Auslegung muss der unionsrechtlich veranlassten Zuerkennung subjektiver Rechte in Form der Grenzwerte der 39. BImSchV grundsätzlich deren materielle Durchsetzbarkeit entsprechen, auch wenn nach nationalem Recht eine Regelung ausschließlich objektiv-rechtliche Wirkung hat.[435] Zweck des in § 47 BImSchG zum Ausdruck kommenden, zweistufigen Konzepts des europäischen Luftreinhalterechts ist es, über die Planung den Gesundheitsschutz zu effektuieren. Luftreinhaltepläne dienen dabei als Bindeglied zwischen verbindlichen Vorgaben des Gesundheitsschutzes und einklagbaren Ansprüchen auf die Durchführung der in ihnen vorgesehenen Maßnahmen. Diese Konstruktion sollte aber gerade keine Rechtsschutznachteile des Bürgers zur Folge haben.[436] Für die Frage des Planaufstellungs- bzw. -fortschreibungsanspruchs ergibt sich daher bei richtlinienkonformer Auslegung, dass

---

[428] *Sparwasser/Engel/Voßkuhle* § 10 Rn. 365.
[429] BVerwGE 147, 312 Rn. 18.
[430] Vgl. *EuGH,* Rs. C-404/13 (ClientEarth), ECLI:EU:C:2013:805 Rn. 36 ff., 49.
[431] Eingehend 9. Aufl. § 7 Rn. 184 ff.
[432] BVerwGE 128, 278 (284 ff.); zum Verfahrensgang *Fonk* NVwZ 2009, 69 (70 f.).
[433] *EuGH,* Rs. C-237/07 (Janecek), Slg. 2008, I-6221 Rn. 34 ff.
[434] *EuGH,* Rs. C-404/13 (ClientEarth), ECLI:EU:C:2013:805 Rn. 56, mAnm *Klinger* ZUR 2015, 37, und *Epiney* EurUP 2015, 47 (59).
[435] *Calliess* NVwZ 2006, 1 (6); *Krohn* ZUR 2005, 367 (372 f.).
[436] *VGH München* NVwZ 2007, 233 (236); *Fonk* NVwZ 2009, 69 (73).

der Luftreinhalteplan als Maßnahme, die den subjektiven Rechten der begünstigten Bürger zur Durchsetzung verhilft, selbst durchsetzbar sein muss.[437] Deshalb gewähren auch § 47 I 1, 2 BImSchG einen Anspruch auf Aufstellung eines Luftreinhalteplans und bei bislang ungenügender Planung einen Anspruch auf Planfortschreibung.[438]

Eine Klagebefugnis kommt auch nach § 3 UmwRG anerkannten *Umweltvereinigungen* zu. Das *BVerwG* hatte – gleichsam als Behelfslösung – das subjektive öffentliche Recht (§ 42 II Hs. 2 VwGO [analog]) aus § 47 I BImSchG im Wege einer unionsrechtskonformen (Art. 4 III EUV) und um Völkerrechtskonformität bemühten (Art. 9 III AK), erweiternden Auslegung auf sie erstreckt.[439] Zwischenzeitlich hat der Gesetzgeber reagiert und das UmwRG geändert, sodass Umweltverbände nunmehr gem. §§ 1 I 1 Nr. 4, 2 I UmwRG klagebefugt sind, wenn der Luftreinhalteplan (abstrakt) SUP-pflichtig sein kann; sofern dies nicht der Fall ist, ist § 1 I 1 Nr. 4 UmwRG analog anzuwenden, um den unionsrechtlichen Vorgaben gerecht zu werden.[440] Hinsichtlich der Begründetheit von (bestimmten) Rechtsbehelfen anerkannter Umweltvereinigungen sieht § 2 IV 2 UmwRG eigentlich vor, dass eine konkrete SUP-Pflicht bestehen muss. Das *BVerwG* hat aber zu Recht klargestellt, dass § 2 IV 2 UmwRG bei Klagen betreffend Luftreinhaltepläne teleologisch zu reduzieren ist, um den unionsrechtlichen Vorgaben gerecht zu werden.[441] 181

Damit kann in *Fall 15* der anerkannte Umweltverband den Anspruch auf Planfortschreibung gerichtlich geltend machen. Sachlich zuständig für Klagen auf Aufstellung bzw. Fortschreibung eines Luftreinhalteplans ist gem. § 7 II iVm § 1 I 1 Nr. 4 UmwRG iVm § 2 VII UVPG iVm Nr. 2.2 der Anl. 5 zum UVPG bereits erstinstanzlich das OVG/der VGH. 182

Anders als bei Luftreinhalteplänen und Plänen für kurzfristig zu ergreifende Maßnahmen wurde einem einzelnen Immissionsbetroffenen bisher kein Anspruch auf Aufstellung eines *Lärmaktionsplans* gewährt.[442] Dies wird damit begründet, dass eindeutige Grenzwerte nicht normiert sind und es daher an einem subjektiven öffentlichen Recht fehle. Dem wird teilweise entgegengehalten, dass sich aus dem *effet-utile*-Grundsatz ein Anspruch ergeben müsse, weil ansonsten die effektive Durchsetzung des Unionsrechts beeinträchtigt würde.[443] Da sich Umweltverbände gem. § 2 UmwRG nicht auf die Verletzung eigener Rechte berufen müssen, ist ihre Klagebefugnis nicht von vornherein ausgeschlossen. 183

Kommt die zuständige Behörde einem gerichtlichen Urteil, das zur Aufstellung oder Fortschreibung eines Luftreinhalteplans verpflichtet, nicht nach, ist eine *Vollstreckung* gem. §§ 167 ff. VwGO möglich.[444] Vollstreckungsschuldner ist der Beklagte 184

---

437 *Appel* FS Koch, 2014, S. 447 (451); *Breuer* FS Sellner, 2010, S. 493 (502 ff., 508).

438 BVerwGE 147, 312 Rn. 38.

439 BVerwGE 147, 312 Rn. 47; zust. *Franzius* DVBl 2014, 543 ff.; *Schlacke* NVwZ 2014, 11 (13 f.); aA *Schink* FS Dolde, 2014, S. 109 (118 ff.). Ausf. *Gärditz* EurUP 2014, 39 (43). Zu den problematischen Aspekten aber → § 5 Rn. 57.

440 *OVG Münster* ZUR 2019, 97 Rn. 41 ff., mAnm *Klinger;* enger wohl *VG Düsseldorf* BeckRS 2018, 1408 Rn. 144 ff.; *VGH Kassel* NVwZ 2019, 329 Rn. 13, die von einer abschließenden Regelung des UmwRG ausgehen, dabei aber verkennen, dass der Gesetzgeber mit der Änderung den unionsrechtlichen Vorgaben gerade gerecht werden wollte (vgl. BT-Drs. 18/9562, 24, 35).

441 BVerwGE 168, 20 Rn. 24.

442 BVerwGE 167, 147 Rn. 15 ff.

443 *Scheidler* UPR 2019, 1 (4 ff.); *Schlacke* NVwZ 2015, 563 (565).

444 Vertiefend *Gafus* EurUP 2020, 185 ff.; *Will* VerwArch 2019, 280 ff.; *Berkemann* DÖV 2019, 761 ff.

des Erkenntnisverfahrens, typischerweise das betreffende Bundesland.[445] Hinsichtlich der materiellen Vollstreckbarkeit ist ggf. die hinreichende Bestimmtheit des Titels nicht unproblematisch, weil dem Gericht durch § 47 I BImSchG die Wahrung der planerischen Gestaltungsfreiheit aufgegeben ist. Dem Vollstreckungsgericht verbleibt aber die Möglichkeit, das Leistungsurteil durch die Benennung konkreter Maßnahmen und ihrer Reduktionspotenziale zu konkretisieren und so eine Vollstreckbarkeit herbeizuführen[446] – jedenfalls soweit Anhaltspunkte für diese Maßnahmen im Urteil angelegt sind.[447] Als Benennung konkreter Maßnahmen kommen hierbei insbes. *Verkehrsverbote* (→ Rn. 170) in Betracht.[448]

185 Hinsichtlich der *Vollstreckungsmaßnahmen* sind vor allem *Zwangsgelder* gem. § 172 VwGO analog festzusetzen.[449] Nachdem diese jedoch verschiedentlich nicht zum Erfolg führten, wird diskutiert, ob auch die Anordnung von *Zwangshaft* für Amtsträger gem. § 167 I 1 VwGO iVm § 888 I ZPO in Betracht kommt.[450] Zwar ist Vollstreckungsschuldner das beklagte Bundesland (Rechtsträgerprinzip), da Zwangshaft aber nur gegenüber natürlichen Personen angeordnet werden kann, ist bei juristischen Personen anerkannt, dass die Zwangshaft zur Vollstreckung unvertretbarer Handlungen gegen ihre Organe zu verhängen ist. Bei beklagten Bundesländern wäre entsprechend auf die Leiter der Behörde abzustellen, in deren Zuständigkeit die Vornahme der Amtshandlung fällt, zu der der Vollstreckungsschuldner verurteilt wurde.[451] Es ist also ein Rückgriff auf das Behördenprinzip nötig (Vollstreckungsschuldner bleibt gleichwohl das Land). Der *VGH München* hielt eine solche Zwangshaft für Amtsträger dem Wortlaut nach für möglich, hatte allerdings verfassungsrechtliche Bedenken, weil „der Wille des Gesetzgebers im Zeitpunkt der Schaffung der Vorschrift" die Zwangshaft für Amtsträger nicht umfasst habe, weshalb die Anforderungen aus Art. 2 II, 104 I GG in der Auslegung des *BVerfG* nicht erfüllt seien.[452] Er legte daraufhin dem *EuGH* die Frage vor, ob das Unionsrecht die Möglichkeit der Zwangshaft für die vorliegende Konstellation fordere. Der *EuGH* indes spielte den Ball an die nationalen Gerichte zurück.[453] Er sprach keine unbedingte Verpflichtung aus, sondern betonte, dass die Zwangshaft eine in Art. 6 GRCh eingreifende Maßnahme sei und dass die nationalen Gerichte beurteilen müssten, ob das nationale Recht eine den Anforderungen von Art. 52 I GRCh genügende Eingriffsgrundlage für die Verhängung von Zwangshaft bereithalte. Nur sofern eine solche nationale Grundlage gegeben sei, könne eine unionsrechtliche Pflicht bestehen. In der Folge haben die deutschen Gerichte keine Zwangshaft verhängt,[454] obwohl es in der Literatur durchaus Stimmen gibt, die eine solche Verhängung mit beachtlichen Argumenten für rechtlich zulässig halten.[455]

---

[445] *VGH Kassel* ZUR 2016, 432 (433); *VG München* DVBl 2016, 1133.

[446] *VGH Kassel* ZUR 2016, 432 (434); *VGH München* DVBl 2017, 781 Rn. 76 ff., 85, 87.

[447] *VGH München* DVBl 2017, 781 Rn. 76 ff., 85; ausreichender Anknüpfungspunkt ist dabei die Verpflichtung zu „geeigneten Maßnahmen"; s. *Hilbert* DVBl 2016, 1137 (1138); aA *VGH Kassel* ZUR 2016, 432 (433 f.); *Schink* DVBl 2016, 1557 (1560 ff.).

[448] Deutlich *VGH Mannheim* NVwZ-RR 2019, 405; *VG Aachen* ZUR 2019, 52; *VG Stuttgart* ZUR 2018, 696.

[449] Vgl. *VGH Mannheim* ZUR 2018, 495 (495).

[450] Vgl. auch *BVerfG* NVwZ 1999, 1330.

[451] Vgl. *VGH München* ZUR 2019, 108 Rn. 158 ff.

[452] *VGH München* ZUR 2019, 108 Rn. 142 ff., unter Berufung auf BVerfGE 29, 123 (195 f.).

[453] *EuGH*, Rs. C-752/18 (DUH/Bayern), ECLI:EU:C:2019:1114 Rn. 43 ff.; hierzu etwa *Misonne* JEEPL 2020, 409 ff.; *Ruffert* JuS 2020, 700 ff.

[454] Vgl. *VGH Mannheim* ZUR 2020, 555 Rn. 32 f.; *VGH München* ZUR 2020, 689.

[455] *Berkemann* DÖV 2019, 761 (772 f.); *Gafus* EurUP 2020, 185 (199); *Will* NJW 2020, 963 ff.; *Klinger* EurUP 2020, 202 (207 ff.); aA *Lind/Priebe* ZEuS 2020, 429 (439 ff.).

Um gleichwohl Druck auf die Verwaltung auszuüben, gehen die Gerichte aber zT dazu über, die Zwangsgeldzahlungen nicht mehr zugunsten der Staatskasse, sondern zugunsten privater Einrichtungen (insbes. der Deutschen Kinderkrebsstiftung) anzuordnen.[456] Als Rechtsgrundlage wird hierfür § 167 I 1 VwGO iVm § 888 ZPO iVm § 153a I 2 Nr. 2 StPO herangezogen, die höhere Zwangsgelder als § 172 VwGO analog zulässt. Eine Entscheidung des *BVerwG* zu dieser Frage steht noch aus. Eine weitere, von den Gerichten bislang nur angedeutete Eskalationsstufe wäre, die Behördenleiter persönlich zur Zahlung von Zwangsgeldern zu verpflichten. Insoweit müsste – wie bei der Zwangshaft – in der Vollstreckung auf das Behördenprinzip zurückgegriffen werden (Vollstreckungsschuldner bliebe aber das Land), dh als Adressat der Zwangsmittel die handlungsbefugte Behörde herangezogen werden (was § 172 VwGO ausdrücklich vorsieht, auch wenn umstritten ist, ob er heranzuziehen ist oder eben § 167 I 1 VwGO iVm § 888 ZPO); die Befürworter des (umstrittenen) Rückgriffs auf eine Verpflichtung des Behördenleiters als natürliche Person argumentieren mit der beabsichtigten Willensbeugefunktion der Zwangsmittel, die nur bei natürlichen Personen erreicht werden kann.[457]

b) Gerichtliche Durchsetzung des Planvollzugs

186 Auf einer zweiten Stufe stellt sich die Frage, inwieweit dem Einzelnen ein Anspruch zusteht, dass eine in einem aufgestellten Plan vorgesehene Maßnahme auch vollzogen wird. Eine solche Verpflichtung zum Vollzug ist im Luftreinhalterecht in § 47 VI 1 BImSchG, der auch auf Lärmaktionspläne Anwendung findet (§ 47d VI BImSchG), ausdrücklich normiert. Diese Verpflichtung bindet jedoch zunächst die für die entsprechende Maßnahme zuständige Behörde, sie entfaltet noch keine drittschützende Wirkung für den Immissionsbetroffenen.[458] Eine solche ist indes im Luftreinhalterecht den normierten Grenzwerten, die dem Schutz der Gesundheit des Einzelnen dienen, beizumessen. Sie vermögen daher nicht nur einen Plan*aufstellungs*- respektive Plan*ergänzungs*-, sondern auch einen Plan*vollzugs*anspruch zu begründen.[459] Anderes gilt wiederum für Lärmaktionspläne: Da es dort an definierten Grenzwerten fehlt, lassen sich nach hM aus einem Lärmaktionsplan keine subjektiven (Vollzugs-)Rechte von Betroffenen bzw. Umweltverbänden herleiten.[460] Zugunsten einer planaufstellenden Gemeinde hat allerdings der *VGH Mannheim* einen Anspruch auf Planvollzug gegenüber der Straßenverkehrsbehörde bejaht, weil die örtliche Lärmminderungsplanung zur kommunalen Selbstverwaltung gehöre und die Weigerung des Planvollzugs die Gemeinde in Art. 28 II GG verletze.[461]

c) Anspruch auf planunabhängige Maßnahmen

187 Unabhängig von einem Anspruch auf Planaufstellung oder -vollzug kommt im Luftqualitätsrecht ein Anspruch auf planunabhängige Maßnahmen in Betracht.[462] § 45 I BImSchG nennt Pläne nur als ein Mittel zur Einhaltung der Immissionswerte. Zwar verdeutlicht die Formulierung des § 45 I 2 BImSchG die besondere Bedeutung

---

456 *VGH Mannheim* ZUR 2020, 555 Rn. 20 ff.; s. auch *Klinger* ZUR 2020, 367 f.
457 *Kring* NVwZ 2019, 23 (27 f.); *Gafus* EurUP 2020, 185 (195 f.).
458 *Klinger/Löwenberg* ZUR 2005, 169 (173); aA *Sparwasser* NVwZ 2006, 369 (375).
459 *VG Hannover* ZUR 2010, 208 (209 f.); *Jarass* BImSchG § 47 Rn. 64 f., 70.
460 Vgl. BVerwGE 150, 294 Rn. 19 ff.; *BVerwG* DVBl 2015, 636 (639 f.); *Scheidler/Tegeder* in Feldhaus (Hrsg.), Bundesimmissionsschutzrecht, B 1 § 47d Rn. 76; aA *Cancik* WiVerw 2012, 210 (223); *Berkemann* I+E 2018, 130 (141 f.).
461 *VGH Mannheim* NVwZ-RR 2019, 21 Rn. 36 ff., mAnm *Sommer* I+E 2018, 215.
462 BVerwGE 129, 296 (301); *OVG Münster* UPR 2013, 349 (350 ff.).

planerischer Maßnahmen und dem Fünften Teil des BImSchG ist ein Vorrang der Planung zu entnehmen.[463] Gleichwohl besteht ein Bedarf für die Ergänzungsfunktion planunabhängiger Maßnahmen, die insbes. kurzfristig Wirkung entfalten.[464]

Als Anspruchsgrundlage kommt das einschlägige Fachrecht in Betracht. Insbes. sind straßenverkehrsrechtliche Maßnahmen gem. § 45 I 2 Nr. 3 StVO denkbar. § 45 I 1 BImSchG selbst scheidet als Anspruchsgrundlage aus, da er lediglich Aufgaben-, nicht aber Befugnisnorm ist.[465]

188 Anderes gilt im Lärmminderungsrecht: Eine dem § 45 I 1 BImSchG entsprechende, ausdrückliche Zulassung weiterer Maßnahmen ist hier nicht ersichtlich. Allerdings kann allein die Möglichkeit des Erlasses eines Lärmaktionsplans die Geltendmachung eines Anspruchs auf Erlass planunabhängiger Maßnahmen nicht beseitigen. Liegt eine entsprechende drittschützende Norm vor, so sind mithin auch hier Ansprüche denkbar, soweit sich der behördliche Handlungsspielraum auf die begehrte Maßnahme reduziert.

d) Rechtsschutz gegen Pläne bzw. Umsetzungsmaßnahmen

189 Das Rechtsschutzbegehren des Einzelnen kann sich auch *gegen* Luftreinhaltepläne, Pläne für kurzfristig zu ergreifende Maßnahmen oder Lärmaktionspläne richten. Weil das *BVerwG* die Pläne als den Verwaltungsvorschriften „ähnlich" qualifiziert (→ Rn. 162), verneint es jedoch eine unmittelbare Klagemöglichkeit gegen einen Plan selbst, etwa eine Normenkontrolle gem. § 47 VwGO. Stattdessen verweist es Rechtsschutzsuchende auf die Klage gegen die konkreten Maßnahmen, die zur Umsetzung des Plans ergangen sind. So ist etwa gegen die Einrichtung einer Umweltzone (→ Rn. 169) mittels einer Anfechtungsklage gem. § 42 I 1. Alt. VwGO, gerichtet gegen die jeweiligen Verkehrszeichen, vorzugehen. Zur Wahrung effektiven Rechtsschutzes (Art. 19 IV 1 GG) sei jedoch eine *Inzidentkontrolle* der Rechtmäßigkeit des jeweiligen Plans vorzunehmen.[466] Da der Plan kein Kompetenztitel für die konkrete Maßnahme ist (→ Rn. 161), ist die Inzidentprüfung dogmatisch in der Prüfung des Ermessens zu verorten. Ein rechtmäßiger Plan reduziert das Ermessen regelmäßig auf null,[467] da die in ihm vorgesehenen Maßnahmen gem. § 47 VI 1 (ggf. iVm § 40 I 1 oder § 47d VI) BImSchG von der zuständigen Behörde zu erlassen sind. Bei einem rechtswidrigen Plan entfällt diese Bindung und die sich zu Unrecht gebunden geglaubte Behörde handelt ermessensfehlerhaft (Ermessensunterschreitung).

190 Anerkannte Umweltvereinigungen (§ 3 UmwRG) können, anders als Einzelpersonen, nunmehr gem. § 7 II 2 iVm § 1 I 1 Nr. 4 UmwRG iVm § 2 VII UVPG iVm Nr. 2.2 bzw. Nr. 2.1 der Anl. 5 zum UVPG Luftreinhaltepläne und Lärmaktionspläne unmittelbar mit einem Rechtsbehelf analog § 47 I VwGO angreifen. Ein auf bloße Kassation gerichteter Angriff wird aber selten in deren Interesse liegen. Hinsichtlich Luftreinhalteplänen wird vielmehr regelmäßig Leistungsklage auf Fortschreibung erhoben werden (→ Rn. 178 ff.).

---

463 *Kirchhof* AöR 135 (2010), 29 (69 ff.).

464 *Kloepfer* FS Rehbinder, 2007, S. 379 (391 f.); zu prozessualen Konsequenzen vgl. *Kotulla/Rolfsen* JZ 2009, 209 (210 f.).

465 *Jarass* VerwArch 97 (2006), 429 (442 f.); aA BVerwGE 129, 296 (305); *Sparwasser* NVwZ 2006, 369 (372): Anspruch auf Maßnahmen, die nicht in Rechte Dritter eingreifen.

466 *BVerwG* NVwZ 2012, 1175 Rn. 10; *Cancik* ZUR 2011, 283 (286 f.).

467 *Hansmann* in Rehbinder/Schink Abschn. 7 Rn. 64; vgl. aber auch *Jarass* BImSchG § 47 Rn. 60: keine Ermessensreduzierung auf null, wenn die Zurückstellung gegenläufiger Belange nicht zulässig ist.

Luftreinhaltepläne, Pläne für kurzfristig zu ergreifende Maßnahmen und Lärmaktionspläne sind als prognosebasierte Planungsentscheidungen gerichtlich nur eingeschränkt überprüfbar.[468] Geprüft wird, ob die Prognose auf zutreffende Daten sowie realistische Annahmen gestützt und nachvollziehbar begründet wurde; überdies muss der Plan zur Sicherstellung der Einhaltung der Immissionsgrenzwerte gem. § 47 I 3, II 3 BImSchG zumindest geeignet sein und die Emittenten müssen gem. § 47 IV 1 (ggf. iVm § 47d VI) BImSchG entsprechend ihres Verursacheranteils in Anspruch genommen werden.[469] Maßgeblicher Zeitpunkt für die Beurteilung ist der Zeitpunkt der Beschlussfassung über den Plan.[470] **191**

Problematisch ist, inwieweit sich dieser Prüfungszeitpunkt auf die Prüfung der konkreten Maßnahme außerhalb der Inzidentprüfung des Plans auswirkt. So ist etwa bei einer Anfechtungsklage gegen ein eine Umweltzone einrichtendes Verkehrsschild (Dauerverwaltungsakt) grundsätzlich die Sach- und Rechtslage zum Zeitpunkt der letzten mündlichen Verhandlung maßgeblich. Würde in Fällen, in denen die Umweltzone zur Umsetzung eines Luftreinhalteplans errichtet wird, der für dessen Rechtmäßigkeit maßgebliche Zeitpunkt (→ Rn. 191) auch der Prüfung der Rechtmäßigkeit des Verkehrsschildes zugrunde gelegt, könnte eine Rechtsschutzlücke entstehen, weil die Anordnung aufgrund nachträglicher Entwicklungen unverhältnismäßig geworden sein könnte. Das konstatiert auch das *BVerwG,* ohne zu entscheiden, wie hierauf zu reagieren ist.[471] Richtigerweise wird man die nachträglichen Erkenntnisse im Anfechtungsprozess berücksichtigen müssen; sie können aber nur zum Erfolg führen, wenn aufgrund der durch sie bewirkten Veränderungen eine Umweltzone rechtmäßig nicht eingerichtet werden durfte. Sofern hierdurch die begrenzte Überprüfbarkeit des Plans entwertet wird, ist dies hinzunehmen, denn der Plan kann eben nicht zu eingreifenden Maßnahmen ermächtigen. **192**

Diese Problematik könnte ein Stück weit entschärft werden, wenn die Gerichte eine unmittelbare Überprüfung von Luftreinhalteplänen und Plänen für kurzfristig zu ergreifende Maßnahmen zuließen. Dies gilt umso mehr, als dass aufgrund von § 47 VI 1 BImSchG eine Belastung des Bürgers schon in den Plänen selbst gesehen werden kann.[472] Voraussetzung der Möglichkeit einer verwaltungsgerichtlichen Normenkontrolle gem. § 47 I Nr. 2 VwGO wäre, die Pläne – entgegen der Rechtsprechung des *BVerwG* – von der Nähe zu den Verwaltungsvorschriften zu befreien und ihnen Außenrechtscharakter zuzuerkennen.[473] **193**

---

[468] *OVG Münster* ZUR 2011, 199 Rn. 11; für Anwendung der Abwägungsfehlerlehre *Schlacke* § 9 Rn. 36.
[469] *Appel* FS Koch, 2014, S. 447 (455 ff.).
[470] *BVerwG* NVwZ 2012, 1175 (1176).
[471] *BVerwG* NVwZ 2012, 1175 ff.
[472] *Cancik* ZUR 2011, 283 (287); *Kahl* JZ 2012, 729 (731).
[473] Hierfür *Sparwasser/Engel* NVwZ 2010, 1513 (1514, 1518); *Heitsch* in Kotulla (Hrsg.), BImSchG, § 47d Rn. 53.

§ 8. Gewässerschutzrecht

I. Einleitung

1. Hintergrund

1 Das Wasser stellt angesichts der Vielzahl seiner Funktionen „eine der wichtigsten Grundlagen allen menschlichen, tierischen und pflanzlichen Lebens“[1] dar. Gefährdungen der Gewässer und ihrer Funktionen ergeben sich in der modernen Industriegesellschaft insbes. durch Schadstoffeintrag,[2] Wasserentzug, Erwärmung und bauliche Maßnahmen.[3] Während die oberirdischen Gewässer vor allem qualitativ gefährdet sind, wird das Grundwasser trotz seines großen Vorrats in der Bundesrepublik Deutschland lokal sowohl qualitativ als auch quantitativ knapp. Ursachen hierfür sind bspw. regional übermäßige Nutzungen[4] sowie Behinderungen der Grundwassererneuerung durch flussbautechnische Maßnahmen oder Bodenversiegelung. Hauptverschmutzungsquellen der Gewässer bilden die öffentliche und industrielle Abwasserbeseitigung sowie die Landwirtschaft.[5] Etwa 37 % der Grundwasserkörper in Deutschland überschreiten die europäischen Schwellenwerte für Nitrat und Pestizideinträge immer noch.[6] Nach einer Bestandsaufnahme des BMU, die noch vor Inkrafttreten der strengeren Vorgaben durch die EU-Umweltqualitätsnormen für Gewässer (→ Rn. 7) ausgearbeitet wurde, erreichten 2010 bundesweit etwa 8 % der Fließgewässer und ca. 39 % der Seen einen guten bzw. sehr guten ökologischen Zustand. Beachtliche 36 % der Fließgewässer bzw. 16 % der Seen erreichen einen unbefriedigenden und 24 % bzw. 3 % einen schlechten Zustand, und zwar aufgrund der oftmals stark veränderten Hydromorphologie (Nutzung zu Verkehrszwecken oder für Strom aus Wasserkraft). Einen guten chemischen Zustand erreichen 88 % der Flüsse und 92 % der Seen.[7] Fünf Jahre später hat sich hieran ungeachtet der Umsetzungsziele des europäischen Gewässerschutzrechts (→ Rn. 6) wenig verbessert; weiterhin sind fast 34 % der Oberflächengewässer in einem unbefriedigenden und 19 % in einem schlechten Zustand.[8]

2. Entwicklung

2 Bemühungen um die Sicherung eines mengen- und gütemäßig ausreichenden Wasserangebots gab es seit jeher. Das Wasserhaushaltsgesetz (WHG) war eines der ersten Umweltgesetze (iwS) der Bundesrepublik Deutschland. Es stammt in seiner ursprünglichen Fassung bereits aus dem Jahr 1957 und wurde seitdem mehrfach novelliert. Am 1.3.2010 trat das *neue Wasserhaushaltsgesetz (WHG 2010)*[9] in Kraft,

---

1 BVerfGE 58, 300 (341).

2 Vgl. *SRU*, Umweltgutachten 2008, Tz. 545.

3 Ausf. hierzu *Sparwasser/Engel/Voßkuhle* § 8 Rn. 18 ff.

4 Vgl. zum Eintrag von Nitrat, Pflanzenschutz- und Arzneimitteln *SRU*, Umweltgutachten 2008, Tz. 542 ff.

5 *SRU*, Umweltgutachten 2008, Tz. 545; *SRU*, Umweltgutachten 2012, Tz. 182.

6 *UBA* (Hrsg.), Wasserwirtschaft in Deutschland, Bd. 2, 2014, S. 15.

7 *BMU* (Hrsg.), Die Wasserrahmenrichtlinie, 2. Aufl. 2010, S. 25, 28.

8 *UBA* (Hrsg.), Die Wasserrahmenrichtlinie, 2016, S. 19 ff., 44 ff. Eingehend zuletzt *SRU*, Umweltgutachten 2020, S. 201 ff.

9 BGBl. 2009 I 2585 ff.

das in weitgehender Kontinuität zum alten Bundes- und Landesrecht steht und nach wie vor die wichtigste Rechtsgrundlage des Wasserrechts bildet.

Kompetenzrechtlich möglich geworden war dessen Erlass durch die Streichung der früheren Rahmenkompetenz des Bundes (Art. 75 GG aF) im Zuge der Föderalismusreform I.[10] Das Wasserrecht ist nunmehr Gegenstand der ***konkurrierenden Gesetzgebung*** (Art. 72 I, 74 I Nr. 32 GG), für die die Erforderlichkeitsklausel des Art. 72 II GG nicht gilt und bei der eine grds. Abweichungsbefugnis der Länder besteht (vgl. Art. 72 III 1 Nr. 5 GG). 3

3. Rechtsgrundlagen

a) Völkerrecht

Im Bereich des Wasserrechts existieren zahlreiche völkerrechtliche Verträge, insbes. zum Schutz grenzüberschreitender Binnengewässer und zum Schutz vor Meeresverschmutzung.[11] 4

b) Europarecht

Das Wasserwirtschaftsrecht bildet neben dem Naturschutzrecht das am dichtesten materiell durch Unionsrecht überformte Gebiet des Umweltrechts.[12] Einer der ältesten Rechtsakte im Bereich des Umweltschutzes ist die noch aus dem Jahr 1976 stammende Nitratrichtlinie.[13] Am 22.12.2000 ist die *EU-Wasserrahmenrichtlinie (WRRL)*[14] in Kraft getreten, die einen neuen Ordnungsrahmen für Maßnahmen im Bereich der Wasserpolitik geschaffen hat. Die WRRL legt zur besseren Koordinierung des Gewässerschutzes die integrierte Bewirtschaftung nach Flussgebietseinheiten fest.[15] Für das deutsche Territorium wurden nach Einzugsbereichen zehn Flussgebietseinheiten festgelegt: Donau, Rhein, Maas, Ems, Weser, Elbe, Eider, Oder, Schlei/Trave und Warnow/Peene (§ 7 I 1 WHG). 5

Die normative wie verwaltungspraktische Umsetzung des unionsrechtlichen *Bewirtschaftungskonzepts,* dem die §§ 27–31 WHG einen gesetzlichen Rahmen bieten, hat sich als große Herausforderung erwiesen[16] und ist noch immer nicht abgeschlossen.[17] Die Richtlinie sieht ein mehrstufiges Bewirtschaftungskonzept vor, das von einer umfassenden Bestandsaufnahme der Gewässerqualität über die Aufstellung von

---

[10] BT-Drs. 16/813, 7; näher dazu → § 3 Rn. 43 ff.

[11] ZB das Übereinkommen der UN-Wirtschaftskommission für Europa zum Schutz und zur Nutzung grenzüberschreitender Wasserläufe und internationaler Seen v. 17.3.1992 (BGBl. 1994 II 2333) oder das Londoner Übereinkommen über die Verhütung der Meeresverschmutzung durch das Einbringen von Abfällen und anderen Stoffen v. 29.12.1972, überarbeitet 7.11.1996 (BGBl. 1998 II 1346). Zu Regelungsstrukturen *McIntyre* in Rieu-Clarke/Allan/Hendry (Hrsg.), Routledge Handbook of Water Law and Policy, 2019, S. 234 ff.

[12] *Howarth/Jackson,* Wisdom's Law of Watercourses, 6. Aufl. 2011, S. 421.

[13] RL 91/676/EWG des Rates v. 12.12.1991 zum Schutz der Gewässer vor Verunreinigung durch Nitrat aus landwirtschaftlichen Quellen (ABl. L 375, 1). Zur Umsetzung *EuGH,* Rs. C-543/16 (Kommission/Deutschland), ECLI:EU:C:2018:481; *Douhaire* ZUR 2019, 605 ff.; *Härtel* NuR 2019, 289 ff.; *Reinhardt* NuR 2019, 217 ff.; *ders.* DVBl 2020, 69 ff.

[14] RL 2000/60/EG v. 23.10.2000 zur Schaffung eines Ordnungsrahmens für Maßnahmen der Gemeinschaft im Bereich der Wasserpolitik (ABl. L 327, 1); dazu *Breuer* in Rengeling EUDUR II/1, § 65 Rn. 45 ff.; *Epiney* S. 393 ff.; zur unabgeschlossenen Reformdiskussion, insbes. mit Blick auf den dritten Planungszyklus 2021–2027, *Reese* NVwZ 2018, 1592 ff.; *Reinhardt* NuR 2018, 289 ff.; *ders.* UPR 2021, 5 (5, 7 f.).

[15] Dazu *Stratenwerth* in Kmeitz/Schmalholz (Hrsg.), Handbuch der EU-Wasserrahmenrichtlinie, 2. Aufl. 2006, S. 59 ff.

[16] S. *Albrecht,* Land Use Policy 30 (2013), 381 (387); *Dieckmann* EurUP 2008, 2 (3).

[17] Bestandsaufnahme bei *Durner* NuR 2010, 452 ff.; *ders.* NuR 2019, 1 ff.; *Reinhardt* UPR 2021, 5 ff.

planerischen Koordinierungsinstrumenten bis hin zu einer materiellen (qualitätsorientierten) Zielprogrammierung der Gewässerbewirtschaftung reicht. Die Richtlinie hat hierbei eine fundamentale materielle Ökologisierung (vgl. insbes. Art. 1 lit. a WRRL) des zuvor noch stark wasserwirtschaftsrechtlich orientierten deutschen Wasserrechts erreicht,[18] hierbei das klassische ordnungsrechtliche Instrumentarium (emissionsorientierte Zulassung und Störungsintervention) durch filigrane Zielprogrammierungen (Finalisierung[19]) sowie verfahrensrechtliche Instrumente der Bewirtschaftungsplanung (Prozeduralisierung,[20] planungsrechtlicher Einschlag[21]) überlagert. Die gebietsübergreifend-flussgebietsbezogenen Bewirtschaftungskonzepte (vgl. Art. 3 I WRRL, § 7 WHG)[22] schieben sich zugleich über die tradierte – an sich unangetastet bleibende[23] – föderale Vollzugsstruktur des deutschen Wasserrechts (vgl. Art. 83 GG) und erzwingen eine grenzüberschreitende Koordinierung[24] nach Maßgabe gewässermorphologischer und ökologischer Parameter durch eine letztlich flussraumorientierte Gesamtbetrachtung.[25]

6 Zur Erreichung der von der WRRL festgelegten Umweltziele haben die Mitgliedstaaten eine umfassende (flussgebietsbezogene) Bestandsaufnahme der Gewässerqualität vorzunehmen und zur Lenkung behördlicher Einzelfallentscheidungen Instrumente wasserrechtlicher Planung (Maßnahmenprogramm und Bewirtschaftungsplan) einzuführen (Art. 11, 13 WRRL, umgesetzt durch die §§ 82 ff. WHG; → Rn. 105 ff.). Es handelt sich um in ihrer Regelungs- und Bindungswirkung differenziert zu betrachtende Planungen, die – einem allgemeinen Regelungsansatz des europäischen (Umwelt-)Rechts folgend[26] – unter umfassender Beteiligung der Öffentlichkeit aufgestellt werden (Art. 14 WRRL). Geboten ist in diesem Rahmen über das bloße Verschlechterungsverbot hinaus, einen positiven Schutz sowie eine Verbesserung und Sanierung aller Oberflächenwasserkörper (mit Ausnahme künstlicher und erheblich veränderter Wasserkörper) zu erreichen, und zwar mit dem Ziel, spätestens 15 Jahre nach Inkrafttreten der WRRL gem. den Bestimmungen des Anh. V der WRRL einen guten Zustand der Oberflächengewässer zu erreichen.

7 Neben der WRRL gilt für Abwassereinleitungen aus Großanlagen die *EU-Industrieemissions-Richtlinie,* die für das Abwasserrecht von erheblicher Bedeutung ist.[27] Für die Meeresumwelt ist die *Meeresstrategie-Rahmenrichtlinie* (MSRRL) von Bedeu-

---

[18] *Gärditz* NuR 2013, 605 ff.; *Durner* NuR 2010, 452 (457 f.).

[19] *Breuer* NuR 2007, 503 (505 f.); *Oldiges* in ders. (Hrsg.), Umweltqualität durch Planung, 2006, S. 115 (121).

[20] *Dieckmann* EurUP 2008, 2 (3).

[21] *Ell,* Wasserrechtliche Planung, 2003, S. 31 ff.; *Gärditz,* Europäisches Planungsrecht, 2009, S. 42 f.; *Kersten* in Jarass (Hrsg.), Wechselwirkungen zwischen Raumplanung und Wasserwirtschaft, 2008, S. 53 (57, 61 ff.). Krit. *Czychowski/Reinhardt* WHG Einl. Rn. 75 mwN.

[22] *Durner* NuR 2010, 452 (458); *Solf,* Europäisches Flussgebietsmanagement und deutsche Wasserwirtschaftsverwaltung, 2005, S. 30 ff.

[23] *OVG Bremen* NordÖR 2009, 460 (463).

[24] *Durner* in Jarass (o. Fn. 21) S. 27 (29 ff.); *Solf* (o. Fn. 22) S. 36 f.; zu den Praktiken eingehend *Baranyai,* European Water Law and Hydropolitics, 2020, S. 119 ff.

[25] *Breuer* FS M. Schröder, 2012, S. 477 (478).

[26] Vgl. nur *Ekardt/Schenderlein* NVwZ 2008, 1059 (1063); *Franzius* GewArch 2012, 225 (235); *Lübbe-Wolff* VVDStRL 60 (2001), 246 (278 ff.); *Röckinghausen* EurUP 2008, 210 (211, 219); *Winter* ZUR 2012, 329 f.

[27] RL 2010/75/EU des Europäischen Parlaments und des Rates v. 24.11.2010 über Industrieemissionen (ABl. L 334, 17); vgl. zur Umsetzung im Wasserrecht *Breuer/Gärditz* WasserR Rn. 137 ff.; *Hofmann* ZfW 2013, 57 ff.; *Berendes* ZfW 2014, 1 (23 ff.). Näher zu der Industrieemissions-RL → § 7 Rn. 8 ff.

tung.[28] Als umweltspezifische Tochterrichtlinien der WRRL, die im Rahmen des Art. 22 WRRL inzwischen die aufgehobenen und inhaltlich sehr disparaten alten Rechtsakte ersetzt haben, sind insbes. die *Gewässerschutzrichtlinie*[29] und die *Richtlinie über Umweltqualitätsnormen im Gewässerschutz* (UQN-Richtlinie)[30] zu erwähnen. Für den Hochwasserschutz kommt der *Hochwasserrichtlinie* 2007/60/EG vom 23.10.2007 erhebliche Bedeutung zu (→ Rn. 115).

Die *UQN-Richtlinie* verpflichtet zu spezifischen Maßnahmen, um die Wasserver- 8
schmutzung durch einzelne Schadstoffe oder Schadstoffgruppen zu bekämpfen, die ein erhebliches Risiko für oder durch die aquatische Umwelt darstellen.[31] Der Regelungsansatz ist wiederum qualitätsorientiert, gibt also Ziele vor, verzichtet aber auf Vorgaben zu den (emissionsbezogenen) Instrumenten der Zielerreichung. Im Mittelpunkt steht die bereits in der WRRL angelegte, dort aber noch nicht stoffbezogen konkretisierte (vgl. Art. 16 VI WRRL) Verpflichtung zum *„Phasing-out"* von prioritären Schadstoffen.[32] Hiervon ausgehend ist umstritten, ob etwa die Genehmigung von Kohlekraftwerken aufgrund ihrer unvermeidbaren Quecksilberemissionen (ein prioritärer Schadstoff) über das Jahr 2028 (der Ablauf der *Phasing-out*-Frist) hinaus generell unzulässig geworden ist.[33] Richtigerweise wird man dies verneinen müssen: Es ist – schon vor dem Hintergrund der kompetenziellen Sperre des Art. 192 II UAbs. 1 lit. c AEUV[34] – nicht anzunehmen, dass mit der Gewässerqualitätsrichtlinie implizit europaweit die Energiegewinnung aus der anteilig dominanten Quelle der Kohlekraft verboten werden sollte,[35] zumal dies offensichtlich der unionsrechtlichen Verhältnismäßigkeit zuwiderliefe.

Nachdem der *EuGH* normkonkretisierende Verwaltungsvorschriften als zur mit- 9
gliedstaatlichen Umsetzung von EU-Richtlinien, die subjektive Rechte des Einzelnen begründen, nicht geeignet qualifiziert hat,[36] ist der Gesetzgeber dazu übergegangen, Unionsrecht durch Rechtsverordnungen umzusetzen. Insoweit ermächtigt

---

[28] RL 2008/56/EG des Europäischen Parlaments und des Rates v. 17.6.2008 zur Schaffung eines Ordnungsrahmens für Maßnahmen der Gemeinschaft im Bereich der Meeresumwelt (ABl. L 164, 19).

[29] RL 2006/11/EG des Europäischen Parlaments und des Rates v. 15.2.2006 betreffend die Verschmutzung infolge der Ableitung bestimmter gefährlicher Stoffe in die Gewässer der Gemeinschaft (ABl. L 64, 52).

[30] RL 2008/105/EG des Europäischen Parlaments und des Rates v. 16.12.2008 über Umweltqualitätsnormen im Bereich der Wasserpolitik und zur Änderung und anschließenden Aufhebung der RL des Rates 82/176/EWG, 83/513/EWG, 84/156/EWG, 84/491/EWG und 86/280/EWG sowie zur Änderung der RL 2000/60/EG (ABl. L 348, 84).

[31] Im Anh. X der WRRL sind derzeit 45 prioritäre Stoffe gelistet. Für künftige Priorisierungsverfahren wurde als neues Instrument die sog. Beobachtungsliste eingeführt (Art. 8b RL 2008/105/EG, gd RL 2013/39/EU), durch die Überwachungsdaten insbes. neuer Schadstoffe gesammelt werden sollen.

[32] Hierzu etwa *Kern* NVwZ 2014, 256 ff.; *Laskowski* ZUR 2013, 129 (135 ff.).

[33] So etwa *Ekardt/Steffenhagen* NuR 2010, 705 (708 f.); *Köck/Möckel* NVwZ 2010, 1390 (1393); *Schulte/Kloos* DVBl 2015, 997 ff.; mit Recht aA etwa *OVG Münster* NWVBl. 2012, 181 (185); *VGH Kassel* ZUR 2016, 44 (49 f.); *Durner/Trillmich* DVBl 2011, 517 ff.; *Ohms* NVwZ 2010, 675 (678); *Riese/Dieckmann* UPR 2011, 212 (213 ff.); *Spieth/Ipsen* NVwZ 2011, 536 (537 ff.); *dies.* NVwZ 2012, 391 (395).

[34] Zu den Voraussetzungen iE sowie zum Einschluss der Entscheidung für die Kohlekraft *Kahl* in Streinz (Hrsg.), EUV/AEUV, 3. Aufl. 2018, Art. 192 Rn. 31 ff. (34).

[35] Zutreffend *Durner/Trillmich* DVBl 2011, 517 (519); aA *Ekardt/Steffenhagen* NuR 2010, 705 (710).

[36] *EuGH,* Rs. C-131/88 (Kommission/Deutschland), Slg. 1991, I-825 Rn. 6; Rs. C-58/89 (Kommission/Deutschland), Slg. 1991, I-4983 Rn. 13 ff.; Rs. C-262/95 (Kommission/Deutschland), Slg. 1996, I-5729 Rn. 17 f.; näher dazu → § 2 Rn. 66.

§ 23 I WHG die Bundesregierung umfassend zum Erlass von das WHG konkretisierenden *Rechtsverordnungen* und ermöglicht somit eine bundesweit einheitliche *Umsetzung unionsrechtlicher Vorgaben.* Auf bundesrechtlicher Grundlage ergangen sind etwa die Oberflächengewässerverordnung (OGewV[37]), die Grundwasserverordnung (GrwV[38]), die Abwasserverordnung (AbwV[39]), die Verordnung über Anlagen zum Umgang mit wassergefährdenden Stoffen (AwSV[40]) und die – in Umsetzung der Richtlinie 2010/75/EU (→ Rn. 7) ergangene – Industriekläranlagen-Zulassungs- und Überwachungsverordnung (IZÜV[41]).

c) Bundes- und Landesrecht

10 Im Wasserrecht ist zwischen dem Recht der Wasserwirtschaft und dem Wasserwegerecht zu unterscheiden. Das *Recht der Wasserwirtschaft* regelt die „haushälterische Bewirtschaftung des in der Natur vorhandenen Wassers nach Menge und Güte".[42] Der *Bund* hat von seiner konkurrierenden Gesetzgebungskompetenz mit Erlass des WHG Gebrauch gemacht (→ Rn. 2).[43] Gem. Art. 72 III 1 Nr. 5 GG können die *Länder* von der bundesrechtlichen Normierung abweichende Regelungen treffen. Hiervon haben verschiedene Länder bereits Gebrauch gemacht (→ Rn. 13). Von „stoff- oder anlagenbezogenen Regelungen" kann jedoch nach Art. 72 III 1 Nr. 5 GG nicht abgewichen werden. Es handelt sich hierbei um die sog. „abweichungsfesten Kerne" des Wasserhaushaltsrechts. Der Grund für diese Ausnahme vom Abweichungsrecht der Länder ist, dass stoffliche Belastungen oder von Anlagen ausgehende Gefährdungen der Gewässer Kernbereiche des Gewässerschutzes sind, die durch bundesweit einheitliche rechtliche Instrumentarien zu regeln sind.[44] Auf Stoffe oder Anlagen „bezogen" sind alle Regelungen, deren Gegenstand stoffliche oder von Anlagen ausgehende Einwirkungen auf den Wasserhaushalt betrifft, zB das Einbringen und Einleiten von Stoffen. In diesen Bereichen sind zudem auch europarechtlich einheitliche Regelungen normiert. Machen die Länder von ihrer Abweichungskompetenz Gebrauch, kommt das jeweils später verkündete Gesetz zur Anwendung (*lex posterior*-Regel, vgl. Art. 72 III 3 GG).[45]

11 Des Weiteren bleibt das WHG zum Vollzug teilweise noch auf ergänzendes Landesrecht angewiesen; insbes. müssen Behördenzuständigkeiten bestimmt (vgl. Art. 84 I 1 GG) sowie Öffnungsklauseln und Konkretisierungsspielräume ausgefüllt werden. Insgesamt bilden die Landeswassergesetze und das WHG somit ein Gesamtwasser- bzw. Gesamtgewässerschutzrechtsregime.

12 Beispiele für Öffnungen hin zu ergänzendem Landeswasserrecht enthalten etwa § 3 Nr. 2 WHG (Abgrenzung der Küstengewässer), § 4 V WHG (Gewässereigentum), §§ 25, 26 WHG (Gemein-, Eigentümer- und Anliegergebrauch), § 36 WHG (Betreiberpflichten für gewässerbezogene Anlagen), § 38 IV Nr. 3 WHG (Umgang mit Dünge- und Pflanzenschutzmitteln im Bereich des Gewässerrandstreifens), § 40 WHG (Unterhaltungslast bei oberirdischen Gewässern), § 56 WHG (Zuweisung der Abwasserbeseitigungspflicht) oder § 62 V WHG (weiterge-

---

[37] VO v. 20.6.2016 (BGBl. I 1373).
[38] VO v. 9.11.2010 (BGBl. I 1513).
[39] IdF d. Bek. v. 17.6.2004 (BGBl. I 1108, 2625).
[40] VO v. 31.3.2010 (BGBl. I 377); dazu *Fischerauer* ZfW 2018, 57 ff.
[41] VO v. 2.5.2013 (BGBl. I 973, 1011, 3756); dazu eingehend *Breuer/Gärditz* WasserR Rn. 75 ff.; *Hofmann* W+B 2013, 139 ff.; *Krahnenfeld/Ehrmann* I+E 2013, 171 ff.
[42] BVerfGE 15, 1 (15); ähnlich BVerfGE 21, 312 (325).
[43] Ausf. zu den Gesetzgebungskompetenzen *Brunner* W+B 2020, 34 ff.; *Reinhardt* AöR 135 (2010), 459 ff. Zur Abgrenzung zum Bergrecht *SchlHVerfG* NVwZ 2020, 228 f.
[44] BT-Drs. 16/813, 11.
[45] → § 3 Rn. 48, 50 f.; parallel für den Naturschutz → § 10 Rn. 7 f.

hende Anforderungen an den Umgang mit wassergefährdenden Stoffen bzgl. besonderer Schutzgebiete). Im Falle eines Widerspruchs zum WHG können die angesprochenen landesrechtlichen Konkretisierungen in eine – ggf. kompetenzwidrige – Abweichung umschlagen, was im Einzelfall zu Unsicherheiten bzgl. der Geltung einzelner Bestimmungen führen kann. Auch wenn man den abweichungsfesten Kern des Wasserrechts zutreffend weit bestimmt,[46] sind zahlreiche Zweifelsfälle und eine unübersichtliche Rechtslage zu erwarten. So wird man die Regelung für eine Zulassungsentscheidung über das Einleiten von Stoffen (eine Benutzung nach § 9 I Nr. 4 WHG) wohl als abweichungsfest ansehen müssen. Hingegen wären abweichende Regeln für Zulassungsentscheidungen denkbar, die nicht stoff- oder anlagenbezogene Benutzungen gestatten. Als *per se* abweichungsfest kann man im WHG allenfalls diejenigen Regelungen ansehen, die einen expliziten Stoff- oder Anlagenbezug enthalten. Der Bundesgesetzgeber hat darauf verzichtet, das Verwaltungsverfahren abweichungsfest zu regeln.

Einige Länder haben inzwischen neue, vollständig auf das WHG 2010 abgestimmte *Landeswassergesetze* erlassen. Begrüßenswert ist der (deklaratorische) Hinweis des Landesgesetzgebers unter der Artikelüberschrift, ob durch die jeweilige Regelung Bundesrecht ergänzt und ausgefüllt („zu § …WHG") oder ob durch sie von Bundesrecht gem. Art. 72 III GG abgewichen werden soll („abweichend von § …WHG"). Regelungen zu Bereichen, bei denen der Bundesgesetzgeber aus Sicht des Landesgesetzgebers von seiner konkurrierenden Gesetzgebungszuständigkeit keinen abschließenden Gebrauch gemacht hat, enthalten entsprechend auch keinen Verweis auf Bundesrecht. Im Übrigen haben einige Länder – im Rahmen der Finanzverfassung nach Art. 104a ff. GG zulässigerweise[47] – noch Gesetze über Wassernutzungsentgelte.[48] 13

Das ordnungsrechtliche und planerische Instrumentarium des Wasserhaushaltsgesetzes wird durch das *Abwasserabgabengesetz* und die Abwasserabgabenregelungen der Länder ergänzt. Nach § 1 S. 1 AbwAG ist für das Einleiten von Abwasser in ein Gewässer iSd § 3 Nr. 1–3 WHG vom Direkteinleiter (§ 9 I iVm § 2 II Hs. 1 AbwAG) eine Abgabe zu entrichten. Ihre Höhe bemisst sich nach dem Grad der Schädlichkeit des Abwassers (§ 3 I AbwAG). Damit soll zum einen ein negativer finanzieller Anreiz zu gewässerschonendem Verhalten geschaffen werden (Anreizfunktion) und zum anderen die Kostenlast für die Vermeidung, die Beseitigung und den Ausgleich von Gewässerschäden gerechter verteilt werden (Ausgleichsfunktion).[49] Die Abwasserabgabe stellt nach hM gemessen an der Rechtsprechung des *BVerfG* eine zulässige Sonderabgabe dar.[50] Die Funktionsfähigkeit der Abwasserabgabe als Lenkungsabgabe wird allerdings durch zahlreiche Ausnahme- und Befreiungsmöglichkeiten sowie vor allem durch die zu geringe Abgabenhöhe erheblich gemindert.[51] Ferner sind Indirekteinleiter, dh private Haushalte und gewerbliche Einleiter, die an das Kanalisationssystem angeschlossen sind, nicht vom Abgabetatbestand erfasst.[52] 14

Das *Wasserwegerecht* behandelt demgegenüber die Verkehrs- und Transportfunktion der schiffbaren Gewässer und gehört damit nicht zum Umweltrecht ieS. Für die Bundeswasserstraßen trifft das Wasserstraßengesetz eine abschließende Regelung. Allerdings erstreckt sich die Regelungskompetenz des Bundes (Art. 72, 74 I Nr. 21 GG) nur auf die Verkehrsfunktion der Wasserstraßen,[53] nicht auf die dort auftreten- 15

---

[46] *Berendes,* WHG, 2010, Einl. Rn. 15; *Kloepfer* FS Scholz, 2007, S. 651 (663 f.).

[47] *BVerfGK* NVwZ 2021, 56 (58).

[48] → § 4 Rn. 132.

[49] *Berendes,* Das Abwasserabgabengesetz, 3. Aufl. 1995, S. 11 f.; *Breuer/Gärditz* WasserR Rn. 83.

[50] Vgl. dazu → § 4 Rn. 109 ff.

[51] *Hoppe/Beckmann/Kauch* § 19 Rn. 7.

[52] *Breuer/Gärditz* WasserR Rn. 86.

[53] BVerfGE 15, 1 (9 ff.); *Hoppe/Schlarmann/Buchner/Deutsch,* Rechtsschutz bei Planungen von Verkehrsanlagen und anderen Infrastrukturvorhaben, 4. Aufl. 2011, Rn. 153.

den wasserwirtschaftlichen Fragen (für diese ist ausschließlich die konkurrierende Kompetenz nach Art. 74 I Nr. 32 GG einschlägig),[54] obschon auch das Wasserstraßenrecht ökologisiert wurde[55] und – wie anderes Fachplanungsrecht auch – konkurrierenden Umweltbelangen entsprechend Rechnung zu tragen hat (vgl. auch § 8 I 3 WaStrG).[56]

d) Abgrenzung zu anderen Rechtsgebieten

16 Das Wasser gehört auch zu den Schutzgütern des *BImSchG* (§ 1 I BImSchG). Aus § 2 II 2 BImSchG ergibt sich jedoch, dass die materiellen Anforderungen des Wasserrechts an Gewässer spezieller sind als die Vorschriften des BImSchG. Der Grund dafür liegt darin, dass die Erweiterung der Schutzgüter des BImSchG nicht zu einer Absenkung des Gewässerschutzes führen sollte.[57] Die grundsätzliche Konzentrationswirkung der immissionsschutzrechtlichen Genehmigung gem. § 13 Hs. 1 BImSchG[58] gilt nicht für wasserrechtliche Erlaubnisse, Bewilligungen (§ 8 iVm § 10 WHG) und Planfeststellungen (§ 68 I WHG), vgl. § 13 Hs. 2 BImSchG. Ausgenommen von diesem Ausschluss ist wiederum die Plangenehmigung (§ 68 II 1 WHG).[59] Hat die immissionsschutzrechtliche Genehmigung nach § 13 Hs. 1 BImSchG Konzentrationswirkung, so sind dennoch die materiellen Vorschriften des Wasserrechts Prüfungsmaßstab (vgl. § 6 I Nr. 2 BImSchG). Ist die Konzentrationswirkung gem. § 13 Hs. 2 BImSchG ausgeschlossen, so sind das immissionsschutzrechtliche und das wasserrechtliche Zulassungsverfahren parallel durchzuführen.

17 *Bauplanungsrechtlich* kann die Gemeinde gem. § 9 I Nr. 16 BauGB im Bebauungsplan Wasserflächen festsetzen. Die Festsetzungen sind von der Wasserbehörde bei der Entscheidung über die wasserrechtliche Zulassung zu beachten, soweit der Vorrang der Fachplanung für Planfeststellungsverfahren (§ 68 I WHG) und Plangenehmigungsverfahren (§ 68 II WHG) vor der Bauplanung gem. § 38 S. 1 BauGB nicht eingreift.[60]

II. Die Grundsätze und Strukturen des Wasserhaushaltsgesetzes

18 § 1 WHG definiert den ökologischen und nutzungsbezogenen Zweck des WHG und legt die nachhaltige[61] Gewässerbewirtschaftung als Leitlinie fest.[62] Die Festlegung auf eine „nachhaltige Gewässerbewirtschaftung" ist deklaratorischer Natur.[63] Aus der anschaulichen Beschreibung der Gewässer als „Bestandteil des Naturhaushalts, als Lebensgrundlage des Menschen, als Lebensraum für Tiere und Pflanzen und als nutzbares Gut" erschließt sich aber die Notwendigkeit einer – diese konkurrierenden Funktionen berücksichtigenden – Eigentums- und Benutzungsordnung für den Wasserhaushalt.[64] Die Benutzung der Gewässer unterliegt deshalb,

---

[54] Übertragbar: BVerfGE 15, 1 (9 f.).
[55] *Reinhardt* NVwZ 2008, 1048 (1049 f.).
[56] Vgl. *Friesecke,* WStrG, 7. Aufl. 2020, § 12 Rn. 32, 35; *Schink* ZfW 2005, 1 (11 f.).
[57] BT-Drs. 11/6633, 43; *Jarass* BImSchG § 2 Rn. 30.
[58] → § 7 Rn. 78 ff.
[59] *Jarass* BImSchG § 13 Rn. 16.
[60] Vgl. *Erbguth/Müller* BauR 1997, 568 (573); *Schrödter/Möller* in Schrödter (Hrsg.), BauGB, 9. Aufl. 2019, § 9 Rn. 102 ff.
[61] Zum Grundsatz der Nachhaltigen Entwicklung → § 4 Rn. 36 ff.
[62] BT-Drs. 16/12275, 53; vgl. *Seeliger/Wrede* NuR 2009, 679.
[63] *Czychowski/Reinhardt* WHG § 1 Rn. 5; *Kotulla,* WHG, 2. Aufl. 2011, § 1 Rn. 25.
[64] Vgl. BVerfGE 93, 319 (339).

anders als bei den Umweltmedien Boden und Luft, nicht nur hoheitlicher Kontrolle, sondern einem umfassenden Bewirtschaftungssystem, dessen Grundzüge im WHG niedergelegt sind.

1. Sicherung und Bewirtschaftung der Gewässer

Nach dem Erlaubnis- und Bewilligungsvorbehalt des § 8 I WHG bedarf grds. jede 19
Gewässerbenutzung einer Gestattung, die das Vorhaben erst materiell und formell rechtmäßig macht. Die Erteilung dieser Gestattung steht gem. § 12 II WHG im sog. Bewirtschaftungsermessen der Behörde (→ Rn. 56).[65] Rechtssystematisch stellt § 8 I WHG ein *repressives Verbot mit Befreiungsvorbehalt* dar.[66] Bei der Ermessensausübung sind insbes. die in § 6 WHG aufgeführten allgemeinen Grundsätze zu berücksichtigen, die eine Ausprägung der nachhaltigen Gewässerbewirtschaftung darstellen.[67] Nach § 6 I WHG sollen Gewässer mit dem Ziel bewirtschaftet werden, ihre Funktions- und Leistungsfähigkeit als Bestandteil des Naturhaushalts und als Lebensraum für Tiere und Pflanzen zu erhalten und zu verbessern (Nr. 1), Beeinträchtigungen auch im Hinblick auf den Wasserhaushalt der direkt von den Gewässern abhängenden Landökosysteme und Feuchtgebiete zu vermeiden und unvermeidbare, nicht nur geringfügige Beeinträchtigungen so weit wie möglich auszugleichen (Nr. 2). Ziel ist es aber auch, sie zum Wohl der Allgemeinheit und im Einklang mit ihm auch im Interesse Einzelner zu nutzen (Nr. 3). Weiterhin sind Aspekte der öffentlichen Wasserversorgung, des Klimawandels, des Hochwasserschutzes und des Schutzes der Meeresumwelt zu beachten (Nr. 4–6). Die allgemeinen Grundsätze leiten die Ermessensausübung sowohl bei der wasserwirtschaftlichen Planung (→ Rn. 105 ff.) als auch bei der Gestattungsentscheidung (→ Rn. 56 ff.).[68] Nach S. 2 haben die Wasserbehörden bei ihren Entscheidungen bzgl. des Schutzes des Wassers Auswirkungen auf andere Schutzgüter zu berücksichtigen (integrativer Umweltschutz[69]). Auch S. 2 stellt eine Ermessensdirektive dar.[70]

2. Allgemeine Sorgfaltspflicht

Während sich die Bewirtschaftungsgrundsätze des § 6 WHG vorrangig an die Was- 20
serbehörden wenden, statuiert § 5 WHG nach Maßgabe der im Einzelfall möglichen und notwendigen Sorgfalt unmittelbar geltende Pflichten für jedermann.[71] Eine nachteilige Veränderung der Gewässereigenschaften soll vermieden werden (§ 5 I Nr. 1), Wasser soll mit Rücksicht auf den Wasserhaushalt sparsam verwendet werden (Nr. 2), die Leistungsfähigkeit des Wasserhaushalts soll erhalten bleiben (Nr. 3) und die Vergrößerung und Beschleunigung des Wasserabflusses sollen – mit Blick auf den Hochwasserschutz[72] – vermieden werden (Nr. 4). § 5 WHG betrifft dabei

---

[65] *Berendes* ZfW 2014, 1 (11); *Peine* in Ehlers/Fehling/Pünder § 48 Rn. 101; *Reinhardt* NVwZ 2017, 1000 ff. Rechtspolitisch mit anderer Tendenz dagegen *Kahl/Diederichsen* NVwZ 2006, 1107 ff.

[66] Vgl. zum Gegenmodell des § 6 I BImSchG → § 4 Rn. 72.

[67] *Czychowski/Reinhardt* WHG § 6 Rn. 2; *Pape* in Landmann/Rohmer UmweltR WHG § 6 Rn. 2.

[68] Zum sog. zweistufigen Bewirtschaftungsermessen vgl. *Hasche* in BeckOK UmweltR, 58. Ed. 1.12.2017, WHG § 6 Rn. 1; *Laskowski/Ziehm* in Koch/Hofmann/Reese UmweltR-HdB § 5 Rn. 68a.

[69] *Czychowski/Reinhardt* WHG § 6 Rn. 57 f.

[70] *Berendes* (o. Fn. 46) § 6 Rn. 11.

[71] BT-Drs. 16/12275, 54; *Knopp,* Das neue Wasserhaushaltsrecht, 2010, Rn. 162; *Hasche* in BeckOK UmweltR, 58. Ed. 1.12.2017, WHG § 5 Rn. 1.

[72] *Berendes* in ders./Frenz/Müggenborg (Hrsg.), WHG, 2. Aufl. 2017, § 5 Rn. 12.

nicht nur Gewässerbenutzungen iSv § 9 WHG (→ Rn. 29 ff.), sondern alle „Maßnahmen, mit denen Einwirkungen auf ein Gewässer verbunden sein können“, also bspw. auch der Einsatz von Streumitteln.[73] Wird gegen § 5 I WHG verstoßen, so kann die zuständige Wasserbehörde nach § 100 WHG gewässeraufsichtliche Anordnungen im Einzelfall treffen (→ Rn. 81 ff.).

21 § 5 II WHG enthält eine besondere Pflicht zu Vorsorgemaßnahmen, die sich an Personen richtet, die von Hochwasser betroffen sein können. Diese Pflicht kommt allerdings nicht zum Tragen, sofern der Schutz vor Hochwasser durch öffentliche Schutzeinrichtungen (Deichbauten, etc.) gewährleistet wird.[74] Auch auf eine Verletzung dieser Pflicht kann mit dem Erlass einer gewässeraufsichtlichen Anordnung reagiert werden.[75]

3. Öffentliche Wasserversorgung

22 Zentrale Aufgabe des Wasserrechts ist es, die Funktionsfähigkeit der öffentlichen Wasserversorgung, dh die Versorgung der Allgemeinheit mit Trink- und Brauchwasser, zu gewährleisten. Die allgemeinen Grundsätze der öffentlichen Wasserversorgung sind in § 50 WHG normiert.[76] Die Wasserversorgung gehört traditionell zum Bereich der kommunalen Daseinsvorsorge, was § 50 I WHG nun auch ausdrücklich klarstellt.[77] Hieraus folgt jedoch nicht zwingend, dass die Wasserversorgung nur von Personen des öffentlichen Rechts übernommen werden dürfte.[78] Die Kommunen sind grds. frei in der Wahl der Organisationsform und können daher zur Erfüllung ihrer Aufgaben sowohl öffentlich-rechtliche als auch privatrechtliche Rechtsformen wählen.[79] Auch eine Aufgabenprivatisierung ist nicht grds. ausgeschlossen.[80] Sie ist jedoch nur in den Bundesländern zulässig, in denen die Wasserversorgung keine kommunale Pflichtaufgabe ist. Der Grundsatz der ortsnahen öffentlichen Wasserversorgung wird durch § 50 II WHG verbindlich vorgegeben. Der Grundsatz verfolgt das Ziel eines verantwortungsvollen Umgangs mit regionalen Ressourcen.[81] Die Regelung ist als Optimierungsgebot zu verstehen, dem bei der Abwägung bzw. bei der Ermessensausübung ein hoher Stellenwert beizumessen ist.[82]

4. Wassernutzung und Grundeigentum

23 Gewässer sind öffentliche Sachen. Mit Ausnahme des Grundwassers und des Wassers fließender oberirdischer Gewässer (§ 4 II WHG) stehen sie im privatrechtlichen Eigentum, sind aber durch eine öffentlich-rechtliche Zweckbestimmung und Benutzungsordnung geprägt. Daraus folgt, dass das Grundeigentum, wie § 4 III WHG deklaratorisch feststellt,[83] weder zu einer Gewässerbenutzung, die nach dem Wasserrecht einer behördlichen Zulassung bedarf, noch zum Ausbau eines oberirdischen Gewässers berechtigt. Der Nutzungsinteressent hat, selbst wenn er Grundstücks-

---

[73] *Czychowski/Reinhardt* WHG § 5 Rn. 12 ff.
[74] BT-Drs. 16/12275, 54.
[75] Vgl. *Berendes* ZfW 44 (2005), 197 (205); *Czychowski/Reinhardt* WHG § 5 Rn. 35.
[76] *Gruneberg* in Berendes/Frenz/Müggenborg (o. Fn. 72), WHG, 2. Aufl. 2017, § 50 Rn. 1.
[77] Vgl. *BVerfG* NJW 1990, 1783.
[78] Eingehend zum rechtlichen Privatisierungsrahmen und entsprechenden Privatisierungsoptionen im Bereich der Wasserversorgung *Kahl* in Fehling/Ruffert (Hrsg.), Regulierungsrecht, 2010, § 14 Rn. 41 ff., 54 ff.; *ders.* GewArch 2007, 441 ff.; *Brehme,* Privatisierung und Regulierung der öffentlichen Wasserversorgung, 2010, S. 241 ff.; *Laskowski,* Das Menschenrecht auf Wasser, 2010, S. 740 ff., und passim.
[79] *Gruneberg* in Berendes/Frenz/Müggenborg (o. Fn. 72), § 50 Rn. 54 ff.; *Lenk/Hesse/Rottmann* IR 2010, 293 ff.
[80] Vgl. BT-Drs. 16/12275.
[81] *Czychowski/Reinhardt* WHG § 50 Rn. 28; *Kahl* (o. Fn. 78) § 14 Rn. 55 ff.; *Seeliger/Wrede* NuR 2009, 679 (683).
[82] *Laskowski/Ziehm* in Koch/Hofmann/Reese UmweltR-HdB § 5 Rn. 82.
[83] BVerfGE 58, 300 (329).

eigentümer ist, keinen Rechtsanspruch auf Erteilung einer wasserrechtlichen Zulassung (→ Rn. 19). Das Recht zur Gewässerbenutzung bzw. zum Gewässerausbau ergibt sich erst aus der konstitutiv wirkenden öffentlich-rechtlichen Gestattung. Somit unterstellt das Wasserhaushaltsgesetz die Gewässer einer vom Grundeigentum losgelösten öffentlich-rechtlichen Benutzungsordnung.[84]

Diese Regelungen sieht das *BVerfG* in dem die Grundwassernutzung betreffenden sog. Nassauskiesungsbeschluss als zulässige Inhalts- und Schrankenbestimmung des Eigentums iSv Art. 14 I 2 GG an. Danach sind die einschlägigen Vorschriften des Wasserhaushaltsgesetzes zu der Gesamtheit der zu einem bestimmten Zeitpunkt geltenden, die Eigentümerstellung regelnden gesetzlichen Vorschriften zu rechnen, aus denen sich der zu dieser Zeit geltende Eigentumsbegriff des Art. 14 I GG ergibt.[85] Da diese Vorschriften dem Grundeigentümer kein Recht auf die Grundwassereinwirkung einräumen, gehört ein solches folglich von vornherein nicht zum Inhalt des Grundeigentums. Diese Begrenzung der Eigentümerbefugnisse durch Ausgliederung der Grundwassernutzung aus dem Grundeigentum stellt angesichts der „kaum zu überschätzenden Bedeutung des Grundwassers für die Allgemeinheit" auch keine Verletzung der Eigentumsgarantie dar.[86] Die Ausführungen des *BVerfG* lassen sich auch auf die übrigen Gewässer übertragen.[87] 24

III. Die wasserwirtschaftliche Benutzungsordnung

Fall 16: Ein Staukraftwerk im Mittelgebirge

Am Fluss Erft – ein Fließgewässer, das aus der Eifel in die Richtung des Rheins abfließt – soll zur Gewinnung von Strom aus Wasserkraft eine Staustufe errichtet werden. Eine Staumauer mit einer Gesamthöhe von 40m soll die Erft im Tal hinter Bad Münstereifel aufstauen und hierdurch den Betrieb eines Kraftwerks am Fuße der Staustufe ermöglichen. Insgesamt sollen so ca. 12 Millionen m³ Wasser zurückgehalten werden. 25

Eine im Zuge des Planfeststellungsverfahrens nach §§ 5 I 1, 6, 15ff. UVPG iVm Nr. 13.6.1. Anh. 1 zum UVPG durchgeführte UVP führt ua zu folgenden Ergebnissen: Die Stauung verändere zwar nicht die gute chemische Qualität des Wassers, beeinträchtige aber die Hydromorphologie des Gewässerbettes, da das Wasser nunmehr nicht mehr abfließen könne. Dies sei ökologisch nachteilig und würde zu einer Verschlechterung des Gewässerzustandes führen. Namentlich für verschiedene in der Erft vorkommende Insekten- und Fischarten würde damit eine Zerstörung ihres natürlichen Habitats unterhalb der Staumauer einhergehen. Zudem sei zu befürchten, dass der gerade wieder angesiedelte Lachs alsbald in der Erft wieder aussterbe, weil die Staumauer ohne Fischaufstiegsmöglichkeit eine unüberwindliche Barriere bilde, die die Lachse daran hindere, in ihre Laichgründe im Oberlauf aufzusteigen.

An dem vom Land Nordrhein-Westfalen durchgeführten Planfeststellungsverfahren wegen eines Gewässerausbaus wird auch der Naturschutzverband N beteiligt, der die oben genannten ökologischen Nachteile beanstandet und zudem ausführt, dass die Verbauung der Erft dauerhaft jede Möglichkeit nimmt, den Fluss zu renaturieren und damit einen –

---

84 BVerfGE 58, 300 (328); 93, 319 (339); BVerwGE 78, 40 (45); s. zum Ganzen auch *Lorenzen* JuS 2021, 122 (122).
85 BVerfGE 58, 300 (335 ff.).
86 BVerfGE 58, 300 (338 ff., 344); *BVerwG* NVwZ 2012, 573 (574).
87 *Czychowski/Reinhardt* WHG § 4 Rn. 23.

anderenfalls auf einem Streckenabschnitt von 20 km unterhalb der geplanten Verbauung erreichbaren – guten ökologischen Zustand herzustellen.

Die zuständige Bezirksregierung Köln argumentiert, dass vorliegend zwingende Belange der Energieversorgung und des Hochwasserschutzes ein entsprechendes Stauprojekt erfordern. Das Verschlechterungsverbot und das Verbesserungsgebot seien vorliegend nicht einschlägig. Diese richteten sich an die Behörden, die Maßnahmenprogramme und Bewirtschaftungspläne aufzustellen haben (§§ 82 f. WHG), seien aber in Zulassungsverfahren nicht bindend. Wasserrechtliche Planungen konnten aber für die Erft bislang nicht aufgestellt werden. Das Problem des Fischaufstiegs habe man erkannt. Um dem entgegenzuwirken, sei am oberen Ende des entstehenden Stausees ein Stichkanal geplant, der einen Teil des zufließenden Wassers in einen benachbarten Seitenfluss umleitet, sodass jedenfalls dort ein Fischaufstieg möglich bleibt, auch wenn die Lachspopulation insgesamt hierunter leiden mag. Man müsse – aus wirtschaftlichen wie aus klimaschutzpolitischen Gründen – schließlich berücksichtigen, dass der Ausbau der Wasserkraft gesetzlich erwünscht sei, was aber voraussetze, dass sich die zusätzlichen Kosten, die eine Fischaufstiegsanlage verursachen würde, in Grenzen hielten. Ein kleines Kraftwerk wie das vorliegende könne anderenfalls nicht rentabel betrieben werden. Gewässernaturschutz und Belange der Energiewirtschaft müssten daher in Ausgleich gebracht werden.

Der Stichkanal schreckt wiederum M auf, der stromabwärts eine Mühle betreibt. Er befürchtet, dass – zumal in trockenen Sommern – der Wasserstand der Erft durch die Ableitung einer Teilmenge des Wassers durch den Stichkanal so niedrig fällt, dass ein Mühlbetrieb phasenweise nicht mehr oder nur noch sehr eingeschränkt möglich ist. Er macht entsprechende Einwendungen geltend und beklagt, dass er mit empfindlichen Gewinneinbußen zu rechnen habe, obgleich sich vergleichbare Veränderungen des Wasserspiegels auch früher schon witterungsbedingt in den Sommermonaten ergeben haben.

Ungeachtet dessen erlässt die Bezirksregierung am 31.3.2017 einen Planfeststellungsbeschluss und gestattet den Gewässerausbau. N und M wenden sich jeweils an die Anwältin A und fragen, ob der Planfeststellungsbeschluss mit geltendem Recht vereinbar sei und welche Möglichkeiten bestünden, diesen gerichtlich anzugreifen.

1. Materielle Anforderungen an die Gewässernutzung

a) Sachlicher Geltungsbereich des WHG

26 Der sachliche Anwendungsbereich des Wasserhaushaltsrechts wird durch den Gewässerbegriff (§ 2 I WHG, ggf. iVm der jeweiligen landesrechtlichen Vorschrift) bestimmt. Vom Gewässerbegriff des § 2 I WHG wird sämtliches Wasser erfasst, das in den natürlichen Wasserkreislauf eingebunden ist und einer wasserwirtschaftlichen Lenkung nach Menge und Güte zugänglich ist.[88] Das in geschlossenen Leitungssystemen gefasste Wasser ist kein Gewässer iSd § 2 I WHG. Die Gewässereigenschaft entfällt jedoch erst dann, wenn die Verrohrung eine Absonderung des Wassers aus dem Zusammenhang des natürlichen Wasserhaushalts bewirkt und es somit keinerlei Teilhabe an der Gewässerfunktion hat.[89]

27 Das Wasserhaushaltsrecht gilt nach § 2 I WHG für oberirdische Gewässer (Nr. 1), Küstengewässer (Nr. 2) und das Grundwasser (Nr. 3). Die Gewässertypen sind in § 3 Nr. 1–3 WHG legaldefiniert. Ein oberirdisches Gewässer ist – wie hier die Erft in *Fall 16* – das ständig oder zeitweilig in Betten fließende oder stehende oder aus

---

[88] Vgl. BVerwGE 49, 293 (300); *Czychowski/Reinhardt* WHG § 2 Rn. 2.

[89] *BVerwG* NVwZ 2011, 696 ff.; *Walter* in Kluth/Smeddinck § 4 Rn. 52.

Quellen wild abfließende Wasser (§ 3 Nr. 1 WHG).[90] Küstengewässer (§ 3 Nr. 2 WHG) schließen als Sonderfall auch die Meeresgewässer (§ 3 Nr. 2a WHG) ein. Unter das Grundwasser fällt nach § 3 Nr. 3 WHG das unterirdische Wasser in der Sättigungszone, das in unmittelbarer Berührung mit dem Boden oder dem Untergrund steht. Die Abgrenzung zwischen oberirdischem Gewässer und Grundwasser richtet sich danach, ob das Grundwasser dauerhaft oder nur vorübergehend freigelegt wird.[91] Erfolgt eine dauerhafte Freilegung des Grundwassers, ist § 2 I Nr. 1 iVm § 3 Nr. 1 WHG einschlägig. Innerhalb der Gewässertypen gibt es noch künstliche Gewässer (§ 3 Nr. 4 WHG) und erheblich veränderte Gewässer (§ 3 Nr. 5 WHG). Das WHG knüpft an die verschiedenen Gewässertypen unterschiedliche materielle Bewirtschaftungsregeln an, vgl. §§ 27 ff. WHG für oberirdische Gewässer (mit abweichenden Anforderungen an künstliche oder erheblich veränderte Gewässer nach § 28 WHG), §§ 43 ff., 45a ff. WHG für Küsten- und Meeresgewässer sowie die besonders strikten Regeln betreffend das Grundwasser (§§ 46 ff. WHG). Ein künstlich angelegtes oberirdisches Gewässer fällt auch dann in den Anwendungsbereich des WHG, wenn es illegal errichtet wurde.[92]

Auf der Grundlage von § 2 II WHG schränkt der landesrechtliche Gewässerbegriff den Anwendungsbereich des Wasserrechts teilweise dadurch ein, dass zB kleine Wasserbecken, Be- und Entwässerungsgräben (zB Straßengräben) in unterschiedlichem Maße ausgenommen sind.[93] Gleichzeitig wird der Gewässerbegriff teilweise erweitert, indem das nicht aus Quellen wild abfließende Wasser erfasst wird.[94] 28

b) Gewässerbenutzungen

Dem besonderen Gestattungsregime des WHG unterliegen einzelne Vorhaben, 29
wenn sie als wasserrechtliche *Benutzung* iSd § 9 WHG zu qualifizieren sind. § 9 WHG erfasst in Abs. 1 die „echten" Benutzungen als final auf die Gewässerinanspruchnahme gerichtete Handlungen sowie in Abs. 2 die „unechten" Benutzungen, bei denen die Handlungen regelmäßig zwar auch zweckgerichtet, aber nicht unbedingt gewässerbezogen sein müssen. ZB ist das Einbringen und Einleiten von Stoffen in Gewässer nach § 9 I Nr. 4 WHG eine echte Benutzung. „Stoff" iSv § 9 I Nr. 4 WHG ist auch das dem Gewässer selbst zuvor entnommene Wasser.[95] „Einbringen" betrifft nur feste Stoffe, „Einleiten" flüssige.[96]

§ 9 II Nr. 2 WHG enthält einen umfassenden subsidiären Gefährdungstatbestand 30
(Auffangtatbestand) sowohl für echte wie auch unechte Benutzungen. Praktische Anwendungsfälle können hier zB Maßnahmen der landbaulichen Bodenbehandlung (zB großflächige Schädlingsbekämpfung, gefährliche Düngemaßnahmen) oder eine Trockenauskiesung sein, wenn durch den Abbau der schützenden Bodenschicht die nicht nur ganz entfernt liegende theoretische Möglichkeit einer schädlichen Gewässerveränderung durch Eindringen verunreinigten Niederschlagswassers in das Grundwasser besteht. § 9 II Nr. 3–4 WHG sind Reaktionen auf das politisch umstrittene Fracking (→ Rn. 77 ff.). § 9 III WHG schließlich nimmt Maßnahmen, die dem Ausbau und der Unterhaltung von Gewässern dienen, vom Kreis der gestat-

---

[90] Hierzu näher *OVG Bautzen* NVwZ-RR 2017, 680 ff.

[91] Vgl. BVerwGE 55, 220 (223); *Breuer/Gärditz* WasserR Rn. 277.

[92] *BVerwG* NVwZ-RR 2003, 829 (830).

[93] ZB § 2 I, III BWWG, Art. 1 II BayWG, § 2 II NRWWG, § 1 II SächsWG. Vgl. dazu *Breuer/Gärditz* WasserR Rn. 279 ff., 153 ff.; *Berendes* in ders./Frenz/Müggenborg (o. Fn. 72) § 2 Rn. 7; *Lorenzen* JuS 2021, 122 (123).

[94] ZB Art. 1 I BayWG, § 1 Nr. 2 BlnWG, § 1 I HmbWG, § 1 I SächsWG.

[95] *BVerwG* ZfW 1987, 86.

[96] Vgl. *Czychowski/Reinhardt* WHG § 9 Rn. 26.

tungspflichtigen Benutzungen aus. Unerheblich ist hierbei, ob die Entstehung eines oberirdischen Gewässers bezweckt wird oder ob dies, wie etwa bei der Kiesgewinnung, nur Nebenfolge ist.

31 Keine Benutzungen sind nach § 9 III WHG Maßnahmen, die dem Ausbau eines Gewässers iSd § 67 II WHG dienen. In der Sache wird hier der Vorrang der Planfeststellung (§ 68 WHG) gegenüber dem Gestattungsregime nach §§ 8 ff. WHG sichergestellt. Entscheidend ist insoweit, ob die Freilegung einer offenen Wasserfläche dauerhaft ist;[97] soweit dies der Fall ist, liegt ein Gewässerausbau vor, der der Planfeststellung/Plangenehmigung bedarf.

In *Fall 16* liegt hiernach ein planfeststellungspflichtiger Gewässerausbau vor, weil dauerhaft eine substanziell neue offene Wasserfläche und ein vom bisherigen Typus in seiner Hydromorphologie abweichendes Gewässer geschaffen wird.

2. Materielle Anforderungen an die Gestattung

a) Gestattungspflicht

32 Gewässerbenutzungen sind gem. § 8 I WHG gestattungspflichtig, soweit keine Ausnahmeregelung greift. Gestattungsfreiheit kann sich für oberirdische Gewässer iSd § 3 Nr. 1 WHG insbes. aus dem Gemeingebrauch (§ 25 S. 1 WHG), dem Eigentümer- und Anliegergebrauch (§ 26 WHG) sowie den Sonderregeln zugunsten der Fischerei (§ 25 Nr. 2 WHG) und bestimmter Benutzungen der Küstengewässer (§ 43 WHG) ergeben. Außerdem sehen landesrechtliche Vorschriften teilweise Gestattungsfreiheit für die Schifffahrt[98] vor. Alle Ausnahmevorschriften sowie ihre landesrechtlichen Konkretisierungen stehen unter einem Verträglichkeitsvorbehalt. In Bezug auf das Grundwasser (§ 3 Nr. 3 WHG) ermöglicht § 46 WHG (ggf. iVm Landesrecht) eine erlaubnisfreie Grundwasserbenutzung.[99] Wird für ein Vorhaben, mit dem die Benutzung eines Gewässers verbunden ist, ein Planfeststellungsverfahren durchgeführt, so entscheidet die Planfeststellungsbehörde über die Erteilung der Erlaubnis oder der Bewilligung (§ 19 I WHG), wobei diese ggf. selbstständiger – und damit auch selbstständig rücknehmbarer bzw. widerrufbarer – Teil des Planfeststellungsbeschlusses bleibt.[100]

b) Art der Gestattung

33 Als Gestattungsart kommen entweder Erlaubnis oder Bewilligung nach § 10 WHG in Betracht. Die im Wasserhaushaltsgesetz vorgenommene Unterscheidung zwischen Erlaubnis und Bewilligung ist eine historisch begründete – und im Prinzip wohl überlebte[101] – Besonderheit des Wasserrechts. Der wesentliche Unterschied zwischen den beiden Gestattungsarten besteht in der dem Gestattungsadressaten eingeräumten Rechtsstellung.
Während die Erlaubnis eine widerrufliche und damit ungesicherte Befugnis gewährt, ein Gewässer zu einem bestimmten Zweck in bestimmter Art und Weise zu benutzen, gibt die Bewilligung ein grds. unwiderrufliches subjektives öffentliches Recht zur Gewässerbenutzung (§ 10 I WHG). So sind bei der Erlaubnis nachträgliche Beschränkungen grds. zulässig, um nachteilige Wirkungen für andere zu vermeiden und auszugleichen, während eine nachträgliche Beschränkung der Bewilligung gem.

---

[97] Vgl. BVerwGE 55, 220 (223 f.); *Maus* in Berendes/Frenz/Müggenborg (o. Fn. 72) § 67 Rn. 55.

[98] ZB § 39 BWWG, Art. 28 BayWG iVm Art. 141 III 1 BayVerf, § 28 BlnWG, § 10 HmbWG, § 27 HessWG.

[99] BT-Drs. 16/12275, 65.

[100] *BVerwG* NVwZ 2021, 152 (158); *BVerwG* Urt. v. 23.6.2020 – 9 A 23/19 Rn. 49.

[101] *Pape* in Landmann/Rohmer UmweltR WHG § 8 Rn. 18.

§ 13 III WHG nur nach Maßgabe des § 13 II WHG zulässig ist. Die Erlaubnis ist grds. widerruflich (§ 18 I WHG), für die Bewilligung gelten die erschwerten Anforderungen des § 18 II WHG. Jedoch darf die Bewilligung im Gegensatz zur Erlaubnis nach § 14 II WHG gerade wegen ihrer erschwerten Rücknahmemöglichkeiten nur befristet erteilt werden.

Aufgrund der großen praktischen Bedeutung sieht § 15 WHG bundesrechtlich eine – vor dem WHG 2010 (→ Rn. 2) nur landesrechtlich normierte – gehobene Erlaubnis vor, die eine systematische Zwischenstellung zwischen Erlaubnis und Bewilligung einnimmt.[102] Dadurch, dass gem. § 15 II WHG die §§ 11 II, 14 III–V WHG anwendbar sind, ist die Stellung des Gewässerbenutzers gegenüber Dritten stärker abgesichert. Im Unterschied zur Bewilligung gilt jedoch § 14 VI WHG nicht, der den Dritten bei unvorhersehbaren – auch durch nachträgliche Inhalts- und Nebenbestimmungen nicht behebbaren – nachteiligen Wirkungen auf eine Entschädigung verweist. 34

Nur die Bewilligung gewährt über die privatrechtsgestaltende Wirkung gem. § 16 II WHG eine gesicherte Rechtsstellung. Während die einfache Erlaubnis Rechte Dritter unberührt lässt, hat die gehobene Erlaubnis nach § 16 I WHG eine eingeschränkte privatrechtsgestaltende Wirkung. Nachdem die Bewilligung erteilt ist, kann die Einstellung der Benutzung nicht mehr verlangt werden. Es besteht lediglich ein Anspruch auf wirtschaftlich vertretbare Vorkehrungen nach dem Stand der Technik, darüber hinaus nur auf Entschädigung. Sowohl die Bewilligung als auch die gehobene Erlaubnis haben jedoch keinen Einfluss auf privatrechtliche Ansprüche aus Verträgen, letztwilligen Verfügungen und aus dinglichen Rechten an dem Grundstück, auf dem die Gewässerbenutzung stattfindet (§ 16 III WHG). 35

Erlaubnis und Bewilligung unterscheiden sich zudem in einem wesentlichen Teilbereich nach dem Gegenstand ihrer Gestattung,[103] da die Bewilligung gem. § 14 I Nr. 3 WHG für das Einbringen und Einleiten von Stoffen in ein Gewässer sowie für Benutzungen iSd § 9 II Nr. 2 WHG aufgrund des erhöhten Gefährdungspotentials dieser Benutzungen nicht erteilt werden darf. Die Unterschiede von Erlaubnis und Bewilligung werden jedoch dadurch relativiert, dass beide Gestattungsarten unter dem Vorbehalt nachträglicher Anordnungen stehen (§ 13 I WHG).[104] Zu beachten sind die erschwerten Einschränkungsmöglichkeiten bei der Bewilligung nach § 13 III WHG. Zudem darf auch die Erlaubnis nicht ohne sachlichen Grund widerrufen werden.[105] 36

Gemeinsam ist Erlaubnis und Bewilligung, dass sie als begünstigende Verwaltungsakte nur auf Antrag erteilt werden und dass sie als Sachkonzessionen dingliche Wirkung haben (§ 8 IV WHG). Auch können beide unter Festsetzung von Inhalts- und Nebenbestimmungen ergehen (§ 13 WHG). Die Inhaltsbestimmungen sind als unselbstständige, isoliert nicht angreifbare Teile der Gestattung zu qualifizieren, die den Rahmen bestimmen, in dem der Benutzer von seiner Befugnis Gebrauch machen darf. Außer den Inhaltsbestimmungen sind noch Nebenbestimmungen möglich, deren Zulässigkeit sich nach § 36 II VwVfG richtet.[106] § 13 II WHG benennt Regelbeispiele für Inhaltsbestimmungen und Auflagen, § 13 III WHG beschränkt im Hinblick auf den erhöhten Bestandsschutz der Bewilligung die Möglichkeit *nachträglicher* Inhalts- und Nebenbestimmungen auf die Regelbeispiele des § 13 II WHG. Im Verhältnis zum Widerruf gem. § 18 WHG ist die nachträgliche Anordnung das mildere Mittel. 37

---

[102] Ausf. zur gehobenen Erlaubnis *Guckelberger* VerwArch 101 (2010), 139 ff.
[103] Vgl. *Kloepfer* UmweltR § 14 Rn. 173.
[104] Zum möglichen Inhalt *OVG Magdeburg* Beschl. v. 7.10.2019 – 4 L 43/19 Rn. 10.
[105] *Kloepfer* UmweltR § 14 Rn. 240.
[106] Vgl. BT-Drs. 16/12275, 56; *Knopp* (o. Fn. 71) Rn. 197; *Peine* in Ehlers/Fehling/Pünder § 48 Rn. 115.

38 Erlaubnis und Bewilligung stehen zueinander in einem Regel-Ausnahme-Verhältnis. Die Erteilung einer Bewilligung setzt nach § 14 I WHG neben der Darlegung eines bestimmten, nach einem Plan verfolgten Benutzungszwecks (§ 14 I Nr. 2 WHG) voraus, dass dem Unternehmer die Durchführung seines Vorhabens ohne gesicherte Rechtsstellung nicht zumutbar ist (§ 14 I Nr. 1 WHG). Dies entscheidet sich nach den wirtschaftlichen Verhältnissen des Unternehmers im konkreten Fall.[107] Unzumutbarkeit liegt dann vor, „wenn der Unternehmer ohne gesicherte Rechtsstellung ein Risiko eingeht, das ihn bei vernünftiger Würdigung seiner wirtschaftlichen Lage dazu bestimmen müsste, von der Durchführung seines Vorhabens abzusehen".[108] § 14 I Nr. 1 WHG greift deshalb vor allem bei kapitalintensiven Großanlagen ohne wasserwirtschaftliche Ausweichmöglichkeit wie Wasserkraftwerken, öffentlichen Wasserversorgungsanlagen, von Kühlwasser abhängigen Kraftwerken und vergleichbaren Anlagen und dient somit vorrangig dem Investitionsschutz des Unternehmers. Nachbarschutz wird nicht vermittelt.[109] Etwas weitere Voraussetzungen normiert § 15 I WHG für die gehobene Erlaubnis, bei der ein „öffentliches Interesse" oder ein „berechtigtes Interesse des Gewässerbenutzers" genügt. Letzteres ist anzunehmen, wenn Tatsachen vorliegen, aus denen sich ergibt, dass der Gewässerbenutzer zur Wahrung seiner gegenwärtigen oder zukünftigen wirtschaftlichen oder sonst anerkennenswerten Belange ein Interesse an der Erteilung einer gehobenen Erlaubnis hat.

c) Materielle Rechtmäßigkeit

39 Eine Erlaubnis oder Bewilligung ist nur dann materiell rechtmäßig, wenn sie gestattungsfähig ist. Weitere Voraussetzungen sind nicht zu prüfen. Insbes. lassen sich die Prüfungspunkte der Planfeststellung (zB Planrechtfertigung) nicht auf die Gestattung übertragen.[110]

aa) Versagungsgründe

40 Die Erlaubnis ist ebenso wie die Bewilligung gem. § 12 I WHG zwingend zu versagen, wenn schädliche, auch nicht durch Nebenbestimmungen ausgleichbare – adäquat kausal versursachte[111] – Gewässerveränderungen zu erwarten sind (Nr. 1) oder andere Anforderungen aus öffentlich-rechtlichen Vorschriften nicht erfüllt werden (Nr. 2). Eine Erlaubnis für das Einbringen und Einleiten von Stoffen in das Grundwasser darf zudem nur erteilt werden, wenn eine nachteilige Veränderung der Wasserbeschaffenheit nicht zu besorgen ist (§ 48 I 1 WHG), was meint, dass es „mit einer an Gewissheit grenzenden, alle vernünftigen Zweifel ausschließenden Sicherheit nicht zu einer nachteiligen Veränderung der Wasserbeschaffenheit kommen darf".[112]

(1) Schädliche Gewässerveränderungen

41 Der Begriff der schädlichen Gewässerveränderung ist in § 3 Nr. 10 WHG legaldefiniert und umfasst alle Veränderungen von Gewässereigenschaften, die das Wohl

---

107 Übertragbar: BVerwGE 20, 219 (225); wie hier *Guckelberger* in BeckOK UmweltR, 58. Ed. 1.1.2021, WHG § 14 Rn. 2.
108 *OVG Münster* ZfW 1968, 195 (197); zu den einzelnen Kriterien vgl. *Breuer/Gärditz* WasserR Rn. 619 ff.
109 *BVerwG* Beschl. v. 10.10.2017 – 7 B 5/17 Rn. 15.
110 Vgl. *BVerwG* NVwZ 2005, 84 (85).
111 *BVerwG* Beschl. v. 10.10.2017 – 7 B 5/17 Rn. 18.
112 *VGH München* NVwZ-RR 2020, 306 (307).

der Allgemeinheit, insbes. die öffentliche Wasserversorgung, beeinträchtigen oder die nicht den Anforderungen entsprechen, die sich aus dem WHG, aus aufgrund des WHG ergangenen Verordnungen oder aus sonstigen wasserrechtlichen Vorschriften ergeben. Der unbestimmte Rechtsbegriff des Allgemeinwohls umfasst neben wasserwirtschaftlichen Belangen (insbes. die Grundsätze des § 6 WHG[113]) mit Einschränkungen auch andere öffentliche Belange.[114]

(2) Andere öffentlich-rechtliche Normen

Im Rahmen wasserrechtlicher Zulassungen sind auch sonstige – nicht wasserrechtliche – öffentlich-rechtliche Normen zu prüfen. Ein Vorhaben ist unzulässig, wenn andere Anforderungen nach öffentlich-rechtlichen Vorschriften nicht erfüllt werden (§ 12 I Nr. 2 WHG). Hintergrund des § 12 I Nr. 2 WHG ist der Grundsatz der Gesetzmäßigkeit der Verwaltung (Art. 20 III GG), der die Behörden zwingt, die Gestattung zu versagen, wenn bindendes öffentliches Recht entgegensteht.[115] Der Umfang der zu prüfenden Vorschriften ist weit gesteckt, sodass neben Bundes- und Landesrecht auch Unionsrecht zu prüfen ist, sofern es innerstaatlich unmittelbar gilt bzw. anwendbar ist.[116] In Betracht kommt insbes. die Prüfung von Vorschriften des Bauplanungs- und Bauordnungsrechts, des Bundesimmissions-, des Boden- und des Naturschutzrechts. Die Behörde hat grds. eine umfassende Prüfung der Sach- und Rechtslage vorzunehmen.[117] Soweit die sonstigen öffentlich-rechtlichen Vorschriften in einem neben der wasserrechtlichen Zulassung besonders vorgeschriebenen Verfahren zu prüfen sind, darf die Wasserbehörde jedoch die Versagung der Gestattung grds. nicht auf diese stützen, sondern hat deren Prüfung der zuständigen Behörde zu überlassen.[118] Ausnahmsweise kann die Wasserbehörde nach allgemeinen Grundsätzen[119] eine Erlaubnis oder Bewilligung mangels Bescheidungsinteresses aber dann versagen, wenn einer Gestattung offensichtlich unüberwindliche fachfremde Zulassungsanforderungen entgegenstehen.[120] 42

(3) Verschlechterungsverbot

Eine ganz zentrale Funktion im Bewirtschaftungsregime des geltenden Wasserrechts nimmt – unter Zugrundelegung der Interpretation, die sich in der Rechtsprechung durchgesetzt hat – das Verschlechterungsverbot ein. Nach § 27 I Nr. 1 WHG sind oberirdische Gewässer – in Umsetzung von Art. 4 I lit. a Ziff. i WRRL – so zu bewirtschaften, dass eine Verschlechterung ihres ökologischen oder ihres chemischen Zustands vermieden wird. Oberirdische Gewässer sind nur „einheitliche und bedeutende Abschnitte eines oberirdischen Gewässers" iSv § 3 Nr. 6 WHG, was ein Mindesteinzugsgebiet nach Anl. 1 iVm § 3 OGewV erfordert.[121] Für das Grundwasser enthält § 47 I Nr. 1 WHG eine vergleichbare Regel, nach der der mengenmäßige an die Stelle des ökologischen Zustands tritt. 43

---

[113] Vgl. *BVerwG* NVwZ 2005, 84 (86).
[114] *Faßbender* in Landmann/Rohmer UmweltR WHG § 3 Rn. 78 ff.
[115] *Czychowski/Reinhardt* WHG § 12 Rn. 28.
[116] *Schendel/Scheier* in BeckOK UmweltR, 58. Ed. 1.4.2021, WHG § 12 Rn. 8.
[117] *Kotulla* (o. Fn. 63) § 12 Rn. 12; *Schmid* in Berendes/Frenz/Müggenborg (o. Fn. 72) § 12 Rn. 40 ff.; *Schendel/Scheier* in BeckOK UmweltR, 58. Ed. 1.4.2021, WHG § 12 Rn. 8.
[118] BVerwGE 81, 347 (351); *Appel* NuR 2011, 677 (678); *Berendes* (o. Fn. 46) § 12 Rn. 7; *Czychowski/Reinhardt* WHG § 12 Rn. 30.
[119] *OVG Münster* Urt. v. 1.12.2011 – 8 D 58/08.AK Rn. 523 (juris); BeckRS 2016, 51171 Rn. 342; *Seibert* W+B 2015, 95 (99 ff.).
[120] *Breuer/Gärditz* WasserR Rn. 604.
[121] BVerwGE 166, 1 Rn. 141.

44 Ob das Verschlechterungsverbot allein die wasserrechtlichen Planungen nach den §§ 82 ff. WHG strukturieren soll oder auch in *konkreten Zulassungsverfahren* unmittelbar verbindlich ist, war lange umstritten.[122] Richtigerweise handelt es sich mit dem *EuGH* um ein Gebot, dass auch unabhängig von Maßnahmenprogrammen und Bewirtschaftungsplänen in konkreten Zulassungsverfahren (Erlaubnis, Bewilligung oder Planfeststellung) vor der Zulassung[123] zu prüfen ist.[124] Alle vorhabenbedingten Wirkpfade sind einzubeziehen.[125] Richtigerweise kann das Verbot nach § 27 I Nr. 1 WHG aber auch gegenüber zulassungsfreien Nutzungen nach § 100 WHG (→ Rn. 81) durchgesetzt werden, sofern diese zu relevanten Qualitätsverschlechterungen führen.[126] Dementsprechend ist es unzulässig, die Einhaltung des Verbotes erstmals zu prüfen, nachdem ein Projekt bereits zugelassen wurde.[127]

45 Eine Verschlechterung muss mit hinreichender Wahrscheinlichkeit eintreten.[128] Auch der *Begriff der Verschlechterung* ist umstritten geblieben. Ob eine erlaubte Gewässerbenutzung zu einer Verschlechterung des Zustands eines Oberflächenwasserkörpers führt, hängt vom tatsächlichen Ist-Zustand iSd Wasserbeschaffenheit zum Geltungszeitpunkt der Erlaubnis ab.[129] Hinsichtlich der Bestandsaufnahme kommt der Behörde ein Beurteilungsspielraum zu.[130] Eine fehlende,[131] unvollständige, lückenhafte oder inhaltlich fehlerhafte Ermittlung verletzt daher die Anforderungen des Verschlechterungsverbots.[132] Einzubeziehen sind auch Schadstoffeinträge über den Luftpfad.[133] Namentlich die Frage, ob jedwede signifikante Beeinträchtigung eines Gewässers[134] oder nur eine solche, durch die eine Veränderung der Zustandsklasse nach Anh. V zur WRRL bewirkt wird,[135] war indes lange Zeit ungeklärt. Der *EuGH* hat einen Mittelweg („Qualitätskomponentenklassentheorie"[136]) ge-

---

[122] Bejahend etwa *OVG Hamburg* ZUR 2013, 357 ff.; *VGH Kassel* ZUR 2016, 44 (48); *Breuer/Gärditz* WasserR Rn. 158; *Czychowski/Reinhardt* WHG § 27 Rn. 7; *Durner* W+B 2014, 113 (115); aA etwa *Faßbender* EurUP 2013, 70 (74).

[123] *OVG Hamburg* ZUR 2021, 111 (114); *Durner* W+B 2020, 99 (100 f.); *Lorenzen* JuS 2021, 122 (124).

[124] *EuGH*, Rs. C-461/13 (BUND/Deutschland), DVBl 2015, 1044 Rn. 31, 43; im Anschluss BVerwGE 156, 20 Rn. 160; 156, 215 Rn. 104; 160, 263 Rn. 89; 166, 132 Rn. 151 ff.; *BVerwG* ZUR 2018, 543 (544); NuR 2021, 119 (121); *OVG Hamburg* ZUR 2021, 111 (112); *OVG Lüneburg* Urt. v. 27.8.2019 – 7 KS 24/17 Rn. 395; *VGH Mannheim* Beschl. v. 23.2.2021 – 10 S 1327/20 Rn. 30.

[125] *BVerwG* NuR 2020, 709 (717).

[126] *OVG Lüneburg* ZUR 2015, 604 (610); *Breuer/Gärditz* WasserR Rn. 158; *Dallhammer/Fritzsch* ZUR 2016, 340 (342).

[127] *EuGH*, Rs. C-535/18 (Bezirksregierung Detmold), ECLI:EU:C:2020:391, Rn. 68 ff.

[128] BVerwGE 166, 132 Rn. 154.

[129] *BVerwG* ZUR 2018, 281 (284); *OVG Berlin-Brandenburg* Urt. v. 20.12.2018 – OVG 6 B 1.17 Rn. 32.

[130] *OVG Hamburg* ZUR 2021, 111 (113).

[131] *BVerwG* Beschl. v. 9.7.2020 – 9 VR 1/20 Rn. 4.

[132] BVerwGE 166, 132, Rn. 160; *BVerwG* NuR 2020, 709 (717).

[133] *BVerwG* ZUR 2018, 281 (283).

[134] So etwa *OVG Hamburg* ZUR 2013, 357 (361); *Ekardt/Steffenhagen* NuR 2010, 705 (707); *Köck/Möckel* NVwZ 2010, 1390 (1392); *Laskowski* ZUR 2013, 131 (132 f.); *Wabnitz*, Das Verschlechterungsverbot für Oberflächengewässer und Grundwasser, 2010, S. 337.

[135] So etwa *Albrecht*, Umweltqualitätsziele im Gewässerschutzrecht, 2007, S. 347; *Breuer* NuR 2007, 503 (507); *Breuer/Gärditz* WasserR Rn. 159 f.; *Durner* in Landmann/Rohmer UmweltR WHG § 27 Rn. 27 ff.; *Faßbender* EurUP 2013, 70 (80); *ders.* NVwZ 2014, 476 (480); *Schmid* in Berendes/Frenz/Müggeborg (o. Fn. 72) § 27 Rn. 94 ff.; *Spieth/Ipsen* NVwZ 2013, 391 (392).

[136] *Durner* DVBl 2015, 1049 (1051).

wählt.[137] Der Gerichtshof interpretiert den Begriff der Verschlechterung nach Art. 4 I lit. a Ziff. i WRRL (entspricht § 27 I Nr. 1 WHG) dahingehend, „dass eine Verschlechterung vorliegt, sobald sich der Zustand mindestens einer Qualitätskomponente iSd Anh. V der Richtlinie um eine Klasse verschlechtert, auch wenn diese Verschlechterung nicht zu einer Verschlechterung der Einstufung des Oberflächenwasserkörpers insgesamt führt". Sei jedoch die betreffende Qualitätskomponente iSv Anh. V bereits in der niedrigsten Klasse eingeordnet, stelle jede Verschlechterung dieser Komponente eine Verschlechterung des Zustands im Rechtssinne dar.[138] Dies gilt unabhängig von den unterschiedlichen Kriterien der Feststellung gleichermaßen für Oberflächengewässer wie für das Grundwasser.[139] Ungeklärt geblieben ist hierbei, ob eine *Bagatellschwelle* aus Gründen der Verhältnismäßigkeit anzuerkennen ist.[140]

Im Übrigen enthalten die §§ 28, 30, 31 WHG ein differenziertes – obgleich inhaltlich strikt gefasstes und insoweit abschließendes[141] – *Ausnahmeregime.* Namentlich künstliche oder erheblich veränderte Gewässer (§ 28 WHG) unterliegen nur den inhaltlich zurückgenommenen (Potenzial statt Zustand) Anforderungen des § 27 II WHG. § 30 WHG ermöglicht es, aus besonderen Gründen abweichende Bewirtschaftungsziele festzulegen. § 31 WHG regelt Ausnahmen von den geltenden Bewirtschaftungszielen nach §§ 27, 30 WHG.[142] Eine Ausnahme gem. § 31 II WHG muss dabei nicht vor Zulassung des Vorhabens in einen Bewirtschaftungsplan (→ Rn. 106 f.) aufgenommen werden; für § 83 II Nr. 2 WHG genügt eine nachträgliche Aufnahme. 46

In *Fall 16* ist davon auszugehen, dass zwar der chemische Gewässerzustand unverändert bleibt, jedoch der ökologische Zustand signifikant verschlechtert wird. Namentlich die Zerstörung von gewässerbezogenen Habitateigenschaften durch die Regulierung des Wasserstandes sind daher mit § 27 I Nr. 1 WHG unvereinbar. Die Erft ist auf dem entsprechenden Abschnitt jedenfalls bislang auch kein erheblich verändertes Gewässer nach § 28 Nr. 1 lit. d WHG; sie wird es erst nachträglich. Insoweit ist die Veränderung an § 27 I WHG zu messen. Ausnahmetatbestände nach §§ 30, 31 WHG wurden nicht vorgetragen. Daher ist die Aufstauung insoweit rechtswidrig. 47

(4) Verbesserungsgebot

Neben das Verschlechterungsverbot tritt das *Verbesserungsgebot* (§ 27 I Nr. 2 WHG). Hiernach sind Gewässer so zu bewirtschaften, dass ein guter ökologischer und ein guter chemischer Zustand erhalten oder erreicht werden. Ein entsprechendes – um eine mengenmäßige Komponente ergänztes – Gebot enthält § 47 I Nr. 3 WHG für das Grundwasser, bei dem zudem die Verpflichtung zur Trendumkehr hinsichtlich ansteigender Schadstoffkonzentrationen nach § 47 I Nr. 2 WHG zur Anwendung kommt. Das Verbesserungsgebot hat gegenüber dem Verschlechterungsverbot selbstständigen Charakter und ist ggf. auf positive Handlungspflichten staatlicher Behörden gerichtet.[143] 48

---

[137] Vgl. *Rehbinder* NVwZ 2015, 1506 (1508).

[138] *EuGH*, Rs. C-461/13 (BUND/Deutschland), DVBl 2015, 1044 Rn. 70; Rs C-346/14 (Kommission/Österreich), ZUR 2016, 407 Rn. 59; im Anschluss BVerwGE 156, 215 Rn. 108; 166, 132 Rn. 159; *BVerwG* ZUR 2018, 281 (283); NuR 2020, 709 (717); *OVG Hamburg* ZUR 2021, 111 (113). Zum Stand der Diskussion *Durner* NuR 2019, 1 ff.; *Elgeti/Hilkenbach* ZfW 2017, 58 ff.; *Schieferdecker* UPR 2018, 436 ff.

[139] *EuGH*, Rs. C-535/18 (Bezirksregierung Detmold), ECLI:EU:C:2020:391, Rn. 94; *BVerwG* NuR 2021, 119 (121).

[140] Hierfür *Dallhammer/Fritzsch* ZUR 2016, 340 (345); aA *Faßbender* EurUP 2015, 178 (188). Umfassend und gebietsübergreifend *Linnartz*, Normkonkretisierende Irrelevanzschwellen umweltqualitätsrechtlicher Beeinträchtigungsverbote, 2021.

[141] *VG Freiburg i. B.* Urt. v. 8.12.2020 – 3 K 5482/18 Rn. 102.

[142] Zur umfassenden Reichweite *BVerwG* NVwZ 2020, 1203 (1204).

[143] *Breuer/Gärditz* WasserR Rn. 164.

49 Auch das Verbesserungsgebot ist in konkreten Zulassungsentscheidungen zu beachten und kann daher einer Gestattung entgegenstehen, wenn sich absehen lässt, dass die Verwirklichung des Vorhabens die Möglichkeit ausschließt, die Umweltziele der Wasserrahmen-Richtlinie (konkret: gutes ökologisches Potenzial, guter chemischer Zustand des Wasserkörpers) fristgerecht zu erreichen.[144] Bei der Auswahl von Maßnahmen und der Bewertung, ob diese zur ökologischen Zielerreichung geeignet sind, kommt den zuständigen Behörden allerdings breites Ermessen bzw. hinsichtlich der Eignung ein Beurteilungsspielraum zu.[145] Das Verbesserungsgebot ist insoweit darauf angelegt, durch wasserwirtschaftliche Planungen nach §§ 82 f. WHG zunächst flussgebietsbezogen konkretisiert zu werden. Die Verbesserung lässt sich hingegen ohne solche planerischen Gesamtkonzepte nicht vorhabenbezogen angemessen beurteilen. Ohne vorherige konkretisierende Maßnahmenplanung nach den §§ 82 f. WHG (→ Rn. 105 ff.) ist daher § 27 I Nr. 2 WHG grds. nicht unmittelbar anwendbar.[146] Abweichendes mag dann gelten, wenn ein einzelnes Vorhaben eine Zustandsverbesserung längerfristig verhindert *(Vereitelungsverbot)*.[147]

Gemessen hieran dürfte das Stauwerk in *Fall 16* auch gegen das Verbesserungsgebot des § 27 I Nr. 2 WHG verstoßen, soweit – wie von *N* vorgetragen – stromabwärts dauerhaft die Erreichung eines guten ökologischen Gewässerzustandes vereitelt wird.

(5) Besondere Anforderungen an die Abwasserbehandlung

50 Von besonderer praktischer Bedeutung sind die spezifischen Anforderungen an die Beseitigung von Abwasser (*Legaldefinition* in § 54 I WHG) in den §§ 54 ff. WHG. Abwasserbeseitigung umfasst das Sammeln, Fortleiten, Behandeln, Einleiten, Versickern, Verregnen und Verrieseln von Abwasser sowie das Entwässern von Klärschlamm in Zusammenhang mit der Abwasserbeseitigung. Zur Abwasserbeseitigung gehört auch die Beseitigung des in Kleinkläranlagen anfallenden Schlamms (§ 54 II WHG). Abwasser ist nach § 55 I 1 WHG so zu beseitigen, dass das Wohl der Allgemeinheit nicht beeinträchtigt wird. Klarstellend bestimmt § 55 I 2 WHG, dass dem Wohl der Allgemeinheit auch die Beseitigung von häuslichem Abwasser durch dezentrale Anlagen entsprechen kann. Niederschlagswasser soll nach § 55 II WHG ortsnah versickert, verrieselt oder direkt oder über eine Kanalisation ohne Vermischung mit Schmutzwasser in ein Gewässer eingeleitet werden, soweit dem weder wasserrechtliche noch sonstige öffentlich-rechtliche Vorschriften noch wasserwirtschaftliche Belange entgegenstehen.

51 Abwasser ist nach § 56 S. 1 WHG von den juristischen Personen des öffentlichen Rechts zu beseitigen, die nach Landesrecht hierzu verpflichtet sind *(Abwasserbeseitigungspflichtige)*. Die zur Abwasserbeseitigung Verpflichteten können sich hierbei zur Erfüllung ihrer Pflichten Dritter bedienen (§ 56 S. 3 WHG). Da der Einsatz (privater) Dritter als Erfüllungsgehilfen die materielle Verpflichtung der abwasserbeseitigungspflichtigen Körperschaft unberührt lässt, handelt es sich hierbei um einen Vorgang der *formellen Privatisierung* (Erfüllungsprivatisierung)[148]; eine *materielle Privatisierung* (sprich: eine Entledigung der Beseitigungspflicht durch Über-

---

144 *EuGH*, Rs. C-461/13 (BUND/Deutschland), DVBl 2015, 1044, Rn. 51.

145 *OVG Bremen* NordÖR 2009, 460 (464); *Breuer/Gärditz* WasserR Rn. 164; *Faßbender* ZUR 2016, 195 (200).

146 *OVG Hamburg* ZUR 2013, 357 (360); *Breuer/Gärditz* WasserR Rn. 165; *Durner* in Landmann/Rohmer UmweltR WHG § 27 Rn. 21; *Faßbender* EurUP 2015, 178 (183); *Schieferdecker* W+B 2014, 64 (68).

147 *Breuer/Gärditz* WasserR Rn. 165; ähnlich *Faßbender* EurUP 2015, 178 (186).

148 *Breuer/Gärditz* WasserR Rn. 731.

tragung auf Private) ist (vorbehaltlich etwaiger Abweichungsgesetzgebung) insoweit bundesrechtlich lediglich über den Umweg des § 56 S. 2 WHG eröffnet.[149]

Hinsichtlich der konkreten Anforderungen an die Einleitung differenziert das WHG zwischen Direkteinleitungen (§ 57 WHG), die als gestattungspflichtige Gewässerbenutzungen (§ 9 I WHG) zusätzlichen Anforderungen unterworfen werden, und Indirekteinleitungen (§ 58 WHG), die genehmigungspflichtig gestellt werden. Ergänzend enthält § 60 WHG detaillierte Anforderungen an die Errichtung und den Betrieb von Abwasseranlagen. 52

Eine Erlaubnis für das Einleiten von Abwasser in Gewässer *(Direkteinleitung)* darf 53
nach § 57 I WHG nur erteilt werden, wenn
- die Menge und Schädlichkeit des Abwassers so gering gehalten wird, wie dies bei Einhaltung der jeweils in Betracht kommenden Verfahren nach dem *Stand der Technik* (§ 3 Nr. 11 WHG)[150] möglich ist (1.),
- die Einleitung mit den Anforderungen an die Gewässereigenschaften und sonstigen rechtlichen Anforderungen vereinbar ist (2.) und
- Abwasseranlagen oder sonstige Einrichtungen errichtet und betrieben werden, die erforderlich sind, um die Einhaltung der Anforderungen nach Nr. 1 und 2 sicherzustellen (3.).

Insoweit knüpft das Gesetz an die Erlaubnispflicht nach § 9 I WHG an und konkretisiert die materiellen Genehmigungsanforderungen. Nähere Anforderungen werden nach § 57 II WHG durch Rechtsverordnung festgelegt. Zusätzlich sind – in Umsetzung der Industrieemissionsrichtlinie 2010/75/EU[151] – die sich aus den BVT-Merkblättern ergebenden Standards einzuhalten, sofern es sich um Industrieklaranlagen (vgl. IZÜV, → Rn. 9) handelt (§§ 57 III, 60 III 1 Nr. 2 WHG).[152]

Das Einleiten von Abwasser in öffentliche Abwasseranlagen *(Indirekteinleitung)* 54
bedarf nach § 58 I 1 WHG der Genehmigung durch die zuständige Behörde, soweit an das Abwasser in der AbwV (→ Rn. 9) Anforderungen für den Ort des Anfalls des Abwassers oder vor seiner Vermischung festgelegt sind. Nähere Einzelheiten werden nach § 58 I 2 WHG durch Rechtsverordnung nach § 23 I Nr. 5, 8 und 10 WHG festgelegt. Insoweit etabliert § 58 WHG eine *selbstständige Genehmigungspflicht*, die sich nicht aus § 9 WHG ergibt, weil eine Abwasseranlage kein Gewässer iSd WHG ist. Konkrete Genehmigungsanforderungen enthält § 58 III WHG. Eine Genehmigung für eine Indirekteinleitung darf hiernach nur erteilt werden, wenn
- die nach der AbwV in ihrer jeweils geltenden Fassung für die Einleitung maßgebenden Anforderungen einschließlich der allgemeinen Anforderungen eingehalten werden (1.),
- die Erfüllung der Anforderungen an die Direkteinleitung (→ Rn. 53) nicht gefährdet wird (2.) und
- Abwasseranlagen oder sonstige Einrichtungen errichtet und betrieben werden, die erforderlich sind, um die Einhaltung der Anforderungen nach § 58 III Nr. 1–2 WHG sicherzustellen (3.).

Abwasseranlagen sind nach § 60 I 1 WHG so zu errichten, zu betreiben und zu unterhalten, 55
dass die Anforderungen an die Abwasserbeseitigung eingehalten werden. Im Übrigen müssen Abwasserbehandlungsanlagen iSv § 60 III 1 Nr. 2 WHG nach dem Stand der Technik, andere

---

[149] *Breuer/Gärditz* WasserR Rn. 732.
[150] Vertiefend *Breuer/Gärditz* WasserR Rn. 762 ff.
[151] Dazu → § 7 Rn. 8 ff.
[152] Hierzu eingehend *Breuer/Gärditz* WasserR Rn. 54, 762 ff.; *Raab* I+E 2011, 188 ff.; *Suhr* I+E 2013, 44 ff.

Abwasseranlagen nach den allgemein anerkannten Regeln der Technik errichtet, betrieben und unterhalten werden (§ 60 I 2 WHG). § 60 III WHG benennt im Einzelnen die Voraussetzungen, unter denen Abwasserbehandlungsanlagen einer Genehmigung nach WHG bedürfen; es geht – vereinfacht – um UVP-pflichtige Anlagen und Industriekläranlagen (iSd IZÜV). Landesrechtliche Genehmigungserfordernisse – namentlich nach Bauordnungsrecht – bleiben hiervon unberührt.

bb) Bewirtschaftungsermessen

56 Das geltende Wasserrecht sieht – anders als andere umweltrelevante Zulassungsregimes – keinen gebundenen Anspruch auf Erteilung der Erlaubnis vor. Nach herkömmlicher Auffassung wäre ein Benutzungsanspruch bei Wasser als einem Gut von so lebenswichtiger Bedeutung mit der Schutzbedürftigkeit des Wasserhaushaltes nicht zu vereinbaren.[153] Insoweit widerspräche ein Zulassungsanspruch dem Bewirtschaftungszweck des WHG (→ Rn. 18). Der Behörde steht vor diesem Hintergrund ein in § 12 II WHG festgeschriebenes Bewirtschaftungsermessen zu, das sie zur wasserwirtschaftlichen Vorsorge und Ressourcenpflege befähigt.[154] Über Zulassungsbegehren wird danach im pflichtgemäßen Ermessen entschieden. Einschränkungen des Bewirtschaftungsermessens können sich aus einem Maßnahmenprogramm (§ 82 WHG) ergeben (→ Rn. 105 ff.), wenn dieses bestimmte Benutzungen verbietet.[155] Bei der Ausübung des verbleibenden Ermessens ist vor allem die Gesamtsituation des Wasserhaushalts zu berücksichtigen. Als Ermessensdirektiven wirken primär die im Maßnahmenprogramm festgelegten Bewirtschaftungsziele und sekundär die wasserwirtschaftlichen Grundsätze gem. § 6 WHG.[156] Ein allgemeines Dispensermessen kennt das Wasserrecht nicht; würde eine Gestattung geltendes Recht (§ 12 I WHG) verletzen, ist deren Erteilung daher ausgeschlossen, ohne dass die Wasserbehörde (wie etwa nach § 31 BauGB) Abweichungen zulassen könnte.

57 Dem Antragsteller steht damit grds. nur ein Anspruch auf ermessensfehlerfreie Entscheidung (§ 40 VwVfG) zu. Allerdings können insbes. verfassungsrechtliche Gründe zu einer Ermessensreduzierung auf Null führen, wenn bspw. die Nichterteilung das durch Art. 14 I 1 GG geschützte Recht am eingerichteten und ausgeübten Gewerbebetrieb verletzen würde.[157] Angesichts der begrenzten Direktionskraft der Eigentumsgarantie[158], die durch umweltbezogene (Art. 20a GG) Sozialbindungen relativiert wird, ist dies jedoch nur in Ausnahmefällen zu bejahen. Auch aus Art. 3 I GG kann ein Gestattungsanspruch folgen, wenn in mehreren gleich gelagerten Fällen rechtmäßige Gestattungen erteilt wurden und sowohl die wasserwirtschaftliche Situation wie der betreffende Erkenntnisstand über das ökologische Schadenspotential gleich geblieben sind. Schließlich kann eine Ermessensschrumpfung auch aus einer Selbstbindung der Verwaltung durch Verwaltungsvorschriften oder Zusicherungen resultieren.[159]

cc) Drittschutz

58 Das Wasserrecht als objektives staatliches Zuteilungsregime für die Benutzung von Gewässern dient vor allem dem Gemeinwohl und gewährt Drittschutz daher nur

---

[153] BVerfGE 58, 300 (347); 93, 319 (339).
[154] *Breuer/Gärditz* WasserR Rn. 615.
[155] *Ginzky* in BeckOK UmweltR, 58. Ed. 1.7.2020, WHG § 82 Rn. 4; *Hasche,* Das neue Bewirtschaftungsermessen im Wasserrecht, 2005, S. 280.
[156] *Hasche* (o. Fn. 155) S. 281.
[157] Hierzu eingehend *Breuer/Gärditz* WasserR Rn. 1421 ff.
[158] Dazu → § 3 Rn. 16.
[159] Näher hierzu *Czychowski/Reinhardt* WHG § 12 Rn. 35.

zurückhaltend.[160] Lediglich § 14 III, IV WHG enthält angesichts der privatrechtsgestaltenden Wirkung (§ 16 WHG) die Regelung, dass eine Bewilligung nur erteilt werden darf, wenn die Rechte (§ 14 III WHG) oder bestimmte Interessen Drittbetroffener (§ 14 IV WHG) angemessen berücksichtigt wurden. § 14 III, IV WHG ist daher unmittelbar drittschützend und verleiht dem Drittbetroffenen bei möglicher Verletzung eine Klagebefugnis iSd § 42 II VwGO.[161]

Die Rechtsprechung hat darüber hinaus, unabhängig von der Art der Gestattung, einen Drittschutz aus dem *Gebot der Rücksichtnahme* anerkannt, welches sie aus einfachrechtlichen Normen, konkret aus einer Zusammenschau der §§ 6 I Nr. 3, 13 I, 22 WHG, ableitet.[162] Voraussetzung für den Drittschutz aus dem Rücksichtnahmegebot ist nach allgemeinen Grundsätzen des öffentlich rechtlichen Nachbarschutzes (und insoweit vergleichbar dem öffentlichen Baurecht), dass eine individualisierte und qualifizierte Betroffenheit vorliegt. Jedoch lässt das *BVerwG* hier für die individualisierte Betroffenheit eine Beeinträchtigung bloßer „Belange" statt besonderer Rechtspositionen genügen und bezieht in die qualifizierte Betroffenheit auch potentielle Nutzungen mit ein.[163] Geschützt sind danach neben Trägern von Allgemeinwohlbelangen alle rechtmäßigen Wasserbenutzer (iSd § 9 WHG) sowie Personen, bei denen eine Beeinträchtigung ihrer betroffenen privaten Belange nach dem Gesetz tunlichst zu vermeiden ist.[164] Ihnen steht damit auch bei der Erlaubnis ein Anspruch auf ermessensfehlerfreie Würdigung ihrer Belange zu, gegen dessen Verletzung sie, je nach Sachlage, mit der Anfechtungs- oder Verpflichtungsklage vorgehen können.[165] Der Drittschutz wird allerdings insoweit gesetzesimmanent beschränkt, als § 10 II WHG ein Recht auf Zufluss von Wasser bestimmter Menge und Beschaffenheit sowohl bei natürlicher wie künstlicher Veränderung des Wasserzuflusses grds. ausschließt.[166] Diese Beschränkung ist aufgrund der legitimen Integration in ein öffentliches Bewirtschaftungsregime auch mit Art. 14 I 1 GG vereinbar. 59

Ein Recht auf Zufluss von Wasser bestimmter Menge und Beschaffenheit kann sich in *Fall 16* für *M* aus seiner Bewilligung im Hinblick auf § 10 II WHG nicht ergeben. Möglicherweise gewährt aber Art. 14 I 1 GG ein solches Recht. Voraussetzung hierfür ist, dass die Minderung oder Beseitigung eines bestehenden Zuflusses die Nutzung des Grundstücks des Unterliegers schlechthin oder den Bestand seines eingerichteten und ausgeübten Gewerbebetriebs ernsthaft in Frage stellt, der Unterlieger also schwer und unerträglich getroffen würde.[167] In diesem Fall erfordert die Eigentumsgarantie eine Modifizierung der Regelung des § 10 II WHG. Eine solche schwerwiegende Betroffenheit des *M* wurde aber nicht dargetan; die ökonomischen Verlustrisiken bewegen sich vielmehr im Rahmen des allgemein Zumutbaren, zumal auch natürliche Schwankungen des Zuflusses – etwa bedingt durch den Klimawandel – vergleichbar ausfallen könnten. 60

3. Planfeststellungspflichtiger Gewässerausbau

Der Gewässerausbau bedarf nach § 68 I WHG grds. eines Planfeststellungsverfahrens. Elemente eines Großvorhabens, die sich nicht mehr als Bestandteil des Gewäs- 61

[160] *Reinhardt* DÖV 2011, 135 f.
[161] Vgl. *OVG Lüneburg* DVBl 2017, 514 (516); *OVG Münster* ZfW 1990, 417 (418).
[162] BVerwGE 78, 40 ff.; 125, 216 (281); 133, 239 (250). Zu § 68 II, III, § 70 I iVm § 14 III 1, IV WHG *VGH München* AUR 2021, 66 f.; zu § 12 II WHG *OVG Lüneburg* NordÖR 2019, 550.
[163] *Sparwasser/Engel/Voßkuhle* § 8 Rn. 147 f.
[164] BVerwGE 78, 40 (43).
[165] BVerwGE 78, 40 (45 ff.).
[166] Hierzu *OVG Magdeburg* Beschl. v. 31.7.2018 – 2 M 48/18 Rn. 35 f.
[167] BVerwGE 36, 248 (251).

serausbaus einordnen lassen, können nicht wasserrechtlich planfestgestellt werden (zB Hafenanlagen), sondern bedürfen nach der Rechtsprechung einer selbstständigen Zulassung.[168] Nach § 68 II 1 WHG kann, sofern für das Vorhaben keine UVP-Pflicht besteht, anstelle der Durchführung eines Planfeststellungsverfahrens auch eine Plangenehmigung erteilt werden. Ein Planfeststellungsbeschluss (bzw. eine Plangenehmigung) ist eine Allgemeinverfügung gem. § 35 S. 2 3. Alt. VwVfG und kann folglich mit der Anfechtungsklage gem. § 42 I 1. Alt. VwGO angegriffen werden. Es liegt grds. im pflichtgemäßen Ermessen der Behörde, anstelle des Planfeststellungsbeschlusses eine Plangenehmigung zu erteilen. Der Einzelne hat daher lediglich einen Anspruch auf ermessensfehlerfreie Entscheidung.[169] Für die Plangenehmigung spricht insbes. der geringere Verwaltungsaufwand. Für die Plangenehmigung (§ 68 II, III WHG) gelten die Vorschriften über das Planfeststellungsverfahren nicht (§ 74 VI 2 VwVfG). Die Plangenehmigung wird im Allgemeinen (nicht förmlichen) Verwaltungsverfahren (§§ 9 ff. VwVfG) erteilt. Praktisch bedeutsam ist vor allem der Wegfall der Öffentlichkeitsbeteiligung nach § 73 VwVfG und des hiervon abhängigen Mitwirkungsrechts anerkannter Naturschutzverbände nach § 63 I Nr. 3, 4, II Nr. 6, 7 BNatSchG.[170] Fehler bei der Ermessensentscheidung, keine Plangenehmigung, sondern einen Planfeststellungsbeschluss zu erlassen, sind vorliegend nicht ersichtlich. Allein die Wahl der falschen Verfahrensart (Plangenehmigung statt Planfeststellungsverfahren) soll nach der Rechtsprechung keine selbstständige Rechtsverletzung begründen, die unabhängig von einer materiellen Rechtsverletzung geltend gemacht werden kann.[171]

62 Planfeststellungsbeschluss und Plangenehmigung sind zwar Zulassungsverfahren, mit denen auf Antrag ein konkretes Vorhaben genehmigt wird, ungeachtet dessen aber materiell auch planerische Entscheidungen. Auch bei Vorliegen der tatbestandlichen Voraussetzungen besteht daher kein Rechtsanspruch auf Planfeststellung bzw. Plangenehmigung. Vielmehr steht der zuständigen Planungsbehörde ein weitgehendes Planungsermessen für die Zulassung und Ausgestaltung des Ausbauvorhabens zu.[172] Anders als im Baurecht wird die zuständige Behörde hier jedoch nicht selbst planerisch tätig. Sie überprüft lediglich den ihr vorgelegten Plan. Dabei vollzieht sie diesen allerdings planerisch nach.[173]

63 Hinsichtlich der inhaltlichen Anforderungen an einen Planfeststellungsbeschluss wird bislang zwischen gemein- und privatnütziger Planfeststellung unterschieden, wobei die Gemein- oder Privatnützigkeit eines Gewässerausbaus davon abhängt, ob mit diesem Vorhaben unmittelbar zum Wohl der Allgemeinheit öffentliche Aufgaben wahrgenommen werden oder nicht. Die Unterscheidung wird damit begründet, dass die privatnützige Planfeststellung mangels eines sie tragenden öffentlichen Interesses Eingriffe in Rechte Dritter nicht zu rechtfertigen vermöge.[174] Über den Verweis in § 70 I WHG gilt § 14 III–VI WHG entsprechend, was die Möglichkeit eröffnet, Anordnungen zur Vermeidung von Eingriffen in Rechte Dritter zu treffen.

a) Planrechtfertigung

64 Im Fall der gemeinnützigen Planfeststellung wird das der Planungsbehörde zustehende Planungsermessen zunächst durch das Erfordernis der Planrechtfertigung

---

[168] BVerwGE 151, 213 Rn. 20; *VG Bremen* Urt. v. 7.2.2019 – 5 K 2621/15 Rn. 41; *VG Hamburg* Urt. v. 5.6.2019 – 7 K 7639/16 Rn. 98.
[169] *Czychowski/Reinhardt* WHG § 68 Rn. 44 f.; *Lorenzen* JuS 2021, 122 (125).
[170] Vgl. → § 10 Rn. 164.
[171] *BVerwG* NVwZ 2014, 365 f.
[172] *Czychowski/Reinhardt* WHG § 68 Rn. 13.
[173] *Sparwasser/Engel/Voßkuhle* § 4 Rn. 186.
[174] BVerwGE 55, 220 (226 f.); 85, 155 f.

begrenzt. Dieses besagt, dass eine Planung im Hinblick auf die von ihr ausgehenden Einwirkungen auf Rechte Dritter, die bis zur Enteignung reichen können, nur zulässig ist, wenn das Vorhaben, gemessen an den Zielsetzungen des jeweiligen Fachgesetzes, „vernünftigerweise geboten"[175] ist. Hingegen entfällt dieses Erfordernis bei der privatnützigen Planfeststellung, da ihr ohnehin keine Eingriffs-, sondern nur eine Genehmigungsfunktion zukommt.[176] Umgekehrt indiziert die Aufnahme eines Vorhabens, dem die Planfeststellung dient, in ein Transeuropäisches Netz (Art. 170 AEUV) die Planrechtfertigung.[177] Die Planrechtfertigung ist gerichtlich voll überprüfbar. Abweichendes gilt, wenn ein Bedarfsgesetz die Planrechtfertigung festgestellt hat, was dann Behörden wie Gerichte bindet;[178] allerdings gibt es für Wasserstraßen bislang keine Bedarfsgesetze; betroffen sein kann also insoweit nur ein Gewässerausbau im Zuge des Schienenwege-, Fernstraßen- oder Energieleitungsausbaus.[179]

Zu Recht wird das Kriterium der Planrechtfertigung im Schrifttum schon seit längerem kritisiert. Angesichts der niedrigen Anforderungen an die Planrechtfertigung sollte diese gesonderte Planungsstufe aufgegeben werden. Dem damit verfolgten Anliegen kann im Rahmen der Abwägung Rechnung getragen werden, womit auch der Grund für die – ohnehin schwierige – Unterscheidung zwischen privat- und gemeinnütziger Planfeststellung entfallen würde.[180] Auch das *BVerwG* lässt inzwischen offen, ob es an der Differenzierung festhalten will.[181] **65**

b) Abwägungsgebot

Ist das Ausbauvorhaben nicht schon aus Rechtsgründen zwingend zu versagen, setzt seine Zulassung darüber hinaus noch eine umfassende planerische Abwägung der berührten öffentlichen und privaten Belange voraus.[182] Die Planfeststellungsbehörde hat dabei, wie im Bauplanungsrecht, den Grundsatz planerischer Konfliktbewältigung zu berücksichtigen.[183] Das WHG enthält mit den allgemeinen und besonderen Grundsätzen der §§ 6, 27, 44, 47, 67 WHG Vorschriften, die bei der Abwägung zu berücksichtigen sind (Abwägungsdirektiven, Optimierungsgebote).[184] Daneben ist § 50 BImSchG als Optimierungsgebot zu beachten. Die planerische Gestaltungsfreiheit ist gerichtlich nur beschränkt überprüfbar; sie unterliegt hierbei den allgemeinen materiell-rechtlichen Schranken, die für planerische Entscheidungen entwickelt wurden und deren Einhaltung durch die Verwaltungsgerichte nach den Grundsätzen der Abwägungskontrolle überprüft werden kann. **66**

Ein Verwaltungsgericht überprüft konkret, **67**
- ob in die Abwägung nicht an Belangen eingestellt worden ist, was nach Lage der Dinge in sie eingestellt werden musste *(Abwägungsdefizit)*,
- ob die Bedeutung der betroffenen Belange verkannt worden ist *(Abwägungsfehleinschätzung)* oder

---

[175] BVerwGE 56, 110 (119); 71, 166 (168); 72, 282 (284).
[176] BVerwGE 55, 220 (227); aA *Maus* in Berendes/Frenz/Müggenborg (o. Fn. 72) § 68 Rn. 51.
[177] Etwa *BVerwG* LKV 1997, 213 (214); NVwZ 2009, 302 (305); *Gärditz,* Europäisches Planungsrecht, 2009, S. 27.
[178] BVerwGE 146, 145 Rn. 28; *Wysk* in Kopp/Ramsauer (Hrsg.), VwVfG, 21. Aufl. 2020, § 74 Rn. 50.
[179] Weiterführend *Wysk* (o. Fn. 178) § 74 Rn. 49.
[180] Vgl. *Czychowski/Reinhardt* WHG § 70 Rn. 35; *Müller,* Abschied von der Planrechtfertigung, 2005, S. 74 ff.; *Sparwasser/Engel/Voßkuhle* § 4 Rn. 66, 182; *Steinberg/Berg/Wickel,* Fachplanung, 4. Aufl. 2012, § 3 Rn. 47 ff.
[181] BVerwGE 79, 318 (322); 85, 155 (156).
[182] BVerwGE 85, 155 (156).
[183] *Sikora* JA 2005, 53 (56); *Sparwasser/Engel/Voßkuhle* § 4 Rn. 200.
[184] Vgl. *Guckelberger* NuR 2003, 469 (474 ff.).

– ob der Ausgleich zwischen ihnen zur objektiven Gewichtigkeit einzelner Belange außer Verhältnis steht *(Abwägungsdisproportionalität)*.[185]

Bei der Abwägung im Rahmen von Planfeststellungen nach § 86 WHG ist materiell insbes. der wasserrechtliche Besorgnisgrundsatz zu beachten, wonach bereits die Besorgnis einer Wasserbeeinträchtigung ein wichtiger Belang ist.[186]

68 Mängel im Abwägungsvorgang sind nur erheblich, wenn sie offensichtlich und auf das Abwägungsergebnis von Einfluss sind (§ 75 Ia 1 VwVfG).[187] Fehler im Abwägungsergebnis sind dagegen immer relevant. Allerdings können an sich relevante Abwägungsfehler durch ein ergänzendes Verfahren rückwirkend behoben werden (§ 75 Ia 2 VwVfG),[188] wenn dadurch nicht die Grundzüge der Planung berührt werden.[189]

69 Wie das *BVerwG* klargestellt hat,[190] darf die *Planfeststellungsbehörde* ein privatnütziges Ausbauvorhaben allerdings auch ohne vorherige Prüfung zwingender Versagungsgründe allein aufgrund einer planerischen Abwägung ablehnen. Sie muss nur darlegen, ob die Ablehnung auf einem zwingenden Versagungsgrund oder auf der Abwägung beruht. Das überprüfende Gericht kann beim Vorliegen eines Abwägungsfehlers eine dem Vorhabenträger günstige Entscheidung jedoch nur dann treffen, wenn es zuvor untersucht hat, ob zwingende Versagungsgründe nicht entgegenstehen.[191]

70 Das objektive Abwägungsgebot kann zudem denjenigen, deren Belange betroffen sind, ein *subjektives Recht auf gerechte Abwägung* ihrer Belange und damit *Drittschutz* vermitteln. Hierbei ist zwischen unmittelbar und mittelbar Betroffenen zu unterscheiden. Unmittelbar betroffen ist derjenige, auf dessen Grundeigentum sich die Geltung des Planfeststellungsbeschlusses erstreckt. Mittelbar betroffen ist auch der Einwirkungsnachbar.[192] Der mittelbar Betroffene soll nach der Rechtsprechung nur dann klagebefugt sein, wenn er in einem eigenen abwägungserheblichen Belang nachteilig berührt ist.[193] Der unmittelbar Betroffene – etwa der Adressat enteignungsrechtlicher Vorwirkung – sei dagegen nicht auf die Geltendmachung eigener Belange beschränkt, sondern kann auch die ungenügende Beachtung öffentlicher Belange im Abwägungsprozess vorbringen.[194]

c) Zwingende Rechtsvorschriften

71 Nach § 68 III Nr. 1 WHG ist der Planfeststellungsbeschluss zu versagen, soweit von dem Ausbau eine Beeinträchtigung des Wohls der Allgemeinheit, insbes. eine erhebliche und dauerhafte, nicht ausgleichbare Erhöhung der Hochwasserrisiken oder eine Zerstörung natürlicher Rückhalteflächen, vor allem in Auwäldern, zu erwarten ist. Des Weiteren ist gem. § 68 III Nr. 2 WHG ein Gewässerausbau nur zulässig, wenn andere Anforderungen nach dem WHG oder anderen öffentlich-rechtlichen Vorschriften erfüllt werden. Anforderungen iSd § 68 III Nr. 2 WHG sind zwingend zu

---

185 BVerwGE 131, 41 (47); *BVerwG* NVwZ 2010, 1359 (1361); NVwZ 2012, 1047 (1051); DVBl 2012, 357 (358 f.)

186 *Wysk* (o. Fn. 178) § 74 Rn. 92.

187 Vgl. parallel § 214 III 2 Hs. 2 BauGB.

188 Vgl. parallel § 214 IV BauGB.

189 Vgl. *Wysk* (o. Fn. 178) § 75 Rn. 34; zum Baurecht *Battis* in ders./Krautzberger/Löhr (Hrsg.), BauGB, 14. Aufl. 2019, § 214 Rn. 24.

190 BVerwGE 85, 155 (156 f.).

191 BVerwGE 85, 155 (157).

192 *Breuer/Gärditz* WasserR Rn. 1271.

193 BVerwGE 48, 56 (65 f.); *Czychowski/Reinhardt* WHG § 70 Rn. 45; krit. *Breuer/Gärditz* WasserR Rn. 1271 f.

194 BVerwGE 67, 74 (75 f.).

beachtende Rechtsvorschriften.[195] Ob sich der Begriff des Allgemeinwohls über Belange der Wasserwirtschaft hinaus auf alle im Einzelfall konkret feststellbaren Belange – etwa auch solche des Natur- und Landschaftsschutzes – bezieht, spielt im Rahmen der Planfeststellung aufgrund ihrer ausdrücklich geregelten Konzentrationswirkung keine Rolle. Zwingende Versagungsgründe aus anderen Rechtsbereichen können direkt herangezogen werden. Hierzu zählt zB Natur- oder Immissionsschutzrecht. Ein zwingender Versagungsgrund wegen nachteiliger Einwirkungen auf Rechte Dritter kann sich grds. auch aus §§ 70 I, 14 III WHG ergeben.

aa) Abwägungsresistente Planungsleitsätze

Zwingende Rechtsvorschriften des Wasserrechts sind als Planungsleitsätze zu beachten und entziehen sich daher der planerischen Abwägung.[196] Zwar bestimmt § 75 I 1 Hs. 2 VwVfG, dass neben der Planfeststellung andere behördliche Entscheidungen, insbes. Genehmigungen, Erlaubnisse, Bewilligungen etc., nicht erforderlich sind und ordnet damit die Konzentrationswirkung der Planfeststellung an. Hierbei geht es jedoch allein um eine *formelle Konzentrationswirkung*,[197] die die Planfeststellungsbehörde allein von den für die ersetzte Entscheidung geltenden Verfahrensvorschriften entbindet. Die Bindung an das materielle Recht, das diejenigen Behörden zu beachten hätten, deren Entscheidung durch die Planfeststellung ersetzt wird, bleibt dagegen bestehen. Zwingende Normen einschlägiger Fachgesetze sind also nicht nur Abwägungsmaterial.[198] Von den zwingenden Normen sind die Optimierungsgebote (zB § 67 I WHG, § 50 BImSchG) zu unterscheiden. Diese sind erst im Rahmen der Abwägung, dort jedoch mit besonderer Bedeutung, zu berücksichtigen.[199] 72

bb) Besonderheiten beim Ausbau zur Wasserkraftnutzung

Das WHG enthält schließlich besondere Anforderungen an Wasserkraftanlagen, deren Errichtung oder Erweiterung in der Regel mit einem Gewässerausbau verbunden ist, der unter § 68 WHG fällt. Die Errichtung, die wesentliche Änderung und der Betrieb von Stauanlagen dürfen nach § 34 I WHG nur zugelassen werden, wenn durch geeignete Einrichtungen und Betriebsweisen die Durchgängigkeit des Gewässers erhalten oder wiederhergestellt wird, soweit dies erforderlich ist, um die Bewirtschaftungsziele nach Maßgabe der §§ 27–31 WHG zu erreichen. Entsprechen vorhandene Stauanlagen nicht diesen Anforderungen, so hat die zuständige Behörde nach § 34 II WHG (umzusetzen etwa über § 13 WHG[200]) die Anordnungen zur Wiederherstellung der Durchgängigkeit zu treffen, die erforderlich sind, um die Bewirtschaftungsziele nach Maßgabe der §§ 27–31 WHG zu erreichen. Dies sind zwingende Vorgaben, die keiner Relativierung insbes. aus wirtschaftlichen Interessen zugänglich sind.[201] Die Durchgängigkeit der Gewässer, die durch Querverbauungen wie Wasserkraftanlagen empfindlich beeinträchtigt sein kann, dient dem Erhalt der ökologischen Gesamtfunktionen eines Flusses. Eine Spezialregelung enthält § 35 WHG. Wasserkraft darf nach § 35 I WHG nur zugelassen werden, wenn auch 73

---

[195] Nicht hierzu zählt § 58 IV FlurbG: *BVerwG* NVwZ 2020, 1531 (1532).

[196] *Wahl/Hönig* NVwZ 2006, 161 (167 ff.); vgl. für andere umweltrechtliche Vorgaben etwa *Gellermann* FS Stüer, 2013, S. 3 ff.; *Storost* FS Stüer, 2013, S. 481 (491 ff.).

[197] So die hL, vgl. *Breuer/Gärditz* WasserR Rn. 1201 0 f.; *Sparwasser/Engel/Voßkuhle* § 4 Rn. 159; *Laubinger* VerwArch 77 (1986), 77 ff.

[198] BVerwGE 71, 163 (164).

[199] Vgl. *Sparwasser/Engel/Voßkuhle* § 4 Rn. 185.

[200] *Niesen* in Berendes/Frenz/Müggenborg (o. Fn. 72) § 35 Rn. 23 f.

[201] *VGH München* Beschl. v. 5.9.2019 – 8 ZB 16.1851 Rn. 12. Zu den Anforderungen im Einzelnen *Lau* in Schink/Fellenberg (Hrsg.), WHG, 2021, § 34 Rn. 23 ff.

geeignete Maßnahmen zum Schutz der Fischpopulation ergriffen werden, wobei auch hier die zuständigen Behörden zu nachträglichen Anordnungen[202] ermächtigt werden (§ 35 II WHG). Vor allem geht es hierbei um möglichst naturnah auszugestaltende Fischaufstiegsanlagen.[203] Die Errichtung oder der Ausbau von Wasserkraftanlagen wird zugleich durchweg als ein Eingriff in Natur und Landschaft zu qualifizieren sein, der an den §§ 14 ff. BNatSchG zu messen ist.

74 Diese strikten Anforderungen an die Wasserkraftnutzung sind nicht deshalb zu modifizieren, weil die Energieerzeugung aus Wasserkraft zugleich energie- bzw. klimaschutzpolitisch erwünscht ist und daher durch das EEG privilegiert wird.[204] Vielmehr lässt das letztlich energiewirtschaftsrechtliche Instrument der privilegierten Einspeisung und Einspeisevergütung die wasser- und naturschutzrechtlichen Anforderungen, die Wasserkraftwerke primär als ökologische Störung behandeln, unberührt.[205] Zwar ist bei den in der Regel notwendigen Abwägungen dem öffentlichen Interesse am Ausbau der klimaschonenden Wasserkraft gerade aufgrund der umweltpolitischen Zielsetzung ein hohes Gewicht beizumessen.[206] Ein übergeordnetes Interesse am Ausbau der Wasserkraft ist aber in der Regel zu verneinen, sofern eine Zulassung die ökologischen Ziele der Gewässerbewirtschaftung oder naturschutzrechtliche Schutztatbestände von Gewicht beeinträchtigen würde.[207]

75 Im *Fall 16* ergibt sich hieraus Folgendes: Die Aufstauung durch die Wasserkraftanlage beeinträchtigt den Fischaufstieg zu den Laichgründen und damit mittelbar die Fischpopulation. Dies ist unvereinbar mit § 35 I WHG. Zwar wird ein „Bypass" über ein kleineres Gewässer gelegt. Die Planfeststellungsbehörde geht aber davon aus, dass dies nicht reichen wird, um Beeinträchtigungen der Fischpopulation zu vermeiden. Da § 35 I WHG eine strikte Verpflichtung enthält, nicht lediglich einen Abwägungsbelang,[208] lässt sich eine insoweit notwendige Fischaufstiegsanlage nicht mit dem Argument vermeiden, die Kosten müssten eingedämmt werden, damit sich die Anlage rentiere. Zwar verlangt auch § 35 WHG keine unzumutbaren Maßnahmen, was insbes. eine Nachrüstung aufgrund nachträglicher Anordnungen nach § 35 II WHG begrenzt. Wird eine Anlage aber – wie hier – neu errichtet, müssen die Kosten für den Schutz der Fischpopulation in die Planung eingestellt werden. Lässt sich ein Kraftwerk mit angemessenen Aufstiegseinrichtungen (vor allem „Fischtreppe") nicht rentabel errichten, hat es zu unterbleiben. Dass es sich bei der Wasserkraftanlage um ein klimaschutzpolitisch erwünschtes und nach EEG privilegiertes Vorhaben handelt, berechtigt tatbestandlich nicht zu Ausnahmen von § 35 I WHG.

76 Ob zugleich die Aufstauung auch das Gebot nach § 34 I WHG verletzt, lässt sich vorliegend nicht abschließend klären. Die Durchgängigkeit der Gewässer ist hiernach sicherzustellen (→ Rn. 74). Der Staudamm mit Kraftwerk stellt für die meisten Gewässerorganismen zwar eine unüberwindliche Barriere dar. Bei der nach § 34 I WHG vorzunehmenden Gesamtbetrachtung wäre aber im Einzelnen sowie populationsspezifisch zu prüfen, ob der Stichkanal hier kompensationsgeeignet ist. Hiergegen spricht immerhin, dass nach den Angaben der Behörde die Eignung nicht sichergestellt ist, Beeinträchtigungen der Fischpopulation zu vermeiden. Ob der Planfeststellungbeschluss insoweit zugleich artenschutzrechtliche Bestimmungen (§§ 44 f. BNatSchG) verletzt, die auch auf Fachplanungen anwendbar sind,[209] kann hier offenbleiben.

---

202 Vgl. *Knopp* (o. Fn. 71) Rn. 310.

203 *Czychowski/Reinhardt* WHG § 35 Rn. 9. Vgl. aber *Lau* (Fn. 201) § 35 Rn. 11: nur Fischarten, die im jeweiligen Gewässer auch natürlich vorkommen.

204 Dazu → § 6 Rn. 41 ff.

205 *VG Augsburg* ZUR 2018, 376 (378 f.); *Breuer/Gärditz* WasserR Rn. 609; *Fröhlich* in Wellmann/Queitsch/ders. (Hrsg.), WHG, 2. Aufl. 2019, § 35 Rn. 6; *Gärditz* DVBl 2010, 214 (218); *Reinhardt* NuR 2009, 209 (212); entsprechend zum WHG aF bereits *BayVGH* NuR 2005, 185 (186); NVwZ 2007, 1101 (1102); *Fröhlich* ZfW 2005, 133 (141).

206 *EuGH*, Rs. C-346/14 (Kommission/Österreich), DVBl 2016, 909 Rn. 71 ff.

207 *BayVGH* NuR 2017, 63 (65); Beschl. v. 5.8.2019 – 8 ZB 18.60 Rn. 12.

208 *Czychowski/Reinhardt* WHG § 35 Rn. 6.

209 Hierzu → § 10 Rn. 142.

IV. Die Sonderprobleme des Frackings

77 Als hoch politischer Regelungsgegenstand erwies sich das sog. unkonventionelle Fracking (anders als das sog. konventionelle Fracking, das auf konventionelle Lagerstätten zugreift und etabliert ist[210]), dessen wasser- und bergrechtliche Qualifizierung lange Zeit umstritten war.[211] Der Gesetzgeber hat auf diese Bewertungsunsicherheiten reagiert und die Frage der Zulassung im Schwerpunkt wasserrechtlich durch das *Gesetz zur Änderung wasser- und naturschutzrechtlicher Vorschriften zur Untersagung und zur Risikominimierung bei Verfahren der Fracking-Technologie* abschließend[212] normiert.[213] In der Sache wird das unkonventionelle Fracking zur unechten Gewässerbenutzung erklärt, grds. verboten und werden Ausnahmen nur zu – wissenschaftlich begleiteten – Versuchszwecken zugelassen, um Erfahrungen mit der Fracking-Technologie zu sammeln. Letztlich handelt es sich also um ein anspruchsvolles Experimentiergesetz,[214] das die endgültige Entscheidung über das Fracking hinausschiebt und – ungeachtet raumordnungsrechtlicher Vorgaben[215] – begrenzten Raum für eine wissenschaftlich-technische Erprobung schafft. Da das Gesetz nicht zwischen konventionellem und unkonventionellem Fracking tatbestandlich unterscheidet, finden die Neuregelungen – insoweit verschärfend – auch auf das bereits praktizierte konventionelle Fracking Anwendung.[216]

1. Fracking als gestattungspflichtiger Benutzungstatbestand

78 Nach § 9 II WHG wurden zwei Methoden des Frackings in die gestattungspflichtigen Benutzungstatbestände aufgenommen: das Aufbrechen von Gesteinen unter hydraulischem Druck zur Aufsuchung oder Gewinnung von Erdgas, Erdöl oder Erdwärme, einschließlich der zugehörigen Tiefbohrungen (Nr. 3), und die untertägige Ablagerung von Lagerstättenwasser, das bei Maßnahmen nach § 9 II Nr. 3 WHG oder anderen Maßnahmen zur Aufsuchung oder Gewinnung von Erdgas oder Erdöl anfällt (Nr. 4). Zuvor war die Qualifizierung umstritten, was sich nunmehr legislativ erledigt hat.[217] Eine Erlaubnis für eine Gewässerbenutzung nach § 9 II Nr. 3 und 4 WHG ist nach § 13a I 1 WHG zu versagen (absolutes Verbot[218]), wenn Schiefer-, Ton- oder Mergelgestein oder Kohleflözgestein zur Aufsuchung oder Gewinnung von Erdgas oder Erdöl aufgebrochen werden soll (Nr. 1) oder die Gewässerbenutzung in bzw. unter einem wasserwirtschaftlich schützenswerten Gebiet erfolgen soll, was im Einzelnen näher ausdifferenziert wird (Nr. 2). Entsprechende Gebiete können, sofern sie nicht – wie etwa Wasserschutzgebiete – ohnehin

---

210 Vgl. *Giesberts/Kastelec* NVwZ 2017, 360 (361).

211 Hierzu *Deutsch* W+B 2014, 79 (87 ff.); *Dietrich* W+B 2013, 64 ff.; *Dietrich/Elgeti* NuR 2012, 232 ff.; *Ramsauer/Wendt* NVwZ 2014, 1401 ff.; *Roßnagel/Hentschel/Polzer*, Rechtliche Rahmenbedingungen der unkonventionellen Erdgasförderung mittels Fracking, 2012, S. 12 ff., 48 ff., 62 f.; *Seuser* NuR 2012, 8 ff.

212 *SchlHVerfG* NVwZ 2020, 228 ff., das die Regelungen, soweit sie wasserrechtlich sind, als stoffbezogen und damit einer Abweichung nach Art. 72 III Nr. 5 GG entzogen eingestuft hat. Krit. *Reinhardt* NVwZ 2020, 230 (231).

213 G v. 4.8.2016 (BGBl. I 1972); eingehend *Dünchheim* DVBl 2017, 1390 ff.; *Reinhardt* NVwZ 2016, 1505 ff.; *v. Weschpfennig* W+B 2017, 56 ff.

214 *Breuer/Gärditz* WasserR Rn. 56; *Reinhardt* NVwZ 2016, 1505 (1506).

215 *Schlacke/Schnittker* ZUR 2016, 259 ff.

216 *Giesberts/Kastelec* NVwZ 2017, 360 (367).

217 *Giesberts/Kastelec* NVwZ 2017, 360 (362).

218 Vgl. *Giesberts/Kastelec* NVwZ 2017, 360 (363 f.).

hoheitlich festgesetzt worden sind, nach § 13a I 3 WHG auf Antrag des Inhabers der Erlaubnis für die Wasserentnahme durch die zuständige Behörde nach Maßgabe der allgemein anerkannten Regeln der Technik in im Internet zu veröffentlichenden Karten ausgewiesen werden.

2. Erprobungsmaßnahmen

79 Abweichend von § 13a I 1 WHG können nach § 13a II 1 WHG Erlaubnisse für *vier Erprobungsmaßnahmen* mit dem Zweck erteilt werden, die Auswirkungen auf die Umwelt, insbes. den Untergrund und den Wasserhaushalt, wissenschaftlich zu erforschen. Die hierfür notwendigen Erlaubnisse bedürfen nach § 13a II 2 WHG der Zustimmung der jeweiligen Landesregierung. Hierbei sind nach § 13a II 3 WHG die geologischen Besonderheiten der betroffenen Gebiete und sonstige öffentliche Interessen abzuwägen. Durch Landesrecht kann nach § 13a III 1 WHG zudem bestimmt werden, dass Erlaubnisse für Benutzungen nach § 13a II Nr. 3 und 4 WHG auch in oder unter Gebieten, in denen untertägiger Bergbau betrieben wird oder betrieben worden ist, nur unter bestimmten Auflagen erteilt werden dürfen oder zu versagen sind. Insoweit bleibt möglicherweise eine Hintertüre bestehen, nach Maßgabe von Landesrecht nicht forschungsbezogenes kommerzielles Fracking zuzulassen.[219]

80 Sofern die Erteilung einer Erlaubnis für eine Benutzung nach § 9 II Nr. 3 WHG nach alledem nicht schon gesetzlich ausgeschlossen ist, darf die Erlaubnis nach § 13a IV WHG nur erteilt werden, wenn zusätzliche *materielle Genehmigungsanforderungen* vorliegen. Hiernach dürfen die verwendeten Gemische in den Fällen des § 13a II WHG als nicht wassergefährdend eingestuft und in den übrigen Fällen als nicht oder als schwach wassergefährdend eingestuft sein (Nr. 1); es muss sichergestellt sein, dass der Stand der Technik eingehalten wird (Nr. 2). Sofern die Erteilung einer Erlaubnis für eine Benutzung nach § 9 II Nr. 4 WHG nicht ausgeschlossen ist, darf die Erlaubnis nach § 13 V WHG nur erteilt werden, wenn sichergestellt ist, dass der Stand der Technik eingehalten wird und insbes. die Anforderungen nach § 22c ABBergV[220] erfüllt werden. Die durchgeführten Erprobungsmaßnahmen werden nach § 13a VI WHG durch eine von der Bundesregierung eingesetzte unabhängige Expertenkommission wissenschaftlich begleitet und ausgewertet sowie hierzu und zum Stand der Technik Erfahrungsberichte zum 30. Juni eines Jahres, beginnend mit dem 30.6.2018, erstellt. Im Jahr 2021 überprüft der Deutsche Bundestag nach § 13a VII WHG auf der Grundlage des Standes von Wissenschaft und Technik die Angemessenheit des Verbots nach § 13a I 1 Nr. 1 WHG.[221] § 13b WHG enthält ergänzende Normen des Verfahrensrechts und zum konkreten Inhalt einer erteilten Erlaubnis.

V. Die Gewässeraufsicht

81 Die Gewässeraufsicht ist in den §§ 100–102 WHG geregelt. Die Aufgabe der Gewässeraufsicht ist es, die Einhaltung der öffentlich-rechtlichen Verpflichtungen nach dem WHG und dem jeweiligen Landeswassergesetz zu überwachen. § 100 I 2 WHG enthält die Ermächtigung, im pflichtgemäßen Ermessen (§ 40 VwVfG)[222] Maßnahmen, die zur Beseitigung oder Vermeidung von Beeinträchtigungen des Wasserhaushaltes notwendig sind, anzuordnen (sog. wasserrechtliche Generalklau-

---

[219] *Frenz* NVwZ 2016, 1042 (1044); aA *v. Weschpfennig* W+B 2017, 56 (64); für eine generelle Derogation *Wiesendahl* in Schink/Fellenberg (o. Fn. 201) § 13a Rn. 49 f.
[220] Allg. BundesbergV v. 23.10.1995 (BGBl. I 1466).
[221] Bei Drucklegung war der Überprüfungsprozess noch nicht abgeschlossen.
[222] *Lau* in Schink/Fellenberg (o. Fn. 201) § 100 Rn. 24 ff. Problematisierend *Kubitza* NuR 2018, 89 ff.

sel).[223] In § 101 WHG finden sich die der Gewässeraufsicht zustehenden Befugnisse zur Gewässerüberwachung. Daneben beruht die Gewässeraufsicht auf landeswasserrechtlichen Vorschriften,[224] die neben dem WHG anwendbar sind. Die Landeswassergesetze können sowohl ergänzende als auch abweichende Regelungen treffen.[225] Während § 100 I 2 WHG die Ermächtigungsgrundlage hinsichtlich der Entschließung zu einer Maßnahme enthält, richtet sich die – bundesrechtlich ungeregelt gebliebene – *Störerauswahl* (Maßnahmen gegen Handlungs- und Zustandsstörer bzw. Inanspruchnahme nicht Verantwortlicher im polizeilichen Notstand) weiterhin nach dem allgemeinen Landesordnungs- und Landeswasserrecht. Die gewässeraufsichtlichen Anordnungen stellen Verwaltungsakte dar.

Zu beachten sind zudem die §§ 91–94 WHG, die die Behörde ermächtigen, dem Eigentumer oder Nutzungsberechtigten Duldungs- und Gestattungspflichten aufzuerlegen, um wasserwirtschaftliche Maßnahmen durchzusetzen.[226] 82

Materielle Voraussetzung zum Eingreifen aufgrund der gewässeraufsichtlichen Ge- 83
neralklausel ist das Vorliegen einer gewässerschutzspezifischen Gefahr.[227] Eine Beeinträchtigung liegt auch darin, dass eine wasserrechtlich gestattungsbedürftige Tätigkeit ohne die erforderliche Genehmigung ausgeführt und damit das wasserrechtliche Kontrollregime unterlaufen wird.[228] Zum Erlass einer Verfügung im Einzelfall (zB Untersagungs-, Beseitigungs-, Sanierungsverfügung oder Gefahrerforschungseingriff) reicht die *formell illegale* Gewässerbenutzung aus.[229] Denn eine formell illegale Gewässerbenutzung ist gem. § 8 I WHG stets auch materiell illegal.[230] Allerdings kann sich im Einzelfall aus dem Grundsatz der Verhältnismäßigkeit ergeben, dass die zuständige Behörde nur dann eine abschließende (irreversible) Maßnahme treffen darf, wenn sie zusätzlich zur fehlenden Gestattung (formelle Illegalität) auch geprüft hat, ob die beanstandete Maßnahme tatsächlich zu einer konkreten Beeinträchtigung wasserrechtlicher Belange führt und daher keine Möglichkeit einer zukünftigen Legalisierung (*materielle Illegalität*) besteht.[231] Wenn nicht, kommt neben vorläufigen Schutzanordnungen lediglich eine Aufforderung zur Stellung eines Antrags auf Gestattung in Betracht. Die wasserrechtlichen Genehmigungen haben eine Legalisierungswirkung, dh solange diese nicht widerrufen sind, können gewässeraufsichtliche Maßnahmen nicht gegen eine der Genehmigung entsprechende Benutzung gerichtet werden.[232] Die Gewässeraufsicht dient dem öffentlichen Interesse, sodass grds. kein individueller Anspruch auf behördliches Einschreiten besteht.[233]

---

[223] *OVG Münster* NWVBl 2018, 392 f.; *Grundhewer* NuR 2013, 337 ff.; *Lorenzen* JuS 2021, 122 (125); *Salzwedel/Durner* in Hansmann/Sellner Abschn. 8 Rn. 28. Eingehend *Kubitzka*, Die wasserpolizeiliche Generalklausel, 2015, S. 21 ff.

[224] ZB §§ 75 ff. BWWG, Art. 58 ff. BayWG, §§ 67 ff. BlnWG, §§ 64 ff. HmbWG, §§ 61 ff. HessWG, §§ 106 ff. SächsWG.

[225] *Schwind* in Berendes/Frenz/Müggenborg (o. Fn. 72) Vor §§ 100–102 Rn. 27.

[226] *Knopp* (o. Fn. 71) Rn. 560 ff.

[227] Vgl. *Laskowski/Ziehm* in Koch/Hofmann/Reese UmweltR-HdB § 5 Rn. 154; *Tünnesen-Harmes* in BeckOK UmweltR, 58. Ed. 1.10.2020, WHG § 100 Rn. 2.

[228] *OVG Lüneburg* NuR 2929, 497; *VGH München* NVwZ-RR 2020, 306.

[229] *OVG Bautzen* Beschl. v. 19.2.2019 – 4 A 425/18 Rn. 9; *OVG Lüneburg* NuR 2929, 497; *VGH München* Beschl. v. 3.8.2017 – 8 ZB 15.2642 Rn. 20; *Breuer/Gärditz* WasserR Rn. 1001; *Lorenzen* JuS 2021, 122 (125); iE ebenso *Lau* in Schink/Fellenberg (o. Fn. 201) § 100 Rn. 24.

[230] *BVerwG* NJW 1978, 2311 (2312); NVwZ-RR 1991, 461.

[231] *BVerwG* NJW 1978, 2311 (2312 f.); NVwZ-RR 1994, 202 (202 f.); *VGH München* NVwZ-RR 2012, 187 (188).

[232] BGHZ 143, 362 (368 f.).

[233] *VGH München* RdL 2020, 397 f.

VI. Die Wasserschutzgebiete

Fall 17: Landwirt contra Wasserschutzgebiet

84 Herr *Fischer (F)* wird bei seiner Rechtsanwältin *Dr. Klug (K)* vorstellig und trägt ihr folgenden Sachverhalt vor: Das zuständige Landratsamt hat durch Rechtsverordnung ein Wasserschutzgebiet zum Schutz einer Grundwasserfassung (Anlage zur Grundwassergewinnung) festgesetzt, die bereits seit langem der öffentlichen Trinkwasserversorgung der Gemeinde Diebach dient und hierfür benötigt wird. Der Behörde lagen konkrete Anhaltspunkte für eine drohende Beeinträchtigung der Trinkwassereignung des Grundwasservorkommens vor allem durch die zunehmend intensivere landwirtschaftliche Bodenbehandlung im betreffenden Gebiet vor. Das Wasserschutzgebiet umfasst die unmittelbare Umgebung der Fassungsanlage und das Einzugsgebiet; die einzelnen Zonen wurden anhand der „Richtlinien für Trinkwasserschutzgebiete des Deutschen Vereins des Gas- und Wasserfaches eV" festgelegt. Die Verordnung enthält neben einem allgemeinen Verbot von Handlungen, die geeignet sind, Gewässer in dem geschützten Gebiet zu beeinträchtigen, in §§ 5 ff. spezielle Verbote; so ist in der engeren Zone II ua das Ausbringen von Gülle und Jauche mit Leitungen sowie das Aufbringen von Klärschlamm und die Überdüngung untersagt. Von sämtlichen Schutzbestimmungen kann jedoch gem. § 10 der Verordnung Befreiung erteilt werden. Schließlich ist in § 11 der Verordnung die Verfolgung von Zuwiderhandlungen gegen die Verordnung als Ordnungswidrigkeit gem. § 103 I Nr. 3 WHG vorgesehen. In der Zone II des Wasserschutzgebietes liegen mehrere Grundstücke des *F*, die er bislang intensiv landwirtschaftlich nutzte. Durch die genannten Verbote gem. §§ 5 ff. der Verordnung sieht *F* die optimale Ertragsfähigkeit seiner Grundstücke unzumutbar gemindert. Ihm entstünden Mehrkosten und eine Ertragsminderung dadurch, dass er nicht mehr wie bisher Klärschlamm zur Düngung verwenden dürfe und auch seine Gülle und Jauche jetzt anders ausbringen müsse. Dies wäre auch in der Vergangenheit nicht als Überdüngung zu qualifizieren gewesen. Zudem bestünden gegenwärtig keine Anzeichen für nachteilige Gewässerveränderungen. Er bittet deshalb *Dr. K* um ein Gutachten über die Möglichkeit und die Erfolgsaussicht einer gerichtlichen Überprüfung der Verordnung. Auch möchte er wissen, ob ihm wenigstens eine Entschädigung zusteht.

1. Ermächtigungsgrundlage und Rechtsform

85 Rechtsgrundlage für den Erlass der Wasserschutzgebietsverordnung ist § 51 I 1 WHG. Soweit es das Wohl der Allgemeinheit erfordert, Gewässer im Interesse der derzeit bestehenden oder künftigen öffentlichen Wasserversorgung vor nachteiligen Einwirkungen zu schützen (Nr. 1), das Grundwasser anzureichern (Nr. 2) oder das schädliche Abfließen von Niederschlagswasser sowie das Abschwemmen und den Eintrag von Bodenbestandteilen, Dünge- oder Pflanzenschutzmitteln in Gewässer zu vermeiden (Nr. 3), kann hiernach die Landesregierung durch *Rechtsverordnung* Wasserschutzgebiete festsetzen.

86 Dies hat auch Konsequenzen für den *Rechtsschutz:* Soweit dies das Landesrecht vorsieht, kann eine solche Verordnung nach § 47 I Nr. 2 VwGO durch prinzipale Normenkontrolle angegriffen werden. Soweit dies nicht der Fall ist, bleiben Betroffenen zwei Optionen: Erstens können etwaige Vollzugsakte, die eine Wasserschutzgebietsverordnung im Einzelfall anwenden, als Verwaltungsakte durch Anfechtungsklage (§ 42 I 1. Alt. VwGO) angegriffen werden; ferner ist es möglich, auf einen

etwaigen, in der Verordnung vorgesehenen Dispens mittels Verpflichtungsklage (§ 42 I 2. Alt. VwGO) zu klagen. Ggf. können auch Handlungen, zu denen sich Betroffene für materiell berechtigt halten, auf eigenes Risiko vorgenommen werden, um dann etwaige Untersagungsverfügungen oder Sanktionen (zB Bußgeld) anzugreifen. Zweitens kann ein Betroffener ggf. Feststellungsklage (§ 43 I VwGO) erheben und die Feststellung begehren, innerhalb des festgesetzten Wasserschutzgebiets zu bestimmten Handlungen berechtigt bzw. zu bestimmten Handlungen nicht verpflichtet zu sein. Ein berechtigtes Feststellungsinteresse (§ 43 II VwGO) wird zu bejahen sein, sofern bei einer Zuwiderhandlung Zwangsmaßnahmen oder gar Sanktionen drohen, die niemand zumutbar hinnehmen muss, um sich im Rechtsschutz dann auf die – stets ungewisse – Ungültigkeit der Ermächtigungsgrundlage zu berufen. In diesen Fallgruppen kommt es jeweils zu einer Inzidentkontrolle der anzuwendenden Rechtsverordnung. Erweist sich diese nämlich als unwirksam, fehlt es auch Vollzugsakten an einer Rechtsgrundlage bzw. entsteht keine materielle Regelungswirkung, der sich Einzelne zu beugen hätten.

Eine Inzidentkontrolle der Verordnung mittels Anfechtungs- oder Verpflichtungsklage (§ 42 I VwGO) scheidet in *Fall 17* aus, da noch kein auf die Verordnung gestützter Verwaltungsakt (gewässeraufsichtliche Verfügung, Versagung einer Gestattung, Bußgeldbescheid etc.) ergangen ist. In Betracht kommt dagegen eine Feststellungsklage gem. § 43 I VwGO, die mit der Nichtigkeit der Verordnung begründet werden kann, aber ihrem Streitgegenstand nach ein konkretes Rechtsverhältnis wie das Bestehen oder Nichtbestehen bestimmter Rechte und Pflichten betreffen muss.[234] Sie führt also ebenfalls nur zu einer Inzidentkontrolle und nicht zu dem von *F* primär angestrebten unmittelbaren Rechtsschutz gegen die Wasserschutzgebietsfestsetzung. Möglich ist im Fall aber eine Normenkontrolle nach § 47 I Nr. 2 VwGO. Die Zulässigkeit einer Normenkontrolle setzt gem. § 47 II 1 VwGO das plausible Vorbringen des Antragstellers voraus, dass er durch die angegriffene Vorschrift oder deren Anwendung in seinen Rechten verletzt ist oder eine solche Rechtsverletzung in absehbarer Zeit zu erwarten hat. Unter Anwendung der für das Baurecht entwickelten Grundsätze[235] sind demnach antragsbefugt alle Eigentümer von Grundstücken im festgesetzten Gebiet, sonstige dinglich Berechtigte sowie Mieter und Pächter, sofern ihre Bodennutzungsrechte durch die Festsetzung oder deren Anwendung eingeschränkt werden.[236] Der Normenkontrollantrag des Grundstückseigentümers *F* als unmittelbarer Adressat der die Bodennutzung beschränkenden Verbote der Verordnung ist daher zulässig. 87

Zuständig zum Erlass der Wasserschutzgebietsverordnung ist nach § 51 I 1 WHG die Landesregierung, die nach § 51 I 3 WHG ihre Ermächtigung durch Rechtsverordnung auf andere Behörden übertragen kann. Da dies erst recht durch Landesgesetz möglich sein muss, kann man die Regeln über die Behördenzuständigkeit im Landesrecht bereits vor Inkrafttreten des geltenden WHG weiterhin anwenden. Ein förmliches *Verfahren* ist bundesrechtlich nicht vorgeschrieben, jedoch sehen es die Landeswassergesetze teilweise noch vor.[237] Verfahrensfehler führen mangels besonderer Normerhaltungsvorschriften (vgl. §§ 214 f. BauGB) grds. zur Nichtigkeit einer Schutzgebietsverordnung, es sei denn, es lässt sich ausschließen, dass die Verordnung ohne den Fehler anders erlassen worden wäre.[238] Die in einigen Landeswassergeset- 88

---

[234] Vgl. hierzu *Czychowski/Reinhardt* WHG § 51 Rn. 63; *Glaser* in Gärditz (Hrsg.), VwGO, 2. Aufl. 2018, § 43 Rn. 45; *Schenke*, Verwaltungsprozessrecht, 16. Aufl. 2019, Rn. 378 ff.

[235] BVerwGE 59, 87 (99 f.).

[236] *Czychowski/Reinhardt* WHG § 51 Rn. 62; *Kerkmann/Lambrecht* in Gärditz (Hrsg.), VwGO, 2. Aufl. 2018, § 47 Rn. 87, 94; *Schenke* (o. Fn. 234) Rn. 894.

[237] ZB § 95 BWWG; Art. 73 BayWG iVm Art. 73 II–VIII BayVwVfG, Art. 42 ff. BayLStVG; § 96 HmbWG; § 113 NRWWG iVm § 73 IV NRWVwVfG. Zum Verfahren anschaulich *VGH München* BayVBl. 2020, 556 ff.

[238] *OVG Koblenz* UPR 2019, 158 (159). Zur Möglichkeit einer Heilung zudem *OVG Lüneburg* Urt. v. 14.11.2018 – 13 KN 249/16 Rn. 40.

zen geregelte materielle Präklusion von nicht rechtzeitig vorgebrachten Einwendungen gegen das Wasserschutzgebiet[239] verstößt nicht gegen das GG (Art. 14 I 1, 19 IV 1 GG);[240] die unionsrechtlichen Einschränkungen der Präklusion[241] betreffen Wasserschutzgebietsfestsetzungen nicht, weil die UVP- und die IE-Richtlinie gegenständlich auf Wasserschutzgebiete keine Anwendung finden. Auch die SUP-Pflicht soll nicht greifen.[242]

2. Materielle Rechtmäßigkeit von Wasserschutzgebietsverordnungen

a) Inhalt

89 Eine Wasserschutzgebietsverordnung – wie in *Fall 17* – findet ihre gesetzliche Grundlage in §§ 51, 52 WHG. Soweit es das Wohl der Allgemeinheit erfordert, können demnach Wasserschutzgebiete festgesetzt werden und in diesen bestimmte Handlungen verboten oder beschränkt und konkrete Duldungspflichten auferlegt werden (§ 52 I WHG). Bei Wasserschutzgebieten handelt es sich somit um Sonderrechtsgebiete, für welche eine besondere Nutzungsordnung aufgestellt ist, weil das Instrumentarium des allgemeinen Wasserrechts keinen ausreichenden Schutz verspricht; dadurch wird die allgemeine wasserwirtschaftliche Benutzungsordnung in einigen Bereichen zwar verschärft, aber nicht vollständig ersetzt.

b) Festsetzungszwecke

90 § 51 I 1 WHG unterscheidet Gebiete zum Schutz von Gewässern im Bereich von Gewinnungsanlagen der öffentlichen Wasserversorgung (§ 51 I Nr. 1) und solche zum Schutz anlagenunabhängiger Gewässer (§ 51 I 1 Nr. 2 und 3). Ergänzend wird diese Funktion auch durch Art. 7 III WRRL thematisiert.[243] Der in der Praxis am häufigsten relevante § 51 I 1 Nr. 1 WHG ermöglicht die Schutzgebietsfestsetzung zum Schutz von Gewässern im Interesse der derzeit bestehenden Wasserversorgung, um die es im vorliegenden *Fall 17* geht, aber auch im Interesse künftiger Wasserversorgung. Trinkwasserschutzgebiete (als Sonderfall der Wasserschutzgebiete iSd § 51 I 1 Nr. 1 1. Alt. WHG) werden gem. § 51 II WHG nach Maßgabe der allgemein anerkannten Regeln der Technik in Zonen mit unterschiedlichen Schutzbestimmungen unterteilt. Diese allgemein anerkannten Regeln der Technik werden derzeit insbes. durch Nr. 3 des DVGW Arbeitsblattes W 101 konkretisiert.[244] Der Technikstandard konkretisiert das, was aus wasserfachlicher Sicht erforderlich ist, die Trinkwassergewinnung zu schützen, und ist insoweit auch unter dem Gesichtspunkt des Verhältnismäßigkeitsprinzips relevant. Der DVGW-Standard unterscheidet den Fassungsbereich zum unmittelbaren Schutz der Fassungsanlage (Zone I), die engere Schutzzone für den besonders gefährdeten Einzugsbereich (Zone II) und die weitere Schutzzone zur Vermeidung weitreichender, mittel- oder langfristig wirkender Beeinträchtigungen (Zone III).[245]

---

[239] ZB Art. 73 III 1 BayWG iVm Art. 73 IV 3 BayVwVfG, § 113 S. 5 NRWWG iVm § 73 IV 3 NRWVwVfG.
[240] *BVerwG* NVwZ 2006, 85 (86).
[241] Vgl. → § 4 Rn. 53; → § 5 Rn. 61 ff.
[242] S. *OVG Koblenz* UPR 2019, 158 (159).
[243] Hierzu *BVerwG* ZUR 2016, 287 (289).
[244] BT-Drs. 16/12275, 67.
[245] Vgl. *Czychowski/Reinhardt* WHG § 51 Rn. 72.

c) Voraussetzungen der Festsetzung

91 Nach § 51 I 1 WHG muss das Wohl der Allgemeinheit die Festsetzung „erfordern".[246] Diese gerichtlich voll überprüfbare Feststellung, die auf einem plausiblen Schutzkonzept gründen muss,[247] ist nach Gegenüberstellung und Abwägung der für die Maßnahme sprechenden öffentlichen Interessen und der durch sie beeinträchtigten Belange anhand des rechtsstaatlichen Übermaßverbotes zu treffen. Bei einer Festsetzung nach § 51 I 1 Nr. 1 WHG muss das Wasser zunächst *schutzbedürftig* sein, dh ohne Schutzanordnungen muss eine Wahrscheinlichkeit dafür bestehen, dass das in Anspruch genommene Wasser hygienisch oder geschmacklich in seiner Eignung für Trinkwasserzwecke beeinträchtigt wird. Ferner muss abgewogen werden, ob das Wasser *schutzwürdig* und ohne unverhältnismäßige Beschränkung der Rechte Dritter auch *schutzfähig* ist.[248] An der Schutzwürdigkeit fehlt es, wenn trotz Schutzanordnungen eine nicht unwesentliche Beeinträchtigung des in Anspruch genommenen Wassers zu befürchten ist. Fallen diese Anforderungen nachträglich fort, ist eine Schutzgebietsverordnung von Amts wegen aufzuheben.[249]

92 Die Festsetzung kann schließlich nur erfolgen, „soweit" es das Allgemeinwohl erfordert. Hierin liegt eine Konkretisierung des Verhältnismäßigkeitsgebots (Erforderlichkeit), die neben der flächenmäßigen Ausdehnung des Schutzgebiets und der einzelnen Schutzzonen auch die Art und den Umfang der Schutzanordnungen erfasst.[250] Die Erforderlichkeit ist dann gegeben, wenn die Festsetzung eines Wasserschutzgebietes „vernünftigerweise geboten ist, um eine Beeinträchtigung der Eignung des [...] Grundwassers für Trinkwasserzwecke zu vermeiden".[251] Je geringer die Schutzfähigkeit eines Wasserschutzgebietes ist, desto höher sind die Anforderungen an die Erforderlichkeit der Schutzgebietsausweisung und desto eingehender müssen sich aufdrängende Alternativen zu seiner Festsetzung geprüft werden.[252]

3. Ermessen

93 Liegen die tatbestandlichen Voraussetzungen des § 51 I 1 Nr. 1 WHG vor, steht es im Ermessen der Wasserbehörde („kann"), ob sie ein Wasserschutzgebiet festsetzt oder dies im Hinblick auf anderweitige Möglichkeiten eines wirksamen Grundwasserschutzes unterlässt.[253] Eine planerische Gestaltungsfreiheit wie bei der Aufstellung von Bauleitplänen soll der Behörde damit aber nicht eingeräumt sein.[254] Die Erforderlichkeit der Unterschutzstellung unterliegt vielmehr der vollen gerichtlichen Kontrolle.[255] Bei Bestimmung des räumlichen Umfangs eines Schutzgebietes hat die Behörde jedoch einen „administrativen Vereinfachungsspielraum", da die Ermitt-

---

[246] S. zum Folgenden *OVG Schleswig* NuR 1996, 364 ff.; *VGH Mannheim* NuR 1999, 110 (111).

[247] *BVerwG* Beschl. v. 7.1.2020 – 7 BN 2/19 Rn. 6.

[248] Anschaulich *VGH München* W+B 2020, 244 (246); Urt. v. 12.7.2018 – 8 N 16.2563 Rn. 52 ff.

[249] *BVerwG* ZUR 2016, 287 (288).

[250] Zu den Einzelheiten: *Czychowski/Reinhardt* WHG § 51 Rn. 40, 71; § 52 Rn. 14.

[251] *VGH München* BayVBl. 2001, 311 (312); BayVBl. 2012, 500 (502).

[252] *VGH München* BayVBl. 2012, 500.

[253] *BVerwG* NVwZ 1997, 887 (888).

[254] *VGH Mannheim* NVwZ-RR 1992, 296; *Czychowski/Reinhardt* WHG § 51 Rn. 48; *Hünnekens* in Landmann/Rohmer UmweltR WHG § 51 Rn. 45; für ein Planungsermessen dagegen *VGH München* BeckRS 2013, 47294.

[255] *BVerwG* ZUR 2013, 33 (34); *Walter* in Kluth/Smeddinck § 4 Rn. 214.

lung der Grenzen des Wassereinzugsgebiets mit fachlicher Unsicherheit verbunden ist.[256] Dieser Spielraum ist rechtlich nur auf die Wahl nachvollziehbarer Maßstäbe überprüfbar.[257]

94 Als Ermessensvorschrift vermittelt § 51 I WHG Dritten keinen Rechtsanspruch auf Festsetzung eines Wasserschutzgebietes (materielles subjektives öffentliches Recht).[258] Hieran ändert auch § 51 I 2 WHG nichts, der vorschreibt, dass die „begünstigte Person" (idR ein Wasserversorgungsunternehmen) in der Schutzverordnung zu nennen ist. Diese Benennungspflicht dient nur der Erleichterung der Identifizierung des Verpflichteten im Fall von Entschädigungs- bzw. Ausgleichszahlungen nach § 52 IV, V WHG.[259] Zwar hat die Behörde bei der Ausübung ihres Ermessens auch private Interessen und Rechte eines Wasserversorgungsunternehmens zu berücksichtigen, jedoch wird dies in der Regel nicht zu einer Ermessensreduktion auf Null führen.[260]

95 § 51 WHG ist aber insgesamt nicht drittschützend, dh er vermittelt auch keinen Anspruch auf ermessensfehlerfreie Entscheidung (formelles subjektives öffentliches Recht), da die Behörde lediglich dem Allgemeinwohl verpflichtet ist.[261] Auch eine Wasserschutzgebietsverordnung stellt keine nachbarschützende Vorschrift dar.[262]

In *Fall 17* sind sämtliche Voraussetzungen des § 51 I 1 Nr. 1 WHG, insbes. auch hinsichtlich der Grundstücke des *F*, erfüllt. Auch Ermessensfehler der Behörde sind nicht ersichtlich.

4. Vereinbarkeit mit Art. 14 GG

96 Schutzanordnungen stellen Inhalts- und Schrankenbestimmungen des Eigentums iSv Art. 14 I 2 GG dar, die grds. entschädigungslos hingenommen werden müssen.[263] Die Beschränkungen nach § 51 I WHG können jedoch im Einzelfall zu unverhältnismäßigen Belastungen führen, was einen Verstoß gegen Art. 14 I, II GG darstellen würde. Zur Vermeidung der Unzumutbarkeit einer Inhalts- und Schrankenbestimmung kann der Gesetzgeber zwar grds. – wie hier in § 52 IV WHG[264] – einen finanziellen Ausgleich vorsehen. Allerdings sind Unzumutbarkeiten primär durch Befreiungsmöglichkeiten und Übergangsbestimmungen (vgl. § 52 IV WHG) zu vermeiden.[265] § 52 I 2, 3 WHG sieht daher für den Einzelfall die Möglichkeit vor, von Verboten, Beschränkungen sowie Handlungs- und Duldungspflichten einer Wasserschutzgebietsverordnung eine Befreiung zu erteilen. Daneben sind auch in der Schutzgebietsverordnung festgelegte Befreiungen zulässig.

---

[256] Vgl. *VGH München* W+B 2020, 244 (246).

[257] *BVerwG* ZUR 2013, 33 (34); *Czychowski/Reinhardt* WHG § 51 Rn. 45; *Mohr* ZfW 2014, 98 (100 f.); *Schwind* in Berendes/Frenz/Müggenborg (o. Fn. 72) § 51 Rn. 40.

[258] *Berendes* (o. Fn. 46) § 51 Rn. 6; *Tünnesen-Harmes* in BeckOK UmweltR, 58. Ed. 1.10.2020, WHG § 51 Rn. 4.

[259] *Hünnekens* in Landmann/Rohmer UmweltR WHG § 51 Rn. 50.

[260] *Czychowski/Reinhardt* WHG § 51 Rn. 47.

[261] *Berendes* (o. Fn. 46) § 51 Rn. 6; *Schwind* in Berendes/Frenz/Müggenborg (o. Fn. 72) § 51 Rn. 57.

[262] *Schwind* in Berendes/Frenz/Müggenborg (o. Fn. 72) § 51 Rn. 57.

[263] *BVerfG* NVwZ 2005, 1412 (1413 f.); *Peine* in Ehlers/Fehling/Pünder § 48 Rn. 182.

[264] IVm zB § 98 BWWG; § 27 III HmbWG; §§ 15 II, 134 NRWWG; § 15 RhPfWG; § 46 V SächsWG.

[265] Vgl. BVerfGE 100, 226 (244); *BVerfG* NVwZ 2005, 1412 (1414). Vgl. auch § 52 IV WHG.

5. Entschädigung oder Billigkeitsausgleich

Als Grundlage eines *Entschädigungsanspruchs* kommt hier § 52 IV iVm §§ 96 ff. WHG als Anspruchsgrundlage für ausgleichspflichtige Inhalts- und Schrankenbestimmungen nicht in Betracht, da die Verbote nicht so gravierend sind, dass unter dem Gesichtspunkt der Verhältnismäßigkeit eine Entschädigung erforderlich wäre. 97

Anspruchsgrundlage kann daher nur § 52 V iVm § 99 WHG (abweichend in Bayern: Art. 32 BayWG) sein, der einen *Billigkeitsausgleich* („angemessener Ausgleich")[266] für Beschränkungen der land- und forstwirtschaftlichen Nutzung eines Grundstücks im Vorfeld des eigentumsrechtlich Relevanten gewähren soll. Unter umweltpolitischen Gesichtspunkten wird diese Regelung zu Recht kritisiert, da der Gesetzgeber hier eine Durchbrechung des Verursacherprinzips zu Lasten des Nutznießerprinzips vornimmt, indem er den Schutz der Gewässer vor nachteiligen Wirkungen nicht allein unter Heranziehung sowie auf Kosten der Nutzer von in einem Wasserschutzgebiet gelegenen Grundstücken verfolgt, sondern im Wege der aufzubringenden Ausgleichszahlungen zumindest auch auf Kosten der wasserverbrauchenden Allgemeinheit.[267] 98

Für einen Ausgleichsanspruch nach § 52 V WHG müssten infolge der Schutzgebietsausweisung an *F* „erhöhte Anforderungen" gestellt worden sein. Darunter sind solche Anforderungen zu verstehen, die über die allgemeinen, auch außerhalb von Wasserschutzgebieten geltenden Anforderungen, etwa aus §§ 5, 8 ff., 32, 45, 48, 86 WHG, hinausgehen.[268] 99

Insbes. sind damit solche Beschränkungen landwirtschaftlicher Maßnahmen *keine* erhöhten Anforderungen, die nur die allgemein geltenden Anforderungen des § 9 II Nr. 2 WHG zur Geltung bringen. Für die nach § 9 II Nr. 2 WHG erforderliche Eignung der Maßnahme zur Herbeiführung von „nachteiligen Veränderungen der Wasserbeschaffenheit" (§ 3 Nr. 9–10 WHG) müssen aber konkrete Anhaltspunkte bestehen; eine entfernt liegende Möglichkeit von nachteiligen Veränderungen genügt nicht. Die Eignung zur nachteiligen Veränderung kann nur im konkreten Einzelfall beurteilt werden und hängt nicht nur von Art, Menge und Zeitfolge der Düngung, sondern auch von der Bodenbeschaffenheit, dem Grundwasserstand und der Bepflanzung ab. 100

Im vorliegenden *Fall 17* sind keine nachteiligen Gewässerveränderungen zu beobachten. Dem *F* wurde eine entsprechende Nutzung aber trotzdem untersagt. Die Einschränkung der Düngung erfolgte somit rein aus Vorsorgegründen. Mithin stellt sie für *F* eine „erhöhte Anforderung" iSd § 52 V WHG dar.

Ein Ausgleichsanspruch besteht jedoch nur, wenn ein Betroffener in seiner „ordnungsgemäßen" land- und forstwirtschaftlichen Nutzung beschränkt wird. Ordnungsgemäß iSv § 52 V WHG ist eine Nutzung nicht schon, wenn sie agrarwissenschaftlichen Effizienzkriterien genügt. Vielmehr setzt eine ordnungsgemäße Nutzung auch die Einhaltung gesetzlicher Vorschriften – insbes. der §§ 5, 9 II Nr. 2 WHG, §§ 324 ff. StGB – voraus.[269] Unterfällt eine landwirtschaftliche Maßnahme § 9 II Nr. 2 WHG, ist ein rechtmäßiges Handeln daher jedenfalls bei fehlender Erlaubnis nicht gegeben. Dies ist jedoch wie eben gezeigt nicht der Fall. Allerdings wäre eine Überdüngung jedenfalls im Hinblick auf die Ordnungsmäßigkeit der land- oder forstwirtschaftlichen Nutzung unzulässig.[270] 101

---

[266] *Schwind* in Berendes/Frenz/Müggenborg (o. Fn. 72) § 52 Rn. 50.
[267] *Sparwasser/Engel/Voßkuhle* § 8 Rn. 248.
[268] *OLG München* NVwZ-RR 1996, 316 (317); *Czychowski/Reinhardt* WHG § 52 Rn. 101.
[269] Vgl. *Sparwasser/Engel/Voßkuhle* § 8 Rn. 248; *Czychowski/Reinhardt* WHG § 52 Rn. 111 f.
[270] *Murswiek* NuR 1991, 289 (292); *Kotulla* (o. Fn. 63) § 52 Rn. 41.

Da im vorliegenden *Fall 17* keine Überdüngung gegeben ist und durch *F* keine nachteiligen Gewässerveränderungen verursacht werden, wird ihm *Dr. K* mitteilen, dass ihm ein Ausgleichsanspruch zusteht.

102 Der Ausgleich für *F* ist gem. § 99 WHG in Geld zu leisten. Die Berechnung des Ausgleichs erfolgt nach § 96 WHG, wobei dessen Abs. 2–4 nicht heranzuziehen sind. Ausgleichspflichtig ist die durch die Festsetzung begünstigte Person (§ 97 WHG). Mehrere Personen haften gesamtschuldnerisch.

VII. Die wasserwirtschaftliche Planung

103 Im Zuge einer umfassenden Europäisierung und Ökologisierung des Wasserrechts haben auch eigenständige planerische Instrumente Einzug in das Wasserhaushaltsrecht gehalten. Früher waren Brücken in das Planungsrecht vor allem die wasserrechtlichen Planfeststellungen (vgl. § 68 WHG, § 14 WaStrG) und das Gesamtplanungsrecht (BauGB, ROG). Spezifisch wasserhaushaltsrechtliche planerische Elemente waren hingegen nur schwach ausdifferenziert. Nunmehr haben mit der gewässerbezogenen Planung in Umsetzung der WRRL (→ Rn. 5) sowie der Planung im Zuge der MSRRL (→ Rn. 7) fein differenzierte Planungsinstrumente im Wasserrecht Fuß gefasst.

1. Bewirtschaftungspläne und Maßnahmenprogramme

104 Das WHG sieht nunmehr – aufgrund der Vorgaben der WRRL (→ Rn. 5) – eine zweistufige wasserwirtschaftliche Planung (§§ 82 ff. WHG) vor. Die *oberste Planungsebene* sind die Bewirtschaftungspläne (§ 83 WHG). Diese enthalten alle relevanten Informationen bzgl. einer Flussgebietseinheit und konkretisieren die gesetzlichen Bewirtschaftungsziele der §§ 27–31, 44, 47 WHG.[271]

105 Die *zweite Stufe* der wasserwirtschaftlichen Planung stellen die Maßnahmenprogramme (§ 82 WHG) dar. Diese konkretisieren die Vorgaben der Bewirtschaftungspläne.[272] Für jede Flussgebietseinheit ist sowohl ein Bewirtschaftungsplan als auch ein Maßnahmenprogramm aufzustellen. Das Aufstellungsverfahren hat für den Bewirtschaftungsplan (§ 83 IV WHG) unter Beteiligung der Öffentlichkeit zu erfolgen. Der Aufstellung des Maßnahmenprogramms hat eine Strategische Umweltprüfung vorauszugehen (§ 35 I Nr. 1 UVPG iVm Anl. 5 Nr. 1.4);[273] interessierte Stellen sind zu beteiligen (§ 85 WHG).[274]

106 Entsprechend der Funktion der *Bewirtschaftungspläne,* die die für die Gewässerbewirtschaftung relevanten Daten zusammenfassen, müssen die Bewirtschaftungspläne nach hM nicht als Rechtsnorm erlassen werden.[275]

107 Das *Maßnahmenprogramm* enthält (obligatorisch) grundlegende und (fakultativ) ergänzende Maßnahmen (§ 82 II WHG). Grundlegende Maßnahmen sind nach § 82 III WHG iVm Art. 11 III WRRL vor allem die Umsetzungsvorschriften der unionsrechtlichen Gewässerschutzvorschriften sowie weitere Maßnahmen der staatlichen

---

[271] Vgl. *Appel* in Berendes/Frenz/Müggenborg (o. Fn. 72) § 83 Rn. 3 f.; *Sparwasser/Engel/Voßkuhle* § 8 Rn. 221, 224.
[272] *Eifert* Rn. 239; *Schlacke* § 11 Rn. 32.
[273] Vgl. *Reinhardt* NuR 2005, 499 (501 f.).
[274] Eingehend *Reinhardt* DVBl 2016, 1423 ff.
[275] BT-Drs. 14/7755, 21; *Kotulla* NVwZ 2002, 1409 (1417); differ. *Sparwasser/Engel/Voßkuhle* § 8 Rn. 227; abw. *Hammerstein/Nutzhorn* W+B 2020, 68 (69).

Wasserpolitik. Über die Rechtsnatur der Maßnahmenprogramme besteht keine Einigkeit.[276] Die Landeswassergesetze enthalten keine Vorschriften darüber, ob sie als Rechtsverordnung (bzw. wenn länderübergreifend als Staatsvertrag) ergehen müssen. Ein Teil der Literatur ist der Auffassung, dass Maßnahmenprogramme als Rechtsverordnung (oder Gesetz) zu erlassen sind.[277] Diese Frage kann jedoch nicht pauschal beantwortet werden. Entscheidend ist vielmehr, ob durch das Maßnahmenprogramm im Einzelfall Rechte und/oder Pflichten des Einzelnen (Außenwirkung) begründet werden. In diesem Fall ist das Maßnahmenprogramm als Rechtsnorm zu erlassen.[278] Kommt dem Maßnahmenprogramm lediglich Behördenverbindlichkeit ohne Außenwirkung zu, so ist für dessen Aufstellung keine Rechtsverordnung erforderlich.[279] In beiden Fällen steuert das Maßnahmenprogramm die Ausübung des Bewirtschaftungsermessens in zweierlei Hinsicht: Bei der Erteilung neuer gewässerrechtlicher Zulassungen wird das Bewirtschaftungsermessen durch das Maßnahmenprogramm eingeschränkt.[280] Bei bereits bestehenden Zulassungen ist das Maßnahmenprogramm durch Anpassung der Bescheide (zB § 13 II Nr. 2a WHG) oder gewässeraufsichtliche Anordnungen (→ Rn. 81 ff.) umzusetzen.[281] Fehlt es dem Maßnahmenprogramm an Außenwirkung, so sind Klagen hiergegen unzulässig.[282] Die Klage ist dann gegen den jeweiligen in Umsetzung des Maßnahmenprogramms ergangenen Einzelakt zu richten.

Zur (befristeten) Sicherung meist langwieriger Planungen von bedeutenderen wasserbezogenen Vorhaben sieht § 86 WHG – in Anlehnung an §§ 14 ff. BauGB – die Möglichkeit vor, eine Veränderungssperre zu erlassen.[283] Dies geschieht durch Rechtsverordnung. 108

2. Überwachungs- und Maßnahmenprogramme zur Bewirtschaftung von Meeresgewässern

In Umsetzung der EU-Meeresstrategierahmenrichtlinie (→ Rn. 7)[284] haben die §§ 45a ff. WHG auch für Meeresgebiete ein System der Maßnahmenplanung etabliert. Meeresgewässer (vgl. die *Legaldefinition* in § 3 Nr. 2a WHG) sind nach § 45a I WHG so zu bewirtschaften, dass 109

- eine Verschlechterung ihres Zustands vermieden wird (1.)[285] und
- ein guter Zustand erhalten oder spätestens bis zum 31. Dezember 2020 erreicht wird (2.). Das Ziel wurde verfehlt.

Damit diese Bewirtschaftungsziele erreicht werden, sind nach § 45a II WHG insbes. Meeresökosysteme zu schützen und zu erhalten und in Gebieten, in denen sie geschädigt wurden, wiederherzustellen, sind vom Menschen verursachte Einträge von Stoffen und Energie, einschließlich Lärm, in die Meeresgewässer schrittweise zu vermeiden und zu vermindern mit dem Ziel, signifikante nachteilige Auswirkungen auf die Meeresökosysteme, die biologische Vielfalt, die menschliche Gesundheit und die zulässige Nutzung des Meeres auszuschließen und bestehende und künftige Möglichkeiten der nachhaltigen Meeresnutzung zu erhalten oder zu schaffen. Nordsee und Ostsee sind hierbei gem. § 45a III WHG jeweils gesondert zu bewirt-

---

[276] Vgl. *Czychowski/Reinhardt* WHG § 82 Rn. 10.

[277] So zB *Kotulla* NVwZ 2002, 1409 (1415); *Sparwasser/Engel/Voßkuhle* § 8 Rn. 228; aA *Heiland* VBlBW 2004, 281 (284); *Kloepfer* UmweltR § 13 Rn. 194.

[278] Wie hier *Czychowski/Reinhardt* WHG § 82 Rn. 12; *Faßbender* ZfW 2010, 189 (190 ff.).

[279] Vgl. *Knopp* NVwZ 2003, 275 (278).

[280] *Hasche* (o. Fn. 155) S. 280 ff.

[281] *Knopp* NVwZ 2003, 275 (278); *Ginzky* in BeckOK UmweltR, 58. Ed. 1.7.2020, WHG § 82 Rn. 4.

[282] *Knopp* NVwZ 2003, 275 (279); *Appel* in Berendes/Frenz/Müggenborg (o. Fn. 72) § 82 Rn. 86 ff.

[283] Eingehend *Kümper* NuR 2019, 440 ff. und 518 ff.

[284] Vgl. nur *Schlacke/Markus* ZUR 2009, 464 ff.; *Weiß* ZUR 2017, 331 ff.;

[285] Eingehend *Mohr* W+B 2020, 76 ff.

schaften. Das planerische Regime zum Schutz der Meeresgewässer bezieht hierbei systematisch auch naturschutzfachliche Ziele mit ein, ist also ein weiteres Beispiel für eine Konvergenz von ökologischem Gewässerschutz- und Naturschutzrecht[286] („Ökosystemansatz“[287]).

110 Die §§ 45a–45d WHG sehen – vergleichbar dem Planungsregime für Binnengewässer (→ Rn. 105 ff.) – eine Bestandsaufnahme der Qualität von Meeresgewässern sowie eine Beschreibung des zu erreichenden guten Zustandes vor. Auf dieser Grundlage erfolgt eine Zieldefinition: Nach § 45e Satz 1 WHG legen die zuständigen Behörden nach Maßgabe des Anh. IV der MSRRL bis zum 15.7.2012 die Zwischenziele mit Fristen und die Einzelziele, die erforderlich sind, um einen guten Zustand der Meeresgewässer zu erreichen, sowie zugehörige Indikatoren fest. Dabei sind nach § 45e Satz 2 WHG andere einschlägige Ziele zu berücksichtigen, die für die Gewässer auf nationaler, gemeinschaftlicher oder internationaler Ebene festgelegt worden sind, einschließlich der Bewirtschaftungsziele nach Maßgabe des § 44 WHG und der Erhaltungsziele nach § 7 I Nr. 9 BNatSchG („Natura 2000“[288]). Die zuständigen Behörden stellen sicher, dass die Ziele miteinander vereinbar sind.

111 Auf dieser Grundlage stellen die zuständigen Behörden nach § 45f I WHG *Überwachungsprogramme* zur fortlaufenden Ermittlung, Beschreibung und Bewertung des Zustands der Meeresgewässer sowie zur regelmäßigen Bewertung und Aktualisierung der nach § 45e Satz 1 WHG festgelegten Ziele auf und führen sie durch. Die Überwachungsprogramme müssen mit anderen Überwachungsanforderungen zum Schutz des Meeres, die insbes. nach wasser- oder naturschutzrechtlichen Vorschriften sowie internationalen Meeresübereinkommen bestehen, vereinbar sein (§ 45e II 1 WHG).

112 Auf der Grundlage der Anfangsbewertung nach § 45c I WHG und der nach § 45e Satz 1 WHG festgelegten Ziele sind schließlich – vergleichbar dem Regelungsansatz der WRRL[289] – *Maßnahmenprogramme* aufzustellen,[290] die dem Prinzip einer Nachhaltigen Entwicklung[291] Rechnung tragen (§ 45h I 1 WHG). Die Maßnahmenprogramme umfassen die kostenwirksamen Maßnahmen, die erforderlich sind, um den guten Zustand der Meeresgewässer zu erreichen oder zu erhalten (§ 45h I 2 WHG). Die Maßnahmenprogramme enthalten nach § 45h I 4 WHG insbes. auch räumliche Schutzmaßnahmen iSd § 56 II BNatSchG und eine Erläuterung, inwiefern die festgelegten Maßnahmen zur Erreichung der nach § 45e Satz 1 WHG festgelegten Ziele beitragen. Vor der Aufstellung und Aktualisierung der Maßnahmenprogramme sind zu den vorgesehenen neuen Maßnahmen nach § 45h II WHG Folgeabschätzungen einschließlich Kosten-Nutzen-Analysen durchzuführen. Bei der Aufstellung der Maßnahmenprogramme sind nach § 45h III 1 WHG Maßnahmen zum Schutz des Meeres nach anderen wasser- und naturschutzrechtlichen Vorschriften, einschließlich internationaler Meeresübereinkommen, zu berücksichtigen. Die Maßnahmen sollen nach § 45h III 3 WHG dazu beitragen, dass die Meeresgewässer anderer Mitgliedstaaten der Europäischen Union einen guten Zustand erreichen; nachteilige Auswirkungen auf diese Gewässer sollen vermieden werden. Die zuständige Behörde führt nach § 45h V WHG die im Maßnahmenprogramm aufgeführten Maßnahmen bis zum 31.12.2016 durch. Das Maßnahmenprogramm als solches enthält als Binnenrecht der Verwaltung keine Ermächtigung, gegenüber Einzelnen Maßnahmen zu ergreifen;[292] Ermächtigungen ergeben sich aber aus den verschiedenen Regelungen des WHG zur Bewirtschaftung der Gewässer, bei denen dann ggf. den im Maßnahmenprogramm konkretisierten Zielen und Anforderungen nach den §§ 45a ff. WHG Rechnung zu tragen ist.

Bei der Aufstellung der Maßnahmenprogramme ist nach § 45i WHG die Öffentlichkeit zu beteiligen. Im Übrigen ist nach § 35 I Nr. 1 UVPG iVm Anl. 5 Nr. 1.9 zum UVPG eine Strategische Umweltprüfung[293] durchzuführen.

---

[286] Hierzu allg. *Gärditz* NuR 2013, 605 ff.; *ders.* W+B 2015, 65 ff.
[287] *Schlacke* § 11 Rn. 9.
[288] Hierzu → § 10 Rn. 113 ff.
[289] Zum gebietsübergreifenden Regelungsansatz *Durner/Ludwig* NuR 2008, 457 ff.
[290] Zum (verspätet aufgestellten) Maßnahmenprogramm zum Schutz der Nord- und Ostsee *SRU* (Hrsg.), Der Entwurf des deutschen Maßnahmenprogramms zum Schutz der Nord- und Ostsee, 2015; *Altenschmidt* NuR 2017, 12 ff.
[291] Dazu → § 4 Rn. 36 ff.
[292] *Czychowski/Reinhardt* WHG § 45h Rn. 32.
[293] Hierzu → § 4 Rn. 113 ff.

VIII. Die Gewässerunterhaltung

113 Die Unterhaltung umfasst die Pflege und Entwicklung des Gewässers (§ 39 I WHG) und zielt auf die Erhaltung des ordnungsgemäßen Zustands eines Gewässers und seines Ufers ab.[294] Es handelt sich bei der Gewässerunterhaltung um eine öffentliche Aufgabe, die vom Träger der Unterhaltungslast (§ 40 WHG) zu erfüllen ist. Die in § 39 I 2 WHG aufgezählten Rechtspflichten sind nicht abschließend und werden durch landesrechtliche Bestimmungen ergänzt. Nach § 39 II WHG sind bei der Gewässerunterhaltung die Bewirtschaftungsziele (§§ 27–31 WHG) zu beachten. Außerdem muss die Gewässerunterhaltung den im Maßnahmenprogramm (§ 82 WHG) gestellten Anforderungen entsprechen. Die in § 41 WHG vorgesehenen Duldungs-, Unterlassungs- und Handlungspflichten dienen dazu, dem Unterhaltungspflichtigen die ordnungsgemäße Gewässererhaltung zu ermöglichen.

IX. Der Hochwasserschutz

114 Die Bedeutung eines effektiven (insbes.) wasserwirtschaftsrechtlichen Hochwasserschutzes hat in den letzten Jahren, nicht zuletzt in Folge des Klimawandels und der dadurch mitverursachten Wetterextreme, kontinuierlich zugenommen. Auch im Interesse einer präventiven Klimawandelanpassung im Recht besteht in diesem Bereich zukünftig noch einiger Optimierungs-, aber auch finanzieller Investitionsbedarf (hauptsächlich für die regelmäßig am stärksten betroffenen Länder, wie zB Bayern, Sachsen oder Sachsen-Anhalt). Nachdem der Hochwasserschutz durch das (Artikel-)Gesetz zur Verbesserung des vorbeugenden Hochwasserschutzes vom 3.5.2005 Eingang in das *WHG* gefunden hatte,[295] erhielt er durch die Reform des WHG mit der Umsetzung der *Hochwasserrichtlinie*[296] der EU neue Impulse.[297] § 5 II WHG formuliert eine allgemeine Sorgfaltspflicht für potentiell durch Hochwasser Betroffene, geeignete Vorsorgemaßnahmen zu treffen. Demgegenüber wendet sich § 6 I Nr. 6 WHG, indem er einen allgemeinen Grundsatz der Gewässerbewirtschaftung benennt, an die für die Gewässerbewirtschaftung zuständigen Behörden.

115 Das *Gesetz zur weiteren Verbesserung des Hochwasserschutzes und zur Vereinfachung von Verfahren des Hochwasserschutzes (Hochwasserschutzgesetz II)* vom 30.6.2017[298] hat die Regelungen der §§ 78 ff. WHG neu gefasst und teils inhaltlich erweitert. Die damit einhergehenden Eingriffe sind mit Blick auf das überragende Gemeinwohlinteresse, das sowohl durch verfassungsrechtliche Schutzgüter (Leben, Gesundheit, Eigentum) als auch unionsrechtlich abgesichert ist,[299] grds. gerechtfertigt.

116 Das WHG führt die Bestimmungen des nationalen Hochwasserschutzes mit den Bestimmungen der Hochwasserrichtlinie zusammen (vgl. §§ 72 ff. WHG). Kernstück ist die Pflicht der Länder, zum Schutz vor Hochwasser (zum Begriff: § 72

---

[294] *Berendes* (o. Fn. 46) § 39 Rn. 4.
[295] Dazu *Faßbender* DVBl 2007, 926 ff.; *Breuer* NuR 2006, 614 ff.
[296] RL 2007/60/EG des Europäischen Parlaments und des Rates v. 23.10.2007 über die Bewertung und das Management von Hochwasserrisiken (ABl. L 288, 27).
[297] *Breuer* NuR 2006, 170 ff.; *Kotulla* NVwZ 2006, 129 ff.; *Reinhardt* NuR 2008, 468 ff.; *Wagner* NuR 2008, 774 ff.
[298] BGBl. I 293; hierzu *Mitschang/Arndt/Schnorr* UPR 2018, 361 ff.; *Reinhardt* NVwZ 2017, 1585 ff.
[299] *VGH München* Urt. v. 29.11.2019 – 8 A 18.40003 Rn. 38.

WHG) bis zum 22.12.2013 Überschwemmungsgebiete festzusetzen (§ 76 WHG),[300] die als Rückhalteflächen zu erhalten sind (§ 77 WHG) und in denen vor allem *besondere Schutzvorschriften* gelten (§ 78 WHG). Insbes. soll dort keine bauliche Entwicklung mehr möglich sein (§ 78 I 1, IV 1 WHG), sofern keine Ausnahme vorliegt (§ 78 I 2, IV 2, V–VII WHG). § 78 I 1 WHG verbietet insoweit die Ausweisung neuer Baugebiete, betrifft also das Bauplanungsrecht; § 78 IV 1 WHG untersagt die Errichtung oder Erweiterung baulicher Vorhaben,[301] betrifft also das bauordnungsrechtliche Zulassungsverfahren, gilt aber ungeachtet § 38 BauGB richtigerweise auch für Vorhaben, die durch Planfeststellung zugelassen werden.[302] Das Planungsverbot des § 78 I 1 WHG richtet sich gegen Planungen auf Flächen, die vor Ausweisung noch keine festgesetzten oder faktischen Baugebiete waren, wenn also erstmalig eine zusammenhängende Bebauung im festgesetzten Überschwemmungsgebiet ermöglicht werden soll, wohingegen die Überplanung oder Umplanung bereits bebauter Bereiche nicht hierunter fällt.[303] § 78 V 1 WHG enthält eine Ausnahme vom Bauverbot im Ermessen der Behörde *(Dispensermessen)*. Bei der Prüfung der Voraussetzungen dieser Ausnahme sind nach § 78 V 2 WHG auch die Auswirkungen auf die Nachbarschaft zu berücksichtigen, was letztlich eine gesetzliche Konkretisierung des – nachbarschützenden – Rücksichtnahmegebots darstellt.[304] Nachbarn können sich also zB mit dem Argument gegen eine Baugenehmigung im Hochwassergebiet wehren (und ggf. klagen, § 42 II VwGO), dass die Errichtung des Vorhabens voraussichtlich den Hochwasserschutz zu Lasten des betroffenen Nachbarn verschlechtert.

§ 78a WHG enthält weitere nichtgebäudebezogene Handlungsverbote, namentlich zur agrarischen Nutzung, mit Ausnahmen in Abs. 2[305]. Die Handlungsverbote des § 78 I 1, IV 1 WHG sind regelmäßig mit Eingriffen in die Eigentumsgarantie (Art. 14 I GG) verbunden und können zu Einschränkungen der Planungshoheit der Gemeinden (Art. 28 II 1 GG) führen. Bei der Feststellung der Rechtmäßigkeit eines Handlungsverbots im Einzelfall spielt daher die Verhältnismäßigkeitsprüfung eine wichtige Rolle.[306]

Für Risikogebiete außerhalb von Überschwemmungsgebieten enthält § 78b WHG Abwägungsdirektiven.[307] Nach § 78c I 1 WHG ist die Errichtung neuer Heizölverbraucheranlagen in festgesetzten und vorläufig gesicherten Überschwemmungsgebieten grds. verboten, Altanlagen sind innerhalb einer Übergangsfrist hochwassersicheren Standards anzupassen (§ 78c III WHG). Sonderregelungen, die auf den Erhalt der Versicherungsfähigkeit des Bodens gerichtet sind, gelten nach § 78d WHG für Hochwasserentstehungsgebiete. Darüber hinaus ist nach § 6 I Nr. 5 WHG auch hier der Klimawandel zu berücksichtigten, was zB durch typisierte Zuschläge bei Hochwasserereignissen und Pegelständen erfolgen kann.[308]

117 Wird von der Behörde eine Ausnahmegenehmigung gem. § 78 V WHG zugelassen, kann sich der Nachbar, dessen Schutz vor Hochwassergefahren durch das Vorhaben

---

300 Näher *Breuer/Oexle,* Vorbeugender Hochwasserschutz in Häfen und Werften, 2018, S. 22 ff. Krit. zur Legaldefinition des Hochwassers *Rottenwallner* ZfW 2018, 88 ff.

301 Hierzu *Schmidt/Gärtner* NVwZ 2018, 534 ff.

302 *BVerwG* NVwZ-RR 2019, 944 (947).

303 *BVerwG* UPR 2014, 354; *VGH München* Beschl. v. 9.1.2019 – 8 ZB 18.2119 Rn. 10.

304 *VG München* BeckRS 2019, 191 Rn. 32. Zur Frage, inwieweit dies die baurechtliche Rücksichtnahme verdrängt, *VGH München* Beschl. v. 17.7.2020 – 9 CS 20.1541.

305 Hierzu BVerwGE 160, 263 Rn. 91.

306 *Guckelberger* UPR 2012, 361 (366 f.); *Pfau* VBlBW 2013, 201 (205 ff.); *Rolfsen,* Öffentliche Hochwasservorsorge, 2013, S. 68 ff.

307 S. *Breuer/Oexle* (o. Fn. 300) S. 42 f.

308 *VGH München* Urt. v. 29.11.2019 – 8 A 18.40003 Rn. 49 ff.

beeinträchtigt ist, hiergegen mittels einer Anfechtungsklage (§ 42 I 1. Alt. VwGO) zur Wehr setzen, da der vorbeugende Hochwasserschutz zumindest auch dem Schutz der Individualrechtsgüter Gesundheit (Art. 2 II 1 GG) und Eigentum (Art. 14 I GG) dient und § 78 V WHG insoweit drittschützend ist.[309]

118 Nach dem sog. *Risikoansatz*[310] der Hochwasserrichtlinie müssen die zuständigen Behörden Hochwasserrisiken bewerten und Gebiete mit einem signifikanten Hochwasserrisiko als Risikogebiete ausweisen (§ 73 WHG). Für die Risikogebiete sind sog. Gefahrenkarten und Risikokarten zu erstellen (§ 74 WHG), auf deren Grundlage unter Beachtung der §§ 79, 80 WHG Risikomanagementpläne auszuarbeiten sind (§ 75 WHG).[311] Diese sind SUP-pflichtig gem. § 35 I UVPG iVm Anl. 5 Nr. 1.3 UVPG. § 73 I 2 WHG vermittelt grds. Drittschutz.[312] Im Bundeswasserstraßenrecht wird dies über § 12 VII 4 WaStrG gesichert.[313] Die von der Hochwasserrichtlinie geforderten Planungsmaßnahmen greifen auf die Gebietseinteilung der WRRL zurück (→ Rn. 5 ff.). Sie enthalten keine materiellen Vorgaben, sondern verfolgen einen *finalen* Ansatz. Die Beschränkung der Vorgaben der Richtlinie auf *prozedurale* Regelungen wird im Schrifttum unterschiedlich bewertet.

119 Die Belange des Hochwasserschutzes sind außerdem gem. § 1 VI Nr. 12 BauGB in der Bauleitplanung sowie gem. § 35 III 1 Nr. 6 BauGB bei der bauplanungsrechtlichen Beurteilung der Zulässigkeit von Vorhaben im unbeplanten Außenbereich zu berücksichtigen.[314]

§ 9. Bodenschutzrecht

I. Einleitung

1. Hintergrund

1 „Boden ist neben Wasser, Luft und Licht eine wesentliche Voraussetzung allen Lebens. Er ist nicht vermehrbar und erneuert sich nur in langen Zeiträumen. Boden bietet Lebensraum für Menschen, Tiere und Pflanzen. Er dient als Produktionsgrundlage für Nahrungs- und Futtermittel sowie für regenerierbare Rohstoffe. Auch hat er Filter-, Puffer- und Speicherfunktionen im Hinblick auf Stoffe, die in den Boden gelangen, sowie Bedeutung als Klimastabilisator. Neben den als

---

[309] So auch *VGH München* BayVBl. 2005, 726; *Czychowski/Reinhardt* WHG § 78 Rn. 46; *Faßbender/Gläß* NVwZ 2011, 1094 (1096 ff.); *Zloch* in Berendes/Frenz/Müggenborg (o. Fn. 72) § 78 Rn. 50; abl. *OVG Bautzen* NVwZ-RR 2011, 937; *OVG Hamburg* NVwZ-RR 2016, 686; offenlassend *VGH Mannheim* ZUR 2014, 238 (239); *VGH München* ZUR 2018, 313.

[310] *Wagner* NuR 2008, 774 ff.

[311] Zu deren fehlender unmittelbarer Bindung *VGH Kassel* Urt. v. 26.5.2020 – 9 C 2796/16.N Rn. 77 ff.

[312] *BVerwG* NVwZ 2018, Beilage Nr. 1, 10 (13 f.); NVwZ 2018, Beilage Nr. 1, 19 (24).

[313] *BVerwG* NVwZ 2018, Beilage Nr. 1, 29 (34), zur Klagebefugnis einer Gemeinde (30); *OVG Lüneburg* Urt. v. 2.9.2020 – 7 KS 17/15 Rn. 122.

[314] *Faßbender*, Rechtliche Anforderungen an raumplanerische Festlegungen zur Hochwasservorsorge, 2013, S. 32 ff.; *ders.* ZUR 2015, 525 ff.; *Köck* ZUR 2015, 515 ff.; *Mitschang* ZfBR 2018, 329 ff.; *Paul/Pfeil* NVwZ 2006, 505 ff.

ökologisch oder natürlich bezeichneten Funktionen [...] hat der Boden Funktionen, die dem Menschen zur Nutzung dienen: Er ist Rohstofflieferant, Lagerstätte von Bodenschätzen [...] und Archiv der Natur- und Kulturgeschichte. Weiterhin dient er als Siedlungs- und Verkehrsfläche sowie der Ablagerung von Abfällen."[1]

2 Eine der Hauptursachen der Beeinträchtigung des Bodens stellt die ungezügelte Inanspruchnahme von Flächen für Siedlungs- und Verkehrszwecke dar. Noch im Jahr 2013 belief sich der Bodenverbrauch auf etwa 71 ha pro Tag[2] und lag damit weit über dem in der nationalen Nachhaltigkeitsstrategie genannten Zielwert von 30 ha pro Tag.[3] Zwar geht der Bodenverbrauch tendenziell zurück, mit immer noch 52 ha pro Tag in den Jahren 2016–2019 bleibt er aber dennoch weit über dem angestrebten Wert.[4]

Ungelöst ist des Weiteren das Problem der Altlasten. Die Länder haben gegenwärtig insgesamt mehr als 354.405 altlastverdächtige Flächen erfasst.[5] Auch wenn im Vergleich zu den im Jahre 2000 ermittelten Zahlen (ca. 362.000 altlastverdächtige Flächen) insgesamt ein Rückgang zu verzeichnen ist, zeigt sich doch, dass die Erkundung und Sanierung der Altlasten – vor allem aus Kostengründen[6] – nur langsam voranschreitet.[7]

2. Entwicklung

3 Die mediale Bedeutung des Bodens, das Ausmaß seiner Gefährdung bzw. Schädigung insbes. durch Schadstoffeintrag, intensivste Nutzung und übermäßigen Verbrauch für Siedlungs- und Verkehrszwecke[8] und hieraus folgend die Erforderlichkeit eines rechtlichen Schutzes des Bodens wurden – verglichen mit den Umweltmedien Luft und Wasser – erst relativ spät erkannt. Im Umweltprogramm der Bundesregierung aus dem Jahre 1971[9] wurde der Schutz des Bodens erstmals als eigenständiges und dem Schutz von Luft und Wasser gleichrangiges umweltpolitisches Handlungsziel benannt. Gleichwohl blieben entsprechende Regelungsaktivitäten zunächst aus. Erst im Jahr 1985 rückte die seitens der Bundesregierung vorgelegte Bodenschutzkonzeption[10] den Bodenschutz wieder in das Blickfeld der Politik. Danach sollte der Schutz des Bodens nicht durch ein eigenes Regelungswerk, sondern – da Querschnittsaufgabe – insbes. durch Verankerung bodenschützender Vorschriften in bestehenden Umweltgesetzen

[1] So die Vorbemerkungen zur Bedeutung des Bodens in *UGB-KomE*, 1998, S. 970.

[2] *Statistisches Bundesamt*, Anstieg der Siedlungs- und Verkehrsfläche in ha/Tag (Stand: 30.4.2021), S. 1, zit. nach: www.destatis.de.

[3] Bis 2030 soll der Flächenverbrauch auf 30 ha pro Tag sinken, vgl. *UBA*, Siedlungs- und Verkehrsfläche (Stand: 4.5.2021), abrufbar unter www.umweltbundesamt.de. Siehe zur Problematik des Flächenverbrauchs ausführlich *SRU*, Umweltgutachten 2016, Tz. 278 ff.

[4] Im Jahr 2019 lag der tägliche Flächenverbrauch bei 45 ha, vgl. *Statistisches Bundesamt* (o. Fn. 2) S. 1.

[5] Stand 31.8.2020. Die saarländischen Kennzahlen lagen zum Stichtag nicht vor. Vgl. die von der Bund-Länder-Arbeitsgemeinschaft Bodenschutz (LABO) veröffentlichten Daten, zit. nach: www.labo-deutschland.de.

[6] Zu Finanzierungsproblemen bei der Altlastensanierung *Kloepfer* UmweltR § 13 Rn. 10; *SRU*, Umweltgutachten 2008, Tz. 503 ff.

[7] Vgl. *SRU*, Umweltgutachten 2008, Tz. 537 ff.

[8] Zu den vielfältigen Belastungen des Bodens *Kloepfer* UmweltR § 13 Rn. 7 ff.

[9] BT-Drs. 6/2710, 6.

[10] BT-Drs. 10/2977, dazu *Holzwarth* in ders./ua, BBodSchG/BBodSchV, 2. Aufl. 2000, Einf. Rn. 12 ff.

verwirklicht werden.[11] In der Folgezeit fanden in zahlreichen Bundesgesetzen Belange des Bodenschutzes Berücksichtigung.[12]

4 Anfang der neunziger Jahre setzte sich jedoch die Erkenntnis durch, dass ein effektiver Bodenschutz mit dem bisher ausschließlich querschnittsorientierten Regelungsansatz allein nicht zu erreichen sei.[13] Dies führte im Jahr 1991 in Baden-Württemberg erstmals zum Erlass eines eigenen Gesetzes zum Schutz des Bodens.[14] Auf Bundesebene folgte erst im Jahr 1998 mit dem Gesetz zum Schutz vor schädlichen Bodenveränderungen und zur Sanierung von Altlasten (BBodSchG; → Rn. 6)[15] ein medienbezogenes Schutzgesetz. Die Rechtszersplitterung im Bereich des Bodenschutzrechts ist damit allerdings nach wie vor nicht beseitigt, da der Regelungsbereich des BBodSchG nicht umfassend und das Gesetz teilweise subsidiär ist (→ Rn. 10 ff.).

3. Rechtsgrundlagen

a) Europarecht

5 Auch auf europäischer Ebene wurde die Notwendigkeit eines verstärkten Schutzes des Umweltmediums Boden erkannt.[16] Im Mittelpunkt der thematischen Strategie für den Bodenschutz[17] steht der Entwurf für eine Bodenrahmenrichtlinie,[18] welche einem auf nachhaltige Bewirtschaftung zielenden Ansatz folgt, bislang jedoch am Widerstand einiger Mitgliedstaaten (darunter Deutschland) im Rat wegen Unvereinbarkeit mit dem Subsidiaritätsprinzip (Art. 5 III AEUV) scheiterte,[19] sodass es bislang an einer kohärenten, bereichsübergreifenden Regelung des Bodenschutzrechts durch die EU fehlt.[20] Es existieren aber verschiedene umweltbezogene Rechtsakte, die direkt oder indirekt zum Schutz des Bodens beitragen. Exemplarisch erwähnt seien die Klärschlamm-Richtlinie[21], die Industrieemissions-Richtlinie[22] und die Deponierichtlinie[23].[24] Hervorzuheben ist die Umwelthaftungsrichtlinie (UH-Richtlinie),[25] die auf Vermeidung und Sanierung von Umweltschäden abzielt und als

---

[11] Vgl. BT-Drs. 10/2977, 42 ff.

[12] Vgl. die Auflistung bei *Versteyl* in ders./Sondermann, BBodSchG, 2. Aufl. 2005, Einl. Rn. 8 ff.

[13] *Rengeling* in Hendler (Hrsg.), Bodenschutz und Umweltrecht, 2000, S. 43 (46).

[14] BaWüBodSchG v. 24.6.1991 (GBl. S. 434); vgl. auch SächsEGAB v. 12.8.1991 (GVBl. S. 306).

[15] BGBl. I 502; hinsichtlich der Verordnungsermächtigungen trat das BBodSchG am 25.4.1998, im Übrigen am 1.3.1999 in Kraft. Zur Entstehungsgeschichte *Ewer* in Landmann/Rohmer UmweltR Vorb. BodSchR Rn. 37 ff.; zur Entwicklung des Altlasten- und Bodenschutzrechts vgl. *Finger* NVwZ 2011, 1288 ff.

[16] Eingehend *Epiney* Kap. 7 Rn. 153 ff.

[17] KOM (2006) 231 endg.

[18] KOM (2006) 232 endg., dazu *Bückmann/Lee* NuR 2008, 1 ff.; *Falke* ZUR 2010, 330 (331).

[19] Vgl. stellv. für diese Kritik *Glaser* ZG 2007, 366 ff. mwN.

[20] Eingehend dazu *Epiney* Kap. 7 Rn. 153 ff.; vgl. auch *Norer* EurUP 2019, 508 (511 ff.). Die Kommission hat sich in der Biodiversitätsstrategie für 2030 das Ziel gesetzt, die Strategie der EU für den Bodenschutz zu aktualisieren. Siehe dazu COM (2020) 380 final S. 10.

[21] RL 86/278/EWG des Rates v. 12.6.1986 über den Schutz der Umwelt und insbes. der Böden bei der Verwendung von Klärschlamm in der Landwirtschaft (ABl. L 181, 6).

[22] RL 2010/75/EU des Europäischen Parlaments und des Rates v. 17.12.2010 über Industrieemissionen (integrierte Vermeidung und Verminderung der Umweltverschmutzung) (ABl. L 334, 17).

[23] RL 1999/31/EG des Rates v. 26.4.1999 über Abfalldeponien (ABl. L 182, 1).

[24] Überblick über sonstige EU-Regelungen zum Bodenschutz bei *Scherer-Leydecker/Rausch* in Rehbinder/Schink Abschn. 10 Rn. 4 ff.

[25] RL 2004/35/EG des Europäischen Parlaments und des Rates vom 21.4.2004 über Umwelthaftung zur Vermeidung und Sanierung von Umweltschäden (ABl. L 143, 56), dazu *Meßer-*

Umweltschaden ua auch Schädigungen des Bodens (definiert als „Grund“, vgl. Art. 2 Ziff. 1 lit. c UH-Richtlinie und im Unterschied hierzu § 2 I BBodSchG) erfasst. Für Schäden, die vor Ablauf der Umsetzungsfrist (30.4.2007) verursacht worden sind, gilt diese Rahmen-Richtlinie jedoch nicht (Art. 17 UH-Richtlinie). Ein europaweites Problem ist die Bodenversiegelung, die nicht nur die biologische Vielfalt bedroht, sondern auch zur globalen Erwärmung beiträgt.[26] In Reaktion hierauf hat die Kommission in Anlehnung an den „Fahrplan für ein ressourcenschonendes Europa“ im April 2012 Leitlinien zur Begrenzung, Milderung und Kompensierung der Bodenversiegelung aufgestellt.[27]

b) Bundesrecht

6 Zentrales Gesetzeswerk im Bereich des Bodenschutzes ist das *Bundes-Bodenschutzgesetz (BBodSchG),*[28] das sich in fünf Teile untergliedert: allgemeine Vorschriften (§§ 1–3 BBodSchG), Grundsätze und Pflichten (§§ 4–10 BBodSchG), ergänzende Vorschriften für Altlasten (§§ 11–16 BBodSchG), landwirtschaftliche Bodennutzung (§ 17 BBodSchG) und Schlussvorschriften (§§ 18–26 BBodSchG).

Die *Zuständigkeit* des Bundes zum Erlass des BBodSchG war mangels ausdrücklicher Kompetenzgrundlage in Art. 70 ff. GG umstritten. Der Entwurf der Bundesregierung stützte das BBodSchG auf mehrere Kompetenztitel („Mosaikkompetenz“), namentlich – ausgehend von der heutigen Fassung des Grundgesetzes – Art. 74 I Nr. 18 (Bodenrecht), ferner Art. 74 I Nr. 11 (Recht der Wirtschaft), Art. 74 I Nr. 24 (Abfallwirtschaft) sowie Art. 73 I Nr. 1 (Verteidigung) und Art. 74 I Nr. 32 GG (Wasserhaushalt).[29] Dem stimmte die hL zu.[30]

Zu erwähnen ist außerdem die im Jahr 1999 auf der Grundlage der §§ 6, 8 I, II, 13 I 2 BBodSchG erlassene *Bundes-Bodenschutz- und Altlastenverordnung (BBodSchV),*[31] die das BBodSchG präzisiert – vor allem einheitliche Werte für die Beurteilung der Bodenqualität zur Verfügung stellt – und damit seine Vollzugsfähigkeit herstellt.

Daneben finden sich in zahlreichen sonstigen Gesetzen Bestimmungen, die unmittelbar oder mittelbar den Bodenschutz bezwecken, wie etwa §§ 1 I, 3 II BImSchG, § 1 III Nr. 2 BNatSchG, § 2 II Nr. 6 ROG, §§ 1a II, 13a, 35 III 1 Nr. 5 BauGB[32] und das – die UH-Richtlinie der EU (→ Rn. 5) umsetzende – Umweltschadensgesetz (USchadG; → Rn. 19).[33]

---

schmidt § 12 Rn. 1 ff.; zur Anwendbarkeit und den Voraussetzungen *EuGH,* Rs. C-534/13 (Fipa Group ua), ECLI:EU:C:2015:140 Rn. 54 ff.

[26] Berichtend hierzu *Falke* ZUR 2012, 383 (385 f.). Zur Umsetzung der Landdegradationsneutralität als Ziel der Rio+20-Konferenz *Dooley/Roberts/Wunder* ZUR 2015, 209 ff.

[27] *Falke* ZUR 2012, 383 (386). Zu weitergehenden globalen Ansätzen *Linz/Lobos* ZUR 2015, 195 ff.; insbes. zur Frage der Notwendigkeit von völkerrechtlichen Regelungen *Ginzky* ZUR 2015, 199 ff.

[28] Vgl. o. Fn. 15.

[29] Vgl. BT-Drs. 13/6701, 16 ff.; ausf. hierzu *Versteyl* (o. Fn. 12) Einl. Rn. 16 ff.

[30] *Breuer* Rn. 126a; *Sparwasser/Engel/Voßkuhle* § 9 Rn. 58 ff.; offengelassen durch *BVerwG* NVwZ 2000, 1179 (1181), vgl. aber später BVerwGE 126, 1 (2), das als Kompetenzgrundlage Art. 74 I Nr. 18 GG für ausreichend hält; krit. *Degenhart* ZRP 1997, 397 ff.

[31] BGBl. 1999 I 1554; in Kraft getreten am 17.7.1999 (§ 14 BBodSchV), hierzu *Kobes* NVwZ 2000, 261 ff.; zu weiterem untergesetzlichem Regelwerk s. *Versteyl* (o. Fn. 12) Einl. Rn. 46 ff.

[32] Überblick bei *Kloepfer* UmweltR § 13 Rn. 63 ff.; vgl. zum Ganzen umfassend *Ludwig,* Planungsinstrumente zum Schutz des Bodens, 2011, S. 93 ff.

[33] → § 4 Rn. 161 ff.

c) Landesrecht

7 Da der Bund mit Erlass des BBodSchG von seiner konkurrierenden Gesetzgebungskompetenz Gebrauch gemacht hat, ist gem. Art. 72 I GG für landesrechtliche Regelungen nur noch insoweit Raum, als den Ländern entsprechende Regelungsspielräume belassen wurden. Es stellt sich daher die Frage, ob mit dem BBodSchG eine erschöpfende Regelung der Materie Bodenschutz bezweckt war. Die §§ 9 II 3, 10 II, 11, 18 S. 2, 21 BBodSchG enthalten ausdrückliche Vorbehalte zugunsten landesrechtlicher Regelungen; dies legt die Annahme nahe (Umkehrschluss), dass das BBodSchG im Übrigen als abschließendes Regelungswerk konzipiert ist.[34] Für diese Annahme spricht auch der Regelungszweck des BBodSchG, nämlich eine bundeseinheitliche Regelung der rechtlichen Grundlagen über die notwendigen Anforderungen an den Schutz und die Sanierung von Böden sowie die Sanierung von Altlasten zu schaffen.[35]

Die zum Teil in den Ländern bestehenden älteren bodenschutzrechtlichen Regelungen[36] sind daher, soweit sie nicht den explizit eingeräumten Regelungsspielraum ausfüllen, mit Inkrafttreten des BBodSchG unwirksam geworden (Sperrwirkung gem. Art. 72 I GG).[37] Mittlerweile hat die überwiegende Mehrheit der Länder ihrer begrenzten Regelungskompetenz Rechnung tragende Landesbodenschutzgesetze erlassen.[38]

II. Der Zweck und Schutzgegenstand des Bundes-Bodenschutzgesetzes

8 Nach § 1 S. 1 BBodSchG liegt der *Zweck* des BBodSchG in der nachhaltigen Sicherung der Bodenfunktionen (§ 2 II BBodSchG) oder – erforderlichenfalls – in deren Wiederherstellung. Der nachhaltigen *Sicherung* dienen die präventive Abwehr (bevorstehender) schädlicher Bodenveränderungen (§ 1 S. 2 Alt. 1 BBodSchG) sowie das Ergreifen von Vorsorgemaßnahmen gegen nachteilige Bodeneinwirkungen (§ 1 S. 2 Alt. 3 BBodSchG). Die *Wiederherstellung* soll im Wege der Sanierung von Boden, Altlasten und altlastbedingten Gewässerverunreinigungen erfolgen (§ 1 S. 2 Alt. 2 BBodSchG).

Diese Gefahrenabwehr-, Vorsorge- und Sanierungspflichten werden durch die §§ 4 ff. BBodSchG sowie die entsprechenden Vorschriften der BBodSchV konkretisiert; § 1 BBodSchG fungiert insoweit lediglich als Interpretationshilfe.[39]

---

[34] *Kloepfer* UmweltR § 13 Rn. 112 ff.; *Landel* in ders./Vogg/Wüterich, BBodSchG, 2000, Einf. C Rn. 38; weitgehende, ausfüllbare Regelungslücken sieht *Peine* NVwZ 1999, 1165 ff.; zur Indizwirkung ausdrücklicher Vorbehalte zugunsten landesrechtlicher Regelungen für eine erschöpfende Regelung des Bundes vgl. nur *Degenhart* in Sachs (Hrsg.), GG, 8. Aufl. 2018, Art. 72 Rn. 27.

[35] Vgl. Begründung der Bundesregierung zum Gesetzentwurf BT-Drs. 13/6701, 1; BVerwGE 126, 1 (2 ff.). Landesrechtliche Regelungen über Gebühren für Maßnahmen im Vorfeld von Sanierungsmaßnahmen sind nach BVerwGE 126, 222 (225 ff.) aufgrund der grundsätzlichen Verwaltungszuständigkeit der Länder, mit der die Gebührenhoheit einhergeht, zulässig.

[36] S. hierzu die Auflistung bei *Versteyl* (o. Fn. 12) Einl. Rn. 14.

[37] Vgl. BVerfGE 102, 99 (115); *Kloepfer/Durner* UmweltschutzR § 13 Rn. 4.

[38] Vgl. etwa BWBodSchAG v. 14.12.2004 (GBl. S. 908); BayBodSchG v. 23.2.1999 (GVBl. S. 36); BlnBodSchG v. 24.6.2004 (GVBl. S. 250); HmbBodSchG v. 20.2.2001 (GVBl. S. 27); HessAltBodSchG v. 28.9.2007 (GVBl. I S. 652); BodSchAG LSA v. 2.4.2002 (GVBl. S. 214); NRWBodSchG v. 9.5.2000 (GV. S. 439); RhPfBodSchG v. 25.7.2005 (GVBl. S. 302); SächsABG v. 31.5.1999 (GVBl. S. 261). Sammlung der Bodenschutzgesetze der Länder bei *Scherer-Leydecker/Rausch* in Rehbinder/Schink Abschn. 10 vor Rn. 1.

[39] *Sondermann/Hejma* in Versteyl/Sondermann (o. Fn. 12) § 1 Rn. 2.

9 § 2 I BBodSchG enthält die für den Anwendungsbereich des BBodSchG (→ Rn. 10 ff.) maßgebliche Definition des Begriffs *Boden* und legt damit zugleich den *Schutzgegenstand* des Gesetzes fest. Die Bestimmung des Schutzgegenstands erfolgt dabei weniger räumlich als vielmehr funktional: Boden ist die obere Schicht der Erdkruste, soweit sie die in § 2 II BBodSchG aufgeführten Aufgaben ökologischer (Nr. 1), archivarischer (Nr. 2) sowie ökonomischer Art (Nr. 3[40]) erfüllt. Umfasst sind gem. § 2 I BBodSchG auch die flüssigen und die gasförmigen Bodenbestandteile, nicht jedoch Grundwasser und Gewässerbetten,[41] welche durch das Wasserrecht geschützt sind (vgl. § 3 Nr. 1, 3 WHG).[42] Ob aufgrund der funktionalen Bestimmung des Bodenbegriffs auch der zur Erfüllung der Bodenfunktionen notwendige Bewuchs der oberen Schicht der Erdkruste unter den Bodenbegriff fällt, ist noch nicht abschließend geklärt.[43] Bauliche Anlagen gehören bereits begrifflich nicht zum Boden iSd § 2 I BBodSchG.[44]

III. Der Anwendungsbereich des Bundes-Bodenschutzgesetzes

10 Der Anwendungsbereich des BBodSchG wird durch die zentrale Norm des § 3 BBodSchG festgelegt. Aus ihr lässt sich entnehmen, dass im BBodSchG nicht das gesamte auf den Schutz des Mediums Boden ausgerichtete Recht zusammengefasst wurde. Vielmehr sind die in anderen Gesetzen enthaltenen Regelungen weiterhin anzuwenden. Das BBodSchG hat insoweit lediglich lückenfüllende Funktion.

1. Schädliche Bodenveränderungen und Altlasten

11 Anwendbar ist das BBodSchG zunächst nur, wenn schädliche Bodenveränderungen oder Altlasten vorliegen (§ 3 I Hs. 1 BBodSchG).

a) Schädliche Bodenveränderungen

Nach der Legaldefinition des § 2 III BBodSchG ist die Annahme einer schädlichen Bodenveränderung an zwei Voraussetzungen geknüpft:[45] Es muss zunächst eine – nicht notwendigerweise von menschlicher Einwirkung herrührende[46] – Beeinträchtigung von Bodenfunktionen (§ 2 II BBodSchG) vorliegen, etwa durch stoffliche Einträge oder Veränderungen der Bodenphysik,[47] wobei insoweit insgesamt ein

[40] Krit. zur Einbeziehung ökonomischer Funktionen *Erbguth/Stollmann* UPR 1996, 281 (285); aA *Scherer-Leydecker/Rausch* in Rehbinder/Schink Abschn. 10 Rn. 35, 49; für einen ökologisch-funktionalen Bodenschutzbegriff *Gröhn*, Bodenschutzrecht, 2014, S. 384 ff.

[41] Hierzu gehören die Gewässersohle, der vom Wasser bedeckte Boden und die Ufer als seitliche Gewässereinfassungen, vgl. *Vogg* in Landel/ders./Wüterich (o. Fn. 34) § 2 Rn. 23 ff.

[42] Zweck des BBodSchG ist allerdings auch die Sanierung von durch schädliche Bodenveränderungen oder Altlasten verursachten Gewässerverunreinigungen, vgl. §§ 1 S. 2, 4 III 1 BBodSchG.

[43] *OVG Münster* ZUR 2012, 568 (568 f.).

[44] *Sondermann/Hejma* (o. Fn. 39) § 2 Rn. 9; *Kloepfer* UmweltR § 13 Rn. 145.

[45] Vgl. BT-Drs. 13/6701, 29; *Erbguth/Schubert* in BeckOK UmweltR, 58. Ed. 1.7.2020, BBodSchG § 2 Rn. 13; näher zum Begriff *Schlabach/Landel/Notter* ZUR 2003, 73 ff. Da § 2 III BBodSchG auch dem Schutz individueller Interessen dient, entfaltet er drittschützende Wirkung, vgl. *Frenz*, BBodSchG, 2000, § 4 III Rn. 189.

[46] *Sondermann/Hejma* (o. Fn. 39) § 2 Rn. 40.

[47] *Erbguth/Schubert* in BeckOK UmweltR, 58. Ed. 1.7.2020, BBodSchG § 2 Rn. 14.

weites Verständnis zugrunde zu legen ist.[48] Anschließend ist festzustellen, ob die Beeinträchtigung der Bodenfunktionen kausal zur Herbeiführung der gesetzlich beschriebenen Negativfolgen geeignet ist. Mit dem Begriff der Gefahr knüpft § 2 III BBodSchG an das polizei- und ordnungsrechtliche Begriffsverständnis an,[49] wobei jedoch für eine schädliche Bodenveränderung iSd § 2 III BBodSchG eine physikalische, chemische oder biologische Veränderung der Beschaffenheit des Bodens bereits eingetreten sein muss. Die bloße Gefahr einer derartigen Bodenveränderung genügt nicht.[50] Der Nachteilsbegriff umfasst die Beeinträchtigung von Interessen, mit der keine Rechtsgutsverletzung verbunden ist (etwa Vermögenseinbußen).[51] Belästigungen schließlich sind Beeinträchtigungen des körperlichen oder seelischen Wohlbefindens (etwa durch Geruchsemissionen), ohne dass bereits ein Gesundheitsschaden bestehen muss.[52] Nachteile sowie Belästigungen müssen darüber hinaus erheblich sein, dh ein gewisses Mindestmaß an Intensität aufweisen, wobei hier wie im Immissionsschutzrecht Zumutbarkeitsaspekte maßgeblich sind.[53]

b) Altlasten

Nach der Legaldefinition des § 2 V BBodSchG[54] ist zu unterscheiden zwischen *Altablagerungen,* nämlich stillgelegten Abfallbeseitigungsanlagen und sonstigen Grundstücken, auf denen Abfälle behandelt, gelagert oder abgelagert wurden (Nr. 1), und *Altstandorten,* also Grundstücken stillgelegter Anlagen und sonstigen Grundstücken, auf denen mit umweltgefährdenden Stoffen umgegangen worden ist (Nr. 2).[55] 12

Der Begriff der Abfallbeseitigungsanlage ist § 28 I 1 KrWG entlehnt.[56] Zur Bestimmung des Begriffs der Anlage lässt sich auf § 3 V Nr. 1 und 3 BImSchG zurückgreifen (§ 3 V Nr. 2 BImSchG ist wegen der Grundstücksbezogenheit des Altlastbegriffs nach § 2 V BBodSchG dagegen nicht anwendbar).[57] Die (Abfallbeseitigungs-)Anlagen unterfallen erst nach „Stilllegung" dem Altlastenbegriff.[58] Eine „stillgelegte" Anlage iSd § 2 V BBodSchG liegt frühestens mit der vollständigen Einstellung des gesamten Betriebs vor.[59]

Altablagerungen und Altstandorte müssen ferner, um begrifflich Altlasten zu sein, kausal schädliche Bodenveränderungen (§ 2 III BBodSchG) oder sonstige Gefahren für den Einzelnen oder die Allgemeinheit hervorrufen (vgl. § 2 V Hs. 2 BBodSchG). Der Begriff der sonstigen Gefahren dient als Auffangtatbestand zur Erfassung von Gefährdungen, die nicht über die Beeinträchtigung von Bodenfunktionen vermittelt werden.[60] Beispiele sind Gewässergefährdungen durch Abfälle, Gefahren für die

---

[48] *Nies* in Landmann/Rohmer UmweltR BBodSchG § 2 Rn. 16.
[49] Vgl. BT-Drs. 13/6701, 29.
[50] BGHZ 184, 288 (291 f.).
[51] BT-Drs. 13/6701, 29.
[52] BT-Drs. 13/6701, 29.
[53] Näher dazu *Sondermann/Hejma* (o. Fn. 39) § 2 Rn. 50; *Schäling,* Grenzen der Sanierungsverantwortlichkeit nach dem Bundes-Bodenschutzgesetz, 2008, S. 48 f.
[54] Diese orientiert sich im Wesentlichen am Altlastbegriff in *SRU,* Sondergutachten „Altlasten II", 1995, BT-Drs. 13/380 Rn. 12.
[55] Näher hierzu *Sondermann/Hejma* (o. Fn. 39) § 2 Rn. 68 f.; *Radtke* in Holzwarth ua (o. Fn. 10) § 2 Rn. 40 f.; *Scheidler* UPR 2013, 374 ff.; *ders.* UPR 2014, 132 ff.
[56] *Sanden* in ders./Schoeneck, BBodSchG, 1998, § 2 Rn. 77; vgl. auch *BVerwG* NVwZ 2008, 684.
[57] *Sondermann/Hejma* (o. Fn. 39) § 2 Rn. 58 f.; *Sparwasser/Engel/Voßkuhle* § 9 Rn. 90.
[58] Zum Begriff der Stilllegung *VGH München* NVwZ 2003, 1281 (1282); *Radtke* (o. Fn. 55) § 2 Rn. 37.
[59] BGHZ 184, 288 (291 f.); *Kahl* JZ 2012, 729 (735).
[60] Vgl. BT-Drs. 13/6701, 30; *Hipp* in ders./Rech/Turian, BBodSchG, 2000, Rn. 60.

Luft durch Deponiegasbildung oder Gefahren für Menschen durch abrutschende Ablagerungen, Explosionen oder die Entwicklung von giftigen Gasen.[61] Rückwirkungsprobleme stellen sich in der Regel nicht, da an die fortwirkenden Gefahren einer Altlast und nicht an den abgeschlossenen Kontaminationsvorgang angeknüpft wird.[62]

13 Zu unterscheiden von Altlasten sind *altlastverdächtige Flächen* iSd § 2 VI BBodSchG: Während das Bestehen einer Altlast Gewissheit über das Vorliegen schädlicher Bodenveränderungen bzw. sonstiger Gefahren voraussetzt, erfordert die Einordnung als altlastverdächtige Fläche lediglich aufgrund des Vorhandenseins einer Altablagerung oder eines Altstandorts hervorgerufene Gefahrenverdachtsmomente.[63] Altlastverdächtige Flächen unterliegen der behördlichen Überwachung nach § 15 I BBodSchG; handelt es sich um eine Altlast, kann die Behörde gem. § 15 II 1 BBodSchG Eigenkontrollmaßnahmen von den nach § 4 III, V und VI BBodSchG Verpflichteten verlangen.

2. Anwendungsausschluss

14 Aufgrund der differenzierten Schutzvorschriften des Atom- und Strahlenschutzrechtes[64] ist das BBodSchG gem. § 3 II 1 BBodSchG im Bereich des Umgangs mit *radioaktiven Stoffen* grundsätzlich unanwendbar.[65] Keine Anwendung findet es gem. § 3 II 2 BBodSchG weiterhin für den Umgang mit *Kampfmitteln* (vgl. auch § 2 II Nr. 14 KrWG). Insoweit gelten die allgemeinen oder speziellen[66] gefahrenabwehrrechtlichen Regelungen der Länder.[67]

3. Subsidiarität

15 Im Verhältnis zu den in § 3 I BBodSchG aufgezählten Fachgesetzen ist das BBodSchG subsidiär.[68]

a) Abfallrecht

16 Für das Verhältnis des BBodSchG zum *Abfallrecht* (vgl. insoweit § 3 I Nr. 1 u. 2 BBodSchG[69]) sei hier lediglich auf folgende Probleme hingewiesen: Nach § 3 I Nr. 2 BBodSchG sind ua die Vorschriften des Kreislaufwirtschaftsgesetzes (KrWG) über die Stilllegung von Deponien vorrangig, soweit sie Bodeneinwirkungen regeln. § 40 II 2 KrWG verweist – für den Fall des Verdachts, dass von einer stillgelegten Deponie[70] schädliche Bodenveränderungen oder sonstige Gefahren ausgehen – hinsichtlich Erfassung, Untersuchung, Bewertung und Sanierung auf das

---

[61] *Hipp* (o. Fn. 60) Rn. 60; *Sanden* (o. Fn. 56) § 2 Rn. 85.

[62] Vgl. BGHZ 158, 354 (359); *VGH Mannheim* NVwZ 2002, 1260 (1261); *Nies* in Landmann/Rohmer UmweltR BBodSchG § 2 Rn. 36.

[63] Näher dazu *Radtke* (o. Fn. 55) § 2 Rn. 43; *Sanden* (o. Fn. 56) § 2 Rn. 88.

[64] BT-Drs. 13/6701, 33.

[65] S. *Gröhn* (o. Fn. 40) S. 322 ff.; *Kloepfer/Durner* UmweltschutzR § 13 Rn. 15; *Ruthig* in Ehlers/Fehling/Pünder § 49 Rn. 12.

[66] Vgl. etwa HmbKampfmittelVO v. 13.12.2005 (GVBl. S. 557), NRWKampfmittelVO v. 12.11.2003 (GV. S. 685). Zur Frage des Anwendungsausschlusses auch bei kampfmittel*produktionsbedingten* Bodenverunreinigungen, vgl. *OVG Lüneburg* NuR 2004, 687; *Bickel,* BBodSchG, 4. Aufl. 2004, § 3 Rn. 22.

[67] Vgl. hierzu auch den Klausurfall von *v. Arnauld* JURA 2003, 53 ff.

[68] *Eifert* Rn. 224; *Ruthig* (o. Fn. 65) § 49 Rn. 13 ff.; *Strüve* JURA 2013, 383 (385); ausf. zum Anwendungsbereich *Erbguth/Stollmann* NuR 2001, 241 ff.; zu dem hier nicht behandelten Verhältnis zum BBergG vgl. *Oexle/Lammers* W+B 2015, 227 ff.

[69] Ausf. zur Abgrenzung *Frenz* UPR 2002, 201 ff.; *Sondermann/Hejma* (o. Fn. 39) § 3 Rn. 16 ff.

[70] Vgl. dazu → § 11 Rn. 116 sowie *BVerwG* NVwZ 2008, 684 hinsichtlich sog. Uraltdeponien.

BBodSchG zurück. Insofern ist umstritten, ob es sich lediglich um eine Rechtsfolgenverweisung handelt (hM),[71] mit der Folge, dass nur der Deponiebetreiber (§ 40 I 1 KrWG) in Anspruch genommen werden kann, oder um eine Rechtsgrundverweisung,[72] sodass der Kreis der Sanierungsverantwortlichen durch § 4 BBodSchG (weiter) festgelegt wird.

Der *EuGH*[73] hatte – um einen weitest möglichen Schutz der Umwelt zu erzielen – entschieden, dass (unabsichtlich) ausgebrachte Kraftstoffe, die zu einer Verunreinigung des Erdreichs und des Grundwassers geführt haben, sowie das hierdurch verunreinigte Erdreich selbst, auch wenn es noch nicht ausgehoben ist, Abfall iSd Art. 1 lit. a der (alten) Abfallrahmenrichtlinie (AbfRRL)[74] ist. Nach § 3 I 1 KrWG können hingegen nur *bewegliche* Sachen Abfall sein; kontaminiertes Erdreich unterfällt somit erst nach der Aushebung dem Abfallrecht.[75] Durch die Novellierung der AbfRRL im Jahre 2008 wurde der Widerspruch zugunsten des deutschen Verständnisses behoben, indem Art. 2 I lit. b AbfRRL 2008 nun klarstellt, dass „Böden *(in situ)* einschließlich nicht ausgehobener kontaminierter Böden" vom Anwendungsbereich der Richtlinie nicht erfasst sind.[76]

b) Immissionsschutzrecht

Das Verhältnis zu dem gem. § 1 BImSchG ua auch den Schutz des Bodens bezweckenden Immissionsschutzrecht ergibt sich aus den Regelungen des § 3 I Nr. 11, III BBodSchG. 17

Soweit das Immissionsschutzrecht über die Vorschriften hinsichtlich der Errichtung und des Betriebs von Anlagen Einwirkungen auf den Boden mitregelt, tritt das BBodSchG zurück. Für *genehmigungsbedürftige Anlagen* legt § 5 BImSchG die anlagenbezogenen Anforderungen fest. Der Begriff der schädlichen Umwelteinwirkungen ist dabei in § 3 I BImSchG legaldefiniert. Insoweit kommt die Regelung des § 3 III 1 BBodSchG zum Tragen: *Immissionsbedingte* schädliche Bodenveränderungen iSd Bodenschutzrechts gelten als schädliche Umwelteinwirkungen iSd § 3 I BImSchG. Darunter fallen auch mögliche Bodenveränderungen infolge des Eintrags von Schadstoffen durch Witterungseinflüsse, sofern die Schadstoffe durch ablaufendes Niederschlagswasser in den Boden gelangen und dort die schädliche Bodenveränderung verursachen.[77] *Nicht immissionsbedingte* schädliche Bodenveränderungen gelten als sonstige Gefahren, erhebliche Nachteile oder erhebliche Belästigungen iSd § 5 I BImSchG. Dies hat zur Folge, dass das Bodenschutzrecht einheitlich, auch für immissionsschutzrechtliche Anlagen, die materiellen Maßstäbe dafür festlegt, inwieweit Bodenbelastungen Gefahren für den Boden begründen; den Umfang der Anforderungen an die Anlagen bezüglich der Abwehr von und der Vorsorge vor schädlichen Umwelteinwirkungen legt hingegen das Immissionsschutzrecht fest.[78] Genehmigungsbedürftige Anlagen sind daher so zu errichten und zu betreiben, dass schädliche Bodenveränderungen iSd Bodenschutzrechts, gleich ob immissionsbedingt oder in sonstiger Weise verursacht, nicht hervorgerufen werden (§ 5 I Nr. 1 BImSchG iVm § 3 III 1 BBodSchG), dass Vorsorge gegen immissionsbedingte wie nicht immissionsbedingte schädliche Bodenveränderungen getroffen ist (§ 5 I Nr. 2 BImSchG iVm § 3 III 1 BBodSchG) und dass auch nach Betriebseinstellung keine schädlichen Bodenveränderungen hervorgerufen werden

---

71 *BVerwG* NVwZ-RR 2019, 456 Rn. 16 ff. mwN; *Frenz* (o. Fn. 45) § 3 Rn. 23; Bundesregierung, BT-Drs. 17/6645, 6 f.; zum Betreiberbegriff *OVG Lüneburg* NVwZ-RR 2020, 153.

72 So *OVG Weimar* NuR 2002, 172 (173); *Peine* in Fluck/Frenz/Fischer/Franßen (Hrsg.), KrW-/Abf- und BodSchR, § 3 BBodSchG Rn. 268; *Kloepfer/Durner* UmweltschutzR § 13 Rn. 17.

73 *EuGH*, Rs. C-1/03 (van de Walle ua), Slg. 2004, I-7613 Rn. 52 ff., dazu *Murswiek* JuS 2005, 361 ff.; *Oexle* EuZW 2004, 627 ff.; vgl. auch *Kahl/Schmidt* JZ 2006, 125 (132) mwN.

74 RL 2006/12/EG des Europäischen Parlaments und des Rates v. 5.4.2006 über Abfälle (ABl. L 114, 9).

75 Vgl. nur *VGH Mannheim* NVwZ 1990, 781; *Wolf* in BeckOK UmweltR, 58. Ed. 1.4.2019, KrWG § 3 Rn. 3 ff.

76 Vgl. Art. 3 Nr. 1, Art. 2 I lit. b RL 2008/98/EG des Europäischen Parlaments und des Rates v. 19.11.2008 über Abfälle und zur Aufhebung bestimmter Richtlinien (ABl. L 312, 3); näher dazu → § 11 Rn. 20 f.

77 BGHZ 184, 288 (294).

78 BT-Drs. 13/6701, 33; *Kloepfer* UmweltR, § 13 Rn. 193 ff.; ausf. *Sondermann/Hejma* (o. Fn. 39) § 3 Rn. 87.

können (§ 5 III Nr. 1 BImSchG iVm § 3 III 1 BBodSchG). Abwehr und Vorsorge vor schädlichen Bodenveränderungen werden bei genehmigungsbedürftigen Anlagen also über § 6 I Nr. 1, § 5 BImSchG sowie § 17 BImSchG umfassend geregelt, weshalb das BBodSchG insoweit verdrängt wird. Die Phase nach der Betriebseinstellung unterliegt allerdings sowohl dem Regime des BImSchG (mit der zeitlichen Beschränkung gem. § 17 IVa 2 BImSchG) als auch dem des BBodSchG, da der Vorrang in § 3 I Nr. 11 BBodSchG nur für Errichtung und Betrieb von Anlagen gilt.[79] § 5 I Nr. 1 BImSchG greift zudem nur ein, sofern die Umweltbeeinträchtigungen räumlich nicht über den Boden im Einwirkungsbereich der Anlage hinausgehen.[80] Anwendbar bleibt das BBodSchG mangels einschlägiger Regelungen des Immissionsschutzrechts weiterhin, soweit Sanierungsanordnungen hinsichtlich schädlicher Bodenveränderungen in Frage stehen.[81]

Bei *nicht genehmigungsbedürftigen Anlagen* regelt § 22 BImSchG lediglich die Abwehr schädlicher Umwelteinwirkungen und damit nur *immissionsbedingter* schädlicher Bodenveränderungen (vgl. § 3 III 1 Hs. 1 BBodSchG). Für die Abwehr anderweitig verursachter schädlicher Bodenveränderungen bleibt es beim Regime des BBodSchG. Dies gilt gleichermaßen für die Vorsorge hinsichtlich nicht immissionsbedingter schädlicher Bodenveränderungen, für immissionsbedingte indes nur insoweit, als die jeweilige, auf § 23 I BImSchG gestützte Rechtsverordnung keine Vorsorgeregelungen enthält (vgl. § 23 I 1 BImSchG). Für Sanierungsanordnungen stellt wiederum nur das BBodSchG Regelungen bereit.[82]

c) Wasserrecht

18 Das Verhältnis des BBodSchG zum Wasserrecht[83] ist nicht in § 3 BBodSchG geregelt. Gem. § 1 S. 2, § 4 III 1 BBodSchG unterliegt die Sanierung von *durch schädliche Bodenveränderungen oder Altlasten verursachten* Gewässerverunreinigungen dem BBodSchG, nicht dem Wasserrecht. Gem. § 4 IV 3 BBodSchG sind jedoch die dabei inhaltlich zu erfüllenden Anforderungen dem WHG und dem Wasserrecht der Länder zu entnehmen. Dementsprechend begrenzt § 8 I BBodSchG die Verordnungsermächtigung auf die aus § 4 BBodSchG folgenden *boden- und altlastenbezogenen* Pflichten. Mit anderen Worten: Die grundsätzliche Pflicht, dh das „Ob“ der Gewässersanierung, richtet sich nach dem BBodSchG, das „Wie“ der Sanierung nach dem Wasserrecht.[84] § 7 S. 6 BBodSchG stellt sodann klar, dass sich die Vorsorge für das Grundwasser (weiterhin) nach dem Wasserrecht richtet (vgl. hierzu etwa §§ 47 f. WHG).

d) Umweltschadensgesetz

19 Das USchadG erfasst zwar grundsätzlich auch schädliche Bodenveränderungen (vgl. § 3 iVm § 2 Nr. 1 lit. c USchadG), findet nach § 1 aber nur Anwendung, soweit andere Gesetze die Vermeidung und Sanierung von Umweltschäden nicht näher bestimmen oder in ihren Anforderungen dem USchadG nicht entsprechen, und ansonsten die weitergehenden Anforderungen der Fachgesetze unberührt bleiben, sodass das USchadG im Ergebnis vom BBodSchG verdrängt wird.[85] Bedeutung als ergänzende Mindeststandards erlangen allein die dem BBodSchG fremden Informationspflichten (§ 4 USchadG), Kooperationspflichten (§ 12 USchadG) sowie die Klagerechte von Vereinigungen (§ 11 II USchadG iVm § 2 UmwRG).

---

79 *Bickel* (o. Fn. 66) § 3 Rn. 19; so wohl auch *Erbguth/Stollmann* BodSchR, 2001, Rn. 103.
80 BGHZ 184, 288 (295); *Kahl* JZ 2012, 729 (735).
81 *Sondermann/Hejma* (o. Fn. 39) § 3 Rn. 78.
82 *Sondermann/Hejma* (o. Fn. 39) § 3 Rn. 80.
83 Ausf. hierzu *Kloepfer* UmweltR § 13 Rn. 203 ff.
84 BT-Drs. 13/6701, 18; vgl. auch *VG Würzburg* W+B 2016, 101 (102); *Sparwasser/Engel/Voßkuhle* § 9 Rn. 83.
85 *Müggenborg* NVwZ 2009, 12 ff. Näher zum USchadG → § 4 Rn. 161 ff.

IV. Die Pflichten nach dem Bundes-Bodenschutzgesetz

Das BBodSchG enthält ein abgestuftes Pflichtenprogramm bestehend aus Gefahrenabwehr- (§ 4 I, II BBodSchG), Sanierungs- (§ 4 III BBodSchG), Entsiegelungs- (§ 5 BBodSchG) und Vorsorgepflichten (§ 7 BBodSchG).[86] 20

1. Gefahrenabwehrpflichten

Präventive Pflichten zur Verhinderung des Entstehens schädlicher Bodenveränderungen statuiert § 4 I, II BBodSchG. Gem. § 4 I BBodSchG obliegt jedermann eine Vermeidungspflicht hinsichtlich schädlicher Bodenveränderungen. Infolge des von vornherein beschränkten Anwendungsbereichs des BBodSchG (vgl. insbes. § 3 I Nr. 8, 9 BBodSchG) ist die tatsächliche Reichweite dieser Bestimmung indes geringer, als ihre Formulierung zunächst vermuten lässt.[87] Wegen der inhaltlichen Unbestimmtheit dieser Pflicht und der Sanktionslosigkeit eines Verstoßes (vgl. § 26 I Nr. 2 BBodSchG) ist umstritten, ob sie im Wege einer behördlichen Anordnung (nach § 10 I BBodSchG) durchsetzbar ist oder sich lediglich in einer appellativen Funktion erschöpft.[88] In Abgrenzung zu Abs. 1 richtet sich die in § 4 II BBodSchG geregelte und im Anordnungswege durchsetzbare Abwehrpflicht allein an den Grundstückseigentümer und den Inhaber der tatsächlichen Gewalt über ein Grundstück, begründet also eine Zustandsverantwortlichkeit.[89] Die Pflichtigen haben danach Sorge dafür zu tragen, dass von ihrem Grundstück keine Gefahren ausgehen. 21

2. Sanierungspflicht

Die wichtigste Grundpflicht des BBodSchG stellt die in § 4 III 1 BBodSchG normierte, nachsorgende Sanierungspflicht dar.[90] Sie greift ein, wenn sich die Gefahr realisiert, dh bereits eine schädliche Bodenveränderung iSv § 2 III BBodSchG eingetreten ist oder eine Altlast iSv § 2 V BBodSchG vorliegt. 22

a) Inhalt

Unter Sanierung sind nach § 2 VII BBodSchG folgende Maßnahmen zu verstehen: Bei schadstoffbedingten[91] Bodenveränderungen Dekontaminationsmaßnahmen (Nr. 1) und Sicherungsmaßnahmen (Nr. 2), bei nicht schadstoffbedingten Veränderungen der physikalischen, chemischen oder biologischen Bodenbeschaffenheit Beseitigungs- oder Verminderungsmaßnahmen (Nr. 3). Das Sanierungsziel wird ganz allgemein durch § 4 III 1 aE BBodSchG festgelegt[92] und enthält bisher bewusst 23

---

86 *Eifert* Rn. 225; *Kloepfer/Durner* UmweltschutzR § 13 Rn. 20.

87 Näher *Kloepfer* UmweltR § 13 Rn. 221 f.

88 Nur Appellcharakter: *Kloepfer* UmweltR § 13 Rn. 223; *Versteyl* (o. Fn. 12) § 4 Rn. 7; aA (durchsetzbare Rechtspflicht): *Dombert* in Landmann/Rohmer UmweltR BBodSchG § 4 Rn. 5; *Kloepfer/Durner* UmweltschutzR § 13 Rn. 21; *Schoeneck* in Sanden/ders. (o. Fn. 56) § 4 Rn. 10; *Gröhn* (o. Fn. 40) S. 147; differ. *Bickel* (o. Fn. 66) § 4 Rn. 2.

89 *Giesberts/Hilf* in BeckOK UmweltR, 58. Ed. 1.7.2020, BBodSchG § 4 Rn. 6; *Ruthig* (o. Fn. 65) § 49 Rn. 56 ff.

90 Vgl. *Sparwasser/Engel/Voßkuhle* § 9 Rn. 100; *Kloepfer/Durner* UmweltschutzR § 13 Rn. 22; vgl. auch Originalexamensklausur BayVBl. 2009, 122 (124 ff.); zur Abgrenzung von Sanierungs- und Eigenkontrollmaßnahmen iSd § 15 II 1 BBodSchG vgl. *VG Würzburg* W+B 2016, 101 (102).

91 Zum Schadstoffbegriff vgl. § 2 Ziff. 6 BBodSchV.

92 Ausf. *Ginzky* NuR 2008, 243 ff.; vgl. auch *Strüve* JURA 2013, 383 (388).

keine verbindlichen Grenzwerte, um die Flexibilität der Bewertung im Einzelfall offen zu halten[93] und damit die Schließung von vertraglichen Einigungen als Ausdruck des im Umweltrecht geltenden Kooperationsprinzips zwischen den Privaten und Behörden zu ermöglichen.[94] Nähere Vorgaben zum „Wie" der Sanierung finden sich sodann in § 4 III 2, 3, IV, V BBodSchG und – konkretisierend – in § 5 BBodSchV. Soweit Sanierungsmaßnahmen nicht möglich oder unzumutbar sind, sind Schutz- und Beschränkungsmaßnahmen iSv § 2 VIII BBodSchG durchzuführen (§ 4 III 3 BBodSchG).[95] Eine Rekultivierung der Flächen kann nicht verlangt werden (vgl. hingegen § 40 KrWG).[96]

b) Sanierungsverantwortlichkeit

24 § 4 III, VI BBodSchG legt den Kreis der Sanierungsverantwortlichen abschließend fest.[97] Sanierungspflichtiger ist gem. § 4 III 1 1. Var. BBodSchG zunächst der *Verursacher*. Dieser Begriff lehnt sich an den polizeirechtlichen Begriff des Verhaltensstörers an. Nach der herrschenden „Theorie der unmittelbaren Verursachung" ist Verursacher derjenige, dessen Verhalten für sich gesehen die Gefahrengrenze überschritten hat und damit unmittelbare Ursache des Gefahreintritts war, wobei die Unmittelbarkeit unter Berücksichtigung wertender Gesichtspunkte zu bestimmen ist.[98]

25 Es haftet weiterhin der *Gesamtrechtsnachfolger des Verursachers* (§ 4 III 1 2. Var. BBodSchG), also diejenige (natürliche oder juristische) Person, die kraft gesetzlicher Anordnung in die gesamten Rechte und Pflichten des Verursachers eintritt,[99] und zwar im Umfang der Verantwortlichkeit des Verursachers („akzessorische Haftung"). Diskutiert wird eine Haftungsbeschränkung der Dauer nach[100] sowie der Höhe nach auf den Wert des übergegangenen Vermögens.[101]

Es stellt sich schließlich die Frage, ob die Verantwortlichkeit wegen des rechtsstaatlichen Rückwirkungsverbotes nur Fälle der Gesamtrechtsnachfolge nach Inkrafttreten der Vorschrift (1.3.1999) erfasst (→ Rn. 59 ff.).

26 Verantwortlich ist sodann als Zustandsstörer der grundbuchmäßige[102] *Grundstückseigentümer* (§ 4 III 1 3. Var. BBodSchG) – wobei die kostenmäßige Inanspruch-

---

93 *Dombert* in Landmann/Rohmer UmweltR BBodSchG § 8 Rn. 10; *Sanden* W+B 2013, 5 (13).

94 *Sanden* W+B 2013, 5 (6).

95 Genauer *Kloepfer* UmweltR § 13 Rn. 364 ff.; *Sanden* in Koch/Hofmann/Reese UmweltR-HdB § 8 Rn. 61; *Strüve* JURA 2013, 383 (388 f.).

96 *Hoppe/Beckmann/Kauch* § 27 Rn. 78; *Rengeling* (o. Fn. 13) S. 64.

97 BVerwGE 122, 75 (83); *Versteyl* (o. Fn. 12) § 4 Rn. 37; aA *Bickel* (o. Fn. 66) § 4 Rn. 14; Regelungslücken sieht *Steenbuck* NVwZ 2005, 656 ff. Eine eigene Störerhaftung der Behörde aufgrund behördlichen Unterlassens (mangels gesetzlicher Grundlage) abl. *BVerwG* W+B 2013, 230 ff., dazu *Steinkemper* EurUP 2014, 128 ff.

98 Vgl. *VGH München* NJW 2004, 2768 (2769); *OVG Münster* ZUR 2018, 288 (289); *Sparwasser/Engel/Voßkuhle* § 9 Rn. 187 ff.; krit. *Wüterich* in Landel/Vogg/ders. (o. Fn. 34) § 4 Rn. 51 ff.; zu den Anforderungen an den behördlichen Verursachungsnachweis *Schmitt/Leitzke* ZUR 2006, 78 ff. Zum Verursacherprinzip → § 4 Rn. 28 ff.

99 Etwa § 1922 I BGB, Verschmelzung (§ 20 I UmwG); zu weiteren Fällen s. *Versteyl* (o. Fn. 12) § 4 Rn. 49; *Ruthig* (o. Fn. 65) § 49 Rn. 50 ff.; zur persönlichen Verhaltensverantwortlichkeit eines Geschäftsführers einer GmbH s. *BVerwG* W+B 2016, 95 (96), wonach diese sich nicht allein aus seiner organschaftlichen Stellung als Geschäftsführer, sondern auch aus seiner tatsächlichen Funktion ergeben muss.

100 *Kahl* Verw. 33 (2000), 29 (40 f.).

101 Hierzu *Kahl* Verw. 33 (2000), 29 (40); *Kloepfer* UmweltR § 13 Rn. 306; *Sparwasser/Engel/Voßkuhle* § 9 Rn. 222.

102 *Schoeneck* (o. Fn. 88) § 4 Rn. 16; *Versteyl* (o. Fn. 12) § 4 Rn. 55.

nahme wegen Art. 14 I GG grundsätzlich auf den Verkehrswert des sanierten Grundstücks begrenzt ist (→ Rn. 55).

Eine Zustandsverantwortlichkeit trifft weiterhin den *Inhaber der tatsächlichen Gewalt* (§ 4 III 1 4. Var. BBodSchG), also etwa den Mieter, Pächter, Erbbauberechtigten, Insolvenzverwalter (vgl. § 148 I InsO);[103] insoweit wird allerdings nicht an den Besitz im zivilrechtlichen Sinne (§ 854 I BGB), sondern an die tatsächliche unmittelbare Einwirkungsmöglichkeit angeknüpft, weshalb auch der bloße Besitzdiener (§ 855 BGB) erfasst ist.[104]

27 § 4 III 4 Alt. 1 BBodSchG ermöglicht auch eine Durchgriffshaftung auf diejenigen natürlichen oder juristischen *Personen,* die *aus handelsrechtlichem* (§§ 25–28 HGB) oder *gesellschaftsrechtlichem Rechtsgrund* (Verbot der Berufung auf § 13 II GmbHG wegen § 242 BGB) für eine juristische Person *einzustehen* haben, der ein belastetes Grundstück gehört.[105] Relevant ist dies insbes. in Fällen, in denen einer unterkapitalisierten Kapitalgesellschaft, die nicht in der Lage ist, für die Sanierungskosten aufzukommen, kontaminierte Flächen in rechtsmissbräuchlicher Absicht übertragen werden.[106] Die Bestimmung wirft einige Auslegungsprobleme[107] auf, etwa ob „gehören" nur iSv Innehabung von Eigentum zu verstehen ist[108] oder ob die Innehabung der tatsächlichen Gewalt genügt[109] (was wohl die Grenzen der Auslegung überschreiten dürfte), des Weiteren, ob der Begriff der juristischen Person, wie überwiegend angenommen wird, an das zivilrechtliche Begriffsverständnis anknüpft und damit etwa handelsrechtliche Personengesellschaften nicht erfasst werden,[110] schließlich, welche Fälle der Einstandspflicht aus gesellschaftsrechtlichem Rechtsgrund einbezogen sein sollen.[111]

28 Die Sanierungspflicht trifft gem. § 4 III 4 Alt. 2 BBodSchG außerdem den *Derelinquenten;* die Zustandshaftung kann also nicht durch Aufgabe des Eigentums am Grundstück nach § 928 BGB „abgestreift" werden. Geregelt sind nach der Formulierung („aufgibt") nur Fälle der Eigentumsaufgabe nach Inkrafttreten des BBodSchG (1.3.1999).[112]

29 Ergänzend bestimmt § 4 VI BBodSchG, dass der *(ehemalige) Eigentümer,* der nach dem 1.3.1999 sein Eigentum übertragen hat und dabei[113] die Grundstücksbelastung

---

[103] Vgl. zu § 4 III 1 4. Var. BBodSchG näher BVerwGE 122, 75 ff.; *OVG Bremen* NVwZ-RR 2018, 337 (339 f.); *Schäling* NVwZ 2004, 543 ff. und *dens.* NuR 2009, 693 ff., der sich für eine Begrenzung der Haftung des Inhabers der tatsächlichen Gewalt ausspricht.

[104] Zur Problematik der Zustandsstörerhaftung bei einer Grundwasserverunreinigung, die das Ausgangsgrundstück bereits verlassen hat, vgl. *Henke* W+B 2018, 30 ff.

[105] Hierzu näher *Sanden* in Koch/Hofmann/Reese UmweltR-HdB § 8 Rn. 89 ff.; *Müggenborg* NVwZ 2001, 1114 ff.

[106] *Kahl* Verw. 33 (2000), 29 (48); *Schäling* (o. Fn. 53) S. 274 ff.

[107] Zu verfassungsrechtlichen Bedenken hinsichtlich der Klarheit und Bestimmtheit der Norm *Kahl* Verw. 33 (2000), 29 (48 ff.); *Tiedemann* NVwZ 2008, 257 (259 ff.).

[108] So etwa *Kloepfer* UmweltR § 13 Rn. 312; *Kobes* NVwZ 1998, 786 (790).

[109] So etwa die Stellungnahme des Bundesrates, BT-Drs. 13/6701, 51; *Schoeneck* (o. Fn. 88) § 4 Rn. 40.

[110] *Versteyl* (o. Fn. 12) § 4 Rn. 59 f.; krit. *Kloepfer* UmweltR § 13 Rn. 313; vgl. auch *VGH München* NVwZ-RR 2005, 465: keine Sanierungsverantwortlichkeit eines OHG-Gesellschafters nach § 128 HGB.

[111] Eingehend hierzu *Giesberts/Hilf* in BeckOK UmweltR, 58. Ed. 1.7.2020, BBodSchG § 4 Rn. 43 ff.; *Kloepfer* UmweltR § 13 Rn. 314 ff.

[112] *Kahl* Verw. 33 (2000), 29 (53); *Kloepfer* UmweltR § 13 Rn. 284; aA *Giesberts/Hilf* in BeckOK UmweltR, 58. Ed. 1.7.2020, BBodSchG § 4 Rn. 52.

[113] Zur Frage, auf welchen Vorgang (Auflassung, Eintragungsantrag, Eintragung) insoweit abzustellen ist, s. *Schlemminger/Friedrich* NJW 2002, 2133 ff.

kannte oder kennen musste, sanierungspflichtig bleibt, es sei denn, er vertraute bei Grundstückserwerb in schutzwürdiger Weise auf die Belastungsfreiheit des Grundstücks. Die Zulässigkeit der durch § 4 VI BBodSchG bewirkten Ausdehnung der Zustandshaftung auf frühere Eigentümer („Ewigkeitshaftung") unterliegt insbes. im Hinblick auf Art. 14 I GG („nachwirkender Eigentumsschutz"; ansonsten jedenfalls Art. 2 I GG) und das Gebot der Verhältnismäßigkeit nicht unerheblichen verfassungsrechtlichen Bedenken.[114]

c) Mehrheit von Sanierungsverantwortlichen

30 Sind gleichzeitig mehrere Sanierungsverantwortliche (Störer) vorhanden, so stellt sich die Frage, ob zwischen ihnen eine Rangfolge besteht, die bei einer Sanierungsanordnung (vgl. § 10 I BBodSchG) im Rahmen des insoweit bestehenden Auswahlermessens zu berücksichtigen ist.[115] Eine allgemeingültige Regel, wonach stets der Verhaltens- vor dem Zustandsverantwortlichen heranzuziehen ist, besteht nach hM jedenfalls nicht.[116] Vor dem Hintergrund, dass dem allgemein anerkannten Grundsatz der schnellen und wirksamen Gefahrenbeseitigung der Vorrang einzuräumen ist,[117] hat sich die Auswahlentscheidung zwischen mehreren nach § 4 III BBodSchG Sanierungsverantwortlichen maßgeblich hieran zu orientieren, weshalb im Grundsatz von der Gleichrangigkeit der Verantwortlichen ausgegangen werden muss.[118] Gesichtspunkten der „Lastengerechtigkeit" wird auf der Sekundärebene, dh bei der Frage der Kostentragungspflicht, durch § 24 II BBodSchG Rechnung getragen (→ Rn. 37 ff.).

d) Ausschluss der Sanierungsverantwortlichkeit

31 In Literatur und Rechtsprechung werden mehrere Fallgruppen diskutiert, in denen die an sich bestehende Pflicht zur Sanierung aufgrund besonderer Umstände des Einzelfalls ausnahmsweise ausgeschlossen sein kann. Zu erwähnen sind insoweit die folgenden (im Einzelnen umstrittenen) Ausschlusstatbestände: Legalisierungswirkung von Genehmigungen, behördliche Duldung sowie Verjährung und Verwirkung des Sanierungsanspruchs (→ Rn. 47 ff.).[119] In Betracht kommt des Weiteren ein Freistellungsanspruch des Pflichtigen aufgrund eines Amtshaftungsanspruchs gem. § 839 BGB iVm Art. 34 GG.[120]

---

[114] In diesem Sinne *Kahl* Verw. 33 (2000), 29 (55 ff.); *Rengeling* (o. Fn. 13) S. 69; *Tollmann* ZUR 2008, 512 ff. Für Verfassungskonformität die hM mit der Begründung, dass eine Zustandsverantwortlichkeit, die einmal bestanden hat, lediglich verlängert werde, vgl. stellv. *Frenz* (o. Fn. 45) § 4 VI Rn. 39; *Hilger* in Holzwarth ua (o. Fn. 10) § 4 Rn. 113g; vgl. auch *Hellriegel* NVwZ 2012, 541 ff., der verschiedene Kriterien für das Merkmal „Kenntnis" iSv § 4 VI 1 BBodSchG aufstellt.

[115] S. hierzu auch *Schmidt* JZ 2003, 933 (944); *Kahl/Schmidt* JZ 2006, 125 (138 f.); *Ruthig* (o. Fn. 65) § 49 Rn. 67 ff.

[116] *Kahl* JURA 2004, 853 (857); *v. Arnauld* JURA 2003, 53 (59).

[117] BT-Drs. 13/6701, 35.

[118] *VGH München* NVwZ-RR 2018, 606 (607); *OVG Magdeburg* UPR 2014, 274 Rn. 33; *Dombert* in Landmann/Rohmer UmweltR BBodSchG § 4 Rn. 14 ff.; aA *Becker* UPR 2004, 1 (2). Vgl. auch im Rahmen einer Fallbearbeitung *Peine*, Klausurenkurs im Verwaltungsrecht, 7. Aufl. 2021, Fall 14, S. 260 ff.

[119] S. auch *Schoeneck* (o. Fn. 88) § 10 Rn. 9 ff.; *Hullmann/Zorn* NVwZ 2010, 1267 (1268 f.). Eine eigene, die Zuständigkeitshaftung überlagernde Störerhaftung der Behörde (behördliche Garantenstellung) bei fehlerhaftem behördlichem Unterlassen mit der Folge einer Ausweitung der schädlichen Bodenveränderung hat das *BVerwG* verneint, vgl. *BVerwG* BeckRS 2013, 54804 Rn. 6 f., dazu *Ruthig* (o. Fn. 65) § 49 Rn. 62.

[120] Zur dogmatischen Herleitung des Freistellungsanspruchs s. *Ewer* WuR 1991, 142 ff.; vgl. auch die Klausurbearbeitung bei *Kahl* JURA 2004, 853 (858).

3. Vorsorgepflicht

Die Pflicht zur Vorsorge entsteht für die in § 7 S. 1 BBodSchG aufgezählten Verantwortlichen dann, wenn die *Besorgnis* einer schädlichen Bodenveränderung gegeben ist (§ 7 S. 2 BBodSchG iVm § 9 BBodSchV). Die Vorsorgepflicht dient der „vorgezogenen Gefahrenabwehr“, dh sie greift im Vorfeld der Gefahrenabwehr ein und zielt vor allem auf die Verhinderung von Distanz- und Summationsschäden, die von § 4 BBodSchG nicht erfasst werden.[121] Sie ergänzt die vorbeugenden Gefahrenabwehrpflichten nach § 4 BBodSchG, indem sie deren Defizit, das in der Prognoseunsicherheit und Bewertung langfristiger und komplexer Kausalverläufe liegt, kompensiert.[122] Als Maßnahmen zur Vorsorge benennt § 7 S. 3 BBodSchG die Vermeidung oder – nachrangig – die Verminderung der Bodeneinwirkung. Behördliche Anordnungen zur Durchsetzung der entstandenen Vorsorgepflicht können allerdings gem. § 7 S. 4 BBodSchG nur getroffen werden, soweit entsprechende Anforderungen in einer Verordnung festgelegt sind. Dies ist punktuell durch §§ 10f. BBodSchV geschehen. In den in § 7 S. 5, 6 BBodSchG genannten Bereichen greift die bodenschutzrechtliche Vorsorgepflicht nicht ein. 32

Nach der Fiktion des § 17 I BBodSchG soll eine landwirtschaftliche Bodennutzung, die der guten fachlichen Praxis entspricht, dem Vorsorgegedanken genügen; angesichts der gewaltigen Bodenbelastung durch die Düngung der landwirtschaftlichen Nutzflächen begegnet diese Regelung durchaus Bedenken.[123] 33

4. Entsiegelungspflicht

Effektiver Bodenschutz verlangt, die Menge des verbrauchten Bodens zu minimieren.[124] Vorgaben hinsichtlich des Bodenverbrauchs sind im BBodSchG selbst nicht geregelt. Entsprechende Grundsätze finden sich aber auf Ebene der örtlichen Bauleitplanung (§ 1a II 1 BauGB) sowie auf Ebene überörtlicher Planung (§ 2 II Nr. 6 ROG). 34

Ferner ermächtigt § 5 S. 1 BBodSchG die Bundesregierung zur Einführung von Entsiegelungspflichten für Grundstückseigentümer durch Rechtsverordnung. Jedoch ist bisher kein Gebrauch hiervon gemacht worden. § 5 S. 2 BBodSchG enthält aber eine (vorläufige) Ermächtigung, unter den Voraussetzungen des § 5 S. 1 BBodSchG im Einzelfall behördliche Entsiegelungsanordnungen gegenüber Grundstückseigentümern zu erlassen.

V. Die Maßnahmen zur Sachverhaltsermittlung

§ 9 BBodSchG trifft für die Ermittlung des Sachverhalts eine nach dem Grad des Verdachts der Bodenverunreinigung differenzierende Regelung. 35

Gem. § 9 I 1 BBodSchG, der § 24 VwVfG modifiziert, *soll* die zuständige Behörde bei *Anhaltspunkten* für schädliche Bodenveränderungen oder Altlasten (§ 3 I, II BBodSchV) die zur Ermittlung des Sachverhalts geeigneten Maßnahmen ergreifen, wobei im Rahmen der *Untersuchung* und *Bewertung* der Verdachtsfläche bzw. altlastverdächtigen Fläche insbes. die in § 9 I 3 BBodSchG genannten Gesichtspunk-

---

[121] *Hoppe/Beckmann/Kauch* § 27 Rn. 86; differ. *Gröhn* (o. Fn. 40) S. 161 ff.

[122] BT-Drs. 13/6701, 36f.; zum Verhältnis zu § 4 vgl. *Versteyl* (o. Fn. 12) § 4 Rn. 17.

[123] Krit. und mit Lösungsansätzen auch *Douhaire,* Rechtsfragen der Düngung, 2019, S. 254 ff.; *Ekardt/Stubenrauch* JbUTR 2013, 173 (180 ff., 188 ff.).

[124] Vgl. *Erbguth/Stollmann* UPR 1996, 281 (286).

te zu berücksichtigen sind (vgl. näher § 3 III, VIII BBodSchV iVm Anh. 1 zur BBodSchV, § 4 BBodSchV). § 9 I 2 BBodSchG enthält insoweit noch eine Konkretisierung. Gegenüber dem Grundstückseigentümer und dem Inhaber der tatsächlichen Gewalt besteht auf Antrag eine Unterrichtungspflicht gem. § 9 I 4 BBodSchG über die in diesem Rahmen getroffenen Feststellungen und über die Ergebnisse der Bewertung. Ob § 9 I BBodSchG selbst zugleich zu Ermittlungsmaßnahmen ermächtigt, die mit Eingriffen verbunden sind, ist umstritten.[125] Kontrovers ist zudem, ob für die Ermittlungsmaßnahmen ein Kostenerstattungsanspruch (→ Rn. 38) besteht.

Vermitteln *konkrete Anhaltspunkte* den *hinreichenden Verdacht* einer schädlichen Bodenveränderung oder einer Altlast (§ 3 IV BBodSchV), so *können* die in § 4 III, V und VI BBodSchG genannten Personen durch behördliche *Anordnung* verpflichtet werden, die *notwendigen Untersuchungen* zur Gefährdungsabschätzung (auf eigene Kosten) durchzuführen (§ 9 II 1, § 24 I 1 BBodSchG). Die zuständige Behörde kann in diesem Zusammenhang verlangen, dass die Untersuchungen von Sachverständigen oder Untersuchungsstellen iSd § 18 BBodSchG vorgenommen werden (§ 9 II 2 BBodSchG).[126] Für die Heranziehung einer Person zur Kostentragung, die weder Grundstückseigentümer noch Inhaber der tatsächlichen Gewalt ist, genügt dabei die bloße Möglichkeit, für eine festgestellte Kontamination verantwortlich zu sein, nicht.[127] Unter Berücksichtigung des Gebots einer schnellen und effektiven Gefahrenabwehr ist es aber gerechtfertigt, auch denjenigen in Anspruch zu nehmen, dessen Verursachungsbeitrag noch nicht endgültig geklärt ist, wenn objektive Faktoren als tragfähige Indizien für seine Verantwortlichkeit vorliegen.[128] Bestätigt sich der Verdacht nicht und hat der Herangezogene auch nicht die verdachtsbegründenden Umstände zu vertreten, so räumt ihm § 24 I 2 BBodSchG einen Erstattungsanspruch ein. Inhaltlich dürfen im Rahmen des § 9 II 1 BBodSchG nur Maßnahmen angeordnet werden, die der Feststellung des Vorliegens und des Ausmaßes einer schädlichen Bodenveränderung oder Altlast und damit der Ermittlung der Sanierungspflicht („Ob“) dienen. Soll die Untersuchung hingegen der Klärung der Frage dienen, welche Maßnahmen der Sanierungsverantwortliche zu ergreifen hat („Wie“), so handelt es sich um eine – die bereits ermittelte Sanierungspflicht voraussetzende – Anordnung zur Sanierungsuntersuchung, die nur im Falle von Altlasten unter den Voraussetzungen des § 13 I BBodSchG zulässig ist.[129] Gem. § 9 II 3 BBodSchG dürfen im Übrigen durch Landesrecht weitere Mitwirkungs- und Duldungspflichten festgelegt werden.[130]

---

[125] Bejahend *Sondermann/Hejma* (o. Fn. 39) § 9 Rn. 14; abl. *OVG Hamburg* NVwZ-RR 2018, 181 (182); *Schoeneck* (o. Fn. 88) § 9 Rn. 11.

[126] *VG Regensburg* BeckRS 2013, 50038.

[127] *VGH Mannheim* VBlBW 2016, 108 ff.; *VGH München* NVwZ-RR 2013, 218 (219). Vgl. auch im Rahmen einer Fallbearbeitung *Glaser/Klement* S. 145 (160 f.).

[128] *VGH Mannheim* VBlBW 2016, 108 ff.

[129] Näher zur unter Umständen schwierigen Abgrenzung *Sondermann/Hejma* (o. Fn. 39) § 9 Rn. 2, 28; vgl. auch *VGH München* NVwZ 2003, 1137 f.; *VGH Mannheim* ZUR 2008, 325 ff.; zu den Anforderungen an bodenschutzrechtliche Sanierungsanordnungen *VGH Mannheim* NuR 2014, 54 ff.

[130] Vgl. etwa § 3 BWBodSchAG; Art. 1, 4 BayBodSchG; §§ 2, 3 BlnBodSchG; §§ 1, 2 HmbBodSchG; § 4 HAltBodSchG; §§ 2, 3 NRWBodSchG; § 5 RhPfBodSchG; § 10 I SächsABG.

VI. Die Ermächtigungsgrundlagen für sonstige Anordnungen im Einzelfall

Die zentrale Rechtsgrundlage für behördliche Anordnungen findet sich in der Generalklausel des § 10 I 1 BBodSchG; die Behördenzuständigkeit ergibt sich aus den entsprechenden landesrechtlichen Regelungen.[131] 36

Soweit es um die Durchsetzung der im dritten Teil des BBodSchG geregelten zusätzlichen altlastenspezifischen Pflichten geht und die §§ 12–15 BBodSchG nicht selbst zu entsprechenden Anordnungen ermächtigen (vgl. § 13 I, § 15 II BBodSchG), enthält § 16 I BBodSchG die Ermächtigung zu Anordnungen im Einzelfall.

VII. Die Kosten und der Wertausgleich

1. Kosten

Die Tragung der Kosten bei Maßnahmen nach dem BBodSchG regelt § 24 BBodSchG, wobei Abs. 1 sich dem Verhältnis Behörde-Verpflichteter, Abs. 2 dem Verhältnis mehrerer Verpflichteter untereinander widmet.[132] 37

a) Verhältnis Behörde-Verpflichteter

Nach der Grundregel des § 24 I 1 BBodSchG trägt der materiell Pflichtige die Kosten der behördlich angeordneten, aufgezählten Maßnahmen.[133] Ein (bundesrechtlicher) Kostenerstattungsanspruch für behördliche Untersuchungsmaßnahmen nach § 9 I BBodSchG besteht nicht.[134] Dies ergibt sich aus § 24 I 1 BBodSchG, der eine materielle Kostentragungspflicht lediglich im Falle des § 9 II BBodSchG, nicht aber im Falle des § 9 I BBodSchG vorsieht. Entgegen Teilen der Literatur[135] ist mit dem *BVerwG*[136] anzunehmen, dass § 24 I 1 BBodSchG keine abschließende Regelung der Kostentragungspflicht für Maßnahmen nach dem BBodSchG enthält.[137] Damit ist eine Inanspruchnahme nach Landeskostenrecht[138] möglich. 38

§ 24 I 2 BBodSchG gewährt dem nach § 9 II 1 BBodSchG zu Gefahrerforschungsmaßnahmen Herangezogenen unter bestimmten Voraussetzungen einen öffentlich- 39

---

[131] Vgl. etwa § 16 BWBodSchAG; Art. 10 II 1 BayBodSchG; § 4 I iVm Nr. 11 XI der Anl. BlnAZG; HmbBodSchZustAO; §§ 15 f. HessAltBodSchG; §§ 13, 16 I NRWBodSchG iVm § 1 ZuStVU NRW; § 13 RhPfBodSchG; §§ 13, 13a SächsABG. Übersicht über die Behördenzuständigkeiten in den Ländern bei *Versteyl* (o. Fn. 12) § 21 Rn. 23; zu § 10 I 1 BBodSchG als Rechtsgrundlage für Duldungsanordnungen *OVG Magdeburg* NuR 2012, 505 ff.

[132] Vgl. *Versteyl* (o. Fn. 12) § 24 Rn. 22.

[133] Ist ein Verantwortlicher nicht auszumachen oder nicht heranziehbar, fallen die Sanierungskosten den Ländern zur Last. Vgl. zur Finanzierungsproblematik *Kloepfer* UmweltR § 13 Rn. 435 ff.

[134] *Landel* (o. Fn. 34) § 9 Rn. 22; *Sondermann/Hejma* (o. Fn. 39) § 9 Rn. 10.

[135] *Dombert* in Landmann/Rohmer UmweltR BBodSchG § 24 Rn. 3 ff., 9; unklar *Schoeneck* (o. Fn. 88) § 24 Rn. 4 f., 9; differ. (§ 24 I 1 BBodSchG nicht abschließend, aber keine Kostentragung für den Verdachtsbetroffenen wg. § 9 I BBodSchG) *Sondermann/Hejma* (o. Fn. 39) § 9 Rn. 8 ff., und *Versteyl* (o. Fn. 12) § 24 Rn. 2; vgl. auch *VGH Kassel* ZUR 2005, 545 f.

[136] BVerwGE 126, 222 (225 ff.)

[137] *Kahl* JZ 2008, 120 (127); ferner *Schlabach* VBlBW 2008, 97 (98).

[138] Vgl. etwa BWGebG, BayKostG, BlnGebBeitrG, HmbGebG, NRWGebG, RhPfGebG.

rechtlichen Erstattungsanspruch gegenüber der öffentlichen Hand.[139] § 24 I 3 BBodSchG schließlich trifft eine Sonderregelung für die Kostentragung bei behördlicher Sanierungsplanung.

b) Innenverhältnis mehrerer Verpflichteter

40 Um unter mehreren materiell Verpflichteten Lastengerechtigkeit herzustellen, gewährt § 24 II 1 BBodSchG einen internen Ausgleichsanspruch,[140] der unabhängig von der Konkretisierung der Verantwortlichkeit durch behördliche Verfügung ist.[141] Es handelt sich insofern um einen gem. § 24 II 6 BBodSchG vor den ordentlichen Gerichten geltend zu machenden zivilrechtlichen Ausgleichsanspruch, der gem. § 24 II 3 Hs. 1 BBodSchG verjährt.[142] Umstritten ist, ob für den Beginn der Verjährungsfrist im Falle einer langjährigen Sanierungsmaßnahme gem. § 24 II 4 Alt. 2 BBodSchG auf die Beendigung einzelner Maßnahmen oder – so die hM – auf den Abschluss aller Maßnahmen abzustellen ist.[143] Entstehen und Höhe des Ausgleichsanspruchs richten sich, soweit unter den Verantwortlichen nichts anderes vertraglich vereinbart wurde,[144] nach dem Umfang der Verursachungsbeiträge der Verpflichteten (§ 24 II 2 Hs. 1 BBodSchG).[145] Dabei wird in weiten Teilen der Literatur vertreten, dass der Ausgleichsanspruch nach § 24 II 1 BBodSchG nur dem Zustandsstörer gegenüber dem Verursacher oder Doppelstörer zusteht und nicht umgekehrt, was sich bereits der Begründung zum Gesetzentwurf der Bundesregierung entnehmen lässt.[146] Ein Ausgleichsanspruch gem. § 24 II 1 BBodSchG kommt jedoch weder direkt noch analog in Betracht, wenn einer der Fälle des § 3 I BBodSchG eingreift und das BBodSchG subsidiär ist. Insbes. normiert § 24 II 1 BBodSchG keinen allgemeinen Rechtsgrundsatz, wonach bei Störermehrheit ein Ausgleich stattfinden muss. § 24 II 1 BBodSchG ist vielmehr die Reaktion des Gesetzgebers auf die ständige Rechtsprechung des *BGH,* wonach gesetzliche Ausgleichsansprüche zwischen mehreren Störern nicht auf § 426 BGB analog gestützt werden können.[147]

---

139 Nach BVerwGE 123, 7 (9 ff.), ist § 24 I 2 BBodSchG analog anwendbar, wenn zwar keine Untersuchungsanordnung ergangen ist, aber behördlicherseits die Untersuchung veranlasst und die Untersuchungsschritte abgesprochen wurden; im Anschluss an *VGH Mannheim* NuR 2004, 672 ff.

140 Grundlegend zu § 24 II BBodSchG BGHZ 158, 354 ff., hierzu *Leitzke/Schmitt* UPR 2005, 177 ff. Näher *Frenz* NVwZ 2000, 647 f.; *Spieth/Hellermann* NuR 2014, 30 ff. Zum Umfang der Ausgleichspflicht vgl. *OLG Hamm* NuR 2014, 74 ff., krit. dazu *Kahl* JZ 2014, 772 (780).

141 BGHZ 178, 137 Rn. 17 ff., dazu *Hellriegel/Schmitt* NJW 2009, 1118 ff.; aA (behördliche Inanspruchnahme als Voraussetzung des Anspruchs) *Knoche* NVwZ 1999, 1198 ff.

142 BGHZ 195, 153 Rn. 9; *Versteyl* (o. Fn. 12) § 24 Rn. 16; *Schoeneck* (o. Fn. 88) § 24 Rn. 27.

143 Für Maßgeblichkeit des Abschlusses sämtlicher Maßnahmen BGHZ 195, 153 Rn. 11 ff.; *Frenz* (o. Fn. 45) § 24 Rn. 42; *Schmitt/Leitzke/Schmitt* NVwZ 2018, 949 (954); aA *Versteyl* (o. Fn. 12) § 24 Rn. 35.

144 BT-Drs. 13/6701, 46; vgl. hierzu aber auch BGHZ 158, 354 (365 ff.), wonach in der Vereinbarung eines Gewährleistungsausschlusses nicht zwingend der Ausschluss des Ausgleichsanspruchs liege.

145 Zu Beweiserleichterungen im Hinblick auf den Verursachungsnachweis durch den Anspruchsteller s. BGHZ 158, 354 (371); *Schmitt/Leitzke* ZUR 2006, 78 ff.

146 *Franz,* Die Sanierungsverantwortlichen nach dem Bundes-Bodenschutzgesetz, 2007, S. 314 f.; vgl. BT-Drs. 13/6701, 46 (Begründung zu § 25 III RegE). Zum Ausgleich unter Zustandsverantwortlichen *Heuke* W+B 2019, 159 ff.

147 Krit. zur Rspr. *Lennartz* NVwZ 2018, 1429 (1431 ff.).

2. Wertausgleich

Einen Wertausgleichsanspruch der öffentlichen Hand gegen den Grundstückseigentümer im Falle der Gefahrenabwehr oder Sanierung unter Einsatz öffentlicher Mittel sieht unter bestimmten Voraussetzungen § 25 BBodSchG vor.[148] 41

VIII. Die ergänzenden Vorschriften für Altlasten

§§ 11–16 BBodSchG enthalten für Altlasten besondere, die Vorschriften des Zweiten Teils ergänzende Bestimmungen. 42

Von besonderer Bedeutung ist insoweit § 13 BBodSchG, der die Behörde in komplexen Altlastsanierungsfällen zum Zwecke der Vorbereitung ihrer Entscheidung über das „Wie" der Sanierung ermächtigt, dem Sanierungsverantwortlichen Sanierungsuntersuchungen und auf deren Grundlage die Erstellung eines Sanierungsplans[149] aufzugeben. § 13 IV BBodSchG ermöglicht sodann in Gestalt eines öffentlich-rechtlichen Sanierungsvertrags iSd §§ 54 ff. VwVfG die einvernehmliche Regelung der Sanierung zwischen Sanierungspflichtigem und Behörde.[150] Zur Verfahrensbeschleunigung kann der vorgelegte Sanierungsplan gem. § 13 VI 1 BBodSchG durch Verwaltungsakt[151] für verbindlich erklärt werden, womit unter den in § 13 VI 2 Hs. 2 BBodSchG genannten Voraussetzungen eine (formelle) Konzentrationswirkung verbunden ist.[152]

Nach Maßgabe und unter den Voraussetzungen des § 14 BBodSchG kann die Behörde selbst einen amtlichen Sanierungsplan erstellen (zur Kostentragung vgl. § 24 I 1, 3 BBodSchG).[153]

§ 15 BBodSchG enthält eine Regelung hinsichtlich der behördlichen Überwachung und Eigenkontrolle mit Blick auf Altlasten und altlastverdächtige Flächen.

§ 16 I BBodSchG ergänzt als Ermächtigungsgrundlage § 10 I 1 BBodSchG (→ Rn. 36). § 16 II BBodSchG trifft eine parallele Regelung zu § 13 VI 2 BBodSchG.

IX. Die Sanierungsanordnung

Fall 18: Der verhängnisvolle Grundstückserwerb

A erwarb im Januar 2021 von *B* ein Grundstück in der Stadt *M* zu einem äußerst günstigen Preis. Die Gewährleistung für Sachmängel wurde dabei ausgeschlossen. *B* seinerseits hatte das Grundstück 1973 von der im Jahr 1975 im Wege der Verschmelzung (§ 20 UmwG) durch die *X-AG* übernommenen *F-GmbH* im schutzwürdigen Vertrauen auf die Belastungsfreiheit erworben. Die *F-GmbH* hatte auf dem damals am Ortsrand befindlichen Grundstück mit gewerberechtlicher Genehmigung eine kleine Färberei betrieben und dort zeitweise auch Chemikalienreste gelagert. Der Betrieb war noch im Jahr 1973 aufgegeben und das Gebäude abgerissen worden. Die *X-AG* ist mittlerweile in die Insolvenz geraten. Pläne des *B* für eine anderweitige gewerbliche Nutzung hatten sich 43

---

[148] Hierzu *VGH Mannheim* NVwZ 2019, 1221 ff.; *Albrecht* NVwZ 2001, 1120 ff.
[149] Weiterführend zum Sanierungsplan *Diehr* UPR 1998, 128 ff.; *Schlabach/Heck* VBlBW 2013, 401 (403).
[150] Zum Sanierungsvertrag *Dombert* ZUR 2000, 303 ff.; *Frenz/Heßler* NVwZ 2001, 13 ff.
[151] *Sondermann/Terfehr* in Versteyl/Sondermann (o. Fn. 12) § 13 Rn. 60; *Wüterich* (o. Fn. 98) § 13 Rn. 36.
[152] Hierzu *Fluck* DVBl 1999, 1551 ff.
[153] *Eifert* Rn. 231.

zerschlagen, sodass das Gelände lange Jahre brach gelegen hatte. Schließlich entschloss sich *B* zum Verkauf des Grundstücks. Einige Monate nach der Eintragung des *A* als neuer Eigentümer im Grundbuch stößt die Stadt *M* bei der Erstellung eines Altlastenkatasters auf das ehemalige Betriebsgelände. Sie bestellt einen Gutachter, um von dem kleingärtnerisch genutzten Grundstück des *A* Bodenproben zu entnehmen. Das Gutachten kommt zu dem Ergebnis, dass eine starke Belastung des Erdreichs mit diversen toxischen chemischen Stoffen vorliegt. Die Stadt schickt daraufhin dem *A* Mitte des Jahres 2021 einen Bescheid, in dem *A* aufgefordert wird, das Grundstück auf eigene Kosten zu sanieren (die vorzunehmenden Maßnahmen sind im Einzelnen bezeichnet und als solche nicht zu beanstanden).

A hält den Bescheid für materiell rechtswidrig. Die Sanierung könne von ihm nicht verlangt werden, denn er selbst sei für die Verschmutzung nicht verantwortlich. Die Behörden müssten sich insoweit an *B* und die *X-AG* halten. Für den Fall, dass er als sanierungsverantwortlich angesehen werde, gehe er aber jedenfalls von einem Ausschluss seiner Verantwortlichkeit aufgrund besonderer Umstände aus. Hilfsweise mache er geltend, dass die Kosten der Sanierung unzumutbar hoch seien, im ungünstigsten Fall sogar fast den Verkehrswert des Grundstücks erreichen könnten.

Abwandlung: Angenommen, die *X-AG* wäre nicht insolvent: Könnte auch sie Adressat der Verfügung sein?

44 Der den *A* belastende Bescheid muss wegen des Vorbehalts des Gesetzes von einer gesetzlichen Grundlage gedeckt sein (Art. 20 III GG). Als Ermächtigungsgrundlage für die Sanierungsanordnung kommt § 10 I 1 iVm § 4 III, IV BBodSchG in Betracht.

1. Anwendbarkeit des Bundes-Bodenschutzgesetzes

45 Das BBodSchG ist allerdings nur anwendbar, soweit nicht die in § 3 I aufgezählten Gesetze Einwirkungen auf den Boden regeln. Eine Heranziehung des KrWG (§ 3 I Nr. 1, 2 BBodSchG) scheidet bereits deshalb aus, weil dieses nur für Abfälle gilt und insoweit allein bewegliche Sachen erfasst (vgl. §§ 2 I, 3 I KrWG). Auch das BImSchG kann schon mangels Betreiberstellung des *A* keine einschlägige Ermächtigungsgrundlage bieten. Da das BBodSchG bereits am 1.3.1999 in Kraft getreten ist, bestehen auch gegen die Anwendbarkeit in zeitlicher Hinsicht keine Bedenken. Voraussetzung ist weiterhin gem. § 3 I Hs. 1, § 4 III 1 BBodSchG das Bestehen einer schädlichen Bodenveränderung iSd § 2 III BBodSchG bzw. einer Altlast iSd § 2 V BBodSchG. Bei dem ehemals gewerblich genutzten Grundstück handelt es sich um einen Altstandort iSd § 2 V Nr. 2 BBodSchG. Die Verwendung von Chemikalien in der Färberei hat zu einer Belastung des Erdreichs, sprich des Bodens iSd § 2 I BBodSchG, geführt und wirkt sich – infolge der Toxizität der Chemikalien – in erheblichem Maße nachteilig auf die natürlichen Funktionen und Nutzungsfunktionen des Bodens aus. Hieraus können Gefahren für den Einzelnen, nämlich für *A* und seine Gesundheit, sowie Gefahren für die Allgemeinheit folgen.[154] Eine Altlast gem. § 2 V BBodSchG liegt damit vor. Das BBodSchG ist mithin anwendbar.

2. Sanierungsverantwortlichkeit

a) Kreis der Anordnungsadressaten

46 Fraglich ist, wer als Sanierungsverantwortlicher herangezogen werden kann. Als Adressat der Anordnung kommt zunächst gem. § 4 III 1 1. Var. BBodSchG der Verursacher in Betracht. Die *F-GmbH* wurde allerdings mittlerweile von der *X-AG*

---

[154] Die anhaltende (nicht nur kurzfristige) Beeinträchtigung ökologischer Bodenfunktionen ist grundsätzlich geeignet, eine Gefahr für die Allgemeinheit herbeizuführen, so BT-Drs. 13/6701, 29.

übernommen und scheidet damit als Adressat aus (§ 20 I Nr. 2 UmwG). Womöglich könnte man aber gem. § 4 III 1 2. Var. BBodSchG die *X-AG* als Gesamtrechtsnachfolgerin der *F-GmbH* in Anspruch nehmen. Ob § 4 III 1 2. Var. BBodSchG auch bei Rechtsnachfolgevorgängen anzuwenden ist, die vor dem 1.3.1999 und damit vor Inkrafttreten des BBodSchG stattgefunden haben (→ Rn. 59 ff.), kann hier dahinstehen, da die *X-AG* insolvent ist und *M* ein Vorgehen gegen sie aufgrund des polizeilichen Opportunitätsprinzips unterlassen kann (→ Rn. 52). *A* jedenfalls ist Eigentümer des Grundstücks und kann daher in Anspruch genommen werden (§ 4 III 1 3. Var. BBodSchG). Der frühere Grundstückseigentümer *B* ist demgegenüber gem. § 4 VI 2 BBodSchG nicht für die Sanierung verantwortlich, da er das Eigentum seinerseits im Vertrauen darauf, dass keine schädlichen Bodenveränderungen oder Altlasten bestehen, erworben hatte und dieses Vertrauen auch schutzwürdig ist (→ Rn. 29).

b) Grenzen der Haftung

Die Sanierungsverantwortlichkeit könnte jedoch ausnahmsweise ausgeschlossen sein. Zwar hat der Gesetzgeber entsprechende Ausschlusstatbestände nicht in das BBodSchG aufgenommen, allerdings wird angenommen, dass die insoweit diskutierten Fallgruppen einer weiteren Klärung durch die Rechtsprechung überlassen werden sollten.[155] 47

aa) Verjährung

Um eine „Ewigkeitshaftung“ zu vermeiden, wird in Teilen der Literatur erwogen, die zivilrechtliche Verjährungsfrist von 30 Jahren (§ 195 BGB aF) analog auf den Gefahrenbeseitigungsanspruch der Behörde anzuwenden.[156] Abgesehen davon, dass mit der Änderung der Verjährungsvorschriften des BGB das Substrat der Analogiebildung weggefallen ist (vgl. § 195 BGB in seiner aktuellen Fassung: idR 3 Jahre), wird von der hM bezweifelt, dass die Voraussetzungen für einen Analogieschluss überhaupt gegeben sind. Eine planwidrige Regelungslücke könne nicht angenommen werden, denn die Diskussion um die zeitliche Begrenzung der Haftung sei dem Gesetzgeber bei Erlass des BBodSchG bekannt gewesen, normiert worden sei aber lediglich eine Verjährung des störerinternen Ausgleichsanspruchs (§ 24 II 3–5 BBodSchG).[157] Im Übrigen könne auch die für eine Analogiebildung notwendige Vergleichbarkeit der zivilrechtlichen mit der ordnungsrechtlichen Interessenlage nicht angenommen werden.[158] 48

Die Frage kann hier dahingestellt bleiben, da sich *A* schon angesichts der Kürze des Zeitraums seit Entstehung seiner Zustandsverantwortlichkeit nicht auf Verjährung berufen kann.

bb) Verwirkung

Nach dem auch im Öffentlichen Recht anerkannten Rechtsinstitut der Verwirkung kann die Geltendmachung einer Befugnis oder eines Rechts ausgeschlossen sein, wenn seit der Möglichkeit der Geltendmachung ein längerer Zeitraum verstrichen ist 49

---

[155] *Kloepfer* UmweltR § 13 Rn. 247; *Schoeneck* (o. Fn. 88) § 10 Rn. 9.
[156] *Ossenbühl* NVwZ 1995, 547 ff.; *Kahl* Verw. 33 (2000), 29 (39); *Trurnit* NVwZ 2001, 1126 ff.; abl. *VGH Mannheim* NVwZ-RR 2003, 103 (107); differ. *Hullmann/Zorn* NVwZ 2010, 1267 (1268).
[157] *Kloepfer* UmweltR § 13 Rn. 266; *Erbguth/Stollmann* DVBl 2001, 601 (607).
[158] *VGH Mannheim* ZUR 2008, 430 ff.; *VGH München* NVwZ-RR 2014, 953 Rn. 9 f.; *Franz* (o. Fn. 146) S. 316 ff.

und die verspätete Geltendmachung aufgrund besonderer Umstände als Verstoß gegen Treu und Glauben anzusehen ist. Ob bezüglich des Gefahrbeseitigungsanspruchs der Behörde eine Verwirkung möglich ist, ist umstritten, entgegen der hM jedoch zu bejahen.[159] Vorliegend fehlt es allerdings ersichtlich an deren Voraussetzungen.

cc) Legalisierungswirkung behördlicher Gestattungen

50 Die Frage der Auswirkung von Genehmigungen auf die Sanierungsverantwortlichkeit wirft im Einzelfall nach wie vor Probleme auf.[160] Das BBodSchG äußert sich, sieht man von § 4 V 2 BBodSchG ab, hierzu nicht.

Die Färberei der *F-GmbH* war gewerberechtlich genehmigt.[161] Auch eine gewerberechtliche Genehmigung ist grundsätzlich geeignet, ein gefahrverursachendes Verhalten zu legalisieren und damit die Haftung auszuschließen.[162] Auf eine den Handelnden privilegierende Legalisierung kann sich auch der Zustandsverantwortliche berufen.[163] Das Ausmaß der Legalisierungswirkung richtet sich nach der Reichweite der Genehmigung, sodass nur solche Handlungen erfasst werden, die von der Behörde wenigstens konkludent und im Wissen um die von ihnen ausgehenden Risiken genehmigt wurden.[164] Die *F-GmbH* hatte zwar eine gewerberechtliche Genehmigung für den Betrieb der Färberei. Zweifelhaft ist jedoch, ob von dieser auch die Lagerung umweltgefährdender Rückstände wie der Chemikalienreste gedeckt war.[165] Zumindest hätte die Lagerung jedoch nicht so geschehen dürfen, dass eine gemeinwohlwidrige Gefahr verursacht wurde.[166] Das Verhalten der *F-GmbH* wurde daher nicht durch die Genehmigung legalisiert; damit bleibt auch die Sanierungsverantwortlichkeit des *A* bestehen.

dd) Behördliche Duldung

51 Auch wenn die zuständige Behörde trotz Kenntnis des Vorliegens der Voraussetzungen einer Inanspruchnahme eines Störers gegen diesen nicht einschreitet, kommt dieser bloßen behördlichen Duldung nach überwiegender Auffassung grundsätzlich keine legalisierende Wirkung zu.[167] Hier fehlt es sogar schon an einer längerfristigen behördlichen Untätigkeit.

Es bleibt demnach bei der Sanierungsverantwortlichkeit des *A*.

---

[159] *Ossenbühl* NVwZ 1995, 547 (549 f.); *Schenke*, Polizei- und Ordnungsrecht, 11. Aufl. 2021, Rn. 355 aE; aA *Bickel* (o. Fn. 66) § 4 Rn. 25; *Kloepfer* UmweltR § 13 Rn. 265.

[160] Hierzu *Kloepfer* UmweltR § 13 Rn. 253 ff.; Ausgangspunkt der Überlegungen zur Legalisierungswirkung behördlicher Genehmigungen ist der Gedanke der Einheit der Rechtsordnung; abweichend *Oerder* NVwZ 1992, 1031 (1035), der auf eine Risikoübernahme der Behörde durch Genehmigungserteilung abstellt.

[161] Färbereien waren unter bestimmten Voraussetzungen gem. § 16 II GewO aF genehmigungsbedürftig.

[162] *Hoppe/Beckmann/Kauch* § 27 Rn. 48 ff.

[163] *Sparwasser/Engel/Voßkuhle* § 9 Rn. 241 mwN.

[164] *Kloepfer* UmweltR § 13 Rn. 258.

[165] Vgl. *Sparwasser/Engel/Voßkuhle* § 9 Rn. 242.

[166] Vgl. *VGH Mannheim* NVwZ-RR 1996, 387 (389); *Erbguth/Stollmann* DVBl 2001, 601 (608).

[167] *Dombert* in Landmann/Rohmer UmweltR BBodSchG § 4 Rn. 50; *Kloepfer* UmweltR § 13 Rn. 264; nach *BVerwG* W+B 2013, 230 ff. begründen auch die Vorschriften des BBodSchG über behördliche Aufgaben zur Gefahrenerforschung und -abwehr keine behördliche Garantenstellung und schließen somit die Haftung des Zustandsstörers nicht aus.

3. Ermessen

52 Der Erlass einer Sanierungsanordnung steht gem. § 10 I 1 BBodSchG im pflichtgemäßen Ermessen der Behörde. Sowohl das insoweit eingeräumte Entschließungs- („Ob") als auch das Auswahlermessen („Wie") müssten fehlerfrei betätigt worden sein (§ 40 LVwVfG, § 114 S. 1 VwGO). Angesichts der Belastung des Grundstücks mit toxischen Chemikalien ist die behördliche Entscheidung zum Einschreiten (Entschließungsermessen) in *Fall 18* nicht zu beanstanden. Laut Sachverhalt unterliegt die Sanierungsanordnung auch hinsichtlich der angeordneten Sanierungsmaßnahmen (Auswahlermessen) keinen Bedenken. Hinsichtlich der Auswahl des Heranzuziehenden unter mehreren Verantwortlichen hat sich die Behörde am Effektivitätsprinzip zu orientieren. Maßgeblich ist demnach, auf welche Weise die entstandene Gefahr zeitlich und qualitativ am effektivsten bekämpft werden kann.[168] Da die *X-AG* insolvent ist, bleibt für eine schnelle und effektive Gefahrenabwehr nur die Inanspruchnahme des *A*. Damit hat die Behörde in *Fall 18* ermessensfehlerfrei gehandelt.

4. Verhältnismäßigkeit

53 Die angeordneten Maßnahmen müssten schließlich verhältnismäßig sein (§ 10 I 4 BBodSchG).[169] Von der Geeignetheit und Erforderlichkeit der Sanierungsanordnung ist vorliegend auszugehen, zweifelhaft ist lediglich deren Angemessenheit. *A* beruft sich insoweit auf die unzumutbare Höhe der Kosten. Nach dem BBodSchG ist die Verantwortlichkeit des Grundstückseigentümers indes unbeschränkt. *A* trägt gem. § 24 I 1 BBodSchG die Kosten der Sanierungsmaßnahmen grundsätzlich in vollem Umfang.

54 Eine Inanspruchnahme des *A* mit seinem gesamten Vermögen könnte jedoch im Hinblick auf die durch *Art. 14 I 1 GG* garantierte Privatnützigkeit des Eigentums Bedenken unterliegen. Das *BVerfG*[170] äußerte sich in seiner Entscheidung vom 16.2.2000 („Tontauben- bzw. Kaninchenfellfall") zu *Grund und Grenzen der Zustandsverantwortlichkeit* wie folgt: Vorschriften über die Zustandsverantwortlichkeit stellen eine Inhalts- und Schrankenbestimmung iSv Art. 14 I 2 GG dar, deren verfassungsrechtliche Zulässigkeit anhand von Art. 14 I, II GG zu beurteilen ist. Die Zustandsverantwortlichkeit beruht darauf, dass der Eigentümer als Kehrseite der Eigentumsvorteile auch die mit dem Eigentum verbundenen Lasten und Risiken zu tragen hat. Als Ausdruck der Sozialbindung des Eigentums (Art. 14 II GG) ist die Zustandsverantwortlichkeit als solche grundsätzlich verfassungsrechtlich zulässig. Freilich ist im Rahmen der Angemessenheitsprüfung die Schwere der Belastung des Eigentümers einerseits mit der Bedeutung der durch die Sanierung geschützten Verfassungsgüter (Art. 2 II 1, 20a GG) andererseits abzuwägen.[171]

55 Anhaltspunkt für die Grenze der Kostenbelastung ist vor allem der *Verkehrswert des Grundstücks nach der Sanierung.*[172] Entsprechend § 199 I BauGB iVm der

---

[168] *OVG Magdeburg* UPR 2014, 274 Rn. 33; *Buck* NVwZ 2001, 51 (52).

[169] Vgl. *BVerwG* NVwZ 2008, 684 (685).

[170] BVerfGE 102, 1 (17 ff.); dem folgend *BVerwG* BeckRS 2013, 54804 Rn. 9; *VGH Mannheim* NuR 2014, 54 (58 ff.). Aus dem Schrifttum: *Lepsius* JZ 2001, 22 ff.; *Huber/Unger* VerwArch 96 (2005), 139 ff. Für eine Haftungsbegrenzung des kommunalen Zustandsstörers aus Art. 28 II GG *VG Darmstadt* BeckRS 2014, 51780; dazu *Weber/Otting* NVwZ 2014, 1618; krit. *Mohr* NVwZ 2015, 408 ff.

[171] Vgl. auch im Rahmen einer Fallbearbeitung *Zilkens* JuS 2003, 688 (690 f.).

[172] Da die Zustandsstörerhaftung grundsätzlich auch den Mieter treffen kann, der Verkehrswert des Grundstücks für diesen aber keine direkte Bedeutung hat, sind andere Zumutbarkeitsgrenzen zu definieren, wie zB die Rentabilität eines Unternehmens, ausführlich dazu *Mohr* ZMR 2013, 518 (519 ff.). Allg. zur Begrenzung auf den Verkehrswert *Mohr* UPR 2020, 288 ff.

Immobilienwertermittlungsverordnung[173] und den Wertermittlungsrichtlinien[174] wird dafür auf die Ermittlung eines Preises abgestellt, der im gewöhnlichen Geschäftsverkehr nach den rechtlichen Gegebenheiten und tatsächlichen Eigenschaften, der sonstigen Beschaffenheit und der Lage des Grundstücks ohne Rücksicht auf ungewöhnliche oder persönliche Verhältnisse zu erzielen wäre, wobei die für die Qualität des Grundstücks bedeutsamen durchgeführten Altlastensanierungsmaßnahmen zu berücksichtigen sind.[175]

Eine den Verkehrswert *überschreitende* Kostenbelastung kann insbes. dann unzumutbar sein, wenn die Verschmutzung auf Ursachen außerhalb der Verantwortungssphäre des Eigentümers beruht. Zumutbar kann sie dagegen zB dann sein, wenn das Grundstück im Wissen um die Altlasten erworben oder eine risikoreiche Nutzung des Grundstücks zugelassen wurde. Das Gleiche gilt, wenn der Betroffene vor derartigen Umständen fahrlässig die Augen verschlossen hat. Neben dem Grad der *Fahrlässigkeit*[176] kann eine Rolle spielen, ob der Eigentümer *Vorteile* aus dem Risiko (zB niedriger Kaufpreis) gezogen hat. Aber auch in Fällen grundsätzlicher Zumutbarkeit einer Kostenbelastung über dem Verkehrswert ist jedenfalls eine Haftung mit Vermögen, das in keinem *wirtschaftlichen oder rechtlichen Zusammenhang* mit dem sanierungsbedürftigen Grundstück steht,[177] ausgeschlossen.[178]

Auch eine *unterhalb* der Verkehrswertgrenze liegende Belastung ist unter Umständen allerdings unzumutbar, etwa wenn das zu sanierende Grundstück den wesentlichen Teil des Vermögens bildet und Grundlage der privaten Lebensführung ist.

56 Im Falle fehlender Zumutbarkeit muss bereits in der *Sanierungsanordnung* über die Begrenzung der Kostenlast entschieden werden. Kann die Frage der Zumutbarkeit der Kostenbelastung im Zeitpunkt des Erlasses der Anordnung noch nicht abschließend beurteilt werden, so bedarf es der Aufnahme eines *Vorbehalts der gesonderten Kostenentscheidung.*[179]

57 Unter Zugrundelegung dieser Kriterien ist die Inanspruchnahme des *A* in *Fall 18* zumutbar. Die zu erwartenden Sanierungskosten überschreiten den Verkehrswert des Grundstücks nicht. Dafür, dass das Grundstück maßgeblich das Vermögen des *A* bildet, liegen keine Anhaltspunkte vor. Zudem hat *A* aufgrund des niedrigen Kaufpreises aus dem Altlastenrisiko einen Vorteil gezogen; verbunden mit dem Gewährleistungsausschluss musste sich ihm auch der Verdacht einer möglichen Belastung aufdrängen.

5. Ergebnis

Der Bescheid der Stadt *M* in *Fall 18* ist materiell rechtmäßig.

---

173 BGBl. 2010 I 639.

174 BAnz. AT 11.4.2014 B3; BAnz. Nr. 108a v. 10.6.2006, 4325.

175 Vgl. *Franz* (o. Fn. 146) S. 228 f.

176 Differenzierend nach dem Grad der Fahrlässigkeit *Mohr* UPR 2013, 327 (329 ff.). Darauf Bezug nehmend, aber teilw. abw. *Schäling* (o. Fn. 53) S. 144 ff. Für eine Haftung über den Verkehrswert des Grundstücks hinaus nur bei grober Fahrlässigkeit *Knoche* GewArch 2000, 448 (452).

177 Gefordert wird eine funktionale Einheit der Grundstücke zueinander, wobei ein räumlicher Zusammenhang jedenfalls nicht Voraussetzung sei, so *Mohr* NVwZ 2003, 686 (688). Ausführlich zum rechtlichen und wirtschaftlichen Zusammenhang *Schäling* (o. Fn. 53) S. 146 ff.

178 BVerfGE 102, 1 (19 ff.); *OVG Münster* DVBl 2013, 657 (658).

179 BVerfGE 102, 1 (24); *OVG Münster* DVBl 2013, 657 (658). Im Übrigen scheint es auch vertretbar, die Frage der Begrenzung der Zustandshaftung bereits im Rahmen der Sanierungsverantwortlichkeit zu erörtern.

6. Abwandlung

Wenn die *X-AG* nicht insolvent ist, kommt als effektive Maßnahme der Gefahrenabwehr auch ein Vorgehen gegen sie in Betracht. Wie oben (→ Rn. 46) festgestellt, könnte sie als Gesamtrechtsnachfolgerin (§ 20 Nr. 1 UmwG) der *F-GmbH* nach § 4 III 1 2. Var. BBodSchG in Anspruch genommen werden. 58

a) Anwendbarkeit von § 4 III 1 2. Var. BBodSchG

Da die *X-AG* die *F-GmbH* schon 1975 übernommen hat, setzt ihre Inanspruchnahme voraus, dass § 4 III 1 2. Var. BBodSchG auch Anwendung auf Rechtsnachfolgevorgänge findet, die vor dem Inkrafttreten des BBodSchG am 1.3.1999 stattgefunden haben. Da das BBodSchG für Regelungen, die ab einem bestimmten Termin gelten sollen, Stichtagsbestimmungen enthält, spricht eine systematische Gesetzesauslegung für eine entsprechende Zielrichtung der Vorschrift.[180] Dies könnte jedoch dem verfassungsrechtlichen *Rückwirkungsverbot* (Art. 20 III GG)[181] widersprechen, denn die Regelung knüpfte dann an abgeschlossene Vorgänge (Universalsukzessionen vor dem 1.3.1999) an, weshalb von einer sog. echten Rückwirkung auszugehen wäre.[182] Eine echte Rückwirkung ist unzulässig, sofern keine der vom *BVerfG* herausgebildeten Ausnahmen eingreift, in denen kein schutzwürdiges Vertrauen auf den Bestand einer bestimmten Rechtslage entstehen konnte.[183] Die Frage ist im vorliegenden Fall *umstritten.* 59

aa) Kein Verstoß gegen Rückwirkungsverbot

Das *BVerwG*[184] nimmt an, dass ein Konflikt mit dem Rückwirkungsverbot nicht gegeben sei, denn die Rechtslage habe sich durch den Erlass des BBodSchG nicht geändert. Mit § 4 III 1 2. Var. BBodSchG sei lediglich die bereits vorher anerkannte Konstruktion der Rechtsnachfolge in die abstrakte Polizeipflicht[185] normiert worden. Eine solche könne unmittelbar oder analog nach Normen wie § 1922 BGB oder § 20 UmwG übergehen. Dem Grundsatz vom Vorbehalt des Gesetzes „im weiteren Sinne“ sei Genüge getan, da eine Eingriffsbefugnis gegenüber dem Rechtsvorgänger bestehe und diese lediglich nach den genannten zivilrechtlichen Vorschriften über die Rechtsnachfolge übergehe. Dies gelte jedenfalls für nicht höchstpersönliche Pflichten, wie in *Fall 18.* 60

bb) Verstoß gegen Rückwirkungsverbot

Diese Auffassung ist jedoch abzulehnen, da es sich nicht lediglich um die Kodifizierung einer bereits bestehenden Rechtslage,[186] sondern um eine an sich unzulässige echte Rückwirkung (Rückbewirkung von Rechtsfolgen) handelt. 61

Um das im Fall einer echten Rückwirkung grundsätzlich schutzwürdige Vertrauen des Betroffenen ausnahmsweise zu zerstören, genügt allerdings (unter anderem) eine unklare oder verworrene Rechtslage, die rückwirkend klargestellt bzw. neu geregelt

---

180 BVerwGE 125, 325 (328 f.); so auch *BVerwG* BeckRS 2013, 54804 Rn. 10; *Kloepfer/Durner* UmweltschutzR § 13 Rn. 25.

181 *Fischer* JuS 2001, 861 ff.; *Degenhart,* Staatsrecht I, 36. Aufl. 2020, Rn. 393 ff.

182 *Kahl* Verw. 33 (2000), 29 (46); *Wittreck* JURA 2008, 534 (538).

183 Dazu *Schmidt-Aßmann* in Isensee/Kirchhof (Hrsg.), HStR II, 3. Aufl. 2004, § 26 Rn. 81 ff.

184 BVerwGE 125, 325 (330 ff.), dazu *Murswiek* JuS 2007, 276 ff.

185 Ausf. zur Rechtsnachfolge in abstrakte und konkrete Polizeipflichten *Stückemann* JA 2015, 569 ff.

186 *Ossenbühl* JZ 2006, 1128 f.; *Schoch* in ders. (Hrsg.), Besonderes Verwaltungsrecht, 2018, 1. Kap. Rn. 408; aA *Palme* NVwZ 2006, 1130 (1131).

wird.[187] Wegen der sich widersprechenden Urteile und Literaturmeinungen zur Frage der Rechtsnachfolgefähigkeit von abstrakten Polizeipflichten wird man, sofern nicht bereits Landesrecht zu einem früheren Zeitpunkt vertrauenszerstörend gewirkt hat,[188] eine solche Lage jedoch frühestens ab 1985 annehmen können.[189]

62 Die Rechtsfigur der *Rechtsnachfolge in abstrakte Polizeipflichten* sieht sich begründeten Zweifeln der hL ausgesetzt, da die Polizei- und Ordnungsgesetze lediglich Eingriffsbefugnisse des Staates normieren, sodass bis zur Inanspruchnahme des Einzelnen durch die Polizei- bzw. Ordnungsbehörden keine *konkrete* Beseitigungspflicht des Bürgers besteht, die für die Übergangsfähigkeit im Rahmen der Universalsukzession aber unerlässlich ist.[190] Gegen die Rechtsnachfolge in abstrakte Polizeipflichten spricht ferner, dass die Polizeigesetze Maßnahmen gegen Nichtstörer zulassen, die außerhalb konkreter Polizeiverfügungen gerade keiner allgemeinen, abstrakten Gefahrbeseitigungspflicht unterliegen. Schließlich liegt die Legitimation für die Inpflichtnahme des Bürgers in dem vom Gesetzgeber gewählten Zuordnungsgrund der Verhaltensverantwortlichkeit, die nach der Theorie der unmittelbaren Verursachung ihren Grund in der persönlichen Verantwortlichkeit für eigenes Handeln hat. Diese Voraussetzung kann nur in der Person des unmittelbaren Verursachers, nicht aber durch seinen Rechtsnachfolger erfüllt werden.[191] Sofern man die Rechtsnachfolge in abstrakte Polizeipflichten jedoch mit dem *BVerwG*[192] anerkennt, muss die Überleitung zumindest dem Grundsatz vom Vorbehalt des Gesetzes genügen. Diesbezüglich auf die Befugnisse gegenüber dem Rechtsvorgänger abzustellen, die nach Zivilrecht übergehen sollen, ist rechtssystematisch nicht überzeugend, da anderenfalls die spezielle Anordnung des Übergangs auf den Rechtsnachfolger in § 4 III 1 2. Var. BBodSchG ohne eigenen Anwendungsbereich wäre[193] und ein Übergriff in die Kompetenz des Landesgesetzgebers vorläge.[194]

b) Ergebnis

63 In der Abwandlung zu *Fall 18* kommt eine Inanspruchnahme der *X-AG* wegen Verstoßes von § 4 III 1 2. Var. BBodSchG gegen das rechtsstaatliche Rückwirkungsverbot nicht in Betracht (aA gut vertretbar; → Rn. 60 ff.).

---

187 BVerfGE 11, 64 (72 f.); 30, 367 (387 ff.); 50, 177 (194); 72, 200 (258 ff.); 88, 384 (404).

188 Etwa Art. 68a I 2 BayWG aF; § 13 I, II BlnBodSchG aF; § 12 I Nr. 1, 2 HessAltlG aF; § 21 I Nr. 1, 2 HmbAbfAlG aF.

189 So auch BGHZ 158, 354 L. 1; näher dazu *Kahl* Verw. 33 (2000), 29 (47); auf jeweils abweichende Zeitpunkte stellen ab *Franz* (o. Fn. 146) S. 192 f.; *Krieger*, Die Verantwortlichkeit für die Sanierung von Altlasten und schädlichen Bodenveränderungen nach dem BBodSchG, 2008, S. 137 f.; *Vossenkämper*, Grenzen der Gesamtrechtsnachfolge bei der Sanierung von Altlasten, 2009, S. 86. Einen Überblick gibt *Wittreck* JURA 2008, 534 (538 f.).

190 *Wittreck* JURA 2008, 534 (537); *Stückemann* JA 2015, 569 (571).

191 *Stückemann* JA 2015, 569 (572).

192 BVerwGE 125, 325 Rn. 19 ff.; dem folgend *Stadie* DVBl 1990, 501 (504); abl. dagegen *Kingreen/Poscher*, Polizei- und Ordnungsrecht, 11. Aufl. 2020, § 9 Rn. 49 ff.; *Dietlein*, Nachfolge im Öffentlichen Recht, 1999, S. 94 ff.

193 *Wittreck* JURA 2008, 534 (541).

194 *Rixen* JZ 2007, 171 (175); *Schoch* (o. Fn. 186) Rn. 419.

§ 10. Naturschutzrecht

I. Einleitung

1. Hintergrund

Der Schutz der Natur bezweckt nach allgemeinem Verständnis die Erhaltung, Pflege und Entwicklung von Pflanzen- und Tierwelt einschließlich ihrer natürlichen Lebensgrundlagen. Trotz einer großräumigen Festsetzung von Schutzgebieten und erfolgreichen Schutzanstrengungen bei einzelnen Arten, wie etwa dem Biber, dem Weißstorch oder dem Wolf[1], stellt der anhaltende Verlust der Biodiversität[2] weiterhin eine der zentralen Herausforderungen des deutschen und europäischen Umweltrechts dar. Die Europäische Union geht davon aus, die im 7. UAP zum Schutz, Erhalt und zur Verbesserung des Naturkapitals gesetzten Ziele nicht erreichen zu können.[3] Bis zu einem Viertel des globalen Bestandes an Tier- und Pflanzenarten ist derzeit akut vom Aussterben bedroht;[4] die Biodiversität ist mittlerweile auf mehr als der Hälfte der Landoberfläche der Erde gefährdet.[5] Die Tierbestände sind seit 1970 um durchschnittlich 68 % zurückgegangen;[6] besonders dramatisch ist diese Entwicklung aber beim Insekten-[7] und (Feld-)Vogelsterben[8]. In Europa ist nur bei 23 % der Tier- und Pflanzenarten und bei 16 % der Lebensraumtypen der Erhaltungszustand als günstig anzusehen,[9] in Deutschland bei 25 % bzw. 30 %.[10] Seit 2013 hat sich die Lage nicht verbessert, sondern weiter verschlechtert.[11] In Deutschland werden von den 478 einheimischen Wirbeltierarten aktuell 43 % in die Gefährdungskategorien der Roten Liste eingestuft, 28 % sind akut bestandsgefährdet, 32 Arten (knapp 7 %) sind bereits verschwunden, sodass Deutschland der Verlust von einem Drittel seiner terrestrischen Wirbeltierfauna droht.[12] 1

Die Hauptursachen für den anhaltenden Verlust der Biodiversität in Deutschland liegen in der Lebensraumzerstörung durch Baumaßnahmen, im Rohstoffabbau, in Tourismus und Freizeitaktivitäten sowie in der intensivlandwirtschaftlichen Flächennutzung einschließlich weiträumiger Monokulturen und dem Einsatz von Pesti- 2

---

[1] Der Wolf wurde so erfolgreich geschützt, dass vor allem Landwirte ihn mittlerweile wieder als Bedrohung empfinden; vgl. zur „Wolf-Debatte“ *Borwieck* NuR 2019, 21 ff.

[2] Dazu *SRU*, Umweltgutachten 2008, Tz. 332 f.; *BfN*, Daten zur Natur 2016, S. 14 ff., 32 ff. Zum Begriff *Roden*, Urbane Biodiversität als städtebauliches Nachhaltigkeitskonzept, 2017, S. 9 ff.

[3] *Europäische Umweltagentur*, Die Umwelt in Europa: Zustand und Ausblick 2020, Synthesebericht, S. 8. Neue Ziele formuliert die EU in der Biodiversitätsstrategie für 2030 im Rahmen des Grünen Deals, COM (2020) 380 final.

[4] *Reichholf*, Die Zukunft der Arten, 2009, S. 20 ff.

[5] Vgl. Studie von *Newbold* ua vom World Conservation Monitoring Center des UN-Umweltprogramms, zit. nach Science (doi:10.1126/science.aaf2201).

[6] *WWF*, Living Planet Report 2020, S. 6.

[7] Insbes. das Bienensterben, vgl. COM (2018) 395 final S. 1; *Falke* ZUR 2018, 501 (502).

[8] Vgl. Studie des European Bird Census Council, https://pecbms.info/trends-and-indicators/indicators/indicators/EU1_Fa/ (Stand: 28.6.2021).

[9] *Europäische Umweltagentur* (o. Fn. 3) S. 8.

[10] *BMU*, Bericht zur Lage der Natur 2020, S. 5.

[11] *BMU*, Bericht zur Lage der Natur 2020, S. 12 ff.

[12] Ausf. *Bundesamt für Naturschutz,* Rote Liste gefährdeter Tiere, Pflanzen und Pilze Deutschlands, Bd. 1, 2009. Vertiefend zu Verlustszenarien *Maaß/Schütte* in Koch/Hofmann/Reese UmweltR-HdB § 7 Rn. 3 ff.

ziden.[13] Auch der Klimawandel und die damit einhergehende Habitatverschiebung bereiten naturschutzfachlich zunehmend Probleme.[14] Eine der Hauptaufgaben des Natur- und Landschaftsschutzes besteht daher in der Verringerung des dramatischen Artenschwundes durch die Bereitstellung und Erhaltung von natürlichen Lebensräumen, die vor artengefährdenden Beeinträchtigungen durch den Menschen zu schützen sind.

2. Entwicklung

3 Über lange Zeit war das deutsche Naturschutzrecht, dessen Wurzeln bis in die erste Hälfte des 19. Jahrhunderts zurückreichen, geprägt durch seine vorwiegend konservierende Funktion, was sich vor allem in der Ausweisung von Schutzgebieten und der Normierung von Fang- und Pflückverboten niederschlug.[15] Zunächst stützte sich das bundesdeutsche Naturschutzrecht dabei im Wesentlichen auf das Reichsnaturschutzgesetz von 1935, das nach einer Entscheidung des *BVerfG* zur Vermeidung eines „naturschutzrechtlichen Vakuums" als Landesrecht in den einzelnen Bundesländern fortgalt.[16] Erst 1976, als Reaktion auf das bis heute fortschreitende Artensterben und den ungehemmten Landschaftsverbrauch, verabschiedete der Bund das Bundesnaturschutzgesetz (BNatSchG). Vor allem durch Aufnahme neuer Instrumente wie der Landschaftsplanung (→ Rn. 21 ff.) und der naturschutzrechtlichen Eingriffsregelung (→ Rn. 40 ff.) lässt sich eine Entwicklung von einem vorwiegend konservierenden hin zu einem auch vorsorgenden sowie gestaltenden Naturschutz feststellen (→ Rn. 13).

3. Rechtsgrundlagen

a) Völker- und Europarecht

4 *Völkerrechtliche* Naturschutzregelungen[17] enthalten zB das Washingtoner Artenschutzübereinkommen[18] und das Übereinkommen über die biologische Vielfalt[19]. Hinzu treten zahlreiche Abkommen, die dem Schutz spezifischer Habitattypen, Arten oder Regionen dienen, etwa die Abkommen zum Meeresnaturschutz (→ Rn. 155 f.), die Ramsar-Konvention zur Erhaltung von Feuchtgebieten von internationaler Bedeutung[20] oder die Alpenkonvention[21].

5 Von zentraler Bedeutung für das *europäische* Naturschutzrecht[22] sind die Richtlinie 92/43/EWG zur Erhaltung der natürlichen Lebensräume sowie der wildlebenden

---

13 *BMU*, Bericht zur Lage der Natur 2020, S. 21 f. Zu Pestiziden *SRU*, Umweltgutachten 2016, Tz. 392. Zum Konflikt zwischen Landwirtschaft und Naturschutz *SRU*, Umweltgutachten 2020, S. 238.

14 Weiterführend *Mosbrugger/Brasseur/Schaller/Stribrny* (Hrsg.), Klimawandel und Biodiversität: Folgen für Deutschland, 2012; *Schumacher* (Hrsg.), Naturschutzrecht im Klimawandel: Juristische Konzepte für naturschutzfachliche Anpassungsstrategien, 2013; *Falke* ZUR 2017, 314 ff.

15 *Kloepfer* UmweltR § 12 Rn. 119.

16 BVerfGE 8, 186 (192 ff.); *Hönes* NuR 2015, 661 (665 ff.).

17 Für einen Überblick vgl. *Wolf* ZUR 2017, 3 ff.; *Wormit* ZJS 2020, 585 f.

18 Zustimmungsgesetz v. 3.3.1973 (BGBl. 1975 II 777); Gesetz v. 22.5.1975 (BGBl. 1975 II 773); eingehend *Fischer* Rn. 271; *Sand* AVR 54 (2016), 561 ff.

19 Übereinkommen v. 5.6.1992 (BGBl. 1993 II 1741); eingehend *Schlacke* AVR 54 (2016), 524 ff.

20 Abkommen v. 2.2.1971 (BGBl. 1976 II 1265); eingehend *Gärditz* AVR 54 (2016), 413 ff.

21 Abkommen v. 7.11.1991 (BGBl. 1994 II 2538); eingehend *Cuypers* AVR 54 (2016), 435 ff.

22 Im Überblick: *Wormit* ZJS 2020, 585 (586 f.).

Tiere und Pflanzen (sog. Fauna-Flora-Habitat-Richtlinie [FFH-RL])[23] sowie die Richtlinie 2009/147/EG über die Erhaltung der wildlebenden Vogelarten (sog. Vogelschutzrichtlinie [VRL])[24]. Weiter zu nennen sind etwa noch die Verordnung (EG) 338/97 über den Schutz von Exemplaren wildlebender Tier- und Pflanzenarten durch Überwachung des Handels[25] und die Verordnung (EU) 1143/2014 über die Prävention und das Management der Einbringung und Ausbreitung invasiver gebietsfremder Arten.[26]

b) Nationales Recht

Die wichtigste Grundlage des deutschen Naturschutzrechts bildet das *BNatSchG.* 6
Nachdem im Jahr 2009 das Projekt eines Umweltgesetzbuchs (UGB) und damit auch die Integration des Naturschutzrechts in eine Gesamtkodifikation scheiterte,[27] wurde – gestützt auf Art. 72, 74 I Nr. 29 GG – der naturschutzrechtliche Teil des geplanten UGB als novelliertes *BNatSchG 2010* beschlossen.[28] Dieses stellt dabei – im Unterschied zu seinem Vorgänger – grds. eine abschließende Regelung (sog. Vollregelung) des Naturschutzes und der Landschaftspflege dar, sodass den Ländern insoweit *grds.* kein Spielraum verbleibt (Sperrwirkung gem. Art. 72 I GG).

Die *Landesnaturschutzgesetze* bleiben jedoch weiterhin in dreifacher Hinsicht von 7
praktischer Relevanz:[29]

Erstens gelten naturschutzrechtliche Regelungen der Länder (weiter), soweit der Bund von seiner Kompetenz gem. Art. 72 I, 74 I Nr. 29 GG im Einzelfall *keinen (abschließenden) Gebrauch* gemacht hat und mithin keine Sperrwirkung (→ Rn. 6) gegeben ist, was durch Auslegung zu ermitteln ist. Aufgrund der grds. Vollregelung durch das BNatSchG 2010 sind derartige Lücken freilich selten; im BNatSchG 2010 nicht geregelt wurde zB der ehrenamtliche Naturschutz, sodass entsprechendes Landesrecht fortgilt.[30]

Zweitens bleibt Landesnaturschutzrecht ausnahmsweise auch in vom Bund grds. erschöpfend geregelten Bereichen weiter relevant. Dies ist dort der Fall, wo das BNatSchG 2010 ex- oder implizit *Konkretisierungsermächtigungen,*[31] *Öffnungs-*[32] oder *Unberührtheitsklauseln*[33] zugunsten des Landesgesetzgebers enthält. Dies be-

---

[23] RL v. 21.5.1992 (ABl. L 206, 7). Gegen Deutschland läuft seit 2015 ein Vertragsverletzungsverfahren wegen mangelhafter Umsetzung der FFH-RL (Verfahren Nr. 2014/2262). Am 18.2.2021 hat die Kommission Klage eingereicht, → Rn. 114, 116.

[24] RL v. 30.11.2009 (ABl. 2010 L 20, 7). Zur Entwicklung *Louis* FS Dolde, 2014, S. 149 (150 ff.).

[25] VO v. 9.12.1996 (ABl. 1997 L 61, 1, ber. ABl. 1997 L 100, 72 und L 298, 70).

[26] VO v. 22.10.2014 (ABl. L 317, 35).

[27] → § 4 Rn. 4 ff.

[28] G über Naturschutz und Landschaftspflege (Bundesnaturschutzgesetz) v. 29.7.2009 (BGBl. I 2542). Zur Frage der Gesetzgebungskompetenz s. *Wormit* ZJS 2020, 585 (587 f.) sowie → § 3 Rn. 44 ff. Ausgeführt wird das Naturschutzrecht grds. von den Ländern. Für das jeweilige LNatSchG ergibt sich dies bereits aus Art. 30 GG, für das BNatSchG (und sonstige naturschutzrechtliche Bundesgesetze) aus Art. 30, 83, 84 I GG. Ausnahme: Bundesamt für Naturschutz (u. Fn. 52).

[29] Von „vielfältige(n) Gestaltungsmöglichkeiten" der Länder sprechen *Berghoff/Steg* NuR 2010, 17 (26).

[30] *Berghoff/Steg* NuR 2010, 17 (18 f.).

[31] ZB §§ 17 XI 1; 39 II 2, V 3; 43 IV; 45 VII 4; 54 X 1; 63 IV; 64 III; 68 IV BNatSchG.

[32] ZB §§ 3 I Nr. 1; 10 V; 11 VII; 15 VII 2; 16 II; 17 I; 22 II 1, IV 2; 30 VII 2; 59 II 1; 63 II Nr. 8; 65 III; 68 II 4, III BNatSchG.

[33] ZB §§ 11 I 4; 16 I 1 Nr. 5; 29 III; 44 IV 4; 61 I 3, II 2; 65 I 2; 66 V BNatSchG.

trifft aus kompetenzrechtlichen Gründen (vgl. Art. 30, 83, 84 I 1 GG) vor allem Zuständigkeits- und Verfahrensregelungen.

Drittens können die Länder aufgrund der Befugnis zur *Abweichungsgesetzgebung* nach Art. 72 III 1 Nr. 2, 84 I 2 Hs. 2 GG eigene Landesnaturschutzgesetze erlassen (→ Rn. 8).[34] Hiervon haben fast alle Bundesländer Gebrauch gemacht.[35]

8 Bei der Ausübung ihrer *Abweichungsgesetzgebungskompetenz* sind die Länder nicht an einfaches Gesetzesrecht des Bundes, sondern nur an verfassungs-, völker- und europarechtliche Vorgaben gebunden.[36] Im Grundsatz sind sie also inhaltlich – unter Beachtung des höherrangigen Rechts – frei.[37] Sie können auch ein in Regelungsintention und -ansatz abweichendes Gesetz erlassen, welches das BNatSchG umfassend verdrängt.[38] Ausgenommen sind allerdings gem. Art. 72 III 1 Nr. 2 GG die allgemeinen Grundsätze des Naturschutzes, das Recht des Artenschutzes und des Meeresnaturschutzes (sog. „abweichungsfeste Kerne");[39] hierdurch wird der Abweichungsspielraum der Länder iErg erheblich begrenzt.[40] Hinsichtlich des Inkrafttretens von Abweichungsgesetzen der Länder ist grds. die „Karenzfrist" von sechs Monaten zu beachten (Art. 72 III 2 GG). Gem. Art. 72 III 3 GG geht im Verhältnis von Bundes- und Landesrecht das jeweils spätere Gesetz vor. Die Norm ordnet dabei – im Unterschied zur Grundregel des Art. 31 GG – keinen Geltungs-, sondern nur einen Anwendungsvorrang des jüngeren Rechts an,[41] dh das verdrängte Recht wird nicht nichtig, sondern gilt weiterhin uneingeschränkt in allen Ländern ohne entsprechende Abweichungsregelung.

9 Bei den *„allgemeinen Grundsätzen des Naturschutzes"* iSd Art. 72 III 1 Nr. 2 GG handelt es sich um in allgemeiner Form formulierte, bundesweit verbindliche Grundsätze für den Schutz der Natur, insbes. die Erhaltung der biologischen Vielfalt (Legaldefinition: § 7 I Nr. 1 BNatSchG), die Sicherung der Leistungs- und Funktionsfähigkeit des Naturhaushaltes (Legaldefinition: § 7 I Nr. 2 BNatSchG), die Eingriffsregelung und das Habitatschutzrecht.[42] Nicht hierzu gehören die konkreten Voraussetzungen und Inhalte für die Festlegung von Schutzgebieten, die „gute fachliche Praxis" für die Land- und Forstwirtschaft sowie die Mitwirkung der Naturschutzverbände.[43] Allgemeine Grundsätze sind konkretisierungsfähig und gel-

---

34 *v. Stackelberg,* Die Abweichungsgesetzgebung der Länder im Naturschutzrecht, 2012, S. 20 f. Vgl. dazu *Petschulat* NuR 2015, 241 ff., 316 ff., 386 ff., 534 ff.

35 BWNatSchG v. 23.6.2015 (GBl. S. 585); BayNatSchG v. 23.2.2011 (GVBl. S. 82); BlnNatSchG v. 29.5.2013 (GVBl. S. 140); BbgNatSchAG v. 21.1.2013 (GVBl. I Nr. 3, ber. Nr. 21); HmbBNatSchAG v. 11.5.2010 (HmbGVBl. S. 350, ber. S. 402); HessAGBNatSchG v. 20.12.2010 (GVBl. I S. 629); MVNatSchAG v. 23.2.2010 (GVOBl. M-V S. 66); NdsAGBNatSchG v. 19.2.2010 (Nds. GVBl. S. 104); NatSchG NRW v. 15.11.2016 (GV. NRW. S. 934); RhPfNatSchG v. 6.10.2015 (GVBl. S. 283); SächsNatSchG v. 6.6.2013 (SächsGVBl. S. 451); LSANatSchG v. 10.12.2010 (GVBl. LSA S. 569); NatSchG SH v. 24.2.2010 (GVOBl. Schl.-H. S. 301, ber. S. 486); zuletzt ThürNatSchG v. 30.7.2019 (GVBl. S. 323). Einzig im Saarland besteht weiterhin nur das „Alt-LNatSchG" aus der Zeit vor dem BNatSchG 2010, SaarlNatSchG v. 5.4.2006 (Amtsbl. S. 726).

36 BT-Drs. 16/813, 11; *Becker* DVBl 2010, 754 (758); *Schulze-Fielitz* NVwZ 2007, 249 (254).

37 *Franzius* NVwZ 2007, 492 (494); aA *Meyer,* Die Föderalismusreform 2006, 2008, S. 170 f.

38 *Oeter* in Starck (Hrsg.), Föderalismusreform, 2007, Rn. 44.

39 BT-Drs. 16/813, 11; *Rengeling* DVBl 2006, 1537 (1542).

40 Vgl. *Becker* DVBl 2010, 754 (758); *v. Stackelberg* (o. Fn. 34) S. 174.

41 *Broemel* in v. Münch/Kunig (Hrsg.), GG, 7. Aufl. 2021, Art. 72 Rn. 56; *Stegmüller* DVBl 2013, 1477.

42 *Koch/Krohn,* Das Naturschutzrecht im Umweltgesetzbuch, 2008, S. 12 ff.

43 BT-Drs. 16/813, 11.

ten ohne landesspezifische Besonderheiten.[44] Detailregelungen schließt dies nicht notwendig aus.[45] Soweit die allgemeinen Grundsätze des Naturschutzes reichen, ist den Ländern eine abweichende (Voll-)Gesetzgebungskompetenz entzogen und ein bundeseinheitlicher Kern an Grundsätzen und Instrumenten des Naturschutzes garantiert.

Der Gesetzgeber spricht in den §§ 1 I, 6 I, 8, 13, 20, 30 I und 59 I BNatSchG ausdrücklich von allgemeinen Grundsätzen (Legaldefinition). Ob es sich dabei stets um allgemeine Grundsätze des Naturschutzes iSv Art. 72 III 1 Nr. 2 GG handelt, ist jedoch autonom aus dem Verfassungsrecht zu ermitteln, da ansonsten die Normenhierarchie „auf den Kopf" gestellt würde (vgl. Art. 20 III GG).[46] Definiert der Bund eine Regelung als abweichungsfest, obwohl sie dies nach Art. 72 III 1 Nr. 2 GG nicht ist, ist die Regelung verfassungswidrig; sie bleibt für die Länder gleichwohl weiter bindend,[47] bis das *BVerfG* die Verfassungswidrigkeit autoritativ feststellt.[48] Dagegen kann der Bundesgesetzgeber den Kreis allgemeiner Grundsätze des Naturschutzes enger definieren als Art. 72 III 1 Nr. 2 GG, insoweit auf die Ausübung seiner konkurrierenden Gesetzgebungskompetenz verzichten und den Ländern Freiräume zur eigenen Regelung belassen (Art. 72 I GG).[49]

Das *„Recht des Artenschutzes"* bzw. *„des Meeresnaturschutzes"* iSd Art. 72 III 1 Nr. 2 GG, wie es in den §§ 37–47 BNatSchG[50] bzw. in den §§ 56–58 BNatSchG ausgeformt ist, zählt vollständig zum abweichungsfesten Kern.[51]

Weitere Rechtsgrundlagen des nationalen Naturschutzrechts bilden insbes. das Gesetz über die Errichtung eines Bundesamtes für Naturschutz (BfN),[52] die Bundesartenschutzverordnung[53] und die Kostenverordnung zum BNatSchG.[54] Auch Bestimmungen des Jagdrechts[55] sowie des Flurbereinigungs-, Tierschutz- und Pflanzenschutzrechts verwirklichen Ziele des Naturschutzes.[56] 10

Das Bundeswaldgesetz (BWaldG)[57] enthält neben Bewirtschaftungsregeln auch Bestimmungen des Nebennaturschutzrechts. Zweck des *BWaldG* ist es nach § 1 Nr. 1 BWaldG, den Wald wegen seiner Nutz- sowie seiner Schutz- und Erholungsfunktion[58] zu erhalten, erforderlichenfalls zu mehren und seine ordnungsgemäße Bewirtschaftung nachhaltig zu sichern.[59]

---

44 *Köck/Wolf* NVwZ 2008, 353 (358 f.); *Schulze-Fielitz* NVwZ 2007, 249 (257).

45 *Gärditz* in Landmann/Rohmer UmweltR GG Art. 20a Rn. 119; *Krüsemann* in Czybulka (Hrsg.), Das neue Naturschutzrecht des Bundes, 2011, S. 27 (30 f.).

46 Vgl. dazu *Glaser* JuS 2010, 209 (210); *Meßerschmidt* UPR 2008, 361 (365 f.).

47 BVerfGE 98, 265 (319 f.).

48 *Gärditz* in Landmann/Rohmer UmweltR GG Art. 20a Rn. 120; *Louis* NuR 2010, 77 (78).

49 Hierzu *Schumacher* in Czybulka (o. Fn. 45) S. 38 (39 f.).

50 *Gellermann* NVwZ 2010, 73 (74).

51 *Kotulla* NVwZ 2007, 489 (493).

52 G v. 6.8.1993 (BGBl. I 1458). Das BfN ist Bundesoberbehörde, der – gestützt auf Art. 87 III 1 GG – in § 3 I Nr. 2 BNatSchG Vollzugsrechte für bestimmte Regelungen (zB § 40 II BNatSchG) eingeräumt wurden.

53 Bundesartenschutzverordnung v. 16.2.2005 (BGBl. I 258, 896); *Hellenbroich,* Europäisches und deutsches Artenschutzrecht, 2006, S. 132 ff.

54 VO v. 25.3.1998 (BGBl. I 629).

55 Für die Jagdausübung in Schutzgebieten treffen die Länder spezifische Regelungen, vgl. etwa § 42 V BWJWMG; § 20 I LJagdG NRW. Zu Konflikten zwischen Naturschutz- und Jagdrecht s. *Wolf* ZUR 2012, 331 ff. Zum Jagdrecht als Schutzverbürgung des Art. 14 GG *Brenner/Hyckel* NuR 2019, 15 ff.

56 *Schlacke/Huggins* in Ehlers/Fehling/Pünder § 50 Rn. 32 ff.

57 Bundeswaldgesetz v. 2.5.1975 (BGBl. I 1037). Zum Verhältnis zum BNatSchG *Rehbinder* NuR 2018, 2 (4 ff.); *Czybulka* NuR 2020, 73 ff.

58 Vgl. parallel die §§ 59 ff. BNatSchG; vgl. zur Sozial- bzw. Ökologiepflichtigkeit des Waldeigentums *Czybulka* NuR 2020, 73 (75 f.); *dens.* in Bauer ua (Hrsg.), Umwelt, Wirtschaft und Recht, 2002, S. 89 ff.

59 Ausf. zum Waldschutz *Kloepfer/Durner* UmweltschutzR § 12 Rn. 85 f.

11 Das im Rahmen des entsprechenden Aktionsprogramms der Bundesregierung im Juni 2021 beschlossene Insektenschutzgesetz soll den zentralen Ursachen des Insektensterbens entgegenwirken. Das Gesetz[60] sieht ua die Einschränkung des Einsatzes von Biozidprodukten (§ 30a BNatSchG), die Eindämmung von Lichtverschmutzung (§§ 41a, 54 IVd BNatSchG) und die Erweiterung der Liste gesetzlich geschützter Biotope um „magere Flachland-Mähwiesen und Berg-Mähwiesen, Streuobstwiesen, Steinriegel und Trockenmauern" (§ 30 II Nr. 7 BNatSchG) vor.

II. Die Ziele des Naturschutzes und die Rechtsdurchsetzung

1. Ziele

12 Die Ziele des Naturschutzes und der Landschaftspflege sind in § 1 BNatSchG geregelt, dessen Abs. 1 einen allgemeinen Grundsatz (vgl. Art. 72 III 1 Nr. 2 GG, → Rn. 9) enthält. Die Zielnorm des § 1 BNatSchG lehnt sich an den Gesetzgebungsauftrag des Art. 20a GG an und setzt diesen für den Bereich des Naturschutzes und der Landschaftspflege um.[61] In der ausdrücklichen Bezugnahme auf die „Verantwortung für die künftigen Generationen" und dem Ziel der dauerhaften Sicherung von Natur und Landschaft (§ 1 I Hs. 1 BNatSchG) ist eine Ausprägung des in Art. 20a GG verfassungsrechtlich verankerten (ökologischen) Nachhaltigkeitsprinzips[62] zu sehen.

13 Seit dem BNatSchG 2002 benennt § 1 I Hs. 1 BNatSchG den *Schutzzweck* dahingehend, dass Natur und Landschaft nicht mehr nur als Grundlage für Leben und Gesundheit des Menschen (dienende Funktion), sondern auch „auf Grund ihres eigenen Wertes" (Selbstzweck) zu schützen sind (gemischt anthropozentrisch-ökozentrischer Ansatz bzw. „geläuterte Anthropozentrik").[63] Der Schutz soll – nach Maßgabe der konkretisierenden Regelungen in § 1 II–VI BNatSchG – so erfolgen, dass die drei primären Zielformulierungen, nämlich Schutz der biologischen Vielfalt,[64] der Leistungs- und Funktionsfähigkeit des Naturhaushalts sowie der Vielfalt, Eigenart, Schönheit und des Erholungswertes von Natur und Landschaft auf Dauer verwirklicht werden (§ 1 I Hs. 1 BNatSchG). Er umfasst auch die Pflege, Entwicklung und ggf. Wiederherstellung der Natur und Landschaft (§ 1 I Hs. 2 BNatSchG), erfolgt also heute gerade nicht mehr nur konservierend, sondern auch aktiv gestaltend und reparierend (→ Rn. 3). Während § 1 II–IV BNatSchG den drei primären Zielformulierungen in Absatz 1 systematisch zugeordnet sind, umfassen § 1 V, VI BNatSchG Querschnittsaspekte, die bei den zuvor genannten Zielverwirklichungen stets zu berücksichtigen sind und so zur Zielkonkretisierung beitragen.

14 Zur *Verwirklichung der Ziele* des § 1 BNatSchG soll gem. § 2 I BNatSchG jeder beitragen und sich so verhalten, dass Natur und Landschaft nicht mehr als nach den Umständen unvermeidbar beeinträchtigt werden. Auch Behörden haben dies im Rahmen ihrer Zuständigkeit zu unterstützen (§ 2 II BNatSchG). Im Weiteren hat die Implementierung der Ziele nach Maßgabe der konkretisierenden Grundsätze

---

[60] BT-Drs. 575/21. Der fast unverändert angenommene Entwurf der Bundesregierung (BR-Drs. 150/21) verweist auf *BMU*, Aktionsprogramm Insektenschutz, 2019. Dazu erhellend *Jürging/Lütkes/Unkelbach* NuR 2021, 237 ff.

[61] *Gellermann* in Hansmann/Sellner Abschn. 10 Rn. 15, 30 f.; *Wormit* ZJS 2020, 585 (589).

[62] → § 4 Rn. 36 ff.

[63] Vgl. *Kloepfer/Durner* UmweltschutzR § 12 Rn. 11. Zum ökozentrischen Ansatz §§ 23 I Nr. 3, 28 I Nr. 2 BNatSchG.

[64] Ausf. *Roden* (o. Fn. 2) S. 232 ff.

und behördlichen Handlungsanleitungen des § 2 III BNatSchG zu erfolgen. Bei der Bewirtschaftung von Grundflächen im Eigentum oder Besitz der öffentlichen Hand trifft den Staat eine „Vorbildfunktion" (vgl. § 2 IV BNatSchG). Aufgrund des Bedürfnisses, Probleme wie den Rückgang der biologischen Vielfalt am Verbreitungsgebiet der Arten orientiert zu behandeln, kommt der internationalen Zusammenarbeit für den Naturschutz und die Landschaftspflege besondere Bedeutung zu. Dabei ist nach § 2 V BNatSchG die Errichtung des europäischen Netzes „Natura 2000" (→ Rn. 114 ff.) ein zentrales Instrument des arterhaltenden Biotopschutzes; unterstützend wirkt das Übereinkommen vom 16.11.1972 zum Schutz des Kultur- und Naturerbes der Welt[65] (§ 2 V 2 BNatSchG). Schließlich ist das allgemeine Verständnis für die Ziele des § 1 BNatSchG mit geeigneten Mitteln (insbes. Öffentlichkeitsarbeit durch Erziehungs-, Bildungs- und Informationsträger) zu fördern (§ 2 VI BNatSchG).

2. Rechtsdurchsetzung

Die *Durchsetzung* der Ge- und Verbote des Naturschutzrechts erfolgt grds. *ordnungsrechtlich.* Das BNatSchG 2010 hat hierzu eine unmittelbar geltende bundesrechtliche *Ermächtigungsgrundlage* geschaffen, die bisherige landesrechtliche Regelungen ersetzt:[66] Ermächtigt sind gem. § 3 II BNatSchG die für Naturschutz und Landschaftspflege *zuständigen Behörden,* die sich auf der Grundlage des § 3 I BNatSchG (und als Konsequenz aus Art. 83, 84 I 1 GG)[67] in erster Linie und vorbehaltlich punktueller Zuständigkeiten des BfN[68] nach Landesrecht bestimmen.[69] **15**
Diese generalklauselartige Ermächtigungsgrundlage in § 3 II BNatSchG ist demokratisch und rechtsstaatlich unbedenklich, namentlich mit dem Vorbehalt des Gesetzes vereinbar,[70] weil sie nicht das Eingriffsprogramm selbst abschließend regelt, sondern – vergleichbar der „öffentlichen Sicherheit" in den Generalklauseln der Polizeigesetze – auf die im Einzelnen detailliert ausgestalteten Tatbestände des Naturschutzrechts verweist. Die Inanspruchnahme der Ermächtigung steht im *pflichtgemäßen Ermessen* (§ 40 VwVfG) der Behörde.[71]

Viele Landesgesetzgeber haben den – aus Kompetenzgründen streng auf den Vollzug von Bundesrecht beschränkten – Anwendungsbereich des § 3 II BNatSchG durch entsprechende Regelungen im jeweiligen LNatSchG[72] auf den Vollzug des materiellen Landesnaturschutzrechts ausgedehnt und auf eigene Ermächtigungsklauseln verzichtet.[73]

Neben den ordnungsrechtlichen Instrumenten ist nach § 3 III BNatSchG *kooperatives Verwaltungshandeln* bei der Durchsetzung des Naturschutzrechts von Bedeutung. Hiernach soll sog. *Vertragsnaturschutz* vorrangig in Betracht gezogen werden. Zu dieser Prüfung ist die Behörde grds. verpflichtet, wenngleich die Wahl **16**

---

65 BGBl. 1977 II 213, 215.
66 *Lütkes* in ders./Ewer (Hrsg.), BNatSchG, 2. Aufl. 2018, § 3 Rn. 7.
67 *Frenz/Hendrischke* in Frenz/Müggenborg (Hrsg.), BNatSchG, 3. Aufl. 2021, § 3 Rn. 6.
68 Insbes. im Artenschutzrecht, zB § 45 VII, VIII BNatSchG.
69 ZB §§ 57 ff. BWNatSchG, Art. 43 f. BayNatSchG, §§ 46 ff. SächsNatSchG. Die örtliche Zuständigkeit ergibt sich hingegen aus dem allg. Verwaltungsrecht der Länder (zB § 3 BWLVwVfG).
70 *Fischer-Hüftle/Schumacher* in Schumacher/Fischer-Hüftle (Hrsg.), BNatSchG, 3. Aufl. 2021, § 3 Rn. 12.
71 *Stöckel/Müller-Walter* in Erbs/Kohlhaas (Hrsg.), Strafrechtliche Nebengesetze, BNatSchG § 3 Rn. 7.
72 So etwa § 4 I BWNatSchG, § 2 S. 1 HmbBNatSchAG, § 2 S. 1 SächsNatSchG. Spezielle Eingriffsbefugnisse dagegen in Art. 36 I BayNatSchG.
73 *Frenz/Hendrischke* (o. Fn. 67) § 3 Rn. 46.

der Maßnahme in ihrem Ermessen steht und dem Vertragsnaturschutz kein genereller Vorrang vor ordnungsrechtlichen Maßnahmen zukommt.[74] In der Vereinbarung – meist ein öffentlich-rechtlicher Vertrag (§§ 54 ff. VwVfG) – verpflichtet sich der Grundstückseigentümer bzw. der Nutzungsberechtigte, bestimmte Naturschutzmaßnahmen vorzunehmen, zu dulden oder naturschädigende Handlungen zu unterlassen und erhält dafür eine Gegenleistung, meist eine Geldzahlung.[75] Ein Handeln durch Vertrag kommt nicht in Betracht, wenn es zur Zweckerreichung nicht geeignet ist, zB wenn ein außenverbindlicher Schutz gegenüber Dritten erforderlich ist,[76] und genügt auch nicht bei der Ausweisung eines Natura 2000-Gebiets (→ Rn. 114 ff.).[77] Der Vertragsnaturschutz genießt gegenüber dem Ordnungsrecht erhöhte Akzeptanz, ist jedoch nicht immer gleich effektiv und zudem mit Kosten für die öffentliche Hand verbunden (zB Ausgleichszahlungen).[78]

17 Für die Durchsetzung der Ziele des Naturschutzes und der Landschaftspflege bedarf es überdies einer engen *Zusammenarbeit der Behörden* und *Öffentlichkeitsbeteiligung.* § 3 V 1 BNatSchG sieht eine Pflicht der für naturschutzrelevante öffentliche Planungen und Maßnahmen zuständigen Behörden zur Beteiligung der zuständigen Naturschutzbehörden vor; die Form der Beteiligung bestimmt sich primär nach Spezialgesetz; subsidiär umfasst sie jedenfalls eine Unterrichtungspflicht sowie die Pflicht, den Naturschutzbehörden die Gelegenheit zur Stellungnahme zu geben. Umgekehrt trifft die Beteiligungspflicht auch die Naturschutzbehörden, falls deren Planungen und Maßnahmen den Aufgabenbereich anderer Behörden berühren können (§ 3 V 2 BNatSchG). Gem. § 3 VI BNatSchG erfolgt ferner ein frühzeitiger Austausch mit Betroffenen und der interessierten Öffentlichkeit.

III. Die Landwirtschaft

18 Als besonders konfliktträchtig erweist sich das Verhältnis des Natur- und Landschaftsschutzes zur land- und forstwirtschaftlichen Nutzung der Natur.[79] Durch die Intensivierung der Landwirtschaft wurde und wird der Natur nicht selten ein erheblicher Schaden zugefügt. Ursächlich hierfür sind die übermäßige Verwendung von Dünge- und Pflanzenschutzmitteln, welche zu schwerwiegenden Gewässerverschmutzungen führt, die Vergrößerung der Anbauflächen, wodurch der Lebensraum vieler Arten zerstört wird, Monokulturen oder die Entwässerung von Feuchtflächen.[80] Das Düngemittel-[81] und das Pflanzenschutzrecht[82] – als besonderes Stoffrecht[83] – verfolgen flankierend auch naturschutzfachliche Ziele, nämlich die Begrenzung von landwirtschaftlichen Einträgen, die den Naturhaushalt schädigen und sich

[74] *Krohn* in Schlacke (Hrsg.), GK-BNatSchG, 2. Aufl. 2016, § 3 Rn. 48.
[75] *Fischer-Hüftle/Schumacher* (o. Fn. 70) § 3 Rn. 50 f.
[76] *Krohn* (o. Fn. 74) § 3 Rn. 51 f.
[77] *EuGH*, Rs. C-96/98 (Poitou-Sümpfe), Slg. 1999, I-8531 Rn. 22, 26; *Rehbinder* ZUR 2008, 178 (180).
[78] *Meßerschmidt*, Bundesnaturschutzrecht, BNatSchG § 3 Rn. 28.
[79] *Kloepfer* NuR 2018, 11 (13 ff.).
[80] Hierzu *Schink* UPR 1999, 8 ff.
[81] Düngegesetz v. 9.1.2009 (BGBl. I 54, 136). Zum Düngemittelrecht als Agrarumweltrecht *Grimm*, Agrarrecht, 4. Aufl. 2015, S. 165 ff.; *Köck* ZUR 2019, 67 (70 ff.).
[82] VO (EG) Nr. 1107/2009 des Europäischen Parlaments und des Rates v. 21.10.2009 über das Inverkehrbringen von Pflanzenschutzmitteln (ABl. L 209, 1); Pflanzenschutzgesetz v. 6.2.2012 (BGBl. I 148, 1281).
[83] S. *Rengeling*, Europäisches Stoffrecht, 2009, S. 53 ff., 66 ff.

insbes. auf die Biodiversität nachteilig auswirken (vgl. § 5 II Nr. 6 BNatSchG).[84] Auf der anderen Seite gehören Land-, Forst- und Fischereiwirtschaft zu den traditionellen und notwendigen Nutzungen der Landschaft, sodass zwischen den verschiedenen Interessen ein angemessener Ausgleich zu finden ist (vgl. § 5 I BNatSchG).[85] Nähere Anforderungen an die Bodennutzung werden in § 5 II BNatSchG konkretisiert, ergeben sich überdies aber auch aus § 17 II BBodSchG. Zentraler Topos ist hierbei die „gute fachliche Praxis".[86] Verlangt werden nach § 5 II Nr. 1, 2 BNatSchG nachhaltige Bewirtschaftungsmethoden, sowie nach § 5 II Nr. 3 BNatSchG der Erhalt der zur Biotopvernetzung notwendigen Landschaftselemente. Umstritten ist, ob § 5 II BNatSchG Verbotscharakter hat und somit nach § 3 II BNatSchG (→ Rn. 15) durchsetzbar ist.[87]

Diesen speziellen Bedürfnissen trägt das BNatSchG insbes. dadurch Rechnung, dass 19 eine land-, forst- und fischereiwirtschaftliche Bodennutzung nach der Landwirtschaftsklausel des § 14 II 1 BNatSchG *nicht* als Eingriff in Natur und Landschaft (→ Rn. 40 ff.) gilt, soweit dabei die Ziele des Natur- und Landschaftsschutzes berücksichtigt werden.[88] Ausgenommen ist hierbei allerdings nur die *tägliche Wirtschaftsweise eines Landwirts,*[89] nicht aber Eingriffe zur Vorbereitung einer Nutzung, wie etwa die Rodung von Feldgehölzen.[90] § 14 II 1 BNatSchG ist dogmatisch richtigerweise als unwiderlegliche Vermutungsregel einzuordnen.[91] Es kommt nicht darauf an, ob die einzelnen Tätigkeiten der Bodennutzung den Eingriffstatbestand des Absatzes 1 verwirklichen, was die mitunter schwierige Bestimmung der Eingriffsqualität landwirtschaftlicher Bodennutzungen erübrigt. Die Vereinbarkeit mit den Zielen des Naturschutzes und der Landschaftspflege wird für solche Nutzungen aufgrund einer widerleglichen Vermutung in § 14 II 2 BNatSchG in Formen angenommen, die den Anforderungen des § 5 II BNatSchG sowie der guten fachlichen Praxis in § 17 II BBodSchG und dem Land-, Forst- und Fischereirecht entsprechen. Ziel der Vorschrift ist es, in Einklang mit dem Vorsorgeprinzip nur solche Bodennutzungen zu privilegieren, bei denen sich ein verständiger (Natur-)Nutzer bereits von vornherein mit den Belangen von Natur und Landschaft berücksichtigend auseinandersetzt.[92]

Um die Durchsetzung von Naturschutzmaßnahmen zu erleichtern und deren Ak- 20 zeptanz bei Land- und Forstwirtschaft zu erhöhen, sieht § 68 IV BNatSchG vor, dass die Länder Vorschriften über den angemessenen Ausgleich von Nutzungsbeschränkungen erlassen können, bei denen keine Entschädigung nach § 68 I–III BNatSchG zu leisten ist.[93] Gemeint sind damit in erster Linie die Fälle, in denen die

---

[84] Vgl. auch zum Klimaschutz *Peine* StoffR 2012, 96 ff.

[85] Zur Einbettung der Landwirtschaft in den Gesamtregelungskomplex *Rehbinder* NuR 2011, 241 ff.; *Köck* ZUR 2019, 67 ff.

[86] *Schlacke/Huggins* in Ehlers/Fehling/Pünder § 50 Rn. 63 ff.; *Schrader* NuR 2003, 80 (83 f.). Zur Einordnung als unverbindliche Handlungsdirektiven *Möckel* NuR 2018, 742 (742 f.); *Köck* ZUR 2019, 67 (67).

[87] Bejahend *VG Stade* ZUR 2014, 57 (59 f.); abl. *OVG Lüneburg* NuR 2015, 639 f., bestätigt durch BVerwGE 156, 94 Rn. 27. Vgl. *Heugel* in Landmann/Rohmer UmweltR BNatSchG § 5 Rn. 33 ff. mwN.

[88] Hierzu *Maaß/Schütte* in Koch/Hofmann/Reese UmweltR-HdB § 7 Rn. 50; *Werner,* Die Landwirtschaftsklauseln im Naturschutzrecht, 2000. Zur Reichweite des naturschutzrechtlichen Privilegs vgl. *VGH München* ZUR 2016, 308 (309 f.).

[89] Vgl. *BVerwG* NVwZ-RR 2019, 896 (897).

[90] Beispiele bei *Lütkes* (o. Fn. 66) § 14 Rn. 32 f.

[91] *Guckelberger* in Frenz/Müggenborg (o. Fn. 67) § 14 Rn. 55.

[92] Vgl. *Gassner/Heugel,* Das neue Naturschutzrecht, 2010, Rn. 286.

[93] Regelungen zum sog. Erschwernis- oder Härteausgleich in § 56 BWNatSchG, Art. 42 II BayNatSchG.

Schwelle des eigentumsrechtlich noch Zulässigen nicht überschritten wird, also keine ausgleichspflichtige Inhalts- und Schrankenbestimmung vorliegt, aus Billigkeitserwägungen ein Ausgleich dennoch geboten erscheint. Daneben werden aber auch sog. „salvatorische Entschädigungsklauseln“[94] erfasst, die lediglich dann eingreifen sollen, sofern in Härtefällen Eigentümern ein außergewöhnliches Sonderopfer abverlangt wird, ohne dass von ihnen Geldersatz nach sonstigen Vorschriften erlangt werden kann.[95] Solche „salvatorischen Entschädigungsklauseln“ können aufgrund der Bindungen des Art. 14 I 1, 2 GG freilich nur bei verfassungskonformer[96] Umdeutung Grundlage von Entschädigungsansprüchen sein.[97]

IV. Die Landschaftsplanung

Fall 19: Ein Landrat als Pionier

21 Als Teil des Regionalplans Donau-Iller wurde von der zuständigen Landesplanungsbehörde auch ein Landschaftsrahmenplan für verbindlich erklärt. Darin wurden ua die Donauauen im Landkreis Flussstadt als geschützte Landschaftsbestandteile ausgewiesen; bauliche Anlagen sowie Beeinträchtigungen der natürlichen Gegebenheiten durch Bodenkultivierungen sollten in den Augebieten unzulässig sein. Landrat *Freybeuter (F),* der das Gebiet für die Naherholung erschließen will, möchte wissen, ob ein Landschaftsrahmenplan mehr als unverbindliche Zielvorstellungen enthält.

1. Funktion der Landschaftsplanung im System des Planungsrechts

22 Die Integration der Landschaftsplanung (§§ 8–12 BNatSchG[98]) in das naturschutzrechtliche Instrumentarium soll durch die Festlegung auf ein ökologisch orientiertes räumliches Nutzungskonzept dem *Vorsorgeprinzip*[99] Rechnung tragen.

Aufgabe der Landschaftsplanung ist es, die *Ziele* des Naturschutzes und der Landschaftspflege für den jeweiligen (örtlichen oder überörtlichen) Planungsraum zu *konkretisieren* sowie die *Erfordernisse und Maßnahmen zur Verwirklichung* dieser Ziele für die naturschutzrelevanten Planungen und Verwaltungsverfahren *aufzuzeigen,* dh darzustellen und zu begründen (§ 9 I, II 1 BNatSchG). Die Landschaftsplanung erfüllt somit eine Doppelfunktion (Konkretisierung und Verwirklichung; vgl. auch § 8 BNatSchG, der einen allgemeinen Grundsatz iSd Art. 72 III 1 Nr. 2 GG darstellt, → Rn. 9). Dies erfolgt gem. § 9 II 2 BNatSchG in Landschaftsprogrammen, Landschaftsrahmenplänen (§ 10 BNatSchG), Landschaftsplänen sowie Grünordnungsplänen (§ 11 BNatSchG) (→ Rn. 26 ff.).

---

94 Etwa im Landesrecht, vgl. § 56 I BWNatSchG, Art. 42 I BayNatSchG.

95 Vgl. *Gassner* in ders./Bendomir-Kahlo/Schmidt-Räntsch (Hrsg.), BNatSchG, 2. Aufl. 2003, § 5 Rn. 16 ff.

96 S. BVerfGE 100, 226 (245 ff.).

97 → Rn. 108. Zum Problem *Ossenbühl/Cornils,* Staatshaftungsrecht, 6. Aufl. 2013, S. 216, 246 ff.

98 Stellv. aus der konkretisierenden Landesgesetzgebung §§ 10–13 BWNatSchG, Art. 4 BayNatSchG, §§ 7–15 BlnNatSchG, §§ 4 f. HmbBNatSchAG, §§ 6 ff. NatSchG NRW, § 5 RhPfNatSchG.

99 → § 4 Rn. 22 ff.

Da sie lediglich ökologische und landschaftspflegerische Aspekte zum Gegenstand hat, ist die Landschaftsplanung als sektoral orientierte *Fachplanung* für den Naturschutz zu bezeichnen.[100] 23

Daneben leistet sie aber auch einen bedeutenden Beitrag bei der Mitwirkung an der *räumlichen Gesamtplanung,* indem die Ziele des § 1 BNatSchG in allen Fachplanungen und Verwaltungsverfahren, die Auswirkungen auf Natur und Landschaft haben, zu berücksichtigen sind.[101] Das (raum-)planerische Abwägungsgebot, das dem Rechtsstaatsprinzip (Art. 20 III, 28 I 1 GG) entnommen wird,[102] verlangt eine angemessene relationale Gewichtung der konkurrierenden Belange, setzt aber damit inhärent voraus, dass überhaupt eine sachrichtige Bestandsaufnahme der naturschutzfachlichen Belange in ihrer Wertigkeit erfolgt.[103] Diese tatsachenbezogene Vorleistung („vorbereitende, informierende Planung“[104]) soll die Landschaftsplanung – sektoral auf den Naturschutz bezogen – unterstützen.[105] Für die Bauleitplanung wird diese *Vorleistungsfunktion* der Landschaftsplanung in § 2 IV 6 BauGB ausdrücklich festgeschrieben.

Um eine Verknüpfung mit den Planungsebenen der gesamtplanerischen Raumplanung (hochstufige Landesplanung, Regionalplanung, vorbereitende und verbindliche Bauleitplanung) zu ermöglichen, geht das BNatSchG von einem grds. *vierstufigen* Aufbau der Landschaftsplanung (Landschaftsprogramme, Landschaftsrahmenpläne, Landschaftspläne und Grünordnungspläne) aus. Aufgrund des allgemeinen Grundsatzes der Landschaftsplanung (§ 8 BNatSchG) ist aber lediglich eine *zweistufige* Differenzierung nach *überörtlicher und örtlicher* Landschaftsplanung abweichungsfest gewährleistet. Dementsprechend verfolgt das Landesrecht teils auch unterschiedliche Stufenlösungen.[106] 24

Allgemeine *Mindestinhalte* der Landschaftsplanung ergeben sich aus § 9 III BNatSchG. Daneben sind die Fortschreibe- und Berücksichtigungspflichten gem. § 9 IV, V BNatSchG zu beachten. 25

2. Überörtliche Landschaftsplanung

Im überörtlichen Bereich sieht § 10 BNatSchG die Beplanung der Landschaft in Form von *Landschaftsprogrammen* und *Landschaftsrahmenplänen* vor. 26

a) Landschaftsprogramme

Landschaftsprogramme haben die Aufgabe, für den Bereich eines Bundeslandes (§ 10 I 1 1. Alt. BNatSchG) die zur Verwirklichung naturschutzrechtlicher Ziele erforderlichen Maßnahmen unter Beachtung der Ziele und Berücksichtigung der Grundsätze der Raumordnung und Landesplanung (§ 10 I 2 BNatSchG) darzustellen. 27

---

[100] *Schlacke* § 10 Rn. 24; *Jessel/Tobias,* Ökologisch orientierte Planung, 2002, S. 32.

[101] *Mühlbauer* in Lorz/Konrad/ders./Müller-Walter/Stöckel (Hrsg.), Naturschutzrecht, 3. Aufl. 2013, § 9 Rn. 3. Zur Landschaftsplanung als Schnittstelle zwischen Naturschutz- und Wasserrecht *Gärditz* W+B 2015, 65 (75 f.).

[102] BVerwGE 64, 33 (35); 41, 67 (68); *Schmidt-Aßmann* DÖV 1981, 237 (240).

[103] *Gassner,* Natur- und Landschaftsschutzrecht, 2. Aufl. 2016, Rn. 251 ff.

[104] *Maaß/Schütte* in Koch/Hofmann/Reese UmweltR-HdB § 7 Rn. 68.

[105] *Auhagen* in ders./Ermer/Mohrmann (Hrsg.), Landschaftsplanung in der Praxis, 2002, S. 67 (68).

[106] Vier Stufen: §§ 11 I, II, 12 I, II BWNatSchG, Art. 4 I, II BayNatSchG, §§ 6 I, II, 7 S. 1 SächsNatSchG; zwei Stufen: §§ 8, 9 BlnNatSchG.

Landschaftsprogramme können gem. § 10 II 1 BNatSchG fakultativ aufgestellt werden. In diesem Fall sind sie auf der entsprechenden Ebene der Landesplanung (hochstufige Landesplanung) zu integrieren, sog. „mitlaufende Planung". Hierfür haben die Länder im Wesentlichen zwei Wege vorgesehen, den der unmittelbaren bzw. Primärintegration und insbes. den der mittelbaren bzw. Sekundärintegration.[107] Während bei der Primärintegration[108] die Landschaftsplanung von vornherein als Teil der räumlichen Gesamtplanung (vor allem Landesentwicklungsprogramme, Regionalpläne) erarbeitet und abgewogen wird und somit auch als unmittelbarer Bestandteil der Landesplanung ausgestaltet ist, werden bei der Sekundärintegration die Landschaftsprogramme[109] separat aufgestellt und danach durch einen besonderen Transformationsakt in die Landesplanung integriert.[110] Gemischte Modelle sind ebenfalls möglich.

b) Landschaftsrahmenpläne

28 Denselben Zweck wie das Landschaftsprogramm verfolgt der in *Fall 19* angesprochene Landschaftsrahmenplan; er erstreckt sich allerdings nur auf Teile eines Bundeslandes (vgl. § 10 I 1 2. Alt. BNatSchG) und hat als dem Landschaftsprogramm nachgeordneter Plan zunächst die Aufgabe, dessen Aussagen für eine bestimmte Region zu konkretisieren und dadurch die örtliche Landschaftsplanung zu lenken. Die Integration der Landschaftsrahmenpläne in die Regionalplanung der Länder erfolgt wiederum nach den Modellen der Primär- oder Sekundärintegration.[111] Im Unterschied zu den Landschaftsprogrammen sind die Landschaftsrahmenpläne gem. § 10 II 2 BNatSchG obligatorisch für alle Teile des Landes aufzustellen, soweit nicht ein Landschaftsprogramm seinen Inhalten und seinem Konkretisierungsgrad nach einem Landschaftsrahmenplan entspricht.

c) Verbindlichkeit der überörtlichen Landschaftsplanung

29 Soweit Landschaftsprogramme und Landschaftsrahmenpläne in die jeweiligen hochstufigen Landes- oder Regionalpläne integriert worden sind und somit einen Teil der Raumordnungsplanung bilden, entfalten sie gem. § 4 I ROG als Ziele der Raumordnung gegenüber öffentlichen Stellen Bindungswirkung,[112] indem sie bei raumbedeutsamen Planungen „zu beachten" sind. Subjektive Rechte werden hierdurch nicht begründet; den Zielen der Raumordnung kommt daher allenfalls eine mittelbare Außenwirkung zu.[113] Nach § 1 IV BauGB sind überdies Bauleitpläne den Zielen der Raumordnung anzupassen,[114] was sich inhaltlich mit der raumordnungsrechtlichen Beachtenspflicht deckt.[115] Nach § 2 IV 6 BauGB sind Landschaftspläne – zur Vermeidung unnötiger Parallelplanungen[116] – in die bei der Bauleitplanung durchzuführende Umweltprüfung[117] einzubeziehen.

---

[107] Vgl. *Gellermann* NVwZ 2010, 73 (76); *Kotulla* Teil 7 Rn. 15.
[108] Vgl. etwa Art. 4 I, II BayNatSchG, § 6 I, II HessAGBNatSchG.
[109] Vgl. etwa § 11 I 2 BWNatSchG, § 5 I RhPfNatSchG.
[110] *Kloepfer/Durner* UmweltschutzR § 12 Rn. 22.
[111] Vgl. hierzu *Hoppe/Beckmann/Kauch* § 15 Rn. 54.
[112] Vgl. *Steiner* in ders./Brinktrine (Hrsg.), Besonderes Verwaltungsrecht, 9. Aufl. 2018, § 5 Rn. 45 ff.
[113] *Battis* in ders./Krautzberger/Löhr, BauGB, 14. Aufl. 2019, § 1 Rn. 35.
[114] *Oldiges/Brinktrine* in Steiner/Brinktrine (o. Fn. 112) § 5 Rn. 45 ff.
[115] BVerwGE 90, 329 (332 f.); *Battis* (o. Fn. 113) § 1 Rn. 33.
[116] *Söfker/Krautzberger/Kment* in Ernst/Zinkahn/Bielenberg/Krautzberger (Hrsg.), BauGB § 2 Rn. 548.
[117] → § 4 Rn. 85 ff.

Die Stadtstaaten kennen keine Landschaftsrahmenpläne und gestalten die Landschaftsprogramme nach Maßgabe ihrer Naturschutzgesetze durch Beschluss der Parlamente als Rechtsnormen aus.[118] Die Programme sind danach also für alle Behörden des Landes unmittelbar verbindlich. Diese Regelungen ersetzen nach § 11 V BNatSchG zugleich die Landschaftspläne. 30

F muss sich in *Fall 19* damit abfinden, dass die Festlegungen im Landschaftsrahmenplan für den Landkreis als öffentlichen Planungsträger grds. verbindlich sind, wenn auch im Einzelnen der Rahmencharakter der Regionalplanung dem Planungsträger einen gewissen Konkretisierungsspielraum lässt. Da jedoch die Zuständigkeit für die Planung im Kommunalbereich bei den Gemeinden und nicht bei den Landkreisen liegt, beeinträchtigt der erlassene Landschaftsrahmenplan den Landkreis Flussstadt nicht in eigenen Planungsbefugnissen. Allenfalls einzelne Gemeinden könnten die Festsetzungen angreifen, wenn und soweit ihnen dadurch ihr Recht auf angemessene Eigenentwicklung beschnitten wird. 31

d) Rechtsschutz

Sofern das Landschaftsprogramm bzw. das Landesentwicklungsprogramm als Rechtsverordnung beschlossen wird,[119] steht einem dadurch in eigenen Rechten – insbes. der Planungshoheit (Art. 28 II 1 GG) – verletzten nachfolgenden Planungsträger die Möglichkeit offen, im Wege eines prinzipalen Normenkontrollverfahrens nach Maßgabe des jeweiligen Landesrechts gem. § 47 I Nr. 2 VwGO dagegen vorzugehen.[120] Erfolgt keine ausdrückliche Normierung dieser Pläne als Rechtsverordnung,[121] so ist die Rechtsnatur der einzelnen Pläne umstritten. Sie können als Rechtsverordnung im materiellen Sinn, als Verwaltungsakt gegenüber anpassungspflichtigen Planungsträgern, als Verwaltungsinternum oder als hoheitliche Willenskundgebung eigener Art[122] angesehen werden. 32

IErg lassen sich die Pläne der überörtlichen Landschaftsplanung, denen über die Landesplanung verbindliche Wirkung zukommt, nicht als bloße Verwaltungsvorschriften charakterisieren, sondern müssen als landesrechtliche, im Rang unter dem Gesetz stehende Rechtsvorschriften angesehen werden, deren Kontrolle nach Maßgabe des Landesrechts über § 47 I Nr. 2 VwGO möglich ist.[123] Das *BVerwG* hat dies für Ziele der Raumordnung (§ 4 I ROG) aufgrund der normativen Außenwirkung generell bejaht, selbst wenn das Landesrecht keine Rechtsform für deren Erlass vorsieht.[124] Dies gilt freilich nur, soweit das Landesrecht von einer entsprechenden Öffnung auch Gebrauch gemacht hat. In den Ländern, die eine prinzipale Normenkontrolle nicht vorsehen, kann zwar die Kontrolle von Raumordnungsplänen über eine Feststellungsklage (§ 43 VwGO)[125] angedacht werden, jedoch besteht kein Rechtsschutzdefizit, da Art. 19 IV GG keine prinzipale Normenkontrolle fordert und vollziehende Einzelakte (Genehmigungsversagungen, Verbote 33

---

[118] § 9 I 2 BlnNatSchG, § 4 I 1 HmbBNatSchAG. Vgl. *Schlacke/Huggins* in Ehlers/Fehling/Pünder § 50 Rn. 72.

[119] § 10 I BWLplG, Art. 20 II BayLplG, § 4 V HLPG, § 17 II NRWLPlG.

[120] *Kment* NVwZ 2003, 1047 (1048) mwN zur Rechtslage in den einzelnen Bundesländern. In Bayern ist zudem an eine Popularklage zum BayVerfGH nach Art. 98 S. 4 BayVerf zu denken.

[121] S. etwa § 8 I 5 LPlG RhPf.

[122] Zum Diskussionsstand *Sparwasser/Engel/Voßkuhle* § 5 Rn. 73 mwN.

[123] So *OVG Lüneburg* ZUR 2014, 100; *Schenke/Schenke* in Kopp/Schenke (Hrsg.), VwGO, 26. Aufl. 2020, § 47 Rn. 23 ff. Bundesrechtliche Raumordnungspläne sind von vornherein der Kontrolle nach § 47 VwGO entzogen, vgl. *Schenke* in Erbguth/Kluth (Hrsg.), Planungsrecht in der gerichtlichen Kontrolle, 2012, S. 73 (79).

[124] BVerwGE 119, 217 (220 ff.); *Kerkmann/Huber* in Gärditz (Hrsg.), VwGO, 2. Aufl. 2018, § 47 Rn. 44.

[125] So BVerwGE 111, 276 (278 ff.).

usf.) ohne weiteres angegriffen werden können.[126] Unabhängig hiervon kann eine Klage- oder Antragsbefugnis (§ 42 II, § 47 II 1 VwGO) aus der Außenwirkung nach § 4 I ROG für Ziele der Raumordnung (zB bei Vorranggebieten nach § 7 III 1 Nr. 1 ROG[127]) oder jedenfalls aus dem Rücksichtnahmegebot im Hinblick auf die Abwägungsrelevanz bei anderen Erfordernissen der Raumordnung abgeleitet werden, sofern der Plan eigene Rechte des Klägers/Antragstellers tangiert.[128]

3. Örtliche Landschaftsplanung

34 Auf der örtlichen Ebene werden die Belange des Naturschutzes in Gestalt von *Landschaftsplänen* und *Grünordnungsplänen* (§ 11 BNatSchG) verfolgt. Der Landschaftsplan bezieht sich auf das gesamte Gemeindegebiet oder das Gebiet mehrerer Gemeinden, der Grünordnungsplan dagegen auf Teile eines Gemeindegebiets (§ 11 I 1 2. Alt. BNatSchG). Der Landschaftsplan stellt bzgl. der Planungsebene das Äquivalent zum Flächennutzungsplan, der Grünordnungsplan dasjenige zum Bebauungsplan dar.

a) Inhalt

35 Gem. § 11 II 1 BNatSchG sind Landschaftspläne aufzustellen, wenn dies mit Blick auf die in § 9 III 1 Nr. 4 BNatSchG genannten Erfordernisse erforderlich ist, insbes. wenn wesentliche Veränderungen von Natur und Landschaft im Planungsraum eingetreten, vorgesehen oder zu erwarten sind. Grünordnungspläne können aufgestellt werden (§ 11 II 2 BNatSchG).[129] Die Pläne sollen die in § 9 III BNatSchG genannten Angaben enthalten, soweit dies für die Darstellung der für die örtliche Ebene konkretisierten Ziele, Erfordernisse und Maßnahmen erforderlich ist (§ 11 I 3 BNatSchG). Die Inhalte der Landschaftspläne sind in der Abwägung nach § 1 VII, VI Nr. 7 lit. g BauGB zu berücksichtigen.[130] Ziel des Zusammenwirkens zwischen Landschaftsplanung und Bauleitplanung ist die Bewältigung von sich aus städtebaulichen Planungen ergebenden Konflikten mit dem Naturschutz. Über das Instrument der Landschaftsplanung werden der Bauleitplanung die naturschutzfachlichen Planungsgrundlagen sowie Bewertungsmaßstäbe zur Beurteilung der Umweltverträglichkeit der Bauleitplanung zur Verfügung gestellt.[131]

36 Die Zuständigkeit und das Verfahren zur Aufstellung der Landschaftspläne und Grünordnungspläne sowie deren Durchführung richten sich nach Landesrecht (§ 11 VII 2 BNatSchG). Im Wesentlichen lassen sich hier – je nach Landesrecht[132] – die beiden Wege der nicht integrierten, rechtlich *selbständigen* Parallelplanung („vorlaufende Landschaftsplanung") und der – primär oder sekundär („mitlaufend", → Rn. 27) – *integrierten* Landschaftsplanung unterscheiden.

---

[126] *Schenke,* Verwaltungsprozessrecht, 17. Aufl. 2021, Rn. 956.

[127] Vgl. BVerwGE 119, 54 (58); *Grotefels* FS Hoppe, 2000, S. 369 (374 f.); aA *Heemeyer* UPR 2007, 10 (15).

[128] Vgl. *OVG Lüneburg* ZUR 2014, 100, mit Blick auf § 35 III 3 BauGB.

[129] Vgl. § 12 II 1 BWNatSchG, Art. 4 II 2 BayNatSchG. Diese abweichenden Vorschriften bleiben gem. § 11 I 4 BNatSchG unberührt; s. *Louis* NuR 2010, 77 (81).

[130] Zum Verhältnis des Naturschutzrechts zum Bauplanungs- und Raumordnungsrecht *Louis* DÖV 2017, 362 ff.

[131] *Roesch/Carlsen* NuR 1992, 69 (70).

[132] Vgl. § 7 III 1 Hs. 2 NatSchG NRW, § 9 I BlnNatSchG (selbständige Planung) oder § 6 II 1 HessAGBNatSchG (integrierte Planung).

b) Verbindlichkeit

Die nach dem Modell der selbständigen Parallelplanung aufgestellten Landschaftspläne werden als Rechtsverordnung oder eigenständige Satzung erlassen und sind damit nach außen verbindlich.[133] Integrierte Landschaftsplanung entfaltet demgegenüber insoweit Verbindlichkeit, als dies hinsichtlich des maßgeblichen Planungsinstruments, in das die Landschaftsplanung einbezogen wird, der Fall ist. Soweit die örtlichen Inhalte der Landschaftsplanung in die Bauleitpläne integriert werden, nehmen sie an deren Bindungswirkungen gegenüber Fachplanungen (zB gem. § 7 S. 1 BauGB oder mittelbar bei der Befolgung des Entwicklungsgebots gem. § 8 II 1 BauGB) sowie öffentlichen und privaten Bauvorhaben (§ 8 I 1 BauGB) teil. 37

c) Rechtsschutz

Der Rechtsschutz gegen Landschaftspläne richtet sich in erster Linie danach, in welcher Rechtsform der jeweilige Plan ergeht.[134] Soweit Landschaftspläne als eigenständige Satzungen oder Rechtsverordnungen erlassen werden, kommt eine abstrakte gerichtliche Planüberprüfung nur in Betracht, wenn das Landesrecht diese Möglichkeit vorsieht (§ 47 I Nr. 2 VwGO).[135] Wird ein Plan in einer anderen Form erlassen, können die landschaftsplanerischen Festsetzungen grds. nur zusammen mit dem Bebauungsplan nach § 47 I Nr. 1 VwGO überprüft werden.[136] Auch eine Inzidentkontrolle kommt erst in Betracht, soweit der Plan Verbindlichkeit erlangt hat, also in eine bindende Rechtsnorm integriert wurde. Übernahmen in Flächennutzungspläne sind grds.[137] nicht angreifbar, weil es diesen an einer verbindlichen Außenwirkung fehlt.[138] 38

V. Der allgemeine Gebietsschutz

In den §§ 13–19 BNatSchG[139] finden sich insbes. in Form der naturschutzrechtlichen Eingriffsregelung Schutz-, Pflege- und Entwicklungsmaßnahmen, die im Sinne eines Mindestschutzes für alle Gebiete im Geltungsbereich des BNatSchG gleichermaßen von Bedeutung sind (*allgemeiner* Gebietsschutz). Für besonders schutzbedürftige Bereiche von Natur und Landschaft wurde die Abwehr von Gefahren in den §§ 20–36 BNatSchG geregelt (*besonderer* Gebietsschutz, → Rn. 84 ff.). 39

---

[133] Vgl. *Sparwasser/Engel/Voßkuhle* § 6 Rn. 120 ff.

[134] Zur rechtlichen Qualifikation der Pläne in den einzelnen Ländern *Runkel* DVBl 1992, 1402 (1405 f.).

[135] Dies ist in Berlin, Hamburg und NRW nicht der Fall, vgl. *Schenke/Schenke* (o. Fn. 123) § 47 Rn. 23.

[136] Dazu *Breuer* Rn. 120.

[137] Nach *BVerwG* kommt eine analoge Anwendung des § 47 I *Nr. 1* VwGO in Betracht, soweit der Flächennutzungsplan über § 35 III 3 BauGB mittelbar Außenwirkung entfaltet, BVerwGE 146, 40 Rn. 14.

[138] *Scheidler* DÖV 2008, 766 (767 f.); krit. *Hufen,* Verwaltungsprozessrecht, 12. Aufl. 2021, § 19 Rn. 12.

[139] Vgl. aus dem Landesrecht §§ 14 ff. BWNatSchG, §§ 30 ff. NatSchG NRW, §§ 16 ff. BlnNatSchG.

1. Naturschutzrechtliche Eingriffsregelung

Fall 20: Das Kraftwerk in der Au

40 Die *Mehrstrom AG (M-AG)* erhielt die immissionsschutzrechtliche Teilgenehmigung für zwei Kühltürme eines neu zu errichtenden, immissionsschutzrechtlich genehmigungsbedürftigen Kraftwerks in einer im bauplanungsrechtlichen Außenbereich gelegenen und bisher von Großbauten verschont gebliebenen Auenlandschaft an der Donau. Das Kraftwerk war zur Sicherung der Stromversorgung im Ballungsraum B dringend erforderlich. Deswegen und weil kein anderer geeigneter flussnaher Standort vorhanden war, sah die Behörde keine Möglichkeit, die Teilgenehmigung der Kühltürme zu versagen, obwohl zur Verwirklichung des Planes mehrere Hektar Wald gerodet werden mussten und die Kühltürme wegen ihrer Größe die Landschaft entscheidend prägen.

Die Teilgenehmigung enthielt verschiedene Auflagen, die konkrete landschaftspflegerische Maßnahmen vorsahen. Außerdem sollte die *M-AG* eine Ersatzzahlung (Ausgleichsabgabe) in Höhe von 150.000 EUR entrichten, weil die Kühltürme eine erhebliche, nicht ausgleichbare optische Beeinträchtigung der Landschaft darstellten. Während die *M-AG* die Rechtmäßigkeit der Ersatzzahlung bezweifelt, werfen die örtlichen Naturschutzverbände der Behörde vor, anstatt das Vorhaben zu untersagen, opfere sie für einen „Judaslohn" ein Stück wertvoller Natur.

a) Ziele

41 Während die Landschaftsplanung vor allem eine Entwicklung des Raumes zur Bewältigung der zukünftigen Ansprüche des Naturschutzes zum Gegenstand hat, geht der Regelungsansatz der §§ 13 ff. BNatSchG davon aus, dass eine weitere Verschlechterung des Zustandes von Natur und Landschaft nach der gesetzlichen Leitvorgabe eines flächendeckenden Mindestschutzes unerwünscht ist.[140] Er unterzieht deshalb alle potenziell naturschädigenden und landschaftsverbrauchenden Vorhaben – auch außerhalb besonderer Schutzgebiete (§§ 22 ff. BNatSchG) – einer zusätzlichen Prüfung, um die Leistungsfähigkeit des Naturhaushaltes und die Qualität des Landschaftsbildes soweit als möglich zu bewahren[141] bzw. wiederherzustellen bzw. nachrangig durch Geldersatz zu kompensieren (§ 13 BNatSchG).[142] Auf dem Verursacherprinzip basierend wird zur Verwirklichung des allgemeinen Mindestschutzes gem. §§ 13, 15 I 1, II 1, VI 1 BNatSchG explizit „der Verursacher" in die Pflicht genommen.[143] Dieser hat vermeidbare Eingriffe zu unterlassen und unvermeidbare auszugleichen oder zu kompensieren. Wenngleich dem naturschutzrechtlichen Eingriffsausgleich mit dem Vermeidungsgebot auch eine präventive Komponente innewohnt, handelt es sich von seiner Zielsetzung her insgesamt eher um ein reaktives Instrument zur flächendeckenden Abmilderung von Eingriffsfolgen in den Naturhaushalt.

---

140 *Guckelberger* (o. Fn. 91) § 13 Rn. 4; *Franzius* ZUR 2010, 346 ff. Eingehende Bestandsaufnahme bei *Czybulka* (Hrsg.), 35 Jahre Eingriffsregelung, 2013.

141 *VGH München* NuR 2013, 357 (358 f.).

142 *BVerwG* NVwZ 1991, 69 (70); *Schink* DVBl 1992, 1390 (1392).

143 Hierzu *Lau* in Rehbinder/Schink Abschn. 11 Rn. 31. Zum Verursacherprinzip → § 4 Rn. 28 ff.

b) Verfahren

Bei den naturschutzrechtlichen Eingriffsregelungen sind verschiedene verfahrensrechtliche Besonderheiten zu beachten:[144] Bedarf ein Eingriff in Natur und Landschaft *nach anderen Rechtsvorschriften einer behördlichen Zulassung* oder einer Anzeige an eine Behörde oder wird er von einer Behörde durchgeführt, ist der naturschutzrechtliche Eingriff grds. im Rahmen dieser fachrechtlichen Entscheidung zu beurteilen (sog. *„Huckepackverfahren"*); hierfür formell zuständig ist die für die Zulassung des Eingriffs nach anderen Vorschriften (sog. Trägerverfahren) zuständige Behörde bzw. die den Eingriff durchführende Behörde, allerdings im Benehmen[145] mit der zuständigen Naturschutzbehörde (§ 17 I BNatSchG).[146] Soll bei Eingriffen, die von *Bundesbehörden* zugelassen oder durchgeführt werden, von der Stellungnahme der zuständigen Naturschutzbehörde abgewichen werden, entscheidet hierüber die fachlich zuständige Bundesbehörde im Benehmen mit der obersten Naturschutzbehörde, soweit nicht eine weitergehende Form der Beteiligung vorgesehen ist (§ 17 II BNatSchG). Bei ihrer Entscheidung ist die Bundesbehörde jedoch an das – möglicherweise gegenüber Bundesrecht weitergehende – jeweilige materielle Landesnaturschutzrecht gebunden.[147] Durch die Integration der naturschutzrechtlichen Eingriffsprüfung werden die Genehmigungsvoraussetzungen der Fachgesetze (zB § 6 I Nr. 2 BImSchG) um naturschutzfachliche Belange angereichert.[148] Auch im Fachplanungsrecht stellen die §§ 14 ff. BNatSchG zwingendes Recht dar, das zu beachten ist und – über § 15 V BNatSchG hinaus – keiner weiteren Abwägung zugänglich ist.[149] 42

Für einen Eingriff, der nicht von einer Behörde durchgeführt wird und der *keiner behördlichen Zulassung* oder Anzeige *nach anderen Rechtsvorschriften* bedarf – also insbes. Vorhaben, für die nach der jeweiligen LBauO keine Baugenehmigungsbedürftigkeit oder Anzeigepflicht besteht – ist eine schriftliche Genehmigung der für Naturschutz und Landschaftspflege zuständigen Behörde nach § 17 III BNatSchG erforderlich. Die *Rechtsfolgen* eines ohne die erforderliche Zulassung oder Anzeige vorgenommenen Eingriffs sind in § 17 VIII BNatSchG normiert. Auf Grundlage des § 17 VIII 2 BNatSchG können nur die Wiederherstellung oder aber Ausgleichs- oder Ersatzmaßnahmen angeordnet werden, keine Ersatzzahlungen.[150]

Auch die Beendigung oder länger als ein Jahr dauernde Unterbrechung (oder unwesentliche Weiterführung) eines Eingriffs ist *anzuzeigen;* ggf. kann die Behörde vorläufige Sicherungsmaßnahmen oder eine Teilkompensation verlangen (§ 17 IX BNatSchG).

Handelt es sich bei dem Eingriff um ein Vorhaben, das nach dem UVPG einer *Umweltverträglichkeitsprüfung* unterliegt, so muss das Verfahren, in dem Entscheidungen nach § 15 I–V BNatSchG getroffen werden, den Anforderungen des UVPG entsprechen (§ 17 X BNatSchG). Das Nähere zu den in § 17 I–X BNatSchG

---

[144] Im Überblick dazu *Wormit* ZJS 2020, 585 (592).

[145] Teilweise wird das Benehmen im Sinne eines Einvernehmens landesrechtlich verschärft, vgl. stellv. § 19 II 1 BlnNatSchG, § 12 I 1 SächsNatSchG. Dies ist gem. der Öffnungsklausel in § 17 I BNatSchG zulässig. Dazu *Guckelberger/Singler* NuR 2016, 1 (2).

[146] Zur Zuständigkeit *Louis* DVBl 2017, 823 (826).

[147] *Siegel* in Frenz/Müggenborg (o. Fn. 67) § 17 Rn. 31.

[148] Vgl. *Eifert* Rn. 214; *Mühlbauer* (o. Fn. 101) § 14 Rn. 4.

[149] *BVerwG* NVwZ 1993, 565 (568); s. auch *Storost* FS Stüer, 2013, S. 481 (491 ff.).

[150] Zutreffend *OVG Koblenz* NVwZ-RR 2020, 431 (434 f.); aA *Prall* in Schlacke (o. Fn. 74) § 17 Rn. 31.

geregelten Verfahrensfragen kann in *Landesrechtsverordnungen* geregelt werden (§ 17 XI BNatSchG).

43 In *Fall 20* bedarf das den Eingriff verursachende Vorhaben, die teilweise Errichtung eines Kraftwerks, einer immissionsschutzrechtlichen Genehmigung gem. § 4 I 1 BImSchG. Damit ist die nach Landesrecht zuständige Immissionsschutzbehörde als die für die Erteilung der Genehmigung zuständige Behörde zugleich die Behörde, die für die zur Durchführung des § 15 BNatSchG erforderlichen Entscheidungen und Maßnahmen im Benehmen mit der wiederum nach Landesrecht zuständigen Naturschutzbehörde zuständig ist (§ 17 I Hs. 1 BNatSchG), da es an einer abweichenden spezialgesetzlichen Regelung iSv § 17 I Hs. 2 BNatSchG fehlt. Die Immissionsschutzbehörde hat die Genehmigung ggf. zu versagen (§ 15 V BNatSchG) oder die Einhaltung der Vorgaben des § 15 I–IV, VI BNatSchG durch geeignete Auflagen sicherzustellen.

c) Tatbestand und Rechtsfolgen des Eingriffs

44 Unter der Voraussetzung, dass ein Vorhaben *tatbestandlich* als Eingriff iSd § 14 I BNatSchG zu qualifizieren ist (→ Rn. 46 ff.), ist es nach Maßgabe der Abwägungsregelung des § 15 V BNatSchG bei einer Nichterfüllung der Verursacherpflichten nach § 15 I–IV BNatSchG zu untersagen. Im Einzelnen ist dabei auf der *Rechtsfolgenseite* folgende *Prüfungsreihenfolge* zu beachten, die zwingend ist und die sich bereits aus der inneren Systematik des § 15 BNatSchG ergibt.[151]

(1) Zunächst sind iSd Vorsorgeprinzips alle vermeidbaren Beeinträchtigungen zu *unterlassen* (§ 15 I 1 BNatSchG; → Rn. 49 f.).
(2) Unvermeidbare Beeinträchtigungen sind durch Maßnahmen des Naturschutzes und der Landschaftspflege in gleichartiger Weise *auszugleichen* (§ 15 II 1 1. Alt. BNatSchG; → Rn. 55 ff.) oder durch *Ersatzmaßnahmen* in gleichwertiger Weise zu kompensieren (§ 15 II 1 2. Alt. BNatSchG; → Rn. 59 ff.).
(3) Scheitert die Kompensation eines unvermeidbaren Eingriffs durch Ausgleichs- oder Ersatzmaßnahmen, so ist eine *Abwägung* der Belange des Naturschutzes und der Landschaftspflege einerseits und der (insbes. eigentumsrechtlichen) Belange des Projektantragstellers, aber auch sonstiger privater und öffentlicher Belange andererseits vorzunehmen (§ 15 V BNatSchG; → Rn. 63 ff.).
(4) Wird der Eingriff wegen Unterliegens der naturschutzrechtlichen Belange im Rahmen der Abwägung zugelassen, obwohl die Beeinträchtigungen nicht zu vermeiden und nicht in angemessener Frist auszugleichen bzw. zu ersetzen sind, hat der Verursacher eine *Ersatzzahlung* zu leisten und den Eingriff auf diese Weise zu kompensieren (§ 15 VI 1 BNatSchG; → Rn. 67 ff.).

45 Der Begriff der *Kompensation* ist somit Oberbegriff für drei Kompensationsformen: die Ausgleichsmaßnahme, die Ersatzmaßnahme und die Ersatzzahlung (vgl. §§ 13, 15 VII BNatSchG); die beiden erstgenannten Kategorien werden als „Realkompensationen“ bezeichnet und so der letzteren („Geldkompensation“) gegenübergestellt.

aa) Eingriff

46 Einen relevanten Eingriff stellen nur solche vom Menschen verursachte Veränderungen von Natur und Landschaft dar, die von der Legaldefinition des § 14 I BNatSchG

[151] *Fischer* Rn. 255 ff.

erfasst sind.[152] Erforderlich ist dabei die Verbindung aus einer Eingriffshandlung und ihrer Eingriffswirkung.

Eingriffshandlungen sind solche Veränderungen von Grundflächen, bei denen diesen ein neues äußeres Erscheinungsbild gegeben wird, die bisherige Nutzung durch eine neue ersetzt wird *oder* Veränderungen an dem mit der belebten Bodenschicht in Verbindung stehenden Grundwasserspiegel vorgenommen werden. Daneben ist hinsichtlich der *Eingriffswirkung* Voraussetzung, dass durch die vorgenannten Veränderungen die Leistungs- und Funktionsfähigkeit des Naturhaushalts oder das Landschaftsbild erheblich beeinträchtigt werden kann, sprich dass mit hinreichender Wahrscheinlichkeit die Ziele des § 1 I Nr. 2, 3 BNatSchG nachteilig beeinflusst werden können.[153] Dabei kommt der zuständigen Behörde hinsichtlich der Folgenprognose eine naturschutzfachliche Einschätzungsprärogative zu.[154] Die Bundesländer können unter Berücksichtigung des abweichungsfesten Kerns des allgemeinen Grundsatzes (→ Rn. 9) in § 13 BNatSchG Vermutungen aufstellen, welche konkreten Veränderungen als Eingriffe anzusehen sind.[155] Dabei stellen regional- oder bauplanungsrechtliche Standortausweisungen noch keine Eingriffe iSd § 14 I BNatSchG dar, sondern erst die konkrete Zulassung der ausgewiesenen Vorhaben.[156]

Für die *land-, forst- und fischereiwirtschaftliche* Bodennutzung sind die Privilegie- 47
rungen gem. § 14 II, III BNatSchG zu beachten (→ Rn. 19).

In *Fall 20* gilt damit im Hinblick auf den Eingriffstatbestand: Ein Eingriff könnte zunächst in 48
der *Rodung* liegen. Eine Veränderung der Gestalt einer Grundfläche iSv § 14 I BNatSchG liegt nicht nur vor, wenn durch Abgrabungen oder Aufschüttungen in die eigentliche Erdoberfläche eingegriffen wird, sondern auch, wenn prägende Bestandteile der Oberflächenstruktur, wozu auch charakteristische Pflanzenbestände gehören, beeinträchtigt werden.[157] Damit stellt die Rodung mehrerer Hektar Wald eine Veränderung der Gestalt von Grundflächen dar. Aufgrund der ökologischen Funktion einer so großen Waldfläche, zumal in einer bislang weitgehend unberührten Auenlandschaft, kann die Rodung mit hinreichender Wahrscheinlichkeit die Leistungs- und Funktionsfähigkeit des Naturhaushalts und daneben auch das Landschaftsbild erheblich beeinträchtigen. Damit stellt sie bereits für sich genommen einen Eingriff iSv § 14 I BNatSchG dar.

Mit der Errichtung weithin sichtbarer *Kühltürme* kommt es zu einer weiteren Gestaltänderung. Auch mit dieser geht mit hinreichender Wahrscheinlichkeit eine Beeinträchtigung des Landschaftsbildes einher, weil das äußere, optisch wahrnehmbare Erscheinungsbild der Landschaft aus der Sicht eines für die Schönheit der natürlich gewachsenen Landschaft aufgeschlossenen Durchschnittsbetrachters[158] durch das landschaftsfremde Großvorhaben als gestört empfunden wird.[159] Die Beeinträchtigung ist auch erheblich, weil die Kühltürme als besondere Fremdkörper in Erscheinung treten und einen verletzenden, prägenden Einfluss auf den gesamten Landstrich haben.[160]

---

[152] *Sparwasser/Engel/Voßkuhle* § 6 Rn. 119; *Wormit* ZJS 2020, 585 (590).
[153] *Mühlbauer* (o. Fn. 101) § 14 Rn. 8, 20.
[154] BVerwGE 160, 263 Rn. 74; 145, 40 Rn. 145. Ob die Rspr. weiterhin an der Figur der Einschätzungsprärogative festhalten wird, ist vor dem Hintergrund von BVerfGE 149, 407 offen, vgl. → Rn. 144. Ausf. *Kahl* in Gärditz/Keller/Niesler (Hrsg.), Der Kontrollauftrag der Verwaltungsgerichtsbarkeit, 2020, S. 167 (181 f.).
[155] So zB § 14 I BWNatSchG, § 16 BlnNatSchG, § 30 NatSchG NRW, § 9 I SächsNatSchG. Vgl. BVerwGE 145, 40 Rn. 140 f.; *Berghoff/Steg* NuR 2010, 17 (23).
[156] BVerwGE 118, 181 (196).
[157] *Gassner* (o. Fn. 95) § 18 Rn. 5, mit weiteren Beispielen.
[158] *Sparwasser/Engel/Voßkuhle* § 6 Rn. 130.
[159] Vgl. auch *OVG Münster* NuR 1994, 249 (250).
[160] Vgl. *VGH Mannheim* NuR 1992, 188 (189).

bb) Verbot vermeidbarer Beeinträchtigungen

49 Nach § 15 I 1 BNatSchG ist ein Eingriffsverursacher verpflichtet, vermeidbare Beeinträchtigungen von Natur und Landschaft zu unterlassen. Freilich ist genau genommen jeder Eingriff in Natur und Landschaft jedenfalls dadurch vermeidbar, dass das Vorhaben aufgegeben oder an anderer Stelle durchgeführt wird. Dies ist jedoch ersichtlich nicht gemeint. Vermeidbar sind Beeinträchtigungen vielmehr erst, wenn zumutbare Alternativen gegeben sind, mit denen der mit dem Eingriff verfolgte Zweck am gleichen Ort ohne oder mit geringeren Beeinträchtigungen von Natur und Landschaft erreicht werden kann (§ 15 I 2 BNatSchG).[161] Das Verbot bezieht sich dabei nur auf die konkrete Ausführung eines nach Spezialvorschriften – hier dem Immissionsschutzrecht – grds. zulässigen Vorhabens. Untersagt ist eine Ausführung daher nur, wenn sie nach Art und Umfang unnötige Beeinträchtigungen verursacht.[162]

Der Rechtsbegriff der Vermeidbarkeit zielt darauf ab, die Auswirkungen eines Eingriffs auf den Naturhaushalt zu minimieren und den Verursacher des Eingriffs zu umweltschonenderen Ausführungsalternativen – nicht: Planungsalternativen[163] – zu veranlassen.[164] Es geht insoweit also nicht um das – erst im Rahmen des § 15 V BNatSchG zu prüfende – „Ob“ des Eingriffs, sondern um die Reduktion der ökologischen Belastungen aufgrund eines Vorhabens („Wie“).[165] Hier wird untersucht, welche technischen Möglichkeiten *tatsächlich* zur Verringerung der Beeinträchtigung im konkreten Fall bestehen. Insoweit steht der Behörde eine naturschutzfachliche Einschätzungsprärogative zu.[166] In *rechtlicher* Hinsicht ist aus Gründen der Rechtsstaatlichkeit zudem das Gebot der Verhältnismäßigkeit zu beachten, wonach die geforderte Vermeidungsmaßnahme geeignet, erforderlich und angemessen sein muss.[167] Je intensiver die Eingriffswirkung und je wertvoller die betroffenen Bestandteile von Natur und Landschaft, desto intensiver hat die Alternativenprüfung zu erfolgen und desto höher können die Kosten notwendiger Vermeidungsmaßnahmen ausfallen.[168] Eine negative Alternativenprüfung ist zu begründen (§ 15 I 3 BNatSchG). Zudem bezieht sich § 15 I 2 BNatSchG – im Kontrast zu § 34 III Nr. 2 BNatSchG[169] – ausdrücklich nur auf Alternativen „am gleichen Ort“, weshalb anderenorts denkbare Projektvarianten (Standortalternativen) nicht zu prüfen sind.[170] Das Vermeidungsgebot ist strikt gefasst und unterliegt keiner Abwägung.[171]

50 In *Fall 20* kann eine vermeidbare Umweltbeeinträchtigung nur angenommen werden, wenn die Kühltürme bei gleicher Zweckerfüllung auch so errichtet werden könnten, dass es zu einer geringeren Beeinträchtigung der Natur kommt. Da wegen der örtlichen Gegebenheiten nach dem Sachverhalt keine natur- und landschaftsschonendere Anordnung der Kühltürme möglich ist, sprich keine Ausführungsalternative am gleichen Ort besteht, muss der Eingriff als unvermeidbar beurteilt werden.

---

[161] *Wormit* ZJS 2020, 585 (590 f.); *Louis* NuR 2010, 77 (81).
[162] *Gassner* (o. Fn. 95) § 19 Rn. 20.
[163] BVerwGE 104, 144 (146 f.); *Kerkmann/Koch* in Schlacke (o. Fn. 74) § 15 Rn. 6.
[164] *Maaß/Schütte* in Koch/Hofmann/Reese UmweltR-HdB § 7 Rn. 53.
[165] *de Witt/Geismann*, Die naturschutzrechtliche Eingriffsregelung, 2011, S. 24.
[166] BVerwGE 121, 72 (84).
[167] *de Witt/Geismann* (o. Fn. 165) S. 25; *Gassner* NuR 2017, 753 (755).
[168] Vgl. *Gellermann* in Landmann/Rohmer UmweltR BNatSchG § 15 Rn. 5.
[169] Vgl. BVerwGE 146, 145 Rn. 43, insbes. zur Bestandsumsiedlung.
[170] BVerwGE 125, 166 Rn. 567; *OVG Koblenz* NuR 2007, 557 (562).
[171] *Kerkmann/Koch* (o. Fn. 163) § 15 Rn. 5.

cc) Ausgleichs- oder Ersatzmaßnahmen

(1) Allgemeines

Kommt eine natur- und landschaftsschonendere Maßnahme nicht in Betracht, ist die Beeinträchtigung also unvermeidbar, so hat der Verursacher (Projektantragsteller) sie gem. § 15 II 1 BNatSchG physisch-real auszugleichen (Ausgleichsmaßnahme) oder zu ersetzen (Ersatzmaßnahme).[172] Dagegen stellt der bloße Verzicht auf einen anderweitig bereits genehmigten Eingriff keine genügende Kompensationsmaßnahme für einen anderen Eingriff dar. 51

Ausgleichs- und Ersatzmaßnahmen können ihrerseits Eingriffe gem. § 14 I BNatSchG darstellen, auf die dann wiederum der Mechanismus von § 15 BNatSchG anzuwenden ist.[173] Stellt die Maßnahme allerdings eine wesentliche Verbesserung des bestehenden Naturzustands dar, bedarf der mit der Maßnahme zunächst bewirkte Eingriff keiner weiteren Kompensation.[174]

Zwischen Ausgleichs- und Ersatzmaßnahmen besteht *kein Hierarchieverhältnis,* sodass beide Maßnahmen gleichwertig auf einer Stufe nebeneinander stehen.[175] Dennoch hat der Verursacher *kein Wahlrecht.* Über die geeignete Maßnahme entscheidet die zuständige Behörde im Rahmen des § 17 I 1 BNatSchG.[176] 52

Zur Bewertung der Kompensationswirkung von Ausgleichs- und Ersatzmaßnahmen existiert keine gesetzliche Regelung. Mangels „besserer Erkenntnis" haben die Verwaltungsgerichte den Fachbehörden daher bisher eine *naturschutzfachliche Einschätzungsprärogative* bei der Bewertung zuerkannt.[177] Ob diese Rechtsprechung vor dem Hintergrund des Beschlusses des *BVerfG* zur Einschätzungsprärogative im Artenschutzrecht (→ Rn. 144) standhalten wird, ist fraglich.[178] Im Interesse der Rechts- und Planungssicherheit sowie der Gleichbehandlung verschiedener Projekte bei der Rechtsanwendung wäre eine möglichst rechtsverbindliche Standardisierung nötig.[179] Für den Zuständigkeitsbereich der *Bundes*verwaltung enthält die auf Grundlage des § 15 VIII 1 BNatSchG neu erlassene Bundeskompensationsverordnung (BKompV)[180] eine entsprechende Regelung zu Inhalt, Art und Umfang von Ausgleichs- und Ersatzmaßnahmen. § 15 VII 1 Nr. 1 BNatSchG ermächtigt das BMU, mit Zustimmung des Bundesrats eine Rechtsverordnung auch für den Bereich der *Landes*verwaltung zu erlassen. Hiervon wurde bislang aber kein Gebrauch gemacht.[181] Damit ist weiterhin

---

[172] Näher dazu *Wormit* ZJS 2020, 585 (591), der Ausgleichs- und Ersatzmaßnahme unter „Naturalkompensation" zusammenfasst (in Abgrenzung zur Geldkompensation).

[173] Hierzu *BVerwG* NuR 2009, 342 (343). Zur umgekehrten Situation eines erstmaligen Eingriffs in Kompensationsflächen *Roder* NuR 2007, 387 ff.

[174] *BVerwG* NVwZ-RR 2015, 15 (17 f.).

[175] *Guckelberger/Singler* NuR 2016, 1 ff.; *Koch* in Kerkmann (Hrsg.), Naturschutzrecht in der Praxis, 2. Aufl. 2010, § 4 Rn. 38. Die Abgrenzungsproblematik hat hierdurch an Schärfe verloren. S. im Übrigen *BVerwG* NVwZ-RR 2015, 15 (17): Eine Maßnahme (hier: ökologische Flutung) könne als Vermeidungsmaßnahme und gleichzeitig als Ersatzmaßnahme für die durch sie selbst bewirkten Eingriffe dienen.

[176] *Fülbier* NuR 2017, 804 (806); *Hendler/Brockhoff* NVwZ 2010, 733 (735).

[177] BVerwGE 150, 92 Rn. 44; 121, 72 (84).

[178] Vgl. *Kahl* (o. Fn. 154) S. 181 f.

[179] *Dolde* NVwZ 2019, 1567 (1569 f.); vgl. auch die Forderung nach untergesetzlicher Maßstabbildung im Artenschutzrecht → Rn. 144.

[180] BGBl. 2020 I 1088.

[181] Bisher existiert lediglich ein Verordnungsentwurf des BMU, vgl. BR-Drs. 332/13. Auch hierzu *Schuster*, Beurteilungsspielräume der Verwaltung im Naturschutzrecht, 2020, S. 118 f.

Landesrecht[182] maßgeblich, soweit es § 15 II–IV BNatSchG nicht widerspricht (§ 15 VII 2 BNatSchG).

Landesrechtliche Abweichungen von der BKompV– auch durch Verordnung[183] – sind nach Maßgabe des Art. 72 III 1 Nr. 2 GG grds. möglich. Nicht von Art. 72 III GG gedeckt und daher nichtig ist allerdings eine bloße Negativgesetzgebung wie Art. 8 III 2 BayNatSchG, mit der kein positives Abweichungskonzept normiert, sondern lediglich die Geltung des Bundesrechts ausgeschlossen wird.[184]

53 Die *Auswahl* der Kompensationsmaßnahme muss sachlichen Kriterien genügen und verhältnismäßig sein, wobei der Behörde eine naturschutzfachliche Einschätzungsprärogative zukommt.[185] Dies erfordert einerseits eine naturschutzfachliche Beurteilung, welche Maßnahme bei einer ökologischen Gesamtbetrachtung am besten geeignet ist, die Eingriffsfolgen nachhaltig zu kompensieren (Bestandsschutzprinzip), andererseits aber auch eine relationale Berücksichtigung der Interessen des jeweiligen Projektantragstellers (Art. 12, 14 GG).[186] So kann eine erhebliche Kostenerhöhung unzumutbar sein oder der zusätzliche Ertrag einer Maßnahme kann außer Verhältnis zu den verursachten Kosten stehen, sodass eine andere Maßnahme in Betracht kommt.[187] Maßgeblich für die Entscheidung der Behörde ist stets eine einzelfallbezogene Betrachtung. Besondere Bedeutung kommt dabei dem Zweck der §§ 13 ff. BNatSchG zu, eine möglichst vollständige Kompensation des Eingriffs zu schaffen und dadurch die ursprünglichen Funktionen des Naturhaushaltes bzw. das ursprüngliche Landschaftsbild so weit wie möglich wiederherzustellen (Verschlechterungsverbot).[188] IErg besteht ein gewisser *faktischer* Vorrang der Ausgleichsmaßnahme insoweit, als diese dem Verschlechterungsverbot idR näher kommen wird als die Ersatzmaßnahme, da der Ausgleich in einem engeren räumlich-funktionellen Zusammenhang mit dem Eingriff erfolgt als der Ersatz.

54 Bei der Inanspruchnahme von *land- und forstwirtschaftlich genutzten Flächen* für Ausgleichs- und Ersatzmaßnahmen ist § 15 III BNatSchG zu beachten.[189]

Kompensationsmaßnahmen sind in dem erforderlichen, im Zulassungsbescheid festgesetzten Zeitraum durch den Verursacher oder dessen Rechtsnachfolger zu *unterhalten*[190] und rechtlich zu *sichern* (§ 15 IV BNatSchG).

(2) Ausgleichsmaßnahmen

55 Ein Ausgleich liegt nach § 15 II 2 BNatSchG vor, wenn und sobald die beeinträchtigten Funktionen des Naturhaushalts in gleich*artiger* Weise wiederhergestellt sind *und* das Landschaftsbild landschaftsgerecht wiederhergestellt oder neugestaltet ist. Dadurch trägt der Gesetzgeber dem Umstand Rechnung, dass Eingriffe in die Natur idR in angemessener Zeit nicht im Sinne einer identischen Vollkompensation aus-

---

[182] So etwa BWAAVO v. 1.12.1977 (GBl. S. 704), BayKompV v. 7.8.2013 (GVBl. S. 517), HessKV v. 1.9.2005 (GVBl. I S. 624).

[183] *Gärditz* EurUP 2020, 367 (370 ff.) plädiert insoweit für strengere inhaltliche Voraussetzungen an die Ermächtigungsgrundlage, die sich aus der „bundesstaatlichen Wesentlichkeit" ergeben.

[184] *Faßbender* NuR 2020, 649 (653 f.). In Bayern gilt im Bereich der Bundesverwaltung daher die BKompV. Eingehend *Gärditz* EurUP 2020, 367.

[185] *Guckelberger* (o. Fn. 91) § 15 Rn. 55 f.

[186] *Lütkes* (o. Fn. 66) § 15 Rn. 29.

[187] *Hoppe/Schlarmann/Buchner/Deutsch,* Rechtsschutz bei der Planung von Verkehrsanlagen und anderen Verkehrsinfrastrukturvorhaben, 4. Aufl. 2011, Rn. 1191.

[188] BT-Drs. 16/13430, 19; *SRU,* Umweltgutachten 2008, Tz. 432 ff.

[189] Zur Konfliktbewältigung *Peine* NuR 2018, 297 (301 f.).

[190] Zur notwendigen Dauer der Unterhaltungspflege *Patzelt* ZUR 2020, 410 ff.

geglichen werden können, sondern – bei qualitativer Gesamtbilanzierung[191] – lediglich versucht werden kann, einen ökologisch ähnlichen („gleichartigen") Zustand zu schaffen.[192] Bzgl. des Naturhaushalts ist für eine „gleichartige Wiederherstellung" erforderlich, die Beeinträchtigung der ökologischen Funktionen zu beheben. Damit eine „landschaftsgerechte Wiederherstellung" des Landschaftsbildes vorliegt, ist ein Zustand zu schaffen, der in der gleichen Art und mit den gleichen Funktionen den vor dem Eingriff vorhandenen Zustand fortführt.[193]

Ein Ausgleich ist etwa gegeben, wenn in räumlicher Nähe zum Eingriffsort die zu schützenden Pflanzen- und Tierarten, die den Schutzzweck ausmachen, voraussichtlich in etwa gleicher Population vorkommen und die gleichen Entwicklungspotentiale haben.[194] Dies setzt ein Mindestmaß an quantitativer Darstellbarkeit der Eingriffswirkungen und auch des Ausgleichs voraus, auch um die notwendigen Bewertungen und Entwicklungsprognosen plausibel zu machen.[195]

Ausgleichsmaßnahmen müssen dabei nicht unmittelbar am Ort des Eingriffs durchgeführt werden. Es reicht vielmehr aus, dass sie sich im beeinträchtigten Landschaftsraum bzw. an der Stelle des Eingriffs positiv auswirken können[196] und so in einem *räumlich-funktionalen Zusammenhang* mit dem Ort des Eingriffs stehen.[197] Konkrete Entfernungsangaben können hierbei kaum den ökologischen Wechselwirkungen zwischen Arten und ihren Lebensräumen Rechnung tragen und sind, abgesehen von Einzelfällen,[198] als alleiniges Kriterium nicht zielführend. Relevant sind hingegen die ebenfalls im Einzelfall zu bestimmenden Auswirkungsentfernungen, sowohl des Eingriffs als auch der angestrebten Ausgleichsmaßnahme, die maßgeblich von den vom Eingriff betroffenen Habitattypen und den vorkommenden Arten abhängen. Insbes. bei qualitativ hochwertigen Ausgleichsflächen kann der Wirkungszusammenhang aber durchaus gelockert sein, sofern er nicht gänzlich verloren geht.[199] Die in Anspruch genommene Fläche muss im Übrigen zur ökologischen Aufwertung geeignet sein. Die bloße Reservierung ökologisch gleichwertiger Flächen führt zu keinem Ausgleich, weil insoweit den Nachteilen, die der Eingriff verursacht, bilanzierend keine entsprechenden ökologischen Vorteile über den Status quo hinaus gegenüberstehen.[200] Schließlich muss der Ausgleich bereits im Zeitpunkt der Genehmigung des Eingriffs sichergestellt sein; dass er bereits Wirkung entfaltet, ist hingegen nicht erforderlich.[201] 56

In zeitlicher Hinsicht gilt: Grds. müssen Ausgleichs*maßnahmen* zeitgleich mit dem Eingriff umgesetzt werden.[202] Ausnahmen gelten nur, wenn es objektiv – also vor 57

---

[191] *Hoppe ua* (o. Fn. 187) Rn. 1199.

[192] BVerwGE 121, 72 (80). Vgl. zur Umstellung auf ökologischen Landbau als Kompensationsmaßnahme *Agena/Dreesmann* NuR 2009, 594 ff.

[193] *Kuschnerus* NuR 1996, 235 (239).

[194] *Fischer-Hüftle/Schumacher* (o. Fn. 70) § 15 Rn. 34.

[195] BVerwGE 121, 72 (83). Zu den damit verbundenen Methoden *Köppel* in ders./Peters/Wende (Hrsg.), Eingriffsregelung, Umweltverträglichkeitsprüfung, FFH-Verträglichkeitsprüfung, 2004, S. 63 ff.

[196] *Kuchler* NuR 1991, 465 (469); *Berchter,* Die Eingriffsregelung im Naturschutzrecht, 2007, S. 97. Anschaulich *VGH Mannheim* NuR 2007, 420 (421 f.).

[197] BVerwGE 85, 348 (360); 105, 178 (185); *Maaß/Schütte* in Koch/Hofmann/Reese UmweltR-HdB § 7 Rn. 55.

[198] *OVG Lüneburg* NuR 1998, 384 (385): bei 2,5 km Abstand kein räumlicher Zusammenhang mehr.

[199] Vgl. *BVerwG* NVwZ 2011, 1124 (1126).

[200] *de Witt/Geismann* (o. Fn. 165) S. 26.

[201] Das ist er nicht, wenn die Ausführung zu einem Planfeststellungsbeschluss von dem Einvernehmen anderer Behörden oder Dritter abhängig ist. So *BVerwG* DVBl 2013, 1453.

[202] Zu vorausgehenden Maßnahmen → Rn. 61.

allem aufgrund biologischer oder geologischer Faktoren – nicht möglich ist, die durch die Projekte verursachten Beeinträchtigungen zeitnah auszugleichen.[203] Hiervon zu unterscheiden ist allerdings die angestrebte Ausgleichs*wirkung*. Diese tritt häufig erst verzögert ein, weil sich bestimmte Lebensräume regenerieren müssen (zB nachwachsender Baumbewuchs, Besiedelung mit Tier- und Pflanzenarten). Deshalb ist es hinzunehmen, dass die endgültig angestrebte Ausgleichswirkung nicht sofort erreicht werden kann. Dennoch muss sie innerhalb eines absehbaren Zeitraums eintreten,[204] welcher mit etwa 25 Jahren eingegrenzt werden kann.[205] Maßnahmen, deren Wirkung längere Zeiträume beansprucht, sind demnach nicht ausgleichbar.

58 *Fall 20:* Die zuständige Immissionsschutzbehörde wird der *M-AG* im Wege einer Nebenbestimmung nach § 12 BImSchG aufgeben können, die durch Rodung hervorgerufene Dezimierung des Waldbestandes innerhalb einer bestimmten Frist durch entsprechende Neuanpflanzungen im räumlichen Umfeld der Kühltürme auszugleichen (demgegenüber wäre eine Aufforstungsauflage für Flächen in einem anderen Landschaftsraum oder bereits im Abstand von mehreren Kilometern zum Kraftwerk keine zulässige Ausgleichsmaßnahme). Dennoch kann der Eingriff nicht als vollständig ausgeglichen angesehen werden. Zwar mögen dann die unmittelbaren Folgen der Waldvernichtung (Beeinträchtigung des Wasserhaushalts, der Tierwelt etc.) beseitigt und die beeinträchtigten Funktionen des Naturhaushalts somit in gleichartiger Weise wiederhergestellt sein, die optische Beeinträchtigung der Landschaft durch die weithin sichtbaren Kühltürme bleibt jedoch bestehen, weshalb es an einer landschaftsgerechten Wiederherstellung des Landschaftsbildes iSd § 15 II 2 BNatSchG fehlt. Es besteht daher weitergehender Kompensationsbedarf.

(3) Ersatzmaßnahmen

59 Ersetzt ist eine Beeinträchtigung nach § 15 II 3 BNatSchG, wenn und sobald die beeinträchtigten Funktionen des Naturhaushaltes in dem betroffenen Naturraum in gleich*wertiger* Weise hergestellt sind und das Landschaftsbild landschaftsgerecht neugestaltet ist.

Zwar sind die Anforderungen an Ersatzmaßnahmen gegenüber den Ausgleichsmaßnahmen gelockert. Herzustellen ist aber dennoch ein – unter Beachtung des Verhältnismäßigkeitsprinzips[206] – im Hinblick auf Naturhaushalt oder Landschaftsbild funktional gleich*wertiger* Zustand, der in einer räumlichen Nähebeziehung zum Ort des Eingriffs steht.[207] Dabei sollen vorrangig im Gemeindeeigentum stehende Flächen zum Ausgleich herangezogen werden, sofern diese die Ersatzfunktionen ebenso gut erfüllen können.[208] Für die Frage der Gleichwertigkeit ist eine naturschutzfachliche Gesamtbilanz entscheidend,[209] bei der folgende Aspekte zu berücksichtigen sind: möglichst gleiche ökologische Funktionen bzw. ähnliche Funktionen des gleichen Schutzgutes und Funktionen anderer Schutzgüter in ihrer Wechselbezüglichkeit.[210]

Die Wiederherstellung/Neugestaltung muss in dem betroffenen *Naturraum* erfolgen. Der Begriff des Naturraums orientiert sich an der vom BfN vorgenommenen Gliederung des Gebiets der Bundesrepublik Deutschland in 73 naturräumliche Haupteinheiten. Diese umfassen idR die Fläche von bis zu vier Landkreisen und weisen aufgrund ihrer geographischen Lage, Geologie, Topographie und Vegetation vergleichbare ökologische Bedingungen auf. Sie

---

203 *BVerwG* DVBl 2013, 1453 (1456).
204 *VG Schleswig* ZNER 2009, 427 (429); *Koch* (o. Fn. 175) § 4 Rn. 40.
205 So *BVerwG* NVwZ 2004, 732 (737); bis zu 50 Jahre hingegen *Berchter* (o. Fn. 196) S. 99 f.
206 *BVerwG* ZUR 2017, 357 (359); BVerwGE 105, 178 (185 f.).
207 BVerwGE 105, 178 (185); *Mühlbauer* (o. Fn. 101) § 15 Rn. 20.
208 *BVerwG* NVwZ 2011, 1124 (1127 f.); 2002, 1507; *Guckelberger* (o. Fn. 91) § 15 Rn. 73.
209 *BVerwG* NVwZ 1999, 532 (534).
210 *Fischer-Hüftle/Schumacher* (o. Fn. 70) § 15 Rn. 37. Vgl. zur Eignung von Flächen auch *BVerwG* ZUR 2017, 361.

bieten sich daher an, um den auch bei Ersatzmaßnahmen erforderlichen (gelockerten) räumlichen Bezug[211] zum Eingriffsort herzustellen. Dieser wird von der Rechtsprechung bei Ersatzmaßnahmen im Umkreis von ca. 15 km stets als erfüllt angesehen,[212] wobei weniger eine konkrete Entfernungsangabe, als die Belegenheit der Flächen im selben Naturraum ausschlaggebend ist.

In *Fall 20* ist eine Ersatzmaßnahme innerhalb desselben Naturraumes mit Blick auf die Rodung des Waldes und des damit verbundenen Eingriffs in den Naturhaushalt zulässig. Hinsichtlich der Beeinträchtigung des Landschaftsbildes scheidet ein Ersatz hingegen aus. Da die optisch beeinträchtigende Wirkung der Kühltürme schon nicht am Eingriffsort kompensiert werden kann, kann dies erst recht nicht in einem gelockerten räumlichen Zusammenhang an beliebiger Stelle innerhalb desselben Naturraums erfolgen. 60

(4) Verfahrens- und Rechtsschutzfragen

In *verfahrenstechnischer* Hinsicht kann die zuständige Behörde[213] für die Ausgleichs- oder Ersatzmaßnahme eine *Sicherheitsleistung* verlangen (§ 17 V BNatSchG iVm §§ 232–240 BGB). Die Maßnahmen und die hierfür in Anspruch genommenen Flächen werden in einem *Kompensationsverzeichnis* erfasst (§ 17 VI BNatSchG). Die sachgerechte *Durchführung* der Vermeidungs-, Ausgleichs- und Ersatzmaßnahmen wird von der zuständigen Behörde geprüft; den Verursacher kann insoweit eine Berichtspflicht treffen (§ 17 VII BNatSchG). Zudem können unter den Voraussetzungen des § 16 (insbes. II) BNatSchG sowie des Landesrechts[214] vorgezogene Kompensationsmaßnahmen mittels *Ökokonten,* Flächenpools oder anderer Maßnahmen bevorratet werden.[215] Bei einer späteren Realisierung des Vorhabens können diese Maßnahmen dann als Ausgleich „abgebucht" werden, sofern bei ihrer Durchführung bereits eindeutig erkennbar war, dass sie die Funktion eines künftigen Ausgleichs hatten.[216] 61

Der *Rechtsschutz* gegen Ausgleichs- und Ersatzmaßnahmen erfolgt, sofern diese in Form der Nebenbestimmung (insbes. Auflage) ergehen, durch isolierte Anfechtung der konkreten Ausgleichs- oder Ersatzmaßnahme.[217] Nur wenn die Festsetzung im Einzelfall als unselbständiger und untrennbarer Teil der Genehmigung (Inhaltsbestimmung) anzusehen ist, scheidet eine isolierte Anfechtung mangels formeller Teilbarkeit aus; statthaft sind dann Verpflichtungswiderspruch bzw. -klage[218] auf Erteilung einer Genehmigung mit der vom Verursacher gewünschten Kompensationsmaßnahme (idR Bescheidungsantrag bzw. -urteil, § 113 V 2 VwGO). 62

dd) Abwägung

Kommt eine Kompensation durch Ausgleichs- oder Ersatzmaßnahmen nicht in Betracht, ist der Eingriff nach § 15 V BNatSchG zu untersagen, soweit Belange des Naturschutzes und der Landschaftspflege bei der *Abwägung* aller Anforderungen an Natur und Landschaft anderen Belangen im Range vorgehen. Die besondere naturschutzfachliche Abwägung nach § 15 V BNatSchG ist von der allgemeinen Abwägung im Rahmen eines Planfeststellungsbeschlusses zu unterscheiden und tritt zu dieser hinzu,[219] kann also auch unabhängig von der fachplanerischen Abwägung zur 63

---

[211] Vgl. *BVerwG* ZUR 2017, 357 Rn. 19ff. (21f.); NuR 2010, 646 (647); NVwZ 1997, 486 (487).

[212] *BVerwG* NuR 2010, 646 (647); 2005, 177.

[213] Dies wird neben der Naturschutzbehörde meist die jeweilige Fachbehörde sein, vgl. § 17 I, III BNatSchG.

[214] ZB BWÖKVO v. 19.12.2010 (GBl. S. 1089), Ökokonto VO NRW v. 18.4.2008 (GV. S. 379), BbgFlächenpoolVO v. 24.2.2009 (GVBl. II S. 111).

[215] Vgl. dazu *Wolf* in Kluth/Smeddinck § 5 Rn. 54f.

[216] *Schlacke* § 10 Rn. 43. Zu rechtlichen Problemen am Beispiel des Ökokontos in Baden-Württemberg vgl. *Kautz* VBlBW 2020, 1ff.

[217] BVerwGE 112, 221 (223f.); *OVG Berlin-Brandenburg* NVwZ 2011, 1075 (1076).

[218] *Kloepfer* UmweltR § 12 Rn. 258. Zum Rechtsschutz im Rahmen der Planfeststellung *Peine* NuR 2018, 297 (299ff.).

[219] BVerwGE 128, 76 Rn. 22; aA, nämlich für eine Integration in die fachplanerische Abwägung, *Kerkmann/Koch* (o. Fn. 163) § 15 Rn. 37.

Unzulässigkeit eines Vorhabens führen. Das *BVerwG* führt dazu aus: „Die naturschutzrechtliche Abwägung ist bipolarer Art, indem sie danach fragt, ob die ‚Belange des Naturschutzes und der Landschaftspflege' den für das Vorhaben streitenden Belangen ‚im Range vorgehen'. Demgegenüber betrifft die fachplanerische Abwägung ein multipolares, unter allen berührten Aspekten zu beurteilendes und auszugleichendes Interessengeflecht."[220]

64 Dem Schutz von Natur und Landschaft kommt im Hinblick auf Art. 20a GG im Rahmen der Abwägung nach § 15 V BNatSchG ein besonderes Gewicht zu.[221] In die Abwägung einzustellen sind sowohl öffentliche, als auch im Hinblick auf den gebotenen Grundrechtsschutz private Belange.[222] Je höher das Kompensationsdefizit gemessen an den durch § 1 BNatSchG fixierten Zielen des Natur- und Landschaftsschutzes wiegt, desto gewichtiger müssen die für den Eingriff sprechenden Belange sein.[223]

65 Das Ergebnis der von der Behörde vorgenommenen Abwägung ist gerichtlich nur eingeschränkt auf Abwägungsfehler hin überprüfbar.[224] Das *BVerwG* wendet zudem bei Planfeststellungsbeschlüssen die – verfassungskonform eng auszulegende[225] – Planerhaltungsregelung des § 75 Ia VwVfG bzw. des besonderen Fachrechts auch auf die naturschutzrechtliche Abwägung bei Anwendung der Eingriffsregelung entsprechend an.[226] Mängel bei der Abwägung sind hiernach nur erheblich, wenn sie offensichtlich und auf das Abwägungsergebnis von Einfluss gewesen sind. Offensichtlich sind alle Mängel, die zur äußeren Seite des Planungsvorganges zählen, also anhand von Unterlagen objektivierbar sind.[227] Eine Aufhebung des Planfeststellungsbeschlusses setzt voraus, dass ein Abwägungsfehler die Ausgewogenheit der Planung insgesamt in Frage stellt.[228] Reicht eine Planergänzung nach § 75 Ia 2 VwVfG aus, um nachträglich die Kompensation eines Eingriffs in Natur und Landschaft nach § 15 II BNatSchG anzuordnen, kann die Aufhebung des Planfeststellungsbeschlusses nicht verlangt werden.[229] Insoweit stellt das Gericht – abweichend von § 113 I 1 VwGO – fest, dass der Planfeststellungsbeschluss rechtswidrig und nicht vollziehbar ist.[230]

66 Wie die Abwägung nach § 15 V BNatSchG in *Fall 20* ausgehen würde, hängt von den Einzelumständen im konkreten Fall ab, zu denen der Sachverhalt keine hinreichenden Anhaltspunkte liefert.

ee) Ersatzzahlungen

67 § 15 VI 1 BNatSchG sieht bei der Zulassung eines Eingriffs infolge einer Abwägungsentscheidung die Verpflichtung zum Geldersatz durch den Verursacher vor. Die Rechtsprechung hat diese Abgabe bislang finanzverfassungsrechtlich als Sonderabgabe qualifiziert und gemessen an den dafür geltenden verfassungsrechtlichen

---

[220] BVerwGE 128, 76 Rn. 22.
[221] *Stöckel/Müller-Walter* (o. Fn. 71) BNatSchG § 15 Rn. 36.
[222] BVerwGE 85, 348; *Guckelberger* (o. Fn. 91) § 15 Rn. 107.
[223] *Gellermann* in Landmann/Rohmer UmweltR BNatSchG § 15 Rn. 47.
[224] Wie hier BVerwGE 128, 76 Rn. 19; *Koch* (o. Fn. 175) § 7 Rn. 48 ff.
[225] *Storost* (o. Fn. 149) S. 485 f.
[226] BVerwGE 128, 76 Rn. 11; 121, 72 (80 f.); *de Witt/Geismann* (o. Fn. 165) S. 46.
[227] *Kämper* in BeckOK VwVfG, 51. Ed. 1.4.2021, VwVfG § 75 Rn. 25.
[228] BVerwGE 125, 116 Rn. 238.
[229] BVerwGE 121, 72 (82); *Neumann/Külpmann* in Stelkens/Bonk/Sachs (Hrsg.), VwVfG, 9. Aufl. 2018, § 75 Rn. 46.
[230] BVerwGE 100, 370 (372).

Kriterien[231] für zulässig erachtet.[232] Das *BVerwG* spricht in diesem Zusammenhang von „einer dem Schadensersatz ähnlichen Leistung".[233] In Betracht kommt die Ersatzzahlung nur *nachrangig,* wenn die Realkompensation eines unvermeidbaren Eingriffs scheitert, der Eingriff aber als Ergebnis der Abwägung nach § 15 V BNatSchG nicht zu unterbleiben hat. Ein sog. „ökologischer Ablasshandel", bei dem auf Ausgleich oder Ersatz gegen die Möglichkeit auf Ersatzzahlung verzichtet wird, wäre daher unzulässig.[234] Besondere praktische Relevanz hat die Ersatzzahlung bei Beeinträchtigungen des Landschaftsbildes, da dort idR beide Formen der Realkompensation ausscheiden.[235]

Die konkrete Höhe der Ersatzzahlung bemisst sich nach den durchschnittlichen Kosten der nicht durchführbaren Ausgleichs- und Ersatzmaßnahmen (§ 15 VI 2 BNatSchG);[236] der Surrogatsberechtigte soll so gestellt werden wie derjenige, der zur Realkompensation verpflichtet ist.[237] Insoweit besteht ein rechtsstaatlich hinreichend bestimmter Maßstab, weil entsprechende Kosten objektivierbar zu ermitteln sind.[238] Sind diese Kosten dagegen nicht feststellbar, bemisst sich die Ersatzzahlung subsidiär nach Dauer und Schwere des Eingriffs unter Berücksichtigung der dem Verursacher daraus erwachsenden Vorteile (§ 15 VI 3 BNatSchG). Dieser Maßstab genügt ohne weitere materiell-gesetzliche Konkretisierung kaum den rechtsstaatlichen Mindeststandards,[239] zumal weder der abstrakte Kostenrahmen[240] noch eine kalkulierbare Methode festgelegt werden. **68**

Die Ersatzzahlung ist idR von der zuständigen Behörde im Zulassungsbescheid festzusetzen (§ 15 VI 4 BNatSchG). Sie ist vor Durchführung des Eingriffs zu leisten, sofern nicht – grds. aber nur gegen Sicherheitsleistung – ein anderer Zeitpunkt festgelegt wird (§ 15 VI 5 und 6 BNatSchG). Sie ist zweckgebunden für Maßnahmen des Naturschutzes und der Landschaftspflege zu verwenden (§ 15 VI 7 BNatSchG). § 15 VII 1 Nr. 2 BNatSchG enthält auch insoweit eine Verordnungsermächtigung zugunsten des BMU zur Regelung der Höhe der Ersatzzahlung und des Verfahrens zu ihrer Erhebung, von der bislang allerdings noch kein Gebrauch gemacht wurde (→ Rn. 52). Aus den nach § 15 VII 2 BNatSchG fortgeltenden landesrechtlichen Vorschriften[241] können sich auch Privilegierungen im Einzelfall ergeben, die eine Absenkung von Ersatzzahlungen bei besonders gemeinwohlrelevanten Anlagen (zB Windenergie) ermöglichen.[242] Diese Privilegierungen sind indes – jedenfalls soweit sie nach Inkrafttreten des BNatSchG 2010 erlassen wurden – rechtlich problematisch, da sie dem Prinzip der Vollkompensation (§ 13 BNatSchG)

---

231 S. BVerfGE 110, 370 (387 ff.); 108, 186 (214 ff.) mwN; → § 4 Rn. 133 ff.

232 BVerwGE 81, 220 ff.; 74, 308 ff.; *Mühlbauer* (o. Fn. 101) § 15 Rn. 41; skept. *Kloepfer/Durner* UmweltschutzR § 12 Rn. 33 (finanzverfassungsrechtliche Probleme); *Gassner* DVBl 2011, 1268 ff. (Verstoß gegen Art. 3 I GG).

233 BVerwGE 74, 308 (309).

234 *Fischer-Hüftle/Schumacher* (o. Fn. 70) § 15 Rn. 137, 139.

235 Str., wie hier *OVG Lüneburg* NJOZ 2010, 1395 (1399) mwN auch zur Gegenansicht.

236 *BVerwG* NVwZ 2016, 1338 f. Für ein konkretes Beispiel vgl. *VG Ansbach* BeckRS 2013, 51029: 8.731 EUR für Rodung einer mit Feldgehölz bestandenen Fläche von 935m².

237 *Frenz* UPR 2016, 329 (330); *Voßkuhle,* Das Kompensationsprinzip, 1999, S. 228.

238 Ein pauschaler Maßstab genügt dagegen nicht, vgl. *OVG Berlin* NVwZ 2016, 1339 Rn. 23.

239 Krit. auch *Fischer-Hüftle/Schumacher* (o. Fn. 70) § 15 Rn. 142.

240 Gegen eine Obergrenze *sub specie* Gleichheitssatz aber *Franzius* ZUR 2010, 346 (352).

241 *Fülbier* NuR 2017, 804 (809 f.). Vgl. zu den landesrechtlichen Regelungen stellv. § 15 IV, V BWNatSchG; Art. 7, 8 III BayNatSchG; § 17 III BlnNatSchG; § 10 IV SächsNatSchG; vgl. daneben die jeweiligen Landesverordnungen (zB o. Fn. 214).

242 Vgl. *VG Regensburg* UPR 2015, 356; *Operhalsky/Fechler* ZUR 2016, 649 (651 ff.); krit. *Frenz* UPR 2016, 329 (330 f.).

widersprechen, das als allgemeiner Grundsatz iSd Art. 72 III 1 Nr. 2 GG abweichungsfest ist (→ Rn. 9).

69 Die Festsetzung der Ersatzzahlung stellt eine Auflage (§ 36 II Nr. 4 VwVfG) dar, die nach hM ein selbständiger (Neben-)VA zur Genehmigung und mithin – da formell teilbar (arg. e § 113 I 1 VwGO) – isoliert anfechtbar ist. *Statthafter Rechtsbehelf* ist daher die Anfechtungsklage (§ 42 I 1. Alt. VwGO).[243] Bei Prüfung der Begründetheit der Anfechtungsklage ist am Ende das zusätzliche Erfordernis der materiellen Teilbarkeit zu beachten.

70 In *Fall 20* bestehen keine Bedenken, der *M-AG* für den optischen Eingriff in das Landschaftsbild eine Ersatzzahlung aufzuerlegen. Sie bedeutet keinen Freikauf von der Kompensationsverpflichtung, sondern stellt sich gerade als Ersatz für nicht ausgleichbare Eingriffe dar. Damit ist sie lediglich Ausdruck eines konsequent verstandenen Verursacherprinzips.[244]

2. Eingriffsregelung und Bauleitplanung

Fall 21: Umstrukturierung eines brachliegenden Industriegebietes

71 Die kreisfreie Stadt (Stadtkreis) W sieht sich angesichts der Zuwanderung aus ihrem konjunkturschwachen Umland mit dem Problem zunehmender Wohnungsknappheit konfrontiert. Um den immer dringender werdenden Wohnbedarf zu befriedigen, überlegt sich der Stadtrat im Sommer 2021, ein brachliegendes Industriegebiet aus der Zeit der Jahrhundertwende in der Nähe des Stadtzentrums in ein Wohngebiet zu verwandeln. Es haben auch bereits ausreichend Investoren Interesse angemeldet. Weil im bisher gültigen Bebauungsplan das Gebiet als „Industriegebiet" bezeichnet ist, beabsichtigt der Stadtrat, diesen zu ändern und das betreffende Gebiet als „Allgemeines Wohngebiet" auszuweisen. Allerdings weist der Landschaftsplan der Stadt auf eine seltene Fledermauspopulation in den alten Gebäuden hin. Die Stadtrechtsrätin *Dr. Frieda Fleißig* wird mit der Klärung der Frage beauftragt, auf welche Weise die Belange des Naturschutzes im Rahmen der Bauleitplanung Berücksichtigung finden müssen.

a) Integrative Lösung

72 Seit 1998 ist die Eingriffsregelung in die Bauleitplanung *integriert.* Zentrale Regelung ist insoweit § 18 BNatSchG. Dahinter steht folgender Leitgedanke: Obschon mit der Bauleitplanung als solcher unmittelbar noch keine Eingriffe in Natur und Landschaft einhergehen, werden solche vorbereitet. Werden diese Folgen der Planung (nämlich die avisierte Planverwirklichung) bereits auf der Ebene der Bauleitplanung einbezogen, kann in dieser Frühphase am ehesten eine Schonung von Natur und Landschaft erreicht werden.[245] So kann nach einer konzeptionellen Problembewältigung im Raum gesucht werden, die eine punktuelle, grundstücksbezogene Vorhabenzulassung (Baugenehmigung) nicht zu leisten vermag,[246] zumal bereits der Bebauungsplan nach verbreiteter Auffassung bestandsschutzfähige Eigentumspositionen begründen kann.[247] Die Eingriffsregelung ist zwar für die Bauleitplanung grds. verbindlich, allerdings nach Maßgabe der Vorschriften des Baurechts, das seinerseits Fragen des Naturschutzes im Wesentlichen in die Abwägung hineinverlagert. Die Rechtsprechung hat – mit Blick auf Art. 20a GG zwin-

---

[243] *VGH Kassel* NVwZ-RR 1998, 68 (69); *OVG Lüneburg* NJOZ 2010, 1395 (1397).
[244] *Kuchler* NuR 1991, 465 (472).
[245] *de Witt/Geismann* (o. Fn. 165) S. 60; *Kerkmann/Koch* (o. Fn. 163) § 18 Rn. 1.
[246] BVerwGE 104, 68 (73).
[247] *Battis* (o. Fn. 113) § 1a Rn. 11.

gend[248] – den herausgehobenen Stellenwert von Umweltbelangen in der planerischen Abwägung betont.[249]

b) Regelungsstruktur

Nach § 18 I BNatSchG ist bei der Aufstellung, Änderung, Ergänzung oder Aufhebung von *Bauleitplänen* (oder Ergänzungssatzungen nach § 34 IV 1 Nr. 3 BauGB) über Vermeidung, Ausgleich und Ersatz allein nach den Vorschriften des BauGB zu entscheiden. Folglich beurteilt sich die Frage, *ob* ein Bauleitplan einen Eingriff darstellt, nach § 14 I BNatSchG (→ Rn. 46 ff.). Die Frage, welche Rechtsfolgen dieser ggf. nach sich zieht (das „*Wie*"), bestimmt sich hingegen nach dem BauGB;[250] insoweit findet eine Konzentration naturschutzrechtlicher Belange im (normsetzenden) Planungsverfahren statt. **73**

In *Baugenehmigungsverfahren* finden die Eingriffsvorschriften der §§ 14–17 BNatSchG gem. § 18 II 1 BNatSchG keine Anwendung auf Vorhaben in Gebieten mit Bebauungsplänen nach § 30 BauGB, während der Planaufstellung nach § 33 BauGB und im Innenbereich nach § 34 BauGB.[251] Dagegen bleibt die naturschutzrechtliche Eingriffsregelung gem. § 18 II 2 BNatSchG anwendbar im Außenbereich nach § 35 BauGB sowie für planfeststellungsersetzende Bebauungspläne.[252] Naturschutzrelevante Abwägungsfehler bei der Planaufstellung können freilich zur Unwirksamkeit des Bebauungsplans führen, weshalb dann das Vorhaben wie im unbeplanten Bereich zu beurteilen ist.[253] Im Übrigen ist ein Bebauungsplan schon nicht erforderlich iSd § 1 III BauGB und damit rechtswidrig, wenn seiner Verwirklichung unüberwindbare Belange des Naturschutzrechts entgegenstehen.[254]

Als verfahrensrechtliche Sicherung des Naturschutzes im nicht beplanten Bereich ist in Fällen des § 35 I, IV und § 34 BauGB zudem grds. das *Benehmen* mit der Naturschutzbehörde herzustellen (§ 18 III BNatSchG); zum Fall, dass sich dabei Anhaltspunkte für eine Schädigung iSd § 19 I 1 BNatSchG ergeben, vgl. § 18 IV BNatSchG.

c) Berücksichtigung der Belange des Naturschutzes in der Bauleitplanung

Die Berücksichtigung der Belange des Naturschutzes findet gem. § 1a BauGB im Wege der Abwägung nach § 1 VII BauGB, also „vorgelagert" in die Planungsphase, statt.[255] Dazu zählen nach § 1a III 1 BauGB auch Vermeidung und Ausgleich der zu erwartenden Eingriffe. Bei der „Abarbeitung" der Eingriffsregelung im Rahmen der bauleitplanerischen Abwägung muss die Gemeinde dann zum einen ein *inhaltlich* nachvollziehbares Konzept zur Vermeidung und zum Ausgleich etwaiger Eingriffe erarbeiten und zum anderen muss die Durchführung etwaiger Kompensationsmaßnahmen in *formaler* Hinsicht hinreichend gesichert sein,[256] was § 1a III 2–4 BauGB konkretisiert. **74**

---

[248] Zur Abwägungsrelevanz des Art. 20a GG *Gärditz* in Landmann/Rohmer UmweltR GG Art. 20a Rn. 28, 48, 50, 60 f.; *Scholz* in Maunz/Dürig GG Art. 20a Rn. 57.

[249] BVerwGE 104, 68 (72, 77). Ferner *Kerkmann/Koch* (o. Fn. 163) § 18 Rn. 7.

[250] *Glaser* JuS 2010, 209 (212); *Schink* NuR 2017, 585 (586 f.). Vgl. zum Artenschutz in der Bauleitplanung *Schuster* VBlBW 2009, 174 ff.

[251] *Louis* DVBl 2017, 823 (824). Zur Frage, ob § 18 II 1 BNatSchG auch für die *Planfeststellung* gilt, s. *Füßer/Lau* UPR 2019, 130 ff.

[252] ZB § 17b II FStrG, § 28 III PBefG.

[253] *OVG Schleswig* NuR 2009, 498 (503, 509 f.); *Kerkmann/Koch* (o. Fn. 163) § 18 Rn. 18.

[254] *VGH Kassel* NVwZ-RR 2004, 732 f.; *Fischer-Hüftle* BayVBl. 2016, 833 (834).

[255] Ausf. *Scheidler* ZUR 2019, 145 ff.

[256] *OVG Koblenz* NuR 2014, 122 (123).

aa) Eingriff

75 Die Gemeinde hat danach zunächst zu prüfen, ob die Bauleitplanung zu einem Eingriff iSd § 14 I BNatSchG führen kann. Dazu muss als Erstes eine – die Bedeutung des Art. 20a GG berücksichtigende – Bestandsaufnahme von Natur und Landschaft im Plangebiet durchgeführt werden. Soweit vorhanden, kann auf Ergebnisse einer Umweltverträglichkeitsprüfung[257] oder auf Landschaftspläne nach § 11 BNatSchG zurückgegriffen werden; diese enthalten im Idealfall eine Darstellung des gegenwärtigen sowie des angestrebten Zustandes (vgl. § 9 III 1 Nr. 1–3 BNatSchG). Auf der Grundlage dieser Daten hat die zuständige Behörde sodann eine Prognoseentscheidung zu treffen, ob der Eingriff abwägungsrelevante Intensität haben wird.[258]

Da in *Fall 21* durch den geplanten Abriss der Industrieruinen und den Neubau der Wohngebäude mit an Sicherheit grenzender Wahrscheinlichkeit der Lebensraum für die Fledermäuse zerstört wird, ist durch die Realisierung der Planung ein Eingriff iSd § 14 I BNatSchG zu erwarten.

bb) Vermeidungsgebot

76 Die zentrale Vorschrift des § 1a III 1 BauGB integriert die naturschutzrechtliche Eingriffsregelung in die Abwägung nach § 1 VII BauGB, verweist aber hinsichtlich der Eingriffsfolgenbewältigung auf das Vermeidungsgebot des § 15 I BNatSchG (→ Rn. 49 f.). Auch hier bezieht sich die Frage der Vermeidbarkeit auf die konkrete Ausführung des Vorhabens („Wie“, nicht „Ob“).[259] Eine Pflicht zur Untersuchung möglicher Planungsalternativen, also insbes. schonenderer Standorte oder Projektvarianten, kennt die Eingriffsregelung – und damit akzessorisch auch § 1a III 1 BauGB – nicht.[260]

Ist die Ausweisung der Fläche städtebaulich erforderlich und bieten sich keine planungsrechtlichen Alternativen an, ist in *Fall 21* dem Vermeidungsgebot Genüge getan.

cc) Ausgleichspflicht

77 In der bauplanerischen Abwägung ist nach § 1a III 2–5 BauGB ein einheitlicher Ausgleich der zu erwartenden Eingriffe in Natur und Landschaft zu berücksichtigen. Die Unterscheidung zwischen Ausgleich und Ersatz, die dem Naturschutzrecht zugrunde liegt (§ 15 II BNatSchG; → Rn. 51 ff.), wurde durch § 1a III BauGB somit gerade *nicht* übernommen (vgl. auch § 200a S. 1 BauGB). Ein Eingriff ist dann ausgeglichen, wenn nach seiner Beendigung keine erhebliche oder nachhaltige Beeinträchtigung des Naturhaushalts zurückbleibt und das Landschaftsbild landschaftsgerecht wiederhergestellt oder neugestaltet ist.[261] Ein Ausgleich ist nach § 1a III 6 BauGB nicht erforderlich, wenn die festgestellten Eingriffe bereits vor der Aufstellung eines Bauleitplans erfolgt sind oder zulässig waren.

(1) Ausgleichsinstrumentarium

78 § 1a III 2–4 BauGB stellt das Instrumentarium für die Durchführung des Ausgleichs zur Verfügung. Der Ausgleich kann danach in *vier Varianten* erfolgen:

---

[257] S. *Gassner* (o. Fn. 95) § 21 Rn. 8.
[258] *Battis* (o. Fn. 113) § 1a Rn. 19 ff.
[259] *Louis* NuR 1998, 113 (119). Zur Berücksichtigung vorfindlicher Baurechte *Reese* UPR 2000, 292 (296).
[260] BVerwGE 125, 116 Rn. 567; aA *Battis* (o. Fn. 113) § 1a Rn. 15.
[261] *Stich* UPR 1998, 121 (125); zum Monitoring vgl. *Schink* UPR 2018, 248 (249 ff.).

(1) Durch geeignete *Darstellungen im Flächennutzungsplan* (§ 5 BauGB) oder *Festsetzungen im Bebauungsplan* (§ 9 BauGB) als Flächen oder Maßnahmen zum Ausgleich am Ort des Eingriffs (§ 1a III 2 BauGB).

(2) Durch entsprechende Darstellungen und Festsetzungen nach § 1a III 2 BauGB auch an anderer Stelle als am Ort des Eingriffs, soweit dies mit einer nachhaltigen städtebaulichen Entwicklung und den Zielen der Raumordnung sowie des Naturschutzes und der Landschaftspflege vereinbar ist (§ 1a III 3 BauGB); § 200a S. 2 BauGB ermöglicht insoweit eine räumliche Flexibilisierung.

(3) Durch vertragliche Vereinbarungen nach § 11 BauGB (§ 1a III 4 1. Alt. BauGB).[262]

(4) Durch sonstige geeignete Maßnahmen zum Ausgleich auf von der Gemeinde bereitgestellten Flächen (§ 1a III 4 2. Alt. BauGB).

(2) Zeitliche Anforderungen

Neben der räumlichen (§ 200a S. 2 BauGB) findet auch eine zeitliche Entkoppelung 79 des Vollzugs von Eingriff und Ausgleich statt. Die Gemeinde kann gem. § 135a II 2 BauGB die Durchführung von Ausgleichsmaßnahmen schon „im Vorgriff" auf spätere Baugebietsausweisungen vornehmen und diese dann später dem neuen Baugebiet zuordnen.[263] Hierzu dient die Bevorratung von Kompensationsmaßnahmen mittels *Ökokonten,* Flächenpools oder anderer Maßnahmen (→ Rn. 61).[264]

(3) Durchführung und Kostenerstattung

Grds. ist als Ausdruck des Verursacherprinzips gem. § 135a I BauGB der *Vorhabenträger* zur Durchführung der Ausgleichsmaßnahmen heranzuziehen, welche ihm 80 idR in Form von Nebenbestimmungen zur jeweiligen Genehmigung nach § 36 VwVfG aufgegeben werden. Ist er jedoch nicht in der Lage, diese durchzuführen, zB wenn die Maßnahme einem anderen Grundstück zugeordnet ist (§ 9 Ia 2 BauGB), so soll die Gemeinde anstelle und auf Kosten des Vorhabenträgers tätig werden (§ 135a II 1 BauGB).[265]

In *Fall 21* bedeutet dies, dass der Stadtrat bereits bei seiner Planung Ausgleichsmaßnahmen vorzusehen hat. Die konkrete Ausgestaltung richtet sich nach den tatsächlichen Gegebenheiten.

dd) Gewichtung der naturschutzrechtlichen Belange in der bauleitplanerischen Abwägung

Die Belange des Naturschutzes haben keinen Vorrang vor anderen abwägungsrele- 81 vanten Belangen.[266] Ihr Gewicht bestimmt sich vielmehr nach der konkreten Situation. Hierbei ist eine ökologische Gesamtbetrachtung des Gemeindegebietes vorzunehmen.[267] Dies ergibt sich bereits aus § 1a III 1 iVm § 1 VII BauGB, der den Naturschutz als einen öffentlichen Belang definiert, der in die Abwägung mit anderen öffentlichen und privaten Belangen einzustellen ist, daneben aber auch aus § 2 III BNatSchG. Freilich kommt dem Naturschutz im Lichte des Art. 20a GG eine

---

[262] Zur dinglichen Absicherung *OVG Münster* NuR 2018, 138 (139), mAnm *Schumacher* NuR 2018, 104 (104).

[263] *VGH Mannheim* NuR 2015, 647 (651); *Stich* UPR 2000, 321 (322).

[264] Vgl. dazu *Ekardt/Hennig* NuR 2013, 694 (699 ff.); *Troidl* BayVBl. 2021, 330 ff.

[265] *Schlacke* § 10 Rn. 42.

[266] BVerwGE 104, 68 (72 ff.); hierzu *Uechtritz* NVwZ 1997, 1182 ff.

[267] *Jarass/Kment,* BauGB, 2. Aufl. 2017, § 1a Rn. 9.

herausgehobene Bedeutung zu (→ Rn. 12), die sich vor allem in der Pflicht zur Totalkompensation (§ 13 BNatSchG) niederschlägt.[268]

3. Duldungspflichten

82 Natur- und Landschaftsschutz erfordern neben der Abwehr fremder Eingriffe auch einen aktiven Pflegebeitrag, den Grundstückseigentümer jedoch häufig nicht leisten. Deswegen eröffnet § 65 I 1 BNatSchG die Möglichkeit, Eigentümern und sonstigen Nutzungsberechtigten von Grundstücken die Duldung von Maßnahmen des Naturschutzes und der Landschaftspflege aufzugeben.[269]

Die Festlegung von Duldungspflichten nach § 65 I 1 BNatSchG setzt ausreichend bestimmte Ermächtigungsgrundlagen im BNatSchG, in den LNatSchG und dem untergesetzlichen Naturschutzrecht voraus. Die Konkretisierung der Duldungspflichten erfolgt entweder durch den Normtext selbst oder durch eine Einzelfallanordnung in Form eines Verwaltungsaktes.[270] Die zu duldenden Maßnahmen dürfen die Nutzung der Grundfläche nicht unzumutbar beeinträchtigen, da sonst eine unzulässige Inhalts- und Schrankenbestimmung vorläge (vgl. § 65 I 1 Hs. 2 BNatSchG). Die Länder können aber nach § 65 I 2 BNatSchG weitergehende Duldungspflichten vorsehen, so zB auch bei an sich unzumutbaren Nutzungseinschränkungen, die dann freilich entschädigungspflichtig sind (§ 68 BNatSchG). Die Verpflichtung bezieht sich aber stets nur auf eine Duldung, ein positives Tun (zB Anpflanzung von Bäumen) kann auf der Grundlage des § 65 BNatSchG nicht angeordnet werden.[271]

83 Zum Zwecke der Erholung (Legaldefinition: § 7 I Nr. 3 BNatSchG)[272] ist das Betreten der freien Landschaft auf Straßen und Wegen sowie auf ungenutzter Fläche gem. § 59 I BNatSchG gestattet. Auch auf privaten Straßen und Wegen ist das Betreten zu Erholungszwecken unentgeltlich zu dulden.[273] Dem erholungssuchenden Bürger wird ein subjektives öffentliches Recht gewährt.[274] Für das Betreten des Waldes kann gem. § 59 II BNatSchG eine weitergehende Ausgestaltung erfolgen.[275]

VI. Der besondere Gebietsschutz

84 Die §§ 20–36 BNatSchG[276] dienen der Abwehr von Gefahren für besonders schützenswerte und schutzbedürftige Bereiche von Natur und Landschaft.[277] Unterschieden wird zwischen dem Schutz von Flächen (*Flächenschutz*, §§ 23 ff. BNatSchG; → Rn. 90 ff.) sowie dem Schutz einzelner Objekte (*Objektschutz*, §§ 28 f.

---

[268] *Kloepfer* UmweltR § 12 Rn. 262.
[269] Nach *BGH* NuR 2020, 50 Rn. 31 folgt aus § 65 I 1 BNatSchG auch eine Duldungspflicht iSv § 1004 II BGB; krit. *Gellermann* NuR 2020, 34 ff.
[270] *Gassner* (o. Fn. 95) § 9 Rn. 5.
[271] *Schlacke* § 10 Rn. 45.
[272] Zur Erholungsfunktion der Natur vgl. *Kloepfer/Durner* UmweltschutzR § 12 Rn. 72.
[273] Zum Recht auf Betretung der freien Landschaft unter Stärkung von Art. 2 I GG BVerwGE 159, 337 Rn. 37 ff.; *Kümper* DVBl 2018, 686 (691); *Lütkes* NuR 2018, 101 (102).
[274] Vgl. auch *Storm* Rn. 285.
[275] Zum Verhältnis zum Waldrecht *OVG Schleswig* BeckRS 2021, 6555 Rn. 9. Zum weitgehenden Recht auf Naturgenuss im Wald *VGH München* ZUR 2018, 48 (49); *Maruschke* NuR 2018, 312 f.; *Gassner* (o. Fn. 103) Rn. 436 ff.
[276] Vgl. aus dem Landesrecht §§ 22 ff. BWNatSchG, Art. 12 ff. BayNatSchG, §§ 13 ff. SächsNatSchG.
[277] *Wolf* in Kluth/Smeddinck § 5 Rn. 63. Ihre positive Wirkung ist wissenschaftlich belegt, vgl. *BMU*, Lage der Natur 2020, S. 24, 32.

BNatSchG; → Rn. 100 f.). Daneben stellt das Gesetz bestimmte Biotope unter Schutz (*Biotopschutz*, § 30 BNatSchG; → Rn. 112).

Eine besondere Bedeutung haben die qualifizierten Schutzbestimmungen für Gebiete im europäischen Netz „Natura 2000" (*Natura 2000-Gebiete*, § 7 I Nr. 8 BNatSchG), namentlich Gebiete von gemeinschaftlicher Bedeutung (FFH-Gebiete, § 7 I Nr. 6 BNatSchG) und Europäische Vogelschutzgebiete (§ 7 I Nr. 7 BNatSchG), erlangt (§§ 31–36 BNatSchG; → Rn. 114 ff.). Die Anknüpfung an bestimmte *besonders schützenswerte Teile von Natur und Landschaft* unterscheidet den *besonderen* Gebietsschutz vom *allgemeinen* Gebietsschutz, der an einzelne Vorhaben anknüpft und dabei einen Schutz von Natur und Landschaft *insgesamt* bezweckt (→ Rn. 39).[278] Zwischen dem allgemeinen und dem besonderen Gebietsschutz besteht kein Spezialitätsverhältnis, vielmehr sind sie nebeneinander anwendbar.[279]

1. Flächen- und Objektschutz

Fall 22: Landwirte gegen „grüne Häuptlinge"

Nahe der Großstadt Altberg/Bayern erstreckt sich, zwischen einer Hügelkette im Norden und dem Sindelfluss im Süden, ein von den Altbergern als „Westliche Wälder" bezeichneter ca. 70.000 ha großer Landstrich. Es handelt sich dabei um eine dünn besiedelte Landschaft. Ihre Bewohner leben vielfach von der Land- und Forstwirtschaft. Auf Betreiben der Altberger, für welche die Westlichen Wälder ein beliebtes Naherholungsgebiet darstellen, entschließt sich das zuständige Staatsministerium, diese Landschaft als „Naturpark" unter Schutz zu stellen. 85

Nach Bekanntwerden des Entwurfs der Naturparkverordnung protestiert die ländliche Bevölkerung heftig: Sie wolle in keinem Naturreservat leben, in dem allein die „grünen Häuptlinge" der Naturschutzbehörden das Sagen hätten. Der Betrieb einer modernen Landwirtschaft dürfe nicht beeinträchtigt werden, zumal die Landwirte seit alters die aktivsten Umweltschützer seien. Daraufhin wird Regierungsrat *Streblich (S)* beauftragt, die Bevölkerung in dem betroffenen Gebiet umfassend über die geplante Schutzverordnung und die sich daraus ergebenden Konsequenzen aufzuklären.

a) Schutzgebiete und -objekte

aa) Allgemeines

Flächen- und Objektschutz erfolgt durch die Festsetzung von Schutzgebieten. § 20 II BNatSchG enthält eine abschließende Aufzählung der entsprechenden Festsetzungsmöglichkeiten (allgemeiner Grundsatz, → Rn. 9). Danach gibt es folgende, sich hinsichtlich ihrer Zielrichtung und Schutzintensität unterscheidende *Schutzgebiete* bzw. *-objekte:*[280] 86

- Naturschutzgebiete (§ 23 BNatSchG),
- Nationalparke und Nationale Naturmonumente (§ 24 BNatSchG),
- Biosphärenreservate (§ 25 BNatSchG),
- Landschaftsschutzgebiete (§ 26 BNatSchG),
- Naturparke (§ 27 BNatSchG),
- Naturdenkmäler (§ 28 BNatSchG) und
- geschützte Landschaftsbestandteile (§ 29 BNatSchG).

---

[278] *Fischer-Hüftle* in Schumacher/ders. (o. Fn. 70) vor §§ 13–19 Rn. 8.
[279] *Heugel* in Lütkes/Ewer (o. Fn. 66) § 20 Rn. 5.
[280] Im Überblick *Wormit* ZJS 2020, 585 (592 f.).

87 Die Unterschutzstellung eines Gebiets erfolgt durch *Erklärung* iSd § 22 I 1 BNatSchG. Die genannten Vorschriften stellen dafür allerdings keine ausreichende Ermächtigungsgrundlage dar.[281] Zuständigkeit, Verfahren und Form der Unterschutzstellung richten sich vielmehr nach Landesrecht (§ 22 II 1 BNatSchG; → Rn. 102); die LNatSchG enthalten auch Spezialvorschriften zur Beachtlichkeit von Form- und Verfahrensfehlern und zur Möglichkeit ihrer Behebung.[282]

Die inhaltlichen Mindestvoraussetzungen an die Erklärung zum Schutzgebiet legt § 22 I 2 BNatSchG fest: Zu bestimmen sind der Schutzgegenstand, der Schutzzweck, die zur Erreichung des Schutzzwecks notwendigen Ge- und Verbote sowie, soweit erforderlich, die Pflege-, Entwicklungs- und Wiederherstellungsmaßnahmen (bzw. die Ermächtigungen hierzu).

88 Die §§ 23 ff. BNatSchG enthalten nähere Vorgaben zu den notwendigen Ge- und Verboten für die einzelnen Schutzgebietskategorien, ohne allerdings eine abschließende Regelung zu treffen (vgl. §§ 23 II 1, 26 II, 28 II 1 BNatSchG).[283]

Die allgemeine *Befreiungsvorschrift* des § 67 I BNatSchG erlaubt die Erteilung einer Befreiung von den Ge- und Verboten des BNatSchG und der LNatSchG aus Gründen des überwiegenden öffentlichen Interesses[284] sowie im Härtefall[285].

89 Aufgrund des Wortlauts des § 20 II BNatSchG („können") besteht keine Verpflichtung zur Ausweisung eines geeigneten Gebiets als Schutzgebiet.[286] Die Erklärung zum Schutzgebiet steht grds. im *Ermessen* der zuständigen Naturschutzbehörde.[287] Bedingung ist, dass die jeweiligen Tatbestandsvoraussetzungen der §§ 23–29 BNatSchG erfüllt sind, das zu schützende Gebiet also schutzwürdig und schutzbedürftig ist, wobei unbeachtlich ist, wenn einzelne Grundstücke im Schutzgebiet isoliert betrachtet die Kriterien nicht erfüllen.[288] Das Vorliegen dieser Voraussetzungen ist voll justitiabel.[289] Ein individueller Anspruch auf Schutzgebietsausweisung besteht nicht.[290]

Das Auswahlermessen der Naturschutzbehörde kann wegen unionsrechtlicher Vorgaben beschränkt sein.[291] Ebenso kann sich eine Ermessensreduzierung daraus ergeben, dass die Unterschutzstellung eine Abwägung der Auswirkungen mit den übrigen Zielen des Naturschutzes und gegen die sonstigen Anforderungen der Allgemeinheit an Natur und Landschaft nach Maßgabe des § 2 III BNatSchG voraussetzt, wobei in die Abwägung auch andere von der Maßnahme berührte rechtlich geschützte Positionen (insbes. Art. 12 I, 14 I GG, → Rn. 106 ff.) einzubeziehen sind.[292]

---

[281] *Gellermann* in Landmann/Rohmer UmweltR BNatSchG § 22 Rn. 4.
[282] S. stellv. §§ 23 ff. BWNatSchG, Art. 12 ff. BayNatSchG, §§ 20 ff. BlnNatSchG, §§ 12 ff. HessAGBNatSchG; *Agena/Louis* NuR 2014, 313 ff., 391 ff. Zur Möglichkeit der Abweichung von §§ 23 ff. BNatSchG *Lau* in Rehbinder/Schink Abschn. 11 Rn. 56.
[283] *Albrecht* in BeckOK UmweltR, 58. Ed. 1.7.2020, BNatSchG § 22 Rn. 11.
[284] *OVG Münster* NuR 2013, 213 (214 f.): Versorgung mit Mobilfunk; *OVG Münster* NVwZ-RR 2017, 1007 (1008): Versorgung mit Windenergie.
[285] Vgl. *VG Schleswig* NuR 2013, 293 (297).
[286] *BVerwG* NuR 1998, 131; *Kloepfer* UmweltR § 12 Rn. 275.
[287] *BVerwG* NuR 1998, 37 (38); *VGH Mannheim* NVwZ-RR 1989, 403 (404); *Hendrischke* in Schlacke (o. Fn. 74) § 20 Rn. 39.
[288] BVerwGE 164, 16 Rn. 14; *BVerwG* NuR 1998, 37 (38).
[289] *BVerwG* NVwZ 1988, 1020 (1021).
[290] BVerwGE 119, 312 (314).
[291] Vgl. *EuGH*, Rs. C-57/89 (Kommission/Deutschland), Slg. 1991, I-883 Rn. 18 ff.; *Kloepfer* UmweltR § 12 Rn. 359. S. auch → Rn. 116.
[292] *OVG Lüneburg* NuR 2018, 702 (709).

bb) Flächenschutz

(1) Naturschutzgebiete

Den stärksten Schutz von Natur und Landschaft bezwecken Naturschutzgebiete[293] (§ 23 BNatSchG), die in erster Linie der Erhaltung von Lebensstätten, Biotopen oder Lebensgemeinschaften bestimmter wild lebender Tier- und Pflanzenarten (Legaldefinitionen: § 7 II Nr. 1–5 BNatSchG) dienen. Voraussetzung für die Festsetzung eines Naturschutzgebiets ist, dass das zu schützende Gebiet aus einem der in § 23 I Nr. 1–3 BNatSchG genannten Gründe besonders schutzbedürftig ist. Hierbei genügen hinreichende Anhaltspunkte für eine abstrakte Gefährdung der geschützten Güter.[294] 90

In Naturschutzgebieten gilt ein *absolutes Veränderungsverbot* gem. § 23 II 1 BNatSchG. Ihm unterfallen nicht nur Eingriffe in die Substanz (zB Ausreißen von Pflanzen, Fangen von Tieren), sondern auch das Verändern durch Zusätze (zB Aufforstung, Müllablagerung).[295] Das Veränderungsverbot gilt unabhängig vom Nachweis einer konkreten Beeinträchtigung.[296] Soweit es der Schutzzweck erlaubt, können Naturschutzgebiete der Allgemeinheit zugänglich gemacht werden (§ 23 II 2 BNatSchG). Fracking ist im Naturschutzgebiet verboten (§ 23 III BNatSchG).[297] 91

Nach dem neuen § 23 IV BNatSchG (→ Rn. 11) ist in Naturschutzgebieten im Außenbereich (§ 35 BauGB) die Neuerrichtung von Beleuchtungen an Straßen und Wegen sowie von beleuchteten oder lichtemittierenden Werbeanlagen nunmehr grds. verboten.

Dem *Verhältnismäßigkeitsprinzip* entspricht es, in den Naturschutzgebietsverordnungen Ausnahmen vom Veränderungsverbot vorzusehen[298] oder in unmittelbarer Umgebung von Naturschutzgebieten Landschaftsschutzgebiete als weniger intensiv geschützte Pufferzonen auszuweisen. 92

Insbes. die allgemeine *Landwirtschaftsklausel* des § 5 I BNatSchG (→ Rn. 18 f.) vermag hierbei, namentlich bei der Erteilung von Befreiungen (→ Rn. 88), Wirkung zu entfalten. Ein vollständiges und pauschales Verbot landwirtschaftlicher Nutzung wäre hiermit regelmäßig unvereinbar. Die Intensität der Nutzung (Düngung, standortfremder Ackerbau) kann allerdings unter Beachtung des Verhältnismäßigkeitsgrundsatzes eingeschränkt werden.

In *Fall 22* kann *S* die Land- und Forstwirte damit beruhigen, dass die Ausweisung der „Westlichen Wälder" als Naturschutzgebiet sie aufgrund der „Schutzwirkung" des § 5 I BNatSchG sowie des Verhältnismäßigkeitsgrundsatzes nicht in ihrer beruflichen Existenz gefährden wird. 93

(2) Nationalparke

Als Nationalpark festgesetzt werden können Gebiete, die großräumig (idR mindestens 10.000 ha[299]) und weitgehend unzerschnitten sind, sich überwiegend in einem von Menschen nicht oder wenig beeinflussten Zustand befinden und in ihrem überwiegen- 94

---

293 Insgesamt wurden über 8.800 Naturschutzgebiete ausgewiesen.
294 *BVerwG* NVwZ-RR 1998, 225 (226); *Schlacke/Huggins* in Ehlers/Fehling/Pünder § 50 Rn. 130.
295 *Schmidt-Räntsch* in Gassner/Bendomir-Kahlo/ders. (o. Fn. 95) § 23 Rn. 24 f.
296 *Heugel* (o. Fn. 279) § 23 Rn. 11.
297 Hierzu *Albrecht* in BeckOK UmweltR, 58. Ed. 1.7.2020, BNatSchG § 23 Rn. 35.
298 Vgl. etwa Art. 16 I 2 BayNatSchG. Daneben bestehen allg. Befreiungsvorschriften, zB § 54 BWNatSchG, Art. 56 BayNatSchG, § 75 NatSchG NRW, § 39 SächsNatSchG. Diese lassen regelmäßig nur Dispense für Einzelhandlungen zu, nicht jedoch für nachrangige Normsetzung, wie zB bauplanungsrechtliche Satzungen, vgl. *VGH München* NVwZ-RR 2002, 712 f.
299 Vgl. Art. 13 BayNatSchG.

den Gebiet die Voraussetzungen von Naturschutzgebieten erfüllen (§ 24 I BNatSchG). Nationalparke[300] genießen nach § 24 III 1 BNatSchG grds. denselben Schutz wie Naturschutzgebiete. Unterschiede können sich jedoch aus der besonderen Großräumigkeit und aus einer möglichen Besiedelung des entsprechenden Gebiets ergeben. Soweit es der in § 24 II 1 BNatSchG normierte Schutzzweck zulässt, sollen Nationalparke auch der wissenschaftlichen Umweltbeobachtung oder der naturkundlichen Bildung und dem Naturerlebnis der Bevölkerung dienen (§ 24 II 2 BNatSchG).

Nach dem neuen § 24 III 2 BNatSchG (→ Rn. 11) gilt in Nationalparken das Verbot der Neuerrichtung von lichtemittierenden Anlagen aus § 23 IV BNatSchG (→ Rn. 91) entsprechend.

(3) Nationale Naturmonumente

95 Als Nationale Naturmonumente[301] kommen Gebiete in Betracht, die aus wissenschaftlichen, naturgeschichtlichen, kulturhistorischen oder landeskundlichen Gründen und aufgrund ihrer Seltenheit, Eigenart oder Schönheit „Denkmalcharakter"[302] haben (§ 24 IV 1 BNatSchG). Sie sind gem. § 24 IV 2 BNatSchG wie Naturschutzgebiete (→ Rn. 90 ff.) zu schützen.

(4) Biosphärenreservate

96 Biosphärenreservate[303] sind einheitlich zu schützende und zu entwickelnde Gebiete, die großräumig und für bestimmte Landschaftstypen charakteristisch sind, in wesentlichen Teilen die Voraussetzungen eines Naturschutzgebiets und im Übrigen überwiegend eines Landschaftsschutzgebiets erfüllen (§ 25 I Nr. 1 und 2 BNatSchG). In Abgrenzung insbes. zu den Natur- und Landschaftsschutzgebieten muss ferner hinzukommen, dass „anthropogene Kulturlandschaften"[304], also Landschaften, die durch menschliche Nutzung geprägt wurden, geschützt werden und dass die Gebiete beispielhaft der Entwicklung und Erprobung von die Naturgüter besonders schonenden Wirtschaftsweisen dienen (§ 25 I Nr. 3 und 4 BNatSchG). Diese Anforderungen nehmen Bezug auf die Kriterien des Programms „Mensch und Biosphäre" der UNESCO[305], das als Ziel die Schaffung eines großräumigen Netzes hat, welches die charakteristischen Ökosysteme der Erde repräsentieren soll.[306]

Gem. § 25 III BNatSchG erfolgt eine Zonierung in Kern-, Pflege- und Entwicklungszonen. Entsprechend der Abstufung unterstehen die verschiedenen Zonen des Biosphärenreservats dem Schutzniveau eines Naturschutz- oder dem eines Landschaftsschutzgebiets. Soweit es der Schutzzweck erlaubt, soll in Biosphärenreser-

---

300 Folgende 16 Nationalparke sind in Deutschland festgesetzt: Bayerischer Wald, Berchtesgaden, Eifel, Hainich, Hamburgisches Wattenmeer, Harz, Hunsrück-Hochwald, Jasmund, Kellerwald-Edersee, Müritz, Niedersächsisches Wattenmeer, Sächsische Schweiz, Schleswig-Holsteinisches Wattenmeer, Schwarzwald, Unteres Odertal, Vorpommersche Boddenlandschaft.

301 Aktuelle Nationale Naturmonumente sind die Ivenacker Eichen, die Bruchhauser Steine, das Grüne Band Thüringen, das Kluterthöhlensystem, das Grüne Band Sachsen-Anhalt und die Weltenburger Enge.

302 *Schumacher/Schumacher* NuR 2014, 696.

303 Auch: „Biosphärengebiete" oder „Biosphärenregionen", vgl. § 25 IV BNatSchG.

304 Vgl. *Erdmann/Frommberger,* Neue Naturschutzkonzepte für Mensch und Umwelt: Biosphärenreservate in Deutschland, 1999.

305 Resolution 2313 der UNESCO v. 23.10.1970.

306 18 Biosphärenreservate sind in Deutschland gelistet und von der UNESCO anerkannt, zB Thüringer Wald, Schleswig-Holsteinisches Wattenmeer und Halligen sowie seit 2017 der Schwarzwald.

vaten auch die Forschung und die Beobachtung von Natur und Landschaft sowie die Bildung für nachhaltige Entwicklung ermöglicht werden (§ 25 II BNatSchG).

Nach dem neuen § 25 III 2 BNatSchG (→ Rn. 11) gilt in Kern- und Pflegezonen von Biosphärenreservaten das Verbot der Neuerrichtung von lichtemittierenden Anlagen aus § 23 IV BNatSchG (→ Rn. 91) entsprechend.

(5) Landschaftsschutzgebiete

Als Landschaftsschutzgebiet[307] festgesetzt werden können Gebiete, in denen ein besonderer Schutz von Natur und Landschaft aus einem der in § 26 I Nr. 1–3 BNatSchG aufgelisteten Gründe erforderlich ist. Im Vergleich zu Naturschutzgebieten oder Nationalparken stellen sie die schwächere Schutzform dar. Sie dienen allgemein gesprochen weniger dem unmittelbaren Schutz von Natur und Landschaft als vielmehr dem Erhalt und der Entwicklung bestimmter vorgefundener Funktionen und Eigenschaften. Deshalb können sie auch für überwiegend landwirtschaftlich genutzte Kulturlandschaften festgesetzt werden.[308] 97

In Landschaftsschutzgebieten sind alle Handlungen verboten, die den Charakter des Gebiets verändern[309] oder dem besonderen Schutzzweck zuwiderlaufen (§ 26 II BNatSchG). Konkrete Verbote sind in der jeweiligen Schutzgebietsausweisung näher ausgestaltet.[310] Der besondere Bezugspunkt der Kulturlandschaft als Gegenstand eines Landschaftsschutzgebiets kommt vor allem darin zum Ausdruck, dass § 26 II BNatSchG die Bedeutung der Landwirtschaftsklausel des § 5 I BNatSchG (→ Rn. 18 f.) für die Ausgestaltung der Ge- und Verbote besonders betont. Insbes. schon bisher ausgeübte land-, forst- und fischereiwirtschaftliche Nutzungen auf kultivierten Flächen sind daher grds. zulässig.[311] 98

(6) Naturparke

Naturparke[312] sind großräumige,[313] überwiegend aus Landschafts- oder Naturschutzgebieten bestehende Gebiete, die sich wegen ihrer landschaftlichen Voraussetzungen für die Erholung besonders eignen und den sonstigen Vorgaben des § 27 I Nr. 1–6 BNatSchG entsprechen. Schwerpunktmäßig sollen Landschafts- und Naturschutzgebiete zu einem Erholungsgebiet zusammengefasst werden.[314] 99

Soweit der geplante Naturpark bereits festgesetzte Landschaftsschutzgebiete (→ Rn. 97 f.) miteinschließt, bleiben die insoweit vorhandenen Beschränkungen bestehen. § 27 BNatSchG enthält keine konkreten Ge- oder Verbote darüber hinaus; allerdings können solche in der jeweiligen Schutzgebietsausweisung enthalten sein. Die land-, forst- und fischereiwirtschaftliche Nutzung ist – ähnlich wie im Landschaftsschutzgebiet – aus Gründen der Prägung der Kulturlandschaft jedoch idR keinen Einschränkungen unterworfen.

---

307 In Deutschland wurden ca. 8.800 Landschaftsschutzgebiete ausgewiesen.

308 *VGH München* NuR 2018, 776 f. Zu den Rechtmäßigkeitsanforderungen an die Ausweisung *OVG Greifswald* NuR 2009, 627 (628 ff.).

309 Hierzu *OVG Berlin* NuR 2018, 699 ff.

310 Zu den erlaubten Verboten vgl. *OVG Lüneburg* NuR 2019, 269 (271).

311 *Appel* in Frenz/Müggenborg (o. Fn. 67) § 26 Rn. 26. Vgl. *VGH Mannheim* VBlBW 2018, 209 (213).

312 Es wurden 104 Naturparke ausgewiesen, darunter ua Lüneburger Heide, Südschwarzwald und Siebengebirge.

313 Nach Art. 15 BayNatSchG mind. 20.000 ha, nach § 12 VI 3 Nr. 1 HessAGBNatSchG mind. 30.000 ha.

314 *Schmidt-Räntsch* (o. Fn. 295) § 27 Rn. 3.

cc) Objektschutz

100 Neben der Festsetzung von Schutzgebieten sieht das BNatSchG auch eine Unterschutzstellung einzelner Naturobjekte vor.[315] Gegenstand der Schutzanordnungen iSv § 28 BNatSchG sind *Naturdenkmäler,* also Einzelschöpfungen der Natur oder entsprechende Flächen bis zu 5 ha, die aus wissenschaftlichen, naturgeschichtlichen oder landeskundlichen Gründen oder aber wegen ihrer Seltenheit, Eigenart oder Schönheit besonders schutzwürdig sind. § 28 II BNatSchG enthält ein Verbot der Zerstörung, Beschädigung oder Veränderung des Naturdenkmals.

101 Dagegen werden im Fall der *geschützten Landschaftsbestandteile* nach § 29 BNatSchG bestimmte, aufgrund eines der Gründe des § 29 I 1 Nr. 1–4 BNatSchG besonders schützenswerte Teile von Natur und Landschaft rechtsverbindlich festgesetzt. Maßgeblich ist, dass die zu schützenden Objekte nicht schon selbst eine „Landschaft" bilden, sondern als Naturgesamtheit lediglich ein Teil der Landschaft sind, mithin als abgrenzbares Einzelgebilde erkannt werden können.[316] Relevant ist auch § 29 I 2 BNatSchG, der zur Unterschutzstellung des gesamten Bestandes an Alleen, Bäumen oder zB Hecken eines Landes oder Landesteils ermächtigt. Im Vergleich zu den Naturdenkmälern fehlt den geschützten Landschaftsbestandteilen mangels Einzigartigkeit der Denkmalcharakter. Für beide Schutzkategorien gilt allerdings derselbe Schutz: § 29 II 1 BNatSchG entspricht insofern dem § 28 II BNatSchG. Darüber hinaus enthält § 29 II 2 BNatSchG eine gesetzliche Ermächtigung zur Aufnahme von Kompensationsverpflichtungen in die Schutzgebietsausweisung.

b) Verfahren und Form der Unterschutzstellung

102 Das BNatSchG trifft lediglich die allgemeine Regelung, dass die Festsetzung von Schutzgebieten „rechtsverbindlich" sein muss (vgl. §§ 23 I, 24 I, 26 I, 28 I, 29 I BNatSchG). Das Verfahren und die Form der Unterschutzstellung richten sich vielmehr nach Landesrecht (§ 22 II 1 BNatSchG). Die Landesnaturschutzgesetze sehen regelmäßig die Form der Rechtsverordnung[317] vor und enthalten nähere Regelungen zum Verfahren, insbes. zur Beteiligung von betroffenen Gemeinden, öffentlichen Planungsträgern und anerkannten Naturschutzvereinigungen.[318] Für Nationale Naturmonumente und Nationalparke wird zudem eine Verfahrensregelung in § 22 V BNatSchG getroffen. Alle geschützten Gebiete sind gem. § 22 IV 1 BNatSchG zu registrieren und zu kennzeichnen.

Die kurzfristig eingeführten § 22 IIa und IIb BNatSchG schaffen eine gesetzliche Grundlage für die Aufrechterhaltung von verfahrensfehlerhaften Schutzgebietsausweisungen und erlauben die Heilung durch Nachholung von solchen Handlungen, die nach der Richtlinie 2001/42/EG (sog. SUP-Richtlinie erforderlich sind.[319]

103 Nach § 22 III 1 BNatSchG können Gebiete, deren Schutz beabsichtigt ist, für einen Zeitraum von bis zu zwei Jahren auch *einstweilig sichergestellt* werden, wenn zu befürchten ist, dass durch Veränderungen oder Störungen der beabsichtigte Schutzzweck gefährdet wird. Für die Sicherstellung ist eine abstrakte Gefährdung des

[315] Zur Einordnung als Objektschutz *BVerwG* ZUR 2018, 358 (360 ff.).

[316] *BVerwG* ZUR 2018, 358 (361); *Schumacher/Schumacher/Fischer-Hüftle* in Schumacher/Fischer-Hüftle (o. Fn. 70) § 29 Rn. 4.

[317] Nur die Erklärung zum Nationalpark erfolgt in den meisten Bundesländern durch formelles Landesgesetz.

[318] S. stellv. §§ 23 f., 49 f. BWNatSchG, §§ 21 f. HmbBNatSchAG, §§ 12, 23 HessAGBNatSchG, §§ 20, 33 SächsNatSchG.

[319] Hintergrund ist das laufende Vorabentscheidungsersuchen des *BVerwG* an den *EuGH*, Rs. C-300/20; vgl. Vorlagebeschluss *BVerwG* ZUR 2020, 494.

Gebiets ausreichend,[320] sie ist allerdings aufzuheben, sobald und soweit diese Voraussetzung nicht mehr gegeben ist (§ 22 III 4 BNatSchG). Aus § 22 III 3 BNatSchG folgt ein Veränderungsverbot für das einstweilig gesicherte Gebiet; die Regelung entspricht insofern der baurechtlichen Veränderungssperre.[321] Form und Verfahren der einstweiligen Sicherstellung richten sich gem. § 22 III 5, II BNatSchG wiederum nach Landesrecht.[322]

c) Rechtsschutz

Sofern das Landesrecht es vorsieht, kann die Rechtsverordnung nach Maßgabe des 104
§ 47 I Nr. 2 VwGO gerichtlich angegriffen werden.[323] Ansonsten besteht nur die Möglichkeit, sich gegen eine Einzelanordnung, die aufgrund der Verordnung erlassen wurde, mit einer Anfechtungsklage zu wenden. In diesem Fall erfolgt dann eine inzidente Kontrolle der Rechtmäßigkeit der Verordnung. Für beide Rechtsbehelfe ist die Geltendmachung einer Verletzung in subjektiven Rechten durch die Verordnung erforderlich (§ 47 II 1 VwGO bzw. § 42 II VwGO). Für den betroffenen Grundstückseigentümer kommen dafür insbes. *Grundrechte* aus Art. 14 und Art. 12 GG, für betroffene Gemeinden die kommunale *Selbstverwaltungsgarantie* aus Art. 28 II GG in Betracht.

aa) Schutz des Eigentums

Fall 23: Kiesabbau im Naturschutzgebiet

Bauunternehmer *Brandner (B)* ist Eigentümer zweier Außenbereichsgrundstücke im Au- 105
mooser Tal (Grundstück G 1 und G 2), auf denen sich größere Kiesvorkommen befinden. Das Tal enthält eine natürlich belassene Moor- und Feuchtwiesenlandschaft, die seit jeher zahlreiche seltene Pflanzen- und Tierarten beherbergt. Auf dem Grundstück G 2 betreibt *B* ein genehmigtes Kieswerk und baut dort im Wege der Nassauskiesung mittels eigens hierfür angeschaffter Bagger und Sortiermaschinen seit einigen Jahren verschiedene Kiese ab. In den letzten Jahren hat sich im Tal eine Population der seltenen und nach Anl. I zu § 1 BArtSchV streng geschützten Uferschnepfen *(limosa limosa)* zur Brut niedergelassen. Die zuständige Regierung von Oberbayern erlässt als Naturschutzbehörde unter Einhaltung der erforderlichen Verfahrensvorschriften im November 2016 eine Naturschutzgebietsverordnung, die im gesamten Tal unter Einschluss der Grundstücke G 1 und G 2 Nutzungen untersagt, die Lärm verursachen oder die natürliche Umgebung beeinträchtigen. *B* hält die Verordnung für unvereinbar mit seinen Grundrechten und will, wenn er schon nicht erfolgreich dagegen vorgehen kann, wenigstens Entschädigung.[324]

(1) Inhalts- und Schrankenbestimmung durch Naturschutzverordnung

Maßnahmen des Natur- und Landschaftsschutzes sind regelmäßig verfassungsrecht- 106
lich unbedenkliche Inhalts- und Schrankenbestimmungen des Eigentums iSv Art. 14 I 2 GG.[325] Der betroffene Eigentümer muss solche Eingriffe in sein Grundrecht

---

[320] *Gellermann* in Landmann/Rohmer UmweltR BNatSchG § 22 Rn. 26.
[321] *Kloepfer* UmweltR § 12 Rn. 427.
[322] Vgl. zB § 26 BWNatSchG, § 11 BbgNatSchAG, § 12 II, III NatSchG SH.
[323] Vgl. *OVG Lüneburg* DVBl 2017, 1298 ff.; ausf. zur (Un-)Zulässigkeit einer Klage gegen eine Landschaftsschutzgebietsverordnung durch einen Umweltverband *VGH München* ZUR 2018, 561 ff.
[324] Erweiterte Fassung des Falles bei *Gärditz* BayVBl. 2006, 227 f., 255 ff.
[325] *BVerfG* NJW 1998, 367 ff.; BVerwGE 112, 373 (377); 94, 1 (11); *Kahl/Gärditz* ZUR 2006, 1 (7 f.); *Brenner/Hyckel* NuR 2019, 15 (19). Zur Abgrenzung zur Enteignung → § 3 Rn. 42.

aufgrund der Sozialbindung des Eigentums (Art. 14 II GG) entschädigungslos hinnehmen. Begründet wird dies mit einem Verweis auf die Staatszielbestimmung des Art. 20a GG[326] und mit der Situationsgebundenheit des betroffenen Grundstücks.[327] Entsprechendes Grundeigentum genießt daher von vornherein nur eine geschmälerte Schutzwürdigkeit und ist mit öffentlichen Naturschutzinteressen belastet.[328] Eine Schutzgebietsfestsetzung stellt allerdings dann eine unverhältnismäßige, die Sozialbindung übersteigende Inhalts- und Schrankenbestimmung dar, wenn nicht genügend Raum für einen privatnützigen Gebrauch verbleibt oder eine bereits ausgeübte Nutzung unterbunden wird.[329]

107 In *Fall 23* werden durch die Naturschutzgebietsverordnung konkrete Nutzungsmöglichkeiten der im privaten Eigentum des *B* stehenden Grundstücke eingeschränkt, es liegt damit ein Eingriff in den Schutzbereich des Art. 14 I 1 GG vor. Auch das nach hM ebenfalls von Art. 14 I 1 GG geschützte Recht am eingerichteten und ausgeübten Gewerbebetrieb[330] ist betroffen. Hinsichtlich des Grundstücks G 1 hat *B* diese Nutzungsbeschränkungen hinzunehmen, da sein situationsgebundenes Grundeigentum von Anfang an in einer natürlichen und besonders schützenswerten Umgebung lag. Über das zulässige Maß der Sozialbindung (Art. 14 II GG) hinaus wird *B* jedoch belastet, soweit er gezwungen ist, seinen ausgeübten Kiesabbaubetrieb zu schließen.

(2) Entschädigungsregelung

108 Führt eine Beschränkung des Eigentums im Einzelfall zu einer unzumutbaren Belastung, kann der Gesetzgeber zur Wahrung der Verhältnismäßigkeit dazu verpflichtet sein, die Belastung auszugleichen (ausgleichspflichtige Inhalts- und Schrankenbestimmungen).[331] Dementsprechend sieht § 68 I BNatSchG eine generelle Entschädigungspflicht für Eigentumsbeschränkungen auf Grundlage des BNatSchG vor (sog. *„salvatorische Klausel“*).

Salvatorische Klauseln sind nach der Rechtsprechung des *BVerfG* zwar grds. zulässig. Durch sie darf der Vorrang des Bestandsschutzes allerdings nicht umgangen werden.[332] Unverhältnismäßige Belastungen müssen möglichst (zB durch Übergangsregelungen, Ausnahmen oder Befreiungen) vermieden werden und die Privatnützigkeit des Eigentums erhalten bleiben; pauschale Entschädigungsregelungen berücksichtigen diesen Aspekt nicht hinreichend.[333] Zudem ist nach dem *BVerfG* mit Blick auf Art. 19 IV 1 GG bereits im Rahmen der belastenden Maßnahme (zB Unterschutzstellung durch Verwaltungsakt) zumindest dem Grunde nach über die Entschädigung zu entscheiden,[334] damit der Betroffene auf dieser Basis entscheiden kann, ob er einen Anfechtungsrechtsbehelf einlegt oder nicht.

Nach dem *BVerwG* kommen salvatorische Klauseln als Kompensation für eine unzumutbare Belastung im Rahmen naturschutzrechtlicher Schrankenbestimmungen auch nach der Rechtsprechung des *BVerfG* in Betracht. Das materielle Naturschutzrecht enthalte bereits differenzierte Regelungen, vor allem planerische Abwägungsgebote und Befreiungstatbestände, die dem Vorrang des Bestandsschutzes angemes-

---

326 Vgl. *BVerfG* NJW 1998, 367 (368).
327 Vgl. BVerwGE 84, 361 (371); *Hoppe/Beckmann/Kauch* § 15 Rn. 135.
328 Vgl. *Hendler/Duikers* JURA 2005, 409 (411).
329 Vgl. *BVerfG* NJW 1998, 367 (368); *BVerwG* NuR 2009, 346 (349).
330 Stellv. *Papier/Shirvani* in Maunz/Dürig GG Art. 14 Rn. 200 ff. mwN; offengelassen in BVerfGE 51, 193 (221 f.); 68, 193 (222 f.).
331 BVerfGE 58, 137 (145 ff.); vgl. dazu → § 3 Rn. 41.
332 BVerfGE 100, 226 ff.; BVerwGE 112, 373 (376 ff.).
333 BVerfGE 100, 226 (245 f.); *Papier* DVBl 2000, 1398 (1403).
334 BVerfGE 100, 226 (246).

sen Rechnung trügen.[335] Eine Entschädigungsregelung bereits im Rahmen einer Naturschutzgebietsverordnung sei nicht erforderlich, da sich der Bürger – anders als im Rahmen belastender Verwaltungsakte nicht innerhalb der Monatsfrist der §§ 70, 74 VwGO – *jederzeit* auf die Nichtigkeit einer Verordnung berufen könne.[336]

Ungeachtet dessen kann in *Fall 23* die Belastung des Grundstücks *nicht* durch eine Entschädigung gem. § 68 I BNatSchG kompensiert werden. Hiernach müsste die naturschutzrechtliche Beschränkung des Eigentums *im Einzelfall* zu einer unzumutbaren Belastung führen. Es handelt sich aber nicht um eine derartige ausgleichspflichtige Inhalts- und Schrankenbestimmung. Die Eigentumspositionen des *B* werden hier vielmehr zielgerichtet entwertet und die offensichtlich bestehenden Nutzungskonflikte von vornherein nicht planerisch bewältigt. Bezogen auf das Grundstück G 2 verstößt die Naturschutzgebietsverordnung daher gegen Art. 14 I GG. 109

bb) Berufsfreiheit

Naturschutzrechtliche Nutzungsbeschränkungen können auch konkrete Tätigkeiten beeinträchtigen, die unter den Begriff der Berufsausübung iSd Art. 12 I GG fallen.[337] Die entsprechenden Anforderungen der „Drei-Stufen-Lehre" gehen für die hier betroffenen Berufsausübungsregelungen jedoch nicht über die Anforderungen hinaus, die im Rahmen der Sozialbindung (Art. 14 II GG) an eigentumsbezogene Inhalts- und Schrankenbestimmungen zu stellen sind.[338] 110

cc) Kommunale Selbstverwaltungsgarantie

Naturschutzbehördliche Rechtsverordnungen sind auch für die kommunale Bauleitplanung verbindlich;[339] Wertungswidersprüche zwischen den Festsetzungen eines Bebauungsplans und den Schutzzwecken einer Naturschutzverordnung führen grds. zur Nichtigkeit des Bebauungsplans.[340] Auf die kommunale Planungshoheit (Art. 28 II 1 GG) ist daher bei der Festsetzung des Schutzgebiets hinreichend Rücksicht zu nehmen. Auch als Baugebiet festgesetzte Flächen können aber unter Schutz gestellt werden, soweit die kommunale Bauleitplanung nicht praktisch unmöglich wird.[341] 111

2. Biotopschutz

§ 30 BNatSchG sieht in Ergänzung zum Flächen- und Objektschutz einen Biotopschutz vor (allgemeiner Grundsatz → Rn. 9)[342]. Besonders „hochwertige" und gesetzlich abstrakt umschriebene[343] Biotope (Legaldefinition: § 7 II Nr. 4 BNatSchG) genießen danach auch ohne weitere Unterschutzstellung einen *gesetzesunmittelbaren* Mindestschutz gegen Zerstörungen oder sonstige erhebliche Beeinträchtigungen. Eine etwaige Eintragung oder amtliche Kartierung des gesetzlich geschützten Biotops oder eine Registrierung (§ 30 VII BNatSchG) ist daher mangels Regelungsgehalts kein Verwaltungsakt und ist folglich nicht mittels Anfechtungsklage angreif- 112

[335] BVerwGE 112, 373 (377 f.).
[336] BVerwGE 112, 373 (379) und bestätigend *BVerfG* NVwZ 2005, 1412 (1415). Krit. *Kahl/Gärditz* ZUR 2006, 1 (8).
[337] *Kloepfer* UmweltR § 12 Rn. 429.
[338] *Gärditz* BayVBl. 2006, 255 (257).
[339] Vgl. § 6 II (iVm § 10 II 2) BauGB. Zur Berücksichtigung künftiger Bauleitplanung im Rahmen des naturschutzrechtlichen Planungsermessens bei der Aufstellung einer Verordnung s. BVerwGE 119, 312 (315 ff.).
[340] *VGH München* NVwZ-RR 2002, 712 f.
[341] *Schlacke* § 10 Rn. 50.
[342] Landesrechtliche Erweiterungen des Katalogs des § 30 I BNatSchG sind möglich, vgl. zB § 30 I BWNatSchG, Art. 23 I BayNatSchG, § 42 I, IV NatSchG NRW.
[343] Die umstrittene Verfassungsmäßigkeit wird tendenziell bejaht von *BVerfG* NuR 1999, 99 ff., hierzu *Schmidt-Räntsch* (o. Fn. 295) § 30 Rn. 4 mwN.

bar.[344] Allerdings kann Rechtsschutz über eine Feststellungsklage (§ 43 I VwGO) erlangt werden, wenn der Betroffene ein konkretes – durch die Listung aktualisiertes – Feststellungsinteresse (zB an der Nutzung der geschützten Fläche) hat.[345]

Nach § 30 II BNatSchG werden die aufgezählten besonders selten gewordenen Biotope (zB Moore, Quellbereiche, Auenwälder, Fels- und Steilküsten) einem *Zerstörungs- und Beeinträchtigungsverbot* unterworfen, von dem allerdings gem. § 30 III BNatSchG Ausnahmen zugelassen werden können.[346] Verboten sind auch solche Handlungen, die nur mittelbar zu einer Zerstörung oder einer erheblichen Beeinträchtigung der Biotope führen können.[347]

Legalausnahmen vom Verbot des § 30 II BNatSchG sind in den Abs. 5 (Wiederaufnahme einer zulässigen land-, forst- oder fischereiwirtschaftlichen Nutzung im Rahmen des Vertragsnaturschutzes[348]) und 6 (Gewinnung von Bodenschätzen[349]) enthalten. Daneben ist für den Fall, dass Beeinträchtigungen nicht ausgeglichen werden können, die Befreiung nach § 67 I BNatSchG möglich. § 30 IV BNatSchG regelt das Verhältnis von Bauleitplanung und Biotopschutz.[350]

3. Insektenschutz: Verbot des Einsatzes von Biozidprodukten

113 Der neu eingefügte § 30a BNatSchG (→ Rn. 11) verbietet in Naturschutzgebieten, Nationalparken, Nationalen Naturmonumenten, Kern- und Pflegezonen von Biosphärenreservaten, Naturdenkmälern sowie in gesetzlich geschützten Biotopen grds. den flächigen Einsatz bzw. das Auftragen von bestimmten Biozidprodukten.[351] Zur genauen Definition wird auf Anh. V der Verordnung (EU) Nr. 528/2012 (sog. Biozid-Verordnung)[352] verwiesen. Zu den verbotenen Produkten zählen zum Beispiel Insektensprays und Ameisenköder.

4. Europäisches Netz „Natura 2000"

114 Zentrale Instrumente des europäischen Arten- und Biotopschutzes bilden zwei EU-Richtlinien, namentlich die VRL[353] und die FFH-RL (→ Rn. 5),[354] die in Deutschland durch die §§ 31 ff. BNatSchG in nationales Recht umgesetzt wurden.[355] Im Februar 2021 hat die Europäische Kommission im seit 2015 gegen Deutschland laufenden Vertragsverletzungsverfahren Klage wegen mangelhafter Umsetzung der FFH-RL in der Praxis erhoben (→ Rn. 116).

Ziel ist es, dem Artenschwund, der vor allem durch die Zerstörung oder sonstige Beeinträchtigung der Lebensräume der Tier- und Pflanzenarten verursacht wird, entgegenzuwirken, indem den Mitgliedstaaten die Verpflichtung auferlegt wird, durch Ausweisung von Schutzgebieten ein zusammenhängendes europäisches ökologisches Netz mit der Bezeichnung „Natura 2000" iSd Art. 3 FFH-RL (vgl. auch § 7 I Nr. 8 iVm Nr. 6 und 7 BNatSchG) zu schaffen (§ 31 BNatSchG), das nach

---

344 *Hendrischke/Kieß* in Schlacke (o. Fn. 74) § 30 Rn. 30; *Schwartmann/Pabst* Rn. 200.

345 *VG Potsdam* NVwZ 1998, 1216 f.; aA *VG München* NuR 1997, 304.

346 *Sparwasser/Engel/Voßkuhle* § 6 Rn. 212.

347 Vgl. hierzu *Gellermann* in Landmann/Rohmer UmweltR BNatSchG § 30 Rn. 15.

348 Hierzu → § 4 Rn. 33 ff.

349 Ausf. *Kautz/Bergt* ZUR 2019, 464 (468 ff.).

350 S. hierzu *Kloepfer/Durner* UmweltschutzR § 12 Rn. 48.

351 Auf Landesebene existieren bereits ähnliche Regelungen, teils aufgrund von Volksbegehren, vgl. § 34 BWNatSchG, Art. 23a BayNatSchG, § 25a NdsAGBNatSchG.

352 VO v. 22.5.2012 (ABl. L 167, 1; ber. ABl. 2015 L 303, 109 und 2017 L 280, 57).

353 S. o. Fn. 24. Zur Rspr. des *EuGH Möckel* NuR 2014, 381 ff.

354 S. o. Fn. 23. Zur schon damals verspäteten Umsetzung der Richtlinie in Deutschland *EuGH*, Rs. C-83/97 (Kommission/Deutschland), Slg. 1997, I-7191 Rn. 8 f.

355 Vgl. *Eifert* Rn. 216; zur Umsetzungsproblematik *Falke* ZUR 2017, 314 (315).

einem vorgeschriebenen Zeitplan aufgebaut werden soll. Dieses Netz soll diejenigen Gebiete, welche die in Anh. I der FFH-RL genannten Lebensraumtypen (vgl. § 7 I Nr. 4 und 5 BNatSchG) und die Habitate der in Anh. II genannten Arten aufweisen, sowie die nach der VRL ausgewiesenen Schutzgebiete enthalten. Besonders schutzwürdige (prioritäre) Lebensraumtypen und Arten (§ 7 II Nr. 11 BNatSchG) genießen dabei einen höheren Schutzstatus.

a) Verfahren der Unterschutzstellung

Das Verfahren der Unterschutzstellung von *FFH-Schutzgebieten* begann in der *ersten* **115** Phase damit, dass jeder Mitgliedstaat bis spätestens drei Jahre nach Bekanntgabe der FFH-RL eine *Vorschlagsliste* mit allen schutzwürdigen Gebieten zu erarbeiten hatte. Die Ausarbeitung dieser Liste oblag in Deutschland den Ländern im Benehmen mit dem BMU (§ 32 I 1 und 2 BNatSchG). Die zu einer Bundesliste zusammengefügten Landeslisten wurden dann vom BMU an die Europäische Kommission übermittelt (§ 32 I 3 BNatSchG).[356] Die Meldung der Gebiete ist inzwischen nach erheblichen Verzögerungen – die Übermittlung der ersten Liste durch Deutschland erfolgte im Jahr 2006 – in den meisten[357] Mitgliedstaaten, darunter auch Deutschland, beendet.[358]

In der *zweiten* Phase erstellte die Kommission im Einvernehmen mit den Mitgliedstaaten (vgl. Art. 4 II, 5 FFH-RL) *Listen der Gebiete von gemeinschaftlicher Bedeutung* (Art. 4 II iVm 21 FFH-RL, § 7 I Nr. 6 BNatSchG).[359]

In der *dritten* Phase erklärten die Mitgliedstaaten die von der Kommission gelisteten Gebiete zu geschützten Teilen von Natur und Landschaft, sprich wiesen sie als *Schutzgebiete* aus (§ 32 II BNatSchG, Art. 4 IV FFH-RL). Auch dies ist zwischenzeitlich überwiegend geschehen;[360] Probleme gibt es insoweit aber ua noch in Deutschland, Lettland, Litauen, Rumänien und Schweden.[361]

In Deutschland obliegt die *FFH-Schutzgebietsausweisung* den Ländern (§ 22 II **116** BNatSchG, → Rn. 102). Hierfür wurde kein neuer Gebietstypus geschaffen. Vielmehr ist gem. § 32 II BNatSchG auf die in § 20 II BNatSchG genannten Schutzgebietskategorien (→ Rn. 86 ff.) zurückzugreifen,[362] wobei vor allem die Ausweisung von Naturschutzgebieten (§ 23 BNatSchG) in Betracht kommt.[363] Im laufenden Vertragsverletzungsverfahren[364] gegen Deutschland bemängelt die Kommission, dass die Ausweisung als Schutzgebiet für eine bedeutende Anzahl an gelisteten Gebieten noch nicht erfolgt ist.[365]

---

356 Zum Vorgehen *Apfelbacher/Adenauer/Iven* NuR 1999, 63 (65 f.).

357 Malta und Zypern haben bisher nur unvollständige Listen vorgelegt.

358 In Deutschland wurden bis Ende 2019 4.544 FFH-Gebiete und 742 Vogelschutzgebiete gemeldet; vgl. https://www.eea.europa.eu/data-and-maps/dashboards/natura-2000-barometer (Stand: 28.6.2021).

359 S. zuletzt den Durchführungsbeschluss der Kommission v. 21.1.2021 (ABl. L 51, 330).

360 Sind die Gebiete ausgewählt und in die Kommissionsliste aufgenommen, besteht eine hohe Richtigkeitsgewähr für die darin vorgenommene Gebietsabgrenzung, vgl. BVerwGE 155, 91 Rn. 99; 154, 73 Rn. 58; 149, 229 Rn. 22 ff.; krit. *Thum/Engelmann* UPR 2015, 170 (174 ff.). Zu den Voraussetzungen einer Verkleinerung eines FFH-Gebiets *EuGH,* Rs. C-281/16 (Vereniging Hoekschewaards Landschap), ECLI:EU:C:2017:774 Rn. 25 ff.

361 Ein aktueller Lagebericht findet sich in *EEA*, State of Nature in the EU, Report No 10/2020, S. 122 ff.

362 *Lau* in Rehbinder/Schink Abschn. 11 Rn. 68; *Czybulka* EurUP 2008, 181 ff.

363 *Kloepfer* UmweltR § 12 Rn. 384; weitergehend *Schlacke* § 10 Rn. 53.

364 S. o. Fn. 23.

365 *Kommission* Pressemitteilung IP/21/412 v. 18.2.2021. Nach Auskunft der Bundesregierung waren es im März 2020 allerdings „nur" 88 Gebiete, die alle in Niedersachsen liegen, BT-Drs. 19/22032, 2.

In den Schutzgebietserklärungen sind gem. § 33 III 1 BNatSchG die jeweiligen Erhaltungsziele zu bestimmen. Daneben ist durch geeignete Ge- und Verbote sowie Pflege- und Entwicklungsmaßnahmen sicherzustellen, dass den Anforderungen des Art. 6 FFH-RL entsprochen wird (§ 33 III 3 BNatSchG). Die Kommission wirft Deutschland vor, dass die in der Praxis festgelegten Erhaltungsziele nicht hinreichend detailliert und quantifiziert sind, sodass die ergriffenen Erhaltungsmaßnahmen zum Schutz der Gebiete oft nicht genügen und eine ausreichende Berichterstattung (Art. 17 FFH-RL) nicht möglich ist.[366]

Bzgl. des „Ob" einer Unterschutzstellung besteht ab Aufnahme in die Kommissionsliste kein Ermessen der Mitgliedstaaten mehr.[367] Es verbleiben nur Gestaltungsspielräume hinsichtlich der konkreten Umsetzung der Schutzverpflichtungen („Wie"), soweit die unionsrechtlichen Mindeststandards (Stichwort: Verschlechterungsverbot gem. Art. 6 II FFH-RL; → Rn. 119) eingehalten werden. Erforderlich ist grds., dass das Schutzgebiet vollständig, endgültig und in einer außenverbindlichen (hoheitlich durchsetzbaren) Rechtsform ausgewiesen wird.[368] Gem. § 32 IV BNatSchG kann eine rechtsförmliche Unterschutzstellung nach § 32 II, III BNatSchG aber ausnahmsweise unterbleiben, soweit durch andere Vorschriften, durch die Verfügungsbefugnis eines öffentlichen Trägers oder durch Vertrag (vgl. auch § 3 III BNatSchG; → Rn. 16) ein gleichwertiger Schutz gewährleistet ist.[369]

117 Die Verpflichtung, ein *Vogelschutzgebiet* nach Art. 4 VRL auszuweisen, ist im Gegensatz zur Ausweisung von FFH-Schutzgebieten nach dem *EuGH*[370] unbedingter Natur. Es besteht kein formalisiertes konstitutives Meldeverfahren; vielmehr hat die Meldung der Gebiete an die Kommission nur informatorischen und keinen konstitutiven Charakter.[371] Das Schutzregime des Art. 4 IV VRL wirkt unmittelbar und unabhängig von einer Schutzgebietsausweisung durch den Mitgliedstaat (sog. „faktisches Vogelschutzgebiet").[372] Wird ein Gebiet aber durch einen förmlichen Akt zum Vogelschutzgebiet erklärt, so gilt nach Art. 7 FFH-RL das (weniger strenge) Schutzregime des Art. 6 FFH-RL.

b) Schutzregime

118 Sobald ein Gebiet in die Kommissionsliste aufgenommen ist, also den Schutzstatus als Gebiet von gemeinschaftlicher Bedeutung erlangt hat oder als Vogelschutzgebiet ausgewiesen wurde (§ 32 II BNatSchG), unterfällt es dem Schutzregime der §§ 33 ff. BNatSchG (sowie der jeweiligen Landesvorschriften[373]), welche Art. 6 II–IV FFH-RL umsetzen.[374]

aa) Verschlechterungsverbot

119 Alle Veränderungen und Störungen, die zu einer erheblichen Beeinträchtigung des Natura 2000-Gebiets in seinen für die Erhaltungsziele oder den Schutzzweck maßgeblichen Bestandteilen führen könnten, sind unzulässig (Verschlechterungsverbot; § 33 I 1 BNatSchG, Art. 6 II FFH-RL). *Zeitlich* wirkt dieser Schutz nicht erst mit

---

[366] *Kommission* Pressemitteilung IP/21/412 v. 18.2.2021.
[367] *Epiney* UPR 1997, 303 (307).
[368] BVerwGE 149, 31 Rn. 40 ff.; 120, 276 (285); *Gärditz,* Europäisches Planungsrecht, 2009, S. 103.
[369] Vgl. *Niederstadt* NVwZ 2008, 126 ff.
[370] *EuGH,* Rs. C-355/90 (Santoña), Slg. 1993, I-4221 Rn. 24 ff.; *Epiney* UPR 1997, 303 (305).
[371] *Schumacher/Schumacher* in Schumacher/Fischer-Hüftle (o. Fn. 70) § 31 Rn. 71.
[372] *EuGH,* Rs. C-374/98 (Basses Corbières), Slg. 2000, I-10799 Rn. 31 ff.; Rs. C-355/90 (Santoña), Slg. 1993, I-4221 Rn. 11 ff.
[373] Vgl. *Möckel* in Schlacke (o. Fn. 74) § 31 Rn. 26 f.
[374] Dazu *Nies* AUR 2009, 73 (77 f.). Die FFH-RL kennt keine *a priori* geltenden Ausnahmen, zB für Verteidigungsmaßnahmen der Bundeswehr, vgl. BVerwGE 146, 176 Rn. 13, 19 f.

Ausweisung eines Gebiets als Schutzgebiet. Entscheidend sind vielmehr die durch die Begriffsbestimmungen in § 7 I Nr. 6–8 BNatSchG vermittelten Zeitpunkte, bei FFH-Gebieten also die Listung durch die Kommission (→ Rn. 115). Allerdings umfasst der durch § 33 I 1 BNatSchG erreichte Schutz nicht das gesamte Schutzgebiet, sondern nur die Bestandteile, um derentwillen die Unterschutzstellung erfolgte.[375]

Nicht jedes Vorhaben, das *räumlich* in einem FFH-Gebiet durchgeführt wird, führt automatisch zu Beeinträchtigungen;[376] es bedarf daher stets einer gesonderten Prüfung der voraussichtlichen Handlungsfolgen. Das Verschlechterungsverbot kann das Unterlassen bestimmter Tätigkeiten bedeuten, aber auch lenkende Maßnahmen erforderlich machen, wenn eine ausschließlich sich selbst überlassene Weiterentwicklung den Schutzzweck vereiteln könnte.[377] Auch die ökologische Vernetzung und damit die Wechselbeziehungen verschiedener FFH-Gebiete untereinander unterfallen dem Habitatschutz,[378] weshalb etwa das Zerschneiden von Flugwegen von Vögeln bzw. Fledermäusen oder das Unterbrechen ökologischer Brücken zwischen Lebensräumen gegen das Verschlechterungsverbot verstoßen können.[379]

Die zuständige Naturschutzbehörde kann unter den Voraussetzungen des § 34 III–V BNatSchG (→ Rn. 126 ff.) *Ausnahmen* von dem Verschlechterungsverbot zulassen (§ 33 I 2 BNatSchG).[380] Zudem ist ein Antrag auf *Befreiung* unter den Voraussetzungen des § 67 II BNatSchG möglich.[381]

bb) Verträglichkeitsgrundsatz

Projekte und Pläne,[382] die – entweder für sich genommen oder im Zusammenwirken mit anderen Projekten/Plänen – erhebliche Beeinträchtigungen im geschützten Gebiet zur Folge haben können,[383] sind obligatorisch[384] vor ihrer Zulassung im Rahmen einer zusätzlichen Prüfungsstufe auf ihre Verträglichkeit mit den individuell für das Gebiet aufgestellten Erhaltungszwecken zu überprüfen (§§ 34 I, 36 BNatSchG).[385] Die sog. Verträglichkeitsprüfung dient der Durchsetzung des Verschlechterungsverbots.[386] 120

---

[375] *Gellermann* NuR 1996, 548 (550).

[376] *OVG Münster* NVwZ 2013, 86 ff., betreffend Mobilfunkmast. Hierzu *Albrecht/Gies* NuR 2014, 235 (239 ff.).

[377] *Freytag/Iven* NuR 1995, 109 (112).

[378] *BVerwG* NVwZ-RR 2015, 250 (251); BVerwGE 136, 291 Rn. 33.

[379] *EuGH*, Rs. C-404/09 (Alto Sil), Slg. 2011, I-11853 Rn. 166 ff.; *OVG Magdeburg* NuR 2013, 507 ff.

[380] Zur Anwendbarkeit von § 68 BNatSchG auf Natura 2000-Gebiete *Ziegler* NVwZ 2017, 122 ff.

[381] Ausf. zur „Unzumutbarkeit" → Rn. 153.

[382] Daneben gilt § 34 I, II BNatSchG aber auch entsprechend für Freisetzungen und Inverkehrbringen gentechnisch veränderter Organismen (§ 35 BNatSchG).

[383] Dies gilt auch für Pläne und Projekte, die nicht im FFH-Gebiet liegen, aber auf dieses erhebliche Auswirkungen haben können, vgl. *EuGH,* Rs. C-98/03 (Kommission/Deutschland), Slg. 2006, I-53 Rn. 40 ff.; *Kloepfer/Durner* UmweltschutzR, § 12 Rn. 59. Vgl. zum Gebietsverwaltungsprivileg des § 34 I 1 letzter Hs. BNatSchG *Meßerschmidt* NuR 2016, 21 ff.

[384] *BVerwG* NVwZ 2015, 656 Rn. 33; BVerwGE 146, 176 Rn. 10.

[385] Grdl. BVerwGE 146, 176 Rn. 10 f.; 128, 1 Rn. 29 ff.; vgl. ferner *Lau* NuR 2016, 149 ff.; *Stenner/Pabelick* NVwZ 2018, 774 f.; *Stüer* DVBl 2009, 1 (2 ff.).

[386] Zum Verhältnis zwischen Verträglichkeitsprüfung (Art, 6 III FFH-RL) und Verschlechterungsverbot (Art. 6 II FFH-RL) *Appel* NuR 2020, 663 (664 ff.).

Dem *Projektbegriff* des § 34 BNatSchG liegt das weite, wirkungsbezogene Verständnis des Art. 6 III FFH-RL zu Grunde.[387] Er setzt nicht zwingend bauliche Veränderungen voraus, sondern kann auch bei der Ausübung sonstiger, das Schutzgebiet gefährdender Tätigkeiten erfüllt sein.[388] Beispiele für Projekte sind typische Eingriffsvorhaben wie Verkehrswegebau, Hafenbau und Windkraftanlagen, aber auch das Ausbringen von Düngemittel, die Festlegung von Flugkorridoren oder die planmäßige Tötung einer Wölfin sind erfasst.[389]
Eine Pflicht zur Prüfung der Verträglichkeit menschlicher Tätigkeiten setzt eine Überprüfungsmöglichkeit anhand von Planungen, Konzepten oder einer feststehenden Praxis voraus. Ist dies mangels verfügbarer Detailkenntnisse nicht möglich, kann die Verträglichkeitsprüfung auch auf ein nachfolgendes Genehmigungsverfahren verlagert werden.[390] Auch die Verlängerung einer zeitlich befristeten Genehmigung kann eine Verträglichkeitsprüfung erforderlich machen.[391]

Für geschützte Gebiete iSd § 20 II BNatSchG oder geschützte Biotope (§ 30 BNatSchG) ist die FFH-Prüfung gem. § 34 VII 1 BNatSchG nicht durchzuführen, soweit die hierfür vorgesehenen spezielleren Schutzvorschriften strengere Regelungen für die Zulässigkeit von Projekten enthalten.

(1) Vorprüfung

121 Entsprechend der Formulierung des Art. 6 III FFH-RL ist das Prüfverfahren *zweistufig* ausgestaltet: Die abstrakte Eignung eines Projekts, das Schutzziel erheblich zu beeinträchtigen, wird im Rahmen einer nicht formalisierten Vorprüfung ermittelt.[392] Ob ein Projekt ein Gebiet *erheblich beeinträchtigen* kann, ist anhand seiner Auswirkungen auf den Erhaltungszustand des Gebiets zu beurteilen.[393] Dies setzt die sorgfältige Bestandserfassung und -bewertung der von dem Projekt betroffenen maßgeblichen Gebietsbestandteile voraus. Dazu bedarf es nach *BVerwG* „keiner flächendeckenden Ermittlung des floristischen und faunistischen Gebietsinventars sowie der Habitatstrukturen. Vielmehr genügt die Erfassung und Bewertung der für die Erhaltungsziele maßgeblichen Gebietsbestandteile in einem solchen Umfang, dass die Einwirkungen des Projekts bestimmt und bewertet werden können."[394] Nicht erforderlich ist, dass das Projekt innerhalb des betroffenen FFH-Gebietes liegt; es kommt lediglich auf die möglichen negativen Auswirkungen auf dieses an.[395]

---

[387] BVerwGE 146, 176 Rn. 29; krit. *Hoffmann* in Kment (Hrsg.), Der Einfluss des Europäischen Gerichtshofs auf das Umwelt- und Infrastrukturrecht, 2020, S. 75 (101 ff.)

[388] BVerwGE 150, 294 Rn. 29; 146, 176 Rn. 29; *Peine* FS Jarass, 2015, S. 349 (351 ff.).

[389] *EuGH*, Rs. C-293/17 (Coöperatie Mobilisation), ECLI:EU:C:2018:882 Rn. 73; BVerwGE 150, 294 Rn. 30 ff.; *OVG Weimar* NuR 2020, 572 (575); vgl. *Möckel* NuR 2019, 152 (153 f.).

[390] BVerwGE 149, 31 Rn. 55; *BVerwG* NVwZ 2015, 1452 Rn. 35.

[391] *EuGH*, Rs. C-254/19 (Friends of the Irish Environment), ECLI:EU:C:2020:680 Rn. 49 ff., insbes. Rn. 56. Dazu *Berkemann* ZUR 2021, 149 ff. mit Blick auf die in Deutschland relevante Vorschrift des § 18 III BImSchG und auf den bisherigen Ansatz des *BVerwG* in ZUR 2020, 296.

[392] *EuGH*, Rs. C-411/17 (Doel), ECLI:EU:C:2019:622 Rn. 119; BVerwGE 146, 176 Rn. 10; 128, 1 Rn. 58; *VGH München* BeckRS 2021, 6122 Rn. 69 f. Hier erfolgt (noch) keine Berücksichtigung von Schutzmaßnahmen, vgl. *EuGH*, Rs. C-323/17 (People Over Wind), ECLI:EU:C:2018:244 Rn. 40; differenzierend *Ruge* UPR Sonderheft 2019, 456 (462).

[393] BVerwGE 154, 73 Rn. 70 mAnm *Ruge* ZUR 2016, 483 (485).

[394] BVerwGE 136, 291 Rn. 50.

[395] *EuGH*, Rs. C-411/17 (Doel), ECLI:EU:C:2019:622 Rn. 136; *BVerwG* NVwZ 2018, 1734 (1737).

Die Methode der Bestandsaufnahme ist nicht normativ festgelegt.[396] Die zuständigen nationalen Behörden müssen Gewissheit darüber erlangt haben, dass nachteilige Auswirkungen auf das Schutzgebiet nach Durchführung des Projekts oder Plans[397] unter Berücksichtigung „der besten einschlägigen wissenschaftlichen Erkenntnisse" ausbleiben werden.[398] Gewissheit liegt vor, wenn aus wissenschaftlicher Sicht kein vernünftiger Zweifel daran bleibt, dass es keine solchen Auswirkungen gibt.[399] Dabei unterliegt die Entscheidung der zuständigen Behörde bei mangelnder fachwissenschaftlicher Erkenntnis sowohl im Rahmen der Bestandsaufnahme als auch bei deren Bewertung lediglich einer *eingeschränkten gerichtlichen Kontrolle*.[400] Soweit ein Natura 2000-Gebiet ein geschützter Teil von Natur und Landschaft iSd § 20 II BNatSchG ist, ergeben sich die Maßstäbe für die Verträglichkeit aus dem Schutzzweck und den dazu erlassenen Vorschriften (vgl. § 32 III BNatSchG), wenn hierbei die jeweiligen Erhaltungsziele bereits berücksichtigt wurden (§ 34 I 2 BNatSchG).

(2) Verträglichkeitsprüfung

Die Verträglichkeitsprüfung ist ihrerseits zweistufig: Zunächst bedarf es einer Bewertung der Wirkungen des Projekts. Auf dieser Grundlage muss dann prognostiziert werden, wie sich das FFH-Gebiet unter dem Einfluss des Projekts voraussichtlich verändern wird.[401] Die Prüfung darf hierbei insbes. nicht lückenhaft sein und muss vollständige, präzise sowie endgültige Feststellungen zu den möglichen Auswirkungen eines Projekts enthalten,[402] und zwar sowohl auf das abgrenzbare Gebiet als auch auf „gebietsexterne Funktionsbeziehungen zwischen den Teilgebieten".[403] Auch etwaige akkumulierende Wirkungen mit anderen Plänen und Projekten bzw. Vorbelastungen durch bereits bestehende Projekte sind zu berücksichtigen,[404] unabhängig vom Zeitpunkt der Antragstellung.[405] Hierzu müssen die Summationswirkungen verlässlich absehbar sein, was regelmäßig ab Erteilung der Zulassungsentscheidung für das andere Projekt der Fall ist.[406] In der Praxis hat es sich zB 122

---

[396] BVerwGE 154, 73 Rn. 70; 136, 291 Rn. 50.

[397] Bei späterer Änderung eines bestehenden Projekts ist (erneut) das Gesamtprojekt zu prüfen, so zutreffend *OVG Greifswald* NuR 2013, 419 (420 ff.).

[398] *EuGH*, Rs. C-404/09 (Kommission/Spanien), Slg. 2011, I-11853 Rn. 99; Rs. C-418/04 (Kommission/Irland), Slg. 2007, I-10947 Rn. 243; Rs. C-127/02 (Waddenvereniging und Vogelbeschermingsvereniging), Slg. 2004, I-7405 Rn. 57 f.; *BVerwG* DVBl 2018, 1361 (1363), mAnm *Stüer/Stüer* DVBl 2018, 1367 (1369); BVerwGE 154, 73 Rn. 70; 128, 1 Rn. 62; *Kment* DVBl 2014, 818 (820 f.). Untersuchungsmethoden, die in der Fachwissenschaft als überholt gelten, sind unzulässig, so mit Recht BVerwGE 130, 299 Rn. 73; 148, 373 Rn. 45.

[399] *EuGH*, Rs. C-411/17 (Doel), ECLI:EU:C:2019:622 Rn. 120; Rs. C-461/17 (Holohan), ECLI:EU:C:2018:883 Rn. 33.

[400] Vgl. BVerwGE 166, 1 Rn. 64. Zur Abkehr von der Figur der „Einschätzungsprärogative", vor allem im Artenschutzrecht → Rn. 144, ausf. *Kahl* (o. Fn. 154) S. 182.

[401] *Schumacher/Schumacher* (o. Fn. 371) § 34 Rn. 64.

[402] *EuGH*, Rs. C-461/17 (Holohan), ECLI:EU:C:2018:883 Rn. 34; Rs. C-164/17 (Grace and Sweetman) ECLI:EU:C:2018:593 Rn. 39; Rs. C-441/17 (Kommission/Polen), ECLI:EU:C:2018:255 Rn. 114; Rs. C-387/15, C-388/15 (Orleans), ECLI:EU:C:2016:583 Rn. 50; mAnm *Epiney* EurUP 2017, 96 (107 f.); *EuGH*, Rs. C-258/11 (Sweetman), ECLI:EU:C:2013:220 Rn. 44.

[403] BVerwGE 136, 291 Rn. 31. Grds. *EuGH*, Rs. C-404/09 (Alto Sil), Slg. 2011, I-11853 Rn. 166 ff.

[404] *EuGH*, Rs. C-142/16 (Kommission/Deutschland), ECLI:EU:C:2017:301 Rn. 56 ff., mAnm *Buchheister* DVBl 2018, 201 (203); *Beier* UPR 2017, 281 ff.

[405] BVerwGE 165, 340 Rn. 22.

[406] BVerwGE 165, 340 Rn. 22 ff. mAnm *Kment* NVwZ 2019, 1608.

etabliert, zur Bewertung von Schadstoffeinträgen auf sog. *critical load*-Werte zurückzugreifen.[407] *Critical loads* sind „naturwissenschaftlich begründete Belastungsgrenzen für Vegetationstypen oder andere Schutzgüter […], bei deren Einhaltung eine Luftschadstoffdeposition auch langfristig keine signifikant schädlichen Effekte erwarten lässt."[408]

123 Damit ein Gebiet *nicht* iSv § 34 I 1 BNatSchG (bzw. Art. 6 III 2 FFH-RL) in seiner Eigenschaft als natürlicher Lebensraum erheblich beeinträchtigt wird, muss es in einem *günstigen Erhaltungszustand* (Legaldefinition: § 7 I Nr. 10 BNatSchG) bewahrt werden.[409] Dies setzt voraus, „dass seine grundlegenden Eigenschaften, die mit dem Vorkommen eines natürlichen Lebensraumtyps zusammenhängen, […] dauerhaft erhalten werden."[410] Dies wiederum bemisst sich relational anhand der *konkreten Erhaltungsziele* (Legaldefinition: § 7 I Nr. 9 BNatSchG, vgl. auch § 32 III 1 BNatSchG).[411] Zur Vorbereitung der Gebietsmeldung werden hier die Merkmale des Gebiets beschrieben, die aus nationaler Sicht erhebliche ökologische Bedeutung für das Ziel der Erhaltung der natürlichen Lebensräume und Arten haben.[412] ZB kann es notwendig sein, über das kartografisch abgrenzbare Gebiet hinaus auch externe Nahrungshabitate einzubeziehen.[413] Bei der Prüfung, ob eine erhebliche Beeinträchtigung vorliegt, sind auch Schutzmaßnahmen zu berücksichtigen, mit denen die unmittelbar verursachten schädlichen Auswirkungen auf das Gebiet verhindert oder verringert werden *(Schadensvermeidungs- und -minderungsmaßnahmen)*.[414] Ausgleichsmaßnahmen, die erst später erkennbare Auswirkungen entfalten, können hingegen den Eintritt einer erheblichen Beeinträchtigung nicht verhindern.[415] Solche Maßnahmen können jedoch in der Abweichungsprüfung (→ Rn. 128) als Kohärenzmaßnahmen eine Rolle spielen.[416] Diese Gesamtwürdigung orientiert sich ausschließlich an naturschutzfachlichen Kriterien, sodass die Rechtsprechung der Behörde bei der Anwendung dieser Kriterien eine fachliche *Einschätzungsprärogative* zuerkennt.[417] Nach der neueren Rechtsprechung des *BVerfG*[418] zur Einschätzungsprärogative im Artenschutzrecht (→ Rn. 144) ist die Figur abzulehnen. Stattdessen wird die eingeschränkte gerichtliche Kontrolle auf sog. funktionale Grenzen der Rechtsprechung gestützt.[419]

124 Wird eine Unverträglichkeit festgestellt, ist – vorbehaltlich der Ausnahmen nach § 34 III–V BNatSchG (→ Rn. 126 ff.) – von der zuständigen Behörde die Zulassung zu versagen (vgl. § 34 II BNatSchG; *präventives Verbot mit Erlaubnisvor-*

---

[407] BVerwGE 163, 380 (Ls. 3); 146, 145 Rn. 60 ff.; 145, 40 Rn. 62; *Lau* NuR 2016, 149 (151); *Möckel* NuR 2019, 152 (156 ff.); krit. *GA Kokott*, SA v. 25.7.2018, Rs. C-293/17 (Coöperatie Mobilisation), ECLI:EU:C:2018:622 Rn. 108.

[408] *BVerwG* NVwZ 2012, 176 (179). Ausf. auch zu Bagatellgrenzen und sog. Abschneidekriterien *Weuthen* DVBl 2020, 1123 ff.

[409] *EuGH*, Rs. C-461/17 (Holohan), ECLI:EU:C:2018:883 Rn. 35; *Schumacher/Schumacher* (o. Fn. 371) § 34 Rn. 69.

[410] *EuGH*, Rs. C-441/17 (Kommission/Polen), ECLI:EU:C:2018:255 Rn. 116 mwN; zust. *Epiney* EurUP 2014, 53 (62).

[411] Vgl. BVerwGE 145, 40 Rn. 50 ff.

[412] BVerwGE 136, 291 Rn. 30; 130, 299 Rn. 72; 128, 1 Rn. 75; *Beier* UPR 2017, 281 (282 f.).

[413] BVerwGE 136, 291 Rn. 32.

[414] *EuGH*, Rs. C-142/16 (Kommission/Deutschland), ECLI:EU:C:2017:301 Rn. 34; nachfolgend *BVerwG* NVwZ 2018, 1734 (1738); *EuGH*, Rs. C-521/12 (Briels), ECLI:EU:C:2014:330 Rn. 28; BVerwGE 149, 289 Rn. 60; 146, 145 Rn. 44; 128, 1 Rn. 53 f.

[415] *EuGH*, Rs. C-521/12 (Briels), ECLI:EU:C:2014:330 Rn. 31; Rs. C-387/15, C-388/15 (Orleans), ECLI:EU:C:2016:583 Rn. 35; BVerwGE 166, 1 Rn. 93. Vgl. auch *Epiney* FS Erbguth, 2009, S. 147 (153 f., 161 f.); *Berkemann* ZUR 2020, 280 (286 f.).

[416] *EuGH*, Rs. C-164/17 (Grace and Sweetman), ECLI:EU:C:2018:593 Rn. 51 ff.; Rs. C-142/16 (Kommission/Deutschland), ECLI:EU:C:2017:301 Rn. 29 ff., mAnm *Buchheister* DVBl 2018, 201 (204). Zur Abgrenzung vgl. *VG Berlin* NuR 2018, 800 (802); *Füßer/Lau* NuR 2014, 453 ff.; *Schütte/Wittrock/Flamme* NuR 2015, 145 ff.; vgl. auch *Epiney* EurUP 2017, 96 (108).

[417] BVerwGE 130, 299 Rn. 74; ausf. *Schuster* (o. Fn. 181) S. 141 ff.

[418] BVerfGE 149, 407.

[419] So nun BVerwGE 166, 1 Rn. 64; *OVG Koblenz* UPR 2020, 388 Rn. 85.

behalt).[420] Wird ein Vorhaben ohne entsprechende Prüfung durchgeführt, können Maßnahmen nach § 3 II BNatSchG ergriffen werden.[421]

Ein *vor* der Gebietsausweisung durch die Kommission genehmigtes Projekt unterliegt zwar nicht der *Ex-ante*-Verträglichkeitsprüfung nach Art. 6 III FFH-RL (§ 34 I BNatSchG, → Rn. 120 ff.), seine Ausführung fällt aber unter Art. 6 II FFH-RL (§ 33 I BNatSchG, → Rn. 119).[422] Die Abs. 2 und 3 sollen das gleiche Schutzniveau gewährleisten; auch eine nachträgliche FFH-Verträglichkeitsprüfung kann erforderlich sein.[423] Bei einer nachträglich notwendigen Alternativenprüfung im Rahmen von Art. 6 IV FFH-RL besteht auch (als *ultima ratio*) die Möglichkeit zum Abriss eines Bauwerks.[424] **125**

(3) Ausnahmen

Ausnahmsweise können (Ermessen) auch grds. unverträgliche Vorhaben zugelassen werden, wenn zwingende Gründe des überwiegenden öffentlichen Interesses, einschließlich solcher sozialer und wirtschaftlicher Art, eine Ausnahme rechtfertigen und eine zumutbare (Verhältnismäßigkeitsgrundsatz![425]) Alternative, den mit dem Projekt verfolgten Zweck an anderer Stelle ohne oder mit geringeren Beeinträchtigungen zu erreichen,[426] nicht gegeben ist (§ 34 III BNatSchG, Art. 6 IV 1 FFH-RL).[427] **126**

Die *zwingenden Gründe* iSd § 34 III Nr. 1 BNatSchG entziehen sich einer generalisierenden Beschreibung und sind anhand des jeweiligen Einzelfalls zu beurteilen.[428] Gemeint ist nicht, dass unausweichliche Sachzwänge ein Vorhaben fordern, sondern nur „ein durch Vernunft und Verantwortungsbewusstsein geleitetes staatliches Handeln".[429] Erfasst sind bspw. die Entschärfung eines Unfallschwerpunkts und die Minderung von Lärm- und Abgasbeeinträchtigungen zum Schutz der menschlichen Gesundheit.[430] Etwa der mit der Zulassung von Windenergieanlagen bezweckte Klimaschutz ist dagegen zwar ein zulässiger Belang der Allgemeinheit, genießt aber – ungeachtet des unionsrechtlichen Förderregimes für Erneuerbare Energien – keine Privilegierung gegenüber dem Naturschutz.[431]

---

420 *Iven* NuR 1996, 378. Vgl. auch *VGH Kassel* NVwZ-RR 2017, 324 (325): „präventive Zulassungssperre".

421 BVerwGE 159, 95 Rn. 21 ff.

422 *EuGH,* Rs. C-399/14 (Grüne Liga Sachsen), ECLI:EU:C:2016:10 Rn. 33, 37; Rs. C-141/14, (Kommission/Bulgarien), ECLI:EU:C:2016:8 Rn. 52; *BVerwG* NVwZ 2016, 1631 (1636); *Epiney* EurUP 2017, 96 (104 ff.); *Hoffmann* (o. Fn. 387) S. 93 ff.

423 *EuGH,* Rs. C-293/17 (Coöperatie Mobilisation), ECLI:EU:C:2018:882 Rn. 87; *VGH Mannheim* VBlBW 2018, 507 (511 f.). Zum Bestandsschutz *Appel* NuR 2020, 663 (664 ff., 667).

424 *EuGH,* Rs. C-399/14 (Grüne Liga Sachsen), ECLI:EU:C:2016:10 Rn. 75 f.; *BVerwG* NVwZ 2016, 1631 (1639). AA *Schlacke* § 10 Rn. 54.

425 Vgl. BVerwGE 110, 302 (310 f.); *OVG Koblenz* NuR 2007, 557 (559); *Kloepfer* UmweltR § 12 Rn. 400.

426 Zur Alternativenfrage BVerwGE 107, 1 (13 ff.); 128, 1 Rn. 140 ff.; 146, 145 Rn. 105 ff.

427 *EuGH,* Rs. C-521/12 (Briels), ECLI:EU:C:2014:330 Rn. 35 ff.; BVerwGE 134, 166 Rn. 15 ff.; 128, 1 Rn. 113; *Weidemann/Krappel* EurUP 2011, 106 ff. Krit. *Wegener* ZUR 2009, 459 (460).

428 *Niederstadt* NuR 1998, 515 (524); *Wolf* in Kluth/Smeddinck § 5 Rn. 127 ff.

429 BVerwGE 156, 20 Rn. 104; 148, 373 Rn. 72; 134, 166 Rn. 13.

430 Vgl. BVerwGE 128, 1 Rn. 121.

431 Vgl. *EuGH,* Rs. C-2/10 (Azienda Agro-Zootecnica Franchini), Slg. 2011, I-6561 Rn. 40 ff.; speziell zu den Binnenkonflikten hierbei *Attendorn* NuR 2013, 153 ff.

Die Prüfung einer *zumutbaren Alternative* iSd § 34 III Nr. 2 BNatSchG darf auch dann, wenn auf den vorgelagerten Planungsstufen noch keine korridorübergreifende FFH-Verträglichkeitsprüfung durchgeführt werden musste, nicht auf den vorherigen Planungskorridor beschränkt werden, sondern hat – unter summarischer Würdigung des jeweiligen Beeinträchtigungspotenzials – Trassen in Alternativkorridoren einzubeziehen.[432] Der Prüfungsauftrag erweitert sich insoweit. Im Rahmen der Alternativenprüfung ist auch der im Unionsrecht anerkannte – freilich aus Gemeinwohlinteressen des Umweltschutzes prinzipiell einschränkbare[433] – Schutz des Eigentums (Art. 17 GRCh)[434] der von der Gebietsfestsetzung Betroffenen angemessen zu berücksichtigen.[435] Dies gilt zum einen im Hinblick auf die Prüfung, ob eine Projektalternative nach § 34 III Nr. 2 BNatSchG den Betroffenen zumutbar ist.[436] Zum anderen gilt dies auch bei der Frage, ob die Versagung einer projektbezogenen Ausnahme nach § 34 III BNatSchG zu einer unzumutbaren Beeinträchtigung eines eigentumsrechtlich geschützten Bestandes, insbes. zu einer Entwertung getätigter Investitionen, führen würde.[437] Eine „Konzeptalternative" stellt dagegen keine Alternative iSd § 34 III Nr. 2 BNatSchG dar, da hierbei andere Planungsziele erreicht werden sollen.[438]

127 Für Vorhaben, die einen *prioritären Lebensraumtyp* oder eine *prioritäre Art* (Legaldefinitionen: § 7 I Nr. 5 und II Nr. 11 BNatSchG) betreffen, ist die Möglichkeit einer Ausnahme vom Gebietsschutz noch weitgehender *eingeschränkt*. Eine Zulassung kommt nur aus den Gründen des § 34 IV 1 BNatSchG in Frage, sofern zuvor eine Stellungnahme der Kommission (§ 34 IV 2 BNatSchG)[439] eingeholt wurde. Gleichwohl können grundrechtliche Positionen der von der Festsetzung Betroffenen (Art. 17 GRCh) auch hier nicht gänzlich unberücksichtigt bleiben.[440]

128 Wird ein Projekt nach § 34 III, IV BNatSchG zugelassen, sind gem. § 34 V BNatSchG *Maßnahmen zur Kohärenzsicherung* zu ergreifen. Die Maßnahmen müssen funktional den erwarteten Beeinträchtigungen entsprechen sowie mit hoher Wahrscheinlichkeit wirksam sein.[441] Nicht erforderlich ist, dass sie am Ort der Beeinträchtigung oder zeitlich unmittelbar wirken.[442] Die Bewertung der Kohärenzsicherungsmaßnahmen durch die zuständige Behörde unterliegt im Fall eines naturschutzfachlichen Erkenntnisdefizits nur der eingeschränkten gerichtlichen Kontrolle.[443] Im Rahmen der Abwei-

---

432 BVerwGE 146, 145 Rn. 106.

433 Vgl. *EuGH*, Rs. C-416/10 (Jozef Križan ua), ECLI:EU:C:2013:8 Rn. 111 ff.

434 Vertiefend *EuGH*, Rs. C-44/79 (Hauer/Rheinland-Pfalz), Slg. 1979, I-3727 Rn. 17; *Calliess* in Ehlers (Hrsg.), Europäische Grundrechte und Grundfreiheiten, 4. Aufl. 2014, § 20 Rn. 1 ff.

435 *Kahl/Gärditz* ZUR 2006, 1 (6 f.).

436 Vgl. auch *OVG Lüneburg* ZUR 2006, 94 (96), das auf die „Gefahr einer Existenzgefährdung" abstellt. Zur Unzumutbarkeit wegen schädlicher Umwelteinwirkungen vgl. BVerwGE 159, 121 Rn. 47.

437 *Kahl/Gärditz* ZUR 2006, 1 (6 f.). Nach hM ist die Berücksichtigung privater Belange bei der Abweichungsprüfung aber unzulässig, vgl. *VG Freiburg* NuR 2013, 373 (374); *Wrase* NuR 2004, 356 (357).

438 BVerwGE 158, 1 Rn. 412.

439 Deren Richtigkeit hat das nationale Gericht nicht zu prüfen, vgl. BVerwGE 149, 289 Rn. 87.

440 *Kahl/Gärditz* ZUR 2006, 1 (7).

441 Vgl. zu den durch die Rspr. gestellten Anforderungen *Frenz* NuR 2020, 158 (160 f.).

442 BVerwGE 149, 31 Rn. 54.

443 Insofern hat das *BVerwG* seine frühere Rspr. zur naturschutzfachlichen Einschätzungsprärogative aufgegeben, vgl. *BVerwG* NuR 2020, 709 Rn. 70. Anders noch BVerwGE 148, 373 Rn. 94; 130, 299 Rn. 201. Auslöser für die Rspr.-Änderung: BVerfGE 149, 407, dazu → Rn. 144.

chungsentscheidung nach § 34 III–V BNatSchG haben *anerkannte Naturschutzvereinigungen* ein *Beteiligungsrecht* (vgl. → Rn. 157 ff.), da das Überwinden eines Verbots durch eine Ausnahme eine Befreiung iSd § 63 II Nr. 5 BNatSchG darstellt.[444]

(4) Verhältnis zum Planungsrecht

Das Habitatschutzrecht spielt auch im Rahmen der *räumlichen Gesamtplanung* eine Rolle. Nach § 1a IV BauGB sind die einschlägigen Vorschriften des BNatSchG anzuwenden, soweit ein Gebiet in seinen für die Erhaltungsziele oder den Schutzzweck maßgeblichen Bestandteilen erheblich beeinträchtigt werden kann. Die Vorgaben des § 34 BNatSchG fungieren insoweit als zwingende Planungsleitsätze, die auch nicht im Wege der Abwägung überwindbar sind.[445] 129

Entsprechendes gilt nach § 7 VI ROG für die Raumordnung: Bereits bei der Aufstellung von Raumordnungsplänen sind die Vorschriften des BNatSchG über die Zulässigkeit und Durchführung von derartigen Eingriffen einschließlich der Einholung der Stellungnahme der Europäischen Kommission anzuwenden, soweit ein FFH-Gebiet oder ein europäisches Vogelschutzgebiet in seinen für die Erhaltungsziele oder den Schutzzweck maßgeblichen Bestandteilen erheblich beeinträchtigt werden kann (vgl. korrespondierend § 36 BNatSchG[446]).

Somit ist bereits auf der Ebene der Planaufstellung eine vollständige FFH-Prüfung nach § 34 III–IV BNatSchG durchzuführen, soweit sich entsprechende Konflikte trotz des geringen Detaillierungsgrads im Rahmen der Raumordnung sinnvoll bewältigen lassen und eine Gebietsbetroffenheit hinreichend wahrscheinlich ist.[447] Dies ist insbes. der Fall, wenn die Raumordnung letztlich eine (praktisch oftmals parzellengenaue[448]) Trassen- oder Standortfestlegung trifft (vgl. § 13 V 1 Nr. 3 ROG).[449]

Letztlich dürfen nur solche Fragen der räumlichen Nutzung nachgelagerten Planungs- oder Zulassungsverfahren überantwortet werden, die sich auf der abstrakten Ebene der Raumordnung nicht angemessen bewältigen lassen. Wurde die Verträglichkeitsprüfung bei der Aufstellung des Bebauungsplans durchgeführt, ist im Rahmen der baurechtlichen Zulassungsentscheidung grds. keine erneute Prüfung nötig (vgl. § 34 VIII BNatSchG).

cc) Potenzielle FFH-Gebiete

Für sog. „potenzielle FFH-Gebiete" besteht das entsprechende Schutzniveau bereits vor der eigentlichen Unterschutzstellung. Dies hat zB Auswirkungen auf die etwaige Zulassung von Projekten in den gemeldeten Gebieten.[450] Nach *BVerwG* gilt der entsprechende Schutz ab Meldung der Gebiete an die Kommission, dagegen gilt dies 130

---

[444] BVerwGE 152, 10 Rn. 11 f.; 149, 17 Rn. 27 f. Kein Anspruch besteht hingegen auf eine Beteiligung bei der Verträglichkeitsprüfung, vgl. BVerwGE 152, 10 Rn. 32 ff.; *Maruschke/Fisahn* NuR 2016, 155 (158).

[445] *Battis* (o. Fn. 113) § 1a Rn. 33.

[446] Soweit dessen S. 2 eine Anwendung des § 34 I 1 BNatSchG ausschließt, hat dies allein systematische Gründe, weil die Anwendbarkeit bereits in § 7 VI ROG geregelt ist, so *Ewer* in Lütkes/ders. (o. Fn. 66) § 36 Rn. 14.

[447] Vgl. *OVG Münster* DVBl 2009, 1385; *Runkel* in Spannowsky/ders./Goppel (Hrsg.), ROG, 2. Aufl. 2018, § 7 Rn. 97 ff.

[448] *Gärditz* ZUR 2013, 651 (655 f.); *Steinberg/Wickel/Müller*, Fachplanung, 4. Aufl. 2012, § 7 Rn. 57.

[449] Hierzu *Gärditz/Macefat* UTR 2013, 123 (143 ff.); *Wahl* FS Sellner, 2010, S. 155 ff.

[450] *Kloepfer/Durner* UmweltschutzR § 12 Rn. 60. Vgl. für die Zulassung von Projekten *BVerwG* NVwZ 2016, 1710 (1723); BVerwGE 124, 201 (207 f.). AA *EuGH*, Rs. C-244/05 (Bund Naturschutz in Bayern ua), Slg. 2006, I-8445 Rn. 29 ff.

nach *EuGH* erst ab der Aufnahme in die Gebietsliste.[451] Angesichts der laufenden Aktualisierung der Gemeinschaftsliste für die ua Teile Deutschlands umfassende kontinentale Region[452] ist jedoch fraglich, ob überhaupt noch Raum für die Annahme potenzieller FFH-Gebiete besteht.

Dieses Problem wurde zuletzt im Zusammenhang mit dem *Hambacher Forst* relevant, der durch gegen dessen Rodung zum Zwecke des Braunkohleabbaus gerichtete Demonstrationen und Baumbesetzungen von zweifelhafter Legalität eine breitere Medienöffentlichkeit erfuhr.[453] Obwohl unterstellt werden konnte, dass das Gebiet die ökologische Qualität nach Anh. III der FFH-RL aufweist (insbes.: Vorkommen der Bechsteinfledermaus; Lebensraumtyp Eichen-Hainbuchen-Wald), stellte das *VG Köln*[454] fest, dass keine Nachmeldepflicht für das europäische Schutzgebietssystem bestanden habe. Da die Umsetzungsfrist der FFH-RL sowie das Melde- und Festlegungsverfahren nach Art. 3 und 4 FFH-RL abgeschlossen ist, bestehe für die Figur des potenziellen FFH-Gebiets kein Raum mehr. Gegen eine Nachmeldepflicht sprach zudem, dass die Erreichung der Ziele des Schutzgebietssystems auch ohne das fragliche Gebiet wohl nicht gefährdet war.

c) Rechtsschutz

131 Weitgehend geklärt ist mittlerweile die lange Zeit umstrittene Frage des Rechtsschutzes der Betroffenen (Grundeigentümer) gegen die Festsetzung von FFH-Gebieten. So ist zunächst anerkannt, dass eine Anfechtungsklage gegen die *innerstaatliche Gebietsauswahl* bzw. die Gebietsmeldung bereits an der Statthaftigkeit scheitert, da es sich insoweit nur um einen verwaltungsinternen vorbereitenden Akt handelt, der mangels außenwirksamer Regelung keinen Verwaltungsakt darstellt.[455] Insofern bestehen keine über die Veröffentlichung der Kommissionsliste hinausreichenden Rechtswirkungen. Jedenfalls nach Erstellung der Kommissionsliste fehlt es also an einem Rechtsverhältnis iSv § 43 I VwGO, sodass auch eine Feststellungsklage (auf fehlende Gebietseignung) als unstatthaft ausscheidet.[456] Eine Unterlassungsklage gegen die Gebietsauswahl kommt mangels Klagebefugnis (§ 42 II VwGO analog) nicht in Betracht.[457]

132 Rechtsschutz vor dem *EuG* gegen die anschließende *Aufnahme eines Gebiets in die Gemeinschaftsliste der Kommission* im Wege der Nichtigkeitsklage kommt mangels Klagebefugnis (Art. 263 IV AEUV) nicht in Betracht.[458] Nach Art. 263 IV *1. Var.* AEUV ist der Adressat eines Beschlusses stets klagebefugt. Der Beschluss der Kommission ist jedoch nicht an den Einzelnen, sondern an den Mitgliedstaat adressiert. Für die Klagebefugnis nach Art. 263 IV *2. Var.* AEUV bedarf es des unmittelbaren und individuellen Betroffenseins des Klägers. Das *individuelle* Betroffensein bestimmt sich nach der sog. *Plaumann*-Formel des *EuGH.*[459] Für einen besonderen,

---

[451] *EuGH,* Rs. C-117/03 (Dragaggi), Slg. 2005, I-167 Rn. 23 ff.; Rs. C-399/14 (Grüne Liga Sachsen), ECLI:EU:C:2016:10 Rn. 32; BVerwGE 110, 302 (308); *Epiney* EurUP 2017, 96 (104 ff.).

[452] Vgl. o. Fn. 359.

[453] Vgl. im vorläufigen Rechtsschutz *VG Köln* BeckRS 2017, 133438 Rn. 62 ff.; *OVG Münster* NVwZ 2018, 1818 (1819 f.) mAnm *Durner/v. Weschpfennig* NVwZ 2018, 1821 (1822). Zum aktuellen Stand *Frenz* NuR 2020, 1 (1 f.).

[454] *VG Köln* UPR 2020, 36; dazu *Jung* FAZ v. 13.3.2019, 16. Vgl. auch *Teßmer* NuR 2019, 82 ff.

[455] *Kahl/Gärditz* NuR 2005, 555 (556 ff.).

[456] *BVerwG* NVwZ 2008, 1011; NVwZ 2006, 822 (823); zust. *Kahl* JZ 2008, 120 (124 f.).

[457] *VGH Kassel* NVwZ 2001, 1178; *OVG Lüneburg* NuR 2013, 429 (430); *Maaß/Schütte* in Koch/Hofmann/Reese UmweltR-HdB § 7 Rn. 161.

[458] *EuGH,* Rs. C-362/06 P (Markku Sahlstedt), Slg. 2009, I-2903 Rn. 23 ff.; zust. *Gärditz* ZUR 2006, 536 ff. AA *Biester,* Der Rechtsschutz des Einzelnen bei der Umsetzung der Flora-Fauna-Habitat-Richtlinie, 2003, S. 126 f.

[459] *EuGH,* Rs. 25/62 (Plaumann/Kommission), Slg. 1963, 211 (238), stRspr.

den Kläger aus dem Kreis der übrigen Personen heraushebenden Umstand iS dieser Formel kommt vorliegend – entgegen dem *EuGH* – die konkrete Listung des Grundstücks und somit die Betroffenheit in Eigentümerrechten (Art. 17 GRCh) in Betracht, sodass sich ein individuelles Betroffensein noch bejahen ließe.[460] *Unmittelbare* Betroffenheit liegt aber nur vor, wenn die angegriffene Maßnahme selbst in die Interessen des Klägers eingreift. Dies ist für den Kommissionsbeschluss zu verneinen, da er erst noch einer innerstaatlichen Umsetzung bedarf und sich diese auch nicht ausnahmsweise als quasi-automatischer Vollzug ohne eigenständige Entscheidungsspielräume des Mitgliedstaates darstellt.[461] Nach Art. 263 IV *3. Var.* AEUV wäre der Kläger klagebefugt, wenn der Beschluss einen „Rechtsakt mit Verordnungscharakter" darstellt, der Kläger unmittelbar betroffen ist und der Rechtsakt keine Durchführungsmaßnahmen nach sich zieht. Die Klagebefugnis nach dieser Variante scheitert jedoch bereits daran, dass der Kommissionsbeschluss – nach beiden hierzu vertretenen Ansichten[462] – kein „Rechtsakt mit Verordnungscharakter" ist. Im Übrigen fehlt es erneut an dem unmittelbaren Betroffensein des Klägers.

Der Rechtsschutz ist damit grds. *dezentral* durch die *mitgliedstaatlichen Gerichte* zu **133**
gewährleisten.[463] In Deutschland richtet sich der Rechtsschutz damit vor allem gegen die *Festsetzung von Naturschutzgebieten* (§ 23 BNatSchG; → Rn. 104).[464] Im Übrigen steht Betroffenen das Recht zu, *Vollzugsakte der zuständigen Naturschutzbehörde,* mit denen die in der Schutzgebietsverordnung festgelegten Verbote im Einzelfall durchgesetzt werden (vgl. § 3 II BNatSchG), *anzufechten* (§ 42 I 1. Alt. VwGO) und sich dabei inzident auf die Ungültigkeit der Handlung der Union zu berufen.

Da die Verbote aber häufig sanktionsbewehrt sind (vgl. § 69 III Nr. 3 BNatSchG), wird es dem Betroffenen meist unzumutbar sein, gegen ein Verbot zu verstoßen, um dessen Ungültigkeit dann inzident im Bußgeldverfahren geltend machen zu können. In diesem Fall verbleiben zwei Auswege: Zum einen kann der Betroffene nach § 43 I VwGO *Feststellungsklage* erheben.[465] Zwar kann die Nichtigkeit einer Rechtsnorm nicht Gegenstand der Feststellungsklage sein, jedoch das konkrete Verhältnis zwischen dem von der Rechtsnorm unmittelbar betroffenen Bürger und dem Verwaltungsträger bzgl. der Frage, ob ein bestimmtes Verhalten trotz des entgegenstehenden unionsrechtlichen Rechtsakts weiterhin erlaubt ist und von der deutschen Behörde nicht unterbunden werden darf.[466] Das Feststellungsinteresse (§ 43 II VwGO) folgt dabei aus der drohenden Sanktion bzw. daraus, dass ein entsprechendes Verhalten bisher gestattet war. Zum anderen kann der Betroffene einen Dispens (§ 67 BNatSchG) beantragen (→ Rn. 119) und diesen mit einer *Verpflichtungsklage* (§ 42 I 2. Alt. VwGO) einklagen, in deren Rahmen dann inzident zu klären ist, ob geltendes Unionsrecht einer Ausnahme entgegensteht.

---

[460] So *Kahl/Gärditz* NuR 2005, 555 (560 f.); aA aber *EuGH,* Rs. C-362/06 P (Markku Sahlstedt), Slg. 2009, I-2903 Rn. 32 ff.

[461] Vgl. für die hM *Gärditz* (o. Fn. 368) S. 94; aA *Nettesheim* JZ 2009, 1067 (1068 f.).

[462] Nach dem *EuGH* sind „Rechtsakte mit Verordnungscharakter" nur solche rechtsverbindlichen Unionshandlungen, die keine Gesetzgebungsakte iSv Art. 289 III AEUV sind. Der Beschluss als Gesetzgebungsakt iSd Art. 289 I, III, 294 AEUV fällt somit nicht hierunter, vgl. *EuGH,* Rs. C-583/11 P (Inuit Tapiriit Kanatami ua), ECLI:EU:C:2013:625 Rn. 58 ff. Überblick zum Meinungsstand: *Dervisopoulos* in Rengeling/Middeke/Gellermann (Hrsg.), Handbuch des Rechtsschutzes in der Europäischen Union, 3. Aufl. 2014, § 7 Rn. 80 ff.

[463] Stellv. *Glaser* in Gärditz (o. Fn. 124) § 43 Rn. 30.

[464] Vgl. *OVG Lüneburg* NuR 2013, 429 (431).

[465] *Gärditz* in Rengeling/Middeke/Gellermann (o. Fn. 462) § 35 Rn. 56.

[466] *Giegerich/Lauer* ZEuS 2014, 461 (473 ff.); *Michl* NVwZ 2014, 841 (843 ff.).

Das nationale Verwaltungsgericht prüft im Rahmen der Anfechtungs-, Feststellungs- oder Verpflichtungsklage jeweils inzident die Vereinbarkeit des unionsrechtlichen Rechtsakts mit den Verträgen, insbes. mit der GRCh. Ist es ein letztinstanzliches nationales Gericht, so muss es stets, im Übrigen grds. bei Bedenken hinsichtlich der Vereinbarkeit des Sekundärrechtsakts mit dem EU-Primärrecht mangels eigener Verwerfungskompetenz ein *Vorabentscheidungsverfahren* (Art. 267 AEUV) beim *EuGH* anstrengen.[467]

134 *Insgesamt* ist der Rechtsschutz somit auf die das Verfahren abschließende Entscheidung (Unterschutzstellung) konzentriert, also dezentralisiert bzw. „nachgelagert". Es obliegt primär den Gerichten der Mitgliedstaaten, den nach Art. 47 GRCh, Art. 6 I EMRK gebotenen effektiven Rechtsschutz sicherzustellen.[468] Insofern bestehen jedoch – entgegen anders lautender Stimmen – keine durchgreifenden Bedenken gegen die Unionsrechtskonformität,[469] ist doch diese Dezentralisierung des Rechtsschutzes im Europäischen Unionsgerichtsverbund selbst vorgesehen (vgl. Art. 19 I UAbs. 2 EUV: mitgliedstaatliche Gerichte als „EU-Gerichte" im funktionalen Sinne, vgl. auch allg. Art. 4 III EUV) und überdies die Bindung der Mitgliedstaaten an Art. 47 GRCh gewährleistet (Art. 51 I 1 GRCh).

5. Biotopverbund und -vernetzung

135 Nach §§ 20 I, 21 BNatSchG besteht die Pflicht, ein *länderübergreifendes* Netz verbundener Biotope zu errichten (*Biotopverbund*[470]), das mindestens 10 % der Fläche jedes Bundeslandes umfassen soll. Hierdurch sollen die Populationen (Legaldefinition: § 7 II Nr. 6 BNatSchG) wild lebender Tiere und Pflanzen einschließlich ihrer Lebensstätten (§ 7 II Nr. 5 BNatSchG), Biotope (§ 7 II Nr. 4 BNatSchG) und Lebensgemeinschaften dauerhaft gesichert sowie funktionsfähige ökologische Wechselbeziehungen bewahrt, wiederhergestellt und entwickelt werden (§ 21 I 1 BNatSchG). Damit trägt der Biotopverbund zur Verwirklichung der Zielvorgabe in § 1 II 1 BNatSchG bei. Auch dient der Verbund der Verbesserung des Zusammenhangs des Netzes „Natura 2000" (§ 21 I 2 BNatSchG).[471]

Er besteht gem. § 21 III 1 BNatSchG aus *Kernflächen,* dh Flächen, die nach Ausstattung und Größe die dauerhafte Sicherung der Populationen gewährleisten, *Verbindungsflächen,* die eine räumliche Verbindung zwischen den Kernflächen herstellen und somit den Austausch zwischen den Populationen ermöglichen sowie *Verbindungselementen* wie Gehölze, Bäume und Wasserläufe, die von bestimmten Arten zur Ausbreitung und Wanderung benutzt werden.[472] Bestandteile des Biotopverbunds sind gem. § 21 III 2 BNatSchG Schutzgebiete und -objekte (insbes.[473] Naturschutzgebiete, Natura 2000-Gebiete; §§ 23 ff., 31 ff. BNatSchG), gesetzlich geschützte Biotope (§ 30 BNatSchG) und weitere Flächen und Elemente, wenn sie sich zur Erreichung der Ziele gem. § 21 I BNatSchG eignen. Der Biotopverbund geht folglich über den bloßen Gebietsschutz hinaus.

---

[467] *OVG Lüneburg* ZUR 2006, 315 (317); *Kahl/Gärditz* NuR 2005, 555 (563 ff.).

[468] *EuGH*, Rs. C-583/11 P (Inuit Tapiriit Kanatami ua), ECLI:EU:C:2013:625 Rn. 94 ff.; *Petzold* EuZW 2014, 289; *Streinz* EuZW 2014, 17 (21).

[469] Ausf. *Kahl/Gärditz* NuR 2005, 555 ff.

[470] Näher dazu *Albrecht/Leibenath* ZUR 2008, 518 ff.

[471] Zu weiteren Zielen *Albrecht* in BeckOK UmweltR, 58. Ed. 1.7.2020, BNatSchG § 21 Rn. 11 f.

[472] *Schumacher/Schumacher* (o. Fn. 371) § 21 Rn. 22 ff.

[473] Keine abschließende Aufzählung, da § 21 IV BNatSchG auf § 20 II BNatSchG insgesamt verweist.

Die rechtliche Sicherung erfolgt gem. § 21 IV BNatSchG durch Erklärung zum geschützten Teil von Natur und Landschaft iSd § 20 II BNatSchG (§ 22 BNatSchG; → Rn. 86 ff.), planungsrechtliche Festlegungen, vertragliche Vereinbarungen (vgl. auch § 3 III BNatSchG; → Rn. 16) oder andere geeignete Maßnahmen. § 21 V BNatSchG enthält eine Spezialregelung für oberirdische Gewässer und ihre Randstreifen, Uferzonen und Auen als Lebensstätten und Biotope.

Ergänzend zum Biotopverbund sieht § 21 VI BNatSchG für die *regionale* Ebene vor, dass insbes. in landwirtschaftlich geprägten Landschaften die zur Vernetzung von Biotopen erforderlichen linearen und punktförmigen Elemente (zB Hecken, Feldraine, Trittsteinbiotope) erhalten bzw. geschaffen werden *(Biotopvernetzung)*.[474] 136

VII. Der Artenschutz

Fall 24: Gefahr für den Rotmilan

Die *Wind & Power GmbH (W)* möchte auf einem landwirtschaftlich genutzten Gelände im Rhein-Sieg-Kreis (NRW) einen Windpark errichten. Der Windpark soll aus sechs Windkraftanlagen mit einer Höhe von 60m bestehen. Das Grundstück, das im Eigentum des Landwirts *L* steht, an dem aber die *W* dinglich gesicherte Nutzungsrechte erworben hat, liegt außerhalb zusammenhängender Bebauung in einer offenen Wiesen- und Heckenlandschaft. Im Rahmen der Vorprüfung nach § 7 I 1 UVPG, die die zuständige Genehmigungsbehörde nach Stellung eines Genehmigungsantrags durch *W* durchführt, kommt sie zum Ergebnis, dass von dem Vorhaben erhebliche nachteilige Umweltauswirkungen ausgehen. Nach Durchführung der UVP lehnt die Behörde die Genehmigung aus unüberwindbaren artenschutzrechtlichen Gründen ab. Denn im Umfeld werden mehrere Brutpaare der Raubvogelart Rotmilan *(milvus milvus)* entdeckt. Dieser kennt aufgrund seiner Größe keine natürlichen Feinde und weicht bewegten Objekten, die seine Flugbahn kreuzen, nicht aus. Daher ist – wie naturschutzfachliche Untersuchungen feststellen – zu besorgen, dass es zu Kollisionen mit den Rotorblättern kommt, die für einen Rotmilan idR tödlich enden. Dies verstoße gegen das artenschutzrechtliche Tötungsverbot, von dem keine Ausnahme zugelassen werden könne, weil sich Rotmilanbestände nicht nur im Umfeld des beantragten Windparks, sondern allgemein in NRW in einem ungünstigen Erhaltungszustand befinden. 137

W klagt auf Genehmigungserteilung. Sie sieht sich in ihren Grundrechten verletzt. Wer die Energiewende wolle, müsse diesem überragenden öffentlichen Interesse auch in der Genehmigungspraxis Rechnung tragen. Ist die Klage begründet?

1. Bedeutung und Regelungsstandort

Aufgrund seiner Durchsetzungsfähigkeit gegenüber Planungen und Zulassungsentscheidungen[475] ist das Artenschutzrecht (§§ 39 ff. BNatSchG[476]) von erheblicher 138

---

[474] Näheres bei *Schumacher/Schumacher* (o. Fn. 371) § 21 Rn. 65 ff.

[475] *Lütkes* NVwZ 2008, 598 (599); zur Bedeutung in der Bundesfachplanung *Appel/Rietzler* NuR 2017, 227 (228 ff.). Das Artenschutzrecht wirkt sich auch auf bereits genehmigte oder gar gebaute und in Betrieb genommene Vorhaben aus, vgl. *Lau* NuR 2018, 840 (842 ff.); *dens.* NuR 2018, 653 (653 ff.). Zum Bestandsschutz vgl. *Kautz* UPR 2018, 474 (476 ff.).

[476] Vgl. aus dem Landesrecht §§ 39 ff. BWNatSchG, §§ 24 ff. SächsNatSchG.

praktischer Bedeutung. Es tritt als systematisch selbständige Materie neben den gebietsbezogenen Naturschutz – namentlich das Habitatschutzrecht – und ergänzt diesen durch einen flächendeckenden Schutz einzelner Tiere und Pflanzen unabhängig von ihrem Gebietsbezug.[477] Anders als der Tierschutz, der einen pathozentrischen Ansatz verfolgt und einzelne Tiere als leidensfähige Geschöpfe um ihrer selbst willen vor Leid oder sinnloser Tötung unabhängig von allgemeinen Folgen für die Art schützt (§ 1 TierSchG),[478] dient der Artenschutz, obschon er auf Ebene der Individuen ansetzt,[479] dem Erhalt der jeweiligen Art (vgl. auch § 37 II BNatSchG).[480]

139 Die §§ 39 ff. BNatSchG enthalten Bestimmungen über den *allgemeinen Artenschutz,* der wild lebenden Tieren und Pflanzen (vgl. § 7 II Nr. 1 und Nr. 2 BNatSchG) unabhängig von einem besonderen Schutzstatus einen Mindestschutz bietet, wohingegen die §§ 44 ff. BNatSchG *(besonderer Artenschutz)* eine arten- und gefährdungsspezifische Schutzausrichtung aufweisen.[481] Insg. ist das Schutzregime dreistufig ausgestaltet: Allen wild lebenden Tieren und Pflanzen wird allgemeiner Schutz gewährt; stärker ist der Schutz besonders geschützter Arten (§ 7 II Nr. 13 BNatSchG); das höchste Schutzniveau greift für streng geschützte Arten (§ 7 II Nr. 14 BNatSchG).[482] Die Zuordnung einzelner Arten zu den Schutzklassen erfolgt durch Verweisungen in § 7 II Nr. 13–14 BNatSchG auf verschiedene Artenlisten, die in anderen nationalen und europäischen Regelungswerken enthalten sind[483] und so auch den Artenschutzauftrag nach Art. 12 FFH-RL erfüllen.[484] Verstöße gegen die Verbote sind überwiegend durch Bußgeld bzw. Kriminalstrafe sanktionsbewehrt (§ 69 II Nr. 7–16, 20–21, § 71 I Nr. 1 BNatSchG; §§ 324–329, 330 I Nr. 3 StGB)[485] und können im Übrigen durch die naturschutzrechtliche Generalermächtigung nach § 3 II BNatSchG[486] durchgesetzt werden;[487] daneben kommt ggf. § 7 II USchadG zur Anwendung, der die Anordnung von Informationspflichten, Vermeidungs-, Schadensbegrenzungs- oder Sanierungsmaßnahmen ermöglicht.[488]

2. Allgemeiner Artenschutz

140 § 39 BNatSchG enthält gesetzliche Verbotstatbestände, die als solche unmittelbar gelten, aber nur einen schwachen Mindestschutz bieten, der nach § 39 VII BNatSchG gegenüber weitergehenden Schutzvorschriften nachrangig ist. *Allgemeine*

---

[477] Zum grds. Unterschied BVerwGE 131, 274 Rn. 57.

[478] *Gärditz* in Löwer/ders. (Hrsg.), Wissenschaft und Ethik, 2012, S. 97 (100, 103 f.).

[479] BVerwGE 133, 239 Rn. 66; *Philipp* NVwZ 2008, 593 (596).

[480] *Fellenberg* in Kerkmann (o. Fn. 175) § 7 Rn. 3. Vgl. zum Folgenden auch *Wormit* ZJS 2020, 585 (593 f.).

[481] *Louis* in Bosecke/Kersandt/Täufer (Hrsg.), Meeresnaturschutz, Erhaltung der Biodiversität und andere Herausforderungen im „Kaskadensystem" des Rechts, 2012, S. 63 (69 ff.).

[482] *Müller-Walter* in Lorz ua (o. Fn. 101) § 39 Rn. 2.

[483] Anh. A, B der EG-Artenschutz-VO Nr. 338/97; Anh. IV, V der FFH-RL; § 1 I BArtSchV, Anl. 1 zur BArtSchV aufgrund der Ermächtigungen in § 54 I, II BNatSchG.

[484] Vgl. zu den Anforderungen *EuGH,* Rs. C-383/09 (Kommission/Frankreich), Slg. 2011, I-4869 Rn. 18 ff.

[485] *Storm* Rn. 840 f.

[486] Vgl. *Krohn* (o. Fn. 74) § 3 Rn. 13. § 3 II BNatSchG ermächtigt bereits zur Anordnung von Gefahrerforschungsmaßnahmen, vgl. *OVG Lüneburg* NVwZ-RR 2016, 217 (218); *Barner-Gaedicke* NuR 2018, 663 (664 f.). Die hierfür zuständige Behörde ergibt sich aus dem jeweiligen Landesrecht.

[487] Zum Vertrauensschutz bei nachträglichen Anordnungen *Appel* NuR 2020, 663 (670 ff.); ferner *Reicherzer/Todorov/Arenz* NVwZ 2020, 1165 ff.

[488] *Kratsch* in Schumacher/Fischer-Hüftle (o. Fn. 70) § 44 Rn. 7.

Verbote sind in § 39 I BNatSchG geregelt.[489] *Besondere* verhaltensbezogene Verbote finden sich in § 39 V, VI BNatSchG, wobei gem. § 39 V 2 BNatSchG auch Ausnahmen vorgesehen sind.[490]

§ 40 BNatSchG enthält spezifische Regelungen für den Umgang mit gebietsfremden Arten. In Umsetzung der VO (EU) 1143/2014[491] sind in den §§ 40a–f BNatSchG die Maßnahmen gegen und der Umgang mit invasiven gebietsfremden Arten iSv § 7 II Nr. 9 BNatSchG geregelt.[492] In § 41 BNatSchG findet sich das nach Bestands- und Neuanlagen differenzierende Gebot, bei Mittelspannungs-Energiefreileitungen[493] Anforderungen des Vogelschutzes zu beachten. Für Zoos und Tiergehege gelten die §§ 42 f. BNatSchG.[494]

Der zum *Insektenschutz* (→ Rn. 11) neu eingefügte § 41a BNatSchG trifft Regelungen zum Schutz von Tieren und Pflanzen wild lebender Arten vor nachteiligen Auswirkungen durch Lichtimmissionen.[495] Nach § 41a I BNatSchG sind bestehende und neu zu errichtende Straßen- und Außenbeleuchtungen oder lichtemittierende Werbeanlagen nach Maßgabe einer noch zu erlassenden Rechtsverordnung des BMU auf Grundlage des neuen § 54 IVd BNatSchG anzubringen bzw. nachzurüsten. In den neuen § 54 VIa und VIb BNatSchG wird das BMU zudem ermächtigt, Insektenfallen und Himmelsstrahler per Rechtsverordnung zu beschränken oder zu verbieten.

3. Besonderer Artenschutz

Schlüsselvorschrift des besonderen Artenschutzes ist § 44 BNatSchG. § 44 I BNatSchG enthält verschiedene allgemeine Zugriffsverbote (→ Rn. 142), § 44 II, III BNatSchG Besitz- und Vermarktungsverbote (→ Rn. 143). § 44 IV BNatSchG sieht für Zugriffs-, Besitz- und Vermarktungsverbote Privilegierungen für die (den Anforderungen an die gute fachliche Praxis genügende) Land-, Forst- und Fischereiwirtschaft[496] und § 44 V BNatSchG für unter die Eingriffsregelung fallende Maßnahmen vor.[497] § 45 BNatSchG ergänzt diese Bestimmungen um Ausnahmeregelungen (→ Rn. 150). Daneben kommt die Dispensregelung des § 67 II BNatSchG zur Anwendung (→ Rn. 153). 141

a) Zugriffsverbote

§ 44 I BNatSchG, der vier Typen von Zugriffsverboten legaldefiniert, setzt Art. 12 I FFH-RL[498] um und richtet sich gleichermaßen an Private wie auch an öffentliche Entscheidungsträger. Danach ist es insbes. verboten, wild lebende Tiere der beson- 142

---

[489] Ausnahmen hiervon in § 39 III BNatSchG. S. im Übrigen § 2 I BArtSchV.

[490] Vgl. zum Verhältnis zu § 67 I BNatSchG *Grams* NuR 2016, 171 ff.

[491] S. o. Fn. 26.

[492] Ausf. *Gläß* in BeckOK UmweltR, 58. Ed. 1.4.2021, BNatSchG § 40a Rn. 1 ff.; *Wolf* in Kluth/Smeddinck § 5 Rn. 148 f.

[493] Nicht erfasst sind die planfeststellungsbedürftigen Leitungen nach § 43 EnWG. Ausf. *Hellermann* NuR 2018, 805 ff.

[494] Näher dazu *Storm* Rn. 813.

[495] Auf Landesebene existieren ähnliche Regelungen bereits, vgl. § 21 BWNatSchG, Art. 11a BayNatSchG. Diese bleiben nach § 41a IV BNatSchG unberührt.

[496] Skept. bzgl. der Vereinbarkeit mit Art. 12 FFH-RL *Czybulka* EurUP 2008, 20 (21); *Gellermann/Fischer-Hüftle* NuR 2019, 234 (237); aA *Lütkes* NVwZ 2008, 598 (601). Gegen die Unionsrechtskonformität spricht *EuGH,* Rs. C-46/11 (Kommission/Polen), ECLI:EU:C:2012:146 Rn. 31 ff.; hierzu *Czybulka/Mochtak* EurUP 2013, 290 (292 ff.).

[497] *Huggins* NuR 2020, 73 spricht von einem „abgestuften Schutzregime".

[498] S. zum Schutzregime *EuGH,* Rs. C-340/10 (Kommission/Zypern), ECLI:EU:C:2012:143 Rn. 59 ff.

ders geschützten Arten zu fangen, zu verletzen oder zu töten (Nr. 1, Tötungsverbot),[499] wild lebende Tiere der streng geschützten Arten während besonderer Zeiten erheblich zu stören (Nr. 2, Störungsverbot),[500] Fortpflanzungs- oder Ruhestätten zu entnehmen, zu beschädigen oder zu zerstören (Nr. 3, sog. Entnahme-, Beschädigungs- und Zerstörungsverbot)[501] oder wild lebende Pflanzen besonders geschützter Arten zu entnehmen, sie oder ihre Standorte zu beschädigen oder zu zerstören (Nr. 4, sog. Entnahme-, Beschädigungs- und Zerstörungsverbot).

§ 44 I BNatSchG verfolgt dabei einen streng *individuenbezogenen* Ansatz.[502] Bereits die Tötung einzelner Exemplare einer Art ist verboten. Eine Abschwächung des Verbots durch eine populationsbezogene Betrachtungsweise (Gefährdung des Erhaltungszustandes der Art) kann lediglich im Rahmen der Befreiungstatbestände eine Rolle spielen (→ Rn. 153).[503] Auf subjektive Elemente wie Vorsatz oder Vorwerfbarkeit kommt es nicht an;[504] ebenso wenig auf die Modalität der Tötung, sondern vielmehr nur auf die artenschutzrechtlich missbilligte Folge.[505]

§ 44 I BNatSchG gilt auch für *fachplanerische Entscheidungen.*[506] Die Zugriffsverbote wirken dort als Planungsleitsätze, sind also zwingend und abwägungsresistent.[507]

b) Besitz- und Vermarktungsverbote

143 In § 44 II 1 BNatSchG sind die Besitz- (Nr. 1) und Vermarktungsverbote (Nr. 2) geregelt. Hiernach ist es verboten, Tiere und Pflanzen der besonders geschützten Arten in Besitz oder Gewahrsam zu nehmen, in Besitz oder Gewahrsam zu haben oder zu be- oder verarbeiten. Weiterhin ist für besonders geschützte Arten nach § 7 II Nr. 13 lit. b und c BNatSchG insbes. der Kauf, Verkauf und Tausch sowie die sonstige Verwendung zu kommerziellen Zwecken verboten. Diese Verbote erstrecken sich nach § 44 III BNatSchG auch auf bestimmte Waren. Eine Privilegierung erfahren nach § 44 VI BNatSchG die gesetzlich vorgesehenen Umweltprüfungen, wie etwa die FFH-Verträglichkeitsprüfung oder die Umweltverträglichkeitsprüfung.

c) Behördlicher Untersuchungsrahmen

144 Die Planungsbehörde ist verpflichtet (§ 24 VwVfG), die entsprechend den naturräumlichen Gegebenheiten erforderlichen Untersuchungen durchzuführen, um als

[499] Zur räumlichen Ausdehnung des Schutzes zuletzt *EuGH,* Rs. C-88/19 (Alianta pentru combaterea abuzurilor), ECLI:EU:C:2020:458 Rn. 36 ff.

[500] *OVG Münster* NuR 2012, 870 (872); *Lau* NuR 2013, 685 (686); *Kment* NuR 2020, 361 (367 f.). Keine Störung liegt vor bei nur mittelbar nachteiligen Auswirkungen, vgl. *OVG Koblenz* NVwZ-RR 2015, 205 Rn. 67.

[501] *VG Schleswig* NuR 2013, 447 (449). Zur Bedeutung für die Biodiversität *Roden* (o. Fn. 2) S. 249 ff.

[502] BVerwGE 133, 239 Rn. 66 f.; *Stöckel/Müller-Walter* (o. Fn. 71) BNatSchG § 44 Rn. 8. Dieser Ansatz war von *GAin Kokott* in ihren Schlussanträgen zu den verb. Rs. C-473/19 u. 474/19 in Frage gestellt worden. Der *EuGH* hat die stattdessen vorgeschlagene abwägende Populationsbetrachtung aber abgelehnt, vgl. *EuGH,* verb. Rs. C-473/19 u. C-474/19 (Skydda Skogen), ECLI:EU:C:2021:166 Rn. 54. S. auch *Lau* NuR 2021, 28 ff.; *Gellermann/Schumacher* NuR 2021, 182 ff.

[503] BVerwGE 126, 166 Rn. 36; *Müller-Walter* (o. Fn. 482) § 44 Rn. 8, 10.

[504] *VG Cottbus* NuR 2014, 67 (68); *Otto* DVBl 2012, 936 (938).

[505] *Gellermann* NuR 2008, 592.

[506] Vgl. BVerwGE 131, 274 Rn. 46 ff.; *Weidemann/Krappel* EurUP 2011, 2 ff.

[507] *Müller-Walter* (o. Fn. 482) § 44 Rn. 3; vgl. *OVG Saarlouis* NJOZ 2015, 143 (157).

Voraussetzung einer Prüfung der Verbotstatbestände mögliche artspezifische Gefährdungen aufzuklären und einer geeigneten Bewertung zu unterziehen.[508] Dort, wo es an eindeutigen ökologischen Erkenntnissen fehlt,[509] wurde der Planfeststellungsbehörde sowohl bei der ökologischen Bestandsaufnahme als auch bei deren – jeweils einzelfallbezogener – Bewertung bislang eine sog. naturschutzfachliche *Einschätzungsprärogative* zugestanden.[510] Besteht eine solche, ist die gerichtliche Kontrolle darauf beschränkt, ob die Einschätzungen der Planfeststellungsbehörde naturschutzfachlich vertretbar sind und nicht auf einem unzulänglichen oder gar ungeeigneten Bewertungsverfahren beruhen.[511]

Das *BVerfG* hat diese Rechtsprechung nun zwar nicht iErg, wohl aber in ihrer Begründung[512] verworfen: Es geht von einer faktischen Reduzierung der Kontrolldichte infolge eines fachwissenschaftlichen „Erkenntnisvakuums" aus, ohne auf eine normativ begründete Einschätzungsprärogative abzustellen.[513] Die Kontrolle der behördlichen Entscheidung stoße mangels besserer Erkenntnis an die *objektiven (Funktions-)Grenzen der Rechtsprechung.*[514] Die reduzierte Kontrolldichte sei für eine Übergangszeit verfassungsrechtlich unbedenklich, allerdings müsse auf längere Sicht für eine zumindest untergesetzliche Maßstabsbildung gesorgt werden.[515] Zur Schaffung von Rechtssicherheit werden insofern unabhängige Sachverständigengremien oder Fachkonventionen diskutiert; zahlreiche Leitfäden, bspw. aber auch die Windenergieerlasse der Länder,[516] dienen bereits als (unzureichende) Auslegungshilfen.[517] Umstritten ist die praktische Möglichkeit einer „TA Artenschutz".[518]

---

[508] BVerwGE 146, 254 Rn. 60; 131, 274 Rn. 54. Aus der Sicht des (insoweit regelungsarmen) Unionsrechts *Sobotta* NuR 2013, 229 ff.

[509] *BVerwG* NVwZ 2014, 524 (526), vgl. *Lenz* DVBl 2018, 605 ff.; *VGH München* ZUR 2018, 304 (309); *Bick* NuR 2016, 73 (74 ff.). S. auch *Jacob/Lau* NVwZ 2015, 241 ff.; *Kahl/Burs* DVBl 2016, 1157 ff.; 1222 ff.

[510] BVerwGE 160, 263 Rn. 42; 155, 91 Rn. 128; 131, 274 Rn. 65 ff., 91; ausf. *Schuster* (o. Fn. 181) S. 169 ff., 191 ff.; krit. *Gellermann* NuR 2014, 597 ff.; *Kahl/Burs* DVBl 2016, 1222 (1222 ff., 1227).

[511] BVerwGE 158, 1 Rn. 464; 131, 274 Rn. 65. Zur Plausibilitätsprüfung *Kment* EurUP 2020, 317 (321 ff.).

[512] Ausf. *Kahl* (o. Fn. 154) S. 175 ff.; *Eichberger* NVwZ 2019, 1560 (1561 ff.); *Schröder* EurUP 2019, 91 (93 f.); *Kment* NuR 2020, 361 (364 ff.); *ders.* EurUP 2020, 317 ff.; *Buchheim* JZ 2019, 92 ff.; *Muckel* JA 2019, 156 ff.; *Brandt* ZNER 2019, 92 ff. Aus der Rspr. vgl. *OVG Hamburg* BeckRS 2020, 30095 Rn. 214; *OVG Koblenz* NVwZ-RR 2020, 726 (727).

[513] BVerfGE 149, 407; *Helmes* NVwZ 2019, 56 (57); *Schröder* EurUP 2019, 91 (93 ff.). Krit. *Gassner* DVBl 2019, 1370 (1371 f., 1374); *Sachs* JuS 2019, 184 (185). Zum Ganzen auch *Seibert* NWVBl 2015, 372 ff.

[514] BVerfGE 149, 407 Rn. 17 ff.

[515] BVerfGE 149, 407 Rn. 24.

[516] ZB Bayerischer Windenergie-Erlass v. 16.9.2016, AllMBl. S. 1642; Windenergie-Erlass NRW v. 8.5.2018, MBl. S. 258.

[517] Vgl. diff. *Dolde* NVwZ 2019, 1567 (1569 f.) mwN. Der vom *BfN* vorgelegte „Methodenvorschlag des Bundes zur Prüfung und Bewertung eines signifikant erhöhten Tötungsrisikos von Vögeln an WEA" genügt den Vorgaben des BVerfG nicht, vgl. *Frank/Rolshoven* ZNER 2020, 197 ff. Zur Verbindlichkeit von Verwaltungsvorschriften wie dem Windkrafterlass Bayern *VGH München* BayVBl. 2018, 379 (381 ff.).

[518] Dafür plädieren *Dolde* NVwZ 2019, 1567 (1570 ff.) und *Fellenberg* NVwZ 2019, 177 (185), die § 54 XI BNatSchG als geeignete Grundlage sehen, und *Maslaton* NVwZ 2019, 1081 (1082 ff.). Abl. *Bick/Wulfert* NVwZ 2017, 346 (355); *Gassner* DVBl 2019, 1370 (1371); *Kment* EurUP 2020, 317 (326 f.).

d) Artenschutz, Eingriffsregelung und Bauplanungsrecht

145 Die Eingriffsregelung überschneidet sich nur teilweise mit den artenschutzrechtlichen Verboten und ersetzt diese daher nicht.[519] Beide Regelungen stellen vielmehr eigenständige Schutzregime dar und sind nebeneinander zu beachten.[520] Daher erfolgte in § 44 V 1 BNatSchG eine Sonderregelung für nach § 15 BNatSchG zulässige Eingriffe in Natur und Landschaft sowie für Vorhaben iSd § 18 II 1 BNatSchG. Betroffen sind also Bauvorhaben, die nicht im Außenbereich[521] liegen, sowie größere Infrastrukturprojekte. Die hierbei notwendigen behördlichen Prüfungen im Rahmen der Zulassung oder Planung gewährleisten eine gewisse Berücksichtigung der artenschutzrechtlichen Belange.[522] Die Zugriffs-, Besitz- und Vermarktungsverbote gelten dann nur nach den privilegierenden Regelungen von § 44 V 2–5 BNatSchG. Diese Modifikationen führen zu einer differenzierten Regelung und schwächen die Verbote des § 44 I, II BNatSchG nicht unerheblich ab.[523] Nach *BVerwG* greift die Privilegierung des § 44 V BNatSchG aber nur, wenn die Eingriffsregelung – nicht nur beschränkt auf artenschutzrechtliche Fragestellungen – vollständig fehlerfrei abgearbeitet wurde.[524]

Relevant ist dabei regelmäßig die Privilegierung des § 44 V 2 Nr. 1 BNatSchG, wonach es für das Tötungsverbot einer *signifikanten Erhöhung des Tötungsrisikos* bedarf.[525] Umstände, die für die Beurteilung der Signifikanz eine Rolle spielen, sind insbes. artspezifische Verhaltensweisen, häufige Frequentierung des durchschnittenen Raums und die Wirksamkeit vorgesehener Schutzmaßnahmen.[526] Von einer signifikanten Erhöhung des Tötungsrisikos ist daher auszugehen, wenn der Betrieb des genehmigten Vorhabens mit hoher Wahrscheinlichkeit zu regelmäßigen Opfern einer geschützten Tierart führt.[527] Geeignete Schutzmaßnahmen zur Reduzierung des Risikos sind zB Leitbepflanzung für Fledermäuse, tageszeitabhängige Abschaltung von Windkraftanlagen und Amphibienzäune mit Durchlass.[528]

146 Im Übrigen wird zwischen aufgrund Unionsrechts streng geschützten und rein national besonders geschützten Arten differenziert.[529] Sind *unionsrechtlich bzw. national streng geschützte,* sprich in Anh. IV lit. a der FFH-RL aufgeführte Tierarten, europäische Vogelarten oder solche Arten, die in einer Rechtsverordnung nach § 54 I Nr. 2 BNatSchG aufgeführt sind, betroffen, liegt ein Verstoß gegen das Zerstörungsverbot des § 44 I Nr. 3 (ggf. iVm Nr. 1) BNatSchG nicht vor, soweit die ökologische Funktion der von dem Eingriff oder Vorhaben betroffenen Fortpflanzungs- oder Ruhestätten im räumlichen Zusammenhang[530] weiterhin erfüllt wird

---

[519] BVerwGE 125, 116 Rn. 558.
[520] *Fellenberg* (o. Fn. 480) § 7 Rn. 10.
[521] S. hierzu → Rn. 148.
[522] *Schütte/Gerbig* in Schlacke (o. Fn. 74) § 44 Rn. 10.
[523] *Fellenberg* (o. Fn. 480) § 7 Rn. 71.
[524] BVerwGE 140, 149 Rn. 107 ff.; *Beier* UPR 2017, 207 (208); *de Witt/Geismann*, Artenschutzrechtliche Verbote in der Fachplanung, 2. Aufl. 2013, Rn. 33.
[525] BVerwGE 163, 380 Rn. 97 ff.; 147, 118 Rn. 11; *BVerwG* DVBl 2018, 1179 (1180 f.), mAnm *Stüer/Stüer* DVBl 2018, 1182 f.; *Kment* NuR 2020, 361 (363 f.). S. zum Ganzen auch (im Rahmen der Falllösung) *Stark/Christmann* JuS 2017, 430 ff.
[526] *BVerwG* ZUR 2015, 348 (351); *VGH Mannheim* VBlBW 2018, 507 (513); *Bernotat* ZUR 2018, 594 (599 ff.); *Frenz* NVwZ 2017, 1579 (1582 ff.).
[527] *Kratsch* (o. Fn. 488) § 44 Rn. 61.
[528] BVerwGE 148, 373 Rn. 56; 131, 274 Rn. 93; *OVG Münster* NuR 2013, 587 (590).
[529] Grund hierfür ist die Abwägungsfeindlichkeit des europäischen Artenschutzrechts, s. *Kratsch* (o. Fn. 488) § 44 Rn. 74.
[530] Zu dessen Bestimmung *VGH Kassel* ZUR 2009, 93 (96). Gemeint sind dabei lediglich die ausdrücklich bezeichneten Lebensstätten, s. BVerwGE 134, 308 Rn. 68.

(§ 44 V 2 BNatSchG);[531] namentlich darf keine Verschlechterung des Fortpflanzungs- oder Ruheerfolges eintreten.[532] Dies kann etwa der Fall sein, wenn vergleichbare Lebensstätten in räumlicher Nähe als Ausweichoption weiterhin vorhanden sind oder durch Ausgleichsmaßnahmen (vgl. dazu § 44 I 3 BNatSchG) geschaffen werden.[533] Lediglich das Störungsverbot nach § 44 I Nr. 2 BNatSchG gilt auch hier uneingeschränkt. Für Standorte wild lebender Pflanzen der in Anh. IV lit. b der FFH-RL aufgeführten Arten gilt nach § 44 V 4 BNatSchG Entsprechendes. Das *BVerwG* zieht überdies unionsrechtskonform ergänzend Art. 12 I lit. a FFH-RL heran, soweit absichtliche (bei unionsrechtskonformer Auslegung zumindest bedingt vorsätzliche[534]) Tötungen betroffen sind,[535] weshalb das Tötungsverbot nach § 44 I Nr. 1 BNatSchG hier weitgehend ungeschmälert bleibt.

Sind dagegen „andere", dh insbes. *rein national*[536] *besonders geschützte* Arten betroffen, liegt nach dem Privilegierungstatbestand § 44 V 1, 5 BNatSchG bei Handlungen zur Durchführung eines zulässigen Eingriffs oder Vorhabens kein Verstoß gegen die Zugriffs-, Besitz- und Vermarktungsverbote vor, sofern keine gezielte Beeinträchtigung vorliegt.[537] Das besondere Artenschutzrecht wird stattdessen lediglich im Rahmen der Prüfungskaskade des § 15 BNatSchG verarbeitet und insoweit für relativierende Abwägungen[538] geöffnet. Somit entfällt hier der strikte, exemplarbezogene Artenschutz. Die eingriffsbedingten Auswirkungen auf diese Arten sind nur noch generalisierend als Bestandteile des Naturhaushalts zu erfassen.[539] Führt ein Vorhaben zu einem Eingriff in Natur und Landschaft, der nicht zu rechtfertigen ist, entfällt auch die artenschutzrechtliche Privilegierung nach § 44 V 2–3 BNatSchG.[540] 147

Lediglich der bauplanungsrechtliche *Innenbereich* unterfällt dem Privileg des § 44 V BNatSchG. Im bauplanungsrechtlichen *Außenbereich* ist das Artenschutzrecht ein Belang des Naturschutzes iSd § 35 III 1 Nr. 5 BauGB, der einem baulichen Vorhaben zwingend entgegensteht, soweit er nicht nach §§ 45 V, 67 II BNatSchG überwunden werden kann.[541] Folglich können artenschutzrechtliche Verbote, die naturschutzrechtlich nicht überwunden werden können, auch nicht über § 35 I BauGB überwunden werden.[542] 148

e) Artenschutz und Bauleitplanung

Darüber hinaus können Zugriffsverbote nach § 44 I BNatSchG auch im Bereich der *Bauleitplanung* zum Tragen kommen.[543] Zwar fällt die Aufstellung eines Bauleitplans nicht unter das Zugriffsverbot, denn es werden lediglich die planerischen Voraussetzungen geschaffen, unter 149

---

531 An der Unionsrechtskonformität zweifelnd *Gellermann* NuR 2009, 85 (89); jedenfalls auf das Spannungsverhältnis hinweisend BVerwGE 140, 149 Rn. 119.

532 *Gassner/Heugel* (o. Fn. 92) Rn. 583.

533 BVerwGE 134, 308 Rn. 68; *Weidemann/Krappel* EurUP 2011, 2 (8 f.).

534 *EuGH*, Rs. C-221/04 (Kommission/Spanien), Slg. 2006, I-4515 Rn. 71; *VGH München* ZUR 2013, 305 (306).

535 BVerwGE 140, 149 Rn. 119; krit. *Beier* DVBl 2012, 149 (153).

536 Zudem fallen hierunter auch Arten, die zwar in Anh. A oder B der EG-Artenschutz-VO aufgenommen wurden, aber weder in Anh. IV der FFH-RL noch im Anh. der VRL gelistet sind, sofern nicht eine Verordnung nach § 54 II BNatSchG eine Auffanglösung schafft; s. *Louis* (o. Fn. 481) S. 80.

537 *Heugel* (o. Fn. 279) § 44 Rn. 52. Allg. dazu *Gellermann* UPR 2015, 417 (423).

538 *de Witt/Geismann* (o. Fn. 524) S. 31 ff.

539 *Fellenberg* (o. Fn. 480) § 7 Rn. 72.

540 BVerwGE 140, 149 Rn. 117 f.

541 BVerwGE 147, 118 Rn. 5; 137, 74 Rn. 35 f.; *Engelmann* UPR 2017, 81 (82).

542 Vgl. *BVerwG* NVwZ 2013, 1411 Rn. 6; *VGH München* NuR 2016, 720 Rn. 31; *VG Cottbus* NuR 2014, 67.

543 *Blessing/Scharmer*, Der Artenschutz im Bebauungsplanverfahren, 2. Aufl. 2013; *Kersten* UPR 2012, 15 ff.; *Louis* DÖV 2017, 362 (370 ff.).

denen ein – idR genehmigungsbedürftiges[544] – Vorhaben verwirklicht werden kann.[545] Grenzen ergeben sich jedoch aus dem bauplanerischen Erforderlichkeitsgebot (§ 1 III 1 BauGB).[546] Der Bauleitplan ist nicht erforderlich, wenn die Planverwirklichung unvermeidbar gegen ein Zugriffsverbot des § 44 I BNatSchG verstieße.[547] § 44 I BNatSchG entfaltet somit für die Bebauungsplanung mittelbare Wirkung.[548] Mit § 1 III BauGB vereinbar ist ein Bebauungsplan hingegen, wenn für die geplante bauliche Nutzung objektiv eine Ausnahme- oder Befreiungslage gegeben ist.[549] Die Möglichkeit hierzu genügt,[550] weil sich in diesem Fall das planerische Konzept des Bebauungsplans immer noch praktisch umsetzen ließe. Ein Flächennutzungsplan wird hingegen aufgrund seiner grobmaschigen Struktur und seiner begrenzten Regelungsfunktion idR den Verbotstatbestand des § 44 I BNatSchG nicht tangieren.[551] Der Artenschutz ist des Weiteren auch in der planerischen Abwägung nach § 1 VI Nr. 7a, VII BauGB als Umweltbelang zu berücksichtigen.[552]

4. Ausnahmen

150 § 45 I–V BNatSchG sehen von bestimmten Verboten gesetzliche Ausnahmen vor. Zudem können Ausnahmen im Einzelfall behördlich zugelassen werden (§ 45 VI–VIII BNatSchG). Die wichtigste Ausnahmeregelung ist *§ 45 VII BNatSchG.* Danach kann die zuständige Naturschutzbehörde zu den in § 45 VII 1 Nr. 1–5 BNatSchG genannten Zwecken im Einzelfall weitere Ausnahmen von den Verboten des § 44 BNatSchG zulassen. Für den Umgang mit Wölfen wird § 45 VII 1 Nr. 1 BNatSchG durch den neu eingeführten § 45a II BNatSchG ergänzt.[553]

Praktisch besonders bedeutsam ist der Auffangtatbestand nach § 45 VII 1 Nr. 5 BNatSchG, dessen Vereinbarkeit mit Art. 9 I VRL vereinzelt bezweifelt wird.[554] „Zwingende Gründe“ iSd Norm erfordern keine unausweichlichen Sachnotwendigkeiten, sondern lediglich ein vernünftiges, verantwortungsbewusstes Behördenhandeln.[555] In Betracht kommt zB der dringende Bedarf einer Region an qualifiziertem Geschäftsreiseflugverkehr oder das Interesse an einer kontinuierlichen Energieversorgung.[556] Eine Ausnahme nach § 45 VII 1 BNatSchG darf ferner nur unter den Voraussetzungen des § 45 VII 2 BNatSchG zugelassen werden. Die *Zumutbarkeit einer Alternative* erfordert dabei eine Abwägung von Artenschutz- und Projektverwirklichungsinteressen.[557] Die artenschutzrechtliche Alternativenprüfung unterliegt – anders als vergleichbare Prüfungen im Fachplanungsrecht – der vollen gerichtlichen Überprüfung.[558] Eine erheblich höhere Kostenintensität

---

[544] Ausnahmen: Genehmigungsfreistellung nach LBauO, planfeststellungsersetzende Bebauungspläne (zB nach § 17b II 1 FStrG).

[545] *Appel/Rietzler* NuR 2017, 227 (232); *Heugel* (o. Fn. 279) § 44 Rn. 45.

[546] Hierzu *Battis* (o. Fn. 113) § 1 Rn. 26a.

[547] *VGH Mannheim* NuR 2018, 785 (788); *Schlacke* ZUR 2013, 666 (672 f.).

[548] *OVG Koblenz* NVwZ-RR 2015, 205 Rn. 56.

[549] *BVerwG* NVwZ 2004, 1242 (1242 f.); *OVG Koblenz* NuR 2007, 557 (561).

[550] *Heugel* (o. Fn. 279) § 44 Rn. 46; *Beier* UPR 2017, 207 (209).

[551] *OVG Münster* DVBl 2013, 1129 (1132).

[552] *Blessing/Scharmer* (o. Fn. 543) Rn. 10.

[553] Krit. im Hinblick auf Art. 16 I FFH-RL und *EuGH*, Rs. C-674/17 (Tapiola), ECLI:EU:C:2019:851; Rs. C-342/05 (Finnischer Wolf), Slg. 2007, I-4730 *Borwieck* ZUR 2020, 50 (52 ff.); *Gläß/Brade* NuR 2021, 21 (23 ff.). Vgl. zum Problemkreis „Tötung von Wölfen“ auch *OVG Lüneburg* NuR 2019, 272 ff.

[554] So *VG Gießen* ZUR 2020, 430 (433 f.) in einem noch nicht rechtskräftigen Urteil. AA *Bick/Wulfert* NuR 2020, 250 ff.; *Gellermann* NuR 2020, 178 ff.

[555] BVerwGE 140, 149 Rn. 147; *OVG Münster* DVBl 2013, 374 (381); *Otto* DVBl 2012, 936 (941).

[556] Vgl. *OVG Koblenz* NuR 2009, 882 (894); *Schütte/Gerbig* (o. Fn. 522) § 45 Rn. 32.

[557] *OVG Koblenz* NuR 2007, 557 (561); *Müller-Walter* (o. Fn. 482) § 45 Rn. 19.

[558] *BVerwG* NuR 2010, 870 (873); BVerwGE 130, 299 Rn. 169; *Lütkes* (o. Fn. 66) § 45 Rn. 48.

der Alternativen kann deren Zumutbarkeit ausschließen; Gleiches gilt, wenn eine andere Variante zur Erreichung des planerischen Ziels ungeeignet wäre.[559] Der *Erhaltungszustand* ist ausdrücklich populationsbezogen zu bestimmen, nicht anhand der Beeinträchtigung einzelner Exemplare.[560] Der günstige Erhaltungszustand einer Art kann durch Ausgleichsmaßnahmen – sog. *CEF*-Maßnahmen *(Contineous Ecological Functionality)* – sichergestellt werden, die grds. ihre Wirkung entfalten müssen, bevor die Beeinträchtigung eintritt.[561] Ferner dürfen weitergehende Anforderungen gem. Art. 16 I FFH-RL der Ausnahme nicht entgegenstehen.[562] Nach § 45 VII 3 BNatSchG sind im Übrigen noch die Art. 16 III FFH-RL, Art. 9 II VRL zu beachten.

Erfolgt die Zulassung des schädigenden Verhaltens im Rahmen eines *Planfeststellungsverfahrens*, ist über Ausnahmen ggf. innerhalb eines Planfeststellungsbeschlusses mitzuentscheiden,[563] wobei ein vorsorglicher artenschutzrechtlicher Dispens, der die Erfüllung des Verbots nach § 44 BNatSchG offenlässt, zulässig sein soll.[564] **151**

Ausnahmen nach § 45 VII 1 BNatSchG sind durch *Verwaltungsakt* im Einzelfall festzusetzen;[565] der Erlass steht im *pflichtgemäßen Ermessen* der zuständigen Behörde.[566] Die Zuständigkeit ergibt sich aus dem jeweiligen Landesrecht,[567] im Fall des Verbringens aus dem Ausland ist stets das *BfN* zuständig. Die Landesregierungen – oder qua Delegation andere Landesbehörden – können nach § 45 VII 4–5 BNatSchG Ausnahmen auch allgemein durch Rechtsverordnung zulassen.[568] **152**

Neben § 45 VII BNatSchG verbleibt die *Befreiungsmöglichkeit* nach § 67 II 1 BNatSchG,[569] der voraussetzt, dass die Durchführung der Vorschriften im Einzelfall zu einer unzumutbaren Belastung führen würde. Die Unzumutbarkeit ergibt sich aus einer Abwägung der privaten Verschonungsinteressen mit den artenschutzrechtlichen Schutzanforderungen,[570] wobei – zumal mit Blick auf Art. 20a GG – davon auszugehen ist, dass auch erhebliche Belastungen grds. hinzunehmen sind.[571] Die Befreiung steht im pflichtgemäßen Ermessen, das sich bei Vorliegen der Tatbestandsvoraussetzungen regelmäßig auf null reduziert.[572] Sie kann mit Nebenbestimmungen versehen werden (§ 67 III 1 BNatSchG). Hierbei findet nach § 67 III 2 BNatSchG das Kompensationsmodell des § 15 II BNatSchG entsprechende Anwendung, sodass **153**

---

559 BVerwGE 128, 1 Rn. 143.

560 BVerwGE 125, 116 Rn. 572; *Müller-Walter* (o. Fn. 482) § 45 Rn. 18. Zum Populationsbegriff *Herzog/Guber* NuR 2018, 682 ff. Zur Begrenzung auf die Teilpopulation im Gebiet des jeweiligen Bundeslandes *VGH München* BayVBl. 2017, 271 (274 f.).

561 BVerwGE 146, 254 Rn. 76; dazu *de Witt/Geismann* (o. Fn. 524) Rn. 58 ff. mwN.

562 BVerwGE 125, 116 Rn. 558. Zur Systematik des Art. 16 I FFH-RL vgl. *EuGH*, Rs. C-674/17 (Tapiola), ECLI:EU:C:2019:851 Rn. 34 ff.

563 Vgl. BVerwGE 126, 166 Rn. 38.

564 *OVG Münster* DVBl 2013, 374 (380); *Stüer* DVBl 2014, 237 (242).

565 *Müller-Walter* (o. Fn. 482) § 45 Rn. 14.

566 *VGH München* NuR 2004, 597 (598). Die Ausnahme bedarf einer genauen und angemessenen Begründung, vgl. *OVG Berlin* NuR 2015, 326 (330).

567 ZB § 58 III Nr. 9 BWNatSchG: Regierungspräsidium als höhere Naturschutzbehörde; § 2 II HessAGBNatSchG: Regierungspräsidium als obere Naturschutzbehörde.

568 Vgl. Kormoranverordnung BW v. 20.7.2010 (GBl. 527); Artenschutzrechtliche Ausnahmeverordnung Bayerns v. 3.6.2008 (BayGVBl. 327); Kormoranverordnung des Landes Sachsen-Anhalt v. 15.9.2014 (GVBl. LSA S. 432) und zu deren Rechtmäßigkeit *OVG Magdeburg* NuR 2019, 45 ff.

569 Der allgemeine Befreiungstatbestand des § 67 I BNatSchG ist ausweislich seines S. 2 ausgeschlossen.

570 *Fischer-Hüftle* (o. Fn. 278) § 67 Rn. 26; *Lütkes* NVwZ 2008, 598 (602).

571 *Heugel* (o. Fn. 279) § 67 Rn. 12.

572 *OVG Bautzen* NuR 2013, 724 (725).

– unabhängig vom Vorliegen eines Eingriffs (Rechtsfolgenverweisung) – zwingend Ausgleich oder Ersatz zu leisten ist.[573] Kommt eine Befreiung trotz unzumutbarer Belastung nicht in Betracht, so besteht nach § 68 I BNatSchG ein Entschädigungsanspruch.[574]

154 In *Fall 24* ist die zulässige Verpflichtungsklage begründet, wenn *W* einen Anspruch auf Genehmigung des Windparks hat (§ 113 V 1 VwGO). Ein Anspruch könnte sich aus § 6 I BImSchG ergeben, wenn die Anlage genehmigungsbedürftig (§ 4 I BImSchG) und -fähig ist. Die Genehmigungsbedürftigkeit ergibt sich hier aus § 2 I 1 Nr. 1c 4. BImSchV iVm Nr. 1.6.2 des Anh. zur 4. BImSchV, weil der Windpark nach Maßgabe der Anl. 1 Nr. 1.6.2 zum UVPG nach entsprechend durchgeführter allgemeiner Vorprüfung des Einzelfalls nach § 7 I 1 UVPG der UVP-Pflicht unterliegt. Der Genehmigungsfähigkeit könnten hier öffentlich-rechtliche Vorschriften entgegenstehen (§ 6 I Nr. 2 BImSchG). In Betracht kommt eine Verletzung des artenschutzrechtlichen Tötungsverbots nach § 44 I Nr. 1 BNatSchG, das zugleich ein öffentlicher Belang iSd § 35 III 1 Nr. 5 BauGB ist.[575] Dazu müsste ein signifikant erhöhtes Tötungsrisiko durch das Vorhaben bestehen. Ein solches ist nach den naturschutzfachlichen Bewertungen der Behörde (eingeschränkte gerichtliche Kontrolle aufgrund objektiver Grenzen der Rechtsprechung) hier gegeben. Ob die Voraussetzungen an einen zulässigen Eingriff nach § 44 V 5 iVm § 15 BNatSchG vorliegen, kann offenbleiben, weil es sich bei dem Rotmilan nach Anh. I zur VRL um eine europäische Vogelart handelt, sodass das Tötungsverbot nach § 44 V 1–2 BNatSchG weiterhin Anwendung findet. Allenfalls käme ein Dispens nach § 45 VII 1 Nr. 5 BNatSchG in Betracht, über den die Behörde inzident nach pflichtgemäßem Ermessen zu entscheiden hätte (Bescheidungsanspruch, ggf. Ermessensreduktion). Ein Dispens kann jedoch aus zwei Gründen nicht erteilt werden: Zum einen handelt es sich bei dem Beitrag des Windparks zur „Energiewende" um ein abstraktes politisches Fernziel, das zwar die Zulassung von Windenergieanlagen allgemein, nicht aber einen zwingenden Sonderbedarf gerade am Standort rechtfertigt.[576] Zum anderen steht einer Ausnahme nach § 45 VII 2 BNatSchG der ungünstige Erhaltungszustand der Art entgegen. Die Voraussetzung eines Dispenses im Individualinteresse nach § 67 II 1 BNatSchG, nämlich die Unzumutbarkeit, ist hier nicht plausibel dargetan. Selbst wenn die *W* Eigentum am Grundstück hätte – was hier nicht der Fall ist – lägen die Nutzungsbeschränkungen im Rahmen der zulässigen Sozialbindung (Art. 14 II, Art. 20a GG). Damit ist die Klage unbegründet.

VIII. Der Meeresnaturschutz

155 Meeresnaturschutz ist aufgrund der Internationalität der Gewässer und der meist mangelnden territorialen Verankerung von maritimen Umweltbelastungen zwangsläufig eine stark völkerrechtlich geprägte Materie;[577] insbes. bei den verschiedenen Abkommen über maritimen Ökosystem- und Artenschutz.[578] FFH-Gebiete erstre-

[573] *OVG Bautzen* NuR 2013, 724 (726).

[574] Vgl. BVerwGE 162, 127.

[575] Die Zugriffsverbote gehen umfassend und abschließend in den Belangen des Naturschutzes gem. § 35 III 1 Nr. 5 BauGB auf, sodass im Rahmen einer immissionsschutzrechtlichen Genehmigung keine selbständige Prüfung des Artenschutzes mehr erfolgt, s. BVerwGE 147, 118 Rn. 6; aA *Philipp* NVwZ 2008, 593 (594).

[576] Zum Spannungsverhältnis von Energiewende/Klimaschutz und Artenschutz *Müller-Mitschke* NuR 2015, 741 (745 f.); *Schulte/Wohlan* I+E 2020, 19 (25 ff.).

[577] Übersicht zu den Regelungswerken bei *Kieß* in Schlacke (o. Fn. 74) § 57 Rn. 5–7; *Proelß* AVR 54 (2016), 468 ff. Zum internationalen Meeresnaturschutz *Beyerlin/Marauhn,* International Environmental Law, 2011, S. 115 ff. Zur Errichtung des weltweit größten Meeresschutzgebiets in der Antarktis *Markus* ZUR 2017, 129 f.

[578] Namentlich Übereinkommen zum Schutz der Meeresumwelt des Nordostatlantiks v. 22.9.1992 (BGBl. 1994 II 1360); Übereinkommen über den Schutz der Meeresumwelt des Ostseegebiets v. 9.4.1992 (BGBl. 1994 II 1397); Abkommen zur Erhaltung der Kleinwale in der Nord- und Ostsee v. 31.3.1992 (BGBl. 1993 II 1113).

cken sich auch auf maritime Habitate,[579] was die auf der Grundlage des § 17 I ROG erlassene Bundesraumordnungsplanung[580] deklaratorisch übernommen hat.[581] Ungeachtet dessen finden sich in den §§ 56–58 BNatSchG spezifische Regeln des Meeresnaturschutzes, die nach Art. 72 III 1 Nr. 3 GG zum abweichungsfesten Kern (→ Rn. 8) des Gesetzes gehören.[582] Das BNatSchG gilt hiernach auch für die Küstengewässer sowie (mit Ausnahme der Landschaftsplanung) nach Maßgabe des Seerechtsübereinkommens (SRÜ) und der §§ 57, 58 BNatSchG ferner im Bereich der deutschen ausschließlichen Wirtschaftszone (AWZ) und des Festlandsockels (§ 56 I BNatSchG). Die Sonderregelungen sollen die Ausweisung von Schutzgebieten ermöglichen, die hier mangels Territorialhoheit der Länder durch den Bund erfolgen muss.

Die Bundesländer mit Meeresküste sind lediglich zuständig für den Vollzug des **156** Naturschutzrechts innerhalb der 12-Meilen-Zone,[583] also diejenigen Gewässer nach § 56 I BNatSchG, die völkerrechtlich dem Staatsgebiet zugerechnet werden (Art. 3–5 SRÜ)[584] und die innerstaatlich Landesgebiet sind. Da sich die Basislinie (Art. 5 SRÜ) nach dem Niedrigwasserstand bemisst, fällt das gesamte Wattenmeer den inneren Gewässern (Art. 8 SRÜ) zu. Das besondere Recht des Meeresnaturschutzes nach den §§ 56 ff. BNatSchG erfasst hiervon nur den Teilbereich der Küstengewässer, die in § 3 Nr. 2 WHG definiert sind und bei der mittleren Hochwasserlinie beginnen. Für diese Gewässer ist die Regelung des BNatSchG nach Art. 72 III 1 Nr. 3 GG abweichungsfest. Die daran anschließende AWZ ist zwar nicht mehr Teil des Staatsgebiets, jedoch weist das Völkerrecht den Anrainerstaaten weitreichende Regelungskompetenzen zu (Art. 55 ff. SRÜ).[585] Diese liegen allerdings innerstaatlich von vornherein außerhalb der Abweichungs- und damit Regelungskompetenz der Länder.[586]

IX. Die Mitwirkung und der Rechtsschutz von Naturschutzvereinigungen

Anerkannte Naturschutzvereinigungen verfügen über besonderen Sachverstand, der zur Durchsetzung der Belange des Naturschutzes sowohl im Verwaltungsverfahren als auch vor Gericht große Bedeutung hat (§§ 63 f. BNatSchG[587]).

---

579 *EuGH*, Rs. C-6/04 (Kommission/Vereinigtes Königreich), Slg. 2005, I-9017 Rn. 117; *Prall* in Koch/König/Sanden/Verheyen (Hrsg.), Climate Change and Environmental Hazards Related to Shipping, 2013, S. 211 (215 ff.); vertiefend *Salomon/Schumacher* ZUR 2018, 84 (85 ff.).

580 Vertiefend *Erbguth* DÖV 2011, 373 ff.; *Janssen* EurUP 2013, 269 (277 ff.).

581 Raumordnungsplan für die deutsche ausschließliche Wirtschaftszone in der Nordsee (Textteil und Kartenteil), Anlageband zum BGBl. I v. 25.9.2009 (G 5702), 24 f. Eine Neufassung ist im Juni 2021 im Entwurf.

582 → § 3 Rn. 51.

583 Vgl. *Lütkes* (o. Fn. 66) Vor § 56 Rn. 1.

584 Vgl. *Proelß* in Graf Vitzthum/ders. (Hrsg.), Völkerrecht, 8. Aufl. 2019, 5. Abschn. Rn. 36 ff.

585 Hierzu *Czybulka* ZUR 2003, 329 ff.; *Dietrich* NuR 2013, 628 (629 f.); *Proelß* (o. Fn. 584) 5. Abschn. Rn. 51 ff. Problematisch bleibt die Integration des naturschutzrechtlichen Regelungsansatzes des BNatSchG in die rein medialen und ressourcenbezogenen Schutzansätze der Art. 192 ff. SRÜ, vgl. *Jarass*, Naturschutz in der ausschließlichen Wirtschaftszone, 2002, S. 29 ff.

586 *Czybulka* in ders. (o. Fn. 45) S. 313.

587 Vgl. aus dem Landesrecht §§ 49 ff. BWNatSchG, §§ 66 ff. NatSchG NRW, §§ 44 ff. BlnNatSchG.

1. Mitwirkungsrechte am Verwaltungsverfahren

a) Allgemeines

157 Als Ausprägung des Kooperationsprinzips[588] bestehen bei der Vorbereitung bestimmter staatlicher Entscheidungen unter bestimmten Voraussetzungen *Mitwirkungsrechte* (nicht: Mit*entscheidungs*rechte) anerkannter Naturschutzvereinigungen am Verwaltungsverfahren gem. § 63 I, II BNatSchG.[589] Diesen Vereinigungen obliegt die Aufgabe, das Problembewusstsein der zuständigen Verwaltungsbehörden zu schärfen, ihnen Informationen zur Verfügung zu stellen und ggf. alternative Lösungsvorschläge zu unterbreiten.[590] Sie fungieren, ohne dabei eine öffentliche Aufgabe überantwortet zu bekommen,[591] als Repräsentanten einer fachlich legitimierten „Öffentlichkeit als Gegenmacht"[592], der eine rechtsstaatliche Kontrollfunktion zukommt. Die Vereinigungsmitwirkung ist unter den ug Voraussetzungen zwingend vorgeschrieben und vermittelt somit ein subjektives öffentliches Recht.[593]

b) Voraussetzungen

158 Voraussetzung für die Beteiligung ist *erstens* eine *Anerkennung* der Naturschutzvereinigung nach § 63 I BNatSchG iVm § 3 UmwRG.[594] Diese kann zunächst durch den *Bund,* konkret das Umweltbundesamt erfolgen (§ 63 I BNatSchG iVm § 3 II 1 UmwRG). Die Anerkennung erfolgt auf Antrag (§ 3 I 1 UmwRG) und ergeht als gebundene Entscheidung (§ 3 I 2 UmwRG), wenn die Voraussetzungen des § 3 I 2 Nr. 1–5 UmwRG kumulativ erfüllt sind.[595] Daneben besteht die Möglichkeit, dass Vereinigungen von den *Ländern* anerkannt werden (§ 63 II 1 BNatSchG iVm § 3 III UmwRG).[596]

159 *Zweite* Voraussetzung ist, dass einer der *Gegenstände* gem. § 63 I, II BNatSchG gegeben ist.[597] Auf *Bundes*ebene sind diese in § 63 I Nr. 1–4 BNatSchG *abschließend* aufgezählt. Einen *nicht abschließenden* Katalog der mitwirkungspflichtigen Gegenstände auf *Landes*ebene enthält § 63 II Nr. 1–7 BNatSchG; die Länder können gem. § 63 II Nr. 8 BNatSchG weitere mitwirkungsbedürftige Verfahren regeln.[598] Gem. § 63 IV BNatSchG können die Länder bestimmen, dass in Fällen, in denen keine oder lediglich geringfügige Beeinträchtigungen von Natur und Landschaft zu erwarten sind, von einer Mitwirkung abgesehen werden kann.[599]

160 *Drittens* muss die anerkannte Naturschutzvereinigung durch das Vorhaben in ihrem *satzungsgemäßen Aufgabenbereich berührt* werden (§ 63 I, II BNatSchG, jeweils aE).

---

588 Dazu → § 4 Rn. 33 ff.

589 Ausf. *Schlacke* in dies. (o. Fn. 74) § 63 Rn. 8 ff.; bündig *Wormit* ZJS 2020, 585 (594).

590 BVerwGE 104, 364 (370), „Verwaltungshelfer"; 92, 258 (262), „Anwälte der Natur".

591 BVerwGE 104, 364 (370).

592 *Gassner* (o. Fn. 95) § 58 Rn. 3. S. zu den aus dieser „Privatisierung des Gemeinwohls" resultierenden Problemen *Calliess* NJW 2003, 97 (99 ff.).

593 BVerwGE 87, 62 (68 f.); *Gassner* (o. Fn. 95) § 58 Rn. 20.

594 Zur Anerkennungsentscheidung *Kleve* in BeckOK UmweltR, 58. Ed. 1.7.2020, BNatSchG § 63 Rn. 7 ff.

595 *Gassner* (o. Fn. 95) § 59 Rn. 6 ff. iVm § 60 Rn. 15.

596 Vgl. § 51 BWNatSchG, § 32 SächsNatSchG.

597 Keine Ausdehnung auf andere Behörden, deren Maßnahmen Naturschutzbelange nur berühren, vgl. *OVG Lüneburg* ZUR 2016, 610 (612).

598 Vgl. § 49 I BWNatSchG, § 45 I BlnNatSchG, § 66 I NatSchG NRW, § 30 I RhPfNatSchG.

599 Vgl. § 49 III BWNatSchG, Art. 45 BayNatSchG, § 45 II BlnNatSchG, § 66 II NatSchG NRW.

Viertens darf *kein* Fall der ausnahmsweisen *Entbehrlichkeit* der Mitwirkung gegeben sein: Gem. § 63 III 1 BNatSchG iVm § 28 II Nr. 1, 2, III bzw. § 29 II (L)VwVfG kann (Ermessen!) im Einzelfall von der Anhörung/Akteneinsicht abgesehen werden. 161

c) Inhalt

Auf *Rechtsfolgen*seite umfasst das Mitwirkungsrecht nach *Bundes*recht die Gelegenheit zur Stellungnahme (Anhörung) sowie das Recht auf Einsicht in die einschlägigen Gutachten der Sachverständigen (§ 63 I, II BNatSchG).[600] Damit das Anhörungsrecht nicht zu einer leeren Hülse verkommt, ist überdies zu fordern, dass die Anhörung so rechtzeitig erfolgt, dass eine angemessene Äußerung der Vereinigung möglich ist, und dass die Behörden sich inhaltlich mit einer Stellungnahme befassen.[601] Nach § 63 III 2 BNatSchG können spezielle Bundes- oder Landesrechtsvorschriften eine weitergehende Form der Mitwirkungsrechte vorsehen.[602] 162

d) Rechtsschutz

Bei unterbliebener oder fehlerhafter Vereinigungsmitwirkung kann jeder durch die Maßnahme *materiell Betroffene* (zB Eigentümer eines überplanten Grundstücks) eine Verletzung seiner subjektiven öffentlichen Rechte auch mit Verstößen gegen objektives Recht begründen, was die Aufhebbarkeit der Maßnahme bzw. die Nichtigkeit der Norm zur Folge haben kann.[603] Aber auch die *Naturschutzvereinigung* kann ihre Beteiligungsrechte durchsetzen: Während eines laufenden Verwaltungsverfahrens kann sie ihr Mitwirkungsrecht im Wege einer allgemeinen Leistungsklage (Partizipationserzwingungsklage)[604] bzw. im Wege einstweiligen Rechtsschutzes durch Antrag auf Erlass einer Sicherungsanordnung (§ 123 I 1 VwGO)[605] geltend machen. Auch eine allgemeine Leistungsklage in Form einer vorbeugenden Unterlassungsklage, um die Ausführung eines Vorhabens und damit eine Vereitelung der Beteiligungsrechte zu verhindern, wurde für zulässig erachtet.[606] Nach Abschluss des Verwaltungsverfahrens (Erledigung) kommt nach hM (nur) eine Feststellungsklage (§ 43 VwGO) in Betracht, nach einer Mindermeinung die Fortsetzungsfeststellungsklage analog § 113 I 4 VwGO. 163

e) Schwachstelle

Schwachstelle der Vereinigungsbeteiligung – sowohl mit Blick auf die Umgehungsgefahr als auch den effektiven Rechtsschutz – ist die im Ermessen des Planungsträgers stehende Möglichkeit, eine Plangenehmigung zu erteilen, statt ein Planfeststellungsverfahren durchzuführen (§ 74 VI VwVfG): Mangels Öffentlichkeitsbeteiligung im Rahmen des Plangenehmigungsverfahrens (§ 74 VI 2 Hs. 2 VwVfG) läuft in diesem Fall das hieran gekoppelte Beteiligungsrecht der Naturschutzvereine leer (§ 63 I Nr. 4, II Nr. 7 BNatSchG). Erschwerend kommt hinzu, dass die Vereinigungen gegen eine solche behördliche Ermessensentscheidung mangels subjektiver öf- 164

---

600 Gegen ein daraus abgeleitetes allg. Akteneinsichtsrecht BVerwGE 105, 348 (352); kein Anspruch gegen Vorhabenträger *VGH Mannheim* NVwZ-RR 2017, 866 (867); *Sparwasser/Engel/Voßkuhle* § 6 Rn. 292.

601 *Gassner* (o. Fn. 95) § 58 Rn. 13 ff.

602 Vgl. § 49 II BWNatSchG, § 33 II SächsNatSchG.

603 *Schmidt* NVwZ 1988, 982 (987) mwN.

604 BVerwGE 81, 95 (106); *VGH Mannheim* ZUR 2012, 312 (314); *Kloepfer* UmweltR § 12 Rn. 543.

605 BVerwGE 87, 62 (70 f.); *VGH Mannheim* VBlBW 2018, 34 f.; *VGH München* NuR 2014, 134 (135).

606 *OVG Weimar* LKV 2004, 559 f.

fentlicher Rechte und damit mangels Klagebefugnis (§ 42 II VwGO analog) nicht einmal eine Rechtsschutzmöglichkeit haben.

2. Naturschutzrechtliche Verbandsklage

a) Allgemeines

165 In Ergänzung zu dem in § 2 UmwRG geregelten Rechtsbehelf zugunsten anerkannter Umweltschutzvereinigungen[607] eröffnet das BNatSchG seit dem Jahre 2002 nun auch bundesweit[608] eine weitere Möglichkeit der altruistischen[609] Verbandsklage (§ 64 BNatSchG).[610] Gegen die in § 63 I Nr. 2–4, II Nr. 4a–7 BNatSchG genannten Entscheidungen können anerkannte Naturschutzvereinigungen Rechtsbehelfe nach der VwGO einlegen, *ohne* geltend machen zu müssen, in eigenen Rechten verletzt zu sein. Es handelt sich in Durchbrechung des Grundsatzes des individuellen Rechtsverteidigungsverfahrens gem. Art. 19 IV 1 GG, § 42 II Hs. 2 VwGO um ein kraft gesetzlicher Anordnung nach dem deutschen Rechtsschutzmodell nur ausnahmsweise zulässiges (vgl. § 42 II Hs. 1 VwGO) objektives Beanstandungsverfahren, das gerade keine Möglichkeit subjektiver Rechtsverletzung verlangt. Verbandsklagen sind dabei überdurchschnittlich häufig erfolgreich.[611]

b) Voraussetzungen

166 Voraussetzung für eine naturschutzrechtliche Verbandsklage ist *erstens,* dass § 64 BNatSchG überhaupt *anwendbar* ist. In Betracht kommt eine Verdrängung durch den *teilweise,* nämlich in Hinblick auf das § 1 I 1 Nr. 1, 2, 5 UmwRG unterfallende Planfeststellungsverfahren, gem. *§ 1 III UmwRG* spezielleren[612] § 2 UmwRG. Liegen dessen Voraussetzungen dagegen nicht vor, so kommen beide Rechtsbehelfe nebeneinander zur Anwendung und hat der Verband insoweit ein Wahlrecht (Umkehrschluss aus § 1 III UmwRG).

167 *Zweitens* muss es sich – wie bei dem Mitwirkungsrecht (→ Rn. 158) – um eine *anerkannte* Naturschutzvereinigung handeln (§ 64 I Hs. 1 BNatSchG iVm § 3 UmwRG).

168 *Drittens* greift das Klagerecht nur, wenn einer der gem. § 64 I Hs. 1 iVm § 63 I Nr. 2–4, II Nr. 4a–7 BNatSchG[613] *abschließend* in Bezug genommenen *Rechtsbehelfsgegenstände* gegeben ist. Die Behörde darf dabei das Klagerecht nach § 64 I BNatSchG nicht unterlaufen, indem sie unter Verkennung der Rechtslage eine an

---

[607] Ausf. → § 5 Rn. 50 ff.

[608] Zuvor sahen bereits die meisten LNatSchG eine naturschutzrechtliche Verbandsklage vor.

[609] Die *altruistische* Verbandsklage (§ 42 II *Hs. 1* VwGO), um die es im Folgenden geht, ist zu unterscheiden von der *egoistischen* Verbandsklage: Auch Vereinigungen sind, soweit sie sich auf ein eigenes subjektives öffentliches Recht (zB Eigentum) berufen, klagebefugt gem. § 42 II *Hs. 2* VwGO. Zum Sonderproblem der – wegen Rechtsmissbrauchs unzulässigen – *Sperrgrundstücksklagen* vgl. BVerwGE 121, 135 (137); *BVerwG* BayVBl. 2013, 56 (57); krit. *Masing* NVwZ 2002, 810 ff. Allerdings erklärte das *BVerfG* die Motive des Grunderwerbs für die Frage der Klageberechtigung für unerheblich, BVerfGE 134, 242 Rn. 157, hierzu *Fischer* Rn. 276; *Schlacke* § 4 Rn. 23.

[610] S. *Glaser* JuS 2010, 209 (214 f.); *Schmidt/Schrader/Zschiesche,* Die Verbandsklage im Umwelt- und Naturschutzrecht, 2014, Rn. 303 ff.; *Wormit* ZJS 2020, 585 (595).

[611] Vgl. *Külpmann* DVBl 2019, 140 (141); krit. *Hien* DVBl 2018, 1029 (1031) mwN.

[612] Vgl. § 64 I Hs. 1 BNatSchG („soweit § 1 Absatz 3 des Umwelt-Rechtsbehelfsgesetzes nicht entgegensteht").

[613] Damit ist nur eine Teilmenge der Mitwirkungsfälle gem. § 63 I, II BNatSchG erfasst. Nicht erfasst sind die Mitwirkungsfälle des § 63 I Nr. 1 und des § 63 II Nr. 1–4, 8 BNatSchG (Umkehrschluss aus § 64 I BNatSchG!).

sich gebotene Entscheidung unterlässt.[614] Die *Länder* können die Verbandsklage in weiteren Fällen zulassen (§ 64 III BNatSchG).[615] Die von einer Landesbehörde erteilte Anerkennung als Naturschutzvereinigung begründet ein Klagerecht jedoch nur gegen Planfeststellungsbeschlüsse, die Vorhaben in dem Gebiet des jeweiligen Landes zum Gegenstand haben.[616]

Viertens müssen die drei kumulativen *Voraussetzungen gem. § 64 I Hs. 2 BNatSchG* erfüllt sein. Im Wesentlichen muss die Vereinigung geltend machen, dass die Entscheidung bestimmten naturschutzrechtlichen Vorschriften widerspricht, sie in ihrem satzungsgemäßen Aufgaben- und Tätigkeitsbereich berührt wird und sie zur Mitwirkung berechtigt war. Entsprechend der Vorgaben im UmwRG stellt § 64 II BNatSchG klar, dass ein Rechtsbehelf ausgeschlossen ist, wenn ein anderweitiges verwaltungsgerichtliches Verfahren bzw. ein missbräuchliches oder unredliches Verhalten vorliegt. 169

c) Inhalt

Sind die og Voraussetzungen erfüllt, so kann der Verband (nur) Verstöße gegen *naturschutzrechtliche* Bestimmungen ohne Geltendmachung einer subjektiven Rechtsverletzung rügen; sonstiges Umweltrecht oder gar Nicht-Umweltrecht kann er dagegen nicht rügen.[617] Hierfür stehen ihm alle „Rechtsbehelfe nach Maßgabe der Verwaltungsgerichtsordnung" (§ 64 I Hs. 1 BNatSchG) offen, also sowohl Widersprüche als auch Anträge im Rahmen einstweiligen Rechtsschutzes und Klagen. Aus § 64 I Hs. 2 iVm § 63 I Nr. 2–4, II Nr. 4a–7 BNatSchG (→ Rn. 168) ergibt sich, dass die verwaltungsbehördliche oder verwaltungsgerichtliche Überprüfung auf Verwaltungsakte beschränkt ist (§§ 68 I, 80 V, 42 I 1. Alt. VwGO); Normenkontrollen (§ 47 VwGO) können nicht veranlasst werden.[618] 170

d) Prokuratorische Rechtsstellung?

Zum Teil besteht bzw. bestand eine Tendenz, anerkannten Naturschutzvereinigungen – im Fall der Nichtanwendbarkeit von § 64 BNatSchG, § 2 I UmwRG – eine „prokuratorische" Klagebefugnis gem. § 42 II *Hs. 2* VwGO iVm Art. 9 III AK zuzuerkennen, wenn Vereinigungen die Verletzung *rein objektiv-rechtlichen* nationalen Naturschutzrechts rügen, das auf unionsrechtliche Vorgaben wie die FFH-RL und die VRL zurückgeht.[619] Hintergrund hierfür war die Entscheidung des *EuGH* im Fall „Slowakischer Braunbär I"[620] sowie die Entscheidung des *BVerwG* (7. Senat) im Fall „Luftreinhalteplan Darmstadt"[621]. Unter Berufung hierauf wird § 42 II Hs. 2 VwGO erweiternd dahin ausgelegt, dass dieser auch die Befugnis einer anerkannten Naturschutzvereinigung umfasse, objektiv-rechtliche Vorschriften des Naturschutzes prokuratorisch als eigenes subjektives öffentliches Recht geltend zu machen.[622] Freilich lassen sich die genannten, lediglich einen Sonderfall betreffenden und in ihrer Reichweite unklaren Entscheidungen, wie später der 4. Senat des *BVerwG* mit 171

---

[614] *BVerwG* NVwZ 2015, 656 (658); BVerwGE 150, 294 Rn. 28; 149, 17 Rn. 26.

[615] § 50 BWNatSchG, § 46 BlnNatSchG, § 31 RhPfNatSchG, § 34 SächsNatSchG.

[616] *OVG Bremen* ZUR 2010, 42.

[617] Vgl. *BVerwG* NuR 2019, 846 (848 f.).

[618] *OVG Greifswald* NVwZ-RR 2016, 94 f.; *Schlacke*, § 10 Rn. 68.

[619] *VGH Kassel* ZUR 2012, 438 Rn. 35; *OVG Koblenz* ZUR 2013, 293 Rn. 40 ff.; *VG Frankfurt (Oder)* NuR 2015, 548 f. Näher zum Ganzen → § 5 Rn. 28 ff.

[620] *EuGH*, Rs. C-240/09 (Lesoochranárske zoskupenie), Slg. 2011, I-1255 Rn. 47–52; dazu → § 5 Rn. 29. Vgl. auch *VGH München* ZUR 2017, 306 ff.

[621] BVerwGE 147, 312 Rn. 43 ff.; dazu → § 5 Rn. 31 und 50 ff.

[622] *VGH München* ZUR 2017, 34; *Bunge* ZUR 2014, 3 (12); *Klinger* ZUR 2017, 90.

Recht festgestellt hat,[623] nicht verallgemeinern. Solange der deutsche Gesetzgeber nicht in Umsetzung von Art. 9 III AK weitergehende Regelungen erlässt, bleibt es damit mit Blick auf objektiv-rechtliche Normen des Naturschutzrechts (zB Art. 6 II –IV FFH-RL bzw. nationale Umsetzungsvorschriften), die keine Rechte Einzelner begründen, bei dem bisherigen dualen System aus (egoistischer) Verbandsklage gem. § 42 II Hs. 2 VwGO einerseits und ausnahmsweiser (altruistischer) Verbandsklage (nur) gem. § 42 II Hs. 1 VwGO iVm § 2 UmwRG, § 64 BNatSchG andererseits.[624]

§ 11. Abfallrecht

I. Einleitung

1. Hintergrund

1 In der Gegenwart ist der Bezug der Abfallentsorgung zum Interesse an sauberen, sicheren und bewohnbaren Siedlungen zwar verblasst, aber nicht verloren gegangen, wie etwa die Verpflichtung auf eine das „Wohl der Allgemeinheit" wahrende Abfallbeseitigung in § 15 II des Kreislaufwirtschaftsgesetzes (KrWG)[1] zeigt. Die Zweckbestimmung des § 1 KrWG stellt den Schutz der Umwelt (einschließlich der Bevölkerung) bei der Abfallbeseitigung und die Schonung der natürlichen Ressourcen durch Vermeidung und Verwertung von Abfällen (Förderung der Kreislaufwirtschaft) in den Vordergrund.

2 Das *Abfallaufkommen* in Deutschland betrug im Jahr 2018 insgesamt 417 Mio. t. Von der Gesamtabfallmenge sind etwa 54 % Bau- und Abbruchabfälle, 13 % Siedlungsabfälle, 13 % Abfälle aus Abfallbehandlungsanlagen, 7 % Abfälle aus der Gewinnung von Bodenschätzen. Pro Einwohner und Jahr fielen zwischen 2011 und 2016 zwischen 614 und 632 kg Siedlungsabfälle an, was gegenüber dem Jahr 2014 einen Rückgang um 0,6 % bedeutet. Die Verwertungsquote betrug insgesamt ca. 81 %.[2]

2. Entwicklung

a) Rechtslage bis 1996

3 Bis 1972 gab es in Deutschland kein einheitliches Abfallrecht. Regelungen zur Abfallentsorgung fehlten oder waren als ordnungsrechtliche Nebenaspekte Bestandteile anderer Fachgesetze (zB des Wasser- und Seuchenrechts). Nachdem kompetenzrechtliche Unsicherheiten mit der Einfügung der konkurrierenden Gesetzgebungskompetenz für das Recht der Abfallbeseitigung – seit dem 1.9.2006 (Föderalismusreform I): „Abfallwirtschaft" – (Art. 74 I Nr. 24 GG) aus dem Weg geräumt waren, erließ der Bund 1972 das Gesetz über die Beseitigung von Abfallstoffen (AbfG 1972).[3] Dieses Gesetz regelte die Planung, Organisation und Überwachung ausschließlich der Abfallbeseitigung durch die öffentliche Hand. Das alte Abfallrecht trug

[623] Vgl. mit Blick auf das Luftqualitäts- und Luftreinhalteplanungsrecht (§§ 44 ff. BImSchG) BVerwGE 150, 294 Rn. 23. Der Senat rekurrierte in dieser Entscheidung stattdessen auf § 64 BNatSchG.

[624] Krit. dazu aber *Gellermann* NuR 2020, 34 (36 f.), der insoweit mit Blick auf *EuGH*, Rs. C-197/18 (Wasserleitungsverband Nördliches Burgenland), ECLI:EU:C:2019:824 Rn. 30 ff. die Einholung einer Vorabentscheidung des *EuGH* für notwendig hält. Näher zum Ganzen → § 5 Rn. 29 ff., 57.

[1] G zur Förderung der Kreislaufwirtschaft und Sicherung der umweltverträglichen Bewirtschaftung von Abfällen (Kreislaufwirtschaftsgesetz – KrWG) v. 24.2.2012 (BGBl. I 212).

[2] Statistisches Bundesamt, Abfallbilanz, 2018, S. 30 ff.

[3] G v. 7.6.1972 (BGBl. I 873).

insoweit noch die Handschrift klassischer *Gefahrenabwehr (Abfallordnungsrecht).* Eine Fortentwicklung des abfallrechtlichen Regimes stellte das Gesetz über die Vermeidung und Entsorgung von Abfällen (AbfG 1986)[4] dar, das Vermeidungs- und Verwertungspflichten einführte, die Etablierung von Pfandsystemen vorsah und erste (zurückhaltende) Ansätze eines Abfall*wirtschafts*rechts zeigte.[5]

b) Kreislaufwirtschafts- und Abfallgesetz

Einen Meilenstein in der Entwicklung des Abfallrechts setzte das am 7.10.1996 in Kraft getretene Kreislaufwirtschafts- und Abfallgesetz (KrW-/AbfG). Das KrW-/AbfG hat einen Wandel des Abfallrechts von einem bloßen Gefahrenabwehrrecht zu einem modernen *Kreislaufwirtschaftsrecht* eingeleitet. Zugleich unternahm der Gesetzgeber einen ersten zaghaften Schritt in Richtung einer Privatisierung der Abfallentsorgung. 4

c) Kreislaufwirtschaftsgesetz

Die bislang letzte Entwicklungsstufe des deutschen Abfallrechts markiert das Kreislaufwirtschaftsgesetz vom Februar 2012 (KrWG). Das Gesetz behält zwar weitgehend die Systematik und Regelungsstruktur des alten Rechts bei, verfeinert diese aber inhaltlich und setzt materiell neue Akzente, was bereits der Titel zum Ausdruck bringt. Kreislaufwirtschaft in diesem Sinne bedeutet nach der Legaldefinition des § 3 XIX KrWG schlicht die Vermeidung und Verwertung von Abfällen, wobei das Gesetz freilich weiterhin die Beseitigung von Abfällen regelt (Rn. 51 ff.), also ungeachtet der Akzentverschiebung weiterhin ein Abfallgesetz mit Gesamtregelungsanspruch bleibt. Das umweltpolitische Leitbild der Kreislaufwirtschaft zielt auf einen geschlossenen Vermeidungs- und Verwertungskreis, der eine Abfallbeseitigung im Idealfall entbehrlich macht, da die einmal verwendeten Rohstoffe immer wieder dem Produktionsprozess zugeführt werden könnten. Der Zweck der Förderung einer Kreislaufwirtschaft liegt so primär in der Schonung der natürlichen Ressourcen. Das KrWG spiegelt damit die europäischen Bemühungen wider, einer Vergeudung von Rohstoffen entgegenzuwirken und mit der Problematik einer prognostizierten Ressourcenknappheit[6] umzugehen.[7] 5

3. Rechtsgrundlagen

a) Völker- und Europarecht

Auch das Abfallrecht ist erheblich durch internationale und europäische Regeln geprägt. Es sind vor allem Umweltgefährdungen durch die grenzüberschreitende Verbringung von Abfällen, die *internationale* Regeln unabdingbar machen. Als wichtige Rechtsquelle des Abfallvölkerrechts ist vor allem das Basler Übereinkommen über die Kontrolle der grenzüberschreitenden Verbringung gefährlicher Abfälle und ihrer Entsorgung vom 22.3.1989[8] zu nennen. 6

Wichtigste Rechtsgrundlage für das *europäische* Abfallrecht ist die allgemeine umweltrechtliche Regelungskompetenz nach Art. 192 I AEUV. Mit der Einbeziehung von Abfällen zur Verwertung in das Regime des Abfallrechts bedurfte es auch im Hinblick auf die Warenverkehrsfreiheit (Art. 34 f. AEUV) und die Wettbewerbs- 7

---

[4] G v. 27.8.1986 (BGBl. I 1410, ber. 1501).

[5] S. im Überblick *Bergmüller* BayVBl. 1987, 193 ff.; *Eckert* NVwZ 1987, 951 ff.

[6] Zum rohstoffrechtlichen Ansatz im Abfallrecht s. *Faulstich/Baron* AbfallR 2012, 254 ff.; *Oehlmann/Seifert* AbfallR 2013, 198 ff.

[7] Vgl. *Petersen/Doumet/Stöhr* NVwZ 2012, 521 (521); *Wolf* ZUR 2017, 579 ff.

[8] BGBl. 1994 II 2703 ff.; vgl. dazu auch das Ausführungsgesetz v. 30.9.1994 (BGBl. I 2771).

regeln (Art. 101 ff. AEUV) gemeinschaftlicher Regelungen.[9] Im Mittelpunkt steht die sog. *Abfallrahmenrichtlinie* (AbfRRL). In ihrer ursprünglichen Fassung[10] enthielt die AbfRRL ausschließlich Regelungen zur Beseitigung von Abfällen. Die Änderungsrichtlinie 91/156/EWG des Rates vom 18.3.1991[11] bezog dann auch die Verwertung von Abfällen ein. Mit der Novelle des europäischen Abfallrechts durch die AbfRRL 2008/98/EG[12] wurden grundlegende – zuvor durch unionsrechtskonforme Auslegung vermiedene – Reformen des deutschen Abfallrechts notwendig,[13] die 2012 zum geltenden KrWG als Umsetzungsgesetz führten. Das KrWG bedient sich hierbei einerseits bewusst der (nur geringfügig sprachlich angepassten) Terminologie der Richtlinie, um die Kohärenz von deutschem und europäischem Abfallrecht sicherzustellen,[14] geht aber teils auch im Rahmen der Umsetzungsspielräume darüber hinaus, um dem im europäischen Vergleich bereits sehr hohen deutschen Standard im Bereich der Abfallverwertung Rechnung zu tragen.

8 § 65 I, II KrWG enthält eine *pauschale Verordnungsermächtigung*, Rechtsakte der EU umzusetzen. Ob eine solche Pauschalermächtigung den Anforderungen des Art. 80 I 2 GG genügt, ist umstritten,[15] bedarf aber hinsichtlich § 65 KrWG einer differenzierten Beurteilung.[16] Zum einen sind zur rechtsstaatlichen Präzisierung der Ermächtigung des nationalen Rechts auch bindende, vom nationalen Gesetzgeber umzusetzende Vorgaben des Unionsrechts in den Blick zu nehmen.[17] Zum anderen enthält das KrWG bereits zahlreiche präzise sowie allgemeine Verordnungsermächtigungen, die auch die Umsetzung des Unionsrechts abdecken. § 65 KrWG kommt daher nur als Auffangtatbestand zum Tragen, um eine Umsetzung von Anforderungen zu ermöglichen, die zwar im – gesetzlich hinreichend ausbuchstabierten – Anwendungsbereich des KrWG liegen, aber nicht unter die speziellen Ermächtigungen fallen. Für solche Randprobleme liefert § 65 KrWG im Lichte des Gesamtregelungswerks eine hinreichende Rechtsgrundlage.

9 Weitere wichtige Rechtsakte des EU-Abfallsekundärrechts sind außerdem: die Abfallverbringungsverordnung[18] (→ Rn. 89 ff.), die Abfalldeponierichtlinie[19] (umgesetzt durch die Deponieverordnung – DepV;[20] → Rn. 53, 103 ff.), die Batterierichtlinie[21] (umgesetzt durch das Batteriegesetz – BattG), die Elektro- und Elektronikschrottrichtlinie[22] (umgesetzt durch das Elek-

---

[9] S. *Kahl* in Kloepfer (Hrsg.), Abfallwirtschaft in Bund und Ländern, 2003, S. 79 ff. mwN.

[10] RL 75/442/EG des Europäischen Rates v. 15.7.1975 (ABl. L 194, 47).

[11] ABl. L 78, 32.

[12] RL 2008/98/EG des Europäischen Parlaments und des Rates v. 19.11.2008 über Abfälle und zur Aufhebung bestimmter Richtlinien (ABl. L 312, 3). Überblick über Entstehungsgeschichte und Inhalte bei *Petersen* AbfallR 2008, 154 ff.; Anh. III der RL 2008/98/EG (das sog. Abfallverzeichnis) wurde durch VO (EU) Nr. 1357/2014 der Kommission v. 18.12.2014 (ABl. L 365, 89) ersetzt.

[13] Eingehend *Buch* AbfallR 2009, 74 ff.; *Petersen* NVwZ 2009, 1063 ff.; *Reese* NVwZ 2009, 1073 ff.

[14] BT-Drs. 17/6052, 57; *Petersen/Doumet/Stöhr* NJW 2012, 521 (521 f.).

[15] Krit. zB *Becker* DVBl 2003, 1487 (1489); *Breuer* ZfW 1999, 220 ff.; *Kotulla* ZfW 2000, 85 (92); *Weihrauch* NVwZ 2001, 265 ff.

[16] Eingehend *Calliess* in Jarass/Petersen KrWG § 65 Rn. 38 ff.

[17] *Bauer* in Dreier (Hrsg.), GG II, 3. Aufl. 2015, Art. 80 Rn. 37; *Saurer* JZ 2007, 1073 (1075); *Rieckhoff*, Der Vorbehalt des Gesetzes im Europarecht, 2007, S. 217 f.

[18] VO 1013/2006/EG des Europäischen Parlaments und des Rates v. 14.6.2006 über die Verbringung von Abfällen (ABl. L 190, 1), zuletzt novelliert durch Delegierte VO (EU) 2020/2174 v. 19.10.2020 (ABl. L 433, 11).

[19] RL 1999/31/EG des Rates v. 26.4.1999 (ABl. L 182, 1).

[20] VO über Deponien und Langzeitlager, erlassen als Art. 1 der VO zur Vereinfachung des Deponierechts v. 27.4.2009 (BGBl. I 900).

[21] RL 2006/66/EG des Europäischen Parlaments und des Rates v. 6.9.2006 über Batterien und Akkumulatoren sowie Altbatterien und Altakkumulatoren und zur Aufhebung der RL 91/157/EWG (ABl. L 266, 1).

[22] RL 2012/19/EU des Europäischen Parlaments und des Rates v. 4.7.2012 über Elektro- und Elektronik-Altgeräte (ABl. L 197, 38).

troG;[23] → Rn. 97), die Richtlinie über gefährliche Stoffe in Elektrogeräten[24] (umgesetzt durch die ElektroStoffV[25]), die Verpackungsrichtlinie[26] (umgesetzt durch das VerpackG[27], → Rn. 96), die Altfahrzeugrichtlinie[28] (umgesetzt durch die Altfahrzeugverordnung – AltfahrzeugV[29]), die Richtlinie über die Entsorgung abgebrannter Brennelemente und radioaktiver Abfälle[30] und zuletzt die Richtlinie über die Verringerung der Auswirkungen bestimmter Kunststoffprodukte auf die Umwelt[31] (umgesetzt durch die auf § 24 Nr. 4a KrWG gestützte Einweg-Kunststoff-Verbotsverordnung – EWKVerbotsV[32]). Zudem enthält Art. 6 II 1 AbfRRL im Einklang mit Art. 290 I AEUV eine Ermächtigung, im Komitologieverfahren ergänzende und konkretisierende Regelungen zu erlassen, wovon zB in den Fällen der Schrott-Verordnung[33], der Kupfer-Schrottverordnung[34] und der Bruchglas-Verordnung[35] Gebrauch gemacht wurde.

b) Nationales Abfallrecht

*Bundes*gesetzliche Spezialregelungen zum KrWG enthalten das ElektroG (→ Rn. 9) 10 sowie das BattG[36], die jeweils der Umsetzung von Richtlinien der EG bzw. EU dienen. Zum nationalen Abfallrecht gehören zahlreiche, auf der Grundlage des KrWG ergangene Rechtsverordnungen, die praktisch immer auch in Ausführung von Gemeinschafts- bzw. Unionsrecht ergangen sind (vgl. → Rn. 9). Zuletzt hat das *Gesetz zur Umsetzung der Abfallrahmenrichtlinie der Europäischen Union* v. 23.10.2020[37] noch einmal verschiedene Anpassungen an einen Katalog europäischer Rechtsakte vorgenommen.[38] Die Anpassungen sind eher marginal, weil auch hier die Umsetzungslast im Wesentlichen auf den Verordnungsgeber abgewälzt wurde.

---

23 Elektro- und Elektronikgerätegesetz v. 20.10.2015 (BGBl. I 1739).

24 RL 2011/65/ EU des Europäischen Parlaments und des Rates v. 8.6.2011 zur Beschränkung der Verwendung bestimmter gefährlicher Stoffe in Elektro- und Elektronikgeräten (ABl. L 174, 88).

25 Elektro- und Elektronikgeräte-Stoff-VO v. 19.4.2013 (BGBl. I 1111).

26 RL 94/62/EG v. 20.12.1994 über Verpackungen und Verpackungsabfälle (ABl. L 365, 10).

27 G über das Inverkehrbringen, die Rücknahme und die hochwertige Verwertung von Verpackungen (Verpackungsgesetz) v. 5.7.2017 (BGBl. I 2234). Hierzu *Koch/Meyer-Ziegenfuß* NuR 2019, 587 ff.; *Webersinn* UPR 2018, 96 ff.; *Wiemers* GewArch 2019, 1 ff.; *Wüstenberg* NJW 2018, 3614 ff.; *ders.* LMuR 2020, 141 ff.

28 RL 2000/53/EG des Europäischen Parlaments und des Rates v. 18.9.2000 über Altfahrzeuge (ABl. L 269, 34).

29 VO über die Überlassung, Rücknahme und umweltfreundliche Entsorgung von Altfahrzeugen v. 21.6.2002 (BGBl. I 2214).

30 RL 2011/70/EURATOM des Rates v. 19.7.2011 über die Entsorgung abgebrannter Brennelemente und radioaktiver Abfälle (ABl. L 199, 48).

31 RL 2019/904 des Europäischen Parlaments und des Rates v. 5.6.2019 über die Verringerung der Auswirkungen bestimmter Kunststoffprodukte auf die Umwelt (ABl. L 155, 1). Hierzu *Garske/Stubenrauch/Ekardt/Weisse/Lorenz* ZUR 2020, 215 (219 f.).

32 Vgl. zuletzt BR-Drs. 575/20.

33 VO (EU) Nr. 333/2011 des Rates v. 31.3.2011 mit Kriterien zur Festlegung, wann bestimmte Arten von Schrott gem. der RL 2008/98/EG des Europäischen Parlaments und des Rates nicht mehr als Abfall anzusehen sind (ABl. L 94, 2).

34 VO (EU) Nr. 715/2013 der Kommission v. 25.7.2013 mit Kriterien zur Festlegung, wann bestimmte Arten von Kupferschrott gem. der RL 2008/98/EG des Europäischen Parlaments und des Rates nicht mehr als Abfall anzusehen sind (ABl. L 201, 14).

35 VO (EU) Nr. 1179/2012 der Kommission v. 10.12.2012 mit Kriterien zur Festlegung, wann bestimmte Arten von Bruchglas gem. der RL 2008/98/EG des Europäischen Parlaments und des Rates nicht mehr als Abfall anzusehen sind (ABl. L 337, 31).

36 G zur Neuregelung der abfallrechtlichen Produktverantwortung für Batterien und Akkumulatoren v. 25.6.2009 (BGBl. I 1582). Zur Novelle 2020 *Chryssos/Dieckmann* AbfallR 2020, 46 ff.; *Dieckmann* AbfallR 2020, 258 ff.

37 BGBl. I 2232.

38 Zu Hintergrund und Inhalt *Petersen/Friedrich* NVwZ 2021, 1 ff.; zu den gebührenrechtlichen Folgen *Queitsch* KStZ 2021, 1 ff.

11 Die *Länder* können auf dem Gebiet des Abfallrechts nur insoweit eigene Regelungen erlassen, als der Bund von seiner konkurrierenden Gesetzgebungskompetenz nicht Gebrauch gemacht hat (Art. 72 I, 74 I Nr. 24 GG). Mit der Föderalismusreform I aus dem Jahr 2006 ist die Erforderlichkeitsprüfung des Art. 72 II GG – in buchstäblich letzter Minute – für das Recht der Abfallwirtschaft gestrichen[39] und die Ausübung der konkurrierenden Bundesgesetzgebungskompetenz dadurch erleichtert worden. Angesichts der hohen Regelungsdichte und Reichweite des KrWG bleiben den Ländern im Anwendungsbereich dieses Gesetzes nur wenige, stets ausdrücklich auf sie übertragene Entscheidungen (vgl. §§ 17 IV, 21 S. 4, 31 IV KrWG). So ist es etwa den Ländern nicht möglich, den bundesrechtlich abschließend festgelegten Kreis der Entsorgungsverpflichteten (vgl. §§ 15 ff. KrWG) zu erweitern.[40] Im Schwerpunkt enthalten die Landesabfallgesetze Regelungen zum Vollzug des KrWG (Behördenzuständigkeiten, Verfahren), daneben aber auch einige materielle Regelungen, wie etwa besondere Pflichten zur Vermeidung von und zum Umgang mit Abfällen in der öffentlichen Verwaltung (zB § 2 BWLKreiWiG, Art. 2 BayAbfG, § 2 LAbfG NRW). Soweit das KrWG Verfahrensregelungen enthält, wurden diese nach § 71 KrWG im Rahmen des Art. 84 I 5 GG für abweichungsfest erklärt, vor allem um eine bundeseinheitliche Umsetzung der AbfRRL auch in prozeduraler Hinsicht sicherzustellen.[41]

12 Auf Grund der traditionell örtlichen Prägung der Abfallwirtschaft bleibt das Abfallrecht zudem in wesentlichen Teilen in den Rahmen des *Kommunalrechts* eingebunden.[42] Das gilt etwa für den Anschluss- und Benutzungszwang,[43] die Erhebung von Abfallgebühren und -beiträgen auf der Grundlage der Kommunalabgabengesetze und die Zulässigkeit kommunalwirtschaftlicher Betätigung,[44] die wiederum den bundesrechtlichen Rahmen des Privatrechts (BGB, GmbHG, AktG) zu beachten hat.[45] Da der Vorrang des Bundesrechts aufgrund seines begrenzten Regelungsbereichs nur greift, soweit Maßnahmen aus Gründen gerade der ordnungsgemäßen Entsorgung von Abfällen ergriffen werden sollen, bleibt das (allgemeine oder besondere) *Ordnungsrecht* der Länder anwendbar, wenn Anknüpfungspunkt des behördlichen Handelns nicht in erster Linie das Gebot der umweltgerechten Entsorgung von Abfällen ist, sondern die Bekämpfung konkreter durch die rechtswidrige Ablagerung von Abfällen hervorgerufener Gefahren für die öffentliche Sicherheit.[46]

---

39 BT-Drs. v. 28.6.2006, 16/2010, 6. S. auch → § 3 Rn. 48 ff.

40 *BVerwG* Beschl. v. 5.11.2012 – 7 B 25/12 Rn. 10.

41 Vgl. *Mann* in Versteyl/Mann/Schomerus KrWG § 71 Rn. 2.

42 Vgl. *Kloepfer* UmweltR § 21 Rn. 73 f.; *Sparwasser/Engel/Voßkuhle* § 11 Rn. 117.

43 Stellv. § 11 BWGemO, Art. 24 I Nr. 2 BayGO, § 9 NRWGO, § 26 I RhPfGO.

44 Vgl. zB §§ 102 ff. BWGemO, Art. 86 ff. BayGO, §§ 107 ff. NRWGO, §§ 85 ff. RhPfGO. Bisweilen gelten Tätigkeiten der Abfallentsorgung, auch wenn sie in Privatrechtsform durchgeführt werden, nicht als wirtschaftliche Betätigung iSd Kommunalwirtschaftsrechts, so etwa § 107 II Nr. 4 NRWGO, § 85 IV 1 Nr. 5 RhPfGO. Stellv. hierzu *Kahl* (o. Fn. 9) S. 103 ff.; *Klement* in Schmehl/ders. (Hrsg.), KrWG, 2. Aufl. 2019, Vor § 17 Rn. 60 ff.

45 Hierzu *OLG Bamberg* WM 2009, 1082 (1086); *OLG Frankfurt a. M.* WM 2010, 1790 (1793); *OLG Naumburg* WM 2005, 1313 (1315); *Mann* Die Verwaltung 35 (2002), 463 (473 ff.); *Schmidt* ZGR 1996, 345 (350 ff.).

46 *BVerwG* Beschl. v. 5.11.2012 – 7 B 25/12 Rn. 10 f.

II. Grundstrukturen und Anwendungsbereich des KrWG

13 *Zweck* des Gesetzes ist es nach § 1 I KrWG, die Kreislaufwirtschaft zur Schonung der natürlichen Ressourcen zu fördern und den Schutz von Mensch und Umwelt bei der Erzeugung und Bewirtschaftung von Abfällen sicherzustellen. Diesem Ziel korrespondiert ein sehr weiter Abfallbegriff, der gerade auch Güter von wirtschaftlichem Wert[47] in das Regelungsregime einbezieht bzw. sogar aktiv auf eine *Ökonomisierung* von Abfall zum Wirtschaftsgut hinwirkt. Das KrWG steht damit an der Schnittstelle zwischen dem Wirtschaftsverwaltungs- und dem Umweltrecht. Eine Verkoppelung mit dem allgemeinen Anlagengenehmigungsrecht erfolgt über die abfallspezifische Grundpflicht nach § 5 I Nr. 3 BImSchG.[48]

14 Das KrWG vertraut aber nicht auf einen ökonomischen Anreiz zur Abfallvermeidung und Abfallverwertung, sondern macht die Förderung der Kreislaufwirtschaft zum Inhalt rechtlicher Pflichten, flankiert also die Kreislaufwirtschaft weiterhin *ordnungsrechtlich.* Zum einen normiert das KrWG einen grundsätzlichen Vorrang der Abfallvermeidung vor der Verwertung (§ 6 I KrWG), zum anderen spricht es der Verwertung den Vorrang vor der Beseitigung zu (§§ 7 II 2, 6 KrWG). Das KrWG hat zudem für bestimmte Abfälle Verwertungsquoten eingeführt (§ 14 I, II KrWG),[49] die nicht einzelne Abfallverantwortliche adressieren, sondern Zielvorgaben für die gesamte Abfallwirtschaft enthalten,[50] was eine praktische Umsetzung mangels spezifischer Instrumente schwierig machen dürfte. Innerhalb der Verwertung hat das KrWG eine weitere Verfeinerung der *Vorrangkaskade* bewirkt (§ 6 I KrWG): Vorbereitung zur Wiederverwendung, Recycling; sonstige Verwertung, insbes. energetische Verwertung und Verfüllung.

Diese Hierarchie ist – im Einklang mit Art. 4 I AbfRRL, der den Mitgliedstaaten einen erheblichen Umsetzungsspielraum belässt[51] – nicht starr, sondern steht unter dem *Primat der ökologischen Verträglichkeit:* Bei der Erfüllung der Verwertungspflicht (§ 7 II 1 KrWG) hat nach § 8 I 1 KrWG diejenige der in § 6 I Nr. 2–4 KrWG genannten Verwertungsmaßnahmen Vorrang, die den Schutz von Mensch und Umwelt nach der Art und Beschaffenheit des Abfalls unter Berücksichtigung der in § 6 II 2–3 KrWG festgelegten Kriterien am besten gewährleistet. Lediglich zwischen mehreren gleichrangigen Verwertungsmaßnahmen besteht nach § 8 I 2 KrWG ein Wahlrecht des Erzeugers oder Besitzers von Abfällen. Im Übrigen gilt als allgemeine Grenze die technische und wirtschaftliche Zumutbarkeit (§ 7 IV KrWG).

15 Trotz der inzwischen erreichten hohen Regelungsdichte des KrWG bleiben die Anforderungen vage, schon weil die Frage, welche Verwertungsform für Mensch und Umwelt unter Berücksichtigung etwa der zu erwartenden Emissionen, der Ressourcenschonung und der Energiebilanz (§ 6 II 3 KrWG) am besten geeignet ist, weitgehend von Bewertungen abhängt, die zwar naturwissenschaftlich und technisch informiert getroffen werden müssen, aber auf eine politische Standardsetzung durch „normative Nachverdichtung"[52] nicht verzichten können, schon um die rechtsstaat-

---

[47] Zur wirtschaftlichen Bedeutung s. *Kahl* in Fehling/Ruffert (Hrsg.), Regulierungsrecht, 2010, § 13 Rn. 1.

[48] Stellvertretend *Petersen* FS Dolde, 2014, S. 333 ff.; im Übrigen → § 7 Rn. 65.

[49] Vgl. zum Instrument *Herzberg/Lohmann* NVwZ 2020, 1071 ff.

[50] *Petersen/Doumet/Stöhr* NVwZ 2012, 521 (529).

[51] *Petersen/Doumet/Stöhr* NVwZ 2012, 521 (524); krit. aber *Bleicher,* Abfallrecht, 2016, S. 30 f.; *Hahn,* Die Abfallhierarchie der europäischen Abfallrahmenrichtlinie, 2017.

[52] *Lepsius* VVDStRL 63 (2004), 264 (306).

liche Beherrschbarkeit des Vollzugs sicherzustellen.[53] Das KrWG verfolgt vor diesem Hintergrund wie bislang in allen wichtigen Bereichen eine *dreistufige Konkretisierungskaskade:* Der Bestimmung leitlinienartiger Grundsätze für die Abfallvermeidung und -behandlung folgen mehr oder weniger konkrete – ihrerseits dynamische[54] – Grundpflichten, die durch den Erlass von Rechtsverordnungen (vgl. → Rn. 9) ausgestaltet werden können.[55]

16 Den an sich einfachen inhaltlichen Grundsätzen steht eine durch das Gesetz implementierte, wegen zahlreicher politischer Kompromisse komplizierte Verteilung der Zuständigkeiten für die Abfallentsorgung auf die öffentlich-rechtlichen Entsorgungsträger (Kommunen) und die private Abfallwirtschaft gegenüber (→ Rn. 67 ff.). Zu der dualen Zuständigkeitsordnung der allgemeinen Regeln des Gesetzes (§§ 6 ff. KrWG) treten als „Besonderer Teil" die Normen über die Produktverantwortung (§§ 23 ff. KrWG), die für bestimmte Abfallarten abweichende Verwertungs- und Beseitigungspfade definieren (→ Rn. 94 f.). Des Weiteren enthält das KrWG unter der Überschrift „Planungsverantwortung" Regelungen zur Zulassung von Abfallbeseitigungsanlagen, die Vorschriften des VwVfG und des BImSchG ergänzen (§§ 28 ff. KrWG; → Rn. 118 ff.). Im siebten und achten Teil trifft das Gesetz Regelungen zur Überwachung der Einhaltung des abfallrechtlichen Pflichtenregimes (§§ 47 ff. KrWG) und (ähnlich zu den §§ 52 ff. BImSchG) Vorschriften zur Betriebsorganisation (§§ 58 ff. KrWG).

17 Der *sachliche Anwendungsbereich* des KrWG (vgl. § 2 I KrWG) erfährt in § 2 II KrWG einige Einschränkungen, durch die das Abfallrecht vor allem dort zurücktritt, wo besondere umweltrechtliche Regelungsregimes bestehen und zielgenauere Instrumente bereitstehen, etwa das Atom-, Strahlenschutz-, Berg-, Wasser- und das Bodenschutzrecht (vgl. § 2 II Nr. 6, 7, 9, 10).[56] Eine Rückausnahme für Stoffe, die infolge eines Notfalls iSd Strahlenschutzgesetzes radioaktiv kontaminiert sind oder radioaktiv kontaminiert sein können, enthält § 2 III KrWG[57].

III. Der Begriff des Abfalls

Fall 25: Wertvoller Autoschrott

18 *A* handelt mit Gebrauchtwagen. Er lagert auf seinem Betriebsgrundstück seit mehr als einem Jahr einen LKW, einen Traktor sowie einen Unimog. Die Fahrzeuge sind Unfallwracks und zum Teil ausgebrannt. Sie enthalten noch Betriebsflüssigkeiten wie Motor- und Getriebeöl. *A* will die Fahrzeugwracks gelegentlich ausschlachten, kommt wegen seines laufenden Geschäftsbetriebs aber nicht dazu. Eines Tages bekommt *A* Besuch von Bediensteten der zuständigen Abfallbehörde, die ihm eröffnen, dass er die Autowracks der öffentlichen Abfallentsorgung zu überlassen habe. Des Weiteren werde gegen ihn ein Ordnungswidrigkeitenverfahren eingeleitet, da er Abfälle außerhalb einer dafür zugelas-

---

[53] In diesem Sinne auch *Petersen* NVwZ 2009, 1063 (1066 f.); *ders./Doumet/Stöhr* NVwZ 2012, 521 (524).

[54] *Petersen/Doumet/Stöhr* NVwZ 2012, 521 (524).

[55] Bilanzierend *Saurer,* Die Funktionen der Rechtsverordnung, 2005, S. 75 ff.

[56] Zur Wiedereröffnung des Anwendungsbereichs des Abfallrechts (in Abgrenzung zu § 54 II 1 WHG) nach Abschluss der Abwasserbehandlung, die nicht die räumliche Entfernung aus der Kläranlage voraussetzt, *BVerwG* UPR 2021, 29 Rn. 18.

[57] Eingefügt durch Art. 15 Nr. 2 G v. 27.6.2017 (BGBl. I 1966).

senen Anlage lagere. *A* meint, das könne nicht mit rechten Dingen zugehen. Die in den Autowracks enthaltenen Motoren und Getriebeteile seien nicht Abfall, sondern Wertstoffe, die er gewinnbringend verkaufen könne. Die Überlassungsverpflichtung sei eine rechtswidrige Enteignung.

1. Allgemeines

Der Abfallbegriff ist der Zentralbegriff des KrWG, der letztlich über den Anwendungsbereich des Gesetzes entscheidet. Nur was Abfall ist, fällt unter das strikte und durch weitreichende Pflichtenbindungen gekennzeichnete Abfallrecht. Das KrWG *legaldefiniert* den Begriff in § 3 I–IV KrWG,[58] ergänzt um Definitionen besonderer Abfalltypen in § 3 V–VIIb KrWG. Ergänzend enthält § 4 KrWG Abgrenzungsregelungen zu sog. Nebenprodukten und § 5 KrWG zum Ende der Abfalleigenschaft, mit dem ein Stoff oder Gegenstand zugleich aus dem strikten Regelungsregime des Abfallrechts entlassen wird. Der Abfallbegriff ist Tatbestandsmerkmal zahlreicher, oft durch Ordnungswidrigkeits- oder sogar Straftatbestände (vgl. § 69 KrWG, § 326 StGB) bewehrter Regelungen zum Umgang mit Abfällen. Insbes. gibt es Pflichten zur Verwertung oder Beseitigung von Abfall (§§ 6–8, 15 I, II KrWG), alternativ dazu Pflichten zur Überlassung von Abfall an den öffentlich-rechtlichen Entsorgungsträger (§ 17 I, IV KrWG). Diese Pflichten greifen unter Umständen auch dann, wenn der Verantwortliche den Abfall lieber weiterhin selbst besitzen und nutzen oder einem Dritten überlassen würde (wie *A* in *Fall 25*). Die damit programmierten Streitigkeiten zwischen den Abfallverantwortlichen, den Entsorgungsträgern und den Abfallbehörden gewinnen dadurch an Bedeutung, dass in den Anwendungsbereich des KrWG mit den Abfällen zur Verwertung auch Wirtschaftsgüter fallen, also Gegenstände, deren Nutzbarkeit einen objektiven wirtschaftlichen Vorteil begründet. 19

2. Tatbestandsvoraussetzungen des Abfallbegriffs

Abfälle sind nach § 3 I 1 KrWG alle Stoffe oder Gegenstände, derer sich ihr Besitzer entledigt, entledigen will oder entledigen muss. Abfälle zur Verwertung sind Abfälle, die verwertet werden; Abfälle, die nicht verwertet werden, sind Abfälle zur Beseitigung (§ 3 I 2 KrWG). Der Abfallbegriff korrespondiert mit Art. 1 I lit. a AbfRRL und ist insoweit unionsrechtskonform, also vor allem im Lichte der effektiven Verwirklichung der umwelt- und gesundheitsschützenden Ziele der Richtlinie und damit tendenziell weit[59] auszulegen. Von der Begrenzung auf *bewegliche* Sachen, die noch der Legaldefinition des § 3 I KrW-/AbfG inhärent war, hat der Gesetzgeber mit dem KrWG abgesehen.[60] Die Begrenzung konnte nicht mehr aufrechterhalten werden, nachdem der *EuGH* auch unausgehobenes kontaminiertes Erdreich unter den europäischen Abfallbegriff subsumiert hatte.[61] Die unionsrechtskonforme erweiternde Auslegung des Abfallbegriffs hat sich indes mit der Novellierung der AbfRRL erledigt, weil der Unionsgesetzgeber einem Ausufern des abfallrechtlichen Anwendungsbereichs entgegengewirkt und Böden aus dem Abfallbegriff ausgeklammert hat (Art. 2 I lit. b AbfRRL).[62] Die deutsche Umsetzung setzt regelungstechnisch nicht beim Abfallbegriff an, sondern statuiert – unionsrechtskonform – eine 20

---

[58] Speziell zum Abfallbegriff unter dem KrWG *Frenz* NVwZ 2012, 1590 ff.; *Henke* SächsVBl. 2013, 225 ff.; *Schink* UPR 2012, 201 ff.

[59] *EuGH*, Rs. C-241/12 ua (Shell Nederland), NVwZ 2014, 358 Rn. 40, 53.

[60] Hierzu *Matschull-Zorn* EurUP 2012, 247 (248); *Schink* UPR 2012, 201 (202).

[61] *EuGH*, Rs. C-1/03 (Van de Walle ua/Texaco), Slg. 2004, I-7613 Rn. 42 ff.

[62] Vgl. *Schink* UPR 2012, 201.

Ausnahme vom Anwendungsbereich des KrWG betreffend Böden (§ 2 II Nr. 10 KrWG).[63] Kontaminierte (nicht ausgekofferte) Grundstücke fallen daher heute wieder (allein) in den Anwendungsbereich des Bodenschutzrechts, nicht des Abfallrechts.[64] Die frühere Rechtsprechung des *EuGH* ist daher heute überholt.[65] Das Vorliegen einer beweglichen Sache ist heute zwar formal kein Tatbestandsmerkmal mehr;[66] durch die Ausnahmen vom Anwendungsbereich „fokussiert" das Gesetz aber weiterhin primär bewegliche Sachen.[67]

a) Stoffe und Gegenstände

21 Die Definition des Abfallbegriffs über das Begriffspaar „Stoffe" und „Gegenstände" entspricht Art. 3 Nr. 1 AbfRRL. Der Unterschied zwischen beiden Begriffen ist mangels Legaldefinition undeutlich geblieben. Während Gegenstände körperliche Sachen sind, können sich Stoffe auch in einem flüssigen oder gasförmigen Aggregatzustand befinden.[68] Nicht gefasste Gase nimmt allerdings § 2 Nr. 8 KrWG vom Anwendungsbereich aus; für Flüssigkeiten gilt dies nicht (Umkehrschluss aus § 2 Nr. 9 KrWG). Dies bedeutet, dass sich das Gesetz vom Sachbegriff, der entsprechend den §§ 90 ff. BGB interpretiert wurde, als eigenständiges Tatbestandsmerkmal gänzlich verabschiedet hat,[69] was auch deshalb notwendig war, weil der unionsrechtliche Stoffbegriff nach der Rechtsprechung des *EuGH* schon immer weiter zu verstehen war. So wurde Schweröl, das nach dem Auslaufen aus einem Tankschiff auf der Meeresoberfläche treibt, dort Emulsionen bildet und mit Sedimenten verklumpt, als Stoff im Anwendungsbereich des Abfallrechts angesehen.[70] Das Gleiche gilt für in einem Kanalisationsnetz fließendes Abwasser,[71] das allerdings – mit Blick auf das besondere abwasserrechtliche Regime (§§ 54 ff. WHG) – (ebenso wie wasserrechtlich relevante Sedimente nach § 2 II Nr. 12 KrWG) vom Anwendungsbereich des KrWG ausgenommen ist (§ 2 II Nr. 9 KrWG).[72] Behandlungsanforderungen und Gefährlichkeitsmaßstab ergeben sich insoweit aus dem Wasserrecht.[73] Auch Zubereitungen iSd Art. 3 Nr. 2 REACH-Verordnung[74] können abfallrechtlich Stoff und unter den weiteren Voraussetzungen Abfall sein.[75] Der Stoffbegriff soll daher im Wesentlichen dem des WHG entsprechen, ist aber in jedem Fall weiter als der enge Begriff des § 3 Nr. 1 ChemG.

---

63 *BVerwG* Beschl. v. 26.7.2016 – 7 B 25.15 Rn. 6.
64 *Schlacke* § 12 Rn. 16.
65 *Petersen* AbfallR 2008, 154 (154).
66 *Schlacke* § 12 Rn. 16.
67 So die Begründung BT-Drs. 17/6052, 71.
68 *Böhler* NVwZ 2018, 956 ff. (zu Abgas in Rohrleitungen); *Delfs* in Schmehl/Klement (o. Fn. 44) § 3 Rn. 13; *Petersen* in Jarass/Petersen KrWG § 3 Rn. 30.
69 *Petersen* in Jarass/Petersen KrWG § 3 Rn. 31; abweichend *Schink* UPR 2012, 201 (203); *Wolf* in BeckOK UmweltR, 58. Ed 1.4.2019, KrWG § 3 Rn. 12.
70 Vgl. *EuGH*, Rs. C-188/07 (Commune de Mesquer), Slg. 2008, I-4501 Rn. 53 ff.
71 *EuGH*, Rs. C-252/05 (Thames Water Utilities), Slg. 2007, I-3883 Rn. 26 ff.
72 Zur Abgrenzung am Beispiel des Klärschlamms s. *EuGH*, Rs. C-629/19 (Sappi), ECLI:EU:C:2020:824 Rn. 54 ff.; *OVG Münster* NWVBl. 2018, 104 ff.; *Böhler* NVwZ 2020, 1741 f.
73 *Scheier* UPR 2011, 300 (306); *Schlink* UPR 2012, 201 (203).
74 VO (EG) Nr. 1907/2006 des Europäischen Parlaments und des Rates v. 18.12.2006 zur Registrierung, Bewertung, Zulassung und Beschränkung chemischer Stoffe (REACH), ABl. L 396, 1.
75 *Petersen* in Jarass/Petersen KrWG § 3 Rn. 30.

b) Erfüllung eines Entledigungstatbestands

Zu Abfall wird ein Stoff oder ein Gegenstand in dem Zeitpunkt, in dem sich der Besitzer seiner entledigt, entledigen will oder entledigen muss (§ 3 I KrWG). Das KrWG definiert die verschiedenen Entledigungstatbestände in § 3 II–IV KrWG, die trotz ihrer Unterschiede durch den abfallrechtlich konstitutiven Entledigungsbegriff verklammert werden.[76] Während die in § 3 II, III KrWG normierten Varianten an den (schon betätigten oder noch nicht betätigten, realen oder fingierten) Willen des Abfallbesitzers zur Entledigung anknüpfen und deshalb als Ausprägung eines „subjektiven Abfallbegriffs“ angesehen werden, begründet § 3 IV KrWG die Abfalleigenschaft unabhängig vom Willen des Abfallbesitzers aufgrund der objektiven Gefährlichkeit der Sache („objektiver Abfallbegriff“).[77] 22

aa) Tatsächliche Entledigung

Der Abfallbegriff des KrWG wurde – dem unionsrechtlichen Regelungsansatz folgend – wesentlich offener gefasst. Der einfachste Fall des subjektiven Abfallbegriffs ist die in § 3 I 1, II KrWG geregelte tatsächliche Entledigung. Entledigung ist nach § 3 II KrWG anzunehmen, wenn der Besitzer die Sache einem Verfahren der Verwertung oder der Beseitigung zuführt oder die tatsächliche Sachherrschaft über sie unter Wegfall jeder weiteren Zweckbestimmung verliert. Das kann auch ohne seinen Willen – zB bei einem Unfall oder einem technischen Defekt – geschehen.[78] Das KrWG hat den Entledigungstatbestand bewusst nur als *widerlegliche Vermutungsregel* („ist anzunehmen“) ausgestaltet.[79] 23

Für eine Entledigung durch Verwertung oder Beseitigung kommt es nicht darauf an, dass der gewählte Entsorgungspfad im Einzelfall der nach dem Gesetz rechtmäßig vorgesehene ist. Das Abfallrecht soll insoweit gerade auch diejenigen Entledigungspfade erfassen, die sich außerhalb der regulären Entsorgungsordnung bewegen und daher typischerweise in besonderem Maße umweltgefährdend sind. Des Weiteren haben die wörtlich mit Anh. I und II der AbfRRL übereinstimmenden Anl. 1 und 2, auf die § 3 II KrWG verweist, keinen abschließenden oder zwingenden Charakter,[80] sondern zählen lediglich exemplarisch Verwertungs- und Beseitigungsverfahren auf, die in der Praxis angewandt werden. Diesen kommt insoweit eine Indizwirkung zu, die allerdings eine Gesamtwürdigung aller Umstände im Einzelfall nicht entbehrlich macht.[81] Abzugrenzen ist die Verwertung allerdings von der bloßen Weiterverwendung einer Sache (→ Rn. 28, 34). 24

bb) Tatsächlicher Wille zur Entledigung

Die tatsächliche Entledigung iSv § 3 II KrWG ist der späteste Zeitpunkt, zu dem eine Sache zu Abfall wird. Gem. § 3 I 1 KrWG reicht es schon aus, dass sich der 25

---

[76] Vgl. *Versteyl* in Versteyl/Mann/Schomerus KrWG § 3 Rn. 12.

[77] Stellvertretend *Petersen* in Jarass/Petersen KrWG § 3 Rn. 33; *Wolf* in BeckOK UmweltR, 58. Ed. 1.4.2019, KrWG § 3 Rn. 19.

[78] *EuGH*, Rs. C-252/05 (Thames Water Utilities), Slg. 2007, I-3883 Rn. 28: unbeabsichtigtes Auslaufen von Abwasser aus einer Kanalisation.

[79] BT-Drs. 17/6052, 71; *Delfs* in Schmehl/Klement (o. Fn. 44) § 3 Rn. 28; *Petersen* in Jarass/Petersen KrWG § 3 Rn. 46. Abgelehnt für die Ablagerung von Bauschutt auf dem eigenen Grundstück *VG Würzburg* Urt. v. 20.11.2020 – W 10 K 20.288 Rn. 36.

[80] *Versteyl/Burgwedel* EuZW 2000, 585 (587); *Versteyl* in Versteyl/Mann/Schomerus KrWG § 3 Rn. 16.

[81] *Petersen* in Jarass/Petersen KrWG § 3 Rn. 48. S. zum früheren Regelungswerk in diesem Sinne auch *EuGH*, Rs. C-228/00 (Kommission/Deutschland), Slg. 2003, I-1439 Rn. 45 ff.; Rs. C-228/00 (Kommission/Luxemburg), Slg. 2003, I-1553 Rn. 36 ff.

Besitzer entledigen *will.* Der Entledigungsbegriff ist auch für diese Variante in § 3 II KrWG definiert, wohingegen § 3 III KrWG den subjektiven Abfallbegriff durch einen Tatbestand des vermuteten Entledigungswillens erweitert. Ein abstrakter Wille zur Entledigung als solcher reicht freilich nicht aus; es bedarf vielmehr – vergleichbar der polizeilichen Gefahrenschwelle – einer hinreichenden zeitlichen Nähe (temporales Element) als normative Zurechnungsschwelle. Denn *irgendwann* will sich ein Besitzer der meisten Gegenstände des täglichen Gebrauchs entledigen (etwa der Tageszeitung, aber eben erst, nachdem sie ausgelesen ist). Nur wenn eine Entledigung nach dem Willen des Abfallbesitzers oder Abfallerzeugers unmittelbar bevorsteht, sprich: keine weiteren, außerhalb des Anwendungsbereichs liegenden Nutzungen mehr aus einem Stoff oder Gegenstand gezogen werden sollen (was durch äußere Indizien nachgewiesen sein kann[82]), greift das Abfallrecht.

cc) Vermuteter Wille zur Entledigung

26 Das Feststellen eines subjektiven Entledigungswillens anhand äußerlich feststellbarer Indizien ist gerade dann, wenn es der Abfallbesitzer darauf anlegt, die Sache dem Regime des Abfallrechts vorübergehend oder dauerhaft zu entziehen (etwa um sie auf anderem Wege preisgünstig zu „entsorgen"), ein praktisch aufwendiges und zum Teil unmögliches Unterfangen. Um den Behörden den Beweis zu erleichtern, enthält § 3 III KrWG für zwei Konstellationen eine *unwiderlegliche gesetzliche Vermutung*[83] des Willens zur Entledigung. Der Wille des Abfallverantwortlichen wird bereits hinreichend über § 3 III 2 KrWG berücksichtigt, sodass für eine darüber hinausgehende Widerlegung weder Bedarf noch normativ Raum ist.[84]

27 § 3 III 1 Nr. 1 KrWG bezieht sich vornehmlich auf industrielle Produktionsverfahren. Die in solchen Verfahren entstehenden Sachen sind Abfälle iSd subjektiven Abfallbegriffs, wenn der Zweck des Produktionsvorgangs nicht auf ihre Herstellung gerichtet war.[85] Das Entstehen der Sache muss mithin die unerwünschte und unbeabsichtigte (wenngleich zur Herstellung des eigentlichen Produkts als notwendiges Übel möglicherweise wissend in Kauf genommene) Nebenfolge der Produktion sein. Ist der Herstellungsprozess dagegen zumindest auch (wenngleich nebenrangig) auf die Herstellung des Stoffes oder Gegenstands gerichtet,[86] wird der Entledigungswille nicht vermutet und es liegt kein Abfall im subjektiven Sinne vor. Der Gesetzgeber hat dem durch eine – um weitere Voraussetzungen angereicherte – Regelung über Nebenprodukte (§ 4 KrWG) Rechnung getragen (→ Rn. 31 ff.).

28 Nach der Vermutung des § 3 III 1 Nr. 2 KrWG ist ein Entledigungswille anzunehmen, wenn der Besitzer die von ihm ursprünglich mit der Sache verbundene Zweckbestimmung aufgibt. Die Zwecklosigkeit begründet nach der Einschätzung des Gesetzes die Gefahr eines sorglosen Umgangs mit der Sache,[87] weshalb sie dem Besitzer in diesem Fall zum Schutz der Umwelt entzogen werden soll. Gem. § 3 III 1 Nr. 2 Hs. 2 KrWG ist ein Entledigungswille deshalb nicht anzunehmen, wenn ein neuer Verwendungszweck unmittelbar an die Stelle des aufgegebenen Verwendungszwecks tritt. Erforderlich ist aber nach hM nicht allein die Unmittelbarkeit einer neuen Zweckbestimmung, sondern auch die unmittelbare Möglichkeit, diese Zweckbestim-

---

82 Vgl. *VG Würzburg* Urt. v. 20.11.2020 – W 10 K 20.288 Rn. 37 ff.: schlichtes Liegenlassen auf dem Grundstück.

83 *BVerwG* Beschl. v. 4.9.2009 – 7 B 8/09 Rn. 9 f.

84 *Petersen* in Jarass/Petersen KrWG § 3 Rn. 70.

85 Vgl. *Reese* ZUR 2000, 410 (411); *ders.*, Kreislaufwirtschaft im integrierten Umweltrecht, 2000, S. 23 ff.; *Jacobj* AbfallR 2004, 90 ff.

86 BVerwGE 96, 80 (82 ff.).

87 Dazu BVerwGE 92, 353 (355), bezogen auf den objektiven Abfallbegriff.

mung tatsächlich zu verwirklichen. Diese Möglichkeit ist nicht gegeben, wenn die Sache zum Zwecke der beabsichtigten Weiterverwendung erst noch einer Verwertung iSd in Anl. 2 zum KrWG genannten Verfahrens unterzogen werden muss.[88] Zudem setzt „Unmittelbarkeit" einen engen zeitlichen Zusammenhang zwischen dem Entfallen oder Aufgeben der ursprünglichen Zweckbestimmung und dem neuen Verwendungszweck und seiner Realisierbarkeit voraus.[89] Eine nur hypothetische oder gar spekulative Verwendung genügt nicht.[90]

Keine Abfälle sind demzufolge Altkleider,[91] die als Secondhandware weiter benutzt werden; 29
die Ermöglichung, dass sich ein Dritter die Sache aneignet, tritt als neuer Zweck des Besitzers der Kleider im Moment der Abgabe an eine Altkleidersammlung an die Stelle des ursprünglichen Verwendungszwecks, sie selbst zu tragen. Dasselbe gilt für Altreifen, die ein Landwirt von seinen Fahrzeugen abmontiert, um sie – ohne erhebliche zeitliche Verzögerung – zur Beschwerung von Plastikplanen zu benutzen. Anders ist es aber, wenn aus dem Reifenprofil Schuhsohlen gefertigt werden. Hier handelt es sich um eine Entledigung, da der neue Widmungszweck nur nach einer vorherigen Behandlung der Sache nach Anl. 2, R 3 zum KrWG (Verwertung organischer Stoffe) verwirklicht werden kann.

Einerseits objektivieren die Tatbestände von Nr. 1 und Nr. 2 des § 3 III 1 KrWG 30
hiernach den Entledigungswillen, vor allem um Beweisschwierigkeiten zu reduzieren. Mit der Zweckbestimmung wird hierbei allerdings andererseits zunächst wiederum auf den Willen des Abfallverantwortlichen und damit auf ein von subjektiven Voraussetzungen abhängiges Tatbestandselement abgestellt. Um zu vermeiden, dass sich insoweit die Nachweisprobleme nur verlagern, reobjektiviert § 3 III 2 KrWG die Zweckbestimmung. Entscheidend ist zwar im Ausgangspunkt die Auffassung des Erzeugers oder Besitzers der Sache, doch wird sie vom Recht nur „unter Berücksichtigung" der „Verkehrsanschauung" anerkannt. Die Abfalleigenschaft wird also auch dann begründet, wenn der Abfallverantwortliche zwar eine anderweitige Zweckbestimmung behauptet, sein Vorbringen aber der Verkehrsanschauung widerspricht und daher nicht plausibel ist. Erst recht ist der Tatbestand des § 3 III 1 KrWG erfüllt, wenn anhand der äußeren Umstände erkennbar ist, dass es entgegen einer bloßen Schutzbehauptung des Abfallverantwortlichen schon subjektiv an einer neuen Zweckbestimmung fehlt. Diese Vermutungsregel ist sowohl unionsrechtskonform als auch als verhältnismäßige Inhalts- und Schrankenbestimmung nach Art. 14 I 2 GG verfassungsrechtlich zulässig.[92] Allerdings ist zum Schutz der Eigentumsfreiheit (Art. 14 I 1 GG), die auch die Nutzung konkreter als Eigentum geschützter Gegenstände umfasst, im Regelfall davon auszugehen, dass eine vom Eigentümer geäußerte Zweckbestimmung tatsächlich gegeben ist. Das Recht muss daher auch ungewöhnliche Verwendungsabsichten schützen. Die Verkehrsanschauung soll insoweit den Nachweis des Entledigungswillens durch Objektivierung[93] erleichtern, um Missbrauch entgegenzuwirken,[94] kann aber nicht den Verantwortlichen zwingen, die in seinem Eigentum befindlichen Sachen nur im Rahmen des Verkehrsüblichen zu nutzen. Eine Korrektur nach Maßgabe der Verkehrsanschauung legt daher der

---

[88] So auch *EuGH*, Rs. C-241/12 ua (Shell Nederland), NVwZ 2014, 358 Rn. 53.

[89] Vgl. *OVG Greifswald* NVwZ-RR 2007, 21 (22).

[90] *EuGH*, Rs. C-188/07 (Commune de Mesquer), Slg. 2008, I-4501 Rn. 59.

[91] *Frenz* DVBl 2012, 1349 (1350). Abweichend etwa *VGH Mannheim* NVwZ-RR 2018, 800 (801); *VGH München* NVwZ-RR 2018, 844 (845 f.).

[92] *Petersen* in Jarass/Petersen KrWG § 3 Rn. 71.

[93] *VG Augsburg* Urt. v. 8.2.2021 – Au 9 K 20.1387 Rn. 28; *VG Cottbus* Beschl. v. 2.4.2020 – 3 L 559/19 Rn. 22.

[94] *Petersen* in Jarass/Petersen KrWG § 3 Rn. 90.

Behörde besondere Begründungslasten auf.[95] Für die objektive Abfalleigenschaft trägt die Behörde Darlegungs- und Beweislast.[96]

dd) Nebenprodukte

31 Vom Abfall sind Nebenprodukte zu unterscheiden. Dabei handelt es sich um solche Stoffe oder Gegenstände, deren Herstellung zwar nicht der Hauptzweck eines Herstellungsverfahrens ist, die aber automatisch anfallen und einen eigenen Nutzwert haben. Beispiele hierfür wären der aus den Abgasen von Rauchgasentschwefelungsanlagen gewonnene REA-Gips oder Bruchgestein.[97] Insoweit entsteht ein Konkurrenzverhältnis zur Abfallverwendung, die den strikten Anforderungen des Abfallrechts unterliegt, wohingegen für echte Nebenprodukte lediglich die – in der Regel weniger rigiden – verwendungsbezogenen Anforderungen des Produktrechts greifen. Tierische Nebenprodukte – zB Jauche[98] – wurden nach § 2 II Nr. 2 KrWG hingegen von vornherein vom Anwendungsbereich des KrWG ausgenommen.

32 Die novellierte AbfRRL verwendet auf die Abgrenzung von Nebenprodukt und Abfall erhebliche Mühe. Sie will damit einer Verengung des Abfallbegriffs durch die Mitgliedstaaten entgegenwirken. Ein auf das Nebenprodukt gerichteter Produktionszweck reicht unionsrechtlich nicht aus, um einen Entledigungswillen auszuschließen. Nach Art. 5 I AbfRRL muss hinzutreten, dass die weitere Verwendung des Stoffes oder Gegenstands nicht nur möglich, sondern nach Lage der Dinge gewiss[99] (wichtigstes Indiz: Verwendung ist wirtschaftlich vorteilhaft) und rechtmäßig[100] ist. Eine weitere Verarbeitung, die über „die normalen industriellen Verfahren“ hinausgeht, darf nicht erforderlich sein. Zur Konkretisierung oder Änderung dieser Vorgaben ermächtigt Art. 5 II AbfRRL die Kommission zum Erlass von Tertiärrecht im sog. Regelungsverfahren nach Art. 39 AbfRRL, der auf den Komitologiebeschluss verweist.

33 Im Kontrast zum früheren Recht widmet auch das KrWG den Nebenprodukten in § 4 eine eigenständige Bestimmung.[101] Fällt ein Stoff oder Gegenstand bei einem Herstellungsverfahren an, dessen hauptsächlicher Zweck nicht auf die Herstellung dieses Stoffes oder Gegenstandes gerichtet ist, ist er nach § 4 I KrWG – insoweit in Übereinstimmung mit Art. 5 I AbfRRL und vorbehaltlich einer konkretisierenden Rechtsverordnung nach § 4 II KrWG – nur dann als Nebenprodukt und nicht als Abfall anzusehen, wenn (1) sichergestellt ist, dass der Stoff oder Gegenstand weiter verwendet wird, (2) eine weitere, über ein normales industrielles Verfahren hinausgehende Vorbehandlung hierfür nicht erforderlich ist, (3) der Stoff oder Gegenstand als integraler Bestandteil eines Herstellungsprozesses erzeugt wird[102] *und* (4) die weitere Verwendung rechtmäßig ist; dies ist der Fall, wenn der Stoff oder Gegenstand alle für seine jeweilige Verwendung anzuwendenden Produkt-, Umwelt- und

[95] Zu stark objektivierend daher *Petersen* in Jarass/Petersen KrWG § 3 Rn. 91.

[96] *VGH München* Beschl. v. 17.2.2020 – 12 CS 19.2505 Rn. 43; *VG Augsburg* Urt. v. 8.2.2021 – Au 9 K 20.1387 Rn. 28; *VG Würzburg* Gerichtsbesch. v. 7.12.2020 – W 10 K 19.1529 Rn. 37.

[97] *Matschull-Zorn* EurUP 2012, 247 (248); *Petersen/Doumet/Stöhr* NVwZ 2012, 521 (522).

[98] *Frenz* NVwZ 2012, 1590 (1592); unionsrechtlich *Epiney* EurUP 2014, 49 (62 f.).

[99] Bereits *EuGH*, Rs. C-9/00 (Palin Granit), Slg. 2002, I-3533 Rn. 36; Rs. C-114/01 (Avesta Polarit), Slg. 2003, I-8725 Rn. 36 f.; Rs. C-188/07 (Commune de Mesquer), Slg. 2008, I-4501 Rn. 44.

[100] So schon *EuGH*, Rs. C-114/01 (Avesta Polarit), Slg. 2003, I-8725 Rn. 38.

[101] Eingehend *Henke* SächsVBl. 2013, 225 (227 ff.); *Kropp* UPR 2013, 369 ff.; *Schink* UPR 2012, 201 (205 ff.).

[102] Dazu *VGH München* Beschl. v. 7.6.2020 – 22 CS 20.895 Rn. 39 („Muschelkalk“).

Gesundheitsschutzanforderungen erfüllt und insgesamt nicht zu schädlichen Auswirkungen auf Mensch und Umwelt führt.[103] Sind diese Voraussetzungen erfüllt, unterliegt ein Nebenprodukt von Gesetzes wegen nicht den Regelungen des Abfallrechts; einer behördlichen Feststellung bedarf es hierfür nicht.[104]

Erforderlich ist eine *positive Weiterverwendungsprognose*, und zwar hinsichtlich der vollständigen Menge der hergestellten Gegenstände; die bloße Vorstellbarkeit einer Weiterverwendung genügt nicht.[105] Ein Indiz, das für eine gesicherte Weiterverwendung nach Nr. 1 spricht, ist ein objektivierbarer Marktpreis, der eine Nachfrage nach einem Produkt anzeigt.[106] Weitere Indizien sind: die Qualität des Produktes; gesicherte und längerfristige Abnahmeverträge; gegen eine Weiterverwendung sprechen etwa Zweifel an der Abnahmekapazität möglicher Nutzer oder die Notwendigkeit einer nicht nur kurzfristigen Zwischenlagerung.[107] 34

ee) Entledigungszwang

Das Interesse des Abfallbesitzers, eine Sache weiter zu verwenden, zu verwerten oder an einen Dritten zu veräußern, kann in Konflikt mit dem Allgemeininteresse an einer geordneten Abfallentsorgung geraten. Deshalb erfasst der objektive Abfallbegriff alle beweglichen Sachen, deren ursprüngliche – unter Hinzuziehung der Verkehrsanschauung zu ermittelnde[108] – Zweckbestimmung entfallen ist und von denen aufgrund ihres konkreten Zustands am Aufbewahrungsort eine Gefahr für das Wohl der Allgemeinheit bzw. die Umwelt ausgeht (§ 3 IV KrWG).[109] Der unbestimmte Rechtsbegriff des Wohls der Allgemeinheit wird durch die beispielhafte Aufzählung der zu beachtenden Schutzgüter in § 15 II KrWG angereichert.[110] Die Zweckbestimmung ist (objektiv) entfallen, wenn der Stoff oder Gegenstand aus tatsächlichen oder rechtlichen Gründen nicht mehr zweckentsprechend verwendet werden kann, namentlich falls die einschlägigen Anforderungen der außerhalb des Abfallrechts geltenden Vorschriften des allgemeinen Produkt- und Umweltrechts nicht mehr erfüllt werden.[111] 35

Auch eine nach ihrem konkreten Zustand für das Wohl der Allgemeinheit gefährliche Sache wird allerdings nach dem Gesetz – sowie auch aus Gründen der Verhältnismäßigkeit – nur unter der weiteren Voraussetzung zu Abfall, dass weder dem Abfallverantwortlichen noch einem Dritten eine gefahrlose Verwendung (ggf. nach Maßgabe des geltenden Ordnungsrechts) tatsächlich und rechtlich möglich ist. Nur dann nämlich kann das Gefährdungspotential der Sache „nur" durch eine Verwertung oder Beseitigung ausgeschlossen werden. Der Eigentumsfreiheit (Art. 14 I GG) ist aber durch restriktive Auslegung des Merkmals „Wohl der Allgemeinheit" in § 3 IV KrWG und einen hinreichend hohen Gefährdungsgrad als Zurechnungs- und 36

---

[103] Vertiefend *Kropp* UPR 2013, 369 (371 ff.).

[104] *Oexle* in Schmehl/Klement (o. Fn. 44) § 4 Rn. 31; *Petersen/Doumet/Stöhr* NVwZ 2012, 521 (523).

[105] *Petersen* in Jarass/Petersen KrWG § 4 Rn. 28.

[106] *Cosson* in BeckOK UmweltR, 58. Ed. 1.4.2019, KrWG § 4 Rn. 7; *Henke* SächsVBl. 2013, 225 (228); *Versteyl* in Versteyl/Mann/Schomerus KrWG § 4 Rn. 18 f.

[107] IE *Oexle* in Schmehl/Klement (o. Fn. 44) § 4 Rn. 14; *Petersen* in Jarass/Petersen KrWG § 4 Rn. 29 ff.

[108] *BVerwG* NVwZ-RR 2018, 961 (963).

[109] Anschaulich *VG Gelsenkirchen* Urt. v. 14.1.2020 – 9 K 5432/16 Rn. 50 ff.: Bauzement, der mit Asbest verunreinigt ist.

[110] Vgl. *Jahn* in ders./Deifuß-Kruse/Brandt (Hrsg.), KrWG, 2014, § 15 Rn. 8.

[111] *BVerwG* NVwZ-RR 2018, 961 (963).

Verantwortlichkeitsschwelle Rechnung zu tragen (grundrechtskonforme Auslegung).[112]

37 Ein Indiz für die Möglichkeit einer gefahrlosen Verwendung ist das *Vorhandensein eines Marktes* für die Sache. Kann die Sache gegen Entgelt an Dritte veräußert werden, spricht das gegen ihre Abfalleigenschaft.[113] Geprüft werden muss allerdings noch die konkrete Möglichkeit des Dritten, die Sache ohne eine Verwertung iSd KrWG zu verwenden. Zahlt der Besitzer der Sache umgekehrt dem abnahmebereiten Dritten für die Abnahme ein Entgelt, so ist dies ein Indiz, dass eine abfallrechtliche Entsorgung geboten ist. Bspw. reparaturfähige Kraftfahrzeuge, Elektrogeräte oder Altreifen sind keine Abfälle im objektiven Sinne, wenn der Besitzer in rechtlicher, tatsächlicher, organisatorischer, finanzieller, personeller und unternehmerischer Hinsicht in der Lage ist, die Sache alsbald einer neuen, nicht umweltschädlichen Verwendung zuzuführen.[114]

3. Beendigung der Abfalleigenschaft

38 Ist der Abfallbegriff erfüllt, bleibt die Sache solange Abfall, bis die (nachfolgend dargestellten) Pflichten zur Abfallverwertung vollständig erfüllt sind (vgl. Art. 6 AbfRRL).[115] Einen anderen Weg, eine Sache aus dem Regime des Abfallrechts herauszulösen, gibt es nicht. Bei einer Verwertung bleibt die Sache solange Abfall, bis die Verwertung abfallrechtskonform abgeschlossen ist,[116] bei der Beseitigung solange, bis diese ordnungsgemäß nach Maßgabe des Abfallrechts beseitigt ist.[117] Dies ist von erheblicher Bedeutung, weil an die Abfalleigenschaft zahlreiche Rechtsfolgen anknüpfen, etwa die Beachtung des Abfallverbringungsrechts (→ Rn. 89 ff.) und der Nachweiserfordernisse nach NachwV[118], wohingegen für die vom Abfallrecht „befreiten" Gegenstände nur noch das allgemeine Produktrecht gilt.[119]

39 Dies konkretisiert nunmehr iE die Regelung des § 5 I KrWG, die nach § 5 II KrWG ggf. durch Verordnungsgebung, die auch der Umsetzung tertiären Unionsrechts dient,[120] zu ergänzen ist. Die Abfalleigenschaft eines Stoffes oder Gegenstandes endet nach § 5 I KrWG, wenn dieser ein Verwertungsverfahren durchlaufen hat und so beschaffen ist, dass (1) er üblicherweise für bestimmte Zwecke verwendet wird, (2) ein Markt für ihn oder eine Nachfrage nach ihm besteht, (3) er alle für seine jeweilige Zweckbestimmung geltenden technischen Anforderungen sowie alle Rechtsvorschriften und anwendbaren Normen für Erzeugnisse erfüllt *und* (4) seine Verwendung insgesamt nicht zu schädlichen Auswirkungen auf Mensch oder Umwelt führt.[121] § 5 I Nr. 4 KrWG erfordert eine positive Prognose, wobei sich die Anforderungen an ein Produkt sowohl aus dem maßgeblichen Produktrecht als auch aus dem Abfallrecht ergeben.[122] Diese strengen Anforderungen dienen letztlich der Kontrolle einer umweltverträglichen Rückführung des Abfalls in den Wirtschafts-

---

[112] *Sparwasser/Engel/Voßkuhle* § 11 Rn. 151; *Hoppe/Beckmann/Kauch* § 30 Rn. 42.
[113] *Hoppe/Beckmann/Kauch* § 30 Rn. 42.
[114] BVerwGE 92, 359 (361 ff.).
[115] BVerwGE 127, 250 ff.
[116] Vgl. *EuGH,* Rs. C-457/02 (Antonio Niselli), Slg. 2004, I-10853 Rn. 52; *BVerwG* NVwZ 1999, 1111 f.
[117] *Petersen/Doumet/Stöhr* NVwZ 2012, 521 (523).
[118] Nachweisverordnung v. 20.10.2006 (BGBl. I 2298).
[119] *Matschull-Zorn* EurUP 2012, 247 (249).
[120] *Petersen/Friedrich* NVwZ 2021, 1 (3).
[121] Anschaulich *VGH Kassel* NVwZ-RR 2013, 136 ff.
[122] *Petersen/Doumet/Stöhr* NVwZ 2012, 521 (523).

kreislauf, die nur durch eine Aufrechterhaltung des abfallrechtlichen Pflichtenregimes bis zum abschließenden Eintritt des Verwertungserfolges durch Überwachung der Schadlosigkeit sicherzustellen ist.[123] Da § 5 I KrWG alle Verwertungsverfahren einbezieht – sich also nicht auf Recyclingverfahren beschränkt – können auch sekundäre Brennstoffe der Abfalleigenschaft wieder entkommen.[124]

Eine klarstellende,[125] im Oktober 2020 eingeführte (→ Rn. 10) Regelung enthält § 7a KrWG. Natürliche oder juristische Personen, die Stoffe und Gegenstände, deren Abfalleigenschaft im Einklang mit § 5 I KrWG beendet ist (§ 7a II KrWG), erstmals verwenden oder erstmals in Verkehr bringen, haben dafür zu sorgen, dass diese Stoffe oder Gegenstände den geltenden Anforderungen des Chemikalien- und Produktrechts genügen (§ 7a I KrWG).

Im *Fall 25* greift die spezielle Abfallfiktion des § 20 IV KrWG nicht ein, da die Fahrzeuge nicht 40
auf öffentlichen Verkehrsflächen abgestellt sind. Es sind daher die Voraussetzungen des Abfallbegriffs nach § 3 I KrWG zu prüfen. Eine tatsächliche Entledigungshandlung iSd § 3 II KrWG liegt nicht vor, da die Sachen ohne weitere Behandlung gelagert werden. Streiten kann man darüber, ob hier der subjektive Abfallbegriff erfüllt ist. *A* verneint ausdrücklich einen Entledigungswillen. Möglicherweise wird der Entledigungswille aber nach § 3 III 1 Nr. 2 KrWG gesetzlich vermutet. Die ursprüngliche Zweckbestimmung der Fahrzeuge – der Gebrauch im Verkehr – ist mit ihrer Stilllegung entfallen. Ein neuer Verwendungszweck ist nicht ersichtlich. *A* trägt zwar vor, die Motoren und Getriebeteile gewinnbringend verkaufen zu wollen, doch ist diese Zwecksetzung lediglich auf einzelne Teile, nicht auf die Unfallwracks als solche bezogen. Zweifel bestehen zudem an der Unmittelbarkeit des neuen Verwendungszwecks, da seine Verwirklichung zunächst einen Ausbau der verwertbaren Teile voraussetzt, dessen Beginn und Dauer nach dem Vortrag des *A* nicht absehbar sind. Außerdem ist auch der objektive Abfallbegriff (§ 3 IV KrWG) erfüllt, da *A* die Wracks ohne Vorkehrungen gegen das Auslaufen der Betriebsflüssigkeiten auf seinem Grundstück lagert. Daher ist die gegen ihn getroffene Überlassungsanordnung nach § 62 KrWG zu Recht ergangen. Auch der Bußgeldtatbestand des § 69 I Nr. 2 KrWG ist erfüllt, da das Betriebsgrundstück des *A* nicht als Abfallentsorgungsanlage iSd § 28 I 1 KrWG zugelassen ist.

IV. Die Pflichten der Abfallvermeidung und Abfallentsorgung

Schlüsselvorschrift[126] des geltenden Kreislaufwirtschaftsregimes ist § 6 I KrWG, der 41
in Nachbildung von Art. 4 I AbfRRL[127] eine – relative (vgl. vor allem §§ 6 II, 7 IV, 8 I 1 KrWG) – fünfstufige *Maßnahmenhierarchie* etabliert,[128] nach der sich die gesamte Entsorgungsordnung richtet. Maßnahmen der Vermeidung und der Abfallbewirtschaftung stehen hiernach in folgender Rangfolge:

(1) Vermeidung;
(2) Vorbereitung zur Wiederverwendung;
(3) Recycling;
(4) sonstige Verwertung, insbes. energetische Verwertung und Verfüllung;
(5) Beseitigung.

Diese Hierarchie ist gelockert und steht unter dem *Vorbehalt ökologischer Optimierung:*[129] Ausgehend von der genannten Rangfolge soll gem. § 6 II 1 KrWG nach Maßgabe der §§ 7, 8 KrWG diejenige Maßnahme Vorrang haben, die den Schutz

---

[123] *BVerwG* Beschl. v. 5.12.2012 – 7 B 17/12 Rn. 9.
[124] *Petersen/Doumet/Stöhr* NVwZ 2012, 521 (523).
[125] BT-Drs. 19/19373, 48 f.; *Petersen/Friedrich* NVwZ 2021, 1 (3).
[126] Vgl. *Frische* in Schmehl/Klement (o. Fn. 44) § 6 Rn. 5, 44.
[127] Hierzu eingehend *Reese* in Jarass/Petersen KrWG § 6 Rn. 14 ff.
[128] *Frenz* UPR 2012, 210 ff.; *Petersen* AbfallR 2013, 11 ff.
[129] Vgl. *Reese* in Jarass/Petersen KrWG § 6 Rn. 23 ff.

von Mensch und Umwelt bei der Erzeugung und Bewirtschaftung von Abfällen unter Berücksichtigung des Vorsorge- und Nachhaltigkeitsprinzips am besten gewährleistet. Dieses ökologische Optimierungsgebot wird zudem überlagert durch die in § 6 II 3 KrWG geregelte Pflicht, die technische Möglichkeit, die wirtschaftliche Zumutbarkeit und die sozialen Folgen der Maßnahme zu beachten.

42 Der hinter der Abfallhierarchie stehende Optimierungsauftrag erfordert daher eine *komplexe Abwägung,*[130] in deren Rahmen teils disparate und konkurrierende Belange in Relation zueinander zu setzen sind. Namentlich werden die meisten ökologischen Maßnahmen zur Abfallvermeidung oder optimalen Verwertung wirtschaftliche Kosten produzieren, also bei Abwälzung auf den Verbraucher soziale Folgen zeitigen. Welchen Stellenwert dann diese – inhaltlich völlig unbestimmten[131] – Folgen in Relation zum ökologischen Optimierungsauftrag einnehmen sollen bzw. wie die freiheitsgrundrechtlich (Art. 12 I, 14 I GG) notwendige Zumutbarkeitsschwelle im Verhältnis zum durch Art. 20a GG verfassungsrechtlich armierten Umweltschutzziel sowie zu den ebenfalls verfassungsrechtlich relevanten sozialen Folgen (Art. 20 I GG) haben soll, lässt sich dem Gesetz nicht entnehmen. Eine unmittelbare gesetzliche Priorisierung wird daher nur in Evidenzfällen gelingen;[132] in allen anderen Fällen bedarf es einer gesetzlichen Typisierung, die letztlich durch das untergesetzliche Regelungswerk vorzunehmen ist (→ Rn. 9). Die Behörden des Bundes sowie die der Aufsicht des Bundes unterstehenden juristischen Personen des öffentlichen Rechts, Sondervermögen und sonstigen Stellen sind verpflichtet, durch ihr Verhalten zur Erfüllung des Zweckes nach § 1 KrWG beizutragen (§ 45 I KrWG).[133]

1. Abfallvermeidung

43 § 6 I Nr. 1 KrWG normiert – einer alten umweltpolitischen Forderung und insbes. dem Vorsorgeprinzip[134] entsprechend – die Pflicht, sich nicht nur um die Entsorgung von Abfällen zu kümmern, sondern schon ihrer Entstehung entgegenzuwirken (Vermeidungsgebot). Die Abfallvermeidung genießt im Rahmen der Abfallhierarchie in § 6 I KrWG (→ Rn. 14 ff.) grundsätzlich Vorrang vor der Verwertung. Dies gilt nach der allgemeinen Regel des § 6 II 1 KrWG allerdings unter dem Vorbehalt, dass eine Vermeidung den Schutz von Mensch und Umwelt bei der Erzeugung und Bewirtschaftung von Abfällen unter Berücksichtigung des Vorsorge- und Nachhaltigkeitsprinzips am besten gewährleistet. Die Einbeziehung der Abfallvermeidung in die Vorbehaltsklausel trägt dem Umstand Rechnung, dass gerade Abfallvermeidungsmaßnahmen erhebliche nachteilige Umweltauswirkungen zeitigen können.[135]

44 § 3 XX 1 KrWG *legaldefiniert* den Begriff der Vermeidung: Vermeidung ist hiernach jede Maßnahme, die ergriffen wird, bevor ein Stoff, Material oder Erzeugnis zu Abfall geworden ist, und dazu dient, die Abfallmenge, die schädlichen Auswirkungen des Abfalls auf Mensch und Umwelt oder den Gehalt an schädlichen Stoffen in Materialien und Erzeugnissen zu verringern. Um diese sehr abstrakte Definition ein Stück weit zu konkretisieren, enthält § 3 XX 2 KrWG (nicht abschließende[136])

[130] *Frenz* UPR 2012, 210 (213); *Petersen/Doumet/Stöhr* NVwZ 2012, 521 (524); *Reese* in Jarass/Petersen KrWG § 6 Rn. 38.
[131] Mit Recht *Frische* in Schmehl/Klement (o. Fn. 44) § 6 Rn. 43.
[132] Zutreffend *Reese* in Jarass/Petersen KrWG § 6 Rn. 38.
[133] Dazu *Petersen/Friedrich* NVwZ 2021, 1 (8).
[134] → § 4 Rn. 22 ff.
[135] *Frische* in Schmehl/Klement (o. Fn. 44) § 6 Rn. 29.
[136] So aber *Versteyl* in Versteyl/Mann/Schomerus KrWG § 3 Rn. 69.

Regelbeispiele: Hiernach zählen zur Beseitigung insbes. die anlageninterne Kreislaufführung von Stoffen, die abfallarme Produktgestaltung, die Wiederverwendung von Erzeugnissen oder die Verlängerung ihrer Lebensdauer sowie ein Konsumverhalten, das auf den Erwerb von abfall- und schadstoffarmen Produkten sowie die Nutzung von Mehrwegverpackungen gerichtet ist. Weitere Beispiele einer Vermeidung finden sich in Anl. 4 zum KrWG. Zur Abfallvermeidung gehören solche Handlungen, die *ex ante* auf die Verhinderung oder Verminderung der Abfallentstehung zielen. Wird die Menge eines einmal entstandenen Abfalls nur *ex post* vermindert, liegt eine Abfallverwertung (oder eine Beseitigung) vor. Zu beachten ist allerdings, dass § 3 XX 2 KrWG nunmehr eine Wiederverwendung ausdrücklich der Abfallvermeidung zuordnet, wohingegen eine Vorbereitung zur Wiederverwendung (§ 3 XXIV KrWG) weiterhin eine Verwertungsmaßnahme bleibt.[137] Letztlich kommt es also darauf an, ob aus *Ex-ante*-Sicht ein weiterer (vorbereitender) Zwischenschritt erforderlich (dann Verwertung) oder ob die Wiederverwendung unmittelbar aus dem Produktionsvorgang heraus – also vor Entstehung des Abfalls[138] – möglich ist (dann Vermeidung). Zu unterscheiden ist des Weiteren zwischen einer quantitativen (mengenbezogenen) und einer qualitativen (schädlichkeitsbezogenen) Abfallvermeidung.[139] Medial gliedert sich das Gebot der Abfallvermeidung in die anlagenbezogene Abfallvermeidung als Betreiberpflicht nach § 5 I Nr. 3 BImSchG (vgl. §§ 7 I, 13 KrWG) und die vom KrWG geregelte produktbezogene Abfallvermeidung.[140]

Auf der Ebene der Länder sind die Möglichkeiten zur Förderung der Abfallvermeidung begrenzt. Die überwiegende Meinung geht davon aus, dass den Ländern Kompetenzen zur Einführung ordnungsrechtlicher Abfallvermeidungsgebote nicht zustehen, weil der Bund insoweit von seiner konkurrierenden Gesetzgebungskompetenz (Art. 74 I Nr. 24 GG) iSd Art. 72 I GG abschließend Gebrauch gemacht hat.[141] **45**

Im *Abgabenrecht* verbleiben zwar Kompetenzen, von denen die Länder prinzipiell zum Zwecke der Förderung der Abfallvermeidung Gebrauch machen können. Doch sind sie nach einer – in der Sache wenig überzeugenden[142] – Rechtsprechung des *BVerfG* insoweit über ein aus dem Rechtsstaats- und dem Bundesstaatsprinzip abzuleitendes Gebot der Widerspruchsfreiheit der Rechtsordnung an die materielle Regelungskonzeption des KrWG gebunden,[143] was durch die deutliche Erhöhung der Regelungsdichte durch das KrWG verbliebene Freiräume für landesrechtliche Regelungskonzepte weitestgehend einschränkt. Eine kommunale Verpackungsabgabe auf Einweggeschirr[144] (örtliche Verbrauchsteuer nach Art. 105 IIa GG) verstoße gegen das im KrWG angelegte Prinzip einer Kooperation von Staat und Wirtschaft bei der Abfallvermeidung und sei aufgrund dieses Widerspruchs verfassungswidrig.[145] **46**

Auch auf der Grundlage der Rechtsprechung des *BVerfG* bleibt es zulässig, für Leistungen der Abfallentsorgung *Vorzugslasten* (Gebühren, Beiträge) zu erheben, deren Bemessung sich an der anfallenden Abfallmenge orientiert (Wirklichkeits- oder Wahrscheinlichkeitsmaßstab[146]) **47**

---

137 *Reese* in Jarass/Petersen KrWG § 3 Rn. 303.
138 So *Reese* in Jarass/Petersen KrWG § 3 Rn. 303.
139 Vgl. dazu *Diederichsen,* Das Vermeidungsgebot im Abfallrecht, 1998, S. 47 ff.
140 Vgl. *Kloepfer* UmweltR § 21 Rn. 187, 276 f.; *v. Lersner* ZUR 2000, 105 ff.; *Rummler* ZUR 2001, 308 ff.; *Kluth/Nojak* UTR 2003, 261 ff.
141 BVerwGE 104, 331 ff.
142 Zur Kritik → § 4 Rn. 130.
143 BVerfGE 98, 83 (97); 98, 106 (119).
144 Allg. zu solchen Lenkungsabgaben → § 4 Rn. 126 ff.
145 BVerfGE 98, 106 (125 ff.).
146 Zulässig nach *EuGH,* Rs. C-254/08 (Futura Immobiliare), ECLI:EU:C:2009:479 Rn. 43 ff.

und hierbei das gebührenrechtliche Äquivalenzprinzip[147] beachtet. Zulässig (und ggf. landesgesetzlich geboten) ist auch eine Ausgestaltung der Gebühren, die einen Anreiz zur Vermeidung von Abfällen vermittelt,[148] was letztlich gerade dem bundesrechtlichen Vorrang der Vermeidung vor der Verwertung entspricht. Allerdings spielt das in der verfassungsgerichtlichen Rechtsprechung entwickelte Gebot der Widerspruchsfreiheit auch in die Gebührenerhebung hinein. So kann eine Gebührensatzung rechtswidrig sein, die mit einer hohen mengenunabhängigen Mindestgebühr einen ökonomischen Anreiz setzt, Abfälle rechtswidrig nicht zu verwerten, sondern den öffentlich-rechtlichen Entsorgungsträgern zur Beseitigung zu überlassen.[149]

2. Arten der Abfallentsorgung

a) Abfallverwertung

48 Mit dem Abschluss der Verwertung enden die Abfalleigenschaft und damit auch der Anwendungsbereich des Abfallrechts. Der Begriff der Abfallverwertung ist in § 3 XXIII 1 KrWG – entsprechend Art. 3 Nr. 15 AbfRRL – *legaldefiniert:* Verwertung ist hiernach „jedes Verfahren, als dessen Hauptergebnis die Abfälle innerhalb der Anlage oder in der weiteren Wirtschaft einem sinnvollen Zweck zugeführt werden, indem sie entweder andere Materialien ersetzen, die sonst zur Erfüllung einer bestimmten Funktion verwendet worden wären, oder indem die Abfälle so vorbereitet werden, dass sie diese Funktion erfüllen." Dieser Hauptzweck muss nicht zwingend beim Abfallverantwortlichen, sondern kann auch bei einem Dritten erfüllt werden.[150] Anl. 2 enthält eine Liste von Verwertungsverfahren, die iSd Regelbeispielstechnik als Anwendungshilfe dient, aber ausweislich § 3 XXIII 2 KrWG ausdrücklich nicht abschließend ist. Zwischen stofflicher und energetischer Verwertung wird nicht kategorial differenziert.[151] Dies ist insoweit konsequent, als der Einsatz von natürlichen Rohstoffen im Interesse der Nachhaltigkeit auch durch eine energetische Abfallverwertung verringert werden kann.[152] Auf der Ebene der Abfallhierarchie (§ 6 I Nr. 2–4 KrWG) kommt den unterschiedlichen Verwertungsformen freilich weiterhin eine relative (vgl. § 6 II KrWG) Bedeutung zu; auch weiterhin ist eine energetische Verwertung von Abfall der stofflichen nicht ohne weiteres gleichwertig.

49 Einzelne Verwertungsformen, die unter den Oberbegriff der Verwertung fallen und namentlich im Rahmen der Hierarchie des § 6 I KrWG eine Rolle spielen, sind ebenfalls in § 3 KrWG definiert. Eine *Vorbereitung zur Wiederverwendung* ist nach § 3 XXIV KrWG jedes Verwertungsverfahren der Prüfung, Reinigung oder Reparatur, bei dem Erzeugnisse oder Bestandteile von Erzeugnissen, die zu Abfällen geworden sind, so vorbereitet werden, dass sie ohne weitere Vorbehandlung wieder für denselben Zweck verwendet werden können, für den sie ursprünglich bestimmt waren, etwa das Aussortieren von noch funktionsfähigen Gegenständen oder auch die Vornahme von kleineren Reparaturen, „die einen Gegenstand mit wenigen Handgriffen wieder funktionstüchtig werden lassen."[153] Das deutsche Abfallrecht ist

---

[147] Hierzu stellv. *Kube*, Finanzgewalt in der Kompetenzordnung, 2004, S. 353, 360, 371; *Schmehl*, Das Äquivalenzprinzip im Recht der Staatsfinanzierung, 2004, S. 97 ff.; *Schönenbroicher* in Christ/Oebbecke (Hrsg.), Handbuch Kommunalabgabenrecht, 2016, D Rn. 589 f.; zurückhaltend *Sacksofsky*, Umweltschutz durch nicht-steuerliche Abgaben, 2000, S. 101.

[148] Vgl. *Frenz* DÖV 1999, 41 (45 f.); *Dieckmann/Reese* in Koch/Hofmann/Reese UmweltR-HdB § 6 Rn. 166.

[149] *BVerwG* NVwZ 2006, 589 (593).

[150] So aber *Versteyl* in Versteyl/Mann/Schomerus KrWG § 3 Rn. 84.

[151] Vgl. *Versteyl* in Versteyl/Mann/Schomerus KrWG § 3 Rn. 83.

[152] *Faßbender* AbfallR 2011, 165 (165).

[153] BT-Drs. 17/6052, 75.

hier strenger als Art. 3 Nr. 16 AbfRRL, insoweit es eine Wiederverwendung „für denselben Zweck“ fordert.[154] Eine unmittelbare Wiederverwendung ist im Kontrast eine Form der Abfallvermeidung nach § 3 XX KrWG.[155] § 3 XXIV KrWG setzt also voraus, dass zunächst ein Stoff oder Gegenstand entsteht, der dem Abfallbegriff unterfällt, was iE schwierige Abgrenzungsfragen auslösen kann. Beispiele wären etwa die Sammlung von Kleidern in Sammelcontainern, Sperrmüllsammlungen, Rundumerneuerung von Reifen, die hierdurch ein neues Profil erhalten, oder die Aufbereitung von Motoren.

Recycling ist nach § 3 XXV KrWG jedes Verwertungsverfahren, durch das Abfälle zu Erzeugnissen, Materialien oder Stoffen entweder für den ursprünglichen Zweck oder für andere Zwecke aufbereitet werden; es schließt die Aufbereitung organischer Materialien ein, nicht aber die energetische Verwertung und die Aufbereitung zu Materialien, die für die Verwendung als Brennstoff oder zur Verfüllung bestimmt sind. Von der Vorbereitung zur Wiederverwendung unterscheidet sich das Recycling dadurch, dass Vorbereitungsmaßnahmen zur Weiterbehandlung getroffen werden, die erheblich in die stoffliche Substanz des Abfalls eingreifen.[156] Beispiele hierfür wären die Wiederverwendung von Altglas, die Verwendung von Altpapier zur Herstellung von Papierprodukten (ggf. in anderer Qualität), Einschmelzen von Altmetall, Einbau mineralischer Baustoffe (etwa aus Abbruch von Gebäuden) bei Bauvorhaben. Auch wenn eine eigenständige Legaldefinition insoweit fehlt, gehört auch die – von § 6 I Nr. 4 KrWG ausdrücklich als sonstige Verwertungsform genannte – *Verfüllung* zur stofflichen Verwertung.[157] 50

b) Abfallbeseitigung

Nach § 15 I 1, II KrWG sind Abfälle, die nicht verwertet werden (sprich: hinsichtlich derer keine Pflicht zur Verwertung besteht), dauerhaft von der Kreislaufwirtschaft auszuschließen und zur Wahrung des Wohls der Allgemeinheit zu beseitigen. Beseitigung ist nach § 3 XXVI 1 KrWG jedes Verfahren, das keine Verwertung ist, auch wenn das Verfahren zur Nebenfolge hat, dass Stoffe oder Energie zurückgewonnen werden. Auch insoweit wird mit Anl. 1 die Legaldefinition durch eine regelbeispielhafte Liste von Beseitigungsverfahren als Anwendungshilfe ergänzt, die nach § 3 XXVI 2 KrWG ausdrücklich nicht abschließend ist. Sowohl die Überlassungspflichten nach § 17 KrWG als auch das Zulassungsregime für Entsorgungsanlagen (§§ 34 ff. KrWG) knüpfen tatbestandlich an eine Beseitigung von Abfall an. 51

Die Abfallbeseitigung hat so zu erfolgen, dass das Wohl der Allgemeinheit nicht beeinträchtigt wird (§ 15 I, II 1 KrWG). Der – gerichtlich voll überprüfbare[158] – Begriff des *Allgemeinwohls* meint alle normativ verfestigten öffentlichen Belange, die einer Beseitigungsform entgegenstehen können und bei einer Abwägung im Einzelfall[159] als höherrangig einzustufen sind. Der Begriff der *Beeinträchtigung* wird in § 15 II 2 KrWG nicht abschließend („insbesondere“) konkretisiert.[160] Eine Beeinträchtigung liegt hiernach insbes. dann vor, wenn die Gesundheit der Menschen 52

[154] Krit. *Versteyl* in Versteyl/Mann/Schomerus KrWG § 3 Rn. 85.
[155] *Reese* in Jarass/Petersen KrWG § 3 Rn. 322.
[156] *Reese* in Jarass/Petersen KrWG § 3 Rn. 335.
[157] *Delfs* in Schmehl/Klement (o. Fn. 44) § 3 Rn. 105.
[158] *Dieckmann* in Jarass/Petersen KrWG § 15 Rn. 40.
[159] *Schomerus* in Versteyl/Mann/Schomerus KrWG § 15 Rn. 13; krit. *Dieckmann* in Jarass/Petersen KrWG § 15 Rn. 42.
[160] *Dieckmann* in Jarass/Petersen KrWG § 15 Rn. 45; *Hilbert* in Schmehl/Klement (o. Fn. 44) § 15 Rn. 44; *Sparwasser/Engel/Voßkuhle* § 11 Rn. 297 ff.

beeinträchtigt wird (Nr. 1); Tiere oder Pflanzen gefährdet werden (Nr. 2); Gewässer oder Böden schädlich beeinflusst werden (Nr. 3); schädliche Umwelteinwirkungen durch Luftverunreinigungen oder Lärm herbeigeführt werden (Nr. 4); die Ziele oder Grundsätze und sonstigen Erfordernisse der Raumordnung nicht beachtet oder die Belange des Naturschutzes, der Landschaftspflege sowie des Städtebaus nicht berücksichtigt werden (Nr. 5) *oder* die öffentliche Sicherheit oder Ordnung in sonstiger Weise gefährdet oder gestört wird (Nr. 6). Die jeweilige Schädigungsneigung ist hierbei nach *allgemeinen polizeirechtlichen Grundsätzen* anhand der Schadenswahrscheinlichkeit sowie der Wertigkeit des betroffenen Rechtsguts zu bestimmen, wobei ggf. spezifische fachrechtliche Maßstäbe konkretisierend heranzuziehen sind.[161] Da sich gefährliche Formen der Abfallentsorgung mitunter stark zeitverzögert auswirken, also die Beseitigungshandlung nicht unbedingt in eine unmittelbare Schutzgutschädigung mündet, ist allerdings eine abstrakte Gefahr ausreichend; einer konkreten Gefahr bedarf es nicht.[162] Der Verweis auf die öffentliche Sicherheit und Ordnung im Auffangtatbestand[163] des § 15 II 2 Nr. 6 KrWG knüpft an die etablierten polizeirechtlichen Begriffe an.[164] Indem die öffentliche Sicherheit ua auf die Summe aller öffentlich-rechtlichen Normen verweist, wird hierdurch klargestellt, dass sich auch eine legale Abfallbeseitigung nicht ausschließlich nach Abfallrecht richtet, sondern nur im Rahmen der allgemeinen Rechtsordnung erfolgen kann.

53 Praktisch hohe Bedeutung hat das auf Grundlage von § 16 KrWG ergangene *Verordnungsrecht.* Im Mittelpunkt steht hierbei das Deponierecht, weil Abfälle, die nicht verwertet werden können, also beseitigt werden müssen, letztlich zu deponieren sind. Materielle Pflichten ergeben sich hier aus der Deponieverordnung (DepV[165]). Die Ablagerung von Abfällen ist nach § 6 DepV an strenge Voraussetzungen geknüpft, die praktisch nur durch eine thermische oder mechanisch-biologische Vorbehandlung (§ 2 Nr. 5 DepV) erfüllt werden können. Des Weiteren enthält die Deponieverordnung Vorschriften zur Errichtung und zum Betrieb von Abfalldeponien und Langzeitlagern. Bestimmte Abfälle wie Flüssigabfälle, explosive, korrosive, brandfördernde oder infektiöse Abfälle dürfen überhaupt nicht mehr abgelagert werden.

3. Abgrenzung von Verwertung und Beseitigung

a) Allgemeines

54 Die Abgrenzung sowohl der stofflichen als auch der energetischen Verwertung von einer bloßen Nutzenziehung als Begleitmaßnahme einer Beseitigung kann im Einzelfall erhebliche Schwierigkeiten bereiten. Das Gesetz stellt – im Einklang mit Art. 3 Nr. 15 AbfRRL – in § 3 XXIII KrWG auf das *Hauptergebnis* der Maßnahme ab. Eine dezidiert wirtschaftliche Betrachtungsweise ist nicht mehr gefordert, wohl auch, um ökonomisch nicht rentable, aber gemeinwohlverträgliche Verwertungsformen nicht von vornherein auszuschließen. Im Regelfall wird es aber weiterhin indiziell auf eine wirtschaftliche Saldierung von Kosten und Nutzen ankommen: Eine Abfallverwertung ist hiernach indiziert, wenn die Nutzung des Abfalls wirt-

---

161 *Dieckmann* in Jarass/Petersen KrWG § 15 Rn. 47.

162 AA wohl *Hilbert* in Schmehl/Klement (o. Fn. 44) § 15 Rn. 51.

163 *Dieckmann* in Jarass/Petersen KrWG § 15 Rn. 51; *Queitsch* in BeckOK UmweltR, 58.Ed. 1.4.2021, KrWG § 15 Rn. 21.

164 *Hilbert* in Schmehl/Klement (o. Fn. 44) § 15 Rn. 51; *Queitsch* in BeckOK UmweltR, 58. Ed. 1.4.2021, KrWG § 15 Rn. 21.

165 S. o. Fn. 21. Dazu *Franßen* AbfallR 2007, 106 ff.; *Gruber* AbfallR 2011, 173 ff.; *Weyer* AbfallR 2009, 28 ff.

schaftlich insgesamt vorteilhafter als seine bloße Ablagerung ist. Ist der wirtschaftliche Saldo hingegen negativ, so geht es in der Hauptsache um die Beseitigung des Schadstoffpotentials des Abfalls. Die Nutzenziehung ist dann bestenfalls ein Nebenzweck zur Verminderung der ökonomischen Belastung.[166] Die Grenze zwischen Verwertung und Beseitigung ist demzufolge dynamisch und hängt von den sich in der Zeit wandelnden technischen Möglichkeiten sowie von Angebot und Nachfrage ab. Zudem ist § 3 I 2 KrWG zu berücksichtigen, wonach ein Abfall zur Beseitigung bereits vorliegt, wenn er nicht verwertet wird. Es liegt also beim Abfallverantwortlichen, eine Verwertung in naher Zukunft glaubhaft zu machen.[167]

b) Energetische Verwertung und Beseitigung

Schwierigkeiten bestehen bei der Abgrenzung der energetischen Verwertung von der thermischen Behandlung von Abfällen im Rahmen der Abfallbeseitigung.[168] Eine Verbrennung von Abfall kann, wie einerseits Gruppe R 1 der Anl. 2 und andererseits die Gruppen D 10, 11 der Anl. 1 zum KrWG verdeutlichen, – abhängig von den jeweiligen Umständen – sowohl Verwertung als auch Beseitigung sein.[169] Auch hierbei kommt es nach § 3 XXIII KrWG auf das Hauptergebnis des Verbrennungsvorganges eines Abfalls an. Der *EuGH* vertrat hierzu frühzeitig einen weiten Begriff der energetischen Verwertung. Eine Hauptverwendung zur Energieerzeugung liege vor, wenn durch die Verbrennung mehr Energie erzeugt und zurückgewonnen wird als der Verbrennungsvorgang verbraucht und ein Teil des bei dieser Verbrennung gewonnenen Energieüberschusses tatsächlich genutzt wird. Außerdem muss bei dem Vorgang der größere Teil der eingesetzten Abfälle verbraucht und der größere Teil der freigesetzten Energie zurückgewonnen und genutzt werden.[170] Allerdings wird dieser weite Verwertungsbegriff wiederum durch den Vorbehalt eingeschränkt, dass von einer Abfallverwertung als Hauptzweck nur dann gesprochen werden kann, wenn durch die Verbrennung ein primärer Energieträger ersetzt wird *(Substitutionsprinzip)*.[171] Bei der Müllverbrennung in speziell diesem Zweck dienenden Anlagen soll dies in der Regel nicht der Fall sein. 55

Das *BVerwG* hat auf dieser Grundlage zur Abgrenzung folgenden Test entwickelt: „Die Abfallverbrennung muss – erstens – mit ihrem Hauptzweck dazu bestimmt sein, die Abfälle zur Energieerzeugung einzusetzen. Ein Einsatz zur Energieerzeugung ist anzunehmen, wenn – zweitens – thermische Energie erzeugt und der gewonnene Energieüberschuss tatsächlich genutzt wird. Es muss also mehr Energie entstehen, als bei der Verbrennung verbraucht wird, und der Überschuss muss als Verbrennungswärme oder Elektrizität genutzt werden. Die Abfälle müssen – drittens – hauptsächlich als Brennstoff oder andere Mittel der Energieerzeugung Verwendung finden. Bei dem Verbrennungsvorgang muss der größere Teil der Abfälle verbraucht und der größere Teil der freigesetzten Energie zurückgewonnen und genutzt werden. Nur dann ist die Abfallverbrennung ein Mittel zum Zweck der Ressourcenschonung, weil sie Primärenergie ersetzt. Andernfalls liegt eine thermische Behandlung, also Abfallbeseitigung vor".[172] 56

Indizien für eine Substitution sieht der *EuGH* darin, dass die fraglichen Abfälle für eine Anlage bestimmt sind, deren Betrieb ohne die Versorgung mit Abfällen unter Verwendung einer Primärenergiequelle hätte fortgesetzt werden müssen, sowie darin, dass der Anlagenbetreiber 57

---

[166] BVerwGE 111, 136 ff.
[167] *Reese* in Jarass/Petersen KrWG § 3 Rn. 315.
[168] Hierzu *VGH München* NuR 2002, 53 (55); *VGH Mannheim* NVwZ 1999, 1243 (1245).
[169] Eingehend *Reese* in Jarass/Petersen KrWG § 3 Rn. 319 ff.
[170] *EuGH*, Rs. C-458/00 (MVA Luxemburg), Slg. 2003, I-1553 Rn. 32 ff.
[171] *EuGH*, Rs. C-228/00 (Belgische Zementwerke), Slg. 2003, I-1439 Rn. 45; Rs. C-458/00 (MVA Luxemburg), Slg. 2003, I-1553 Rn. 36.
[172] BVerwGE 129, 1 (3).

dem Erzeuger oder Besitzer der Abfälle für deren Lieferung etwas zahlen muss. Diese enge Anlehnung an den Anlagenzweck dürfte jedoch inzwischen durch Art. 3 Nr. 15 AbfRRL bzw. § 3 XXIII KrWG überholt sein, wonach ein sinnvoller Zweck „in der weiteren Wirtschaft" ausreichend ist. Ein „sinnvoller Zweck" kann nun auch darin bestehen, dass durch die Erzeugung von Energie in einer Müllverbrennungsanlage die Leistung anderer Kraftwerke vermindert werden kann.[173] Aus Fußnote 1 zu Gruppe R 1 der Anl. 2 zum KrWG ergibt sich allerdings, dass eine Verbrennung von Siedlungsabfall nur dann Verwertung sein kann, wenn diese Anlage konkreten Anforderungen an die Energieeffizienz genügt. Die Erfüllung dieses Effizienzkriteriums ist dabei nur Mindestbedingung für eine Verwertung, indiziert eine solche aber nicht.[174] Letztlich wird für die Abgrenzung von Verwertung und Beseitigung – ungeachtet aller Unsicherheiten (sowie des Fortfalls der früheren Heizwertklausel in § 8 III KrWG aF) – weiterhin ein Mindestheizwert relevant sein,[175] wobei dieser Wert niedriger anzusetzen sein müsste als derjenige, der erforderlich ist, die Gleichwertigkeit einer energetischen mit einer stofflichen Verwertung herzustellen (VO nach § 8 II KrWG). Der Energieeffizienzindikator, der die Gleichwertigkeit der Verwertungsform anzeigt, setzt insoweit bereits tatbestandlich das Vorliegen einer Verwertung voraus, kann dann aber nicht zugleich der Abgrenzung zur Beseitigung dienen.

c) Stoffliche Verwertung und Beseitigung

58 Auch bei der Abgrenzung von stofflicher Verwertung und Beseitigung können sich Grenzfragen ergeben, was etwa die Nutzung von Abfällen zur Verfüllung in stillgelegten Bergbauanlagen zur Stabilisierung der Hohlräume gegen Einsturzgefahren zeigt.[176] Das Gesetz lässt inzwischen die ober- wie untertägige[177] Verfüllung als sonstige Verwertungsform ausdrücklich zu (§ 6 I Nr. 4 KrWG). Dies steht im Einklang mit Art. 3 Nr. 15 AbfRRL sowie der früheren Rechtsprechung des *EuGH,*[178] der die inzwischen auch § 3 XXIIIa KrWG zugrunde liegende Substitutionsformel konsequent auf Bergversatz anwendet und eine stoffliche Verwertung bejaht. Eine stoffliche Verwertung setzt hierbei voraus, dass der Hauptzweck der Maßnahme in der Nutzung des Abfalls (zB zur Erfüllung einer bergrechtlichen Verfüllungspflicht), nicht aber in der Beseitigung des Schadstoffpotentials liegt.[179] Läuft die Verfüllung demgegenüber anderweitigen (zB naturschutz-, städtebau- oder raumordnungsrechtlichen) Zwecken zuwider, indiziert dies eine Abfallbeseitigung.[180] Wird der Abfall anderen Stoffen untergemischt, kommt es nicht darauf an, ob die Untermischung die Stabilisierungswirkung erhöht,[181] weil § 6 I Nr. 4 KrWG die Verfüllung insoweit voraussetzungslos als Form der sonstigen Verwertung zulässt. Es reicht daher für eine stoffliche Verwertung aus, dass der Abfall stofflich überhaupt – und ggf. durch Vermischung mit anderen Stoffen – zur Stabilisierung geeignet ist und anderenfalls andere Stoffe eingesetzt werden müssten.

d) Einordnung von Abfallgemischen

59 Werden einzelne Stoffe oder Gegenstände miteinander vermengt, kommt es für die abfallrechtliche Bewertung auf das Abfallgemisch als Ganzes an,[182] und zwar nicht nur dann, wenn der Abfall von vornherein gemischt anfällt (zB Bauschutt, Rest-

---

173 *Petersen* ZUR 2008, 154 (157).
174 Zutreffend *Reese* in Jarass/Petersen KrWG § 3 Rn. 323.
175 *Reese* in Jarass/Petersen KrWG § 3 Rn. 322.
176 Hierzu *Reese* in Jarass/Petersen KrWG § 3 Rn. 326.
177 BT-Drs. 17/6052, 78.
178 *EuGH,* Rs. C-6/00 (ASA Abfall), Slg. 2002, I-1961 Rn. 58 ff.
179 BVerwGE 123, 247 (250).
180 *BVerwG* Beschl. v. 12.1.2010 – 7 B 34.09 Rn. 6.
181 So früher noch BVerwGE 111, 136 (141 f.); 123, 247 (251 f.).
182 BVerwGE 129, 1 (3); *BVerwG* NVwZ 2000, 1178 (1179).

hausmüll), sondern auch, wenn die Bestandteile des Gemisches zunächst getrennt anfallen und erst nachträglich vermischt werden. Der Abfallverantwortliche kann eine Überlassungspflicht mithin – bei wertender Gesamtwürdigung[183] – grundsätzlich dadurch umgehen, dass er einen an sich zu überlassenden Abfall mit Abfall zur Verwertung vermengt und auf das Gemisch ein Verfahren anwendet, das hauptsächlich der Nutzung der (wirtschaftlichen) Potentiale des Gemisches dient und damit dem Verwertungsbegriff unterfällt.

Die Möglichkeiten einer solchen Mitverwertung von an sich zu beseitigenden Ab- 60
fällen werden allerdings durch die bestehenden gesetzlichen – aus Gründen des Gesundheits- und Umweltschutzes ggf. auch unionsrechtlich gebotenen[184] – *Getrennthaltungspflichten* begrenzt.[185] Ganz allgemein sind nach § 9 I KrWG Abfälle getrennt zu halten, soweit dies zur Erfüllung der gesetzlichen Verwertungspflichten (§§ 7 II–IV, 8 I KrWG) erforderlich ist. Hierbei handelt es sich – entsprechend Art. 10 II AbfRRL – nur um ein relatives Trennungsgebot,[186] das im Wesentlichen von den technischen Verfahren und Anforderungen der Verwertung abhängt. Vermischungen zur Verwertung sind gerade dann zulässig, wenn hierdurch dem Hochwertigkeitsgebot nach § 8 I 3 KrWG entsprochen wird.[187] Zudem ist die Vermischung, einschließlich der Verdünnung, gefährlicher Abfälle mit anderen Kategorien von gefährlichen Abfällen oder mit anderen Abfällen, Stoffen oder Materialien – vorbehaltlich der in § 9a II KrWG genannten Ausnahmen – gem. § 9a I KrWG unzulässig.[188] Eine grundsätzliche – von Ausnahmen durchbrochene – Getrennthaltungspflicht besteht zudem für Gewerbeabfälle nach § 3 I Gewerbeabfallverordnung (GewAbfV).[189]

4. Entsorgungshierarchie

a) Vorrang der Verwertung vor der Beseitigung

Entstandener (nicht vermiedener) Abfall ist in erster Linie – mit Vorrang vor der 61
Abfallbeseitigung – zu verwerten (§ 6 I KrWG), wozu § 7 II 1 KrWG ausdrücklich verpflichtet. Der Vorrang der Verwertung vor der Beseitigung entfällt gem. § 6 II KrWG aber dann, wenn die Beseitigung im Einzelfall umweltverträglicher ist. Hiernach soll, ausgehend von der (fünfstufigen) Rangfolge nach § 6 I KrWG nach Maßgabe der §§ 7, 8 KrWG diejenige Maßnahme Vorrang haben, die den Schutz von Mensch und Umwelt bei der Erzeugung und Bewirtschaftung von Abfällen unter Berücksichtigung des Vorsorge- und Nachhaltigkeitsprinzips am besten gewährleistet. Dies gilt nicht für das Verhältnis der verschiedenen – gesetzlich hierarchisierten – Verwertungsformen, sondern auch für das Verhältnis von Verwertung zur Beseitigung. Da es sich um eine Sollregelung handelt, lässt diese Ausnahmen zu, die freilich besonders begründungsbedürftig sind.[190] In § 6 II 2, 3 KrWG werden einige hierfür maßgebliche Kriterien benannt, namentlich die bei der Entsorgung zu erwartenden

---

183 *Reese* in Jarass/Petersen KrWG § 3 Rn. 329.
184 *EuGH,* Rs. C-387/07 (MI.VER und Antonelli), Slg. 2008, I-9597 Rn. 23 ff.
185 Hierzu *Kropp* ZUR 2012, 543 ff.
186 *Kropp* in Jarass/Petersen KrWG § 9 Rn. 21.
187 *Kropp* in Jarass/Petersen KrWG § 9 Rn. 22.
188 Eingehend *Dippel* AbfallR 2016, 230 ff. Die Regelung war früher in § 9 II KrWG enthalten, der nunmehr nur noch die Sammlung regelt. Die Separationspflicht wurde verschärft und in die Neuregelung des § 9a KrWG verschoben. S. *Petersen/Friedrich* NVwZ 2021, 1 (7 f.).
189 Gewerbeabfallverordnung v. 19.6.2002 (BGBl. I 1938). Zur Novellierung *Strosing* NuR 2020, 532 ff.
190 *Reese* in Jarass/Petersen KrWG § 6 Rn. 45; *Versteyl* in Versteyl/Mann/Schomerus KrWG § 6 Rn. 25.

Emissionen (Nr. 1), die Schonung natürlicher Ressourcen (Nr. 2), die energetische Verwertungsbilanz (Nr. 3) und die Anreicherung von Schadstoffen in den durch Verwertung gewonnenen Erzeugnissen (Nr. 4).

62 Allerdings lässt es § 6 I, II KrWG offen, ob diese Vorrangregelungen abstrakt-generell typisierend zu bestimmen sind oder auch im jeweiligen Einzelfall greifen.[191] Soweit keine Konkretisierung durch Rechtsverordnung erfolgt, ist davon auszugehen, dass es grundsätzlich um eine Prüfung im Einzelfall geht. Als Ausdruck des Verhältnismäßigkeitsprinzips sind außerdem die technische Möglichkeit und wirtschaftliche Zumutbarkeit Grenzen der Verwertungspflicht (§ 7 IV 1 KrWG).[192] Die bloße Angewiesenheit auf eine Vorbehandlung des Abfalls führt, wie § 7 IV 2 KrWG klarstellt, nicht zur technischen Unmöglichkeit. Und eine Unzumutbarkeit ist nach § 7 IV 3 KrWG anzunehmen, sofern die Kosten der Verwertung diejenigen zur Beseitigung nicht übersteigen. Auch eine energetische Verwertung von Abfall ist nach § 6 I Nr. 4 KrWG eine Verwertung und nicht bloß Abfallbeseitigung, wobei sich das Konkurrenzverhältnis zu anderen Verwertungsformen nach § 8 KrWG richtet.[193]

b) Verwertungshierarchie

63 Nicht selten kann ein Abfall in verschiedener, für sich genommen jeweils rechtmäßiger Weise verwertet werden. Im Einklang mit der AbfRRL hat das KrWG eine fünfstufige Abfallhierarchie etabliert (→ Rn. 41 ff.). Diese Hierarchie schließt die Priorität der Abfallvermeidung sowie den Vorrang der Verwertung vor der Abfallbeseitigung ein, wird aber durch eine (dreistufige) Rangfolge innerhalb der Abfallverwertung verfeinert: Die „Vorbereitung zur Wiederverwendung" hat nach Art. 4 I AbfRRL grundsätzlich Vorrang vor einer stofflichen Verwertung durch Recycling, an letzter Stelle stehen die energetische Verwertung und sonstige Verwertungsformen. Damit werden schwierige Abgrenzungen zwischen Wiederverwendung und Recycling und zwischen Recycling und anderen Formen der stofflichen Verwertung erforderlich.[194] Die Mitgliedstaaten dürfen aus Gründen des Umweltschutzes von der Zielhierarchie abweichen,[195] allerdings richtigerweise nicht einzelfallbezogen, sondern gattungsbezogen für „bestimmte Abfallströme".

64 Die Frage, welcher *Verwertungsart* (→ Rn. 57 ff.) der Vorrang gebühren soll, wird im nationalen Recht durch § 8 KrW-/AbfG geregelt. Bei der Erfüllung der Verwertungspflicht nach § 7 II 1 KrWG hat gem. § 8 I 1 KrWG diejenige der in § 6 I Nr. 2–4 KrWG genannten Verwertungsmaßnahmen Vorrang, die den Schutz von Mensch und Umwelt nach der Art und Beschaffenheit des Abfalls unter Berücksichtigung der in § 6 II 2–3 KrWG festgelegten Kriterien (vgl. → Rn. 61, → Rn. 65) am besten gewährleistet. Zwischen mehreren *gleichrangigen* Verwertungsmaßnahmen besteht nach § 8 I 2 KrWG ein Wahlrecht des Erzeugers oder Besitzers von Abfällen. Bei der Ausgestaltung der hiernach durchzuführenden Verwertungsmaßnahme ist nach § 8 I 3 KrWG – in den Grenzen des technisch Möglichen und wirtschaftlich Zumutbaren (§ 8 I 4 iVm § 7 IV KrWG), nicht jedoch unter Berücksichtigung der jenseits der Verantwortung des Abfallbesitzers liegenden sozialen Folgen[196] – die den Schutz von Mensch und Umwelt am besten gewährleistende,

---

[191] *Versteyl* in Versteyl/Mann/Schomerus KrWG § 6 Rn. 25.
[192] Vgl. *BVerwG* NVwZ 2006, 589 (592); *Kloepfer* UmweltR § 21 Rn. 311 ff.
[193] *Versteyl* in Versteyl/Mann/Schomerus KrWG § 6 Rn. 22.
[194] *Petersen* AbfallR 2008, 154 (156).
[195] Vgl. *Faßbender* AbfallR 2011, 165 (167); *Petersen* AbfallR 2013, 2 (4).
[196] *Schomerus* in Versteyl/Mann/Schomerus KrWG § 8 Rn. 11.

hochwertige Verwertung anzustreben. Diese Regelung betrifft nicht die Wahl der in § 6 I KrWG typisierten Verwertungsart, sondern die technische Durchführung einer rechtmäßig gewählten Verwertung.[197]

Der Inhalt dieses Gebots, innerhalb der jeweiligen Verwertungsform die günstigste Ausgestaltungsvariante zu verwenden, ist zwar denkbar unpräzise,[198] was verbunden mit den komplexen Abwägungen jedenfalls die Praxistauglichkeit bis zum Erlass von Verordnungen nach § 8 II KrWG in Frage stellt.[199] Ungeachtet dessen lässt sich im maßgeblichen Gesetzentwurf der ausdrückliche Wille nachweisen, eine echte Rechtspflicht einzuführen, deren Konkretisierung im Verordnungswege lediglich optional ist.[200] Die mangelnde Bestimmtheit lässt sich im Vollzug immerhin dadurch reduzieren, dass die jeweilige Verwertungsform als solche bereits feststeht, hinsichtlich der einzelnen Verwertungstechniken aber operable Leistungsparameter bekannt sein können, um offensichtlich hinter das technisch Übliche zurückfallende Techniken auszusondern. Insoweit muss man auch berücksichtigen, dass die hier geltenden Anforderungen nicht substantiell unbestimmter sind wie die sich aus §§ 6, 7 KrWG ergebenden. „Die Grenzen der allgemeinen Verwertungspflicht gelten damit auch für die einzelnen Verwertungsoptionen".[201] Was als eigenständige Verwertungsform und was als technische Variante innerhalb einer Verwertungsform anzusehen ist, wird damit praktisch eher zu einer graduellen denn einer prinzipiellen Frage. Dann muss es aber auch möglich sein, aus einer Gesamtschau gegenstandsspezifische technische Mindeststandards wie im Rahmen anderer dynamischer Technikklauseln zu generieren, die einen kontrollierbaren Vollzug des Abfallrechts zulassen. 65

Diese Regelung ist freilich in ihrer Abstraktion kaum vollziehbar und insoweit auf Konkretisierung angewiesen.[202] Die Bundesregierung bestimmt daher nach § 8 II 1 KrWG nach Anhörung der beteiligten Kreise (§ 68 KrWG) durch Rechtsverordnung mit Zustimmung des Bundesrates für bestimmte Abfallarten aufgrund der in § 6 II 2–3 KrWG festgelegten Kriterien (1) den Vorrang oder Gleichrang einer Verwertungsmaßnahme und (2) Anforderungen an die Hochwertigkeit der Verwertung. Durch diese Rechtsverordnung kann nach § 8 II 2 KrWG insbes. bestimmt werden, dass die Verwertung des Abfalls entsprechend seiner Art, Beschaffenheit, Menge und Inhaltsstoffe durch mehrfache, hintereinander geschaltete stoffliche und anschließende energetische Verwertungsmaßnahmen (Kaskadennutzung) zu erfolgen hat. 66

V. Die Entsorgungsverantwortung

1. Grundsatz der Eigenentsorgung

Während das bis 1996 geltende AbfG noch ein umfassendes Monopol der öffentlichen Hand für die Abfallentsorgung normiert hatte (vgl. § 3 II 1 AbfG), geht das Abfallrecht seit dem Inkrafttreten des KrW-/AbfG im Jahr 1996 vom Grundsatz der Eigenentsorgung der Erzeuger und Besitzer von Abfällen aus. Das gilt sowohl hinsichtlich der Verwertung (§ 7 II 1 KrWG) als auch hinsichtlich der Beseitigung 67

[197] Vgl. BT-Drs. 17/6052, 79.
[198] Vgl. *Reese* in Jarass/Petersen KrWG § 8 Rn. 31.
[199] Krit. *Beckmann* AbfallR 2012, 142 (144).
[200] BT-Drs. 17/6052, 79.
[201] BT-Drs. 17/6052, 79.
[202] *Beckmann* AbfallR 2012, 142 (144 f.); *Krahnenfeld/Conzelmann* AbfallR 2012, 269 (274 f.); *Petersen/Doumet/Stöhr* NVwZ 2009, 521 (524).

von Abfällen (§ 15 I 1 KrWG). Entsprechend dem Verursacherprinzip[203] wird damit für die Abfallerzeuger und -besitzer der Weg einer bloßen Überlassung des Abfalls an einen öffentlich-rechtlichen Entsorgungsträger versperrt und so ein Anreiz geschaffen, Abfälle von vornherein zu vermeiden.[204] Neben dem umweltpolitischen Motiv stand dahinter auch die Annahme des Gesetzgebers, einem drohenden „Müllnotstand" begegnen und die kommunalen Entsorgungskapazitäten entlasten zu müssen.[205] Jedenfalls für die zurückliegende Zeit hat sich diese Einschätzung indes als falsch erwiesen. Trotz des Grundsatzes der Eigenentsorgung wäre es verfehlt, von einer *umfassenden* Privatisierung der Abfallentsorgung durch das KrWG zu sprechen. Zum einen führte die Ausdehnung des Abfallbegriffs auf Abfälle zur Verwertung dazu, dass Güter mit einem wirtschaftlichen (Rest-)Wert dem Regelungsregime des Gesetzes unterfallen, deren „Verwertung" unter der Geltung des AbfG noch im freien Belieben des Abfallbesitzers gestanden hatte.[206] Zum anderen wird der Grundsatz der Eigenentsorgung vom KrWG und dem Verordnungsrecht zugunsten einer Entsorgung durch die öffentliche Hand vielfach durchbrochen („Zwei-Säulen-Modell").[207]

2. Überlassungspflichten

a) Überlassungspflicht für Hausmüll

68 Eine rigorose Verwirklichung des Verursacherprinzips würde insbes. die Privathaushalte sowohl technisch als auch wirtschaftlich überfordern. Deshalb bestimmt § 17 I 1 KrWG, dass die Besitzer von *Abfällen aus privaten Haushaltungen*[208] diese der entsorgungspflichtigen Körperschaft[209] zu überlassen haben (vgl. auch Art. 16 I AbfRRL), soweit sie zu einer Verwertung auf den von ihnen im Rahmen ihrer privaten Lebensführung genutzten Grundstücken nicht in der Lage sind oder diese nicht beabsichtigen. Solche Abfälle sind nach der Legaldefinition des § 2 Nr. 2 GewAbfV[210] Abfälle, die in privaten Haushalten im Rahmen der privaten Lebensführung anfallen, insbes. in Wohnungen und zugehörigen Grundstücks- oder Gebäudeteilen sowie in anderen vergleichbaren Anfallorten wie Wohnheimen oder Einrichtungen des betreuten Wohnens. Man kann hier von einem bundesrechtlichen Spezialfall eines Anschluss- und Benutzungszwangs sprechen.[211] Kehrseite der Überlassungspflicht ist ein an den Abfallerzeuger/-besitzer gerichtetes Verbot, den Abfall selbst zu entsorgen.[212]

aa) Verfassungs- und Unionsrechtskonformität

69 Die Überlassungspflicht ist eine *Inhalts- und Schrankenbestimmung* des Eigentums (Art. 14 I 2 GG)[213] und damit entgegen dem Vorbringen des *A* in *Fall 25* keine

---

203 Vgl. → § 4 Rn. 28 f.
204 Vgl. *Kloepfer* UmweltR § 21 Rn. 408.
205 BR-Drs. 245/93, 100 f., 103 f.; vgl. *Kahl* (o. Fn. 47) § 13 Rn. 5.
206 *Dieckmann/Reese* in Koch/Hofmann/Reese UmweltR-HdB § 6 Rn. 85.
207 *Rahmeyer* VerwArch 99 (2008), 219 (224). In der Sache ebenso *BVerwG* NVwZ 2009, 1296.
208 Zum Begriff der privaten Haushaltung *BVerwG* NVwZ-RR 2006, 638 f.; DVBl 2008, 1310 f.
209 Entsorgungsträger sind in den Flächenstaaten (außer Saarland, vgl. § 3 I SAWG) grds. die Kreise und kreisfreien Städte (Stadtkreise), wobei vielfach fakultativ oder obligatorisch eine Beteiligung der kreisangehörigen Gemeinden vorgesehen ist, vgl. zB § 6 I BWLKreiWiG; Art. 3 I 1 BayAbfG; § 5 I LAbfG NRW.
210 Vgl. zur interpretationsleitenden Funktion *BVerwG* NVwZ 2009, 184.
211 *Schlacke* § 12 Rn. 76; ähnlich *Kloepfer* UmweltR § 21 Rn. 446.
212 *BVerwG* NVwZ 2006, 589 (591).
213 *VG Augsburg* Urt. v. 18.4.2008 – Au 4 K 07.906.

Enteignung (Art. 14 III GG) iSd formalen Enteignungsbegriffs des *BVerfG*[214]. Denn der Entzug der Rechte und des Besitzes an der Sache ist nicht auf die Begründung von Rechten der öffentlichen Hand oder eines privaten Dritten gerichtet, sondern auf den Ausschluss der Sache aus dem Stoffkreislauf (Beseitigung) oder ihre Verwertung unter Aufgabe der bisherigen Gegenständlichkeit. Bedenken hinsichtlich der Verfassungsmäßigkeit der Inhalts- und Schrankenbestimmung werden nur hinsichtlich der Überlassungspflicht bei lediglich nach § 3 III KrWG fingiertem Entledigungswillen geäußert, sind aber unbegründet, weil diese Fiktion lediglich die Darlegungs- und Plausibilisierungslasten verschiebt, damit aber inhaltlich nur Mitwirkungsobliegenheiten als Ausdruck der Sozialbindung des Eigentums (Art. 14 II GG) etabliert.[215]

Die mit § 17 KrWG einhergehende Beibehaltung eines öffentlichen Entsorgungsregimes zugunsten kommunaler Träger sowie die damit zwangsläufig verbundene Ausschaltung von Wettbewerb greifen aufgrund der Verdrängung privater Akteure in die Warenverkehrsfreiheit (Art. 34 AEUV) ein.[216] Die Regelung ist für den Kernbereich der Haushaltsabfälle allerdings bereits nach Art. 16 AbfRRL sekundärrechtlich gerechtfertigt.[217] Für getrennt gesammelte Haushaltsabfälle mit wirtschaftlichem Eigenwert (etwa Glas, Papier, Kunststoff), die nicht mehr unter die Privilegierung zugunsten eines öffentlichen Entsorgungsregimes nach Art. 16 AbfRRL fallen, wird auf den Rechtfertigungsgrund einer Betrauung nach Art. 106 II AEUV abgestellt,[218] was gemessen an der Rechtsprechung[219] tragfähig ist,[220] sofern eine Erforderlichkeit der Beschränkung zum Erhalt eines funktionsfähigen öffentlichen Entsorgungsregimes nachgewiesen werden kann.[221] Das Ventil, das der Wahrung der Erforderlichkeit und damit der Unionsrechtskonformität der Gesamtregelung dienen soll, ist die begrenzte Zulassung gewerblicher Sammlungen (→ Rn. 72 f.). Vor allem aber belässt Art. 15 I AbfRRL (rechtspolitisch aus Rücksichtnahme auf die sehr unterschiedlichen Entsorgungssysteme) richtigerweise mit dem *EuGH* den Mitgliedstaaten ein weites Ermessen, dem Abfallerzeuger kein Recht zuzuerkennen, die Abfallbeseitigung selbst durchzuführen.[222] 70

bb) Grenzen der privaten Eigenverwertung

Die Überlassungspflicht für Abfälle aus privaten Haushaltungen gilt nach § 17 I 1 Hs. 2 KrWG nur, soweit der Abfallbesitzer zu einer ordnungsgemäßen und schadlosen Verwertung nicht in der Lage ist oder eine solche nicht beabsichtigt. Mit diesem Vorbehalt wollte der Gesetzgeber vor allem die Kompostierung von Bioabfällen im eigenen Garten ermöglichen.[223] Nach einer auch in der Rechtsprechung vertretenen Ansicht hat die Vorschrift allerdings eine viel weiter reichende Bedeutung als allgemeine Öffnungsklausel zugunsten einer privatwirtschaftlichen Entsorgungsvariante bei Hausmüll. Zu einer ordnungsgemäßen und schadlosen Verwertung „in der Lage“ sei ein privater Haushalt schon dann, wenn ein privates Entsorgungsunterneh- 71

---

[214] BVerfGE 58, 300 (330 f.).
[215] *Klement* in Schmehl/ders. (o. Fn. 44) § 17 Rn. 52.
[216] *Dippel* in Schink/Versteyl (Hrsg.), KrWG, 2. Aufl. 2016, § 17 Rn. 64.
[217] *Petersen/Doumet/Stöhr* NVwZ 2012, 521 (525). S. zu den Grenzen auch *EuGH* Urt. v. 12.12.2013, Rs. C-292/12 (Ragn-Sells AS), NVwZ 2014, 283 Rn. 59 ff.
[218] BT-Drs. 17/6052, 79.
[219] *EuGH,* Rs. C-320/91 (Corbeau), Slg. 1993, I-2533 Rn. 17; Rs. C-475/99 (Ambulanz Glöckner), Slg. 2001, I-8089 Rn. 57; Rs. C-340/99 (Poste Italiane SpA), Slg. 2001, I-4109 Rn. 55; Rs. C-162/06 (International Mail Spain SL), Slg. 2007 I-9911 Rn. 32 ff.; krit. *Gärditz* EWS 2005, 490 (495 ff.).
[220] Für Unionsrechtskonformität etwa BVerwGE 134, 154 (164 f.); gebilligt durch *BVerfGK* NVwZ 2015, 52; krit. *Beckmann/Gesterkamp* AbfallR 2016, 66 (75 f.).
[221] Zutreffend *Petersen/Doumet/Stöhr* NVwZ 2012, 521 (527).
[222] *EuGH,* Rs. C-551/13 (SETAR), ZUR 2015, 231 Rn. 41 ff.
[223] BT-Drs. 12/5672, 44.

men bereit stehe, das gegen Entgelt und in der Lage sei, diese Aufgabe für ihn zu übernehmen.[224] Hierfür spricht ein Umkehrschluss aus § 17 I 2 KrWG, wo im Unterschied zu § 17 I 1 KrWG ausdrücklich eine Beseitigung in „eigenen“ Anlagen des Verantwortlichen verlangt wird.

cc) Ausnahme für gemeinnützige und gewerbliche Sammlungen

72 Als Reaktion auf die sog. Altpapier-Entscheidung des *BVerwG*,[225] mit der das Gericht letztlich ein Monopol der öffentlich-rechtlichen Entsorgungsträger für dauerhafte Abfallsammlungen zementiert hatte, regelt das KrWG die Überlassungspflichten und das Rechtsregime kommerzieller Sammlungen neu, auch um den unionsrechtlichen Anforderungen an eine wettbewerbliche Öffnung gerecht zu werden.[226] Die Überlassungspflicht besteht nach § 17 II 1 Nr. 3–4 KrWG nicht für Abfälle, die durch gemeinnützige oder gewerbliche Sammlung (§ 3 XVII, XVIII KrWG)[227] einer ordnungsgemäßen und schadlosen Verwertung zugeführt werden. Die ordnungsgemäße und schadlose Verwertung bemisst sich nach § 7 III KrWG.[228] Bei einer gewerblichen Sammlung verlangt § 17 II 1 Nr. 4 KrWG zusätzlich, dass „überwiegende öffentliche Interessen dieser Sammlung nicht entgegenstehen“. Diese öffentlichen Interessen sind näher in § 17 III KrWG ausgeformt und schließen vor allem das Interesse an der Funktionsfähigkeit der öffentlich-rechtlichen Aufgabenerfüllung ein.

Die Zulässigkeit einer gewerblichen Sammlung nach § 17 II 1 Nr. 4 KrWG hindert allerdings den öffentlich-rechtlichen Entsorgungsträger nicht daran, selbst privatwirtschaftlich in ein Konkurrenzverhältnis einzutreten und gewerbliche Sammlungen durchzuführen.[229] Richtigerweise greifen allerdings insoweit die allgemeinen Schranken des Kommunalwirtschaftsrechts für erwerbswirtschaftliche Betätigungen der Gemeinden (→ Rn. 12).[230] § 18 KrWG etabliert zudem ein Anzeigeverfahren, das ein Mindestmaß an Kontrolle sowie nach der (nicht drittschützenden[231]) Ermächtigung § 18 V 2 KrWG ein ordnungsbehördliches Einschreiten ermöglicht.[232] Dies gilt insbes. für die Unzuverlässigkeit, deren Inhalt sich nach gewerberechtlichen Grundsätzen (vgl. § 35 I GewO) bestimmt.[233] Die Ausnahmen zugunsten gemeinnütziger oder gewerblicher Sammlungen gelten nach § 17 II 2 KrWG nicht für gemischte Abfälle aus privaten Haushaltungen (die klassischen Haushaltsabfälle, „schwarze Tonne“, und damit der Kernbereich öffentlich-rechtlicher Entsorgungsverantwortung[234]; auch Sperrmüll fällt hierunter[235]) und gefährliche Abfälle. Der von der gewerblichen Sammlung betroffene öffentlich-rechtliche Entsorgungsträger hat einen Anspruch darauf, dass die für gewerbliche Sammlungen geltenden Bestimmungen des Anzeigeverfahrens eingehalten werden (§ 18 VIII KrWG). Dieser Anspruch vermittelt ein einklagbares subjektives Recht nach § 42 II VwGO.[236]

---

224 *OVG Schleswig* ZUR 2008, 422; *Weidemann* NVwZ 2008, 1086 (1087 f.); offengelassen von *OVG Lüneburg* NVwZ 2008, 1137 (1137); *VGH München* NVwZ 2008, 1140 (1141).
225 BVerwGE 134, 154 ff.
226 *Petersen/Doumet/Stöhr* NVwZ 2012, 521 (521).
227 Hierzu *Beckmann/Wübbenhorst* DVBl 2012, 1403 (1405 f.).
228 *OVG Münster* Urt. v. 15.8.2013 – 20 A 2798/11 Rn. 91; *Karpenstein/Dingemann* in Jarass/Petersen KrWG § 17 Rn. 134.
229 *Karpenstein/Dingemann* in Jarass/Petersen KrWG § 17 Rn. 140; *Klement* VerwArch 103 (2012), 218 (221).
230 In diesem Sinne auch *Bickenbach* LKRZ 2012, 222 (226).
231 *VG Chemnitz* Urt. v. 16.5.2018 – 2 K 2219/14 Rn. 34.
232 Hierzu *OVG Lüneburg* GewArch 2018, 310 (315 f.); *OVG Münster* NWVBl. 2018, 329 Rn. 23 ff.; *VGH München* NVwZ-RR 2018, 844; Beschl. v. 3.6.2020 – 12 BV 15.777; Beschl. v. 2.7.2020 – 12 B 16.2412.
233 *BVerwG* UPR 2020, 525 Rn. 21; *OVG Münster* NWVBl 2020, 319 Rn. 65.
234 *Karpenstein/Dingemann* in Jarass/Petersen KrWG § 17 Rn. 144.
235 *BVerwG* NVwZ-RR 2018, 928 f.
236 *Petersen/Friedrich* NVwZ 2021, 1 (9).

b) Abfälle zur Beseitigung aus anderen Herkunftsbereichen

Hinsichtlich der Abfälle aus anderen Herkunftsbereichen als privaten Haushalten – also vor allem aus Gewerbebetrieben und Industrieanlagen – bleibt der Grundsatz der Eigenentsorgung zwar in größerem Umfang, aber ebenfalls nicht vollständig bestehen.[237] Allein bei Abfällen zur *Verwertung* aus anderen Herkunftsbereichen bleibt der Grundsatz ganz unangetastet. Die Eigenverantwortung der den Abfall erzeugenden Wirtschaftsunternehmen tritt hier an die Stelle der Daseinsvorsorge durch die öffentlichen Entsorgungsträger.[238] Der Gesetzgeber setzt insoweit darauf, dass eine Verwertung durch die Abfallerzeuger schon aus wirtschaftlichen Gründen und damit ohne staatlichen Zwang angestrebt wird. 74

Dagegen sind Abfälle zur *Beseitigung* nicht nur bei einer Herkunft aus privaten Haushaltungen (→ Rn. 68 ff.) dem öffentlich-rechtlichen Entsorgungsträger zu überlassen, sondern auch, wenn sie in anderen Herkunftsbereichen angefallen sind, soweit sie nicht in eigenen Anlagen beseitigt werden (§ 17 I 2 KrWG). Abfälle zur Beseitigung sind nach § 3 I 2 KrWG Abfälle, die nicht verwertet werden. Dabei kommt es nach dem Wortlaut des Gesetzes nicht darauf an, ob die Verwertung zu Recht oder zu Unrecht unterbleibt, ob sie also nach dem Grundsatz des Vorrangs der Verwertung „an sich" geboten wäre. Erst recht reicht die bloße Verwertbarkeit nicht aus, um einen Abfall zu Abfall zur Verwertung zu machen.[239] Damit ein Gegenstand nicht unter die Überlassungspflicht fällt, muss der Abfallverantwortliche mit der Verwertung allerdings auch nicht schon konkret begonnen haben,[240] weil anderenfalls eine Kollision von Überlassungspflicht und (Eigen-)Verwertungspflicht der Regelfall wäre. Dies widerspräche aber der rechtlichen Differenzierung, die Freiraum für eine Verwertung belässt und den Verantwortlichen sogar vorrangig hierzu verpflichtet. Es genügt deshalb, dass der Verantwortliche einen technisch möglichen, ihm zeitnah zugänglichen Verwertungspfad substantiiert aufzeigt und nicht ausnahmsweise Gründe vorliegen, die überzeugend gegen seine Absicht sprechen, die Verwertung tatsächlich vorzunehmen.[241] Das *BVerwG* sagt, der Verantwortliche müsse einen „konkreten Verwertungsweg sichergestellt haben",[242] was auch eine Verwertung in angemessener Zeit voraussetzen dürfte. Die zuständige Abfallbehörde hat bis zur Überlassung des Abfalls die Möglichkeit, den Verantwortlichen zu einer möglichen und rechtlich zulässigen Verwertung zu verpflichten. 75

Die Überlassungspflicht gilt aber *nicht,* soweit der Abfall in eigenen Anlagen des Abfallbesitzers beseitigt werden kann (§ 17 I 2 KrWG) *und* nicht überwiegende öffentliche Interessen eine Überlassung erfordern (§ 17 I 3 KrWG).[243] Mindestvoraussetzung ist eine ordnungsgemäße Beseitigung nach § 7 III KrWG.[244] Anlagen sind zum einen Abfallbeseitigungsanlagen nach §§ 34 ff. KrWG, zum anderen aber auch nach § 4 BImSchG genehmigungsbedürftige Anlagen, die nicht primär dem Zweck der Abfallbeseitigung dienen, eine solche aber im Produktionsprozess ermöglichen.[245] Die Anlage muss zudem rechtmäßig betrieben werden,[246] was das 76

---

[237] Eingehend *Thärichen* AbfallR 2013, 12 ff.
[238] Vgl. *BVerwG* NVwZ 2006, 589 (592).
[239] *BVerwG* NVwZ 2008, 1119 (1121).
[240] *BVerwG* NVwZ 2000, 1178 (1179); *OVG Greifswald* NVwZ-RR 2007, 21 (22).
[241] Vgl. *OVG Lüneburg* NVwZ 1998, 1202 (1203); *VGH Mannheim* NVwZ 1999, 1243 (1244).
[242] *BVerwG* NVwZ 2008, 1119 (1121).
[243] *Teufel/Kempkes* AbfallR 2005, 57 ff.
[244] *VG Leipzig* Urt. v. 20.5.2020 – 1 K 359/19 Rn. 73.
[245] *Karpenstein/Dingemann* in Jarass/Petersen KrWG § 17 Rn. 110; ähnlich (Anlage nach § 3 V Nr. 3 BImSchG) *Klement* in Schmehl/ders. (o. Fn. 44) § 17 Rn. 102.
[246] *Karpenstein/Dingemann* in Jarass/Petersen KrWG § 17 Rn. 116.

Vorliegen der gesetzlichen Genehmigungen sowie die Einhaltung der Betreiberpflichten (namentlich § 36 I KrWG, § 5 I BImSchG) voraussetzt. Um eine „eigene" Anlage handelt es sich, wenn der Abfallverantwortliche tatsächliche Bestimmungsgewalt über diese hat.[247] Das zivilrechtliche Eigentum als solches ist hierfür nicht maßgeblich, weil es einerseits keine wirksame Kontrolle über die Verwertung verschafft, wenn schuldrechtliche Bindungen (zB Vermietung, Verpachtung) entgegenstehen, andererseits aber auch der Verwertungsprozess aufgrund schuldrechtlicher Titel an der Anlage (etwa Miete, Pacht) beherrscht werden kann.

77 Um einen wirtschaftlichen Betrieb der vorhandenen Abfallentsorgungsanlagen zu gewährleisten, statuieren die Kommunen in ihren Abfallwirtschaftssatzungen oft eine generelle Überlassungspflicht für Abfälle zur Beseitigung. Das ist nur dann ohne weiteres zulässig, wenn schon die Funktionsfähigkeit und auch die Rentabilität öffentlich betriebener Entsorgungsanlagen ein „öffentliches Interesse" iSv § 17 I 3 KrWG darstellt.[248] Dem steht allerdings entgegen, dass rein finanzielle Interessen bzw. ein Schutz der öffentlichen Hand vor Konkurrenz als öffentliches Interesse regelmäßig nicht ausreichen.[249] Ein „öffentliches Interesse" ist allenfalls dann gegeben, wenn die fehlende Auslastung der kommunalen Beseitigungsanlage die Abfallentsorgung eines Gebietes insgesamt gefährdet, was aber wegen der öffentlich-rechtlichen Verpflichtung aus § 20 I KrWG kaum jemals der Fall sein dürfte.[250]

78 Auf den ersten Blick sind die Erzeuger und Besitzer von gewerblichen Siedlungsabfällen (hausmüllähnlichen Abfällen aus Gewerbebetrieben) unabhängig davon, ob bei ihnen im konkreten Fall überlassungspflichtige Abfälle zur Beseitigung anfallen oder nicht, nach § 7 I GewAbfV iVm § 17 I 2 KrWG dazu (verfassungsrechtlich unbedenklich[251]) verpflichtet, die Abfallbehälter des öffentlich-rechtlichen Entsorgungsträgers oder eines von ihm beauftragten Dritten in „angemessenem Umfang", mindestens aber einen Behälter, zur Nutzung vorzuhalten.[252] Das *BVerwG* hat die Regelung des § 7 I GewAbfV im Wege einer „gesetzeskonformen Reduktion" allerdings erheblich entschärft:[253] Die Vermutung, dass bei jedem Erzeuger und Besitzer gewerblicher Siedlungsabfälle auch Abfälle zur Beseitigung anfallen, könne vom Abfallverantwortlichen im Einzelfall widerlegt werden.[254]

c) Beauftragung Dritter

79 Die zur Verwertung und Beseitigung Verpflichteten können, wie § 22 S. 1 KrWG klarstellt, Dritte mit der Erfüllung ihrer Pflichten beauftragen. Dritter ist jede natürliche oder juristische Person, was richtigerweise auch andere öffentlich-rechtliche Körperschaften[255] sowie rechtlich verselbstständigte „Trabanten" der Kommunen (Eigenbetriebe, kommunale GmbHs, Anstalten des öffentlichen Rechts usf)[256] einschließt. Zur Beauftragung berechtigt sind sowohl die primären (privaten) Abfallverantwortlichen als auch öffentlich-rechtliche Entsorgungsträger im Rahmen des § 20 KrWG.[257] Die originäre Verantwortlichkeit für die Erfüllung der Pflichten

---

[247] *Karpenstein/Dingemann* in Jarass/Petersen KrWG § 17 Rn. 115; *Klement* in Schmehl/ders. (o. Fn. 44) § 17 Rn. 104, jeweils mwN zum Streitstand.
[248] Vgl. *Petersen* in GfU, Umweltrecht im Wandel, S. 575 (576 f.).
[249] Vgl. *Klement* in Kahl (Hrsg.), Nachhaltigkeit als Verbundbegriff, 2008, S. 99 (115).
[250] *Pippke*, Öffentliche und private Abfallentsorgung, 1999, S. 76 f.; *Willand/v. Bechtolsheim/Jänicke* ZUR 2000, 74 (77).
[251] *BVerfG* NVwZ 2007, 1172 (1173).
[252] Vgl. *Thärichen* AbfallR 2013, 12 (19).
[253] BVerwGE 123, 1 (3 f.); *BVerwG*, Beschl. v. 23.4.2008 – 9 BN 4/07 Rn. 19.
[254] Zu den Anforderungen näher *Thärichen* AbfallR 2013, 12 (20 ff.).
[255] *Dieckmann* in Jarass/Petersen KrWG § 22 Rn. 13 f.
[256] *Klement* in Schmehl/ders. (o. Fn. 44) § 22 Rn. 9 ff.
[257] *Dieckmann* in Jarass/Petersen KrWG § 22 Rn. 9 f.

bleibt von einer Beauftragung Dritter nach § 22 S. 2 KrWG unberührt[258] und so lange bestehen, bis die Entsorgung endgültig und ordnungsgemäß abgeschlossen ist. Dies schließt einen Verantwortungsübergang aus. Die beauftragten Dritten müssen nach § 22 S. 3 KrWG über die erforderliche Zuverlässigkeit verfügen. Das Gesetz kennt damit nur noch den Einsatz von Erfüllungsgehilfen[259], aber keine konstitutive Verschiebung der Erfüllungsverantwortung mehr.

80 Soweit die öffentlich-rechtlichen Entsorgungsträger von § 22 KrWG Gebrauch machen, liegt darin eine (teilweise) funktionale Privatisierung[260] der Abfallentsorgung. Soweit die Kommunen Dritte als Erfüllungsgehilfen einschalten, existieren zwischen dem Dritten und dem Abfallbesitzer keine rechtlichen Beziehungen, sondern allein (idR privatvertragsrechtliche) zwischen dem Dritten und der Körperschaft.[261] Die Träger der Entsorgungspflicht haben die Zuverlässigkeit des Dritten im eigenen Interesse sorgfältig zu prüfen, da sie im Falle einer nicht ordnungsgemäßen Entsorgung durch den Dritten haftbar gemacht werden können (zB Art. 34 S. 2 GG iVm § 839 BGB).

d) Besondere landesrechtliche Überlassungs- und Andienungspflichten

81 § 17 IV 1 KrWG[262] ermöglicht es den Ländern, Überlassungspflichten für gefährliche Abfälle zu begründen. Der Begriff des gefährlichen Abfalls selbst ist durch § 3 V KrWG iVm der auf der Grundlage des § 48 S. 2 KrWG erlassenen Abfallverzeichnisverordnung,[263] bundesrechtlich abschließend definiert. Von der Kompetenz nach § 17 IV 1 KrWG haben die meisten Bundesländer in ihren Abfallgesetzen Gebrauch gemacht, und zwar regelmäßig zugunsten zentraler Stellen (zB Baden-Württemberg: Sonderabfallagentur Baden-Württemberg GmbH).[264]

e) Regeln zum „Wie“ der Überlassung

82 Das Bundesrecht regelt nur das „Ob“ der Überlassung von Abfällen abschließend.[265] Landesrechtliche (und insbes. satzungsrechtliche) Regelungen, die in Anknüpfung an die jeweiligen örtlichen Verhältnisse Anforderungen an Ort, Zeit sowie Art und Weise der Überlassung bestimmen, bleiben zulässig (klarstellend § 7 II GewAbfV). In gewissem Umfang soll es sogar zulässig sein, durch Satzung Bringpflichten anzuordnen. Allerdings unterscheidet § 17 IV KrWG zwischen Überlassungs- und Andienungspflichten, woraus zu schließen ist, dass das Einsammeln und Befördern des Abfalls bei der Überlassung den öffentlich-rechtlichen Entsorgungsträgern obliegen. Statthaft ist es daher nur, den Abfallverantwortlichen zu verpflichten, den Abfall zu haushaltsnahen Sammelbehältern zu bringen oder vorzusehen, dass *bestimmte* Abfälle in Wertstoffhöfen abzuliefern sind. Die Einführung einer generellen und undifferenzierten Bringpflicht wäre demgegenüber rechtswidrig.[266]

---

[258] Vgl. *OVG Magdeburg* LKV 2021, 35 Rn. 76.
[259] *Kahl* DVBl 1995, 1327 (1329).
[260] Hierzu eingehend *Burgi,* Funktionale Privatisierung und Verwaltungshilfe, 1999, S. 100 ff.
[261] *OVG Münster* UPR 1998, 234 ff.; vgl. *Versteyl* in Versteyl/Mann/Schomerus KrWG § 22 Rn. 5 ff.
[262] Vgl. *Schomerus* in Versteyl/Mann/Schomerus KrWG § 17 Rn. 65 ff.
[263] VO v. 10.12.2001 (BGBl. I 3379). Zur Novelle 2016 *Kropp* AbfallR 2017, 22 ff.
[264] Vgl. §§ 13, 14 BWLKreiWiG; Art. 10 I 1 BayAbfG.
[265] *BVerwG* NVwZ 2006, 589 (591); NVwZ 2005, 695 (697).
[266] Vgl. BVerwGE 99, 88 (90 ff.); *BVerwG* NuR 2000, 209 (210).

3. Abfallverantwortliche

83 Adressaten der abfallrechtlichen Pflichten zur Entsorgung und zur Überlassung sind die „Erzeuger oder Besitzer" des Abfalls. Nach der *Legaldefinition* des § 3 VIII KrWG ist *Erzeuger* jede natürliche oder juristische Person, durch deren Tätigkeit – im Sinne einer letzten Ursache[267] – Abfälle unmittelbar angefallen sind (Ersterzeuger), sowie jede Person, die Vorbehandlungen, Mischungen oder sonstige Behandlungen vorgenommen hat, die eine Veränderung der Natur oder der Zusammensetzung dieser Abfälle bewirken (Zweiterzeuger, Dritterzeuger usw.). Mehrere Erzeuger können nebeneinander stehen.[268] Abfallerzeuger ist grundsätzlich derjenige, der als Inhaber der tatsächlichen Sachherrschaft die letzte Ursache für die Umwandlung einer Sache in Abfall gesetzt hat, sofern nicht ausnahmsweise eine andere – vorgelagert handelnde – Person bei einer wertenden Betrachtung als Abfallerzeuger zu qualifizieren ist.[269]

84 Als *Besitzer von Abfällen* bezeichnet das Gesetz die natürliche oder juristische Person, die die tatsächliche Sachherrschaft über Abfälle hat (§ 3 IX KrWG). Im Unterschied zum Besitzbegriff des BGB bedarf es keines Besitzbegründungswillens.[270] Während das Zivilrecht den Besitzer schützen will, möchte das Abfallrecht dessen Verantwortlichkeit begründen.[271] Besitz wird daher zB auch dann begründet, wenn Abfall durch Hochwasser auf ein Grundstück gelangt.[272] Dies ist von Bedeutung, wenn Dritte widerrechtlich und gegen den Willen des Grundstücksbesitzers sog. wilden Müll abgelagert haben. Der Grundstücksbesitzer kann dann nicht zugleich als Abfallbesitzer angesehen werden, wenn das Grundstück der Allgemeinheit aufgrund von Betretungsrechten frei zugänglich ist (zB Wald- und Flurgrundstücke) und deswegen nach der Verkehrsanschauung keine tatsächliche Sachherrschaft über den wild abgelagerten Müll angenommen werden kann.[273] Anders ist es, wenn das Grundstück tatsächlich oder auch „nur" rechtlich[274] gegen ein Betreten Dritter ohne den Willen des Eigentümers gesichert ist und somit ein Mindestmaß an Sachherrschaft ausgeübt wird.

85 Die zuständige Behörde kann nach § 62 KrWG im Einzelfall die erforderlichen Anordnungen zur Durchführung dieses Gesetzes und der aufgrund dieses Gesetzes erlassenen Rechtsverordnungen treffen. Dies schließt auch abfallrechtliche Sondergesetze (BattG, ElektroG, VerpackG) ein.[275] Dies ist eine Ermächtigungsnorm, auf die sich eine zuständige Landesbehörde unmittelbar stützen kann. Da es um die Durchsetzung des KrWG gerade dort geht, wo Anordnungen erforderlich werden, handelt es sich in der Sache bei § 62 KrWG um eine Vorschrift der materiellen Gefahrenabwehr.[276] § 62 KrWG ist eine – verfassungskonforme[277] – Auffangvorschrift, die subsidiär zu Spezialermächtigungen im KrWG ist,[278] verdrängt im Übrigen aber als Spezialregelung die Vorschriften des allgemeinen Polizei- und Ord-

---

[267] *Kopp-Assenmacher/Schwartz* in Kopp-Assenmacher (Hrsg.), KrWG, 2014, § 3 Rn. 45.
[268] *Kropp* ZUR 2008, 401 (402).
[269] *BVerwG* NVwZ 2015, 153. Zu den Folgen *Frenz* AbfallR 2015, 135 ff.; *Kopp-Assenmacher* ZUR 2015, 239 (241); *Krahnenfeld* NVwZ 2015, 156 ff.
[270] *Schlacke* § 12 Rn. 25; *Sparwasser/Engel/Voßkuhle* § 11 Rn. 154.
[271] *VG Augsburg* Urt. v. 8.2.2021 – Au 9 K 20.1387 Rn. 32.
[272] BVerwGE 106, 43 (46).
[273] BVerwGE 67, 8 (12); *BVerwG* NVwZ 1988, 1021 f.
[274] *BVerwG* NVwZ 2003, 1252 (1253).
[275] *VG Würzburg* Urt. v. 16.10.2020 – W 10 K 19.451 Rn. 54.
[276] *v. Komorowski* in Jarass/Petersen KrWG § 62 Rn. 3.
[277] *OVG Magdeburg* Beschl. v. 8.7.2020 – 2 M 46/20 Rn. 5 f.
[278] *Wenzel* in Schmehl/Klement (o. Fn. 44) § 62 Rn. 6.

nungsrechts.[279] Gegenüber anlagebezogenen Verpflichtungen gilt zugunsten des BImSchG hingegen die Kollisionsnorm des § 13 KrWG. Auf § 62 KrWG gestützte Anordnungen sind Verwaltungsakte nach § 35 VwVfG, § 42 I VwGO.[280] Der Erlass von Anordnungen steht im Ermessen („kann"),[281] das – hinsichtlich des Entschließungs- wie des Auswahlermessens – pflichtgemäß auszuüben ist (§ 40 VwVfG).

4. Öffentlich-rechtliche Entsorgungsträger

Nach § 20 I 1 KrWG haben die öffentlich-rechtlichen Entsorgungsträger die in ihrem Gebiet angefallenen und überlassenen Abfälle aus privaten Haushaltungen und Abfälle zur Beseitigung aus anderen Herkunftsbereichen nach Maßgabe der §§ 6–11 KrWG zu verwerten oder nach Maßgabe der §§ 15 und 16 KrWG zu beseitigen. Die öffentlich-rechtlichen Entsorgungsträger werden damit ebenso behandelt wie die privaten Abfallverantwortlichen.[282] Anders als bei diesen entsteht die Entsorgungspflicht nicht erst mit der Erlangung der tatsächlichen Sachherrschaft (Besitz), sondern schon mit der Überlassung. Insoweit kann deshalb die Frage offenbleiben, ob schon durch das Überlassen als solches (zB durch Bereitstellung von Abfall am Straßenrand) Besitz des öffentlich-rechtlichen Entsorgungsträgers begründet wird. Die Beauftragung eines Erfüllungsgehilfen nach § 22 S. 1 KrWG (→ Rn. 80) lässt gem. § 22 S. 2 KrWG auch die Verantwortlichkeit nach § 20 I KrWG unberührt. **86**

Wer zuständiger öffentlich-rechtlicher Entsorgungsträger ist, wird durch Landesrecht bestimmt. Befürchtungen, die Bewältigung der Aufgabe der Abfallentsorgung könne die kreisangehörigen Gemeinden überfordern, haben die Länder dadurch Rechnung getragen, dass sie die Abfallentsorgung im Regelfall den Landkreisen und kreisfreien Städten übertragen haben. **87**

VI. Das Abfallverbringungsrecht

Das Abfallverbringungsrecht ieS betrifft die Frage, ob Abfall in einen anderen Mitgliedstaat der EU oder in einen Drittstaat gebracht und dort entsorgt werden darf. Wichtigste Rechtsquelle ist die – vom Rat im Schwerpunkt auf Art. 192 I AEUV bzw. dessen Vorgängernorm gestützte – EG-Abfallverbringungsverordnung (AbfVerbrVO[283]). Diese Verordnung, die im Jahr 2006 grundlegend novelliert wurde,[284] ist nach Art. 288 II 2 AEUV in den Mitgliedstaaten unmittelbar anwendbares Recht, das einer Konkretisierung durch nationales Recht weder bedarf noch zugänglich ist.[285] Vielmehr ist entgegenstehendes nationales Recht (zB eine den Verantwortlichen an „seine" Kommune bindende Überlassungspflicht nach § 17 I KrWG) nicht anwendbar. Mit der AbfVerbrVO kommt die EU ihren völkervertragsrechtlichen Verpflichtungen aus dem Basler Übereinkommen über die Kontrolle der grenzüberschreitenden Verbringung gefährlicher Abfälle und ihrer Entsorgung[286] nach. Auf **88**

---

[279] *v. Komorowski* in Jarass/Petersen KrWG § 62 Rn. 11.
[280] *v. Komorowski* in Jarass/Petersen KrWG § 62 Rn. 30.
[281] S. *v. Komorowski* in Jarass/Petersen KrWG § 62 Rn. 37; *Wenzel* in Schmehl/Klement (o. Fn. 44) § 62 Rn. 16.
[282] *BVerwG* NVwZ 2006, 589 (591).
[283] O. Fn. 18.
[284] Dazu *Dieckmann* ZUR 2006, 561 ff.; *Oexle* ZUR 2007, 460 ff.
[285] *BVerwG* DVBl 2003, 743 (744). S. für die Verbringung von Altkleidern *VGH München* NVwZ-RR 2018, 844 (845 f.); Urt. v. 25.6.2018 – 20 B 16.2223 Rn. 21.
[286] S. o. Fn. 9.

nationaler Ebene ist zur Ausgestaltung des Abfallverbringungsrechts das Abfallverbringungsgesetz[287] ergangen.[288]

89 Die Abgrenzung zwischen Abfällen zur Verwertung und Abfällen zur Beseitigung (→ Rn. 52 ff.) ist auch im Abfallverbringungsrecht zentral. Der verbringungsrechtliche Abfallbegriff verweist auf den allgemeinen Begriff des europäischen Abfallrechts. Art. 2 Nr. 1 AbfVerbrVO verweist insoweit auf Art. 20 II RL 2006/12/EG,[289] die als solche nicht mehr in Kraft ist; der dortige Begriff ist identisch mit dem in Art. 3 Nr. 3 RL 2008/98/EG. Abfälle zur Verwertung können innerhalb der EU im Ergebnis nahezu wie jedes andere Wirtschaftsgut frei bewegt werden, während für Abfälle zur Beseitigung die Grundsätze der Nähe und der Entsorgungsautarkie der Mitgliedstaaten gelten (vgl. Art. 11 I lit. a AbfVerbrVO).

90 Hintergrund der Privilegierung von Abfällen zur Verwertung bei der Abfallverbringung innerhalb der EU ist die in Art. 34 f. AEUV normierte Grundfreiheit des Warenverkehrs, an der sich auch die AbfVerbrVO als sekundäres Unionsrecht messen lassen muss. Nach Ansicht des *EuGH* sind Abfälle zwar unabhängig davon, ob sie verwertet oder beseitigt werden sollen, als Waren iSd AEUV anzusehen.[290] Jedoch hält der *EuGH* eine Beschränkung der Warenverkehrsfreiheit aus Gründen des Umweltschutzes (vgl. Art. 191 II UAbs. 1 S. 2 AEUV: Ursprungsprinzip) und des Gesundheitsschutzes grundsätzlich nur bei Abfällen zur Beseitigung für gerechtfertigt,[291] nur ausnahmsweise hingegen bei Abfällen zur Verwertung.[292]

91 Die AbfVerbrVO unterwirft die Verbringung von Abfall innerhalb der EU grundsätzlich einem Verbot mit Erlaubnisvorbehalt.[293] Das Genehmigungsverfahren trägt den Namen „Notifizierungsverfahren“. Die Genehmigung heißt „Zustimmung“. Eine Notifizierungspflicht besteht für alle Abfälle zur Beseitigung und die meisten Abfälle zur Verwertung gegenüber der nach nationalem Recht zuständigen Behörde des Versandmitgliedstaats (Art. 4 AbfVerbrVO). An die Notifizierung schließt sich ein in Art. 7–17 AbfVerbrVO geregeltes, komplexes Verfahren an. Beteiligt sind die zuständigen Behörden am Versand- und am Bestimmungsort des Abfalls sowie ggf. die Behörden der Staaten, über deren Gebiet der Abfall transportiert wird. Alle diese Behörden können gegen die notifizierte Abfallverbringung Einwände erheben, dh die Zustimmung versagen. Rechtmäßig ist ein Einwand nur, wenn er auf einem der in der AbfVerbrVO selbst abschließend aufgeführten[294] Gründe beruht.[295] Liegt ein zu einem Einwand berechtigender Sachverhalt nicht vor, sind die Behörden verpflichtet, ihre Zustimmung zu der Abfallverbringung zu erteilen. Möglich ist in bestimmten Fällen auch eine Zustimmung mit Auflagen (Art. 10 AbfVerbrVO).

---

[287] G zur Ausführung der VO (EG) Nr. 1013/2006 des Europäischen Parlaments und des Rates v. 14.6.2006 über die Verbringung von Abfällen und des Basler Übereinkommens v. 22.3.1989 über die Kontrolle der grenzüberschreitenden Verbringung gefährlicher Abfälle und ihrer Entsorgung v. 19.7.2007 (BGBl. I 1462).

[288] S. im Übrigen das nationale Parallelregime der Atomrechtlichen Abfallverbringungsverordnung (AtAV) v. 30.4.2009 (BGBl. I 1000).

[289] Vgl. hierzu *EuGH*, Rs. C-241/12 ua (Shell Nederland), NVwZ 2014, 358 Rn. 34 ff.

[290] *EuGH*, Rs. C-2/90 (Wallonien), Slg. 1992, I-4431 Rn. 28; Rs. C-221/06 (Frohnleiten), Slg. 2007 I-9643 Rn. 38.

[291] *EuGH*, Rs. C-2/90 (Wallonien), Slg. 1992, I-4431 Rn. 22 ff.

[292] *EuGH*, Rs. C-203/96 (Dusseldorp), Slg. 1998, I-4075 Rn. 35 ff.

[293] *Kropp* AbfallR 2006, 150 (153).

[294] *EuGH*, Rs. C-324/99 (Daimler Chrysler), Slg. 2001, I-9897 Rn. 50; *BVerwG* DVBl 2003, 743 (744).

[295] Zur früheren AbfVerbrVO etwa *EuGH*, Rs. C-277/02 (EU-Wood Trading GmbH), Slg. 2004, I-11957 Rn. 54; Rs. C-215/04 (Pedersen), Slg. 2006 I-1465 Rn. 33 f.

Solange nicht die Zustimmungen aller beteiligten Behörden vorliegen, ist dem Abfallverantwortlichen die Verbringung des Abfalls präventiv verboten (Art. 9 VI AbfVerbrVO). Flankierend werden dem Abfallverbringer Pflichten auferlegt, bestimmte Dokumente und Informationen bei der Verbringung mitzuführen (Art. 18 AbfVerbrVO).[296]

Eine Genehmigung für die Verbringung kann nach Art. 11 I lit. i AbfVerbrVO unter bloßem Hinweis darauf versagt werden, dass es sich um gemischte Siedlungsabfälle aus privaten Haushaltungen handele. Die Ausfuhr von Abfällen zur Beseitigung in Drittstaaten wird in Art. 34 I AbfVerbrVO durch das Unionsrecht selbst unmittelbar verboten – von engen Ausnahmen abgesehen. Die Ausfuhr von Abfällen zur Verwertung in Drittstaaten ist in Art. 36, 38 AbfVerbrVO ebenfalls restriktiv geregelt. Verstöße sind nach Art. 50 AbfVerbrVO angemessen zu sanktionieren.[297] 92

VII. Die Produktverantwortung

Kreislaufwirtschaft ist vor allem auch ein Problem der Herstellung von umweltschonenden – abfallvermeidenden bzw. verwertbaren – Produkten, weshalb das abfallrechtliche Pflichtenregime durch eine ausdifferenzierte Produktverantwortung ergänzt wird. Der Begriff der Produktverantwortung (§ 23 I 1 KrWG; vgl. auch Art. 8 I AbfRRL) meint die Zuweisung rechtlicher Verantwortung für eine abfallvermeidende und ökologisch verträgliche Ausgestaltung von Produkten an die Entwickler, Hersteller und andere Personen, von deren Fähigkeiten und Willen es abhängt, wie viel und welcher Abfall im „Lebenszyklus" eines Produkts entsteht.[298] Mit der Inanspruchnahme dieses Personenkreises denkt das KrWG nicht mehr erst vom Abfall, sondern schon vom Produkt her, weshalb es hier im Kern auch nicht mehr um traditionelles Umweltrecht, sondern um umweltsensibles Produktrecht (also Sonder-Wirtschaftsverwaltungsrecht) geht. Die Produktverantwortung beginnt, bevor der Abfall entsteht. Im Gegenzug werden die Abfallverantwortlichen (→ Rn. 67 ff.), die nach den allgemeinen Regeln der §§ 6 ff. KrWG im Mittelpunkt stehen, nach den §§ 23 ff. KrWG entlastet – insbes. durch kostenlose Rückgabemöglichkeiten. 93

Aus der Zuweisung von Produktverantwortung als solcher, die in § 23 I 1 KrWG zu finden ist, ergeben sich indes allein und unmittelbar noch keine Rechtsfolgen für den Einzelnen (s. § 23 IV KrWG). Es bedarf damit bislang stets einer Ausfüllung durch von der Bundesregierung zu erlassende Rechtsverordnungen,[299] deren Inhalt sich nach §§ 24 f. KrWG richtet.[300] IE gehören zur Produktverantwortung nach § 23 II KrWG die Herstellung mehrfach verwendbarer, langlebiger und schadlos verwertbarer Produkte (Nr. 1), die vorrangige Herstellung von Produkten aus verwertbaren Abfällen oder sekundären (also ihrerseits aus Abfällen gewonnenen) Rohstoffen, insbes. Rezyklaten[301] (Nr. 2), Kennzeichnungs- und Hinweispflichten (Nr. 3, 4) sowie Rücknahmepflichten (Nr. 5). Zu den weiteren Inhalten gehört auch eine Mitverantwortung für die Vermüllung („Littering"[302]) nach der neu eingefügten Nr. 10, der durch Verordnung nach 94

---

[296] Hierzu auch *EuGH*, Rs. C-1/11 (Intersehroh/SAM), NVwZ 2012, 615 Rn. 30 ff.; Rs. C-69/15 (Nutrivet), NVwZ 2016, 1168 Rn. 34 ff.

[297] Hierzu *EuGH*, Rs. C-69/15 (Nutrivet), NVwZ 2016, 1168 Rn. 48 ff.

[298] Allgemein *Berg/Hösch* JbUTR 1997, 83 ff.; *Fischer*, Strategien im Kreislaufwirtschafts- und Abfallrecht, 2001, S. 261 ff.

[299] *Mann* in Versteyl/Mann/Schomerus KrWG § 23 Rn. 34; *Petersen/Friedrich* NVwZ 2021, 1 (3).

[300] *Kaiser/Stern* ZUR 2008, 358 (361); *Hendler/Belz* GewArch 2009, 5 (10).

[301] Zu dieser Neuerung *Petersen/Friedrich* NVwZ 2021, 1 (4).

[302] *Petersen/Friedrich* NVwZ 2021, 1 (4 f.).

§ 25 Nr. 4 KrWG umzusetzen ist, die sich absehbar auf statistische Mengenströme stützen wird. Rechtsverordnungen nach §§ 24 f. KrWG sind etwa die AltfahrzeugV (→ Rn. 9) und Teile der Altölverordnung[303]. Soweit die Einzelheiten der Produktverantwortung auf Spezialgesetze ausgelagert wurden (BattG, ElektroG, VerpackG), bestimmt § 23 KrWG gleichwohl weiterhin das typusprägende Leitbild,[304] das bei der Auslegung der produktspezifischen Sondergesetze heranzuziehen ist.

Beim Vertrieb der Erzeugnisse ist nach § 23 I 2 KrWG dafür zu sorgen, dass deren Gebrauchstauglichkeit erhalten bleibt und diese nicht zu Abfall werden, was § 23 II Nr. 11 KrWG konkretisiert. Diese erweiterte – freilich noch durch Rechtsverordnungen zu konkretisierende (§ 23 IV KrWG) – *Obhutspflicht* stellt eine grundlegende Neuausrichtung der Produktverantwortung durch die Abfallrechtsnovelle 2020 (→ Rn. 10) dar.[305]

95 Soweit Verpackungsabfälle entstehen, werden durch das VerpackG strenge Rücknahme- und daran anschließend Entsorgungspflichten begründet. Das VerpackG (→ Rn. 9) konstituiert damit speziell für Verpackungsabfälle ein eigenes Entsorgungssystem *(Duales System)*,[306] das neben dem schon behandelten Zwei-Säulen-Modell der allgemeinen Abfallentsorgung nach den §§ 6 ff. KrWG steht (§ 7 I 1 VerpackG). Hersteller und Vertreiber verpackter Waren sind entweder selbst Träger der Entsorgungspflichten oder haben die Entsorgung jedenfalls zu finanzieren. Das VerpackG, das an die Stelle des gescheiterten Vorhabens eines Wertstoffgesetzes getreten ist und zudem die alte VerpackV abgelöst hat, enthält umfassende Regelungen der Produktverantwortung, die allerdings im Wesentlichen auf den bisherigen Regelungsstrukturen gründen (§§ 7 ff. VerpackG).

96 Das System hat flächendeckend im Einzugsgebiet des verpflichteten Vertreibers unentgeltlich die regelmäßige Abholung gebrauchter, restentleerter Verkaufsverpackungen beim privaten Endverbraucher oder in dessen Nähe in ausreichender Weise zu gewährleisten (vgl. § 3 XVI VerpackG). Ein Duales System ist nach § 22 I 1 VerpackG abzustimmen auf vorhandene Sammelsysteme der öffentlich-rechtlichen Entsorgungsträger, in deren Bereich es eingerichtet wird. § 22 II VerpackG enthält eine abschließende[307] Festsetzungsermächtigung.[308] Die Regelung über Mitbenutzungsverlangen der öffentlich-rechtlichen Träger nach der früheren Regelung des § 6 IV 5 VerpackV hat das *BVerwG* aufgrund ihrer Unbestimmtheit des als abgabengleich bewerteten Anspruchs auf „angemessenes Entgelt" für nichtig erachtet[309]; dies müsste konsequenterweise dann auch für die insoweit nicht minder unbestimmte Regelung des § 22 IV VerpackG [310]gelten. Dem Endverbraucher bleibt als Alternative zum Dualen System grundsätzlich die Überlassung an den öffentlich-rechtlichen Entsorgungsträger. § 17 II Nr. 1 KrWG stellt den Endverbraucher hinsichtlich der Verkaufsverpackungen nur von der Überlassungspflicht, nicht vom Überlassungsrecht nach § 17 I 1 KrWG frei.[311] Sonderregelungen für Einweggetränkeverpackungen enthält § 31 VerpackG.

97 Eine wichtige sondergesetzliche – auf Art. 74 I Nr. 24 GG gestützte[312] – Regelung der abfallrechtlichen Produktverantwortung enthält das ElektroG (vgl. § 1 ElektroG), in dessen Anwendungsbereich produktspezifisch und abschließend aufgeführte *Elektro- und Elektronikgeräte*

---

[303] BGBl. I 1368. Hierzu *Jakobj/Ramin* ZUR 2014, 649 (650 ff.).
[304] *Petersen/Friedrich* NVwZ 2021, 1 (3).
[305] *Petersen/Friedrich* NVwZ 2021, 1 (5).
[306] S. *Brandt* NuR 2017, 305 ff. Zu den kartellrechtlichen Implikationen *Weidemann* AbfallR 2018, 158 ff.
[307] *OVG Lüneburg* Beschl. v. 31.8.2020 – 7 ME 81/20 Rn. 11; *VG Sigmaringen* Beschl. v. 21.7.2020 – 4 K 786/20 Rn. 28.
[308] Zur sehr umstrittenen Reichweite *OVG Berlin-Brandenburg* Beschl. v. 7.9.2020 – OVG 11 S 62/20 Rn. 13 ff.; *OVG Koblenz* Beschl. v. 10.9.2020 – 8 B 10979/20 Rn. 17 ff.; *VGH Mannheim* NVwZ-RR 2021, 149 Rn. 11 ff.; *VG Kassel* Beschl. v. 3.9.2020 – 4 L 826/20.KS Rn. 54 ff.; *VG Mainz* Beschl. v. 28.7.2020 – 4 L 316/20.MZ Rn. 10 ff.; *Wenzel* AbfallR 2020, 248 ff.
[309] BVerwGE 152, 1 ff.
[310] Hierzu *Vetter* AbfallR 2020, 29 ff.
[311] *BGH* AbfallR 2018, 86 ff.
[312] *Giesberts* in ders./Hilf (Hrsg.), ElektroG, 2009, Einl. Rn. 8.

fallen (vgl. iE § 2 I ElektroG iVm Anh. I zum ElektroG).[313] Das Herzstück des Gesetzes bildet die Etablierung eines Sammlungs- und Rücknahmesystems, das der Sicherung einer so weit wie möglich gehenden Wiederverwendung (§§ 12 ff. ElektroG) dienen soll. Auch das BattG nebst Durchführungsverordnung[314] hat die Produktverantwortung für die besonders umweltschädlichen *Batterien* gesetzlich gesondert ausgestaltet.

VIII. Die Zulassung und Stilllegung von Abfallentsorgungsanlagen

Fall 26: Die ungeliebte Müllverbrennungsanlage

Der Abfallentsorgungszweckverband *ABZV*, an dem mehrere ländlich geprägte bayerische Gemeinden und Landkreise beteiligt sind, möchte auf dem Gebiet seiner Mitgliedsgemeinde *G* eine Müllverbrennungsanlage *(MVA)* errichten. Das hierfür vorgesehene Grundstück liegt inmitten eines weiträumigen und unbebauten Wiesengeländes und ist in Hauptwindrichtung etwa vier Kilometer von einem reinen Wohngebiet entfernt. Für die Region existiert kein verbindlicher Abfallwirtschaftsplan. Um die *MVA* zu verhindern, weist der Gemeinderat von *G* das fragliche Gebiet in einem Bebauungsplan als allgemeines Wohngebiet aus und erklärt eine Nutzung zur Abfallentsorgung für unzulässig. Der Gemeinderat, dessen Stellungnahme von der zuständigen Genehmigungsbehörde rechtzeitig eingeholt wird, ist der Meinung, die *MVA* passe viel besser auf ein ähnliches Wiesengelände auf dem Gebiet der Nachbargemeinde *B*, die ebenfalls Mitglied im *ABZV* ist. In der Tat hätten die Bewohner von *B* aufgrund der Hauptwindrichtung von der Anlage ausgehende Immissionen nicht zu befürchten. Als die öffentliche Diskussion um die *MVA* immer höhere Wellen schlägt, wird auch der Vorsitzende des nach § 3 UmwRG anerkannten Naturschutzverbandes *N* auf das Projekt aufmerksam. Er wundert sich vor allem darüber, dass sein Verband nicht am Genehmigungsverfahren beteiligt worden ist. Bisher war ihm bei ähnlichen Vorhaben stets Gelegenheit zur Äußerung und Einsicht in die Sachverständigengutachten gegeben worden. Als die Anlage entsprechend dem Antrag des *ABZV* genehmigt wird, kann der Gemeinderat von *G* nicht verstehen, dass sich die Genehmigungsbehörde über den Bebauungsplan hinweggesetzt hat. 98

Bei der Falllösung ist davon auszugehen, dass es sich bei der *MVA* um eine Anlage zur thermischen Beseitigung von Abfällen iSv Nr. 8.1.1 der Anl. 1 zum UVPG handelt.

1. Zulassungsbedürftigkeit

Nach § 28 I 1 KrWG dürfen Abfälle – unter dem Vorbehalt des § 28 II KrWG – zum Zwecke der Beseitigung nur in den dafür zugelassenen Anlagen oder Einrichtungen (Abfallbeseitigungsanlagen) behandelt, gelagert oder abgelagert werden. Darüber hinaus ist die Behandlung von Abfällen zur Beseitigung in Anlagen zulässig, die überwiegend einem anderen Zweck als der Abfallbeseitigung dienen und die einer Genehmigung nach § 4 BImSchG bedürfen (§ 28 I 2 KrWG). 99

Nach § 28 I 1 KrWG fallen unter den Begriff der *Abfallbeseitigungsanlage* alle zum Zwecke der Beseitigung von Abfällen zugelassenen Anlagen oder Einrichtungen. Der Begriff der Anlage bzw. – synonym – der Einrichtung ist dabei weit auszulegen.[315] Er umfasst alle Anlagen (Einrichtungen), die der Behandlung, Lagerung und

---

[313] Zum Anwendungsbereich instruktiv *BVerwG* DVBl 2010, 1508 ff.
[314] VO zur Durchführung des Batteriegesetzes v. 12.11.2009 (BGBl. I 3783).
[315] BVerwGE 66, 301 (302 f.); 85, 120 (121).

Ablagerung von Abfällen dienen. Nicht entscheidend ist, ob bauliche Anlagen, technische Geräte oder sonstige Einrichtungen vorhanden sind, sodass auch Grundstücke, auf denen Abfälle gelagert bzw. behandelt werden, den Anlagenbegriff erfüllen können. Allerdings macht die bloße Lagerung von Abfällen ein Grundstück noch nicht zu einer Abfallbeseitigungsanlage, sondern das betreffende Grundstück muss zusätzlich von dieser Nutzung *geprägt,* also die Abfallbeseitigung ein typisches Merkmal der betreffenden Grundstücksfläche sein. Das Nachsortieren von Abfällen zum Zweck ihrer verbesserten Bereitstellung für den öffentlich-rechtlichen Entsorgungsträger ist noch keine Abfallbehandlung, sondern nur eine Vorbereitungshandlung.[316]

100 Zulassungsbedürftig sind die *Errichtung,* der *Betrieb* und die *wesentliche Änderung* von Abfallbeseitigungsanlagen. Dabei ist zwischen Deponien und sonstigen Abfallbeseitigungsanlagen zu unterscheiden: Die Zulassung von *Deponien* (§ 3 XXVII KrWG) erfolgt im Wege der Planfeststellung (§ 35 II 1 KrWG). *Sonstige Abfallbeseitigungsanlagen* bedürfen als Unterfall der ortsfesten Abfallentsorgungsanlagen zur Lagerung oder Behandlung von Abfällen allenfalls einer Genehmigung nach dem BImSchG (§ 4 I 1 Hs. 2 BImSchG), wie § 35 I KrWG deklaratorisch (arg. e § 28 I 3 KrWG) feststellt (§ 28 II, III KrWG schränkt die Regelung über die Genehmigungsbedürftigkeit gem. § 4 I 1 Hs. 2 BImSchG nicht ein!),[317] oder einer Baugenehmigung.

101 *Ortsfeste Anlagen* iSd § 4 I 1 Hs. 2 BImSchG sind Anlagen iSd § 3 V Nr. 1 oder 3 BImSchG zur Verwertung oder zur Beseitigung von Abfällen (§ 3 I KrWG), die primär der Behandlung oder Lagerung von Abfällen dienen, ohne Deponien zu sein.[318] Anlagen, in denen zwar Abfälle mitverbrannt werden, die vorrangig aber anderen Zwecken dienen, wie Zementfabriken, werden nicht erfasst; sie können nur unter § 4 I 1 Hs. 1 BImSchG fallen. Unter *Lagern* von Abfällen ist das Zwischenlagern der Abfälle vor ihrer Verwertung oder Endlagerung zu verstehen. *Behandeln* von Abfällen ist jede qualitative oder quantitative Veränderung der Abfälle wie das Zerkleinern, Verdichten, Entwässern, Kompostieren oder Verbrennen. Die Einschränkung für nicht wirtschaftliche Unternehmungen, die § 4 I 2 BImSchG grundsätzlich vorsieht, gilt für Abfallentsorgungsanlagen *nicht* (vgl. § 4 I 2 Hs. 1 BImSchG).

102 Weitere Voraussetzung für die immissionsschutzrechtliche Genehmigungsbedürftigkeit ist, dass die Abfallbeseitigungsanlage im *Anh. zur 4. BImSchV*[319] (iVm § 4 I 3 BImSchG) erfasst ist.[320] Für Abfallbeseitigungsanlagen ist Nr. 8 des Anhangs einschlägig. Die 4. BImSchV bestimmt den Kreis der genehmigungsbedürftigen Anlagen abschließend. Im Hinblick auf den Verhältnismäßigkeitsgrundsatz hat der Verordnungsgeber bei der Bestimmung der genehmigungspflichtigen Anlagen unbedeutende Abfallentsorgungsanlagen von der Genehmigungspflicht ausgenommen (vgl. auch § 28 I 3 KrWG).

---

[316] BVerwGE 130, 127 (132 f.).

[317] Zur Abgrenzung anschaulich *VG Neustadt a. d. W.* Urt. v. 21.9.2020 – 4 K 1390/19.NW Rn. 53: Bauschuttrecyclinganlage.

[318] *Jarass* BImSchG § 4 Rn. 8 f.

[319] → § 7 Rn. 20 ff.

[320] → § 7 Rn. 20 f.

2. Zulassung von Deponien

a) Anzuwendende Vorschriften

Das für die Errichtung und den Betrieb von neuen Deponien nach § 35 II KrWG grundsätzlich erforderliche *Planfeststellungsverfahren* richtet sich nach den §§ 72–78 VwVfG (§ 38 I 1 KrWG). Weitere Einzelheiten des Planfeststellungsverfahrens können durch Rechtsverordnung bestimmt werden (§ 38 I 2 KrWG). Zu beachten sind insoweit insbes. die GrundwasserVO[321] und die DepV[322] (vgl. zB § 19 DepV zum Antrag auf Planfeststellung, § 20 DepV zur grenzüberschreitenden Öffentlichkeitsbeteiligung). Bei der Planfeststellung ist eine UVP durchzuführen (§ 35 II 2 KrWG). Für bestimmte Fälle kann bzw. soll die Behörde gem. § 35 III 1, 2 KrWG von einem Planfeststellungsverfahren absehen und eine *Plangenehmigung* erteilen, wobei die Ausnahmen bzw. Einschränkungen des § 35 III 3 KrWG zu beachten sind. Der Antragsteller hat keinen Anspruch auf Durchführung des Genehmigungsverfahrens anstelle eines Planfeststellungsverfahrens, wohl aber einen Anspruch auf fehlerfreie Ermessensausübung. 103

Wichtigste *Rechtsfolge* von Planfeststellung und Plangenehmigung (vgl. § 35 III 1 KrWG iVm § 74 VI 2 Hs. 1 VwVfG) ist die formelle Konzentrationswirkung (§ 75 I 1 Hs. 2 VwVfG). Eine weitere behördliche Zulassungsentscheidung ist also nicht erforderlich. Einzige Ausnahme ist die wasserrechtliche Bewilligung bzw. Erlaubnis, die wegen § 19 I WHG gesondert zu erteilen ist.[323] Für die Änderung zugelassener Anlagen gilt § 15 I 1–4, II BImSchG entsprechend (§ 35 IV KrWG), es besteht also nur eine Anzeigepflicht. Es steht dem Träger des Vorhabens aber gem. § 35 V KrWG frei, für sein Vorhaben Rechtssicherheit durch eine Planfeststellung oder Plangenehmigung zu erlangen. 104

b) Zulassungsanspruch

Nach § 36 I KrWG dürfen Planfeststellung und Plangenehmigung nur erteilt werden, wenn 105

- Nr. 1: sichergestellt ist, dass das Wohl der Allgemeinheit nicht beeinträchtigt wird (keine Gefahren für Schutzgüter iSd § 15 II 2 KrWG, Vorsorge gegen Beeinträchtigung der Schutzgüter nach dem Stand der Technik iSd § 3 XXII KrWG, sparsame und effiziente Energieverwendung),
- Nr. 2: keine Bedenken gegen die Zuverlässigkeit des Betreibers bestehen,
- Nr. 3: das Personal die erforderliche Fach- und Sachkunde besitzt,
- Nr. 4: keine nachteiligen Wirkungen auf Rechte anderer zu erwarten sind (dabei sind §§ 36 II 1, 38 I 1 KrWG iVm § 74 II 2 LVwVfG sowie § 36 II 2 und 3 KrWG zu beachten!) *und*
- Nr. 5: für verbindlich erklärte Feststellungen eines Abfallwirtschaftsplanes dem Vorhaben nicht entgegenstehen.[324]

Die Anforderungen gelten auch für illegal errichtete („wilde") Deponien.[325] Von diesen Anforderungen ist nach allgemeinen Grundsätzen der Schutznormdoktrin allein § 36 I Nr. 4 KrWG (nicht hingegen Nr. 1–3 und Nr. 5) *drittschützend.*[326] Auch wenn keiner der Versagungsgründe des § 36 I KrWG eingreift, besteht grundsätzlich kein Rechtsanspruch auf Zulassung. Allerdings hat der Vorhabenträger einen Anspruch auf fehlerfreie Ausübung des der Behörde zustehenden Planungs-

---

[321] → § 8 Rn. 9.
[322] S. o. Fn. 21.
[323] Parallel für ein Verfahren nach dem LuftVG BVerwGE 123, 241 (243).
[324] Anschaulich *OVG Lüneburg* Urt. v. 31.7.2018 – 7 KS 17/16 Rn. 205 ff.
[325] *BVerwG* UPR 2021, 29 Rn. 22.
[326] *Fellenberg/Schiller* in Jarass/Petersen KrWG § 36 Rn. 132.

ermessens. Dabei kann es im Einzelfall zu einer Ermessensreduzierung auf Null kommen, wenn dem Vorhaben keine abwägungserheblichen Belange entgegenstehen.[327]

106 Im Übrigen gelten die allgemeinen Anforderungen an Planrechtfertigung[328], zwingende Planungsleitsätze und insbes. hinsichtlich des der Behörde eingeräumten planerischen Gestaltungsspielraums die Anforderungen der Abwägungsfehlerlehre.[329] §§ 29 ff. BauGB sind gem. § 38 S. 1 Hs. 1 BauGB nicht anzuwenden (sog. *Fachplanungsprivileg*). Das gilt allerdings zur Sicherung der kommunalen Planungshoheit (Art. 28 II 1 GG) nur, „wenn die Gemeinde beteiligt wird". Unterbleibt die Beteiligung, riskiert die Planfeststellungsbehörde neben dem formell-rechtlichen Verstoß also auch einen materiellen Fehler. „Beteiligung" bedeutet, dass die Gemeinde anzuhören ist und ihre planerischen Zielvorstellungen angemessen zu berücksichtigen sind.[330] Ein Einvernehmen ist nicht erforderlich.

107 Die Behörde hat vom Antragsteller die Leistung einer Sicherheit für die Beseitigung von Beeinträchtigungen nach Stilllegung[331] der Anlage zu verlangen (§ 36 III KrWG, § 18 DepV). Es besteht insoweit kein Ermessen. Der Sinn der Pflicht zur Sicherheitsleistung liegt darin, im Falle der Insolvenz des Deponieinhabers zu verhindern, dass die Allgemeinheit die Kosten für die Nachsorge der Deponie bezahlen muss.[332] Die Erteilung der Zulassung unter einer Bedingung oder mit einer Auflage sowie Befristung ist gem. § 36 IV 1 KrWG zulässig. Auch nach der Zulassung bleibt die Aufnahme, Änderung oder Ergänzung von Auflagen möglich (§ 36 IV 3 KrWG). In diesem Zusammenhang ist die Behörde zur regelmäßigen oder aus besonderem Anlass gebotenen Überprüfung des Anlagenbetriebs verpflichtet (§ 36 IV 2 KrWG). Zudem gelten für den Betrieb von Abfallbeseitigungsanlagen die Anforderungen der Deponieverordnung in ihrer jeweils geltenden Fassung unmittelbar. Die Betreiber der Anlagen können sich gegenüber einer Verschärfung der Anforderungen nicht auf eine Legalisierungswirkung des Planfeststellungsbeschlusses berufen. Es bedarf auch keiner Konkretisierung der Pflichten der Deponieverordnung durch Verwaltungsakt.[333] Im Übrigen ist eine Zulassung personengebunden und daher nicht durch Privatrechtsakt übertragbar; Anordnungen im Einzelfall bleiben ggf. gegenüber einem Rechtsnachfolger durchsetzbar.[334]

3. Zulassung von sonstigen Entsorgungsanlagen

a) Genehmigungsfähigkeit

108 Gem. § 4 I 1 Hs. 2 BImSchG (bei Abfallbeseitigungsanlagen iVm § 35 I KrWG) bedürfen sonstige ortsfeste Abfallentsorgungsanlagen einer *immissionsschutzrechtlichen Genehmigung*, die sich nach den Vorschriften des BImSchG bestimmt.[335] Die Genehmigung ist unter den Voraussetzungen des § 6 I BImSchG zu erteilen. Das Abfallrecht kommt dabei weithin über die Grundpflicht des § 5 I Nr. 3 BImSchG und damit über § 6 I Nr. 1 BImSchG zur Anwendung.[336] § 6 I Nr. 2 BImSchG

[327] BVerwGE 97, 143 (148 f.).
[328] Hierzu *Versteyl/Kersandt* AbfallR 2015, 46 ff.
[329] *BVerwG* Beschl. v. 12.7.2018 – 7 B 15/17 Rn. 16. S. dazu → § 8 Rn. 67 ff.
[330] *Sparwasser/Engel/Voßkuhle* § 11 Rn. 350, 359.
[331] Zum Begriff *OVG Weimar* DVBl 2013, 1055 (1055 f.).
[332] *Klages* AbfallR 2008, 256 (257).
[333] *BVerwG* NVwZ 2004, 1246 ff., dazu *Petersen/Krohn* ZUR 2004, 348 ff.
[334] *BVerwG* NVwZ 2012, 888 ff.
[335] Eingehend → § 7 Rn. 108 ff.
[336] → § 7 Rn. 108.

kommt insoweit nur in seltenen Fällen zum Tragen.[337] Die Genehmigung ergeht auch hier als *rechtlich gebundene Entscheidung* („ist zu erteilen"). Bei Vorliegen der Genehmigungsvoraussetzungen besteht also ein Anspruch auf die Erteilung der Genehmigung (kein Ermessen!), sog. präventives Verbot mit Erlaubnisvorbehalt.[338] Es kommt folglich auch bei der Zulassung von Abfallentsorgungsanlagen (außerhalb der Deponien) zu einem Wegfall der planerischen Komponente, insbes. des Grundsatzes der Planrechtfertigung und der Lehre vom Planungsermessen.[339]

Dies hat praktische Auswirkungen, etwa für die Frage der *Alternativenprüfung.* Hier ist zu unterscheiden: Im Rahmen der nach § 5 I Nr. 2 BImSchG zu berücksichtigenden Vorsorgevorgaben kann die Behörde regelmäßig eine Optimierung der Anlage verlangen und demgemäß alternative Ausgestaltungen der Anlage (konkret: technische, stoffliche und organisatorische Verfahrensalternativen) in den Blick nehmen. Ausgeschlossen ist jedoch die Prüfung, ob eine andere Anlagenart oder eine Aufstellung der Anlage an einem anderen Standort weniger Probleme bereitet.[340]

b) Genehmigungsverfahren

Bei der immissionsschutzrechtlichen Genehmigung entfällt die im Planfeststellungs- 109
und Plangenehmigungsverfahren obligatorische Beteiligung anerkannter Naturschutzverbände (vgl. § 63 I Nr. 3, 4, II Nr. 6, 7 BNatSchG). Soweit kleinere Anlagen im vereinfachten Verfahren nach § 19 I BImSchG zugelassen werden, findet gem. § 19 II BImSchG keine Öffentlichkeitsbeteiligung gem. § 10 II – IV, VI, VII S. 2 und 3, VIII, IX BImSchG statt. Wann das vereinfachte Verfahren zulässig ist, richtet sich nach § 2 (I 1) der 4. BImSchV. Von Bedeutung für die Zuordnung zu § 10 bzw. § 19 BImSchG ist dabei nicht allein die Zuordnung zu Spalte c des Anhangs 1 zur 4. BImSchV und die dortige (zumindest teilweise) Kennzeichnung mit dem Buchstaben G (vgl. § 2 I 1 Nr. 1a und b 4. BImSchV; Folge: § 10 BImSchG), sondern (konkret: bei Anlagen, die in Spalte c des Anhangs 1 zur 4. BImSchV mit dem Buchstaben V gekennzeichnet sind) auch die UVP-Pflichtigkeit des Vorhabens gem. §§ 5 ff. UVPG[341] (im Fall von UVP-Pflichtigkeit: § 10 BImSchG, vgl. § 2 I 1 Nr. 1c der 4. BImSchV, im Fall von fehlender UVP-Pflichtigkeit: § 19 BImSchG, vgl. § 2 I 1 Nr. 2 der 4. BImSchV).[342]

c) Berücksichtigung städtebaulicher Belange

Fraglich ist, wie der verfassungsrechtlich (Art. 28 II 1 GG) geschützten kommunalen 110
Planungshoheit entsprochen und trotz des Fehlens einer planerischen Komponente bei der Zulassungsentscheidung planerische Vorstellungen der Gemeinden Eingang in das Genehmigungsverfahren finden können (vgl. auch § 38 S. 1 Hs. 2 BauGB: städtebauliche Belange sind zu berücksichtigen). Dabei ist der Weg, über § 6 I Nr. 2 BImSchG iVm § 30 BauGB den Planungen der Standortgemeinden durch die Berücksichtigung von Bebauungsplänen Rechnung zu tragen, regelmäßig versperrt. Dies gilt jedenfalls für öffentlich zugängliche Abfallbeseitigungsanlagen, da § 38 S. 1 Hs. 1 BauGB für diese anordnet, dass die §§ 29 ff. BauGB hierauf nicht anwendbar sind (→ Rn. 106).

---

337 *Jarass* BImSchG § 6 Rn. 26.
338 BVerwGE 97, 143 (148); *Jarass* BImSchG § 6 Rn. 1, 45.
339 *VGH Mannheim* UPR 1999, 195 ff.
340 *Jarass* BImSchG § 6 Rn. 47.
341 Dazu → § 4 Rn. 92 ff.
342 Näher → § 7 Rn. 20 ff.

111 Die hM löst das Problem, indem sie die Planungen der Standortgemeinden über § 6 I Nr. 2 BImSchG iVm § 15 II 1, 2 Nr. 5 KrWG in die Zulassungsentscheidung einfließen lässt.[343] Nach dieser sog. abfallrechtlichen Gemeinwohlklausel sind Abfälle so zu entsorgen, dass ua die Belange des Städtebaus gewahrt werden. Dies bedeutet freilich *nicht,* dass der Genehmigungsbehörde nun doch ein Versagungsermessen zustünde. Die planerischen Vorstellungen der Standortgemeinde sind vielmehr Teil einer (tatbestandlichen) *Abwägung* mit sonstigen, kollidierenden Belangen gem. § 15 II KrWG und können daher im Einzelfall durch überwiegende sonstige Belange zugunsten des beantragten Vorhabens überwunden werden. Insoweit ist der Schutz der kommunalen Planungshoheit im immissionsschutzrechtlichen Zulassungsverfahren nicht absolut. Es ändert sich nichts daran, dass der Antragsteller beim Fehlen durchgreifender Versagungsgründe einen Rechtsanspruch auf Erteilung der Genehmigung hat, auch wenn die Genehmigungserteilung planerischen Vorstellungen der Standortgemeinde widerspricht. Die immissionsschutzrechtliche Genehmigung wird also zu keiner planerischen Entscheidung, sondern bleibt eine rechtlich gebundene Entscheidung,[344] bei der lediglich in einem Teilbereich eine Abwägung stattfindet.

112 Im *Fall 26* richtet sich die Zulassung der beantragten *MVA* nach §§ 4 I 1 Hs. 2 BImSchG, § 35 I KrWG, da es sich laut Sachverhalt um eine Abfallbeseitigungsanlage handelt. *N* war daher nicht am Genehmigungsverfahren zu beteiligen, da § 63 I Nr. 3, 4, II Nr. 6, 7 BNatSchG eine Beteiligung von anerkannten Naturschutzverbänden lediglich in Planfeststellungs- und Plangenehmigungsverfahren (§§ 72 ff. LVwVfG) vorsieht, nicht aber in Genehmigungsverfahren nach dem BImSchG. Die Genehmigungsfähigkeit der *MVA* beurteilt sich nach § 6 BImSchG. Hält die Anlage keinen genügenden Abstand zum in Hauptwindrichtung angrenzenden Wohngebiet von *G* ein und sind deswegen von der Anlage ausgehende schädliche Umwelteinwirkungen (§ 3 I BImSchG) zu erwarten, ist die Genehmigung nach §§ 6 I Nr. 1, 5 I Nr. 1 BImSchG zu versagen. Ob diese Voraussetzungen gegeben sind, kann hier nicht abschließend beurteilt werden.

113 Eine Rechtswidrigkeit der Genehmigung kann sich ferner über § 6 I Nr. 2 BImSchG aus anderen öffentlich-rechtlichen Vorschriften ergeben. Als entgegenstehende Vorschrift (vgl. § 10 BauGB) kommt hier der Bebauungsplan von *G* in Betracht, nach dessen Festsetzungen eine Anlage zur Abfallentsorgung am gewählten Standort unzulässig wäre. Allerdings könnten die §§ 29 ff. BauGB wegen des Fachplanungsprivilegs des § 38 S. 1 Hs. 1 BauGB (→ Rn. 106) nicht anwendbar sein. Das Fachplanungsprivileg gilt indes nur für öffentlich zugängliche Abfallbeseitigungsanlagen, während bei Abfallverwertungsanlagen ein entgegenstehender Bebauungsplan über § 6 I Nr. 2 BImSchG, §§ 29 ff. BauGB zur Versagung der Anlagengenehmigung führen muss. Öffentlich zugänglich ist eine Abfallbeseitigungsanlage, wenn ihre Nutzung einem unbestimmten Personenkreis offensteht.[345] Ausgenommen sind damit lediglich betriebseigene Anlagen, die nur der Eigenentsorgung dienen.[346] Danach handelt es sich hier um eine öffentlich zugängliche Abfallbeseitigungsanlage. § 38 BauGB kommt ferner nur zum Tragen, wenn das Vorhaben von überörtlicher Bedeutung ist. Hierfür reichen überörtliche Bezüge des Vorhabens allein aus, welche idR durch die nicht-gemeindliche, überörtliche Zuständigkeit indiziert werden, ohne dass es darauf ankommt, ob das Vorhaben das Gebiet mehrerer Gemeinden be-

---

343 So etwa *Gaßner/Schmidt* NVwZ 1993, 946 (949); *Kretz* UPR 1994, 44 (48 f.).
344 Näher → § 7 Rn. 74 f.
345 *Jarass* BImSchG § 6 Rn. 38.
346 *OVG Koblenz* DVBl 1995, 251; *Dippel* NVwZ 1999, 921 (926).

rührt.[347] Danach ist hier von einem Vorhaben von überörtlicher Bedeutung auszugehen. Schließlich muss die Gemeinde *G* am Genehmigungsverfahren beteiligt gewesen sein, wobei § 36 BauGB nicht gilt. § 10 V BImSchG bestimmt, dass vor Erteilung der Genehmigung die Stellungnahmen der Behörden (Gemeindebehörden eingeschlossen) einzuholen sind, deren Aufgaben berührt werden. Hier wurde die Stellungnahme der Gemeinde *G* eingeholt. Damit sind die Voraussetzungen des sog. Fachplanungsprivilegs gem. § 38 S. 1 Hs. 1 BauGB gegeben. Die §§ 29 ff. BauGB gelten mithin nicht.

Es nützt *G* auch nicht unbedingt etwas, dass sie durch die Festsetzungen im Bebauungsplan öffentliche Belange geschaffen hat, die bei der Anlagenzulassung über § 6 I Nr. 2 BImSchG iVm § 15 II 1, 2 Nr. 5 KrWG (sog. abfallrechtliche Gemeinwohlklausel) Berücksichtigung finden. Die Genehmigungsbehörde hat die Ortsplanung der Gemeinde nämlich lediglich gegen die übrigen, in der abfallrechtlichen Gemeinwohlklausel genannten Belange abzuwägen. Soweit überwiegende Gründe für eine Verwirklichung der *MVA* am gewählten Standort sprechen, sind die planerischen Vorstellungen von *G* außer Acht zu lassen, da die immissionsschutzrechtliche Genehmigung ein rechtlich gebundener Verwaltungsakt ist, auf dessen Erteilung der Antragsteller bei Erfüllung der Genehmigungsvoraussetzungen einen Rechtsanspruch hat (→ Rn. 111). 114

Ein für verbindlich erklärter Abfallwirtschaftsplan nach § 30 KrWG würde bzgl. seiner Standortausweisungen als sonstige öffentlich-rechtliche Vorschrift iSv § 6 I Nr. 2 BImSchG Bindungswirkung für die Entscheidung der Immissionsschutzbehörde entfalten. Ein solcher Plan, der etwa den Standort in der Gemeinde *B* ausweisen würde, existiert jedoch für das betroffene Gebiet nicht. Auch im Verfahren der UVP hätte die von der Gemeinde *G* vorgebrachte Standortalternative für die *MVA* nicht zwingend berücksichtigt werden müssen. Das Vorhaben ist zwar nach § 6 UVPG iVm Nr. 8.1.1 der Anl. 1 zum UVPG UVP-pflichtig. Die UVP ist jedoch nach tradierter – freilich iE inzwischen überholter – Auffassung ein (zumindest schwerpunktmäßig) verfahrensrechtliches Instrument;[348] sie begründet jedenfalls keine zusätzlichen, gem. § 6 I Nr. 2 BImSchG zu beachtenden materiellen Genehmigungsvoraussetzungen, auch wenn ihre Unterlassung nach § 4 I, III UmwRG zur Aufhebung der Entscheidung im Klagewege führen kann.[349] Hinzu kommt, dass sich den Bestimmungen des UVPG nicht explizit eine Verpflichtung des Vorhabenträgers zur Prüfung von Standortalternativen entnehmen lässt.[350] 115

4. Stilllegung

a) Stilllegung

Stilllegung ist die endgültige, dauerhafte Beendigung des Betriebes einer Deponie. Die Stilllegung ortsfester Deponien[351] ist anzeigepflichtig (§ 40 I 1 KrWG; vgl. auch die Parallelvorschrift in § 15 III BImSchG). Der Anzeige sind neben Unterlagen über Art und Betrieb der Anlage auch solche zur Rekultivierung und zu Schutzmaßnahmen beizufügen (§ 40 I 2 KrWG). Enthält nicht schon der Planfeststellungsbeschluss für die Deponie Regelungen zur Rekultivierung und zu sonstigen Sicherheitsmaßnahmen während der Nachsorgephase oder sind diese Regelungen nicht abschließend, hat die zuständige Behörde diese Regelungen nunmehr nach § 40 II KrWG zu treffen. Diese Ermächtigungsgrundlage greift auch dann ein, wenn die Deponie ohne Zulassung und damit rechtswidrig errichtet und betrieben wurde.[352] 116

---

[347] *BVerwG* NVwZ 2001, 90; *Rieger* in Schrödter (Hrsg.), BauGB, 9. Aufl. 2019, § 38 Rn. 14.
[348] Näher dazu (und differenzierend) → § 4 Rn. 89 ff. mwN.
[349] Hierzu iE → § 5 Rn. 24 ff.
[350] BVerwGE 101, 166 (173 f.).
[351] Dies schließt auch illegale Deponien ein: *BVerwG* AbfallR 2016, 252 ff.
[352] BVerwGE 126, 326 (328 f.); *BVerwG* DVBl 1996, 38.

Zu verpflichten ist der Inhaber der Deponie. Dies sind nach hM der letzte Betreiber[353] (Inhaber der tatsächlichen Verfügungsgewalt) und (soweit vorhanden) seine Vorgänger.[354] Das Eigentum an einer Deponie genügt nicht.[355] Das KrWG lässt offen, in welchem Umfang die Rekultivierung angeordnet werden darf bzw. muss. Außerdem treffen den Deponiebetreiber verordnungsunmittelbar die in § 10 DepV normierten Pflichten. Der Abschluss der Stilllegung ist durch Verwaltungsakt festzustellen (endgültige Stilllegung; § 40 III KrWG). Damit beginnt die Nachsorgephase (§ 40 II KrWG).

b) Nachsorgephase

117 In der Nachsorgephase ist der Betreiber verpflichtet, die von der Behörde schon vor der endgültigen Stilllegung angeordneten Maßnahmen nach § 40 II KrWG zu erfüllen. Betreiber einer Deponie ist nicht nur, wer sie aktuell betreibt, sondern auch, wer sie zuletzt betrieben hat. „Nach dem Gesetzeszweck ist derjenige als Deponieinhaber anzusehen, der für die Deponie rechtlich und tatsächlich verantwortlich ist. An ihn richten sich die zur Gewährleistung des ordnungsgemäßen Betriebs bestimmten gesetzlichen Pflichten".[356] Darüber hinaus soll die Behörde auch noch in der Nachsorgephase zu weiteren Anordnungen nach § 40 II KrWG berechtigt sein,[357] was vor allem im Hinblick auf die „sonstigen erforderlichen Vorkehrungen" nach § 40 II 1 Nr. 2 KrWG relevant ist. Bei Verdacht auf Altlasten oder schädliche Bodenveränderungen findet hinsichtlich der *Sanierung* stillgelegter Deponien nach § 40 II 2 KrWG das differenzierte Regelungsregime des BBodSchG Anwendung (Rechtsfolgenverweisung[358]), welches zB die Inanspruchnahme weiterer Sanierungsverantwortlicher iSv § 4 III, VI BBodSchG ermöglicht.[359] Der Zeitpunkt der Stilllegung bildet insoweit die Schnittstelle zwischen Abfallrecht und Bodenschutzrecht.[360]

IX. Die planerischen Instrumente: Abfallwirtschaftspläne und Abfallvermeidungsprogramme

118 Das KrWG enthält in Teil 4 unter der Überschrift „Planungsverantwortung" neben den bereits dargestellten Vorschriften über die Anlagenzulassung auch originär planerische Instrumente: Abfallwirtschaftspläne (§§ 30–32 KrWG) und Abfallvermeidungsprogramme (§ 33 KrWG). Beide Instrumente dienen der Koordinierung der Abfallwirtschaft, der Sicherung hinreichender Entsorgungsinfrastruktur und damit zugleich einer Optimierung des abfallrechtlichen Ziels einer Kreislaufwirtschaft mit möglichst hoher Verwertungsquote.

119 Die Länder stellen nach § 30 I KrWG unter Beteiligung der kommunalen Gebietskörperschaften (§ 31 II KrWG) und der Öffentlichkeit (§ 32 KrWG) für ihr Gebiet

353 BVerwGE 126, 326 (329 f.).
354 So *Beckmann/Hagmann* DVBl 2001, 1636 (1639).
355 BVerwGE 126, 326 (329 f.).
356 *BVerwG* NVwZ-RR 2010, 759 f.
357 BVerwGE 126, 326 (328); *BVerwG* NVwZ 1997, 1000 (1001). Dies gilt auch bei der Sanierung von Beeinträchtigungen, die Nichtbetreiber versursacht haben: *BVerwG* AbfallR 2016, 252.
358 *BVerwG* AbfallR 2016, 252.
359 → § 9 Rn. 24 ff.
360 *OVG Münster* ZUR 2001, 335 (336); *Berthold* in Kopp-Assenmacher (o. Fn. 267) § 40 Rn. 26 f.

Abfallwirtschaftspläne nach überörtlichen Gesichtspunkten auf. Die Abfallwirtschaftspläne enthalten zum einen Darstellungen (§ 30 I 2 KrWG), und zwar der Ziele der Abfallvermeidung, der Abfallverwertung, insbes. der Vorbereitung zur Wiederverwendung und des Recyclings, sowie der Abfallbeseitigung; der bestehenden Situation der Abfallbewirtschaftung; der erforderlichen Maßnahmen zur Verbesserung der Abfallverwertung und Abfallbeseitigung einschließlich einer Bewertung ihrer Eignung zur Zielerreichung sowie der Abfallentsorgungsanlagen, die zur Sicherung der Beseitigung von Abfällen sowie der Verwertung von gemischten Abfällen aus privaten Haushaltungen einschließlich solcher, die dabei auch in anderen Herkunftsbereichen gesammelt werden, im Inland erforderlich sind. Die Abfallwirtschaftspläne enthalten nach § 30 I 3 KrWG darüber hinaus Ausweisungen der zugelassenen Abfallentsorgungsanlagen sowie der Flächen, die für Deponien, für sonstige Abfallbeseitigungsanlagen sowie für Abfallentsorgungsanlagen geeignet sind (→ Rn. 98 ff.). Die Abfallwirtschaftspläne können ferner nach § 30 I 4 KrWG bestimmen, welcher Entsorgungsträger vorgesehen ist und welcher Abfallentsorgungsanlage sich die Entsorgungspflichtigen zu bedienen haben. Insoweit sind Abfallwirtschaftspläne gesetzlich darauf angelegt, neben schon ihrem Gegenstand nach unverbindlichen Darstellungen auch teilweise verbindliche Festsetzungen zu enthalten, was § 30 IV KrWG klarstellt. Die Länder regeln nach § 31 IV KrWG das Verfahren zur Aufstellung der Pläne und zu deren Verbindlicherklärung, was bedeutet, dass eine solche ohne landesrechtliche Ermächtigung ausscheidet.[361] Die Länder sind hierbei an den notwendigen außenverbindlichen Rechtsnormcharakter[362] gebunden,[363] den ein verbindlicher Plan entfalten soll, sodass praktisch nur Rechtsverordnungen in Betracht kommen.

---

361 *Versmann* in Jarass/Petersen KrWG § 30 Rn. 89.
362 *Hofmann* in Schmehl/Klement (o. Fn. 44) § 30 Rn. 25; *Kropp* in BeckOK UmweltR, 58. Ed. 1.7.2020, KrWG § 30 Rn. 44.
363 *Versmann* in Jarass/Petersen KrWG § 33 Rn. 22.

Sachverzeichnis

Die **fett** gedruckten Zahlen beziehen sich auf die Paragraphen, die mageren auf deren Randnummern